Código de Comercio de Chile

ACCESO GRATIS *a la Lectura en la Nube*

Para visualizar el libro electrónico en la nube de lectura envíe junto a su nombre y apellidos una fotografía del código de barras situado en la contraportada del libro y otra del ticket de compra a la dirección:

ebooktirant@tirant.com

En un máximo de 72 horas laborales le enviaremos el código de acceso con sus instrucciones.

Código de Comercio de Chile

5ª EDICIÓN CON APÉNDICE LEGISLATIVO
ÍNDICES TEMÁTICO Y ANALÍTICO

Actualizado a febrero 2025

MANUEL BERNET PÁEZ

En esta edición del Código de Comercio de Chile colaboraron significativamente los abogados Iván Cerda Donoso, Sofía de los Ángeles Bernet Luttges, Juan Pablo Morales Costa y Constanza Moreno Aedo, y el licenciado en derecho Santiago Martínez Larrondo por lo cual se les agradece su valioso aporte. Del mismo modo, se debe mencionar que el abogado Tamir Ben-Ezra Ehrenfeld participó como coautor del índice de voces contenido en este texto.

tirant lo blanch
Valencia, 2025

EDITA: TIRANT LO BLANCH
C/ Artes Gráficas, 14 - 46010 - Valencia
TELFS.: 96/361 00 48 - 50
FAX: 96/369 41 51
Email: tlb@tirant.com
www.tirant.com
Librería virtual: https://editorial.tirant.com/cl
ISBN: 978-84-1095-608-7

Si tiene alguna queja o sugerencia, envíenos un mail a: *atencioncliente@tirant.com*. En caso de no ser atendida su sugerencia, por favor, lea en *www.tirant.net/index.php/empresa/politicas-de-empresa* nuestro procedimiento de quejas.

Responsabilidad Social Corporativa: http://www.tirant.net/Docs/RSCTirant.pdf

ÍNDICE

LIBRO IV. DE LAS QUIEBRAS

APÉNDICE DE LEYES ESPECIALES

MENSAJE DEL CÓDIGO DE COMERCIO

MENSAJE DEL EJECUTIVO
CONCIUDADANOS DEL SENADO Y DE LA CÁMARA DE DIPUTADOS

La codificación de nuestras leyes en general ha sido mucho antes de ahora una necesidad sentida por todos, reconocida por los hombres de ciencia, y debidamente estimada por los Gobiernos que sucesivamente han regido los destinos de la República; mas esta necesidad se ha manifestado con el carácter de imperiosa y apremiante respecto de la legislación mercantil, que nos pone en inmediato contacto con las diversas naciones del globo que buscan en nuestro suelo los beneficios del cambio de los respectivos productos.

Durante la época media entre la conquista y la creación del consulado de esta capital, nuestra legislación mercantil se reducía a las disposiciones dispersas de la Recopilación de Indias, Recopilación Castellana, Partidas y demás cuerpos legales de nuestra antigua metrópoli; pero las leyes mercantiles, confundidas con las civiles y perdidas en el gran cúmulo que éstas formaban en esas compilaciones, estaban muy lejos de armonizar con los principios que ha proclamado la República en su gloriosa emancipación, de satisfacer las nuevas y crecientes necesidades de nuestra vida social, y mucho menos de favorecer los intereses que debíamos promover, para ocupar un puesto honroso entre las naciones civilizadas.

La Recopilación Indiana, aunque contenía un gran número de disposiciones más o menos conexas con la legislación mercantil, no era un verdadero Código de Comercio en el sentido específico de esta palabra: era, propiamente hablando, una recopilación de preceptos de administración y policía mercantil. Ella no calificó la personalidad jurídica del comerciante; olvidó completamente todo lo relativo a las funciones de los agentes auxiliares; omitió determinar la naturaleza y efectos de los contratos terrestres y marítimos; reglamentó con la más prolija minuciosidad el comercio restringido, tan justamente llamado de privilegio y monopolio; y una compilación, tan deficiente en su fondo como imperfecta en su forma, ni podía satisfacer las legítimas aspiraciones del comercio, siempre ávido de libertad y franquicias, ni merecer con justicia el nombre y honores de un verdadero Código mercantil. Tal era la importancia real de esa legislación que debía ser preferentemente aplicada en las colonias españolas.

La Recopilación Castellana, las Partidas y demás códigos españoles, destinados a suplir la deficiencia de las leyes de Indias, contenían muchas disposiciones dispersas y algunos títulos enteros sobre materias comerciales, mas no formando estos verdaderos fragmentos un cuerpo de doctrinas coherentes, apenas bastaban para resolver ciertos y determinados casos entre los varios e innumerables que ocurren en la vida práctica del comercio. En vano buscaríamos en el conjunto de esos títulos y disposiciones unidad de plan, la exposición clara y metódica de los principios generadores, ni la deducción lógica de sus primeras consecuencias, porque a la vez faltan en él todas esas calidades que tanto realzan los trabajos de la ciencia; y por más que pesen sobre nuestro juicio las recomendaciones seculares con que han llegado hasta nosotros esos códigos supletorios, preciso es confesar que las leyes mercantiles compiladas en ellos eran insuficientes para satisfacer las necesidades creadas por el tiempo y la civilización progresiva de los mismos pueblos para quienes fueron dictadas.

Volviendo la vista a la Recopilación de Indias, preciso es recordar que tan palmarios eran los defectos de esa compilación, que reconociéndolos el gobierno español, hizo un ensayo general y otro especial en la segunda mitad del siglo anterior para mejorarla y ponerla de acuerdo con las exigencias del tiempo y de la civilización que habían alcanzado sus colonias.

El primero fue el trabajo de un cuerpo de leyes que debía sustituir a la Recopilación de Indias, y llevar el nombre, hoy puramente histórico, de Código Carolino. Aunque acabado a principios de este siglo, ese código no llegó a ser promulgado: fue una esperanza frustrada para las colonias; y apenas prestó el anómalo servicio de suministrar disposiciones para la resolución de algunas cuestiones y consultas,

El segundo fue el ponderado reglamento de libre comercio, publicado el 12 de octubre de 1778. Este reglamento desmintió su título, pues la libertad que otorgó al comercio fue la exención del pesado yugo del privilegio y monopolio. Sus más prominentes disposiciones se limitaban a fijar las condiciones de las naves y tripulaciones destinadas al tráfico colonial; a permitir el acceso a ciertos puertos en la península y sus colonias, a suprimir algunos derechos y gravámenes que oprimían al comercio y a establecer reglas de administración rentística y de policía mercantil; mas no habiendo suprimido las trabas que impedían el libre movimiento de la industria comercial, ni introducido los principios a que debe ajustarse la contratación terrestre y marítima, no alivió la afligente situación del comercio, ni realizó mejora alguna en la legislación mercantil propiamente dicha.

La cédula de 26 de febrero de 1795, que estableció el consulado de Santiago, introdujo también al país la Ordenanza de Bilbao, tan justamente celebrada en las naciones más cultas de Europa. Su promulgación en el año de 1737 importó un grande y positivo progreso en la legislación mercantil de la metrópoli y su adopción en la colonia fue considerada como el más favorable presagio de una era de ventura para el interés de nuestro comercio. Ella sometió a reglas fijas la marcha de las limitadas operaciones mercantiles a que estaba reducido nuestro tráfico; dio sólidas garantías a la buena fe y al crédito, imponiendo al comerciante la obligación de llevar una contabilidad regular; sirvió de norma a nuestros tribunales consulares para decidir justa y equitativamente las cuestiones ocurrentes entre comerciantes; y el país no pudo negar el merecido aplauso a un código que lo había libertado del caos de la Recopilación Indiana, y proporcionándole tan importantes beneficios.

Pero el prestigio que se había captado la Ordenanza en los quince años que mediaron entre la erección del consulado y nuestra memorable revolución, principió a decaer gradualmente, y a medida que él decrecía se despertaba en todos el deseo legítimo de una legislación más amplia y comprensiva. Las luces que proporciona la libertad de examen descubrieron en la Ordenanza defectos que antes no se habían notado en ella, merced al favor con que había sido aceptada, y el estudio comparativo e imparcial de sus disposiciones con las que contienen los Códigos de Comercio que han visto la luz pública en el primer tercio de este siglo, vino a comprobar la efectividad de esa idea y a legitimar la tendencia del comercio hacia la codificación de nuestra legislación mercantil.

Para manifestar la exactitud de los conceptos que se acaban de expresar, y sin pretender hacer la crítica de un código que debe venerarse como un monumento que marca en la historia del comercio una época de verdadero progreso, echaremos una rápida ojeada sobre el campo que abraza nuestra Ordenanza.

Los ocho primeros capítulos de los veintinueve que componen ese código son de todo punto inútiles, porque las disposiciones que contienen perdieron su vigor e importancia desde que la cédula ereccional de preferente aplicación las reprodujo con cortas diferencias. Otro tanto debemos decir de los cinco últimos capítulos, puesto que sus preceptos, puramente locales, sólo pueden ser aplicados al régimen del puerto y río de Bilbao.

Los dieciséis capítulos restantes reglamentan varios contratos terrestres y marítimos, y determinan las funciones de algunos de los agentes auxiliares. La justicia y equidad de las reglas establecidas en esos capítulos para el gobierno de la contratación mercantil, han hecho olvidar el casuitismo de la redacción de nuestra Ordenanza, y son las que, sin eluda, constituyen su mérito real y reconocido. A pesar de esto, echamos de menos en esa parte de la Ordenanza algunas materias importantes del comercio terrestre y marítimo; notamos en algunos de sus capítulos omisiones de detalles necesarios, y resoluciones de todo punto inadmisibles en el actual estado de la ciencia; y en vista de todo esto, no debe sorprendernos el que el país aspirara a obtener un código más completo, más adecuado a las costumbres generales del comercio y más conforme con las luces del día.

Los gobiernos patrios que dirigieron nuestros primeros pasos en el sendero de la libertad, comprendieron muy temprano los deseos del país; pero empeñados en la lucha de la independencia, y consagrados al cumplimiento de los altos deberes que ella les imponía, no pudieron dispensar a la codificación mercantil toda la atención que ella demandaba para mejorar la deplorable condición de nuestro comercio. Sin embargo, de esto debemos un eterno recuerdo de gratitud al acendrado patriotismo de los prohombres de nuestra revolución que el 21 de febrero de 1811 permitieron "el comercio con las naciones amigas o neutrales", y que en 1813 promulgaron el reglamento de "apertura y fomento del comercio y navegación", estableciendo nuestras relaciones comerciales sobre la doble base de la libertad y reciprocidad.

La satisfacción de tan justos deseos estaba reservada a otra época y a otros hombres. Para emprender con fruto la grande obra de la codificación, era menester gozar plenamente de los beneficios de la paz, completar nuestra organización política, poner a la República en la vía del progreso intelectual, dotándola de todas las instituciones que lo favorecen y estimulan, y acumular pacientemente los conocimientos indispensables para realizar aquella obra con el acierto debido, y la reunión de estas condiciones, ni era asequible a los hombres que corrían los azares de la guerra de nuestra emancipación, ni podía esperarse sino de la lenta y poderosa acción del tiempo y de la gradual difusión de las luces.

La ley de 14 de septiembre de 1852 vino a anunciarnos a la vez el advenimiento de tan deseada época y la firme resolución de acometer con ardor la codificación de nuestras leyes en las diversas esferas que abrazan. Ella autorizó al Presidente de la República para encomendar la preparación de proyectos para la reforma de nuestros códigos; y en uso de la autorización se encargó la redacción del relativo al Código de Comercio a un laborioso y distinguido jurisconsulto, que se ha ocupado asiduamente de ella por espacio de algunos años. Esa misma ley ordenó que, concluido cada proyecto y revisado por una comisión especial, se sometiera a la aprobación del Congreso; y cumpliendo con este deber, tengo la satisfacción de presentaros el adjunto Proyecto, tal como ha quedado después de las prolijas revisiones que de él se han hecho. Paso ahora a daros cuenta de las nuevas instituciones introducidas en nuestra legislación comercial y de las reformas que en ellas se han realizado.

Bajo el epígrafe Disposiciones generales se han establecido ciertas reglas que dominan todas las materias del Código y que no era posible consignar en ninguno de los títulos que lo componen, sin alterar el sistema y método de su redacción. Algunas de estas reglas determinan los límites del imperio del Código, y autorizan la aplicación de la ley común y de la costumbre en los casos en que la primera se encuentre deficiente. Los numerosos requisitos que la costumbre debe tener para asumir el carácter de ley supletoria, y la naturaleza de la prueba con que debe ser acreditada en juicio, remueven los inconvenientes de la incertidumbre y vacilación de la ley no escrita, y nos permiten mirar sin recelo la libertad en que queda el comercio para introducir nuevos usos dentro del círculo de lo honesto y lo lícito.

Entre las disposiciones generales se encuentra también la que trata de los actos de comercio que, a más de constituir la materia especial del Código, ofrecen la base más amplia y segura de la jurisdicción mercantil; y mediante la colocación que se les ha dado, se ha evitado la justa crítica dirigida a los códigos que se han reservado la importante noción de estos actos para la ley que reglamenta la competencia de los juzgados de comercio. El Proyecto ha huido del peligro de las definiciones puramente teóricas, y en vez de definir los actos de comercio, los ha descrito prácticamente, enumerándolos con el debido orden, precisión y claridad.

El Libro I del Proyecto trata de los comerciantes y de los agentes auxiliares del comercio.

En el Título I se define con precisión la persona a quien la ley atribuye la calidad de comerciante. Se determinan del mismo modo las condiciones que habilitan a los menores de edad y a las mujeres casadas para comerciar; se detallan los derechos especiales que confiere a estas personas la profesión del comercio; y para evitar el fraude y las funestas decepciones que él produce, se manda abrir un registro en la cabecera de cada departamento para que se inscriban en el todos los documentos que impongan al comerciante alguna responsabilidad, en especie o cantidad, a favor de su mujer, hijos o pupilos. Esta inscripción se extiende a las escrituras de sociedad que los comerciantes celebren y a los poderes que otorguen a sus factores o dependientes, con el fin de facilitar a los contratantes el conocimiento de su respectiva personalidad, y alejar en lo posible el engaño en un punto que ordinariamente decide de la subsistencia de las convenciones.

Las obligaciones que impone la profesión del comercio constituye la materia del segundo Título. En él se fija el número de libros que debe llevar todo comerciante para el buen arreglo de su contabilidad, conocimiento de su verdadera situación y justificación de sus procedimientos profesionales en caso de quiebra; se determina también la fe debida a los libros de comercio en las cuestiones entre comerciantes; y atendidas la gravedad e importancia de la materia, se adoptan varias disposiciones que mejoran considerablemente esta parte de nuestra legislación mercantil. El Proyecto considera la contabilidad como el espejo en que se refleja vivamente la conducta del comerciante, el alma del comercio de buena fe, y el medio más adecuado que puede emplear el legislador para impedir las maquinaciones dolosas en los casos de quiebra, y asegurar el castigo de las que resulten fraudulentas o culpables; y colocado en este punto de vista, dicta preceptos oportunos para garantir la regularidad y pureza de la teneduría y hacer efectivas las responsabilidades que impone al comerciante que no lleva libros, que los lleva sin sujetarse al sistema establecido, o que los sustrae a la severa inspección de la justicia mercantil.

La obligación de llevar libros se limita, respecto del comerciante por menor, a la teneduría de uno solo, y para facilitar el conocimiento de las personas a quienes la ley reputa como tales, el Proyecto define el comercio al menudeo con más sencillez y exactitud que la resolución de 10 de febrero de 1753 y el artículo 63 del reglamento de 1813.

El comercio se ha mostrado siempre justamente celoso de la reserva de sus libros; y respetándose los motivos de conveniencia y equidad que legitiman ese derecho, se han adoptado varias disposiciones que lo concilian con las imperiosas exigencias de la justicia en los casos de litigio. Se prohíbe la manifestación y reconocimiento general de los libros, salvo en los cuatro casos que enumera el Proyecto; pero se permite ordenar, de oficio o a solicitud de parte legítima, la exhibición y compulsa parcial de los asientos relativos a la cuestión que se agite, bajo la salvaguardia de ciertas providencias conducentes a impedir que la revelación del conjunto de las operaciones que constituyen el giro de cada comerciante frustre aquellas cuyo buen éxito depende del secreto con que son manejadas.

El Código de Comercio francés impone al comerciante la obligación de conservar sus libros por el espacio de diez años, el de Buenos Aires por veinte y el holandés y portugués por treinta; y al suplir el silencio de nuestra Ordenanza a este respecto, se ha creído más racional y conveniente no fijar otro límite a esa obligación que el marcado por el interés y la necesidad de una completa liquidación de los negocios a que se refieran los libros. Esa obligación se extiende a los herederos del comerciante, porque frecuentemente tendrá que servirse de las noticias que aquéllos contengan para llevar a cabo la liquidación que su autor haya dejado pendiente.

El Título III se ocupa de los corredores que sirven de agentes intermediarios para la conclusión de los contratos mercantiles.

Nuestra Ordenanza contiene muchos y muy importantes preceptos acerca del ejercicio de la correduría; pero teniendo en vista las nuevas necesidades que ha creado el gran desarrollo de nuestro comercio, y la importancia que en él han adquirido esos agentes auxiliares, en cuanto facilitan y aceleran las transacciones mercantiles, se ha juzgado indispensable dar a esos preceptos todo el desenvolvimiento y amplitud de que eran susceptibles. El Proyecto introduce además algunas reglas que se echan de menos en aquel código, para evitar o reprimir los fáciles abusos a que se presta esa profesión que reposa esencialmente en la confianza y buena fe enumera las personas que no pueden desempeñar la correduría; detalla las obligaciones y prohibiciones que pesan sobre los que la ejercen en las diversas esferas a que se extiende su mediación;

determina la fe que merecen sus registros y minutas; impone al encargado de comprar o vender los documentos de créditos que designa con el nombre de efectos públicos, la responsabilidad de pagar el precio de los comprados o de entregar los vendidos; y no dudo que, mediante estas bien calculadas disposiciones, la correduría producirá los beneficios que el comercio ha esperado siempre de tan provechosa institución.

El Título IV y final trata de los agentes auxiliares conocidos con el nombre de martilleros.

Las casas de martillo no han sido consideradas hasta aquí como instituciones destinadas a favorecer el comercio, sino como una industria que no podía ser planteada sin licencia del Gobierno y el pago previo de una cantidad en arcas fiscales; sin embargo de esto, el supremo decreto de 12 de julio de 1823 reglamentario del senado consulto de 24 de julio de 1820, nos da a conocer en su mayor parte las atribuciones y deberes de los martilleros en su carácter de agentes auxiliares. El Proyecto se ocupa de ellos considerándolos como tales; y para regularizar el ejercicio de su oficio, reproduce las disposiciones del citado decreto, agrega otras de una manifiesta oportunidad; extiende las prohibiciones a casos omitidos en aquél; y, en fin, les impone la obligación de llevar tres libros con sujeción a las reglas establecidas en el párrafo 2, Título II del Libro que nos ocupa.

El Libro II del Proyecto comienza estableciendo ciertos principios comunes a todos los contratos mercantiles, y en seguida se ocupa especialmente de los concernientes al comercio terrestre.

En el Título I del Proyecto se declara que las prescripciones del Código Civil relativamente a los contratos en general, son aplicables a los mercantiles, salvas las modificaciones que él introduce; y después de sancionarse esta importante regla, se consignan en él todas las que reclama imperiosamente el interés bien entendido del comercio. Entre estas modificaciones son dignas de una mención especial las disposiciones relativas a los efectos de la dación de arras, a la fijación de los objetos sobre que debe versar la ejecución de los contratos celebrados en país extranjero para cumplirse en Chile, a la limitación del derecho de pagar en moneda menuda de plata o en moneda de cobre, a la facultad, del acreedor para hacer la imputación, cuando el deudor no lo verifica en el acto del pago, a los casos en que se obra o no la novación por el pago en documentos negociables y a la inadmisibilidad de la rescisión por causa de lesión enorme; y, finalmente, las que designan las especialidades de la prueba en materia mercantil.

En este mismo Título se trata de un asunto tan difícil como importante, omitido en la Ordenanza y aun en el Código Civil. Frecuentemente ocurre la necesidad de fijar el momento y el lugar en que las propuestas verbales o escritas asumen el carácter de contratos perfectos, y careciendo de reglas claras y precisas que dirijan el juicio del jurisconsulto e ilustren la conciencia del magistrado, es indispensable invocar las opiniones acomodaticias e inseguras de los autores que han examinado con más o menos profundidad esos puntos. Para obviar dificultades de tanta trascendencia, el Proyecto ha dado soluciones satisfactorias a las cuestiones principales e incidentes que ofrece la materia; y de este modo ha llenado un sensible vacío en nuestra legislación comercial y civil.

El Proyecto reglamenta la compraventa mercantil de acuerdo con los principios excepcionales que establece la jurisprudencia y el derecho comercial de las naciones más cultas. Ni era posible someter este contrato constitutivo del comercio a las prescripciones del Código Civil, porque prescindiendo de que ellas se refieren principalmente a la venta de bienes inmuebles, hay profundas diferencias entre la compraventa civil y la mercantil, que las hacen inaplicables en materia comercial.

El objeto inmediato y directo de la compraventa civil, aunque verse sobre cosas muebles, es el uso o consumo privativo del adquirente; el de la compraventa mercantil es la consecución de una ganancia, mediante la reventa o el alquiler del mero uso de la cosa comprada, La primera es ordinariamente pura; la segunda es condicional, puesto que bajo algún respecto lleva una condición tácita, suspensiva o resolutoria, salvo que el contrato se celebre entre presentes y sobre una cosa también presente que se entrega en el acto; y difiriendo ambas ventas en sus fines y calidades, era de todo punto indispensable que el Proyecto, adoptara reglas peculiares a la compraventa mercantil, para facilitar las transacciones, asegurar sus efectos contra los cálculos del fraude, y promover por estos medios la rápida circulación de la mercadería.

Al tratar de la cesión de créditos mercantiles, el Proyecto no se limita a indicar el modo de transferir los documentos de créditos y los efectos públicos, sino que se avanza a suplir el silencio del Código acerca de dos puntos de no pequeña importancia en esta materia, de un uso tan frecuente como necesario a la rapidez de las transacciones. El ordena que la notificación de la cesión de créditos no endosadles se haga por un ministro de fe pública; señala un plazo para que el deudor oponga las excepciones latentes; declara que las resultantes del título cedido pueden ser opuestas al cesionario en la misma forma que pueden serlo al cedente; y seguramente que tan oportunas disposiciones cortarán la reaparición de las cuestiones a que ha dado lugar la falta de reglas claras y directas acerca de los puntos enunciados.

En el capítulo "de las comisiones entre mercaderes" nuestra Ordenanza consigna algunas disposiciones referentes al transporte por tierra, y aun en el Código Civil se ocupa de él en el párrafo 10 del título del arrendamiento. Con todo, siendo notoriamente insuficientes las prescripciones que los dichos códigos contienen para el régimen de esta industria, atendido el sorprendente desarrollo que ha tenido en los últimos años, se ha creído conveniente darles lodo el desenvolvimiento y ensanche que exigen las nacientes necesidades del comercio.

El Título V del Libro II, que trata del transporte por tierra, lagos, canales y ríos navegables, ha sido redactado bajo la influencia de aquella idea; y para realizarla en toda su extensión, el Proyecto define el transporte; establece reglas comunes a las empresas particulares o públicas de conducción; enumera las cosas que debe expresar la carta de porte; detalla los derechos, obligaciones y responsabilidades del porteador, cargador y consignatario; y, en una palabra, prevé y resuelve los casos que con frecuencia ponen en conflicto los intereses de los contratantes.

Pasadas veinticuatro horas desde la entrega, el Proyecto autoriza al porteador para cobrar el porte convenido y las expensas hechas en la conservación de las mercaderías porteadas; y no obteniendo el pago, le autoriza también para solicitar la venta de ellas en martillo y pagarse preferentemente con su producto en virtud del privilegio que le concede sobre todos los objetos que componen la carga. En este punto el Proyecto se separa del Código Civil, porque desapareciendo por la entrega de la carga la retención que él concede, este derecho no proporciona al porteador una garantía seria y eficaz. Con lodo, deseando conciliar en lo posible el interés de los cargadores con los derechos del porteador y evitar que el amago del privilegio sea un obstáculo a la libre y franca circulación de las mercaderías, limita la duración de aquél al corto espacio de tres días cuando las porteadas salen de manos del cargador o consignatario después de transcurrido este plazo, y lo hace cesar de todo punto siempre que el porteador no use de su derecho dentro de un mes contado desde la entrega de la carga.

Aunque el mandato comercial es un género que comprende varias especies, el Proyecto sólo se ocupa en el Título VI del conocido con el nombre de comisión considerado en sus aplicaciones más usuales, y del que desempeñan los factores y dependientes,

La comisión es, sin duda, una de las creaciones más útiles de los tiempos modernos. Ella permite al comerciante realizar las más vastas especulaciones con celeridad y economía, sin separarse de su domicilio mercantil, ni abandonar la dirección personal de sus negociaciones; pone en comunicación a los comerciantes de las diversas naciones del globo, y estrecha sus relaciones de interés con el vínculo de los servicios recíprocos; asegura el acierto en las operaciones más riesgosas, aprovechando el conocimiento que tiene el corresponsal de las costumbres y necesidades de cada localidad; facilita el oportuno empleo del crédito en el extranjero, mediante el envío de mercaderías que lo garantiza; y por decirlo todo de una vez, la comisión subroga ventajosamente y bajo todo respecto las dispendiosas factorías que creaba el comercio para mantener el tráfico con los países lejanos.

Entre nosotros el comercio de comisión ha tomado proporciones verdaderamente colosales, merced a la abolición de las leyes que lo prohibían al extranjero; y esta circunstancia hacía sobremanera urgente suplir la deficiencia de nuestra Ordenanza, dictando las reglas a que debe ajustarse este contrato en cada una de las diversas formas que toma en la práctica del comercio. Felizmente los principios del mandato común se encuentran sabiamente expuestos en el Código Civil; y supuesta la existencia de tan preciosos antecedentes, el verdadero trabajo de la redacción del Proyecto ha consistido en la clasificación de las materias que debían entrar en la composición del Título VI, en la ampliación y modificación de esos principios de acuerdo con las necesidades peculiares del comercio y en la agregación de ciertas reglas relativas a la administración del comisionista en general, al derecho de retención que se le concede para asegurar el pago de su salario, anticipación, interés y costo, y a la fijación de las obligaciones especiales que se imponen a los comisionistas para comprar, vender o realizar en su propio nombre el transporte de mercaderías.

El Proyecto reglamenta el mandato de los factores y dependientes con sujeción a los principios generales; y con el fin de completar esta materia de que no se ocupa nuestra Ordenanza, enumera los casos en que, aun cuando el factor o dependiente contrate en su propio nombre, se entiende que lo ha hecho por cuenta de su comitente, y señala las causas que autorizan la rescisión de sus empeños de servicio y las que los extinguen.

El Proyecto acepta y confirma la clasificación tripartita que el Código Civil hace del contrato de sociedad, agregando la conocida con el nombre de "sociedad accidental" o "de cuentas en participación", y subdividiendo la sociedad en comandita en "simple" y "por acciones". A la exposición de los principios del derecho comercial que gobiernan esas diferentes especies de sociedad, está destinado el Título VII del Libro II del Proyecto.

La sociedad colectiva es el tipo de las otras y la que se aparta menos de los principios del derecho civil; y por esta razón al tratar de ella, la redacción se ha contraído particularmente al establecimiento y desarrollo de las reglas que deben modificar esos principios en todo aquello que afecta más de cerca el interés legítimo del comercio.

En el desenvolvimiento de este plan, el Proyecto prescribe que la constitución y prueba de la existencia, disolución, prórroga y modificación de la sociedad se hagan por escritura pública, debidamente inscrita, fijada y publicada, so pena de nulidad absoluta entre los socios; reglamenta con acierto el uso de la razón social que personifica la sociedad colectiva; extiende a todos los socios la solidaridad de las obligaciones contraídas en nombre social, que la Ordenanza limita a "aquellos bajo cuya firma corriere la compañía"; agrega útiles principios de administración, dirigidos a regularizarla en todas sus relaciones; introduce un sistema expedito de liquidación y fija con precisión la forma del nombramiento y las facultades del liquidador; y, finalmente, introduce también la prescripción quinquenal a favor de los socios que no intervienen en la liquidación, dejando sujeta a las disposiciones del derecho civil la prescripción de las acciones contra los socios liquidadores y las de los socios entre sí.

La ley de 8 de noviembre de 1854 sobre sociedades anónimas ha sido incorporada en el Proyecto con las supresiones que hacía inevitables el hecho mismo de su incorporación, las agregaciones conducentes a la perfección del sistema adoptado en ellas, y ciertas modificaciones de mero orden y redacción.

La conveniencia de esta ley tiene a su favor la práctica de algunos años, y se ha creído prudente mantener su letra y espíritu en toda su integridad.

El Código Civil establece los dos principios fundamentales de la comandita simple; pero no bastando ellos para remover las dudas que ocurren en la práctica, se ha juzgado absolutamente necesario reglamentar su aplicación, y añadir algunas disposiciones que complementen el régimen de esa sociedad.

Para cumplir este designio, el Proyecto extiende la solidaridad al comanditario que tolera la inserción de su nombre en la razón social; designa las cosas que no puede llevar a la sociedad por vía de capital; le confiere derecho para exigir a los socios gestores la devolución de las cantidades excedentes de su aporte que hubiere pagado a los acreedores sociales por haberse mezclado en la administración o tolerado la enunciada inserción; describe los actos que puede ejecutar sin perder su carácter y exenciones; y, últimamente, cierra el párrafo relativo a la comandita simple, declarando que en caso de duda la sociedad se reputa colectiva. Confío en que estas disposiciones impedirán la renovación de las cuestiones a que dan sobrado mérito los principios de la comandita simple, por falta del conveniente desarrollo en sus más frecuentes aplicaciones.

Por lo que hace a la comandita por acciones, tan generalizada en Francia, me bastará anunciaros que el Proyecto ha acogido con las modificaciones necesarias la ley promulgada en aquella nación el 23 de julio de 1856. Fruto de una larga experiencia y de las meditaciones de muchos años, esa ley nos ofrece sobradas garantías de conveniencia y acierto en sus disposiciones; y no dudo que ella producirá en el país todos los beneficios que promete esa sociedad que, reuniendo a la vez las ventajas de la sociedad colectiva y de la anónima, abre un vasto campo a las aplicaciones del fecundo principio de asociación.

El Título VIII del Libro que revisamos trata "del seguro en general y del terrestre en particular"; y en su primera parte se describe el seguro en abstracto, se definen las palabras de más frecuente uso en la materia, y se exponen, con la distinción que exige su novedad entre nosotros, los principios comunes al seguro terrestre y marítimo, siguiendo la huella de la legislación de las naciones que por mucho tiempo han practicado ese contrato, que proporciona a la propiedad civil y comercial ventajas verdaderamente inapreciables.

La segunda parte de este Título se concreta a los seguros terrestres.

Después de dividirlos en "mutuos" y "a prima", el Proyecto designa los objetos sobre que versan ordinariamente; declara que la dejación de la cosa asegurada y la rescisión por la mera voluntad del asegurado son inadmisibles en el seguro terrestre, salvo en el de transporte; señala el plazo de cinco años para la extinción de las acciones que produce ese contrato; y concluye fijando las reglas peculiares del seguro de vida, contra incendios, de los productos de la agricultura y de transportes por tierra.

La extensión del Título VIII no me permite ofreceros el resumen de las numerosas disposiciones que él contiene; pero bastará a excitar vuestra atención el conocimiento de que muchas de las naciones europeas carecen hasta hoy de leyes sobre esta importante materia, y que ella es completamente nueva en el país.

El contrato de que habla el Título IX, conocido bajo la denominación de "cuenta corriente", rinde al comercio servicios de la mayor importancia, facilitando a las partes un medio cómodo para la realización de sus respectivos créditos y mercaderías, sin los riesgos y costos que ella demanda ordinariamente. Este contrato no ha sido incorporado hasta el día en ninguno de los códigos mercantiles que conocemos; pero teniendo una existencia propia y bien caracterizada en los usos del comercio, se ha considerado oportuno darle lugar en el Proyecto, y compilar los principios que lo gobiernan en la jurisprudencia y en la práctica de los comerciantes entendidos.

Consecuente con este propósito, el Proyecto describe la cuenta corriente con toda la claridad necesaria para distinguirla de la cuenta de gestión; indica las cosas que constituyen su naturaleza jurídica; declara la novación que produce la admisión en cuenta corriente de valores precedentemente debidos; prohíbe imputar los recibidos al pago de un determinado artículo de la cuenta; enuncia los efectos del ajuste final, y el carácter del saldo, permitiendo asegurarlo con hipoteca en el acto de la celebración del contrato; y establece, en fin, otras varias reglas que contribuirán sin duda a generalizar el conocimiento de la cuenta corriente, considerada, no como un término de contabilidad, sino como un verdadero contrato, creado por las necesidades del comercio.

El capítulo 13 de nuestra Ordenanza, que trata de las letras de cambio, ha merecido las recomendaciones de los comerciantes y jurisconsultos por la exactitud de los principios que contiene; pero sus disposiciones, fuera de no darnos las nociones fundamentales del cambio de moneda de una plaza a otra, se limitan especialmente a reglar el curso material de la letra que sirve de instrumento a la ejecución de este contrato, y adolecen a más de cierta oscuridad, consecuencia natural del descuido de su redacción y de la falta de método en la distribución y exposición de la materia.

Todo esto hacía necesaria y urgente la mejora de esta interesante rama de nuestra legislación mercantil; y esta necesidad ha sido satisfecha, refundiendo y clasificando los estimables materiales que nos ofrece la Ordenanza, y complementándolos con las adquisiciones que han enriquecido la ciencia después de la promulgación de ese código.

Para desempeñar debidamente esta tarea, el Proyecto define el cambio, concretándolo al transporte de moneda de una plaza a otra; explica las palabras de uso universal en el comercio y en la legislación peculiar de este contrato; y a continuación reglamenta con la prolijidad y detención convenientes todo cuanto se refiere a la forma y requisitos de la letra, al modo y efectos de su transmisión, a las obligaciones del librador, tomador, aceptante y demás personas que intervienen accidentalmente en su negociación, al pago, protestos, recambio, resaca y prescripción de las acciones procedentes del cambio. La oportunidad de las clasificaciones y el buen orden y claridad de la exposición, me permiten esperar que en poco tiempo se generalizará el conocimiento de las reglas que gobiernan el cambio en todo el mundo comercial.

No cerraré la revista del Título X sin llamar vuestra atención a un punto sobre el cual el comercio de todos los países se ha manifestado en constante pugna con la legislación mercantil escrita. Tal es el uso del endoso en blanco.

A pesar de la prohibición que contiene nuestra Ordenanza y el auto acordado de 31 de enero de 1848, el comercio ha persistido en el uso de los endosos en blanco; y considerando que esta persistencia es la expresión, no del capricho, sino de una verdadera necesidad, se ha creído más prudente dar existencia legal a estos endosos, que reagravar las providencias con que algunos códigos han querido proscribirlos. Sin embargo, para suplir la falta de las enunciaciones que caracterizan el acto y determinan sus efectos, el Proyecto declara que el endoso en blanco transfiere la propiedad de la letra, e importa la prueba de la recepción de su valor; y de este modo deja al endosante en libertad de optar entre el empleo de este peligroso medio de transmisión y la eventualidad de un abuso de confianza.

Los Títulos XI y XII se ocupan "de las libranzas y pagarés a la orden y de las cartas órdenes de crédito"; documentos que, considerados en el derecho mercantil como auxiliares de las letras de cambio, forman con ellas "el complemento del variado e ingenioso sistema de los efectos negociables". Estos títulos contienen las disposiciones necesarias para diseñar el carácter y efectos de los contratos que justifican aquellos documentos de crédito; y entre ellas hay una que debe llamar vuestra atención por la importancia que tiene en el deslinde de la competencia civil y mercantil. Tal es la que somete al imperio del Código Civil las libranzas y pagarés a la orden que no procedan de operaciones comerciales.

En situación análoga a la de los insinuados títulos se encuentran los cuatro con que termina el Libro II del Proyecto. Con todo, merece una recomendación particular la disposición que, con el fin de prevenir los fraudes tan frecuentes en la aproximación de la quiebra, exige la concurrencia de ciertos requisitos para que el acreedor prendario pueda hacer valer contra los demás el privilegio que le otorga la ley.

El Libro III del Proyecto está consagrado a la exposición de las materias concernientes al comercio marítimo.

Aunque esta parte de la legislación mercantil tenga entre nosotros una importancia especial, por cuanto las peculiaridades de la situación geográfica de Chile nos llama a promover y estimular el comercio por mar, no nos es dado emprender el examen analítico de las disposiciones que contiene este Libro, porque la naturaleza de esta comunicación y los límites trazados al principio, me impiden desempeñar ese trabajo. Sin embargo, consecuente con el plan que me he propuesto, haré una ligera reseña de aquellas que por su novedad, o por algún otro motivo especial, puedan merecer vuestra consideración.

El Título I de aquel Libro habla "de las naves y de los propietarios y copropietarios de ellas",

En el párrafo 1 de este Título se explica el alcance legal de las palabras "nave" y "aparejos"; y para evitar el error a que pudieran inducir ciertas enunciaciones de la Ordenanza y del Código Civil acerca de la naturaleza jurídica de las naves, el Proyecto las declara muebles, sin perjuicio de las modificaciones que introduce en la condición legal de las mismas.

En consecuencia, el Proyecto afecta la nave al pago de las deudas comunes y privilegiadas del propietario; confiere a los acreedores el derecho de perseguirla en poder de terceros, mientras dura su responsabilidad; introduce una forma especial para la venta judicial, teniendo en vista la influencia que puede ejercer ese valioso mueble en el crédito del dueño; exige escritura pública para acreditar la venta privada contra terceros; detalla los créditos privilegiados y determina la naturaleza de la prueba con que deben ser justificados; y, finalmente, fija el tiempo que debe transcurrir para adquirir por prescripción el dominio de la nave.

El párrafo 2 regla los derechos, obligaciones y responsabilidades de los propietarios y copropietarios de la nave. Ellos pueden administrarla, teniendo aptitud para comerciar; pero careciendo de ella, están obligados a nombrar una persona que la administre por cuenta de la comunidad con las facultades propias del naviero. Supuesta la existencia de la administración colectiva de los condueños, el Proyecto prevé los frecuentes conflictos que ocurren entre ellos sobre armamento, equipo, aprovisionamiento, fletamento, reparación, venta voluntaria, nombramiento de capitán y otros objetos; y a nuestro juicio, él adopta las providencias más conducentes para prevenirlos, o resolverlos en el sentido más equitativo y conforme al derecho y conveniencia de todos los copartícipes.

El Título II trata "de las personas que intervienen en el comercio marítimo".

El párrafo 1 de este Título nos da a conocer el carácter legal del naviero o armador, sus atribuciones, obligaciones y responsabilidades provenientes de los contratos del capitán, y de los hechos ilícitos del mismo y de los hombres de mar, bien constituyan un delito o cuasidelito, bien importen una mera culpa. En el interés de nuestra navegación, y con el fin de estimular los armamentos comerciales, el Proyecto faculta al naviero para libertarse de las responsabilidades expresadas abandonando la nave y los fletes percibidos o por percibir en razón del viaje de que ellos provengan, y para caracterizar convenientemente el abandono, determina sus límites, los efectos que produce, la solemnidad con que debe hacerse y el modo como deben proceder a acordarlo los copropietarios de la nave, cuando desempeñan las funciones del naviero.

El párrafo 2 se ocupa con la debida detención del capitán, persona que desempeña el principal papel en la realización del contrato constitutivo del comercio marítimo. El Proyecto confiere al capitán el triple carácter de delegado de la autoridad pública para la conservación del orden en la nave, del factor de naviero en lo relativo al interés de la misma y de representante de los cargadores en todo lo concerniente a la carga y al resultado de la expedición, y designa las condiciones de edad y suficiencia que debe reunir el que pretenda desempeñar el cargo de tal en una nave de comercio. Considerándolo en seguida en las diversas situaciones en que lo coloca la naturaleza de su oficio, el Proyecto describe sus atribuciones: especifica con la prolijidad y distinción necesarias las obligaciones que pesan sobre él en cada una de esas situaciones; detalla los actos que le están prohibidos, y, últimamente, le declara civilmente responsable aun de la culpa leve que cometa en el ejercicio de su oficio y de los hurtos de la tripulación, fijando al mismo tiempo la época en que principia y concluye esta responsabilidad respecto del naviero y cargadores.

En cuanto a las disposiciones consignadas en los párrafos 3, 4 y 5 con que termina el Título II, basta anunciaros que todas ellas se encaminan a determinar las funciones, obligaciones y responsabilidades del piloto, contramaestre y sobrecargos.

A pesar de que el capítulo 24 de nuestra Ordenanza trata de las mismas personas que el Proyecto denomina "hombres de mar", el Título III del Libro III, que se ocupa de los contratos de estas personas, debe ser considerado como una obra verdaderamente nueva por su fondo y su forma. Faltaban en nuestra legislación mercantil disposiciones que reglaran los ajustes de la tripulación, tomando en cuenta que los individuos que la componen son los que exclusivamente soportan los rudos trabajos y las penalidades cíe la navegación; y, felizmente, el Proyecto ha suplido satisfactoriamente esta falta, reglamentando los ajustes del modo que se ha creído más conforme a la equidad y a la naturaleza de estos contratos.

El Título que nos ocupa principia definiendo las palabras "hombre de mar", "gente de mar"; explica la naturaleza jurídica de los ajustes hechos por una cantidad alzada al mes o por viaje, al flete o a la parte en los beneficios de la expedición; enumera los derechos y obligaciones del hombre de mar; prefija la responsabilidad definitiva de los gastos de asistencia y curación en las enfermedades causadas por servicios ordinarios o extraordinarios en favor de la nave; señala las indemnizaciones que se le deben en ciertos casos; y, en una palabra, designa las causas que autorizan la rescisión y producen la extinción de sus empeños, y lleva su previsión a todo aquello en que era equitativo mejorar su condición, sin faltar a los principios de justicia.

Los cuatro títulos siguientes versan sobre materias que nuestra Ordenanza ha tratado con madurez y acierto. Esta consideración me induce a limitar esta revista a indicaros: que en el Título IV, que trata "de los fletamentos", el Proyecto ha agregado un párrafo que contiene las reglas concernientes al transporte marítimo de pasajeros; que en el V se ha definido y dividido la avería "en gruesa o común" y "simple o particular", suprimiéndose como inexacta la llamada "ordinaria"; que en el VI, "del préstamo a la gruesa o a riesgo marítimo", se ha otorgado privilegio al dador sobre los objetos directamente afectos al préstamo en lugar de la hipoteca que sobre los mismos debía constituir el tomador según la legislación vigente; y que en el VII, "del seguro marítimo", se ha reglamentado ampliamente y bajo todos respectos el ejercicio del derecho de dejación concedido al asegurado, supliendo así la deficiencia de nuestra Ordenanza, que apenas consagra cinco artículos a la explicación de esta grave materia.

El Título final del Libro III trata "de la prescripción de las obligaciones peculiares del comercio marítimo y de la excepción de inadmisibilidad de algunas acciones especiales".

En el primer párrafo de este Título se establecen los términos de la prescripción relativa a las acciones expresadas en él, y a las que no los tienen señalados en el Libro III; y al fijarlos, se ha tenido en vista la necesidad de no mantener indefinidamente al comerciante bajo la impresión de una amenaza que debilite la asidua atención que debe a sus negocios, y evitarle la molestia y dificultad de conservar por mucho tiempo para su defensa documentos que fácilmente desaparecen en el rápido movimiento de las operaciones mercantiles.

El Proyecto señala en el segundo párrafo ciertos hechos que, aun en la hipótesis de que la acción no se encuentre prescrita, la hacen de todo punto inadmisible; y esta inadmisibilidad se funda en la presunción de la inexistencia del suceso legal que produce la acción, o de una renuncia voluntaria que arroja la ejecución de ciertos actos cuando no ha habido previa protesta.

Esta misma presunción, robustecida por las consideraciones anteriormente expuestas, justifica la caducidad de la acción, cuando habiendo protesta, no ha sido hecha y notificada dentro de setenta y dos horas, o si hecha y notificada en tiempo, no se ha entablado demanda dentro de dos meses contados desde la fecha de la protesta.

El Libro IV y último del Proyecto trata "de las quiebras". Esta materia, la más difícil, grave e importante de cuantas abraza la legislación mercantil, ha sido por desgracia la más descuidada entre nosotros. Las disposiciones que actualmente nos rigen en materia de quiebras se hallan consignadas en la ley, civil y comercial a la vez, de 8 de febrero de 1837, en el capítulo 17 de la Ordenanza de Bilbao, en el Título 32, Libro 11 de la Novísima Recopilación, y en algunas leyes dispersas que contienen nuestros antiguos códigos; pero el conocimiento más superficial de todas esas disposiciones hasta para convencerse profundamente de su absoluta insuficiencia para proteger eficazmente a los acreedores y al comercio en general contra los daños materiales y las graves perturbaciones que producen las quiebras, satisfacer a la sociedad entera, y asegurar al deudor, en los casos de desgracia, todos los miramientos conciliables con los diversos intereses que aquéllas comprometen.

Tal estado de cosas reclamaba urgentemente el completo abandono de esa legislación compuesta de elementos heterogéneos, y la introducción de otra nueva, capaz de dar sólidas garantías al comerciante de buena fe, prevenir el fraude, y asegurar la persecución y castigo de los que, abusando de la confianza del comercio, buscan la riqueza en el despojo de los que se la han dispensado imprudentemente.

Por fortuna, el Proyecto ha acogido, con las modificaciones necesarias, la ley francesa de 8 de junio de 1838, que reformó el Libro III del Código de Comercio, aprovechando las luces que habían acumulado la experiencia de treinta años, las discusiones del foro y las meditaciones de los jurisconsultos más eminentes; y tan recomendables antecedentes me dan mérito para esperar que la fiel aplicación de las disposiciones que aquél contiene disminuirá el número de las quiebras, dificultando el buen éxito de las maquinaciones dolosas que, a la aproximación del momento fatal, sugiere la perspectiva de la miseria, o el punible deseo de enriquecerse con la fortuna ajena.

En el párrafo 1 del Título I se define la quiebra con la mayor propiedad y exactitud, no por la descomposición de los elementos de este hecho complejo, sino mediante la estimación jurídica del hecho material de la cesación de pagos, signo característico de la pérdida absoluta del crédito que causa necesariamente la muerte comercial del negociante; y de este modo se precave el peligro de extraviar la conciencia del juez de comercio, sometiendo a su apreciación meros síntomas o circunstancias sobre cuyo alcance e importancia pudiera equivocarse fácilmente.

La sola definición de la quiebra muestra que el Proyecto rechaza ese estado medio entre la solvencia y la insolvencia que algunos han tratado de introducir en la ley de quiebras bajo el nombre de "suspensión de pagos". Para resolver el problema de la solvencia o insolvencia de un comerciante, sería indispensable aplicar todos los procedimientos de la quiebra, hasta consumar la venta de todos los objetos que compongan su activo; y para cortar esta penosa investigación, que produciría al fin los mismos resultados que la quiebra, el Proyecto declara que la suspensión de pagos no constituye el estado de quiebra, cuando los acreedores unánimemente otorgan esperas al deudor común.

La quiebra es la personificación del conjunto jurídico de los bienes y deudas del comerciante fallido; y comprende por consiguiente todo cuanto compone su activo y todos sus créditos pasivos, sea que éstos provengan de un acto de comercio, sea que nazcan de una causa puramente civil.

En el párrafo 2 se clasifica la quiebra en fortuita, culpable y fraudulenta. La primera se caracteriza fácilmente por la naturaleza del suceso que la produce; mas no así la segunda y tercera, por la dificultad de señalar con fijeza la línea, comúnmente imperceptible, que separa la culpa del fraude. Para salvar esta dificultad, el Proyecto determina los hechos que atribuyen de derecho a la quiebra el carácter de culpable o fraudulenta, y los que arrojan simplemente una presunción de culpabilidad o fraudulencia, que puede ser disipada por una prueba regular. En ese mismo párrafo se designan los hechos constitutivos de la complicidad en la quiebra fraudulenta; y para que el reo principal y sus cómplices no queden impunes, se confiere a los acreedores y al ministerio público el derecho de perseguirlos criminalmente, y se manda formar en los juzgados de comercio un expediente para la calificación de la quiebra, el cual debe terminar ante los mismos o ante los juzgados del crimen según los méritos que arroje.

El Título II trata "de la declaración de quiebra y sus efectos, de los que produce la cesación de pagos y de los recursos contra el auto denegatorio o declaratorio".

La quiebra puede ser denunciada por los acreedores y el mismo deudor. Respecto de aquéllos la manifestación del mal estado del deudor es un derecho; pero respecto de éste, es no sólo un deber de honor y conciencia, sino una obligación rigurosa cuya inobservancia, a más de privarle de las diversas ventajas con que la ley recompensa la espontaneidad de la denuncia, establece contra él la presunción de quiebra culpable. La manifestación en todo caso debe hacerse exhibiendo con ella los documentos que exige el Proyecto; y naciendo del deudor, debe verificarse dentro de tres días desde la cesación de pagos, contando en ellos el día en que ésta haya tenido lugar.

El juzgado de comercio pronuncia el auto declaratorio de la quiebra, si hubiere mérito bastante, en la audiencia siguiente al día en que se hubiere hecho la manifestación; fija en él provisionalmente la época de la cesación de pagos o se reserva hacer ulteriormente la fijación; nombra síndicos provisionales; ordena el arresto del deudor, y manda proceder a la ocupación judicial de los bienes, libros, correspondencia y documentos de su pertenencia; y dicta todas las demás providencias que enumera el Proyecto, dirigidas a dar la publicidad necesaria a la declaratoria y a evitar de una vez la ocultación de bienes y los pagos indebidos.

El Proyecto introduce graves modificaciones en la condición jurídica del deudor y de los mismos acreedores, encaminadas todas a conservar intacto el verdadero activo de la quiebra, a dar unidad a los procedimientos de ella, y a mantener la más completa igualdad entre todos los interesados en la masa. Para realizar a la vez tan laudables designios, desapodera de derecho al deudor de la administración de sus bienes y la traspasa a los síndicos desde el momento en que se pronuncia la declaración de quiebra; prohíbe a los acreedores comunes iniciar ejecución alguna o continuar las que tuvieren pendientes; manda acumular todas las causas comerciales o civiles al juicio universal de concurso; declara vencidas y exigibles las deudas respecto del fallido, sólo para los objetos que designa la ley; y lo que es todavía más importante, atribuye a la declaración de quiebra el efecto de fijar irrevocablemente los derechos de los acreedores en el estado que tenían el día anterior a su pronunciamiento. Sin embargo, ella no priva al deudor del ejercicio de los derechos civiles, salvo en los casos expresamente determinados por la ley.

La ley francesa, que ha cogido el Proyecto como la más completa y previsora de cuantas conocemos, castiga al fallido culpable o fraudulento, porque no era justo concederle la impunidad de un delito que tantas calamidades y desgracias acarrea al comercio y a toda la sociedad; pero fija más especialmente su atención en prevenir las desastrosas maquinaciones del fraude a que da ocasión la aproximación de la quiebra, para conservar por este medio en toda su integridad el activo de la masa; y apropiándose el espíritu de las sabias disposiciones que aquélla contiene, el Proyecto señala como el principal efecto de la cesación de pagos la nulidad de los actos translaticios de propiedad a título gratuito, de los pagos anticipados, de los de deudas vencidas que no hayan sido hechos en dinero o efectos de comercio, y de las hipotecas, prendas y anticresis otorgadas después de la época a que el juzgado de comercio refiere la cesación o dentro de los diez días que la preceden.

El Proyecto establece también la rescisión de los pagos en dinero o valores de créditos de deudas vencidas y de los contratos a título oneroso, verificados en el tiempo medio entre la cesación de pagos y la declaración de quiebra, a condición de que los que la soliciten justifiquen que los acreedores, o los terceros que hubieren contratado con el fallido, han procedido con conocimiento de aquel suceso; y para completar el sistema precautorio que introduce en protección de la masa común y evitar equivocaciones acerca del alcance y efectos de esa nueva rescisión, se reserva formalmente a los acreedores el ejercicio de la acción revocatoria de acuerdo con las prescripciones del Código Civil.

El pago de las letras de cambio y billetes a la orden está justamente exceptuado de las disposiciones precedentes, salvo que la devolución de la cantidad pagada sea exigida de la persona por cuya cuenta se hubiere verificado el pago, probándose que, al tiempo de hacerlo, ella tenía conocimiento de la cesación. La justicia de la excepción se manifiesta claramente si se toma en cuenta por una parte la necesidad de garantir el curso libre y expedito de esos papeles de crédito que rinden al comercio tan importantes servicios, y por otra parte que el tenedor no puede desechar el pago que se le ofrece, sin perder su recurso contra los codeudores del fallido, puesto que en este caso no puede conservarlo por medio del protesto.

La nulidad y la rescisión no pueden afectar la inscripción de las hipotecas válidamente constituidas, ni la compensación de deudas vencidas antes de la declaración de quiebra. Aquélla puede hacerse hasta el día de la declaración y ésta quedará irrevocablemente consumada, toda vez que ambas deudas reúnan los requisitos que exige el Código Civil.

El Proyecto concede al fallido, a los acreedores y terceros interesados el derecho de solicitar la reposición del auto declaratorio de quiebra; fija el plazo en que debe ejercitarse este derecho y el en que debe terminar el artículo; y para el caso de que ese auto sea revocado, confiere acción al fallido para demandar indemnización de daños y perjuicios al acreedor que hubiere solicitado la declaración de quiebra.

Tales son las principales disposiciones consignadas en el Título II del Proyecto; y ciertamente que ellas darán a los acreedores una protección más eficaz y fructuosa que la que podían esperar de las leyes que inútilmente han fulminado la última pena contra los fallidos fraudulentos.

El Título III explica todas las diligencias consiguientes a la declaración de quiebra. En él se impone al ministerio público y a los síndicos la obligación de requerir el arresto del fallido; se autoriza al juzgado de comercio para que exonere de la prisión al deudor que hubiere manifestado espontáneamente su quiebra, o para otorgarle un salvoconducto provisional si estuviera encarcelado, siempre que del examen del balance, libros y papeles no resultare mérito bastante para calificar la quiebra de culpable; se ordena la aposición de sellos en el domicilio y establecimientos del fallido, y se faculta al mismo juzgado para eximir de esta diligencia todos los objetos que enumera, y decretar la venta de los expuestos a un próximo deterioro y finalmente se dispone la formación por duplicado de un prolijo inventario y el depósito de uno de los ejemplares en la secretaría del juzgado de comercio para la debida instrucción de los acreedores, y se permite a los empleados del ministerio público que asistan a la confección del inventario.

En el Título IV se trata del nombramiento de síndicos definitivos que debe hacer el juzgado de comercio, oyendo previamente la opinión de los acreedores en la primera junta general que tenga; se designan en él las personas inhábiles para desempeñar la sindicatura; se especifican con claridad las atribuciones y obligaciones de los síndicos; y se dictan todas las providencias necesarias para acelerar y regularizar los procedimientos de esos mandatarios, impedir los fraudes que pudieran cometerse en la administración, y conseguir que ella sea más provechosa a los acreedores que fructífera para los administradores.

El Título V se contrae a reglamentar el examen y reconocimiento de los créditos contra la quiebra. Esta diligencia debe hacerse en junta general de acreedores, convocada al efecto y presidida por el juez de comercio. El fallido y los acreedores inscritos en el balance presentado por aquél, o en el formado por los síndicos, pueden impugnar los créditos sujetos a la verificación. El crédito no impugnado y jurado queda irrevocablemente reconocido, salvo dolo o reserva de parte legítima, por el auto que declare concluido el procedimiento de verificación; pero el crédito objetado es sometido al fallo que el juzgado de comercio debe pronunciar en la misma audiencia, si para darlo no necesitare el auxilio de la prueba. Este sencillo sistema de verificación permite aprovechar los conocimientos de todos los acreedores acerca del origen y demás circunstancias de sus respectivos créditos; proporciona a este importantísimo acto las garantías de la publicidad; y evita los graves inconvenientes y peligros que lleva consigo el reconocimiento fundado exclusivamente en el silencio de los síndicos, acreedores y fallido.

El Título VI habla del convenio entre el fallido y sus acreedores, reglamentando todo lo relativo a su formación, efectos, anulación y rescisión. Teniendo presente que el convenio es la manera de terminar los concursos más conforme con los hábitos y tendencias del comercio, el Proyecto ha cuidado especialmente de adoptar todas las providencias indispensables para que él sea la expresión genuina de la libre e ilustrada voluntad de los acreedores que lo forman, y no el resultado de la colusión interesada, o de la culpable condescendencia con los acreedores más influyentes o con el mismo fallido; y no dudo que el bien calculado sistema del Proyecto producirá el efecto indicado, y contribuirá a destruir las prevenciones difundidas en la clase civil de nuestra sociedad contra la justicia y utilidad de esta institución, identificada con el interés y la costumbre universal del comercio.

Los concursos se eternizan muchas veces porque la insuficiencia del activo no permite cubrir los costos que demandan los procedimientos de la quiebra. La paralización de éstos por un tiempo indefinido coloca a los acreedores en una situación tan anómala como penosa, y permite al fallido emprender nuevos negocios al abrigo de las exenciones inherentes al estado de quiebra; y con el fin de aplicar un eficaz remedio a los males que produce tal situación, el Proyecto ha sancionado las disposiciones consignadas en el Título VII. Según ellas, el juzgado de comercio puede decretar de oficio, o a instancias de los síndicos o de alguno de los acreedores, el sobreseimiento de los procedimientos del concurso; y aunque esta resolución deje subsistente el estado de quiebra, restituye a los acreedores el derecho de perseguir individualmente la persona y bienes del fallido. No obstante esta restitución, se prohíbe despachar mandamiento de ejecución personal fuera de los casos de quiebra fraudulenta.

En el Título VIII se establecen las reglas a que deben ajustarse la realización y liquidación del activo y pasivo de la quiebra, cuando no existe convenio que ponga término a los procedimientos de la quiebra. En este Título el Proyecto autoriza a los síndicos para vender los muebles, raíces y créditos de la masa, en la forma que determina; para transigir todas las diferencias relativas a los derechos litigiosos de la quiebra, sujetándose a lo prevenido por la ley; para exigir la devolución de las prendas, cubriendo la deuda en capital, intereses y costas; para pagar, en cualquier estado de la quiebra, a los acreedores privilegiados o hipotecarios, observando las formalidades que expresa; y después de acordar algunas otras disposiciones referentes a la administración y al conocimiento que debe darse cada tres meses a los acreedores acerca del estado de la realización y liquidación, concluye ordenando a los síndicos la presentación de su cuenta final a la junta que debe convocarse al efecto, y la cesación en el ejercicio de sus funciones.

La reivindicación comercial, rescisión y retención en los casos de quiebra, son la materia del Título IX. El Proyecto ha compilado en este Título los principios aceptados por los códigos europeos y la jurisprudencia y costumbre mercantil; y es justo esperar que generalizados entre nosotros, se facilitará la resolución de las innumerables cuestiones a que alternativamente han dado ocasión el silencio y la incertidumbre de nuestra legislación vigente.

El Título X contiene las disposiciones concernientes a la graduación de los acreedores; y entre ellas, sólo merecen una especial recomendación la que autoriza al acreedor por obligaciones suscritas, endosadas o garantidas solidariamente por personas fallidas, para presentarse en todas las quiebras por el valor nominal de sus títulos y participar de los dividendos respectivos, y la que niega a las masas el derecho para demandarse entre sí el reembolso de los dividendos que cada una hubiere dado, salvo que éstos excedan la cantidad a que monte el crédito por principal, intereses y costas.

La quiebra judicialmente declarada somete al fallido a ciertas interdicciones que no pueden cesar sino mediante la rehabilitación de que se ocupa el Título XI del Proyecto. En él se designan las personas a quienes la ley niega este beneficio; se indican los objetos sobre que debe versar la prueba que exige para otorgarlo, el tribunal ante quien debe deducirse la solicitud y las personas que pueden hacer oposición a ella; y, finalmente, se manda publicar en extracto esa solicitud o íntegramente la sentencia que otorgue la rehabilitación, para dar la debida importancia al acto que repone al fallido en su posición perdida.

El Título final señala la época en que debe principiar a regir el Código.

Al presentaros, de acuerdo con el Consejo de Estado, el adjunto Proyecto, estoy muy lejos de suponer que él sea una obra perfecta en todo sentido, porque sé que nada sale de las manos del hombre que merezca semejante epíteto; pero me asiste la más íntima confianza de que él mejora considerablemente la condición de nuestras instituciones comerciales y las coloca en la vía del progreso. La experiencia y el aumento gradual de nuestras luces nos descubrirán los errores que él contenga y los vacíos que deje; y conociéndolos, será fácil corregir los unos y llenar los otros sin correr los peligros que traen consigo las transiciones irreflexivas y violentas de una legislación a otra.

Santiago, octubre 5 de 1865 - JOSÉ JOAQUÍN PÉREZ - Federico Errázuriz.

CÓDIGO DE COMERCIO

TÍTULO PRELIMINAR
DISPOSICIONES GENERALES

[Ámbito de aplicación del Código de Comercio / Teoría de lo accesorio]

Artículo 1°. El Código de Comercio rige las obligaciones de los comerciantes que se refieran a operaciones mercantiles, las que contraigan personas no comerciantes para asegurar el cumplimiento de obligaciones comerciales, y las que resulten de contratos exclusivamente mercantiles.

[Supletoriedad del Código Civil a la legislación mercantil]

Artículo 2°. En los casos que no estén especialmente resueltos por este Código, se aplicarán las disposiciones del Código Civil.

[Actos de Comercio / Mercantilidad Objetiva/ Teoría de lo accesorio]

Artículo 3°. Son actos de comercio, ya de parte de ambos contratantes, ya de parte de uno de ellos:

1°. La compra y permuta de cosas muebles, hecha con ánimo de venderlas, permutarlas o arrendarlas en la misma forma o en otra distinta, y la venta, permuta o arrendamiento de estas mismas cosas.

Sin embargo, no son actos de comercio la compra o permuta de objetos destinados a complementar accesoriamente las operaciones principales de una industria no comercial.

2°. La compra de un establecimiento de comercio.

3°. El arrendamiento de cosas muebles hecho con ánimo de subarrendarlas.

4°. La comisión o mandato comercial.

5°. Las empresas de fábricas, manufacturas, almacenes, tiendas, bazares, fondas, cafés y otros establecimientos semejantes.

6°. Las empresas de transporte por tierra, ríos o canales navegables.

7°. Las empresas de depósito de mercaderías, provisiones o suministros, las agencias de negocios y los martillos.

8°. Las empresas de espectáculos públicos, sin perjuicio de las medidas de policía que corresponda tomar a la autoridad administrativa.

9°. Las empresas de seguros terrestres a prima, inclusas aquellas que aseguran mercaderías transportadas por canales o ríos.

10. Las operaciones sobre letras de cambio, pagarés y cheques sobre documentos a la orden, cualesquiera que sean su causa y objeto y las personas que en ella intervengan, y las remesas de dinero de una plaza a otra hechas en virtud de un contrato de cambio.

11. Las operaciones de banco, las de cambio y corretaje.

12. Las operaciones de bolsa.

13. Las empresas de construcción, carena, compra y venta de naves, sus aparejos y vituallas.

14. Las asociaciones de armadores.

15. Las expediciones, transportes, depósitos o consignaciones marítimas.

16. Los fletamentos, seguros y demás contratos concernientes al comercio marítimo.

17. Los hechos que producen obligaciones en los casos de averías, naufragios y salvamentos.

18. Las convenciones relativas a los salarios del sobrecargo, capitán, oficiales y tripulación.

19. Los contratos de los corredores marítimos, pilotos lemanes y gente de mar para el servicio de las naves.

20. Las empresas de construcción de bienes inmuebles por adherencia, como edificios, caminos, puentes, canales, desagües, instalaciones industriales y de otros similares de la misma naturaleza.

[Costumbre mercantil / Requisitos]

Artículo 4°. Las costumbres mercantiles suplen el silencio de la ley, cuando los hechos que las constituyen son uniformes, públicos, generalmente ejecutados en la República o en una determinada localidad, y reiterados por un largo espacio de tiempo, que se apreciará prudencialmente por los juzgados de comercio.

[Prueba de la costumbre mercantil]

Artículo 5°. No constando a los juzgados de comercio que conocen de una cuestión entre partes la autenticidad de la costumbre que se invoque, sólo podrá ser probada por alguno de estos medios:

1°. Por un testimonio fehaciente de dos sentencias que, aseverando la existencia de la costumbre, hayan sido pronunciadas conforme a ella;

2°. Por tres escrituras públicas anteriores a los hechos que motivan el juicio en que debe obrar la prueba.

[Costumbre mercantil para interpretar palabras técnicas/ costumbre mercantil para interpretar actos o contratos]

Artículo 6°. Las costumbres mercantiles servirán de regla para determinar el sentido de las palabras o frases técnicas del comercio y para interpretar los actos o convenciones mercantiles.

LIBRO I
DE LOS COMERCIANTES Y DE LOS AGENTES DEL COMERCIO

TÍTULO I
DE LA CALIFICACIÓN DE LOS COMERCIANTES Y DEL REGISTRO DE COMERCIO

§ 1. De la calificación de los comerciantes

[Concepto de comerciante / Requisitos]

Artículo 7°. Son comerciantes los que, teniendo capacidad para contratar, hacen del comercio su profesión habitual.

[Ejecución accidental de un acto de comercio no determina la calificación de comerciante]

Artículo 8°. No es comerciante el que ejecuta accidentalmente un acto de comercio; pero queda sujeto a las leyes de comercio en cuanto a los efectos del acto.

Artículo 9°. Derogado.

[Menor adulto que ejecuta actos de comercio]

Artículo 10. Cuando los hijos de familia y los menores que administran su peculio profesional en virtud de la autorización que les confieren los artículos 246 y 439 del Código Civil ejecutaren algún acto de comercio, quedarán obligados hasta concurrencia de su peculio y sometidos a las leyes de comercio.

[Mujer casada comerciante]

Artículo 11. La mujer casada comerciante se regirá por lo dispuesto en el artículo 150 del Código Civil.

Artículo 12. Derogado.

Artículo 13. Derogado.

[Mujer casada no comerciante]

Artículo 14. La mujer casada no será considerada como comerciante si no hace un comercio separado del de su marido.

Artículo 15. Derogado.

[Mujer divorciada y separada de bienes / requisitos para ser comerciante]

Artículo 16. La mujer divorciada y la separada de bienes pueden comerciar, previo al registro y publicación de la sentencia de divorcio y separación o de las capitulaciones matrimoniales, en su caso, y sujetándose, además, si fueren menores de dieciocho años, a las reglas concernientes a los menores bajo guarda.

Artículo 17. Derogado.

[Comparecencia judicial del menor adulto]

Artículo 18. El menor comerciante puede comparecer en juicio por sí solo en todas las cuestiones relativas a su comercio.

[Protección a terceros que contratan con personas afectas a una prohibición de comerciar]

Artículo 19. Los contratos celebrados por personas a quienes esté prohibido por las leyes el ejercicio del comercio, no producen acción contra el contratante capaz; pero confieren a éste derecho para demandar a su elección la nulidad o cumplimiento de ellos, a menos que se pruebe que ha procedido de mala fe.

§ 2. Del registro del comercio

[Registro de comercio]

Artículo 20. En la cabecera de cada departamento se llevará un registro en que se anotarán todos los documentos que según este Código deben sujetarse a inscripción.

[Reglamento del Registro de Comercio / Organización]

Artículo 21. Las reglas y formalidades relativas a la organización del registro del comercio, a los deberes y funciones del secretario encargado de él y a la forma y solemnidad de las inscripciones, se determinarán en un reglamento especial.

TÍTULO II
DE LAS OBLIGACIONES DE LOS COMERCIANTES

§ 1. De la inscripción de documentos

[Documentos que se inscriben en el registro de comercio]

Artículo 22. En el registro del comercio se tomará razón en extracto y por orden de números y fechas de los siguientes documentos:

1°. De las capitulaciones matrimoniales, el pacto de separación de bienes a que se refiere el artículo 1723 del Código Civil, inventarios solemnes, testamentos, actos de partición, sentencias de adjudicación, escrituras públicas de donación, venta, permuta, u otras de igual autenticidad que impongan al marido alguna responsabilidad a favor de la mujer;

2°. De las sentencias de divorcio o separación de bienes y de las liquidaciones practicadas para determinar las especies o cantidades que el marido deba entregar a su mujer divorciada o separada de bienes;

3°. De los documentos justificativos de los haberes del hijo o pupilo que está bajo la potestad del padre, madre o guardador;

4°. De las escrituras de sociedad, sea ésta colectiva, en comandita o anónima, y de las en que los socios nombraren gerente de la sociedad en liquidación;

5°. De los poderes que los comerciantes otorgaren a sus factores o dependientes para la administración de sus negocios.

[Plazo para inscripción de documentos en el registro de comercio]

Artículo 23. La toma de razón de los documentos especificados en el artículo anterior deberá todo comerciante hacerla efectuar dentro del término de quince días, contados, según el caso, desde el día del otorgamiento del documento sujeto a inscripción, o desde la fecha en que el marido, padre, madre o guardador principie a ejercer el comercio.

[Sanción por no inscripción de escrituras sociales y poderes / protección a terceros]

Artículo 24. Las escrituras sociales y los poderes de que no se hubiere tomado razón, no producirán efecto alguno entre los socios, ni entre el mandante y mandatario; pero los actos ejecutados o contratos celebrados por los socios o mandatarios surtirán pleno efecto respecto de terceros.

§ 2. De la contabilidad mercantil

[Libros que debe llevar todo comerciante]

Artículo 25. Todo comerciante está obligado a llevar para su contabilidad y correspondencia:

1°. El libro diario;

2° El libro mayor o de cuentas corrientes;

3° El libro de balances;

4°. El libro copiador de cartas.

[Idioma de los libros]

Artículo 26. Los libros deberán ser llevados en lengua castellana.

[Libro diario]

Artículo 27. En el libro diario se asentarán por orden cronológico y día por día las operaciones mercantiles que ejecute el comerciante, expresando detalladamente el carácter y circunstancias de cada una de ellas.

[Libro de caja y de facturas]

Artículo 28. Llevándose libro de caja y de facturas, podrá omitirse en el diario el asiento detallado, tanto de las cantidades que entraren, como de las compras, ventas y remesas de mercaderías que el comerciante hiciere.

[Libro de balances]

Artículo 29. Al abrir su giro, todo comerciante hará en el libro de balances una enunciación estimativa de todos sus bienes, tanto muebles como inmuebles, y de todos sus créditos activos y pasivos.

Al fin de cada año formará en este mismo libro un balance general de todos sus negocios, bajo las responsabilidades que se establecen en el Libro IV de este Código[1].

[Libro de compras y ventas aplicable al comerciante por menor / concepto de comerciante por menor]

Artículo 30. Los comerciantes por menor llevarán un libro encuadernado, forrado y foliado, y en él asentarán diariamente las compras y ventas que hagan tanto al fiado como al contado.

En este mismo libro formarán al fin de cada año un balance general de todas las operaciones de su giro.

Se considera comerciante por menor al que vende directa y habitualmente al consumidor.

[Reglas en la llevanza de los libros de contabilidad]

Artículo 31. Se prohíbe a los comerciantes:

1°. Alterar en los asientos el orden y fecha de las operaciones descritas;

2°. Dejar blancos en el cuerpo de los asientos o a continuación de ellos;

3°. Hacer interlineaciones, raspaduras o enmiendas en los mismos asientos;

4°. Borrar los asientos o parte de ellos;

5°. Arrancar hojas, alterar la encuardenación y foliatura y mutilar alguna parte de los libros.

[Corrección de asientos contables]

Artículo 32. Los errores y omisiones que se cometieren al formar un asiento se salvarán en otro nuevo en la fecha en que se notare la falta.

[Ocultación de libros por el comerciante / sanción en caso de que no se exhiban]

Artículo 33. El comerciante que oculte alguno de sus libros, siéndole ordenada la exhibición, será juzgado por los asientos de los libros de su colitigante que estuvieren arreglados, sin admitírsele prueba en contrario.

[Falta de valor probatorio de los libros de contabilidad viciados]

Artículo 34. Los libros que adolezcan de los vicios enunciados en el artículo 31 no tendrán valor en juicio a favor del comerciante a quien pertenezcan, y las diferencias que le ocurran con otro comerciante por hechos mercantiles, serán decididas por los libros de éste, si estuvieren arreglados a las disposiciones de este Código y no se rindiere prueba en contrario.

[Valor probatorio de los libros de contabilidad llevados correctamente]

Artículo 35. Los libros de comercio llevados en conformidad a lo dispuesto en el artículo 31, hacen fe en las causas mercantiles que los comerciantes agiten entre sí.

[Desacuerdo de libros de contabilidad en juicios entre comerciantes]

Artículo 36. Si los libros de ambas partes estuvieren en desacuerdo, los tribunales decidirán las cuestiones que ocurran según el mérito que suministren las demás pruebas que se hayan rendido.

[Negativa injustificada a exhibir los libros de contabilidad]

Artículo 37. Si uno de los litigantes ofrece estar y pasar por lo que constare de los libros de su contendor, y éste se niega a exhibirlos sin motivo bastante en concepto de los juzgados de comercio, podrán los mismos juzgados deferir el juramento supletorio a la parte que ha exigido la exhibición.

[Valor probatorio de libros de contabilidad en contra del comerciante]

Artículo 38. Los libros hacen fe contra el comerciante que los lleva, y no se le admitirá prueba que tienda a destruir lo que resultare de sus asientos.

[Indivisibilidad del valor probatorio de los libros de contabilidad]

Artículo 39. La fe de los libros es indivisible, y el litigante que aceptare en lo favorable los asientos de los libros de su contendor, estará obligado a pasar por todas la enunciaciones adversas que ellos contengan.

[Libros auxiliares o facultativos del comerciante / su valor probatorio]

Artículo 40. Los libros auxiliares no hacen prueba en juicio independientemente de los que exige el artículo 25; pero si el dueño de éstos los hubiere perdido sin su culpa, harán prueba aquellos libros con tal que hayan sido llevados en regla.

[SECRETO DE LOS LIBROS DE CONTABILIDAD]

Artículo 41. Se prohíbe hacer pesquisas de oficio para inquirir si los comerciantes tienen o no libros, o si están o no arreglados a las prescripciones de este Código.

[MANIFESTACIÓN Y RECONOCIMIENTO GENERAL DE LOS LIBROS CONTABLES / CASOS TASADOS]

Artículo 42. Los tribunales no pueden ordenar de oficio, ni a instancia de parte, la manifestación y reconocimiento general de los libros, salvo en los casos de sucesión universal, comunidad de bienes, liquidación de las sociedades legales o convencionales y procedimiento concursal de liquidación.

[EXHIBICIÓN PARCIAL DE LOS LIBROS / MODO DE EJECUCIÓN DE LA EXHIBICIÓN DE LA PARCIAL DE LIBROS]

Artículo 43. La exhibición parcial de los libros de alguno de los litigantes podrá ser ordenada a solicitud de parte o de oficio.

Verificada la exhibición, el reconocimiento y compulsa serán ejecutados en el lugar donde los libros se llevan y a presencia del dueño o de la persona que él comisione, y se limitarán a los asientos que tengan una relación necesaria con la cuestión que se agitare, y a la inspección precisa para establecer que los libros han sido llevados con la regularidad requerida.

Sólo los jueces de comercio son competentes para verificar el reconocimiento de los libros.

[CONSERVACIÓN DE LOS LIBROS DE CONTABILIDAD POR EL COMERCIANTE]

Artículo 44. Los comerciantes deberán conservar los libros de su giro hasta que termine de todo punto la liquidación de sus negocios.

La misma obligación pesa sobre sus herederos.

§ 3. De la correspondencia

[LIBRO COPIADOR DE CORRESPONDENCIA]

Artículo 45. Los comerciantes deberán dejar copia íntegra y a la letra de todas las cartas que escribieren sobre negocios de su giro en el libro destinado a este objetivo.

[Orden del libro copiador de correspondencia]

Artículo 46. Las cartas se pondrán en el libro copiador unas en pos de otras, sin dejarse blancos, y guardándose el orden de sus fechas.

[Exhibición parcial del libro copiador de correspondencia]

Artículo 47. Los juzgados de comercio pueden decretar de oficio, o a instancia de parte, la exhibición de las cartas originales que tengan relación con el asunto litigioso, y ordenar que se compulsen de los libros respectivos las de igual clase que se hayan dirigido los litigantes.

En uno y otro caso se designarán previa y determinadamente las cartas que deban exhibirse o copiarse.

TÍTULO III
DE LOS CORREDORES

[Definición de corredor]

Artículo 48. Los corredores son oficiales públicos instituidos por la ley para dispensar su mediación asalariada a los comerciantes y facilitarles la conclusión de sus contratos.

[Número de corredores]

Artículo 49. En las plazas de comercio que designare el Presidente de la República habrá un número fijo de corredores, proporcionado a su población y a la extensión de su tráfico.

El número será fijado por reglamentos particulares.

[Nombramiento de corredores]

Artículo 50. Los corredores serán nombrados por el Presidente de la República a propuesta en terna de los juzgados de comercio.

En los distritos donde hubiere dos o más juzgados que conozcan de asuntos mercantiles, la propuesta se hará por el que estuviere de turno al tiempo de la creación de la plaza o de su vacante.

[Requisitos para ser nombrado corredor]

Artículo 51. Para formar la terna los juzgados de comercio convocarán a concurso, y las personas que quieran tomar parte en él deberán acreditar de una manera fehaciente su aptitud legal y moral, y la posesión de los conocimientos necesarios para el exacto desempeño de las funciones de corredor.

[Juramento previo que deben rendir los corredores]

Artículo 52. Antes de entrar en el ejercicio de sus funciones, los corredores prestarán ante el respectivo juzgado de comercio juramento de desempeñar fiel y lealmente el cargo, y rendirán una fianza para responder de las condenaciones que se pronunciaren contra ellos por hechos relativos al desempeño de su profesión.

[Fianza para desempeñar el cargo de corredor]

Artículo 53. La fianza de los corredores será de uno a cinco escudos.

El Presidente de la República designará la cantidad de la fianza, según la importancia de las plazas de comercio donde los corredores deban desempeñar sus funciones.

[Reposición de la fianza otorgada por el corredor / sanción por falta de reposición]

Artículo 54. Si de cualquier modo llegare a noticia del juzgado de comercio que la fianza del corredor se halla disminuida o agotada, le ordenará que la reponga dentro de treinta días; y si el corredor no lo hiciere, se declarará vacante el destino.

[Prohibición para ser designado corredor]

Artículo 55. No pueden ser corredores:

1°. Los que tienen prohibición de comerciar;

2°. Los menores de veintiún años;

3°. Los que han sido destituidos de este cargo;

4°. Los que hubieren sido condenados a pena aflictiva o infamante.

[Obligaciones aplicables a los corredores]

Artículo 56. Los corredores están obligados:

1°. A responder de la identidad de las personas que contrataren por su intermedio y a asegurarse de su capacidad legal.

Interviniendo en contratos celebrados por personas incapaces, responderán de los perjuicios que resultaren directamente de la incapacidad.

2°. A ejecutar por sí mismos las negociaciones que se les encomendaren.

3°. A llevar un registro encuadernado y foliado, en el cual asentarán día a día, por el orden de fechas, en numeración progresiva, sin raspaduras, interlineaciones, notas marginales, abreviaturas o cifras, todas las compraventas, seguros, préstamos a la gruesa, fletamentos, y en general todas las operaciones ejecutadas por su mediación.

No pudiendo hacer por sí mismos los asientos, les será permitido ejecutarlos, bajo su responsabilidad, por medio de un dependiente, y a condición de rubricarlos al margen.

4°. A llevar un libro manual en el cual consignarán los nombres y domicilios de los contratantes, la materia del contrato y las condiciones con que se hubiere celebrado.

Los asientos se harán en el caso de ajustarse las operaciones.

Siempre que negociaren letras de cambio, deberán asentar sus fechas, términos y vencimientos, las plazas sobre que estén giradas, los nombres del librador, endosantes y pagador, los del último cedente y tomador, y el cambio convenido entre éstos.

5°. A recoger del cedente los documentos de comercio que hubieren negociado y entregarlos al tomador, de quien recibirán el precio para llevarlo al cedente.

6°. A entregar a cada uno de los interesados, dentro de las veinticuatro horas siguientes a la conclusión del negocio, un extracto firmado por ellos y por los mismos interesados del asiento que hubieren verificado en su registro. Este extracto firmado por las partes hace fe del contrato.

7°. A presentar su registro y manual a los tribunales o jueces árbitros, siempre que fueren requeridos al efecto.

[Prohibiciones especiales a los corredores para ejecutar actos por cuenta propia o en su interés / prohibición de desempeñar ciertos oficios]

Artículo 57. Se prohíbe a los corredores ejecutar operaciones de comercio por su cuenta o tomar interés en ellas, bajo nombre propio o ajeno, directa o indirectamente; y también desempeñar en el comercio el oficio de cajero, tenedor de libros o dependiente, cualquiera que sea la denominación que llevaren.

[Prohibiciones especiales a los corredores en el desempeño de sus funciones]

Artículo 58. Se les prohíbe asimismo:

1°. Exigir o recibir salarios superiores a los designados en los aranceles respectivos.

2°. Dar certificaciones sobre hechos que no consten de los asientos de sus registros.

Podrán sin embargo declarar, en virtud de orden de tribunal competente y no de otro modo, lo que hubieren visto o entendido en cualquier negocio.

[Suspensión o destitución del cargo de corredor]

Artículo 59. Los corredores que no cumplieren con las obligaciones que les impone este Código, o que ejecutaren alguno de los actos que les están prohibidos, podrán ser suspendidos o destituidos de su oficio discrecionalmente por los juzgados de comercio.

[Valor probatorio de los registros de los corredores]

Artículo 60. Los registros de los corredores no prueban la verdad del contrato a que ellos se refieren; pero estando las partes de acuerdo acerca de la existencia de éste, se estará para determinar su carácter y condiciones a lo que conste de los mismos registros.

[Valor probatorio de las minutas emitidas por los corredores]

Artículo 61. Las minutas que entregaren a sus clientes y las que se dieren recíprocamente, en los casos en que dos o más corredores concurrieren a la celebración de un negocio por comisión de diversas personas, hacen prueba contra el corredor que las suscribe.

[Destino de los libros de los corredores cesados en sus funciones]

Artículo 62. Los libros de los corredores que cesaren en su oficio serán recogidos por los secretarios de los juzgados de comercio y depositados en la secretaría.

[Prescripción de las acciones en contra de un corredor]

Artículo 63. La responsabilidad de los corredores por razón de las operaciones de su oficio prescribe en dos años, contados desde la fecha de cada una de éstas.

Artículo 64. Derogado.

[Responsabilidad de los corredores en los contratos que intervienen]

Artículo 65. Los corredores no están obligados personalmente a cumplir los contratos celebrados por su mediación ni a garantir la solvencia de sus clientes, salvas las excepciones establecidas en este Código respecto de las negociaciones de efectos públicos.

[Reglamento de Corretaje]

Artículo 66. Un reglamento especial, dictado por el Presidente de la República, fijará los derechos de corretaje.

[Responsabilidad de los corredores que intervienen en la compra o venta de efectos públicos]

Artículo 67. Los corredores encargados de comprar o vender efectos públicos quedan personalmente obligados a pagar el precio de la compra o hacer la entrega de los efectos vendidos, y en caso alguno se les admitirá la excepción de falta de provisión.

[Definición de efectos públicos]

Artículo 68. Bajo la denominación de efectos públicos se comprenden:

1°. Los títulos de créditos contra el Estado reconocidos como negociables;

2°. Los de establecimientos públicos y empresas particulares autorizadas para crearlos y hacerlos circular;

3°. Los emitidos por los gobiernos extranjeros, siempre que su negociación no se encuentre prohibida.

[Acción directa en contra de corredor de efectos públicos]

Artículo 69. El que ha empleado un corredor para comprar o vender efectos públicos sólo tiene acción contra el corredor que ha empleado.

[PROHIBICIÓN DE COMPENSACIÓN APLICABLE A CORREDOR DE EFECTOS PÚBLICOS]

Artículo 70. El corredor no puede compensar las sumas que recibiere para comprar efectos públicos, ni el precio que se le entregare de los vendidos por él, con las cantidades que le deba su cliente, comprador o vendedor.

[RESPONSABILIDAD DEL CORREDOR DE EFECTOS PÚBLICOS RESPECTO DE LA AUTENTICIDAD DE LAS FIRMAS]

Artículo 71. El corredor es responsable de la autenticidad de la última firma de los documentos que negociare.

Cesa esta responsabilidad cuando los interesados han tratado directamente entre sí y el corredor ha intervenido en la negociación como simple intermediario.

[RESPONSABILIDAD DEL CORREDOR DE EFECTOS PÚBLICOS RESPECTO DE LA LEGITIMIDAD DE LOS EFECTOS PÚBLICOS AL PORTADOR]

Artículo 72. Es también responsable de la legitimidad de los efectos públicos al portador, negociados por su mediación. Pero si los documentos no tienen signos externos y visibles por los que pueda establecerse su identidad, no es responsable.

[OBLIGACIONES ESPECÍFICAS AL CORREDOR DE VENTA DE MERCADERÍAS]

Artículo 73. El corredor que intervenga en la venta de mercaderías está obligado:

1° A expresar la calidad, cantidad y precio de la cosa vendida, el lugar y época de la entrega, y la forma en que deba pagarse el precio;

2° A asistir a la entrega de las que se hubieren vendido con su intervención, siempre que al efecto sea requerido por alguno de los contratantes.

[RESPONSABILIDAD DEL CORREDOR DE VENTA DE MERCADERÍAS]

Artículo 74. El corredor no garantiza la cantidad de las mercaderías vendidas ni su calidad, aun cuando éstas no resulten conformes con las muestras que hubiere exhibido al comprador, salvo el caso de mala fe.

[Falta de legitimación activa del corredor respecto del precio de las mercaderías o su reivindicación]

Artículo 75. El corredor no puede demandar a su nombre el precio de las mercaderías vendidas por su intermedio, ni reivindicarlas por falta de pago.

Sin embargo, si el corredor obrare como comisionista, quedará sujeto a todas las obligaciones y podrá ejecutar todos los derechos que nazcan del contrato.

[Corredor de mercaderías no es mandatario del vendedor]

Artículo 76. El carácter de intermediario no inhabilita al corredor para desempeñar las funciones de mandatario del vendedor y recibir como tal el precio de las mercaderías vendidas por su mediación.

[Endoso de documentos constituye a corredor en mandatario para el cobro]

Artículo 77. El corredor a quien su cliente entregare un documento de comercio endosado con la cláusula valor recibido al contado, se entiende constituido mandatario para el efecto de recibir el precio y libertar válidamente al comprador.

[Corredor de seguros]

Artículo 78. En materia de seguros las funciones de los corredores son: intervenir en la realización de los contratos de seguros marítimos o fluviales, redactar las pólizas a prevención con los escribanos públicos, autorizar las ejecutadas entre las partes, y certificar previamente la tasa de las primas en todos los viajes por mar, ríos y canales navegables.

En los asientos que hicieren en conformidad al número 3° del artículo 56, expresarán los nombres de los contratantes, la cosa asegurada, el valor que se le hubiere fijado, el lugar de la carga y descarga, la prima estipulada, el nombre del buque, su matrícula, pabellón y porte, y el nombre del capitán que lo mandare.

[Corretaje marítimo / inscripción de contratos de fletamentos]

Artículo 79. En las operaciones de corretaje marítimo los corredores deberán asentar en el registro de que habla el número 3° del artículo 56 los contratos de fletamento en que intervinieren, expresando los nombres del capitán y fletador, nombre, pabellón, matrícula y porte del buque, el puerto de carga y descarga, el flete, los efectos del cargamento, las estadías convenidas y el plazo fijado para principiar y concluir la carga.

Deberán asimismo conservar un ejemplar de las cartas de los fletamentos ajustados por su intermedio.

[Corretaje privado]

Artículo 80. Sólo los corredores titulados tendrán el carácter de oficiales públicos. Sin embargo, podrá ejercer la correduría cualquiera persona que no se halle incluida en alguna de las prohibiciones establecidas en el artículo 55.

TÍTULO IV
DE LOS MARTILLEROS

Artículos 81 al 95. Derogados

LIBRO II
DE LOS CONTRATOS Y OBLIGACIONES MERCANTILES EN GENERAL

TÍTULO I
DISPOSICIONES GENERALES

§ 1. De la constitución, forma y efectos de los contratos y obligaciones

[SUPLETORIEDAD DEL CÓDIGO CIVIL A LOS CONTRATOS MERCANTILES]

Artículo 96. Las prescripciones del Código Civil relativas a las obligaciones y contratos en general son aplicables a los negocios mercantiles, salvas las modificaciones que establece este Código.

[OFERTA VERBAL DE UN CONTRATO / MOMENTO DE SU ACEPTACIÓN]

Artículo 97. Para que la propuesta verbal de un negocio imponga al proponente la respectiva obligación, se requiere que sea aceptada en el acto de ser conocida por la persona a quien se dirigiere; y no mediando tal aceptación, queda el proponente libre de todo compromiso.

[OFERTA POR ESCRITO DE UN CONTRATO / PLAZO DE ACEPTACIÓN / EFECTOS DE ACEPTACIÓN EXTEMPORÁNEA]

Artículo 98. La propuesta hecha por escrito deberá ser aceptada o desechada dentro de veinticuatro horas, si la persona a quien se ha dirigido residiere en el mismo lugar que el proponente, o a vuelta de correo, si estuviere en otro diverso.

Vencidos los plazos indicados, la propuesta se tendrá por no hecha, aun cuando hubiere sido aceptada.

En caso de aceptación extemporánea, el proponente será obligado, bajo responsabilidad de daños y perjuicios, a dar pronto aviso de su retractación.

[RETRACTACIÓN DE LA OFERTA / CASOS EN QUE NO PROCEDE LA RETRACTACIÓN]

Artículo 99. El proponente puede arrepentirse en el tiempo medio entre el envío de la propuesta y la aceptación, salvo que al hacerla se hubiere comprometido a esperar contestación o a no disponer del objeto del contrato, sino después de desechada o de transcurrido un determinado plazo.

El arrepentimiento no se presume.

[Responsabilidad civil por la retractación tempestiva de la oferta]

Artículo 100. La retractación tempestiva impone al proponente la obligación de indemnizar los gastos que la persona a quien fue encaminada la propuesta hubiere hecho, y los daños y perjuicios que hubiere sufrido.

Sin embargo, el proponente podrá exonerarse de la obligación de indemnizar, cumpliendo el contrato propuesto.

[Efectos de la aceptación pura y simple de la oferta / formación del consentimiento]

Artículo 101. Dada la contestación, si en ella se aprobare pura y simplemente la propuesta, el contrato queda en el acto perfeccionado y produce todos sus efectos legales, a no ser que antes de darse la respuesta ocurra la retractación, muerte o incapacidad legal del proponente.

[Efectos de la aceptación condicional de la oferta]

Artículo 102. La aceptación condicional será considerada como una propuesta.

[Aceptación tácita de la oferta]

Artículo 103. La aceptación tácita produce los mismos efectos y está sujeta a las mismas reglas que la expresa.

[Lugar de celebración de un contrato entre personas con diferente residencia]

Artículo 104. Residiendo los interesados en distintos lugares, se entenderá celebrado el contrato, para todos sus efectos legales, en el de la residencia del que hubiere aceptado la propuesta primitiva o la propuesta modificada.

[Valor jurídico de las ofertas indeterminadas]

Artículo 105. Las ofertas indeterminadas contenidas en circulares, catálogos, notas de precios corrientes, prospectos, o en cualquiera otra especie de anuncios impresos, no son obligatorias para el que las hace.

Dirigidos los anuncios a personas determinadas, llevan siempre la condición implícita de que al tiempo de la demanda no hayan sido enajenados los efectos ofrecidos, de que no hayan sufrido alteración en su precio, y de que existan en el domicilio del oferente.

[Perfeccionamiento del contrato propuesto por corredor]

Artículo 106. El contrato propuesto por el intermedio de corredor se tendrá por perfecto desde el momento en que los interesados aceptaren pura y simplemente la propuesta.

[Efectos jurídicos de la dación de arras respecto de la retratación del contrato perfeccionado]

Artículo 107. La dación de arras no importa reserva del derecho de arrepentirse del contrato ya perfecto, a menos que se hubiere estipulado lo contrario.

[Efectos jurídicos de abandonar o devolver las arras respecto del contrato perfeccionado]

Artículo 108. La oferta de abandonar las arras o de devolverlas dobladas no exonera a los contratantes de la obligación de cumplir el contrato perfecto o de pagar daños y perjuicios.

[Devolución de las arras una vez cumplido el contrato]

Artículo 109. Cumplido el contrato o pagada una indemnización, las arras serán devueltas, sea cual fuere la parte que hubiere rehusado el cumplimiento del contrato.

[Cómputo de los plazos legales]

Artículo 110. En la computación de los plazos de días, meses y años, se observarán las reglas que contienen los artículos 48 y 49 del Código Civil, a no ser que la ley o la convención dispongan otra cosa.

[Vencimiento de obligaciones pagaderas en día festivo]

Artículo 111. La obligación que vence en día domingo o en otro día festivo, es pagadera al siguiente.

La misma regla se aplicará a las obligaciones que venzan los días Sábado de cada semana y 31 de diciembre de cada año.

[NO ADMISIÓN DE LOS PLAZOS DE GRACIA PARA EL PAGO]

Artículo 112. No se reconocen términos de gracia o uso que difieran el cumplimiento de las obligaciones más allá del plazo que señale la convención o la ley.

[EJECUCIÓN EN CHILE DE CONTRATO CELEBRADO EN EL EXTRANJERO]

Artículo 113. Todos los actos concernientes a la ejecución de los contratos celebrados en país extranjero y cumplideros en Chile, son regidos por la ley chilena, en conformidad a lo que se prescribe en el inciso final del artículo 16 del Código Civil.

Así la entrega y pago, la moneda en que éste deba hacerse, las medidas de toda especie, los recibos y su forma, las responsabilidades que imponen la falta de cumplimiento o el cumplimiento imperfecto o tardío, y cualquiera otro acto relativo a la mera ejecución del contrato, deberán arreglarse a las disposiciones de las leyes de la República, a menos que los contratantes hubieren acordado otra cosa.

[PAGO DE LAS OBLIGACIONES EN MONEDA DE CURSO LEGAL]

Artículo 114. Siempre que en los contratos enunciados en el inciso primero del anterior artículo se estipule que el pago deba hacerse en las monedas o medidas legales del lugar donde fueren celebrados, serán éstas reducidas por convenio de las partes, o a juicio de peritos, a las monedas o medidas legales de Chile al tiempo del cumplimiento.

La misma regla será aplicada cuando en los contratos celebrados en Chile se estipulare que la entrega o pago haya de hacerse en medidas o monedas extranjeras.

[REFERENCIAS A MEDIDAS NO AUTORIZADAS POR LA LEY]

Artículo 115. Cuando las partes se refieran a medidas desautorizadas por la ley, serán obligatorias las usadas en el lugar donde deba cumplirse el contrato.

[PAGO DE OBLIGACIONES DE MONEDAS FUERA DE CIRCULACIÓN]

Artículo 116. Si antes del vencimiento del plazo fueren excluidas de la circulación las piezas de moneda a que se refiera la obligación, el pago se hará en las monedas corrientes al tiempo del cumplimiento del contrato según el valor legal que éstas tuvieren.

[DERECHO DEL ACREEDOR DE RECIBIR EL PAGO OPORTUNAMENTE]

Artículo 117. El acreedor no está obligado a aceptar el pago antes del vencimiento de la obligación.

[LÍMITE EN PAGO DE MONEDA / PERDIDA DE CARÁCTER DE MONEDA LEGAL POR DETERIORO]

Artículo 118. Ninguna persona, con excepción del Fisco, sus reparticiones y demás instituciones públicas, de las empresas estatales y del Banco Central de Chile, está obligada a recibir en pago y de una sola vez más de cincuenta monedas de cada tipo de las que se acuñen en el país.

Las monedas cortadas, perforadas, corroídas o deterioradas en cualquiera forma en que no sea visible la acuñación, perderán su carácter de moneda legal.

[DERECHO DEL DEUDOR A OBTENER RECIBO DEL PAGO / VALOR PROBATORIO DEL RECIBO]

Artículo 119. El deudor que paga tiene derecho a exigir un recibo, y no está obligado a contentarse con la devolución o entrega del título de la deuda.

El recibo prueba la liberación de la deuda.

[EFECTOS DEL FINIQUITO DE UNA CUENTA DE UN COMERCIANTE CON RELACIÓN A LAS ANTERIORES]

Artículo 120. El finiquito de una cuenta hará presumir el de las anteriores, cuando el comerciante que lo ha dado arregla sus cuentas en períodos fijos.

[IMPUTACIÓN DEL PAGO RESPECTO DE CRÉDITOS VENCIDOS]

Artículo 121. El acreedor que tiene varios créditos vencidos contra un deudor, puede imputar el pago a cualquiera de las deudas, cuando el deudor no hubiere hecho la imputación al tiempo de hacer el pago.

[COMERCIANTE PUEDE RECTIFICAR UNA CUENTA YA PAGADA O FINIQUITADA]

Artículo 122. El comerciante que al recibir una cuenta paga o da finiquito, no pierde el derecho de solicitar la rectificación de los errores, omisiones, partidas duplicadas u otros vicios que aquélla contenga.

Artículo 123. Derogado.

Artículo 124. Derogado.

[EFECTO NOVATORIO POR EL PAGO DE DOCUMENTOS AL PORTADOR]

Artículo 125. Si se dieren en pago documentos al portador, se causará novación si el acreedor al recibirlos no hubiere hecho formal reserva de sus derechos para el caso de no ser pagados.

[INEXISTENCIA DE LA LESIÓN ENORME EN LOS CONTRATOS MERCANTILES]

Artículo 126. No hay rescisión por causa de lesión enorme en los contratos mercantiles.

§ 2. De la prueba de los contratos y obligaciones

[VALOR PROBATORIO DE LAS ESCRITURAS PRIVADAS CONCORDANTES CON LOS LIBROS DE LOS COMERCIANTES]

Artículo 127. Las escrituras privadas que guarden uniformidad con los libros de los comerciantes hacen fe de su fecha respecto de terceros, aun fuera de los casos que enumera el artículo 1703 del Código Civil.

[ADMISIBILIDAD DE LA PRUEBA DE TESTIGOS]

Artículo 128. La prueba de testigos es admisible en negocios mercantiles, cualquiera que sea la cantidad que importe la obligación que se trate de probar, salvo los casos en que la ley exija escritura pública.

[ADMISIBILIDAD DE LA PRUEBA DE TESTIGOS QUE ALTERA O ADICIONE UNA ESCRITURA PÚBLICA]

Artículo 129. Los juzgados de comercio podrán, atendidas las circunstancias de la causa, admitir prueba testimonial aun cuando altere o adicione el contenido de las escrituras públicas.

TÍTULO II
DE LA COMPRAVENTA

§ 1. De la cosa vendida

[Venta de cosa que se tiene a la vista designada por especie]

Artículo 130. En la venta de una cosa que se tiene a la vista y es designada al tiempo del contrato sólo por su especie, no se entiende que el comprador se reserva la facultad de probarla.

Esta disposición no es extensiva a las cosas que se acostumbra comprar al gusto.

[Venta de cosa que se tiene la vista con reserva de prueba pactada]

Artículo 131. Cuando el comprador de una cosa a la vista se reserva expresamente la prueba sin fijar plazo para hacerla, la compra se reputa verificada bajo condición suspensiva potestativa durante el término de tres días.

Este término se contará desde el día en que el vendedor requiera al comprador para que verifique la prueba, y si el comprador no la hiciere dentro de él, se tendrá por desistido del contrato.

[Venta de cosa al gusto]

Artículo 132. Siempre que la cosa vendida a la vista sea de las que se acostumbra comprar al gusto, la reserva de la prueba se presume, y esta prueba implica la condición suspensiva de si la cosa fuere sana y de regular calidad.

[Venta de cosa que se tiene a la vista designada por especie y calidad / falta de conformidad]

Artículo 133. Si el contrato determina simultáneamente la especie y la calidad de la cosa que se vende a la vista, se entiende que la compra ha sido hecha bajo la condición suspensiva casual de que la cosa sea de la especie y calidad convenidas.

Si al tiempo de entregarse la cosa que ha sido materia del contrato, el comprador pretendiere que su especie y calidad no son conformes, con la especie y calidad estipuladas, la cosa será reconocida por peritos.

[Compra por orden de una cosa designada por especie / compra por orden de una cosa designada por especie y calidad]

Artículo 134. La compra por orden de una cosa designada sólo por su especie, y que el vendedor debe remitir al comprador, implica de parte de éste la facultad de resolver el contrato, si la cosa no fuere sana y de regular calidad.

Siendo la cosa designada a la vez por su especie y calidad, el comprador tendrá también la facultad de resolver el contrato si la cosa no fuere de la calidad estipulada.

Habiendo desacuerdo entre las partes en los dos casos propuestos, se ordenará que la cosa sea reconocida por peritos.

[Compra sobre muestras / falta de conformidad]

Artículo 135. Cuando la compra fuere ejecutada sobre muestras, lleva implícita la condición de resolverse el contrato si las mercaderías no resultaren conformes con las muestras.

[Derecho a resolver el contrato por falta de conformidad de venta de cosa transportada]

Artículo 136. Vendida una cosa durante su transporte por mar, tierra, ríos o canales navegables, el comprador podrá disolver el contrato toda vez que la cosa no fuere de recibo o de la especie y calidad convenidas.

[Compra por orden de cosa sujeta a que llegue a su destino / falta de conformidad]

Artículo 137. Comprada y expedida por orden la cosa vendida bajo condición de entregarla en lugar determinado, se entiende que la compra ha sido verificada bajo la condición suspensiva casual de que la cosa llegue a su destino.

Cumplida la condición, el comprador no podrá disolver el contrato, salvo que la cosa no fuere de recibo o de la especie y calidad estipuladas.

[Compra de cosa que no existe no es válida]

Artículo 138. La compra de un buque o de cualquier otro objeto que no existe y se supone existente, no vale.

Pero si tal compra fuere hecha tomando en cuenta los riesgos que corre el objeto vendido, el contrato se reputará puro, si al celebrarlo ignoraba el vendedor la pérdida de este objeto.

§ 2. Del precio

[Regla de determinación del precio de cosa vendida entregada]

Artículo 139. No hay compraventa si los contratantes no convienen en el precio o en la manera de determinarlo; pero si la cosa vendida fuere entregada, se presumirá que las partes han aceptado el precio corriente que tenga en el día y lugar en que se hubiere celebrado el contrato.

Habiendo diversidad de precios en el mismo día y lugar, el comprador deberá pagar el precio medio.

Esta regla es también aplicable al caso en que las partes se refieran al precio que tenga la cosa en un tiempo y lugar diversos del tiempo y lugar del contrato.

[Determinación del precio de cosa vendida en caso de que el tercero encargado no fija el mismo]

Artículo 140. Si el tercero a quien se ha confiado el señalamiento del precio no lo señalare, sea por el motivo que fuere, y el objeto vendido hubiere sido entregado, el contrato se llevará a efecto por el que tuviere la cosa el día de su celebración y en caso de variedad de precios, por el precio medio.

[Compra de mercaderías por el precio que un tercero ofrezca]

Artículo 141. En el caso de compra de mercaderías por el precio que otro ofrezca, el comprador, en el acto de ser requerido por el vendedor, podrá o llevarla a efecto o desistir de ella. Pasados tres días sin que el vendedor requiera al comprador, el contrato quedará sin efecto.

Pero si el vendedor hubiere entregado las mercaderías, el comprador deberá pagar el precio que aquéllas tuvieren el día de la entrega.

§ 3. De los efectos del contrato de venta

[Riesgos de la cosa vendida después de perfeccionado el contrato]

Artículo 142. La pérdida, deterioro o mejora de la cosa, después de perfeccionado el contrato, son de cuenta del comprador, salvo el caso de estipulación en contrario, o de que la pérdida o deterioro hayan ocurrido por fraude o culpa del vendedor o por vicio interno de la cosa vendida.

[RIESGO DE LA COSA VENDIDA DESPUÉS DE PERFECCIONADO EL CONTRATO A CARGO DEL VENDEDOR]

Artículo 143. Aunque la pérdida o deterioro sobrevinientes a la perfección del contrato provengan de caso fortuito, serán de cargo del vendedor:

1°. Cuando el objeto vendido no sea un cuerpo cierto y determinado, con marcas, números o cualesquiera otras señales que establezcan su identidad y lo diferencien de otro de la misma especie;

2°. Si teniendo el comprador, por la convención, el uso o la ley, la facultad de examinar y probar la cosa, pereciere ésta o se deteriorare antes que el comprador manifieste quedar contento con ella;

3°. Cuando las mercaderías, debiendo ser entregadas por peso, número o medida, perecieren o se deterioraren antes de pesarse, contarse o medirse, a no ser que fueren compradas a la vista y por un precio alzado, o que el comprador hubiere incurrido en mora de concurrir al peso, numeración o medida.

Esta regla se aplicará también a la venta alternativa de dos o más cosas fungibles que deban ser entregadas por número, peso o medida;

4°. Siempre que la venta se hubiere verificado a condición de no entregarse la cosa hasta vencido un plazo determinado, o hasta que se encuentre en estado de ser entregado con arreglo a las estipulaciones del contrato;

5°. Si estando dispuesto el comprador a recibir la cosa, el vendedor incurriere en mora de entregarla, a no ser que hubiera debido perecer igualmente en poder del comprador si éste la hubiera recibido;

6°. Si en las obligaciones alternativas pereciere fortuitamente una de las cosas vendidas.

Pereciendo las dos, y una de ellas por hecho del vendedor, éste deberá el precio corriente de la última que pereció, siempre que le corresponda la elección.

Si la elección no perteneciere al vendedor, y una de las cosas hubiere perecido por caso fortuito, el comprador deberá contentarse con la que exista; mas si hubiere perecido por culpa del vendedor, podrá exigir la entrega de la existente o el precio de la perdida.

§ 4. De las obligaciones del vendedor y comprador

[PLAZO Y LUGAR DE ENTREGA DE LA COSA VENDIDA]

Artículo 144. Perfeccionado el contrato, el vendedor debe entregar las cosas vendidas en el plazo y lugar convenidos.

No estando señalado el plazo, el vendedor deberá tener las mercaderías vendidas a disposición del comprador dentro de las veinticuatro horas siguientes a la celebración del contrato.

A falta de designación de lugar para la entrega, se hará en el lugar donde existían las mercaderías al tiempo de perfeccionarse la compraventa.

[Obligación del vendedor de entregar cosas de regular calidad]

Artículo 145. Si las mercaderías vendidas no hubieren sido individualizadas, el vendedor cumplirá su obligación entregándolas sanas y de regular calidad.

[Derecho del vendedor que en la entrega el comprador reconozca la calidad y cantidad de la cosa]

Artículo 146. En el acto de la entrega puede el vendedor exigir del comprador el reconocimiento íntegro de la calidad y cantidad de las mercaderías.

Si el comprador no hiciere el reconocimiento, se entenderá que renuncia todo ulterior reclamo por falta de cantidad o defecto de calidad.

[Derecho del vendedor de no entregar la cosa vendida al comprador que se ha vuelto insolvente]

Artículo 147. Si en el tiempo medio entre la fecha del contrato y el momento de la entrega hubieren decaído las facultades del comprador, el vendedor no estará obligado a entregar la cosa vendida, aun cuando haya dado plazo para el pago del precio, si no se rindiere fianza que le dé una seguridad satisfactoria.

[Tradición de la cosa vendida por su envío al domicilio del comprador]

Artículo 148. El envío de las mercaderías hecho por el vendedor al domicilio del comprador o a cualquiera otro lugar convenido, importa la tradición efectiva de ellas.

El envío no implicará entrega cuando fuera efectuado sin ánimo de transferir la propiedad, como si el vendedor hubiese remitido las mercaderías a un consignatario con orden de no entregarlas hasta que el comprador pague el precio o dé garantías suficientes.

[Verificación de la entrega de la cosa vendida]

Artículo 149. La entrega de la cosa vendida se entiende verificada:

1°. Por la transmisión del conocimiento, carta de porte o factura en los casos de venta de mercaderías que vienen en tránsito por mar o por tierra;

2°. Por el hecho de fijar su marca el comprador, con consentimiento del vendedor, en las mercaderías compradas;

3°. Por cualquier otro medio autorizado por el uso constante del comercio.

[Deber del vendedor de custodiar la cosa vendida hasta su retiro por el comprador]

Artículo 150. Mientras que el comprador no retire y traslade las mercaderías, el vendedor es responsable de su custodia y conservación hasta el dolo y culpa lata.

[Derecho de retención del vendedor sobre las mercaderías]

Artículo 151. Estando las mercaderías en poder del vendedor, aunque sea por vía de depósito, éste podrá retenerlas hasta el entero pago del precio y los intereses correspondientes.

[Responsabilidad del vendedor por falta de entrega de la cosa vendida]

Artículo 152. Si después de perfeccionada la venta el vendedor consume, altera, o enajena y entrega a otro las mercaderías vendidas, deberá entregar al comprador otras equivalentes en especie, calidad y cantidad, o en su defecto abonarle su valor a juicio de peritos, con indemnización de perjuicios.

[Derecho del vendedor de resolver la venta por falta de justa causa de recepción por el comprador]

Artículo 153. Rehusando el comprador, sin justa causa, la recepción de las mercaderías compradas, el vendedor podrá solicitar la rescisión de la venta con indemnización de perjuicios, o el pago del precio con los intereses legales, poniendo las mercaderías a disposición del juzgado de comercio para que ordene su depósito y venta en martillo por cuenta del comprador.

El vendedor podrá igualmente solicitar el depósito siempre que el comprador retardare la recepción de las mercaderías; y en este caso serán de cargo del último los gastos de traslación de las mercaderías al depósito y de su conservación en él.

[SANEAMIENTO DE VICIOS REDHIBITORIOS /PLAZO DE PRESCRIPCIÓN DE LAS ACCIONES REDHIBITORIAS]

Artículo 154. El vendedor está obligado a sanear las mercaderías vendidas y a responder de los vicios ocultos que contengan conforme a las reglas establecidas en el título De la compraventa del Código Civil.

Las acciones redhibitorias prescribirán por el lapso de seis meses contados desde el día de la entrega real de la cosa.

[LUGAR Y ÉPOCA DEL PAGO POR EL COMPRADOR]

Artículo 155. Puesta la cosa a disposición del comprador, y dándose éste por satisfecho de ella, deberá pagar el precio en el lugar y tiempo estipulados.

No habiendo término ni lugar señalados para el pago del precio, el comprador deberá hacerlo en el lugar y tiempo de la entrega, y no podrá exigir que ésta se efectúe sino pagando el precio en el acto.

[DERECHO OPCIONAL DEL COMPRADOR POR INCUMPLIMIENTO DE LA ENTREGA DE LA COSA VENDIDA]

Artículo 156. No entregando el vendedor dentro del plazo estipulado las mercaderías vendidas, el comprador podrá solicitar el cumplimiento o la rescisión del contrato, y en uno u otro caso la reparación de los perjuicios que hubiere sufrido.

[DERECHO DEL COMPRADOR PARA RECIBIR LA TOTALIDAD DE LAS MERCADERÍAS COMPROMETIDAS / EFECTO DE LAS ENTREGAS PARCIALES DE MERCADERÍAS]

Artículo 157. El comprador que contratare en conjunto una determinada cantidad de mercaderías, no está obligado a recibir una porción de ellas bajo promesa de que se le entregará posteriormente lo restante.

Pero si el comprador aceptare las entregas parciales, la venta se tendrá por consumada en cuanto a las porciones recibidas, aun cuando el vendedor no le entregue las restantes.

En este caso el comprador podrá compeler al vendedor a que cumpla íntegramente el contrato o a que le indemnice los perjuicios que le cause el cumplimiento imperfecto.

[Preclusión del derecho del comprador de reclamar sobre defectos de la cosa vendida]

Artículo 158. Entregadas las mercaderías vendidas, el comprador no será oído sobre defecto de calidad o falta de cantidad, siempre que las hubiere examinado al tiempo de la entrega y recibídolas sin previa protesta.

[Venta de cosa entregadas en fardos o bajo cubierta que impidan su reconocimiento]

Artículo 159. Cuando las mercaderías fueren entregadas en fardos o bajo cubierta que impidan su reconocimiento, y el comprador hiciere una formal y expresa reserva del derecho de examinarlas, podrá reclamar en los tres días inmediatos al de la entrega las faltas de cantidad o defecto de calidad, acreditando en el primer caso que los cabos de las piezas se encuentran intactos, y en el segundo que las averías o defectos son de tal especie que no han podido ocurrir en su almacén por caso fortuito, y que no habrían podido ser causados dolosamente sin que aparecieren vestigios del fraude.

[Factura de las mercaderías vendidas / aceptación irrevocable de su contenido]

Artículo 160. El comprador tiene derecho a exigir del vendedor que forme y le entregue una factura de las mercaderías vendidas, y que ponga al pie de ellas el recibo del precio total o de la parte que se le hubiere entregado.

No reclamándose contra el contenido de la factura dentro de los ocho días siguientes a la entrega de ella, se tendrá por irrevocablemente aceptada.

TÍTULO III
DE LA PERMUTACIÓN

[Reglas de la permuta mercantil]

Artículo 161. La permutación mercantil se califica y rige por las mismas reglas que gobiernan la compraventa, en cuanto no se opongan a la naturaleza de aquel contrato.

TÍTULO IV
DE LA CESIÓN DE CRÉDITOS MERCANTILES

[Cesión de créditos nominativos]

Artículo 162. La cesión de un crédito no endosable se sujetará a las reglas establecidas en el título De la cesión de derechos del Código Civil.

La notificación de la cesión se hará por un ministro de fe, con exhibición del respectivo título.

Para que se haga bastará el simple requerimiento del cesionario.

[Notificación de la cesión de crédito al deudor / oposición de excepciones por el deudor]

Artículo 163. El deudor a quien se notifique la cesión y que tenga que oponer excepciones que no resulten del título cedido, deberá hacerlas presentes en el acto de la notificación, o dentro de tercero día a más tardar, so pena de que más adelante no serán admitidas.

Las excepciones que aparezcan a la vista del documento o que nazcan del contrato, podrán oponerse contra el cesionario en la misma forma que habrían podido oponerse contra el cedente.

[Cesión de créditos contenidos en documentos a la orden y al portador]

Artículo 164. La cesión de los documentos a la orden se hará por medio del endoso, y la de los documentos al portador por la mera tradición manual.

[Cesión de efectos públicos]

Artículo 165. La cesión de efectos públicos negociables se hará en la forma que determinen las leyes de su creación o los decretos que autoricen su emisión.

TÍTULO V
DEL TRANSPORTES POR TIERRA, LAGOS, CANALES O RÍOS NAVEGABLES

§ 1. Definiciones y reglas generales

[Definición del contrato de transporte / sujetos del contrato de transporte]

Artículo 166. El transporte es un contrato en virtud del cual uno se obliga por cierto precio a conducir de un lugar a otro, por tierra, canales, lagos o ríos navegables, pasajeros o mercaderías ajenas, y a entregar éstas a la persona a quien vayan dirigidas. Llámase porteador el que contrae la obligación de conducir.

El que hace la conducción por agua toma el nombre de patrón o barquero.

Denomínase cargador, remitente o consignante el que por cuenta propia o ajena encarga la conducción.

Se llama consignatario la persona a quien se envían las mercaderías. Una misma persona puede ser a la vez cargador y consignatario.

La cantidad que el cargador o, en su caso, el consignatario, están obligados a pagar por la conducción, se llama porte.

El que ejerce la industria de hacer transportar personas o mercaderías por sus dependientes asalariados y en vehículos propios o que se hallen a su servicio, se llama empresario de transportes, aunque algunas veces ejecute el transporte por sí mismo.

[Normas supletorias del contrato de transporte]

Artículo 167. El transporte participa a la vez del arrendamiento de servicios y del depósito.

[Ejecución del transporte por un tercero / responsabilidad del porteador]

Artículo 168. Aunque el transporte imponga la obligación de hacer, el que se obliga a conducir personas o mercaderías puede, bajo su responsabilidad, encargar la conducción a un tercero.

En este caso el que primitivamente ha tomado sobre sí la obligación de conducir conserva su carácter de porteador respecto del cargador con quien ha tratado, y toma el carácter de cargador respecto del que efectivamente haga la conducción de las personas o mercaderías.

[Derecho del cargador de terminar unilateralmente el contrato de transporte / oportunidad y pago]

Artículo 169. El transporte es rescindible, a voluntad del cargador, antes o después de comenzado el viaje.

En el primer caso, el cargador pagará al porteador la mitad, y en el segundo la totalidad del porte estipulado.

[Derecho de las partes de terminar anticipadamente el contrato por sucesos que impidan la ejecución del transporte]

Artículo 170. Es también rescindible de parte de ambos contratantes por la superveniencia de un suceso que impida emprender el viaje, como pérdida de los efectos, declaración de guerra, prohibición de comerciar, interceptación de caminos por tropas enemigas u otros acontecimientos análogos.

En cualquiera de estos casos la rescisión se verifica sin indemnización, y cada una de las partes sufre las pérdidas de sus aprestos y los perjuicios que le cause la rescisión.

[Aplicación general de las normas de este título a todo transportista]

Artículo 171. Las disposiciones del presente título son obligatorias a toda clase de porteadores, cualquiera que sea la denominación que vulgarmente se les aplique, inclusas las personas que se obligan ocasionalmente a conducir pasajeros o mercaderías.

[Clasificación de los empresarios de transporte]

Artículo 172. Hay empresarios particulares y empresarios públicos de conducciones.

Son empresarios particulares los que, ejerciendo la industria de conductor, no han ofrecido al público sus servicios y se encargan libremente de la conducción de las personas o mercaderías a precios convenidos.

Son empresarios públicos lo que tienen anunciado y abierto al público un establecimiento de conducciones, y las ejecutan en los períodos, por el precio y las condiciones que prefijan sus anuncios.

§ 2. De la carta de porte o carta guía

[Definición de carta de porte / funciones probatorias de la carta de porte]

Artículo 173. Llámase carta de porte el documento que las partes otorgan para acreditar la existencia y condiciones del contrato, y la entrega de las mercaderías al porteador.

[Emisión de la carta de porte en duplicado]

Artículo 174. Convenidos los contratantes en el otorgamiento de la carta de porte, deberán extenderla y firmarla por duplicado.

[Contenido mínimo de la carta de porte]

Artículo 175. La carta de porte debe expresar:

1°. El nombre, apellido y domicilio del cargador, porteador y consignatario;

2°. La calidad genérica de las mercaderías, su peso y las marcas y número de los bultos que las contengan;

3°. El lugar de la entrega;

4°. El precio de la conducción y la designación del obligado al pago;

5°. El plazo en que debe hacerse entrega de la carga;

6°. El lugar, día, mes y año del otorgamiento;

7°. El nombre, apellidos y firma de las personas que concurren a su otorgamiento, presumiéndose que éstas representan al cargador y al porteador, y

8°. Cualesquiera otros pactos o condiciones que acordaren los contratantes.

[Forma de otorgamiento de la carta de porte / subrogación de los derechos del cargador]

Artículo 176. La carta de porte puede ser nominativa, a la orden o al portador.

El cesionario, endosatario o portador de la carta de porte se subroga en todas las obligaciones y derechos del cargador.

[Omisión de las menciones mínimas del contenido de la carta de porte]

Artículo 177. La omisión de alguna de las enunciaciones que prescribe el artículo 175 no destruye el mérito probatorio de la carta de porte, y las designaciones omitidas podrán ser suplidas por cualquiera especie de prueba legal.

[Excepciones admitidas en contra del contenido de la carta de porte]

Artículo 178. No se admitirán contra el tenor de la carta de porte otras excepciones que las de falsedad, omisión y error involuntario.

[Prueba de la entrega de las mercancías]

Artículo 179. En defecto de carta de porte, la entrega de la carga hecha por el cargador al porteador podrá justificarse por cualquier medio probatorio.

§ 3. De las obligaciones y derechos del cargador

[Obligación del cargador de entregar las mercaderías y documentos al porteador]

Artículo 180. El cargador está obligado a entregar las mercaderías al porteador bien acondicionadas y en el tiempo y lugar convenidos, y a suministrarle los documentos necesarios para el libre tránsito o pasaje de la carga.

[Presunción del estado de las mercancías entregadas al porteador]

Artículo 181. No habiendo carta de porte, o no enunciándose en ella el estado de las mercaderías, se presume que han sido entregadas al porteador sanas y en buena condición.

[Derecho del porteador de resolver el contrato por falta en la entrega]

Artículo 182. No verificándose la entrega de los efectos en el tiempo y paraje convenidos, podrá el porteador solicitar la rescisión del contrato y el pago de la mitad del porte estipulado; pero si prefiriese llevar a cabo la conducción, el cargador deberá pagarle el aumento de costos que le ocasionare el retardo de la entrega.

[Daños que debe indemnizar el cargador al porteador por falta de entrega de la documentación]

Artículo 183. Los comisos, multas, y en general todos los daños y perjuicios que sufriere el porteador por estar desprovisto de los documentos indispensables para el expedito pasaje de las mercaderías, serán de la exclusiva responsabilidad del cargador.

[Riesgo de la cosa durante el transporte es del cargador o del consignatorio / excepción]

Artículo 184. Las mercaderías se transportan a riesgo y ventura del cargador, del consignatario o de la persona que invistiere el carácter de propietario de ellas, y por consiguiente serán de su cuenta las pérdidas y averías que sufran durante la conducción por caso fortuito o vicio propio de las mismas mercaderías, salvo en estos casos:

1°. Si un hecho o culpa del porteador hubiere contribuido al advenimiento del caso fortuito;

2°. Si el porteador no hubiere empleado toda la diligencia y pericia necesarias para cortar o atenuar los efectos del accidente que hubiere causado la pérdida o avería;

3°. Si en la carga, conducción y conservación de las mercaderías no hubiere puesto la diligencia y cuidado que acostumbran los porteadores inteligentes y precavidos.

[Asunción de las pérdidas o deterioros de las mercancías por el cargador de mala fe]

Artículo 185. Aun cuando el cargador no sea propietario de las mercaderías, sufrirá las pérdidas y averías de ellas siempre que en la redacción de la carta de porte les hubiere atribuido una distinta calidad genérica de la que realmente tuvieren.

En ningún caso podrá el cargador hacer responsable al porteador de las pérdidas o averías que sufrieren los efectos que no se han expresado en la carta de porte, ni pretender que los efectos expresados en la carta tenían una calidad superior a la enunciada en ella.

[Asunción de las pérdidas o deterioros de las mercancías por el porteador de mala fe]

Artículo 186. Sin embargo de lo dispuesto en el precedente artículo, las pérdidas, faltas o averías serán de la responsabilidad del porteador si hubieren ocurrido por infidelidad o dolo de su parte, sin perjuicio de la aplicación de las penas correspondientes al delito.

[Derecho del cargador de variar el destino y consignación de las mercancías]

Artículo 187. El cargador puede variar el destino y consignación de las mercaderías mientras estuvieren en camino, siempre que no las hubiere negociado con el consignatario u otro tercero; y el porteador deberá cumplir la orden que para este efecto recibiere, con tal que al impartírsela se le devuelva el duplicado de la carta de porte.

Cumpliendo la orden sin este requisito, el porteador será responsable de los daños y perjuicios que acredite la persona damnificada por el cambio de destino o consignación.

[Asunción del mayor valor del porte estipulado por el cambio de destino]

Artículo 188. Si la variación de destino exigiere el cambio de ruta o un viaje más largo y dispendioso, el cargador y porteador acordarán la alteración que haya de hacerse en el porte estipulado; y en efecto de acuerdo, el porteador cumplirá su obligación entregando las mercaderías en el lugar que designe el contrato.

[Responsabilidad del cargador por no recepción de las mercancías por el consignatario]

Artículo 189. Si el valor de las mercaderías fuere insuficiente para cubrir el porte y los gastos de conservación, y por este motivo no quisiere recibirlas el consignatario, el cargador deberá pagarlos.

[Privilegio para el pago a favor del cargador]

Artículo 190. El cargador tiene preferencia sobre todos los acreedores del porteador para ser pagado del importe de las indemnizaciones a que tenga derecho por causa de retardo, pérdidas, faltas o averías, con el valor de las bestias, carruajes, barcas, aparejos y demás instrumentos principales o accesorios del transporte.

§ 4. De las obligaciones y derechos del porteador

[Obligación del porteador de recibir y cargar las mercaderías / obligación del porteador de efectuar la conducción]

Artículo 191. El porteador está obligado a recibir las mercaderías en el tiempo y lugar convenidos, a cargarlas según el uso de las personas inteligentes, y a emprender y concluir el viaje en el plazo y por el camino que señale el contrato.

La violación de cualquiera de estos deberes impone al porteador la responsabilidad de los daños y perjuicios causados al cargador.

[Norma supletoria en caso de no estipularse el plazo para recibir y conducir las mercaderías]

Artículo 192. No habiendo plazo prefijado para cargar las mercaderías, el porteador deberá recibirlas y conducirlas en el primer viaje que emprenda al lugar a que fueren destinadas.

[NORMA SUPLETORIA EN CASO DE NO ESTIPULARSE LA RUTA PARA CONDUCIR LAS MERCADERÍAS]

Artículo 193. Si la ruta no estuviere designada, el porteador podrá elegir, habiendo dos o más, la que mejor le acomode, con tal que la elegida se dirija vía recta al punto en que debe entregar las mercaderías.

[EL PORTEADOR DEBE ASUMIR LAS PÉRDIDAS O DETERIOROS POR LA VARIACIÓN DE LA RUTA CONVENIDA]

Artículo 194. La variación voluntaria de la ruta convenida hace responsable al porteador, tanto de las pérdidas, faltas o averías, sea cual fuere la causa de que provengan, como de la multa que se hubiere estipulado.

[DERECHO OPTATIVO DEL PORTEADOR PARA RESOLVER O EJECUTAR EL CONTRATO POR CASO FORTUITO]

Artículo 195. Si después de comenzado el viaje sobreviniere un obstáculo de fuerza mayor, el porteador podrá rescindir el contrato o continuar el viaje, tan pronto como se haya removido el obstáculo, por otra ruta o por la designada.

Elegida la rescisión, podrá depositar la carga en el lugar más próximo al de su destino o retornarla al de su procedencia, cobrándose el porte a prorrata del camino que se hubiere andado, tanto de ida como de vuelta, no pudiendo pasar en ningún caso del porte íntegro.

Si la ruta que tomare fuere más larga y dispendiosa que la designada, el porteador tendrá derecho a un aumento de porte; pero si después de allanado el obstáculo continuare el viaje por la ruta convenida, no podrá exigir indemnización alguna por el retardo sufrido.

[OBLIGACIÓN DEL PORTEADOR DE OBSERVAR LAS NORMAS APLICABLES AL TRANSPORTE DE MERCADERÍAS]

Artículo 196. El porteador es responsable de todas las infracciones de las leyes, ordenanzas y reglamentos que cometiere, tanto en el curso del viaje, como en su entrada al lugar del destino de las mercaderías.

[Derecho del porteador de repetir en contra del cargador o consignatario por infracciones cometidas siguiendo sus instrucciones]

Artículo 197. Si la infracción hubiere sido formalmente ordenada por el cargador o consignatario, el porteador tendrá recurso contra éstos por la responsabilidad civil a que hubiere sido condenado.

[Derecho del porteador al porte sobre vacío / transporte de retorno]

Artículo 198. Contratado un vehículo para que vaya de vacío con el exclusivo objeto de recibir mercaderías en un lugar determinado y conducirlas al domicilio del cargador, el porteador tiene derecho al porte estipulado, aunque no realice la conducción, previa la justificación de los siguientes hechos:

1°. Que el cargador o su comisionista no le ha entregado las mercaderías ofrecidas;

2°. Que a pesar de sus diligencias no ha conseguido otra carga para el lugar de su procedencia.

Habiendo conducido carga en el viaje de regreso, el porteador sólo podrá cobrar al cargador primitivo la cantidad que falte para cubrir el porte estipulado con él.

[Deber del porteador de custodiar y conservar las mercaderías]

Artículo 199. El porteador es obligado a la custodia y conservación de las mercaderías en la misma forma que el depositario asalariado.

[Período en que se extiende la responsabilidad del porteador]

Artículo 200. La responsabilidad del porteador principia desde el momento en que las mercaderías quedan a su disposición o a las de sus dependientes, y concluye con la entrega hecha a satisfacción del consignatario.

[El porteador se obliga frente al consignatario de las mercaderías]

Artículo 201. El transporte obliga directamente al porteador a favor del consignatario designado, debiendo en consecuencia el primero entregar al segundo las mercaderías, so pena de daños y perjuicios, tan luego como hubiere llegado con ellas a su destino.

El porteador carece de personería para examinar la validez del título que tenga el consignatario para recibir los efectos consignados.

[Efectos de la cesión o endoso de la carta de porte respecto de la entrega de las mercaderías]

Artículo 202. Si la carta de porte hubiere sido cedida o negociada, la entrega de las mercaderías se hará al cesionario, endosatario o al portador en su caso.

[Depósito de las mercaderías que debe efectuar el porteador en caso de dificultades en su entrega]

Artículo 203. Si las indicaciones de la carta de porte fueren insuficientes para descubrir al consignatario, o si éste se encontrare ausente del lugar, o estando presente rehusare recibir las mercaderías, el porteador las depositará en el lugar que determine el juzgado de comercio por cuenta de a quien corresponda recibirlas.

Este depósito no se hará sin que el estado de las mercaderías sea previamente reconocido y certificado por uno o tres peritos que elegirá el mismo juzgado.

[Entrega de mercaderías en cajones, fardos, barricas o embalaje]

Artículo 204. Recibiendo mercaderías encajonadas, enfardadas, embarricadas o embaladas, el porteador cumple con entregar los cajones, fardos, barricas o balas sin lesión alguna exterior.

En estos casos el porteador podrá exigir al consignatario la apertura y reconocimiento de los bultos en el acto de la recepción; y si éste rehusare u omitiere la diligencia requerida, el porteador quedará exento, por este solo hecho, de toda responsabilidad que no provenga de fraude o infidelidad.

[Entrega de mercaderías al peso, por cuenta o medida]

Artículo 205. No está obligado el porteador a entregar las mercaderías al peso, por cuenta o medida, salvo que en la carta de porte se exprese que las ha recibido en alguna de estas formas.

Cesa aún en este caso la obligación del porteador, si el remitente hubiere puesto un sobrecargo o guarda de vista que vigile la conservación de las mercaderías.

[Cláusula penal moratoria por el retraso en la entrega de las mercaderías]

Artículo 206. Estipulada una multa por indemnización del retardo, el consignatario podrá hacerla efectiva por el mero hecho de la demora y sin necesidad de acreditar perjuicio, deduciendo su importe del precio convenido.

El pago de la multa no exime al porteador de la obligación de indemnizar los perjuicios que el interesado en el arribo de las mercaderías hubiere sufrido por efecto directo o inmediato del retardo.

[El porteador responde por culpa leve / presunción de culpa]

Artículo 207. El porteador responde de la culpa leve en el cumplimiento de las obligaciones que le impone el transporte.

Se presume que la pérdida, avería o retardo ocurre por culpa del porteador.

[Perito que resuelve el estado de las mercaderías]

Artículo 208. Ocurriendo diferencias entre el porteador y el consignatario acerca del estado de las mercaderías, nombrarán judicial o extrajudicialmente uno o más peritos que las reconozcan y certifiquen el resultado de su operación.

Si el parecer del perito o peritos no pusiere término a la diferencia, las mercaderías serán depositadas en el lugar que designe el juzgado de comercio, y los interesados usarán de su derecho como mejor les convenga.

[Valorización de las mercaderías perdidas por culpa del porteador]

Artículo 209. En caso de pérdida el porteador pagará las mercaderías al precio que tengan a juicio de peritos en el día y lugar en que él debió verificar la entrega.

La estimación se hará con sujeción estricta a las indicaciones de la carta de porte.

[Averías de las mercaderías por culpa del porteador]

Artículo 210. Averiadas las mercaderías hasta el punto de quedar inútiles para su venta y consumo, el consignatario podrá abandonarlas por cuenta del porteador y exigir su valor en los términos del precedente artículo.

Si la avería sólo hubiere producido disminución en el valor de las mercaderías, el consignatario deberá recibirlas y cobrar al porteador el importe del menoscabo.

Hallándose entre las mercaderías averiadas algunas piezas enteramente ilesas, el consignatario estará obligado a recibirlas, salvo que fueren de las que componen un juego.

[Cobro del porte por el porteador / carta de porte que conste el recibo es título ejecutivo]

Artículo 211. Pasadas veinticuatro horas desde la entrega de las mercaderías, el porteador puede cobrar el porte convenido y las expensas que hubiere hecho para la conservación de ellas.

No obteniendo el pago, podrá solicitar el depósito y venta en martillo de las que considere suficientes para cubrirse de su crédito.

Las acciones señaladas en los incisos anteriores se sustanciarán de acuerdo con el procedimiento sumario, sin que sea aplicable el artículo 681 del Código de Procedimiento Civil.

Con todo, constituirá título ejecutivo en contra de los obligados al pago la carta de porte en la que conste el recibo de la mercadería que ordena el número 1 del artículo 216, cuando, puesta en su conocimiento por notificación judicial, no se alegue en ese mismo acto, o dentro de tercero día, que el documento ha sido falsificado materialmente, o cuando, opuesta la tacha, ésta fuere rechazada por resolución judicial. Esta impugnación se tramitará como incidente y en contra de la resolución que la deniegue no procederá recurso alguno.

El que maliciosamente impugnare de falsedad el documento y tal impugnación fuere rechazada en el incidente respectivo, incurrirá en la pena de presidio menor en su grado mínimo.

La carta de porte en que conste el recibo de la mercadería por el consignatario será transferible por endoso, constituyéndose el endosante en codeudor solidario del pago del valor que se establezca en ella. El endoso deberá contener el nombre, apellidos y domicilio del endosante y endosatario y la firma del endosante, y se perfeccionará por la entrega de la carta de porte.

[Privilegio del pago del porte]

Artículo 212. Sobre los efectos que el porteador conduzca, goza de privilegio para ser pagado, con preferencia a todos los demás acreedores que el propietario tenga, del porte y gastos que hubiere hecho.

Este privilegio se transmite de un porteador a otro hasta el último que verifique la entrega.

[Extinción del privilegio del pago del porte]

Artículo 213. Cesa el privilegio del porteador:

1°. Si las mercaderías hubieren pasado a tercer poseedor por título legal después de transcurridos tres días desde la entrega;

2°. Si dentro de un mes, contado desde la fecha de la entrega, el porteador no hubiere usado de su derecho.

[Extinción de la responsabilidad del porteador por pérdidas, desfalcos y averías de las mercaderías]

Artículo 214. La responsabilidad del porteador por pérdidas, desfalcos y averías, se extingue:

1°. Por la recepción de las mercaderías y el pago del porte y gastos, salvo que cualquiera de estos actos fuere ejecutado bajo la competente reserva.

El canje del original de las cartas de porte prueba la recepción de las mercaderías y el pago del porte y gastos;

2°. Si el consignatario recibiere los bultos que presenten señales exteriores de faltas o averías, y no protestare en el acto usar de su derecho;

3°. Si notándose sustracción o daño al tiempo de abrir los bultos, el consignatario no hiciere reclamación alguna dentro de las veinticuatro horas siguientes a la recepción;

4°. Por la prescripción de seis meses en las expediciones realizadas dentro de la República, y de un año en las dirigidas a territorio extranjero.

En caso de pérdida la prescripción principiará a correr desde el día en que debió ser cumplida la conducción, y en el de avería desde la fecha de la entrega de las mercaderías.

[Responsabilidad penal del porteador]

Artículo 215. Las disposiciones del artículo precedente se refieren exclusivamente a las responsabilidades provenientes del mero hecho o culpa del porteador.

Las que nazcan de fraude, infidelidad o delito, sólo se extinguen por el vencimiento de los plazos que establece el Código Penal.

§ 5. De las obligaciones y derechos del consignatario

[Obligación del consignatario de estampar el recibo de las mercaderías en la carta de porte y de pagar el porte]

Artículo 216. El consignatario, además de las obligaciones que son correlativas a los derechos del porteador, tiene las siguientes:

1°. La de otorgar al porteador, en la carta de porte, recibo de las mercaderías que éste le entregare, con indicación del recinto y fecha de la entrega y del nombre y apellidos del consignatario o de quien reciba en su nombre, aunque esas menciones sean distintas de las expresadas en dicho documento. Se presume que representa al consignatario la persona adulta que recibe a su nombre la mercadería, en el recinto indicado para ello en la carta de porte.

2°. La de pagar, en su caso, el porte y gastos inmediatamente después de vencido el término que señala el artículo 211.

[Responsabilidad del consignatario por recepción de las mercaderías por cuenta de otro]

Artículo 217. El consignatario es responsable al cargador del cumplimiento de las obligaciones que le impone su calidad de comisionista, o cualquiera otra que le autorice para recibir por su cuenta o la del cargador las mercaderías porteadas.

[Dación en pago del porte por las mercaderías transportadas]

Artículo 218. Tiene el consignatario los derechos correlativos a las obligaciones del cargador y porteador; pero en ningún caso podrá obligar a éste a que reciba las mercaderías conducidas en pago del porte o gastos que se le deban.

§ 6. Reglas especiales relativas al transporte ajustado con empresarios públicos

[NORMAS APLICABLES A LOS EMPRESARIOS PÚBLICOS DE TRANSPORTE]

Artículo 219. Los empresarios públicos de transportes están sujetos no sólo a las disposiciones del presente título, sino también a los reglamentos que se dicten para regularizar el ejercicio de su industria.

[INTEGRACIÓN DEL CONTRATO A LO CONTENIDO EN REGLAMENTOS Y ANUNCIOS DE LA EMPRESA]

Artículo 220. El contrato de transporte de pasajeros o mercaderías se entiende ajustado bajo las condiciones que contengan los reglamentos y anuncios de la empresa, sin perjuicio del derecho de las partes para agregar otras según las circunstancias.

[RECEPCIÓN DE PASAJEROS Y MERCADERÍAS DURANTE EL VIAJE]

Artículo 221. Los conductores de carruajes o caballerías, los jefes de estación y los patrones de barcos pueden recibir pasajeros y efectos durante el viaje, y recibiéndolos imponen al respectivo empresario todas las obligaciones concernientes al porteador.

Habiendo en el tránsito oficinas encargadas de la recepción e inscripción, sólo ellas podrán admitir pasajeros y recibir carga.

[OBLIGACIONES DE LAS EMPRESAS PÚBICAS DE TRANSPORTE]

Artículo 222. Los empresarios están obligados:

1°. A llevar un registro en que se asienten por orden progresivo de números el dinero, efectos, cofres, valijas y paquetes que conduzcan;

2°. A dar a los pasajeros billetes de asiento, y otorgar recibos o conocimientos de los objetos que se obligan a conducir;

3°. A emprender y concluir sus viajes en los días y horas que fijaren sus anuncios, aun cuando no estén tomados todos los asientos, ni tengan los efectos necesarios para completar la carga.

[DEBER DEL EMPRESARIO DE EFECTUAR LOS ASIENTOS EN SUS REGISTROS]

Artículo 223. Los empresarios deben hacer los asientos en sus registros sin necesidad de requerimiento de parte del viajero o cargador, y aun cuando éste oponga resistencia a ello.

[Deber del pasajero o cargador a declarar el contenido de paquetes, cofres o cajones]

Artículo 224. Respecto del contenido de los paquetes, cofres o cajones, cualquiera que él sea, estará el pasajero o cargador obligado a declararlo a requerimiento verbal del empresario o sus agentes o factores.

[Los pasajeros no están obligados a registrar las valijas o maletas que no pagan porte]

Artículo 225. Los pasajeros no están obligados a hacer registrar los sacos de noche, valijas o maletas que según la costumbre no pagan porte; pero si se entregaren a los conductores en los momentos de la partida, los empresarios quedan obligados a su restitución.

[Condición para reclamar la pérdida de objetos entregados a la empresa de transporte]

Artículo 226. En caso de pérdida de los objetos entregados a los empresarios, a sus agentes o factores, el pasajero o cargador deberá acreditar su entrega e importe.

[Determinación judicial del valor de los objetos perdidos]

Artículo 227. Si la prueba fuere imposible o insuficiente para fijar el valor de los objetos perdidos, se deferirá el juramento al pasajero o cargador acerca de este solo punto.

Después de prestado el juramento, el juez determinará prudencialmente la cantidad que deban pagar los empresarios por vía de indemnización, atendida la clase y moralidad del reclamante, su posibilidad pecuniaria y las circunstancias especiales del caso.

[Empresario no responde por la pérdida de objetos de valor no declarados]

Artículo 228. Los empresarios no serán responsables del dinero, alhajas, documentos o efectos de gran valor que contengan los cofres, paquetes o cajones transportados, si al tiempo de la entrega los pasajeros o cargadores no hubieren declarado su contenido.

[Valor de las cláusulas limitativas de responsabilidad contenidos en el billete de pasaje]

Artículo 229. Los billetes impresos que entregan los empresarios con cláusulas limitativas de su responsabilidad a una determinada cantidad, no los eximen de indemnizar a los pasajeros y cargadores, con arreglo a los artículos precedentes, las pérdidas que justificaren haber sufrido.

[DESTINO DE LOS OBJETOS NO RECLAMADOS POR PASAJEROS O CONSIGNATARIOS ES LA SUBASTA PÚBLICA]

Artículo 230. Si dentro de los seis meses siguientes a la terminación del viaje los pasajeros o consignatarios no reclamaren los objetos porteados, el juzgado de comercio que hubiere ordenado el depósito conforme al artículo 203, dará aviso de la existencia de los efectos depositados al intendente de la provincia para que los mande vender en el martillo y ponga su producto líquido en las arcas fiscales por cuenta de a quien corresponda reclamarlos.

[DESTINO DEL PRECIO CONSIGNADO NO RECLAMADO POR SU DUEÑO]

Artículo 231. No presentándose el dueño a reclamar el precio consignado dentro de un año contado desde la fecha de la venta, será aplicado al Fisco.

[NORMAS APLICABLES AL TRANSPORTE FERROVIARIO]

Artículo 232. Las disposiciones del presente párrafo no derogan la ley de policía de ferrocarriles.

TÍTULO VI
DEL MANDATO COMERCIAL

§ 1. Definiciones y clasificaciones

[DEFINICIÓN DE MANDATO COMERCIAL]

Artículo 233. El mandato comercial es un contrato por el cual una persona encarga la ejecución de uno o más negocios lícitos de comercio a otra que se obliga a administrarlos gratuitamente o mediante una retribución y a dar cuenta de su desempeño.

[CLASES DE MANDATO COMERCIAL]

Artículo 234. Hay tres especies de mandato comercial:

La comisión, El mandato de los factores y mancebos o dependientes de comercio,

La correduría, de que se ha tratado ya en el Título III del Libro.

[La comisión]

Artículo 235. El mandato comercial toma el nombre de comisión cuando versa sobre una o más operaciones mercantiles individualmente determinadas.

[Definición de comisionista / clases de comisionista]

Artículo 236. La persona que desempeña una comisión se llama comisionista.

Hay cuatro clases de comisionistas:

Comisionistas para comprar, Comisionistas para vender, Comisionistas de transporte por tierra, lagos, ríos o canales navegables,

Comisionistas para ejecutar operaciones de banco.

De esta última clase se trata en el título Del contrato y de las letras de cambio.

[Definición de factor de comercio / definición de dependiente / determinación del principal]

Artículo 237. Factor es el gerente de un negocio o de un establecimiento comercial o fabril, o parte de él, que lo dirige o administra según su prudencia por cuenta de su mandante.

Denomínanse mancebos o dependientes, los empleados subalternos que el comerciante tiene a su lado para que le auxilien en las diversas operaciones de su giro, obrando bajo su dirección inmediata.

El mandante toma el nombre de principal con relación a sus factores o dependientes.

§ 2. Reglas generales relativas a la comisión

[Comisión por cuenta ajena]

Artículo 238. La comisión puede ser conferida por cuenta ajena, y en este caso los efectos que ella produce sólo afectan al tercero interesado y al comisionista.

[Naturaleza onerosa de la comisión]

Artículo 239. La comisión es por su naturaleza asalariada.

[La comisión no se extingue por la muerte del comitente]

Artículo 240. La comisión no se acaba por la muerte del comitente: sus derechos y obligaciones pasan a sus herederos.

[Limitación a la facultad del comitente de revocar la comisión]

Artículo 241. El comitente no puede revocar a su arbitrio la comisión aceptada, cuando su ejecución interesa al comisionista o a terceros.

[Casos en que la renuncia del comisionista no produce la extinción de la comisión]

Artículo 242. La renuncia no pone término a la comisión toda vez que cause al comitente un perjuicio irreparable, sea porque no pueda proveer por sí mismo a las necesidades del negocio cometido, sea por la dificultad de dar un sustituto al comisionista.

§ 3. Disposiciones comunes a toda clase de comisionistas

[Obligaciones del comisionista que rechaza el encargo conferido por el comitente]

Artículo 243. El comisionista puede o no aceptar a su arbitrio el encargo que se le hace; pero rehusándolo quedará obligado bajo responsabilidad de daños y perjuicios:

1°. A dar aviso al comitente de su repulsa en primera oportunidad;

2°. A tomar, mientras no llegue el aviso al comitente, las medidas conservativas que la naturaleza del negocio requiera, como son las conducentes a impedir la pérdida o deterioro de las mercaderías consignadas, la caducidad de un título, una prescripción o cualquier otro daño inminente.

[Medidas que debe adoptar el comisionista que rechaza el encargo conferido por el comitente]

Artículo 244. Si después de avisado el comitente de la repulsa no eligiere dentro de un término razonable, atendida la distancia, persona que subrogue al comisionista, podrá éste pedir al juzgado de comercio el depósito de las mercaderías consignadas y la venta de las que considere suficientes para el reembolso de las cantidades que hubiere anticipado.

[Obligación del comisionista de ejecutar el encargo aceptado expresa o tácitamente]

Artículo 245. Aceptada expresa o tácitamente la comisión, el comisionista deberá ejecutarla y concluirla, y no haciéndolo sin causa legal, responderá al comitente de los daños y perjuicios que le sobrevinieren.

[Obligación del comisionista de custodiar y conservar los efectos de la comisión]

Artículo 246. El comisionista es responsable de la custodia y conservación de los efectos sobre que versa la comisión, cualquiera que sea el objeto con que se le hayan entregado.

[Prohibición al comisionista de alterar la marca de los efectos de la comisión]

Artículo 247. En ningún caso podrá el comisionista alterar la marca de los efectos sin expresa autorización de su comitente.

[Responsabilidad del comisionista por la pérdida o deterioro de las mercaderías en su poder]

Artículo 248. El deterioro o pérdida de las mercaderías existentes en poder del comisionista no es de su responsabilidad, si ocurriere por caso fortuito o por vicio inherente a las mismas mercaderías.

Ocurriendo el deterioro o pérdida por culpa del comisionista, deberá éste indemnizar cumplidamente a su comitente de todos los daños y perjuicios que le sobrevengan.

A esta misma responsabilidad quedará sometido el comisionista, cuando el deterioro o la pérdida causada por un caso fortuito o por vicio propio de la cosa fuere consecuencia de su culpa.

[Deber del comisionista de hacer constar y comunicar la pérdida o deterioro de las mercaderías consignadas]

Artículo 249. Es de la obligación del comisionista hacer constar en forma legal el deterioro o pérdida de las mercaderías consignadas y dar aviso a su comitente sin demora alguna.

[Deber del comisionista de comunicar al comitente el estado de las negociaciones encargadas]

Artículo 250. El comisionista debe comunicar oportunamente al interesado todas las noticias relativas a la negociación de que estuviere encargado que puedan inducir a su comitente a confirmar, revocar o modificar sus instrucciones.

[Sanción al comisionista que distraiga los fondos recibidos para un negocio propio]

Artículo 251. El comisionista que habiendo recibido fondos para evacuar un encargo, los distrajere para emplearlos en un negocio propio, abonará al comitente el interés legal del dinero desde el día en que hubieren entrado a su poder dichos fondos, y deberá también indemnizarle los perjuicios resultantes de la falta de cumplimiento del encargo.

Incurrirá además en las penas del abuso de confianza.

[Prohibición al comisionista de prendar las mercaderías para garantizar obligaciones propias]

Artículo 252. Se prohíbe al comisionista dar en prenda de sus propias obligaciones las mercaderías que con cualquier objeto tuviere en consignación.

Si contraviniendo a esta prohibición las entregare a su acreedor, el comitente no podrá reivindicarlas sino pagando la deuda garantida hasta la cantidad concurrente al valor de las mercaderías, salvo si probare que el acreedor, al recibirlas, tuvo conocimiento de que no pertenecían al comisionista.

Por el mero hecho de la constitución de la prenda el comisionista comete un abuso de confianza, y será castigado con arreglo al Código Penal.

[Comisionista debe hacerse cargo de los préstamos, anticipos o ventas al fiado sin autorización]

Artículo 253. Son de cargo del comisionista los préstamos, anticipaciones y ventas al fiado, siempre que procediere sin autorización de su comitente; y en tal caso podrá éste exigir que se le entreguen al contado las cantidades prestadas, anticipadas o fiadas, dejando de cuenta del comisionista los contratos celebrados.

[Modalidad de actuación del comisionista]

Artículo 254. El comisionista puede obrar en nombre propio o a nombre de sus comitentes.

[Comisionista que obra a nombre propio]

Artículo 255. El comisionista que obra a su propio nombre se obliga personal y exclusivamente a favor de las personas que contraten con él, aun cuando el comitente se halle presente a la celebración del contrato, se haga conocer como interesado en el negocio, o sea notorio que éste ha sido ejecutado por su cuenta.

[Comisionista puede reservarse el derecho de declarar por cuenta de quién actúa / efectos de la declaración]

Artículo 256. Puede el comisionista reservarse el derecho de declarar más tarde por cuenta de qué persona celebra el contrato.

Hecha la declaración, el comisionista quedará desligado de todo compromiso, y la persona nombrada le sustituirá retroactivamente en todos los derechos y obligaciones resultantes del contrato.

[En la comisión a nombre propio el comitente no tiene acción contra los terceros contratantes]

Artículo 257. El comitente carece de acción directa contra los terceros con quienes el comisionista hubiere contratado en su propio nombre; pero podrá compeler a éste a que le ceda las acciones que hubiere adquirido.

[Declaración del comitente de declarar sobre sí el contrato celebrado por el comisionista]

Artículo 258. El comitente puede declarar a los terceros que han contratado con el comisionista que el contrato le pertenece y que toma sobre sí su cumplimiento.

La declaración en tal caso, dejando subsistentes las relaciones establecidas entre el comisionista y los terceros, constituirá al comitente fiador de los contratos que aquél hubiere celebrado a su propio nombre.

[PRESUNCIÓN QUE EL COMISIONISTA ACTÚA A NOMBRE PROPIO]

Artículo 259. En caso de duda se presume que el comisionista ha contratado a su nombre.

[RESPONSABILIDAD DEL COMISIONISTA QUE OBRA A NOMBRE PROPIO]

Artículo 260. Obrando el comisionista a nombre de su comitente, sólo éste quedará obligado a favor de los terceros que trataren con aquél.

El comisionista, sin embargo, conservará respecto del comitente y terceros los derechos y obligaciones de mandatario comercial.

[DELEGACIÓN DE LA COMISIÓN]

Artículo 261. El comisionista debe desempeñar por sí mismo la comisión, y no podrá delegarla sin previa autorización explícita o implícita de su comitente.

[EJECUCIÓN DE LA COMISIÓN POR DEPENDIENTES DEL COMISIONISTA]

Artículo 262. La precedente prohibición no comprende la ejecución de aquellos actos subalternos que según la costumbre del comercio se confían a los dependientes.

[DELEGACIÓN EXPRESA DE LA COMISIÓN]

Artículo 263. Autorizado explícitamente para delegar, el comisionista deberá hacerlo en la persona que le hubiere designado el comitente.

Si la persona designada no gozare al tiempo de la sustitución del concepto de probidad y solvencia que tenía en la época de la designación, y el negocio no fuere urgente, deberá dar aviso a su comitente para que provea lo que más conviniere a sus intereses.

Si el negocio fuere urgente, hará la sustitución en otra persona que la designada.

[AUTORIZACIÓN IMPLÍCITA DE DELEGAR A FAVOR DEL COMISIONISTA]

Artículo 264. Se entiende que el comisionista tiene autorización implícita para delegar, cuando estuviere impedido para obrar por sí mismo y hubiere peligro en la demora.

No habiéndolo, el comisionista impedido deberá dar pronto aviso del impedimento y esperar las órdenes de su comitente.

[Responsabilidad del delegante por la persona del delegado]

Artículo 265. El que delega sus funciones en virtud de autorización explícita o implícita, no habiéndose designado la persona por el comitente, es responsable de los daños y perjuicios que sobrevinieren a éste, si el delegado no fuere persona notoriamente capaz y solvente, o si al verificar la sustitución hubiere alterado de algún modo la forma de la comisión.

[Efecto jurídico de la ejecución de la delegación]

Artículo 266. La delegación ejecutada a nombre del comitente pone término a la comisión respecto del comisionista.

Verificada la delegación a nombre del comisionista, subsiste la comisión con todos sus efectos legales, y se constituye otra nueva entre el delegante y el delegado.

[Deber del comisionista de notificar la delegación]

Artículo 267. En todos los casos en que el comisionista delegue su comisión, deberá dar aviso a su comitente de la delegación y de la persona delegada.

[Deber del comisionista de sujetarse a las instrucciones del comitente]

Artículo 268. El comisionista deberá sujetarse estrictamente en el desempeño de la comisión a las órdenes o instrucciones que hubiere recibido de su comitente.

Pero si creyere que cumpliéndolas a la letra debe resultar un daño grave a su comitente, será de su deber suspender la ejecución y darle aviso en primera oportunidad.

En ningún caso podrá obrar contra las disposiciones expresas y claras de su comitente.

[Deber del comisionista de comunicarse con el comitente por nuevas instrucciones]

Artículo 269. En todos los casos no previstos por el comitente, el comisionista deberá consultarle y suspender la ejecución de su encargo mientras reciba nuevas instrucciones.

Si la urgencia y estado del negocio no permitieren demora alguna, o si estuviere autorizado para obrar a su arbitrio, el comisionista podrá hacer lo que le dicte su prudencia y sea más conforme a los usos y procedimientos de los comerciantes entendidos y diligentes.

[Comitente es el único facultado para reclamar la violación a las instrucciones dadas al comisionista]

Artículo 270. Sólo el comitente puede reclamar la violación de las órdenes o instrucciones que hubiere comunicado al comisionista.

Ni el comisionista ni los terceros que hubieren contratado con él, podrán en ningún caso prevalerse de la infracción como de un medio de nulidad.

[Prohibición de autocontratación al comisionista]

Artículo 271. Se prohíbe al comisionista, salvo el caso de autorización formal, hacer contratos por cuenta de dos comitentes o por cuenta propia y ajena, siempre que para celebrarlos tenga que representar intereses incompatibles.

Así, no podrá:

1°. Comprar o vender por cuenta de un comitente mercaderías que tenga para vender o que esté encargado de comprar por cuenta de otro comitente;

2°. Comprar para sí mercaderías de sus comitentes, o adquirir para ellos efectos que le pertenezcan.

[Renuncia del comisionista a la comisión por falta en la provisión de fondos]

Artículo 272. Cuando la comisión requiera provisión de fondos, y el comitente no la hubiere verificado en cantidad suficiente, el comisionista podrá renunciar su encargo en cualquier tiempo o suspender su ejecución, a no ser que se hubiere obligado a anticipar las cantidades necesarias al desempeño de la comisión bajo una forma determinada de reintegro.

[Renuncia del comisionista a la comisión por insuficiencia de viáticos]

Artículo 273. Podrá asimismo renunciar la comisión toda vez que el valor presunto de las mercaderías no alcanzare a cubrir los gastos del transporte y recibo.

En este caso deberá el comisionista dar pronto aviso a su comitente y pedir el depósito judicial de las mercaderías.

[Derecho del comisionista para exigir el pago de los anticipos]

Artículo 274. Puede el comisionista exigir se le paguen al contado sus anticipaciones, intereses corrientes y costos, aun cuando no haya evacuado cumplidamente el negocio cometido.

Para usar de este derecho deberá presentar su cuenta con los documentos que la justifiquen.

[Retribución de la comisión / reglas supletorias de determinación de la retribución]

Artículo 275. El comisionista tiene derecho a que se le retribuyan competentemente sus servicios.

Si las partes no hubieren determinado la cuota de la retribución, el comisionista podrá exigir la que fuere de uso general en la plaza donde hubiere desempeñado la comisión, y en su defecto, la acostumbrada en la plaza más inmediata.

No resultando bien establecida la cuota usual, el juzgado de comercio fijará la suma que deba abonarse al comisionista, calculándola sobre el valor de la operación, inclusos los gastos.

[Retribución de la comisión en caso de autocontratación autorizada]

Artículo 276. Ejecutando alguno de los contratos de que habla el artículo 271 con previa autorización de su comitente, sólo percibirá el comisionista la mitad de la comisión ordinaria en defecto de pacto expreso.

[Retribución proporcional en caso de revocación de la comisión]

Artículo 277. Revocada la comisión antes de evacuar el encargo, el comitente abonará al comisionista una retribución proporcional a la parte en que éste hubiere ejecutado el encargo recibido.

La retribución sólo podrá cobrarla el comisionista por el trabajo desempeñado antes de haber llegado a su conocimiento la revocación.

[Comisionista sólo tiene derecho al pago de la retribución pactada por el encargo]

Artículo 278. Fuera de su salario el comisionista no puede percibir lucro alguno de la negociación que se le hubiere encomendado.

En consecuencia, deberá abonar a su comitente cualquier provecho directo o indirecto que obtuviere en el desempeño de su mandato.

[Obligaciones del comisionista una vez ejecutado el encargo]

Artículo 279. Evacuada la negociación encomendada, el comisionista está obligado:

1°. A dar inmediatamente aviso a su comitente;

2°. A poner en manos del mismo, a la mayor brevedad posible, una cuenta detallada y justificada de su administración, devolviéndole los títulos y demás piezas que el comitente le hubiere entregado, salvo las cartas misivas;

3°. A reintegrar al comitente el saldo que resulte a favor de él, debiendo valerse para ello de los medios que el mismo comitente hubiere designado, o en su defecto, de los que fueren de uso general en el comercio.

[Comisionista debe rendir cuenta de su gestión]

Artículo 280. Las cuentas que rindiere el comisionista deberán concordar con los asientos de sus libros.

Si no estuvieren conformes con ellos, el comisionista será castigado como reo de hurto con falsedad.

En la misma pena incurrirá el comisionista que altere en sus cuentas los precios o las condiciones de los contratos, suponga gastos o exagere los que hubiere hecho.

[Comisionista adeuda intereses corrientes si no rinde oportunamente la cuenta o no remite el saldo]

Artículo 281. El comisionista abonará a su comitente intereses corrientes, aunque no preceda interpelación, si fuere moroso en rendir su cuenta o remitir el saldo en la forma especificada en el artículo 279.

[Riesgo de la remisión del saldo de la comisión es de cargo del comitente]

Artículo 282. Los riesgos de la remisión del saldo son de cargo del comitente, siempre que el comisionista la hubiere verificado en la forma que indica el número 3° del artículo 279.

[Morosidad en la rendición de la cuenta por el comisionista]

Artículo 283. Siendo moroso en la rendición de su cuenta, el comisionista no podrá cobrar intereses de sus anticipaciones desde el día en que hubiere incurrido en mora.

[Derecho de retención del comisionista sobre las mercaderías consignadas]

Artículo 284. El comisionista tiene derecho para retener las mercaderías consignadas hasta el preferente y efectivo pago de sus anticipaciones, intereses, costos y salario, concurriendo estas circunstancias:

1a. Que las mercaderías le hayan sido remitidas de una plaza a otra;

2a. Que hayan sido entregadas real o virtualmente al comisionista.

[Expedición de las mercaderías de una plaza a otra]

Artículo 285. Para determinar si hay expedición de una plaza a otra, no se tomará en cuenta el domicilio del comitente, ni del comisionista.

[Entrega real y virtual de las mercaderías]

Artículo 286. Hay entrega real cuando las mercaderías están a disposición del comisionista en sus almacenes o en ajenos, en los depósitos de aduana o en cualquier otro lugar público o privado.

Hay entrega virtual si antes que las mercaderías se hallen a disposición del comisionista, éste pudiere acreditar que le han sido expedidas con una carta de porte o un conocimiento, nominativos o a la orden.

[Privilegio a favor del comisionista]

Artículo 287. Goza asimismo el comisionista, para ser pagado preferentemente a los demás acreedores del comitente, del derecho de retener el producto de las mercaderías consignadas, sea cual fuere la forma en que exista al tiempo en que el comitente tenga la calidad de deudor en un procedimiento concursal de liquidación.

[Derecho de retención del comisionista sobre las mercaderías en préstamo expedidas de una plaza o otra]

Artículo 288. El comisionista que recibiere mercaderías expedidas de una plaza a otra en prenda de un préstamo o anticipación, gozará del derecho de retención, con tal que la factura contenga la declaración de la suma prestada o anticipada, y la especie y naturaleza de los efectos remitidos.

[Derecho de prenda del comisionista sobre las mercaderías no expedidas de una plaza a otra]

Artículo 289. No habiendo expedición de una plaza a otra, el comisionista sólo gozará del derecho de prenda sobre las mercaderías que se le hubieren entregado real o virtualmente.

[Solidaridad en la comisión]

Artículo 290. La comisión colectivamente conferida por muchos comitentes produce en ellos obligaciones solidarias a favor del comisionista, del mismo modo que la aceptación colectiva de varios comisionistas produce obligación solidaria a favor del comitente.

§ 4. De los comisionistas para comprar

[Comisionista debe observar estrictamente las instrucciones sobre las mercaderías a comprar]

Artículo 291. El comisionista encargado de comprar deberá observar estrictamente las instrucciones que tenga en cuanto a la especie, calidad, cantidad, precio y demás circunstancias de las mercaderías que su comitente le pidiere.

[Incumplimiento de las instrucciones por el comisionista para comprar]

Artículo 292. Excediendo el comisionista sus instrucciones respecto a la especie y calidad de las mercaderías, el comitente no estará obligado a recibirlas.

Pero si el exceso fuere en la cantidad, el comitente deberá aceptar las mercaderías pedidas, dejando las demás a cargo del comisionista.

[Rechazo de las mercaderías compradas por falta de conformidad]

Artículo 293. El comitente podrá usar del derecho que le confiere el primer inciso del precedente artículo, aun cuando haya pagado el precio del transporte de las mercaderías, con tal que, en el acto de abrir los embalajes que las contengan, proteste no recibirlas por no ser de la misma especie o calidad indicadas en sus instrucciones.

[Comitente está facultado para rechazar las mercaderías pagadas a un precio mayor del indicado en las instrucciones]

Artículo 294. Compradas las mercaderías a precios más subidos que los señalados en las instrucciones, el comitente podrá aceptarlas o dejarlas por cuenta del comisionista.

Conviniendo éste en percibir solamente el precio señalado, el comitente será obligado a recibir las mercaderías.

[Prohibición al comisionista de compensar el pago en exceso de las mercaderías]

Artículo 295. El comisionista encargado de comprar y hacer transportar mercaderías por precios fijos, no podrá exigir se compense el exceso de precio de una de estas operaciones con la baja que hubiere obtenido en la otra.

[Prohibición de compra al comisionista de efectos en exceso al mayor precio de la plaza]

Artículo 296. No podrá comprar efectos por cuenta de su comitente a mayor precio del que tuvieren en la plaza los que se le han pedido, aun cuando el comitente le hubiere señalado otro precio más alto.

Contraviniendo a esta prohibición, el comisionista abonará al comitente la diferencia entre el precio de plaza y el precio de la compra.

[Comisionista responde por compra en condiciones más onerosas que las de la plaza]

Artículo 297. Comprando a condiciones más onerosas que las que rijan en la plaza, responderá a su comitente del perjuicio que le causare, sin que le sirva de excepción el haber hecho compras por cuenta propia en iguales términos.

[COMITENTE ES PROPIETARIO DE LAS MERCADERÍAS COMPRADAS Y RECIBIDOS POR EL COMISIONISTA]

Artículo 298. El dominio de las mercaderías compradas y recibidas por el comisionista pertenece al comitente, sin perjuicio de la obligación impuesta al primero en el artículo 246.

[RIESGO DE LAS MERCADERÍAS EXPEDIDAS ES DE CARGO DEL COMITENTE]

Artículo 299. Expedidas las mercaderías, cesa la responsabilidad del comisionista, y ellas corren de cuenta y riesgo del comitente, salvo que hubiere convención en contrario.

[DERECHO DE RETENCIÓN A FAVOR DEL COMISIONISTA EN CASO DE QUE EL COMITENTE ESTÉ SOMETIDO A PROCESO CONCURSAL DE LIQUIDACIÓN]

Artículo 300. El comisionista goza del derecho de retención que sanciona el artículo 284, aun respecto de las mercaderías que se encontraren en tránsito al tiempo en que el comitente tenga la calidad de deudor en un procedimiento concursal de liquidación.

[EXTINCIÓN DEL DERECHO DE RETENCIÓN A FAVOR DEL COMISIONISTA]

Artículo 301. Cesa el derecho de retención desde el momento en que las mercaderías sean entregadas realmente al comitente.

§ 5. De los comisionistas para vender

[COMISIONISTA DEBE INFORMAR DE EFECTOS RECIBIDOS CON AVERÍAS O EN DISTINTO ESTADO DEL INDICADO EN DOCUMENTO DE TRANSPORTE]

Artículo 302. El comisionista que al recibir los efectos notare que se hallan averiados o en distinto estado del que indicare la carta de porte o el conocimiento, deberá practicar inmediatamente las diligencias que prescribe el artículo 249.

[PRESUNCIÓN DE RECEPCIÓN DE LAS MERCADERÍAS EN EL ESTADO INDICADO EN EL DOCUMENTO DE TRANSPORTE]

Artículo 303. No haciendo constar las averías en los términos del artículo precitado, se presume que el comisionista ha recibido las mercaderías en el mismo estado que enuncia la carta de porte o el conocimiento, y responderá de ellas a su comitente, a menos que justifique que han sido averiadas antes de su recepción.

[Autorización judicial de la venta de las mercaderías alteradas]

Artículo 304. Cuando la alteración de las mercaderías hiciere tan urgente su venta que no haya tiempo para dar aviso al comitente, el comisionista acudirá al juzgado de comercio para que autorice la venta en los términos que juzgue más convenientes a los intereses del propietario.

[Comisionista debe observar estrictamente las instrucciones sobre las mercaderías a vender]

Artículo 305. En cuanto al precio, lugar, época, modo y demás circunstancias de la venta encomendada, el comisionista se conformará rigurosamente a sus instrucciones.

[Venta por el comisionista de las mercaderías a precios distintos a los indicados en las instrucciones]

Artículo 306. Vendiendo a precios más subidos que los designados en las instrucciones, facturas o correspondencia, el comisionista deberá abonarlos íntegramente a su comitente, salvo que por un convenio especial se hiciere la venta a provecho común.

Si vendiere a precios más bajos que los señalados, el comisionista será responsable de la diferencia.

[Comisionista está autorizado a vender a plazo si ello es un uso general en la plaza]

Artículo 307. El comisionista podrá vender a los plazos de uso general en la plaza, a no ser que se lo prohíban sus instrucciones.

[Comisionista sólo está autorizado a vender a plazo a personas solventes]

Artículo 308. Aun cuando el comisionista estuviere autorizado tácita o expresamente para vender a plazo, sólo podrá verificarlo a personas notoriamente solventes.

[Presunción que las ventas se realizan al contado]

Artículo 309. Vendiendo a plazo, deberá expresar en las cuentas que rindiere los nombres de los compradores; y no haciéndolo, se entenderá que las ventas han sido verificadas al contado.

Aún en las que hiciere en esta forma, deberá manifestar los nombres de los compradores si el comitente se lo exigiere.

[Responsabilidad del comisionista por venta al fiado]

Artículo 310. El comisionista que, teniendo orden de vender al contado y por un precio fijo, vendiere al fiado por otro más subido, hará suya la diferencia, toda vez que el comitente le exija el pago en la forma prescrita en sus instrucciones.

[Deber del comisionista de comunicarse con el comitente por nuevas instrucciones si no es posible vender en los precios y condiciones instruidos]

Artículo 311. No pudiendo vender a los precios y condiciones que se le hubieren señalado, deberá el comisionista dar aviso y esperar las órdenes de su comitente.

En ningún caso podrá devolver las mercaderías sin previa orden de su comitente.

[Deber del comisionista de la cobranza de los créditos exigibles]

Artículo 312. El comisionista deberá verificar la cobranza de los créditos de su comitente en las épocas en que se hicieren exigibles, y no haciéndolo, responderá de los perjuicios que causare su omisión.

[Deber del comisionista de distinguir las mercaderías recibidas de distintos comitentes]

Artículo 313. Cuando el comisionista recibiere mercaderías de distintos comitentes, deberá distinguirlas por una contramarca que designe la respectiva propiedad.

[Deber del comisionista de registrar las mercaderías de propiedad de distintos comitentes o las suyas]

Artículo 314. Comprendiendo en una misma negociación mercaderías de distintos comitentes, o de sí mismo y alguno de sus comitentes, será obligado a distinguirlas en las facturas con sus respectivas marcas y contramarcas, y a anotar en sus libros las que correspondan a cada propietario.

[Deber del comisionista de distinguir los créditos procedentes de diversas operaciones]

Artículo 315. El comisionista que tuviere contra una misma persona diversos créditos procedentes de operaciones ejecutadas por cuenta de distintos comitentes, o bien por cuenta propia y ajena, deberá anotar en sus libros y en los recibos que otorgue el nombre del interesado por cuya cuenta haga el deudor entregas parciales.

[Normas supletorias respecto del orden de imputación de los pagos recibidos por el comisionista]

Artículo 316. Omitida la anotación que prescribe el precedente artículo, la imputación de los pagos se hará conforme a las reglas siguientes:

1a. Si el crédito procediere de una sola operación ejecutada por cuenta de distintas personas, las entregas que haga el deudor serán distribuidas por el comisionista entre los interesados a prorrata de sus respectivos haberes;

2a. Si los créditos provinieren de distintas operaciones practicadas con una sola persona, el pago se imputará al crédito que designe el deudor, con tal que ninguno de ellos se halle vencido o que lo estén todos a la vez;

3a. Si en la época del pago alguno o algunos de los plazos estuvieren vencidos, y hubiere otros por vencer, se aplicará precisamente la cantidad que entregare el deudor a los créditos vencidos, y el exceso, si lo hubiere, se distribuirá sueldo a libra entre los créditos no vencidos.

[Retribución por comisión sin riesgo de solvencia]

Artículo 317. El comisionista que asegurando la solvencia de los deudores no corriere riesgo alguno, no tendrá derecho sino al pago de la comisión simple.

Así, no podrá llevar comisión de garantía, aun cuando haya sido estipulada;

1°. Si las ventas fueren hechas a condición de entregar el precio en el acto de recibir las mercaderías;

2°. Si al tiempo de recibir los efectos vendidos a plazo, el comprador pagare el precio con descuento.

§ 6. De las comisionistas de transportes por tierra, ríos o canales navegables

[Definición de comisionista de transporte]

Artículo 318. Comisionista de transporte es aquel que, en su propio nombre pero por cuenta ajena, trata con un porteador la conducción de mercaderías de un lugar a otro.

[Vendedor de mercancías por correspondencia no es comisionista de transporte]

Artículo 319. No es comisionista de transportes el que, habiendo vendido mercaderías por correspondencia, se encarga de remitirlas al comprador.

Pero la aceptación de este encargo impone al vendedor las obligaciones de mandatario; y en consecuencia responderá como tal aun de la culpa que cometiere en la elección de porteador.

[Registro especial del comisionista de transporte]

Artículo 320. Fuera de los libros cuya teneduría prescribe el artículo 25, el comisionista deberá llevar un registro especial en que copiará íntegramente las cartas de porte que suscribiere.

[Obligación del comisionista de contar con seguro de mercaderías]

Artículo 321. Es obligación del comisionista asegurar las mercaderías que remitiere por cuenta ajena, teniendo orden y provisión para hacerlo, o dar pronto aviso a su comitente si no pudiere realizar el seguro por el precio y condiciones que le designaren sus instrucciones.

Teniendo el asegurador la calidad de deudor en un procedimiento concursal de liquidación, pendiente el riesgo de las mercaderías, el comisionista deberá renovar el seguro, aun cuando no tenga encargo especial al efecto.

[El comisionista responde por los hechos del intermediario]

Artículo 322. El comisionista es responsable de los hechos del comisionista intermediario a quien hubiere encomendado la dirección de las mercaderías, a no ser que éste hubiere sido designado por el comitente.

[Responsabilidad del intermediario]

Artículo 323. El comisionista intermediario toma sobre sí el cumplimiento de las obligaciones que contrae el comisionista principal respecto de su comitente.

Sin embargo, no responderá de las pérdidas o daños que se causaren por haber cumplido literalmente las instrucciones del comisionista principal, aun cuando éstas fueren contrarias a las del comitente.

[Disposiciones aplicables a los comisionistas de transporte]

Artículo 324. Las disposiciones contenidas en el Título V de este libro son obligatorias a los comisionistas de transportes y a los asentistas en una operación particular y determinada, aun cuando no verifiquen por sí mismos la conducción de mercaderías.

§ 7. Disposiciones comunes a los factores y dependientes de comercio

[Contratación a nombre del comitente por factores y dependientes / suscripción por poder]

Artículo 325. Cuando los factores y dependientes contrataren a nombre de sus comitentes, expresarán en la antefirma de los documentos que otorgaren que los suscriben por poder.

[Efectos de la representación]

Artículo 326. Obrando en la forma que indica el precedente artículo, los factores y dependientes obligan a sus comitentes al cumplimiento de los contratos que celebren, sin quedar ellos personalmente obligados.

[El incumplimiento de las instrucciones por el factor o dependiente es inoponible a terceros]

Artículo 327. La violación de las instrucciones, la apropiación del resultado de una negociación, o el abuso de confianza de parte de los factores o dependientes, no exoneran a sus comitentes de la obligación de llevar a efecto los contratos que aquéllos hagan a nombre de éstos.

[Factor o dependiente que actúa a nombre propio / presunciones de actuación a cuenta del comitente]

Artículo 328. Los factores o dependientes que obraren en su propio nombre quedan personalmente obligados a cumplir los contratos que ajustaren; pero se entenderá que los han ajustado por cuenta de sus comitentes en los casos siguientes:

1°. Cuando tal contrato corresponda al giro ordinario del establecimiento que administran;

2°. Si hubiere sido celebrado por orden del comitente, aun cuando no esté comprendido en el giro ordinario del establecimiento;

3°. Si el comitente hubiere ratificado expresa o tácitamente el contrato, aun cuando se haya celebrado sin su orden.

4°. Si el resultado de la negociación se hubiere convertido en provecho del comitente.

[Opción de terceros que contraten con factor o dependiente]

Artículo 329. En cualquiera de los casos enumerados en el anterior artículo los terceros que contrataren con un factor o dependiente pueden, a su elección, dirigir sus acciones contra éstos o contra sus comitentes, pero no contra ambos.

[Prohibición al factor o dependiente de delegar sus funciones]

Artículo 330. En ningún caso podrán los factores o dependientes delegar las funciones de su cargo sin noticia y consentimiento de su comitente.

[Prohibición al factor o dependiente de ejecutar actos en conflicto de interés]

Artículo 331. Se prohíbe a los factores y dependientes traficar por su cuenta y tomar interés en nombre suyo o ajeno en negociaciones del mismo género que las hagan por cuenta de sus comitentes, a menos que fueren expresamente autorizados para ello.

Por el hecho de contravenir a esta prohibición, se aplicarán al comitente los beneficios que produzcan las negociaciones del factor o dependiente, quedando las pérdidas de cargo exclusivo de ellos.

[Prohibición al principal, factor o dependiente de terminar sin causa legal un contrato a plazo fijo celebrado entre sí]

Artículo 332. No es lícito a los factores o dependientes ni a sus principales rescindir sin causa legal los contratos que hubieren celebrado entre sí con término fijo, y el que lo hiciere o diere motivo a la rescisión deberá indemnizar al otro los perjuicios que le sobrevinieren.

[Causales legales que autorizan la terminación anticipada del contrato por el principal]

Artículo 333. Sólo son causas legales de rescisión por parte del principal:

1a. Todo acto de fraude o abuso de confianza que cometa el factor o dependiente;

2a. La ejecución de algunas de las negociaciones prohibidas al factor o dependiente;

3a. Las injurias o actos que, a juicio del juzgado de comercio, comprometan la seguridad personal, el honor o los intereses del comitente.

[Causales legales que autorizan la terminación anticipada del contrato por el factor o dependiente]

Artículo 334. Causas legales del factor. Sólo son causas legales de rescisión por parte de los factores o dependientes:

1a. Las injurias o actos de que habla el número 3° del precedente artículo;

2a. El maltratamiento inferido por el principal y calificado de bastante por el juzgado de comercio;

3a. La retención de sus salarios en dos plazos continuos.

[Desahucio del contrato a plazo indefinido]

Artículo 335. No teniendo plazo determinado el empeño de los factores o dependientes con sus principales, cualquiera de ellos podrá darlo por concluido, avisando al otro con un mes de anticipación.

El principal, en todo caso, podrá hacer efectiva, antes de vencer el mes, la despedida del factor o dependiente, pagándole la mesada que corresponda.

[Derechos de los factores y dependientes]

Artículo 336. Los factores y dependientes tienen derecho:

1°. Al salario estipulado, aun cuando por algún accidente inculpable no prestaren sus servicios durante dos meses continuos; salvo el caso en que, según convenio, se les pagare por jornales;

2°. A la indemnización de las pérdidas y gastos extraordinarios que hicieren por consecuencia inmediata del servicio que prestaren.

[Extinción del mandato de factores y dependientes]

Artículo 337. Fuera de los modos que establece el Código Civil, el mandato de los factores y dependientes se extingue:

1°. Por su absoluta inhabilitación para el servicio estipulado;

2°. Por la enajenación del establecimiento en que sirvieren.

§ 8. Reglas especiales relativas a los factores

[Capacidad del factor]

Artículo 338. Puede ser factor toda persona que tenga la libre administración de sus bienes.

Sin embargo, pueden serlo el hijo de familia, el menor emancipado y la mujer casada que hubieren cumplido diecisiete años, siendo autorizados expresamente por su padre, curador o marido para contratar con el comitente y desempeñar la factoría.

[Nombramiento del factor / poder especial]

Artículo 339. Los factores deben ser investidos de un poder especial otorgado por el propietario del establecimiento cuya administración se les encomiende.

El poder será registrado y publicado en la forma prescrita en el Párrafo 1, Título II, Libro I.

[Facultades del factor]

Artículo 340. Los factores se entienden autorizados para todos los actos que abrace la administración del establecimiento que se les confiare, y podrán usar de todas las facultades necesarias al buen desempeño de su encargo, a menos que el comitente se las restrinja expresamente en el poder que les diere.

[Deber de los factores de observar las reglas de contabilidad de los comerciantes]

Artículo 341. Los factores observarán, respecto del establecimiento que administren, todas las reglas de contabilidad prescrita a los comerciantes en general.

§ 9. Reglas especiales relativas a los dependientes de comercio

[Capacidad del dependiente]

Artículo 342. Pueden ser dependientes todos los que pueden ser factores conforme al artículo 338.

[Dependientes deben contar con poder especial para obligar a sus dependientes]

Artículo 343. Los dependientes no pueden obligar a sus comitentes, a menos que éstos les confieran expresamente la facultad de ejecutar a su nombre ciertas y determinadas operaciones concernientes a su giro.

[Formalidad del poder otorgado al dependiente para ejecutar ciertos actos]

Artículo 344. La autorización para girar, aceptar o endosar letras de cambio, firmar documentos de cargo o descargo, recaudar y recibir dinero, será conferida al dependiente por escritura pública, con especificación de los actos y negociaciones a que se extienda el encargo.

El poder será registrado y publicado en la forma establecida en el Párrafo 1, Título II, Libro I.

[Efectos jurídicos de los contratos celebrados por el dependiente autorizado por el comitente]

Artículo 345. Los contratos que celebre el dependiente con las personas a quienes su comitente le haya dado a conocer por circulares como autorizado para ejecutar algunas operaciones de su tráfico, obligan al principal, siempre que los contratos se circunscriban a las negociaciones encomendadas al dependiente.

Serán también de la responsabilidad del principal las obligaciones que el dependiente contraiga por cartas, siempre que haya sido autorizado para firmar la correspondencia del mismo principal, y se haya anunciado la autorización por circulares.

[Facultades del dependiente en venta por menor / facultades de dependiente en venta por mayor]

Artículo 346. Los dependientes encargados de vender por menor se reputan autorizados para cobrar el producto de las ventas que hicieren; pero deberán expedir a nombre de sus comitentes los recibos que otorgaren.

Gozarán de igual facultad los dependientes que vendan por mayor, siempre que las ventas se hagan al contado y que el pago se verifique en el mismo almacén que administren.

Si las ventas se hicieren al fiado o si debieren verificarse los pagos fuera del almacén, los recibos serán firmados necesariamente por el comitente o por persona autorizada para cobrar.

[Asientos contables efectuados por los dependientes son oponibles al principal]

Artículo 347. Los asientos que los dependientes encargados de la contabilidad hagan en los libros de sus comitentes, perjudican a éstos como si ellos mismos los hubieran verificado.

TÍTULO VII
DE LA SOCIEDAD

[Ámbito de aplicación de las normas del título séptimo del Libro II del Código de Comercio]

Artículo 348. Las disposiciones de este Título regulan tres especies de sociedad:

1a. Sociedad colectiva;

2a. Sociedad por acciones, y

3a. Sociedad en comandita.

Regulan también la asociación o cuentas en participación.

§ 1. De la formación y prueba de la sociedad colectiva

[Capacidad para celebrar el contrato de sociedad / autorización especial requerida a menores adultos y a la mujer casada en sociedad conyugal]

Artículo 349. Puede celebrar el contrato de sociedad toda persona que tenga capacidad para obligarse.

El menor adulto y la mujer casada que no esté totalmente separada de bienes necesitan autorización especial para celebrar una sociedad colectiva.

La autorización del menor será conferida por la justicia ordinaria, y la de la mujer casada por su marido.

[Solemnidades de constitución, prueba, disolución y las modificaciones sociales de la sociedad colectiva comercial / prórroga de la vigencia y requisitos de su oposición]

Artículo 350. La sociedad colectiva se forma y prueba por escritura pública inscrita en los términos del artículo 354.

La disolución de la sociedad que se efectuare antes de vencer el término estipulado, la prórroga de éste, el cambio, retiro o muerte de un socio, la alteración de la razón social y en general toda reforma, ampliación o modificación del contrato, serán reducidos a escritura pública con las solemnidades indicadas en el inciso anterior.

No será necesario cumplir con dichas solemnidades cuando se trate de la simple prórroga de la sociedad que deba producirse de acuerdo con las estipulaciones que existan al respecto en el contrato social. En este caso la sociedad se entenderá prorrogada en conformidad a las estipulaciones de los socios, a menos que uno o varios de ellos expresen su voluntad de ponerle término en el plazo estipulado mediante una declaración hecha por escritura pública y de la cual deberá tomarse nota al margen de la inscripción respectiva en el Registro de Comercio antes de la fecha fijada para la disolución.

[Efectos de la sociedad colectiva comercial otorgada por instrumento privado]

Artículo 351. El contrato consignado en un documento privado no producirá otro efecto entre los socios que el de obligarlos a otorgar la escritura pública antes que la sociedad dé principio a sus operaciones.

[Menciones del pacto social de una sociedad colectiva comercial / menciones estatutarias esenciales y facultativas]

Artículo 352. La escritura social deberá expresar:

1°. Los nombres, apellidos y domicilios de los socios;

2°. La razón o firma social;

3°. Los socios encargados de la administración y del uso de la razón social;

4°. El capital que introduce cada uno de los socios, sea que consista en dinero, en créditos o en cualquiera otra clase de bienes; el valor que se asigne a los aportes que consistan en muebles o en inmuebles; y la forma en que deba hacerse el justiprecio de los mismos aportes en caso que no se les haya asignado valor alguno;

5°. Las negociaciones sobre que deba versar el giro de la sociedad;

6°. La parte de beneficios o pérdidas que se asigne a cada socio capitalista o industrial;

7°. La época en que la sociedad debe principiar y disolverse;

8°. La cantidad que puede tomar anualmente cada socio para sus gastos particulares;

9°. La forma en que ha de verificarse la liquidación y división del haber social;

10. Si las diferencias que les ocurran durante la sociedad deberán ser o no sometidas a la resolución de arbitradores, y en el primer caso, la forma en que deba hacerse el nombramiento;

11. El domicilio de la sociedad;

12. Los demás pactos que acordaren los socios.

[Inadmisibilidad de prueba contra el tenor de las escrituras de una sociedad colectiva comercial]

Artículo 353. No se admitirá prueba de ninguna especie contra el tenor de las escrituras otorgadas en cumplimiento del artículo 350, ni para justificar la existencia de pactos no expresados en ellas.

[Deber de confección de extracto de la escritura social y su inscripción en el Registro de Comercio / contenido del extracto de la escritura social]

Artículo 354. Un extracto de la escritura social deberá inscribirse en el registro de comercio correspondiente al domicilio de la sociedad.

El extracto contendrá las indicaciones expresadas en los números 1°, 2°, 3°, 4°, 5° y 7° del artículo 352, la fecha de las respectivas escrituras, y la indicación del nombre y domicilio del escribano que las hubiera otorgado.

La inscripción deberá hacerse antes de expirar los sesenta días siguientes a la fecha de la escritura social.

[DOMICILIO SOCIAL SUPLETORIO A FALTA DE SU EXPRESIÓN EN LA ESCRITURA DE LA SOCIEDAD COLECTIVA COMERCIAL]

Artículo 355. Si en la escritura social se hubiere omitido el domicilio social se entenderá domiciliada la sociedad en el lugar de otorgamiento de aquélla.

[SANCIÓN A LA OMISIÓN DE ESCRITURA PÚBLICA EN LA CONSTITUCIÓN Y MODIFICACIÓN SOCIAL, O DE LA INSCRIPCIÓN OPORTUNA DE SUS EXTRACTOS]

Artículo 355 A. La omisión de la escritura pública de constitución o de modificación, o de su inscripción oportuna en el Registro de Comercio, produce nulidad absoluta entre los socios, con la salvedad de lo dispuesto en los artículos 356, inciso primero, y 361, inciso primero.

El cumplimiento oportuno de la inscripción producirá efectos retroactivos a la fecha de la escritura.

[NULIDAD DE PLENO DERECHO POR FALTA DE SOLEMNIDAD DE UNA SOCIEDAD COLECTIVA COMERCIAL Y SUS EFECTOS / COMUNIDAD QUE NACE DEBIDO A LA NULIDAD DE PLENO DERECHO DE UNA SOCIEDAD COLECTIVA COMERCIAL]

Artículo 356. La sociedad que no conste de escritura pública, o de instrumento reducido a escritura pública o de instrumento protocolizado, es nula de pleno derecho y no podrá ser saneada.

No obstante lo anterior, si existiere de hecho dará lugar a una comunidad. Las ganancias y pérdidas se repartirán y soportarán y la restitución de los aportes se efectuará entre los comuneros con arreglo a lo pactado y, en subsidio, de conformidad a lo establecido para la sociedad.

Los miembros de la comunidad responderán solidariamente a los terceros con quienes hubieren contratado a nombre y en interés de ésta; y no podrán oponer a los terceros la falta de los instrumentos mencionados en el inciso primero. Los terceros podrán acreditar la existencia de hecho por cualquiera de los medios probatorios que reconoce este Código, y la prueba será apreciada de acuerdo a las reglas de la sana crítica.

[EXTENSIÓN DE LA PERSONALIDAD JURÍDICA A LAS SOCIEDADES DE HECHO PARA EFECTOS DE SU LIQUIDACIÓN / RESPONSABILIDAD DE LOS SOCIOS POR LOS ACTOS EJECUTADOS POR LA SOCIEDAD DE HECHO]

Artículo 357. La sociedad que adolezca de nulidad por incumplimiento de lo prescrito en el artículo 350 gozará de personalidad jurídica y será liquidada como sociedad si consta de escritura pública o de instrumento reducido a escritura pública o protocolizado. Todo ello, sin perjuicio del saneamiento del vicio en conformidad con la ley.

Los socios responderán solidariamente a los terceros con quienes hubieren contratado a nombre y en interés de la sociedad de hecho.

[Imposibilidad de subsanar la nulidad de una sociedad colectiva comercial mediante la ejecución del contrato social]

Artículo 358. La ejecución voluntaria del contrato de sociedad no purga la nulidad de que adolezca por incumplimiento de solemnidades legales, sin perjuicio del saneamiento a que alude el artículo anterior.

[Efectos de la nulidad de la sociedad colectiva comercial sobre terceros que contraten con la sociedad]

Artículo 359. El que contratare con una sociedad que no ha sido legalmente constituida, no puede sustraerse por esta razón al cumplimiento de sus obligaciones.

[Momento en que producen efectos respecto de terceros la disolución y las modificaciones de una sociedad colectiva comercial]

Artículo 360. Los hechos comprendidos en el inciso segundo del artículo 350 sólo producen efecto contra terceros desde que se deje constancia de su ocurrencia, en la forma indicada en dicho artículo.

[Efectos respecto de los socios y terceros de la modificación de una sociedad colectiva comercial no inscrita oportunamente]

Artículo 361. La modificación cuyo extracto no ha sido oportunamente inscrito en el Registro de Comercio no producirá efectos ni frente a los socios ni frente a terceros, salvo el caso de saneamiento en conformidad a la ley y con las restricciones que ésta impone. Dicha privación de efectos operará de pleno derecho, sin perjuicio de la acción por enriquecimiento sin causa que proceda.

La modificación oportunamente inscrita en el Registro de Comercio, pero que adolezca de vicios formales, produce efecto frente a los socios y terceros, mientras no haya sido declarada su nulidad.

La declaración a que se refiere el inciso anterior no produce efecto retroactivo y sólo regirá para las situaciones que ocurran a partir del momento en que esté ejecutoriada la sentencia que la contenga.

Artículo 362. Derogado.

Artículo 363. Derogado.

Artículo 364. Derogado.

§ 2. De la razón o firma social en la sociedad colectiva

[Definición de razón social de una sociedad colectiva comercial]

Artículo 365. La razón social es la fórmula enunciativa de los nombres de todos los socios o de algunos de ellos, con la agregación de estas palabras: y compañía.

[Composición de la razón social de una sociedad colectiva comercial / deber de supresión de la razón social del nombre del socio que ha fallecido o se ha separado de la sociedad]

Artículo 366. Sólo los nombres de los socios colectivos pueden entrar en la composición de la razón social.

El nombre del socio que ha muerto o se ha separado de la sociedad será suprimido de la firma social.

[Delitos por el uso de la razón social de una sociedad colectiva comercial disuelta y por incluir en la razón social nombres de personas ajenas a la sociedad]

Artículo 367. El uso que se haga de la razón social después de disuelta la sociedad, constituye un delito de falsedad, y la inclusión en aquélla del nombre de una persona extraña es una estafa.

La falsedad y la estafa serán castigadas con arreglo al Código Penal.

[Efectos por la inclusión tolerada del nombre de un tercero en la razón social de una sociedad extraña]

Artículo 368. El que tolera la inserción de su nombre en la razón de comercio de una sociedad extraña, queda responsable a favor de las personas que hubieren contratado con ella.

[La razón social no se transfiere conjuntamente con el establecimiento de comercio]

Artículo 369. La razón social no es un accesorio del establecimiento social o fabril que constituye el objeto de las operaciones sociales, y por consiguiente no es trasmisible con él.

[Responsabilidad solidaria de los socios de una sociedad colectiva comercial]

Artículo 370. Los socios colectivos indicados en la escritura social son responsables solidariamente de todas las obligaciones legalmente contraídas bajo la razón social.

En ningún caso podrán los socios derogar por pacto la solidaridad en las sociedades colectivas.

[Titularidad del uso de la razón social corresponde a quien se haya designado estatutariamente como administrador de la sociedad colectiva comercial / Reglas supletorias a falta de designación]

Artículo 371. Sólo pueden usar de la razón social el socio o socios a quienes se haya conferido tal facultad por la escritura respectiva.

En defecto de una delegación expresa, todos los socios podrán usar de la firma social.

[Posibilidad de delegar el uso de la razón social de la sociedad colectiva comercial / Deber de informar la actuación por poder del delegatario y la sanción a su incumplimiento]

Artículo 372. El uso de la razón social puede ser conferido a una persona extraña a la sociedad.

El delegatario deberá indicar en los documentos públicos o privados que firma por poder, so pena de pagar los efectos de comercio que hubiere puesto en circulación, toda vez que la omisión de la antefirma induzca en error acerca de su cualidad a los terceros que los hubieren aceptado.

[Uso de la razón social por un socio no autorizado para ello y sanciones al efecto]

Artículo 373. Si un socio no autorizado usare la firma social, la sociedad no será responsable del cumplimiento de las obligaciones que aquél hubiere suscrito, salvo si la obligación se hubiere convertido en provecho de la sociedad.

La responsabilidad, en este caso, se limitará a la cantidad concurrente con el beneficio que hubiere reportado la sociedad.

[Documentos que no conciernan a obligaciones sociales y suscritos con la razón social no obligan a la sociedad colectiva comercial si el tercero aceptante conocía esta circunstancia]

Artículo 374. La sociedad no es responsable de los documentos suscritos con la razón social, cuando las obligaciones que los hubieren causado no le conciernan y el tercero los aceptare con conocimiento de esta circunstancia.

§ 3. Del fondo social y de la división de las ganancias y pérdidas en la sociedad colectiva

[Concepto de capital o fondo social en las sociedades colectivas comerciales]

Artículo 375. El fondo social se compone de los aportes que cada uno de los socios entrega o promete entregar a la sociedad.

[Cosas susceptibles de aportarse al capital de una sociedad colectiva comercial]

Artículo 376. Pueden ser objeto de aporte el dinero, los créditos, los muebles e inmuebles, las mercedes, los privilegios de invención, el trabajo manual, la mera industria, y en general, toda cosa comerciable capaz de prestar alguna utilidad.

[Oficios que no pueden ser materia de aporte de capital en la sociedad colectiva comercial]

Artículo 377. Los oficios públicos de corredor, agente de cambio y cualquier otro que sea servido en virtud de nombramiento del Presidente de la República, no pueden ser materia de un aporte.

[Forma, lugar y época en que debe hacerse el aporte en una sociedad colectiva comercial]

Artículo 378. Los socios deberán entregar sus aportes en la época y forma estipuladas en el contrato.

A falta de estipulación, la entrega se hará en el domicilio social luego que la escritura de sociedad esté firmada.

[Sanción al incumplimiento de la obligación de aportar en las sociedades colectivas comerciales / responsabilidad por los daños asociados al retardo del cumplimiento de la obligación de aportar]

Artículo 379. El retardo en la entrega del aporte, sea cual fuere la causa que lo produzca, autoriza a los asociados para excluir de la sociedad al socio moroso o proceder ejecutivamente contra su persona y bienes para compelerle al cumplimiento de su obligación.

En uno y otro caso el socio moroso responderá de los daños y perjuicios que la tardanza ocasionare a la sociedad.

[Separación entre el patrimonio de los socios y el patrimonio de la sociedad colectiva comercial]

Artículo 380. Los acreedores personales de un socio no podrán embargar durante la sociedad el aporte que éste hubiere introducido; pero les será permitido solicitar la retención de la parte de interés que en ella tuviere para percibirla al tiempo de la división social.

Tampoco podrán concurrir al procedimiento concursal de liquidación de la sociedad con los acreedores sociales; pero tendrán derecho para perseguir la parte que corresponda a su deuda en el residuo de la masa concursada.

[Imposibilidad de solicitar la restitución de los aportes antes de concluir la liquidación de la sociedad colectiva comercial y su excepción]

Artículo 381. Los socios no pueden exigir la restitución de sus aportes antes de concluirse la liquidación de la sociedad, a menos que consistan en el usufructo de los objetos introducidos al fondo común.

[División de ganancias y pérdidas por los socios capitalistas de la sociedad colectiva comercial y su régimen supletorio]

Artículo 382. Los socios capitalistas dividirán entre sí las ganancias y las pérdidas en la forma que se hubiere estipulado. A falta de estipulación, las dividirán a prorrata de sus respectivos aportes.

[Estipulación de ganancias y pérdidas del socio industrial de una sociedad colectiva comercial y su régimen supletorio]

Artículo 383. En cuanto a las ganancias y pérdidas correspondientes al socio industrial, se estará a lo que se hubiere estipulado en el contrato; y no habiendo estipulación, el socio industrial llevará en las ganancias una cuota igual a la que corresponda al aporte más módico, sin soportar parte alguna en las pérdidas.

§ 4. De la administración de la sociedad colectiva

[Primacía de la autonomía de la voluntad para definir el régimen de administración social en sociedades colectivas comerciales]

Artículo 384. El régimen de la sociedad colectiva se ajustará a los pactos que contenga la escritura social, y en lo que no se hubiere previsto en ellos, a las reglas que a continuación se expresan.

[Regla supletoria de administración a falta de pacto expreso]

Artículo 385. La administración corresponde de derecho a todos y cada uno de los socios, y éstos pueden desempeñarla por sí mismos o por sus delegados, sean socios o extraños.

[Administración por todos los socios de la sociedad colectiva comercial en silencio de los estatutos]

Artículo 386. Cuando el contrato social no designa la persona del administrador, se entiende que los socios se confieren recíprocamente la facultad de administrar y la de obligar solidariamente la responsabilidad de todos sin su noticia y consentimiento.

[Facultades de administración de los socios de la sociedad colectiva comercial]

Artículo 387. En virtud del mandato legal, cada uno de los socios puede hacer válidamente todos los actos y contratos comprendidos en el giro ordinario de la sociedad o que sean necesarios o conducentes a la consecución de los fines que ésta se hubiere propuesto.

[Derecho a oposición de los socios en ejercicio de la administración de la sociedad colectiva comercial]

Artículo 388. Cada uno de los socios tiene derecho de oponerse a la consumación de los actos y contratos proyectados por otro, a no ser que se refieran a la mera conservación de las cosas comunes.

[Efectos del ejercicio del derecho de oposición del socio de la sociedad colectiva comercial]

Artículo 389. La oposición suspende provisoriamente la ejecución del acto o contrato proyectado hasta que la mayoría numérica de los socios califique su conveniencia o inconveniencia.

[Adopción de acuerdos por los socios respecto a actos de administración]

Artículo 390. El acuerdo de la mayoría sólo obliga a la minoría cuando recae sobre actos de simple administración o sobre disposiciones comprendidas en el círculo de las operaciones designadas en el contrato social.

Resultando en las deliberaciones de la sociedad dos o más pareceres que no tengan la mayoría absoluta, los socios deberán abstenerse de llevar a efecto el acto o contrato proyectado.

[Efectos de la oposición en la ejecución de un acto de administración respecto de terceros]

Artículo 391. Si a pesar de la oposición se verificare el acto o contrato con terceros de buena fe, los socios quedarán obligados solidariamente a cumplirlo, sin perjuicio de su derecho a ser indemnizados por el socio que lo hubiere ejecutado.

[Efectos de la delegación de la facultad de administrar en uno de los socios de la sociedad colectiva comercial]

Artículo 392. Delegada la facultad de administrar en uno o más de los socios, los demás quedan por este solo hecho inhibidos de toda injerencia en la administración social.

[Facultad de administrar la sociedad conlleva el derecho al uso de la razón social]

Artículo 393. La facultad de administrar trae consigo el derecho de usar de la firma social.

[Facultades del delegado en la administración de la sociedad colectiva comercial / sanción de la extralimitación del delegado en la administración]

Artículo 394. El delegado tendrá únicamente las facultades que designe su título; y cualquier exceso que cometa en el ejercicio de ellas, lo hará responsable a la sociedad de todos los daños y perjuicios que le sobrevengan.

[Representación judicial y extrajudicial del administrador de una sociedad colectiva comercial / operaciones que requieren de poder especial para realizarse por el administrador social]

Artículo 395. Los administradores delegados representan a la sociedad judicial y extrajudicialmente; pero si no estuvieren investidos de un poder especial, no podrán vender ni hipotecar los bienes inmuebles por su naturaleza o su destino, ni alterar su forma, ni transigir ni comprometer los negocios sociales de cualquiera naturaleza que fueren.

[La autorización tácita para alterar la forma de los inmuebles sociales de la sociedad colectiva comercial]

Artículo 396. Las alteraciones en la forma de los inmuebles sociales que el administrador hiciere a vista y paciencia de los socios, se entenderán autorizadas y aprobadas por éstos para todos los efectos legales.

[Facultades inherentes del administrador de la sociedad colectiva comercial]

Artículo 397. No necesitan poder especial los administradores para vender los inmuebles sociales, siempre que tal acto se halle comprendido en el número de las operaciones que constituyen el giro ordinario de la sociedad, ni para tomar en mutuo las cantidades estrictamente necesarias para poner en movimiento los negocios de su cargo, hacer las reparaciones indispensables en los inmuebles sociales, alzar las hipotecas que los graven o satisfacer otras necesidades urgentes.

[La representación judicial del administrador social de la sociedad colectiva comercial]

Artículo 398. Los administradores tienen la representación legal de la sociedad en juicio, sea que ella obre como demandante o como demandada.

[El derecho de oposición de los coadministradores sociales / Actuación por mayoría de tres o más coadministradores conjuntos / La ejecución de un acto en oposición de la mayoría de los administradores y sus efectos]

Artículo 399. Habiendo dos administradores que según su título hayan de obrar de consuno, la oposición de uno de ellos impedirá la consumación de los actos o contratos proyectados por el otro.

Si los administradores conjuntos fueren tres o más, deberán obrar de acuerdo con el voto de la mayoría y abstenerse de llevar a cabo los actos o contratos que no lo hubieren obtenido.

Si no obstante la oposición o el defecto de mayoría se ejecutare el acto o contrato, éste surtirá todos sus efectos respecto de terceros de buena fe; y el administrador que lo hubiere celebrado responderá a la sociedad de los perjuicios que a ésta se siguieren.

[Alcance de la oposición de los socios a los actos del administrador estatutario en la sociedad colectiva / Efectos de la administración perjudicial del administrador estatutario]

Artículo 400. El administrador nombrado por una cláusula especial de la escritura social puede ejecutar, a pesar de la oposición de sus consocios excluidos de la administración, todos los actos y contratos a que se extienda su mandato, con tal que lo verifique sin fraude.

Pero si sus gestiones produjeren perjuicios manifiestos a la masa común, la mayoría de los socios podrá nombrarle un coadministrador o solicitar la disolución de la sociedad.

[Intransmisibilidad de la facultad de administrar]

Artículo 401. La facultad de administrar es intransmisible a los herederos del gestor, aun cuando se haya estipulado que la sociedad haya de continuar entre los socios sobrevivientes y los herederos del difunto.

[Facultades del administrador al que no se le han otorgado poderes específicos]

Artículo 402. Si al hacer el nombramiento de administrador los socios no hubieren determinado la extensión de los poderes que le confieren, el delegado será considerado como simple mandatario, y no tendrá otras facultades que las necesarias para los actos y contratos enunciados en el artículo 387.

[Obligación de llevar los libros contables por el administrador de la sociedad colectiva comercial]

Artículo 403. Los administradores están obligados a llevar los libros que debe tener todo comerciante conforme a las prescripciones de este Código, y a exhibirlos a cualquiera de los socios que lo requiera.

§ 5. De las prohibiciones a que están sujetos los socios en la sociedad colectiva

[Prohibiciones a los socios de la sociedad colectiva comercial]

Artículo 404. Se prohíbe a los socios en particular:

1°. Extraer del fondo común mayor cantidad que la asignada para sus gastos particulares.

La mera extracción autoriza a los consocios del que la hubiere verificado para obligar a éste al reintegro o para extraer una cantidad proporcional al interés que cada uno de ellos tenga en la masa social.

2°. Aplicar los fondos comunes a sus negocios particulares y usar en éstos de la firma social.

El socio que hubiere violado esta prohibición llevará a la masa común las ganancias, y cargará él solo con las pérdidas del negocio en que invierta los fondos distraídos, sin perjuicio de restituirlos a la sociedad e indemnizar los daños que ésta hubiere sufrido.

Podrá también ser excluido de la sociedad por sus consocios.

3°. Ceder a cualquier título su interés en la sociedad y hacerse sustituir en el desempeño de las funciones que le correspondan en la administración.

La cesión o sustitución sin previa autorización de todos los socios es nula.

4°. Explotar por cuenta propia el ramo de industria en que opere la sociedad, y hacer sin consentimiento de todos los consocios operaciones particulares de cualquiera especie cuando la sociedad no tuviere un género determinado de comercio.

Los socios que contravengan a estas prohibiciones serán obligados a llevar al acervo común las ganancias y a soportar individualmente las pérdidas que les resultaren.

[Autorización a un socio colectivo para realizar operaciones mercantiles]

Artículo 405. Los socios no podrán negar la autorización que solicite alguno de ellos para realizar una operación mercantil, sin acreditar que las operaciones proyectadas les preparan un perjuicio cierto y manifiesto.

[Prohibición del socio industrial de realizar negociaciones que afecten su quehacer]

Artículo 406. El socio industrial no podrá emprender negociación alguna que le distraiga de sus atenciones sociales so pena de perder las ganancias que hubiere adquirido hasta el momento de la violación.

§ 6. De la disolución y liquidación de la sociedad colectiva

[Causales de disolución de la sociedad colectiva comercial]

Artículo 407. La sociedad colectiva se disuelve por los modos que determina el Código Civil.

[Inicio del proceso de liquidación de la sociedad colectiva comercial]

Artículo 408. Disuelta la sociedad, se procederá a la liquidación por la persona que al efecto haya sido nombrada en la escritura social o en la disolución.

[Nombramiento por unanimidad del liquidador de la sociedad colectiva comercial a falta de designación estatutaria o por acuerdo de disolución / personas que pueden ser liquidador]

Artículo 409. Si en la escritura social o en la de disolución se hubiere acordado nombrar liquidador sin determinar la forma del nombramiento, se hará éste por unanimidad de los socios, y en caso de desacuerdo, por el juzgado de comercio.

El nombramiento puede recaer en uno de los socios o en un extraño.

Sólo en el caso de hallarse todos conformes, podrán encargarse los socios de hacer la liquidación colectivamente.

[Liquidador es un mandatario de la sociedad colectiva comercial]

Artículo 410. El liquidador es un verdadero mandatario de la sociedad y como tal, deberá conformarse escrupulosamente con las reglas que le trazare su título y responder a los socios de los perjuicios que les resulten de sus operaciones dolosas o culpables.

[Facultades del liquidador al que no se le han otorgado poderes específicos]

Artículo 411. No estando determinadas las facultades del liquidador, no podrá ejecutar otros actos y contratos que los que tiendan directamente al cumplimiento de su encargo.

En consecuencia, el liquidador no podrá constituir hipoteca, prendas o anticresis, ni tomar dinero a préstamo, ni comprar mercaderías para revender, ni endosar efectos de comercio, ni celebrar transacciones sobre los derechos sociales, ni sujetarlos a compromiso.

[El derecho de oposición de los liquidadores que actúan conjuntamente / forma de dirimir las discordias de los liquidadores que actúan en conjunto]

Artículo 412. Las reglas consignadas en los dos primeros incisos del artículo 399 son aplicables al caso en que haya dos o más liquidadores conjuntos.

Las discordias que ocurrieren entre ellos serán sometidas a la resolución de los socios, y por ausencia u otro impedimento de la mayoría de éstos, a la del juzgado de comercio.

[Obligaciones legales del liquidador de una sociedad colectiva comercial]

Artículo 413. Aparte de los deberes que su título imponga al liquidador, estará obligado:

1°. A formar inventario, al tomar posesión de su cargo, de todas las existencias y deudas de cualquiera naturaleza que sean, de los libros, correspondencia y papeles de la sociedad;

2°. A continuar y concluir las operaciones pendientes al tiempo de la disolución;

3°. A exigir la cuenta de su administración a los gerentes o cualquiera otro que haya manejado intereses de la sociedad;

4°. A liquidar y cancelar las cuentas de la sociedad con terceros y con cada uno de los socios;

5°. A cobrar los créditos activos, percibir su importe y otorgar los correspondientes finiquitos;

6°. A vender las mercaderías y los muebles e inmuebles de la sociedad, aun cuando haya algún menor entre los socios, con tal que no sean destinados por éstos a ser divididos en especie;

7°. A presentar estados de la liquidación cuando los socios lo exijan;

8°. A rendir al fin de la liquidación una cuenta general de su administración.

Si el liquidador fuere el mismo gerente de la sociedad extinguida, deberá presentar en esa época la cuenta de su gestión.

[Los conflictos que tengan lugar por rendición de cuenta del socio gerente o liquidador se someten a arbitraje]

Artículo 414. Las cuestiones a que diere lugar la presentación de la cuenta del socio gerente o del liquidador se someterán precisamente a compromiso.

[Regla supletoria en el caso que en los estatutos no se pacte en el compromiso]

Artículo 415. Si en la escritura social se hubiera omitido hacer la designación que indica el número 10 del artículo 352, se entenderá que las cuestiones que se susciten entre los socios, ya sea durante la sociedad o al tiempo de la disolución, serán sometidas a compromiso.

[Facultad de representación judicial del liquidador de la sociedad colectiva comercial]

Artículo 416. Los liquidadores representan en juicio activa y pasivamente a los asociados.

[Causales de renuncia y remoción del liquidador de la sociedad colectiva]

Artículo 417. Los liquidadores nombrados en el contrato social podrán renunciar a ser removidos por las causas y en la forma que señala el artículo 2072 del Código Civil.

El que fuere nombrado en otra forma podrá renunciar o ser removido según las reglas generales del mandato.

[Liquidación de la sociedad colectiva por acuerdo de los socios]

Artículo 418. Haciendo por sí mismos la liquidación, los socios se ajustarán a las reglas precedentes, y en sus deliberaciones observarán lo dispuesto en los artículos 387 y siguientes hasta el 391 inclusive.

§ 7. De la prescripción de las acciones procedentes de la sociedad colectiva

[Plazo de prescripción de las acciones contra los socios colectivos]

Artículo 419. Todas las acciones contra los socios no liquidadores, sus herederos o causahabientes prescriben en cuatro años contados desde el día en que se disuelva la sociedad, siempre que la escritura social haya fijado su duración o la escritura de disolución haya sido inscrita conforme al artículo 354.

Si el crédito fuere condicional, la prescripción correrá desde el advenimiento de la condición.

[Suspensión e interrupción de la prescripción de las acciones contra los socios colectivos]

Artículo 420. La prescripción corre contra los menores y personas jurídicas que gocen de los derechos de tales, aunque los créditos sean ilíquidos, y no se interrumpe sino por las gestiones judiciales que dentro de los cuatro años hagan los acreedores contra los socios no liquidadores.

[Obligación de los socios colectivos de declarar en juicio por deudas sociales]

Artículo 421. Pasados los cuatro años, los socios no liquidadores no serán obligados a declarar judicialmente acerca de la subsistencia de las deudas sociales.

[No procede alegar la prescripción en caso de procedimientos concursales de liquidación]

Artículo 422. La prescripción no tiene lugar cuando los socios verifican por sí mismos la liquidación o la sociedad tiene la calidad de deudor en un procedimiento concursal de liquidación.

[Plazo de prescripción de las acciones contra los socios liquidadores y de los socios entre sí]

Artículo 423. Las acciones de los acreedores contra el socio o socios liquidadores, considerados en esta última cualidad, y las que tienen los socios entre sí prescriben por el transcurso de los plazos que señala el Código Civil.

§ 8. De las Sociedades por Acciones

[Definición de sociedad por acciones / prevalencia de la autonomía de la voluntad en la determinación del contenido de los estatutos sociales / régimen supletorio aplicable a las sociedades por acciones]

Artículo 424. La sociedad por acciones, o simplemente la "sociedad" para los efectos de este Párrafo, es una persona jurídica creada por una o más personas mediante un acto de constitución perfeccionado de acuerdo con los preceptos siguientes, cuya participación en el capital es representada por acciones.

La sociedad tendrá un estatuto social en el cual se establecerán los derechos y obligaciones de los accionistas, el régimen de su administración y los demás pactos que, salvo por lo dispuesto en este Párrafo, podrán ser establecidos libremente. En silencio del estatuto social y de las disposiciones de este Párrafo, la sociedad se regirá supletoriamente y sólo en aquello que no se contraponga con su naturaleza, por las normas aplicables a las sociedades anónimas cerradas.

[Solemnidades de constitución y prueba de la sociedad por acciones / contenido mínimo del estatuto social]

Artículo 425. La sociedad se forma, existe y prueba por un acto de constitución social escrito, inscrito y publicado en los términos del artículo siguiente, que se perfeccionará mediante escritura pública o por instrumento privado suscrito por sus otorgantes, y cuyas firmas sean autorizadas por notario público, en cuyo registro será protocolizado dicho instrumento. El cumplimiento oportuno de la inscripción y publicación del acto de constitución de la sociedad producirá efectos desde la fecha de la escritura o de la protocolización del instrumento privado, según corresponda.

El acto de constitución de la sociedad irá acompañado de su estatuto, el que deberá expresar, a lo menos, las siguientes materias:

1.- El nombre de la sociedad, que deberá concluir con la expresión "SpA";

2.- El objeto de la sociedad, que será siempre considerado mercantil;

3.- El capital de la sociedad y el número de acciones en que el capital es dividido y representado;

4.- La forma como se ejercerá la administración de la sociedad y se designarán sus representantes; con indicación de quienes la ejercerán provisionalmente, en su caso, y

5.- La duración de la sociedad, la cual podrá ser indefinida y, si nada se dijere, tendrá este carácter.

[Deber de confección, inscripción y publicación de un extracto de la escritura de constitución / contenido del extracto de la escritura social]

Artículo 426. Dentro del plazo de sesenta días contado desde la fecha del acto de constitución social, un extracto del mismo, autorizado por el notario respectivo, deberá inscribirse en el Registro de Comercio correspondiente al domicilio de la sociedad y publicarse por una sola vez en el Diario Oficial.

El extracto deberá expresar:

1.- El nombre de la sociedad;

2.- El nombre de los accionistas concurrentes al instrumento de constitución;

3.- El objeto social;

4.- El monto a que asciende el capital suscrito y pagado de la sociedad, y

5.- La fecha de otorgamiento, el nombre y domicilio del notario que autorizó la escritura o que protocolizó el instrumento privado de constitución que se extracta, así como el registro y número de rol o folio en que se ha protocolizado dicho documento.

[Modificación de los estatutos sociales / inscripción y publicación del extracto de modificación]

Artículo 427. Las disposiciones del estatuto social serán modificadas por acuerdo de la junta de accionistas, del que se dejará constancia en un acta que deberá ser protocolizada o reducida a escritura pública. Sin embargo, no se requerirá la celebración de la junta antedicha si la totalidad de los accionistas suscribieren una escritura pública o un instrumento privado protocolizado en que conste tal modificación. Un extracto del documento de modificación o del acta respectiva, según sea el caso, será inscrito y publicado en la misma forma establecida en el artículo precedente. El extracto deberá hacer referencia al contenido de la reforma sólo cuando se haya modificado alguna de las materias señaladas en dicho artículo.

[Nulidad por falta de los requisitos o menciones en la escritura social y su saneamiento en las sociedades por acciones]

Artículo 428. Sin perjuicio de lo dispuesto en los artículos anteriores, si se hubiere omitido alguno de los requisitos y menciones en ellos establecidos, se aplicará lo dispuesto en los artículos 6° y 6°A de la ley N° 18.046.

El saneamiento de las nulidades que afecten la constitución y modificaciones de sociedades por acciones regidas por el presente Párrafo se efectuará conforme lo dispuesto por la ley N° 19.499.

Si de acuerdo a lo dispuesto en dichas normas se declara nula la sociedad o no es procedente su saneamiento, los accionistas podrán liquidar por sí mismos la sociedad de hecho o designar uno o más liquidadores.

[Responsabilidad limitada de los socios de las sociedades por acciones]

Artículo 429. Los accionistas sólo serán responsables hasta el monto de sus respectivos aportes en la sociedad.

[Transformación legal de la sociedad por acciones en sociedad anónima abierta]

Artículo 430. La sociedad por acciones que durante doce meses consecutivos cumpla las condiciones que obligan a una sociedad anónima cerrada a inscribir sus acciones en el Registro de Valores de la ley N° 18.045, se transformará por el solo ministerio de la ley en una sociedad anónima, siéndole totalmente aplicables las disposiciones pertinentes de dicha ley, las que en este caso prevalecerán sobre el estatuto social. La junta de accionistas que se celebre con posterioridad a este hecho, deberá resolver las adecuaciones que reflejen la nueva modalidad social y elegir los miembros del directorio que continuará la administración.

[Deber de llevar un registro de accionistas en la sociedad por acciones / responsabilidad por perjuicios que irrogue la falta de vigencia o fidelidad del registro de accionistas]

Artículo 431. La sociedad llevará un registro en el que se anotará, a lo menos, el nombre, domicilio y cédula de identidad o rol único tributario de cada accionista, el número de acciones de que sea titular, la fecha en que éstas se hayan inscrito a su nombre y tratándose de acciones suscritas y no pagadas, la forma y oportunidades de pago de ellas. Igualmente, en el Registro deberá inscribirse la constitución de gravámenes y de derechos reales distintos al dominio. En caso de que algún accionista transfiera el todo o parte de sus acciones, deberá anotarse esta circunstancia en el registro de que trata este artículo.

Dicho registro podrá llevarse por cualquier medio, siempre que éste ofrezca seguridad de que no podrá haber intercalaciones, supresiones u otra adulteración que pueda afectar su fidelidad, y que, además, permita el inmediato registro o constancia de las anotaciones que deban hacerse y estará, en todo tiempo, disponible para su examen por cualquier accionista o administrador de la sociedad.

Los administradores y el gerente general de la sociedad serán solidariamente responsables de los perjuicios que causaren a accionistas y a terceros con ocasión de la falta de fidelidad o vigencia de las informaciones contenidas en el registro a que se refiere este artículo.

[Identidad de nombres entre sociedades]

Artículo 432. Si el nombre de una sociedad fuere idéntico o semejante a otra ya existente, ésta tendrá derecho a demandar la modificación del nombre de aquélla mediante juicio sumario.

[Domicilio supletorio de la sociedad por acciones por falta de mención en los estatutos]

Artículo 433. La sociedad deberá tener un domicilio, pero si su indicación se hubiere omitido en la escritura social, se entenderá domiciliada en el lugar de otorgamiento de ésta.

[Capital de la sociedad por acciones y el aumento de capital / plazo en que debe pagarse el aporte o aumento de capital y la sanción por su incumplimiento]

Artículo 434. El capital de la sociedad deberá ser fijado de manera precisa en el estatuto y estará dividido en un número determinado de acciones nominativas. El estatuto podrá establecer que las acciones de la sociedad sean emitidas sin imprimir láminas físicas de dichos títulos.

Los aumentos de capital serán acordados por los accionistas, sin perjuicio que el estatuto podrá facultar a la administración en forma general o limitada, temporal o permanente, para aumentar el capital con el objeto de financiar la gestión ordinaria de la sociedad o para fines específicos.

El capital social y sus posteriores aumentos deberán quedar totalmente suscritos y pagados en el plazo que indiquen los estatutos. Si nada señalaren al respecto, el plazo será de cinco años, contados desde la fecha de constitución de la sociedad o del aumento respectivo, según corresponda. Si no se pagare oportunamente al vencimiento del plazo correspondiente, el capital social quedará reducido al monto efectivamente suscrito y pagado. Salvo disposición en contrario en los estatutos, las acciones cuyo valor no se encuentre totalmente pagado, no gozarán de derecho alguno.

[PACTOS QUE ESTABLECEN LÍMITES DE CAPITAL QUE PUEDA CONTROLAR UNO DE LOS ACCIONISTAS / PACTOS ESTATUTARIOS RELATIVOS A LA LIBRE CESIBILIDAD DE LAS ACCIONES]

Artículo 435. El estatuto social podrá establecer porcentajes o montos mínimos o máximos del capital social que podrá ser controlado por uno o más accionistas, en forma directa o indirecta. En caso de existir tales normas, el estatuto deberá contener disposiciones que regulen los efectos y establezcan las obligaciones o limitaciones que nazcan para los accionistas que quebranten dichos límites, según sea el caso. En su defecto, dichas estipulaciones se tendrán por no escritas.

El estatuto también podrá establecer que bajo determinadas circunstancias se pueda exigir la venta de las acciones a todos o parte de los accionistas, sea a favor de otro accionista, de la sociedad o de terceros. En caso de existir tales normas, el estatuto deberá contener disposiciones que regulen los efectos y establezcan las obligaciones y derechos que nazcan para los accionistas. En su defecto, dichas estipulaciones se tendrán asimismo por no escritas.

[ACCIONES ORDINARIAS O PREFERENTES QUE PUEDEN PACTARSE EN LOS ESTATUTOS SOCIALES]

Artículo 436. Las acciones pueden ser ordinarias o preferidas. El estatuto social deberá establecer en forma precisa las cargas, obligaciones, privilegios o derechos especiales que afecten o de que gocen una o más series de acciones.

No es de la esencia de las preferencias su vinculación a una o más limitaciones en los derechos de que pudieran gozar las demás acciones.

[SERIES DE ACCIONES CON VOTO MÚLTIPLE, LIMITADO O SIN DERECHO A VOTO EN LAS SOCIEDADES POR ACCIONES]

Artículo 437. Cada accionista dispondrá de un voto por cada acción que posea o represente. Sin embargo, el estatuto podrá contemplar series de acciones sin derecho a voto, con derecho a voto limitado o a más de un voto por acción; en cuyo caso, deberán determinar la forma de computar dichas acciones para el cálculo de los quórum.

[ADQUISICIÓN DE ACCIONES DE PROPIA EMISIÓN POR LA SOCIEDAD POR ACCIONES / DEBER DE ENAJENACIÓN DE LAS ACCIONES DE PROPIA EMISIÓN Y EL PLAZO PARA HACERLO]

Artículo 438. La sociedad podrá adquirir y poseer acciones de su propia emisión, salvo en cuanto esté prohibido por el estatuto social. Con todo, las acciones de propia emisión que se encuentren bajo el dominio de la sociedad, no se computarán para la constitución del quórum en las asambleas de accionistas o aprobar modificaciones del estatuto social, y no tendrán derecho

Las acciones adquiridas por la sociedad deberán enajenarse dentro del plazo que establezca el estatuto. Si éste nada señalare al respecto, deberán enajenarse en el plazo de un año a contar de su adquisición. Si dentro del plazo establecido, las acciones no se enajenan, el capital quedará reducido de pleno derecho y las acciones se eliminarán del registro.

[EMISIÓN DE ACCIONES DE PAGO EN LA SOCIEDAD POR ACCIONES / PACTOS DE PREFERENCIA O PRIMERA OFERTA SOBRE LAS ACCIONES DE PAGO EN FAVOR DE SUS ACCIONISTAS / DEBER DE LA SOCIEDAD DE MANTENER ACCIONES DISPONIBLES EN CASO DE EMISIÓN DE BONOS CONVERTIBLES EN ACCIONES]

Artículo 439. La sociedad podrá emitir acciones de pago, que se ofrecerán al precio que determinen libremente los accionistas o quien fuere delegado al efecto por ellos. No será obligatorio que dicha oferta se realice preferentemente a los accionistas.

Sin embargo, el estatuto social podrá establecer que las opciones para suscribir acciones de aumento de capital de la sociedad o de valores convertibles en acciones de la sociedad, o de cualesquiera otros valores que confieran derechos futuros sobre éstas, sean de pago o liberadas, deban ser ofrecidos, a lo menos por una vez, preferentemente a los accionistas, a prorrata de las acciones que posean.

Mientras estuviere pendiente una emisión de bonos convertibles en acciones, deberá permanecer vigente un margen no suscrito del aumento de capital por la cantidad de acciones que sea necesaria para cumplir con la opción, cuando ésta sea exigible conforme a las condiciones de la emisión de los bonos respectivos.

[Reducción de capital de la sociedad por acciones]

Artículo 440. Todo acuerdo de reducción de capital deberá ser adoptado por la mayoría establecida en el estatuto. En silencio de éste, se requerirá el voto conforme de la unanimidad de los accionistas.

No podrá procederse al reparto o devolución de capital o a la adquisición de acciones con que dicha disminución pretenda llevarse a efecto, sino desde que quede perfeccionada la modificación estatutaria.

[Resolución de conflictos en la sociedad por acciones]

Artículo 441. Las diferencias que ocurran entre los accionistas, los accionistas y la sociedad o sus administradores o liquidadores, y la sociedad y sus administradores o liquidadores, deberán ser resueltas por medio de arbitraje. El estatuto deberá indicar:

1.- El tipo de arbitraje y el número de integrantes del tribunal arbitral. En silencio del estatuto, conocerá de las disputas en única instancia un solo árbitro de carácter mixto, que no obstante actuar como arbitrador en cuanto al procedimiento, resolverá conforme a derecho, y

2.- El nombre o la modalidad de designación de los árbitros y sus reemplazantes. En silencio del estatuto, los árbitros serán designados por el tribunal de justicia del domicilio social.

[El pago de dividendos preferentes en la sociedad por acciones]

Artículo 442. En caso que el estatuto establezca que la sociedad deba pagar un dividendo por un monto fijo, determinado o determinable, a las acciones de una serie específica, éstos se pagarán con preferencia a los dividendos a que pudieren tener derecho las demás acciones. Salvo que el estatuto señale algo distinto, si las utilidades no fueren suficientes para cubrir el dividendo fijo obligatorio, el accionista podrá optar por alguna de las siguientes opciones:

1.- Registrar el saldo insoluto en una cuenta especial de patrimonio creada al efecto y que acumulará los dividendos adeudados y por pagar. La sociedad no podrá pagar dividendos a las demás acciones que no gocen de la preferencia de dividendo fijo obligatorio, hasta que la cuenta de dividendos por pagar no haya sido completamente saldada. En caso de disolución de la sociedad, el entero de la cuenta de dividendos por pagar tendrá preferencia a las distribuciones que deban hacerse, o

2.- Ejercer el derecho a retiro respecto de las acciones preferidas a partir de la fecha en que se declare la imposibilidad de distribuir el dividendo. Si el estatuto no señalare otra cosa, el precio a pagar será el valor de rescate si lo hubiere o en su defecto el valor libros de la acción, más la suma de los dividendos adeudados a la fecha de ejercer el derecho de retiro.

[CONTABILIDAD SEPARADA CUANDO SE PACTE DIVIDENDOS ESPECÍFICOS POR UNIDAD DE NEGOCIO O ACTIVO SOCIAL]

Artículo 443. En caso que la sociedad deba pagar dividendos provenientes de las utilidades de unidades de negocios o activos específicos de ésta, deberá llevar cuentas separadas respecto de ellos y las utilidades sobre las que se pagarán dichos dividendos serán calculadas exclusivamente sobre la base de esta contabilidad, sin importar los resultados generales de la sociedad. Por su parte, la sociedad no computará las cuentas separadas para el cálculo de sus utilidades generales, en relación con el pago de dividendos ordinarios a los accionistas. Las ganancias provenientes de las unidades de negocios o activos separados que no sean distribuidas como dividendos se integrarán a los resultados generales del ejercicio correspondiente.

[REUNIÓN DE TODAS LAS ACCIONES EN UN SOLO ACCIONISTA NO ES CAUSAL DE DISOLUCIÓN DE LA SOCIEDAD]

Artículo 444. Salvo que el estatuto disponga lo contrario, la sociedad no se disolverá por reunirse todas las acciones en un mismo accionista.

[COMUNICACIÓN ENTRE LA SOCIEDAD Y LOS ACCIONISTAS]

Artículo 445. El estatuto establecerá los medios de comunicación entre la sociedad o los accionistas, siempre que den razonable seguridad de su fidelidad. En silencio del estatuto, se utilizará el correo certificado. El envío deficiente no afectará la validez de la citación, pero la administración responderá de los perjuicios que causare a los accionistas.

[EL TRASPASO DE ACCIONES EN LA SOCIEDAD POR ACCIONES]

Artículo 446. En los traspasos de acciones deberá constar la declaración del cesionario en el sentido que conoce la normativa legal que regula este tipo social, el estatuto de la sociedad y las protecciones que en ellos puedan o no existir respecto del interés de los accionistas. La omisión de esta declaración no invalidará el traspaso, pero hará responsable al cedente de los perjuicios que ello irrogue.

§ 9. De las Agencias de Sociedades Extranjeras u otras Personas Jurídicas con Fines de Lucro

[REQUISITOS PARA CONSTITUIR UNA AGENCIA EN CHILE POR UNA SOCIEDAD EXTRANJERA U OTRAS PERSONAS JURÍDICAS CON FINES DE LUCRO]

Artículo 447. Para que una sociedad u otra persona jurídica con fines de lucro extranjera pueda constituir agencia en Chile, su agente o representante deberá protocolizar en una notaría del domicilio que ésta tendrá en Chile, en el idioma oficial del país de origen, traducidos al español si no estuvieren en ese idioma, los siguientes documentos emanados del país en que se haya constituido, debidamente legalizados:

1) Los antecedentes que acrediten que se encuentra legalmente constituida de acuerdo a la ley del país de origen y un certificado de vigencia de la entidad;

2) Copia auténtica de los estatutos vigentes, y

3) Un poder general otorgado por la entidad al agente que ha de representarla en el país, en el que consten la personería del mandante y se exprese en forma clara y precisa que el agente obra en Chile bajo la responsabilidad directa de la entidad, con amplias facultades para ejecutar operaciones en su

nombre y en que se le otorguen expresamente las facultades a que se refiere el inciso segundo del artículo 7° del Código de Procedimiento Civil.

[Declaración obligatoria del agente en Chile a nombre de la entidad que se constituye como agencia]

Artículo 448. Por escritura pública de la misma fecha y ante el mismo notario ante el cual se efectúe la protocolización a que se refiere el artículo anterior, el agente deberá declarar a nombre de la entidad y con poder suficiente para ello:

1) El nombre con que la entidad funcionará en Chile y el objeto u objetos de ella;

2) Que la entidad conoce la legislación chilena y los reglamentos por los cuales habrán de regirse en el país, sus agencias, actos, contratos y obligaciones;

3) Que los bienes de la entidad quedan afectos a las leyes chilenas, especialmente para responder de las obligaciones que ella haya de cumplir en Chile;

4) Que la entidad se obliga a mantener en Chile bienes de fácil realización para atender a las obligaciones que hayan de cumplirse en el país;

5) Cuál es el capital efectivo que va a tener en el país para el giro de sus operaciones y la fecha y forma en que éste ha de ingresar en la caja de la agencia en Chile, y

6) Cuál es el domicilio de la agencia principal.

[Publicación e inscripción del extracto de la escritura de constitución de la entidad extranjera que se constituirá como agencia en Chile]

Artículo 449. Un extracto de la protocolización y de la escritura a que se refieren los artículos precedentes, debidamente certificado por el notario respectivo, en que conste la fecha y número de la protocolización y de la escritura antes mencionada; el nombre de la entidad y aquel con que funcionará en Chile; el domicilio que tendrá en el país; el capital de la agencia y el nombre del agente o representante, deberá inscribirse en el Registro de Comercio correspondiente al domicilio de la agencia principal y publicarse, por una sola vez en el Diario Oficial; todo ello, dentro de los 60 días contados desde la fecha de la protocolización.

[MODIFICACIÓN DE LA AGENCIA DE UNA ENTIDAD EXTRANJERA EN CHILE / DEBER DEL AGENTE DE PUBLICAR BALANCE ANUAL]

Artículo 450. El agente deberá cumplir con las mismas formalidades señaladas en los artículos anteriores de este título, respecto de cualquiera modificación que se produzca en relación con los documentos o declaraciones a que estas disposiciones se refieren, excepto la mencionada en el número 4) del artículo 448. El agente deberá publicar el balance anual de la agencia en un diario del domicilio de ésta, dentro del cuatrimestre siguiente a la fecha del cierre del ejercicio.

Artículo 451 a 469. Derogados.

§ 10. Disposiciones relativas a la sociedad en comandita

[DEFINICIÓN DE SOCIEDAD EN COMANDITA / DISTINCIÓN DE SOCIOS GESTORES Y SOCIOS COMANDITARIOS]

Artículo 470. Sociedad en comandita es la que se celebra entre una o más personas que prometen llevar a la caja social un determinado aporte, y una o más personas que se obligan a administrar exclusivamente la sociedad por sí o sus delegados y en su nombre particular.

Llámanse los primeros socios comanditarios, y los segundos gestores.

[CLASIFICACIÓN DE SOCIEDAD EN COMANDITA SIMPLE Y POR ACCIONES]

Artículo 471. Hay dos especies de sociedad en comandita: simple y por acciones.

[DEFINICIÓN DE SOCIEDAD EN COMANDITA SIMPLE]

Artículo 472. La comandita simple se forma por la reunión de un fondo suministrado en su totalidad por uno o más socios comanditarios, o por éstos y los socios gestores a la vez.

[DEFINICIÓN DE SOCIEDAD EN COMANDITA POR ACCIONES]

Artículo 473. La comandita por acciones se constituye por la reunión de un capital dividido en acciones o cupones de acción y suministrado por socios cuyo nombre no figura en la escritura social.

§ 11. De la comandita simple

[Constitución, formación y prueba de la sociedad en comandita simple]

Artículo 474. La comandita simple se forma y prueba como la sociedad colectiva, y está sometida a las reglas establecidas en los siete primeros párrafos de este Título, en cuanto dichas reglas no se encuentren en oposición con la naturaleza jurídica de este contrato y las siguientes disposiciones.

[No debe constar el nombre de los socios comanditarios en el extracto de la escritura social]

Artículo 475. El nombre de los socios comanditarios no figurará en el extracto de que habla el artículo 354.

[Razón social de la sociedad en comandita simple / No debe constar el nombre de los socios comanditarios en la razón social]

Artículo 476. La sociedad en comandita es regida bajo una razón social, que debe comprender necesariamente el nombre del socio gestor si fuere uno solo, o el nombre de uno o más de los gestores si fueren muchos.

El nombre de un socio comanditario no puede ser incluido en la razón social.

Las palabras y compañía agregadas al nombre de un socio gestor, no implican la inclusión del nombre del comanditario en la razón social, ni imponen a éste responsabilidades diversas de las que tiene en su carácter de tal.

[Efectos por la inclusión del nombre de un socio comanditario en la razón social]

Artículo 477. El comanditario que permite o tolera la inserción de su nombre en la razón social se constituye responsable de todas las obligaciones y pérdidas de la sociedad en los mismos términos que el socio gestor.

[Prohibición de realizar aportes de industria del socio comanditario]

Artículo 478. El comanditario no puede llevar a la sociedad, por vía de aporte, su capacidad, crédito o industria personal.

Con todo eso, su aporte puede consistir en la comunicación de un secreto de arte o ciencia, con tal que no lo aplique por sí mismo ni coopere diariamente a su aplicación.

[Pérdidas que soporta el socio comanditario si su aporte es el mero goce o usufructo de un bien]

Artículo 479. Si el aporte consiste en el mero goce o usufructo, el comanditario no soportará otra pérdida que la de los productos de la cosa que constituya su aporte.

En ningún caso estará obligado a restituir las cantidades que a título de beneficios haya recibido de buena fe.

[Responsabilidad del socio comanditario alcanza hasta el monto de su aporte]

Artículo 480. Los comanditarios tienen la responsabilidad que impone y el derecho que otorga a los accionistas de las sociedades anónimas el artículo 456.

[Derecho de voto consultivo del socio comanditario en la asamblea de socios]

Artículo 481. El comanditario puede, sin perder el carácter de tal, asistir a las asambleas, y tendrá en ellas voto consultivo.

[Derecho del socio comanditario de examinar libros y papeles de la sociedad]

Artículo 482. Puede también ceder sus derechos, mas no transferir la facultad de examinar los libros y papeles de la sociedad, mientras ésta no haya dado punto a sus operaciones.

[Responsabilidad solidaria de los socios gestores por pérdidas sociales / responsabilidad limitada al monto de sus aportes de los socios comanditarios por pérdidas sociales]

Artículo 483. Los socios gestores son indefinida y solidariamente responsables de todas las obligaciones y pérdidas de la sociedad.

Los socios comanditarios sólo responden de unas y otras hasta concurrencia de sus aportes prometidos o entregados.

[Prohibición del socio comanditario de participar en la administración social]

Artículo 484. Se prohíbe al socio comanditario ejecutar acto alguno de administración social, aun en calidad de apoderado de los socios gestores.

[Efectos del incumplimiento de la prohibición de participar en la administración social]

Artículo 485. El comanditario que violare la prohibición del artículo precedente quedará solidariamente responsable con los gestores de todas las pérdidas y obligaciones de la sociedad, sean anteriores o posteriores a la contravención.

[Derecho de restitución del socio comanditario por el pago a los acreedores sociales]

Artículo 486. El comanditario que pagare a los acreedores de la sociedad por alguno de los motivos expresados en los artículos 477 y 484, tendrá derecho a exigir de los socios gestores la restitución de la cantidad excedente a la de su aporte.

En ninguno de esos casos podrán los socios gestores reclamar del comanditario indemnización alguna por el mero hecho de la contravención.

[Actos ejecutados por el socio comanditario que no se consideran actos de administración]

Artículo 487. No son actos administratorios de parte de los comanditarios:

1°. Los contratos que por cuenta propia o ajena celebren con los socios gestores;

2°. El desempeño de una comisión en una plaza distinta de aquella en que se encuentre establecido el domicilio de la sociedad;

3°. El consejo, examen, inspección, vigilancia y demás actos interiores que pasan entre los socios, siempre que no traben la libre y espontánea acción de los gestores;

4°. Los actos que colectiva o individualmente ejecuten como comuneros después de la disolución de la sociedad.

[Pérdida del derecho a examinar los libros sociales del socio comanditario por competir con la sociedad]

Artículo 488. El comanditario que forma un establecimiento de la misma naturaleza que el establecimiento social, o toma parte como socio colectivo o comanditario en uno formado por otra persona, pierde el derecho de examinar los libros sociales, salvo que los intereses de tal establecimiento no se encuentren en oposición con los de la sociedad.

[Carácter de la sociedad en comandita habiendo pluralidad de socios gestores y comanditarios]

Artículo 489. Habiendo uno o más socios comanditarios y muchos colectivos, sea que todos éstos administren de consuno, sea que uno o más administren por todos, la sociedad será a la vez comanditaria respecto de los primeros y colectiva relativamente de los segundos.

[Regla interpretativa en caso de duda sobre la naturaleza de la sociedad]

Artículo 490. En caso de duda, la sociedad se reputará colectiva.

§ 12. De la comandita por acciones

[Extensión de la normativa de la sociedad en comandita simple a la comandita por acciones]

Artículo 491. Las reglas establecidas en el párrafo anterior son aplicables a la comandita por acciones en cuanto no estén en contradicción con las disposiciones del presente.

[División del capital sociedad de la sociedad en comandita por acciones]

Artículo 492. Las sociedades en comandita no podrán dividir su capital en acciones o cupones de acción que bajen de diez centésimos de escudo, cuando aquél no exceda de cincuenta escudos.

Si el capital excediere de esta suma, las acciones o cupones de acción no podrán bajar de medio escudo.

[Constitución de la sociedad en comandita por acciones / monto mínimo del pago de las acciones por los accionistas]

Artículo 493. Las sociedades en comandita no quedarán definitivamente constituidas sino después de suscrito todo el capital y de haber entregado cada accionista al menos la cuarta parte del importe de sus acciones.

La suscripción y entrega serán comprobadas por la declaración del gerente en una escritura pública, y ésta será acompañada de la lista de suscriptores, de un estado de las entregas y de la escritura social.

[Sociedad en comandita por acciones sólo admite las acciones nominativas]

Artículo 494. Las acciones de las sociedades en comandita serán nominativas.

[Responsabilidad de los accionistas se limita al monto de las acciones suscritas / negociabilidad de las acciones]

Artículo 495. Los subscriptores de acciones son responsables, a pesar de cualquiera estipulación en contrario, del monto total de las acciones que hubieren tomado en la sociedad.

Las acciones o cupones de acción no serán negociables sino después de entregadas dos quintas partes de su valor.

[Aprobación del aporte no dinerario por la asamblea general / prohibición de voto al socio que hubiere hecho el aporte no dinerario]

Artículo 496. Siempre que alguno de los socios llevare un aporte que no consista en dinero, o estipulare a su favor algunas ventajas particulares, la asamblea general hará verificar y estimar el valor de uno y otras, y mientras no haya prestado su aprobación en una reunión ulterior, la sociedad no quedará definitivamente constituida.

Las deliberaciones de la asamblea serán adoptadas a mayoría de sufragios de los accionistas presentes o representados; y esta mayoría será compuesta de la cuarta parte de los accionistas, que represente la cuarta parte del capital social.

Los socios que hicieren el aporte o hubieren estipulado las ventajas sometidas a la apreciación de la asamblea, no tendrán voto deliberativo.

[Nulidad por falta de requisitos o menciones en la escritura social / saneamiento de la sociedad]

Artículo 497. Es nula la comandita por acciones constituida en contravención a cualquiera de las prescripciones que contienen los artículos precedentes, sin perjuicio de su saneamiento en conformidad a la ley.

[Obligación de constituir junta de vigilancia en la sociedad en comandita por acciones]

Artículo 498. En toda comandita por acciones se establecerá una junta de vigilancia, compuesta al menos de tres accionistas.

La junta será nombrada por la asamblea general inmediatamente después de la constitución definitiva de la sociedad y antes de toda operación social.

La primera junta será nombrada por un año y las demás por cinco.

[Deberes de la junta de vigilancia en la sociedad en comandita por acciones]

Artículo 499. Los miembros de la junta deberán examinar si la sociedad ha sido legalmente constituida, inspeccionar los libros, comprobar la existencia de los valores sociales en caja, en documentos o en cualquier otra forma, y presentar al fin de cada año a la asamblea general una memoria acerca de los inventarios y de las proposiciones que haga el gerente para la distribución de dividendos.

[Facultades de la junta de vigilancia en la sociedad en comandita por acciones]

Artículo 500. La junta de vigilancia tiene derecho de convocar la asamblea general y de provocar la disolución de la sociedad.

[Responsabilidad solidaria de los miembros de la junta de vigilancia, como de los gerentes de la sociedad por actos realizados por la sociedad anulada y su extensión a fundadores de la sociedad]

Artículo 501. Anulada la sociedad por infracción de las reglas prescritas para su constitución, los miembros de la junta de vigilancia podrán ser declarados solidariamente responsables con los gerentes de todas las operaciones ejecutadas con posterioridad a su nombramiento y aceptación.

La misma responsabilidad podrá ser declarada contra los fundadores de la sociedad que hayan llevado un aporte en especie y estipulado a su favor ventajas particulares.

[Responsabilidad solidaria de los miembros de la junta de vigilancia como de los gerentes de la sociedad por inexactitudes graves o repartos de dividendos no justificados]

Artículo 502. Cada uno de los miembros de la junta de vigilancia será solidariamente responsable con los gerentes:

1°. Cuando haya permitido a sabiendas que en los inventarios se cometan inexactitudes graves que perjudiquen a la sociedad o a terceros;

2°. Siempre que con conocimiento de causa haya consentido en que se distribuyan dividendos no justificados por inventarios regulares y sinceros.

[Sanción por la emisión de acciones no ajustada a la ley]

Artículo 503. La emisión de acciones o de cupones de acción en una sociedad constituida en contravención a los artículos 492, 493 y 494, será castigada con una multa de medio a un escudo.

En la misma multa incurrirá el gerente que principiare las operaciones sociales antes que la junta de vigilancia haya comenzado a funcionar.

[Sanción por la negociación de acciones no ajustada a la ley]

Artículo 504. La negociación de acciones o cupones de acción de un valor o forma contrarios a las disposiciones de los artículos 492 y 494, o de acciones o cupones de acción a cuya cuenta no se hayan entregado los dos quintos de su valor conforme al artículo 495, será penada con una multa de medio a dos escudos.

Con la misma multa serán castigados los que tomaren parte en las negociaciones enunciadas y los que hicieren publicar el valor de las expresadas acciones o cupones de acción.

[Delitos por la suscripción o entrega ilícita de acciones en la sociedad en comandita]

Artículo 505. Serán castigados con arreglo a las prescripciones del Código Penal:

1°. Los que por simulación de suscripciones o entregas, por publicación maliciosa de suscripciones o entregas que no existan, o mediante otros hechos falsos, hayan obtenido o procurado obtener suscripciones o entregas;

2°. Los que para provocar suscripciones o entregas publiquen de mala fe los nombres de personas a quienes se suponga relacionadas con la sociedad, a cualquier título que sea.

[Disputas entre los socios, el gerente o la junta de vigilancia / designación de apoderado común de los socios demandantes]

Artículo 506. Los accionistas que tuvieren que sostener colectivamente, como demandantes o demandados, un pleito contra los gerentes o los miembros de la junta de vigilancia, serán representados por apoderados elegidos por la asamblea general.

No pudiendo verificarse el nombramiento por la asamblea general, por un obstáculo cualquiera, será hecho por el juzgado de comercio a petición de la parte más diligente.

Si el pleito versare sobre objetos de interés particular de algunos accionistas, los apoderados serán nombrados en reunión de los interesados en la causa.

En cualquiera de los dos casos propuestos, los accionistas podrán intervenir personalmente en la causa, a cargo de soportar los gastos de su intervención.

§ 13. De la asociación o cuentas en participación

[Definición de la asociación o cuentas en participación]

Artículo 507. La participación es un contrato por el cual dos o más comerciantes toman interés en una o muchas operaciones mercantiles, instantáneas o sucesivas, que debe ejecutar uno de ellos en su solo nombre y bajo su crédito personal, a cargo de rendir cuenta y dividir con sus asociados las ganancias o pérdidas en la proporción convenida.

[Transformación legal de la sociedad en comandita por acciones en sociedad anónima abierta]

Artículo 507 bis. La sociedad en comandita que durante doce meses consecutivos cumpla las condiciones que obligan a la sociedad anónima cerrada a inscribir sus acciones en el Registro de Valores de la ley N°18.045, por el solo ministerio de la ley se transformará en una sociedad anónima, siéndole totalmente aplicables las disposiciones pertinentes de dicha ley, las que en este caso prevalecerán sobre el estatuto social. La siguiente junta de accionistas deberá resolver las adecuaciones que reflejen la nueva modalidad social y elegir los miembros del directorio que continuará la administración.

[Formación de la asociación o cuentas en participación]

Artículo 508. La participación no está sujeta en su formación a las solemnidades prescritas para la constitución de las sociedades.

El convenio de los asociados determina el objeto, la forma, el interés y las condiciones de la participación.

[Asociación o cuentas en participación no tiene personalidad jurídica]

Artículo 509. La participación es esencialmente privada, no constituye una persona jurídica, y carece de razón social, patrimonio colectivo y domicilio.

Su formación, modificación, disolución y liquidación pueden ser establecidas con los libros, correspondencia, testigos y cualquiera otra prueba legal.

[El gestor se presume titular del negocio frente a terceros / el gestor es el legitimado pasivo de la asociación o cuentas en participación]

Artículo 510. El gestor es reputado único dueño del negocio en las relaciones externas que produce la participación.

Los terceros sólo tienen acción contra el administrador, del mismo modo que los partícipes inactivos carecen de ella contra los terceros.

Unos y otros, sin embargo, podrán usar de las acciones del gerente en virtud de una cesión en forma.

[El contrato de participación impone los mismos derechos y obligaciones que la sociedad comerciales a sus socios entre sí]

Artículo 511. Salvas las modificaciones resultantes de la naturaleza jurídica de la participación, ella produce entre los partícipes los mismos derechos y obligaciones que confieren e imponen a los socios entre sí las sociedades mercantiles.

TÍTULO VIII
DEL CONTRATO DE SEGURO

SECCIÓN PRIMERA. NORMAS COMUNES A TODO TIPO DE SEGUROS

[Definición del contrato de seguro / objeto del contrato de seguro / el riesgo asegurable y su determinación]

Artículo 512. Contrato de seguro. Por el contrato de seguro se transfieren al asegurador uno o más riesgos a cambio del pago de una prima, quedando éste obligado a indemnizar el daño que sufriere el asegurado, o a satisfacer un capital, una renta u otras prestaciones pactadas.

Los riesgos pueden referirse a bienes determinados, al derecho de exigir ciertas prestaciones, al patrimonio como un todo y a la vida, salud e integridad física o intelectual de un individuo. No sólo la muerte sino que también la sobrevivencia constituyen riesgos susceptibles de ser amparados por el seguro. Las normas de este título rigen a la totalidad de los seguros privados. No son aplicables a los seguros sociales, a los contratos de salud regulados por el decreto con fuerza de ley N° 1, de 2006, del Ministerio de Salud, que fija el texto refundido, coordinado y sistematizado del decreto ley N° 2.763, de 1979, y de las leyes N° 18.933 y N° 18.469, ni al seguro de accidentes del trabajo y enfermedades profesionales.

[Conceptos comunes relativos al contrato de seguro]

Artículo 513. Definiciones. Para los efectos de la normativa sobre seguros se entenderá por:

a) Asegurado: aquel a quien afecta el riesgo que se transfiere al asegurador.

b) Asegurador: el que toma de su cuenta el riesgo.

c) Beneficiario: el que, aun sin ser asegurado, tiene derecho a la indemnización en caso de siniestro.

d) Certificado de cobertura o certificado definitivo: documento que da cuenta de un seguro emitido con sujeción a los términos de una póliza de seguro colectivo o flotante.

e) Certificado provisorio: documento que da cuenta de los términos de un contrato de seguro cuya celebración está sujeta a la condición de que el asegurado cumpla con los requisitos estipulados, dentro de un plazo.

f) Contratante, contrayente o tomador: el que celebra el seguro con el asegurador y sobre quien recaen, en general, las obligaciones y cargas del contrato.

g) Cotización: la oferta escrita del asegurador para celebrar un contrato de seguro.

h) Deducible: la estipulación por la que asegurador y asegurado acuerdan en que este último soportará a todo evento hasta el monto de la pérdida que se hubiere pactado.

i) Dejación: la transferencia del objeto del seguro en favor del asegurador, en caso de pérdida total.

j) Endoso: la modificación escrita de la póliza, a menos que aparezca que dicho término ha sido empleado en su acepción común.

k) Franquicia: la estipulación por la que asegurador y asegurado acuerdan que aquél soportará la totalidad del daño cuando éste exceda del monto que se hubiere pactado.

l) Garantías: los requisitos destinados a circunscribir o disminuir el riesgo, estipulados en un contrato de seguro como condiciones que deben cumplirse para que haya lugar a la indemnización en caso de siniestro.

m) Infraseguro o seguro insuficiente: aquel en que la cantidad asegurada es inferior al valor del objeto asegurado al momento del siniestro.

n) Interés asegurable: aquel que tiene el asegurado en la no realización del riesgo, sin perjuicio de lo dispuesto en el artículo 589 en relación a los seguros de personas.

ñ) Pérdida total asimilada o constructiva: el abandono razonable del objeto asegurado, ya sea porque la pérdida total efectiva parezca ineludible o porque no es posible evitarla sin incurrir en gastos que excedan las tres cuartas partes de su valor después de efectuado el desembolso.

o) Pérdida total real o efectiva: la que destruye completamente o priva irremediablemente del bien asegurado, o de tal modo lo daña que lo hace perder definitivamente la aptitud para el fin a que estaba destinado. Constituirá pérdida total del bien asegurado el siniestro que ocasione un daño de a lo menos tres cuartas partes de su valor.

p) Póliza: el documento justificativo del seguro.

q) Propuesta: la oferta escrita de contratar el seguro, formulada al asegurador por el contratante, el asegurado o por un tercero a su nombre.

r) Póliza de seguro flotante: el contrato normativo que da cuenta, en términos generales, de estipulaciones pactadas para relaciones específicas de seguros que van a ser objeto de formalización posterior.

s) Prima: la retribución o precio del seguro.

t) Riesgo: la eventualidad de un suceso que ocasione al asegurado o beneficiario una pérdida o una necesidad susceptible de estimarse en dinero.

u) Seguro a primera pérdida: aquel en el que se estipula que, aun cuando exista infraseguro, el asegurado no soportará parte alguna de la pérdida, salvo en el caso que ésta exceda de la suma asegurada.

v) Seguro celebrado a distancia: aquel que se ha convenido entre las partes mediante cualquier sistema de transmisión y registro digital o electrónico de la palabra escrita o verbal.

w) Seguros colectivos: aquellos que mediante una sola póliza cubren contra los mismos riesgos, a un grupo determinado o determinable de personas.

x) Siniestro: la ocurrencia del riesgo o evento dañoso contemplado en el contrato.

y) Sobreseguro: aquel en que la cantidad asegurada excede del valor del objeto asegurado al momento del siniestro.

[Propuesta del contrato de seguro / deber de información del asegurador]

Artículo 514. Propuesta. La proposición de celebrar un contrato de seguro deberá expresar la cobertura, los antecedentes y circunstancias necesarios para apreciar la extensión de los riesgos.

Para estos efectos, el asegurador deberá entregar al tomador, por escrito, toda la información relativa al contenido del contrato que se celebrará. Ésta deberá contener, al menos, el tipo de seguro de que se trata, los riesgos cubiertos y las exclusiones; la cantidad asegurada, forma de determinarla y los deducibles; la prima o método para su cálculo; el período de duración del contrato, así como la explicitación de la fecha de inicio y término de la cobertura.

[La prueba del contrato de seguro / inadmisibilidad de prueba por parte del asegurador en contra de los términos de la póliza / valor del seguro que consta en certificado de cobertura definitivo]

Artículo 515. Celebración y prueba del contrato de seguro. El contrato de seguro es consensual.

La existencia y estipulaciones del contrato se podrán acreditar por todos los medios de prueba que contemplen las leyes, siempre que exista un principio de prueba por escrito que emane de cualquier documento que conste en télex, fax, mensajes de correo electrónico y, en general, cualquier sistema de transmisión y registro digital o electrónico de la palabra escrita o verbal.

No se admitirá al asegurador prueba alguna en contra del tenor de la póliza que haya emitido luego de la perfección del contrato.

Cuando el seguro conste de un certificado de cobertura definitivo, se entenderá que forman parte de éste los términos y condiciones de la respectiva póliza de seguro colectivo o flotante.

[MODOS DE CELEBRAR EL CONTRATO DE SEGURO / TITULARIDAD DEL CONTRATO DE SEGURO / COBRO DEL SEGURO POR CUENTA AJENA POR EL TOMADOR DEL SEGURO]

Artículo 516. Modos de contratar el seguro. Seguro por cuenta ajena. El seguro puede ser contratado por cuenta propia, o por la de un tercero en virtud de un poder especial o general, y aun sin su conocimiento y autorización. También podrá contratarse por cuenta de un tercero indeterminado pero determinable, según lo estipulen las partes, individualizando al asegurado en la póliza bajo la fórmula "a quien corresponda".

Se entiende que el seguro corresponde al que lo ha contratado, toda vez que la póliza no exprese que es por cuenta o a favor de un tercero.

En los seguros por cuenta ajena, si el tomador se encuentra en posesión de la póliza, tiene el derecho a cobrar la indemnización, pero el asegurador tiene derecho a exigir que el tomador acredite previamente el consentimiento del asegurado o demuestre que obra por mandato de éste o en razón de una obligación o interés legal.

[SEGUROS COLECTIVOS Y SU CONTRATACIÓN / OBLIGACIÓN DE ENTREGA DE LA PÓLIZA Y EL DEBER DE INFORMACIÓN DEL ASEGURADOR EN SEGUROS COLECTIVOS / RENUNCIA DEL ASEGURADO AL SEGURO COLECTIVO Y SU PRESUNCIÓN / RESPONSABILIDAD DEL TOMADOR DE SEGUROS COLECTIVOS / INDEMNIZACIÓN DE SINIESTROS EN LOS SEGUROS COLECTIVOS]

Artículo 517. Contratación colectiva de seguros. Hay contratación colectiva de seguros en aquellos casos en que mediante una sola póliza se cubra a un grupo determinado o determinable de personas vinculadas con o por el tomador.

En este caso llámase tomador o contratante, a quien celebra el contrato por el grupo asegurado.

A través del tomador, el asegurador deberá entregar a cada uno de los asegurados que se incorporen al contrato de seguro colectivo, una copia de la póliza, o, al menos, un certificado que acredite la cobertura. En el último caso, tanto el asegurador como el tomador y el corredor del seguro, deberán mantener a disposición de los interesados una copia de la póliza.

El asegurador deberá, también, notificar a los asegurados a través del tomador, todas las modificaciones del seguro, las que sólo podrán efectuarse y regir, a partir de la siguiente renovación del contrato. Las modificaciones no informadas serán inoponibles al asegurado.

En tal evento, el asegurado podrá renunciar al contrato mediante comunicación escrita dirigida al asegurador, dentro de los diez días siguientes de recibida la notificación, en cuyo caso deberá restituirse la prima que se hubiere abonado desde la modificación.

Si la comunicación de renuncia se hubiere presentado ante el tomador o el intermediario, se presumirá su conocimiento por el asegurador a contar de la fecha de su presentación.

El tomador es responsable de los daños causados por su actuación en las pólizas colectivas en que intervenga, sin perjuicio de la responsabilidad del asegurador por las gestiones que hubiere encomendado. El asegurador no podrá oponer al asegurado los errores, omisiones o deficiencias del tomador.

En este tipo de contratos de seguro, la indemnización de los siniestros cede a favor del asegurado afectado por ellos, o del beneficiario, en su caso.

[Contenido mínimo de la póliza de seguro]

Artículo 518. Menciones de la póliza. La póliza de seguro deberá expresar, a lo menos:

1. La individualización del asegurador, la del asegurado y la del contratante si no fuere el mismo asegurado. Si se hubiere designado beneficiario, se indicará su individualización o la forma de determinarlo;
2. La especificación de la materia asegurada;
3. El interés asegurable;
4. Los riesgos que se transfieren al asegurador;
5. La época en que principia y concluye el riesgo para el asegurador;
6. La suma o cantidad asegurada, o el modo de determinarla;
7. El valor del bien asegurado, en caso de haberse convenido;
8. La prima del seguro, y el tiempo, lugar y forma de su pago;
9. La fecha en que se extiende y la firma material o electrónica del asegurador, y

10. La firma del asegurado en aquellas pólizas que lo requieran de acuerdo con la ley.

Se presume que actúan en representación del asegurador, quienes firman las pólizas o documentos que las modifiquen, y que sus firmas son auténticas.

[Obligación de entrega de la póliza del asegurador y el corredor / sanción por el incumplimiento de la obligación de entrega de la póliza]

Artículo 519. Entrega de la póliza. El asegurador deberá entregar la póliza, o el certificado de cobertura, en su caso, al contratante del seguro o al corredor que la hubiera intermediado, dentro del plazo de cinco días hábiles contado desde la perfección del contrato.

El corredor deberá entregar la póliza al asegurado dentro de los cinco días hábiles siguientes a su recepción.

El incumplimiento de la obligación de entrega de la póliza dará derecho al asegurado a reclamar daños y perjuicios al asegurador, o al corredor en su caso.

[Interés asegurable como requisito del contrato de seguro / terminación del contrato de seguro por falta o pérdida del interés asegurable]

Artículo 520. Interés asegurable. El asegurado debe tener un interés asegurable, actual o futuro, respecto al objeto del seguro. En todo caso es preciso que tal interés exista al momento de ocurrir el siniestro.

Si el interés no llegare a existir, o cesare durante la vigencia del seguro, el contrato terminará y el asegurado tendrá derecho a la restitución de la parte de la prima no ganada por el asegurador correspondiente al tiempo no corrido.

[Interés asegurable de las instituciones financieras en los seguros asociados a obligaciones de crédito de dinero]

Artículo 520 bis. Interés asegurable en los seguros asociados a obligaciones de crédito de dinero. En los seguros de daños, personas o de cualquier otro tipo contratados con el objeto de resguardar los bienes dados en garantía o asegurar el pago de una obligación de crédito de dinero, se considerará que los bancos o instituciones financieras que hubieren otorgado dichos créditos tienen un interés asegurable sobre el pago de la deuda o los bienes dados en garantía.

[Requisitos esenciales o de existencia del contrato de seguro / nulidad del contrato de seguro por falta de requisitos esenciales]

Artículo 521. Requisitos esenciales del contrato de seguro. Nulidad. Son requisitos esenciales del contrato de seguro, el riesgo asegurado, la estipulación de prima y la obligación condicional del asegurador de indemnizar.

La falta de uno o más de estos elementos acarrea la nulidad absoluta del contrato.

Son nulos absolutamente también, los contratos que recaigan sobre objetos de ilícito comercio y sobre aquellos no expuestos al riesgo asegurado o que ya lo han corrido.

[Formas de ceder la póliza del contrato de seguro y sus efectos / cesión de la indemnización del seguro en caso de siniestro ya ocurrido]

Artículo 522. Cesión de la póliza. La póliza de seguro puede ser nominativa o a la orden.

La cesión de la póliza nominativa o de los derechos que de ella emanen, requiere de la aceptación del asegurador.

La cesión de la póliza a la orden puede hacerse por simple endoso.

Sin embargo, el crédito del asegurado por la indemnización de un siniestro ya ocurrido, podrá cederse conforme a las normas generales sobre la cesión de créditos.

El asegurador podrá oponer al cesionario o endosatario las excepciones que tenga contra el asegurado o beneficiario.

La cesión de la póliza transfiere al cesionario todos los derechos que para el asegurado emanan del contrato y la ley.

[Deber de estipular la vigencia de la cobertura del contrato de seguro en la póliza / regla supletoria de vigencia de la cobertura del seguro]

Artículo 523. Vigencia de la cobertura. Los términos de la vigencia del contrato serán fijados en la póliza.

En defecto de estipulación sobre el inicio de la cobertura, los riesgos serán de cargo del asegurador a partir del momento en que se perfeccione el contrato.

A falta de estipulación sobre su extinción, corresponderá al tribunal competente determinar hasta cuándo correrán los riesgos por cuenta del asegurador, tomando en consideración la naturaleza del seguro, las cláusulas del contrato, los usos y costumbres y las demás circunstancias pertinentes.

[DEBERES DEL ASEGURADO EN EL CONTRATO DE SEGURO / EL REEMBOLSO DE GASTOS POR PARTE DEL ASEGURADOR EN EL CUMPLIMIENTO DE LOS DEBERES DEL ASEGURADO / OBLIGACIONES DEL TOMADOR SI UNA PERSONA DISTINTA AL ASEGURADO]

Artículo 524. Obligaciones del asegurado. El asegurado estará obligado a:

1°. Declarar sinceramente todas las circunstancias que solicite el asegurador para identificar la cosa asegurada y apreciar la extensión de los riesgos;

2°. Informar, a requerimiento del asegurador, sobre la existencia de otros seguros que amparen el mismo objeto;

3°. Pagar la prima en la forma y época pactadas;

4°. Emplear el cuidado y celo de un diligente padre de familia para prevenir el siniestro;

5°. No agravar el riesgo y dar noticia al asegurador sobre las circunstancias que lleguen a su conocimiento y que reúnan las características señaladas en el artículo 526;

6°. En caso de siniestro, tomar todas las providencias necesarias para salvar la cosa asegurada o para conservar sus restos;

7°. Notificar al asegurador, tan pronto sea posible una vez tomado conocimiento, de la ocurrencia de cualquier hecho que pueda constituir o constituya un siniestro, y

8°. Acreditar la ocurrencia del siniestro denunciado, y declarar fielmente y sin reticencia, sus circunstancias y consecuencias.

El asegurador deberá reembolsar los gastos en que razonablemente haya incurrido el asegurado para cumplir las obligaciones expresadas en el número 6° y, en caso de siniestro inminente, también la que prescribe el número 4°. El reembolso no podrá exceder la suma asegurada.

Si el tomador del seguro y el asegurado son personas distintas, corresponde al tomador el cumplimiento de las obligaciones del contrato, salvo aquellas que por su naturaleza deben ser cumplidas por el asegurado.

Las obligaciones del tomador podrán ser cumplidas por el asegurado.

[DEBER DE DECLARACIÓN DEL RIESGO ASEGURABLE DEL ASEGURADO Y LA SANCIÓN POR SU OMISIÓN / CONSECUENCIAS DEL CONOCIMIENTO Y LA ACEPTACIÓN DE LOS ERRORES, RETICENCIAS E INEXACTITUDES DE LA DECLARACIÓN DEL RIESGO POR PARTE DEL ASEGURADOR]

Artículo 525. Declaración sobre el estado del riesgo. Para prestar la declaración a que se refiere el número 1 del artículo anterior, será suficiente que el contratante informe al tenor de lo que solicite el asegurador, sobre los hechos o circunstancias que conozca y sirvan para identificar la cosa asegurada y apreciar la extensión del riesgo.

Convenido el contrato de seguro sin que el asegurador solicite la declaración sobre el estado del riesgo, éste no podrá alegar los errores, reticencias o inexactitudes del contratante, como tampoco aquellos hechos o circunstancias que no estén comprendidos en tal solicitud.

Si el siniestro no se ha producido, y el contratante hubiere incurrido inexcusablemente en errores, reticencias o inexactitudes determinantes del riesgo asegurado en la información que solicite el asegurador de acuerdo al número 1° del artículo anterior, el asegurador podrá rescindir el contrato. Si los errores, reticencias o inexactitudes sobre el contratante no revisten alguna de dichas características, el asegurador podrá proponer una modificación a los términos del contrato, para adecuar la prima o las condiciones de la cobertura a las circunstancias no informadas. Si el asegurado rechaza la proposición del asegurador o no le da contestación dentro del plazo de diez días contado desde la fecha de envío de la misma, este último podrá rescindir el contrato. En este último caso, la rescisión se producirá a la expiración del plazo de treinta días contado desde la fecha de envío de la respectiva comunicación.

Si el siniestro se ha producido, el asegurador quedará exonerado de su obligación de pagar la indemnización si proviene de un riesgo que hubiese dado lugar a la rescisión del contrato de acuerdo al inciso anterior y, en caso contrario, tendrá derecho a rebajar la indemnización en proporción a la diferencia entre la prima pactada y la que se hubiese convenido en el caso de conocer el verdadero estado del riesgo.

Estas sanciones no se aplicarán si el asegurador, antes de celebrar el contrato, ha conocido los errores, reticencias o inexactitudes de la declaración o hubiere debido conocerlos; o si después de su celebración, se allana a que se subsanen o los acepta expresa o tácitamente.

[Deber del asegurado o tomador de informar la agravación de riesgos declarado y la presunción de su conocimiento / Sanción por el incumplimiento del deber de informar la agravación de riesgos habiendo ocurrido el siniestro / Efectos del conocimiento de la agravación de riesgos por el asegurador / La agravación de riesgos en los seguros de personas]

Artículo 526. Agravación de riesgos asegurados. El asegurado, o contratante en su caso, deberá informar al asegurador los hechos o circunstancias que agraven sustancialmente el riesgo declarado, y sobrevengan con posterioridad a la celebración del contrato, dentro de los cinco días siguientes de haberlos conocido, siempre que por su naturaleza, no hubieren podido ser conocidos de otra forma por el asegurador.

Se presume que el asegurado conoce las agravaciones de riesgo que provienen de hechos ocurridos con su directa participación. Si el siniestro no se ha producido, el asegurador, dentro del plazo de treinta días a contar del momento en que hubiere tomado conocimiento de la agravación de los riesgos, deberá comunicar al asegurado su decisión de rescindir el contrato o proponer una modificación a los términos del mismo para adecuar la prima o las condiciones de la cobertura de la póliza. Si el asegurado rechaza la proposición del asegurador o no le da contestación dentro del plazo de diez días contado desde la fecha de envío de la misma, este último podrá dar por rescindido el contrato. En este último caso, la rescisión se producirá a la expiración del plazo de treinta días contado desde la fecha de envío de la respectiva comunicación.

Si el siniestro se ha producido sin que el asegurado, o el contratante en su caso, hubieren efectuado la declaración sobre la agravación de los riesgos señalada en el inciso primero, el asegurador quedará exonerado de su obligación de pagar la indemnización respecto de las coberturas del seguro afectadas por el agravamiento. No obstante, en caso que la agravación del riesgo hubiera conducido al asegurador a celebrar el contrato en condiciones más onerosas para el asegurado, la indemnización se reducirá proporcionalmente a la diferencia entre la prima convenida y la que se hubiera aplicado de haberse conocido la verdadera entidad del riesgo.

Estas sanciones no se aplicarán si el asegurador, por la naturaleza de los riesgos, hubiere debido conocerlos y los hubiere aceptado expresa o tácitamente.

Salvo en caso de agravación dolosa de los riesgos, en todas las situaciones en que, de acuerdo a los incisos anteriores, haya lugar a la terminación del contrato, el asegurador deberá devolver al asegurado la proporción de prima correspondiente al período en que, como consecuencia de ella, quede liberado de los riesgos.

Excepto en la modalidad de los seguros de accidentes personales, las normas sobre la agravación de riesgos no tendrán aplicación en los seguros de personas.

[El derecho del asegurador de obtener la prima / objetos pueden constituir la prima en el contrato de seguros / el pago de la prima]

Artículo 527. De la prima. El asegurador gana la prima desde el momento en que los riesgos comienzan a correr por su cuenta, y tendrá derecho a percibir o retener su totalidad en caso que fuera procedente la indemnización por un siniestro de pérdida total o finalizase la vigencia de acuerdo con el artículo 523. Convenida la vigencia de la cobertura por un plazo determinado, la prima se devengará proporcionalmente al tiempo transcurrido.

La prima puede consistir en una cantidad de dinero, en la entrega de una cosa o en un hecho estimable en dinero.

Salvo pacto en contrario, el pago de la prima se hará al entregarse la póliza, el certificado de cobertura o el endoso, según corresponda, y deberá hacerse en el domicilio del asegurador o en el de sus representantes, agentes o diputados para el cobro.

[Terminación del contrato de seguro por el no pago de la prima y sus efectos en la responsabilidad del asegurador]

Artículo 528. No pago de la prima. La falta de pago de la prima producirá la terminación del contrato a la expiración del plazo de quince días contado desde la fecha de envío de la comunicación que, con ese objeto, dirija el asegurador al asegurado y dará derecho a aquél para exigir que se le pague la prima devengada hasta la fecha de terminación y los gastos de formalización del contrato.

Producida la terminación, la responsabilidad del asegurador por los siniestros posteriores cesará de pleno derecho, sin necesidad de declaración judicial alguna.

[Obligaciones del asegurador]

Artículo 529. Obligaciones del asegurador. Además de la contemplada en el artículo 519, el asegurador contrae las siguientes obligaciones:

1) Cuando el seguro fuere contratado en forma directa, sin intermediación de un corredor de seguros: prestar asesoría al asegurado, ofrecerle las coberturas más convenientes a sus necesidades e intereses, ilustrarlo sobre las condiciones del contrato y asistirlo durante toda la vigencia, modificación y renovación del contrato y al momento del siniestro. Cuando el seguro se contrate en esta forma, el asegurador será responsable de las infracciones, errores y omisiones cometidos y de los perjuicios causados a los asegurados.

2) Indemnizar el siniestro cubierto por la póliza.

[Descripción del riesgo asegurable y la responsabilidad del asegurador por faltar esta estipulación en la póliza de seguro]

Artículo 530. Riesgos que asume el asegurador. El asegurador responde de los riesgos descritos en la póliza, con excepción de las situaciones expresamente excluidas por ella.

A falta de estipulación, el asegurador responde de todos los riesgos que por su naturaleza correspondan, salvo los excluidos por la ley.

[Presunción de cobertura del siniestro / carga del asegurador de probar la falta de cobertura del siniestro]

Artículo 531. Siniestro. Presunción de cobertura y excepciones. El siniestro se presume ocurrido por un evento que hace responsable al asegurador.

El asegurador puede acreditar que el siniestro ha sido causado por un hecho que no lo constituye en responsable de sus consecuencias, según el contrato o la ley.

[Época del siniestro y la responsabilidad del asegurador]

Artículo 532. Época del siniestro. Si el siniestro se iniciare durante la vigencia del seguro y continuare después de expirada, el asegurador responderá del importe íntegro de los daños. Pero si principiare antes y continuare después que los riesgos hubieren comenzado a correr por cuenta del asegurador, éste no será responsable del siniestro

[Pluricausalidad de un siniestro, y la cobertura de la póliza]

Artículo 533. Pluralidad de causas de un siniestro. Si el siniestro proviene de varias causas, el asegurador será responsable de la pérdida si cualquiera de las causas concurrentes corresponde a un riesgo cubierto por la póliza.

[Subrogación del asegurador de los derechos y acciones que tenía el asegurado en contra de terceros por el pago de la indemnización]

Artículo 534. Subrogación. Por el pago de la indemnización, el asegurador se subroga en los derechos y acciones que el asegurado tenga en contra de terceros en razón del siniestro.

El asegurador no tendrá derecho a la subrogación contra el causante del siniestro que sea cónyuge o pariente consanguíneo del asegurado en toda la línea recta y hasta el segundo grado inclusive de la línea colateral, y por todas aquellas personas por las que el asegurado deba responder civilmente. Sin embargo, procederá la subrogación si la responsabilidad proviene de dolo o se encuentra amparada por un seguro, pero sólo por el monto que éste haya cubierto.

El asegurado será responsable por sus actos u omisiones que puedan perjudicar el ejercicio de las acciones en que el asegurador se haya subrogado.

El asegurado conservará sus derechos para demandar a los responsables del siniestro.

En caso de concurrencia de asegurador y asegurado frente a terceros responsables, el recobro obtenido se dividirá entre ambos en proporción a su respectivo interés.

[Fraude del asegurado o tomador en el contrato de seguro]

Artículo 535. Casos de dolo y culpa grave. El asegurador no está obligado a indemnizar el siniestro que se origine por dolo o culpa grave del asegurado o del tomador en su caso, salvo pacto en contrario para los casos de culpa grave.

[Terminación del seguro por extinción del riesgo / reajuste de la prima por disminución del riesgo]

Artículo 536. Extinción y disminución de los riesgos. El seguro termina si el riesgo se extingue después de celebrado el contrato.

Si disminuye el riesgo asegurado la prima se ajustará al riesgo que efectivamente asuma el asegurador desde el momento en que éste tome conocimiento de ello. Esta norma no tendrá aplicación en los seguros de personas, salvo en la modalidad de accidentes personales.

[Terminación anticipada del contrato de seguro por el asegurador o el asegurado y sus efectos]

Artículo 537. Terminación anticipada. Las partes podrán convenir que el asegurador pueda poner término anticipadamente al contrato, con expresión de las causas que lo justifiquen, salvo las excepciones legales.

En todo caso, la terminación del contrato se producirá a la expiración del plazo de treinta días contado desde la fecha de envío de la respectiva comunicación.

El asegurado podrá poner fin anticipado al contrato, salvo las excepciones legales, comunicándolo al asegurador.

La prima se reducirá en forma proporcional al plazo corrido, pero en caso de haber ocurrido un siniestro de pérdida total se entenderá devengada totalmente.

[Derecho de retracto en el contrato de seguro celebrado a distancia y las excepciones a su ejercicio]

Artículo 538. Retracto de un contrato de seguro celebrado a distancia. En los contratos de seguro celebrados a distancia, el contratante o asegurado tendrá la facultad de retractarse dentro del plazo de diez días, contado desde que reciba la póliza, sin expresión de causa ni cargo alguno, teniendo el derecho a la devolución de la prima que hubiere pagado.

Este derecho no podrá ser ejercido si se hubiere verificado un siniestro, ni en el caso de los contratos de seguro cuyos efectos terminen antes del plazo señalado en el inciso precedente.

[Seguros asociados a productos o servicios financieros que no requieren ratificación del contratante / Ineficacia de los seguros asociados a productos o servicios financieros / Seguros voluntarios y su ratificación por el contratante]

Artículo 538 bis. Seguros asociados a productos o servicios financieros. Con ocasión del otorgamiento, renegociación o repactación de productos o servicios financieros, no se podrá contratar en el mismo acto o de manera conjunta seguros distintos de aquellos que tengan por objeto asegurar el pago de la deuda al acreedor o la protección de los bienes dados en garantía, los cuales serán determinados por la Comisión para el Mercado Financiero mediante norma de carácter general.

Serán nulos de pleno derecho los seguros que se contraten en contravención con lo señalado en el inciso primero.

Lo dispuesto en los incisos anteriores no será aplicable si dichos seguros son ratificados por el contratante del producto o servicio financiero, sin mediar mandato al acreedor, dentro del plazo de 30 días desde su suscripción. Sólo podrá cobrarse prima por estos seguros desde la fecha de su ratificación.

En tal caso, los riesgos serán de cargo del asegurador desde la fecha que establezca la póliza, o en su defecto, desde el momento de la ratificación.

La ratificación deberá realizarse por escrito, personalmente o por correo electrónico u otro medio equivalente, y deberá constar de forma expresa y clara la voluntad de estar ratificando la contratación del seguro, junto con especificarse que se trata de un seguro voluntario que no dice relación con el otorgamiento, renegociación o repactación de las operaciones contratadas.

[INEFICACIA DEL CONTRATO DE SEGURO POR INFRACCIÓN A DEBERES DE INFORMACIÓN Y COMUNICACIÓN DEL ASEGURADO]

Artículo 539. Otras causales de ineficacia del contrato. El contrato de seguro es nulo si el asegurado, a sabiendas, proporciona al asegurador información sustancialmente falsa al prestar la declaración a que se refiere el número 1° del artículo 524 y se resuelve si incurre en esa conducta al reclamar la indemnización de un siniestro.

En dichos casos, pronunciada la nulidad o la resolución del seguro, el asegurador podrá retener la prima o demandar su pago y cobrar los gastos que le haya demandado acreditarlo, aunque no haya corrido riesgo alguno, sin perjuicio de la acción criminal.

[EFECTOS DE LA RESOLUCIÓN DE LIQUIDACIÓN CONCURSAL EN CONTRA DEL ASEGURADOR Y ASEGURADO EN EL CONTRATO DE SEGURO / PRIVILEGIO DEL ASEGURADO EN LOS PAGOS POR CONCEPTO DE REASEGURO DEL ASEGURADOR]

Artículo 540. Situaciones en caso de quiebra. Declarada la quiebra del asegurador estando pendientes los riesgos, el asegurado podrá poner fin anticipado al contrato, en cuyo caso tendrá derecho a la devolución proporcional de la prima, o bien a exigir que el concurso afiance el cumplimiento de las obligaciones del fallido.

El asegurador tiene la misma opción si ocurriere la quiebra del asegurado antes de pagarse el total de la prima.

Si el concurso o el síndico no otorgaren la fianza dentro de los cinco días siguientes a la solicitud judicial respectiva, terminará el seguro.

En el caso de quiebra del asegurador, los créditos de los asegurados por siniestros ocurridos con anterioridad a la quiebra gozarán de la preferencia del número 5 del artículo 2472 del Código Civil.

Con todo, los pagos por concepto de reaseguros beneficiarán a los asegurados, cuyos créditos por siniestros preferirán a cualesquiera otros que se ejercieren en contra del asegurador, sin perjuicio de contribuir a los gastos de administración de la quiebra o liquidación, en su caso.

[PRESCRIPCIÓN DE LAS ACCIONES DERIVADAS DEL CONTRATO DE SEGURO Y SU INTERRUPCIÓN / LA PRESCRIPCIÓN DE LAS ACCIONES DERIVADAS DEL CONTRATO DE SEGURO DE VIDA]

Artículo 541. Prescripción. Las acciones emanadas del contrato de seguro prescriben en el término de cuatro años, contado desde la fecha en que se haya hecho exigible la obligación respectiva.

Fuera de otras causales legales, la prescripción que corre en contra del asegurado se interrumpe por la denuncia del siniestro, y el nuevo plazo regirá desde el momento en que el asegurador le comunique su decisión al respecto.

En el seguro de vida el plazo de prescripción para el beneficiario será de cuatro años y se contará desde que conoce la existencia de su derecho, pero en ningún caso excederá de diez años desde el siniestro.

El plazo de prescripción no puede ser abreviado bajo ninguna forma de caducidad o preclusión, y en los seguros a que se refiere el artículo 570, dicho plazo no será inferior al de la acción que tenga el tercero perjudicado en contra del asegurado.

[IMPERATIVIDAD DE LAS NORMAS QUE RIGEN AL CONTRATO DE SEGURO / EXCEPCIÓN A LA IMPERATIVIDAD]

Artículo 542. Carácter imperativo de las normas. Las disposiciones que rigen al contrato de seguro son de carácter imperativo, a no ser que en éstas se disponga otra cosa. No obstante, se entenderán válidas las estipulaciones contractuales que sean más beneficiosas para el asegurado o el beneficiario.

Exceptúanse de lo anterior, los seguros de daños contratados individualmente, en que tanto el asegurado como el beneficiario, sean personas jurídicas y el monto de la prima anual que se convenga sea superior a 200 unidades de fomento, y los seguros de casco y transporte marítimo y aéreo.

[SOLUCIÓN DE CONFLICTOS RELATIVOS AL CONTRATO DE SEGURO POR ARBITRAJE FORZOSO / EXCEPCIÓN A LA REGLA DEL ARBITRAJE FORZOSO / PUBLICIDAD OBLIGATORIA DE SENTENCIAS RELATIVAS A CONFLICTOS DEL CONTRATO DE SEGURO]

Artículo 543. Solución de conflictos. Cualquier dificultad que se suscite entre el asegurado, el contratante o el beneficiario, según corresponda, y el asegurador, sea en relación con la validez o ineficacia del contrato de seguro, o con motivo de la interpretación o aplicación de sus condiciones generales o particulares, su cumplimiento o incumplimiento, o sobre la procedencia o el monto de una indemnización reclamada al amparo del mismo, será resuelta por un árbitro arbitrador, nombrado de común acuerdo por las partes cuando surja la disputa. Si los interesados no se pusieren de acuerdo en la persona del árbitro, éste será designado por la justicia ordinaria y, en tal caso, el árbitro tendrá las facultades de arbitrador en cuanto al procedimiento, debiendo dictar sentencia conforme a derecho.

En ningún caso podrá designarse en el contrato de seguro, de antemano, a la persona del árbitro.

En las disputas entre el asegurado y el asegurador que surjan con motivo de un siniestro cuyo monto sea inferior a 10.000 unidades de fomento, el asegurado podrá optar por ejercer su acción ante la justicia ordinaria.

El tribunal arbitral u ordinario a quien corresponda conocer de la causa, tendrá las siguientes facultades:

1°. Admitir, a petición de parte, además de los medios probatorios establecidos en el Código de Procedimiento Civil, cualquier otra clase de prueba.

2°. Decretar de oficio, en cualquier estado del juicio, las diligencias probatorias que estime convenientes, con citación de las partes.

3°. Llamar a las partes a su presencia para que reconozcan documentos o instrumentos, justifiquen sus impugnaciones, pudiendo resolver al respecto, sin que ello implique prejuzgamiento en cuanto al asunto principal controvertido.

4°. Apreciar la prueba de acuerdo con las normas de la sana crítica, debiendo consignar en el fallo los fundamentos de dicha apreciación.

Será tribunal competente para conocer de las causas a que diere lugar el contrato de seguro, el del domicilio del beneficiario.

Las compañías de seguros deberán remitir a la Superintendencia de Valores y Seguros, copia autorizada de las sentencias definitivas que se pronuncien sobre materias propias de la presente ley, recaídas en los procesos en que hayan sido parte, las cuales quedarán a disposición del público.

[Clasificaciones del contrato de seguro]

Artículo 544. Clasificación de los seguros. Los seguros son de daños o de personas. Los de daños, son reales o patrimoniales.

SECCIÓN SEGUNDA. DE LOS SEGUROS DE DAÑOS

§ 1. Normas generales

[Objeto de los seguros de daños]

Artículo 545. Objeto. Los seguros de esta especie tienen por objeto la indemnización de los daños sufridos por el asegurado y pueden recaer sobre cosas corporales, derechos o sobre un patrimonio.

[Interés asegurable de los seguros de daños / efectos de la falta de interés asegurable al momento del siniestro en los seguros de daños]

Artículo 546. Interés asegurable. Toda persona que tenga un interés patrimonial, presente o futuro, lícito y estimable en dinero, puede celebrar un contrato de seguros contra daños.

Si carece de interés asegurable a la época de sobrevenir un siniestro, el asegurado no podrá reclamar la indemnización; pero en todo caso tendrá el derecho que le otorga el inciso segundo del artículo 520.

[Convergencia de intereses asegurables sobre el mismo objeto asegurado]

Artículo 547. Concurrencia de intereses asegurables. Sobre el mismo objeto asegurado pueden concurrir distintos intereses asegurables, los que podrán cubrirse simultánea, alternativa o sucesivamente hasta concurrencia del valor de cada interés.

[ASEGURAMIENTO DE UNIVERSALIDADES POR UN SEGURO DE DAÑOS SIN DESIGNACIÓN ESPECÍFICA DE SUS BIENES / EL REQUISITO DE INDIVIDUALIZACIÓN DE LOS OBJETOS, JUSTIFICACIÓN DE EXISTENCIA Y VALORACIÓN DE LOS BIENES EN EL SEGURO DE DAÑOS DE UNIVERSALIDADES]

Artículo 548. Aseguramiento de universalidades. Los establecimientos industriales, mineros, agrícolas, comerciales, los cargamentos terrestres, marítimos y aéreos y, en general, las universalidades o conjuntos de bienes que por su ubicación u otra circunstancia sean materia de un mismo seguro, se podrán asegurar con o sin designación específica de los bienes que los contengan o compongan. Los muebles que constituyen el menaje de una casa pueden ser también asegurados en esa misma forma, salvo los que tengan un gran precio, como las alhajas, cuadros de alto valor, objetos de arte u otros análogos, los cuales serán asegurados con designación específica.

En uno y otro caso el asegurado deberá individualizar los objetos asegurados y justificar su existencia y valor al tiempo del siniestro.

[EXISTENCIA DE VICIOS PROPIOS DE LA COSA ASEGURADA Y SUS EFECTOS EN EL SEGURO DE DAÑOS / DEFINICIÓN DE VICIO PROPIO DE LA COSA ASEGURADA]

Artículo 549. Vicio propio. El asegurador no responderá de la pérdida o daño proveniente de vicio propio de la cosa asegurada, a menos que se estipule lo contrario.

Se entiende por vicio propio el germen de destrucción o deterioro que llevan en sí las cosas por su propia naturaleza o destino, aunque se las suponga de la más perfecta calidad en su especie.

[EL PRINCIPIO INDEMNIZATORIO DE LOS SEGUROS DE DAÑOS]

Artículo 550. Principio de indemnización. Respecto del asegurado, el seguro de daños es un contrato de mera indemnización y jamás puede constituir para él la oportunidad de una ganancia o enriquecimiento.

[FORMA DE ASEGURAR EL LUCRO CESANTE EN LOS SEGUROS DE DAÑOS]

Artículo 551. Aseguramiento de lucro cesante. Para que el lucro cesante del asegurado esté cubierto, deberá ser pactado expresamente.

[DEFINICIÓN DE SUMA ASEGURADA / LÍMITE DE LA SUMA ASEGURADA EN LOS SEGUROS REALES Y DE PATRIMONIO]

Artículo 552. Suma asegurada y límite de la indemnización. La suma asegurada constituye el límite máximo de la indemnización que se obliga a pagar el asegurador en caso de siniestro y no representa valoración de los bienes asegurados.

En los seguros reales la indemnización no excederá del valor del bien ni del respectivo interés asegurado al tiempo de ocurrir el siniestro, aun cuando el asegurador se haya constituido responsable de una suma que lo exceda.

Si la cantidad asegurada consistiere en una cuota, se entenderá que ésta se refiere al valor que tenga el objeto asegurado al momento del siniestro.

En los seguros patrimoniales la indemnización no podrá exceder, dentro de los límites de la convención, del menoscabo que sufra el patrimonio del asegurado como consecuencia del siniestro.

[INFRASEGURO Y LA REGLA PROPORCIONAL EN EL CONTRATO DE SEGURO DE DAÑOS / DISPONIBILIDAD DE LA REGLA PROPORCIONAL]

Artículo 553. Regla proporcional. Si al momento del siniestro la suma asegurada es inferior al valor del bien, el asegurador indemnizará el daño a prorrata entre la cantidad asegurada y la que no lo esté.

Sin embargo, las partes podrán pactar que no se aplique la regla proporcional prevista en el inciso anterior, en cuyo caso el asegurado no soportará parte alguna del daño si ocurriera un siniestro, a menos que éste exceda la suma asegurada.

[EFECTOS DE LA VALORACIÓN DE LA COSA ASEGURADA EN LOS SEGUROS DE DAÑOS Y LA FORMA DE REALIZARLA / IMPUGNACIÓN DE LA VALORACIÓN PACTADA DE LA COSA ASEGURADA]

Artículo 554. Valoración de la cosa asegurada. En los seguros reales el valor de las cosas aseguradas puede ser establecido mediante una estimación expresamente pactada al momento de celebrarse el contrato.

No constituye valoración convenida la sola enunciación de la suma asegurada, ni la declaración relativa al valor de los bienes hecha unilateralmente por el asegurado en la propuesta o en otros documentos.

Existiendo valoración pactada, la determinación del daño indemnizable se hará a partir de tal valor, no teniendo aplicación el artículo 552.

El valor pactado sólo podrá ser impugnado por las partes cuando la estipulación adolezca de un vicio del consentimiento.

Establecida la procedencia de la impugnación, la suma asegurada y la prima serán reducidas hasta concurrencia del verdadero valor de la cosa asegurada.

[Límite de la indemnización del seguro de daños al valor de reposición / posibilidad de pactar la indemnización conforme a precio de mercado en el caso de las mercaderías]

Artículo 555. Seguros a valor de reposición. En los seguros reales, al tiempo de contratar el seguro, las partes podrán estipular que el pago de la indemnización se hará sobre la base del valor de reposición o de reemplazo del bien asegurado, sin exceder del límite de la suma asegurada. Tratándose de mercaderías, podrán acordar que la indemnización corresponda a su precio de venta en el mercado.

[Pluralidad de seguros y sus efectos / derecho a repetición del asegurador que paga en exceso en contra del asegurado / deber del asegurado de comunicar el siniestro a todos los aseguradores / derecho de repetición del asegurador que paga en contra de los demás aseguradores]

Artículo 556. Efectos de la pluralidad de seguros. Cuando se hubiere contratado más de un seguro que cubra la misma materia, interés y riesgo, el asegurado podrá reclamar a cualquiera de los aseguradores el pago del siniestro, según el respectivo contrato, y a cualquiera de los demás, el saldo no cubierto. El conjunto de las indemnizaciones recibidas por el asegurado, no podrá exceder el valor del objeto asegurado.

Si el asegurado ha recibido más de lo que le correspondía, tendrán derecho a repetir en su contra aquellas aseguradoras que hubieren pagado el exceso. Asimismo, tendrán derecho a cobrar perjuicios si mediare mala fe del asegurado.

Al denunciar el siniestro, el asegurado debe comunicar a todos los aseguradores con quienes hubiere contratado, los otros seguros que lo cubran.

El asegurador que pagare el siniestro, tiene derecho a repetir contra los demás la cuota que les corresponda en la indemnización, según el monto que cubran los respectivos contratos.

[Definición de coaseguro y sus efectos / presunción de mandato entre coaseguradores en caso de emisión de una sola póliza]

Artículo 557. Coaseguro. Existe coaseguro cuando, con el consentimiento del asegurado, dos o más aseguradores convienen en asegurar en común un determinado riesgo. En tal caso, cada asegurador es obligado al pago de la indemnización en proporción a su respectiva cuota de participación.

Si se emite una sola póliza, se presumirá que el coasegurador que la emite es mandatario de los demás para todos los efectos del contrato.

[El sobreseguro en el seguro de daños y sus consecuencias / sanción en caso de sobreseguro derivado de la mala fe del asegurado]

Artículo 558. Sobreseguro. Si la suma asegurada excede el valor del bien asegurado, cualquiera de las partes podrá exigir su reducción, así como la de la prima, salvo el caso en que se hubiere pactado dicho valor conforme al artículo 554.

Si ocurriere un siniestro en tales circunstancias, la indemnización cubrirá el daño producido, de acuerdo con el valor efectivo del bien.

Si el sobreseguro proviene de mala fe del asegurado, el contrato será nulo, no obstante lo cual el asegurador tendrá derecho a la prima a título de pena, sin perjuicio de la acción criminal a que hubiere lugar.

[Transmisión del seguro por transmisión de la cosa asegurada / no opera la transmisión del seguro si el contrato es intuito personae]

Artículo 559. Transmisión del seguro. Transmitida la propiedad de la cosa asegurada por título universal o singular, el seguro correrá en provecho del causahabiente desde el momento en que los riesgos le correspondan, a menos que el seguro hubiere sido consentido por el asegurador en consideración a la persona del causante. Terminado el seguro por esta causa, se aplicará lo dispuesto en el inciso segundo del artículo 520.

[EFECTOS DE LA TRANSFERENCIA DE LA COSA ASEGURADA EN EL CONTRATO DE SEGURO / ACEPTACIÓN DE LA CONTINUACIÓN DEL SEGURO POR EL ADQUIRENTE]

Artículo 560. Transferencia del seguro. Si el objeto del seguro o el interés asegurable fueren transferidos, cesará el seguro de pleno derecho al expirar el término de quince días, contado desde la transferencia, a menos que el asegurador acepte que éste continúe por cuenta del adquirente o que la póliza sea a la orden.

Sin embargo, si el asegurado conservare algún interés en el objeto del seguro, éste continuará a su favor hasta concurrencia de su interés.

[TERMINACIÓN DEL CONTRATO DE SEGURO DE DAÑOS POR PÉRDIDA DE LA COSA ASEGURADA / REAJUSTE PROPORCIONAL DE LA CANTIDAD ASEGURADA Y LA PRIMA ESTIPULADA EN LA PÓLIZA DE SEGURO POR DESTRUCCIÓN PARCIAL DE LA COSA ASEGURADA]

Artículo 561. Pérdida de la cosa asegurada. La pérdida o destrucción de la cosa asegurada o sobre la cual recae el interés asegurable, provocado por una causa no cubierta por el contrato de seguro, producirá su terminación e impondrá al asegurador la obligación de devolver la prima conforme a lo establecido en el inciso segundo del artículo 520.

Si la pérdida o destrucción fuere parcial, se reducirán la cantidad asegurada y la prima en la proporción que corresponda.

[DEBER DE PRUEBA POR MEDIO INVENTARIOS, LIBROS Y REGISTROS CONTABLES QUE PESA SOBRE LOS ASEGURADOS OBLIGADOS A LLEVAR CONTABILIDAD PARA ACREDITAR SUS EXISTENCIAS]

Artículo 562. Asegurados obligados a llevar contabilidad. Si los asegurados fueren personas obligadas legalmente a llevar contabilidad, deberán acreditar sus existencias con sus inventarios, libros y registros contables, sin perjuicio del mérito de otras pruebas que las partes pudieren rendir.

[FORMA EN QUE DEBE INDEMNIZAR EL SINIESTRO EL ASEGURADOR DE UN SEGURO DE DAÑOS]

Artículo 563. Forma de indemnizar. El asegurador deberá indemnizar el siniestro en dinero, a menos que se haya estipulado que pueda hacerlo mediante la reposición o reparación de la cosa asegurada.

[PROHIBICIÓN DEL ASEGURADO DE HACER LA DEJACIÓN DE LAS COSAS ASEGURADAS SALVO PACTO EN CONTRARIO]

Artículo 564. Dejación. El asegurado no podrá hacer dejación de las cosas aseguradas, salvo pacto en contrario

[SUBROGACIÓN REAL DE LA COSA ASEGURADA POR LA CANTIDAD ASEGURADA / OBLIGACIÓN DE LOS ACREEDORES DEL ASEGURADO DE NOTIFICAR AL ASEGURADOR SUS PRIVILEGIOS E HIPOTECAS / EXTENSIÓN DE LA SUBROGACIÓN REAL EN CASO DE MEDIDAS PRECAUTORIAS, EMBARGO Y DERECHO LEGAL DE RETENCIÓN]

Artículo 565. Ejercicio de derechos de terceros sobre la indemnización. La cosa que es materia del seguro será subrogada por la cantidad asegurada para el efecto de ejercitar sobre ésta los privilegios e hipotecas constituidos sobre aquélla.

Para ello, los respectivos acreedores deberán notificar al asegurador de la existencia de sus privilegios o hipotecas.

Las mismas reglas se aplicarán cuando la cosa asegurada haya sido objeto de medida precautoria, embargo, o esté afecta a derecho legal de retención.

§ 2. Del seguro contra incendio

[DEFINICIÓN DEL SEGURO CONTRA INCENDIOS / AMPLIACIÓN DE LA COBERTURA DE INCENDIO PARA OTROS RIESGOS]

Artículo 566. Concepto. Por el seguro contra incendio, el asegurador se obliga a indemnizar los daños materiales que sufran los objetos asegurados por la acción directa del incendio y los que sean una consecuencia inmediata del mismo, como los causados por el calor, el humo, el vapor o por los medios empleados para extinguirlo o contenerlo; y las demoliciones que sean necesarias u ordenadas por la autoridad competente. También podrán contratarse, como una extensión o ampliación a la cobertura de incendio, seguros adicionales que protejan al asegurado contra otros riesgos.

[MENCIONES OBLIGATORIAS ESPECIALES DE LA PÓLIZA DE SEGURO CONTRA INCENDIO DE BIENES INMUEBLES Y MUEBLES]

Artículo 567. Contenido de la póliza. Además de las enunciaciones que exige el artículo 518, la póliza deberá expresar la ubicación, destino y uso de los inmuebles asegurados, y de los edificios colindantes, en cuanto estas circunstancias puedan influir en la estimación de los riesgos.

Iguales menciones deberá contener la póliza respecto a los inmuebles en que se encuentren colocados o almacenados los bienes muebles, cuando el seguro verse sobre estos últimos.

§ 3. De los seguros de robo, hurto y otras sustracciones

[**Objeto del contrato de seguros contra robo / ampliación de su cobertura a otros riesgos**]

Artículo 568. Perjuicios asegurables por este tipo de seguros. Podrán asegurarse los perjuicios causados por la sustracción de cosas, mediante la comisión de los delitos u otras conductas ilegítimas que la póliza señale.

Podrán también cubrirse por este seguro los daños que resulten por destrucción o deterioro del objeto asegurado o del lugar en que éste se encuentre, siempre que ellos hayan sido ocasionados durante la ejecución del hecho.

[**Efectos de la declaración judicial de inexistencia de delito si se hubiese pagado la indemnización del seguro contra robo**]

Artículo 569. Pérdida del derecho a la indemnización. Si el riesgo asegurado consiste en un delito, el asegurador podrá repetir la indemnización pagada si se declara judicialmente que no hubo tal delito.

§ 4. Del seguro de responsabilidad civil

[**Definición de seguro de responsabilidad civil / acción de cobro de la indemnización del tercero perjudicado / acción directa del tercero perjudicado**]

Artículo 570. Concepto. Por el seguro de responsabilidad civil, el asegurador se obliga a indemnizar los daños y perjuicios causados a terceros, de los cuales sea civilmente responsable el asegurado, por un hecho y en los términos previstos en la póliza.

En el seguro de responsabilidad civil, el asegurador pagará la indemnización al tercero perjudicado, en virtud de sentencia ejecutoriada, o de transacción judicial o extrajudicial celebrada por el asegurado con su consentimiento.

[El deber de notificación del asegurado en el seguro de responsabilidad civil]

Artículo 571. Notificación. El asegurado deberá dar aviso en tiempo razonable al asegurador, de toda noticia que reciba, sea de la intención del tercero afectado o sus causahabientes de reclamar indemnización, o de la amenaza de iniciar acciones en su contra; de las notificaciones judiciales que reciba, y de la ocurrencia de cualquier hecho o circunstancia que pudiere dar lugar a una reclamación en su contra.

[Monto asegurado en el seguro de responsabilidad civil y su extensión / exclusión de cauciones y sanciones pecuniarias de la cobertura del seguro de responsabilidad civil]

Artículo 572. Extensión de la cobertura. A menos que estén amparados por una cobertura especial, el monto asegurado comprende tanto los daños y perjuicios causados a terceros, como los gastos y costas del proceso que éstos o sus causahabientes promuevan en contra del asegurado.

Salvo pacto en contrario, la póliza no cubre el importe de las cauciones que deba rendir el asegurado, ni las multas o sanciones pecuniarias a que sea condenado.

[El derecho del asegurador a asumir la defensa del asegurado en juicio / conflictos de intereses en la defensa del asegurado y el deber del asegurador de informarlos / el derecho de reasunción de la dirección de su defensa del asegurado del seguro de responsabilidad civil]

Artículo 573. Defensa del asegurado. El asegurador tiene el derecho de asumir la defensa judicial del asegurado frente a la reclamación del tercero. Si la asume, tendrá la facultad de designar al abogado encargado de ejercerla y el asegurado estará obligado a encomendar su defensa a quien el asegurador le indique. El asegurado prestará al asegurador y a quienes éste encomiende su defensa, toda la información y cooperación que sea necesaria.

No obstante lo anterior, cuando quien reclame esté también asegurado con el mismo asegurador o exista otro conflicto de intereses, éste comunicará inmediatamente al asegurado la existencia de esas circunstancias, sin perjuicio de realizar aquellas diligencias que por su carácter urgente sean necesarias para su defensa. En dichos casos, y también cuando se trate de materia penal, el asegurado podrá optar siempre entre mantener la defensa judicial a cargo del asegurador o encomendar su propia defensa a otra persona. En este último caso, el asegurador responderá de los gastos de defensa judicial hasta el monto pactado en la póliza.

[PROHIBICIÓN AL ASEGURADO DE ACEPTAR LA RECLAMACIÓN DE LA VÍCTIMA Y DE TRANSIGIR / EFECTOS DEL INCUMPLIMIENTO DE ESTA PROHIBICIÓN]

Artículo 574. Transacción. Se prohíbe al asegurado aceptar la reclamación contraria a transigir judicial o extrajudicialmente con el tercero afectado, sin previa aceptación del asegurador. El incumplimiento de esta obligación, exime al asegurador de la obligación de indemnizar.

No constituye incumplimiento la circunstancia de que el asegurado, en las declaraciones que formule, reconozca hechos verídicos de los que se derive su responsabilidad.

§ 5. Del seguro de transporte terrestre

[DEFINICIÓN DEL SEGURO DE TRANSPORTE TERRESTRE / ALCANCE DE SU COBERTURA]

Artículo 575. Concepto y extensión de la cobertura. Por el seguro de transporte terrestre, el asegurador se obliga a indemnizar los daños materiales que sufran las mercaderías y los medios utilizados para embalarlas, durante su carga, descarga o conducción por vía terrestre.

Salvo pacto en contrario, la cobertura del seguro comprenderá el depósito transitorio de las mercaderías y la inmovilización del vehículo o su cambio durante el viaje, cuando dichos eventos se deban a circunstancias propias del transporte y no hayan sido causados por algunos de los acontecimientos excluidos por la póliza.

[FORMAS EN QUE PUEDE PACTARSE LA COBERTURA DEL SEGURO DE TRANSPORTE TERRESTRE / INICIO Y TÉRMINO DE LA VIGENCIA DE LA COBERTURA DEL SEGURO DE TRANSPORTE TERRESTRE / DURACIÓN DE LA COBERTURA DEL SEGURO DE TRANSPORTE TERRESTRE POR VIAJE]

Artículo 576. Formas y vigencia de la cobertura. El seguro de transporte terrestre puede contratarse por viaje o por un tiempo determinado.

Salvo pacto en contrario, el seguro comienza desde que se entregan las mercaderías al porteador y termina cuando se entregan al consignatario en el punto de destino.

A menos que el seguro sea por viaje, la entrega al consignatario debe efectuarse dentro del plazo previsto en la póliza.

[Disposiciones supletorias al contrato de seguro de transporte terrestre]

Artículo 577. Normas supletorias. En los casos no previstos en el presente párrafo se aplicarán las disposiciones contenidas en el Título VII del Libro III de este Código, "De los Seguros Marítimos".

§ 6. Del seguro de pérdida de beneficios

[Definición del seguro de pérdida de beneficios / alcance de su cobertura / posibilidad de cubrir gastos generales y gastos extraordinarios como consecuencia del siniestro]

Artículo 578. Concepto y alcances. Por el seguro de pérdida de beneficios, el asegurador se obliga a indemnizar al asegurado la disminución de ingresos y utilidades que hubiera alcanzado en la actividad descrita en la póliza, de no haberse producido el siniestro.

El asegurador puede, además, cubrir los gastos generales que haya de seguir desembolsando el asegurado cuando el establecimiento quede paralizado total o parcialmente a consecuencia del siniestro y los gastos extraordinarios realizados con la finalidad de reanudar las actividades.

§ 7. Del seguro de crédito

[Definición del seguro de crédito]

Artículo 579. Concepto. Por el seguro de crédito el asegurador se obliga a indemnizar al asegurado las pérdidas que experimente por el incumplimiento de una obligación de dinero.

[Causales del pago de la indemnización del seguro de crédito]

Artículo 580. Procedencia del reclamo de indemnización. Habrá lugar al pago del seguro:

a) Cuando el deudor haya sido declarado en quiebra mediante resolución judicial firme.

b) Cuando haya celebrado con sus acreedores, convenios regulados por la Ley de Quiebras que le otorguen condonaciones.

c) Cuando habiendo sido demandado ejecutivamente, se establezca que el deudor no posee bienes suficientes para solucionar la deuda o que, por su ocultamiento, se haga imposible la prosecución del juicio.

d) Si el asegurado y el asegurador acuerdan que el crédito resulta incobrable.

e) En los demás casos que acuerden las partes.

[Ampliación de la cobertura del seguro de crédito a los gastos de cobranza]

Artículo 581. Gastos de cobranza. Las partes podrán convenir que, además del monto de la deuda impaga, la suma asegurada cubra también los gastos originados por las gestiones de cobranza y cualesquiera otros.

§ 8. Del seguro de caución

[Definición del seguro de caución / obligación de reembolso del tomador / inexcusabilidad del pago de la indemnización por el asegurador]

Artículo 582. Concepto. Por el seguro de caución el asegurador se obliga a indemnizar al asegurado los daños patrimoniales sufridos en caso de incumplimiento por el tomador del seguro o afianzado, de sus obligaciones legales o contractuales. Todo pago hecho por el asegurador deberá serle reembolsado por el tomador del seguro.

Las excepciones o defensas que el tomador oponga al asegurado, alegando que no ha existido incumplimiento de las obligaciones garantizadas por la póliza, no obstarán a que el asegurador pague la indemnización solicitada.

[Obligación del tomador o asegurado de no aumentar el riesgo ni perjudicar las acciones del asegurado del seguro de caución / el seguro de caución a primer requerimiento]

Artículo 583. Obligaciones del asegurado. Tan pronto el tomador o afianzado incurra en una acción u omisión que pueda dar lugar a una obligación que deba ser cubierta por el asegurador, el asegurado deberá tomar todas las medidas pertinentes para impedir que dicha obligación se haga más gravosa y para salvaguardar su derecho a reembolso, en especial, interponer las acciones judiciales correspondientes.

El incumplimiento de estas obligaciones dará lugar, según su gravedad, a la reducción de la indemnización o la resolución del contrato.

Este tipo de seguro podrá ser a primer requerimiento, en cuyo caso la indemnización deberá ser pagada al asegurado dentro del plazo que establece la póliza, sin que la oposición de excepciones pueda ser invocada para condicionar o diferir dicho pago.

§ 9. Del contrato de reaseguro

[DEFINICIÓN DEL CONTRATO DE REASEGURO / DEFINICIÓN DE LA RETROCESIÓN / VALOR DE LA COSTUMBRE INTERNACIONAL EN LA INTERPRETACIÓN DEL REASEGURO]

Artículo 584. Concepto. Por el contrato de reaseguro el reasegurador se obliga a indemnizar al reasegurado, dentro de los límites y modalidades establecidos en el contrato, por las responsabilidades que afecten su patrimonio como consecuencia de las obligaciones que éste haya contraído en uno o más contratos de seguro o de reaseguro.

El reaseguro que ampara al reasegurador toma el nombre de retrocesión.

En estos contratos, servirán para interpretar la voluntad de las partes los usos y costumbres internacionales sobre reaseguros.

[AUTONOMÍA DEL CONTRATO DE SEGURO RESPECTO DEL REASEGURO]

Artículo 585. Autonomía. El reaseguro no altera en forma alguna el contrato de seguro. No puede el asegurador diferir el pago de la indemnización de un siniestro al asegurado, en razón del reaseguro.

[ASEGURADO NO TIENE ACCIÓN DIRECTA EN CONTRA DEL REASEGURADOR / EL ASEGURADOR NO PUEDE EXONERARSE DE SU OBLIGACIÓN DE PAGAR EL SINIESTRO AL ASEGURADO]

Artículo 586. Acciones del asegurado en contra del reasegurador. El reaseguro no confiere acción directa al asegurado en contra del reasegurador, salvo que en el contrato de reaseguro se disponga que los pagos debidos al asegurado por concepto de siniestros se hagan directamente por el reasegurador al asegurado o, en caso que producido el siniestro el asegurador directo ceda al asegurado los derechos que emanen del contrato de reaseguro para cobrarle al reasegurador.

Ninguna de estas convenciones exonerará al asegurador directo de su obligación de pagar el siniestro al asegurado.

[Imperatividad de las normas sobre la autonomía e independencia del contrato de seguro respecto del reaseguro]

Artículo 587. Normas imperativas del reaseguro. Las disposiciones de los artículos 585 y 586 son de carácter imperativo.

SECCIÓN TERCERA. DE LOS SEGUROS DE PERSONAS

[Definición de los seguros de personas / definición del contrato de seguro de vida / definición de renta vitalicia / definición del contrato de seguro de accidentes personales / definición del contrato de seguro de salud]

Artículo 588. Conceptos. Son seguros de personas los que cubren los riesgos que puedan afectar la existencia, la integridad física o intelectual, la salud de las personas y los que garantizan a éstas, dentro o al término de un plazo, un capital o una renta temporal o vitalicia.

Por el seguro de vida el asegurador se obliga, conforme a la modalidad y límites establecidos en el contrato, a pagar una suma de dinero al contratante o a los beneficiarios, si el asegurado muere o sobrevive a la fecha estipulada.

Se denomina renta vitalicia a la modalidad del seguro de vida mediante la cual el asegurador recibe del contratante un capital y se obliga a pagarle a él o sus beneficiarios una renta hasta la muerte de aquél o de éstos.

Por el seguro de accidentes personales el asegurador se obliga, conforme a las modalidades estipuladas, a indemnizar al asegurado o a sus beneficiarios, las lesiones corporales, la incapacidad o la muerte que éste sufra a consecuencias de un accidente.

Por el seguro de salud, o las modalidades de otros seguros que incluyan dicha cobertura, el asegurador se obliga a pagar, en la forma estipulada en el contrato, los gastos médicos, clínicos, farmacéuticos, de hospitalización u otros en que el asegurado incurra, si éste o sus beneficiarios requiriesen de tratamiento médico a consecuencia de enfermedad o accidente.

[Modalidad de contratación del contrato de seguro de personas / objeto del contrato de seguro de vida / requisitos y prohibiciones en la contratación de seguros de vida para un tercero / sanción al incumplimiento de los requisitos de contratación del seguro de vida]

Artículo 589. Interés asegurable en los seguros de personas. Los seguros de personas pueden ser contratados por el propio asegurado o por cualquiera que tenga interés. El seguro de vida puede estipularse sobre la vida propia o la de un tercero, tanto para el caso de muerte como para el de sobrevivencia o ambos conjuntamente.

En los seguros para el caso de muerte, si son distintas las personas del tomador del seguro y del asegurado, será preciso el consentimiento escrito de este último, con indicación del monto asegurado y de la persona del beneficiario. No se podrá contratar un seguro para el caso de muerte, sobre la cabeza de menores de edad o de incapacitados.

Los seguros contratados en contravención a estas normas serán absolutamente nulos y el asegurador estará obligado a restituir las primas percibidas, pudiendo retener el importe de sus gastos, si ha actuado de buena fe.

[REQUERIMIENTO DE ANTECEDENTES POR EL ASEGURADOR PARA LA DECLARACIÓN DEL RIESGO EN LOS SEGUROS DE VIDA]

Artículo 590. Declaraciones y exámenes de salud. El asegurador sólo podrá requerir antecedentes relativos a la salud de una persona en la forma establecida en el artículo 525, pudiendo solicitar la práctica de exámenes médicos de acuerdo a lo establecido en la ley.

[LÍMITE A LA DETERMINACIÓN DE ENFERMEDADES Y DOLENCIAS PREEXISTENTES]

Artículo 591. Enfermedades y dolencias preexistentes. Sólo podrán considerarse preexistentes aquellas enfermedades, dolencias o situaciones de salud diagnosticadas o conocidas por el asegurado o por quien contrata en su favor.

[INDISPUTABILIDAD DE LA DECLARACIÓN DEL RIESGO DEL ASEGURADO EN EL CONTRATO DE SEGURO DE VIDA]

Artículo 592. Indisputabilidad. Transcurridos dos años desde la iniciación del seguro, el asegurador no podrá invocar la reticencia o inexactitud de las declaraciones que influyan en la estimación del riesgo, excepto cuando hubieren sido dolosas.

[DESIGNACIÓN DEL BENEFICIARIO EN EL CONTRATO DE SEGURO DE VIDA / REGLA SUPLETORIA A FALTA DE DESIGNACIÓN EXPRESA]

Artículo 593. Designación de beneficiario. La designación del beneficiario podrá hacerse en la póliza, en una posterior declaración escrita comunicada al asegurador o en testamento.

Si al momento de la muerte real o presunta del asegurado no hubiere beneficiarios ni reglas para su determinación, se tendrá por tales a sus herederos. Los beneficiarios que sean herederos conservarán dicha condición aunque repudien la herencia.

La misma disposición se aplicará cuando el asegurado y el beneficiario único mueran simultáneamente, o se ignore cuál de ellos ha muerto primero.

La designación del cónyuge como beneficiario se entenderá hecha al que lo sea en el momento del fallecimiento del asegurado.

[DISTRIBUCIÓN DE LA SUMA ASEGURADA EN CASO DE PLURALIDAD DE BENEFICIARIOS DE UN SEGURO DE VIDA]

Artículo 594. Pluralidad de beneficiarios. Si la designación se hace en favor de varios beneficiarios, la prestación convenida se distribuirá, salvo estipulación en contrario, por partes iguales. Cuando se haga en favor de los herederos, la distribución tendrá lugar en proporción a la cuota hereditaria, salvo pacto en contrario. La parte no adquirida por un beneficiario acrecerá a los demás.

[REVOCACIÓN DEL BENEFICIARIO / REGLA DE IRREVOCABILIDAD DE LA DESIGNACIÓN]

Artículo 595. Revocación del beneficiario. El contratante del seguro puede revocar la designación de beneficiario en cualquier momento, a menos que haya renunciado a esta facultad por escrito. En este último caso, para cambiar al beneficiario designado deberá obtener su consentimiento.

La revocación deberá hacerse en la misma forma establecida para la designación.

[DERECHO A LA INDEMNIZACIÓN EN LOS SEGUROS DE VIDA / OBLIGACIÓN DE REGULAR EL DERECHO DE RESCATE, REDUCCIÓN Y CONCESIÓN DE ANTICIPOS AL DE LA SUMA ASEGURADA EN LOS SEGUROS DE VIDA]

Artículo 596. Derechos del beneficiario. El monto de las indemnizaciones de los seguros sobre la vida cede exclusivamente en favor del beneficiario.

Para todos los efectos legales, el derecho del beneficiario nace en el momento del siniestro previsto en la póliza, y a partir de él podrá reclamar del asegurador la prestación convenida.

En la póliza de seguro se regularán, cuando procedan, los derechos de rescate y de reducción de la suma asegurada, de modo que el asegurado pueda conocer en todo momento el correspondiente valor de rescate o de reducción.

También deberá quedar regulada en la póliza, la concesión de anticipos al tomador sobre la prestación asegurada.

[Cesibilidad y prenda sobre la póliza de un seguro de vida / oponibilidad de la cesión y de la prenda al asegurador]

Artículo 597. Cesión y prenda. Excepto si se ha designado beneficiario irrevocable, el contratante podrá ceder o pignorar la póliza. La cesión o la prenda sólo serán oponibles al asegurador siempre y cuando éste haya sido notificado de ellas por escrito y por medio de un ministro de fe. La cesión y la pignoración de la póliza implican la revocación de la designación de beneficiario.

[Efectos de la provocación del siniestro por el beneficiario de un seguro de vida / cobertura del riesgo de suicidio en un seguro de vida]

Artículo 598. Provocación del siniestro y suicidio. El siniestro causado dolosamente por el beneficiario, privará a éste del derecho a la prestación establecida en el contrato, sin perjuicio de la acción criminal a que hubiere lugar.

Salvo pacto en contrario, el riesgo de suicidio del asegurado sólo quedará cubierto a partir de dos años de la celebración del contrato, o de haber estado vigente el seguro por igual plazo en virtud de sucesivas renovaciones.

[Consecuencias de la ausencia o desaparición del asegurado en el seguro de vida]

Artículo 599. Ausencia o desaparición del asegurado. Salvo estipulación en contrario, la mera ausencia o desaparición del asegurado no hacen exigible la prestación convenida.

[Prohibición al asegurador de poner término anticipado al contrato de seguro de vida]

Artículo 600. Revocación del contrato. En los seguros de vida le estará prohibido al asegurador poner término anticipado al contrato a su sola voluntad.

[APLICACIÓN DE LAS REGLAS DE SEGUROS DE DAÑOS A SEGUROS SOBRE GASTOS MÉDICOS, CLÍNICOS O DE NATURALEZA PATRIMONIAL]

Artículo 601. Coberturas patrimoniales. Las modalidades de seguro que cubran gastos médicos, clínicos, quirúrgicos, farmacéuticos u otros que tengan carácter de daño patrimonial, se regularán por las normas de los seguros de daños, a menos que sean contrarias a su naturaleza.

TÍTULO IX
DEL CONTRATO DE CUENTA CORRIENTE

[DEFINICIÓN DEL CONTRATO DE CUENTA CORRIENTE MERCANTIL]

Artículo 602. La cuenta corriente es un contrato bilateral y conmutativo por el cual una de las partes remite a otra o recibe de ella en propiedad cantidades de dinero u otros valores, sin aplicación a un empleo determinado ni obligación de tener a la orden una cantidad o un valor equivalente, pero a cargo de acreditar al remitente por sus remesas, liquidarlas en las épocas convenidas, compensarlas de una sola vez hasta concurrencia del débito y crédito y pagar el saldo.

[LAS CUENTAS SIMPLES O DE GESTIÓN NO ESTÁN SUJETAS AL TÍTULO IX DEL LIBRO II DEL CÓDIGO DE COMERCIO]

Artículo 603. Las cuentas que no reúnan todas las condiciones enunciadas en el artículo anterior son cuentas simples o de gestión, y no están sujetas a las prescripciones de este título.

[ÁMBITO DE APLICACIÓN DEL CONTRATO DE CUENTA CORRIENTE MERCANTIL]

Artículo 604. Todas las negociaciones entre comerciantes domiciliados o no en un mismo lugar, o entre un comerciante y otro que no lo es, y todos los valores transmisibles en propiedad, pueden ser materia de la cuenta corriente.

[LA CALIDAD DE ACREEDOR O DEUDOR SE DETERMINA AL MOMENTO DE LA CONCLUSIÓN DE LA CUENTA CORRIENTE]

Artículo 605. Antes de la conclusión de la cuenta corriente ninguno de los interesados es considerado como acreedor o deudor.

[Elementos del contrato de cuenta corriente mercantil]

Artículo 606. Es de la naturaleza de la cuenta corriente:

1°. Que el crédito concedido por remesas en efectos de comercio lleve la condición de que éstos serán pagados a su vencimiento.

2°. Que todos los valores del débito y crédito produzcan intereses legales o los que las partes hubieren estipulado.

3°. Que a más del interés de la cuenta corriente, los contratantes tengan derecho a una comisión sobre el importe de todas las remesas cuya realización reclamare la ejecución de actos de verdadera gestión.

La tasa de la comisión será fijada por convenio de las partes o por el uso.

4°. Que el saldo definitivo sea exigible desde el momento de su aceptación, a no ser que se hayan llevado al crédito de la parte que lo hubiere obtenido sumas eventuales que igualen o excedan la del saldo, o que los interesados hayan convenido en pasarlo a nueva cuenta.

[La admisión de valores en la cuenta corriente produce novación / se presume que la admisión de un valor es hecha pura y simplemente]

Artículo 607. La admisión en cuenta corriente de valores precedentemente debidos por uno de los contratantes al otro, a cualquier título que sea, produce novación, a menos que el acreedor o deudor, al prestar su consentimiento, haga una formal reserva de derechos.

En defecto de una reserva expresa, la admisión de un valor en cuenta corriente se presume hecha pura y simplemente.

[Imputabilidad en el pago y exigibilidad de valores remitidos y recibidos en la cuenta corriente mercantil]

Artículo 608. Los valores remitidos y recibidos en cuenta corriente no son imputables al pago parcial de los artículos que ésta comprende, ni son exigibles durante el curso de la cuenta.

[Sumas o valores extraños a la cuenta corriente mercantil]

Artículo 609. Las sumas o valores afectos a un empleo determinado, o que deban tenerse a la orden del remitente, son extraños a la cuenta corriente, y como tales no son susceptibles de la compensación puramente mercantil que establecen los artículos 602 y 613.

[Eficacia de los embargos o retenciones de valores en la cuenta corriente mercantil]

Artículo 610. Los embargos o retenciones de valores llevados a la cuenta corriente sólo son eficaces respecto del saldo que resulte del fenecimiento de la cuenta a favor del deudor contra quien fueren dirigidos.

[Modos de conclusión de la cuenta corriente mercantil]

Artículo 611. La cuenta corriente se concluye por el advenimiento de la época fijada por la convención o antes de él por consentimiento de las partes.

Se concluye también por la muerte natural o civil, la interdicción, la demencia, la dictación de la resolución de liquidación o cualquier otro suceso legal que prive a alguno de los contratantes de la libre disposición de sus bienes.

[Conclusión definitiva o parcial de la cuenta corriente mercantil]

Artículo 612. La conclusión de la cuenta corriente es definitiva cuando no debe ser seguida de ninguna operación de negocios, y parcial en el caso inverso.

[Efectos de la conclusión definitiva de la cuenta corriente mercantil]

Artículo 613. La conclusión definitiva de la cuenta corriente fija invariablemente el estado de las relaciones jurídicas de las partes, produce de pleno derecho, independientemente del fenecimiento de la cuenta, la compensación del íntegro monto del débito y crédito hasta la cantidad concurrente y determina la persona del acreedor y deudor.

[El saldo definitivo o parcial de la cuente corriente mercantil genera intereses]

Artículo 614. El saldo definitivo o parcial será considerado como un capital productivo de intereses.

[Saldo resultante de la cuenta corriente mercantil puede ser caucionado con hipoteca]

Artículo 615. El saldo puede ser garantido con hipotecas constituidas en el acto de la celebración del contrato.

[Efectos del retardo en el pago del saldo por parte del deudor]

Artículo 616. Caso que el deudor retarde el pago, el acreedor podrá girar contra él por el importe del saldo de la cuenta.

[Capitalización de intereses y cláusulas permitidas en la cuenta corriente mercantil]

Artículo 617. Las partes podrán capitalizar los intereses en períodos que no bajen de seis meses, determinar la época de los balances parciales, la tasa del interés y la comisión y acordar todas las demás cláusulas accesorias que no sean prohibidas por la ley.

[Medios de prueba de la existencia del contrato de cuenta corriente mercantil]

Artículo 618. La existencia del contrato de cuenta corriente puede ser establecida por cualquiera de las pruebas que admite este Código, menos por la de testigos.

[Acciones que derivan de la cuenta corriente mercantil y su plazo de prescripción / prescripción de los intereses del saldo]

Artículo 619. La acción para solicitar el arreglo de la cuenta corriente, el pago del saldo judicial o extrajudicialmente reconocido, o la rectificación de la cuenta por errores de cálculo, omisiones, artículos extraños o indebidamente llevados al débito o crédito, o duplicación de partidas, prescribe en el término de cuatro años.

En igual tiempo prescriben los intereses del saldo, siendo pagaderos por año o en períodos más cortos.

TÍTULO X
DEL CONTRATO DE CAMBIO

[Definición del contrato de cambio]

Artículo 620. El contrato de cambio es una convención por la cual una de las partes se obliga, mediante un valor prometido o entregado, a pagar o hacer pagar a la otra parte o a su cesionario legal cierta cantidad de dinero en un lugar distinto de aquel en que se celebra la convención.

[Forma de perfeccionar el contrato de cambio / contrato consensual / medios de prueba]

Artículo 621. El contrato de cambio se perfecciona por el solo consentimiento de las partes acerca de la cantidad que debe ser pagada, el precio de ella, el lugar y época del pago y puede ser probado por cualquiera de los medios que admite este Código.

[El contrato de cambio puede ser por cuenta propia o por cuenta ajena]

Artículo 622. Las personas que pueden obligarse pueden celebrar el contrato de cambio por su propia cuenta o por la de un tercero que las haya autorizado especialmente al efecto.

Artículo 623 al 781 bis. Derogados

TÍTULO XII
DE LAS CARTAS ÓRDENES DE CRÉDITO

[Objeto de las cartas órdenes de crédito]

Artículo 782. Las cartas órdenes de crédito tienen por objeto realizar un contrato de cambio condicional, celebrado entre el dador y el tomador, cuya perfección pende de que éste haga uso del crédito que aquél le abre.

[La carta orden de créditos debe ser otorgada de forma nominativa]

Artículo 783. Las cartas de crédito deben ser dadas a persona determinada y no a la orden.

Expedidas en esta última forma, el tomador podrá cobrarlas personalmente, pero no endosarlas.

El endoso de una carta de crédito no transfiere al endosatario el derecho de cobrarla.

[Especificación del plazo y la cantidad en la carta orden de crédito / regla supletoria del plazo]

Artículo 784. En la carta de crédito se designará el tiempo dentro del cual el tomador deba hacer uso de ella y el máximum de la cantidad que deberá entregársele.

Si la carta de crédito no expresare tiempo alguno, será señalado por el juzgado de comercio respectivo, atendidas las circunstancias del dador y tomador y la naturaleza de la operación mercantil que tuvo por objeto la apertura del crédito.

[Obligación impuesta al tomador de firmar la carta orden de crédito]

Artículo 785. El tomador de una carta de crédito deberá poner su firma en la misma o entregar al dador un modelo de ella.

[Revocabilidad de la carta orden de crédito / efectos de la revocación]

Artículo 786. El dador de una carta de crédito no puede revocarla, salvo que sobrevenga algún accidente que menoscabe el crédito del tomador.

Revocándola intempestivamente y sin un motivo serio y bien justificado, el dador será responsable de los daños y perjuicios que se originen al tomador.

[Obligación impuesta al dador de pagar la carta orden de crédito]

Artículo 787. El dador queda obligado a pagar a su corresponsal la cantidad que en virtud de la carta de crédito entregue al tomador.

[Ejecutabilidad de la carta orden de crédito / prohibición de protesto]

Artículo 788. La carta de crédito, aunque no sea pagada, no confiere al tomador derecho alguno contra el dador ni contra la persona a cuyo cargo fuere expedida.

Por consiguiente, las cartas de crédito no pueden ser protestadas.

[Obligación impuesta al portador de probar su identidad]

Artículo 789. El portador de una carta de crédito está obligado a probar la identidad de su persona, si el pagador se lo exigiere.

[Deberes al tomador que no haga uso de la carta de orden de crédito en término convenido]

Artículo 790. Siempre que el tomador no haga uso de la carta de crédito en el término convenido, deberá devolverla al dador tan luego como sea requerido al efecto, o rendir fianza por su importe hasta que llegue la revocación a conocimiento del pagador.

[El pago de la carta orden de crédito / efectos del no pago]

Artículo 791. Pagada la carta de crédito, el portador deberá reembolsar sin demora al dador la cantidad que hubiere percibido.

No haciéndolo, el dador podrá exigir el pago de la cantidad entregada, más el interés corriente desde el día de la entrega y el cambio corriente de la plaza en que fue verificada sobre el lugar donde deba hacerse el reembolso.

[Acciones en contra del portador de una carta orden de crédito]

Artículo 792. La persona que cumplimenta una carta de crédito no tiene acción alguna contra el portador para exigirle el reembolso de la cantidad que le hubiere entregado, a no ser que resulte de los términos de la carta que el dador sólo quiso constituirse fiador de la cantidad que percibiese el portador.

[Corresponsales a quienes puede dirigirse la carta de orden de crédito / obligación de anotación impuesta al corresponsal y su responsabilidad]

Artículo 793. Las cartas de crédito pueden ser dirigidas a diversos corresponsales residentes en distintos lugares para que las cumplimenten sucesivamente hasta la cantidad designada en ellas.

En este caso el corresponsal que entregue una suma parcial al portador deberá anotarla en la carta de crédito, bajo responsabilidad de daños y perjuicios.

[Carta de introducción y recomendación]

Artículo 794. La carta que no tenga la designación de cantidad será considerada como simple carta de introducción y recomendación; y el dador de ella no responderá al corresponsal a quien fuere dirigida de las resultas de cualquier contrato que éste celebre con el tomador, salvo el caso de dolo justificado en forma legal.

TÍTULO XIII
DEL PRÉSTAMO

[EXIGIBILIDAD DEL PRÉSTAMO DE PLAZO INDETERMINADO]

Artículo 795. Los préstamos por tiempo indeterminado no son exigibles sino diez días después de reclamada la restitución.

[FALTA DE DETERMINACIÓN DEL PLAZO DEL PRÉSTAMO / CRITERIOS NORMATIVOS PARA LA FIJACIÓN DEL PLAZO POR EL JUEZ]

Artículo 796. No resultando bien determinado el plazo del préstamo, el juzgado de comercio lo fijará prudencialmente, tomando en consideración los términos del contrato, la naturaleza de la operación a que fuere destinado el préstamo y las circunstancias personales del prestador y prestamista.

[CUMPLIMIENTO DE LA OBLIGACIÓN DE RESTITUCIÓN DEL PRESTAMISTA]

Artículo 797. Contraído el préstamo en monedas específicamente determinadas, el prestamista cumple su obligación restituyendo monedas de la misma especie que las recibidas, cualquiera que sea el valor que tengan al tiempo de la restitución.

[EL PRÉSTAMO MERCANTIL SE PRESUME ONEROSO]

Artículo 798. La gratuidad no se presume en los préstamos mercantiles, y éstos ganarán intereses legales, salvo que las partes acordaren lo contrario.

[OBLIGACIÓN DE ESCRITURAR EL PACTO DE INTERESES]

Artículo 799. La estipulación de intereses o la que exonere al prestamista de su pago, deberá celebrarse por escrito, y sin esta circunstancia será ineficaz en juicio.

[OBLIGACIÓN DE PACTAR LOS INTERESES EN DINERO]

Artículo 800. Los intereses serán estipulados en cantidades determinadas de dinero, aun cuando el préstamo consista en mercaderías, de cualquier especie que sean.

Para hacer el cómputo de los intereses en este último caso se estimarán las mercaderías por el precio corriente que tengan en el día y lugar en que deba hacerse la restitución.

[Retardo en el cumplimiento de las obligaciones del prestamista]

Artículo 801. El prestamista que retarde el cumplimiento de las obligaciones que le impone el préstamo, haya o no estipulación de intereses, queda obligado a pagar el interés corriente desde el día en que fuere reclamado el pago en virtud de una providencia judicial.

[El cómputo de los intereses convencionales no se interrumpe]

Artículo 802. El curso de los intereses convencionales no cesa en el advenimiento del plazo en que deba hacerse la devolución del capital.

[Presunción del pago de los intereses / Cláusula preservativa en favor del acreedor]

Artículo 803. El recibo de los intereses correspondientes a los tres últimos períodos de pago, hace presumir que los anteriores han sido cubiertos, a no ser que el recibo contenga alguna cláusula preservativa del derecho del acreedor.

[Anatocismo / Requisitos de procedencia del anatocismo]

Artículo 804. Los intereses de un capital prestado pueden producir nuevos intereses o mediante una demanda judicial o un convenio especial, con tal que la demanda o el convenio verse sobre intereses debidos a lo menos por un año completo.

[Admisión de prueba en favor del prestamista que no recibió el objeto del préstamo]

Artículo 805. El prestamista que hubiere firmado un pagaré o recibo, confesándose deudor de una cantidad de dinero o mercaderías, podrá ser admitido a probar, según las circunstancias del caso, que el dinero o las mercaderías no le fueron entregadas.

[Saldos de cuentas de gestión o anticipos de operaciones mercantiles se reputan préstamos]

Artículo 806. Los saldos de las cuentas de gestión o anticipaciones referentes a operaciones mercantiles serán considerados como verdaderos préstamos y regidos por las reglas de este título.

TÍTULO XIV
DEL DEPÓSITO

[Forma de constituir el depósito mercantil]

Artículo 807. El depósito mercantil se constituye en la misma forma que la comisión.

[Derechos y obligaciones del depósito son equivalentes a la comisión mercantil]

Artículo 808. Los derechos y obligaciones del depositante y depositario de mercaderías son los mismos que otorga e impone este Código a los comitentes y comisionistas.

[Derecho a retribución del depositario]

Artículo 809. El depositario tiene derecho a exigir una retribución por sus servicios.

La cuota de la retribución será fijada por las partes o por el uso de cada plaza en defecto de estipulación.

[Pérdida del derecho a la retribución del depositario]

Artículo 810. El depositario que hace uso de la cosa depositada, aun en los casos que se lo permita la ley o la convención, pierde el derecho a la retribución estipulada o usual.

[Deber de diligencia impuesto al depositario]

Artículo 811. Consistiendo el depósito en documentos de crédito que devenguen intereses, el depositario está obligado a cobrarlos y a practicar todas las diligencias necesarias para conservar los derechos del depositante.

[Depósito en bancos públicos / régimen especial]

Artículo 812. Los depósitos en los bancos públicos debidamente autorizados serán regidos por sus estatutos.

TÍTULO XV
DEL CONTRATO DE PRENDA

[PERFECCIONAMIENTO Y MEDIOS DE PRUEBA DEL CONTRATO DE PRENDA MERCANTIL]

Artículo 813. El contrato de prenda se celebra y prueba en cuanto al acreedor y deudor como los demás contratos comerciales.

[PRIVILEGIO A FAVOR DEL ACREEDOR PRENDARIO]

Artículo 814. El contrato de prenda confiere al acreedor el derecho de hacerse pagar con el valor de la cosa empeñada con preferencia a los demás acreedores del deudor.

[REQUISITOS DE PROCEDENCIA DEL PRIVILEGIO DEL ACREEDOR PRENDARIO]

Artículo 815. Para que el acreedor prendario goce del privilegio enunciado en concurrencia de otros acreedores, se requiere:

1°. Que el contrato de prenda sea otorgado por escritura pública o en documento privado protocolizado, previa certificación en el mismo de la fecha de esa diligencia, puesta por el notario respectivo;

2°. Que la escritura o documento contenga la declaración de la suma de la deuda y la especie y naturaleza de las cosas empeñadas, o que lleve anexa una descripción de su calidad, peso y medida.

[PRENDA SOBRE UN CRÉDITO]

Artículo 816. Lo dispuesto en el artículo anterior es aplicable a la prenda consistente en un crédito, sin perjuicio de la notificación que en este caso prescribe el artículo 2389 del Código Civil.

[ACCESORIEDAD DEL PRIVILEGIO RESPECTO DE LA COSA PRENDADA]

Artículo 817. El privilegio nace, subsiste y se extingue con la posesión de la prenda, bien la tenga el acreedor prendario o un tercero elegido por las partes.

[DEBER DE DILIGENCIA IMPUESTO AL ACREEDOR PRENDARIO]

Artículo 818. La obligación que el artículo 811 impone al depositario es extensiva al acreedor que recibe un crédito en prenda.

[El crédito dado en prenda devenga intereses]

Artículo 819. Si el crédito dado en prenda devenga intereses, el acreedor los imputará al pago de los que se le deban.

Pero si la deuda garantida por la prenda no gana intereses, se aplicarán los que produzca el crédito empeñado en parte de pago del capital asegurado.

TÍTULO XVI
DE LA FIANZA

[La obligación de escriturar el contrato de fianza mercantil]

Artículo 820. La fianza deberá otorgarse por escrito, y sin esta circunstancia será de ningún valor ni efecto.

[Remuneración a favor del fiador]

Artículo 821. El fiador puede estipular con su afianzado una remuneración por la responsabilidad que contrae en su beneficio.

TÍTULO XVII
DE LA PRESCRIPCIÓN

[Plazo de prescripción de las acciones que emanan de obligaciones mercantiles]

Artículo 822. Las acciones que procedan de las obligaciones de que trata el presente Libro y que no tengan señalado un plazo especial de prescripción, durarán cuatro años.

Las prescripciones establecidas en este Código corren contra toda clase de personas.

LIBRO III
DE LA NAVEGACIÓN Y EL COMERCIO MARÍTIMOS

TÍTULO I
DISPOSICIONES GENERALES

[Ámbito de aplicación del Libro III]

Artículo 823. Las disposiciones de este Libro se aplican:

1°. A todos los acontecimientos relacionados con la navegación, que sobrevengan en el mar, independientemente de la característica, dimensión o finalidad de la nave u objeto que interviene o es afectado por tales acontecimientos, sin perjuicio de que en determinadas materias se disponga expresamente su aplicación a otras formas de navegación, y

2°. A todos los actos o contratos que se relacionen con la navegación y el comercio marítimos, incluyendo los que se refieran a naves especiales, a menos que este Libro permita estipular otras reglas.

No se aplican a las naves de guerra, sean nacionales o extranjeras.

[Sanción a las estipulaciones contrarias a las normas imperativas del Libro III]

Artículo 824. Salvo los casos en que la ley establezca una sanción diferente, se tendrán por no escritas las estipulaciones contrarias a una disposición imperativa de este Libro.

[Prueba de la costumbre en el derecho marítimo]

Artículo 825. En las materias reguladas por este Libro, la costumbre podrá ser probada, además de las formas que señala el artículo 5° de este Código, por informe de peritos, que el tribunal apreciará según las reglas de la sana crítica.

TÍTULO II
DE LAS NAVES Y ARTEFACTOS NAVALES. DE LA PROPIEDAD NAVAL

§ 1. De las naves y artefactos navales

[Definición de nave / definición de artefacto naval]

Artículo 826. Nave es toda construcción principal, destinada a navegar, cualquiera que sea su clase y dimensión.

Artefacto naval es todo aquel que, no estando construido para navegar, cumple en el agua funciones de complemento o de apoyo a las actividades marítimas, fluviales o lacustres o de extracción de recursos, tales como diques, grúas, plataformas fijas o flotantes, balsas u otros similares. No se incluyen en este concepto las obras portuarias aunque se internen en el agua.

[Elementos que integran la noción de nave]

Artículo 827. El concepto de nave comprende tanto el casco como la maquinaria y las pertenencias fijas o movibles que la complementan. No incluye el armamento, las vituallas ni fletes devengados.

[La nave es un bien mueble]

Artículo 828. La nave es un bien mueble, sujeto a las normas que se establecen en este Libro y demás leyes especiales. En su defecto, se aplicarán las disposiciones del derecho común sobre los bienes muebles.

[Conservación de la identidad de la nave]

Artículo 829. La nave conserva su identidad, aun cuando los materiales que la forman o su nombre sean sucesivamente cambiados.

[Matrícula de la nave / inscripción de actos jurídicos en el registro de matrícula / el titular registral se presume poseedor regular de la nave]

Artículo 830. La matrícula de las naves en Chile se regirá por las normas de la Ley de Navegación.

Deberá tomarse nota al margen de su inscripción en el registro de matrícula, de todo documento por el que se constituya, transfiera, transmita, declare, modifique o extinga un derecho real sobre la nave y cualquiera otra limitación al dominio que recaiga sobre la misma, bajo sanción de ser inoponible a terceros, salvo las excepciones señaladas en la Ley de Navegación.

La persona natural o jurídica a cuyo nombre figure inscrita la nave en el registro de matrícula respectivo, se presumirá poseedora regular de ella, salvo prueba en contrario.

§ 2. De la propiedad naval

[Modos de adquirir especiales aplicables a las naves]

Artículo 831. Además de los modos de adquirir que establece el derecho común, la propiedad o dominio de una nave puede adquirirse en la siguiente forma:

1°. Por el asegurador, en el caso de dejación válidamente aceptada;

2°. Por la persona que ha encargado su construcción, en el momento que señale el contrato respectivo o por el que la construye para sí, y

3°. Por el apresador, conforme a las reglas del derecho internacional.

[Formalidad de la transferencia de las naves mayores / formalidad de la transferencia de las naves menores / formalidad de los actos y contratos otorgados en el extranjero]

Artículo 832. La enajenación de naves mayores por acto entre vivos y la constitución de derechos reales sobre ellas, se efectuarán por escritura pública cuando ocurran en Chile.

Los actos y contratos respecto de naves menores, deberán constar por escrito y las firmas de los otorgantes ser autorizadas por notario.

Para la clasificación de las naves y artefactos navales en mayores y menores se estará a lo que dispone la Ley de Navegación.

Los actos y contratos que se otorguen en el extranjero se regirán por la ley del lugar de su otorgamiento. Con todo, la transferencia del dominio y la constitución de derechos reales que puedan producir efecto en Chile deberán constar, a lo menos, en instrumentos escritos cuyas firmas estén autorizadas por un ministro de fe y, además, se inscribirán y anotarán en los registros respectivos en Chile.

[Venta de nave en viaje / destino de los fletes]

Artículo 833. Si la nave fuere vendida hallándose en viaje, pertenecerán íntegramente al comprador los fletes que aquélla devengue en el viaje, desde que recibió su último cargamento.

Pero, si al tiempo de la venta hubiere llegado la nave a su destino, los fletes pertenecerán al vendedor.

Las partes, sin embargo, podrán estipular modalidades diversas.

[Enajenación voluntaria de la nave]

Artículo 834. La enajenación voluntaria no judicial de la nave hecha dentro o fuera de la República, incluye todas las responsabilidades que le afecten.

[Enajenación judicial de la nave]

Artículo 835. La venta judicial de una nave, sea voluntaria o forzada, se hará en la forma y con las solemnidades que se establecen en el Código de Procedimiento Civil para la venta judicial de los inmuebles.

Para subastar la nave se requerirá de tasación previa, la que se efectuará por perito designado conforme a las normas del Código de Procedimiento Civil, y le serán aplicables en lo pertinente, lo dispuesto por los artículos 486 y 487 del Código mencionado.

Los anuncios del remate deberán publicarse en un diario del lugar en que se sigue el juicio, o en uno de circulación en la región respectiva si en aquél no lo hubiere. Los avisos se publicarán además en un diario del puerto de matrícula de la nave. Pero si uno de esos diarios fuere de circulación en los dos lugares, bastará con efectuar las publicaciones en ese solo diario.

[Las naves prescriben conforme a las reglas de los bienes inmuebles]

Artículo 836. La adquisición de una nave por prescripción se regirá por las reglas relativas a los inmuebles.

[La comunidad de una nave]

Artículo 837. La copropiedad de naves no constituye una sociedad, sino una comunidad que se rige por las normas del derecho común.

[Aplicación de las normas de este título a los artefactos navales]

Artículo 838. Las disposiciones de este título se aplicarán también a los artefactos navales, sean éstos fijos o flotantes, en lo que les sean pertinentes.

TÍTULO III
DE LOS PRIVILEGIOS Y DE LA HIPOTECA NAVAL

§ 1. De los privilegios marítimos en general

[PRIVILEGIOS MARÍTIMOS EXCLUYEN A CUALQUIER OTRO PRIVILEGIO GENERAL O ESPECIAL]

Artículo 839. Los privilegios establecidos en este título serán preferidos y excluirán a cualquier otro privilegio general o especial regulados por otros cuerpos legales, en cuanto se refieran a los mismos bienes y derechos.

Con todo, las normas sobre prelación y privilegios en materia de contaminación o para precaver perjuicios por derrames de substancias dañosas, que se establecen en los convenios internacionales vigentes en Chile y en la Ley de Navegación, gozarán de primacía sobre las disposiciones de este título, en las materias específicas a que ellos se refieren.

No pueden constituirse prendas, gravámenes, prohibiciones y embargos independientemente sobre partes o pertenencias ya incorporadas a naves o artefactos navales.

Las prendas y demás gravámenes, los embargos y prohibiciones constituidos sobre bienes que se incorporen a una nave o artefacto naval, se extinguen desde esa incorporación.

Con todo, no se extinguirán los ya constituidos sobre motores, equipos de comunicación o de detección submarina y aparejos de pesca de naves menores.

El que defraudare a otro incorporando o consintiendo en que un bien afecto a una prenda, gravamen, prohibición o embargo vigentes sea incorporado a una nave o a un artefacto naval, será sancionado con las penas contempladas en el artículo 467 del Código Penal.

[ALCANCE DEL PRIVILEGIO MARÍTIMO EN CASO DE DETERIORO O PÉRDIDA SOBRE EL BIEN AFECTADO]

Artículo 840. En caso de deterioro, disminución o pérdida del bien sobre el cual recae el privilegio, éste se ejercitará sobre lo que reste, se salve o recupere de aquél, o sobre la indemnización que pague el responsable.

[APLICACIÓN DE ESTE TÍTULO RESPECTO A OBLIGACIONES DEL ARMADOR NO PROPIETARIO DE LA NAVE]

Artículo 841. Las disposiciones de este título también serán aplicables cuando los créditos privilegiados surjan por obligaciones del armador no propietario de la nave, salvo que éste disponga de su uso en virtud de un acto ilícito, con conocimiento del acreedor.

§ 2. De los privilegios sobre la nave y los fletes

[Privilegios marítimos otorgan derecho de persecución sobre la nave]

Artículo 842. Los privilegios de que trata este párrafo, otorgan al acreedor el derecho de perseguir la nave en poder de quien se halle y hacerse pagar con su producto preferentemente a los demás acreedores, según el orden aquí establecido.

[Titular del privilegio puede solicitar la retención o arraigo de la nave]

Artículo 843. El titular del privilegio, en ejercicio de su derecho de persecución, podrá solicitar la retención o arraigo de la nave en cualquier lugar donde ella se encuentre, de conformidad con las normas del párrafo 5 del título VIII de este Libro.

[Créditos privilegiados sobre la nave con preferencia a la hipoteca]

Artículo 844. Los siguientes créditos gozan de privilegio sobre la nave, con preferencia a los hipotecarios y en el orden de prelación que se indica:

1°. Las costas judiciales y otros desembolsos causados con ocasión de un juicio, en interés común de los acreedores, para la conservación de la nave o para su enajenación forzada y distribución del precio;

2°. Las remuneraciones y demás beneficios que deriven de los contratos de embarco de la dotación de la nave, en conformidad con las normas laborales y del derecho común que regulan la concurrencia de estos créditos, y los emolumentos de los prácticos al servicio de la nave.

Del mismo privilegio gozan las indemnizaciones que se adeuden por muerte o lesiones corporales de los dependientes, que sobrevengan en tierra, a bordo o en el agua, y siempre que sean producidas por accidentes que tengan relación directa con la explotación de la nave;

3°. Los derechos y tasas de puerto, canales y vías navegables, y los derechos fiscales de señalización, practicaje y pilotaje;

4°. Los gastos y remuneraciones por auxilios en el mar, y por contribución en avería gruesa. Del mismo privilegio goza el reembolso de gastos y sacrificios en que hubiere incurrido la autoridad o terceros, para prevenir o minimizar los daños por contaminación o de derrames de hidrocarburos u otras substancias nocivas al medio ambiente o bienes de terceros, cuando no se hubiere constituido el fondo de limitación de responsabilidad que se establece en el título IX de la Ley de Navegación, y

5°. Las indemnizaciones por daños, pérdidas o averías causados a otras naves, a las obras de los puertos, muelles o vías navegables o a la carga o equipajes, como consecuencia de abordajes u otros accidentes de navegación, cuando la acción respectiva no sea susceptible de fundarse en un contrato, y los perjuicios por lesiones corporales a los pasajeros y dotación de esas otras naves.

[Preferencia del crédito hipotecario]

Artículo 845. Los créditos hipotecarios serán preferidos a los que se enumeran en el artículo siguiente, y se regirán por las disposiciones del párrafo 5 de este título.

De igual preferencia gozarán los créditos caucionados con prenda sobre naves menores.

[Otros créditos privilegiados sobre la nave]

Artículo 846. Además, gozan de privilegio sobre la nave, en el orden en que se enumeran, en grado posterior a los indicados en el artículo 844, los siguientes:

1°. Los créditos por el precio de venta, construcción, reparación y equipamiento de la nave;

2°. Los créditos por suministros de productos o materiales, indispensables para la explotación o conservación de la nave;

3°. Los créditos originados por contratos de pasaje, fletamento o transporte de mercancías, incluyendo las indemnizaciones por daños, mermas y faltantes en cargamentos y equipajes, y los créditos derivados de perjuicios por contaminación o derrames de hidrocarburos u otras substancias nocivas;

4°. Los créditos por desembolsos hechos por el capitán, agentes o terceros, por cuenta del armador, para la explotación de la nave, incluyendo los servicios de agencias, y

5°. Los créditos por primas de seguro respecto de la nave, sean del casco o de responsabilidad.

[Créditos privilegiados alcanzan a los fletes y pasajes]

Artículo 847. Los créditos enumerados en los artículos 844 y 846, gozarán también de privilegio sobre los fletes y pasajes correspondientes al viaje en que tengan su origen.

[Privilegios alcanzan a ciertos créditos]

Artículo 848. Los privilegios indicados en el artículo 844, se ejercerán también sobre los créditos que se enumeran a continuación, a condición de que se originen en el mismo viaje en que aquéllos se produjeron:

1°. Sobre las indemnizaciones debidas por daños materiales sufridos por la nave y no reparados y sobre las debidas por pérdida de fletes;

2°. Sobre contribuciones por daños materiales sufridos por la nave admitidos en avería común y no reparados y sobre las contribuciones debidas por pérdida de fletes, y

3°. Sobre las remuneraciones debidas por auxilios en el mar, previa deducción de las cantidades que correspondieren a la dotación de la nave que prestó el servicio.

[Privilegios alcanzan a ciertos créditos del deudor que tiene contra de terceros]

Artículo 849. Los créditos del deudor en contra de terceros de que tratan los dos artículos precedentes, sólo estarán afectos a privilegio mientras dichos créditos estuvieren pendientes de pago, o si las sumas respectivas estuvieren en poder del capitán o del agente del dueño o armador.

[Privilegios se pueden hacer efectivos sobre el seguro]

Artículo 850. Los privilegios sobre la nave podrán hacerse efectivos en las indemnizaciones por seguro de la misma.

Sin embargo, cuando se trate de reparaciones efectuadas a la nave, los privilegios establecidos en este párrafo se entenderán de grado posterior al costo de aquéllas para los efectos de recuperarlo del asegurador, si procede.

Lo anterior no obsta a que el armador pueda ejercer el derecho de limitación de responsabilidad, de acuerdo con las normas de los párrafos 1 del título IV y 4 del título V de este Libro.

Con excepción de la hipoteca, los privilegios sobre la nave no podrán hacerse efectivos sobre las subvenciones u otros subsidios otorgados por el Estado.

[Orden de preferencia respecto de créditos del último viaje]

Artículo 851. Los créditos privilegiados del último viaje son preferidos a los de los viajes precedentes aunque estos últimos sean de mejor grado. Sin embargo los créditos derivados de un contrato único de embarco que comprenda varios viajes, concurren como uno solo, en el orden y lugar de preferencia previsto por el artículo 844, con los demás créditos privilegiados originados en el último viaje.

[Orden de preferencia respecto de créditos de un mismo viaje]

Artículo 852. Los créditos privilegiados originados en un mismo viaje son preferidos en el orden que indican los artículos 844 y 846.

Los créditos comprendidos en cada uno de los números de los artículos citados, concurrirán entre sí a prorrata en caso de insuficiencia del valor de los bienes sobre los cuales recaen.

[Reglas interpretativas para determinar a qué viaje le corresponde un crédito]

Artículo 853. En caso de duda sobre el viaje a que corresponde un crédito, se aplicarán las siguientes reglas:

1a. Para las naves de línea que cumplen itinerarios regulares y preestablecidos, se estará a la numeración o simbología que el naviero o transportador haya asignado al viaje durante el cual se generó el crédito;

2a. Para las naves que cumplen contratos de fletamentos totales por viajes, se entenderá que el viaje comienza desde que la nave zarpa a buscar el cargamento y termina con la descarga total en el último lugar del destino inicial de la nave;

3a. Para las naves que efectúen un crucero de turismo, el viaje comprenderá la navegación desde el puerto inicial de aquél, hasta donde termine o hasta el regreso de la nave al puerto en que se inició el crucero, según lo indique el respectivo programa, y

4a. Para las naves de pesca o de investigación científica, se entenderá que el viaje comprende la duración de la respectiva expedición.

Si no fuere posible aplicar las reglas precedentes, la prelación de los créditos mencionados en los artículos 844 y 846 se determinará en cada numerando, por el orden inverso al de sus respectivas fechas, sin distinción de viajes.

[Momento del nacimiento de créditos derivados de un mismo hecho]

Artículo 854. Los créditos derivados de un mismo acontecimiento se consideran nacidos al mismo tiempo.

Los créditos indicados en el número 4° del artículo 844, tienen prioridad entre ellos en el orden inverso al de las fechas en que se originaron, al igual que los señalados en los números 1°, 2° y 4° del artículo 846.

Los créditos por contribución a las averías comunes nacen en la fecha del acto que las cause, y los créditos por auxilios en el mar se consideran originados en las fechas en que esas operaciones terminaron.

[Causales de extinción de los privilegios marítimos]

Artículo 855. Independientemente de la extinción de los créditos que los originan, los privilegios marítimos terminan:

1°. Por el transcurso del plazo de un año contado desde la fecha en que se haya originado el crédito pertinente. Dicho plazo no es susceptible de interrupción o suspensión alguna, salvo a favor del acreedor que hubiere obtenido la retención o embargo judicial del bien afecto al privilegio, o del acreedor que por algún impedimento legal no pudo ejercitar antes su crédito privilegiado;

2°. Por la venta judicial de la nave, sea voluntaria o forzada, desde su inscripción en el registro pertinente, o transcurridos 30 días consecutivos contados desde el día de la subasta, debiendo aplicarse el plazo que resulte menor, y

3°. En caso de enajenación voluntaria de la nave, transcurridos 90 días consecutivos contados desde la fecha de la inscripción de la transferencia.

Lo dispuesto en los números 2° y 3° precedentes será sin perjuicio del derecho de los acreedores privilegiados para ejercer su preferencia sobre el saldo insoluto del precio, si lo hubiere.

[Derecho de retención a favor del astillero que construye o repara una nave]

Artículo 856. El astillero que construya o repare una nave tiene sobre ella un derecho de retención para garantizar los créditos resultantes de dichos trabajos. La retención será declarada, sin más trámite, por el tribunal competente del lugar de la construcción o reparación de la nave.

Si la resolución que declare el derecho de retención se hubiere inscrito en el Registro de Hipotecas, Gravámenes y Prohibiciones de la Dirección General del Territorio Marítimo y de Marina Mercante, el crédito del constructor o reparador gozará además de preferencia sobre las hipotecas cuya inscripción se hubiere requerido con posterioridad a la fecha de inscripción de la retención.

Cualquier interesado podrá solicitar el secuestro de la nave que estuviere retenida, y en caso de existir desacuerdo acerca de la persona del secuestre, éste será designado por el Tribunal.

Los procedimientos a que diere lugar lo dispuesto por este artículo, se regirán por lo establecido en el párrafo 5 del Título VIII de este Libro.

[Extinción del derecho de retención del astillero]

Artículo 857. El derecho de retención establecido en el artículo anterior se extingue con la entrega de la nave a quien encargó la obra o con el otorgamiento de una caución, calificada de suficiente por el tribunal que lo decretó, y que sustituirá a la nave como objeto del privilegio.

Ninguna retención impedirá a otros acreedores el ejercicio de sus derechos sobre la misma nave.

§ 3. De los privilegios sobre la nave en construcción

[Desde qué momento se gozan de los privilegios sobre la nave]

Artículo 858. Los créditos enumerados en los artículos 844 y 846 que correspondan, gozan de privilegio sobre la nave en construcción desde que ella se encuentre a flote, con la preferencia y rango establecidos en el párrafo precedente.

[Causales de extinción de los privilegios sobre la nave en construcción]

Artículo 859. Los privilegios sobre la nave en construcción establecidos en el párrafo anterior, terminan en los casos que señala el artículo 855.

[Aplicación de las normas sobre privilegios marítimos a los artefactos navales]

Artículo 860. Las disposiciones de este párrafo y de los dos precedentes en este título se aplican también a los artefactos navales.

§ 4. De los privilegios sobre las mercancías transportadas

[Créditos privilegiados sobre las mercancías]

Artículo 861. Gozan de privilegio sobre las mercancías y concurrirán sobre su valor de realización, en el orden que a continuación se enumeran, los créditos que provengan de:

1°. Costas judiciales y otros desembolsos causados con ocasión de un juicio, en interés común de los acreedores del dueño de las mercancías, para la conservación de éstas o para proceder a su enajenación forzada y a la distribución de su precio;

2°. Reembolso de los gastos y remuneraciones por auxilios en el mar en cuyo pago deba participar la carga, y contribuciones en avería gruesa;

3°. Extracción de mercancías náufragas, y

4°. Fletes y sus accesorios, incluyendo los gastos de carga, descarga y almacenaje, cuando correspondan.

[Subrogación de privilegios al fletante]

Artículo 862. En el caso del subfletamento señalado en el inciso segundo del artículo 932, el fletante se subrogará en el mismo privilegio que corresponda al subfletante sobre las mercancías del subfletador por, el flete insoluto de este último.

[Concurrencia a prorrata de los créditos privilegiados en caso que el valor de las mercancías sea insuficiente]

Artículo 863. Cuando resultare insuficiente el valor de las mercancías sobre las cuales recae el privilegio, los créditos comprendidos en cada numerando del artículo 861, concurrirán a prorrata entre sí, si se hubieren originado en un mismo puerto, con excepción de los señalados en su numerando 2°. En este último caso, preferirán entre sí en orden inverso al de su nacimiento.

Si los créditos se hubieren originado en puertos distintos o en fechas sucesivas, los posteriores serán preferidos a los de fecha anterior

[Extinción de los privilegios sobre las mercancías]

Artículo 864. Los privilegios sobre las mercancías señalados en el artículo 861, se extinguen cuando la acción pertinente no se ejercita dentro del plazo de treinta días consecutivos, contado desde la fecha en que finalizó la descarga de dichas mercancías, o por la transferencia de éstas a terceros con posterioridad a su descarga, aun antes del vencimiento del término de dichos treinta días. Sin embargo, en el caso del número 4° del artículo 861, las mercancías que pendiente el plazo de treinta días fueren transferidas, continuarán afectas al privilegio durante los ocho días siguientes a su entrega al adquirente.

[Fletador o transportador no goza del derecho de retención sobre las mercancías cuyo flete no ha sido pagado]

Artículo 865. El fletante o transportador no podrá retener a bordo las mercancías al momento de su descarga por el hecho de no haberle sido pagado el flete. No obstante lo anterior, podrá solicitar al juez competente del puerto de descarga que ellas sean depositadas en poder de un tercero para su realización, en la proporción que fuere necesaria para satisfacer el flete y sus accesorios, a menos que el fletador o consignatario caucionare suficientemente dicho pago a criterio de ese tribunal.

La realización se hará conforme a las reglas que para los bienes muebles establece el Título I del Libro Tercero del Código de Procedimiento Civil.

Las mismas normas se aplicarán al derecho del transportador sobre el equipaje de los pasajeros que no hubiesen pagado el pasaje al término del viaje.

§ 5. De la hipoteca naval y de la prenda sobre naves menores

[Hipoteca sobre naves y artefactos navales mayores]

Artículo 866. Las naves y artefactos navales mayores podrán ser gravados con hipoteca, siempre que se encuentren debidamente inscritos en los respectivos Registros de Matrícula de la República.

[El dueño es el facultado para hipotecar la nave o artefacto naval]

Artículo 867. Sólo el propietario podrá hipotecar una nave o artefacto naval.

[Formalidad de la hipoteca naval / formalidad de hipoteca naval otorgada en el extranjero]

Artículo 868. La hipoteca naval deberá otorgarse por escritura pública. Podrá ser una misma la escritura de hipoteca y la del contrato a que acceda.

Cuando la hipoteca se otorgue en el extranjero se regirá por la ley del lugar de su otorgamiento. Con todo, para que pueda inscribirse en Chile, la hipoteca deberá constar, a lo menos, en instrumento escrito cuyas firmas estén autorizadas por un ministro de fe o por un cónsul chileno.

[Obligación de inscribir las hipotecas otorgadas en el extranjero]

Artículo 869. Los contratos hipotecarios celebrados en país extranjero darán hipoteca sobre las naves o artefactos navales matriculados en Chile, desde que se inscriban en el registro que se establece en el artículo 871.

[Contenido de la hipoteca naval]

Artículo 870. El instrumento en que se constituya la hipoteca de una nave o artefacto naval deberá contener:

1°. Nombre, apellido, nacionalidad, profesión y domicilio del acreedor y del deudor y si se trata de personas jurídicas, sus nombres y domicilios;

2°. Nombre de la nave o individualización del artefacto naval, la matrícula a que pertenezca y el número que en ella le haya correspondido y su tonelaje de registro bruto o el de desplazamiento liviano del casco, según corresponda;

3°. La fecha y la naturaleza del contrato al que accede la hipoteca, y

4°. El monto del crédito garantizado, intereses convenidos, plazo y lugar para el pago.

Las menciones señaladas en los números 3° y 4° no serán necesarias en el caso de que la hipoteca sólo se constituya con cláusula de garantía general.

[Inscripción de la hipoteca naval en el registro / sanción por la falta de inscripción]

Artículo 871. La hipoteca naval deberá inscribirse en el Registro de Hipotecas, Gravámenes y Prohibiciones de la Dirección General del Territorio Marítimo y de Marina Mercante; no tendrá valor alguno sin este requisito y se tendrá como su fecha aquella en que su requerimiento fue registrado en el libro repertorio respectivo.

Para los efectos de las citaciones establecidas en el artículo 879, en la inscripción respectiva se dejará constancia del domicilio especial que el acreedor fije para recibir la notificación que dicha norma prescribe, dentro de la ciudad de asiento del Registro. La notificación que se practique en él, será válida aunque el acreedor no se encuentre en dicho lugar ni en el país. La fijación de este domicilio podrá hacerse en el acto constitutivo de la hipoteca o al momento de requerirse la inscripción de la misma. La falta de esta mención en la inscripción, sólo será sancionada administrativamente conforme al respectivo reglamento. No se tomará en cuenta el cambio de domicilio posterior que no se hubiere anotado al margen de la inscripción respectiva.

[Orden de inscripción determina el grado de preferencia de las hipotecas]

Artículo 872. El orden de inscripción en el Registro de Hipotecas, Gravámenes y Prohibiciones determinará el grado de preferencia de las hipotecas.

[Hipoteca de nave o artefacto naval en construcción]

Artículo 873. Si se trata de la hipoteca de una nave o de un artefacto naval en construcción, en la escritura deberán incluirse las mismas menciones indicadas en el artículo 870, salvo las señaladas en el número 2°, las que se sustituirán por la individualización del astillero donde se esté construyendo; la fecha en que se inició la construcción y aquella en que se espera que termine; el largo de la quilla o del casco, según corresponda; el tonelaje presumido y aproximadamente sus otras dimensiones. Se expresará también en la escritura, la matrícula a que pertenezca, el número que en ella le haya correspondido y el nombre o individualización, si ya los tuviere.

[Elementos que conforman una nave o artefacto naval en construcción]

Artículo 874. Para los efectos de lo establecido en el artículo anterior, se considerarán además partes integrantes de una nave o artefacto naval en construcción y sujetos a la garantía, los materiales, equipos y elementos de cualquier naturaleza, susceptibles de ser individualizados como especies o cuerpos ciertos, que se hallen acopiados o depositados en el astillero y que estuvieren destinados a la construcción. Lo anterior, aún cuando no hayan sido incorporados todavía a la nave o artefacto naval, con tal que dichos materiales, equipos o elementos sean suficientemente identificados en la escritura de constitución de la hipoteca.

[Extensión temporal de la hipoteca de una nave o artefacto en construcción]

Artículo 875. La hipoteca constituida en conformidad con los dos artículos precedentes, continuará gravando la nave o artefacto naval una vez finalizada la construcción, salvo expresa estipulación en contrario de las partes.

[Elementos que comprende la hipoteca naval]

Artículo 876. La hipoteca naval comprende el casco, las maquinarias y las pertenencias fijas o movibles de la nave.

Comprende también el flete y las subvenciones u otros subsidios otorgados por el Estado, si así se estipulare.

Las partes comprendidas en la nave, no podrán ser objeto de garantías en forma independiente.

[Derechos del acreedor hipotecario en caso de pérdida o deterioro de la nave o artefacto naval]

Artículo 877. En caso de pérdida, grave deterioro o innavegabilidad permanente total de la nave o del artefacto naval, el acreedor hipotecario puede ejercer sus derechos sobre lo que reste, se salve o recupere, o sobre su valor de realización, aunque su crédito no hubiere vencido.

Salvo que la nave o artefacto naval hubieren sido reparados, el acreedor hipotecario podrá ejercer sus derechos sobre los siguientes créditos de que sea titular el deudor:

1°. Indemnizaciones por daños materiales ocasionados a la nave o artefacto naval;

2°. Contribución por avería común por daños materiales sufridos por la nave o artefacto naval;

3°. Indemnizaciones por daños provocados a la nave o artefacto naval con ocasión de servicios prestados en el mar, y

4°. Indemnizaciones de seguro por pérdida total o de averías parciales de la nave o del artefacto naval.

[Enajenación de nave o artefacto naval hipotecado]

Artículo 878. El propietario de la nave o del artefacto naval gravado por hipoteca, podrá siempre enajenarlos o hipotecarlos, no obstante cualquiera estipulación en contrario.

Sin embargo, la enajenación que diere lugar al cambio de la nacionalidad de la nave o artefacto naval, y que no hubiere sido consentida por el acreedor hipotecario es nula, constituye fraude y sujeta al vendedor a las penas indicadas en el artículo 467 del Código Penal.

[Extinción de la hipoteca naval por venta judicial]

Artículo 879. La hipoteca de una nave se extingue por la venta judicial de la misma, siempre que la subastase realice previa citación personal de los acreedores hipotecarios de grado preferente. Estos, dentro del término de emplazamiento, podrán optar entre exigir el pago de sus acreencias sobre el precio del remate o conservar sus hipotecas sobre la nave subastada, siempre que sus créditos no estén devengados. Si nada dicen dentro del término señalado se entenderá que optan por ser pagados sobre el precio de la subasta.

[Aplicación supletoria de las normas del Código Civil a la hipoteca naval]

Artículo 880. Se aplicarán subsidiariamente a la hipoteca naval las disposiciones establecidas para la hipoteca de bienes raíces del Código Civil, en cuanto no se opongan a las de este párrafo.

Con todo, las acreencias que resulten caucionadas mediante una cláusula de garantía general hipotecaria, se considerarán de grado posterior a los créditos señalados por el artículo 846.

[Prenda sobre naves menores]

Artículo 881. Las naves menores podrán ser gravadas con prenda. Cualquiera que sea la naturaleza de ésta, debe ser anotada al margen de la inscripción de la nave en el Registro de Matrícula, sin lo cual es inoponible a terceros. Esta anotación sustituye, además, a cualquier inscripción y publicación exigidas por las normas que regulen la clase de prenda de que se trate. La anotación debe ser fechada y numerada.

El orden de anotación determina el grado de preferencia entre las prendas.

Las disposiciones precedentes se aplican a los artefactos navales no susceptibles de hipoteca naval.

TÍTULO IV
DE LOS SUJETOS EN LA NAVEGACIÓN Y COMERCIO MARÍTIMOS

§ 1. Del armador o naviero

[Definición de armador o naviero / definición de operador]

Artículo 882. Armador o naviero es la persona natural o jurídica, sea o no propietario de la nave, que la explota y expide en su nombre.

Se presumirá que el propietario o los copropietarios de la nave son sus armadores, salvo prueba en contrario.

Operador es la persona que sin tener la calidad de armador, a virtud de un mandato de éste ejecuta a nombre propio o en el de su mandante los contratos de transporte u otros para la explotación de naves, soportando las responsabilidades consiguientes.

Los términos armador y naviero, se entienden sinónimos.

[Declaración del armador ante la autoridad marítima]

Artículo 883. La persona natural o jurídica que asuma la explotación de una nave, deberá hacer declaración de armador ante la autoridad marítima del puerto de su matrícula. Esta declaración se anotará al margen de su inscripción en el Registro de Matrícula. Cuando cese en esa calidad, deberá solicitar la cancelación de dicha anotación. En su defecto, dichas declaraciones las hará el propietario de la nave.

Si no se hiciere tal declaración, el propietario y el armador responderán solidariamente de las obligaciones derivadas de la explotación de la nave.

[Aplicación de las normas del Libro III a los armadores]

Artículo 884. Las personas jurídicas que tengan la calidad de armadores, se regirán por las normas de este Libro, cualquiera que sea su naturaleza.

[Responsabilidad del armador por hechos personales suyos o de sus dependientes se rige por el derecho común]

Artículo 885. La responsabilidad del armador por sus actos o hechos personales, o la que derive de hechos de sus dependientes, que ocurran en tierra, no está sujeta a las disposiciones de este Libro y se regirá por las normas del derecho común.

[Responsabilidad del armador se rige por Libro III y Ley de Navegación / extensión de la responsabilidad del armador por un hecho del capitán, oficiales y tripulación]

Artículo 886. El armador responde en la forma que prescriben este Libro y la Ley de Navegación, de las obligaciones contraídas por el capitán que conciernen a la nave y a la expedición. Responde, asimismo, en igual forma, por las indemnizaciones en favor de terceros por los hechos del capitán, oficiales y tripulación.

[Exoneración de responsabilidad del armador]

Artículo 887. El armador no responde en los siguientes

1°. Si prueba que los hechos del capitán, de los oficiales o tripulación son ajenos a la nave o a la expedición;

2°. Si el que persigue esa responsabilidad fuere cómplice o copartícipe de los hechos del capitán, oficiales o tripulación;

3°. Si se trata de hechos ejecutados por el capitán en su calidad de delegado de la autoridad pública, y 4° En los casos expresamente previstos en este Libro o en otras leyes.

[Limitación contractual de la responsabilidad del armador]

Artículo 888. El armador podrá contractualmente limitar su responsabilidad, excepto cuando la ley se lo prohíba.

[Supuestos en que el armador puede limitar su responsabilidad]

Artículo 889. El armador podrá también limitar su responsabilidad en los siguientes casos:

1°. Por muerte o lesiones de toda persona que se encuentre a bordo de la nave para ser transportada y por las pérdidas, mermas o daños a los bienes de éstos que también se encuentren a bordo;

2°. Por muerte o lesiones causados por toda persona por cuyos hechos es responsable el armador, sea que ella se encuentre o no a bordo de la nave.

Si la persona causante no se encontrare a bordo, sus hechos deberán necesariamente estar relacionados con la operación o explotación de la nave, o bien, con el carguío, transporte o descarga de los bienes transportados;

3°. Por pérdidas, mermas o daños en otros bienes, incluyendo el cargamento, causados por igual calidad de personas, motivos, lugares y circunstancias que los indicados en el número precedente, y

4°. Por toda obligación o responsabilidad resultante de los daños causados por una nave, a las obras de los puertos, diques, dársenas y vías navegables.

[Aplicación de la Ley de Navegación a los supuestos de reflotamiento, remoción o destrucción de una nave hundida o naufragada]

Artículo 890. Las obligaciones y responsabilidades relativas al reflotamiento, remoción, destrucción o eliminación de la peligrosidad de una nave hundida, naufragada, varada o abandonada, incluyendo la carga u otras cosas que estén o hayan estado a bordo de la misma, comprendido el daño al medio ambiente, se regirán por la Ley de Navegación y no les serán aplicables las normas de este párrafo.

[Dependientes del armador están facultados para invocar la limitación de responsabilidad / Pérdida del beneficio de limitación de responsabilidad]

Artículo 891. La limitación de responsabilidad del armador podrá ser impetrada por sus dependientes en los casos y por las causas que dispongan las leyes, a menos que se pruebe que el perjuicio fue ocasionado por una acción u omisión de éstos, realizada con intención de causar daño o perjuicio, o temerariamente y en circunstancias que pueda presumirse que tuvieron conocimiento de que probablemente se originaría el perjuicio.

[La invocación de la limitación de responsabilidad no importa un reconocimiento de la misma]

Artículo 892. El hecho de invocar limitación de responsabilidad, no importa reconocimiento de la misma.

[Supuestos en los cuales no es admisible la limitación de responsabilidad]

Artículo 893. Las disposiciones de este párrafo relativas a limitación de responsabilidad, no se aplican:

1°. A los créditos por auxilios o por contribución en avería gruesa, y

2°. A los créditos del capitán, de los oficiales y miembros de la tripulación, o de cualquier otro dependiente del propietario o armador de la nave que se encuentre a bordo o cuyas funciones se relacionen con el servicio de la misma, y que se deriven de sus respectivos derechos laborales.

[Compensación de créditos entre el armador y su acreedor]

Artículo 894. Si el armador de una nave tiene derecho a hacer valer un crédito en contra de un acreedor suyo por perjuicios resultantes del mismo hecho, se compensarán los respectivos créditos y las disposiciones de este párrafo sólo se aplicarán a la diferencia que resultare.

[Sumas respecto del cual el armador puede limitar su responsabilidad]

Artículo 895. Las sumas a las cuales el armador puede limitar su responsabilidad en los casos previstos en este párrafo, se calcularán con arreglo a los siguientes valores:

1°. Respecto de las reclamaciones relacionadas con muerte o lesiones corporales:

a) Para naves cuyo arqueo sea de hasta 500 toneladas, 333.000 unidades de cuenta, y

b) Para naves cuyo arqueo exceda de 500 toneladas, la cuantía que a continuación se indica para cada tramo, a más de la mencionada en la letra anterior:

- De más de 500 toneladas a 3.000 toneladas, 500 unidades de cuenta por tonelada;
- De más de 3.000 toneladas a 30.000 toneladas, 333 unidades de cuenta por tonelada;

- De más de 30.000 toneladas a 70.000 toneladas, 250 unidades de cuenta por tonelada, y

- Por cada tonelada que exceda de 70.000, 167 unidades de cuenta.

2°. Respecto de toda otra reclamación:

a) Para naves cuyo arqueo sea de hasta 500 toneladas, 167.000 unidades de cuenta, y

b) Para naves cuyo arqueo exceda de 500 toneladas, la cuantía que a continuación se indica para cada tramo, a más de la mencionada en la letra anterior:

- De más de 500 a 30.000 toneladas, 167 unidades de cuenta por tonelada;

- De más de 30.000 a 70.000 toneladas, 125 unidades de cuenta por tonelada, y

- Por cada tonelada que exceda de 70.000, 83 unidades de cuenta.

La limitación de que trata este artículo no incluye la de responsabilidad en el contrato de pasaje, la que se regirá independientemente, por las reglas que se dan a su respecto en el párrafo 5 del título V de este mismo Libro.

[Saldo no cubierto por la limitación de responsabilidad del armador]

Artículo 896. Cuando el monto calculado en conformidad con las normas del número 1° del artículo anterior fuere insuficiente para satisfacer íntegramente las reclamaciones relacionadas con muerte o lesiones corporales, el saldo impago por éstas concurrirá con las reclamaciones a que se refiere el número 2° del mismo artículo. En este caso, ese saldo concurrirá en igualdad de condiciones con las reclamaciones mencionadas en el citado número 2°.

[Concurso de limitación de responsabilidad entre las normas del Libro III y la Ley de Navegación]

Artículo 897. Cuando unos mismos hechos produjeren responsabilidades para el armador, respecto de los cuales le asista el derecho a limitación, según las normas de este Libro y, además, esos mismos hechos produjeren responsabilidades por las cuales el armador también tiene el derecho a limitar responsabilidad, conforme a las normas del título IX de la Ley de Navegación, y resolviere hacer uso de estos derechos, deberá constituir el número de fondos independientes que corresponda, de manera que ni los fondos ni los créditos se confundan entre sí.

[Derecho del armador de ocupar el lugar de su acreedor cuyo crédito fue satisfecho]

Artículo 898. Si antes de la repartición del fondo el armador de la nave hubiere pagado total o parcialmente uno de los créditos indicados en el artículo 889, tendrá derecho a ocupar el lugar y orden de su acreedor en la repartición del fondo, pero sólo en la medida en que ese acreedor hubiera tenido derecho a ser indemnizado por el armador.

Si el armador probare que en fecha futura podría ser obligado a pagar total o parcialmente uno de los créditos a que se refiere el artículo 889, el tribunal competente podrá ordenar, a petición de dicho armador, que se reserve una suma suficiente para permitir al recurrente que haga valer, eventualmente, sus derechos contra el fondo en las condiciones establecidas en el inciso anterior.

[Limitación de responsabilidad de nave de menos de 500 toneladas de arqueo]

Artículo 899. Para determinar el límite de la responsabilidad de un armador, que se contempla en este párrafo, toda nave de menos de 500 toneladas de arqueo, se considerará como de ese tonelaje.

[Unidad de tonelaje utilizada para calcular la limitación de responsabilidad]

Artículo 900. El tonelaje que sirve de base para calcular la limitación, es el de arqueo bruto determinado según el procedimiento establecido en el Convenio Internacional sobre Arqueo de Buques y sus anexos, vigente en Chile.

[Asegurador tiene derecho a limitar su responsabilidad en los mismos términos que el asegurado]

Artículo 901. Todo asegurador de la responsabilidad por reclamaciones que estén sujetas a limitación de conformidad con las reglas precedentes, tendrá derecho a gozar de este beneficio en la misma medida que el asegurado.

[Propietario, operador, transportador o fletante pueden limitar su responsabilidad]

Artículo 902. La limitación de responsabilidad de que trata este párrafo puede ser invocada también por el propietario de la nave, su operador, por el transportador o por el fletante, cuando sean una persona natural o jurídica distinta del armador, o por sus dependientes o por el capitán y miembros de la dotación, en las acciones ejercidas contra ellos.

Si se demanda a dos o más personas que hacen uso de la limitación de responsabilidad, el fondo que se deba constituir no excederá de los montos fijados en los artículos precedentes.

[Capitán o miembros de la tripulación pueden limitar su responsabilidad]

Artículo 903. Cuando se dirija una acción contra el capitán o los miembros de la dotación, éstos podrán limitar su respectiva responsabilidad aun cuando el hecho que origine la acción haya sido causado por su propia culpa, excepto si se prueba que el daño resulta de un acto u omisión de los mismos, realizado con la intención de provocar el daño, o temerariamente y en circunstancias que pueda presumirse que tuvieron conocimiento de que probablemente se originaría.

Pero, si el capitán o el miembro de la dotación es al mismo tiempo propietario, copropietario, transportador, fletante, armador u operador, solamente podrá ampararse en la limitación cuando haya incurrido en culpa en su calidad de capitán o de miembro de la dotación.

[Valor de la unidad de cuenta]

Artículo 904. El valor de la unidad de cuenta a que se refiere el artículo 895, se determinará según la equivalencia que resulte a la fecha en que se constituya el fondo para la limitación, se efectúe el pago o se constituya la garantía que el tribunal competente fije, según sea el caso.

§ 2. Del Capitán

[Definición de capitán / facultades del capitán]

Artículo 905. El capitán es el jefe superior de la nave encargado de su gobierno y dirección y está investido de la autoridad, atribuciones y obligaciones que se indican en este Código y en las demás normas legales relativas al capitán.

En el desempeño de su cargo, está facultado para ejercer las funciones técnicas, profesionales y comerciales que le sean propias.

[Designación del capitán por el armador]

Artículo 906. Salvo acuerdo o disposición legal en contrario, el capitán de una nave es siempre designado por el armador.

[Capitán es representante judicial del propietario o armador de la nave / capitán es representante del cargador]

Artículo 907. El capitán es representante legal del propietario de la nave o del armador, en su caso, y como tal los representa en juicio activa y pasivamente. Lo anterior es sin perjuicio de la representación que corresponda al agente de naves que la atienda. Además de factor del naviero, es representante de los cargadores para los efectos de la conservación de la carga y resultado de la expedición.

[Facultades disciplinarias del capitán]

Artículo 908. El capitán de la nave es el encargado del orden y disciplina a bordo, debiendo adoptar las medidas necesarias para el logro de estos objetivos.

[Capitán es el responsable director de la navegación, seguridad, maniobras y gobierno de la nave]

Artículo 909. El capitán, aun cuando tenga la obligación de emplear los servicios de practicaje y pilotaje, será siempre responsable directo de la navegación, seguridad, maniobras y gobierno de la nave, sin perjuicio de la responsabilidad que corresponda al práctico o piloto por deficiente asesoramiento. La autoridad del capitán no está subordinada a la de éstos en ninguna circunstancia.

[Obligación de vigilancia del capitán durante la arribada y zarpe de la nave]

Artículo 910. Será obligación preferente del capitán vigilar en persona el gobierno de la nave a la arribada y zarpe de los puertos, o durante la navegación en los ríos, canales o zonas peligrosas, aunque esté a bordo el práctico o piloto.

[Aplicación del estatuto del capitán a quien asuma o desempeñe el mando de la nave]

Artículo 911. Los deberes, atribuciones y responsabilidades que se establecen para el capitán en este Libro y en la Ley de Navegación, son aplicables a toda persona que asuma o desempeñe el mando de una nave de cualquier clase, con las limitaciones que determinan dichos cuerpos legales.

[Capitán debe llevar libro de navegación o bitácora]

Artículo 912. El capitán debe mantener a bordo el diario de navegación o bitácora y demás libros y documentos exigidos por las leyes, reglamentos y usos del comercio marítimo, debiendo asentarse en ellos los datos y hechos que las mismas normas prescriben.

Estarán además bajo su custodia, los instrumentos que registren datos relacionados con la navegación y la explotación comercial de la nave.

[Valor probatorio de libro bitácora o diario de navegación]

Artículo 913. El libro bitácora o diario de navegación tiene el valor de un instrumento público, siempre que las anotaciones en él estampadas lleven la firma del oficial de guardia y estén visadas por el capitán de la nave. Estas anotaciones no deben tener espacios en blanco, ni enmendaduras o alteraciones.

Con todo, las anotaciones también podrán estamparse por medios mecánicos o electrónicos, siempre que éstos garanticen la fidelidad y permanencia de los datos consignados.

[Obligaciones técnicas y comerciales del capitán]

Artículo 914. Son obligaciones del capitán, entre otras, sea que las cumpla personalmente o por miembros de la dotación o personal en tierra bajo su potestad, las siguientes:

1°. Verificar que la nave esté en buenas condiciones de navegabilidad antes de emprender el viaje y durante toda la expedición;

2°. Cumplir con todas las leyes y reglamentos marítimos, sanitarios, aduaneros, de policía, laborales y demás que sean aplicables;

3°. Supervisar todo lo relacionado con la estabilidad de la nave y con la carga, estiba y desestiba de la misma;

4°. Otorgar recibos parciales de las mercancías que se embarquen, extendiendo en su oportunidad, los conocimientos y documentos respectivos, si le correspondiere;

5°. Utilizar los servicios de un práctico cuando la ley, los reglamentos o el buen sentido lo indiquen;

6°. Practicar las anotaciones correspondientes en los recibos y conocimientos, de averías, mermas o daños que observe en la carga o que se produzcan por el acondicionamiento de la misma;

7°. Dar aviso de inmediato al armador, por el primer medio a su alcance, de todo embargo o retención que afecte a la nave, y tomar las medidas aconsejables para el mantenimiento de ésta, así como el de la carga, y prestar la debida atención a los pasajeros;

8°. Celebrar, con la autorización del armador o de su agente, contratos de fletamento o de transporte de mercancías. Los demás actos o contratos relativos a la gestión ordinaria de la nave y al normal desarrollo del viaje, podrá realizarlos por sí solo;

9°. Representar judicialmente al armador en caso de ausencia de éste o de su agente, para preservar sus derechos y ejercer las acciones que competan a la nave y a la expedición;

10. Prestar la asistencia y el auxilio a que esté obligado por las leyes o la costumbre, y

11. Protestar por los accidentes o daños que sufran la nave o la carga, o de cualquier hecho que pueda comprometer su responsabilidad, la de la nave, la de sus armadores y propietarios o de la expedición en su conjunto.

[Capitán es representante del transportador]

Artículo 915. El capitán tiene, en representación del transportador, la custodia de la carga y de cualquier efecto que reciba a bordo, y está obligado a cuidar de su apropiada manipulación en las operaciones de carga y descarga, de su buen arrumaje y estiba, de su custodia y conservación, y de su adecuada entrega en el puerto de destino.

Todo lo anterior en los términos que prescriben otras disposiciones de este Libro y sin perjuicio de las normas que sobre limitación de responsabilidad del porteador se contienen en el mismo.

[Facultad del capitán de realizar reparaciones o compra de pertrechos para la nave]

Artículo 916. Si durante el curso del viaje y en puerto donde no exista mandatario del armador, se hacen necesarias reparaciones o compra de pertrechos y las circunstancias o la distancia del domicilio del armador no permiten pedir instrucciones, el capitán podrá realizar los referidos actos, dejando constancia de ello en el libro bitácora.

§ 3. De los agentes

[Definición de agentes generales / definición de agente de naves / definición de agentes de estiba y desestiba]

Artículo 917. Agentes generales son las personas naturales o jurídicas que actúan en nombre de un armador extranjero con el carácter de mandatario mercantil.

Agentes de naves o consignatarios de naves son las personas, naturales o jurídicas chilenas, que actúan, sea en nombre del armador, del dueño o del capitán de una nave y en representación de ellos, para todos los actos o gestiones concernientes a la atención de la nave en el puerto de su consignación.

Agentes de estiba y desestiba o empresas de muellaje son las personas, naturales o jurídicas chilenas, que efectúan en forma total o parcial la movilización de la carga entre la nave y los recintos portuarios o los medios de transporte terrestre y viceversa.

[Normas aplicables a las relaciones entre el agente y sus mandantes]

Artículo 918. Las relaciones entre el agente y sus mandantes, se regirán por lo estipulado en los contratos respectivos y, en su defecto o a falta de pacto expreso, les será aplicable la legislación sobre el mandato mercantil.

[Agente debe estar inscrito en la autoridad marítima]

Artículo 919. Sólo podrá desempeñarse como agente quien estuviere inscrito como tal ante la autoridad marítima, en la forma y modalidades que determine la reglamentación pertinente para cada una de las categorías definidas en el artículo 917.

No obstante lo anterior, los armadores nacionales no requerirán inscribirse en los registros de agentes de naves para desempeñarse como tales, respecto de sus propias naves en los puertos que tengan oficina establecida.

[Mandato de los agentes debe constar en medio escrito idóneo]

Artículo 920. El mandato para actuar como agente en los casos de que trata este párrafo podrá constar por escritura pública o privada, telegrama, télex o cualquier otro medio idóneo.

[Facultades del agente general]

Artículo 921. El agente general, en su carácter de tal, está facultado para representar a su mandante en los contratos de transporte de mercancías y de fletamento. Podrá, además, designar al agente de naves respecto de las que opere su mandante.

En el ámbito de sus atribuciones, y en cuanto a las funciones que se indican en el artículo 923, sólo podrá realizar las señaladas en los números 2°, 9° y 10.

[Representación administrativa y judicial del agente de naves respecto del dueño, armador o capitán]

Artículo 922. El agente de naves, por el solo hecho de solicitar la atención de una nave, se entenderá investido de representación suficiente para todos los efectos subsecuentes, sin perjuicio de acreditar su nombramiento en alguna de las formas que señala el artículo 920.

El agente de naves que realice ante las autoridades las gestiones necesarias para el arribo y zarpe de una nave a o desde puerto nacional, tiene la representación de su dueño, armador o capitán, para todos los efectos y responsabilidades que emanan de la atención de la nave.

Cuando el agente de naves haya solicitado la atención de una nave, podrá ser preferido por la autoridad marítima a cualquier otro que se presente con posterioridad, con mandato especial o no, salvo lo dispuesto en el artículo 924 y sin perjuicio de las responsabilidades en que incurriere frente al dueño, armador o capitán de la nave.

El agente de naves tiene, además, representación suficiente para actuar en juicio, activa o pasivamente, por el capitán, dueño o armador de la nave a quienes represente, en todo lo que se refiere a su explotación.

[Servicios relativos a la nave en puerto que puede prestar el agente de naves por cuenta del dueño, armador o capitán]

Artículo 923. Sin perjuicio de la representación del agente de naves ante las autoridades, éste por cuenta del dueño, armador o capitán, podrá prestar sea directamente o a través de terceros, uno o varios de los servicios relativos a la atención de la nave en puerto, tales como:

1°. Recibir y asistir al arribo a un puerto, a la nave que le fuere consignada;

2°. Preparar, en cuanto sea necesario, el alistamiento y expedición de la nave, practicando las diligencias pertinentes para proveerla y armarla adecuadamente en todo lo que fuere menester;

3°. Practicar todas las diligencias que sean necesarias para obtener el despacho de la nave;

4°. Practicar las diligencias necesarias para dar estricto cumplimiento a las disposiciones, resoluciones o instrucciones que emanen de cualquier autoridad del Estado, en el ejercicio de sus funciones;

5°. Prestar la asistencia requerida por el capitán de la nave;

6°. Contratar al personal necesario para la atención y operación de la nave en puerto;

7°. Recibir las mercancías para su desembarque, en conformidad con la documentación pertinente;

8°. Atender y supervigilar las faenas de carga y descarga, incluyendo la estiba y desestiba de las mercancías;

9°. Recibir los conocimientos de embarque y entregar las mercancías a sus destinatarios o depositarios;

10. Firmar como representante del capitán, o de quienes estén operando comercialmente la nave, los conocimientos de embarque y demás documentación necesaria, y

11. En general, realizar todos los actos o gestiones concernientes a la atención de la nave en el puerto de su consignación, sin perjuicio de las instrucciones específicas que le confieran sus mandantes.

[Designación como agente a persona distinta del consignatario de la nave / agente protector]

Artículo 924. El capitán, dueño o armador podrán nombrar como su agente a una persona distinta del consignatario de nave, cuando este último haya sido designado por el fletador, de acuerdo a las facultades del contrato de fletamento.

El agente así nombrado se denominará agente protector y tendrá también la representación judicial suficiente para actuar en juicio, activa o pasivamente, por ellos, siempre que acredite su nombramiento por escrito. Con todo, su nombramiento no alterará la responsabilidad del agente de naves designado por el fletador.

[RESPONSABILIDAD DEL AGENTE DE NAVES]

Artículo 925. El agente de naves no responderá por las obligaciones de su representado. No obstante, tendrá la responsabilidad que le corresponde ante la autoridad marítima en virtud de la ley y sin perjuicio de la que le afecte por sus propios hechos o los de sus dependientes.

El agente de naves, en su primera presentación solicitando la atención de una nave ante la autoridad de puerto de arribo, deberá indicar el domicilio del armador. En caso que no diere cumplimiento a esta obligación o proporcionare maliciosamente información falsa, el agente de naves responderá personalmente de las obligaciones por él contraídas a nombre de su representado.

[REPRESENTACIÓN ADMINISTRATIVA DEL AGENTE DE ESTIBA Y DESESTIBA / SERVICIOS QUE PRESTA EL AGENTE DE ESTIBA Y DESESTIBA]

Artículo 926. El agente de estiba y de desestiba representará a su cliente ante las autoridades marítimas y portuarias y podrá prestar en general los siguientes servicios:

a) Estiba y desestiba y demás faenas anexas en la operación de carga o descarga de las naves y artefactos navales;

b) Estiba y desestiba interior de contenedores dentro de los recintos portuarios, y

c) En general, todos aquellos actos y gestiones propios de la movilización de la carga entre la nave y los medios de transporte terrestre y viceversa, incluyendo las operaciones intermedias que se deban realizar en los recintos portuarios y en naves atracadas o a la gira, tales como arrumajes, apilamientos, desplazamientos horizontales y verticales, depósitos o almacenamientos.

TÍTULO V
DE LOS CONTRATOS PARA LA EXPLOTACIÓN COMERCIAL DE LAS NAVES

§ 1. Disposiciones comunes

[Contrato de fletamento / contrato de transporte de mercancías por mar]

Artículo 927. La explotación de una nave como medio de transporte reconoce, principalmente, dos clases de contratos, según sea la naturaleza y extensión de las obligaciones del fletante o armador: contrato de fletamento y contrato de transporte de mercancías por mar.

Cuando el dueño o armador pone la nave a disposición de otro, para que éste la use según su propia conveniencia dentro de los términos estipulados, el contrato toma el nombre de fletamento. El que pone la nave a disposición de otro se denomina fletante y el que la usa, fletador.

Cuando el dueño o armador de la nave asume la obligación de embarcar mercancías de terceros en lugares determinados, conducirlas y entregarlas en lugares también determinados, el contrato toma el nombre de transporte de mercancías por mar o contrato de transporte marítimo.

El transporte por mar que se inicie, incluya o termine con etapas fluviales, se regirá por las reglas de este Libro.

[Fletamento debe contar por escrito / normas aplicables al contrato de fletamento / póliza de fletamento]

Artículo 928. El contrato de fletamento debe siempre probarse por escrito. Las condiciones y efectos del fletamento serán establecidas por las partes en el contrato respectivo y, en su defecto, se regularán por las normas del párrafo siguiente. El documento por el que se celebre el contrato se denominará póliza de fletamento.

La formalidad dispuesta en el inciso anterior no se aplicará a los fletamentos de naves de menos de cincuenta toneladas de registro bruto.

La expresión por escrito que se emplea en el inciso primero comprende las comunicaciones que las partes hubieren intercambiado sea por telegrama, télex u otros medios que registren o repitan lo estampado por cada parte en instrumentos o aparatos diseñados para tal efecto.

Cuando no se pueda justificar el fletamento por alguna de las formas antes señaladas, las relaciones entre las personas que hubieren intervenido y sus efectos, se regirán por las disposiciones del párrafo 3 de este título, sobre el contrato de transporte marítimo.

[Imperatividad de las normas sobre el contrato de transporte marítimo]

Artículo 929. Las normas sobre el contrato de transporte marítimo serán imperativas para las partes, salvo en los casos en que la ley expresamente disponga lo contrario.

§ 2. De los fletamentos

SECCIÓN PRIMERA. NORMAS GENERALES

[Clases de fletamento]

Artículo 930. Los contratos de fletamento regulados en este párrafo son:

1°. Fletamento por tiempo;

2°. Fletamento por viaje, que podrá ser total o parcial, y

3°. Fletamento a casco desnudo.

En los demás fletamentos se estará a lo convenido por las partes y, en su defecto, a las normas de este párrafo.

[Aplicación de normas chilenas al contrato internacional de fletamento]

Artículo 931. En ausencia de cláusulas expresas en un contrato internacional de fletamento, sus efectos en Chile se regirán por la ley chilena.

[Subfletamento de la nave]

Artículo 932. El fletador puede subfletar la nave o utilizarla en el transporte de mercancías por mar, salvo prohibición expresa en el contrato, subsistiendo su responsabilidad para con el fletante por las obligaciones resultantes del contrato de fletamento.

El subfletamento no generará relación alguna entre el fletante y el subfletador. No obstante, si hubieren fletes insolutos de parte del fletador con el fletante, éste podrá accionar en contra del subfletador, cargador o consignatario, por la parte del flete que estuviere aún pendiente de pago.

[EFECTOS DE LA ENAJENACIÓN DE LA NAVE EN EL FLETAMENTO]

Artículo 933. Si la nave fuere enajenada, deberá cumplirse el viaje que estuviere en ejecución, en la forma establecida en la póliza respectiva, sin perjuicio de los derechos del comprador.

SECCIÓN SEGUNDA. DEL FLETAMENTO POR TIEMPO

[FLETAMENTO POR TIEMPO]

Artículo 934. Fletamento por tiempo es un contrato por el cual el armador o naviero, conservando su tenencia, pone la nave armada a disposición de otra persona para realizar la actividad que ésta disponga, dentro de los términos estipulados, por un tiempo determinado y mediante el pago de un flete por todo el lapso convenido o calculado a tanto por día, mes o año.

[MENCIONES DE LA PÓLIZA DE FLETAMENTO POR TIEMPO]

Artículo 935. Son menciones propias de la póliza de fletamento:

1°. Nombre y domicilio del fletante y del fletador;

2°. Individualización de la nave, sus características y en especial su aptitud, capacidad de carga y andar;

3°. El flete y sus modalidades de pago;

4°. Duración del contrato, y

5°. Una referencia a la actividad que el fletador se propone desarrollar con la nave. Si nada se expresare, el fletador podrá emplearla en cualquier actividad acorde a sus características técnicas.

La omisión en la póliza de una o más de las enunciaciones precedentes no afectará a la validez del contrato, el que se regirá en las materias omitidas por lo dispuesto por el artículo 934 y demás reglas que le resulten aplicables.

[FLETANTE LE CORRESPONDE LA GESTIÓN NÁUTICA Y COMERCIAL DE LA NAVE]

Artículo 936. La gestión náutica de la nave corresponde al fletante.

La gestión comercial de la nave corresponde al fletador y dentro de ese límite puede ordenar directamente al capitán el cumplimiento de los viajes que programe, acorde con las estipulaciones del contrato.

[OBLIGACIONES DEL FLETANTE EN EL FLETAMENTO POR TIEMPO]

Artículo 937. Son obligaciones del fletante:

1°. Presentar y poner la nave a disposición del fletador en la fecha y lugar convenidos, en buen estado primero de navegabilidad, apta para los usos previstos, armada, equipada y con la documentación pertinente. El fletante deberá mantener la nave en el mismo buen estado de navegabilidad y aptitud durante toda la vigencia del contrato, para que puedan desarrollarse las actividades previstas en él;

2°. Pagar los gastos de la gestión náutica de la nave, tales como clasificación, remuneraciones y alimentos de la dotación, seguro del casco y maquinaria, reparaciones y repuestos, y

3°. Cumplir con los viajes que ordene el fletador dentro de los términos del contrato y en las zonas de navegación convenidas.

[OBLIGACIONES DEL FLETADOR EN EL FLETAMENTO POR TIEMPO]

Artículo 938. Son obligaciones del fletador:

1°. Pagar el flete pactado en los términos convenidos, y

2°. Pagar los gastos relacionados o inherentes a la gestión comercial de la nave.

[FLETADOR RESPONDE POR LOS PERJUICIOS SUFRIDOS POR LA NAVE A CAUSA DE SU GESTIÓN COMERCIAL]

Artículo 939. El fletador es responsable de los perjuicios sufridos por la nave a causa de su gestión comercial. Responde hasta la culpa leve en el cumplimiento de sus obligaciones, salvo que se hubiere estipulado otra cosa.

[FLETANTE RESPONDE POR LOS PERJUICIOS SUFRIDOS A LAS MERCANCÍAS EN CASO DE INFRACCIÓN DE SUS OBLIGACIONES / FLETANTE RESPONDE DE LOS DAÑOS POR EL MAL ESTADO DE LA NAVE]

Artículo 940. El fletante responde por los perjuicios sufridos por las mercancías a bordo, si se deben a una infracción de sus obligaciones.

El fletante es responsable de los daños derivados del mal estado de la nave y de todo vicio oculto, a menos que pruebe que este último no pudo ser advertido empleando una razonable diligencia.

El fletante es también responsable ante el fletador de los perjuicios ocurridos por falta náutica del capitán o de la tripulación, pero no responde ante el fletador por las actuaciones del capitán y tripulación en cumplimiento de instrucciones impartidas por el fletador, vinculadas a la gestión comercial o al uso que éste haga de la nave.

[Normas aplicables al fletamento por tiempo]

Artículo 941. A falta de disposición expresa en el contrato, el flete se regirá por las siguientes normas:

1°. Se devengará desde el día en que la nave sea puesta a disposición del fletador en las condiciones establecidas en el contrato, y

2°. Se pagará por períodos mensuales anticipados.

[Facultad del fletante para dar por terminado el fletamento por tiempo]

Artículo 942. El fletante puede dar por terminado el contrato, transcurridos siete días contados desde la fecha en que el fletador debió pagar el flete o la parte de éste que se hubiere devengado. La terminación se producirá por la sola declaración del fletante que comunicará por escrito al fletador y que también se hará saber al capitán de la nave. Formulada esta declaración, el flete se devengará hasta la restitución de la nave.

Todo lo anterior es sin perjuicio de los demás derechos que el contrato otorgue al fletante para el caso de no pago del flete.

[Efectos de la terminación por decisión del fletante del fletamento por tiempo]

Artículo 943. Cuando el fletante opte por la terminación del contrato, deberá entregar en el destino que corresponda, la carga que la nave tenga a bordo.

Estará facultado, asimismo, para percibir en su favor el flete de las mercancías que aún estuviere pendiente de pago, hasta concurrencia de lo que el fletador le adeudare por su respectivo flete. Para este efecto, el fletante podrá proceder en la forma señalada en el artículo 865 de este Libro.

[No se devenga flete por paralización de la nave]

Artículo 944. No se devengará flete por el tiempo en que no sea posible utilizar comercialmente la nave, salvo que sea por causas imputables al fletador. La paralización deberá exceder de veinticuatro horas para que haya lugar a la indicada suspensión del flete.

[Destino del flete por pérdida de la nave]

Artículo 945. En caso de pérdida de la nave y salvo pacto en contrario, el precio del flete se deberá hasta el día de la pérdida, inclusive.

[Restitución de la nave por el fletador]

Artículo 946. El fletador restituirá la nave en el término y lugar estipulados y, en su defecto, en el puerto de domicilio del fletante.

[Renovación o prórroga del fletamento por tiempo]

Artículo 947. A menos que hubiere expreso consentimiento del fletante o que el contrato así lo disponga, no se considerará renovado o prorrogado el contrato si la nave no fuere restituida en el término estipulado.

Salvo que el fletante pruebe un perjuicio mayor, el fletador pagará por cada día, durante los primeros quince días de retardo, una indemnización igual al valor diario que correspondió al contrato, según el precio de todo el período estipulado. Por cada día subsiguiente a los primeros quince días, la indemnización será, al menos, el doble de ese valor diario.

SECCIÓN TERCERA. DEL FLETAMENTO POR VIAJE

[Fletamento por viaje puede ser total o parcial]

Artículo 948. El fletamento por viaje puede ser total o parcial. Fletamento por viaje total, es aquél por el cual el fletante se obliga a poner a disposición del fletador, mediante el pago de un flete, todos los espacios susceptibles de ser cargados en una nave determinada, para realizar el o los viajes convenidos.

Fletamento parcial por viaje, es aquél en que se pone a disposición del fletador uno o más espacios determinados dentro de la nave.

El fletante no podrá substituir por otra la nave objeto del contrato, salvo estipulación en contrario.

[MENCIONES DEL FLETAMENTO POR VIAJE]

Artículo 949. Son menciones propias del fletamento por viaje, total o parcial, las siguientes:

1°. La individualización de la nave, capacidad de carga y puerto de matrícula;

2°. Los nombres y domicilios del fletante y del fletador;

3°. La indicación del viaje o viajes que deben efectuarse y los lugares de carga y descarga;

4°. Si el fletamento es total o parcial, y en este último caso, la individualización de los espacios que se pondrán a disposición del fletador;

5°. La descripción de los cargamentos o mercancías, su cantidad y peso;

6°. Los tiempos previstos para las estadías y sobrestadías, forma de computarlas y el valor fijado para ellas;

7°. La responsabilidad de las partes por los posibles daños a la carga y a la nave, y

8°. El flete y sus modalidades de pago.

La omisión en la póliza de una o más de las enunciaciones precedentes no afectará a la validez del contrato, el que se regirá en las materias omitidas por lo dispuesto por el artículo 948 y demás reglas que le resulten aplicables.

[OBLIGACIONES DEL FLETANTE EN EL FLETAMENTO POR VIAJE]

Artículo 950. El fletante está obligado a:

1°. Presentar la nave en el lugar y fecha estipulados, en buen estado de navegabilidad, armada y equipada convenientemente para realizar las operaciones previstas en el contrato y mantenerla así durante el o los viajes convenidos.

El fletante será responsable de los daños a las mercancías que provengan del mal estado de la nave, a menos que pruebe que fueron consecuencia de un vicio oculto de ella no susceptible de ser advertido con razonable diligencia, y

2°. Adoptar todas las medidas necesarias que de él dependan para ejecutar el o los viajes convenidos.

[FACULTAD DEL FLETADOR DE RESOLVER EL CONTRATO POR INCUMPLIMIENTO DEL FLETANTE]

Artículo 951. Si el fletante no pone la nave a disposición del fletador en las condiciones, época y lugar convenidos, éste podrá resolver el contrato mediante comunicación por escrito al fletante.

Sin perjuicio de lo anterior, el fletador puede dejar sin efecto el contrato antes que la nave comience a cargar, en cuyo caso pagará al fletante una indemnización equivalente a la mitad del flete convenido, o superior, si el fletante probare que los perjuicios ocasionados son mayores que esa cantidad, pero sin que exceda a la totalidad de dicho flete.

[Fletador debe designar el lugar del puerto donde debe ubicarse la nave para faenas de carga o descarga]

Artículo 952. Corresponde al fletador designar el lugar o el sitio del puerto en que la nave debe ubicarse para la realización de las faenas de carga o descarga, salvo que la póliza de fletamento los haya preestablecido. Si la póliza de fletamento o el fletador nada expresan sobre ello, o si, siendo varios los fletadores, no hay entre ellos acuerdo al respecto, corresponderá al fletante elegir dicho lugar o sitio. Todo lo cual es sin perjuicio de las normas administrativas que regulen las operaciones de los puertos.

[Responsabilidad del fletante por las mercancías a bordo]

Artículo 953. El fletante es responsable de las mercancías recibidas a bordo, sin perjuicio de lo previsto en la póliza de fletamento.

[Definición de estadía / definición de sobreestadía]

Artículo 954. Se entiende por estadía el lapso convenido por las partes para ejecutar las faenas de carga y descarga, o en su defecto, el plazo que los usos del puerto de que se trate, señalen para estas faenas.

Se entiende por sobrestadía el tiempo posterior a la expiración de la estadía, sin necesidad de requerimiento.

El fletante podrá resolver el contrato cuando el tiempo de sobrestadía exceda a un número de días calendario igual a los días laborales de la estadía.

Si en la póliza se establecieren plazos independientes para las faenas de carga y de descarga, éstos se computarán en forma separada.

[Deber del fletante de comunicar por escrito al fletador que la nave está lista para recibir o entregar la carga]

Artículo 955. El fletante debe dar aviso por escrito al fletador que la nave está lista para recibir o entregar la carga. Si nada se hubiere convenido entre las partes, la determinación del momento en que la nave está lista para cargar o descargar, así como el cómputo de los días de estadía, la duración, monto y forma de pago de las sobrestadías, serán determinados preferentemente por los usos del puerto en que tienen lugar las operaciones anteriormente mencionadas.

[FLETADOR DEBE EJECUTAR LAS OPERACIONES DE CARGA Y DESCARGA DE LAS MERCANCÍAS]

Artículo 956. Corresponde al fletador realizar oportunamente y a su costo, las operaciones de carga y descarga de las mercancías.

[EFECTOS DE LA CARGA PARCIAL VENCIDO EL PLAZO DE SOBREESTADÍA]

Artículo 957. Si el fletador embarca sólo parte de la carga, vencido que sea el plazo de sobrestadía, el fletante podrá emprender el viaje con la carga que esté a bordo, en cuyo caso, el fletador deberá pagarle el flete íntegro.

Si el fletante optare por la resolución del contrato, podrá descargar la nave por cuenta y cargo del fletador, quien además, deberá pagar la mitad del flete convenido, si el fletante no prueba un perjuicio mayor.

El fletante hará constar su decisión en una protesta que deberá comunicar al fletador o al representante que éste tuviere en el lugar del embarque.

[SUSPENSIÓN DE LOS PLAZOS EN EL FLETE POR CASO FORTUITO O FUERZA MAYOR]

Artículo 958. Los plazos se suspenderán cuando se impida la carga o descarga por caso fortuito o fuerza mayor, o por causas imputables al fletante o sus dependientes.

[INDEMNIZACIÓN POR SOBRESTADÍA EN EL FLETE POR VIAJE]

Artículo 959. La indemnización por sobrestadía se considerará como suplemento del flete. Su monto será el que hayan estipulado las partes y, en su defecto, el que corresponda según el uso local. Las fracciones de día, se pagarán a prorrata del importe diario.

[DERECHO DE COMPENSACIÓN A FAVOR DEL FLETADOR QUE CUMPLIERA LAS FAENAS DE CARGA O DESCARGA EN UN MENOR TIEMPO AL ESTIPULADO]

Artículo 960. Si el fletador cumpliere las faenas de carga o descarga en menor tiempo que el estipulado, tendrá derecho a una compensación por el monto que se haya convenido y, en su defecto, se calculará sobre una base igual a la mitad de la suma que corresponda para la sobrestadía.

[Resolución del fletamento por viaje por prohibición de comercialización o caso fortuito que haga imposible la realización del viaje]

Artículo 961. El contrato quedará resuelto sin derecho a indemnización de perjuicios para ninguna de las partes, si antes del zarpe de la nave sobreviene una prohibición para comerciar con algún país al cual iba destinada, o si acaece cualquier otro suceso de fuerza mayor o caso fortuito que haga imposible la realización del viaje.

[Suspensión del fletamento por viaje por acaecimiento de un hecho ajeno que retarde el zarpe / efectos del impedimento temporal]

Artículo 962. Cuando el caso fortuito o la fuerza mayor sobrevinientes fueren de carácter temporal y significaren sólo un retardo en el zarpe, la ejecución del contrato se entenderá suspendida por todo el tiempo que dure el impedimento.

De igual manera, el contrato no se resuelve y mantiene plena vigencia, si el caso fortuito o la fuerza mayor ocurren durante el viaje. Cuando así suceda, no habrá lugar a aumento del flete

Cuando se trate de impedimento temporal, el fletador podrá descargar las mercancías a su costa en el lugar que señale, debiendo pagar al fletante un flete proporcional a la distancia recorrida.

[Devengamiento del flete en el fletamento por viaje]

Artículo 963. Salvo que se estipulare otra cosa, el flete se devengará por anticipado respecto de cada viaje y será exigible desde el momento en que terminan las faenas de carga respectivas.

Cuando en el curso de su ruta ocurra, por efectos de un suceso no imputable al fletante, la detención definitiva de la nave, el fletador pagará un flete en reemplazo del pactado por el viaje, que será proporcional a la distancia que la nave haya recorrido en demanda del punto de destino convenido por las partes, salvo si se hubiere pactado un flete ganado a todo evento.

[PAGO DE FLETE TOTAL EN CASO DE DESCARGA DE LAS MERCANCÍAS EN UN LUGAR EN CURSO DE LA RUTA]

Artículo 964. Cuando la nave ha sido objeto de fletamento total, el fletador podrá hacer la descarga de las mercancías en cualquier puerto o lugar que esté en el curso de la ruta, pero deberá pagar el flete total estipulado por el viaje, así como todos los gastos que se produzcan o que sean consecuencia de la desviación y descarga.

SECCIÓN CUARTA. DEL FLETAMENTO A CASCO DESNUDO

[DEFINICIÓN DE FLETAMENTO A CASCO DESNUDO / LAS NORMAS DEL ARRENDAMIENTO DE BIENES MUEBLES SE APLICAN SUBSIDIARIAMENTE AL FLETAMENTO A CASCO DESNUDO]

Artículo 965. Fletamento a casco desnudo es el contrato por el cual una parte, mediante el pago de un flete, se obliga a colocar a disposición de otra, por un tiempo determinado, una nave desarmada y sin equipo o con un equipo y armamento incompleto, cediendo a esta última su tenencia, control y explotación, incluido el derecho a designar al capitán y a la dotación.

En defecto de las estipulaciones del contrato y en lo no previsto en esta sección, en el Párrafo 1 y en la sección primera del párrafo 2 de este título, el fletamento a casco desnudo se regirá por las normas generales del arrendamiento de cosas muebles, en lo que le sean aplicables.

[FLETADOR EN FLETAMENTO A CASCO DESNUDO TIENE LA CALIDAD JURÍDICA DE ARMADOR / DEVENGO DEL FLETE]

Artículo 966. El fletador tendrá la calidad jurídica de armador y, como tal, los derechos y obligaciones de éste.

El flete se devengará, salvo estipulación de las partes, por períodos anticipados.

[PROHIBICIÓN DE SUBFLETAMENTO O CESIÓN DE CONTRATO AL FLETADOR EN EL FLETAMENTO A CASCO DESNUDO]

Artículo 967. El fletador no podrá subfletar a casco desnudo o ceder el contrato, sin la autorización escrita del dueño.

En lo no convenido expresamente para el subfletamento a casco desnudo, se regulará éste por lo prescrito en esta misma sección.

[Obligación de entrega de la nave por el fletante en el fletamento a casco desnudo]

Artículo 968. El fletante debe presentar y entregar al fletador la nave en la fecha y lugar convenidos, provista de la documentación necesaria y en buen estado de navegabilidad. Durante el contrato, serán de cargo del fletante las reparaciones y reemplazos debidos a vicios ocultos.

Si la nave se inmovilizare como consecuencia de un vicio oculto, no se deberá flete alguno durante el período que dure dicha inmovilización, sobre el exceso de las primeras veinticuatro horas.

[Uso de la nave por el fletador en el fletamento a casco desnudo / derecho del fletante de terminar anticipadamente el contrato]

Artículo 969. El fletador sólo podrá utilizar la nave de acuerdo con las características técnicas de la misma y en conformidad con las modalidades de empleo convenidas en el contrato.

La violación de lo establecido en el inciso anterior, dará derecho al fletante para solicitar la terminación del contrato y exigir del fletador las indemnizaciones de los perjuicios que haya causado.

Pendiente la resolución sobre la terminación del contrato, el juez podrá decretar la retención provisoria de la nave, si apareciere la necesidad de ello. Todo lo cual es sin perjuicio de las medidas cautelares que fueren procedentes conforme a las reglas generales.

[Reparaciones de la nave son de cargo del fletador en el fletamento a casco desnudo]

Artículo 970. Durante el contrato, serán de cargo del fletador las reparaciones y reemplazos que no tengan su origen en algún vicio oculto de la nave.

[Los gastos de explotación de la nave son de cargo del fletador en el fletamento a casco desnudo]

Artículo 971. Serán de cargo del fletador el aprovisionamiento de la nave, la contratación de la dotación, pago de sus remuneraciones y, en general, todos los gastos de explotación de la nave.

El fletador es responsable ante el fletante por todos los reclamos de terceros, que hayan sido consecuencia de la explotación u operación de la nave.

[Restitución de la nave por el fletador en el fletamento a casco desnudo]

Artículo 972. El fletador restituirá la nave a la expiración del término estipulado, en el mismo estado en que le fue entregada, salvo el desgaste ocasionado por su uso normal o convenido. Asimismo, el fletador deberá garantizar al fletante la liberación de todo crédito privilegiado derivado de su explotación.

La restitución se hará en el lugar acordado y, en su defecto, en el puerto de domicilio del fletante.

[Terminación, renovación o prórroga del fletamento a casco desnudo]

Artículo 973. Se aplicará a este contrato lo dispuesto por los artículos 942 y 947.

§ 3. Del contrato de transporte marítimo

SECCIÓN PRIMERA. DEFINICIONES

[Definición de contrato de transporte marítimo / transporte multimodal de mercancías]

Artículo 974. Se entiende por contrato de transporte marítimo aquel en virtud del cual el porteador obliga, contra el pago de un flete, a transportar mercancías por mar de un puerto a otro.

El contrato que comprenda transporte marítimo y además transporte por cualquier otro medio, estará regido por las normas de este párrafo, sólo por el período señalado en el artículo 982. Las otras etapas se regirán por las normas que correspondan al medio de transporte empleado.

[Partes del contrato de transporte marítimo]

Artículo 975. Para todos los efectos de este párrafo, se entiende por:

1) Porteador o transportador, toda persona que por sí o por medio de otra que actúe en su nombre, ha celebrado un contrato de transporte marítimo de mercancías con un cargador;

2) Porteador efectivo o transportador efectivo, toda persona a quien el transportador ha encargado la ejecución del transporte de las mercancías, o de

una parte de éste, así como cualquier otra persona a quien se ha encomendado esa ejecución;

3) Cargador, toda persona que por sí o por medio de otra que actúe en su nombre o por su cuenta, ha celebrado un contrato de transporte marítimo de mercancías con un porteador y toda persona que por sí o por medio de otra que actúe en su nombre o por su cuenta, ha entregado efectivamente las mercancías al porteador en virtud del contrato de transporte marítimo, y

4) Consignatario, la persona habilitada por un título para recibir las mercancías.

[Elementos que comprende el concepto de mercancía / equipajes no son mercancías]

Artículo 976. Se entiende por mercancía toda clase de bienes muebles, comprendiendo también los animales vivos.

Cuando las mercancías se agrupen en contenedores, paletas u otros elementos de transporte análogos, o cuando estén embaladas, el término mercancías comprenderá ese elemento de transporte o ese embalaje, si ha sido suministrado por el cargador.

Los equipajes se rigen por las disposiciones del contrato de pasaje.

[Definición de conocimiento de embarque / funciones del conocimiento de embarque]

Artículo 977. El conocimiento de embarque es un documento que prueba la existencia de un contrato de transporte marítimo, y acredita que el transportador ha tomado a su cargo o ha cargado las mercancías y se ha obligado a entregarlas contra la presentación de ese documento a una persona determinada, a su orden o al portador.

[Regla interpretativa de la expresión por escrito]

Artículo 978. Siempre que en este párrafo se emplee la expresión por escrito, se entenderá que ella comprende el telegrama, el télex, u otros medios que estampen, registren o repitan lo expresado por cada parte mediante instrumentos o aparatos diseñados para tal efecto.

SECCIÓN SEGUNDA. ÁMBITO DE APLICACIÓN

[Normas aplicables al contrato de transporte de mercancías]

Artículo 979. Sin perjuicio de lo que establezcan los tratados o convenciones internacionales vigentes en Chile, las disposiciones de este párrafo se aplicarán a todos los contratos de transporte marítimo, siempre que:

1°. El puerto de carga o de descarga previsto en el contrato de transporte marítimo esté situado en territorio nacional, o

2°. El conocimiento de embarque u otro documento que haga prueba del contrato de transporte marítimo, estipule que el contrato se regirá por las disposiciones de este párrafo, o

3°. Uno de los puertos facultativos de descarga previstos en el contrato de transporte marítimo sea el puerto efectivo de descarga y éste se encuentre dentro del territorio nacional.

[Aplicación de las normas del contrato de transporte de mercancías a los sujetos intervinientes, con independencia de su nacionalidad]

Artículo 980. Las disposiciones de este párrafo se aplicarán sea cual fuere la nacionalidad de la nave, del transportador, del transportador efectivo, del cargador, del consignatario o de cualquier otra persona interesada.

[Normas del contrato de transporte de mercancías no son aplicables a los contratos de fletamento]

Artículo 981. Las disposiciones de este párrafo no son aplicables a los contratos de fletamento. No obstante, cuando se emita un conocimiento de embarque en cumplimiento de un contrato de fletamento, ellas se aplicarán a ese conocimiento de embarque si éste regula la relación entre el transportador o el transportador efectivo y el tenedor del conocimiento que no sea el fletador.

Si en un contrato se contempla el transporte de mercancías en embarques sucesivos durante un plazo acordado, las disposiciones de este párrafo se aplicarán a cada uno de esos embarques.

Cuando un embarque se efectúe en virtud de un contrato de fletamento, se le aplicarán las disposiciones del inciso primero.

SECCIÓN TERCERA. RESPONSABILIDAD DEL TRANSPORTADOR

[TRANSPORTADOR RESPONDE POR LAS MERCANCÍAS BAJO SU CUSTODIA]

Artículo 982. La responsabilidad del transportador por las mercancías comprende el período durante el cual ellas están bajo su custodia, sea en tierra o durante su transporte.

[PERÍODO QUE COMPRENDE LA CUSTODIA DE LAS MERCANCÍAS POR EL TRANSPORTADOR]

Artículo 983. Para los efectos del artículo precedente, se considerará que las mercancías están bajo la custodia del transportador desde el momento en que éste las haya tomado a su cargo al recibirlas del cargador o de la persona que actúe en su nombre, o de una autoridad u otro tercero en poder de los cuales, según las leyes o los reglamentos aplicables en el puerto de carga se hayan de poner las mercancías para ser embarcadas, y hasta el momento en que las haya entregado en alguna de las siguientes formas:

a) Poniéndolas en poder del consignatario;

b) En los casos en que el consignatario no reciba las mercancías del transportador, poniéndolas a disposición del consignatario en conformidad con el contrato, las leyes o los usos del comercio de que se trate, aplicables en el puerto de descarga; o

c) Poniéndolas en poder de una autoridad u otro tercero a quienes, según las leyes o los reglamentos aplicables en el puerto de descarga, hayan de entregarse las mercancías.

Los términos transportador y consignatario comprenden también a sus dependientes y agentes, respectivamente.

[RESPONSABILIDAD DEL TRANSPORTADOR POR LA PÉRDIDA, DAÑO O RETRASO EN LA ENTREGA DE LAS MERCANCÍAS]

Artículo 984. El transportador será responsable de los perjuicios resultantes de la pérdida o del daño de las mercancías, así como del retraso de su entrega, si el hecho que ha causado la pérdida, el daño o el retraso, se produjo cuando las mercancías estaban bajo su custodia en los términos de los artículos 982 y 983, a menos que pruebe que él, sus dependientes o agentes, adoptaron todas las medidas que razonablemente podían exigirse para evitar el hecho y sus consecuencias.

[Determinación del retraso en la entrega de mercancías]

Artículo 985. Hay retraso cuando las mercancías no han sido entregadas en el puerto de descarga previsto en el contrato de transporte marítimo, dentro del plazo expresamente acordado o, a falta de tal acuerdo, cuando no han sido entregadas dentro del plazo que, atendidas las circunstancias del caso, sería razonable exigir de un transportador diligente.

[Determinación de la pérdida de las mercancías]

Artículo 986. Se considerarán perdidas las mercancías si no han sido entregadas en su destino, en alguna de las formas señaladas en el inciso primero del artículo 983, dentro de los sesenta días siguientes a la expiración del plazo de entrega determinado con arreglo al artículo anterior.

[Responsabilidad del transportador en caso de incendio]

Artículo 987. En caso de incendio, el transportador será responsable:

1°. De la pérdida o daño de las mercancías, o del retraso en la entrega de las mismas, si el reclamante prueba que el incendios e produjo por culpa o negligencia del transportador, sus dependientes o agentes, o

2°. De la pérdida o el daño o el retraso de la entrega cuando el reclamante pruebe que han sobrevenido por culpa o negligencia del transportador, sus dependientes o agentes, en la adopción de todas las medidas que, razonablemente, podían exigirse para apagar el incendio y evitar o mitigar sus consecuencias.

[Investigación de las causas y circunstancias del incendio]

Artículo 988. En caso de incendio a bordo, que afecte a las mercancías, si el reclamante o el transportador lo solicitan, se realizará una investigación de las causas y circunstancias del incendio, en conformidad con los reglamentos y las prácticas del transporte marítimo, y se proporcionará a los interesados un ejemplar del informe con las conclusiones de la investigación.

[Responsabilidad del transportista por el transporte de animales vivos]

Artículo 989. En el transporte de animales vivos, el transportador no será responsable de la pérdida, del daño o del retraso en su entrega, resultantes de los riesgos especiales inherentes a este tipo de transporte.

Se presumirá que dichos riesgos han sido la causa de la pérdida o del daño o del retraso en la entrega, cuando el transportador pruebe que ha cumplido las instrucciones especiales que le hubiere dado el cargador, y que además, atendidas las circunstancias, la pérdida, el daño o el retraso en su entrega, puedan atribuirse a tales riesgos. No obstante lo dispuesto precedentemente, no tendrá lugar dicha presunción cuando existan pruebas que la totalidad o parte de estos hechos, han tenido su origen en la culpa o negligencia del transportador, sus dependientes o agentes.

[Responsabilidad del transportista por auxilio a terceros]

Artículo 990. En caso de prestarse auxilios a terceros, el transportador no será responsable, salvo por avería gruesa, cuando la pérdida, el daño o el retraso en la entrega, hayan provenido de medidas adoptadas para el salvamento de vidas humanas o de medidas razonablemente adoptadas para el salvamento de bienes en el mar.

[Concurrencia de causas en caso de pérdida, daño o retraso en la entrega de las mercancías por el transportador]

Artículo 991. Cuando la culpa o negligencia del transportador, sus dependientes o agentes, concurra con otra u otras causas para ocasionar la pérdida, el daño o el retraso en la entrega, el transportador sólo será responsable de la parte de la pérdida, daño o retraso que puedan atribuirse a su culpa o negligencia o a la de sus dependientes o agentes, siempre que pruebe el monto de la pérdida, daño o retraso que son imputables a la otra u otras causas.

SECCIÓN CUARTA. LÍMITES DE LA RESPONSABILIDAD

[Limitación de responsabilidad del trasportador por la pérdida o daño de las mercancías]

Artículo 992. La responsabilidad del transportador por los perjuicios resultantes de la pérdida o del daño de las mercancías, de acuerdo con lo dispuesto en la sección precedente, estará limitada a un máximo equivalente a ochocientas treinta y cinco unidades de cuenta por bulto u otra unidad de carga transportada o a dos y media unidades de cuenta por kilógramo de peso bruto de las mercancías pérdidas o dañadas, si esta cantidad es mayor.

[LIMITACIÓN DE RESPONSABILIDAD DEL TRANSPORTADOR POR EL RETRASO EN LA ENTREGA DE LAS MERCANCÍAS]

Artículo 993. La responsabilidad del transportador por el retraso en la entrega con arreglo a lo dispuesto en la sección precedente, estará limitada a una suma equivalente a dos veces y media el flete que deba pagarse por las mercancías que hayan sufrido retraso, pero no excederá de la cuantía total del flete que deba pagarse en virtud del respectivo contrato de transporte marítimo de mercancías.

[LÍMITE ACUMULADO DE RESPONSABILIDAD DEL TRANSPORTADOR POR LA PÉRDIDA O DAÑO Y RETRASO EN LA ENTREGA DE LAS MERCANCÍAS]

Artículo 994. En ningún caso la responsabilidad acumulada del transportador por los conceptos enunciados en los dos artículos precedentes, excederá del límite determinado en virtud del artículo 992, para la pérdida total de las mercancías respecto de las cuales se haya incurrido en esa responsabilidad.

[LOS INTERESES QUE DEVENGUEN LAS SUMAS POR LOS DAÑOS O LAS COSTAS JUDICIALES NO ESTÁN CONSIDERADOS DENTRO DE LOS LÍMITES DE RESPONSABILIDAD DEL TRANSPORTADOR]

Artículo 995. En los límites de responsabilidad a que se refieren los artículos precedentes no se consideran incluidos los intereses producidos por la suma en que se avalúen los daños, ni las costas judiciales.

[MÉTODO DE CÁLCULO PARA DETERMINAR EL LÍMITE DE RESPONSABILIDAD DEL TRANSPORTADOR POR LA PÉRDIDA O DAÑO DE LAS MERCANCÍAS]

Artículo 996. Para determinar, en el caso del artículo 992, qué cantidad es mayor, se aplicarán las normas siguientes:

1°. En los casos en que, para agrupar mercancías, se use un contenedor, una paleta o un elemento de transporte análogo, se considerarán como un bulto o una unidad de carga transportada, cada uno de los que aparezcan como contenidos en ese elemento de transporte en el conocimiento de embarque, si se ha emitido, o bien, en cualquier otro documento que haga prueba del contrato de transporte marítimo. Si se omite la mención señalada en los referidos documentos, las mercancías contenidas en ese elemento de transporte serán consideradas como una unidad de carga transportada;

2°. En los casos en que se haya perdido o dañado el propio elemento de transporte, éste será considerado como una unidad independiente de carga transportada, salvo que sea de propiedad del transportador o proporcionado por él.

[LÍMITES CONVENCIONALES DE RESPONSABILIDAD DEL TRANSPORTADOR Y EL CARGADOR]

Artículo 997. El transportador y el cargador podrán pactar límites de responsabilidad superiores a los establecidos en los artículos 992 y 993.

[ÁMBITO DE APLICACIÓN DE EXONERACIÓN O LÍMITES DE RESPONSABILIDAD ALCANZA A TODA ACCIÓN EN CONTRA DEL TRASPORTADOR, SEA CONTRACTUAL O EXTRACONTRACTUAL]

Artículo 998. Tanto las exoneraciones como los límites de responsabilidad establecidos en este párrafo, serán aplicables a toda acción contra el transportador por las pérdidas o el daño de las mercancías a que se refiere el contrato de transporte marítimo, así como por el retraso en su entrega, independientemente de que la acción se funde en la responsabilidad contractual, en la responsabilidad extracontractual o en otra causa.

[EMPLEADOS O AGENTES DEL TRANSPORTADOR ESTÁN FACULTADOS PARA ACOGERSE A LAS EXONERACIONES Y LÍMITES DE RESPONSABILIDAD EN LOS MISMOS TÉRMINOS QUE EL TRANSPORTADOR]

Artículo 999. Cuando se ejerciten las acciones de los artículos precedentes contra un empleado o agente del portador, éstos podrán acogerse a las exoneraciones y límites de responsabilidad que el transportador pueda invocar, en virtud de las disposiciones de este párrafo, siempre que prueben que han actuado en el ejercicio de sus funciones.

[CUANTÍA TOTAL DEL LÍMITE DE RESPONSABILIDAD DEL TRANSPORTADOR O DE EMPLEADOS O AGENTES]

Artículo 1000. Sin perjuicio de lo que disponen los artículos siguientes, la cuantía total de las sumas exigibles del transportador y de cualquiera de las personas a que se refiere el artículo anterior, no excederá los límites de responsabilidad establecidos en este párrafo.

SECCIÓN QUINTA. EXCEPCIONES A LA LIMITACIÓN DE RESPONSABILIDAD

[PÉRDIDA DEL BENEFICIO AL LÍMITE DE RESPONSABILIDAD QUE PUEDE INVOCAR EL TRANSPORTADOR]

Artículo 1001. El transportador no podrá acogerse a la limitación de responsabilidad establecida en los artículos 992 y 993, si se prueba que la pérdida, el daño o el retraso en la entrega provinieron de una acción o una omisión del transportador realizadas con intención de causar tal pérdida, daño o retraso, o temerariamente y en circunstancias que pueda presumirse que tuvo conocimiento de que probablemente sobrevendrían la pérdida, el daño o el retraso.

[PÉRDIDA DEL BENEFICIO AL LÍMITE DE RESPONSABILIDAD QUE PUEDE INVOCAR EMPLEADOS O AGENTES DEL TRANSPORTADOR]

Artículo 1002. No obstante lo dispuesto en el artículo 999, los dependientes o agentes del transportador no podrán acogerse a la limitación de responsabilidad establecida en los artículos 992 y 993, si se prueba que la pérdida, el daño o el retraso de la entrega provinieron de una acción o una omisión de ellos realizada con intención de causar tal pérdida, daño o retraso, o temerariamente y en circunstancias que pueda presumirse que tuvieron conocimiento de que probablemente sobrevendrían la pérdida, el daño o el retraso.

SECCIÓN SEXTA. CARGA SOBRE CUBIERTA

[TRANSPORTE DE MERCANCÍAS SOBRE CUBIERTA]

Artículo 1003. El transportador sólo podrá transportar mercancías sobre cubierta en virtud de un acuerdo previo con el cargador, o bien, cuando lo permitan o autoricen los usos del comercio de que se trate, o así lo exijan las normas legales vigentes.

[PRUEBA DEL ACUERDO DE TRANSPORTE DE MERCANCÍAS SOBRE CUBIERTA]

Artículo 1004. Si el transportador y el cargador han convenido que las mercancías se transporten o puedan transportarse sobre cubierta, así lo expresarán en el conocimiento de embarque o en otro documento que haga prueba del contrato de transporte marítimo. A falta de declaración escrita sobre el particular, deberá el transportador probar la existencia de dicho acuerdo, y no podrá invocarlo contra terceros, incluso respecto del consignatario que adquirió el conocimiento de embarque de buena fe.

Cuando las mercancías sean conducidas en contenedores de una nave apta para el transporte de éstos, se presumirá el acuerdo previo a que se refiere la primera parte del artículo anterior, salvo que el interesado pruebe lo contrario.

[RESPONSABILIDAD DEL TRANSPORTADOR POR PÉRDIDA O DAÑO O RETRASO DE LAS MERCANCÍAS TRANSPORTADAS SOBRE CUBIERTA SIN AUTORIZACIÓN]

Artículo 1005. Cuando las mercancías han sido transportadas sobre cubierta contraviniendo lo dispuesto en el artículo 1003, o cuando el transportador no pueda invocar, en conformidad con el artículo anterior, un acuerdo en tal sentido, el transportador será responsable de la pérdida o daño que sufran las mercancías, así como del retraso en su entrega, siempre que sean consecuencia de su transporte sobre cubierta.

La extensión de la responsabilidad del transportador se determinará en conformidad con lo dispuesto en las secciones cuarta y quinta de este párrafo, según sea el caso.

Para los efectos indicados en la sección quinta de este párrafo, se presumirá que se ha incurrido en las conductas dolosas o culposas previstas en los artículos 1001 y 1002, cuando se ha infringido el acuerdo expreso de transportarlas bajo cubierta.

SECCIÓN SÉPTIMA. RESPONSABILIDAD DEL TRANSPORTADOR Y DEL TRANSPORTADOR EFECTIVO

[RESPONSABILIDAD DEL TRANSPORTISTA CONTRACTUAL RESPECTO DEL TRANSPORTE EFECTUADO POR UN TRANSPORTISTA EFECTIVO / RESPONSABILIDAD SOLIDARIA ENTRE EL TRANSPORTADOR CONTRACTUAL Y EL TRANSPORTADOR EFECTIVO]

Artículo 1006. Cuando la ejecución del transporte o de una parte del mismo haya sido encomendada a un transportador efectivo, independientemente de si el contrato lo autoriza o no para ello, el transportador seguirá siendo responsable de la totalidad del transporte convenido.

Respecto del transporte que sea ejecutado por el transportador efectivo, el transportador será responsable solidariamente con aquél de las acciones u omisiones que en el ejercicio de sus funciones puedan incurrir, tanto el transportador efectivo como sus dependientes y agentes.

[Aplicación de las normas del transportador contractual al transportador efectivo]

Artículo 1007. Todas las disposiciones contenidas en este título que se refieran a la responsabilidad del transportador serán igualmente aplicables al transportador efectivo, respecto del transporte por él ejecutado.

Si se ejercitaren acciones en contra de un dependiente o agente del transportador efectivo, serán aplicables las normas contenidas en los artículos 999, 1000 y 1002.

[Acuerdo entre el transportador contractual y el transportador efectivo para que el primero asuma obligaciones no indicadas en el Libro III o renuncie a los derechos que le confiere]

Artículo 1008. Todo acuerdo especial en virtud del cual el transportador asuma obligaciones no señaladas en este Libro o renuncie a los derechos que el mismo le confiere, sólo surtirán efecto respecto del transportador efectivo cuando éste lo acepte expresamente y por escrito.

Sin perjuicio de lo anterior, el transportador seguirá sujeto a las obligaciones o renuncias resultantes de ese acuerdo especial, independientemente del hecho de que éstas hayan sido aceptadas o no por el transportador efectivo.

[Monto total de responsabilidad al transportador contractual o al transportador efectivo]

Artículo 1009. El monto total de las sumas que sean exigibles al transportador, al transportador efectivo y a los dependientes y agentes de éstos, no excederá en caso alguno, de los límites de responsabilidad indicados en las disposiciones pertinentes de este párrafo.

[Derecho de repetición entre el transportador contractual y el transportista efectivo]

Artículo 1010. Las normas sobre responsabilidad del transportador y del transportador efectivo, se aplicarán sin perjuicio del derecho de repetición que éstos puedan ejercer recíprocamente.

SECCIÓN OCTAVA. TRANSPORTE CON FACULTAD PARA TRANSBORDAR

[SUPUESTO EN QUE EL TRANSPORTADOR CONTRACTUAL NO RESPONDE POR LA PÉRDIDA, DAÑO O RETRASO DE LAS MERCANCÍAS POR HECHOS IMPUTABLES AL TRANSPORTISTA EFECTIVO]

Artículo 1011. No obstante lo dispuesto en el artículo 1006, cuando en un contrato de transporte marítimo se estipule explícitamente que una parte determinada del transporte será ejecutada por una persona distinta del transportador, en el contrato podrá también estipularse que aquél no será responsable de la pérdida, el daño o retraso en la entrega causados por un hecho ocurrido cuando las mercancías estaban bajo la custodia del otro transportador expresamente nominado. Pero esta estipulación no surtirá efecto si no puede incoarse ante tribunal competente algún procedimiento judicial contra el segundo transportador efectivamente nominado, según lo que dispone la Sección Décimosexta de este mismo párrafo.

La prueba de que la pérdida, el daño o el retraso en la entrega fueron causados por un hecho que ocurrió mientras las mercancías estaban bajo la custodia del transportador efectivo, y la prueba de que el demandante pudo incoar su acción contra el segundo transportador en algún tribunal competente, corresponderá al primer transportador.

SECCIÓN NOVENA. DE LA RESPONSABILIDAD DEL CARGADOR

[RESPONSABILIDAD DEL CARGADOR, SUS DEPENDIENTES O AGENTES]

Artículo 1012. Por regla general, el cargador, sus dependientes o agentes, sólo serán responsables de la pérdida sufrida por el transportador o por el transportador efectivo, o del daño sufrido por la nave, cuando la pérdida o el daño de que se trate, hayan sido causados por culpa o negligencia de dicho cargador, sus dependientes o agentes,

[DEBER DEL CARGADOR DE INFORMAR AL TRANSPORTADOR QUE LAS MERCANCÍAS SON PELIGROSAS / EFECTOS POR LA OMISIÓN DEL DEBER DEL CARGADOR DE INFORMAR QUE LAS CARGAS SON PELIGROSAS]

Artículo 1013. En el caso de mercancías peligrosas, el cargador señalará, de manera adecuada, mediante marcas o etiquetas, las mercancías que tengan esa característica.

El cargador que ponga mercancías peligrosas en poder del transportador o de un transportador efectivo, según el caso, le informará del carácter peligroso de aquéllas y de ser necesario, de las precauciones que deban adoptarse. Si el cargador no lo hace y el transportador o el transportador efectivo no tienen conocimiento del carácter peligroso de las mercancías por otro conducto, esta omisión tendrá los siguientes efectos:

1°. El cargador será responsable respecto del transportador y de todo transportador efectivo, de los perjuicios resultantes del embarque de tales mercancías, y

2°. Las mercancías podrán en cualquier momento ser descargadas, destruidas o transformadas en inofensivas, según requieran las circunstancias, sin que haya lugar a indemnización.

Las disposiciones de este artículo no podrán ser invocadas por una persona que durante el transporte se haya hecho cargo de las mercancías, a sabiendas de su carácter peligroso.

Aun cuando se ponga en conocimiento del transportador o del transportador efectivo el carácter peligroso de las mercancías, si éstas llegaren a constituir un peligro real para la vida humana o los bienes, podrán ser descargadas, destruidas o transformadas en inofensivas, según requieran las circunstancias, sin que haya lugar a indemnización, salvo cuando exista la obligación de contribuir a la avería gruesa o cuando el transportador sea responsable en conformidad con lo dispuesto en los artículos 984 al 991 de este párrafo.

SECCIÓN DÉCIMA. DOCUMENTACIÓN DEL TRANSPORTE

[DEBER DEL TRANSPORTADOR CONTRACTUAL O TRANSPORTADOR EFECTIVO DE EMITIR EL CONOCIMIENTO DE EMBARQUE]

Artículo 1014. Cuando el transportador o el transportador efectivo se hagan cargo de las mercancías, el primero deberá emitir un conocimiento de embarque al cargador, si éste lo solicita.

El conocimiento de embarque podrá ser firmado por una persona autorizada al efecto por el transportador. Se entenderá que el conocimiento de embarque suscrito por el capitán de la nave que transporte las mercancías, lo ha sido en nombre del transportador.

La firma en el conocimiento de embarque podrá ser manuscrita, impresa en facsímil, perforada, estampada en símbolos o registrada por cualquier otro medio mecánico o electrónico.

[Estipulaciones del conocimiento de embarque]

Artículo 1015. Son estipulaciones propias del conocimiento de embarque:

1°. La naturaleza general de las mercancías, las marcas principales necesarias para su identificación; una declaración expresa, si procede, sobre su carácter peligroso, y si se dieron instrucciones al respecto; el número de bultos o de piezas y el peso de las mercancías o su cantidad manifestada de otro modo.

Todos estos datos se harán constar tal como los haya proporcionado el cargador;

2°. El estado aparente de las mercancías;

3°. El nombre y el establecimiento principal del transportador;

4°. El nombre del cargador;

5°. El nombre del consignatario, si ha sido comunicado por el cargador;

6°. El puerto de carga, según el contrato de transporte marítimo, y la fecha en que el transportador se ha hecho cargo de las mercancías;

7°. El puerto de descarga, según el contrato de transporte marítimo;

8° El número de originales del conocimiento de embarque, si hubiere más de uno;

9°. El lugar de emisión del conocimiento de embarque;

10. La firma del transportador o de la persona que actúe en su nombre;

11. El flete, en la medida en que deba ser pagado por el consignatario, o cualquier otra indicación de que el flete ha de ser pagado por éste;

12. La declaración mencionada en el inciso final del artículo 1039;

13. La declaración, si procede, de que las mercancías se transportarán o podrán transportarse sobre cubierta;

14. La fecha o el plazo de entrega de las mercancías en el puerto de descarga, si en ello han convenido expresamente las partes, y

15. Todo límite o límites superiores de responsabilidad que se hayan pactado de conformidad con el artículo 997.

La omisión en el conocimiento de embarque de una o varias de las enunciaciones precedentes, no afectará a su eficacia jurídica, siempre que se ajuste a lo dispuesto en el artículo 977.

[Deber del transportador de emitir el conocimiento de embarque con la mención embarcado una vez cargadas las mercancías a bordo]

Artículo 1016. Una vez cargadas las mercancías a bordo, el transportador emitirá al cargador un conocimiento de embarque con la mención embarcado, si éste lo solicita, en el cual, además de las enunciaciones señaladas en el artículo precedente, se consignará que las mercancías se encuentran a bordo de una nave o naves determinadas y se indicará la fecha o las fechas en que se haya efectuado la carga.

Si el transportador ha emitido anteriormente un conocimiento de embarque u otro título representativo de cualquiera de esas mercancías al cargador, éste devolverá dicho documento a cambio de un conocimiento de embarque con la mención embarcado.

Cuando el cargador solicite un conocimiento de embarque con la mención embarcado, el transportador podrá modificar cualquier documento emitido anteriormente si con las modificaciones que se agreguen, queda incluida toda la información que deba constar en un conocimiento de embarque embarcado.

SECCIÓN UNDÉCIMA. VALOR PROBATORIO Y RESERVAS EN EL CONOCIMIENTO DE EMBARQUE

[Supuestos en que el transportador emite un conocimiento de embarque con reserva]

Artículo 1017. El transportador o la persona que emita el conocimiento de embarque en su nombre, estampará en dicho conocimiento una reserva en los siguientes casos:

1°. Cuando sepa o tenga motivos razonables para sospechar que los datos relativos a la naturaleza general, marcas principales, número de bultos o piezas, peso o cantidad de las mercancías, contenidos en el conocimiento de embarque, no representan con exactitud las mercancías que efectivamente ha tomado a su cargo;

2°. En caso de haberse emitido un conocimiento de embarque con la mención embarcado y se sepa o se tengan los mismos motivos razonables de sospecha respecto de las menciones indicadas en el número anterior, y

3°. Si no hubiere tenido medios razonables para verificar esos datos.

[Contenido de la reserva del conocimiento de embarque]

Artículo 1018. Cuando se estampe una reserva en el conocimiento de embarque u otro documento que haga prueba del contrato de transporte, dicha reserva deberá especificar las inexactitudes, los motivos de sospecha o la falta de medios razonables para verificar los datos del conocimiento o documento que fuera materia de la objeción.

[Presunción de buen estado de las mercancías embarcadas]

Artículo 1019. Si el transportador o la persona que emite el conocimiento de embarque en su nombre, no hace constar en dicho documento el estado aparente de las mercancías, se entenderá que ha indicado en el conocimiento de embarque que las mercancías estaban en buen estado.

[Valor probatorio del conocimiento de embarque emitido/ protección a favor del tercero adquirente de buena fe de un conocimiento de embarque]

Artículo 1020. Salvo en lo concerniente a los datos acerca de los cuales se haya hecho una reserva autorizada en virtud de los tres artículos anteriores y en la medida de tal reserva:

1°. El conocimiento de embarque hará presumir, salvo prueba en contrario, que el transportador ha tomado a su cargo o, en caso de haberse emitido un conocimiento de embarque con la mención embarcado, que ha cargado las mercancías, tal como aparecen descritas en el conocimiento de embarque, y

2°. No se admitirá al transportador prueba en contrario, si el conocimiento de embarque ha sido transferido a un tercero, incluido un consignatario, que ha procedido de buena fe basándose en la descripción de las mercancías que figuraba en ese conocimiento.

SECCIÓN DUODÉCIMA. REGLAS SOBRE PAGO DEL FLETE EN EL CONTRATO DE TRANSPORTE MARÍTIMO

[El pago del flete es exigible una vez entregadas las mercancías en el destino previsto / no se debe el flete por pérdida de mercancías por caso fortuito / efecto de la cláusula "flete pagadero a todo evento" / efecto de la cláusula "flete pendiente de pago" en el conocimiento de embarque]

Artículo 1021. Por regla general, a menos que se estipule expresamente otra cosa, el flete se gana y será exigible una vez entregadas las mercancías en el destino previsto en el contrato, en alguna de las formas que señalan las letras a), b) o c) del artículo 983.

No se deberá flete por las mercancías perdidas por caso fortuito o fuerza mayor. Sin embargo, cuando las mercancías se han perdido por un acto o a consecuencia de avería común, se pagará el flete correspondiente como si aquellas hubiesen llegado a destino.

La estipulación de flete pagadero a todo evento, surtirá efecto siempre que la carga se encuentre a bordo y la nave haya iniciado el viaje.

El conocimiento de embarque en el que no se especifiquen el flete pendiente de pago o no se indique de otro modo que el flete ha de ser pagado por el consignatario, conforme a lo dispuesto en el número 11 del artículo 1015, o en que no se especifiquen los pagos por demoras en el puerto de carga que deba hacer el consignatario, hará presumir, salvo prueba en contrario, que el consignatario no ha de pagar ningún flete ni demoras.

Sin embargo, no se admitirá al transportador prueba en contrario, cuando el conocimiento de embarque haya sido transferido a un tercero, incluido un consignatario, que haya procedido de buena fe basándose en la falta de tales indicaciones en el conocimiento de embarque.

SECCIÓN DÉCIMOTERCERA. GARANTÍAS PROPORCIONADAS POR EL CARGADOR

[Cargador garantiza al transportador los datos de las mercancías]

Artículo 1022. Se considerará que el cargador garantiza al transportador la exactitud de los datos relativos a la naturaleza general de las mercancías, sus marcas, número, peso y cantidad, que haya proporcionado para su inclusión en el conocimiento de embarque.

El cargador indemnizará al transportador de los perjuicios resultantes de la inexactitud de esos datos, aun cuando haya transferido el conocimiento de embarque.

El derecho del transportador a tal indemnización no limitará, en modo alguno, su responsabilidad en virtud del contrato de transporte marítimo respecto de cualquier persona distinta del cargador.

[Carta de garantía o "responde" otorgada por el cargador a favor del transportador no surte efectos a terceros]

Artículo 1023. La carta de garantía o el pacto en cuya virtud el cargador se compromete a indemnizar al transportador, por los perjuicios resultantes de la emisión del conocimiento de embarque efectuada por éste o por la persona que actúe en su nombre, y que no contenga reserva alguna sobre los datos proporcionados por el cargador para su inclusión en dicho documento, o sobre el estado aparente de las mercancías, no surtirá efecto respecto de un tercero o de un consignatario a quienes se haya transferido el conocimiento de embarque.

[Transportador no tendrá derecho a indemnización si omite datos proporcionados por el cargador para ser incluidos en el conocimiento de embarque]

Artículo 1024. Tanto la carta de garantía como el pacto, en su caso, serán válidos respecto del cargador, salvo que el transportador o la persona que actúe en su nombre, omita la reserva a que se refiere el artículo anterior, con la intención de causar perjuicio a un tercero, incluso a un consignatario que se basó en la descripción de las mercancías contenidas en el respectivo conocimiento de embarque.

En este caso, si la reserva omitida se refiere a datos que proporcionó el cargador para su inclusión en el conocimiento de embarque, el transportador no tendrá derecho a ser indemnizado por el cargador.

[Pérdida de la limitación de responsabilidad al transportador si omite datos proporcionados por el cargador para ser incluidos en el conocimiento de embarque]

Artículo 1025. En el caso de fraude a que se refiere el artículo anterior, el transportador será responsable, y no podrá acogerse a la limitación de responsabilidad establecida en este párrafo, respecto de los perjuicios sufridos por un tercero, incluido un consignatario, al haber actuado éstos basándose en la descripción de las mercancías contenidas en el conocimiento de embarque.

SECCIÓN DÉCIMOCUARTA. EFECTOS DE OTROS DOCUMENTOS DE TRANSPORTE

[Efectos de otros documentos que prueban la celebración de un contrato de transporte marítimo]

Artículo 1026. Cuando el transportador emita un documento distinto del conocimiento de embarque para probar la recepción de las mercancías que deban transportarse, tal documento hará presumir, salvo prueba en contrario, que se ha celebrado un contrato de transporte marítimo y que el transportador ha tomado a su cargo las mercancías de que se trata, en la forma en que aparecen descritas en el documento referido.

SECCIÓN DÉCIMOQUINTA. AVISOS, RECLAMACIONES Y ACCIONES

[Presunción de entrega de las mercancías por el transportador en el estado en que aparecen en el documento de transporte / supuestos que no procede la presunción de buena entrega de las mercancías]

Artículo 1027. El hecho de poner las mercancías en poder del consignatario hará presumir, salvo prueba en contrario, que el transportador las ha entregado tal como aparecen descritas en el documento de transporte o en buen estado, si éste no se hubiera emitido.

No procederá esta presunción en los siguientes casos:

1°. Cuando el consignatario haya dado al transportador aviso por escrito de pérdida o daño, especificando la naturaleza de éstos, a más tardar el primer día hábil siguiente al de la fecha en que las mercancías fueron puestas en su poder, o

2°. Cuando la pérdida o el daño de que se trate no sean visibles, y se haya dado aviso por escrito de pérdida o daño, especificando la naturaleza de éstos, a más tardar en el plazo de quince días consecutivos, contado desde la fecha en que las mercancías fueron puestas en poder del consignatario.

No será necesario dar aviso de pérdida o daño respecto de los que se hayan comprobado en un examen o inspección conjunta de las partes, efectuada al momento de ser recibidas las mercancías por el consignatario.

[DILIGENCIA DE INSPECCIÓN CONJUNTA DE LAS MERCANCÍAS PÉRDIDAS O DAÑADAS]

Artículo 1028. En caso de pérdidas o daños, ciertos o presuntos, el transportador y el consignatario se darán todas las facilidades razonables para la inspección de las mercancías y la comprobación del número de bultos.

Si los libros de a bordo o los controles sobre las bodegas y mercancías se llevaren en forma mecanizada o por computación, el consignatario o quien sus derechos represente, tendrá acceso a la información o registro de los datos pertinentes, relacionados con todo el período en que las mercancías hayan estado bajo el cuidado del transportador. En igual forma, el transportador tendrá acceso a los datos del embarcador o expedidor y del consignatario, según sea el caso, relacionados con el cargamento que origina el reclamo.

[DEBER DE NOTIFICAR QUE PESA SOBRE EL CONSIGNATARIO PARA HACER EFECTIVA LA INDEMNIZACIÓN POR LOS PERJUICIOS RESULTANTES DEL RETRASO EN LA ENTREGA DE LAS MERCANCÍAS]

Artículo 1029. El derecho a indemnización por los perjuicios resultantes del retraso en la entrega, caducará si no se da aviso de ellos por escrito al transportador dentro de sesenta días consecutivos contados desde la fecha en que las mercancías hayan sido puestas en poder del consignatario.

[NOTIFICACIÓN REALIZADA AL TRANSPORTADOR EFECTIVO TIENE MISMO EFECTO QUE LA EFECTUADA AL TRANSPORTADOR CONTRACTUAL]

Artículo 1030. Si las mercancías han sido entregadas por un transportador efectivo, todo aviso que se dé a éste tendrá el mismo efecto que si se hubiera dado al transportador; y todo aviso que se dé al transportador, tendrá el mismo efecto que si se hubiera dado al transportador efectivo.

Asimismo, se considerará que el aviso dado a una persona que actúe en nombre del transportador o del transportador efectivo, incluido el capitán o el oficial que esté al mando de la nave, o a una persona que actúe en nombre del cargador, ha sido dado al transportador, al transportador efectivo o al cargador, según sea el caso.

[Aviso por escrito que debe realizar el transportador contractual o el transportador efectivo al cargador por pérdida o daño de las mercancías]

Artículo 1031. Si el transportador o el transportador efectivo no dan al cargador aviso por escrito de pérdida o daño, se presumirá, salvo prueba en contrario, que no han sufrido pérdida o daño causados por culpa o negligencia del cargador, sus empleados o agentes.

El aviso a que se refiere el inciso precedente indicará la naturaleza general de la pérdida o daño y deberá darse dentro de noventa días consecutivos, contados desde la fecha en que se produjo tal pérdida o daño, o desde la fecha de entrega de las mercancías, en conformidad con las letras a), b) o c) del artículo 983 según sea el caso, si esta fecha fuere posterior.

SECCIÓN DÉCIMOSEXTA. JURISDICCIÓN Y PRÓRROGA DE COMPETENCIA

[Tribunales competentes para conocer un asunto judicial relativo al transporte de mercancías]

Artículo 1032. Sin perjuicio de las normas sobre competencia que establece la ley, en los asuntos judiciales relativos al transporte de mercancías regido por este párrafo, serán también competentes, a elección del demandante, los siguientes tribunales:

1°. El del lugar donde se encuentre el establecimiento principal o la residencia habitual del demandado;

2°. El del lugar de celebración del contrato, siempre que el demandado tenga en él un establecimiento, sucursal o agencia por medio de los cuales se haya celebrado el contrato;

3°. El del puerto o lugar de carga o de descarga, y

4°. En las acciones contra el transportador, el de cualquier otro lugar designado al efecto en el contrato de transporte marítimo.

[Competencia extendida a los tribunales que conocen del arraigo de la nave / Solicitud de prórroga de competencia a tribunal ordinario u arbitral]

Artículo 1033. Sin perjuicio de lo dispuesto en el artículo anterior, la acción podrá ejercitarse ante los tribunales de cualquier puerto o lugar de Chile en el que la nave que efectúe o haya efectuado el transporte o cualquiera otra nave del mismo propietario, haya sido judicialmente retenida o arraigada.

En tal caso, si el demandado lo solicitare dentro del término de emplazamiento, el juez podrá autorizar la prórroga de competencia a un tribunal ordinario o al tribunal arbitral que se menciona en la sección siguiente, aunque se oponga el demandante. El Juez deberá proceder con conocimiento de causa.

La solicitud aludida se tramitará como excepción dilatoria y deberá formularse en el escrito a que se refiere el artículo 305 del Código de Procedimiento Civil. Antes de autorizar la prórroga, el demandado deberá prestar caución bastante para responder de las sumas que pudiera obtener el demandante, en virtud de la decisión que recaiga en el juicio.

El tribunal de puerto o lugar de la retención o arraigo, resolverá toda cuestión relativa a la prestación de la caución.

[No procede iniciar un procedimiento judicial en otros tribunales distintos a los expresamente autorizados]

Artículo 1034. No podrá incoarse ningún procedimiento judicial con relación al transporte de mercancías regido por este párrafo, en un lugar distinto de los especificados en los dos artículos anteriores. Ello sin perjuicio de la facultad para ejercitar medidas prejudiciales o cautelares, de la facultad para incoar el procedimiento arbitral que se indica en la sección siguiente, o de la competencia especial que se disponga para los procedimientos concursales de liquidación.

[Prórroga convencional de competencia]

Artículo 1035. No obstante lo dispuesto en esta sección, las partes, después de presentada una reclamación basada en el contrato de transporte marítimo, podrán acordar el lugar en que el demandante ejercitará su acción.

SECCIÓN DECIMOSÉPTIMA. ARBITRAJE

[Lugares donde puede incoarse un procedimiento arbitral]

Artículo 1036. Cuando las partes no hubieren optado por la jurisdicción ordinaria, según lo que se dispone en el párrafo 1 del título VIII de este Libro, el procedimiento arbitral se incoará, a elección del demandante, en uno de los lugares siguientes:

1°. Donde se encontrare el establecimiento principal o a falta de éste, la residencia habitual del demandado; o en el lugar de celebración del contrato, siempre que el demandado tenga en él un establecimiento, sucursal o agencia por medio de los cuales se haya celebrado el contrato; o en el puerto o lugar de carga o de descarga, y

2°. En las acciones contra el transportador, cualquier lugar designado al efecto en la cláusula compromisoria o en el compromiso de arbitraje.

[LAS NORMAS SOBRE LUGARES DONDE SE SIGUE UN PROCEDIMIENTO ARBITRAL SE ENTIENDE INCLUIDO EN TODA CLÁUSULA COMPROMISORIA]

Artículo 1037. Las disposiciones del número 1° del artículo anterior, se considerarán incluidas en toda cláusula compromisoria.

Cualquier estipulación de tal cláusula o compromiso que sea incompatible con ellas, se tendrá por no escrita.

[LEGISLACIÓN DE FONDO APLICABLE AL ARBITRAJE]

Artículo 1038. El árbitro o el tribunal arbitral deberán aplicar las normas de este párrafo.

SECCIÓN DÉCIMOCTAVA. EFECTO DE ALGUNAS ESTIPULACIONES CONTRACTUALES

[IMPERATIVIDAD DE LAS NORMAS LEGALES REFERIDAS AL CONTRATO DE TRANSPORTE MARÍTIMO / SE TENDRÁ POR NO ESCRITA LA ESTIPULACIÓN QUE CEDE EL BENEFICIO DEL SEGURO AL TRANSPORTADOR / ES VÁLIDA LA CLÁUSULA POR LA CUAL EL TRANSPORTADOR RENUNCIA A LOS LÍMITES DE RESPONSABILIDAD / CLÁUSULA PARAMOUNT]

Artículo 1039. Toda estipulación del contrato de transporte marítimo, contenida en el conocimiento de embarque o en cualquier otro documento que haga prueba de él y que se aparte directa o indirectamente de las disposiciones de este párrafo, se tendrá por no escrita.

Asimismo, se tendrá por no escrita la cláusula por la que se ceda el beneficio del seguro de las mercancías al transportador, o cualquier cláusula análoga.

No obstante, el transportador podrá aumentar la responsabilidad y las obligaciones que le incumben en virtud de las reglas de este párrafo.

El conocimiento de embarque o cualquier otro documento que haga prueba del contrato de transporte marítimo, deberá incluir una declaración en el sentido de que el transporte está sujeto a las disposiciones de este párrafo y por lo tanto toda estipulación que se aparte de ellas en perjuicio del cargador o del consignatario, se tendrá por no escrita.

[PERJUICIOS SUFRIDOS POR EL TITULAR DE LAS MERCANCÍAS POR UNA ESTIPULACIÓN QUE DEBE TENERSE POR NO ESCRITA NO ESTÁN SUJETOS A LOS LÍMITES DE RESPONSABILIDAD]

Artículo 1040. Cuando el titular de las mercancías haya sufrido perjuicios, como consecuencia de una estipulación que debe tenerse por no escrita en virtud de lo dispuesto en el artículo anterior, el transportador, en conformidad con las disposiciones de este párrafo, pagará una indemnización de la cuantía necesaria, para resarcir al titular de las mercancías de toda pérdida o todo daño en ellas o del retraso en su entrega.

Además, el transportador pagará una indemnización por los gastos que haya efectuado el titular para hacer valer su derecho. Los gastos y costas para ejercitar esta última acción, se determinarán en conformidad con la ley del lugar en que se incoe el procedimiento.

§ 4. Transporte multimodal de mercancías

[TRANSPORTE MULTIMODAL DE MERCANCÍAS / OPERADOR DE TRANSPORTE MULTIMODAL]

Artículo 1041. Para los efectos de este párrafo, se entiende por:

1. Transporte multimodal, el porteo de mercancías por a lo menos dos modos diferentes de transporte, desde un lugar en que el operador de transporte multimodal toma las mercancías bajo su custodia hasta otro lugar designado para su entrega.

2. Operador de transporte multimodal, toda persona que, por sí o por medio de otra que actúe en su nombre, celebra un contrato de transporte multimodal, actúa como principal y asume la responsabilidad del cumplimiento del contrato.

3. Contrato de transporte multimodal, aquel en virtud del cual un operador de transporte multimodal se obliga, contra el pago de un flete, a ejecutar o hacer ejecutar un transporte multimodal de mercancías.

4. Documento de transporte multimodal, aquel que hace prueba de un contrato de transporte multimodal y acredita que el operador ha tomado las mercancías bajo su custodia y se ha comprometido a entregarlas en conformidad con las cláusulas de ese contrato. El documento de transporte multimodal será firmado por el operador de este transporte o por una persona autorizada al efecto por él y podrá ser negociable o no negociable.

5. Expedidor, toda persona que por sí o por medio de otra que actúe en su nombre o por su cuenta, ha celebrado un contrato de transporte multimodal con el operador de este transporte o toda persona que, por sí o por medio de otra que actúe en su nombre o por su cuenta, entrega efectivamente las mercancías al operador de este transporte en relación con el contrato de transporte multimodal.

6. Consignatario, la persona autorizada para recibir las mercancías.

7. Mercancías, comprende también cualquier contenedor, paleta u otro elemento de transporte o de embalaje análogo, si ha sido suministrado por el expedidor.

Para desempeñarse como operador multimodal en Chile, será necesario estar inscrito en el Registro de Operadores Multimodales, de acuerdo al reglamento que al efecto se dicte. Quienes operen desde Chile deberán ser personas naturales o jurídicas chilenas. El mismo reglamento establecerá los requisitos necesarios para calificar como chilenas a las personas jurídicas.

[Aplicabilidad de las reglas de responsabilidad del transporte de mercancías por mar al transporte multimodal]

Artículo 1042. Las reglas sobre responsabilidad del contrato de transporte de mercancías por mar, contenidas en la sección tercera del párrafo 3 precedente, serán aplicables al transporte multimodal durante el período que señala el artículo 982.

Las mismas reglas serán aplicables mientras se estén empleando otros modos de transporte, si el contrato de transporte multimodal o la ley respectiva no disponen otra cosa.

[Responsabilidad del operador del transporte multimodal no excluye a la responsabilidad de los demás ejecutores del transporte]

Artículo 1043. La responsabilidad de operador de transporte multimodal no excluye la responsabilidad de las personas que tengan a su cargo los diversos medios de transporte realmente empleados. Cada una de estas personas serán solidariamente responsables entre sí y con el operador de transporte multimodal, respecto de las pérdidas, daños o retardo con que se hubieren recibido las mercancías en su destino final.

El ejecutor de una parte del transporte multimodal que hubiere sido condenado a pagar perjuicios por hechos que no hubieren ocurrido durante la etapa por él realizada, tendrá derecho a repetir, a su elección, en contra del operador de transporte multimodal o en contra de los transportadores responsables por tales hechos.

§ 5. Del contrato de pasaje

[Definición de contrato de pasaje / aplicación de las normas sólo al contrato de pasaje por vía marítima]

Artículo 1044. Por el contrato de pasaje el transportador se obliga a conducir a una persona por mar en un trayecto determinado, a cambio del pago de una remuneración denominada pasaje.

Las disposiciones de este párrafo se aplican solamente a los contratos de pasaje por vía marítima. No se aplicarán al transporte de personas dentro de un mismo puerto, rada o bahía, con fines recreativos o de turismo. Esta especie de transporte se regirá por las normas pertinentes del título V del Libro II de este Código.

[Definición de pasajero, equipaje y equipaje de camarote]

Artículo 1045. Para los efectos de este contrato se entiende por:

1) Transportador, toda persona que, en virtud de un contrato de pasaje, se obliga a transportar pasajeros, sea por cuenta propia o a nombre de otro. El transporte de los pasajeros puede ser ejecutado también por un transportador efectivo;

2) Transportador efectivo, toda persona distinta del transportador, que efectúa de hecho la totalidad o parte del transporte;

3) Pasajero, toda persona transportada por una nave, sea en virtud de un contrato de pasaje, o que con el consentimiento del transportador, viaja acompañando a un vehículo o a animales vivos, amparados por un contrato de transporte marítimo de mercancías;

4) Equipaje, cualquier artículo o vehículo conducido por el transportador en virtud del contrato de pasaje que trata este párrafo. No se incluyen los artículos y vehículos transportados en virtud de una póliza de fletamento, conocimiento de embarque o cualquier otro contrato cuyo objeto principal sea el transporte de mercancías, como tampoco se incluyen los animales vivos, y

5) Equipaje de camarote, aquel que el pasajero lleva en su camarote o que de alguna otra forma se encuentra bajo su custodia y vigilancia. Salvo lo dispuesto en los artículos 1047 y 1066, el equipaje de camarote comprende también el que lleve el pasajero en el interior de su vehículo o sobre éste.

[PÉRDIDA O DAÑO QUE SUFRE EL EQUIPAJE INCLUYE EL PERJUICIO POR LA DEMORA EN LA ENTREGA]

Artículo 1046. La pérdida o daño que sufra el equipaje incluye el perjuicio pecuniario que resulte de no haberse entregado el equipaje al pasajero, en un plazo razonable, desde que la nave haya llegado al destino en que aquél debía entregarse. No se computarán los retrasos ocasionados por conflictos laborales.

[PERÍODOS QUE COMPRENDE EL CONTRATO DE PASAJE]

Artículo 1047. El contrato de pasaje comprende los períodos siguientes:

1) Con respecto al pasajero y a su equipaje de camarote, el período durante el cual están a bordo de la nave o en vías de embarcarse o desembarcarse, y el lapso durante el cual el pasajero y su equipaje de camarote son transportados por agua, desde tierra a la nave y viceversa, siempre que el precio de este transporte esté incluido en el del pasaje o la embarcación utilizada para realizarlo haya sido puesta por el transportador.

El transporte no comprende el período durante el cual el pasajero se encuentra en un terminal, estación marítima, en un muelle o en cualquier otra instalación portuaria;

2) Con respecto al equipaje de camarote, también comprende el período durante el cual el pasajero se encuentra en un terminal, estación marítima, en un muelle o en cualquier otra instalación portuaria, si el transportador, sus dependientes o sus agentes, se han hecho cargo de dicho equipaje y no lo han entregado al pasajero;

3) Con respecto a todo equipaje que no sea el de camarote, el período comprendido entre el momento en que el transportador, sus dependientes o

sus agentes se han hecho cargo del mismo en tierra o a bordo, y el momento en que éstos lo devuelven.

[Deber del transportador de entregar al pasajero boleto o billete en que conste en el contrato de pasaje]

Artículo 1048. El transportador debe entregar al pasajero un boleto o billete en que conste el contrato y una guía en que se individualice debidamente el equipaje.

La omisión de estas obligaciones impedirá al transportador limitar su responsabilidad, tanto respecto de daños al pasajero como a su equipaje, según sea el documento faltante.

[Datos que debe contener el boleto o billete / boleto es nominativo]

Artículo 1049. El boleto o billete debe indicar el lugar y fecha de emisión, el nombre de la nave y domicilio del transportador, el puerto de partida y el de destino, la clase y precio del pasaje.

Cuando el boleto sea nominativo no podrá cederse el derecho a ser transportado sin el consentimiento del transportador y, si no lo es, tampoco podrá transferirse una vez iniciado el viaje.

[Derecho del pasajero a ser transportado al lugar de destino]

Artículo 1050. El pasajero tiene derecho a ser transportado hasta el puerto o lugar de destino, sin que los servicios de transbordo que pudieren ocurrir durante el viaje sean causa de pagos adicionales.

[Transportador debe mantener la nave en buen estado de navegabilidad]

Artículo 1051. El transportador debe ejercer una diligencia razonable para colocar y mantener la nave en buen estado de navegabilidad, debidamente equipada y armada.

La designación de la nave en el contrato no privará al transportador de la facultad de sustituirla por otra de análogas condiciones, si con ello no se altera el itinerario convenido y no se causa perjuicio al pasajero.

[EFECTOS DE LA CANCELACIÓN DEL ZARPE]

Artículo 1052. El transportador podrá cancelar el zarpe de la nave. La cancelación dará derecho al pasajero para solicitar la restitución de lo pagado e indemnización de perjuicios, a menos que el transportador causa de fuerza mayor o caso fortuito.

[EFECTOS DEL RETARDO EN EL ZARPE DE LA NAVE O EL RETRASO EN EL ARRIBO A SU DESTINO]

Artículo 1053. En caso de retardo en el zarpe de la nave o de retraso en el arribo a su destino, el pasajero tendrá derecho, durante el período de demora, a alojamiento en la nave y a alimentación si tuviere ésta incluida en el precio convenido. En caso de retardo en el zarpe podrá también solicitar resolución del contrato y pedir devolución del importe del pasaje e indemnización por los daños y perjuicios, a menos que el transportador pruebe que no es responsable de dicha demora.

[EFECTOS DE LA NO LLEGADA DEL PASAJERO A BORDO A LA HORA PREFIJADA PARA EL ZARPE O EN ESCALA]

Artículo 1054. Cuando el pasajero no llegue a bordo, a la hora prefijada para su embarque en el puerto de zarpe o en uno de escala, el capitán podrá emprender el viaje y exigir el importe del pasaje, con exclusión del valor de la alimentación.

Igual derecho tendrá el transportador cuando después de iniciado el viaje el pasajero se desembarque voluntariamente.

[DESISTIMIENTO DEL VIAJE POR EL PASAJERO ANTES DEL ZARPE]

Artículo 1055. En caso que el pasajero se desistiere del viaje antes del zarpe de la nave, deberá pagar la mitad del importe del pasaje convenido, salvo que se haya estipulado otra cosa.

[DERECHOS DEL PASAJERO POR INTERRUPCIÓN TEMPORAL DEL VIAJE POR CAUSAS A CARGO DEL TRANSPORTADOR]

Artículo 1056. Cuando el viaje se interrumpa temporalmente por causas de cargo del transportador, el pasajero tendrá derecho a alojamiento y alimentación sin que pueda exigírsele un pago suplementario, lo que no obsta a que pueda pedir la resolución del contrato y solicitar la devolución íntegra del importe del pasaje.

Si la interrupción fuere definitiva por culpa del transportador, éste deberá indemnizar al pasajero por los daños y perjuicios sufridos; pero si la causa fuere de fuerza mayor o caso fortuito, el pasaje deberá pagarse en proporción al trayecto recorrido, sin lugar a indemnización.

[Transportador es responsable de los perjuicios por la muerte o lesiones que sufre el pasajero o los daños a su equipaje / Carga de la prueba de los perjuicios incumbe a quien los alega]

Artículo 1057. El transportador será responsable del perjuicio originado por la muerte o las lesiones corporales de un pasajero y por las pérdidas o daños sufridos por el equipaje, si el hecho que causó el perjuicio ocurrió durante la ejecución del transporte y es imputable a culpa o negligencia del transportador o de sus dependientes o agentes.

Incumbe a quien los alega, probar los perjuicios y que el hecho que los ocasionó tuvo lugar durante la ejecución del transporte.

[Presunción de culpa del transportador o sus dependientes en caso de muerte o lesiones corporales del pasajero si ello es resultado de naufragio, abordaje, varadura, explosión, incendio deficiencia de la nave / Presunción de culpa respecto de la pérdida o daños sufridos por el equipaje]

Artículo 1058. Se presumirá, salvo prueba en contrario, la culpa o negligencia del transportador o la de sus dependientes o agentes, si la muerte o las lesiones corporales del pasajero o la pérdida o daños sufridos por su equipaje de camarote, han sido resultado directo o indirecto de naufragio, abordaje, varadura, explosión, incendio o deficiencia de la nave.

Asimismo, se presumirán dichas culpa o negligencia, salvo prueba en contrario, respecto de la pérdida o daños sufridos por equipajes que no sean de camarote, independientemente de la naturaleza del hecho que ocasionó la pérdida o daños.

[Responsabilidad del transportador contractual por hechos del transportador efectivo y de sus dependientes y agentes]

Artículo 1059. El transportador siempre será responsable de lo que ocurra en el transporte de un pasajero hasta el destino convenido, al tenor de lo dispuesto en el presente párrafo, aunque haya confiado la totalidad o parte de la ejecución de aquél a un transportador efectivo.

Dicha responsabilidad incluye expresamente la derivada de actos u omisiones del transportador efectivo, y de los de sus dependientes y agentes cuando éstos actúen en el desempeño de sus funciones.

El transportador efectivo se regirá también por las disposiciones de este párrafo en cuanto a los derechos y obligaciones del transporte que haya ejecutado.

[Solidaridad entre el transportador contractual y el transportador efectivo]

Artículo 1060. En los casos en que el transportador y el transportador efectivo sean responsables, lo serán solidariamente.

[Renuncia a los límites de responsabilidad otorgada por el transportador contractual no afecta al transportador efectivo]

Artículo 1061. Los acuerdos en virtud de los cuales el transportador asuma obligaciones no establecidas en este párrafo o renuncie a derechos conferidos en el mismo, no serán aplicables al transportador efectivo, a menos que éste haya manifestado su consentimiento de modo expreso y ello conste por escrito.

[Derecho de repetición entre el transportador contractual y el transportador efectivo]

Artículo 1062. Lo dispuesto en los tres artículos anteriores, no obstará al derecho de repetición que pueda haber entre el transportador y el transportador efectivo.

[Transportador no es responsable de las pérdidas o daños de dinero u objetos de gran valor que pertenezcan al pasajero y que no las haya entregado en depósito]

Artículo 1063. El transportador no será responsable de las pérdidas o daños de dinero, efectos negociables, alhajas u objetos de gran valor que pertenezcan al pasajero, a menos que hayan sido entregados al transportador en depósito.

En tal caso, será responsable hasta un límite de 1.200 unidades de cuenta por pasajero, salvo que se haya acordado en forma expresa y por escrito, límites de responsabilidad más elevados.

[Exoneración o reducción de la responsabilidad del transportador por muerte o lesiones corporales sufridas por el pasajero o daños que afecten a su equipaje]

Artículo 1064. Si el transportador prueba que la culpa o negligencia del pasajero han sido causa de su muerte o de sus lesiones corporales, o de la pérdida o daños sufridos por su equipaje, o que dichas culpa o negligencia han contribuido a ello, el tribunal competente que conozca del asunto podrá eximir al transportador o atenuar su responsabilidad, según corresponda.

[Límite máximo de responsabilidad del transportador por muerte o lesión de pasajeros]

Artículo 1065. En caso de muerte o lesiones de pasajeros, el límite máximo de la responsabilidad del transportador se determinará, multiplicando la suma de 46.666 unidades de cuenta por el número de pasajeros que la nave esté autorizada a transportar. La responsabilidad máxima no excederá en ningún caso de 25 millones de unidades de cuenta.

Cuando hubiere más de una víctima el límite máximo por cada una, se determinará dividiendo el total que resulte, según las reglas del inciso anterior, por el número de víctimas.

[Límite máximo de responsabilidad del transportador por pérdida o daños sufridos al equipaje]

Artículo 1066. La responsabilidad contractual o extracontractual del transportador por la pérdida o daños sufridos por el equipaje, no excederá de los siguientes límites, por cada hecho que los cause:

1°. Por el equipaje de camarote, 833 unidades de cuenta por pasajero;

2°. Por la pérdida o daños sufridos por vehículos, incluyendo los equipajes transportados en el interior de éstos o sobre ellos, 3.333 unidades de cuenta por vehículo, y

3°. Por equipajes que no sean de los mencionados en los números 1° y 2° anteriores, 1.200 unidades de cuenta por pasajero.

La responsabilidad contractual o extracontractual del transportador en los casos de los artículos 1052, 1053 y 1056 no excederá de 3.000 unidades de cuenta por pasajero.

[No se incluyen dentro de los límites de responsabilidad los intereses producidos por la suma en que se evalúen los daños ni las costas judiciales]

Artículo 1067. En los límites de responsabilidad a que se refieren los artículos anteriores, no se considerarán incluidos los intereses producidos por la suma en que se evalúen los daños, ni las costas judiciales.

[Acuerdos de límites de responsabilidad superiores suscritos entre el transportador y el pasajero]

Artículo 1068. El transportador y el pasajero podrán acordar, en forma expresa y por escrito, límites de responsabilidad superiores a los consignados en los artículos 1065 y 1066.

[Dependiente o agente del transportador contractual o efectivo pueden acogerse a los límites de responsabilidad establecidos a favor del transportador contractual o efectivo]

Artículo 1069. El dependiente o agente del transportador o del transportador efectivo contra el cual se entable una acción de indemnización de perjuicios prevista en este título, podrá hacer valer las defensas y acogerse a los límites de responsabilidad que en favor del transportador o del transportador efectivo se establecen en el mismo, siempre que prueben que actuaron en el ejercicio de sus funciones.

[Reglas aplicables ante reclamaciones acumuladas]

Artículo 1070. En la acumulación de reclamaciones, cualquiera sea su fuente, se aplicarán las siguientes normas:

1°. Cuando proceda aplicar los límites de responsabilidad prescritos en los artículos 1065 y 1066, ellos regirán para el total de las sumas exigibles respecto de todas las reclamaciones originadas por la muerte o lesiones corporales de un pasajero, o por la pérdida o daños sufridos por su equipaje, derivados de un mismo evento;

2°. Cuando el transporte sea realizado por el transportador efectivo, el total de las sumas exigibles a éste y al transportador, así como a los dependientes y agentes de éstos, no excederá de la suma mayor que, en virtud de este párrafo pudiera haber sido establecida como exigible al transportador o al transportador efectivo, y

3°. En los casos del artículo anterior, el total de las sumas exigibles al transportador o al transportador efectivo, según sea el caso, y a los citados dependientes o agentes, no excederá de los límites de responsabilidad prescritos en los artículos 1063, 1065 y 1066.

[Transportador contractual o transportador efectivo que han actuado con dolo no pueden acogerse a los límites de responsabilidad]

Artículo 1071. El transportador o el transportador efectivo, en su caso, no podrán acogerse al beneficio de la limitación de responsabilidad, si se probare que la muerte, pérdidas o daños fueron consecuencia de un acto u omisión suyos, ejecutados con intención de causar tales daños, o temerariamente y en circunstancias que pueda presumirse que tuvieron conocimiento de que probablemente se causarían.

Asimismo, tampoco podrán acogerse sus dependientes, su agente o los del transportador efectivo, si se prueba que los perjuicios fueron consecuencia de un acto u omisión de alguno de éstos, obrando con igual intencionalidad, o con la temeridad y conocimiento señalados en el inciso anterior.

[Presunción que el equipaje ha sido devuelto de forma íntegra al pasajero por el transportador]

Artículo 1072. Salvo prueba en contrario, se presume que el equipaje le ha sido devuelto al pasajero íntegro y en buen estado, a menos que éste reclame por escrito al transportador al tiempo de la entrega, o aún antes de ella, por toda pérdida o daño que sean visibles o, en caso de no serlo, dentro de los quince días siguientes a la fecha del desembarco o devolución o a la fecha en que esta última debió haberse efectuado.

Para los efectos de las comunicaciones aludidas en el inciso anterior y sin perjuicio de que el pasajero pueda formular su reclamo en cualquiera otra forma fehaciente, el transportador le proporcionará, junto con el billete y en duplicado, un formulario en que pueda indicarlo sumariamente.

La omisión por el transportador o sus dependientes, de proporcionar dicho formulario, les privará de la presunción establecida en el inciso primero y del derecho a limitar responsabilidad.

[PRESUNCIÓN DE DEVOLUCIÓN ÍNTEGRA DEL EQUIPAJE NO PROCEDE EN CASO DE QUE EL PASAJERO EXAMINE Y RECLAME EL DAÑO QUE DETECTE]

Artículo 1073. Tampoco tendrá lugar la presunción establecida en el artículo anterior si al momento de la devolución del equipaje éste es examinado conjuntamente por el transportador o sus dependientes y por el pasajero, y éste reclama en ese acto de las pérdidas o daños que en la revisión se detecten.

[APLICACIÓN GENERAL DE LAS NORMAS SOBRE LIMITACIÓN DE RESPONSABILIDAD A FAVOR DEL TRANSPORTADOR]

Artículo 1074. Las disposiciones de este párrafo no privarán al transportador, transportador efectivo ni a los dependientes y agentes de ambos, del derecho a limitar su responsabilidad conforme a los preceptos del párrafo 1 del título IV de este mismo Libro.

[IRRENUNCIABILIDAD DE LOS DERECHOS A FAVOR DEL PASAJERO / SE TENDRÁ POR NO ESCRITA TODA ESTIPULACIÓN QUE EXIMA AL TRANSPORTADOR DE SU RESPONSABILIDAD, DISMINUYA SU GRADO O INVIERTA EL PESO DE LA PRUEBA]

Artículo 1075. Los derechos que se establecen en este párrafo en favor del pasajero son irrenunciables.

Se tendrá por no escrita toda estipulación contractual, cualquiera sea su fecha, que pretenda eximir al transportador de responsabilidad, disminuir su grado o invertir el peso de la prueba. Sólo serán válidas las cláusulas insertas en los boletos, que aumenten los derechos en favor del pasajero.

Lo dispuesto en el inciso anterior, si ocurriere, no afectará la existencia y validez del propio contrato de transporte del pasajero.

[DISPOSICIONES SÓLO SE APLICAN AL TRANSPORTE COMERCIAL DE PASAJEROS]

Artículo 1076. Las disposiciones contenidas en este párrafo sólo se aplicarán al transporte comercial de pasajeros.

No obstante, cuando el transporte sea gratuito o benévolo, se aplicarán sus normas sobre responsabilidad, siempre que el pasajero pruebe la culpa o negligencia el transportador. En tal caso, los límites de responsabilidad no excederán del 25% de las sumas que pudieren corresponder.

[Tribunales competentes para conocer una reclamación derivada del contrato de pasaje]

Artículo 1077. En los casos en que sea aplicable lo prescrito por los números 1° o 5° del artículo 1203, las acciones que puedan incoarse en virtud de las disposiciones de este párrafo, serán entabladas, a elección del demandante:

a) Ante el tribunal del domicilio o donde tenga una sede comercial el demandado, o

b) Ante el tribunal del lugar de iniciación o término del viaje, señalados en el contrato de pasaje.

Para el caso en que la controversia deba someterse a arbitraje, éste deberá tramitarse en alguno de los lugares antes mencionados. Sólo con el acuerdo expreso del pasajero podrá llevarse a cabo en otro lugar.

§ 6. Del remolque marítimo, fluvial y lacustre

[Definición de remolque-transporte]

Artículo 1078. Se denomina remolque - transporte a la operación de trasladar por agua una nave u otro objeto, remolcándolo desde un lugar a otro, bajo la dirección del capitán de la nave remolcadora y mediante el suministro por ésta de todo o parte de la fuerza de tracción.

[Remolque-transporte se regula supletoriamente por las normas del contrato de transporte marítimo]

Artículo 1079. El contrato de remolque - transporte se regirá por las condiciones que se convengan y, en su defecto, por las disposiciones de este párrafo, y en lo no dispuesto por éstas, se le aplicarán las normas que sean pertinentes del contrato de transporte marítimo de mercancías.

[Operaciones que comprende el remolque-maniobra]

Artículo 1080. Las operaciones de remolque que tienen por objeto facilitar la entrada o salida de una nave de un puerto, su atraque o desatraque o las faenas de carga y descarga de la misma, constituyen remolque - maniobra.

La nave remolcada conservará la dirección de la maniobra, salvo acuerdo en contrario de las partes, en cuyo caso deberá dejarse constancia en los libros bitácora de las naves.

[Normas aplicables al remolque-maniobra]

Artículo 1081. El remolque-maniobra es una especie de arrendamiento y en lo no dispuesto por las partes se aplicarán las normas de este párrafo, la Ley de Navegación o las disposiciones del Código Civil sobre dicho tipo de contrato.

[Condiciones que debe cumplir la nave remolcadora]

Artículo 1082. En toda clase de remolque la nave remolcadora deberá estar en buenas condiciones de navegabilidad, equipada y tripulada convenientemente y ser apta para la ejecución del contrato para el cual se la ha requerido.

[Responsabilidad de la nave remolcadora y remolcada frente a terceros / convoy o tren de remolque es considerada una unidad de transporte frente a terceros]

Artículo 1083. Por regla general, en los remolques de que trata este párrafo, tanto la nave remolcadora como la remolcada, serán responsables frente a terceros, de su propia culpa.

Pero, en los casos de abordaje con otra nave, ajena a la maniobra, si la dirección del remolque estaba a cargo de la nave remolcadora, el convoy será considerado como una sola unidad de transporte para los fines de la responsabilidad frente a terceros. Si la dirección de la maniobra estaba a cargo de la nave remolcada, la responsabilidad recaerá sobre ésta.

[Obligación reciproca de cuidado entre nave remolcadora y remolcada / nulidad de las cláusulas de exoneración de responsabilidad por daños causados por falta de precaución / aplicación de los límites de responsabilidad a favor del armador]

Artículo 1084. En cada nave deberá observarse, durante el curso de la operación, las precauciones que fueren menester para evitar cualquier peligro a la otra.

Serán nulas las cláusulas de exoneración de responsabilidad por daños que resulten de la inobservancia de esta disposición, sin perjuicio de lo establecido sobre limitación de responsabilidad del armador en el párrafo 1 del título IV de este Libro.

[Reglas de determinación de responsabilidad en el remolque-maniobra]

Artículo 1085. Para los efectos de determinar responsabilidades, se presumirá que el remolque-maniobra se inicia con las operaciones preparatorias y necesarias para su ejecución y finaliza cuando quien dirige la maniobra dispone su término o el retiro del remolcador.

[Nave remolcadora tiene derecho a remuneración adicional por servicios especiales]

Artículo 1086. Cuando, con ocasión de prestarse a una nave un servicio contractual de remolque, le sobrevinieren situaciones de peligro que den lugar a servicios especiales, o cuando éstos no puedan considerarse comprendidos en las obligaciones normales que el contrato le impone al remolcador, la nave remolcadora tendrá derecho a las remuneraciones que se indican en el párrafo sobre servicios de asistencia del título VI de este Libro, según sea el caso.

TÍTULO VI
DE LOS RIESGOS DE LA NAVEGACIÓN

§ 1. Definiciones y reglas generales

[Definición de avería]

Artículo 1087. Para los efectos de este título, se entenderá por avería:

1°. Todo daño que sufra la nave, estando o no cargada, en puerto o durante la navegación, y los que afecten a la carga desde que es embarcada en el lugar de expedición, hasta su desembarque en el de consignación, y

2°. Todos los gastos extraordinarios e imprevistos incurridos durante la expedición para la conservación de la nave, de la carga o de ambas a la vez.

[Gastos ordinarios no considerados como averías]

Artículo 1088. No son averías los gastos ordinarios originados por:

1°. Pilotajes y practicajes;

2°. Lanchas y remolques;

3°. Derechos portuarios o por otros servicios a la navegación;

4°. La carga y descarga de las mercancías, y

5°. En general, todos los ordinarios de la navegación.

[Gastos ordinarios son de cargo del transportador o fletante]

Artículo 1089. Todos los gastos enunciados en el artículo anterior serán de cuenta y de cargo del transportador o fletante, a menos que otras reglas de este Libro o el acuerdo de las partes establezcan otra cosa.

[Clasificación de las averías]

Artículo 1090. Las averías se clasifican en:

1°. Simples o particulares, o

2°. Gruesas o comunes.

En ambos casos puede tratarse de averías de gastos y averías de daños.

[Normas supletorias para la liquidación y pago de las averías]

Artículo 1091. A falta de estipulación expresa, la liquidación y pago de las averías, se regirá por las disposiciones de este título.

[Normas aplicables al arreglo de las averías fuera del territorio chileno]

Artículo 1092. El arreglo de las averías hecho fuera del territorio de la República, se regirá por la ley, usos y costumbres del lugar donde se verifique dicho arreglo.

§ 2. De la avería simple o particular

[Elementos que comprende las averías simples o particulares]

Artículo 1093. Son averías simples o particulares:

1°. Los daños o pérdidas que afecten a la nave o a la carga, por fuerza mayor o caso fortuito, por vicio propio o por actos o hechos del cargador, del naviero, sus dependientes o terceros;

2°. Los gastos extraordinarios e imprevistos incurridos en beneficio exclusivo de la nave, de la carga o de una parte de ésta, y

3°. En general, todos los daños y gastos extraordinarios e imprevistos que no merezcan la calificación de avería común.

[PROPIETARIO DE LA COSA DEBE SOPORTAR LA AVERÍA SIMPLE O PARTICULAR]

Artículo 1094. El Propietario de la cosa que hubiese sufrido el daño o causado el gasto, soportará la avería particular, sin perjuicio de su derecho para perseguir las responsabilidades que correspondan.

§ 3. De la avería gruesa o común

SECCIÓN PRIMERA. DE LA ADMISIÓN EN AVERÍA GRUESA Y SU DECLARACIÓN

[DEFINICIÓN DE AVERÍA GRUESA O COMÚN]

Artículo 1095. Constituyen avería gruesa o común los sacrificios o gastos extraordinarios e imprevistos, efectuados o contraídos intencional y razonablemente, con el objeto de preservar de un peligro común a los intereses comprometidos en la expedición marítima.

[LIBERTAD PARA LAS PARTES PARA PACTAR LA CALIFICACIÓN, LIQUIDACIÓN Y REPARTIMIENTO DE LAS AVERÍAS COMUNES]

Artículo 1096. Sobre la calificación, liquidación y repartimiento de las averías comunes, las partes podrán pactar la aplicación de cualquier clase de normas, sea que hayan recibido sanción legal de un Estado, sea que provengan de usos o acuerdos nacionales, extranjeros o internacionales, públicos o privados, o de reglas de práctica, nacionales o extranjeras.

[CAPITÁN ES EL ÚNICO FACULTADO PARA ADOPTAR LAS MEDIDAS QUE CONSTITUYAN AVERÍA GRUESA O COMÚN]

Artículo 1097. La decisión de adoptar medidas que constituyan avería gruesa o común, corresponderá exclusivamente al capitán de la nave o a quien haga sus veces, el cual, atendidas las circunstancias del caso, podrá oír la opinión de los representantes de la carga, si estuvieren presentes.

[CAPITÁN DEBE DEJAR CONSTANCIA EN LA BITÁCORA SOBRE LA AVERÍA COMÚN / DEBER DEL CAPITÁN DE RATIFICAR LOS HECHOS RELATIVOS A LA AVERÍA COMÚN ANTE MINISTRO DE FE EN EL PRIMER PUERTO DE ARRIBADA]

Artículo 1098. Adoptada la decisión que da origen a la avería común y tan pronto como las circunstancias lo permitan, el capitán deberá dejar constancia de ella en el libro bitácora, la que contendrá la fecha, hora y lugar del acontecimiento, las medidas ordenadas por el capitán y sus fundamentos.

En el primer lugar de arribada, y tan pronto le sea posible, el capitán deberá ratificar los hechos relativos a la avería común, consignados en el libro bitácora, ante un ministro de fe, sin perjuicio de la información a la autoridad marítima respectiva, si el puerto fuere chileno.

Cuando la arribada ocurriere en el extranjero y la avería tuviere consecuencias en Chile, la ratificación deberá efectuarse ante el cónsul chileno, y en su defecto, ante un ministro de fe o ante el tribunal local competente.

[AVERÍA COMÚN SÓLO ADMITE LOS DAÑOS, PÉRDIDAS Y GASTOS QUE SEAN CONSECUENCIA DIRECTA DEL ACTO QUE LA ORIGINA]

Artículo 1099. Sólo se admitirán en avería común los daños, pérdidas o gastos que sean consecuencia del acto que la origina. No obstante, para este efecto, se incluirán como gastos los de liquidación de la avería y los intereses por los valores correspondientes a las pérdidas y desembolsos abonables en avería común.

Los daños o pérdidas por demora que se ocasionen a la nave o al cargamento, ya fuere durante el viaje o después, y las pérdidas indirectas debidas a esta misma causa, tales como las resultantes de sobreestadías y de diferencia de mercado, no serán admitidos en avería gruesa.

[GASTOS DESTINADOS A EVITAR UNA PÉRDIDA, DAÑO O DESEMBOLSO QUE HABRÍA SIDO ABONABLE A LA AVERÍA GRUESA TAMBIÉN ES ADMITIDO]

Artículo 1100. Todo gasto en que se haya incurrido para evitar una pérdida, daño o desembolso que habría sido abonable en avería gruesa será también admitido como tal, solamente hasta concurrencia del valor del daño o pérdida evitada o del gasto economizado, según corresponda.

[Carga de la prueba del daño o gasto incumbe a quien lo reclama]

Artículo 1101. El peso de probar que un daño o gasto debe ser admitido en avería gruesa, es de cargo de quien lo reclama.

[Averías gruesas son de cargo proporcional por la nave, del flete y de las mercancías]

Artículo 1102. Las averías gruesas son de cargo de la nave, del flete y de las mercancías que existan en ella al tiempo de producirse aquéllas. Se pagarán por contribución proporcional al valor de los bienes mencionados.

[Liquidación de la avería común tiene lugar a pesar de que el hecho sea por culpa de una de las partes]

Artículo 1103. Habrá lugar a la liquidación de la avería común, aunque el suceso que hubiere originado el daño o gasto se haya debido a culpa de una de las partes interesadas en la expedición marítima, sin perjuicio de las acciones o defensas que se pudieren ejercitar en su contra.

[La liquidación de la avería común es realizada en base a los valores de los intereses comprometidos en la fecha y lugar de destino]

Artículo 1104. La avería común se liquida, tanto en lo concerniente a las pérdidas como a las contribuciones, sobre la base de los valores de los intereses comprometidos, en la fecha y en el lugar donde termina la expedición marítima.

[Arreglo de las averías comunes es efectuado por perito liquidador / designación del perito liquidador]

Artículo 1105. El arreglo de las averías comunes será efectuado por un perito liquidador.

Declarada la avería gruesa, si no estuviere convenido de antemano el nombre del liquidador, o no se produjere acuerdo en cuanto a la persona a designar, cualquiera de los interesados podrá solicitar el nombramiento al juez competente del puerto donde termina la descarga.

Requerido el tribunal para la designación, si el puerto fuere chileno, éste procederá a su nombramiento en la forma señalada por los artículos 414 y 415 del Código de Procedimiento Civil, sin más trámite. Si el nombramiento se hiciere en Chile, éste deberá recaer en algún liquidador de seguros chileno que haya sido designado en la forma que determine la ley.

SECCIÓN SEGUNDA. DEL PROCEDIMIENTO PARA DECLARAR AVERÍA COMÚN Y PARA IMPUGNAR SU LEGITIMIDAD

[SOLICITUD PARTICULAR DE DECLARACIÓN JUDICIAL DE AVERÍA COMÚN / IMPUGNACIÓN JUDICIAL DE LA LEGITIMIDAD DE LA DECLARACIÓN DE AVERÍA GRUESA REALIZADA POR EL CAPITÁN O EL ARMADOR]

Artículo 1106. Cuando el capitán o armador de la nave afectada no hubiere declarado una avería común, cualquier interesado en ella, podrá solicitar al juez indicado en el artículo anterior que nombre un árbitro, para que se pronuncie sobre la existencia de la avería común, salvo que ya hubiese sido designado.

Esta petición sólo podrá formularse dentro del plazo de seis meses, contado desde el término de la descarga.

El nombramiento, a falta de acuerdo, se ceñirá a las normas del párrafo 1 del título VIII de este Libro.

A su vez, si declarada la avería gruesa por el capitán o armador de la nave, algún interesado en la expedición deseare objetar su legitimidad, deberá formular su impugnación al mismo juez indicado en el artículo anterior, dentro del plazo de sesenta días consecutivos, contado desde que se haya recibido la comunicación por escrito de la declaración de avería gruesa, o desde que se haya suscrito el compromiso de avería, si no se hubiere recibido antes aquella comunicación.

Las partes podrán también iniciar directamente un procedimiento arbitral.

La expresión por escrito comprende entre otros medios, el telegrama y el télex.

No podrá objetarse posteriormente la legitimidad de la avería, lo cual es sin perjuicio de la acción que se concede por el artículo 1111 para objetar la liquidación propiamente tal.

[DESIGNACIÓN DE ÁRBITRO QUE CONOCERÁ LA IMPUGNACIÓN JUDICIAL DE LA LEGITIMIDAD DE LA DECLARATORIA DE AVERÍA COMÚN]

Artículo 1107. Formulada la impugnación por algún interesado, el tribunal citará a las partes a un comparendo para designar un árbitro a fin de que conozca del juicio de impugnación. Serán partes para estos efectos, el impugnante, el armador de la nave afectada y quien hubiere solicitado la declaración de avería común.

[ARBITRAJE FORZOSO EN PROCESOS DE DECLARACIÓN PARTICULAR DE AVERÍA COMÚN O IMPUGNACIÓN DE LA LEGITIMIDAD DE UNA AVERÍA COMÚN YA DECLARADA]

Artículo 1108. Del juicio para declarar una avería común, como del que se promueva para impugnar su legitimidad, conocerá el árbitro en única instancia, y estará también investido de las facultades que se indican en el artículo 1206 de este Libro.

Salvo que las partes acuerden otra forma de tramitación, en estos juicios se observarán las reglas que el Código de Procedimiento Civil establece para el procedimiento sumario, con excepción de sus artículos 681 y 689.

[NORMAS PROCESALES APLICABLES A LOS PROCEDIMIENTOS JUDICIALES RELATIVOS A LA AVERÍA COMÚN]

Artículo 1109. Todas las peticiones para que se declare la avería o las impugnaciones a su legitimidad, se tramitarán conjuntamente y en un único juicio. Para estos efectos, se acumularán todas las demandas a la primera que se hubiere formulado y será tribunal competente el árbitro designado o que correspondiera designar en el juicio que primero se hubiere promovido.

Los demás interesados que no hubieren deducido impugnaciones en tiempo oportuno, podrán hacerse parte en el juicio señalado, siempre que lo hagan antes de la audiencia de contestación establecida en el procedimiento sumario, y desde ese momento se seguirán también con ellos, todos los demás trámites del pleito.

La sentencia que recaiga en el juicio de impugnación, sólo afectará a quienes hayan sido partes en él. Si la sentencia acogiere la o las impugnaciones, las cuotas de contribución de quienes hubieren obtenido en el juicio, serán soportadas por el armador por cuya cuenta se resolvió producir el daño o incurrir en el gasto.

[IMPUGNACIÓN JUDICIAL A LA LEGITIMIDAD DE LA AVERÍA COMÚN NO SUSPENDE SU LIQUIDACIÓN]

Artículo 1110. Las impugnaciones a la legitimidad de la avería común de que tratan los artículos anteriores no suspenderán los trámites de la liquidación de la misma, sea por el liquidador previamente designado o el que las partes indiquen en el caso del artículo 1105.

SECCIÓN TERCERA. DE LA OBJECIÓN A LA LIQUIDACIÓN

[Notificación a los interesados de los resultados de la liquidación / plazo fatal para objetar la liquidación]

Artículo 1111. Terminada una liquidación de avería gruesa, el liquidador deberá comunicar sus resultados a todos los interesados, enviándoles por carta certificada, una copia de la liquidación o un extracto de ella que contenga, a lo menos, el monto total de los valores admitidos en avería gruesa, las cantidades globales de cada rubro contribuyente y la cuota de contribución respectiva.

Esta carta certificada la enviará el liquidador por medio de un notario u otro ministro de fe.

El interesado que no objetare la liquidación dentro del plazo de 45 días, contado desde la expedición de la carta, quedará obligado al pago de su cuota de contribución.

[Objeciones a la liquidación de la avería común las conocerá un juez árbitro]

Artículo 1112. Las objeciones a la liquidación se acumularán en un solo juicio, del que conocerá un juez árbitro designado en la forma que se alude en el artículo 1106, el cual tendrá las mismas facultades mencionadas en la sección anterior.

No será necesario designar nuevo árbitro, si se hubiere nombrado antes para conocer de alguno de los juicios citados en el mismo artículo, salvo si el que formula la objeción, probare alguna causal de implicancia o recusación en su contra.

El plazo para objetar la liquidación de avería común, se suspenderá respecto de los que hubieren impugnado su legitimidad según lo señalado en el artículo 1106, o de los que oportunamente se hubieren hecho parte en ellas, y hasta que esas impugnaciones sean resueltas por sentencia firme.

[Objeciones a la liquidación se tramitan conforme a las reglas de los incidentes comunes]

Artículo 1113. Las objeciones a la liquidación se tramitarán conforme a las reglas establecidas para los incidentes en el Código de Procedimiento Civil, y de ellas se dará traslado a la parte que hubiere declarado la avería gruesa o a la que fuere encargada de exigir su cumplimiento. Si no estuviere estipulado de otra forma, corresponderá al dueño o armador de la nave afectada exigir dicho cumplimiento.

Si el árbitro resolviere acoger las objeciones, en la misma resolución designará un nuevo liquidador indicándole los puntos a que deberá referir su dictamen. Evacuado este segundo dictamen, el árbitro resolverá la controversia. Si fueren desechadas las objeciones, los articulistas serán necesariamente condenados en costas.

[Derecho de retención a favor del transportado o fletante respecto del importe de la contribución provisoria]

Artículo 1114. El transportador o el fletante no estarán obligados a entregar las mercancías, mientras no se pague el importe de la contribución provisoria o definitiva o se garantice su pago. Podrán también solicitar el depósito de las mercancías en tierra, por cuenta de quien corresponda, hasta que se dé cumplimiento al pago o a la garantía mencionados anteriormente.

[Asegurador que indemnice al dueño de bienes afectados se subroga en sus derechos respecto de la avería común]

Artículo 1115. El asegurador que indemnizare al dueño de bienes afectados por la avería gruesa, quedará subrogado en los derechos que éste pudiere tener en dicha avería.

§ 4. Del abordaje

[Supuestos de abordaje / aplicación de las normas del abordaje a naves y artefactos navales que puedan desplazarse]

Artículo 1116. Las reglas de este párrafo se aplicarán a los daños que se produzcan en los siguientes casos:

1°. Cuando ocurra una colisión entre dos o más naves, y

2°. Cuando por causa de la ola de desplazamiento de una nave se ocasionaren daños a otra u otras naves, a sus cargas o a las personas que estén a bordo de ellas, aunque no llegue a producirse una colisión.

Para estos efectos, el concepto de nave incluirá los artefactos navales que puedan desplazarse por medios propios o ajenos.

Estas normas tendrán también aplicación cuando los hechos ocurran en aguas fluviales, lacustres o cualquier otra vía navegable.

[Aplicación de las normas de abordaje a naves de un mismo dueño]

Artículo 1117. Se aplicarán también las reglas de este párrafo, a los daños por abordaje que ocurra entre naves pertenecientes a un mismo dueño o sometidas a una misma administración.

[Ley aplicable al abordaje será la del Estado en cuyas aguas ocurrió]

Artículo 1118. En todo abordaje se aplicará la ley del Estado en cuyas aguas jurisdiccionales ocurrió.

Si el abordaje se produjere en aguas no sometidas a la soberanía de Estado alguno, se aplicará la ley del país ante cuyos tribunales se interponga la demanda.

[Elección del tribunal competente por el demandante / designación de tribunal arbitral chileno]

Artículo 1119. En caso de abordaje, el reclamante podrá ocurrir, a su elección, ante el tribunal civil del domicilio del demandado o ante el tribunal civil del puerto donde se encuentre la nave responsable por haberse refugiado, o donde hubiese sido retenida o arraigada.

Si la competencia correspondiere a un tribunal arbitral chileno, se aplicarán las reglas indicadas en el párrafo 1 del título VIII de este Libro. La designación del árbitro, a falta de acuerdo de las partes, podrá solicitarse a opción del reclamante, ante el juez de turno con competencia civil de cualquiera de los lugares indicados en el inciso anterior.

[Abordaje causado por fuerza mayor o caso fortuito será soportado individualmente por cada nave]

Artículo 1120. Si el abordaje entre dos o más naves fuere causado por fuerza mayor o caso fortuito, o si hubiere duda acerca de la causa que lo originó, los daños serán soportados individualmente por quienes los hubieren sufrido.

[Armador responde por abordaje causado por culpa del capitán, piloto o tripulación de la nave]

Artículo 1121. Si el abordaje se produjo por culpa o dolo del capitán, piloto o tripulación de una de las naves, los daños serán de responsabilidad de su armador.

[Reglas de distribución de los perjuicios por abordaje causado por la culpa de dos o más naves]

Artículo 1122. Si el abordaje fuere imputable a culpa de dos o más naves, el total de los perjuicios será soportado por el armador de cada una de ellas, en la proporción de culpa que se asigne a su respectiva nave por el tribunal que conozca de la primera acción de perjuicios que se promueva. Sin embargo, el pago a los reclamantes se regirá por las reglas del artículo siguiente.

[Solidaridad en el pago de las indemnizaciones por los responsables del Abordaje en caso de muerte o lesiones / responsabilidad simplemente conjunta entre los responsables del abordaje en caso de daños en los cargamentos]

Artículo 1123. Los responsables serán solidariamente obligados al pago de las indemnizaciones por muerte o lesiones producidas en el abordaje, sin perjuicio del derecho de cada uno a repetir contra los otros lo que hubiere pagado en exceso de su cuota, según la proporcionalidad de la culpa de cada nave.

Respecto de los daños en los cargamentos, no habrá solidaridad entre las naves culpables, y cada armador pagará los perjuicios de las cargas dañadas en su nave, en la forma que lo disponga la ley o los respectivos contratos de fletamento o transporte. Si en virtud de lo anterior, o por efecto de acciones directas de los dueños de cargas de la otra u otras naves en abordaje, un naviero o transportador pagare mayor proporción que el porcentaje de culpa asignado a su nave, podrá repetir contra el armador de la otra u otras naves por el exceso que hubiere pagado.

[Valor probatorio de la resolución final del sumario incoado por la autoridad marítima]

Artículo 1124. Para la determinación de las responsabilidades civiles que se deriven de un abordaje, se reputarán verdaderos, salvo prueba en contrario, los hechos establecidos como causas determinantes de aquél, en la resolución definitiva dictada en el sumario que se hubiere incoado por la autoridad marítima.

[Naufragio de la nave abordada será considerada consecuencia del abordaje]

Artículo 1125. Si una nave, después de haber sido abordada, naufragare en el curso de su navegación al puerto o lugar al cual se dirigía, su pérdida será considerada como consecuencia del abordaje, salvo prueba en contrario.

§ 5. De la arribada forzosa

[Definición de arribada forzada]

Artículo 1126. Constituye arribada forzosa la entrada necesaria de la nave a un puerto o lugar distinto al de escala o término previstos para el viaje.

[Reglas de distribución de los gastos de la arribada forzosa]

Artículo 1127. Los gastos de una arribada forzosa constituirán avería gruesa si ella se ha efectuado en interés común de la nave y la carga; en los demás casos, serán de cargo del interesado a quien afectaba la necesidad de efectuarla. Todo lo cual es sin perjuicio primero de las acciones que competan contra los responsables por los hechos que hubieren motivado la arribada forzosa.

§ 6. De los servicios que se presten a una nave u otros bienes en peligro

SECCIÓN PRIMERA. CONCEPTOS Y ÁMBITO DE APLICACIÓN

[Definición de operación de salvamento / definición de nave auxiliada / definición de bienes en peligro auxiliados / definición de daño al medio ambiente]

Artículo 1128. Para los efectos de este párrafo, se entenderá que:

1°. Operación de salvamento, de asistencia o de auxilio, involucra todo acto o actividad emprendida para ayudar a una nave, artefacto naval o cualquier bien en peligro, sin importar las aguas donde ocurra el acto o se realice la actividad. Para estos efectos, las expresiones salvamento, asistencia o auxilio, se considerarán sinónimas;

2°. Nave, comprende cualquier barco, embarcación, estructura capaz de navegar o artefacto naval, incluyendo toda nave que esté varada, abandonada por su tripulación o hundida y que es objeto de los auxilios a que se refiere este párrafo.

3°. Entre los bienes en peligro se incluye también el flete por el transporte de la carga de la nave que se auxilia, ya sea que el riesgo de pérdida del flete corresponda al dueño de los bienes, al armador o al fletador, y

4°. Daño al medio ambiente, es el daño físico significativo a la salud humana, a la vida animal o vegetal y a los recursos marinos en aguas sometidas a la jurisdicción nacional y áreas terrestres adyacentes a aquellas, producidos por contaminación, envenenamiento, explosión, fuego u otras causas similares.

[Capitán facultado para celebrar contratos de asistencia a nombre y cuenta de armadores y de los demás bienes que estén bajo su custodia]

Artículo 1129. El capitán estará facultado para celebrar contratos de asistencia a nombre y por cuenta de los dueños o armadores de la nave y de los demás bienes que estén bajo su custodia y se encuentren en peligro.

El armador de la nave a la cual se le hubieren prestado auxilios responderá ante los salvadores por todos los derechos que nazcan a favor de éstos, incluso los que afecten a la carga u otros bienes beneficiados.

Todo lo anterior es sin perjuicio del derecho de ese armador o del dueño de la nave asistida, para recuperar lo que corresponde de otros beneficios u obligados.

[Aplicación general de las normas sobre operaciones de asistencia, salvo pacto en contrario o supuestos expresamente excluidos]

Artículo 1130. Las reglas de este párrafo se aplicarán a toda operación de asistencia, salvo que el contrato respectivo disponga lo contrario en forma expresa o implícita.

Sin embargo, no se aplicarán:

1°. A los auxilios que se presten a buques de guerra u otras naves públicas, y que sean usados en el momento de las operaciones de asistencia exclusivamente en servicios oficiales, no comerciales, y

2°. A la remoción de restos náufragos.

También se aplicarán si la nave asistida y la asistente pertenecen a un mismo dueño o están sujetas a una misma administración.

[Supuestos en los cuales una de las partes del contrato de salvamento puede solicitar que sea dejado sin efecto o se modifique]

Artículo 1131. Cualquiera de las partes que hubiere celebrado un contrato o convenio de asistencia, podrá solicitar se le deje sin efecto o se modifique, en los siguientes casos:

1°. Cuando el contrato se ha firmado bajo presión indebida o influencia de peligro y, además, sus términos no sean equitativos, o

2°. Cuando el pago convenido sea excesivamente elevado o demasiado bajo, respecto de los servicios realmente prestados.

SECCIÓN SEGUNDA. OBLIGACIONES DE LAS PARTES EN LAS OPERACIONES DE ASISTENCIA

[Obligaciones del asistido]

Artículo 1132. El armador, incluyendo al operador que actúe en virtud de un contrato con aquel, el dueño y el capitán de una nave en peligro, están obligados a:

1°. Adoptar oportunamente las medidas razonables para obtener asistencia, cooperar plenamente con el asistente durante las operaciones y hacer todo lo posible para evitar o disminuir el daño al medio ambiente:

2°. Solicitar de inmediato asistencia en los casos en que la nave, aeronave o artefacto naval, por su estado o lugar en que se encuentre, ponga en peligro o pueda constituir un obstáculo para la navegación, la pesca, la preservación del medio ambiente u otras actividades marítimas o ribereñas. En tales casos, los servicios que se presten por orden de la autoridad o espontáneamente, no tendrán la limitación que se establece en el artículo 1152.

Lo anterior es sin perjuicio de las atribuciones que la Ley de Navegación confiere a la autoridad marítima en estas materias, y

3°. Pedir o aceptar los servicios de asistencia de otro salvador, cuando razonablemente aparezca que el que está efectuando las operaciones de asistencia no puede completarlas solo, o dentro de un tiempo prudencial, o sus elementos son inadecuados.

[Restitución de la nave o bienes salvados]

Artículo 1133. Los dueños de la nave o de los bienes salvados que han sido llevados a un lugar seguro, deben aceptar su restitución cuando razonablemente se estime terminada la labor de los salvadores.

[Obligaciones del asistente]

Artículo 1134. Son obligaciones del asistente:

1°. Efectuar las operaciones de salvamento con el debido cuidado, empleando sus mejores esfuerzos para salvar la nave y bienes contenidos en ella y para impedir o disminuir el daño al medio ambiente, y

2°. Si las circunstancias razonablemente lo requieren, el asistente deberá solicitar ayuda de otros salvadores disponibles y aceptar la intervención de otros asistentes cuando así lo pida el dueño o el capitán, según lo señala el número 3° del artículo 1132. Sin embargo, en este último caso, el monto de su remuneración no resultará afectado, si se demuestra que esa intervención no era necesaria.

[Capitán de una nave está obligado a prestar auxilio a cualquier persona en peligro en el mar]

Artículo 1135. Todo capitán está obligado a prestar auxilio a cualquier persona que se encuentre en peligro en el mar.

El dueño u operador de la nave no será responsable por el incumplimiento de esta obligación del capitán.

SECCIÓN TERCERA. DERECHOS DE LOS ASISTENTES

[Remuneración de los servicios de asistencia]

Artículo 1136. Los servicios de asistencia darán derecho a remuneración en los siguientes casos:

1°. Cuando se auxilie una nave u otros bienes en peligro, o

2°. Cuando tengan por objeto prevenir, evitar o atenuar daños al medio ambiente.

En ambos casos, la remuneración y el reembolso de gastos y perjuicios en que incurra el asistente, se regirán por las normas de esta sección.

[Remuneración sólo procede por resultado útil de la operación de asistencia, salvo pacto en contrario]

Artículo 1137. Para tener derecho a remuneración, es necesario que las operaciones de asistencia hayan tenido un resultado útil, a menos que expresamente se haya convenido otra cosa.

[Elementos para determinar la remuneración]

Artículo 1138. La remuneración debe fijarse con la intención de alentar las operaciones de asistencia, y teniendo en cuenta, entre otras, las siguientes consideraciones, sin atender al orden en que se enumeran:

1°. El valor de los bienes asistidos;

2°. La destreza y esfuerzos de los asistentes para impedir o disminuir el daño al medio ambiente;

3°. El grado de éxito obtenido por el asistente;

4°. La naturaleza y grado del peligro;

5°. Los esfuerzos de los asistentes, incluyendo el tiempo usado, y los gastos y daños por ellos incurridos;

6°. El riesgo de incurrir en responsabilidad y otros riesgos corridos por los asistentes o su equipo;

7°. La prontitud del servicio prestado;

8°. La disponibilidad y uso de equipos y naves destinados especialmente a operaciones de salvamento, y

9°. El grado y estado de preparación, la eficiencia y valor de los equipos de los asistentes.

Cuando se hubiere convenido que, aun sin resultado útil, el asistente tiene derecho al reembolso de sus gastos y compensación por los daños en las embarcaciones o equipos empleados, para fijar su monto se atenderá, en lo que sea pertinente, a las consideraciones señaladas anteriormente, lo cual es sin perjuicio de lo que se establece en la sección siguiente, si el asistente opta por ella.

[Límite máximo de la remuneración por los servicios de asistencia]

Artículo 1139. La remuneración señalada en el artículo anterior no puede exceder al valor de los bienes asistidos en el momento del término de la operación de asistencia.

SECCIÓN CUARTA. REEMBOLSO DE GASTOS Y COMPENSACIÓN ESPECIAL

[Compensación especial por operaciones de asistencia que eviten o disminuyan daño al medio ambiente]

Artículo 1140. Si el asistente ha ejecutado operaciones de auxilio a una nave que por sí misma o por su carga, amenazaba causar o estaba produciendo daño al medio ambiente tendrá al menos, derecho al reembolso por el dueño u operador de la nave, de los gastos razonablemente incurridos, y podrá tener, además, derecho a la compensación que se indica en el artículo siguiente.

[Límite de la compensación especial]

Artículo 1141. Si en las circunstancias previstas en el artículo anterior, con sus operaciones, el asistente ha evitado o disminuido los perjuicios al medio ambiente, y el tribunal lo estima razonable y justo, podrá aumentarse la compensación que le debe el dueño u operador de la nave, para lo cual tomará en consideración los diferentes criterios indicados en el artículo 1138. Pero, en ningún caso esa compensación podrá exceder al doble de su monto base.

[Gastos del asistente en operaciones que eviten o disminuyan daño al medio ambiente]

Artículo 1142. Para los efectos señalados en los dos artículos anteriores se considerarán gastos del asistente, los desembolsos razonablemente efectuados en las operaciones de asistencia y una asignación adecuada por el material y personal efectiva y razonablemente empleados en las mismas operaciones, teniendo en consideración los criterios indicados en los números 7°, 8° y 9° del artículo 1138.

[Modalidad de pago especial al asistente]

Artículo 1143. Cuando la remuneración que corresponda al asistente conforme al artículo 1138, resultare inferior a la compensación total y reembolso de gastos que pudiere obtener por la aplicación de los tres artículos anteriores, podrá exigir que se le pague con base en esta última modalidad, aunque no estuviere así pactado de antemano.

[Asistente negligente que no ha logrado evitar o disminuir el daño al medio ambiente puede ser privado de la compensación especial]

Artículo 1144. Si el asistente ha sido negligente y por ello no ha logrado evitar o disminuir el daño al medio ambiente, puede ser total o parcialmente privado de la compensación y reembolso que le habría correspondido según esta sección.

SECCIÓN QUINTA. DISTRIBUCIÓN ENTRE LOS ASISTENTES

[Reglas de distribución de la remuneración entre más de un asistente]

Artículo 1145. En caso de haber más de un asistente, la remuneración se distribuirá entre ellos de acuerdo a los criterios señalados en el artículo 1138.

[Ley aplicable a la distribución de la remuneración entre el dueño, capitán y la tripulación de la nave]

Artículo 1146. La distribución entre el dueño, el capitán y otras personas al servicio de cada nave asistente, será determinada de acuerdo con la ley del pabellón de la nave. Si la asistencia no se ha llevado a cabo desde una nave, se hará la distribución de acuerdo con la ley que rija el contrato vigente entre el asistente y sus dependientes.

[Reglas chilenas de distribución de la remuneración]

Artículo 1147. Cuando corresponda aplicar la ley nacional, la distribución se regirá por las siguientes reglas:

1°. Previa deducción de la proporción de costos fijos y variables de la nave, incluidos los costos y daños causados por el auxilio, corresponderá al armador la mitad de la remuneración líquida, y

2°. La otra mitad se distribuirá entre la dotación en proporción a sus sueldos o salarios base. En todo caso, la cuota del capitán no podrá ser inferior al doble de la proporción que le correspondería según su sueldo base.

Cuando deba distribuirse la parte de la compensación especial de que tratan los artículos 1141 y 1142, se asignará a cada ítem la cantidad que respectivamente haya fijado el tribunal, y lo que corresponda a remuneración del personal, si nada se expresa en el fallo, se repartirá según lo dispuesto en el número 2° de este artículo.

En las naves dedicadas exclusivamente a la prestación de auxilios, la distribución atenderá primero a los pactos que existieren entre el dueño o armador de la nave asistente y su dotación.

[ARMADOR DE LA NAVE ASISTENTE ES LEGITIMADO ACTIVO EXCLUSIVO PARA EL EJERCICIO DE ACCIONES DE COBRO DE REMUNERACIÓN, REEMBOLSOS, INDEMNIZACIÓN Y COMPENSACIÓN ESPECIAL]

Artículo 1148. Corresponderá sólo al armador de la nave asistente el ejercicio de las acciones por cobro de remuneración, reembolsos, indemnizaciones y compensación especial que se originen en faenas prestadas por o desde ella.

SECCIÓN SEXTA. SALVAMENTO DE PERSONAS

[SALVAMENTO A PERSONAS NO OTORGA REMUNERACIÓN]

Artículo 1149. Las personas cuyas vidas han sido salvadas no deben remuneración alguna. Sin embargo, el salvador de vidas humanas, que ha intervenido con ocasión de un accidente que da lugar a servicios de asistencia a la nave u otros bienes, tiene derecho a una parte equitativa de la remuneración que corresponda al salvador de la nave o de esos otros bienes, o de la que corresponda al que evitó o disminuyó los daños al medio ambiente.

SECCIÓN SÉPTIMA. SERVICIOS PRESTADOS BAJO CONTRATOS PREEXISTENTES

[SERVICIOS PRESTADOS EN VIRTUD DE UN CONTRATO ANTES DEL PELIGRO NO ES CONSIDERADO SALVAMENTO]

Artículo 1150. Los servicios prestados en cumplimiento de un contrato celebrado antes que surgiera el peligro, no será considerados como auxilio y no darán derecho a las remuneraciones, reembolsos e indemnizaciones de que trata este párrafo, salvo en cuanto estos servicios excedan lo que razonablemente podía considerarse como adecuado cumplimiento de ese contrato.

SECCIÓN OCTAVA. PRIVACIÓN DE LA REMUNERACIÓN

[Asistente doloso o negligente puede ser privado de la remuneración]

Artículo 1151. Un asistente puede ser privado de todo o parte de la remuneración, indemnización, reembolsos o compensaciones debidas, en la medida que las operaciones de salvamento se hayan hecho necesarias o más difíciles por su culpa o dolo.

[Servicios prestados a pesar de la prohibición razonable de la nave asistida no dan derecho a remuneración]

Artículo 1152. Los servicios prestados a pesar de la prohibición expresa y razonable del capitán, dueño u operador de la nave, no dan derecho a las remuneraciones, indemnizaciones, reembolsos y compensaciones señaladas en las disposiciones de este párrafo, salvo lo dispuesto en el número 2° del artículo

SECCIÓN NOVENA. GARANTÍAS Y PAGOS PROVISORIOS

[Obligación de constituir garantía suficiente para responder al cobro del asistente / retención o arraigo de los bienes salvados]

Artículo 1153. En tanto no se constituya garantía suficiente para responder al cobro del asistente, los bienes salvados no podrán ser trasladados del primer puerto o lugar a que hayan llegado al término de las operaciones de asistencia.

El tribunal que sea competente para conocer de la demanda del asistente, decretará, a petición de éste y sin más trámite, la retención o arraigo de los bienes salvados y el lugar en que la medida deba cumplirse.

[Tribunal puede ordenar pagos provisorios a favor del asistente / solicitud de pagos provisorios se tramita como incidente]

Artículo 1154. El mismo tribunal mencionado en el artículo anterior podrá decretar que se pague al asistente una cantidad provisoria y a cuenta, que considere adecuada y justa. Estos pagos darán derecho a reducción proporcional de la garantía a que se alude en el artículo anterior.

La petición de que se concedan pagos provisorios se tramitará como incidente y la resolución que acceda a ello, establecerá si el salvador debe constituir una garantía suficiente de restitución.

[RESOLUCIONES JUDICIALES SÓLO APELABLES EN EL EFECTO DEVOLUTIVO]

Artículo 1155. Las resoluciones que se dicten en las materias a que se refieren los dos artículos anteriores, serán apelables en el solo efecto devolutivo.

SECCIÓN DÉCIMA. DE LA COMPETENCIA

[TRIBUNAL COMPETENTE PARA CONOCER ACCIONES DE COBRO POR LOS SERVICIOS DE SALVAMENTO A ELECCIÓN DEL SALVADOR]

Artículo 1156. Cuando por voluntad de las partes deba un tribunal ordinario conocer sobre la regulación de el valor de los servicios y el monto de los daños y gastos reembolsables, y no se haya precisado el tribunal, será competente, a opción del demandante, el correspondiente a:

1°. El domicilio del demandado;

2°. El puerto o lugar al cual se han llevado los bienes salvados, al término de los servicios;

3°. El lugar en el cual se ha constituido la respectiva garantía;

4°. El lugar donde se han retenido o arraigado los bienes salvados, o

5°. El lugar en el cual se prestaron los servicios.

[DESIGNACIÓN DE ÁRBITRO]

Artículo 1157. Cuando las mismas materias mencionadas en el artículo anterior deban someterse a arbitraje conforme a las normas del párrafo 1 del título VIII de este Libro, y fuere necesario proceder a la designación del árbitro, será competente para hacer tal designación, cualquiera de los tribunales señalados en el referido artículo a elección del demandante.

TÍTULO VII
DE LOS SEGUROS MARÍTIMOS

§ 1. Reglas generales

SECCIÓN PRIMERA. ÁMBITO DE APLICACIÓN

[APLICACIÓN DE LAS NORMAS ESPECIALES A LOS SEGUROS MARÍTIMOS]

Artículo 1158. Se aplicarán a los seguros de que trata este Título, salvo en las materias que regule de otra manera, las disposiciones de las secciones primera y segunda del Título VIII del Libro II de este Código.

[APLICACIÓN SUPLETORIA DE LAS NORMAS DE LOS SEGUROS MARÍTIMOS, SALVO EN MATERIAS QUE SEAN IMPERATIVAS]

Artículo 1159. Las reglas de este título se aplicarán en defecto de las estipulaciones de las partes, salvo en las materias en que la norma sea expresamente imperativa.

[COSAS SOBRE LAS CUALES PUEDEN VERSAR EL SEGURO MARÍTIMO]

Artículo 1160. Los seguros marítimos pueden versar sobre:

1°. Una nave o artefacto naval, sus accesorios y objetos fijos o movibles, cualquiera sea el lugar en que se encuentren, incluso en construcción;

2°. Mercancías o cualquier otra clase de bienes que puedan sufrir riesgos del transporte marítimo, fluvial o lacustre;

3°. Instalaciones y maquinarias destinadas a cumplir faenas de carga, descarga, estiba y atención de naves y cualquier otro bien que las partes estimen expuesto a riesgos relacionados con el mar;

4°. El valor del flete y de los desembolsos en que incurra quien organiza una expedición marítima, o

5°. La responsabilidad de una nave u otro objeto, por los perjuicios que puedan resultar frente a terceros como consecuencia de su uso o navegación.

[RIESGOS ASEGURABLES EN EL SEGURO MARÍTIMO]

Artículo 1161. Por regla general, los seguros marítimos tienen por objeto indemnizar al asegurado respecto de la pérdida o daño que pueda sufrir la cosa asegurada por los riesgos que implica una aventura marítima, fluvial, lacustre, o en canales interiores.

[Riesgos incluidos en la aventura marítima]

Artículo 1162. La aventura y su extensión dependen de lo que las partes estipulen en el contrato de seguro.

No obstante, a falta de estipulación en contrario, se entienden incluidos en el riesgo los peligros que provengan o que puedan ocurrir como consecuencia de la navegación o de estar la nave o artefacto naval en puerto o detenidos, incluyendo en este concepto los peligros derivados de las condiciones del tiempo, incendio, piratas, ladrones, asaltantes, capturas, naufragios, varamientos, abordajes, cambios forzados de ruta, apresamiento, saqueo, requisamiento por orden de la autoridad administrativa, retención por orden de potencia extranjera, represalia y, en general, todos los casos fortuitos que ocurran en el mar u otros medios.

Cualquier excepción a los riesgos señalados en el inciso anterior, deberá constar expresamente en la póliza.

[Otros riesgos asegurables por el seguro marítimo]

Artículo 1163. Además de los riesgos señalados en el artículo anterior, las partes pueden agregar al contrato de seguro otros riesgos que pueda correr la cosa asegurada, ya sea durante su permanencia en puerto, dique, mar, ríos, lagos y canales o, cuando no se trate de una nave, mientras aquella se encuentre en tránsito por otros medios de transporte o en depósito antes o después de una expedición marítima.

SECCIÓN SEGUNDA. DEL INTERÉS ASEGURABLE

[Interés asegurable en el seguro marítimo / persona interesada en evitar los riesgos marítimos]

Artículo 1164. Puede tomar un seguro marítimo toda persona que tenga interés en la conservación de la cosa asegurada mientras corra los riesgos de esa clase, sea que ese interés afecte directamente a su patrimonio o a determinadas obligaciones suyas con relación a la cosa asegurada.

Se entiende que una persona tiene interés en evitar los riesgos marítimos, cuando ella está en cualquier relación legal o de hecho respecto a los bienes expuestos a estos riesgos y que, como consecuencia de esa relación, pueda ser afectada por los daños, perdida, detención o demora en la llegada de dichos bienes, o por incurrir en una responsabilidad con respecto a los mismos.

[Justificación del interés asegurable a la época de la ocurrencia del siniestro]

Artículo 1165. El asegurado solo debe justificar su interés asegurable en la época en que ocurra la pérdida o daño de la cosa asegurada.

[Nulidad del seguro marítimo sin interés asegurable]

Artículo 1166. Es nulo y de ningún valor el seguro contratado con posterioridad a la cesación de los riesgos si al tiempo de su celebración, el asegurado o quien contrató por él, tenían conocimiento de haber ocurrido el siniestro, o el asegurador, de haber cesado los riesgos.

[Seguro sobre cosas que han de pasar por la custodia o propiedad de varias personas]

Artículo 1167. Cuando la cosa asegurada deba pasar por la custodia o propiedad de varias personas mientras están corriendo los riesgos, el seguro de mercancías se entiende celebrado por cuenta de quien corresponda, a menos que la póliza disponga otra cosa.

Artículo 1168. Derogado.

SECCIÓN TERCERA. DEL VALOR ASEGURABLE

[Valor asegurable en los seguros sobre naves]

Artículo 1169. En los seguros sobre naves, las partes pueden fijar de común acuerdo el valor de la cosa asegurada en la póliza. Se presumirá que así se ha hecho, si se ha consignado expresamente en la póliza un valor para la cosa asegurada.

El asegurador podrá exigir, antes del perfeccionamiento del contrato, que dicha avaluación sea hecha por un perito naval.

Salvo que se pruebe fraude por alguna de las partes, el valor así establecido en la póliza se reputará como el único verdadero para todos los efectos del contrato, exceptuada la avaluación que se haga de la cosa asegurada, para el solo efecto de determinar si el siniestro constituye o no pérdida total constructiva o asimilada.

Artículo 1170. Derogado.

[VALOR ASEGURABLE EN EL SEGURO DE TRANSPORTE DE COSAS]

Artículo 1171. La suma asegurada en el seguro de transporte de cosas podrá comprender, además del valor de ellas en el puerto donde empieza la expedición, todos los costos razonables para hacerlas llegar al lugar de su destino, incluida la prima del seguro.

Con todo, la suma asegurada podrá llevarse hasta la cantidad que razonablemente puede obtenerse de la venta de las cosas, si éstas llegaren sanas al lugar del destino previsto.

Si existiere duda sobre el precio de venta en el lugar de destino para la carga sana, éste podrá ser también establecido por peritos.

[ASEGURAMIENTO DEL VALOR DEL FLETE]

Artículo 1172. Pueden asegurarse el valor del flete, y los desembolsos en que incurra quien organiza una expedición marítima, y que pueden dejar de recuperarse por algún riesgo marítimo o de otra naturaleza, expresamente cubierto en la póliza.

§ 2. Perfeccionamiento del contrato

[PERFECCIONAMIENTO Y PRUEBA DEL CONTRATO DE SEGURO MARÍTIMO]

Artículo 1173. La celebración y prueba del contrato de seguro marítimo se regirá por lo dispuesto en el artículo 515 de este Código.

[SEGURO POR CUENTA DE QUIEN CORRESPONDA]

Artículo 1174. En el seguro sobre mercancías o carga, no será necesaria la individualización precisa del asegurado, pudiendo contratarse éste por cuenta de quien corresponda.

Cuando se trate de seguro de nave y éste no estuviere contratado por su dueño, el asegurador deberá consignar en la póliza la relación o interés asegurable que exista entre la persona a cuyo favor se extiende la póliza y la nave que se asegura. En todo caso, se indicará la fecha y la hora en que empiezan a correr los riesgos por cuenta del asegurador.

[Norma integradora de la póliza / regla interpretativa de póliza dudosa en contra de su redactor]

Artículo 1175. Cuando el seguro se rija por cláusulas de formularios suministrados por el asegurador, o que el primero uso supone conocidas de las partes, bastará que la póliza haga una mención a ellas, para que esas cláusulas se entiendan incorporadas al contrato. Pero si existiere duda sobre la interpretación que deba darse a las reglas específicas incorporadas, éstas se interpretarán en contra de quien haya emitido la póliza.

§ 3. De las obligaciones y derechos de las partes

[Deber de información del asegurado respecto del asegurador / reticencia produce nulidad del seguro]

Artículo 1176. En el caso de las obligaciones señaladas en el artículo 525 de este Código, el asegurado deberá informar cabalmente al asegurador, antes de perfeccionarse el contrato, de toda circunstancia relativa a los riesgos que se propone asegurar y que sea conocida por él.

Se presume conocida del asegurado toda circunstancia que no pueda ignorar en el curso ordinario de sus negocios.

La obligación de informar no está limitada a responder los cuestionarios del asegurador.

La reticencia, inexactitud o falsedad de información que se juzgue importante para determinar la naturaleza y extensión del riesgo, produce la nulidad del seguro.

[Requisitos para que el asegurado tenga derecho a la indemnización]

Artículo 1177. Para tener derecho a la indemnización, el asegurado deberá acreditar:

1°. La existencia del contrato de seguro;

2°. El embarque de los objetos asegurados, en su caso;.

3°. La pérdida, gastos o perjuicios reclamados, o la responsabilidad, en su caso, y

4°. La ocurrencia del siniestro denunciado, y declarar sinceramente y sin reticencia, sus circunstancias y consecuencias.

[Asegurado está facultado para ejercer la acción de avería y la acción de dejación]

Artículo 1178. En caso de siniestro, el asegurado podrá ejercer la acción de avería para obtener la indemnización de los daños sufridos por la cosa asegurada o la de dejación, para exigir el pago de la suma total asegurada, en los casos en que este Código o el contrato lo autoricen.

[Asegurado está facultado para ejercer conjuntamente la acción de dejación y la de avería]

Artículo 1179. El asegurado podrá promover conjuntamente la acción de dejación y la de avería, con tal que esta última se interponga en subsidio de la primera.

[Asegurador es responsable de las pérdidas o daños por riesgos cubiertos por la póliza]

Artículo 1180. El asegurador será responsable de las pérdidas o daños originados por riesgos marítimos u otros eventos cubiertos por la póliza.

Asimismo, si no estuviere expresamente excluido, el asegurador indemnizará además:

1°. Por la contribución de los objetos asegurados en avería común, salvo si ésta proviene de un riesgo excluido por el seguro, y

2°. Por los gastos incurridos con el fin de evitar que el objeto asegurado sufra un daño o para disminuir sus efectos, siempre que el daño evitado o disminuido esté cubierto por la póliza.

En todo caso, los gastos señalados no pueden exceder al valor de los daños evitados.

[Asegurador responde por los daños que afecten a los objetos asegurados que provengan de la culpa o dolo del capitán o de la tripulación / Exclusión de cobertura a daños al casco que provengan del dolo del capitán, salvo pacto en contrario]

Artículo 1181. El asegurador es responsable por la pérdida o daño de los objetos asegurados que provengan de culpa o dolo del capitán o de la tripulación. Pero no será indemnizada la pérdida o daño al casco que provenga de dolo del capitán, salvo estipulación expresa.

[ASEGURADOR NO RESPONDE POR PÉRDIDA CAUSADA POR LA DEMORA, SALVO PACTO EN CONTRARIO]

Artículo 1182. El asegurador no será responsable por pérdidas causadas por demora, aun cuando ésta tuviere su origen en un riesgo cubierto por la póliza, a menos que expresamente así se estipule.

[ASEGURADOR NO RESPONDE POR RIESGOS ORDINARIOS O VICIOS INHERENTES A LA COSA ASEGURADA, SALVO PACTO EN CONTRARIO]

Artículo 1183. Salvo pacto en contrario, el asegurador no es responsable por los fenómenos ordinarios de filtración, rotura o desgaste, por vicio propio o de la naturaleza de la cosa asegurada y otros normales del transporte.

[CONCAUSAS QUE ORIGINAN LA PÉRDIDA O DAÑO DE LA COSA ASEGURADA]

Artículo 1184. Cuando la pérdida o daño de la cosa asegurada provenga de varias causas, el asegurador será responsable si la causa principal o determinante es un riesgo cubierto por la póliza. Con todo, cualquiera que fueren las estipulaciones del contrato, si no fuere posible establecer cuál fue la causa principal o si varias causas determinantes fueron simultáneas y entre ellas hubiere una que constituyera un riesgo asegurado, el asegurador será responsable por el daño en los términos señalados por la póliza.

[ASEGURADOR SOPORTA EL ONUS PROBANDI QUE EL SINIESTRO OCURRIDO NO TIENE COBERTURA]

Artículo 1185. Corresponderá al asegurador el peso de probar que el siniestro ha ocurrido por un hecho o riesgo no comprendido en la póliza.

[CLASIFICACIÓN DE LA PÉRDIDA EN TOTAL O PARCIAL, SEGÚN SU EXTENSIÓN]

Artículo 1186. La pérdida puede ser total o parcial. Cualquier pérdida no comprendida en los conceptos de pérdida total o definidos en los artículos siguientes, se considerará pérdida parcial.

[PÉRDIDA TOTAL PUEDE SER REAL O EFECTIVA / PÉRDIDA TOTAL PUEDE SER ASIMILADA O CONSTRUCTIVA / DEFINICIÓN DE PÉRDIDA TOTAL REAL O EFECTIVA]

Artículo 1187. La pérdida total puede ser real o efectiva. También puede ser asimilada o constructiva.

Existirá pérdida total real o efectiva, cuando el objeto asegurado quede completamente destruido o de tal modo dañado, que pierda definitivamente la aptitud para el fin a que está destinado o, cuando el asegurado sea irremediablemente privado de él. Todo lo cual es sin perjuicio de lo que se hubiere estipulado en la póliza.

[Presunción de pérdida total efectiva de nave y su cargamento]

Artículo 1188. Si transcurrido un plazo razonable, no se han recibido noticias de una nave, se presumirá su pérdida total efectiva y la de su cargamento.

[Definición de pérdida total asimilada / supuestos de pérdida total asimilada]

Artículo 1189. Salvo que la póliza disponga otra cosa, existirá pérdida total asimilada, cuando el objeto asegurado sea razonable y definitivamente abandonado, ya sea porque la pérdida total efectiva parezca inevitable o porque no es posible evitar su pérdida, sin incurrir en un gasto que exceda del valor de dicho objeto después de efectuado el desembolso.

Se considerarán como de pérdida total asimilada, en especial, los siguientes casos:

1°. Cuando el asegurado sea privado de la nave o de las mercancías a causa de un riesgo cubierto por la póliza y sea improbable que pueda recuperarlas o el costo de la recuperación exceda al valor de la nave o de las mercancías una vez recuperadas;

2°. Cuando el daño causado a una nave por un riesgo asegurado, sea de tal magnitud que el costo de repararla exceda al valor de esa nave, una vez reparada. Al estimarse el costo de reparación, no se hará deducción alguna por contribuciones de avería gruesa a esas reparaciones, de cargo de otros intereses. Pero se tomarán en cuenta los gastos de futuras operaciones de salvamento y de cualquier futura contribución de avería gruesa que afectaría a la nave, al ser reparada, y

3°. Cuando el costo de su reparación y los de reexpedición a su destino, excedan al valor de ellas en la fecha de arribo a su destino, si se trata de daños a las mercancías o carga.

[SEGURO CUBRE PÉRDIDA TOTAL REAL O EFECTIVA Y LA PÉRDIDA TOTAL ASIMILADA, SALVO PACTO EN CONTRARIO]

Artículo 1190. Salvo estipulación en contrario, el seguro contra pérdida total cubre tanto la pérdida total asimilada como la real o efectiva.

[ASEGURADOR RESPONDE DURANTE TODO EL PERÍODO DE COBERTURA A PESAR DE QUE EL MONTO DE LOS SINIESTROS EXCEDA EL VALOR ASEGURADO]

Artículo 1191. Salvo que la póliza disponga otra cosa, el asegurador es responsable por todos los siniestros que sufra la cosa asegurada durante el período de cobertura, aunque el monto de todos ellos exceda la suma asegurada.

Pero si una pérdida total se sigue a un daño parcial no reparado, el asegurado sólo podrá exigir la indemnización de la pérdida total.

[DEBER DEL ASEGURADO DE COMUNICAR AL ASEGURADOR SU INTENCIÓN DE HACER DEJACIÓN SI OPTA POR PÉRDIDA TOTAL]

Artículo 1192. Si el asegurado opta por reclamar la pérdida total, debe comunicar al asegurador su intención de hacer dejación. En defecto de dicho aviso, el asegurado sólo podrá ejercitar la acción de avería.

[COMUNICACIÓN POR ESCRITO DE DEJACIÓN EN CASO DE PÉRDIDA TOTAL ASIMILADA]

Artículo 1193. En caso de pérdida total asimilada, el asegurado tendrá el plazo de tres meses desde que tuvo conocimiento efectivo que la pérdida tenía ese carácter, para comunicar por escrito al asegurador su intención de hacer dejación.

La expresión por escrito, comprende también la comunicación por telegrama, télex u otros medios que registren o dejen constancia de la recepción del mensaje enviado.

La notificación al asegurador de una acción de dejación, sustituye para estos efectos al aviso de dejación.

El aviso o demanda deberá indicar en forma inequívoca la intención de hacer dejación incondicional del objeto asegurado al asegurador.

[Supuesto en que no es necesario el aviso de dejación]

Artículo 1194. El aviso de dejación no será necesario cuando la avería o accidente, por su naturaleza o magnitud, hacía imposible la adopción por el asegurador de medidas tendientes a recuperar, rescatar la cosa siniestrada o disminuir los efectos del siniestro.

[Dejación interrumpe la prescripción de las acciones del asegurado en contra del asegurador]

Artículo 1195. El aviso de dejación interrumpe la prescripción de las acciones del asegurado contra el asegurador.

[Dejación puede ser aceptada expresa o tácitamente por el asegurador / efectos de la dejación se retrotraen a la fecha de recepción de su aviso o notificación de demanda]

Artículo 1196. La aceptación de la dejación podrá ser expresa o inferirse de la conducta del asegurador. En todo caso, sus efectos se retrotraen a la fecha de recepción del aviso de dejación o de la notificación de la demanda de dejación.

El asegurador podrá, en todo caso, renunciar a la exigencia del aviso o notificación respectiva.

[Aceptación de la dejación es irrevocable / asegurador que acepta la dejación reconoce su responsabilidad por el monto total asegurado]

Artículo 1197. La aceptación de la dejación, además de dar a ésta el carácter de irrevocable, significará que el asegurador reconoce su responsabilidad por el monto total asegurado.

[Dejación aceptada o declarada judicialmente transfiere por el sólo ministerio de la ley el dominio al asegurador de todos los derechos y obligaciones que tenía el asegurado sobre la cosa asegurada]

Artículo 1198. La dejación aceptada o la declarada válida por sentencia firme, transfiere al asegurador todos los derechos y obligaciones del asegurado respecto de la cosa asegurada, por el solo ministerio de la ley.

Sin embargo, mientras no esté aceptada la dejación o dictada sentencia firme que la declare válida, el asegurador podrá reconocer su obligación de indemnizar la pérdida total del objeto asegurado y rechazar la transferencia de la propiedad de la cosa asegurada.

[Cosa asegurada que ha sido objeto de dejación goza de privilegio]

Artículo 1199. La cosa asegurada que ha sido objeto de dejación queda privilegiadamente afecta al pago de la cantidad asegurada, con preferencia a todo otro crédito que pueda gozar de privilegio sobre ella, con excepción de los créditos sobre la nave indicados en los artículos 844, 845 y 846.

§ 4. Seguro de responsabilidad

[Carga del asegurado de notificar al asegurador de los reclamos que sea objeto / carga del asegurador de defensa]

Artículo 1200. En los seguros de responsabilidad, el asegurado deberá poner en conocimiento del asegurador cualquier reclamo de que sea objeto y que pueda comprometer la responsabilidad de éste. Estará además obligado a adoptar todas las medidas de defensa que fueren procedentes.

[Acción directa de terceros en contra del asegurador si la póliza les ha otorgado garantía de responsabilidad]

Artículo 1201. En los casos en que un asegurador de responsabilidad otorgue una garantía para cubrir la responsabilidad del asegurado, podrá ser demandado directamente por el tercero a cuyo favor se ha emitido dicha garantía.

Lo anterior no rige en caso que el asegurado tenga derecho a limitar su responsabilidad y el asegurador de ella hubiere constituido el fondo respectivo de limitación.

El seguro de responsabilidad de un armador por abordaje o por colisión con cualquier objeto fijo o flotante, que tiene como fin la reparación de daños causados a terceros, no produce obligación de indemnizar sino en caso de insuficiencia de la suma asegurada en la póliza del casco.

[SUMA CUBIERTA POR LA PÓLIZA NO SE CONSUME POR LA OCURRENCIA DE SINIESTROS DURANTE SU VIGENCIA]

Artículo 1202. Sea cual fuere el número de acontecimientos ocurridos durante la vigencia del seguro de responsabilidad, la suma cubierta por cada asegurador constituye, por cada evento, el límite de su cobertura.

TÍTULO VIII
DE LOS PROCEDIMIENTOS EN EL COMERCIO MARÍTIMO

§ 1. Reglas generales

[ARBITRAJE COMO MECANISMO GENERAL DE RESOLUCIÓN DE CONTROVERSIAS EN EL COMERCIO MARÍTIMO / EXCEPCIONES AL PROCEDIMIENTO ARBITRAL]

Artículo 1203. El conocimiento de toda controversia que derive de hechos, actos o contratos a que dé lugar el comercio marítimo o la navegación, incluidos los seguros marítimos de cualquier clase, será sometido a arbitraje.

Lo dispuesto en el inciso anterior no será aplicable en los siguientes casos:

1°. Cuando las partes o interesados expresen su voluntad de someterse a la jurisdicción ordinaria, sea en el mismo acto o contrato que origine la controversia, por acuerdo que conste por escrito, anterior a la iniciación del juicio;

2°. Cuando se trate de perseguir responsabilidades de orden penal que pudieren originarse en los mismos hechos. En este caso, la acción civil podrá entablarse ante el tribunal que conoce del respectivo proceso criminal o ante el tribunal arbitral a que se refiere el inciso primero;

3°. Cuando se trate de los juicios que se mencionan en el párrafo 4° del título IX de la Ley de Navegación, o de aquellos que, en este mismo Libro, tienen señalado un procedimiento especial que deba seguirse ante un tribunal ordinario;

4°. Cuando se trate del Fisco o de controversias por responsabilidades que se cumplan ante organismos o servicios portuarios o aduaneros de carácter estatal, u obligaciones controladas por tales entidades, y

5°. Cuando la cuantía del juicio no excediere de 5.000 unidades de cuenta y el demandante optare por ejercitar su acción ante la justicia ordinaria.

[Lugar de constitución del arbitraje]

Artículo 1204. Cuando disposiciones de este Libro asignen competencia al tribunal del lugar donde ocurren los hechos, o donde recala o es retenida la nave, ello no obstará a que se constituya el tribunal arbitral en dicho lugar, o en otro si las partes así lo convienen por escrito y bajo sus firmas.

Sin embargo, a petición del demandado, podrá trasladarse la acción en la forma y en los casos que se mencionan en el inciso segundo del artículo 1033, ante el juez ordinario o árbitro, según sea el procedimiento aplicable, en conformidad con lo dispuesto en el artículo anterior.

[Procedimiento de designación del árbitro, su calidad y procedimiento a emplear se rigen por lo pactado por las partes, y en su defecto, por las reglas legales]

Artículo 1205. La designación de el o los árbitros, sus calidades y el procedimiento que deban emplear, se regirá por lo que las partes convengan por escrito y bajo sus firmas y, en su defecto, por lo preceptuado en el Código Orgánico de Tribunales sobre los Jueces Árbitros y en el Código de Procedimiento Civil, sobre el Juicio Arbitral.

[Facultades especiales del tribunal arbitral u ordinario competente]

Artículo 1206. Sin perjuicio de lo dispuesto en el artículo anterior, el tribunal arbitral u ordinario a quien corresponda conocer de los asuntos mencionados en el artículo 1203, tendrá las siguientes facultades:

1°. Podrá admitir, a petición de parte, además de los medios probatorios establecidos en el Código de Procedimiento Civil, cualquier otra clase de prueba;

2°. Podrá, en cualquier estado del juicio, decretar de oficio las diligencias probatorias que estime conveniente, con citación de las partes;

3°. Podrá llamar a las partes a su presencia para que reconozcan documentos o instrumentos, justifiquen sus impugnaciones, pudiendo resolver al respecto, sin que ello implique prejuzgamiento en cuanto al asunto principal controvertido, y

4°. Tendrá la facultad de apreciar la prueba de acuerdo con las normas de la sana crítica, debiendo consignar en el fallo los fundamentos de dicha apreciación.

[PROCEDIMIENTO DE DICTACIÓN DE MEDIDAS PREJUDICIALES]

Artículo 1207. Cuando se soliciten medidas prejudiciales, sean preparatorias, precautorias o probatorias, o retenciones especiales, antes de estar constituido el tribunal arbitral, el interesado podrá ocurrir ante el juzgado competente en materia civil que estuviere de turno o ante el tribunal al que especialmente asignen competencia normas de este Libro. Lo anterior, sin perjuicio de la prosecución del pleito ante el tribunal arbitral previamente designado o que deba designarse para conocer de la controversia, si las partes no hubieren optado por la jurisdicción ordinaria.

§ 2. De la comprobación de hechos

[DILIGENCIA PREVIA DE INSPECCIÓN SOBRE EL ESTADO DE LA NAVE O DE LAS MERCANCÍAS]

Artículo 1208. Cuando algún interesado, antes de entablar una demanda, deseare efectuar una inspección sobre el estado de la nave o las mercancías o sobre otros hechos susceptibles de desaparecer, ocurrirá al tribunal civil de turno del lugar en que deba realizarse la inspección, el cual, sin más trámite, designará a un notario u otro ministro de fe para la más pronta constatación que sea posible.

La persona designada, antes de realizar su cometido, deberá comunicar por cualquier medio su nombramiento y el día, hora y lugar en que se propone realizar la verificación, a la o las contrapartes de quien pidió la inspección. La diligencia se llevará a cabo con o sin la asistencia de las partes.

Cuando el reconocimiento se refiera a hechos cuya interpretación requiera de conocimientos especiales de alguna ciencia o arte, el tribunal, a petición del requirente, podrá nombrar ministro de fe a un liquidador oficial de seguros u otro perito, o disponer que el ministro de fe designado se asesore del perito, al que también designará sin más trámite.

El tribunal podrá, en todo caso, realizar personalmente la diligencia.

El encargado de la inspección levantará acta de lo obrado, dejando en ella constancia de haber comunicado a las partes las circunstancias mencionadas en el inciso segundo de este artículo y, además, constancia sucinta de las observaciones de éstas, si así lo solicitaren. El original del acta se entregará al tribunal que hizo la designación, el que otorgará a los interesados las copias que soliciten.

Las costas de la diligencia serán de cargo de quien la hubiere requerido, sin perjuicio de lo que sobre el particular resuelva la sentencia definitiva.

§ 3. Prueba extrajudicial

[Realización de prueba por las partes fuera del tribunal competente / tribunal puede ordenar ratificar las pruebas producidas extrajudicialmente]

Artículo 1209. Cuando las partes estuvieren de acuerdo, las diligencias probatorias que se hubieren solicitado en juicio o en medidas prejudiciales y que se refieran a materias tratadas por este Libro, podrán llevarse a cabo extrajudicialmente, pero con asistencia de los abogados de las partes.

Si durante la producción de estas pruebas se suscitaren desinteligencias entre las partes, se suspenderá el acto reservándose la decisión del desacuerdo para el juez que conoce del proceso o del que deba conocer, si se trata de diligencias prejudiciales.

Lo anterior, no obsta a que se continúe extrajudicialmente con otras actuaciones probatorias.

Las diligencias probatorias que se hubieren interrumpido por oposición de alguna de las partes, podrán continuarse judicialmente si así se solicita.

El tribunal podrá ordenar de oficio la ratificación de las pruebas producidas extrajudicialmente.

§ 4. Del procedimiento para la constitución y distribución del fondo de limitación de responsabilidad

SECCIÓN PRIMERA. DE LA CONSTITUCIÓN DEL FONDO

[Constitución judicial de un fondo de limitación de responsabilidad de las personas que gozan de este beneficio / personas legitimadas para constituir el fondo]

Artículo 1210. Cualquiera de las personas mencionadas en el párrafo 1 del título IV y en el párrafo 3 del título V de este Libro, que se considere con derecho a limitar responsabilidad, o el asegurador en su caso, podrá ocurrir ante alguno de los tribunales que se indican en el artículo siguiente, y solicitar que se inicie un procedimiento con el objeto de constituir el fondo, verificar y liquidar los créditos, y para efectuar su repartimiento de acuerdo con las normas de prelación que disponga la ley.

[TRIBUNAL COMPETENTE QUE CONOCE DE LAS MATERIAS REFERIDAS A LA CONSTITUCIÓN DE UN FONDO DE LIMITACIÓN DE RESPONSABILIDAD / OPORTUNIDAD PROCESAL EN UN JUICIO DECLARATIVO PARA OPONER LA EXCEPCIÓN DE LÍMITE DE RESPONSABILIDAD POR CONSTITUCIÓN DE UN FONDO]

Artículo 1211. Será tribunal competente para conocer de todas las materias mencionadas en el artículo anterior y de las que fueren accesorias o consecuenciales de las mismas:

1°. Cuando la limitación de responsabilidad se refiera a una nave matriculada en Chile, el juzgado civil que corresponda al puerto de matrícula de la nave;

2°. Si se trata de una nave extranjera, el juzgado civil chileno competente del puerto donde hubiere ocurrido el accidente, o del primer puerto chileno de recalada después del accidente o, a falta de éstos, el juzgado con competencia en el lugar donde primero se hubiere retenido la nave o donde primero se hubiere otorgado una garantía por la nave, y

3°. Cuando aún no se hubiere incoado el procedimiento en alguno de los tribunales señalados anteriormente, y se alegare en otro juicio la limitación de responsabilidad como excepción, el mismo tribunal ante el cual se alegue tendrá competencia para conocer del proceso sobre limitación, si fuere ordinario. Si se tratare de un tribunal arbitral, se remitirán copias de los antecedentes pertinentes al tribunal que fuere competente en conformidad a los números anteriores, para que ante este tribunal se inicie el procedimiento destinado a la constitución y distribución del fondo de limitación de responsabilidad.

En estos casos la excepción de limitación de responsabilidad por constitución del fondo sólo podrá formularse al contestar la demanda.

[OPORTUNIDAD PROCESAL PARA OPONER LA EXCEPCIÓN DE LIMITACIÓN DE RESPONSABILIDAD POR CONSTITUCIÓN DE UN FONDO EN JUICIOS EJECUTIVOS O EN EL CUMPLIMIENTO INCIDENTAL DE LA SENTENCIA]

Artículo 1212. Salvo el caso del número 3° del artículo anterior, la limitación de responsabilidad por constitución del fondo, puede ejercitarse hasta el momento en que venza el plazo para oponer excepciones en el juicio ejecutivo, o dentro del plazo de citación a que se refiere el artículo 233 del Código de Procedimiento Civil en el procedimiento de ejecución de resoluciones judiciales.

[Requisitos que debe cumplir una solicitud de apertura del procedimiento de constitución de un fondo de limitación de responsabilidad]

Artículo 1213. La petición sobre apertura del procedimiento deberá indicar:

1°. El acontecimiento del cual provienen los daños o perjuicios que quedarán afectos a la limitación;

2°. El monto máximo del fondo o fondos que deben constituirse, de acuerdo con las normas pertinentes del párrafo 1 del título IV y del párrafo 3 del título V de este Libro, y

3°. La forma cómo se constituirá el fondo, sea en dinero o mediante garantía. El tribunal calificará la suficiencia de ella.

[Antecedentes que se deben acompañar en la solicitud de apertura del procedimiento de constitución de un fondo de limitación de responsabilidad]

Artículo 1214. A la solicitud para la apertura del procedimiento se acompañará una nómina de los acreedores conocidos del peticionario, con indicación de sus domicilios, la naturaleza de los créditos y sus montos definitivos o provisorios. También se acompañarán los documentos que justifiquen el cálculo del monto máximo del fondo que hubiere señalado el proponente.

[Resolución judicial de apertura del procedimiento de constitución de un fondo de limitación de responsabilidad]

Artículo 1215. El tribunal, luego de examinar si los cálculos del proponente sobre el monto del fondo, se ajustan a las disposiciones pertinentes del párrafo 1 del título IV o del párrafo 3 del título V de este Libro, según corresponda, dictará un auto por el que declarará iniciado el procedimiento. Simultáneamente, se pronunciará sobre las modalidades ofrecidas para la constitución del fondo, ordenando su cumplimiento si las aprueba. En la misma resolución señalará la suma que el peticionario deberá poner a disposición del tribunal, para cubrir las costas del procedimiento y designará un liquidador titular y uno suplente para que conduzca y Ley ejecute todas las actuaciones y operaciones que se le encomiendan en este párrafo. Estos nombramientos deberán recaer en personas que integren la nómina de liquidadores a que se refiere la Ley de Reorganización y Liquidación de Activos de Empresas y Personas, y sin que se requiera su designación o ulterior ratificación por la junta de acreedores.

[Fondo constituido mediante entrega de dinero devenga reajustes e intereses a favor de los acreedores/ fondo constituido mediante una garantía devenga intereses corrientes]

Artículo 1216. Cuando para la constitución del fondo se entregue dinero, el tribunal lo depositará en un banco, con conocimiento del liquidador y de los interesados. Los reajustes e intereses que se obtengan incrementarán el fondo en beneficio de los acreedores. Si el fondo ha Ley sido constituido mediante una garantía, su importe devengará los intereses corrientes en el lugar de asiento del tribunal, de lo que se dejará constancia en el documento constitutivo de la garantía.

[Efectos de la resolución judicial que declara constituido un fondo o aceptada la garantía sobre su constitución / fondo destinado exclusivamente al pago de los créditos]

Artículo 1217. Constituido el fondo o aceptada la garantía sobre su constitución, el tribunal lo declarará así, y desde la fecha de esta resolución, se suspenderá toda ejecución individual o medida precautoria contra el requirente, respecto de los créditos a los cuales puede oponerse la limitación de responsabilidad.

No se podrá impetrar derecho alguno sobre el fondo, el cual queda exclusivamente destinado al pago de los créditos respecto de los cuales se puede oponer la limitación de responsabilidad.

[Compensación de quien invoque la limitación de responsabilidad en contra de su acreedor]

Artículo 1218. Cuando el que invoque limitación de responsabilidad pueda oponer compensación a un acreedor suyo, por un perjuicio derivado del mismo acontecimiento que origina la apertura del procedimiento, las disposiciones de este párrafo sólo se aplicarán al saldo eventual que resulte. En ningún otro caso, los créditos del requirente pueden gozar de la compensación.

[Una vez dictada la resolución judicial que declara constituido un fondo o aceptada la garantía sobre su constitución se suspende el curso de los intereses de los créditos]

Artículo 1219. Desde la fecha de dictación de la resolución indicada en el artículo 1217, se suspenderá el curso de los intereses que ganen los créditos contra el requirente.

SECCIÓN SEGUNDA. DE LA VERIFICACIÓN E IMPUGNACIÓN Y OPOSICIÓN A LA CONSTITUCIÓN DEL FONDO

[LIQUIDADOR DEBE INFORMAR A LOS ACREEDORES SOBRE LA CONSTITUCIÓN DEL FONDO]

Artículo 1220. Dictada la resolución que se menciona en el artículo 1217, el liquidador informará, por carta certificada, de la constitución del fondo a todos los acreedores cuyos nombres y domicilios fueron señalados por el requirente en la nómina aludida en el artículo 1214.

La mencionada información a los acreedores contendrá:

1°. Copia de la resolución prevista en el artículo 1217;

2°. El nombre y dirección de quien ha requerido la constitución del fondo y a qué título;

3°. El nombre de la nave y su lugar de matrícula;

4°. Una relación sucinta del acontecimiento en que se produjeron los daños;

5°. El monto del crédito del destinatario de la comunicación, según el requirente, y

6°. La indicación de que dispone del plazo que señala el artículo siguiente para verificar su crédito.

[LIQUIDADOR DEBE PUBLICAR AVISOS A PARTIR DE LOS CUALES LOS ACREEDORES TENDRÁN UN PLAZO PARA VERIFICAR SUS CRÉDITOS]

Artículo 1221. Despachadas que fueren las cartas con la información indicada, el liquidador extractará la misma información y la publicará junto con la nómina a que se refiere el artículo 1214, por una vez en el Diario Oficial y en un diario de circulación en el lugar en que funciona el tribunal ante el cual se ha abierto el procedimiento, indicando que los acreedores disponen de treinta días consecutivos a contar de la última de estas publicaciones para verificar sus créditos y acompañar los documentos que los justifiquen.

[ACREEDORES PODRÁN OPONERSE A LA LIMITACIÓN DE RESPONSABILIDAD U OBJETAR EL MONTO DEL FONDO]

Artículo 1222. Dentro del mismo plazo indicado en el artículo anterior, que para estos efectos será fatal, cualquier acreedor podrá oponerse a la limitación, fundándose en que no se reúnen los requisitos legales para ejercitar este beneficio. Dentro del mismo lapso, los acreedores podrán objetar el monto del fondo.

Las oposiciones u objeciones se tramitarán conforme al procedimiento sumario, con excepción de los artículos 681 y 684 del Código de Procedimiento Civil.

[LIQUIDADOR OBRARÁ COMO PARTE EN EL PROCEDIMIENTO DE CONSTITUCIÓN Y DISTRIBUCIÓN DEL FONDO]

Artículo 1223. En todos los procedimientos a que se refiere este párrafo, el liquidador obrará como parte y procurará que se dé curso progresivo a los autos, empleando los medios que se contemplan en las leyes con tal objeto.

[LIQUIDADOR CONFECCIONA NÓMINA DE ACREEDORES CON DERECHO A PARTICIPAR EN LA DISTRIBUCIÓN DEL FONDO / REGLA DE DISTRIBUCIÓN DEL FONDO ENTRE LOS ACREEDORES]

Artículo 1224. El liquidador formará la nómina de los acreedores con derecho a participar en la distribución del fondo, y propondrá al juez el pago de los créditos. La distribución se hará respetando las normas sobre preferencias o privilegios que se establecen en este Libro.

El saldo del fondo se distribuirá a prorrata del monto de los créditos afectos a la limitación y que no gocen de preferencia o privilegio.

[LIQUIDADOR DEBE HACER LAS RESERVAS EN EL FONDO RESPECTO A CRÉDITOS CUYA IMPUGNACIÓN O DECLARACIÓN NO HUBIESEN SIDO RESUELTAS]

Artículo 1225. Cuando hubiere créditos cuya impugnación o declaración no hubiere sido resuelta, el liquidador hará las reservas proporcionales que considere prudentes, repartiendo entretanto el resto del fondo según las reglas anteriores.

[VERIFICACIÓN E IMPUGNACIÓN DE LOS CRÉDITOS Y LOS REPARTOS SE RIGE POR LA LEY N° 20.720]

Artículo 1226. En lo no dispuesto en este Libro, la verificación e impugnación de los créditos y los repartos se regirán por las normas pertinentes de la Ley de Reorganización y Liquidación de Activos de Empresas y Personas. Igualmente, se aplicarán a los liquidadores las causales de cesación en el cargo que establece dicha ley.

[Destino del remanente de un fondo de limitación de responsabilidad / regla especial del destino del remanente respecto a fondo constituido de limitación de responsabilidad por contaminación]

Artículo 1227. Tan pronto quede agotado el proceso de reparto, el síndico rendirá una cuenta final al tribunal que lo hubiere nombrado y éste declarará terminado el procedimiento de limitación.

Si aún quedara remanente, este será restituido a quien hubiere constituido el fondo. Además, si transcurridos tres meses desde que se haya dictado la resolución indicada en el inciso anterior, aún quedaren acreedores que no hubieren comparecido a retirar los fondos, el remanente se entregará a quien constituyó el fondo, pudiendo esos acreedores remisos, reclamarle sus cuotas hasta dentro del término de un año contado desde que fue dictada la resolución antes mencionada.

Las reglas de este artículo, no se aplicarán al remanente que se produzca cuando el fondo constituido se refiera a la limitación de responsabilidad dispuesta en el título IX de la Ley de Navegación, en que las cuotas no cobradas, se destinarán a la adquisición de elementos y equipos para prevenir o mitigar la contaminación de las aguas, procediéndose por la Dirección General del Territorio Marítimo y de Marina Mercante, en la forma que lo determine el reglamento que se dicte para tal efecto.

[Tramitación como cuaderno separado de los incidentes]

Artículo 1228. Toda cuestión que no tuviere un procedimiento especial, se tramitará en cuaderno separado, como incidente entre quien lo formula y el que pretende limitar su responsabilidad.

Los demás acreedores interesados en el fondo, podrán actuar como terceros.

[Apelaciones sólo se conceden en el efecto devolutivo / no proceden recursos en contra de la sentencia de segunda instancia]

Artículo 1229. Las apelaciones a que haya lugar dentro del procedimiento de que trata este párrafo, se concederán en el solo efecto devolutivo,

Contra la sentencia de segunda instancia, no procederá recurso alguno.

[Aplicación de las normas sobre constitución de fondo de limitación de responsabilidad para supuestos de daños derivados del derrame de hidrocarburos y otras sustancias nocivas]

Artículo 1230. El procedimiento establecido en este párrafo será aplicable a la constitución y distribución del fondo de limitación, en los casos en que puede ejercitándose el derecho a limitar responsabilidad por los daños derivados del derrame de hidrocarburos y otras sustancias nocivas, de que trata al párrafo 2° del título IX de la Ley de Navegación, excepto en lo relativo al tribunal competente para conocer de dichas materias.

§ 5. Del procedimiento sobre arraigo o retención de naves y su alzamiento

[Solicitud judicial de arraigo o retención de nave / tribunal competente para conocer del arraigo de la nave]

Artículo 1231. El titular de un crédito que goce de algún privilegio sobre una nave, establecido en este Código o en las leyes que lo complementan, podrá ocurrir ante el tribunal civil de turno del lugar donde aquélla se encuentre o ante el tribunal civil de turno que fuere competente según las normas de este Libro, para solicitar se prohíba el zarpe de aquélla, desde el puerto o lugar en que se encuentre, con el objeto de garantizar el ejercicio del crédito privilegiado o asegurar el cumplimiento de una decisión judicial que pueda implicar la realización de la nave afectada.

El tribunal requerido deberá acceder a esa petición, sin más trámite, siempre que se acompañen antecedentes que constituyan presunción del derecho que se reclama.

Si no fueren suficientes dichos antecedentes o el peticionario manifestare no poseerlos aún, el tribunal podrá exigir que se constituya garantía por los eventuales perjuicios que se causen si posteriormente resultare que su petición carecía de fundamentos.

[El embargo de una nave no es calificable como arraigo]

Artículo 1232. Para los efectos de este párrafo, los términos prohibición de zarpe, retención, arraigo e inmovilización, se consideran sinónimos. No se comprende dentro de estas expresiones el embargo de una nave decretado en procedimientos de apremio.

[La solicitud judicial de arraigo o retención de la nave puede ser efectuada en el lugar en que se espera que arribe la nave]

Artículo 1233. La retención o arraigo de que trata este párrafo, podrá solicitarse también respecto del puerto o lugar donde se espera que la nave arribe.

Si el tribunal ante el cual se solicita el arraigo fuere competente para conocer de la acción que se pretende ejercitar, podrá pedirse que el arraigo o retención se practique en cualquier otro puerto al cual arribe la nave.

[Naves que pueden ser objeto de la medida precautoria especial de arraigo o retención]

Artículo 1234. Una nave podrá ser objeto de la medida precautoria especial de que trata este párrafo, en los siguientes casos:

a) Cuando la nave es el objeto material sobre el cual se ejerce el privilegio, o

b) Cuando el acreedor es titular de un privilegio sobre otra nave que pertenece al mismo dueño, o está sujeta a la misma administración, o es operada por esa misma persona.

[Notificación de la resolución que declara el arraigo o retención de la nave]

Artículo 1235. El arraigo o retención de una nave se cumplirá mediante notificación a la autoridad marítima del lugar en que aquélla se encuentre, o por oficio o notificación al Director General del Territorio Marítimo y de Marina Mercante, si la nave no se encuentra dentro de la jurisdicción del tribunal que hubiere decretado la medida. No será necesaria notificación previa a la persona contra quien se solicita la medida.

En casos urgentes, podrá el tribunal comunicar el arraigo por telegrama, télex u otro medio fehaciente.

Cuando se tratare de una gestión prejudicial, el arraigo deberá además notificarse a la persona contra la cual se solicita, dentro del plazo de diez días contado desde la resolución que lo concedió. Este plazo podrá ser prorrogado por el tribunal, por motivos fundados.

La falta de notificación dentro del plazo referido o de la última de sus prórrogas, producirá la caducidad automática del arraigo decretado, lo que será comunicado de oficio a la respectiva autoridad marítima.

[REQUISITOS DE LA GESTIÓN PREJUDICIAL PRECAUTORIA DEL ARRAIGO O RETENCIÓN DE LA NAVE / ALZAMIENTO DEL ARRAIGO MEDIANTE PRESENTACIÓN DE GARANTÍA / GARANTÍA SUBROGA A LA NAVE COMO OBJETO DEL PRIVILEGIO]

Artículo 1236. Cuando se tratare de una gestión prejudicial precautoria, el solicitante deberá expresar la acción que se propone deducir y someramente sus fundamentos. Si la acción no se refiere a la tenencia o posesión de la nave sino al cobro de alguna prestación pecuniaria, el actor deberá señalar el monto y forma de suficiente para asegurar el resultado de la acción. Si la petición se formula simultáneamente con la demanda o en el curso del pleito, el actor indicará en ella su pretensión sobre el monto de la garantía y su forma de garantía que estima suficiente para asegurar el resultado de la acción. Si la petición se formula simultáneamente con la demanda o en el curso del pleito, el actor indicará en ella su pretensión sobre el monto de la garantía y su forma de constitución.

Tan pronto como se hubiere proporcionado la garantía solicitada, el tribunal alzará el arraigo sin más trámites. Procederá en igual forma si las partes estuvieren de acuerdo sobre dichos respectos. El tribunal podrá también calificar la suficiencia de la garantía que ofrezca el demandado, o dar tramitación incidental a esta materia. En todo caso, el monto de la garantía no podrá exceder al valor de la nave arraigada.

La garantía que se otorgue subrogará a la nave como objeto exclusivo del privilegio respectivo.

[MODIFICACIÓN, REDUCCIÓN Y ALZAMIENTO DE LA GARANTÍA]

Artículo 1237. La persona que ha constituido la garantía o a quien ella afecte, podrá solicitar en forma fundada y en cualquier momento, que se la modifique, reduzca o alce.

Las gestiones para alzar un arraigo no perjudican el derecho del peticionario para alegar u oponer posteriormente las excepciones o defensas que crea le competen. Tampoco se considerarán como renuncia al derecho de limitar responsabilidad conforme a los artículos 889 y siguientes.

[OPOSICIÓN A LA RETENCIÓN O AL ARRAIGO DE LA NAVE SE TRAMITA COMO INCIDENTE]

Artículo 1238. La solicitud de oposición a una retención o arraigo, así como la de objeción al monto o forma de constitución de la garantía, se tramitarán como incidente y sin que su interposición suspenda los efectos de la resolución impugnada.

La petición sobre modificación, reducción o alzamiento de una garantía sustitutiva de un arraigo, se tramitará también como incidente.

[Aplicación supletoria de las normas de Código de Procedimiento Civil]

Artículo 1239. En lo no dispuesto en este párrafo o a falta de acuerdo de las partes, regirán para las medidas especiales de que aquí se trata, las normas sobre medidas prejudiciales y precautorias de los títulos IV y V del Libro II del Código de Procedimiento Civil.

[Acreedores están facultados para solicitar otras medidas cautelares concedidas por el derecho común]

Artículo 1240. Las disposiciones de este párrafo no excluyen el ejercicio de otras medidas cautelares del derecho común que puedan corresponder a un acreedor para asegurar el resultado de su acción, o para los casos en que no se tratare de un crédito que goce de privilegio sobre una nave.

TÍTULO IX
DISPOSICIONES COMPLEMENTARIAS

§ 1. De las Protestas

[Definición de protesta]

Artículo 1241. Para los efectos de este Libro, se entiende por protesta al acto mediante el cual una persona deja constancia del acaecimiento de hechos u omisiones relacionados con la navegación o el comercio marítimo, que puedan afectar su responsabilidad, la de sus principales o dependientes, o bien, hace reserva de derechos o acciones que puedan emanar de dichos hechos u omisiones, respecto de las mismas personas aquí aludidas.

[Protesta debe ser por escrito]

Artículo 1242. Las protestas deben expresarse por escrito, de cualquier manera que permita acreditar su formulación.

La expresión por escrito comprenderá el télex, el telegrama o cualquier otro medio que registre o repita lo estampado por quien protesta en instrumentos o aparatos diseñados para tal efecto.

[Protesta ante la autoridad marítima]

Artículo 1243. Cuando la ley o la reglamentación respectiva dispongan que la protesta deba formularse ante la autoridad marítima, ella se hará mediante una presentación por escrito ante dicha autoridad. Esta presentación será eficaz para todos los demás efectos a que haya lugar.

§ 2. De la unidad de cuenta y su conversión y de los intereses

[Unidad de cuenta y su conversión a la unidad denominada Derecho Especial de Giro]

Artículo 1244. Cuando en este Libro se indique una cantidad o el valor de una indemnización en unidades de cuenta, o que deben establecerse en función de aquéllas, se entenderá por tal, a la unidad denominada Derecho Especial de Giro, definida por el Fondo Monetario Internacional o la que lo reemplace.

El valor del Derecho Especial de Giro se calculará según el método de evaluación, establecido por el Fondo Monetario Internacional en sus operaciones y transacciones, a la fecha del cumplimiento de la obligación de que se trate.

La determinación de la equivalencia del Derecho Especial de Giro en moneda nacional, corresponderá al Banco Central de Chile.

[Inicio del cómputo del devengo de interés corriente de las obligaciones de dinero / inicio del cómputo del devengo de interés de las indemnizaciones]

Artículo 1245. Las obligaciones de dinero devengarán interés corriente desde la constitución en mora del deudor, salvo que se hubiere pactado uno mayor. Las indemnizaciones devengarán también interés corriente, a contar del hecho que las origina.

TÍTULO X
DE LA PRESCRIPCIÓN

[PRESCRIPCIÓN DE LAS ACCIONES DE COBRO DE PASAJE Y FLETE]

Artículo 1246. Las acciones para el cobro del pasaje y del flete, incluyendo sus accesorios, prescriben en el plazo de seis meses.

Este plazo se contará desde que la obligación se hubiere hecho exigible, según las respectivas estipulaciones de las partes o normas legales que regulen la materia, y en su defecto, desde el término del viaje para el cobro del pasaje y desde la fecha en que termina la entrega de las mercancías en el lugar de destino o en la fecha en que debieron entregarse, según sea el caso.

[PRESCRIPCIÓN DE LA ACCIÓN QUE DECLARE LA AVERÍA COMÚN / PRESCRIPCIÓN DE LA ACCIÓN DE COBRO DE LA CONTRIBUCIÓN]

Artículo 1247. La acción para que se declare una avería común, prescribe en el término de seis meses, contado desde la fecha de entrega de las mercancías o desde que se pone término al viaje.

A su vez, la acción para exigir el cobro de la contribución, prescribe en seis meses desde que se ha comunicado la emisión de la liquidación de la avería común. Pero, cuando ésta ha sido impugnada en su legitimidad, los seis meses correrán para el impugnante desde la terminación del juicio.

[PRESCRIPCIÓN DE LAS DEMÁS ACCIONES DE LIBRO III]

Artículo 1248. Prescriben en dos años todas las demás acciones que procedan de las obligaciones de que trata este libro, a las que no se le haya señalado un plazo especial.

[CÓMPUTO DEL PLAZO DE LA PRESCRIPCIÓN DE LAS ACCIONES]

Artículo 1249. El tiempo de prescripción se contará:

1° En los contratos de fletamento:

a) Si fueren a casco desnudo o por tiempo, desde la fecha de vencimiento del contrato o de interrupción definitiva de su ejecución, y

b) Si se trata de un fletamento por viaje, desde la fecha prevista para su término, o desde la fecha en que el contrato se hubiere resuelto o rescindido.

2°. En los contratos de transporte marítimo, desde el día en que termina la entrega de las mercancías por el porteador, o de parte de ellas, o cuando no hubo entrega, desde el término del último día en que debieron haberse entregado.

No obstante, la persona declarada responsable podrá ejercitar la acción de repetición que le corresponda, aun después de expirado dicho plazo de prescripción.

Para ello, dispondrá de un plazo de seis meses, contado desde la fecha en que haya satisfecho voluntariamente la reclamación o haya sido condenado por sentencia firme a pagar en virtud de una acción ejercitada en su contra.

3°. En el contrato de pasaje:

a) En las acciones de resarcimiento por daños y de perjuicios por lesiones a un pasajero, o por la pérdida o daños del equipaje, desde la fecha del desembarco del pasajero;

b) En caso de muerte de un pasajero ocurrida durante el transporte, desde la fecha en que debió desembarcar;

c) Si el fallecimiento ocurre con posterioridad al desembarco, pero a causa de lesiones sufridas durante el transporte, desde la fecha del fallecimiento, pero sin que el plazo total pueda exceder de tres años, contado desde el desembarco.

El plazo de prescripción de dos años para las acciones que se mencionan en las tres letras anteriores, se aplicará sea que la acción se fundamente en una responsabilidad contractual o extracontractual del transportador o sus dependientes, y

d) En el cobro de indemnizaciones por resolución del contrato de pasaje, el plazo de seis meses se contará desde la cancelación del viaje o desde que ocurrieron los hechos que impiden su realización o continuación.

4°. En caso de abordaje, el plazo se contará desde la fecha del accidente.

Sin embargo, el tiempo de prescripción será de tres años, si la nave responsable no pudo ser retenida o demandada mientras se encontraba dentro de las aguas sometidas a la jurisdicción nacional, por haberlas abandonado después del abordaje sin recalar en algún puerto de la República.

5°. En el cobro de servicios de auxilio, el plazo se computará desde el día en que las operaciones respectivas quedaron terminadas, y

6°. El plazo de prescripción de la acción que compete al naviero, dueño u operador para repetir de los demás beneficiados con los auxilios, sólo correrá desde que hubieren sido condenados a pagar por sentencia a firme o hayan pagado voluntariamente la remuneración o compensación por los servicios al asistente.

[Interrupción del plazo de prescripción de las acciones por declaración escrita de la persona a cuyo favor corre]

Artículo 1250. Podrá interrumpirse sucesivamente el plazo de prescripción mediante declaración escrita de la persona a cuyo favor corra, pero comenzará a correr nuevamente a contar de la fecha de la última declaración.

LIBRO IV
DE LAS QUIEBRAS

De conformidad al artículo 347, N° 20, de la Ley N° 20.720, publicada el 9 de enero de 2014, se deroga a contar de los 9 meses de la fecha de la publicación de la referida Ley, el Libro IV del Código de Comercio.

Artículo Final. El presente Código comenzará a regir desde el 1° de Enero de 1867, y en esa fecha quedarán derogadas, aun en la parte que no fueren contrarias a él, las leyes preexistentes sobre todas las materias que en él se tratan, en cuanto puedan afectar los asuntos mercantiles.

FIN DEL CÓDIGO DE COMERCIO

Y por cuanto, oído el Consejo de Estado, he tenido a bien sancionarlo; por tanto promúlguese y llévese a efecto en todas sus partes como ley de la República.- JOSÉ JOAQUIN PÉREZ.- Federico Errázuriz.

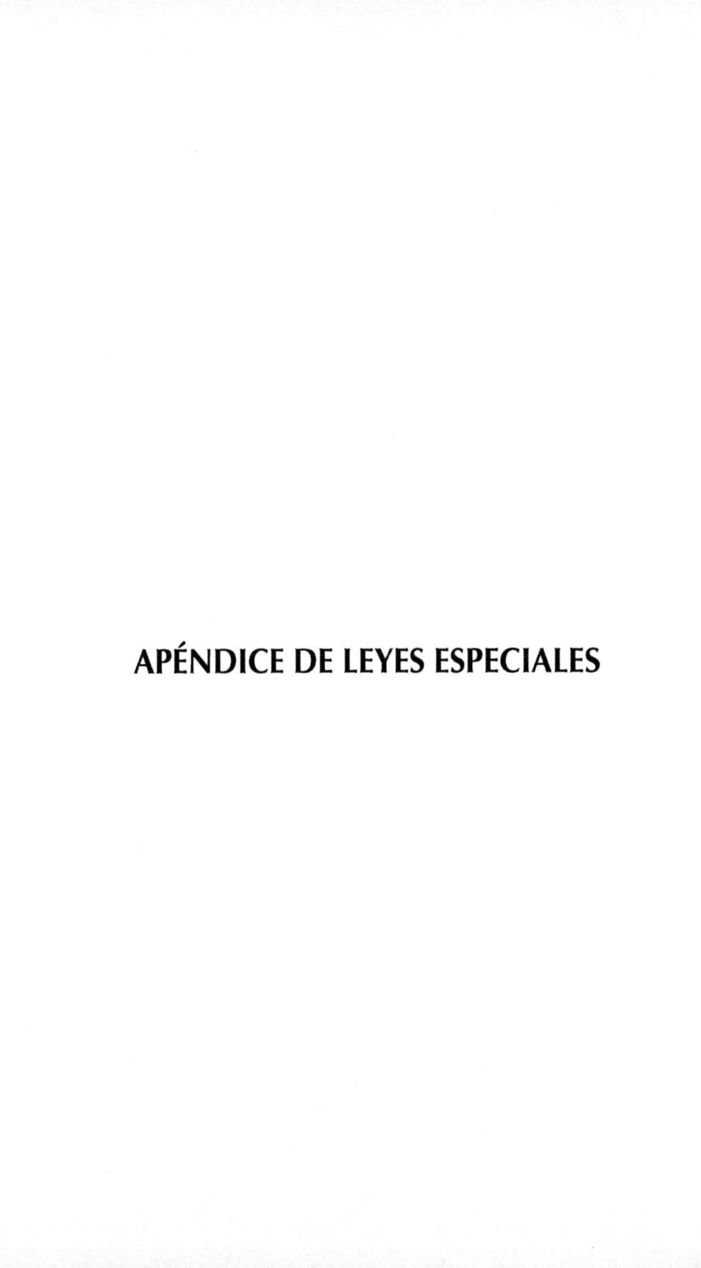

APÉNDICE DE LEYES ESPECIALES

LEY Nº 20.720
MINISTERIO DE ECONOMÍA, FOMENTO Y TURISMO
SUBSECRETARÍA DE ECONOMÍA Y EMPRESAS DE MENOR TAMAÑO
SUSTITUYE EL RÉGIMEN CONCURSAL VIGENTE POR UNA LEY DE REORGANIZACIÓN Y LIQUIDACIÓN DE EMPRESAS Y PERSONAS, Y PERFECCIONA EL ROL DE LA SUPERINTENDENCIA DEL RAMO

Publicada en el Diario Oficial de 9 de enero de 2014

Teniendo presente que el H. Congreso Nacional ha dado su aprobación al siguiente

Proyecto de ley:

CAPÍTULO I
DISPOSICIONES GENERALES

Artículo 1°. Ámbito de aplicación de la ley. La presente ley establece el régimen general de los procedimientos concursales destinados a reorganizar y/o liquidar los pasivos y activos de una Empresa Deudora, y a repactar los pasivos y/o liquidar los activos de una Persona Deudora.

Artículo 2°. Definiciones. Para efectos de esta ley, se entenderá, en singular o plural, por:

1) Acuerdo de Reorganización Judicial: Aquel que se suscribe entre una Empresa Deudora y sus acreedores con el fin de reestructurar sus activos y pasivos, con sujeción a los procedimientos establecidos en los Títulos 1 y 2 del Capítulo III, y en el Título 3 del Capítulo V. Para los efectos de esta ley, se denominará indistintamente "Acuerdo de Reorganización Judicial" o "Acuerdo".

2) Acuerdo de Reorganización Extrajudicial o Simplificado: aquel que se suscribe entre una Empresa Deudora y sus acreedores con el fin de reestructurar sus activos y pasivos, y que se somete a aprobación judicial con sujeción al procedimiento establecido en el Título 3 del Capítulo III. Para los efectos de

esta ley, se denominará indistintamente Acuerdo de Reorganización Extrajudicial o Acuerdo Extrajudicial.

3) Avalúo Fiscal: El precio de los inmuebles fijado por el Servicio de Impuestos Internos para los efectos del pago del impuesto territorial.

4) Audiencia Inicial: Aquella que se lleva a cabo en el tribunal competente con presencia del Deudor, si comparece, en un procedimiento de Liquidación Forzosa, en los términos establecidos en el artículo 120.

5) Audiencia de Prueba: Aquella que se verifica en el marco de un juicio de oposición, en la cual se rinden las pruebas ofrecidas en la Audiencia Inicial, en los términos establecidos en el artículo 126.

6) Audiencia de Fallo: Aquella en que se notifica la sentencia definitiva, poniéndose término al juicio de oposición, en los términos establecidos en el artículo 127.

7) Boletín Concursal: Plataforma electrónica a cargo de la Superintendencia de Insolvencia y Reemprendimiento, de libre acceso al público, gratuito, en la que se publicarán todas las resoluciones que se dicten y las actuaciones que se realicen en los procedimientos concursales, salvo que la ley ordene otra forma de notificación.

8) Certificado de Nominación: aquel emitido por la Superintendencia de Insolvencia y Reemprendimiento, en el cual consta la nominación del Veedor o Liquidador, titular y suplente.

9) Comisión de acreedores: aquella que puede designarse en un Procedimiento Concursal de Reorganización con el objetivo de supervigilar el cumplimiento del Acuerdo de Reorganización Judicial, con las atribuciones y deberes que dicho acuerdo señale; o aquella que puede designarse en un Procedimiento Concursal de Liquidación para adoptar los acuerdos que la Junta de Acreedores le delegue.

10) Correo electrónico: medio de comunicación electrónica que permite el envío y recepción de información y documentos electrónicos.

11) Cuenta final de administración: Aquella rendición de cuentas de su gestión que debe efectuar tanto el Veedor como el Liquidador en la oportunidad prevista en la ley, ante el tribunal, en la que deberá observarse la normativa contable, tributaria y financiera aplicable, así como la de esta ley.

12) Deudor: Toda Empresa Deudora o Persona Deudora, atendido el Procedimiento Concursal de que se trate y la naturaleza de la disposición a que se refiera.

13) Empresa Deudora: Toda persona jurídica de derecho privado, con o sin fines de lucro, y toda persona natural que, dentro de los veinticuatro meses anteriores al inicio del Procedimiento Concursal correspondiente, haya sido contribuyente de primera categoría.

14) Informe del Veedor: Aquel relativo al Acuerdo de Reorganización Judicial, regulado en el número 8) del artículo 57 de esta ley.

15) Junta de Acreedores: Órgano concursal constituido por los acreedores de un Deudor sujeto a un Procedimiento Concursal, de conformidad a esta ley. Se denominarán, según corresponda, Junta Constitutiva, Junta Ordinaria o Junta Extraordinaria, o indistintamente "Junta de Acreedores" o "Junta".

16) Ley: ley de Reorganización y Liquidación de Activos de Empresas y Personas.

17) Liquidación Forzosa: Demanda presentada por cualquier acreedor del Deudor, conforme al Párrafo 2 del Título 1 del Capítulo IV, o al Párrafo 2 del Título 2 del Capítulo V de esta ley.

18) Liquidación Voluntaria: Aquella solicitada por el Deudor, conforme al Párrafo 1 del Título 1 del Capítulo IV, o al Párrafo 1 del Título 2 del Capítulo V de esta ley.

19) Liquidador: Aquella persona natural sujeta a la fiscalización de la Superintendencia de Insolvencia y Reemprendimiento, cuya misión principal es realizar el activo del Deudor y propender al pago de los créditos de sus acreedores, de acuerdo a lo establecido en esta ley.

20) Martillero Concursal: Aquel martillero público que voluntariamente se somete a la fiscalización de la Superintendencia de Insolvencia y Reemprendimiento, cuya misión principal es realizar los bienes del Deudor, en conformidad a lo encomendado por la Junta de Acreedores y de acuerdo a lo establecido en esta ley.

21) Nómina de Veedores: registro público integrado por las personas naturales nombradas como Veedores por la Superintendencia de Insolvencia y Reemprendimiento, en conformidad al Párrafo 1 del Título 1 del Capítulo II de esta ley.

22) Nómina de Liquidadores: Registro público integrado por las personas naturales nombradas como Liquidadores por la Superintendencia de Insolvencia y Reemprendimiento, en conformidad al Párrafo 1 del Título 2 del Capítulo II de esta ley.

23) Nómina de Árbitros Concursales: Registro público integrado por las personas naturales nombradas como Árbitros Concursales por la Superintendencia de Insolvencia y Reemprendimiento, en conformidad al Capítulo VII de esta ley.

24) Nómina de Martilleros Concursales: registro público llevado por la Superintendencia de Insolvencia y Reemprendimiento que integra a los martilleros públicos que cumplen con lo prescrito en el artículo 213 de esta ley.

25) Persona Deudora: Toda persona natural no comprendida en la definición de Empresa Deudora.

26) Persona Relacionada: Se considerarán Personas Relacionadas respecto de una o más personas o de sus representantes, las siguientes:

a) El cónyuge, los ascendientes, descendientes y colaterales por consanguinidad o afinidad hasta el sexto grado inclusive y las sociedades en que éstos participen, con excepción de aquellas inscritas en el Registro de Valores.

b) Las personas que se encuentren en alguna de las situaciones a que se refiere el artículo 100 de la ley Nº 18.045, de Mercado de Valores.

27) Procedimiento Concursal: Cualquiera de los regulados en esta ley, denominados, indistintamente, Procedimiento Concursal de Reorganización de la Empresa Deudora, Procedimiento Concursal de Liquidación de la Empresa Deudora, Procedimiento Concursal de Renegociación de la Persona Deudora, Procedimiento Concursal de Liquidación Simplificada y Procedimiento Concursal de Reorganización Simplificada.

27 A) Procedimientos Concursales Especiales: Aquellos regulados en el Capítulo V, sin perjuicio de otros procedimientos concursales especiales establecidos en otras leyes.

28) Procedimiento Concursal de Liquidación: Aquél regulado en el Capítulo IV de esta ley.

28 A) Procedimiento Concursal de Liquidación Simplificada: Aquel regulado en el Título 2 del Capítulo V.

29) Procedimiento Concursal de Reorganización: Aquél regulado en el Capítulo III de esta ley.

29 A) Procedimiento Concursal de Reorganización Simplificada: Aquel regulado en el Título 3 del Capítulo V.

30) Procedimiento Concursal de Renegociación: Aquél regulado en el Capítulo V de esta ley.

31) Protección Financiera Concursal: Aquel período que esta ley otorga al Deudor que se somete al Procedimiento Concursal de Reorganización o al Procedimiento Concursal de Reorganización Simplificada, durante el cual no podrá solicitarse ni declararse su liquidación, ni podrán iniciarse en su contra juicios ejecutivos, ejecuciones de cualquier clase o restituciones en los juicios de arrendamiento. Dicho período será el comprendido entre la notificación de la Resolución de Reorganización y el Acuerdo de Reorganización Judicial, o el plazo fijado por la ley si este último no se acuerda.

32) Quórum Especial: El conformado por dos tercios del pasivo total con derecho a voto verificado y/o reconocido, según corresponda, en el Procedimiento Concursal respectivo.

33) Quórum Calificado: El conformado por la mayoría absoluta del pasivo total con derecho a voto verificado y/o reconocido, según corresponda, en el Procedimiento Concursal respectivo.

34) Quórum Simple: El conformado por la mayoría del pasivo verificado y/o reconocido, según corresponda, con derecho a voto, presente en la Junta de Acreedores, en el Procedimiento Concursal respectivo.

35) Resolución de Admisibilidad: Aquella resolución administrativa dictada por la Superintendencia de Insolvencia y Reemprendimiento conforme al artículo 263, que produce los efectos del artículo 264, ambos del Capítulo V de esta ley.

36) Resolución de Liquidación: Aquella resolución judicial dictada en un Procedimiento Concursal que produce los efectos señalados en el Párrafo 4 del Título 1 del Capítulo IV de esta ley.

37) Resolución de Reorganización: Aquella resolución judicial dictada en un Procedimiento Concursal que produce los efectos señalados en el artículo 57 o en el artículo 286 B de esta ley.

38) Servicios de Utilidad Pública: Aquéllos considerados como consumos básicos, cuyos prestadores se encuentran regulados por leyes especiales y sujetos a la fiscalización de la autoridad, tales como agua, electricidad, gas, teléfono e internet.

39) Superintendencia: La Superintendencia de Insolvencia y Reemprendimiento.

40) Veedor: Aquella persona natural sujeta a la fiscalización de la Superintendencia de Insolvencia y Reemprendimiento, cuya misión principal es propiciar los acuerdos entre el Deudor y sus acreedores, facilitar la proposición

de Acuerdos de Reorganización Judicial y resguardar los intereses de los acreedores, requiriendo las medidas precautorias y de conservación de los activos del Deudor, de acuerdo a lo establecido en esta ley.

Artículo 3°. Competencia. Los Procedimientos Concursales contemplados en esta ley serán de competencia del juzgado de letras que corresponda al domicilio del Deudor, pudiendo interponer el acreedor el incidente de incompetencia del tribunal, de acuerdo a las reglas generales.

En las ciudades asiento de Corte la distribución se regirá por un auto acordado dictado por la Corte de Apelaciones respectiva, considerando especialmente la radicación preferente de causas concursales en los tribunales que cuenten con la capacitación a que se refiere el inciso siguiente.

Los jueces titulares y secretarios de los juzgados de letras que conozcan preferentemente de asuntos concursales deberán estar capacitados en derecho concursal, en especial, sobre las disposiciones de esta ley y de las leyes especiales que rijan estas materias.

Cada Corte de Apelaciones adoptará las medidas pertinentes para garantizar la especialización a que se refiere la presente disposición.

No obstante, los demás tribunales competentes estarán habilitados para conocer de asuntos concursales en el marco de sus atribuciones si, excepcionalmente y por circunstancias derivadas del sistema de distribución de trabajo, ello fuere necesario.

El tribunal al cual corresponda conocer de un Procedimiento Concursal de aquellos contemplados en esta ley, no perderá su competencia por el hecho de existir entre los acreedores y el Deudor personas que gocen de fuero especial.

Para los efectos de lo previsto en este artículo, la Academia Judicial coordinará la dictación de los cursos necesarios para la capacitación en derecho concursal de jueces titulares y secretarios de los juzgados de letras dentro del programa de perfeccionamiento de miembros del Poder Judicial establecido en la ley N° 19.346, que crea la Academia Judicial.

Artículo 4°. Recursos. Las resoluciones judiciales que se pronuncien en los Procedimientos Concursales de Reorganización y de Liquidación establecidos en esta ley sólo serán susceptibles de los recursos que siguen:

1) Reposición: Procederá contra aquellas resoluciones susceptibles e este recurso conforme a las reglas generales, deberá interponerse dentro del plazo

de tres días contado desde la notificación de aquélla y podrá resolverse de plano o previa tramitación incidental, según determine el tribunal. Contra la resolución que resuelva la reposición no procederá recurso alguno.

2) Apelación: Procederá contra las resoluciones que esta ley señale expresamente y deberá interponerse dentro del plazo de cinco días contado desde la notificación de aquéllas. Será concedida en el solo efecto devolutivo, salvo las excepciones que esta ley señale y, en ambos, casos gozará de preferencia para su inclusión en la tabla y para su vista y fallo.

En el caso de las resoluciones susceptibles de recurrirse de reposición y de apelación, la segunda deberá interponerse en subsidio de la primera, de acuerdo a las reglas generales.

3) Casación: Procederá en los casos y en las formas establecidas en la ley.

Artículo 5°. Incidentes. Sólo podrán promoverse incidentes en aquellas materias en que esta ley lo permita expresamente. Se tramitarán conforme a las reglas generales previstas en el Código de Procedimiento Civil y no suspenderán el Procedimiento Concursal, salvo que esta ley establezca lo contrario.

Artículo 6°. De las notificaciones. Siempre que el tribunal ordene que una resolución se notifique por avisos, deberá realizarse mediante una publicación en el Boletín Concursal, entendiéndose notificada desde la fecha de su inserción en aquél.

Las notificaciones efectuadas en el Boletín Concursal serán de carácter público y deberán ser realizadas por el Veedor, el Liquidador o la Superintendencia, según corresponda, dentro de los dos días siguientes a la dictación de las respectivas resoluciones, salvo que la norma correspondiente disponga un plazo diferente.

Toda resolución que no tenga señalada una forma distinta de notificación, se entenderá efectuada mediante una publicación en el Boletín Concursal.

Mediante norma de carácter general, la Superintendencia establecerá la forma de efectuar las publicaciones, los requisitos técnicos de operación y seguridad del Boletín Concursal y la obligación de actualizarlo diariamente por quien corresponda.

Cada vez que se establezca que una resolución debe notificarse por Correo Electrónico, se estará a lo dispuesto en la norma de carácter general en cuanto a la forma de efectuarla. En todo caso, en la primera actuación que se realice ante el tribunal o la Superintendencia de Insolvencia y Reemprendimiento, según corresponda, en los Procedimientos Concursales, el Deudor, los acreedores y los terceros interesados señalarán una dirección de Correo Electrónico válida a la cual se deberán efectuar las notificaciones conforme a lo dispuesto precedentemente.

La notificación por Correo Electrónico enviada a la dirección señalada por el respectivo notificado será válida, aun cuando aquella no se encontrare vigente, estuviere en desuso o no permitiere su recepción por el destinatario. Se entenderá notificado el destinatario desde el envío del Correo Electrónico a la referida dirección.

En los casos en que no sea posible notificar por Correo Electrónico, se notificará por carta certificada y dicha notificación se entenderá efectuada al tercer día siguiente al de su recepción en la oficina de correos.

De todas las notificaciones que se practiquen en virtud de lo dispuesto en este artículo se dejará constancia por escrito en el expediente, sin que sea necesaria certificación alguna al respecto.

Cada vez que la ley ordene al Deudor señalar el Correo Electrónico de sus acreedores, se entenderá que debe indicar el de los representantes legales de aquéllos.

Una vez finalizados los Procedimientos Concursales en la forma prescrita en esta ley, la Superintendencia y los responsables de los registros o bancos de datos personales, en su caso, deberán proceder a la eliminación, modificación o bloqueo de los datos del Deudor en el Boletín Concursal y otros registros o bancos de datos personales referidos a obligaciones de carácter económico, financiero, bancario o comercial, según corresponda, en conformidad con lo establecido en el artículo 6 de la ley Nº 19.628, sobre protección de la vida privada, en un plazo no superior a treinta días.

Artículo 6° A. De la realización telemática de audiencias en los Procedimientos Concursales de Renegociación y Juntas de Acreedores no celebradas ante el tribunal o en el lugar que éste designe. Las audiencias de los Procedimientos Concursales de Renegociación y las Juntas de Acreedores que no se celebren en las dependencias del tribunal o en el lugar que éste determine, se podrán realizar por medios telemáticos conforme a la norma de carácter general que dictará al efecto la Superintendencia.

Artículo 6° B. De las audiencias judiciales y Juntas de Acreedores celebradas ante el tribunal o en el lugar que éste designe en los Procedimientos Concursales de Liquidación y Reorganización. Tratándose de audiencias judiciales y Juntas de Acreedores celebradas ante el tribunal o en el lugar que éste designe, las partes podrán comparecer vía remota por videoconferencia, de conformidad con las reglas generales dispuestas para las audiencias telemáticas de las contiendas que se tramitan ante los juzgados con competencia civil.

Artículo 7°. Cómputo de plazos. Los plazos de días establecidos en esta ley son de días hábiles, entendiéndose inhábiles los días domingos y feriados, salvo que se establezca que un plazo específico es de días corridos. Los plazos se computarán desde el día siguiente a aquél en que se notifique la resolución o el acto respectivo.

Cuando esta ley establezca un plazo para actuaciones que deban realizarse antes de determinada fecha, éste se contará hacia atrás a partir del día inmediatamente anterior al de la respectiva actuación.

Artículo 8°. Exigibilidad. Las normas contenidas en leyes especiales prevalecerán sobre las disposiciones de esta ley.

Aquellas materias que no estén reguladas expresamente por leyes especiales, se regirán supletoriamente por las disposiciones de esta ley.

CAPÍTULO II
DEL VEEDOR Y DEL LIQUIDADOR

TÍTULO 1
DEL VEEDOR

§ 1. De la nómina de veedores

Artículo 9°. Estructura. La Nómina de Veedores estará integrada por las personas naturales nombradas en el cargo de Veedor por la Superintendencia, la que la mantendrá debidamente actualizada y a disposición del público a través de su página web. Esta nómina estará compuesta por dos categorías, A y B.

Los Veedores que pertenezcan a la Categoría A gestionarán los procedimientos regulados en el Capítulo III. Los Veedores que pertenezcan a la Categoría B gestionarán los procedimientos regulados en el Título 3 del Capítulo V.

Por defecto, todo Veedor que se incorpore a la Nómina de Veedores en virtud del artículo 13 será incorporado en la Categoría B. Para acceder a la Categoría A, los Veedores deberán presentar una solicitud a la Superintendencia y cumplir con los requisitos e indicadores de gestión positivos determinados por la Superintendencia por medio de una norma de carácter general.

La admisión e inscripción en la Categoría A eliminará automáticamente la pertenencia a la Categoría B, salvo que el Veedor solicite mantenerse en ambas categorías.

Artículo 10. Solicitud de inscripción. Toda persona natural interesada en ser nombrada Veedor podrá presentar su solicitud ante la Superintendencia. En ella deberá expresar si ejercería el cargo a nivel nacional o regional, acompañando los antecedentes que acrediten el cumplimiento de los requisitos señalados en el artículo 13 y una declaración jurada en que exprese no estar afecto a las prohibiciones contempladas en el artículo 17.

Artículo 11. Inclusión en la Nómina de Veedores. El Veedor será incorporado a la nómina correspondiente mediante resolución dictada por la Superintendencia, una vez verificado el cumplimiento de los requisitos señalados en el artículo 13.

Artículo 12. Menciones de la Nómina de Veedores. La referida Nómina contendrá las siguientes menciones respecto de cada Veedor:

1) Nombre completo, profesión, domicilio, datos de contacto y regiones en que ejercerá sus funciones.

2) Calificaciones obtenidas durante los últimos cinco años en el examen a que se refiere el artículo 14.

3) Número total de Procedimientos Concursales de Reorganización y de Reorganización Simplificada en que hubiere intervenido, con mención de aquellos en que se hubiere aprobado el Acuerdo de Reorganización, de los cinco principales acreedores y el sector o rubro de los Deudores en cada uno de ellos.

4) Honorario promedio percibido.

5) Registro de las sanciones aplicadas en los últimos tres años calendario.

6) Categoría a la que pertenece el Veedor.

§ 2. Del veedor

Artículo 13. Requisitos. Podrá solicitar su inclusión en la Nómina de Veedores toda persona natural que cumpla con los siguientes requisitos:

1) Contar con un título profesional de contador auditor o de una profesión de a lo menos diez semestres de duración, otorgado por universidades del Estado o reconocidas por éste, o por la Corte Suprema, en su caso;

2) Contar con, a lo menos, cinco años de ejercicio de la profesión que acredite mediante antecedentes que puedan ser verificados por la Superintendencia;

3) Aprobar el examen para Veedores a que se refiere el artículo siguiente;

4) No estar afecto a alguna de las prohibiciones establecidas en el artículo 17, y

5) Otorgar, en tiempo y forma, la garantía señalada en el artículo 16.

Artículo 14. Del examen de conocimientos. La Superintendencia convocará a un examen de conocimientos a las siguientes personas:

1) Postulantes a integrar la Nómina de Veedores.

2) Veedores que no hubieren asumido Procedimientos Concursales de Reorganización en un período de tres años contado desde su último examen rendido y aprobado.

3) Veedores que hubieren reprobado el examen en conformidad con lo establecido en el presente artículo.

El Veedor que hubiere reprobado el examen podrá rendirlo nuevamente en el período siguiente de examinación, en la fecha, hora y lugar que fije la Superintendencia. La inasistencia injustificada se entenderá como reprobación para todos los efectos legales.

El Veedor que hubiere reprobado el examen de repetición quedará suspendido de pleno derecho para asumir nuevos Procedimientos Concursales de Reorganización, aún como interventor, por un período de doce meses contado desde la notificación de su reprobación efectuada por correo electrónico, y hasta que apruebe un nuevo examen, debiendo rendirlo una vez terminado el período de suspensión, en la fecha de examinación correspondiente. Si reprueba nuevamente el examen de repetición, será excluido de la Nómina de Veedores.

El examen de conocimientos señalado en este artículo se convocará dos veces en cada año calendario y será regulado por la Superintendencia a través de normas de carácter general.

Artículo 15. Responsabilidad. La responsabilidad civil del Veedor alcanzará hasta la culpa levísima y podrá perseguirse cuando corresponda, en cuyo caso se aplicarán las reglas del juicio sumario, una vez presentada la Cuenta Final de Administración, conforme a lo dispuesto en el Párrafo 2 del Título 3 del Capítulo II de esta ley, y sin perjuicio de la responsabilidad legal en que pudiere incurrir.

Sin perjuicio de lo anterior, si el Veedor no rindiere su Cuenta Final de Administración dentro del plazo regulado en el artículo 29, su responsabilidad civil también podrá perseguirse desde el vencimiento de dicho plazo.

Artículo 16. Garantía de fiel desempeño. Todo Veedor mantendrá en la Superintendencia y mientras subsista su responsabilidad, una garantía por un monto de 2.000 unidades de fomento, con una vigencia mínima de tres años, renovable por igual período. En caso de no otorgarla en tiempo y forma, el Veedor no podrá asumir en nuevos Procedimientos Concursales de Reorganización.

La garantía podrá consistir en una boleta bancaria de garantía, póliza de seguro o cualquiera otra que la Superintendencia determine mediante norma de carácter general, la cual también establecerá la forma de rendirla, sus plazos, devolución, renovación y demás especificaciones aplicables.

La garantía a que se refiere este artículo tiene por objetivo caucionar el fiel desempeño de la actividad del Veedor y asegurar el correcto y cabal cumplimiento de todas sus obligaciones, incluyendo la eventual indemnización a que sea condenado en caso de hacerse efectiva su responsabilidad civil y el pago de las multas administrativas impuestas en su contra.

La Superintendencia hará efectiva la garantía y entregará su monto a requerimiento del tribunal que hubiere declarado la responsabilidad civil del Veedor, siempre que la resolución condenatoria se encuentre firme y ejecutoriada. Tratándose de multas impuestas por la propia Superintendencia, la resolución respectiva indicará el plazo en que el Veedor deberá pagarlas, el cual no podrá ser inferior a veinte días. Dicho plazo se contará desde que esa resolución se encuentre firme y ejecutoriada. Una vez transcurrido el término anterior sin verificarse el pago, la Superintendencia hará efectiva la garantía e imputará los fondos a la multa respectiva, restituyendo el saldo al Veedor, si correspondiere.

Sin perjuicio de lo anterior, si se ejecutare la garantía del Veedor conforme al inciso anterior, y una vez que se le restituya el saldo en su caso, se entenderá suspendido para asumir nuevos Procedimientos Concursales de Reorganización, y tendrá un plazo de veinte días para constituir una nueva garantía en los términos previstos en este artículo, manteniéndose la señalada suspensión mientras no la otorgue.

Artículo 17. Prohibiciones. No podrán ser Veedores las siguientes personas:

1) Las que hayan sido condenadas por crimen o simple delito.

2) Los funcionarios de cualquier órgano de la Administración del Estado, los integrantes de las empresas públicas creadas por ley, los que ejerzan cargos de elección popular, y aquellos que presten cualquier tipo de servicios remunerados o no a la Superintendencia.

No obstante, no regirá esta incompatibilidad respecto de las personas que desempeñen labores docentes en instituciones de educación superior. Sin embargo, no se considerarán labores docentes las que correspondan a la dirección superior de una entidad académica, respecto de las cuales regirá la incompatibilidad a que se refiere este numeral.

3) Las que tuvieren incapacidad física o mental para ejercer el cargo.

4) Las que hubieren dejado de integrar la Nómina de Veedores en virtud de las causales de exclusión del artículo siguiente y sin perjuicio de lo dispuesto en el inciso final del mismo.

Artículo 18. Causales de exclusión de la Nómina de Veedores. Los Veedores serán excluidos de su respectiva Nómina en los siguientes casos:

1) Por haber sido nombrados en contravención a lo dispuesto en este Título.

2) Por dejar de cumplir los requisitos enumerados en el artículo 13 de este Título.

3) Por adquirir para sí o para terceros, ya sea como persona natural o a través de una persona jurídica en la que el Veedor sea socio o Persona Relacionada, cualquier bien u obtener para sí alguna ventaja económica en los Procedimientos Concursales en que intervengan como Veedor.

4) Por enajenar o autorizar la enajenación de cualquier bien en los Procedimientos Concursales en que intervenga como Veedor a:

a) Sus Personas Relacionadas.

b) Alguna persona jurídica en que tenga interés económico directo o indirecto.

c) Socios o accionistas de una sociedad en la que el Veedor forme parte, o de las sociedades en las cuales tenga participación, salvo aquellas que se encuentren inscritas en el Registro de Valores y hagan oferta pública de ellos.

d) Personas con las que posea bienes en comunidad, con excepción de los copropietarios a que se refiere la ley Nº 19.537, sobre copropiedad inmobiliaria.

e) Sus dependientes.

f) Profesionales o técnicos que le presten servicios, sean éstos esporádicos o permanentes, cualquiera sea la forma en que estén constituidos.

5) Por haberse declarado judicialmente, mediante sentencia firme y ejecutoriada, su responsabilidad civil o penal en conformidad con el artículo 27.

6) Por renuncia presentada ante la Superintendencia, sin perjuicio de las obligaciones y responsabilidades por las funciones que ya hubiere asumido.

7) Por sentencia firme y ejecutoriada que rechace la Cuenta Final de Administración que debe presentar en conformidad a esta ley.

8) Por aplicación de la letra c) del artículo 339.

9) Por reprobación definitiva del examen de conocimientos a que se refiere el artículo 14.

10) Por muerte.

11) Por haber sido excluido de la Nómina de Liquidadores por sentencia firme o ejecutoriada, salvo que ello se haya debido a su renuncia presentada ante la Superintendencia. La resolución por la cual la Superintendencia determine la exclusión por esta causa no será susceptible de recurso alguno.

Producida alguna de las circunstancias señaladas en los números precedentes, la Superintendencia dictará la resolución de exclusión respectiva.

Sin perjuicio de lo anterior, en el evento que se produzcan algunas de las circunstancias previstas en los numerales 1), 2), 3), 4) y 8) anteriores, la Superintendencia deberá previamente representarla al Veedor para que éste presente sus descargos, dentro de los cinco días siguientes. Vencido el plazo señalado sin que se presente descargo alguno, la Superintendencia dictará la correspondiente resolución de exclusión. Si el Veedor presenta sus descargos, la Superintendencia podrá acogerlos o rechazarlos dictando la correspondiente resolución.

Las personas excluidas de la Nómina de Veedores por las causales de los números 1), 2) y 6) podrán solicitar, una vez transcurridos cinco años contados desde la fecha en que quedó firme el acto administrativo de exclusión, su reincorporación en la referida nómina, estándose a lo dispuesto en el presente Título.

Las personas excluidas de la Nómina de Veedores por cualquier otra causal no podrán volver a solicitar su inscripción en ella.

Lo anterior será sin perjuicio de la responsabilidad civil y penal que pudiere corresponderles en conformidad a la ley.

Artículo 19. Reclamo de exclusión. El Veedor podrá reclamar de su exclusión de la respectiva nómina ante el juzgado de letras con competencia en lo civil de su domicilio dentro del plazo de diez días contado desde la notificación por carta certificada de la resolución que decida dicha exclusión.

El tribunal competente sujetará la tramitación del reclamo a las normas del procedimiento sumario, conforme a lo establecido en el artículo 341. Mientras se encuentre pendiente el reclamo de exclusión, el Veedor no podrá asumir nuevos Procedimientos Concursales.

Excluido el Veedor de la Nómina de Veedores, subsistirá la obligación de rendir cuenta de su gestión, así como la responsabilidad legal en que pudiere haber incurrido.

Artículo 20. Designación del Veedor en los Procedimientos Concursales. Sólo podrá designarse Veedor a quien integre la Nómina de Veedores a la época de la dictación de la Resolución de Reorganización o de la Resolución de Liquidación, según corresponda.

Artículo 21. Inhabilidades. No podrán ser nominados o designados Veedores en un Procedimiento Concursal de Reorganización:

1) Las Personas Relacionadas con el Deudor.

2) Los deudores y acreedores del Deudor o sus representantes, y todos los que tuvieren un interés directo o indirecto en el respectivo procedimiento.

3) Los que tuvieren objetada su Cuenta Final de Administración en un Procedimiento Concursal, siempre que hayan insistido en uno o más reparos.

4) Los que estuvieren suspendidos en conformidad a lo dispuesto en el artículo 14 o de acuerdo al número 5) del artículo 337 de esta ley.

Artículo 22. Nominación del Veedor. Una vez que la Superintendencia reciba los antecedentes señalados en el artículo 55, notificará a los tres mayores acreedores del Deudor según la información entregada, dentro del día siguiente y por el medio más expedito. Esta notificación será certificada por el ministro de fe de la Superintendencia para todos los efectos legales.

Dentro del segundo día siguiente a la referida notificación, cada acreedor propondrá por escrito o por correo electrónico a un Veedor titular y a un Veedor suplente vigente en la Nómina de Veedores. Para estos efectos, cada acreedor será individualmente considerado sin distinción del monto de su crédito.

Dentro del día siguiente al señalado en el inciso anterior, la Superintendencia nominará como Veedor titular al que hubiere obtenido la primera mayoría de entre los propuestos para el cargo de titular por los acreedores, y como Veedor suplente a aquel que hubiere obtenido la primera mayoría de entre los propuestos para ese cargo. Si sólo respondiere un acreedor, se estará a su propuesta. Si respondieren todos o dos de ellos y la propuesta recayere en personas diversas, se estará a aquella del acreedor cuyo crédito sea superior.

En caso que no se reciban propuestas, la nominación tendrá lugar mediante sorteo ante la Superintendencia, en el que participarán aquellos Veedores que integren la terna propuesta por el Deudor en la solicitud señalada en el artículo 54 o, en su defecto, todos aquellos Veedores vigentes en la Nómina de Veedores a esa fecha. Los sorteos que efectúe la Superintendencia se regularán por medio de una norma de carácter general.

Excepcionalmente, si de los antecedentes señalados en el artículo 55, se acredita que un solo acreedor representa más del 50% del pasivo del deudor, la Superintendencia nominará al Veedor Titular y al Veedor Suplente propuesto por ese acreedor. En caso que dicho acreedor no propusiere al Veedor Titular y al Veedor Suplente, se estará a las reglas generales establecidas en los incisos anteriores.

El Veedor titular y el Veedor suplente nominados serán inmediatamente notificados por la Superintendencia por el medio más expedito.

El Veedor titular nominado deberá manifestar ante la Superintendencia si acepta el cargo a más tardar al día siguiente a su notificación y deberá jurar o prometer desempeñarlo fielmente. Al aceptar el cargo, deberá declarar sus relaciones con el Deudor o con los acreedores de éste, si las tuviere, y que no tiene impedimento o inhabilidad alguna para desempeñar el cargo.

Aceptado el cargo, la Superintendencia emitirá el Certificado de Nominación del Veedor, el cual será remitido directamente al tribunal competente, dentro del día siguiente a su emisión, para que éste designe a un Veedor nominado en la Resolución de Reorganización.

El Veedor podrá excusarse de aceptar una nominación ante la Superintendencia, debiendo expresar fundadamente y por escrito su justificación al día siguiente de su notificación. La Superintendencia resolverá dentro de los dos días siguientes con los antecedentes aportados por el Veedor y sin ulterior recurso. Si la excusa es desestimada, el Veedor deberá asumir como tal en el Procedimiento Concursal, entendiéndose legalmente aceptado el cargo desde que se resuelva la excusa y se emita el correspondiente Certificado de Nominación. Si la excusa es aceptada, la Superintendencia nominará al Veedor suplente como titular, nominándose a un nuevo Veedor suplente mediante sorteo.

Artículo 23. De la cesación en el cargo. El Veedor cesará en el cargo por el término del Procedimiento Concursal de Reorganización o por cese anticipado en el mismo. Sin perjuicio de lo anterior, subsistirá su responsabilidad hasta la aprobación de su Cuenta Final de Administración.

Artículo 24. Del cese anticipado en el cargo. Para los efectos de esta ley, se entenderá que el Veedor cesa anticipadamente en su cargo:

1) Por la revocación de la Junta de Acreedores.

2) Por remoción decretada por el tribunal.

3) Por renuncia aceptada por la Junta de Acreedores o, en su defecto, por el tribunal, la que deberá fundarse en una causa grave.

4) Por haber dejado de formar parte de la Nómina de Veedores, sin perjuicio de continuar en el cargo hasta que asuma el Veedor Suplente o el que se designe.

5) Por inhabilidad sobreviniente. El Veedor deberá dar cuenta al tribunal y a la Superintendencia, dentro del plazo de tres días, de la inhabilidad que le afecte. El incumplimiento de esta obligación será constitutivo de falta gravísima para los efectos de lo dispuesto en el número 8) del artículo 18.

El Veedor suplente asumirá dentro de los dos días siguientes a la cesación en el cargo del Veedor titular, cualquiera sea la causa del cese.

El Veedor que haya cesado anticipadamente en su cargo deberá rendir cuenta de su gestión y hacer entrega de los antecedentes del Procedimiento Concursal al Veedor suplente, dentro de los diez días siguientes a la fecha en que este último haya asumido. En caso de incumplimiento, el tribunal competente, de oficio o a petición de cualquier interesado, requerirá el cumplimiento según lo previsto en el artículo 238 del Código de Procedimiento Civil, en cuyo caso la multa será de 10 a 200 unidades tributarias mensuales. Sin perjuicio de lo anterior, la Superintendencia podrá aplicar las sanciones que correspondan.

Artículo 25. Deberes del Veedor. La función principal del Veedor es propiciar los acuerdos entre el Deudor y sus acreedores, facilitando la proposición y negociación del Acuerdo. Para estos efectos, el Veedor podrá citar al Deudor y a sus acreedores en cualquier momento desde la publicación de la Resolución de Reorganización hasta la fecha en que debe acompañar al tribunal competente el informe que regula el numeral 8) del artículo 57, con el propósito de facilitar los acuerdos entre las partes y propiciar la celebración de un Acuerdo de Reorganización Judicial en los términos regulados en la presente ley.

En el ejercicio de sus funciones deberá especialmente:

1) Imponerse de los libros, y otra documentación contable, financiera o tributaria de las operaciones del Deudor.

2) Incorporar y publicar en el Boletín Concursal copia de todos los antecedentes y resoluciones que esta ley le ordene.

3) Realizar las inscripciones y notificaciones que disponga la Resolución de Reorganización.

4) Realizar las labores de fiscalización y valorización que se le imponen en los artículos 72 y siguientes, referidas a la continuidad del suministro, a la venta necesaria de activos y a la obtención de nuevos recursos.

5) Arbitrar las medidas necesarias en el procedimiento de determinación del pasivo establecido en los artículos 70 y 71.

6) Realizar la calificación de los poderes para comparecer en las Juntas de Acreedores e informar al tribunal competente sobre la legalidad de éstos, cuando corresponda.

7) Impetrar las medidas precautorias y de conservación de los activos del Deudor que sean necesarias para resguardar los intereses de los acreedores, sin perjuicio de los acuerdos que éstos puedan adoptar.

8) Dar cuenta al tribunal competente y a la Superintendencia de cualquier acto o conducta del Deudor que signifique una administración negligente o dolosa de sus negocios y, con la autorización de dicho tribunal, adoptar las medidas necesarias para mantener la integridad de los activos, cuando corresponda.

9) Rendir mensualmente cuenta de su actuación y de los negocios del Deudor a la Superintendencia, y presentar las observaciones que le merezca la administración de aquél. Esta cuenta será enviada, además, por correo electrónico a cada uno de los acreedores.

10) Velar por el correcto y oportuno cumplimiento de las obligaciones laborales y de seguridad social del Deudor respecto de los trabajadores con contrato laboral vigente y de aquellos cuyo contrato hubiere terminado antes del inicio del procedimiento o durante la Protección Financiera Concursal. En caso de incumplimiento del Deudor, deberá dar cuenta de esta circunstancia al tribunal competente y a la Superintendencia.

11) Ejecutar todos los actos que le encomiende esta ley.

Artículo 26. Delegación de funciones. El Veedor sólo podrá delegar sus funciones, manteniendo su responsabilidad y a su costa, en otros Veedores que no se encuentren actualmente suspendidos de la Nómina de Veedores, con igual competencia territorial.

La referida delegación deberá efectuarse por instrumento público y materializarse en un mandato especial para un procedimiento determinado, o en un mandato general para todos los procedimientos en los que actualmente o en el futuro sea designado el Veedor, respecto de actuaciones específicas de su gestión y notificada mediante su publicación en el Boletín Concursal. Asimismo, deberá constar en el expediente de cada procedimiento en el que dicho delegado actúe. El mandato terminará, especialmente, en caso de suspensión o exclusión ya sea del Veedor delegante o del Veedor delegado.

Artículo 27. Concierto Previo. El Veedor que se concertare con el Deudor, con algún acreedor o un tercero para proporcionarle alguna ventaja indebida o para obtenerla para sí, será sancionado de conformidad a lo establecido en el Párrafo 7 del Título IX del Libro Segundo del Código Penal.

Artículo 28. Honorarios del Veedor. Los honorarios del Veedor serán convenidos entre éste, los tres principales acreedores y el Deudor y serán de cargo de este último. Estos honorarios gozarán de la preferencia establecida en el número 4 del artículo 2472 del Código Civil, sin perjuicio de lo prescrito en el número 3) del artículo 118 de esta ley.

Artículo 29. De la Cuenta Final. El Veedor rendirá cuenta final de su gestión en el plazo de treinta días contado desde la Resolución que aprueba el Acuerdo de Reorganización Judicial o desde la Resolución de Liquidación, en su caso. Al respecto, le será plenamente aplicable lo dispuesto en el Párrafo 2 del Título 3 del Capítulo II de esta ley.

TÍTULO 2
DEL LIQUIDADOR

§ 1. De la nómina de liquidadores

Artículo 30. Estructura. La Nómina de Liquidadores estará integrada por todas las personas naturales nombradas como tales por la Superintendencia, la que deberá mantenerla debidamente actualizada y a disposición del público a través de su página web.

Esta nómina estará compuesta por dos categorías, A y B.

Los Liquidadores que pertenezcan a la Categoría A gestionarán los procedimientos regulados en el Capítulo IV. Los Liquidadores que pertenezcan a la Categoría B gestionarán los procedimientos regulados en los Títulos 1 y 2 del Capítulo V, cuando corresponda.

Por defecto, todo Liquidador que se incorpore a la Nómina de Liquidadores en virtud del artículo 32 será incorporado en la Categoría B. Para acceder a la Categoría A, los Liquidadores deberán presentar una solicitud a la Superintendencia y cumplir con los requisitos e indicadores de gestión positivos determinados por la Superintendencia, lo que será normado por medio de una norma de carácter general.

Los Liquidadores que pertenezcan a la Categoría A podrán solicitar mantenerse inscritos en ambas categorías. Los requisitos para proceder al cambio de categorías a la o a las que pertenezca un Liquidador se regulará por la Superintendencia mediante la norma de carácter general señalada en el inciso anterior.

Artículo 31. Norma general. Será aplicable a los Liquidadores lo dispuesto en el Título 1 del Capítulo II de la presente ley respecto de los Veedores, en todo aquello que no esté expresamente regulado en el presente Título y, en todo caso, siempre que no sea contrario a la naturaleza de la función que desempeñan.

Artículo 32. Requisitos. Podrá ser Liquidador y solicitar su inclusión en la Nómina de Liquidadores, toda persona natural que cumpla con los siguientes requisitos:

1) Contar con un título profesional de contador auditor o de una profesión de a lo menos diez semestres de duración, otorgado por universidades del Estado o reconocidas por éste, o por la Corte Suprema, en su caso.

2) Contar con, a lo menos, cinco años de ejercicio de la profesión que acredite mediante antecedentes que puedan ser verificados por la Superintendencia.

3) Aprobar un examen de conocimientos para Liquidadores, en los términos del artículo 14.

4) No estar afecto a alguna de las prohibiciones establecidas en el artículo 17.

5) Otorgar, en tiempo y forma, la garantía señalada en el artículo 16.

Artículo 33. Menciones de la Nómina de Liquidadores. Además de las menciones señaladas en el artículo 12, la Nómina de Liquidadores deberá contener el régimen de descuento de honorarios ofrecido por el Liquidador y su respectiva vigencia, respecto de la tabla del artículo 40.

Asimismo, deberá señalar el número de Procedimientos Concursales de Liquidación en que cada Liquidador hubiere intervenido, la lista de los cinco principales acreedores en cada uno de ellos, el porcentaje de Procedimientos Concursales de Liquidación con Cuenta Final de Administración aprobada y el sector o rubro del Deudor en cada uno de dichos procedimientos.

Artículo 34. Causales de exclusión de la Nómina de Liquidadores. Además de las causales de exclusión señaladas en el artículo 18, será excluido de la Nómina de Liquidadores aquel que se negare a asumir un Procedimiento Concursal de Liquidación sin causa justificada.

Para estos efectos, se entenderá como causa justificada las señaladas en esta ley.

§ 2. Del liquidador

Artículo 35. Responsabilidad. La responsabilidad civil de los Liquidadores alcanzará hasta la culpa levísima y se podrá perseguir, cuando corresponda, en juicio sumario una vez presentada la Cuenta Final de Administración, conforme lo dispuesto en los artículos 49 y siguientes de esta ley, y sin perjuicio de la responsabilidad legal en que pudiere incurrir.

Sin perjuicio de lo anterior, si el Liquidador no rindiere su Cuenta Final de Administración dentro del plazo regulado en el artículo 50, su responsabilidad civil también podrá perseguirse desde el vencimiento de dicho plazo.

Artículo 36. Deberes del Liquidador. El Liquidador representa judicial y extrajudicialmente los intereses generales de los acreedores y los derechos del Deudor en cuanto puedan interesar a la masa, sin perjuicio de las facultades de aquéllos y de éste determinadas por esta ley.

En el ejercicio de sus funciones, el Liquidador deberá especialmente, con arreglo a esta ley:

1) Incautar e inventariar los bienes del Deudor.

2) Liquidar los bienes del Deudor.

3) Efectuar los repartos de fondos a los acreedores en la forma dispuesta en el Párrafo 3 del Título 5 del Capítulo IV de esta ley.

4) Cobrar los créditos del activo del Deudor.

5) Contratar préstamos para solventar los gastos del Procedimiento Concursal de Liquidación.

6) Exigir rendición de cuentas de cualquiera que haya administrado bienes del Deudor.

7) Reclamar del Deudor la entrega de la información necesaria para el desempeño de su cargo.

8) Registrar sus actuaciones y publicar las resoluciones que se dicten en el Procedimiento Concursal de Liquidación en el Boletín Concursal.

9) Depositar a interés en una institución financiera los fondos que perciba, en cuenta separada para cada Procedimiento Concursal de Liquidación y a nombre de éste, y abrir una cuenta corriente con los fondos para solventarlo.

10) Ejecutar los acuerdos legalmente adoptados por la Junta de Acreedores dentro del ámbito de su competencia.

11) Cerrar los libros de comercio del Deudor, quedando responsable por ello frente a terceros desde la dictación de la Resolución de Liquidación.

12) Transigir y conciliar los créditos laborales con el acuerdo de la Junta de Acreedores, según lo dispone el artículo 246 de esta ley.

13) Ejercer las demás facultades y cumplir las demás obligaciones que le encomienda la presente ley.

Artículo 37. Nominación del Liquidador. Presentada una solicitud de inicio de Procedimiento Concursal de Liquidación o Liquidación Simplificada ante el tribunal competente, la Superintendencia nominará al Liquidador conforme al procedimiento establecido en el presente artículo.

Tratándose de una solicitud de Liquidación Voluntaria, el Deudor acompañará a la Superintendencia copia de la respectiva solicitud con cargo del tribunal competente o de la Corte de Apelaciones correspondiente y copia de la nómina de acreedores y sus créditos, de acuerdo a lo establecido en el artículo 115 de esta ley.

Tratándose de una solicitud de Liquidación Forzosa, el acreedor peticionario acompañará a la Superintendencia copia de la respectiva solicitud con cargo del tribunal competente o de la Corte de Apelaciones correspondiente y copia de la nómina de acreedores y sus créditos que haya acompañado el Deudor, en su caso, de acuerdo a lo establecido en el artículo 120 de esta ley. En caso de que el Deudor no hubiere presentado la referida nómina de acreedores en la audiencia o no concurriere a ésta, el tribunal informará este hecho a la Superintendencia para que realice la nominación mediante sorteo.

Acompañados los antecedentes antes señalados, la Superintendencia notificará a los tres mayores acreedores del Deudor, que no sean Personas Relacionadas de éste, según la información entregada, dentro del día siguiente y por el medio más expedito, lo que será certificado por un ministro de fe de la Superintendencia.

Dentro del segundo día siguiente a la referida notificación, cada acreedor propondrá por escrito o por correo electrónico a un Liquidador titular y a un Liquidador suplente de la categoría que correspondan, vigentes en la Nómina de Liquidadores. Para estos efectos, cada acreedor será individualmente considerado, sin distinción del monto de su crédito.

Dentro del día siguiente al señalado en el inciso anterior, la Superintendencia nominará como Liquidador titular al que hubiere obtenido la primera mayoría de entre los propuestos para ese cargo por los acreedores, y como suplente a aquel que hubiere obtenido la primera mayoría de entre los propuestos para ese cargo. Si sólo respondiere un acreedor, se estará a su propuesta. Si respondieren todos o dos de ellos y la propuesta recayere en personas diversas, se estará a aquella del acreedor cuyo crédito sea superior. En caso que no se reciban propuestas, la nominación tendrá lugar mediante sorteo ante la Superintendencia, en el que participarán todos aquellos Liquidadores vigentes en la Nómina de Liquidadores a esa fecha.

Los sorteos que efectúe la Superintendencia se regularán por medio de una norma de carácter general y su resultado tendrá el carácter público.

Excepcionalmente, si de los antecedentes acompañados a la Superintendencia por el Deudor o acreedor peticionario, según corresponda, se acredita que un solo acreedor representa más del 50% del pasivo del deudor, la Superintendencia nominará al Liquidador titular y al suplente propuesto por dicho acreedor. En caso que dicho acreedor no propusiere al Liquidador titular y al suplente, se estará a las reglas generales establecidas en los incisos anteriores.

Los Liquidadores titular y suplente nominados serán inmediatamente notificados por la Superintendencia por el medio más expedito.

El Liquidador titular nominado deberá manifestar ante la Superintendencia, a más tardar al día siguiente de su notificación, si acepta el cargo y deberá jurar o prometer desempeñarlo fielmente. Al aceptar el cargo deberá declarar sus relaciones con el Deudor y los acreedores de éste, y que no tiene impedimento o inhabilidad alguna para desempeñarlo.

El Liquidador podrá excusarse ante la Superintendencia de aceptar una nominación, debiendo expresar fundadamente y por escrito sus justificaciones, al día siguiente de su notificación. La Superintendencia resolverá dentro de los dos días siguientes con los antecedentes aportados por el Liquidador y sin ulterior recurso. Si la excusa es desestimada, el Liquidador deberá asumir como tal en el Procedimiento Concursal de Liquidación, entendiéndose legalmente aceptado el cargo desde que se resuelva la excusa y se emita el correspondiente Certificado de Nominación. Si la excusa es aceptada, la Superintendencia nominará al Liquidador suplente como titular, nominándose a un nuevo Liquidador suplente mediante sorteo.

Aceptado el cargo, la Superintendencia emitirá el Certificado de Nominación del Liquidador, el cual será remitido directamente al tribunal competente, dentro del día siguiente a su emisión, para que éste lo designe como Liquidador en carácter de provisional en la Resolución de Liquidación.

Artículo 38. Cese anticipado en el cargo. El Liquidador cesará anticipadamente en el cargo por no haberse confirmado su nominación por la Junta de Acreedores; por haberse aprobado un Acuerdo de Reorganización Judicial o un Acuerdo de Reorganización Simplificado que termine con el Procedimiento Concursal de Liquidación o de Liquidación Simplificada, o por lo dispuesto en los artículos 23 y 24, que serán aplicables, en lo que corresponda, al Liquidador.

Si el Liquidador titular cesare anticipadamente en el cargo asumirá el suplente, sin perjuicio de la facultad de la Junta de Acreedores de designar uno nuevo. Si no pudiere asumir el Liquidador suplente, el tribunal deberá citar a Junta Extraordinaria de Acreedores con el fin de que se designe un Liquidador titular y a uno suplente, en caso que los acreedores no los hubieren designado. Si dicha junta no se celebra por falta de quórum, la Superintendencia hará la designación por sorteo.

Los Liquidadores que fueren designados de conformidad a este artículo deberán asumir aun cuando el Procedimiento Concursal de Liquidación no tuviere bienes o fondos por repartir.

Artículo 39. Honorarios del Liquidador. Los honorarios a percibir por los Liquidadores en los Procedimientos Concursales de Liquidación a su cargo se sujetarán a las disposiciones siguientes:

1) Se determinarán de conformidad a la tabla progresiva por tramos prevista en el artículo siguiente.

2) Tendrán la naturaleza de remuneración única y de gasto de administración del Procedimiento Concursal de Liquidación para todos los efectos legales a que hubiere lugar.

Serán de cargo del Liquidador todos los gastos correspondientes al ejercicio de su cargo, así como los honorarios de todos sus asesores jurídicos, técnicos, administrativos o de cualquier otra índole que hubiere contratado para el desarrollo de su actividad.

Si el domicilio del Deudor fuere distinto al del Liquidador, los gastos de traslado y otros necesarios para el Procedimiento Concursal de Liquidación se considerarán gastos de administración y deberán ser ratificados por la Junta o, en subsidio, por el tribunal competente.

3) No se incluirán aquellos honorarios que se devenguen en caso de la continuación de actividades económicas del Deudor en los términos de los artículos 232 y 233 de esta ley.

4) Sólo podrán pagarse honorarios adicionales si los acreedores lo acuerdan en Junta de Acreedores. El pago de este aumento será de cargo exclusivo de aquellos acreedores que lo hubieren votado favorablemente.

5) Los honorarios se calcularán considerando los montos reservados de conformidad a lo dispuesto en los números 2 y 3 del artículo 247, pero sólo se pagarán los correspondientes a los fondos efectivamente repartidos de acuerdo a la tabla progresiva por tramos prevista en el artículo siguiente.

6) El Liquidador deberá retener en instrumentos de renta fija, a nombre del Deudor sujeto a un Procedimiento Concursal de Liquidación, el 10% del honorario que le correspondería percibir en cada reparto. Estos honorarios sólo podrán ingresar al patrimonio del Liquidador una vez presentada la Cuenta Final de Administración, conforme a lo dispuesto en los artículos 49 y siguientes. Si la señalada cuenta es rechazada por sentencia firme, estos fondos serán restituidos a la masa, debiendo ser destinados para el pago de los honorarios del nuevo Liquidador designado en caso que no hubiere fondos por repartir.

7) Podrán acordarse en Junta de Acreedores, con Quórum Simple, anticipos de honorarios al Liquidador, los que no podrán exceder del 10% de los ingresos en dinero efectivo que haya producido el Procedimiento Concursal de Liquidación al momento del anticipo.

8) Si el Liquidador cesa anticipadamente en el cargo conforme al artículo 38, sus honorarios y los de quien lo reemplace serán acordados entre el Liquidador respectivo y la Junta de Acreedores. Faltando dicho acuerdo, resolverá el tribunal competente sin ulterior recurso.

9) Se prohíbe al Liquidador o a sus Personas Relacionadas recibir a cualquier título otro pago distinto de los regulados en el presente artículo, por parte de algún acreedor o de sus Personas Relacionadas.

Artículo 40. Tabla de Honorarios. El honorario único a que se refiere el artículo anterior deberá pagarse al Liquidador en su equivalente en pesos a la fecha del respectivo reparto, de conformidad a la tabla progresiva por tramos regulada a continuación:

1) Sobre la parte que exceda de 0 y no sobrepase de 2.000 unidades de fomento, 20%.

2) Sobre la parte que exceda de 2.000 y no sobrepase las 4.000 unidades de fomento, 15%.

3) Sobre la parte que exceda de 4.000 y no sobrepase las 8.000 unidades de fomento, 11%.

4) Sobre la parte que exceda de 8.000 y no sobrepase las 16.000 unidades de fomento, 8%.

5) Sobre la parte que exceda de 16.000 y no sobrepase las 32.000 unidades de fomento, 6%.

6) Sobre la parte que exceda de 32.000 y no sobrepase las 64.000 unidades de fomento, 4%.

7) Sobre la parte que exceda de 64.000 y no sobrepase las 130.000 unidades de fomento, 3%.

8) Sobre la parte que exceda de 130.000 y no sobrepase las 260.000 unidades de fomento, 2,25%.

9) Sobre la parte que exceda de 260.000 y no sobrepase las 520.000 unidades de fomento, 1,75%.

10) Sobre la parte que exceda de 520.000 y no sobrepase las 1.000.000 de unidades de fomento, 1,5%.

11) Sobre la parte que exceda de 1.000.000 de unidades de fomento, 1%.

El primer tramo se calculará sobre los ingresos del Procedimiento Concursal de Liquidación o Liquidación Simplificada, cuando no hubiere repartos o, si habiendo repartos, correspondiere al Liquidador un honorario inferior a 30 unidades de fomento y, en este caso, el honorario no podrá exceder de esa cantidad.

Para la determinación del honorario que corresponda al Liquidador en cada reparto, se deberá calcular previamente la cantidad que le corresponda por honorarios y luego aplicar la tabla precedente en la forma progresiva descrita, a partir del respectivo tramo. En consecuencia, para la aplicación de la tabla y determinación del porcentaje del honorario que le corresponde en cada reparto, deberá considerarse el monto total distribuido en repartos anteriores.

El Liquidador tendrá derecho a una remuneración mínima de 30 unidades de fomento. Si al presentar la Cuenta Final de Administración, el Liquidador determina que sus honorarios corresponden a un monto inferior a 30 unidades de fomento, deberá comunicar dicha circunstancia a la Superintendencia, la que, una vez aprobada la Cuenta Final de Administración, pagará el saldo restante, con cargo a su presupuesto.

Artículo 41. Contrataciones especializadas. No obstante lo dispuesto en el artículo anterior y previo acuerdo adoptado en Junta de Acreedores con Quórum Calificado, el Liquidador podrá contratar, con cargo a los gastos del Procedimiento Concursal de Liquidación, personas naturales o jurídicas para que efectúen actividades especializadas debidamente calificadas como tales por la Junta de Acreedores.

Con todo, podrán realizar dichas contrataciones aun antes de la Junta Constitutiva, siempre y cuando sea estrictamente necesario, previa autorización del tribunal.

Las actividades especializadas deberán referirse directamente al cuidado y mantención del activo del Deudor, a la recuperación y realización del mismo y a su entrega material. La contratación se hará previo informe del Liquidador, el cual contendrá los fundamentos de la misma, el grado y alcance de la actividad y la forma en que se beneficiarán los acreedores o se evitarán perjuicios al activo incautado.

El Liquidador, o sus Personas Relacionadas, no podrán tener participación alguna en los actos o contratos que se ejecuten o celebren en conformidad a este artículo, salvo en cuanto a sus actividades como Liquidador en el Procedimiento Concursal de Liquidación, y tampoco podrán participar como socios, accionistas, trabajadores o asesores de las personas jurídicas que sean contratadas para las actividades o informes indicados. La transgresión a esta prohibición constituirá causa gravísima para efectos de a letra c) del artículo 339.

TÍTULO 3
DE LAS DISPOSICIONES COMUNES AL VEEDOR Y LIQUIDADOR

Artículo 42. Regla general. Una misma persona natural podrá estar inscrita en la Nómina de Veedores y en la Nómina de Liquidadores.

Artículo 43. De la inclusión en la Nómina de Veedores y en la Nómina de Liquidadores. El registro de una persona en la Nómina de Veedores, no importará su inclusión en la Nómina de Liquidadores, ni viceversa.

Artículo 44. Prohibiciones relativas del Veedor o Liquidador. Sin perjuicio de las demás prohibiciones establecidas en esta ley, los Veedores y Liquidadores no podrán intervenir en Procesos Concursales de Reorganización o Liquidación en que no hubieren sido designados, salvo las actuaciones que les correspondan como acreedor con anterioridad al Procedimiento Concursal respectivo, de representante legal en conformidad al artículo 43 del Código Civil, y de lo previsto en el artículo 26 de esta ley. La contravención a la presente prohibición constituye una infracción gravísima para los efectos del número 8) del artículo 18.

Asimismo, los Veedores y Liquidadores no podrán contratar por sí, a través de terceros o de una persona jurídica en la que sean socios o Personas Relacionadas, con cualquier Deudor sometido a un Procedimiento Concursal.

Artículo 45. De la exclusión de la Nómina Veedores y de la Nómina de Liquidadores. La exclusión de la Nómina de Veedores supondrá necesariamente impedimento para incorporarse a la Nómina de Liquidadores, y viceversa, salvo que se funde en el número 6) del artículo 18, en cuyo caso, excepcionalmente, podrá solicitarse la incorporación a la otra nómina, antes del plazo de 5 años señalado en el inciso cuarto del referido artículo, previa autorización de la Superintendencia.

§ 1. De las cuentas provisorias

Artículo 46. Contenido. La Superintendencia, mediante norma de carácter general, fijará la forma y contenidos obligatorios de las cuentas provisorias que deba rendir el Liquidador, las que deberán incluir, a lo menos, un desglose detallado de los ingresos y gastos durante los últimos tres meses, con observancia de la normativa contable, tributaria y financiera aplicable.

Artículo 47. Oportunidad y revisión. Las cuentas provisorias deberán publicarse mensualmente en el Boletín Concursal y rendirse ante la Junta de Acreedores respectiva, la que deberá aprobarlas o rechazarlas en esa misma sesión.

A partir de la publicación señalada en el inciso anterior, los acreedores podrán formular a la Superintendencia sus observaciones a la cuenta provisoria publicada, para que ésta las incluya en el Boletín Concursal dentro del plazo de cinco días contado desde la recepción de aquellas. El Liquidador deberá responder las observaciones en la próxima Junta de Acreedores que se celebre y, a continuación, se resolverá su aprobación o rechazo.

La aprobación de la cuenta provisoria por la Junta de Acreedores no impedirá, en su caso, objetar la Cuenta Final de Administración, respecto de las partidas incluidas en ella.

Artículo 48. No celebración de la Junta de Acreedores. Si la Junta de Acreedores no se celebra por falta de quórum, el Liquidador notificará dicha circunstancia en el Boletín Concursal dentro del plazo de dos días.

§ 2. De la Cuenta Final de la Administración

Artículo 49. Contenido. La Superintendencia fijará la forma y contenidos obligatorios de la Cuenta Final de Administración mediante norma de carácter general, con observancia de la normativa contable, tributaria y financiera aplicable.

Artículo 50. Oportunidad. El Liquidador deberá acompañar al Tribunal su Cuenta Final de Administración dentro de los treinta días siguientes a que se verifique cualquiera de las circunstancias que a continuación se señalan:

1) Vencimiento de los plazos legales de realización de bienes.

2) Agotamiento de los fondos o pago íntegro de los créditos reconocidos.

3) Cese anticipado de su cargo.

Una vez dictada la resolución del tribunal que tiene por acompañada la Cuenta Final de Administración, el Liquidador dispondrá del plazo de tres días para presentar ante la Superintendencia copia de dicha resolución y copia de la referida Cuenta.

Artículo 51. Rendición de la Cuenta. Dentro de los cinco días siguientes a la dictación de la resolución que tiene por acompañada su Cuenta Final de Administración, el Liquidador, mediante publicación en el Boletín Concursal y sin mediar requerimiento al tribunal, citará a la Junta de Acreedores e indicará el día, hora y lugar en que se celebrará. Entre la fecha de publicación de la citación y la celebración de la Junta de Acreedores deberá transcurrir no menos de veinte ni más de treinta días. La citación incluirá también una copia de la Cuenta Final de Administración.

En la mencionada Junta, el Liquidador deberá rendir la cuenta, explicar su contenido, las conclusiones y acreditar la retención del porcentaje de honorarios a percibir, de conformidad a lo dispuesto en el número 6) del artículo 39. La Superintendencia podrá concurrir a dicha Junta con derecho a voz.

Dicha Junta se celebrará con los acreedores que asistan.

Artículo 52. De la objeción. Podrán objetar la Cuenta Final de Administración del Liquidador, el Deudor, cualquier acreedor y la Superintendencia.

Las objeciones se presentarán ante el tribunal del concurso dentro de los quince días siguientes a la fecha en que se celebró o debió celebrarse la respectiva Junta de Acreedores, y se deberá acompañar una copia de ellas a la Superintendencia dentro del mismo plazo, a través del medio electrónico que ésta indique por norma de carácter general.

En caso de no deducirse objeciones dentro del plazo señalado, el tribunal, de oficio o previa solicitud del Liquidador, de la Superintendencia, del Deudor o de los acreedores, tendrá por aprobada, sin más trámite, la Cuenta Final de Administración para todos los efectos legales.

Si se presentaren objeciones, se observarán las normas que siguen:

1. El Liquidador deberá publicar en el Boletín Concursal las objeciones que se hubieren deducido, en el plazo de dos días contado desde el término del plazo para objetar, e informará esta circunstancia al tribunal. El vencimiento de este plazo sin que el Liquidador hubiere realizado las publicaciones antedichas, facultará a la Superintendencia para proceder a su publicación, y se considerará una falta grave de conformidad con el número 2) del inciso segundo del artículo 338.

2. Una vez vencido el plazo señalado en el inciso segundo, el Liquidador deberá presentar ante el tribunal y publicar en el Boletín Concursal, dentro de diez días, un informe de todas las objeciones formuladas. En su presentación, el Liquidador podrá incluir correcciones a la Cuenta Final de Administración objetada, caso en el cual acompañará el texto definitivo que las refleje.

3. Si el Liquidador no efectúa presentación alguna en el plazo antes indicado, se entenderá suspendido de pleno derecho para asumir en los procedimientos regidos por esta ley, mientras la o las objeciones no sean resueltas. Esta circunstancia deberá informarla el tribunal mediante oficio a la Superintendencia.

4. Vencido el plazo indicado en el número 2, evacuado o no el informe del Liquidador, los objetantes dispondrán de diez días para insistir en sus objeciones ante el tribunal, y deberán acompañar una copia de sus insistencias a la Superintendencia dentro del mismo plazo, a través del medio electrónico que ésta indique por norma de carácter general. El Liquidador deberá publicar en el Boletín Concursal las insistencias que se hubieren deducido, en el plazo de dos días contado desde el término del plazo para insistir en las objeciones, e informará esta circunstancia al tribunal. El vencimiento de este plazo sin que el Liquidador hubiere realizado las publicaciones antedichas, facultará a la Superintendencia para proceder a su publicación, y se considerará una falta grave de conformidad con el número 2) del inciso segundo del artículo 338.

5. Si no se presentaren insistencias, el tribunal tendrá por aprobada la Cuenta Final de Administración mediante resolución, dictada de oficio o a solicitud de parte.

6. En caso de insistencia, la Superintendencia remitirá al tribunal competente, dentro del plazo de veinte días contado desde su publicación, un informe que se pronunciará sobre ellas, sobre la contestación del Liquidador, si la hubiere, e informará si los hechos afectan el activo concursal, implican un perjuicio para los acreedores y/o el Deudor, o si reflejan una manifiesta e inexcusable inobservancia del Liquidador a los deberes propios de su cargo previstos en esta ley. La Superintendencia establecerá en su informe si el Liquidador quedará suspendido para asumir en nuevos Procedimientos Concursales.

7. Vencido el plazo del número anterior, en caso de que existan hechos pertinentes, sustanciales y controvertidos, el tribunal recibirá la causa a prueba.

a) Una vez recibida la causa a prueba y resueltos los recursos de reposición, en caso de haberse deducido, las partes deberán ofrecer los medios de prueba de los que se valdrán para acreditar sus pretensiones en el plazo de tres días contado desde la notificación de la resolución respectiva.

b) Tratándose de prueba pericial, el tribunal determinará la calidad del perito y los puntos sobre los cuales deberá pronunciarse, e instará a las partes para que acuerden su nombre. En caso de desacuerdo, el perito deberá ser designado en ese mismo acto por el tribunal, que le fijará un plazo de diez días para que evacue su informe. No será necesario en estos casos practicar la audiencia de reconocimiento.

c) En la misma resolución, el tribunal citará a las partes a una audiencia de prueba, la que deberá tener lugar en un plazo no superior a veinte días contado desde su notificación.

d) En la audiencia de prueba sólo se admitirá la declaración de dos testigos por cada parte respecto de cada punto de prueba. Concluida la recepción de la prueba, las partes formularán verbal y brevemente las observaciones que el examen de ella les sugiera, de un modo preciso y concreto.

e) El tribunal apreciará las pruebas señaladas de acuerdo con las reglas de la sana crítica, y deberá fallar el asunto dentro de diez días contados desde la finalización de la audiencia de prueba.

8. Si la resolución desecha en todas sus partes la o las objeciones deducidas, condenará al o los objetantes en costas, salvo que el tribunal competente estime que han tenido motivo plausible para litigar.

9. Si el tribunal acoge una o más objeciones, podrá rechazar la Cuenta Final de Administración u ordenar al Liquidador subsanar los defectos advertidos, dispondrán las medidas que deberá ejecutar al efecto y señalarán el plazo en que el Liquidador deberá proceder. Ante el incumplimiento de las medidas ordenadas dentro del término señalado, el tribunal dictará de oficio o a solicitud de parte la resolución que tiene por rechazada la Cuenta Final de Administración.

10. En caso de que se rechace la cuenta, se procederá a la designación del Liquidador suplente como titular, de acuerdo con lo establecido en el inciso segundo del artículo 38.

Contra la resolución que se pronuncie sobre las objeciones procederá el recurso de apelación, el que se concederá en el solo efecto devolutivo.

Artículo 53. Ejecución de las resoluciones que rechazan la Cuenta Final de Administración. La ejecución de estas resoluciones se sujetará a las siguientes reglas:

1) Si la resolución ordena al Liquidador a quien se le rechazó la Cuenta restituir a la masa una suma de dinero, se procederá de la siguiente forma:

a) Tendrá el plazo de treinta días, prorrogable por igual período, desde que la resolución se encuentra firme y ejecutoriada para dar cumplimiento a lo resuelto.

b) Si no efectuare la restitución señalada, el tribunal competente certificará esa omisión, de oficio o a petición de parte, y comunicará tal circunstancia a la Superintendencia.

c) Con esa certificación, la Superintendencia hará efectiva la garantía de fiel desempeño referida en el artículo 16 de esta ley, consignando los fondos en el tribunal competente.

2) Si la resolución ordena al Liquidador cuya Cuenta se rechazó una medida distinta a la de restituir a la masa una suma de dinero, se procederá de la siguiente manera:

a) El Liquidador cuya Cuenta se rechazó ejecutará lo resuelto dentro del mismo plazo indicado en el número anterior o en aquél que fije el tribunal en su resolución.

b) El honorario del nuevo Liquidador designado se determinará de común acuerdo con la Junta de Acreedores o, en su defecto, por el tribunal competente, y se pagará de acuerdo a lo establecido en el número 6 del artículo 39.

En todos los casos señalados en este artículo, el Liquidador cuya cuenta se rechazó podrá solicitar una prórroga ante el tribunal competente, por una sola vez y por un máximo de treinta días, para dar cumplimiento a lo resuelto.

CAPÍTULO III
DEL PROCEDIMIENTO CONCURSAL DE REORGANIZACIÓN

TÍTULO 1
DEL INICIO DEL PROCEDIMIENTO CONCURSAL DE REORGANIZACIÓN JUDICIAL

Artículo 54. Ámbito de aplicación e inicio del Procedimiento Concursal de Reorganización Judicial. El Procedimiento Concursal de Reorganización Judicial será aplicable sólo a la Empresa Deudora, que para efectos de este Capítulo se denominará indistintamente Empresa Deudora o Deudor.

El Procedimiento Concursal de Reorganización se iniciará mediante la presentación de una solicitud por la Empresa Deudora ante el tribunal correspondiente a su domicilio.

Un modelo de dicha solicitud se regulará por la Superintendencia mediante una norma de carácter general, que estará disponible en sus dependencias, en su sitio web y en las dependencias de los tribunales con competencia en Procedimientos Concursales de conformidad a lo establecido en el artículo 3°.

Artículo 55. Antecedentes para la nominación del Veedor. Para los efectos de la nominación de los Veedores titular y suplente, el Deudor deberá presentar a la Superintendencia una copia del documento indicado en el artículo anterior, con el respectivo cargo del tribunal competente o de la Corte de Apelaciones correspondiente. Además, deberá acompañar un certificado emitido por un auditor independiente al Deudor, inscrito en el Registro de Inspectores de Cuentas y Auditores Externos o en el Registro de Empresas de Auditoría Externa de la Comisión para el Mercado Financiero. Este certificado se extenderá conforme a la información disponible suministrada por el Deudor y deberá contener un estado de sus deudas, con expresión del nombre, domicilio y correo electrónico de los acreedores o de sus representantes legales, en su caso; de la naturaleza de los respectivos títulos, y del monto de sus créditos, indicando el porcentaje que cada uno representa en el total del pasivo, con expresión de los tres mayores acreedores, excluidas las Personas Relacionadas al Deudor. Asimismo, el certificado deberá contener otras menciones que determinará la Superintendencia mediante norma de carácter general. La nominación de los Veedores titular y suplente se realizará según el procedimiento establecido en el artículo 22 y, una vez concluido, la Superintendencia extenderá el respectivo Certificado de Nominación contemplado en dicha disposición.

Artículo 56. Antecedentes que deberá acompañar el Deudor. Aceptada la nominación por el Veedor titular y suplente, la Superintendencia remitirá al tribunal competente el Certificado de Nominación correspondiente. Paralelamente, el Deudor, a través de una declaración jurada simple firmada, acompañará lo siguiente:

1) Relación de todos sus bienes, con expresión de su avalúo comercial, del lugar en que se encuentren y de los gravámenes que los afecten. Deberá señalar, además, cuáles de estos bienes tienen la calidad de esenciales para el giro de la Empresa Deudora;

2) Relación de todos aquellos bienes de terceros constituidos en garantía en favor del Deudor. Deberá señalar, además, cuáles de estos bienes tienen la calidad de esenciales para el giro de la Empresa Deudora;

3) Relación de todos aquellos bienes que se encuentren en poder del Deudor en una calidad distinta a la de dueño;

4) El certificado a que hace referencia el artículo 55, para la determinación del pasivo afecto a los Acuerdos de Reorganización Judicial. El pasivo que se establezca en este certificado deberá considerar el estado de deudas del Deudor, con una fecha de cierre no superior a cuarenta y cinco días anteriores a esta presentación, con indicación expresa de los créditos que se encuentren garantizados con prenda o hipoteca y el avalúo comercial de los bienes sobre los que recaen las garantías. Este certificado servirá de base para determinar todos los quórum de acreedores que se necesiten en la adopción de cualquier acuerdo, hasta que se confeccione la nómina de créditos reconocidos, conforme al procedimiento establecido en el Párrafo 2 del Título 1 del Capítulo III de esta ley, con sus respectivas ampliaciones o modificaciones, si existieren, y

5) Si el Deudor llevare contabilidad completa, presentará el balance correspondiente a su último ejercicio y un balance provisorio que contenga la información financiera y contable, con una fecha de cierre no superior a cuarenta y cinco días anteriores a esta presentación.

Si se tratare de una persona jurídica, los documentos referidos serán firmados por sus representantes legales.

Artículo 57. Resolución de Reorganización. Dentro del quinto día de efectuada la presentación señalada en el artículo anterior, el tribunal competente dictará una resolución designando a los Veedores titular y suplente nominados en la forma establecida en el artículo 22. En la misma resolución dispondrá lo siguiente:

1) Que durante el plazo de sesenta días contado desde la notificación de esta resolución, prorrogable de conformidad a lo dispuesto en el artículo 58, el Deudor gozará de una Protección Financiera Concursal en virtud de la cual:

a) No podrá declararse ni iniciarse en contra del Deudor un Procedimiento Concursal de Liquidación, ni podrán iniciarse en su contra juicios ejecutivos, ejecuciones de cualquier clase o restituciones en juicios de arrendamiento. Lo anterior no se aplicará a los juicios laborales sobre obligaciones que gocen de preferencia de primera clase, suspendiéndose en este caso sólo la ejecución y realización de bienes del Deudor, salvo que se trate de juicios laborales de este tipo que el Deudor tuviere en tal carácter a favor de su cónyuge, de sus parientes, o de los gerentes, administradores, apoderados con poder general de administración u otras personas que tengan injerencia en la administración de sus negocios. Para estos efectos, se entenderá por parientes del Deudor o de sus representantes legales los ascendientes, descendientes, y los colaterales hasta el cuarto grado de consanguinidad y afinidad, inclusive.

b) Se suspenderá la tramitación de los procedimientos señalados en la letra a) precedente y los plazos de prescripción extintiva.

c) Todos los contratos suscritos por el Deudor mantendrán su vigencia y condiciones de pago. En consecuencia, no podrán terminarse anticipadamente en forma unilateral, exigirse anticipadamente su cumplimiento o hacerse efectivas las garantías contratadas, invocando como causal el inicio de un Procedimiento Concursal de Reorganización. El crédito del acreedor que contraviniere esta prohibición quedará pospuesto hasta que se pague a la totalidad de los acreedores a quienes les afectare el Acuerdo de Reorganización Judicial, incluidos los acreedores Personas Relacionadas del Deudor.

Para hacer efectiva la postergación señalada en el inciso anterior, deberá solicitarse su declaración en forma incidental ante el tribunal que conoce del Procedimiento Concursal de Reorganización. Lo dispuesto en esta letra no se aplicará a los convenios marco de contratación de operaciones de derivados ni a los convenios marco de contratación de operaciones de venta con pacto de retrocompra o de operaciones de compra con pacto de retroventa u otras operaciones equivalentes que recaigan sobre alguno de los instrumentos a que se refiere el número 8 del artículo 1 de la ley N° 20.345, en los que el deudor sea un inversionista institucional, los que se regirán en esta materia por las normas especiales a que se refiere el inciso segundo y siguientes del artículo 140 de esta ley.

d) Si el Deudor formare parte de algún registro público como contratista o prestador de cualquier servicio, y siempre que se encuentre al día en sus obligaciones contractuales con el respectivo mandante, no podrá ser eliminado ni se le privará de participar en procesos de licitación fundado en el inicio de un Procedimiento Concursal de Reorganización. Si la entidad pública lo elimina de sus registros o discrimina su participación, fundado en la apertura de un Procedimiento Concursal de Reorganización, a pesar de encontrarse al día en sus obligaciones con el respectivo mandante, deberá indemnizar los perjuicios que dicha discriminación o eliminación le provoquen al Deudor.

2) Que durante la Protección Financiera Concursal se aplicarán al Deudor las siguientes medidas cautelares y de restricción:

a) Quedará sujeto a la intervención del Veedor titular designado en la misma resolución, el que tendrá los deberes contenidos en el artículo 25;

b) No podrá gravar o enajenar sus bienes, salvo aquellos cuya enajenación o venta sea propia de su giro o que resulten estrictamente necesarios para el normal desenvolvimiento de su actividad; y respecto de los demás bienes o activos, se estará a lo previsto en el artículo 74, y

c) Tratándose de personas jurídicas, éstas no podrán modificar sus pactos, estatutos sociales o régimen de poderes. La inscripción de cualquier transferencia de acciones de la Empresa Deudora en los registros sociales pertinentes requerirá la autorización del Veedor, que la extenderá en la medida que ella no altere o afecte los derechos de los acreedores. Lo anterior no regirá respecto de las sociedades anónimas abiertas que hagan oferta pública de sus valores.

3) La fecha en que expirará la Protección Financiera Concursal.

4) La orden al Deudor para que a través del Veedor publique en el Boletín Concursal y acompañe al tribunal competente, a lo menos diez días antes de la fecha fijada para la Junta de Acreedores, su propuesta de Acuerdo de Reorganización Judicial. Si el Deudor no da cumplimiento a esta orden, el Veedor certificará esta circunstancia y el tribunal competente dictará la Resolución de Liquidación, sin más trámite.

5) La fecha, lugar y hora en que deberá efectuarse la Junta de Acreedores llamada a conocer y pronunciarse sobre la propuesta de Acuerdo de Reorganización Judicial que presente el Deudor. La fecha de dicha Junta será aquella en la que expire la Protección Financiera Concursal.

6) Que dentro de quince días contados desde la notificación de esta resolución, todos los acreedores deberán acreditar ante el tribunal competente su personería para actuar en el Procedimiento Concursal de Reorganización, con indicación expresa de la facultad que le confieren a sus apoderados para conocer, modificar y adoptar el Acuerdo de Reorganización Judicial.

7) La orden para que el Veedor inscriba copia de esta resolución en los conservadores de bienes raíces correspondientes al margen de la inscripción de propiedad de cada uno de los inmuebles que pertenecen al deudor.

8) La orden al Veedor para que acompañe al tribunal competente y publique en el Boletín Concursal su informe sobre la propuesta de Acuerdo de Reorganización Judicial, a lo menos tres días antes de la fecha fijada para la celebración de la Junta de Acreedores que votará dicho acuerdo. Este Informe del Veedor deberá contener la calificación fundada acerca de:

a) Si la propuesta es susceptible de ser cumplida, habida consideración de las condiciones del Deudor;

b) El monto probable de recuperación que le correspondería a cada acreedor en sus respectivas categorías, en caso de un Procedimiento Concursal de Liquidación, considerando el valor comercial de los bienes, su depreciación estimable en caso de liquidación y el monto de créditos preferentes, garantizados y valistas; y

c) Si la propuesta se ajusta a la ley.

Si el Veedor no presentare el referido informe dentro del plazo indicado, el Deudor, cualquiera de los acreedores o el tribunal competente informará a la Superintendencia para que se apliquen las sanciones pertinentes. En este caso, el Acuerdo de Reorganización Judicial se votará con prescindencia del Informe del Veedor.

9) Que dentro de quinto día de efectuada la notificación de esta resolución, deberán asistir a una audiencia el Deudor y los tres mayores acreedores indicados en la certificación del contador auditor independiente referida en el artículo 55. Esta diligencia se efectuará con los que concurran y tratará sobre la proposición de honorarios que formule el Veedor. Si en ella no se arribare a acuerdo sobre el monto de los honorarios y su forma de pago, o no asistiere ninguno de los citados, dichos honorarios se fijarán por el tribunal competente sin ulterior recurso.

10) La orden al Deudor para que proporcione al Veedor copia de todos los antecedentes acompañados conforme al artículo 56. Estos antecedentes y la copia de la resolución de que trata este artículo serán publicados por el Veedor en el Boletín Concursal dentro del plazo de tres días contado desde su dictación.

Artículo 58. Prórroga de la Protección Financiera Concursal. El plazo establecido en el número 1) del artículo anterior para la Protección Financiera Concursal podrá prorrogarse hasta por sesenta días, si el Deudor obtiene el apoyo de dos o más acreedores, que representen más del 30% del total del pasivo, excluidos los créditos de las Personas Relacionadas con el Deudor. Hasta el décimo día anterior al vencimiento del plazo antes señalado, el Deudor podrá solicitar una nueva prórroga por otros sesenta días si obtiene el apoyo de dos o más acreedores que representen más del 50% del total del pasivo, excluidos los créditos de las Personas Relacionadas con el Deudor.

Sin perjuicio de lo anterior, se podrá solicitar en un solo acto la prórroga del plazo regulado para la Protección Financiera Concursal a que se refiere el número 1) del artículo anterior hasta por ciento veinte días, si el Deudor obtiene el apoyo de dos o más acreedores que representen más del 50% del total del pasivo, excluidos los créditos de las Personas Relacionadas con el Deudor.

Los acreedores hipotecarios y prendarios que presten su apoyo para la prórroga de la Protección Financiera Concursal no perderán su preferencia y podrán impetrar las medidas conservativas que procedan.

Artículo 59. Nueva fecha y hora de la Junta de Acreedores llamada a conocer y pronunciarse sobre la propuesta de Acuerdo de Reorganización Judicial. Para lograr la prórroga regulada en el artículo anterior, el Deudor deberá presentar al tribunal competente, junto con la respectiva solicitud de prórroga, las cartas de apoyo de los acreedores autorizadas ante un ministro de fe, y un certificado extendido por un contador auditor independiente al Deudor, que indique los porcentajes del pasivo que permitan el apoyo requerido.

Acogida la prórroga de la Protección Financiera Concursal, el tribunal competente deberá fijar la nueva fecha y hora de la Junta de Acreedores llamada a conocer y pronunciarse sobre la propuesta de Acuerdo de Reorganización Judicial.

§ 1. De objeto de la propuesta del Acuerdo de Reorganización Judicial

Artículo 60. Objeto de la propuesta de Acuerdo de Reorganización Judicial. La propuesta podrá versar sobre cualquier objeto tendiente a reestructurar los pasivos y activos de una Empresa Deudora.

Artículo 60 A. Derechos de los trabajadores en un proceso de reorganización. Los derechos de los trabajadores de la Empresa Deudora con contrato de trabajo vigente, y los de aquellos cuyo contrato de trabajo hubiere terminado manteniendo la Empresa Deudora obligaciones laborales y previsionales pendientes de pago se regirán por las normas del Código del Trabajo y las demás normas que correspondan, sin que sean aplicables las normas de la presente ley, salvo lo dispuesto en la letra a) del número 1) del artículo 57.

Los trabajadores no podrán ser parte de los acuerdos de reorganización.

Artículo 61. Acuerdos de Reorganización Judicial por clases o categorías de acreedores. La propuesta de Acuerdo podrá separarse en clases o categorías de acreedores y se podrá formular una propuesta para los acreedores valistas y otra para los acreedores hipotecarios y prendarios cuyos créditos se encuentren garantizados con bienes de propiedad del Deudor o de terceros. Los acreedores hipotecarios y prendarios que voten la propuesta del Acuerdo conservarán sus preferencias.

La propuesta de Acuerdo será igualitaria para todos los acreedores de una misma clase o categoría, salvo que medie acuerdo en contrario, de conformidad a lo dispuesto en el artículo 64.

Los acreedores hipotecarios y prendarios cuyos créditos se encuentren garantizados con bienes de propiedad del Deudor o de terceros podrán votar la propuesta de Acuerdo que se formule para acreedores valistas si renuncian a la preferencia de sus créditos y no podrán votar la propuesta de Acuerdo que se formule para la clase o categoría de los acreedores hipotecarios o prendarios, salvo que dicha renuncia sea parcial y se manifieste expresamente.

Si los acreedores hipotecarios y prendarios votan la propuesta de Acuerdo de los acreedores valistas, los montos de sus créditos preferentes se descontarán del pasivo de su clase o categoría y se incluirán en el pasivo de la clase o categoría de los acreedores valistas para efectos del cómputo a que se refiere el artículo 79 por las sumas a que hubiere alcanzado la renuncia.

Artículo 62. Propuestas alternativas de Acuerdo de Reorganización Judicial. En cada una de sus clases o categorías, la propuesta de Acuerdo podrá contener una proposición principal y otras alternativas para todos los acreedores de la misma clase o categoría, en cuyo caso éstos deberán optar por regirse por alguna de ellas, dentro de los diez días siguientes a la fecha de la Junta de Acreedores llamada a conocer y pronunciarse sobre la propuesta de Acuerdo.

Artículo 63. Posposición del pago a acreedores Personas Relacionadas. Los acreedores Personas Relacionadas con el Deudor, cuyos créditos no se encuentren debidamente documentados 90 días antes del inicio del Procedimiento Concursal de Reorganización, quedarán pospuestos en el pago de sus créditos, hasta que se paguen íntegramente los créditos de los demás acreedores a los que les afectará el Acuerdo de Reorganización Judicial. Sin perjuicio de lo anterior, el Acuerdo podrá hacer aplicable la referida posposición a otros acreedores Personas Relacionadas con el Deudor, cuyos créditos se encuentren debidamente documentados, previo informe fundado del Veedor. Esta posposición no regirá respecto de los créditos que se originen en virtud de los artículos 72 y 74.

Artículo 64. Diferencias entre acreedores de igual clase o categoría. En las propuestas de Acuerdo de Reorganización Judicial se podrán establecer condiciones más favorables para algunos de los acreedores de una misma clase o categoría, siempre que los demás acreedores de la respectiva clase o categoría lo acuerden con Quórum Especial, el cual se calculará únicamente sobre el monto de los créditos de estos últimos.

Artículo 65. Constitución de garantías en los Acuerdos de Reorganización Judicial. En los Acuerdos podrá estipularse la constitución de garantías para asegurar el cumplimiento de las obligaciones del Deudor. Estas garantías podrán constituirse en el mismo Acuerdo o en instrumentos separados.

Para estos efectos, los acreedores podrán designar a uno o más de ellos para que los representen en la celebración de los actos que sean necesarios para la debida constitución de las garantías.

Artículo 66. Acreedores comprendidos en los Acuerdos de Reorganización Judicial. Los Acuerdos sólo afectarán a los acreedores cuyos créditos se originen con anterioridad a la Resolución de Reorganización regulada en el artículo 57.

Los créditos que se originen con posterioridad no serán incluidos en el Acuerdo de Reorganización Judicial.

Los acreedores cuyos créditos sean anteriores a la fecha de la Resolución de Reorganización, pero que no hubieren verificado oportunamente y aquellos que no estuvieren contenidos en el certificado del artículo 55 podrán demandar que se cumpla el Acuerdo a su favor mientras no se encuentren prescritas las acciones que de él resulten, mediante un procedimiento incidental, ante el mismo tribunal que se pronunció sobre el Acuerdo.

En este procedimiento podrá actuar como parte cualquiera de los acreedores a los que les afecte el Acuerdo.

Artículo 67. Prohibición de repartos. Se prohíbe a la Empresa Deudora repartir sumas a sus accionistas o socios, bajo ningún concepto, ni directa ni indirectamente, sea por la vía de reducción de capital, condonación de préstamos otorgados y/o repartos de dividendos antes de haber pagado el 100% de las obligaciones emanadas del Acuerdo de Reorganización Judicial, salvo que los acreedores expresamente lo autoricen en la forma que lo determine el Acuerdo.

Artículo 68. Cláusula arbitral en Acuerdos de Reorganización Judicial. En cualquiera de las clases o categorías de un Acuerdo de Reorganización Judicial podrá estipularse una cláusula arbitral, en cuyo caso las diferencias que se produzcan entre el Deudor y uno o más acreedores o entre éstos, con motivo de la aplicación, interpretación, cumplimiento, terminación o declaración de incumplimiento del Acuerdo, se someterán a arbitraje. Éste será obligatorio para todos los acreedores a los que afecte el referido Acuerdo.

Si el árbitro declara la terminación o el incumplimiento del Acuerdo, remitirá de inmediato el expediente al tribunal competente para que éste dicte la Resolución de Liquidación en conformidad a esta ley.

Artículo 69. Interventor y Comisión de Acreedores. El Acuerdo de Reorganización Judicial deberá estipular el nombramiento de un interventor por al menos un año contado desde el Acuerdo, el que recaerá en un Veedor de la categoría que corresponda, vigente de la Nómina de Veedores y las contempladas en los numerales 1, 7, 8 y 11 del artículo 25. El interventor nombrado tendrá las atribuciones, deberes y remuneración que el mismo Acuerdo señale. Si ellas no se especifican, se entenderá que tendrá las señaladas en el artículo 294 del Código de Procedimiento Civil. Este interventor será fiscalizado por la Superintendencia.

El interventor tendrá la obligación de poner en conocimiento, de forma fundada y por escrito, el incumplimiento del Acuerdo al tribunal, a la Superintendencia y a los acreedores que les afecte. Respecto de estos últimos, dicha notificación se efectuará por correo electrónico. Adicionalmente, el interventor deberá presentar semestralmente, por escrito, a la Superintendencia y al tribunal, un informe sobre el estado de cumplimiento del Acuerdo mientras se encuentre vigente en su cargo. El contenido de este informe se regulará mediante norma de carácter general dictada por la Superintendencia.

Sin perjuicio de lo anterior, en el Acuerdo de Reorganización Judicial podrá designarse a una Comisión de Acreedores para supervigilar el cumplimiento de sus estipulaciones, con las atribuciones, deberes y remuneración que, en su caso, señale el Acuerdo.

Para efectos de este artículo, el tribunal competente será aquel ante el cual se tramitó el Acuerdo.

§ 2. De la determinación del pasivo

Artículo 70. Verificación y objeción de los créditos. Los acreedores tendrán un plazo de quince días contado desde la notificación de la Resolución de Reorganización a que se refiere el artículo 57 para verificar sus créditos ante el tribunal que conoce del procedimiento. Con tal propósito, deberán acompañar los títulos justificativos de éstos, señalando, en su caso, si se encuentran garantizados con prenda o hipoteca y el avalúo comercial de los bienes sobre los que recaen las garantías. No será necesaria verificación alguna si los créditos y el avalúo comercial de las garantías se encontraren señaladas, a satisfacción del acreedor, en el estado de deudas a que se refiere el número 4) del artículo 56 publicado en el Boletín Concursal.

Vencido el plazo señalado en el inciso anterior y dentro de los dos días siguientes, el Veedor publicará en el Boletín Concursal todas las verificaciones presentadas, indicando los créditos que se encuentren garantizados con prenda o hipoteca y el avalúo comercial de los bienes sobre los que recaen las garantías.

En el plazo de ocho días siguientes a la publicación indicada en el inciso precedente, el Veedor, el Deudor y los acreedores podrán deducir objeción fundada sobre la falta de títulos justificativos de los créditos, sus montos, preferencias o sobre el avalúo comercial de los bienes sobre los que recaen las garantías, que se indican en el estado de deudas que presenta el Deudor, de conformidad al número 4) del artículo 56 o en las verificaciones presentadas por los acreedores.

Los interesados presentarán sus objeciones ante el tribunal. Vencido el plazo indicado en el inciso precedente, y dentro de los dos días siguientes, el Veedor publicará en el Boletín Concursal todas las objeciones presentadas. Asimismo, expirado el plazo que se señala en el citado inciso anterior sin que se formulen objeciones, los créditos y el avalúo comercial de los bienes sobre los que recaen las garantías no objetados, quedarán reconocidos.

El Veedor confeccionará la nómina de los créditos reconocidos, la que deberá indicar los montos de los créditos, si éstos se encuentran garantizados con prenda o hipoteca y el avalúo comercial de los bienes sobre los que recaen las garantías, acompañándola al expediente dentro de quinto día de expirado el plazo para objetar y la publicará en el Boletín Concursal, sirviendo ésta como única nómina para la votación a que se refiere el artículo 78, sin perjuicio de su posterior ampliación o modificación de acuerdo al artículo siguiente.

Artículo 71. Impugnación de créditos. Si se formulan objeciones, el Veedor arbitrará las medidas necesarias para subsanarlas. Si no se subsanan, los créditos y el avalúo comercial de los bienes sobre los que recaen las garantías que fueren objeto de dichas objeciones se considerarán impugnados, y el Veedor los acumulará, emitirá un informe acerca de si existen o no fundamentos plausibles para ser considerados por el tribunal competente, y se pronunciará fundadamente sobre el avalúo comercial del bien sobre el que recae la garantía objetada.

El Veedor acompañará al tribunal competente la nómina de créditos impugnados con su respectivo informe y la nómina de créditos reconocidos indicada en el artículo 70, y las publicará en Boletín Concursal dentro de los cinco días siguientes a la expiración del plazo previsto para objetar que se señala en el inciso primero del artículo anterior.

Agregados al expediente los antecedentes que señala el inciso anterior, el tribunal citará a una audiencia única y verbal para el fallo de las impugnaciones. Dicha audiencia se celebrará dentro de tercero día contado desde la notificación de la resolución que tiene por acompañada la nómina de créditos reconocidos e impugnados.

A la audiencia podrán concurrir el Veedor, el Deudor, los impugnantes y los impugnados. En ésta deberán resolverse las incidencias que promuevan las partes en relación a las impugnaciones. El tribunal competente podrá, si fuere estrictamente necesario, suspender y continuar la referida audiencia con posterioridad. Con todo, la resolución que se pronuncie sobre las impugnaciones deberá dictarse a más tardar el segundo día anterior a la fecha de celebración de la Junta de Acreedores llamada a conocer y pronunciarse sobre la propuesta de Acuerdo.

La resolución que falle las impugnaciones ordenará la incorporación o modificación de créditos en la nómina de créditos reconocidos, o la modificación del avalúo comercial de los bienes sobre los que recaen las garantías, cuando corresponda, y será apelable en el sólo efecto devolutivo. El Veedor deberá publicar la nómina de créditos reconocidos según la resolución anterior en el Boletín Concursal, a más tardar el día anterior a la fecha de celebración de la Junta de Acreedores llamada a conocer y pronunciarse sobre la propuesta de Acuerdo.

§ 3. De la continuidad del suministro, de la venta de activos y de los nuevos recursos durante la Protección Financiera Concursal

Artículo 72. Continuidad del suministro. Los proveedores de bienes y servicios que sean necesarios para el funcionamiento de la Empresa Deudora, cuyos créditos fueren anteriores a la Resolución de Reorganización y que en su conjunto no superen el 20% del pasivo señalado en la certificación contable referida en el artículo 55, se pagarán en las fechas originalmente convenidas, siempre que el respectivo proveedor mantenga el suministro a la Empresa Deudora, en las mismas condiciones que realizaba esta prestación antes de la dictación de la Resolución de Reorganización, circunstancia que deberá acreditar el Veedor.

Los créditos de estos proveedores contraídos con anterioridad a la Resolución de Reorganización deberán ser pagados en los términos convenidos, siempre que se cumpla con los requisitos del inciso anterior, y una vez pagados no serán considerados en el pasivo con derecho a voto. Para estos efectos, si corresponde, el Veedor deberá eliminar estos créditos de la nómina de créditos reconocidos.

En caso de dictarse la Resolución de Liquidación de la Empresa Deudora, por cualquier causa, los créditos provenientes del suministro originado durante la Protección Financiera Concursal se pagarán con la preferencia establecida en el número 4 del artículo 2472 del Código Civil.

Artículo 73. Derogado.

Artículo 74. Enajenación de activos y obtención de financiamiento durante la Protección Financiera Concursal. Durante la Protección Financiera Concursal, y para el financiamiento de sus operaciones, la Empresa Deudora podrá enajenar activos cuyo valor no exceda el 20% de su activo fijo contable, y podrá contratar préstamos y/o llevar a cabo otra clase de operaciones de financiamiento, siempre que éstos no superen el 20% de su pasivo señalado en la certificación contable referida en el artículo 55, circunstancia que deberá certificar el Veedor.

La enajenación, contratación de préstamos u otras operaciones de financiamiento que excedan los montos señalados en el inciso anterior, así como toda operación con Personas Relacionadas con la Empresa Deudora, requerirá la autorización de los acreedores que representen más del 30% del pasivo del Deudor, excluidos los créditos de las Personas Relacionadas con el Deudor.

Los préstamos contratados y las operaciones de financiamiento llevadas a cabo por la Empresa Deudora en virtud de este artículo, no se considerarán en las nóminas de créditos y se pagarán en las fechas convenidas.

En caso de dictarse la Resolución de Liquidación de la Empresa Deudora, por cualquier causa, los préstamos contratados y demás créditos que se hubieren originado en virtud de otras operaciones de financiamiento que hubieren tenido lugar durante la Protección Financiera Concursal se pagarán con la preferencia establecida en el número 4 del artículo 2472 del Código Civil.

Artículo 75. Venta de bienes otorgados en prenda o hipoteca durante la Protección Financiera Concursal. En caso que no se acuerde la reorganización y se declare la liquidación de la Empresa Deudora, el acreedor prendario o hipotecario que autorice la enajenación de los bienes otorgados en prenda o hipoteca cuyo valor comercial exceda el monto del respectivo crédito garantizado, podrá percibir de la venta el monto de su respectivo crédito. Lo anterior procederá siempre que se garantice el pago de los créditos de primera clase, mediante el otorgamiento de cualquier instrumento de garantía que reconozcan las leyes vigentes o que la Superintendencia autorice mediante una norma de carácter general.

Artículo 76. Valorización de activos y fiscalización de recursos. Para efectos de determinar el valor de los activos a vender o enajenar, se estará a la valorización que realice el Veedor.

El Veedor verificará que el producto de todos los actos o contratos que se otorguen o suscriban con motivo de las operaciones que se regulan en el presente Párrafo, ingrese efectivamente a la caja de la Empresa Deudora y se destine única y exclusivamente a financiar su giro. A estos actos o contratos no les será aplicable lo dispuesto en el Capítulo VI de esta ley.

TÍTULO 2
DE LA PROPUESTA DE ACUERDO DE REORGANIZACIÓN JUDICIAL

§ 1. De las normas generales

Artículo 77. Efectos del retiro del Acuerdo. Una vez notificada la propuesta de Acuerdo, ésta no podrá ser retirada por el Deudor, salvo que cuente con el apoyo de acreedores que representen a lo menos el 75% del pasivo, excluidas las Personas Relacionadas al Deudor. El apoyo de los acreedores podrá manifestarse de la forma dispuesta en el artículo 80.

Si la propuesta de Acuerdo es retirada por el Deudor sin contar con el apoyo referido en el inciso anterior, el tribunal competente dictará la Resolución de Liquidación.

Artículo 78. Acreedores con derecho a voto. Sólo tienen derecho a concurrir y votar los acreedores cuyos créditos se encuentren en la nómina de créditos reconocidos a que se refiere el artículo 70 y aquellos que figuren en la ampliación de esta nómina, de acuerdo a lo previsto en el artículo 71. En ambos casos deberá darse cumplimiento a lo ordenado en el número 6) del artículo 57, relativo a la acreditación de personerías.

Los acreedores cuyos créditos se encuentren garantizados con prenda o hipoteca votarán de acuerdo al avalúo comercial de los bienes sobre los que recaen las garantías, conforme conste en la nómina de créditos reconocidos y en su ampliación o modificación, en su caso.

Cuando el avalúo comercial de los bienes sobre los que recaen las garantías exceda el valor del crédito que garantizan, el acreedor correspondiente votará de acuerdo al monto de su crédito, según conste en la nómina de créditos reconocidos y en su ampliación o modificación, en su caso.

Artículo 79. Acuerdo de la Junta de Acreedores llamada a conocer y pronunciarse sobre la propuesta. Cada una de las clases o categorías de propuestas de Acuerdo que establece el artículo 61 será analizada, deliberada y acordada en forma separada en la misma junta, pudiendo proponerse modificaciones, sin perjuicio de lo previsto en el artículo 82.

La propuesta se entenderá acordada cuando cuente con el consentimiento del Deudor y el voto conforme de los dos tercios o más de los acreedores presentes, que representen al menos dos tercios del total del pasivo con derecho a voto correspondiente a su respectiva clase o categoría.

No podrán votar las Personas Relacionadas con el Deudor y sus créditos no se considerarán en el pasivo.

Los cesionarios de créditos adquiridos dentro de los treinta días anteriores a la fecha de inicio del Procedimiento Concursal de Reorganización, conforme se indica en el artículo 54, no podrán concurrir a la Junta de Acreedores para deliberar y votar el Acuerdo y tampoco podrán impugnarlo.

El acuerdo sobre la propuesta de una clase o categoría se adoptará bajo la condición suspensiva de que se acuerde la propuesta de la otra clase o categoría en la misma Junta de Acreedores, o en la que se realice de conformidad a lo previsto en el artículo 82.

Artículo 80. Votación sobre la propuesta de Acuerdo. Los acreedores titulares de créditos reconocidos en el procedimiento podrán pronunciarse sobre la propuesta de Acuerdo mediante una presentación al tribunal, en que conste su voto.

Los votos que se obtengan mediante este sistema se considerarán como votos de acreedores presentes en la Junta de Acreedores llamada a conocer y pronunciarse sobre la propuesta de Acuerdo, para los efectos del cómputo de las mayorías.

Los acreedores podrán votar desde la publicación del informe del Veedor sobre la propuesta de Acuerdo en el Boletín Concursal o desde el plazo establecido para ello en caso de que no la presente y hasta un día antes de la fecha fijada para la Junta de Acreedores llamada a conocer y pronunciarse sobre dicha propuesta.

Artículo 81. Ausencia del Deudor en la Junta de Acreedores. Si el Deudor no compareciere a la Junta de Acreedores llamada a conocer y pronunciarse sobre la propuesta de Acuerdo, el tribunal competente deberá dictar la Resolución de Liquidación en la misma Junta.

Artículo 82. Suspensión de la Junta de Acreedores. La Junta de Acreedores llamada a conocer y pronunciarse sobre la propuesta de Acuerdo podrá acordar con, Quórum Calificado, su suspensión por no más diez días, fijando al efecto nuevo día y hora para su reanudación.

El Deudor conservará la Protección Financiera Concursal hasta la celebración de dicha Junta.

Artículo 83. Modificación del Acuerdo. Las modificaciones al Acuerdo deberán adoptarse por el Deudor y los acreedores que lo suscribieron agrupados en sus respectivas clases o categorías, conforme al mismo procedimiento y mayorías exigidas en el artículo 79.

No obstante lo anterior, el Acuerdo que establezca la constitución de una Comisión de Acreedores podrá facultarla para modificarlo con el quórum de aprobación que el mismo Acuerdo determine, el que en ningún caso podrá ser inferior al Quórum Simple.

La modificación podrá recaer sobre todo o parte del contenido del Acuerdo, salvo lo referente a la calidad de acreedor, su clase o categoría, diferencias entre acreedores de igual clase o categoría, monto de sus créditos, sus preferencias, y respecto de aquellas materias que el Acuerdo determine como no modificables por la Comisión de Acreedores.

En las Juntas de Acreedores que se celebren con posterioridad a la aprobación del Acuerdo por el tribunal, el derecho a voto se determinará en conformidad al artículo 78. No tendrán derecho a voto los acreedores que tengan la calidad de Personas Relacionadas con el Deudor.

Artículo 84. Notificación del Acuerdo. El texto íntegro del Acuerdo con sus modificaciones, en su caso, será notificado por el Veedor en el Boletín Concursal.

§ 2. De la impugnación del Acuerdo de Reorganización Judicial

Artículo 85. Causales para impugnar el Acuerdo. El Acuerdo podrá ser impugnado por los acreedores a los que les afecte, siempre que se funde en alguna de las siguientes causales:

1) Defectos en las formas establecidas para la convocatoria y celebración de la junta de acreedores, que hubieren impedido el ejercicio de los derechos de los acreedores o del deudor.

2) El error en el cómputo de las mayorías requeridas en este Capítulo, siempre que incida sustancialmente en el quórum del Acuerdo de Reorganización Judicial.

3) Falsedad o exageración del crédito o incapacidad o falta de personería para votar de alguno de los acreedores que hayan concurrido con su voto a formar el quórum necesario para el Acuerdo, si excluido este acreedor o la parte falsa o exagerada del crédito, no se logra el quórum del Acuerdo.

4) Acuerdo entre uno o más acreedores y el Deudor para votar a favor, abstenerse de votar o rechazar el Acuerdo, para obtener una ventaja indebida respecto de los demás acreedores.

5) Ocultación o exageración del activo o pasivo.

6) Por contener una o más estipulaciones contrarias a lo dispuesto en el ordenamiento jurídico.

Artículo 86. Plazo para impugnar el Acuerdo. Podrá impugnarse el Acuerdo dentro del plazo de cinco días contado desde su publicación en el Boletín Concursal.

Las impugnaciones presentadas fuera de plazo serán rechazadas de plano.

Artículo 87. Audiencia única de resolución de impugnaciones. Las impugnaciones al Acuerdo se tramitarán como un solo incidente y se fallarán conjuntamente en una audiencia única, que el tribunal competente citará para tal efecto, dentro de los diez días de vencido el plazo para impugnar. Esta audiencia será verbal y se llevará a cabo con los que asistan. En la misma audiencia deberán resolverse las incidencias que promuevan las partes. El tribunal podrá, si así lo estima, suspender y continuar la referida audiencia con posterioridad. La resolución que se pronuncie sobre las impugnaciones al Acuerdo deberá dictarse a más tardar dentro de los treinta días siguientes a la fecha de celebración de la referida audiencia.

La resolución que resuelva las impugnaciones se publicará en el Boletín Concursal. Esta resolución será apelable en el solo efecto devolutivo.

Artículo 88. Nueva propuesta de Acuerdo. Si se acoge por resolución firme y ejecutoriada la impugnación al Acuerdo por las causales establecidas en los números 1), 2), 3) y 6) del artículo 85, el Deudor podrá presentar una nueva propuesta de Acuerdo, dentro de los diez días siguientes contados desde que se notifique la resolución que tuvo por acogida la impugnación referida, siempre que esta nueva propuesta se presente apoyada por dos o más acreedores que representen, a lo menos, un 66% del pasivo total con derecho a voto. En este caso, el Deudor gozará de Protección Financiera Concursal hasta la celebración de la Junta llamada a conocer y pronunciarse sobre la nueva propuesta. La resolución que tenga por presentada la nueva propuesta de Acuerdo fijará la fecha de la Junta de Acreedores llamada a conocer y pronunciarse sobre dicha nueva propuesta, la que deberá celebrarse dentro de los diez días siguientes contados desde que el Deudor la presentó.

Cuando el Deudor no presente una nueva propuesta de Acuerdo que reúna las condiciones indicadas en el inciso anterior dentro del plazo antes establecido, y cuando se acoja una impugnación al Acuerdo por las causales establecidas en los números 4) y 5) del artículo 85, el tribunal, de oficio y sin más trámite, ordenará el inicio del Procedimiento Concursal de Liquidación en la misma resolución que acoge la impugnación. El tribunal deberá requerir a la Superintendencia la nominación del Liquidador según el artículo 37, y acompañar los antecedentes de los tres principales acreedores de conformidad a la nómina de créditos reconocidos, excluidas las Personas Relacionadas con el deudor. Recibido el certificado de nominación, dictará la Resolución de Liquidación sin más trámite. Desde el referido requerimiento hasta la dictación de la Resolución de Liquidación el Deudor tendrá la calidad de depositario provisional para todos los efectos legales.

Cuando se inicie el procedimiento concursal de liquidación por haberse acogido las causales de impugnación establecidas en los números 4) y 5) del artículo 85, el Deudor no podrá presentar nuevamente una propuesta de Acuerdo.

§ 3. De la aprobación y vigencia del Acuerdo de Reorganización Judicial

Artículo 89. Aprobación y vigencia del Acuerdo. El Acuerdo se entenderá aprobado y comenzará a regir una vez vencido el plazo para impugnarlo, sin que se hubiere impugnado y el tribunal competente lo declare así de oficio o a petición de cualquier interesado o del Veedor.

Si el Acuerdo fuere impugnado y las impugnaciones fueren desechadas, el tribunal competente lo declarará aprobado en la resolución que deseche la o las impugnaciones, y aquél comenzará a regir desde que dicha resolución cause ejecutoria.

Las resoluciones señaladas en los incisos primero y segundo de este artículo se notificarán en el Boletín Concursal.

El Acuerdo regirá no obstante las impugnaciones que se hubieren interpuesto en su contra. Sin embargo, si éstas fueren interpuestas por acreedores de una determinada clase o categoría, que representen en su conjunto a lo menos el 30% del pasivo con derecho a voto de su respectiva clase o categoría, el Acuerdo no empezará regir hasta que dichas impugnaciones fueren desestimadas por sentencia firme y ejecutoriada. En este caso y en el del inciso segundo de este artículo, los actos y contratos ejecutados o celebrados por el Deudor en el tiempo que medie entre el Acuerdo y la fecha en que quede ejecutoriada la resolución que acoja las impugnaciones, no podrán dejarse sin efecto.

El recurso de casación deducido en contra de la resolución de segunda instancia que desecha la o las impugnaciones, no suspenderá el cumplimiento de dicha resolución, incluso si la parte vencida solicita que se otorgue fianza de resultas por la parte vencedora.

Si se acogen las impugnaciones al Acuerdo por resolución firme y ejecutoriada, las obligaciones y derechos existentes entre el Deudor y sus acreedores con anterioridad a éste se regirán por sus respectivas convenciones.

Artículo 90. Autorización del Acuerdo. Una copia del acta de la Junta de Acreedores en la que conste el voto favorable del Acuerdo y su texto íntegro, junto a la copia de la resolución judicial que lo aprueba y su certificado de ejecutoria, podrá ser autorizada por un ministro de fe o protocolizarse ante un notario público. Una vez autorizada o protocolizada, tendrá mérito ejecutivo para todos los efectos legales.

§ 4. De los efectos del Acuerdo de Reorganización Judicial

Artículo 91. Efectos. El Acuerdo, debidamente aprobado, obliga al Deudor y a todos los acreedores de cada clase o categoría de éste, hayan o no concurrido a la Junta que lo acuerde.

Artículo 92. Cancelación de anotaciones e inscripciones. Aprobado el Acuerdo de Reorganización Judicial, se cancelarán las inscripciones previstas en el número 7) del artículo 57.

Artículo 93. Efectos sobre los créditos. Los créditos que sean parte del Acuerdo de Reorganización Judicial se entenderán remitidos, novados o repactados, según corresponda, para todos los efectos legales.

El acreedor, contribuyente del impuesto de primera categoría de la Ley sobre Impuesto a la Renta, contenida en el artículo 1° del decreto ley N° 824, de 1974, podrá deducir como gasto necesario conforme a lo dispuesto en el número 4° del artículo 31 de dicha ley, las cantidades que correspondan a la condonación o remisión de deudas, intereses, reajustes u otras cantidades que se hayan devengado en su favor, siempre y cuando cumpla con las siguientes condiciones copulativas:

1) Que se trate de créditos otorgados o adquiridos con anterioridad al plazo de un año contado desde la celebración del Acuerdo de Reorganización Judicial;

2) Que dicha condonación o remisión conste detalladamente en el referido Acuerdo o sus modificaciones, aprobado conforme al artículo 89, y

3) Que no correspondan a créditos de Personas Relacionadas con el Deudor ni a créditos de acreedores Personas Relacionadas entre sí, cuando éstos, en su conjunto, representen el 50% o más del pasivo reconocido con derecho a voto.

Lo anterior, es sin perjuicio de la obligación del Deudor de reconocer como ingreso, para efectos tributarios, aquellas cantidades que se hubieren devengado a favor del acreedor y que se condonen o remitan.

Artículo 94. De los bienes no esenciales para la continuidad del giro de la Empresa Deudora. En el plazo de quince días siguientes a la publicación de la Resolución de Reorganización referida en el artículo 57, el acreedor cuyo crédito se encuentre garantizado con prenda o hipoteca podrá solicitar fundadamente al tribunal competente que declare que el bien sobre el que recae su garantía no es esencial para el giro de la Empresa Deudora. Para resolver lo anterior, el tribunal podrá solicitar al Veedor un informe que contendrá la calificación de si el bien es o no esencial para el giro de la Empresa Deudora y el avalúo comercial del bien sobre el que recaen las referidas garantías. El tribunal deberá resolver dicha calificación en única instancia, a más tardar el segundo día anterior a la fecha de celebración de la Junta de Acreedores llamada a conocer y pronunciarse sobre las proposiciones de Acuerdo de Reorganización Judicial.

El acreedor cuya garantía recae sobre un bien calificado como no esencial concurrirá y votará en la clase o categoría de acreedores valistas, únicamente por el saldo del crédito no cubierto por la garantía. El saldo cubierto por la garantía no se considerará en el pasivo de la clase o categoría de acreedores garantizados.

El acreedor cuyo crédito no hubiere sido enteramente cubierto por la garantía podrá solicitar, mediante un procedimiento incidental ante el mismo tribunal que conoció y se pronunció sobre el Acuerdo, que dicho Acuerdo se cumpla a su favor, mientras no se encuentren prescritas las acciones que del mismo emanen. El excedente que resulte de la venta del bien declarado no esencial, una vez pagado el respectivo crédito, se destinará al cumplimiento del Acuerdo.

Artículo 95. Efectos del Acuerdo de Reorganización Judicial en las obligaciones garantizadas del Deudor. Tales efectos serán los siguientes:

1. Respecto de las obligaciones del Deudor garantizadas con prenda o hipoteca sobre bienes de propiedad del Deudor o de terceros, declarados esenciales para el giro de la Empresa Deudora, de acuerdo a los artículos 56 y 94, se aplicarán los términos y modalidades establecidos en el Acuerdo de Reorganización Judicial.

2. Respecto de las obligaciones del Deudor garantizadas con prenda o hipoteca sobre bienes de propiedad del Deudor, declarados no esenciales para el giro de la Empresa Deudora de acuerdo a los artículos 56 y 94, regirá lo establecido en los incisos segundo y tercero del artículo anterior.

3. Respecto de las obligaciones del Deudor garantizadas con prenda o hipoteca sobre bienes de propiedad de terceros, declarados no esenciales para el giro de la Empresa Deudora de acuerdo a los artículos 56 y 94, deberá distinguirse:

a) Si el respectivo acreedor vota, se sujetará a los términos y modalidades establecidos en el referido acuerdo y no podrá perseguir su crédito en términos distintos a los estipulados.

b) Si el respectivo acreedor manifiesta su intención de no votar o no asiste a la Junta de Acreedores llamada a conocer y pronunciarse sobre la propuesta de Acuerdo, su crédito no se considerará en el pasivo con derecho a voto correspondiente a su clase o categoría, y podrá cobrar su crédito respecto de las prendas o hipotecas otorgadas por terceros.

4. Respecto de las obligaciones del Deudor garantizadas con cauciones personales, deberá distinguirse:

a) Si el respectivo acreedor vota en su clase o categoría de valista, se sujetará a los términos y modalidades establecidos en el referido acuerdo y no podrá cobrar su crédito en términos distintos a los estipulados.

b) Si el respectivo acreedor manifiesta su intención de no votar o no asiste a la Junta de Acreedores llamada a conocer y pronunciarse sobre la propuesta de Acuerdo, su crédito no se considerará en el pasivo con derecho a voto correspondiente a su clase o categoría, y podrá cobrar su crédito respecto de los fiadores o codeudores, solidarios o subsidiarios, o avalistas en los términos originalmente pactados.

El fiador, codeudor, solidario o subsidiario, avalista, tercero poseedor de la finca hipotecada o propietario del bien prendado que hubiere pagado, de acuerdo a lo establecido en la letra b) del número 3) o en la letra b) del número 4) anteriores, podrá ejercer, según corresponda, su derecho de subrogación o reembolso, mediante un procedimiento incidental, ante el mismo tribunal que conoció y se pronunció sobre el Acuerdo, solicitando que éste se cumpla a su favor, mientras no se encuentren prescritas las acciones que de él resulten.

§ 5. Del rechazo del Acuerdo de Reorganización Judicial

Artículo 96. Rechazo del Acuerdo. Si la propuesta de Acuerdo es rechazada por los acreedores por no haberse obtenido el quórum de aprobación necesario o porque el Deudor no otorga su consentimiento, el tribunal dictará la Resolución de Liquidación, de oficio y sin más trámite, en la misma Junta de Acreedores llamada a conocer y pronunciarse sobre el Acuerdo, salvo que la referida Junta disponga lo contrario por Quórum Especial. En este caso, el Deudor deberá, a través del Veedor, publicar una nueva propuesta de Acuerdo en el Boletín Concursal y acompañarla al tribunal diez días antes de la Junta de Acreedores que tiene por objeto pronunciarse sobre ésta. El Deudor conservará la Protección Financiera Concursal hasta la celebración de dicha Junta, que deberá llevarse a cabo dentro de los veinte días siguientes a la que rechazó el Acuerdo.

Si el Deudor no presenta la nueva propuesta de Acuerdo dentro del plazo antes establecido, el tribunal dictará la Resolución de Liquidación, de oficio y sin más trámite.

La Junta de Acreedores que rechace la primera o segunda propuesta de Acuerdo, en su caso, deberá nominar a los Liquidadores titular y suplente, a los que el tribunal competente deberá designar con el carácter de definitivos.

Artículo 96 A. Término del Procedimiento Concursal de Reorganización. Se entenderá terminado el Procedimiento Concursal de Reorganización una vez publicada en el Boletín Concursal la resolución que aprueba la cuenta final de gestión del procedimiento, la que deberá presentarse de conformidad al artículo 29.

§ 6. De la nulidad y declaración de incumplimiento del Acuerdo de Reorganización Judicial

Artículo 97. Nulidad del Acuerdo. No se admitirán otras acciones en contra del Acuerdo que las fundadas en la ocultación o exageración del activo o del pasivo y de las que se hubiere tomado conocimiento después de haber vencido el plazo para impugnar el Acuerdo.

La declaración de nulidad del Acuerdo extingue de pleno derecho las cauciones que lo garantizan.

Las acciones de nulidad del Acuerdo podrán interponerse por cualquier interesado y prescribirán en el plazo de un año contado desde la fecha en que aquél comenzó a regir.

Artículo 98. Acción de incumplimiento. El Acuerdo podrá declararse incumplido a solicitud de cualquiera de los acreedores a los que les afecte por inobservancia de sus estipulaciones.

Podrá también declararse incumplido si se hubiere agravado el mal estado de los negocios del Deudor de forma que haga temer un perjuicio para dichos acreedores.

Si la acción de incumplimiento se deduce sólo por la inobservancia de las estipulaciones de una de las clases o categorías del Acuerdo, el Deudor podrá enervar la acción cumpliendo dichas estipulaciones dentro del plazo de sesenta días contado desde la notificación de la acción. El Deudor podrá enervarla por una sola vez para cada categoría o clase del Acuerdo.

Las acciones de incumplimiento del Acuerdo prescribirán en el plazo de un año contado desde que se produce el incumplimiento.

La declaración de incumplimiento dejará sin efecto el Acuerdo, pero no extinguirá las cauciones que hubieren garantizado su ejecución total o parcial.

Las personas obligadas por las cauciones señaladas en el inciso anterior y los terceros poseedores de los bienes gravados con las mismas, según sea el caso, serán oídos en el juicio de declaración de incumplimiento y podrán impedir la continuación de éste enervando la acción mediante el cumplimiento del Acuerdo dentro de los tres días siguientes a la citación.

Las cantidades pagadas por el Deudor antes de la declaración de incumplimiento del Acuerdo y el producto obtenido durante el Procedimiento Concursal de Liquidación servirán de abono a la deuda en caso que la caución se extienda a toda la suma estipulada. Pero si comprende únicamente una parte de ella, sólo le servirá para imputarla a la parte que reste de la cuota no caucionada.

Artículo 99. Procedimiento de declaración de nulidad e incumplimiento del Acuerdo. La nulidad o incumplimiento del Acuerdo se sujetarán al procedimiento del juicio sumario y será competente para conocer de estas acciones el tribunal ante el cual se tramitó el Acuerdo.

La resolución que acoja las acciones de nulidad o incumplimiento del Acuerdo será apelable en ambos efectos, pero el Deudor quedará de inmediato sujeto a la intervención de un Veedor que tendrá las facultades de interventor contenidas en los números 1), 7), 8) y 9) del artículo 25.

La declaración de nulidad o incumplimiento del Acuerdo no tendrá efecto retroactivo y no afectará la validez de los actos o contratos debidamente celebrados en el tiempo que media entre la resolución que aprueba el Acuerdo y la que declare la nulidad o el incumplimiento.

Artículo 100. Inicio del Procedimiento Concursal de Liquidación. Una vez firme y ejecutoriada la resolución que declare la nulidad o el incumplimiento del Acuerdo, el mismo tribunal dictará la Resolución de Liquidación de la Empresa Deudora, de oficio y sin más trámite.

Artículo 101. Designación del Liquidador. En la demanda de nulidad o de incumplimiento del Acuerdo, el demandante propondrá a un Liquidador titular y a uno suplente de la Nómina de Liquidadores vigente, debiendo el tribunal designarlos en la Resolución de Liquidación.

Si se interpusiere más de una demanda de nulidad o de incumplimiento del Acuerdo, el tribunal competente designará a los Liquidadores titular y suplente nominados en la primera demanda que se acoja.

TÍTULO 3
DEL ACUERDO DE REORGANIZACIÓN EXTRAJUDICIAL

Artículo 102. Legitimación. Toda Empresa Deudora podrá celebrar un Acuerdo de Reorganización Extrajudicial con sus acreedores y someterlo a aprobación judicial, conforme a lo establecido en el presente Título. Para los efectos de este Título se denominará indistintamente Empresa Deudora o Deudor.

Artículo 103. Competencia. Será competente para aprobar el Acuerdo Extrajudicial el tribunal que hubiere sido competente para conocer de un Procedimiento Concursal de Reorganización del Deudor de acuerdo a esta ley.

Artículo 104. Formalidades. El Acuerdo Extrajudicial deberá ser otorgado ante un ministro de fe o ante un ministro de fe de la Superintendencia, quien certificará, además, la personería de los representantes que concurran al otorgamiento de este instrumento, cuyas copias autorizadas deberán agregarse al Acuerdo respectivo.

Artículo 105. Objeto. El Acuerdo Extrajudicial podrá versar sobre cualquier objeto tendiente a reestructurar los activos y pasivos del Deudor.

Artículo 106. Normas aplicables. Serán aplicables al Acuerdo Extrajudicial, cuando corresponda y siempre que no contravengan lo dispuesto en el presente Párrafo, los Títulos 1 y 2 de este Capítulo, en lo relativo a los acuerdos por clases o categorías de acreedores, determinación del pasivo, propuestas alternativas, diferencias entre acreedores de igual clase o categoría, condonación o remisión de créditos, constitución de garantías, cláusulas de arbitraje, nombramiento del interventor y designación de la Comisión de Acreedores.

Artículo 107. Requisitos. Para la aprobación judicial del Acuerdo Extrajudicial, éste deberá presentarse ante el tribunal competente junto con los antecedentes singularizados en el artículo 56, acompañado de un listado de todos los juicios y procesos administrativos seguidos contra el Deudor que tengan efectos patrimoniales, con indicación del tribunal, órgano de la Administración del Estado, rol o número de identificación y materias sobre las que tratan estos procesos.

Conjuntamente con la presentación del Acuerdo Extrajudicial, deberá presentarse un informe de un Veedor de la Nómina de Veedores, elegido por el Deudor y sus dos principales acreedores, que deberá contener la calificación fundada acerca de:

1. Si la propuesta es susceptible de ser cumplida, habida consideración de las condiciones del Deudor;

2. El monto probable de recuperación que le correspondería a cada acreedor en sus respectivas categorías, en caso de un Procedimiento Concursal de Liquidación, y

3. Si la determinación de los créditos y su preferencia, cuya propuesta acompañó el Deudor, se ajusta a esta ley.

Artículo 108. Resolución de Reorganización Extrajudicial. Presentada la solicitud de aprobación judicial del Acuerdo Extrajudicial y hasta la aprobación judicial regulada en el artículo 112, el tribunal dispondrá:

a) La prohibición de solicitar la Liquidación Forzosa del Deudor y de iniciarse en su contra juicios ejecutivos, ejecuciones de cualquier clase o restitución en los juicios de arrendamiento. Lo anterior no se aplicará a los juicios laborales sobre obligaciones que gocen de preferencia de primera clase, suspendiéndose en ese caso sólo la ejecución y realización de bienes del Deudor, excepto los que el Deudor tuviere, en tal carácter, a favor de su cónyuge o de sus parientes o de los gerentes, administradores, apoderados con poder general de administración u otras personas que hayan tenido o tengan injerencia en la administración de sus negocios. Para estos efectos, se entenderá por parientes los ascendientes y descendientes y los colaterales por consanguinidad y afinidad hasta el cuarto grado, inclusive.

b) La suspensión de la tramitación de los procedimientos señalados en la letra a) precedente y la suspensión de los plazos de prescripción extintiva.

c) La prohibición al Deudor de gravar o enajenar sus bienes, salvo los que resulten estrictamente necesarios para la continuación de su giro.

Artículo 109. Quórum. El Deudor deberá presentar el Acuerdo Extrajudicial suscrito por dos o más acreedores que representen al menos tres cuartas partes del total de su pasivo, correspondiente a su respectiva clase o categoría. Las Personas Relacionadas con el Deudor no podrán suscribir un Acuerdo Simplificado, ni sus créditos se considerarán en el monto del pasivo para los efectos de la determinación del quórum de aprobación del referido Acuerdo.

Los cesionarios de créditos adquiridos dentro de los treinta días anteriores a la fecha de la presentación a aprobación judicial del Acuerdo Extrajudicial tampoco se considerarán para el quórum señalado en el inciso anterior.

Artículo 110. Publicidad. Junto con presentar al tribunal el Acuerdo Extrajudicial con los antecedentes señalados en el artículo 107, el Deudor deberá acompañar al Veedor copia de éstos para que los publique en el Boletín Concursal y los acompañe a los acreedores por medio de correos electrónicos, si lo tuvieren.

Artículo 111. Impugnación. Podrán impugnar el Acuerdo Extrajudicial los acreedores disidentes y aquellos que demuestren haber sido omitidos de los antecedentes previstos en el artículo 107, siempre y cuando la impugnación se funde en alguna de las causales establecidas en el artículo 85 respecto de los Acuerdos de Reorganización Judicial, o bien en la existencia, los montos y las preferencias de sus créditos.

La impugnación deberá presentarse ante el tribunal competente dentro de los diez días siguientes a la publicación del Acuerdo Extrajudicial efectuada conforme al artículo anterior. Una copia de la impugnación señalada y de los antecedentes correspondientes deberán ser publicados en el Boletín Concursal por el Veedor.

Las impugnaciones al Acuerdo Extrajudicial se tramitarán como incidente y se fallarán conjuntamente en una audiencia única, que el tribunal citará para tal efecto y que se celebrará dentro de los diez días siguientes de vencido el plazo para impugnar. Esta audiencia será verbal y se llevará a cabo con los que asistan. La resolución que se pronuncie sobre las impugnaciones se publicará en el Boletín Concursal y será apelable en el solo efecto devolutivo.

Artículo 112. Aprobación judicial. Dentro de los diez días siguientes a la publicación del Acuerdo Extrajudicial, el tribunal podrá citar a todos los acreedores a quienes les afecte el Acuerdo, para su aceptación ante el tribunal, la cual deberá contar con el quórum señalado en el artículo 109.

Una vez aceptado el Acuerdo Extrajudicial, o vencido el plazo señalado en el inciso anterior sin que el tribunal hubiere citado, y vencido el plazo para presentar impugnaciones sin que se hayan interpuesto o si, deducidas, se hubieren rechazado por resolución que se encuentre firme y ejecutoriada, el tribunal competente, previa verificación del cumplimiento de los requisitos legales, dictará la correspondiente resolución aprobando el Acuerdo Extrajudicial, debiendo el Veedor publicarla en el Boletín Concursal.

Artículo 113. Efectos de la aprobación judicial. El Acuerdo Extrajudicial aprobado judicialmente de conformidad a las disposiciones anteriores producirá, cuando corresponda, los efectos previstos en el Párrafo 4 del Título 2 de este Capítulo, siempre que no contravenga lo dispuesto en el presente Párrafo.

Artículo 114. Nulidad e Incumplimiento del Acuerdo Extrajudicial. Demandada la nulidad o el incumplimiento del Acuerdo Extrajudicial, se aplicará lo dispuesto en el Párrafo 6 del Título 2 de este Capítulo.

CAPÍTULO IV
DEL PROCEDIMIENTO CONCURSAL DE LIQUIDACIÓN

TÍTULO 1
DEL PROCEDIMIENTO CONCURSAL PROPIAMENTE TAL

§ 1. De la liquidación voluntaria

Artículo 115. Ámbito de aplicación y requisitos. La Empresa Deudora podrá solicitar ante el juzgado de letras competente su Liquidación Voluntaria, acompañando los siguientes antecedentes, con copia:

1) Lista de sus bienes, lugar en que se encuentran y los gravámenes que les afectan, incluyendo todos aquellos que se encuentren en su poder en una calidad distinta de la de dueño y aquellos bienes constituidos en garantía a su favor y la documentación que lo acredite. Asimismo, deberá indicar su participación en sociedades, comunidades y comunidades hereditarias. La Empresa

Deudora que tribute en base a renta efectiva según contabilidad completa deberá además acompañar una copia del inventario de bienes.

2) Documentación que acredite el dominio de los bienes indicados en la solicitud, respecto de los cuales exista registro. Particularmente, en el caso de los bienes raíces, el certificado de dominio vigente emitido por el Conservador de Bienes Raíces respectivo. Asimismo, en el caso de los vehículos motorizados, el certificado de anotaciones vigentes de vehículos motorizados emitido por el Servicio de Registro Civil e Identificación.

3) Lista de los bienes legalmente excluidos de la Liquidación.

4) Relación de sus juicios pendientes, si los hubiera.

5) Estado de deudas, con nombre, domicilio y datos de contacto de los acreedores, así como la naturaleza de sus créditos.

6) Nómina de los trabajadores, cualquiera sea su situación contractual, con indicación de las prestaciones derivadas de la relación laboral adeudadas y fueros en su caso, incluyendo antecedentes que den cuenta del estado de pago de las cotizaciones de seguridad social y de las liquidaciones de sueldo, si corresponde.

7) Si el Deudor llevare contabilidad completa presentará, además, su último balance.

8) Copia de los antecedentes contenidos en la carpeta tributaria electrónica.

9) Copia de las cartolas históricas de las cuentas corrientes y cuentas vistas asociadas al Deudor, con dos años de anterioridad al inicio del procedimiento de Liquidación Voluntaria, o el tiempo de vigencia de la persona jurídica de derecho privado en caso que fuere menor a dos años, y emitidas con no más de treinta días anteriores a la solicitud de inicio de este procedimiento. Los Bancos e Instituciones Financieras deberán poner dicha documentación a disposición del Deudor dentro del plazo de cinco días contado desde que éste realizó la solicitud.

La Empresa Deudora que sea persona natural sólo deberá acompañar copia de las cartolas históricas de las cuentas corrientes y cuentas vistas asociadas a su actividad económica. Asimismo, el Deudor deberá acompañar informes de deuda emitidos por la Comisión para el Mercado Financiero o la autoridad que corresponda.

En caso de imposibilidad de acceder a las cartolas históricas, deberá acompañarse algún antecedente que dé cuenta de dicha imposibilidad.

10) Declaración jurada que indique que los antecedentes y documentos que se adjuntan a esta solicitud de inicio del Procedimiento de Liquidación Voluntaria son completos y fehacientes.

Los documentos antes referidos serán firmados por los representantes del Deudor.

El tribunal podrá denegar dar curso a la solicitud de Liquidación Voluntaria en caso de incumplimiento de los requisitos mencionados en el inciso primero o segundo de este artículo.

Para los efectos de este Capítulo se denominará indistintamente Empresa Deudora o Deudor.

Artículo 116. Tramitación. El tribunal competente revisará la presentación del Deudor y, si cumple con los requisitos señalados en el artículo anterior, procederá dentro de tercero día de conformidad a lo dispuesto en los artículos 37 y 129, aplicándose lo establecido en el Párrafo 4 de este Título.

§ 2. De la liquidación forzosa

Artículo 117. Ámbito de aplicación y causales. Cualquier acreedor podrá demandar el inicio del Procedimiento Concursal de Liquidación de una Empresa Deudora en los siguientes casos:

1) Si cesa en el pago de una obligación que conste en título ejecutivo vencido y que se constituya como una obligación propia de la actividad de la Empresa Deudora con el acreedor solicitante. Esta causal no podrá invocarse para solicitar el inicio del Procedimiento Concursal de Liquidación respecto de los fiadores, codeudores subsidiarios, o avalistas de la Empresa Deudora que ha cesado en el pago de las obligaciones garantizadas por éstos.

2) Si existieren en su contra dos o más títulos ejecutivos vencidos, provenientes de obligaciones diversas, encontrándose iniciadas a lo menos dos ejecuciones, y no hubiere presentado bienes suficientes para responder a la prestación que adeude y a sus costas, dentro de los cuatro días siguientes a los respectivos requerimientos.

3) Cuando la Empresa Deudora o sus administradores no sean habidos, y hayan dejado cerradas sus oficinas o establecimientos, salvo que se hubiere nombrado un mandatario con facultades suficientes para dar cumplimiento a sus obligaciones y contestar nuevas demandas. En este caso, el demandante podrá invocar como crédito incluso aquel que se encuentre sujeto a un plazo.

Artículo 118. Requisitos. La demanda se presentará ante el tribunal competente, señalará la causal invocada y sus hechos justificativos y acompañará los siguientes antecedentes:

1) Los documentos o antecedentes escritos que acreditan la causal invocada.

2) Vale vista o boleta bancaria expedida a la orden del tribunal por una suma equivalente a 100 unidades de fomento para subvenir los gastos iniciales del procedimiento y los honorarios de los Liquidadores para la administración del Procedimiento Concursal de Liquidación. En caso que se dicte la correspondiente Resolución de Liquidación, dicha suma será considerada como un crédito del acreedor solicitante, y gozará de la preferencia establecida en el número 4 del artículo 2472 del Código Civil.

3) El acreedor peticionario podrá designar a un Veedor vigente de la Nómina de Veedores, que asumirá en caso que el Deudor se oponga a la Liquidación Forzosa. Dicho Veedor supervigilará las actividades del Deudor mientras dure la tramitación del Juicio de Oposición, conforme a lo dispuesto en el Párrafo 3 de este Título, y tendrá las facultades de interventor contenidas en el artículo 25 de esta ley. Los honorarios del Veedor no podrán ser superiores a 100 unidades de fomento y serán de cargo del acreedor peticionario. Asimismo, el demandante podrá solicitar en su demanda cualquiera de las medidas señaladas en los Títulos IV y V del Libro Segundo del Código de Procedimiento Civil. El Veedor estará facultado para solicitar las medidas cautelares que estime necesarias, con cargo del acreedor peticionario, para garantizar la mantención del activo del Deudor mientras dure el Juicio de Oposición, quedando el Deudor sujeto a las restricciones señaladas en el número 2) del artículo 57 de esta ley.

4) Eliminado.

El Liquidador o Veedor que hubiera ejercido como tal en algún Procedimiento Concursal, no podrá asumir en otro procedimiento respecto de un mismo Deudor.

Artículo 119. Revisión, primera providencia y notificación. Presentada la demanda, el tribunal competente examinará en el plazo de tres días el cumplimiento de los requisitos del artículo precedente. En caso que los considere cumplidos, la tendrá por presentada y citará a las partes a una audiencia que tendrá lugar al quinto día desde la notificación personal del Deudor o la realizada conforme al artículo 44 del Código de Procedimiento Civil, aun cuando no se encuentre en el lugar del juicio. En caso contrario, ordenará al demandante la corrección pertinente y fijará un plazo de tres días para que los subsane, bajo apercibimiento de tener por no presentada la demanda.

Artículo 120. Audiencia Inicial. La Audiencia Inicial se desarrollará conforme a las siguientes reglas:

1) El tribunal informará al Deudor acerca de la demanda presentada en su contra y de los efectos de un eventual Procedimiento Concursal de Liquidación.

2) Acto seguido, el Deudor podrá proponer por escrito o verbalmente alguna de las actuaciones señaladas en los literales siguientes, debiendo siempre señalar el nombre o razón social, domicilio y correo electrónico de sus tres acreedores, o sus representantes legales, que figuren en su contabilidad con los mayores créditos. Si el Deudor no cumple con este requisito el tribunal tendrá por no presentada la actuación y dictará la Resolución de Liquidación, previo requerimiento a la Superintendencia de la realización del sorteo de conformidad al artículo 37, para efectos de designar a los Liquidadores titular y suplente, ambos en carácter de provisional. Las referidas actuaciones podrán ser:

a) Consignar fondos suficientes para el pago del crédito demandado y las costas correspondientes. El tribunal tendrá por efectuada la consignación, ordenará practicar la liquidación del crédito, la regulación y tasación de las costas y señalará el plazo en que el Deudor deberá pagarlos, el que se contará desde que esas actuaciones se encuentren firmes. Si el Deudor no pagare en el plazo fijado, el tribunal dictará la respectiva Resolución de Liquidación.

b) Allanarse por escrito o verbalmente a la demanda, dictando en este caso el tribunal la respectiva Resolución de Liquidación.

c) Acogerse expresamente al Procedimiento Concursal de Reorganización contemplado en el Capítulo III de esta ley.

d) Oponerse a la demanda de Liquidación Forzosa, en cuyo caso se observarán las disposiciones del Párrafo 3 del presente Título. En caso de haberse invocado las causales del numeral 1) y/o 2) del artículo 117, la oposición del Deudor sólo podrá fundarse en las excepciones previstas en el artículo 464 del Código de Procedimiento Civil. De haberse deducido la demanda en virtud de lo dispuesto en el numeral 3) del artículo 117, el Deudor podrá fundar la oposición en la falta de concurrencia de uno o más de los requisitos de dicha causal.

3) Si el Deudor no compareciere a esta audiencia, o compareciendo no efectúa alguna de las actuaciones señaladas en el número 2), el tribunal dictará la Resolución de Liquidación, previo requerimiento a la Superintendencia de la realización de un sorteo de conformidad al artículo 37, y designará a los Liquidadores titular y suplente, ambos en carácter de provisionales. Desde dicho requerimiento hasta la dictación de Resolución de Liquidación el Deudor tendrá la calidad de depositario provisional para todos los efectos legales.

§ 3. Del juicio de oposición

Artículo 121. De la Oposición. En su escrito de oposición, el Deudor deberá:

1) Señalar las excepciones opuestas y defensas invocadas, así como sus fundamentos de hecho y de derecho;

2) Ofrecer todos los medios de prueba de que pretenda valerse, de conformidad a lo previsto en el artículo siguiente, y

3) Acompañar toda la prueba documental pertinente.

Artículo 122. De las pruebas. Para acreditar las excepciones y defensas del Deudor se aplicarán a las reglas siguientes:

1) Prueba testimonial: el escrito de oposición deberá incluir la completa individualización de los testigos que depondrán, así como las razones que justifican su comparecencia.

2) Prueba confesional: el escrito de oposición deberá acompañar el pliego de posiciones. Si el acreedor solicitante es una persona jurídica podrá comparecer cualquier persona habilitada a nombre del representante legal, siempre que exhiba el día de la diligencia la respectiva delegación. En la delegación, que se efectuará por escrito, deberá constar la autorización notarial de la firma o su suscripción mediante firma electrónica avanzada, y la facultad de absolver posiciones a nombre del demandante.

3) Prueba pericial: se aplicarán las disposiciones de los artículos 409, 410 y 411 del Código de Procedimiento Civil en lo referido a la procedencia de este medio de prueba. Tratándose de casos de informe pericial facultativo, el Deudor deberá exponer las razones que justifican decretar dicha diligencia.

4) Prueba documental: los documentos sólo podrán acompañarse junto al escrito de oposición. Con todo, el tribunal podrá aceptar la agregación de

documentos con posterioridad a dicha actuación siempre que la parte que los presenta acredite que se trata de antecedentes que han surgido después de la Audiencia Inicial o que, siendo anteriores, no pudieron acompañarse oportunamente por razones independientes de su voluntad. El tribunal resolverá esta solicitud de plano, con los antecedentes que le sean proporcionados en la misma petición y contra lo resuelto no procederá recurso alguno.

Artículo 123. Resoluciones del tribunal competente. Deducida la oposición, el tribunal constatará el cumplimiento de los requisitos legales y, si procede, tendrá por opuesto al Deudor a la Liquidación Forzosa y por acompañados los documentos regulados en el artículo anterior. En caso contrario, se estará a lo dispuesto en el número 3 del artículo 120.

Artículo 124. Trámites probatorios. Una vez decretada la oposición, el tribunal competente:

1) Existiendo hechos sustanciales, pertinentes y controvertidos que requieran ser probados para una adecuada resolución de la controversia, recibirá la causa a prueba y fijará los puntos sobre los cuales ésta deberá recaer. Dicha resolución sólo será susceptible de recurso de reposición por las partes, el que deberá interponerse dentro de tercero día. En caso contrario, citará a las partes a la Audiencia de Fallo.

2) Una vez recibida la causa a prueba y fijados los puntos sobre los cuales deberá recaer:

a) Se pronunciará acerca de la admisibilidad y pertinencia de las pruebas ofrecidas;

b) Tratándose de prueba pericial, el tribunal determinará la calidad del perito y los puntos sobre los cuales deberá pronunciarse, instando a las partes para que acuerden su nombre. En caso de desacuerdo, el perito deberá ser designado en ese mismo acto por el tribunal, y se fijará un plazo de siete días para que el perito evacue su informe. No será necesario en estos casos practicar la audiencia de reconocimiento.

c) Concederá al acreedor demandante la oportunidad de ofrecer prueba, la que deberá ser singularizada y acompañada al día siguiente. La resolución acerca de la admisibilidad y pertinencia de las pruebas del acreedor deberá ser pronunciada antes de la Audiencia de Prueba. Contra lo resuelto, el Deudor podrá interponer un recurso de reposición en la forma prevista en el artículo 125, tramitándose tal petición como cuestión previa.

3) Citará a las partes a una Audiencia de Prueba, la que deberá tener lugar al quinto día siguiente, debiendo indicar la fecha y la hora de celebración. Las partes se entenderán notificadas en ese mismo acto.

En caso de que se fijen nuevos puntos de prueba por haberse acogido la reposición señalada en el número 1) anterior, el tribunal deberá resolver la admisibilidad o pertinencia de las nuevas pruebas antes de la Audiencia de Prueba señalada en el artículo 126.

Artículo 125. Recursos. En contra de las resoluciones que se pronuncien en la Audiencia Inicial acerca de la admisibilidad o procedencia de las pruebas ofrecidas, los puntos de prueba fijados, la forma de hacer valer los medios probatorios o cualquier otra circunstancia que incida en éstos, sólo será procedente el recurso de reposición, que deberá deducirse verbalmente por las partes y será resuelto en la misma Audiencia Inicial.

Artículo 126. Audiencia de Prueba. A la hora decretada y con las partes que asistan, se rendirá la prueba declarada admisible en el siguiente orden: confesional y testimonial, iniciándose por la ofrecida por el Deudor.

Sólo se admitirá la declaración de dos testigos por cada parte respecto de cada punto de prueba. Serán aplicables las reglas de los artículos 356 y siguientes del Código de Procedimiento Civil respecto de la rendición de la prueba testimonial y lo dispuesto en los artículos 385 y siguientes del mismo Código en relación a la prueba confesional.

Concluida la recepción de la prueba, las partes formularán verbal y brevemente las observaciones que el examen de la misma les sugiera, de un modo preciso y concreto.

La Audiencia de Prueba terminará con la firma de un acta por los asistentes, el juez y el secretario del tribunal. Desde aquel momento, las partes asistentes y las que no hayan asistido se entenderán citadas y notificadas de pleno derecho a la Audiencia de Fallo, la que deberá celebrarse al décimo día contado desde el término de la Audiencia de Prueba, existan o no diligencias pendientes, debiendo el tribunal fijar su hora de inicio.

Las pruebas señaladas se apreciaran por el tribunal de acuerdo a las reglas de la sana crítica.

Artículo 127. De la Audiencia de Fallo. La Audiencia de Fallo se celebrará con las partes que asistan y en ella se dictará la sentencia definitiva de primera instancia, la que será notificada a las partes. El secretario del tribunal certificará el hecho de su pronunciamiento, la asistencia de las partes y la copia autorizada que se les entregará de la sentencia definitiva. La parte inasistente se entenderá notificada de pleno derecho con el solo mérito de la celebración de la audiencia.

Artículo 128. De la sentencia definitiva. La sentencia definitiva que acoja la oposición del Deudor deberá cumplir con lo dispuesto en el artículo 170 del Código de Procedimiento Civil y, con ocasión de ella, cesará en sus funciones el Veedor. Contra esta sentencia procederá únicamente el recurso de apelación, el que se concederá en ambos efectos y gozará de preferencia extraordinaria para su inclusión a la tabla y para su vista y fallo. Contra el fallo de segunda instancia no procederá recurso alguno, sea ordinario o extraordinario.

La sentencia definitiva que rechace la oposición del Deudor ordenará su liquidación en los términos del artículo 129 y una vez notificada, el Veedor propuesto en conformidad a lo dispuesto en el número 3 del artículo 118 cesará en su cargo.

Acogida la oposición del Deudor, éste podrá demandar indemnización de perjuicios al demandante, a su representante legal, o al administrador solicitante, si probare que procedió culpable o dolosamente.

Artículo 129. Resolución de Liquidación. La Resolución de Liquidación contendrá, además de lo establecido en los artículos 169 y 170 del Código de Procedimiento Civil, lo siguiente:

1) En caso de ser procedente, las consideraciones de hecho o de derecho que sirven de fundamento para el rechazo de las excepciones opuestas por el Deudor.

2) La determinación de si el Deudor es una Empresa Deudora, individualizándola.

3) La designación de un Liquidador titular y de uno suplente, ambos en carácter de provisionales de acuerdo a lo establecido en el artículo 37 de esta ley, y la orden al Liquidador para que incaute todos los bienes del Deudor, sus libros y documentos bajo inventario, y de que se le preste, para este objeto, el auxilio de la fuerza pública, con la exhibición de la copia autorizada de la Resolución de Liquidación.

4) La orden para que las oficinas de correos entreguen al Liquidador la correspondencia cuyo destinatario sea el Deudor.

5) La orden de acumular al Procedimiento Concursal de Liquidación todos los juicios pendientes contra el deudor que puedan afectar sus bienes, seguidos ante otros tribunales de cualquier jurisdicción, salvo las excepciones legales.

6) La advertencia al público que no pague ni entregue mercaderías al Deudor, bajo pena de nulidad de los pagos y entregas, y la orden a las personas que tengan bienes o documentos pertenecientes al Deudor para que los pongan, dentro de tercero día, a disposición del Liquidador.

7) La orden de informar a todos los acreedores residentes en el territorio de la República que tienen el plazo de treinta días contado desde la fecha de la publicación de la Resolución de Liquidación, para que se presenten con los documentos justificativos de sus créditos bajo apercibimiento de ser afectados por los resultados del juicio sin nueva citación.

8) La orden de notificar, por el medio más expedito posible, la Resolución de Liquidación a los acreedores que se hallen fuera del territorio de la República.

9) La orden de inscribir la Resolución de Liquidación en los conservadores de bienes raíces correspondientes a cada uno de los inmuebles pertenecientes al Deudor, y de anotarla al margen de la inscripción social de la Empresa Deudora en el Registro de Comercio, si fuere procedente.

10) La indicación precisa del lugar, día y hora en que se celebrará la primera Junta de Acreedores.

La Resolución de Liquidación se notificará al Deudor, a los acreedores y a terceros por medio de su publicación en el Boletín Concursal y contra ella procederá únicamente el recurso de apelación, el que se concederá en el solo efecto devolutivo y gozará de preferencia para su agregación extraordinaria a la tabla, y para su vista y fallo. Contra el fallo de segunda instancia no procederá recurso alguno, sea ordinario o extraordinario.

§ 4. De los efectos de la Resolución de Liquidación

Artículo 130. Administración de bienes. Desde la dictación de la Resolución de Liquidación se producirán los siguientes efectos en relación al Deudor y a sus bienes:

1) Quedará inhibido de pleno derecho de la administración de todos sus bienes presentes, esto es, aquellos sujetos al Procedimiento Concursal de Liquidación y existentes en su patrimonio a la época de la dictación de esta resolución, excluidos aquellos que la ley declare inembargables. Su administración pasará de pleno derecho al Liquidador.

En consecuencia, serán nulos los actos y contratos posteriores que el Deudor ejecute o celebre en relación a estos bienes.

2) No perderá el dominio sobre sus bienes, sino sólo la facultad de disposición sobre ellos y sobre sus frutos.

3) No podrá comparecer en juicio como demandante ni como demandado, en lo relativo a los bienes objeto del Procedimiento Concursal de Liquidación, pero podrá actuar como coadyuvante.

4) Podrá interponer por sí todas las acciones que se refieran exclusivamente a su persona y que tengan por objeto derechos inherentes a ella. Tampoco será privado del ejercicio de sus derechos civiles, ni se le impondrán inhabilidades especiales sino en los casos expresamente determinados por las leyes.

5) En caso de negligencia del Liquidador, podrá solicitar al tribunal que ordene la ejecución de las providencias conservativas que fueren pertinentes.

Artículo 131. Resolución de controversias entre partes. Todas las cuestiones que se susciten entre el Deudor, el Liquidador y cualquier otro interesado en relación con el dominio, la posesión, la mera tenencia o la administración de los bienes sujetos al Procedimiento Concursal de Liquidación, o la sustanciación del procedimiento, serán tramitadas en cuaderno separado y resueltas por el tribunal, a solicitud del interesado y conforme a las reglas que siguen:

a) El solicitante deberá exponer por escrito al tribunal tanto la petición que formula como los antecedentes que le sirven de sustento, con indicación de los medios de prueba de los que se pretende valer.

b) El tribunal analizará la petición y podrá desecharla de plano si considera que carece de fundamento plausible.

c) En caso contrario, el tribunal conferirá traslado de este incidente a las partes a fin de que puedan exponer lo que estimen conveniente a sus derechos, junto con ofrecer los medios de prueba de los que se valdrán para acreditar sus pretensiones. Dicha resolución será notificada por el estado diario.

d) Evacuado el traslado o en su rebeldía, el tribunal evaluará si existieren hechos pertinentes, sustanciales y controvertidos, en cuyo caso recibirá la causa a prueba, y citará a una audiencia dentro de quinto día, donde se deberá rendir la prueba que ofrezcan las partes. En caso contrario, resolverá la solicitud sin más trámite. Dicha resolución será notificada por el estado diario.

e) A la audiencia de prueba señalada en el literal d), el Liquidador podrá comparecer personalmente o a través de su apoderado judicial. La audiencia se celebrará con las partes que asistan.

f) El tribunal apreciará la prueba según las reglas de la sana crítica y fallará la petición del solicitante dentro de los veinte días contados desde la fecha de celebración de la audiencia del literal anterior. Dicha resolución será notificada por el estado diario y será susceptible de recurso de apelación.

En lo no regulado por este artículo regirá lo dispuesto en el Título IX del Libro Primero del Código de Procedimiento Civil.

Artículo 132. Administración de bienes en caso de usufructo legal. La administración que conserva el Deudor sobre los bienes personales de la mujer o hijos de los que tenga el usufructo legal, quedará sujeta a la intervención del Liquidador mientras subsista el derecho del marido, padre o madre sujeto al Procedimiento Concursal de Liquidación.

El Liquidador cuidará que los frutos líquidos que produzcan estos bienes ingresen a la masa, deducidas las cargas legales o convencionales que los graven.

El tribunal, con audiencia del Liquidador y del Deudor, determinará la cuota de los frutos que correspondan a este último para su subsistencia y la de su familia, habida consideración de sus necesidades y la cuantía de los bienes bajo intervención.

El Liquidador podrá comparecer como parte coadyuvante en los juicios de separación de bienes y de divorcio en que el Deudor sea demandado o demandante.

Artículo 133. Situación de los bienes futuros. La administración de los bienes que adquiera el Deudor con posterioridad a la Resolución de Liquidación se regirá por las reglas que siguen:

a) Tratándose de bienes adquiridos a título gratuito, dicha administración se ejercerá por el Liquidador, manteniéndose la responsabilidad por las cargas con que le hayan sido transferidos o transmitidos y sin perjuicio de los derechos de los acreedores hereditarios.

b) Tratándose de bienes adquiridos a título oneroso, su administración podrá ser sometida a intervención, y los acreedores sólo tendrán derecho a los beneficios líquidos que se obtengan.

Artículo 134. Fijación de derechos de acreedores. La Resolución de Liquidación fija irrevocablemente los derechos de todos los acreedores en el estado que tenían al día de su pronunciamiento, salvo las excepciones legales.

Artículo 135. Suspensión de ejecuciones individuales. La dictación de la Resolución de Liquidación suspende el derecho de los acreedores para ejecutar individualmente al Deudor.

Con todo, los acreedores hipotecarios y prendarios podrán deducir o continuar sus acciones en los bienes gravados con hipoteca o prenda, sin perjuicio de la posibilidad de realizarlos en el Procedimiento Concursal de Liquidación. En ambos casos, para percibir deberán garantizar el pago de los créditos de primera clase que hayan sido verificados ordinariamente o antes de la fecha de liquidación de los bienes afectos a sus respectivas garantías, por los montos que en definitiva resulten reconocidos.

Artículo 136. Exigibilidad y reajustabilidad de obligaciones. Una vez dictada la Resolución de Liquidación, todas las obligaciones dinerarias se entenderán vencidas y actualmente exigibles respecto del Deudor, para que los acreedores puedan verificarlas en el Procedimiento Concursal de Liquidación y percibir el pago de sus acreencias. Estas últimas se pagarán según su valor actual más los reajustes e intereses que correspondan, de conformidad a las reglas del artículo siguiente.

Artículo 137. Determinación del valor actual de los créditos. Para determinar el valor actual de los créditos se seguirán las siguientes reglas:

1) El valor actual de los créditos reajustables en moneda nacional, no vencidos a la fecha de la dictación de la Resolución de Liquidación y que devenguen intereses, será el capital más el reajuste convenido e intereses para operaciones reajustables devengados hasta la fecha de dicha resolución.

2) El valor actual de los créditos reajustables en moneda nacional, no vencidos a la fecha de la dictación de la Resolución de Liquidación y que no

devenguen intereses, será el capital más el reajuste convenido hasta la fecha de dicha resolución.

3) El valor actual de los créditos no reajustables en moneda nacional, no vencidos a la fecha de la dictación de la Resolución de Liquidación y que devenguen intereses, será el capital más los intereses para operaciones no reajustables devengados hasta la fecha de dicha resolución.

4) El valor actual de los créditos no reajustables en moneda nacional, no vencidos a la fecha de la dictación de la Resolución de Liquidación y que no devenguen intereses, se determinará descontando del capital los intereses corrientes para operaciones de crédito de dinero no reajustables desde la fecha de la Resolución de Liquidación hasta el día de los respectivos vencimientos.

Si no fuere posible determinar el índice de reajustabilidad o si éste hubiere perdido su vigencia, se aplicará lo dispuesto en el número 3) anterior.

Artículo 138. Exigibilidad de otros instrumentos. Si el Deudor fuere aceptante de una letra de cambio, librador de una letra no aceptada o suscriptor de un pagaré, los demás obligados deberán pagar dichos instrumentos inmediatamente.

Artículo 139. Reajuste y cálculo de intereses. En virtud de la dictación de la Resolución de Liquidación y desde la fecha de ésta, las acreencias del Deudor, vencidas y las actualizadas de conformidad con el artículo 137:

1) Se reajustarán y devengarán intereses según lo pactado en la convención, en el caso del número 1) del artículo 137.

2) Se reajustarán según lo pactado, en el caso del número 2) del mismo artículo.

3) Devengarán intereses corrientes para operaciones de crédito de dinero no reajustables en el caso de los números 3) y 4) del artículo 137.

El Liquidador podrá impugnar los intereses pactados en caso de estimarlos excesivos.

Las obligaciones contraídas en moneda extranjera se pagarán en la misma moneda establecida en la convención y devengarán el interés pactado en ella.

Los reajustes y los intereses, en su caso, gozarán de iguales preferencias que el respectivo capital al cual acceden.

Sin embargo, los intereses que se devenguen con posterioridad a la dictación de la Resolución de Liquidación quedarán pospuestos para su pago hasta que se pague el capital de los demás créditos en el Procedimiento Concursal de Liquidación.

Artículo 140. Compensaciones. La dictación de la Resolución de Liquidación impide toda compensación que no hubiere operado antes por el ministerio de la ley, entre las obligaciones recíprocas del Deudor y los acreedores, salvo que se trate de obligaciones conexas, derivadas de un mismo contrato o de una misma negociación y aunque sean exigibles en diferentes plazos.

Para estos efectos, se entenderá que revisten el carácter de obligaciones conexas aquellas que, aun siendo en distinta moneda, emanen de operaciones de venta con pacto de retrocompra o de operaciones de compra con pacto de retroventa u otras operaciones equivalentes según la definición contenida en el artículo 8 bis de la ley N° 18.876, que recaigan sobre alguno de los instrumentos a que se refiere el número 8 del artículo 1° de la ley N° 20.345 (en adelante, indistintamente "operaciones REPO"); y de operaciones de derivados, tales como futuros, opciones, swaps, forwards u otros instrumentos o contratos de derivados. Lo anterior, siempre que las operaciones REPO o de derivados, según corresponda, provengan de contratos suscritos entre las mismas partes, en una o más oportunidades, bajo ley chilena o extranjera, al amparo de un mismo convenio marco de contratación de los reconocidos por el Banco Central de Chile y que incluyan un acuerdo de compensación en caso de Liquidación Voluntaria o de Liquidación Forzosa. El Banco Central de Chile podrá determinar los términos y condiciones generales de los convenios marco de contratación referidos en que sea parte una empresa bancaria o cualquier otro inversionista institucional, considerando para ello los convenios de general aceptación en los mercados internacionales.

Cada una de las obligaciones que emanen de las operaciones antedichas, se entenderá de plazo vencido, líquida y actualmente exigible a la fecha de la dictación de la Resolución de Liquidación y su valor se calculará a dicha fecha de acuerdo a sus términos y condiciones. Luego, las compensaciones que operen por aplicación del inciso precedente serán calculadas y ejecutadas simultáneamente en dicha fecha.

Tratándose de los convenios marco referidos a operaciones REPO o de derivados, en que sea parte una empresa bancaria o cualquier otro inversionista institucional, las causales de terminación y exigibilidad anticipada que digan relación con inestabilidad financiera, administración deficiente u otras situaciones anteriores a la liquidación forzosa de esas entidades que señale la regulación dictada por el Banco Central de Chile, sólo podrán hacerse efectivas una vez transcurrido el plazo que establezca dicha normativa, el que será fijado considerando las recomendaciones y mejores prácticas internacionales sobre la materia. En el caso de que la posición contractual de la entidad afectada por la situación descrita precedentemente sea transferida durante dicho lapso a otra institución, las operaciones REPO o de derivados, según corresponda, comprendidas en el convenio marco conservarán sus términos y condiciones de vigencia originalmente estipulados.

En el caso de que una de las partes sea un banco establecido en Chile, sólo procederá dicha compensación tratándose de operaciones REPO o con productos derivados cuyos términos y condiciones se encuentren autorizados por el Banco Central de Chile.

Artículo 141. Derecho legal de retención en el contrato de arrendamiento. El derecho legal de retención no podrá ser declarado después de la Resolución de Liquidación

Durante los treinta días siguientes a la notificación de dicha resolución, el arrendador no podrá perseguir la realización de los bienes muebles destinados a la explotación de los negocios del Deudor por los arrendamientos vencidos, sin perjuicio de su derecho para solicitar providencias conservativas, las que deberán ser resueltas por el tribunal de conformidad al artículo 131.

Si el arrendamiento ha expirado por alguna causa legal, el arrendador podrá exigir la entrega del inmueble y entablar las acciones correspondientes.

Artículo 142. Regla general de acumulación al Procedimiento Concursal de Liquidación. Todos los juicios civiles pendientes contra el Deudor ante otros tribunales se acumularán al Procedimiento Concursal de Liquidación. Los que se inicien con posterioridad a la notificación de la Resolución de Liquidación se promoverán ante el tribunal que esté conociendo del Procedimiento Concursal de Liquidación.

Los juicios civiles acumulados al Procedimiento Concursal de Liquidación seguirán tramitándose con arreglo al procedimiento que corresponda según su naturaleza, hasta que quede ejecutoriada la sentencia definitiva.

Artículo 143. Excepciones. La regla de acumulación indicada en el artículo anterior no se aplicará a los siguientes juicios, que seguirán tramitándose o deberán sustanciarse ante el tribunal competente, respectivamente:

1) Los que a la fecha estuvieren siendo conocidos por árbitros.

2) Los que fueren materias de arbitraje forzoso.

3) Aquellos sometidos por ley a tribunales especiales.

En caso que el Deudor fuere condenado en alguno de los juicios acumulados al Procedimiento Concursal de Liquidación, el Liquidador dará cumplimiento a lo resuelto de conformidad a las disposiciones de esta ley.

Artículo 144. Acumulación de juicios ejecutivos en obligaciones de dar. La acumulación al Procedimiento Concursal de Liquidación de esta clase de juicios se sujetará a las reglas siguientes:

1) Si no existieren excepciones opuestas, los juicios se suspenderán en el estado en que se encuentren al momento de notificarse la Resolución de Liquidación.

El tribunal de la ejecución pronunciará una resolución que suspenderá la tramitación y ordenará remitir los expedientes al tribunal que esté conociendo del Procedimiento Concursal de Liquidación para que continúe su tramitación. En tal caso, los acreedores ejecutantes verificarán sus créditos conforme a las reglas generales.

2) Si existieren excepciones opuestas, el tribunal de la ejecución ordenará remitir los expedientes al tribunal que esté conociendo del Procedimiento Concursal de Liquidación y, una vez recibidos, se seguirá adelante en su tramitación particular hasta la resolución de término. En tal caso, el Liquidador asumirá la representación judicial del Deudor y los acreedores ejecutantes podrán verificar sus créditos en forma condicional.

Artículo 145. Acumulación de juicios ejecutivos en obligaciones de hacer. La acumulación al Procedimiento Concursal de Liquidación de esta clase de juicios se sujetará a las siguientes reglas:

1) Si los fondos para dar cumplimiento al objeto del litigio se encontraren depositados antes de la notificación de la Resolución de Liquidación, el tribunal de la ejecución ordenará remitir los expedientes al tribunal que esté conociendo del Procedimiento Concursal de Liquidación, continuándose la tra-

mitación hasta la inversión total de los fondos o la conclusión de la obra que con ellos deba pagarse.

2) En caso contrario, los juicios se acumularán sin importar el estado en que se encuentren y el acreedor sólo podrá verificar el monto de los perjuicios que el tribunal respectivo hubiere declarado o que se declaren con posterioridad por el tribunal que conoce del Procedimiento Concursal de Liquidación.

Artículo 146. Norma común para juicios ejecutivos. Si entre los ejecutados existieren personas distintas del Deudor, el tribunal de la ejecución deberá:

1) Suspender la tramitación sólo respecto del Deudor;

2) Remitir al tribunal que esté conociendo del Procedimiento Concursal de Liquidación copias autorizadas del expediente, para que continúe la sustanciación respecto del Deudor, y

3) Conservar para sí el expediente original a fin de continuar la ejecución de los restantes demandados.

Artículo 147. Juicios iniciados por el Deudor. Las demandas que se hubieren interpuesto por el Deudor antes de la Resolución de Liquidación, para controvertir la validez, legitimidad o procedencia de los créditos justificativos de la Liquidación Forzosa deberán acumularse al Procedimiento Concursal de Liquidación.

Si en tales juicios las alegaciones del Deudor fueren similares a las de su oposición, planteada de conformidad al artículo 121, el tribunal que esté conociendo del Procedimiento Concursal de Liquidación deberá resolver ambas controversias en un mismo fallo. En lo meramente procesal, prevalecerán las disposiciones propias del juicio de oposición.

Artículo 148. Principio general de las medidas cautelares. Los embargos y medidas precautorias decretadas en los juicios sustanciados contra el Deudor y que afecten a bienes que deban realizarse o ingresar al Procedimiento Concursal de Liquidación, quedarán sin efecto desde que se dicte la Resolución de Liquidación.

En caso de acumulación, sólo el Liquidador podrá solicitar el alzamiento respectivo ante el tribunal que lo decretó o ante el tribunal que esté conociendo del Procedimiento Concursal de Liquidación. El tribunal correspondiente decretará el alzamiento sin más trámite, con el sólo mérito de la dictación ya indicada.

Artículo 149. Medidas cautelares en sede criminal. Aquellas medidas cautelares concedidas con ocasión de acciones de naturaleza criminal provenientes de los ilícitos contemplados en el Título IX del Libro Segundo del Código Penal, que afecten a bienes del Deudor para responder o garantizar el pago de futuras indemnizaciones civiles, multas o cualquier otra condena en dinero, quedarán sin efecto tan pronto el Liquidador comunique por escrito al Juzgado de Garantía que corresponda que se ha pronunciado la Resolución de Liquidación, adjuntando los documentos que sirvan para acreditarla. Este tribunal entregará los bienes al Liquidador para su administración y proseguirá la tramitación de los respectivos procedimientos, en los cuales el Liquidador actuará como coadyuvante cuando se trate de delitos concursales.

Las multas e indemnizaciones pecuniarias que eventualmente se concedan, cualquiera sea su especie, deberán verificarse en el Procedimiento Concursal de Liquidación conforme a las reglas generales

Artículo 150. De la Reivindicación. Fuera de los casos mencionados en los artículos siguientes, podrán entablarse las acciones reivindicatorias que procedan, en conformidad a las reglas generales.

Las tercerías de dominio que estuvieren iniciadas a la fecha de dictación de la Resolución de Liquidación continuarán tramitándose en conformidad al procedimiento que corresponda.

Artículo 151. Reivindicación de efectos de comercio. Podrán ser reivindicados los efectos de comercio y cualquier otro documento de crédito no pagado y existente a la fecha de dictación de la Resolución de Liquidación, en poder del Deudor o de un tercero que los conserve a nombre de éste, y siempre que el propietario los haya entregado o remitido al Deudor por un título no traslaticio de dominio.

Artículo 152. Reivindicación de mercaderías. Podrán ser también reivindicadas, en todo o en parte y mientras puedan ser identificadas, las mercaderías consignadas al Deudor a título de depósito, comisión de venta o a cualquier otro que no transfiera el dominio.

Vendidas las mercaderías, el propietario de ellas podrá reivindicar el precio o la parte del precio que no hubiere sido pagado o compensado entre el Deudor y el comprador a la fecha de la Resolución de Liquidación.

No se entiende pagado el precio por la simple dación de documentos de crédito, firmados o transferidos por el comprador a favor del Deudor. Si existieren tales documentos en poder de éste, el propietario podrá reivindicarlos, siempre que acredite su origen e identidad.

Artículo 153. Derecho legal de retención del Deudor. Lo dispuesto en los artículos 151 y 152 precedentes no obsta al derecho legal de retención o al de prenda que corresponda al Deudor.

Artículo 154. Resolución de la compraventa. El contrato de compraventa podrá resolverse por incumplimiento de las obligaciones del Deudor comprador, salvo cuando se trate de cosas muebles que hayan llegado a poder de éste.

Artículo 155. Definición de mercadería en tránsito. Para los efectos de lo dispuesto en los artículos siguientes, se entiende que las cosas muebles están en tránsito desde el momento en que las reciben los agentes encargados de su conducción, hasta que queden en poder del comprador Deudor o de la persona que lo represente.

Artículo 156. Facultades del vendedor respecto de las mercaderías en tránsito. Mientras estén en tránsito las cosas muebles vendidas y remitidas al Deudor, el vendedor no pagado podrá dejar sin efecto la tradición, recuperar la posesión y pedir la resolución de la compraventa.

El vendedor podrá también retener las cosas vendidas hasta el entero pago de su crédito.

Artículo 157. Mercaderías en tránsito vendidas a un tercero. En caso que las cosas a que se refiere el artículo anterior hayan sido vendidas durante su tránsito a un tercero de buena fe, a quien se hubiere transferido la factura, conocimiento o carta de porte, el vendedor no podrá ejercer las acciones que le confiere dicho artículo.

Pero si el nuevo comprador no hubiere pagado el precio antes de la Resolución de Liquidación, el vendedor primitivo podrá demandar su entrega hasta la concurrencia de la cantidad que se le deba.

Artículo 158. Efecto de la resolución de la compraventa. En caso de resolución de la compraventa, el vendedor estará obligado a reembolsar a la masa los abonos a cuenta que hubiere recibido

Artículo 159. Comisión por cuenta propia. El comisionista que ha pagado o se ha obligado a pagar con sus propios fondos las mercaderías compradas y remitidas por orden y cuenta del Deudor, podrá ejercitar las mismas acciones concedidas al vendedor por el artículo 156.

Artículo 160. Procedencia del derecho legal de retención. Fuera de los casos expresamente señalados por las leyes, el derecho legal de retención tendrá lugar siempre que la persona que ha pagado o que se ha obligado a pagar por el Deudor tenga en su poder mercaderías o valores de crédito que pertenezcan a éste, con tal que la tenencia nazca de un hecho voluntario del Deudor, anterior al pago o a la obligación, y que esos bienes no hayan sido remitidos con un destino determinado.

Artículo 161. Oposición del Liquidador a la resolución o retención. En los casos a que se refieren los artículos precedentes, el Liquidador podrá oponerse a la resolución o retención y exigir la entrega de las cosas vendidas o retenidas, pagando la deuda, intereses, costas y perjuicios, o dando caución que asegure el pago.

Artículo 162. Razón social del Deudor sujeto a un Procedimiento Concursal de Liquidación. El nombre o razón social del Deudor sujeto a un Procedimiento Concursal de Liquidación será complementado con la frase final "en Procedimiento Concursal de Liquidación", y su uso deberá ser precedido por la firma del Liquidador y demás habilitados. En caso contrario, serán solidariamente responsables tanto el Liquidador como los que hubieren ejecutado el acto o celebrado el contrato respectivo.

§ 5. De la incautación e inventario de bienes

Artículo 163. Procedimiento. Una vez que haya asumido oficialmente el cargo y en presencia del secretario u otro ministro de fe designado por el tribunal competente, el Liquidador deberá:

1) Adoptar de inmediato las medidas conservativas necesarias para proteger y custodiar los bienes del Deudor, si estima que peligran o corren riesgos donde se encuentran.

2) Practicar la diligencia de incautación y confección del inventario de los bienes del Deudor.

Artículo 164. Del acta de incautación. De las diligencias de incautación se levantará un acta que deberá incluir, al menos, las siguientes menciones:

1) La singularización de cada uno de los domicilios, sucursales o sedes del Deudor en que se hubieren practicado.

2) El día, la hora y el nombre de los asistentes a las diligencias practicadas.

3) La circunstancia de haber sido necesario o no el auxilio de la fuerza pública.

4) La constancia de todo derecho o pretensión formulados por terceros en relación con los bienes del Deudor.

5) El inventario de bienes señalado en el artículo 165.

6) El nombre y la firma del Liquidador y del ministro de fe que estuvo presente en la incautación e inventario de bienes.

Si aparecieren nuevos bienes por inventariar, se aplicará en lo pertinente lo dispuesto en este artículo

Artículo 165. Del inventario. El inventario de los bienes del Deudor que el Liquidador confeccione deberá incluir, al menos, las siguientes menciones:

1) Un registro e indicación de los libros, correspondencia y documentos del Deudor, si los hubiere.

2) La individualización de los bienes del Deudor, dejando especial constancia acerca del estado de conservación de las maquinarias, útiles y equipos.

3) La identificación de los bienes respecto de los cuales el Liquidador constate la existencia de contratos de arrendamiento con opción de compra, y de todos aquellos que se encuentren en poder del Deudor en una calidad distinta a la de dueño.

Artículo 166. Publicidad del acta de incautación e inventario. El Liquidador deberá agregar el acta de incautación e inventario al expediente y publicarla en el Boletín Concursal a más tardar al quinto día contado desde la última diligencia practicada. Igual regla se aplicará a las incautaciones posteriores y a las que excluyan bienes del inventario.

Artículo 167. Asesoría técnica al Liquidador. El Liquidador podrá practicar la diligencia de incautación y confección de inventario asesorado por un especialista en el giro del Deudor, cuyos honorarios serán considerados gastos de administración del Procedimiento Concursal de Liquidación. Asimismo, el Liquidador deberá dejar constancia en el acta de la idoneidad técnica del asesor, reseñándose los antecedentes que sirvan para acreditarla.

En todo caso, corresponderá a la Junta de Acreedores inmediatamente posterior aprobar o rechazar en definitiva dicho gasto.

Artículo 168. Asesoría general al Liquidador. En las diligencias de incautación e inventario también podrán acompañar al Liquidador sus dependientes o asesores de confianza, cuyos honorarios serán exclusivamente de cargo del Liquidador.

Artículo 169. Deber de colaboración del Deudor. El Deudor deberá indicar y poner a disposición del Liquidador todos los bienes y antecedentes exigidos por la presente ley o el tribunal, bajo apercibimiento de arresto hasta por dos meses o multa que no podrá exceder las 10 unidades tributarias mensuales. En caso que el Deudor se negare o no pudiere dar cumplimiento a lo anterior, el deber recaerá en cualquiera de sus administradores, si los hubiera.

Sin perjuicio de lo anterior, el Liquidador podrá solicitar el auxilio de la fuerza pública en caso de oposición del Deudor o de sus administradores, para lo cual bastará la exhibición de copia autorizada de la Resolución de Liquidación al jefe de turno de la respectiva unidad de Carabineros de Chile. En este caso, el Liquidador deberá solicitar al tribunal que declare la mala fe del Deudor, conforme a lo establecido en el artículo 169 A. Cualquier acreedor podrá efectuar la misma solicitud.

Artículo 169 A. Declaración de mala fe. En cualquier etapa del procedimiento y mientras no se encontrare firme o ejecutoriada la resolución de término, el Liquidador deberá solicitar al tribunal que declare la mala fe del Deudor. Cualquier acreedor podrá efectuar la misma solicitud. Para ello debe concurrir alguna de las siguientes circunstancias:

1. Cuando los antecedentes documentales o la indicación de los activos del Deudor informados de conformidad a los artículos 115 o 273 A, fueren incompletos o falsos.

2. Cuando el Deudor, dentro de los dos años anteriores o durante el Procedimiento Concursal, hubiere destruido u ocultado información o antecedentes documentales.

3. Cuando el Deudor, dentro de los dos años anteriores o durante el Procedimiento Concursal, hubiere realizado actos que impliquen la distracción u ocultación de bienes o derechos de su patrimonio.

4. Cuando el tribunal hubiere acogido por medio de una sentencia firme o ejecutoriada una acción prevista en el Capítulo VI.

5. Cuando el Deudor hubiere sido condenado, en el marco del mismo Procedimiento Concursal, por cualquiera de los delitos concursales previstos en el Párrafo 7 del Título IX del Libro Segundo del Código Penal.

La solicitud a que se refiere el presente artículo se tramitará en cuaderno separado como incidente. La prueba se valorará de conformidad con las reglas de la sana crítica. En todo lo demás regirán las normas del Título IX del Libro Primero del Código de Procedimiento Civil.

Tratándose de la circunstancia descrita en los numerales 4) y 5) del inciso primero, el tribunal resolverá la solicitud de plano.

La resolución que acoja la solicitud y determine la mala fe del Deudor, deberá, valorando la gravedad de los hechos, determinar que, al término del procedimiento, no se extinguirán los saldos insolutos o sólo se extinguirá un porcentaje a prorrata respecto de todos los acreedores. Esta resolución sólo producirá los efectos señalados en este inciso.

La resolución que falle este incidente será apelable en el solo efecto devolutivo.

§6. De la determinación del pasivo

Artículo 170. Verificación ordinaria de créditos. Los acreedores tendrán un plazo de treinta días contado desde la notificación de la Resolución de Liquidación para verificar sus créditos y alegar su preferencia ante el tribunal que conoce del procedimiento, acompañando los títulos justificativos del crédito e indicando una dirección válida de correo electrónico para recibir las notificaciones que fueren pertinentes.

Vencido el plazo señalado en el inciso anterior, dentro de los dos días siguientes, el Liquidador publicará en el Boletín Concursal todas las verificaciones presentadas.

Artículo 171. Acreedores prestadores de Servicios de Utilidad Pública. Lo preceptuado en el artículo precedente también será aplicable a los acreedores que presten Servicios de Utilidad Pública, quienes deberán verificar los créditos correspondientes a suministros anteriores a la Resolución de Liquidación y no podrán, con posterioridad a ella, suspender tales servicios, salvo autorización del tribunal, previa audiencia del Liquidador.

Los créditos correspondientes a Servicios de Utilidad Pública que se suministren con posterioridad a la notificación de la Resolución de Liquidación se considerarán incluidos en el número 4 del artículo 2472 del Código Civil. La suspensión del servicio en contravención a lo dispuesto en el inciso primero de este artículo, se sancionará sumariamente por el tribunal con multa de 1 a 200 unidades tributarias mensuales, debiendo restablecerse su suministro tan pronto el tribunal lo ordene.

Si a la fecha de la dictación de la Resolución de Liquidación los suministros se encontraren suspendidos, el Liquidador podrá solicitar al tribunal que ordene su inmediata reposición, solicitud que se deberá resolver a más tardar al día siguiente, sin necesidad de oír al prestador del servicio.

Los créditos que nazcan como resultado del ejercicio de esta facultad, se considerarán incluidos en el número 4 del artículo 2472 del Código Civil. El costo de reposición será de cargo del respectivo prestador del servicio.

Artículo 172. Término del período de verificación ordinaria de créditos. Vencido el plazo de treinta días indicado en el artículo 170 se entenderá de pleno derecho cerrado el período ordinario de verificación de créditos, sin necesidad de resolución ni notificación alguna. Sin perjuicio de lo anterior, dentro de los dos días siguientes de vencido el plazo señalado, el Liquidador publicará este cierre en el Boletín Concursal, junto con el listado de todos los créditos verificados con sus montos y preferencias alegadas.

Artículo 173. Estudio de créditos y preferencias. En cumplimiento de sus deberes legales, el Liquidador examinará todos los créditos que se verifiquen y las preferencias que se aleguen, investigando su origen, cuantía y legitimidad por todos los medios a su alcance, especialmente aquellos verificados por las Personas Relacionadas del Deudor. Si no encontrare justificado algún crédito o preferencia, deberá deducir la objeción que corresponda, de conformidad a las disposiciones del artículo 174.

Artículo 174. Objeción de créditos. Los acreedores, el Liquidador y el Deudor tendrán un plazo de diez días contado desde el vencimiento del período ordinario de verificación para deducir objeción fundada sobre la existencia, montos o preferencias de los créditos que se hayan presentado a verificación.

Las objeciones señaladas anteriormente se presentarán ante el tribunal que conoce del procedimiento. Expirado el plazo de diez días que se indica en el inciso anterior sin que se formulen objeciones, los créditos no objetados quedarán reconocidos. Asimismo, vencido dicho plazo, y dentro de los tres días siguientes, el Liquidador publicará en el Boletín Concursal todas las objeciones presentadas, confeccionará la nómina de los créditos reconocidos, la acompañará al expediente y la publicará en el Boletín Concursal.

Artículo 175. Impugnación de créditos. Si se formulan objeciones, el Liquidador arbitrará las medidas necesarias para que se obtenga el debido ajuste entre los acreedores o entre éstos y el Deudor, y se subsanen las objeciones. Si no se subsanan las objeciones deducidas, los créditos objeto de dichas objeciones se considerarán impugnados y el Liquidador los acumulará y emitirá un informe acerca de si existen o no fundamentos plausibles para ser considerados por el tribunal.

El Liquidador acompañará la nómina de créditos impugnados conjuntamente con su informe al tribunal y la publicará en el Boletín Concursal, dentro de los diez días siguientes a la expiración del plazo previsto para objetar señalado en el inciso primero del artículo anterior.

Agregada al expediente la nómina de créditos impugnados con el informe del Liquidador, el tribunal citará a una audiencia única y verbal para el fallo de las respectivas impugnaciones, dentro de décimo día contado desde la notificación de la resolución que tiene por acompañada la nómina de créditos impugnados. A dicha audiencia podrán concurrir los impugnantes, el Deudor, el Liquidador y los acreedores impugnados en su caso. El tribunal competente podrá, por una sola vez, suspender y continuar la referida audiencia con posterioridad.

La resolución que falle las impugnaciones ordenará la incorporación o modificación de los créditos en la nómina de créditos reconocidos, cuando corresponda. La referida nómina de créditos reconocidos modificada deberá publicarse en el Boletín Concursal dentro los dos días siguientes a la fecha en que se dicte la resolución señalada.

Artículo 176. De las costas. El impugnante vencido será condenado en costas a beneficio del acreedor impugnado, a menos que el tribunal considere que ha tenido motivos plausibles para litigar. Las costas que se determinen serán equivalentes al diez por ciento del crédito impugnado y no podrán exceder de 500 unidades de fomento.

Lo anterior no será procedente en caso que el impugnante sea el Liquidador.

Artículo 177. De la apelación. La resolución que se pronuncie sobre las impugnaciones será apelable en el sólo efecto devolutivo, gozando de preferencia para su inclusión a la tabla y para su vista y fallo.

Artículo 178. Deber del Liquidador en los procesos de verificación e impugnación. El Liquidador deberá perseguir judicialmente el pago de las costas y multas a beneficio de la masa, pudiendo, al efecto, descontarlas administrativamente de cualquier reparto que deba practicar al acreedor obligado a su pago.

Artículo 179. De la verificación extraordinaria de créditos. Los acreedores que no hayan verificado sus créditos en el periodo ordinario, podrán hacerlo mientras no esté firme y ejecutoriada la Cuenta Final de Administración del Liquidador, para ser considerados sólo en los repartos futuros, y deberán aceptar todo lo obrado con anterioridad.

Los créditos verificados extraordinariamente podrán ser objetados o impugnados en conformidad al procedimiento establecido en los artículos 174 y 175, dentro del plazo de diez días contado desde la notificación de su verificación en el Boletín Concursal.

§ 7. De las Juntas de Acreedores en los Procedimientos Concursales de Liquidación

Artículo 180. De las Juntas de Acreedores. Los acreedores adoptarán los acuerdos en Juntas de Acreedores celebradas de conformidad a las disposiciones del presente Párrafo, las que se denominarán, según corresponda, Junta Constitutiva, Juntas Ordinarias y Juntas Extraordinarias.

Artículo 181. Del quórum para sesionar. Toda Junta de Acreedores se entenderá constituida legalmente para sesionar si cuenta con la concurrencia de uno o más acreedores que representen al menos el 25% del pasivo con derecho a voto, a menos que esta ley señale expresamente un quórum de constitución distinto. Los acuerdos se adoptarán con Quórum Simple, salvo que esta ley establezca un quórum diferente.

Artículo 182. Asistencia y derecho a voz. Las Juntas de Acreedores serán públicas y el Liquidador podrá disponer que, por razones de seguridad y previa autorización judicial, se celebren sesiones con presencia limitada de público general.

Tendrán derecho a voz:

1) Todos los acreedores que hayan verificado sus créditos, tengan o no derecho a voto.

2) El Liquidador.

3) El Deudor.

4) El Superintendente de Insolvencia y Reemprendimiento, o quien éste designe.

Artículo 183. Nómina de asistencia. Los acreedores que asistan a las Juntas de Acreedores que se celebren con arreglo a este Párrafo deberán suscribir la correspondiente nómina de asistencia que al efecto proporcione el Liquidador, indicando su nombre completo o razón social y la individualización del apoderado que asiste en su representación, en su caso. Igual deber pesará sobre el Deudor.

Artículo 184. Del acta y su publicación. De todo lo obrado en la Junta de Acreedores, incluyendo acuerdos adoptados y propuestas desestimadas, se levantará un acta, la que deberá ser suscrita por el Liquidador, el Deudor si lo estimare y los acreedores que para ello se designen en la misma Junta de Acreedores. Dicha acta será publicada al día siguiente por el Liquidador en el Boletín Concursal.

Artículo 185. Certificado de no celebración de la Junta de Acreedores. En caso que no se celebrare una Junta de Acreedores por falta de quórum, el Liquidador certificará dicha circunstancia y deberá publicar el correspondiente certificado en el Boletín Concursal al día siguiente de aquel en que la Junta debió celebrarse.

Artículo 186. Suspensión y reanudación de Juntas de Acreedores. En caso que durante cualquier Junta de Acreedores no se adoptasen uno o más acuerdos en razón de las abstenciones de los acreedores presentes con derecho a voto, el Liquidador podrá, a su sólo arbitrio, suspender la Junta de Acreedores una vez tratadas y votadas las respectivas materias, a efectos de lograr los quórum legales para adoptar tales propuestas.

La Junta suspendida se reanudará al segundo día en el mismo lugar y hora, pudiendo en todo caso fijarse otro distinto por Quórum Simple. En caso que el Liquidador haga uso de esta facultad se observarán las reglas que siguen:

1) Los acreedores se entenderán legalmente notificados de la fecha, hora, lugar y materias de la Junta que se reanudará, por el sólo ejercicio de la facultad prevista en este artículo.

2) Se levantará acta de lo obrado hasta el momento de la suspensión, según lo previsto en el artículo 184, dejándose constancia del ejercicio de la facultad de suspensión por parte del Liquidador, así como del porcentaje de votación favorable que hubieren alcanzado el o los acuerdos no adoptados en razón de las abstenciones de los acreedores presentes.

3) Los acuerdos que se hubieren adoptado antes de la suspensión no podrán ser modificados o alterados en la Junta de Acreedores reanudada y deberán ejecutarse conforme a las reglas generales, salvo que los mismos acreedores y por las mismas acreencias que concurrieron con su voto consientan en modificarlo o dejarlo sin efecto.

4) En la Junta de Acreedores reanudada se presumirá de derecho la mantención del quórum de asistencia existente al momento de la suspensión.

5) Si los acreedores que se abstuvieron de votar un determinado acuerdo antes de la suspensión de la Junta de Acreedores no asistieren a la reanudación

de la misma o si, asistiendo, se abstuvieren nuevamente de votar, se adicionará de pleno derecho su voto a la mayoría obtenida para ese acuerdo, consignada en el acta a que se refiere el número 2) precedente.

6) Se levantará una nueva acta de lo tratado en la Junta de Acreedores reanudada, la que deberá ser suscrita por el Liquidador y los acreedores asistentes, y se estará a lo dispuesto en el artículo 184.

Artículo 187. Mandato para asistir a Juntas de Acreedores. La asistencia de los acreedores y del Deudor a las Juntas de Acreedores que se celebren podrá ser personal o a través de mandatario. A las Juntas de Acreedores que se celebren ante el tribunal, los acreedores deberán comparecer debidamente representados conforme a lo dispuesto en los artículos 6° y 7° del Código de Procedimiento Civil.

El mandato deberá constar en instrumento público o privado y, en este último caso, la firma del mandante deberá ser autorizada por el secretario del tribunal competente o por un ministro de fe.

Se entenderá que el mandatario tiene idénticas facultades que las de su mandante y se tendrá por no escrita cualquier limitación que hubiere podido establecerse en el mandato. El mandatario podrá votar todos los acuerdos que sean presentados en cada una de las Juntas de Acreedores que se celebren.

Se prohíbe otorgar mandato para asistir a Juntas de Acreedores a más de una persona, salvo para el caso de su reemplazo, pero un mismo mandatario puede serlo de uno o más acreedores.

Artículo 188. Prohibición de fraccionar los créditos. Se prohíbe fraccionar los créditos después de dictada la Resolución de Liquidación y conferir mandato por una parte o fracción de un crédito. El contraventor y los que representen las porciones del crédito perderán el derecho a asistir a las Juntas de Acreedores. Todos los que hagan valer porciones de un crédito fraccionado dentro de los treinta días anteriores al pronunciamiento de la Resolución de Liquidación se contarán como una sola persona y emitirán un solo voto, procediéndose en la forma establecida en el inciso final de este artículo.

Las disposiciones precedentes no serán aplicables al crédito dividido como consecuencia de la liquidación de una sociedad, o de la partición de una comunidad que no esté exclusivamente formada por dicho crédito.

El crédito perteneciente a una comunidad será representado sólo por uno de los comuneros. Si no se acuerda la designación del representante, cualquiera de ellos podrá solicitar tal designación al tribunal.

Artículo 189. Del derecho a voto. Tendrán derecho a voto aquellos acreedores cuyos créditos estén reconocidos y aquellos a los que se les haya concedido el derecho a votar de conformidad al procedimiento dispuesto en el artículo siguiente, aunque sus créditos no estén reconocidos, hayan sido o no objetados o impugnados.

Artículo 190. Audiencia de determinación del derecho a voto. Corresponderá al tribunal determinar el derecho a voto respecto de los acreedores indicados en el artículo anterior cuyos créditos no estén reconocidos, debiendo sujetar su decisión a las reglas siguientes:

1) Deberá celebrarse una audiencia el mismo día y con anterioridad a la Junta Constitutiva, ante el tribunal y en presencia del secretario, a la que asistirán el Liquidador, el Deudor y los acreedores, estos dos últimos, si lo estiman pertinente. En el caso de que la Junta Constitutiva no se celebre en las dependencias del tribunal, dicha audiencia deberá celebrarse el día anterior a la respectiva junta.

2) La audiencia se celebrará en el horario que establezca el tribunal, teniendo presente lo dispuesto en el numeral 10) del inciso primero del artículo 129.

3) La audiencia comenzará con la entrega de un informe escrito del Liquidador al tribunal acerca de la verosimilitud de la existencia y monto reclamado de los créditos no reconocidos. El informe se deberá referir especialmente a aquellos créditos que estén en alguna de las circunstancias previstas en el artículo 188. El Informe incluirá todos los créditos no reconocidos que se hubieren verificado hasta el día inmediatamente anterior a dicha audiencia.

Del contenido del referido informe, el Liquidador será responsable de acuerdo a lo señalado en el artículo 35.

4) A continuación, el tribunal oirá a aquellos acreedores que soliciten verbalmente argumentar la inclusión o conservación de su propio crédito en el informe o bien la exclusión de otros. No se admitirán presentaciones escritas para sustentar dichos argumentos.

5) Acto seguido, el tribunal resolverá en única instancia, con los antecedentes disponibles en dicha audiencia, los que apreciará de acuerdo a las normas de la sana crítica, dejando constancia en el acta respectiva. Contra la resolución del tribunal sólo procederá el recurso de reposición, que deberá ser interpuesto y resuelto en la misma audiencia.

6) El acta indicará los acreedores y el monto concreto que gozará de derecho a voto en la Junta a celebrar.

7) El reconocimiento de derecho a voto sólo producirá efectos para la Junta de Acreedores en referencia y en nada limitará la libertad del Liquidador y de los acreedores para objetar o impugnar el crédito y sus preferencias de acuerdo a esta ley, ni la del tribunal para resolver la impugnación.

8) El Liquidador deberá asistir personalmente a las audiencias de determinación del derecho a voto previas a la Junta Constitutiva y a la primera Junta Ordinaria de Acreedores, pudiendo asistir su apoderado judicial a las restantes.

Artículo 191. Excepción y limitación al ejercicio del derecho a voto. Las Personas Relacionadas con el Deudor no gozarán de derecho a voto, ni tampoco se considerarán en el cálculo del respectivo quórum.

El acreedor o su mandatario que tengan un conflicto de interés o un interés distinto del inherente a la calidad de acreedor del Deudor respecto de un determinado acuerdo deberán abstenerse de votar dicho acuerdo y tampoco se considerarán en el cálculo del respectivo quórum.

Artículo 192. Participación de créditos pagados. Los acreedores no tendrán derecho a voto por los créditos que hubieren sido totalmente pagados a causa de un reparto, de un pago administrativo o por cualquier otra forma, incluso por un tercero. Si el pago del crédito hubiere sido parcial, el acreedor tendrá derecho a voto sólo por el saldo insoluto.

Artículo 193. De la Junta Constitutiva. Es la primera Junta de Acreedores que se celebra una vez iniciado el Procedimiento Concursal de Liquidación. Tendrá lugar al trigésimo segundo día contado desde la publicación en el Boletín Concursal de la Resolución de Liquidación y se realizará en las dependencias del tribunal o en el lugar específico que éste designe, a la hora que la misma resolución fije.

Artículo 194. Segunda citación a la Junta Constitutiva. En caso de no celebrarse la Junta Constitutiva por falta del quórum necesario para sesionar, ésta deberá efectuarse el segundo día, a la misma hora y en igual lugar. El secretario del tribunal deberá dejar constancia de esta situación en el acta que se levante y desde entonces los acreedores se entenderán legalmente notificados de esa segunda citación. La Junta así convocada se tendrá por constituida y se celebrará con los acreedores que asistan, adoptándose las decisiones con Quórum Simple de los presentes, sin perjuicio de las materias que exijan quórum distintos.

En caso de no celebrarse la Junta Constitutiva en primera citación, el tribunal podrá resolver, sin más trámite, de oficio o a petición de parte, dar curso a los efectos del artículo 195.

Artículo 195. Inasistencia de acreedores en segunda citación. Si en la segunda citación no asiste ningún acreedor con derecho a voto, el secretario del tribunal certificará esta circunstancia, produciéndose los siguientes efectos, sin necesidad de declaración judicial:

1) Los Liquidadores, titular y suplente provisionales, se entenderán ratificados de pleno derecho en sus cargos, asumiendo ambos la calidad de definitivos, sin perjuicio de la facultad prevista en el artículo 200 de esta ley.

2) El Liquidador publicará en el Boletín Concursal, dentro de tercero día contado desde aquel en que la Junta de Acreedores en segunda citación debió celebrarse, lo siguiente:

a) Una referencia a la certificación practicada por el secretario del tribunal, indicada en el encabezamiento de este artículo.

b) La cuenta sobre el estado preciso de los negocios del Deudor, de su activo y pasivo y de la labor por él realizada.

c) El lugar, día y hora en que se celebrarán las Juntas Ordinarias, que el mismo Liquidador fijará.

3) El Liquidador dará inicio al procedimiento de liquidación simplificada o sumaria.

Artículo 196. Materias de la Junta Constitutiva. La Junta Constitutiva tratará las siguientes materias:

1) El Liquidador titular provisional deberá presentar una cuenta escrita, la que además expondrá verbal y circunstanciadamente, acerca del estado preciso

de los negocios del Deudor, de su activo y pasivo, y de la gestión realizada, incluyendo un desglose de los gastos incurridos a la fecha. Asimismo, deberá informar si los activos del Deudor se encuentran en la situación prevista en la letra b) del artículo 203.

2) La ratificación de los Liquidadores titular y suplente provisionales, o bien, la designación de sus reemplazantes. Los Liquidadores que no hubieren sido ratificados continuarán en sus cargos hasta que asuman sus reemplazantes. Dentro de diez días contados desde la nueva designación deberá suscribirse entre el Liquidador no ratificado y el que lo reemplace un acta de traspaso en que conste el estado preciso de los bienes del Deudor y cualquier otro aspecto relevante para una adecuada continuación del Procedimiento Concursal de Liquidación. En el mismo plazo deberán entregarse todos los antecedentes, documentos y otros instrumentos del Deudor que se encuentren en poder del Liquidador no ratificado. Una copia del acta antes indicada deberá ser remitida a la Superintendencia.

3) La determinación del día, hora y lugar en que sesionarán las Juntas Ordinarias. Éstas deberán tener lugar al menos semestralmente.

4) La designación de un presidente titular y uno suplente y un secretario titular y uno suplente, de entre los acreedores con derecho a voto o sus representantes, para las futuras sesiones.

5) Un plan o propuesta circunstanciada de la realización de los bienes del Deudor, la estimación de los principales gastos del Procedimiento Concursal de Liquidación y la continuación de las actividades económicas, de conformidad a lo previsto en el Título 4 de este Capítulo, en los casos que proceda.

6) Cualquier otro acuerdo que la Junta estime conducente, con excepción de aquellos que recaigan sobre materias propias de Juntas Extraordinarias.

Artículo 197. Formalidades de la Junta Constitutiva. La Junta Constitutiva será presidida por el juez que esté conociendo del Procedimiento Concursal de Liquidación y actuará como ministro de fe el secretario del tribunal. De los puntos tratados, los acuerdos adoptados y demás materias que el tribunal estime pertinentes deberá dejarse constancia en un acta que será firmada por el juez, el secretario, el Liquidador, los acreedores que lo soliciten y el Deudor, si así lo decide. Una copia autorizada de dicha acta será agregada al expediente, publicada en el Boletín Concursal dentro del tercer día siguiente de levantada, e incorporada al libro de actas que llevará el Liquidador.

Artículo 198. De la Primera Junta Ordinaria. Son materias obligatorias a tratar en la Primera Junta Ordinaria, si éstas no se hubieren acordado en la Junta Constitutiva, las siguientes:

1) El informe acerca del activo y pasivo del Deudor, especialmente las variaciones que hubieren experimentado desde la Junta Constitutiva, que el Liquidador deberá presentar por escrito y explicar verbalmente;

2) El plan o propuesta circunstanciada de realización de los bienes del Deudor, y

3) La estimación de los principales gastos del Procedimiento Concursal de Liquidación.

También podrá tratarse y acordarse, a proposición del Liquidador, del Deudor o de cualquier acreedor asistente con derecho a voto, la continuación de actividades económicas, de conformidad a lo previsto en el Título 4 de este Capítulo.

Asimismo, los acreedores podrán acordar, con Quórum Especial, la no celebración de Juntas Ordinarias por un período determinado, o bien, su celebración por citación expresa del Liquidador o de acreedores que representen a lo menos el 25% del pasivo con derecho a voto. En estos casos, el Liquidador procederá de acuerdo al artículo 48 y no será necesario otorgar el certificado a que se refiere el artículo 185.

Artículo 199. Procedencia de la Junta Extraordinaria. La Junta Extraordinaria tendrá lugar en los casos siguientes:

a) Cuando fuere ordenada por el tribunal;

b) A petición del Liquidador o de la Superintendencia;

c) Cuando un acreedor o acreedores que representen a lo menos el 25% del pasivo con derecho a voto lo soliciten por escrito al Liquidador, quien ejecutará los actos necesarios para su celebración, y

d) Cuando así lo hubieren acordado los acreedores en Junta Ordinaria con Quórum Simple.

Artículo 200. Materias de Juntas Extraordinarias. Son materias de Juntas Extraordinarias las solicitadas por el o los peticionarios señalados en el artículo anterior.

Además, serán materias exclusivas de Juntas Extraordinarias las siguientes:

1) La revocación de los Liquidadores titular y suplente definitivos.

2) La presentación de proposiciones de Acuerdos de Reorganización Judicial en los términos del Capítulo III y del Párrafo 5 del Título 5 del Capítulo IV de esta ley.

3) Los acuerdos sobre contrataciones especializadas previstas en el artículo 41 de esta ley.

4) Los anticipos de honorarios que solicite el Liquidador durante el Procedimiento Concursal de Liquidación, de acuerdo a lo establecido en el artículo 39 de esta ley.

Artículo 201. Formalidades de la citación a Junta Extraordinaria. El peticionario deberá requerir por escrito al Liquidador la citación a Junta Extraordinaria, acreditando el cumplimiento de los requisitos señalados en el artículo 199. Si el peticionario es el juez o la Superintendencia, bastará cualquier medio idóneo de comunicación al Liquidador. En el requerimiento que se presente al Liquidador deberá precisarse las materias a tratar en la Junta Extraordinaria y en ésta sólo podrán discutirse y decidirse tales materias. En cuanto a la determinación de día, hora y lugar se seguirán las reglas siguientes:

1) Si el requirente es el tribunal o la Superintendencia, se estará a la fecha que éstos fijen, debiendo el Liquidador disponer los medios que permitan su celebración.

2) Si el requirente es uno o más acreedores que representen al menos el 25% del pasivo con derecho a voto, se estará a la fecha que de común acuerdo fijen con el Liquidador. En caso de desacuerdo, se estará a lo señalado por el o los requirentes.

3) Si la decisión ha sido adoptada en Junta Ordinaria de Acreedores, el acuerdo deberá indicar la fecha de celebración de la Junta Extraordinaria, debiendo el Liquidador ajustarse a dicha decisión.

El Liquidador deberá publicar la citación a la Junta Extraordinaria de Acreedores en el Boletín Concursal al día siguiente a la solicitud, adjuntando copia de la solicitud que se le haya presentado.

La Junta deberá celebrarse transcurridos a lo menos tres días desde la publicación de la citación por el Liquidador en el Boletín Concursal.

Artículo 202. Comisión de acreedores. La Junta de Acreedores podrá acordar, con Quórum Calificado, la constitución de una Comisión de Acreedores, para los efectos de adoptar los acuerdos que se comprendan dentro de la órbita de su competencia con validez general. Su composición, facultades, duración y procedimientos aplicables serán determinados por la propia Junta de Acreedores, con el mismo quórum anterior.

TÍTULO 2
DE LA REALIZACIÓN SIMPLE O SUMARIA

§ 1. Del ámbito de aplicación de la realización simplificada o sumaria

Artículo 203. Ámbito de aplicación. La realización simplificada o sumaria prevista en este Título se aplicará en los siguientes casos:

a) Suprimido.

b) Si el Liquidador informare a los acreedores en la Junta Constitutiva que el producto probable de la realización del activo a liquidar no excederá las 5.000 unidades de fomento. Si el Deudor o cualquier acreedor no estuviere de acuerdo con la estimación efectuada por el Liquidador, deberá formular verbalmente su oposición en la misma Junta Constitutiva. El tribunal, luego de escuchar a los interesados y al Liquidador, deberá resolver la controversia en la misma Junta. Contra la resolución que pronuncie no procederá recurso alguno.

c) Si la Junta Constitutiva no se celebrare en segunda citación por falta de quórum.

d) Si la Junta Constitutiva se celebrare en segunda citación con asistencia igual o inferior al 20% del pasivo total con derecho a voto.

e) Si la Junta lo acuerda.

f) Si fuere procedente la aplicación del artículo 210 de esta ley.

§ 2. De la realización simplificada o sumaria propiamente tal

Artículo 204. Reglas de realización de los bienes. Los valores mobiliarios con presencia bursátil se venderán en remate en bolsa. Los demás bienes muebles e inmuebles se liquidarán mediante venta al martillo, conforme a las siguientes reglas:

a) El Liquidador designará a un Martillero Concursal.

b) Las bases y demás condiciones de venta serán confeccionadas por el Liquidador, presentadas al tribunal y publicadas en el Boletín Concursal. Los acreedores y el Deudor podrán, dentro de segundo día, objetar las bases.

En tal caso, el tribunal citará a las partes a una única audiencia verbal, que se celebrará a más tardar al quinto día desde el vencimiento del plazo para objetar, con las partes que asistan. La citación a audiencia se notificará por el Estado Diario.

El tribunal resolverá las objeciones deducidas en la audiencia y contra su resolución sólo podrá deducirse verbalmente reposición, la que deberá ser resuelta en la misma oportunidad.

El costo de la redacción de las bases será del Liquidador, con cargo al honorario único que perciba en conformidad a lo dispuesto en el artículo 40 de esta ley.

c) Una vez resueltas las objeciones, las bases y las demás condiciones se publicarán en el Boletín Concursal, con a lo menos cinco días de anticipación a la fecha del remate y sin perjuicio de las restantes formas de publicidad que prevean las mismas bases.

d) En el caso de bienes inmuebles, las bases deberán considerar el otorgamiento de una garantía de seriedad exigible a todo postor de, a lo menos, el 10% del mínimo por cada bien raíz a rematar. Dicha garantía subsistirá hasta que se otorgue la escritura definitiva de compraventa y se inscriba el dominio del comprador en el conservador de bienes raíces respectivo, libre de todos los gravámenes cuya cancelación y/o alzamiento se hubiese comprometido en las bases.

e) El mínimo del remate de bienes inmuebles o de derechos sobre ellos corresponderá al fijado por la Junta Constitutiva de Acreedores o, en su defecto, al Avalúo Fiscal vigente al semestre en que ésta se efectúe, o a la proporción que corresponda según dicho avalúo, respectivamente. En caso que no se presentaren postores, se deberá efectuar un nuevo remate en un plazo máximo de veinte días, y el mínimo corresponderá al 50% del fijado originalmente. Si tampoco se presentaren postores en este segundo llamado, se deberá efectuar un nuevo remate en un plazo máximo de veinte días, sin mínimo.

f) El mínimo del remate de bienes muebles corresponderá al fijado por la Junta Constitutiva de Acreedores o, en su defecto, se subastarán sin mínimo.

g) El Martillero Concursal deberá rendir cuenta de su gestión en los términos del artículo 216.

h) Los bienes deberán venderse dentro de los cuatro meses siguientes a la fecha de celebración de la Junta Constitutiva o desde que ésta debió celebrarse en segunda citación. Tratándose de bienes incautados con posterioridad a aquélla, el término se contará desde el día de la diligencia de incautación.

Artículo 205. Deber de información y cumplimiento de plazos. En el caso que no sea posible cumplir con los plazos de realización fijados en la letra h) del artículo anterior, el Liquidador deberá informar dicha circunstancia a la Superintendencia con a lo menos quince días de anticipación al vencimiento, explicando las razones del retraso. Lo anterior no lo exime de perseverar en la venta de los bienes, debiendo justificar su demora cada treinta días. En caso que el retraso fuere imputable al Liquidador, la Superintendencia podrá hacer uso de sus potestades sancionadoras, de conformidad a esta ley.

Artículo 206. Acuerdos de la Junta Constitutiva sobre la realización sumaria. Los acreedores podrán acordar, en la Junta Constitutiva y con Quórum Calificado, una fórmula de realización diferente a las señaladas en este Párrafo.

Cualquiera sea la modalidad que se acuerde, ésta deberá ejecutarse dentro de los plazos indicados en la letra h) del artículo 204.

TÍTULO 3
DE LA REALIZACIÓN ORDINARIA DE BIENES

§ 1. De las normas generales

Artículo 207. Principio general de realización ordinaria. La determinación de la forma de realización de los bienes del deudor, sus plazos, condiciones y demás características, corresponderá a la Junta de Acreedores.

Artículo 208. Fórmulas de realización ordinaria. Los bienes del deudor podrán realizarse mediante:

1) La venta al martillo de bienes muebles e inmuebles.

2) La venta por medio de remate en bolsa de valores si se trata de valores mobiliarios con presencia bursátil.

3) Otra forma distinta de realización de bienes, incluyendo entre ellas la venta como unidad económica establecida en el artículo 217 y las ofertas de compra directa previstas en el Párrafo 4 de este Título.

Artículo 209. Plazos para la realización ordinaria. Cualquiera sea la forma de realización de los activos, ésta deberá efectuarse en el menor tiempo posible, el que no podrá exceder de cuatro meses para los bienes muebles, y de siete para los inmuebles, ambos contados desde la fecha de celebración de la Junta Constitutiva o desde que ésta debió haberse celebrado en segunda citación.

Con todo, los acreedores podrán acordar, con Quórum Calificado y antes del vencimiento de los plazos señalados, su extensión fundada hasta por cuatro meses más. Podrá procederse al otorgamiento de nuevas prórrogas, las que deberán acordarse con el mismo quórum indicado anteriormente y contar con la autorización fundada de la Superintendencia.

La extensión del plazo podrá referirse a bienes específicos o, en general, a todos los bienes cuya realización esté pendiente.

Artículo 210. Silencio de los acreedores. Los bienes cuya forma de enajenación no hubiere sido acordada por los acreedores dentro de los sesenta días contados desde la fecha de la Junta Constitutiva o desde la notificación del acta de incautación del activo correspondiente en caso que ésta se practicare con posterioridad, se enajenarán necesariamente de acuerdo a las reglas de la realización sumaria o simplificada. El Liquidador deberá dejar constancia de esta circunstancia en el expediente y, desde la fecha en que el tribunal lo tenga presente, se contará el plazo para enajenar previsto en la letra h) del artículo 204.

Artículo 211. Deber de información del Liquidador y fiscalización de plazos. Si el Liquidador estima que no se podrá dar cumplimiento a los plazos de realización establecidos en el artículo 209 deberá comunicarlo a la Superintendencia, explicando las razones del retraso. Esta comunicación deberá efectuarse a lo menos quince días antes del vencimiento del plazo de realización ordinaria. El incumplimiento de este deber de información será considerado falta grave para los efectos del número 2) del artículo 338.

Artículo 212. Regla especial para realizaciones impostergables. El Liquidador podrá realizar en cualquier momento, al martillo o en venta directa, los bienes muebles del Deudor que considere que estén expuestos a próximo deterioro o desvalorización inminente o exijan una conservación dispendiosa.

En la Junta inmediatamente posterior, el Liquidador deberá informar a los acreedores sobre los bienes realizados, su forma de enajenación y los recursos obtenidos de ella. Si no hubiere Juntas posteriores, cumplirá informando en tal sentido a la Superintendencia y consignándolo en las cuentas provisorias que deba rendir.

§ 2. De las ventas al martillo

Artículo 213. Del Martillero Concursal. Sin perjuicio de las disposiciones contenidas en la ley Nº 18.118, sobre ejercicio de la actividad de martillero público, se entenderán como martilleros habilitados para rematar bienes de un Procedimiento Concursal sólo aquellos incluidos en una nómina que al efecto confeccionará y llevará la Superintendencia.

Cualquier martillero que cumpla con los requisitos establecidos en el artículo 14, en lo que les sean aplicables, y que se someta voluntariamente a las disposiciones de esta ley y a la fiscalización de la Superintendencia exclusivamente respecto de los Procedimientos Concursales en los que participe, podrá solicitar su inclusión en la Nómina de Martilleros Concursales.

Artículo 214. Adopción del acuerdo y formalidades básicas. El acuerdo de venta al martillo podrá versar tanto sobre bienes muebles como inmuebles del Deudor. El acuerdo deberá designar al Martillero Concursal, elegido de una terna propuesta por el Liquidador y confeccionada sólo con aquellos Martilleros Concursales incluidos en la nómina llevada por la Superintendencia. Las demás condiciones de la venta deberán constar en las bases que proponga el Liquidador en la misma Junta, para la aprobación de los acreedores.

Con a lo menos cinco días de anticipación a la fecha del remate, el Liquidador deberá publicar en el Boletín Concursal las bases aprobadas por la Junta de Acreedores, sin perjuicio de otros medios adicionales de publicidad que las mismas bases puedan consignar.

Artículo 215. Comisión del Martillero Concursal. El Martillero Concursal percibirá una comisión única por el ejercicio de sus funciones, equivalente a un porcentaje sobre el monto total de realización de los bienes encargados rematar. Esta comisión será de cargo del adjudicatario.

La comisión señalada no podrá exceder de un 2% sobre el monto total de realización de bienes inmuebles y de un 7% sobre el monto total de realización de bienes muebles.

La Junta de Acreedores, con Quórum Calificado, podrá acordar aumentar la comisión correspondiente a un Martillero Concursal, en cuyo caso el aumento será de cargo del acreedor o acreedores que expresamente lo consientan. El señalado aumento de comisión deberá consignarse en el acuerdo de venta al martillo.

Cualquier contravención a este artículo será sancionada conforme al artículo 27 de esta ley.

A los Martilleros Concursales no les serán aplicables las comisiones reguladas en la ley N° 18.118.

Artículo 216. Rendición de cuenta. Dentro del quinto día siguiente a la fecha del remate, el Martillero Concursal deberá rendir ante la Superintendencia una cuenta detallada y desglosada de los bienes rematados, así como de los ingresos, gastos y resultado final del remate o subasta, y publicarla en el Boletín Concursal. La Superintendencia podrá objetar u observar su contenido, conforme a lo previsto en el número 5) del artículo 337.

Asimismo, el Liquidador, el Deudor y los acreedores podrán objetar la cuenta presentada por los Martilleros Concursales, siendo aplicable lo dispuesto en los artículos 49 y siguientes de esta ley en cuanto sea procedente.

§ 3. De la venta como unidad económica

Artículo 217. Acuerdo. La Junta de Acreedores podrá acordar vender un conjunto de bienes bajo la modalidad de venta como unidad económica. Esta modalidad se regirá por las siguientes reglas:

1) El acuerdo deberá incluir los bienes sujetos a la venta, cualquiera sea su naturaleza. En el evento de que se enajenare un conjunto de bienes ubicados en un bien raíz que no sea de propiedad del Deudor, se incluirán en la venta los derechos que en dicho inmueble le correspondan, cualquiera sea el tenor de la convención o la naturaleza de los hechos en que se funda la posesión, uso o mera tenencia del inmueble.

2) Asimismo, el acuerdo deberá señalar el precio mínimo de la venta del conjunto de bienes, forma de pago y garantías, sin perjuicio de las demás modalidades y condiciones de la enajenación que se puedan acordar.

Artículo 218. Efectos del acuerdo de venta como unidad económica. Acordada la enajenación como unidad económica, se suspende el derecho de los acreedores hipotecarios, prendarios y retencionarios para iniciar o proseguir en forma separada las acciones dirigidas a obtener la realización de los bienes que garantizan sus respectivos créditos y que se encuentren comprendidos dentro de la unidad económica. La aprobación de las bases se entenderá como suficiente autorización para los efectos contemplados en los números 3 y 4 del artículo 1464 del Código Civil.

Artículo 219. Determinación del monto de realización de los bienes hipotecados, prendados o retenidos. Cuando en el conjunto de bienes hubiere activos afectos a hipoteca, prenda o retención, la Junta de Acreedores podrá acordar que se indique específicamente en las bases la parte del precio de venta de la unidad económica que corresponderá a cada activo en garantía, tanto respecto del precio mínimo como de un eventual sobreprecio en caso de remate, para el sólo efecto de que dichos acreedores puedan hacer valer los derechos que procedan de acuerdo a esta ley. La parte del precio asignada al bien gravado con hipoteca, prenda o retenido no podrá ser inferior al Avalúo Fiscal o a la valorización que efectúe el Liquidador del bien gravado con prenda, salvo aceptación expresa del acreedor hipotecario, prendario o retencionario.

Los acreedores hipotecarios, prendarios o retencionarios que hubieren votado en contra de la valoración asignada por la Junta de Acreedores podrán solicitar al tribunal su rectificación, dentro de tercero día desde la adopción del respectivo acuerdo. En tal caso, el acreedor hipotecario, prendario o retencionario podrá acompañar siempre un informe pericial de tasación del respectivo bien, el cual tendrá presente el tribunal para la determinación final del valor.

En virtud de lo anterior, el tribunal citará a una audiencia verbal, que se celebrará a más tardar al quinto día con las partes que asistan. La citación a audiencia se notificará por el Estado Diario. El tribunal resolverá las objeciones deducidas en la audiencia y contra esa resolución sólo podrá deducirse reposición verbal, la que deberá ser resuelta en la misma oportunidad.

La tramitación de la rectificación solicitada no suspenderá la ejecución del acuerdo adoptado por la Junta de Acreedores.

Artículo 220. Calificación de la venta de los bienes como unidad económica. La venta de los bienes como unidad económica no calificará como venta de establecimiento comercial.

Artículo 221. Trámites posteriores. La venta como unidad económica deberá constar en escritura pública en la que se indicarán los hechos y/o requisitos que acrediten el cumplimiento de las disposiciones anteriores. Dicha escritura será aprobada por el tribunal, el cual ordenará el alzamiento y cancelación de todos los gravámenes y prohibiciones que pesen sobre los bienes que integran la unidad económica.

Los bienes que integran la unidad económica se entenderán constituidos en hipoteca o prenda sin desplazamiento, según su naturaleza, por el sólo ministerio de la ley, para caucionar los saldos insolutos de precio y cualquiera otra obligación que el adquirente haya asumido como consecuencia de la adquisición, salvo que la Junta de Acreedores, al pronunciarse sobre las bases respectivas, hubiese excluido expresamente determinados bienes de tales gravámenes.

§ 4. De la oferta de compra directa

Artículo 222. Deber de información del Liquidador. Todas las ofertas de compra directa que se formulen deberán dirigirse por escrito al Liquidador, quien las expondrá a los acreedores en la Junta de Acreedores inmediatamente siguiente.

Artículo 223. Quórum y acuerdos. La aceptación por parte de la Junta de Acreedores de una oferta de compra directa requerirá de Quórum Especial. Tratándose de ofertas cuya venta no se pudo perfeccionar por no haberse logrado acuerdo con el quórum exigido, la Junta podrá acordar, por Quórum Calificado y con el conocimiento del oferente, que los bienes incluidos en la oferta de compra directa sean previamente ofrecidos en remate al martillo a cualquier interesado.

Las condiciones del remate deberán ser incluidas en las bases que se confeccionen y, en ellas, el precio mínimo de los bienes a rematar deberá ser igual al monto ofrecido por el oferente. Si no se presentaren postores en esa oportunidad, se llevará a cabo la venta propuesta por el oferente, en sus términos originales.

§ 5. Del leasing o arrendamiento con opción de compra

Artículo 224. De la incautación. Los bienes que el Deudor tenga en su poder en virtud de un contrato de arrendamiento con opción de compra deberán ser incautados por el Liquidador en la forma dispuesta en los artículos 163 y 164 de esta ley, debiendo dejar constancia en el acta que levante que se trata de bienes objeto de un contrato de arrendamiento con opción de compra.

Los gastos que irroguen la conservación, custodia y/o bodegaje de dichos bienes deberán ser asumidos por la masa. En caso de desacuerdo en el monto correspondiente, resolverá incidentalmente el juez competente, sin ulterior recurso.

Artículo 225. Efecto de la Resolución de Liquidación en los contratos de arrendamiento con opción de compra. La dictación de la Resolución de Liquidación no constituirá causal de terminación inmediata del contrato de arrendamiento con opción de compra.

La Junta Constitutiva de Acreedores deberá pronunciarse y acordar al respecto alguna de las siguientes alternativas:

1.- Continuar con el cumplimiento del contrato de arrendamiento con opción de compra, en los términos originalmente pactados.

2.- Ejercer anticipadamente la opción de compra, en los términos establecidos en el respectivo contrato de arrendamiento con opción de compra.

3.- Terminar anticipadamente el contrato de arrendamiento con opción de compra, restituyendo el bien.

Para el caso en que no se celebrare la referida Junta, o ésta no se pronunciare al respecto, se entenderá que se opta por la alternativa regulada en el número 1 precedente.

Se tendrá por no escrita cualquier cláusula pactada en el contrato de arrendamiento con opción de compra, en contrario a lo regulado en este artículo.

Artículo 226. De la verificación. El arrendador podrá verificar siempre en el Procedimiento Concursal de Liquidación del Deudor arrendatario aquellas cuotas devengadas e impagas hasta la fecha de la Resolución de Liquidación.

Las cuotas que se devenguen con posterioridad a la Resolución de Liquidación y hasta la Junta Constitutiva serán siempre de cargo de la masa.

Respecto de las obligaciones que nazcan en virtud del ejercicio de las opciones reguladas en el artículo anterior, se estará a lo siguiente:

a) Si la Junta Constitutiva de Acreedores acordare continuar con el contrato de arrendamiento con opción de compra vigente en los términos originalmente pactados, las rentas que se devenguen con posterioridad a la fecha de la Resolución de Liquidación serán de cargo de la masa, y se pagarán en los términos y condiciones originalmente estipulados en el referido contrato.

b) Si la Junta Constitutiva de Acreedores acordare el ejercicio anticipado de la opción de compra en los términos originalmente pactados, su pago será de cargo de la masa. El Liquidador deberá efectuarlo dentro de los treinta días siguientes a la fecha en que se adoptó el acuerdo, prorrogables por igual período, previa autorización del tribunal.

Si el pago no se hiciere efectivo dentro del plazo señalado, el acreedor arrendador podrá poner término al contrato de arrendamiento con opción de compra, debiendo el Liquidador restituir el bien al arrendador.

c) Si la Junta Constitutiva de Acreedores acordare el término anticipado del contrato de arrendamiento con opción de compra, se deberá restituir al arrendador el bien objeto del referido contrato dentro de los 30 días siguientes a la fecha en que se adoptó el acuerdo, prorrogables por igual período, previa autorización del tribunal competente.

Si el contrato incluyese multas, ellas podrán ser verificadas únicamente con el mérito de una sentencia definitiva firme o ejecutoriada que declare su procedencia y que conceda las cantidades reclamadas, procedimiento que se sustanciará mediante las reglas del juicio sumario.

Artículo 227. Realización de bienes sujetos a un contrato de arrendamiento con opción de compra. Sin perjuicio de lo señalado anteriormente, la Junta Constitutiva de Acreedores, con Quórum Calificado, podrá acordar con el arrendador una fórmula de realización que incluya los bienes objeto del contrato de arrendamiento con opción de compra, en cuyo caso se estará a las estipulaciones pactadas, las que deberán constar en el acta respectiva, la cual incluirá el valor que se asigna a dichos bienes.

La parte del crédito verificado con ocasión del contrato de arrendamiento con opción de compra que no alcance a ser cubierta con el producto de la realización del bien objeto del referido contrato, se considerará incobrable para todos los efectos legales a que hubiere lugar.

§ 6. De las reglas complementarias a la realización

Artículo 228. Créditos morosos y activos muebles de difícil realización. La Junta de Acreedores tendrá la facultad de vender, en la forma y al precio que estime convenientes, los créditos morosos y activos muebles de difícil realización, cumpliendo los requisitos que siguen:

1) Acuerdo de la Junta de Acreedores, adoptado por Quórum Calificado;

2) Que no se haya efectuado postura alguna respecto del bien, habiéndose ofertado al martillo y sin precio mínimo, o

3) Si el Liquidador ha efectuado las gestiones para realizarlo al martillo y al menos tres Martilleros Concursales hayan rechazado el encargo ofrecido por el bajo monto esperado de realización.

Artículo 229. Decisión de no perseverar en la persecución de bienes. La Junta de Acreedores podrá acordar, con Quórum Calificado, la no persecución de uno o más bienes determinados del Deudor, en atención a que el costo estimado para recuperarlos es superior al beneficio esperado de su realización. Asimismo, el Liquidador podrá hacer uso de esta facultad si no se hubiese adoptado el acuerdo respectivo en dos Juntas de Acreedores ordinarias consecutivas por falta de quórum de asistencia, siempre que dicho asunto haya estado incluido en la tabla de ambas sesiones.

TÍTULO 4
DE LA CONTINUACIÓN DE ACTIVIDADES ECONÓMICAS

Artículo 230. Principio general. Se podrán desarrollar actividades económicas con los activos del Deudor con sujeción a las normas de este Título.

Artículo 231. Tipos o clases. La continuación de actividades económicas podrá ser:

1) Provisional: aquella que es decidida por el Liquidador con miras a:

a) Aumentar el porcentaje de recuperación por parte de los acreedores del Deudor;

b) Facilitar la ejecución de prestaciones que se encontraren pendientes y de las cuales se derive un beneficio para la masa, y

c) Propender a la realización de los activos del Deudor como unidad económica.

El ejercicio de esta facultad sólo podrá tener lugar desde que el Liquidador asuma su cargo y se extenderá hasta la celebración de la Junta de Acreedores Constitutiva.

2) Definitiva: aquella que es acordada con Quórum Especial por la Junta de Acreedores Constitutiva u otra posterior, y a proposición del Liquidador o de cualquier acreedor.

Artículo 232. Continuación provisional de actividades económicas. La continuación provisional de actividades económicas del Deudor se regirá por las siguientes disposiciones:

1) El Liquidador deberá informar al tribunal y a la Superintendencia las razones que justifiquen su decisión, los bienes adscritos a la continuación provisional y la fecha exacta de su inicio. Estas comunicaciones deberán efectuarse al día siguiente de aquél en que el Liquidador disponga la continuación.

2) La administración de la continuación provisional de actividades económicas recaerá exclusivamente en el Liquidador, quien tendrá derecho a percibir un honorario adicional por esa gestión. El monto a percibir será determinado en la Junta de Acreedores Constitutiva y, en caso de desacuerdo, por el tribunal, en la misma Junta y sin ulterior recurso.

3) En la Junta de Acreedores Constitutiva el Liquidador deberá presentar a los acreedores un informe pormenorizado acerca de todas las operaciones ejecutadas en el desarrollo de la continuación provisional de actividades económicas, conjuntamente con un detalle de los ingresos y egresos del período y un resumen sobre la situación tributaria de la continuación referida.

Una vez recibido el informe del Liquidador la Junta de Acreedores podrá acordar la continuación definitiva de dichas actividades, en cuyo caso regirán las disposiciones del artículo siguiente.

Artículo 233. Continuación definitiva de actividades económicas. El acta de la Junta de Acreedores en que conste la continuación definitiva deberá contener, a lo menos, los siguientes puntos:

1) Actividades específicas a continuar.

2) Bienes adscritos. Si la continuación incluyese bienes hipotecados, prendados o sujetos al derecho legal de retención se suspenderá el derecho de los acreedores respectivos para ejercer sus acciones en tales bienes, siempre que hubieren votado a favor de dicha continuación.

3) Identificación del administrador siempre que fuere distinto del Liquidador y sus facultades. El acuerdo de nombramiento del Liquidador requerirá de Quórum Especial.

4) Honorarios totales o fórmula de cálculo correspondiente al plazo que se acuerde o resultados que se proyecten. Tratándose de pagos periódicos se aplicará al administrador el deber de retención previsto en el número 6) del artículo 39 de esta ley.

5) Plazo. No podrá ser superior a un año contado desde el acuerdo respectivo. Será prorrogable por una sola vez, con Quórum Especial, mediante acuerdo obtenido en Junta de Acreedores Ordinaria o Extraordinaria celebrada al menos diez días antes del vencimiento. En caso de prórroga, la Junta deberá designar un administrador de la continuación de las actividades económicas, nombramiento que no podrá recaer en el Liquidador.

Si la Junta acordare la venta de los activos del Deudor como unidad económica, podrá también acordar, con Quórum Especial, proseguir la continuación por el tiempo indispensable para la concreción de ese acuerdo, aun cuando se exceda el plazo máximo ya indicado.

Artículo 234. Administración separada. Si la administración de la continuación definitiva de actividades económicas recayere en una persona distinta del Liquidador, se observarán las disposiciones siguientes:

1) Respecto de aquellos bienes no adscritos a dicha continuación, el Liquidador mantendrá su administración y procederá de conformidad a las reglas generales.

2) Respecto de los bienes adscritos a dicha continuación, el Liquidador tendrá las facultades del artículo 294 del Código de Procedimiento Civil, reportando a la Junta de Acreedores Ordinaria las circunstancias que considere oportunas para el resguardo de los intereses de los acreedores y el Deudor.

3) Cualquier controversia que se suscite entre el administrador de la continuación definitiva de las actividades económicas y el Liquidador será resuelta por el tribunal en una audiencia verbal citada al efecto, para lo cual podrá solicitar informe a la Superintendencia.

4) La Superintendencia tendrá sobre el administrador de la continuación definitiva de las actividades económicas iguales potestades que sobre los Liquidadores.

Artículo 235. Informe periódico. El administrador deberá presentar en cada Junta un informe pormenorizado acerca de todas las actividades ejecutadas, y un detalle de los ingresos, egresos y utilidades o pérdidas del período.

Artículo 236. Identificación y responsabilidad. Tratándose de continuaciones definitivas de actividades económicas, el nombre o razón social del Deudor será complementado con la frase final "en continuación de actividades económicas", y su uso deberá ser precedido por la firma del administrador, en su caso, y de los demás habilitados. En caso contrario, serán solidariamente responsables de esas obligaciones tanto el administrador como los que hubieren ejecutado el acto o celebrado el contrato respectivo.

Artículo 237. Término anticipado. La Junta, con Quórum Especial, podrá decidir el fin de la continuación definitiva de actividades económicas antes del término previsto, lo que será comunicado de inmediato al administrador.

Los honorarios pactados podrán reducirse proporcionalmente, previo acuerdo de las partes, resolviendo el juez en caso contrario, sin ulterior recurso y en el menor tiempo posible.

Artículo 238. Responsabilidad del administrador. La responsabilidad civil del administrador de la continuación de actividades económicas alcanzará hasta la culpa levísima y subsistirá hasta la aprobación de su cuenta definitiva de gestión. Dicha responsabilidad podrá perseguirse en juicio sumario una vez presentada la referida cuenta, conforme a lo dispuesto en los artículos 49 y siguientes de esta ley, y sin perjuicio de la responsabilidad legal en que pudiere incurrir.

No obstante lo anterior, si el administrador de la continuación de actividades económicas no rindiere su cuenta definitiva de gestión dentro del plazo de treinta días contado desde el término de dicha continuación, su responsabilidad civil también podrá perseguirse desde el vencimiento de dicho plazo.

Artículo 239. Créditos provenientes de la continuación de actividades económicas del Deudor. Los créditos provenientes de la continuación de actividades económicas del Deudor podrán perseguirse solamente en los bienes comprendidos en ella y gozarán de la preferencia establecida en el número 4 del artículo 2472 del Código Civil para el pago respecto de los demás acreedores del Deudor.

Los créditos de la continuación de actividades económicas del Deudor preferirán a los de los acreedores hipotecarios, prendarios y retencionarios que hubieren dado su aprobación a dicha continuación, sólo en el caso que los bienes no gravados comprendidos en ella fueren insuficientes para el pago. La diferencia, si la hubiere, será soportada por los señalados acreedores a prorrata del monto de sus respectivos créditos en el Procedimiento Concursal de Liquidación y hasta la concurrencia del valor de liquidación de los bienes dados en garantía de sus respectivos créditos.

El acreedor hipotecario, prendario o retencionario que pague más del porcentaje que le correspondiere de conformidad al inciso anterior, se subrogará por el exceso en los derechos de los acreedores de la continuación de actividades económicas, en conformidad a las normas del Párrafo 8 del Título XIV del Libro IV del Código Civil.

En el evento que en la continuación de actividades económicas se obtengan excedentes, éstos corresponderán a los acreedores del Deudor hasta la concurrencia del monto de sus créditos, reajustes e intereses, que corresponda pagar en el Procedimiento Concursal de Liquidación, deducidos los gastos. El remanente, si lo hubiere, pertenecerá al Deudor.

Artículo 240. Cuenta Final de Administración. Se aplicarán al administrador de la continuación definitiva de actividades económicas las disposiciones sobre Cuenta Final de Administración del Liquidador, sin entorpecer el Procedimiento Concursal de Liquidación ni la realización de los bienes del Deudor. Los honorarios que correspondan y la participación en las utilidades o el remanente retenido sólo podrán ser percibidos una vez que la referida cuenta se encuentre firme o ejecutoriada.

TÍTULO 5
DEL PAGO DEL PASIVO

§ 1. De los principios generales

Artículo 241. Orden de prelación. Los acreedores serán pagados de conformidad a lo dispuesto en el Título XLI del Libro IV del Código Civil y, en el caso de los acreedores valistas, con pleno respeto a la subordinación de créditos establecida en la referida normativa. Para su eficacia, la subordinación deberá ser alegada al momento de la verificación del crédito por parte del acreedor beneficiario o bien notificarse al Liquidador, si se establece en una fecha posterior.

Los créditos de la primera clase señalados en el artículo 2472 del Código Civil preferirán a todo otro crédito con privilegio establecido por leyes especiales.

Los acreedores Personas Relacionadas del Deudor, cuyos créditos no se encuentren debidamente documentados 90 días antes de la Resolución de Liquidación, serán pospuestos en el pago de sus créditos aun después de los acreedores valistas.

Artículo 242. Acreedores prendarios y retencionarios. Los acreedores de la segunda clase y aquellos que gocen del derecho de retención judicialmente declarado podrán optar por ejecutar individualmente los bienes gravados, en cuyo caso deberán iniciar ante el tribunal que conoce del Procedimiento Concursal de Liquidación, los procedimientos que correspondan, o continuarlos en él previa acumulación, debiendo siempre asegurar los créditos de mejor derecho.

El Liquidador podrá, si lo considera conveniente para la masa, exigir la entrega de la cosa dada en prenda o retenida, siempre que pague la deuda o deposite, a la orden del tribunal, su valor estimativo en dinero, sobre el cual se hará efectiva la preferencia.

Artículo 243. Acreedores hipotecarios. Los acreedores hipotecarios se pagarán en la forma que determinan los artículos 2477, 2478, 2479 y 2480 del Código Civil.

§ 2. De los pagos administrativos

Artículo 244. Procedencia y tramitación. Tan pronto existan fondos suficientes para ello y precaviendo que el activo remanente sea suficiente para asegurar los gastos del Procedimiento Concursal de Liquidación y el pago de los créditos de mejor derecho, podrán pagarse por el Liquidador los créditos contenidos en el artículo 2472 del Código Civil, según las reglas que siguen:

1) Los descritos en los números 1 y 4 podrán pagarse sin necesidad de verificación.

2) Los incluidos en el número 5 podrán pagarse previa revisión y convicción del Liquidador sobre la suficiencia de los documentos que les sirven de fundamento, sin necesidad de verificación ni de acuerdo de Junta que apruebe el pago.

3) Los establecidos en el número 8 se pagarán en los mismos términos del número precedente, hasta el límite del equivalente a un mes de remuneración por cada año de servicio y fracción superior a seis meses por indemnizaciones convencionales de origen laboral y por las indemnizaciones legales del mismo origen que sean consecuencia de la aplicación de la causal señalada en el artículo 163 bis del Código del Trabajo.

Las restantes indemnizaciones de origen laboral, así como la que sea consecuencia del reclamo del trabajador de conformidad al artículo 168 del Código del Trabajo, se pagarán con el sólo mérito de la sentencia definitiva firme o ejecutoriada que así lo ordene.

4) Con todo, podrán verificarse condicionalmente los créditos que gocen de las preferencias de los números 5 y 8, con el sólo mérito de la demanda interpuesta con anterioridad al inicio del Procedimiento Concursal de Liquidación o con la notificación al Liquidador de la demanda interpuesta con posterioridad al referido inicio.

El Liquidador deberá reservar fondos suficientes para el evento que se acoja la demanda, sin perjuicio de los pagos administrativos que procedan, de conformidad a los números precedentes.

Artículo 245. Costas. Para efectos de lo dispuesto en el artículo anterior, el pago de las costas personales se sujetará a las disposiciones siguientes:

1) En caso de Liquidación Forzosa, sólo procederán las correspondientes al acreedor peticionario, las que gozarán de la preferencia del número 1 del artículo 2472 del Código Civil.

2) En caso de Liquidación Voluntaria, las costas personales del solicitante gozarán de la preferencia establecida en el número 4 del artículo 2472 del Código Civil.

3) En ambos casos se aplicarán los siguientes límites al cálculo de costas:

a) El 2% del crédito invocado, si éste no excede de 10.000 unidades de fomento, y

b) El 1% en lo que exceda del valor señalado en la letra anterior.

Para estos efectos, en casos de Liquidación Voluntaria, y siempre que el Deudor invocare más de un crédito, se estará a aquél en cuyo pago hubiere cesado en primer lugar. El saldo, si lo hubiere, se considerará valista.

Artículo 246. Renunciabilidad de créditos de origen laboral. No podrán renunciarse los montos y preferencias de los créditos previstos en los números 5 y 8 del artículo 2472 del Código Civil, salvo en la forma y casos que siguen:

1) Mediante conciliación celebrada ante un Juzgado de Letras del Trabajo, la que podrá tener lugar en la audiencia preparatoria o de juicio y deberá contar con la expresa aprobación del juez, y

2) En virtud de transacción judicial o extrajudicial que se celebre con posterioridad a la notificación de la sentencia definitiva de primera instancia del juicio laboral respectivo.

§ 3. De los repartos de fondos

Artículo 247. Propuesta de reparto de fondos. El Liquidador deberá proponer a los acreedores un reparto de fondos siempre que se reúnan los siguientes requisitos copulativos:

1) Disponibilidad de fondos para abonar a los acreedores reconocidos una cantidad no inferior al cinco por ciento de sus acreencias, salvo que por acuerdo en Junta de Acreedores, con quórum simple, los acreedores acuerden un reparto por un porcentaje inferior.

2) Reserva previa de los dineros suficientes para solventar los gastos del Procedimiento Concursal de Liquidación y los créditos de igual o mejor derecho cuya impugnación se encuentre pendiente.

3) Reserva para responder a los acreedores residentes en el extranjero que no hayan alcanzado a comparecer, de conformidad a los plazos previstos en el artículo 252.

4) Sujeción al procedimiento establecido en artículo siguiente.

Artículo 248. Procedimiento de reparto de fondos. El Liquidador observará las disposiciones siguientes:

1) La proposición será presentada al tribunal conjuntamente con un detalle completo del reparto que se pretende efectuar, sus montos, fórmula de cálculo utilizada y acreedores a pagar.

2) El tribunal, al día siguiente de su proposición, tendrá por propuesto el reparto y ordenará al Liquidador publicarlo en el Boletín Concursal.

3) Los acreedores que conjunta o separadamente representen al menos el 20% del pasivo con derecho a voto podrán objetar el reparto propuesto dentro del plazo de tres días contado desde la notificación.

Si la objeción deducida afecta la totalidad del reparto, éste no podrá llevarse a cabo mientras la oposición no sea resuelta en primera instancia. Si la objeción deducida es parcial, el reparto podrá ejecutarse en la parte no disputada.

4) El tribunal conferirá traslado al Liquidador de todas las objeciones deducidas, el que deberá ser evacuado dentro de tercero día.

5) Transcurrido el término anterior, haya o no evacuado el Liquidador el traslado conferido, el tribunal resolverá sin más trámite la objeción. La resolución que se dicte no será susceptible de recurso alguno.

6) El objetante vencido será condenado al pago de costas, las que se calcularán sobre la base del monto objetado, salvo que haya tenido motivo plausible para litigar. Si la objeción hubiere sido deducida conjuntamente por dos o más acreedores, y fuere rechazada, todos ellos serán solidariamente responsables del pago de las costas.

El Liquidador deberá perseguir en beneficio de la masa el cobro de las costas por cuerda separada ante el mismo tribunal, pudiendo solicitar que las fijadas sean descontadas del reparto presente o futuro que les correspondería al o los objetantes vencidos.

7) La resolución que acoja una impugnación deberá ordenar la confección de una nueva proposición de reparto.

8) No habiéndose deducido objeciones, rechazadas las interpuestas o modificado el reparto en la forma decretada por el tribunal, éste ordenará al Liquidador la distribución del reparto dentro del plazo de tres días contado desde que expire el término para objetar.

9) La resolución que ordene la distribución del reparto se notificará en el Boletín Concursal y desde entonces los acreedores incluidos en el reparto podrán reclamar al Liquidador el pago de las sumas correspondientes. En el caso de créditos afectos a subordinación, el o los acreedores subordinados contribuirán al pago de sus respectivos acreedores beneficiarios, a prorrata, con lo que les correspondiere en dicho reparto de su crédito subordinado.

Artículo 249. Acreedor condicional. El acreedor condicional podrá solicitar al tribunal que ordene la reserva de los fondos que le corresponderían cumplida la condición, o su entrega bajo caución suficiente de restituirlos a la masa, con el interés corriente para operaciones reajustables, para el caso de que la condición no se verifique. La caución señalada deberá constar en boleta de garantía bancaria o póliza de seguro, debiendo ser reemplazada o renovada sucesivamente hasta que se cumpla la respectiva condición.

Artículo 250. Deudas y créditos recíprocos. Cuando un acreedor fuere a la vez Deudor de quien está sujeto a un Procedimiento Concursal de Liquidación, sin que hubiere operado la compensación, las sumas que le correspondan a dicho acreedor se aplicarán al pago de su deuda, aunque no estuviere vencida.

Artículo 251. Acreedores que verifican su crédito extraordinariamente. La verificación de los créditos de los acreedores realizada extraordinariamente no suspenderá la realización de los repartos, pero si encontrándose pendiente el reconocimiento de estos nuevos créditos se ordenare otro reparto, dichos acreedores serán comprendidos en él, por la suma que corresponda, en conformidad al siguiente inciso, manteniéndose en depósito las sumas que invocan hasta que sus créditos queden reconocidos.

Reconocidos sus créditos, los reclamantes tendrán derecho a exigir que los fondos materia de reparto que les hubieren correspondido en las distribuciones precedentes sean de preferencia cubiertos con los fondos no repartidos, pero no podrán demandar a los acreedores pagados en los anteriores repartos la devolución de cantidad alguna, aun cuando los bienes sujetos al Procedimiento Concursal de Liquidación no alcancen a cubrir íntegramente sus dividendos insolutos.

Artículo 252. Situación de acreedores fuera del territorio de la República. La cantidad reservada para los acreedores residentes fuera del territorio de la República permanecerá en depósito hasta el vencimiento del duplo del término de emplazamiento que les corresponda. Vencido este plazo, se aplicará al pago de los créditos reconocidos.

Artículo 253. Destino de los fondos en caso de no comparecencia. Si algún acreedor comprendido en la nómina de reparto no compareciere a recibir lo que le corresponda tres meses después de la notificación del reparto, el Liquidador depositará su importe en arcas fiscales a la orden del acreedor. Transcurridos tres años desde dicho depósito sin que se haya cobrado su monto, la Tesorería General de la República lo destinará en su integridad al Cuerpo de Bomberos.

§ 4. Del término del Procedimiento Concursal de Liquidación

Artículo 254. Resolución de término. Una vez publicada la resolución que tuvo por aprobada la Cuenta Final de Administración en los términos descritos en los artículos 49 y siguientes, el tribunal, de oficio, a petición de parte o de la Superintendencia, dictará una resolución declarando terminado el Procedimiento Concursal de Liquidación, la que deberá ser publicada por el Liquidador en el Boletín Concursal, dentro del plazo de cinco días contado desde la dictación de la resolución de término.

Si se hubiere promovido el incidente del artículo 169 A o deducido las acciones previstas en el Capítulo VI, el tribunal no podrá dictar la resolución de término sino hasta que se encontrare firme o ejecutoriada la resolución que falla el incidente, en el primer caso, o la sentencia que se pronuncia sobre las acciones deducidas, en el segundo.

Artículo 255. Efectos de la Resolución de Término en los Procedimientos Concursales de Liquidación. Una vez que se encuentre firme o ejecutoriada la resolución que declara el término del Procedimiento Concursal de Liquidación, se entenderán extinguidos por el solo ministerio de la ley y para todos los efectos legales los saldos insolutos de las obligaciones contraídas por el Deudor con anterioridad al inicio del Procedimiento Concursal de Liquidación, salvo los siguientes:

1. Los alimentos que se deben por ley a ciertas personas de conformidad a las reglas previstas por el Título XVIII del Libro I del Código Civil y la compensación económica prevista en el Párrafo 1° del Capítulo VII de la ley N° 19.947, que establece la Nueva Ley de Matrimonio Civil.

2. Las obligaciones derivadas de delitos o cuasidelitos civiles y/o penales.

En aquellos casos que el tribunal resuelva, de conformidad con lo dispuesto en el artículo 169 A, que no procede la extinción de los saldos insolutos o que ésta procede en forma parcial, deberá indicarlo expresamente en la resolución de término.

La extinción de las obligaciones no afectará a los derechos de los acreedores frente al fiador, codeudor, solidario o subsidiario, avalista o tercero constituyente de garantías reales para asegurar el cumplimiento de las obligaciones del Deudor, quienes no podrán invocar el beneficio previsto en el presente artículo ni podrán subrogarse en los derechos de los acreedores o exigir un reembolso por los pagos efectuados.

Ejecutoriada la resolución de término, cesarán todas las inhabilidades, restricciones y prohibiciones que esta ley u otras leyes imponen al Deudor, salvo que la resolución señalada en el artículo precedente establezca algo distinto por haberse acogido el incidente de mala fe de conformidad con lo dispuesto en el artículo 169 A.

Artículo 256. Recursos contra la resolución de término. La resolución que declare terminado el Procedimiento Concursal de Liquidación será susceptible de recurso de apelación, el que se concederá en el solo efecto devolutivo, conservando en el intertanto el Deudor la libre administración de sus bienes.

§ 5. Del término del Procedimiento Concursal de Liquidación por Acuerdo de Reorganización Judicial

Artículo 257. Término del Procedimiento Concursal de Liquidación por Acuerdo de Reorganización Judicial. Durante el Procedimiento Concursal de Liquidación, una vez notificada la nómina de créditos reconocidos, el Deudor podrá acompañar al tribunal competente una propuesta de Acuerdo de Reorganización Judicial y le serán aplicables las disposiciones contenidas en el Capítulo III de esta ley, en lo que fuere procedente y en todo lo que no se regule en las disposiciones siguientes.

Presentada una propuesta de Acuerdo de Reorganización Judicial, el tribunal dictará una resolución que la tendrá por presentada. Una copia de la referida propuesta deberá ser publicada por el Liquidador en el Boletín Concursal.

En la misma resolución el tribunal competente fijará la fecha, lugar y hora en que deberá efectuarse la Junta de Acreedores llamada a conocer y pronunciarse sobre la propuesta de Acuerdo de Reorganización Judicial que presente el Deudor.

Artículo 258. Acuerdo de la Junta de Acreedores. Cada una de las clases o categorías de propuestas de Acuerdo de Reorganización Judicial acompañado por el Deudor será analizada, deliberada y acordada en forma separada en la misma Junta, sin perjuicio de lo previsto en el artículo 82.

La propuesta de Acuerdo de Reorganización Judicial se entenderá acordada cuando cuente con el consentimiento del Deudor y el voto conforme de los dos tercios o más de los acreedores presentes, que representen tres cuartas partes del total del pasivo con derecho a voto, correspondiente a su respectiva clase o categoría. Las Personas Relacionadas con el Deudor no podrán votar, ni sus créditos se considerarán en el monto del pasivo.

Artículo 259. Vigencia del Acuerdo de Reorganización Judicial. El Acuerdo del Reorganización Judicial regirá una vez vencido el plazo para impugnarlo, sin que se hubiere impugnado. En este caso se entenderá aprobado y el tribunal competente lo declarará así de oficio o a petición de cualquier interesado o del Veedor. En la misma resolución declarará el término legal del Procedimiento Concursal de Liquidación.

Si el Acuerdo de Reorganización Judicial fuere impugnado, regirá desde que cause ejecutoria la resolución que deseche la o las impugnaciones y lo declare aprobado.

Las resoluciones a que se refieren los incisos primero y segundo de este artículo se notificarán en el Boletín Concursal.

El Acuerdo de Reorganización Judicial regirá no obstante las impugnaciones que se hubieren interpuesto en su contra. Sin embargo, si las impugnaciones fueren interpuestas por acreedores de una determinada clase o categoría, que representen en su conjunto a lo menos el 30% del pasivo con derecho a voto de su respectiva clase o categoría, el Acuerdo de Reorganización Judicial no empezará a regir hasta que dichas impugnaciones fueren desestimadas por sentencia firme y ejecutoriada. En este caso, y en el del inciso segundo de este artículo, los actos y contratos ejecutados o celebrados por el Deudor en el tiempo que medie entre el Acuerdo de Reorganización Judicial y la fecha en que quede ejecutoriada la resolución que acoja las impugnaciones, no podrán dejarse sin efecto.

El recurso de casación deducido en contra de la resolución de segunda instancia que deseche la o las impugnaciones no suspende el cumplimiento de dicha resolución, incluso si la parte vencida solicita se otorgue fianza de resultas por la parte vencedora.

Si se acogen las impugnaciones al Acuerdo de Reorganización Judicial por resolución firme o ejecutoriada, las obligaciones y derechos existentes entre el Deudor y sus acreedores con anterioridad a dicho Acuerdo, volverán al estado en que se encontraban en el Procedimiento Concursal de Liquidación.

CAPÍTULO V
DE LOS PROCEDIMIENTOS CONCURSALES ESPECIALES

TÍTULO 1
DEL PROCEDIMIENTO CONCURSAL DE REORGANIZACIÓN DE LA PERSONA DEUDORA

Artículo 260. Ámbito de aplicación y requisitos. El Procedimiento Concursal de Renegociación será aplicable sólo a la Persona Deudora, que para efectos de este Título se denominará indistintamente Persona Deudora o Deudor.

La Persona Deudora podrá someterse a un Procedimiento Concursal de Renegociación si tuviere dos o más obligaciones vencidas por más de 90 días corridos, actualmente exigibles, provenientes de obligaciones diversas, cuyo monto total sea superior a 80 unidades de fomento, siempre y cuando no haya sido notificada de una demanda que solicite el inicio de un Procedimiento Concursal de Liquidación Simplificada.

Quedarán excluidas del Procedimiento Concursal de Renegociación de la Persona Deudora las siguientes obligaciones:

1. Los alimentos que se deben por ley a ciertas personas de conformidad a las reglas previstas por el Título XVIII del Libro I del Código Civil y la compensación económica prevista en el Párrafo 1° del Capítulo VII de la ley N° 19.947, que establece la Nueva Ley de Matrimonio Civil.

2. Las obligaciones derivadas de delitos o cuasidelitos civiles.

3. Las obligaciones por multa y demás sanciones pecuniarias penales y aquellas de carácter especial que la Superintendencia determine mediante norma de carácter general.

Sin perjuicio de lo anterior, estas obligaciones deberán ser incluidas en los antecedentes exigidos en el artículo 261.

El expediente que se genere en la Superintendencia a raíz de las actuaciones y resoluciones a las que se refiere este Título será público, sin perjuicio de lo dispuesto en el número 2 del artículo 21 de la ley de transparencia de la función pública y de acceso a la información de la Administración del Estado, contenida en el artículo primero de la ley Nº 20.285.

Artículo 261. Inicio del procedimiento. El Procedimiento Concursal de Renegociación se iniciará por la Persona Deudora, ante la Superintendencia a través de la presentación de una solicitud cuyo formato estará disponible en su sitio web y en sus dependencias. La referida solicitud deberá presentarse adjuntando los siguientes antecedentes:

a) Declaración jurada con una lista de las obligaciones del Deudor, vencidas o no, sean o no actualmente exigibles, y de todos sus acreedores con indicación del monto adeudado a cada uno, o su saldo, según corresponda, expresando el nombre, domicilio, teléfono, correo electrónico del acreedor y su representante legal, en su caso y si lo conociere, y cualquier otro dato de contacto de cada uno de ellos;

b) Declaración jurada con la singularización de todos los ingresos que percibe, por cualquier causa, sean éstos fijos o esporádicos, acompañando al efecto los antecedentes que los acrediten;

c) Declaración jurada con el listado completo de sus bienes y de los gravámenes y prohibiciones que les afecten;

d) Una propuesta de renegociación de todas sus obligaciones vigentes;

e) Una declaración jurada en que conste que es Persona Deudora, y que no se le ha notificado de la demanda de Liquidación o de cualquier otro juicio ejecutivo iniciado en su contra que no sea de origen laboral.

f) Suprimido.

La Superintendencia dictará una norma de carácter general que regule, en todo lo no establecido en la presente ley, las exigencias que deberá cumplir el Deudor para acreditar la información declarada en los antecedentes acompañados.

Artículo 262. Examen de admisibilidad. Dentro de los diez días hábiles administrativos siguientes a la presentación de la solicitud de inicio del Procedimiento Concursal de Renegociación, la Superintendencia podrá:

1) Declarar admisible la solicitud;

2) Ordenar a la Persona Deudora que rectifique sus antecedentes o entregue información adicional, en cuyo caso ésta deberá subsanar los defectos o proporcionar los antecedentes complementarios que le sean solicitados, según corresponda, en el plazo que la misma Superintendencia le fije, contado desde la referida resolución. Si así no lo hiciere la solicitud se declarará inadmisible, o

3) Declarar inadmisible la solicitud por resolución fundada. La declaración de inadmisibilidad sólo podrá fundarse en la improcedencia de la solicitud de inicio del Procedimiento Concursal de Renegociación, por el incumplimiento de los requisitos señalados en el artículo 261 o por haber transcurrido los plazos indicados en el número 2) sin que el peticionario hubiere subsanado los defectos o inconsistencias advertidos por la Superintendencia

Artículo 263. Resolución de Admisibilidad. La resolución de la Superintendencia que declare admisible la solicitud de inicio del Procedimiento Concursal de Renegociación contendrá las siguientes menciones:

1) El nombre y el número de cédula de identidad de la Persona Deudora.

2) El listado inicial de los acreedores informados por la Persona Deudora con indicación de los montos adeudados por concepto de capital e intereses.

3) El listado de bienes informado por la Persona Deudora, con expresa mención de aquellos que son inembargables, y los gravámenes y prohibiciones que los afecten, si los hubieren, individualizando a los beneficiarios de estos últimos.

4) La comunicación a los acreedores y a terceros del inicio del Procedimiento Concursal de Renegociación y de la fecha de celebración de la audiencia de determinación del pasivo. Esta audiencia se celebrará no antes de quince

ni después de treinta días contados desde la publicación de esta resolución en el Boletín Concursal.

Esta resolución y los antecedentes a que se refiere el artículo 261 se publicarán en el Boletín Concursal. Los acreedores individualizados en el listado del número 2) anterior se entenderán legalmente notificados en virtud de dicha publicación, sin perjuicio de que se le envíe copia de la referida resolución por correo electrónico, si éste hubiere sido mencionado en los antecedentes que debe presentar el Deudor conforme al artículo 261.

Artículo 264. Efectos de la Resolución de Admisibilidad. Desde la publicación de la Resolución de Admisibilidad y hasta el término del Procedimiento Concursal de Renegociación se producirán los siguientes efectos:

1) No podrá solicitarse la Liquidación Forzosa ni Voluntaria de la Persona Deudora, ni iniciarse en su contra juicios ejecutivos o ejecuciones de cualquier clase o restituciones en juicios de arrendamiento durante el término señalado en el encabezado de este artículo.

Para los efectos de hacer valer la oposición al inicio de las ejecuciones a que se refiere este número, la Persona Deudora acompañará al tribunal competente copia autorizada de la Resolución de Admisibilidad, pudiendo hacerse valer solamente como excepción. Para ello, la Persona Deudora podrá comparecer personalmente sin necesidad de patrocinio de abogado.

2) Se suspenderán los plazos de prescripción extintiva de las obligaciones del Deudor.

3) No se continuarán devengando los intereses moratorios que se hayan pactado en los respectivos actos o contratos vigentes suscritos por la Persona Deudora.

4) Todos los contratos suscritos por la Persona Deudora mantendrán su vigencia y condiciones de pago, en su caso, y no será posible hacer efectivas cláusulas de resolución o caducidad fundadas en el inicio del Procedimiento Concursal de Renegociación, con la sola excepción de suspender las líneas de crédito o sobregiro que se hubieren pactado. Sin perjuicio de lo anterior, las obligaciones ya contraídas mantendrán sus condiciones de pago, sin que se pueda acelerar o aplicarles multas fundadas en el inicio del referido procedimiento. Si la contraparte de estos contratos realizare cualquier acción que importe el término de los mismos o exigiera anticipadamente el pago de su

crédito, dicho crédito quedará pospuesto en su pago hasta que se paguen la totalidad de los acreedores a quienes afectará el Acuerdo de Renegociación.

5) Cualquier interesado podrá observar u objetar los créditos de la nómina señalada en el número 2) del artículo 263, y verificar además las preferencias de todos sus créditos, así como el listado de bienes señalado en el número 3) del mismo artículo, hasta tres días hábiles administrativos antes de la celebración de la audiencia de determinación del pasivo regulada en el artículo siguiente. También podrá concurrir a ella con derecho a voz y voto. La Superintendencia dictará una norma de carácter general que regule, en todo lo no establecido en la presente ley, la presentación y tramitación de las observaciones u objeciones.

6) La Persona Deudora no podrá ejecutar actos ni celebrar contratos relativos a sus bienes embargables que sean parte de Procedimiento Concursal de Renegociación, bajo el apercibimiento de ser tenido por depositario alzado en los términos del artículo 444 del Código de Procedimiento Civil.

Los efectos señalados en este artículo se extinguirán con la publicación en el Boletín Concursal de la resolución que declara finalizado el Procedimiento Concursal de Renegociación, de acuerdo con el artículo 268 o aquella que lo declara finalizado anticipadamente, de conformidad a lo dispuesto en el artículo 269.

Artículo 265. Audiencia de determinación del pasivo. La asistencia a la audiencia de determinación del pasivo será obligatoria para todos los acreedores individualizados en la Resolución de Admisibilidad que hayan sido notificados en conformidad a lo dispuesto en el artículo 263, bajo apercibimiento de proseguirse su tramitación sin volver a notificar a los acreedores ausentes y asumiendo lo obrado durante la audiencia de determinación del pasivo.

Esta audiencia se celebrará ante el Superintendente o ante quien éste designe mediante resolución, con los acreedores que asistieren y la Persona Deudora, personalmente o debidamente representada. El Superintendente, o quien éste designe, actuará como facilitador, ayudando a las partes a adoptar una solución satisfactoria. Dicho procedimiento se regulará a través de una norma de carácter general de la Superintendencia.

La Superintendencia presentará una propuesta de nómina de pasivo teniendo en vista el listado acompañado por la Persona Deudora de acuerdo al artículo 261, lo indicado por quienes hubieren observado u objetado el referido listado de acreedores, y las observaciones que la Superintendencia pudiere sugerir.

En esta audiencia, con el voto de la Persona Deudora y de dos o más acreedores que en conjunto representen más del 50 por ciento del pasivo según la propuesta señalada en el inciso anterior, se determinará el pasivo con derecho a voto. Los créditos de las Personas Relacionadas con la Persona Deudora no se considerarán para los efectos de quórum ni para las votaciones a que hubiere lugar.

Si no se llegare a acuerdo respecto de la determinación del pasivo de la Persona Deudora, la Superintendencia podrá suspender esta audiencia por una vez, hasta por diez días, con el objeto de propender al Acuerdo.

Si aún así no se llegare a acuerdo respecto del pasivo de la Persona Deudora, en la primera o segunda audiencia, la Superintendencia deberá citar a una audiencia de ejecución, la que deberá celebrarse no antes de quince ni después de treinta días contados desde la fecha de celebración de la audiencia de determinación del pasivo. En caso de que no existiera acuerdo respecto de la determinación del pasivo del Deudor, la propuesta de nómina de pasivo presentada por la Superintendencia será la nómina de créditos reconocidos.

En caso de acordarse el pasivo de la Persona Deudora, la Superintendencia dictará una resolución que contendrá el acta con la nómina de créditos reconocidos y la citación a todos los acreedores cuyos créditos fueron reconocidos, a la audiencia de renegociación regulada en el artículo siguiente, la cual se publicará en el Boletín Concursal dentro del segundo día siguiente.

La audiencia de renegociación deberá celebrarse no antes de quince ni después de treinta días hábiles administrativos contados desde la publicación señalada.

Artículo 266. Audiencia de renegociación. Determinado el pasivo conforme al artículo anterior, se llevará a cabo la audiencia de renegociación en la fecha señalada en la resolución de que da cuenta el citado artículo precedente.

Esta audiencia se celebrará ante el Superintendente, o ante quien éste designe, con los acreedores que asistieren o los representantes legales en su caso y la Persona Deudora, personalmente o debidamente representada. Al igual que en la audiencia de determinación del pasivo regulada en el artículo anterior, el Superintendente, o quien éste designe, facilitará la adopción de un acuerdo entre las partes.

La Superintendencia podrá ajustar la propuesta presentada por el Deudor, con el consentimiento de este último, manifestado expresamente en la audiencia de renegociación.

La renegociación se acordará con el voto conforme de la Persona Deudora y de dos o más acreedores que en conjunto representen más del 50% del pasivo reconocido. No se considerarán en el pasivo para los efectos del quórum ni para las votaciones a que hubiere lugar los créditos de las Personas Relacionadas con la Persona Deudora, ni los acreedores garantizados que asistan y voten en contra del Acuerdo de Renegociación propuesto.

Respecto de los acreedores cuyos créditos estén garantizados con cauciones personales deberá distinguirse:

a) Si el respectivo acreedor vota a favor del Acuerdo de Renegociación, o no asiste a la audiencia, su crédito se sujetará a los términos y modalidades establecidos en el referido acuerdo y no podrá cobrarlo en términos o condiciones distintas a los estipulados.

b) Si el respectivo acreedor asiste y vota en contra del Acuerdo del Renegociación propuesto, su crédito no se considerará en el referido pasivo y podrá perseguirlo respecto de los fiadores, avalistas o codeudores solidarios o subsidiarios, en los términos originalmente pactados. Al fiador, avalista o codeudor solidario o subsidiario que hubiere pagado le afectarán los términos y condiciones del Acuerdo de Renegociación celebrado.

Respecto de los acreedores cuyos créditos estén garantizados con prenda e hipoteca deberá distinguirse:

1) Si el respectivo acreedor vota a favor del Acuerdo de Renegociación o no asiste a la audiencia que señala este artículo, quedará sujeto a los términos y condiciones establecidas en el referido acuerdo y no podrá cobrar su crédito en términos distintos a los estipulados.

2) Si el respectivo acreedor asiste y vota en contra del Acuerdo de Renegociación, su crédito no se considerará en el referido pasivo y podrá ejecutar su garantía únicamente para el pago del crédito caucionado con garantía específica. Respecto de los demás créditos que tenga el mismo acreedor en contra de la Persona Deudora, en su caso, y que no se encuentren caucionados con garantías específicas, quedarán sujetos a los términos y condiciones estable-

cidos en el referido acuerdo y no podrán ser cobrados en términos distintos a los estipulados.

Si la obligación de la Persona Deudora está garantizada con prenda o hipoteca sobre bienes de propiedad de terceros, y el respectivo acreedor asiste y vota en contra del Acuerdo de Renegociación propuesto, su crédito no se considerará en el pasivo y podrá cobrarlo respecto de las prendas e hipotecas otorgadas por terceros. Al tercero poseedor de la finca hipotecada o propietario del bien prendado que hubiere pagado de acuerdo a lo anterior le afectarán los términos y condiciones del Acuerdo de Renegociación celebrado.

Si no se acordare la renegociación, la Superintendencia podrá suspender esta audiencia por una sola vez, hasta por diez días hábiles administrativos, con el objeto de propender al acuerdo.

Si no se arribare a acuerdo, en la primera o segunda audiencia de renegociación, la Superintendencia deberá citar a una audiencia de ejecución, la que deberá celebrarse no antes de quince ni después de treinta días hábiles administrativos contados desde la publicación en el Boletín Concursal de la citación señalada.

Acordada la renegociación, la Superintendencia dictará una resolución que contendrá el acta con el Acuerdo de Renegociación, suscrito por la Persona Deudora, los acreedores presentes y el Superintendente, o quien éste haya designado. El acta con el Acuerdo de Renegociación que se levante en la señalada audiencia se publicará en el Boletín Concursal dentro de los dos días hábiles administrativos siguientes.

El Acuerdo de Renegociación afectará únicamente a los acreedores que figuren en la nómina de créditos reconocidos de acuerdo a lo señalado en el artículo anterior, hayan concurrido o no a la audiencia de renegociación.

El Acuerdo de Renegociación podrá versar sobre cualquier objeto que propenda a repactar, novar o remitir las obligaciones de la Persona Deudora y no podrá ser revocado con posterioridad conforme al artículo 290 de esta ley si la Persona Deudora es sometida a un Procedimiento Concursal de Liquidación Simplificada.

Artículo 267. Audiencia de ejecución. Si no se alcanzare acuerdo respecto del pasivo de la Persona Deudora o respecto de la renegociación de sus obligaciones conforme a los artículos anteriores, la Superintendencia citará a los acreedores a una audiencia de ejecución.

Esta audiencia se celebrará ante el Superintendente o ante quien éste designe mediante resolución, con los acreedores que asistieren o sus representantes legales, y la Persona Deudora, personalmente o debidamente representada.

Al igual que en las audiencias reguladas en los artículos anteriores, el Superintendente, o quien éste designe, facilitará la adopción de un acuerdo entre las partes.

En dicha audiencia la Superintendencia presentará una propuesta de realización del activo declarado, la que adicionalmente podrá contener un plan de reembolso del Deudor para con los acreedores de acuerdo con lo dispuesto en el presente inciso. En la propuesta se indicarán los bienes legalmente excluidos. La Persona Deudora y dos o más acreedores que representen a lo menos el 50 por ciento del pasivo reconocido con derecho a voto o el 50 por ciento del pasivo que consta en la propuesta de la Superintendencia a que se refiere el inciso tercero del artículo 265, en su caso, aprobarán la propuesta. Ésta contendrá la fórmula de realización del activo del Deudor y, si lo hubiera, un plan de reembolso con el respectivo monto que deberá pagar el Deudor para cumplir con el plan, el que mensualmente no podrá exceder del 30 por ciento de sus ingresos declarados en el procedimiento. Este plan deberá contener la forma y plazo en que deberá efectuarse dicho pago, el que no podrá exceder de seis meses contados desde la publicación del Acuerdo de Ejecución en el Boletín Concursal. No se considerarán para los efectos de quórum ni para las votaciones a que hubiere lugar los créditos de las Personas Relacionadas con la Persona Deudora.

Siempre podrán formularse vías alternativas de realización de bienes de la Persona Deudora, las que serán sometidas al mismo quórum de aprobación anterior.

El acuerdo de ejecución contendrá la forma en que serán realizados los bienes de la Persona Deudora y el pago a los acreedores señalados en dicho acuerdo, en la forma establecida en el Título XLI del Libro IV del Código Civil "De la Prelación de Créditos".

Si no se llegare a un acuerdo, la Superintendencia podrá suspender esta audiencia por una sola vez, hasta por diez días hábiles administrativos, con el objeto de propender al acuerdo.

Si no se llegare a un acuerdo tras la suspensión señalada en el inciso anterior, la Superintendencia remitirá los antecedentes al tribunal competente del domicilio del Deudor, el cual dictará la correspondiente Resolución de Liquidación, de acuerdo a lo dispuesto en Título 2 de este Capítulo.

Si el acuerdo de ejecución designare a un Liquidador, éste deberá formar parte de la Nómina de Liquidadores vigente a la fecha, y sus honorarios se pagarán de conformidad con lo dispuesto en el artículo 40, los que se calcularán exclusivamente sobre el producto de la realización de los bienes del Deudor y de ningún modo respecto del aporte enterado con cargo al plan de reembolso. Si de lo anterior resultare que los honorarios del Liquidador fueren inferiores a 30 unidades de fomento, éste tendrá derecho a una remuneración única de 30 unidades de fomento, que será pagada por la Superintendencia con cargo a su presupuesto.

Vencido el plazo señalado en el acuerdo para la realización de los bienes, el Liquidador, si lo hubiere, procederá al reparto de fondos en los términos del Título 5 del Capítulo IV de esta ley. Toda objeción o incidencia en relación a la gestión del Liquidador en este reparto de fondos deberá interponerse por los acreedores ante la Superintendencia, la que resolverá administrativamente en única instancia y sin ulterior recurso.

El plazo para la realización del activo y el referido reparto de fondos contenidos en el acuerdo de ejecución no podrá ser superior a seis meses contado desde la publicación del Acuerdo de Ejecución en el Boletín Concursal.

El acta con el Acuerdo de Ejecución que se levante en la señalada audiencia se publicará en el Boletín Concursal dentro de los dos días hábiles administrativos siguientes.

La Superintendencia dictará una norma de carácter general que regule, en todo lo no establecido en la presente ley, los contenidos del acuerdo de ejecución que propondrá la Superintendencia y la forma en que se desarrollará la señalada audiencia.

Artículo 268. Resolución que declara finalizado el Procedimiento Concursal de Renegociación y de la ejecución. Una vez vencido el plazo para impugnar el Acuerdo de Renegociación, o una vez resuelta y desechada la impugnación, conforme a lo establecido en el artículo 272, la Superintendencia declarará finalizado el Procedimiento Concursal de Renegociación y las obligaciones respecto de los créditos que conforman dicho acuerdo se entenderán extinguidas, novadas o repactadas, según lo acordado, y la Persona Deudora se entenderá rehabilitada para todos los efectos legales. Para ello, la Superintendencia emitirá un certificado de incobrabilidad a solicitud de los acreedores titulares de las deudas remitidas, que les permita castigar sus créditos en conformidad a la ley cuando corresponda.

Una vez verificado el cumplimiento del plazo establecido en el Acuerdo de Ejecución para la realización de los bienes del Deudor, la Superintendencia declarará finalizado el Procedimiento Concursal de Renegociación y los saldos insolutos de las obligaciones de la Persona Deudora respecto de los créditos parte de dicho acuerdo se entenderán extinguidos por el solo ministerio de la ley.

La extinción de las obligaciones no afectará a los derechos de los acreedores frente al fiador, codeudor, solidario o subsidiario, avalista o tercero constituyente de garantías reales para asegurar el cumplimiento de las obligaciones del Deudor, quienes no podrán invocar el beneficio previsto en el presente artículo ni podrán subrogarse en los derechos de los acreedores o exigir un reembolso por los pagos efectuados.

Artículo 269. Término anticipado del Procedimiento Concursal de Renegociación y sus efectos. La Superintendencia declarará el término anticipado de Procedimiento Concursal de Renegociación:

1) Si la Persona Deudora infringe la prohibición establecida en el número 6) del artículo 264, sin perjuicio de la sanción propia establecida para el depositario alzado del artículo 444 del Código de Procedimiento Civil.

2) Si la Persona Deudora deja de cumplir alguno de los requisitos señalados en el artículo 260.

3) Si no se arribare a acuerdo en la audiencia de ejecución.

4) Si con posterioridad al inicio del procedimiento aparecieren bienes no declarados por la Persona Deudora en los antecedentes a que se refiere el artículo 261.

5) Si llegado el plazo establecido en el Acuerdo de Ejecución, no se informa a la Superintendencia su cumplimiento, de conformidad a lo establecido en el Acuerdo.

Declarado el término anticipado del Procedimiento Concursal de Renegociación, finalizarán los efectos de la Resolución de Admisibilidad regulados en el artículo 264. Vencido el plazo para reponer administrativamente en los términos del artículo 270 sin que se hubiere presentado un recurso de reposición, o habiéndose presentado se hubiere rechazado, la Superintendencia remitirá los antecedentes al tribunal competente, el que dictará la correspondiente resolución de liquidación, de acuerdo a lo dispuesto en el Título 2 de este Capítulo.

Artículo 270. Recursos y Limitación. Contra la resolución que declare finalizado el Procedimiento Concursal de Renegociación o que lo declare terminado anticipadamente, procederá el recurso de reposición administrativa en los términos establecidos en el artículo 59 de la ley N° 19.880.

En contra de la resolución que desecha la reposición interpuesta procederá el recurso de reclamación en los términos que señala el artículo 341 de esta ley, en cuanto sea aplicable. La interposición del recurso de reclamación señalado no suspenderá los efectos del Procedimiento Concursal de Renegociación, el que continuará sustanciándose conforme a las reglas de este Capítulo.

La Persona Deudora cuya solicitud de inicio del Procedimiento Concursal de Renegociación fuere declarada admisible, no podrá solicitarlo nuevamente, sino una vez transcurridos cinco años contados desde la fecha de publicación de la Resolución de Admisibilidad.

Artículo 271. Bienes excluidos del acuerdo de ejecución. Serán inembargables aquellos bienes a los que se refiere el artículo 445 del Código de Procedimiento Civil, así como todos aquellos que las leyes declaren inembargables.

Si la Persona Deudora se encontrare casada, se aplicarán a la realización de sus bienes, cuando procediere, las normas establecidas en los artículos pertinentes del Código Civil y en leyes especiales, atendido el régimen de bienes que hubieren pactado los cónyuges.

Artículo 272. De la impugnación del Acuerdo de Renegociación o del Acuerdo de Ejecución. El Acuerdo de Renegociación o el Acuerdo de Ejecución podrán ser impugnados por los acreedores a quienes les afecte, siempre que se funden en alguna de las siguientes causales:

1) Error en el cómputo de las mayorías requeridas en este Capítulo, siempre que incida en el quórum necesario para el acuerdo.

2) Falsedad o exageración del crédito de alguno de los acreedores que haya concurrido con su voto a formar el quórum necesario para el respectivo acuerdo y si, excluida la parte falsa o exagerada del crédito, no se lograre el quórum necesario para el acuerdo.

3) Concierto entre uno o más acreedores y el deudor para votar a favor, abstenerse de votar o rechazar el Acuerdo de Renegociación o el Acuerdo de Ejecución, falseando, omitiendo o adulterando información para obtener una ventaja indebida respecto de los demás acreedores.

4) Si con posterioridad a la celebración de un Acuerdo de Renegociación o de un Acuerdo de Ejecución aparecieran bienes.

La impugnación deberá deducirse ante el tribunal al que le corresponderá conocer del Procedimiento Concursal de Liquidación Simplificada, dentro del plazo de diez días contado desde la publicación del Acuerdo de Renegociación o del Acuerdo de Ejecución en el Boletín Concursal.

Las impugnaciones al Acuerdo de Renegociación o al Acuerdo de Ejecución se tramitarán conforme a las normas del juicio sumario y contra la resolución que se pronuncie no procederá recurso alguno.

Si se acoge la impugnación al Acuerdo de Renegociación o al Acuerdo de Ejecución el tribunal, de oficio y sin más trámite, dictará la Resolución de Liquidación de los bienes la Persona Deudora en la misma resolución que acoge la impugnación.

Si el Acuerdo de Renegociación o el Acuerdo de Ejecución han sido impugnados y las impugnaciones han sido desechadas, la Superintendencia declarará finalizado el Procedimiento Concursal de Renegociación de la Persona Deudora, conforme a lo establecido en el artículo 268 de esta ley.

El Acuerdo de Renegociación o el Acuerdo de Ejecución regirá no obstante las impugnaciones que se hubieren interpuesto en su contra. Sin embargo, si ellas fueren interpuestas por acreedores que representen en su conjunto a lo menos el 30% del pasivo, el acuerdo impugnado no producirá efectos hasta que la impugnación sea desestimada por sentencia firme y ejecutoriada.

En el caso anterior, los actos y contratos ejecutados o celebrados por el Deudor en el tiempo que medie entre el Acuerdo de Renegociación o el Acuerdo de Ejecución y la fecha en que queda ejecutoriada la resolución que acoja las impugnaciones, no podrán dejarse sin efecto.

Artículo 272 A. Modificación del Acuerdo de Renegociación. La Persona Deudora a la que le fuere imposible dar cumplimiento al Acuerdo de Renegociación podrá solicitar su modificación por una sola vez, siempre que acredite que al menos el 50 por ciento de las obligaciones declaradas por ella proviene de acreencias del Acuerdo de Renegociación originalmente pactado.

Para todos los efectos legales, la modificación se tramitará como un nuevo Procedimiento Concursal de Renegociación de la Persona Deudora. Sin perjuicio de lo anterior, la solicitud deberá indicar, además de lo señalado en el artículo 261, las obligaciones del Acuerdo Concursal de Renegociación respecto de las cuales el Deudor se encuentra en mora.

La resolución de la Superintendencia que declare admisible el procedimiento deberá individualizar el Acuerdo de Renegociación que será modificado.

Artículo 272 B. Antecedentes que debe remitir la Superintendencia respecto de las Personas Deudoras. Cada vez que la ley ordene a la Superintendencia remitir antecedentes al tribunal competente para que se dicte la Resolución de Liquidación, se entenderá que deberá remitir:

1. Copia de los antecedentes aportados por la Persona Deudora, a los que se refiere el artículo 261.
2. Copia de la resolución a que se refiere el artículo 263.
3. Copia de la propuesta de determinación del pasivo a que se refiere el artículo 265.
4. Copia del acta de la audiencia de ejecución, en que conste que no se arribó a acuerdo.
5. Copia de la resolución que declare terminado anticipadamente el Procedimiento Concursal de Renegociación, en los términos del artículo 269.

TÍTULO 2
DEL PROCEDIMIENTO CONCURSAL DE LIQUIDACIÓN SIMPLIFICADA

§ 1. Del Procedimiento Concursal de Liquidación Voluntaria Simplificada

Artículo 273. El procedimiento de este Título se aplicará a Personas Deudoras y a Empresas Deudoras que califiquen como micro o pequeña empresa de acuerdo con el artículo segundo de la ley N° 20.416 y con el artículo 505 bis del Código del Trabajo. Para efectos de este Título se les denominará indistintamente como Deudor.

La circunstancia de ser el Deudor una Empresa Deudora que cumpla con los requisitos del inciso anterior será acreditada a través de una declaración jurada suscrita por el representante del Deudor o el Deudor, según corresponda, y acompañando la información que determinará la Superintendencia por norma de carácter general.

Los modelos de declaración jurada se regularán por la Superintendencia en la norma de carácter general señalada en el inciso anterior y estarán disponibles en sus dependencias y en su sitio web.

Será aplicable a este procedimiento lo dispuesto en el Capítulo IV en todo aquello que no sea contrario a las disposiciones del presente párrafo.

Artículo 273 A. Antecedentes de la solicitud. El Deudor que inicie un Procedimiento Concursal de Liquidación Voluntaria Simplificada deberá acompañar los siguientes antecedentes y documentos:

1. Nómina de todos los bienes que sean de su dominio, si los hubiere, con indicación de su avalúo comercial, su estado de conservación, los gravámenes que les afecten y el lugar donde se ubican, incluyendo todos aquellos que se encuentren en su poder en una calidad distinta de la de dueño y aquellos bienes constituidos en garantía a su favor y la documentación que lo acredite. Asimismo, deberá indicar su participación en sociedades, comunidades y comunidades hereditarias.

2. Documentación que acredite el dominio de los bienes señalados en el numeral anterior, respecto de los cuales exista registro, si los hubiere. Particularmente, en el caso de los bienes raíces, el certificado de dominio vigente emitido por el Conservador de Bienes Raíces respectivo. Asimismo, en el caso de los vehículos motorizados, el certificado de anotaciones vigentes de vehículos motorizados emitido por el Servicio de Registro Civil e Identificación.

3. Nómina de los bienes legalmente excluidos del Procedimiento Concursal de Liquidación Voluntaria Simplificada.

4. Relación de juicios pendientes con efectos patrimoniales, si los hubiere.

5. Estado de deudas, con indicación del nombre de los acreedores, la naturaleza y monto de sus créditos. Adicionalmente, el informe de deuda emitido por la Comisión para el Mercado Financiero o la autoridad que corresponda.

6. Nómina de los trabajadores, cualquiera sea su situación contractual, con indicación de las prestaciones derivadas de la relación laboral adeudadas y fueros en su caso, incluyendo antecedentes que den cuenta del estado de pago de las cotizaciones de seguridad social y de las liquidaciones de sueldo, si corresponde.

7. Copia de las cartolas históricas de las cuentas corrientes y cuentas vistas asociadas al Deudor, en el caso de las Empresas Deudoras que sean personas jurídicas. En el caso de la Empresa Deudora que sea persona natural deberá acompañar sólo copia de las cartolas históricas de las cuentas corrientes y cuentas vistas asociadas a su actividad económica, con dos años de anterioridad al inicio del Procedimiento Concursal de Liquidación Simplificada y emitidas dentro de los cinco días anteriores a la presentación de la solicitud de inicio de este procedimiento, para ambos casos.

8. Copia de los antecedentes contenidos en la carpeta tributaria electrónica.

9. Declaración jurada que indique que los antecedentes y documentos que se adjuntan a esta solicitud de inicio del Procedimiento Concursal de Liquidación Voluntaria Simplificada son completos y fehacientes.

Tratándose de una Persona Deudora, los antecedentes de carácter patrimonial y tributario acompañados al procedimiento serán de carácter reservado, y sólo tendrán acceso a ellos el Liquidador, los acreedores y la Superintendencia. Ninguno de estos antecedentes podrá ser almacenado ni utilizado con otros fines que los propios de este procedimiento, y deberán ser eliminados al término de éste.

La Superintendencia, mediante norma de carácter general, establecerá el formato y contenido de esta solicitud.

Si se trata de una persona jurídica, los documentos referidos serán firmados por sus representantes legales.

Artículo 273 B. Admisibilidad. No podrá solicitar la Liquidación Voluntaria de sus bienes el Deudor respecto del cual exista una resolución de término de un Procedimiento Concursal de Liquidación o de Liquidación Simplificada firme y ejecutoriada, sino una vez transcurridos cinco años contados desde la fecha de su publicación.

Asimismo, el juez podrá denegar dar curso a la solicitud de Liquidación Voluntaria, ante la insuficiencia o incumplimiento de cualquiera de los requisitos o antecedentes mencionados en el artículo anterior.

No obstante lo anterior, el juez no podrá denegar la dictación de la Resolución de Liquidación en los Procedimientos Concursales de Liquidación Simplificada cuando ellos se inicien en virtud de las disposiciones de otros procedimientos concursales.

Artículo 274. Tramitación y Resolución de Liquidación. Presentada la solicitud de inicio por el Deudor, se solicitará la nominación del Liquidador de conformidad a lo dispuesto en el artículo 37 de esta ley.".

Recibido el Certificado de Nominación, el tribunal dictará la Resolución de Liquidación de los bienes de la Persona Deudora, la que contendrá las menciones señaladas en el artículo 129 y será publicada en el Boletín Concursal, conforme lo dispone el inciso final de dicha norma. Respecto de los efectos de la Resolución de Liquidación regirá lo dispuesto en el Párrafo 4 del Título 1 del Capítulo IV.

En la Resolución de Liquidación, la orden establecida en el número 3) del inciso primero del artículo 129 de proceder a la incautación será reemplazada por la orden de requerir al Deudor la entrega de los bienes o su incautación, según corresponda, de conformidad a lo dispuesto en el artículo 275.

Artículo 275. De la entrega de los bienes. En los procedimientos regulados en el presente párrafo, no será necesaria la diligencia de incautación.

El Liquidador requerirá al Deudor la entrega de los bienes a lo menos cinco días antes de la fecha de su realización. En dicho requerimiento, el Liquidador levantará un acta de recepción en la que se señalará día, lugar y hora en la que se entregaron los bienes, la que será firmada tanto por el Deudor como por el Liquidador.

Esta acta deberá ser publicada por el Liquidador en el Boletín Concursal dentro de los dos días siguientes a la recepción.

En el tiempo que intermedie el inicio del procedimiento y el levantamiento del acta de recepción de los bienes, el Deudor quedará en calidad de depositario provisional para todos los efectos legales.

Sin perjuicio de lo anterior, de forma excepcional y fundada, el tribunal podrá disponer en la Resolución de Liquidación, previo análisis de los documentos acompañados por el Deudor de conformidad a lo dispuesto en el artículo 273 A, la realización de la diligencia de incautación, y deberá el Liquidador levantar la respectiva acta de incautación e inventario en el lugar en que se encuentren los bienes, conforme a las normas del Párrafo 5 del Título 1 del Capítulo IV.

Asimismo, si durante la tramitación del procedimiento el Deudor incumpliere con los deberes de cuidado en su calidad de depositario provisional, o aparecieren bienes no declarados por el Deudor, el tribunal ordenará al Liquidador la realización de la diligencia de incautación e inventario en los términos de los artículos 163 y siguientes. En este caso, se entenderá que el Deudor ha incumplido con su deber de colaboración establecido en el artículo 169.

Artículo 276. Inembargabilidad. Sin perjuicio de lo dispuesto en el número 2° del artículo 445 del Código de Procedimiento Civil, sólo podrá embargarse la remuneración de la Persona Deudora hasta por tres meses después de dictada la resolución de liquidación de los bienes de la Persona Deudora.

Si la Persona Deudora se encontrare casada, se aplicarán a la realización de los bienes de ésta, cuando procediere, las normas establecidas en los artículos pertinentes del Código Civil y en leyes especiales, atendido el régimen de bienes que hubieren pactado los cónyuges.

Artículo 277. Verificación ordinaria de créditos. Los acreedores tendrán el plazo de quince días, contado desde la notificación de la Resolución de Liquidación, para verificar sus créditos y alegar su preferencia ante el tribunal que conoce del procedimiento y acompañar los títulos justificativos del crédito. Asimismo, deberán indicar una dirección válida de correo electrónico para recibir las notificaciones que fueren pertinentes.

Vencido el plazo señalado en el inciso anterior, dentro de los dos días siguientes, el Liquidador publicará en el Boletín Concursal todas las verificaciones presentadas.

Artículo 277 A. Acreedores prestadores de Servicios de Utilidad Pública. Lo preceptuado en el artículo precedente también será aplicable a los acreedores que presten Servicios de Utilidad Pública conforme al artículo 171.

Artículo 277 B. Término del periodo de verificación ordinaria de créditos. Vencido el plazo de quince días señalado en el artículo 277, se entenderá cerrado de pleno derecho el período ordinario de verificación de créditos.

Artículo 277 C. Estudio de créditos y preferencias. En cumplimiento de sus deberes legales, el Liquidador examinará todos los créditos que se verifiquen y las preferencias que se aleguen, e investigará su origen, cuantía y legitimidad por todos los medios a su alcance, especialmente aquellos verificados por las Personas Relacionadas del Deudor. Si no encontrare justificado algún crédito o preferencia, deberá deducir la objeción que corresponda, de conformidad a las disposiciones del artículo 277 D.

Artículo 277 D. Objeción de créditos. Los acreedores, el Liquidador y el Deudor tendrán el plazo de cinco días, contado desde el vencimiento del período ordinario de verificación, para deducir objeción fundada sobre la existencia, montos o preferencias de los créditos que se hayan verificado.

Las objeciones señaladas anteriormente se presentarán ante el tribunal que conoce del procedimiento. Expirado el plazo de cinco días que se indica en el inciso anterior sin que se formulen objeciones, los créditos no objetados quedarán reconocidos. Asimismo, vencido dicho plazo, y dentro de los dos días siguientes, el Liquidador publicará en el Boletín Concursal todas las objeciones presentadas, confeccionará la nómina de créditos reconocidos, la acompañará al expediente y la publicará en el Boletín Concursal.

Artículo 277 E. Impugnación de créditos. Si se formulan objeciones, el Liquidador arbitrará las medidas necesarias para que se obtenga el debido ajuste entre los acreedores o entre éstos y el Deudor, y se subsanen las objeciones. Si ellas no se subsanan, los créditos objetados se considerarán impugnados.

El tribunal apreciará el fundamento de las objeciones, y podrá solicitar al Liquidador el informe señalado en el inciso primero del artículo 175.

La resolución que falle las impugnaciones se dictará dentro de décimo día contado desde la notificación de la resolución que tiene por acompañada la nómina de créditos impugnados y ordenará la incorporación o modificación de los créditos en la nómina de créditos reconocidos, cuando corresponda. La referida nómina de créditos reconocidos modificada deberá ser publicada por el Liquidador en el Boletín Concursal dentro de los dos días siguientes a la fecha en que se dicte la resolución señalada.

Artículo 277 F. De la verificación extraordinaria de créditos. Los acreedores que no hayan verificado sus créditos en el período ordinario podrán hacerlo mientras no esté firme y ejecutoriada la resolución que tenga por aprobada la Cuenta Final de Administración del Liquidador, para ser considerados sólo en los repartos futuros, y deberán aceptar todo lo obrado con anterioridad. La resolución que tenga por presentada la verificación deberá ser publicada por el Liquidador en el Boletín Concursal dentro de los dos días siguientes a su presentación.

Los créditos verificados extraordinariamente podrán ser objetados o impugnados en conformidad al procedimiento establecido en los artículos 277 D y 277 E, dentro del plazo de cinco días contado desde la notificación de su verificación en el Boletín Concursal.

Artículo 278. De las Juntas de Acreedores. En los Procedimientos Concursales de Liquidación Simplificada de este Título no se celebrará junta constitutiva, ordinaria ni extraordinaria de acreedores.

Sin perjuicio de lo anterior, durante el procedimiento, el o los acreedores que representen en su conjunto a lo menos el 25 por ciento del pasivo con derecho a voto podrán solicitar al tribunal que cite extraordinariamente a Junta de Acreedores.

El tribunal fijará el día, hora y lugar de celebración de la Junta, y ordenará al Liquidador publicar la citación y la respectiva solicitud en el Boletín Concursal, dentro de dos días de notificada la resolución por el estado diario.

La Junta deberá celebrarse transcurridos a lo menos tres días después de la publicación de la citación por el Liquidador en el Boletín Concursal.

Artículo 278 A. De las formalidades de la Junta Extraordinaria. La Junta contará con la presencia del Liquidador, y actuará como ministro de fe el secretario del tribunal.

El tribunal, antes de dar inicio a esta Junta, deberá dar cumplimiento a lo establecido en el artículo 190.

De los puntos tratados, los acuerdos adoptados y demás materias que el tribunal estime pertinentes deberá dejarse constancia en un acta que será firmada por el secretario del tribunal y los acreedores que lo soliciten. Una copia autorizada de dicha acta será agregada al expediente por el tribunal y publicada en el Boletín Concursal por el Liquidador.

Para efectos de los quórum para sesionar y para adoptar decisiones en estas Juntas Extraordinarias se estará a lo dispuesto en el Párrafo 7 del Título 1 del Capítulo IV.

Artículo 279. De la realización del activo. La realización del activo se llevará a cabo conforme a lo dispuesto en el artículo 204.

Sin perjuicio de lo anterior, se permitirá la venta de los bienes muebles por medio de plataformas electrónicas y sin mediación de un martillero concursal, lo cual deberá ser informado por el Liquidador al tribunal mediante presentación escrita. Estas plataformas deberán permitir al Liquidador individualizar al Deudor propietario de cada uno de los bienes, de modo tal que pueda mantener un registro individual y fehaciente de los ingresos de cada procedimiento. En estos casos, sólo podrá cobrarse una comisión al adjudicatario de la venta. El uso de estas plataformas deberá ser autorizada por la Superintendencia, para lo cual dictará una norma de carácter general. Esta norma también regulará las menciones mínimas que deberán tener las publicaciones de los bienes en las plataformas electrónicas.

Artículo 279 A. De la realización de los bienes garantizados. Sin perjuicio de lo dispuesto en el artículo anterior, los acreedores hipotecarios y prendarios podrán ejecutar individualmente los bienes gravados de acuerdo al artículo 135. En este caso, el tribunal no podrá dictar la resolución de término hasta la realización y liquidación del respectivo bien que sirve de garantía, con la finalidad de determinar si existiere un remanente a ser restituido a la masa.

Artículo 279 B. Solicitud de no perseverar en la realización de bienes. Sin perjuicio de lo dispuesto en el artículo 229, el Liquidador podrá solicitar al tribunal autorización para no perseverar en la venta de uno o más bienes muebles determinados del Deudor, para lo cual deberá acreditar ante el tribunal que mantuvo publicado el aviso de venta del bien por un mínimo de cuarenta y cinco días en una plataforma electrónica autorizada por la Superintendencia, de acuerdo con lo dispuesto en el artículo 279, sin haber logrado su enajenación.

El tribunal dará traslado de esta solicitud a los acreedores, y les otorgará un plazo de cinco días para pronunciarse al respecto. Transcurrido el plazo sin que se presentaren objeciones al requerimiento, el tribunal autorizará al Liquidador a no perseverar en la realización de los bienes. De lo contrario, si alguno de los acreedores ha objetado la solicitud dentro de plazo, el tribunal resolverá la objeción en el término de diez días y contra esta resolución no procederá recurso alguno. Si el tribunal resuelve rechazar la solicitud del Liquidador, prorrogará hasta por dos meses el plazo para la enajenación de los bienes.

Artículo 280. Del pago del pasivo. El pago del pasivo se efectuará conforme a lo dispuesto en los Párrafos 1 y 3 del Título 5 del Capítulo IV de esta ley.

Artículo 281. Cuenta Final de Administración y de la objeción. Dentro de los quince días siguientes a la verificación de cualquiera de las circunstancias que se señalan en el artículo 50, el Liquidador deberá acompañar su Cuenta Final de Administración al tribunal, y deberá publicarla en el Boletín Concursal dentro del mismo plazo, cumpliendo con los requisitos del artículo 49.

Una vez emitida la resolución del tribunal que tiene por acompañada la Cuenta Final de Administración, el Liquidador dispondrá del plazo de tres días para presentar ante la Superintendencia copia de dicha resolución y copia de la referida cuenta.

El Deudor, los acreedores y la Superintendencia tendrán el plazo de diez días, contado desde la resolución que tiene por acompañada la Cuenta Final de Administración, para objetarla ante el tribunal.

En caso de no deducirse objeciones oportunamente, el Liquidador, el Deudor, la Superintendencia o los acreedores solicitarán al tribunal competente que tenga por aprobada, sin más trámite, la Cuenta Final de Administración para todos los efectos legales.

Si se presentan objeciones, el tribunal les dará tramitación incidental, conforme a las normas del Título IX del Libro I del Código de Procedimiento Civil, y valorará la prueba de acuerdo con las reglas de la sana crítica. El tribunal podrá requerir informe a la Superintendencia respecto del perjuicio a la masa o a los acreedores y del incumplimiento de los deberes del Liquidador. Además, el tribunal podrá determinar la suspensión provisoria del Liquidador para ser nominado en nuevos procedimientos, de lo cual informará a la Superintendencia.

Si el tribunal rechaza la o las objeciones, tendrá por aprobada la Cuenta Final de Administración.

La resolución del tribunal que acoja una o más objeciones señalará las medidas que el Liquidador deberá ejecutar para subsanar, reparar o corregir los defectos advertidos y el plazo en el cual deberán ser ejecutadas. Dicha corrección no se entenderá constitutiva de una nueva Cuenta Final de Administración.

Si el Liquidador no ejecuta las medidas señaladas por el tribunal dentro del plazo dispuesto, se tendrá por rechazada la Cuenta Final de Administración en todas sus partes, lo que deberá ser certificado por el tribunal. Si el Liquidador cumple con lo dispuesto, el tribunal tendrá por aprobada la Cuenta Final de Administración. Para efectos de determinar si las observaciones han sido subsanadas, el tribunal dará traslado a los objetantes y podrá solicitar informe a la Superintendencia.

En caso de rechazarse la cuenta, deberá designar al Liquidador suplente como titular, de acuerdo con lo establecido en el artículo 38.

Para la ejecución de la resolución que rechaza la Cuenta Final de Administración se estará a lo dispuesto en el artículo 53, en lo que no fuere contrario al presente artículo.

Una vez que se encuentre firme la sentencia que rechaza la Cuenta Final de Administración, la Superintendencia excluirá al Liquidador de la Nómina de Liquidadores, de conformidad a lo establecido en el artículo 34.

Artículo 281 A.- Del Término del Procedimiento Concursal de Liquidación Simplificada. Una vez publicada la resolución que tuvo por aprobada la Cuenta Final de Administración en los términos descritos en el artículo 281, el tribunal, de oficio o a petición de parte o de la Superintendencia, dictará una resolución que declare terminado el Procedimiento Concursal de Liquidación Simplificada, la que deberá ser publicada por el Liquidador en el Boletín Concursal en el plazo de cinco días contado desde la dictación de la resolución de término.

Si se hubiere promovido el incidente del artículo 169 A o deducido las acciones previstas en el Capítulo VI, el tribunal no podrá dictar la resolución de término sino hasta que se encontrare firme o ejecutoriada la resolución que falla el incidente, en el primer caso, o la sentencia que se pronuncia sobre las acciones deducidas, en el segundo.

Respecto de los efectos de la resolución de término y los recursos que proceden en su contra, se aplicará lo dispuesto en los artículos 255 y 256, respectivamente.

Artículo 281 B. Término del Procedimiento Concursal de Liquidación Simplificada por Acuerdo de Reorganización Judicial. Durante el Procedimiento Concursal de Liquidación Simplificada, una vez notificada la nómina de créditos reconocidos, el Deudor que califique como micro o pequeña empresa de conformidad con el artículo 273 podrá acompañar al tribunal competente una propuesta de Acuerdo de Reorganización Judicial y le serán aplicables las disposiciones contenidas en el Título 3 de este Capítulo, en lo que fueren procedentes y en todo lo que no se regule en las disposiciones siguientes.

Presentada una propuesta de Acuerdo de Reorganización Judicial, el tribunal dictará una resolución que la tendrá por acompañada. Una copia de la referida propuesta deberá ser publicada por el Liquidador en el Boletín Concursal.

En la misma resolución el tribunal competente fijará la fecha, lugar y hora en que deberá efectuarse la votación para pronunciarse sobre la propuesta de Acuerdo de Reorganización Judicial que presente el Deudor.

El quórum y la vigencia del Acuerdo de Reorganización Judicial se regirán por lo dispuesto en los artículos 258 y 259, respectivamente.

§ 2. De Procedimiento Concursal de Liquidación Forzosa Simplificada

Artículo 282. Causales para solicitar el inicio forzoso del Procedimiento Concursal de Liquidación Simplificada. Cualquier acreedor podrá demandar el inicio forzoso del Procedimiento Concursal de Liquidación Simplificada, en los siguientes casos:

a) Si existieren en contra del Deudor dos o más títulos ejecutivos vencidos, provenientes de obligaciones diversas, encontrándose iniciadas a lo menos dos ejecuciones, y no se hubieren presentado dentro de los cuatro días siguientes al respectivo requerimiento bienes suficientes para responder a la prestación que adeude y a sus costas.

b) Tratándose de un Deudor que califique como micro o pequeña empresa de conformidad con el artículo 273, cuando éste o sus administradores no sean habidos, y hayan dejado cerradas sus oficinas o establecimientos, salvo que se hubiere nombrado un mandatario con facultades suficientes para dar cumplimiento a sus obligaciones y contestar nuevas demandas. En este caso, el demandante podrá invocar como crédito incluso aquel que se encuentre sujeto a un plazo.

Para solicitar el inicio forzoso de un Procedimiento Concursal de Liquidación Simplificada no deberá existir respecto del Deudor otro Procedimiento Concursal en tramitación.

Este procedimiento se podrá iniciar respecto de los deudores contemplados en el inciso primero del artículo 273.

Artículo 283. Requisitos. La demanda se presentará ante el tribunal competente, señalará la causal invocada y sus hechos justificativos, y deberá acompañar los siguientes antecedentes:

1) Los documentos o antecedentes escritos que acreditan la causal invocada.

2) Vale vista o boleta bancaria expedida a la orden del tribunal por una suma equivalente a 100 unidades de fomento para subvenir los gastos iniciales del procedimiento y los honorarios de los Liquidadores para la administración del Procedimiento Concursal de Liquidación Simplificada.

3) Eliminado.

El Liquidador o Veedor que hubiese ejercido como tal en algún Procedimiento Concursal no podrá asumir en otro procedimiento respecto de un mismo Deudor.

El acreedor peticionario podrá designar a un Veedor vigente de la Nómina de Veedores, que asumirá en caso que el Deudor se oponga al Procedimiento Concursal de Liquidación Simplificada. Dicho Veedor supervigilará las actividades del Deudor mientras dure la tramitación del Juicio de Oposición, el que se sustanciará conforme a las normas de esta ley, y tendrá las facultades de interventor contenidas en el artículo 25. Los honorarios del Veedor no podrán ser superiores a 50 unidades de fomento y serán de cargo del acreedor peticionario. Sin perjuicio de lo anterior, el demandante podrá solicitar en su demanda cualquiera de las medidas señaladas en el Título V del Libro Segundo del Código de Procedimiento Civil.

Artículo 284. Revisión, primera providencia y notificación. Presentada la demanda, el tribunal competente examinará en el plazo de tres días el cumplimiento de los requisitos del artículo precedente. En caso que los considere cumplidos, la tendrá por presentada y citará a las partes a una audiencia que tendrá lugar al quinto día desde la notificación personal del deudor o conforme al artículo 44 del Código de Procedimiento Civil, aun cuando no se encuentre en el lugar del juicio. En caso contrario, ordenará al demandante la corrección pertinente y fijará un plazo de tres días para que subsane, bajo apercibimiento de tener por no presentada la demanda.

La audiencia se desarrollará conforme a las siguientes reglas:

1) El tribunal informará al Deudor acerca de la demanda presentada en su contra y de los efectos del Procedimiento Concursal de Liquidación Simplificada.

2) A continuación, el Deudor podrá proponer, por escrito o verbalmente, alguna de las siguientes alternativas:

a) Consignar fondos suficientes para el pago del crédito demandado y las costas correspondientes. El tribunal tendrá por efectuada la consignación, ordenará practicar la liquidación del crédito, la regulación y tasación de las costas, y señalará el plazo en que el Deudor deberá pagarlos, el que se contará desde que esas actuaciones se encuentren firmes. Si el Deudor no pagare en el plazo fijado, el tribunal dictará la respectiva Resolución de Liquidación.

b) Allanarse a la demanda, por escrito o verbalmente, caso en el cual el tribunal dictará la respectiva Resolución de Liquidación.

c) Oponerse a la demanda de Liquidación Forzosa, en cuyo caso se observarán las disposiciones del Párrafo 3 del Título 1 del Capítulo IV. En caso de haberse invocado la causal contemplada en el literal a) del inciso primero del artículo 282, la oposición del Deudor sólo podrá fundarse en las excepciones previstas en el artículo 464 del Código de Procedimiento Civil. De haberse deducido la demanda en virtud de lo dispuesto en el literal b) del inciso primero del artículo 282, el Deudor podrá fundar la oposición en la falta de concurrencia de uno o más de los requisitos de dicha causal.

d) Tratándose de una Empresa Deudora de las referidas en el artículo 273, acogerse expresamente al Procedimiento Concursal de Reorganización Simplificada.

3) Si el Deudor no comparece a esta audiencia o si, compareciendo, no efectúa alguna de las actuaciones señaladas en el número 2) anterior, el tribunal dictará la Resolución de Liquidación, previo requerimiento a la Superintendencia de la realización de sorteo de conformidad al artículo 37, y designará a los Liquidadores titular y suplente, ambos en carácter de provisionales. Desde dicho requerimiento hasta la dictación de Resolución de Liquidación el Deudor tendrá la calidad de depositario provisional para todos los efectos legales.

De lo obrado en esta audiencia se levantará acta, la que deberá ser firmada por los comparecientes y el secretario del tribunal.

Artículo 285. Resolución de Liquidación en un Procedimiento Concursal de Liquidación Forzada Simplificada. La Resolución de Liquidación se dictará conforme a lo dispuesto en el artículo 274, y en la tramitación del procedimiento se estará a lo señalado en el Párrafo anterior.

En la Resolución de Liquidación, el tribunal dispondrá que el Deudor deberá acompañar uno o más de los antecedentes exigidos en el artículo 273 A, dentro del plazo de veinte días contado desde la notificación de la resolución en el Boletín Concursal, bajo el apercibimiento señalado en el artículo 169.

§ 3. Del Procedimiento Concursal de Reorganización Simplificada

Artículo 286. Ámbito de aplicación y requisitos. El procedimiento de este Título se aplicará a Empresas Deudoras que califiquen como micro o pequeña empresa de acuerdo con el artículo segundo de la ley N° 20.416 y el artículo 505 bis del Código del Trabajo. Este procedimiento se regirá supletoriamente, y sólo en aquello que no se contraponga con lo dispuesto en este Título, por las normas del Capítulo III de la presente ley. Para efectos de este Título, las Empresas Deudoras se denominarán Deudor.

La circunstancia de ser el Deudor una Empresa Deudora que cumpla con los requisitos del inciso anterior será acreditada a través de una declaración jurada suscrita por el Deudor o por su representante, según corresponda, y deberá acompañarse la información que determinará la Superintendencia por norma de carácter general.

Los modelos de declaración jurada se regularán por la Superintendencia mediante norma de carácter general y estarán disponibles en sus dependencias y en su sitio web.

Artículo 286 A. Antecedentes para la nominación del Veedor. Para los efectos de la nominación de los Veedores titular y suplente, el Deudor deberá presentar a la Superintendencia una copia del documento indicado en el artículo 54, con el respectivo cargo del tribunal competente o de la Corte de Apelaciones correspondiente. Además, deberá acompañar todos los antecedentes a los que se refiere el artículo 56. Sin perjuicio de lo anterior, los antecedentes singularizados en el número 4) de dicho artículo deberán ser informados por el Deudor dentro de la misma declaración jurada que éste exige, y no mediante un certificado de auditor independiente.

Artículo 286 B. Resolución de Reorganización. Dentro del quinto día de efectuada la presentación señalada en el artículo anterior, el tribunal competente dictará una resolución que designará al Veedor titular y suplente, nominados en la forma establecida en el artículo 22. En la misma resolución dispondrá lo siguiente:

1. Que, durante el plazo de cuarenta días contado desde la notificación de esta resolución, prorrogable de conformidad a lo dispuesto en el artículo 286 C, el Deudor gozará de una Protección Financiera Concursal, en los mismos términos que dispone el artículo 57.

2. Que, durante la Protección Financiera Concursal se aplicarán al Deudor las siguientes medidas cautelares y de restricción:

a) quedará sujeto a la intervención del Veedor titular designado en la misma resolución, el que tendrá los deberes contenidos en el artículo 25.

b) no podrá gravar o enajenar sus bienes, salvo aquellos cuya enajenación o venta sea propia de su giro o que resulten estrictamente necesarios para el normal desenvolvimiento de su actividad. Respecto de los demás bienes o activos, se estará a lo previsto en el artículo 286 J.

c) tratándose de personas jurídicas, éstas no podrán modificar sus pactos, estatutos sociales o régimen de poderes. La inscripción de cualquier transferencia de acciones de la Empresa Deudora en los registros sociales pertinentes requerirá la autorización del Veedor, que la extenderá en la medida que ella no altere o afecte los derechos de los acreedores. Lo anterior no regirá respecto de las sociedades anónimas abiertas que hagan oferta pública de sus valores.

3. La fecha en que expirará la Protección Financiera Concursal.

4. La orden al Deudor para que, con la supervisión y asistencia del Veedor, elabore su propuesta de Acuerdo de Reorganización Judicial, la que deberá ser presentada ante el tribunal competente y publicada por el Veedor en el Boletín Concursal a lo menos diez días antes de la fecha fijada para la votación del Acuerdo. Si el Deudor se niega a ser supervisado o recibir la asistencia del Veedor, éste informará aquella circunstancia mediante presentación escrita al tribunal. Si la propuesta no es publicada, por la negativa del Deudor, el Veedor certificará esta circunstancia al tribunal competente, el que dictará la Resolución de Liquidación sin más trámite.

5. La orden al Veedor de acompañar un informe a dicha propuesta, tres días antes de la fecha de votación del Acuerdo, la que deberá referirse a la

viabilidad de la propuesta, y si la propuesta presentada por el Deudor se ajusta a la ley.

Si el Veedor no presentare el referido informe dentro del plazo indicado, el Deudor, cualquiera de los acreedores o el tribunal competente informará a la Superintendencia para que se apliquen las sanciones pertinentes. En este caso, el Acuerdo de Reorganización Judicial Simplificado se votará con prescindencia del Informe del Veedor.

6. La fecha en que deberá votarse la propuesta de Acuerdo de Reorganización Judicial que presente el Deudor. La fecha será aquella en la que expire la Protección Financiera Concursal.

7. Que, dentro de quince días contados desde la notificación de esta resolución, todos los acreedores deberán acreditar ante el tribunal competente su personería para actuar en el Procedimiento Concursal de Reorganización Simplificada, con indicación expresa de la facultad que le confieren a sus apoderados para conocer, modificar y adoptar el Acuerdo de Reorganización Judicial.

8. La orden para que el Veedor inscriba copia de esta resolución en los conservadores de bienes raíces correspondientes, al margen de la inscripción de propiedad de cada uno de los inmuebles que pertenecen al Deudor.

9. Que, dentro del quinto día de efectuada la notificación de esta resolución, deberán asistir a una audiencia el Deudor, el Veedor y los tres mayores acreedores indicados en la declaración jurada referida en el artículo 286 A. Esta diligencia se efectuará con los que concurran y tratará sobre la proposición de honorarios que formule el Veedor. Si en ella no se alcanza acuerdo sobre el monto de los honorarios y su forma de pago, o no asiste ninguno de los citados, dichos honorarios se fijarán por el tribunal competente sin ulterior recurso.

10. La orden al Deudor para que proporcione al Veedor copia de todos los antecedentes acompañados conforme al artículo 56. Estos antecedentes y la copia de la resolución de que trata este artículo serán publicados por el Veedor en el Boletín Concursal dentro del plazo de tres días contados desde su dictación.

La Superintendencia, mediante norma de carácter general, regulará modelos de propuesta de Acuerdo de Reorganización que podrán ser utilizadas por los Deudores sujetos a estos procedimientos.

Artículo 286 C. Prórroga de la Protección Financiera Concursal. El plazo establecido en el número 1 del artículo anterior podrá prorrogarse hasta por treinta días en virtud de una solicitud del Deudor presentada ante el tribunal competente y publicada en el Boletín Concursal, hasta el décimo día anterior al vencimiento de dicho plazo. Los acreedores tendrán el plazo de tres días contado desde la publicación de la solicitud para manifestar su oposición mediante presentación al tribunal. Vencido este plazo, el tribunal deberá acoger la solicitud del Deudor, salvo que uno o más acreedores que representen más del 70 por ciento del pasivo declarado en la solicitud de inicio o reconocido, con exclusión de los créditos de las Personas Relacionadas con el Deudor, se hubieren opuesto a la prórroga.

Asimismo, el Deudor podrá requerir una nueva prórroga por otros treinta días, mediante solicitud que deberá ser presentada al tribunal y publicada en el Boletín Concursal hasta el décimo día anterior al vencimiento del plazo de la prórroga otorgada de conformidad con el inciso anterior. Los acreedores tendrán tres días contados desde la publicación de la solicitud para manifestar su oposición mediante presentación al tribunal. Vencido este plazo el tribunal deberá acoger la solicitud del Deudor, salvo que uno o más acreedores que representen el 50 por ciento del pasivo declarado en la solicitud de inicio o reconocido, excluidos los créditos de las Personas Relacionadas con el Deudor, se hubieren opuesto a la prórroga.

Los acreedores hipotecarios y prendarios que presten apoyo para la prórroga de la Protección Financiera Concursal no perderán su preferencia y podrán impetrar las medidas conservativas que procedan.

Artículo 286 D. Nueva fecha de votación. En caso de proceder la prórroga de la Protección Financiera Concursal de acuerdo con el artículo anterior, el tribunal competente deberá fijar en su resolución la nueva fecha para la votación de la propuesta de Acuerdo de Reorganización Judicial.

Artículo 286 E. Posposición del pago a acreedores Personas Relacionadas. Los acreedores Personas Relacionadas con el Deudor, cuyos créditos no se encuentren debidamente documentados noventa días antes del inicio del Procedimiento Concursal de Reorganización Simplificada, quedarán pospuestos en el pago de sus créditos hasta que se paguen íntegramente los créditos de los demás acreedores a los que les afectará el Acuerdo de Reorganización Judicial.

Sin perjuicio de lo anterior, el Acuerdo podrá hacer aplicable la referida posposición a otros acreedores Personas Relacionadas con el Deudor, cuyos créditos se encuentren debidamente documentados, previo informe fundado del Veedor. Esta posposición no regirá respecto de los créditos que se originen en virtud de los artículos 286 I y 286 J.

Artículo 286 F. Acreedores comprendidos en los Acuerdos de Reorganización Judicial. Los Acuerdos sólo afectarán a los acreedores cuyos créditos se originen con anterioridad a la Resolución de Reorganización regulada en el artículo 286 B.

Los créditos que se originen con posterioridad no serán incluidos en el Acuerdo de Reorganización Judicial.

Los acreedores cuyos créditos sean anteriores a la fecha de la Resolución de Reorganización, pero que no hubieren verificado oportunamente y aquellos que no estuvieren contenidos en la declaración jurada a que se refiere el artículo 286 A podrán demandar que se cumpla el Acuerdo a su favor mientras no se encuentren prescritas las acciones que de él resulten, mediante un procedimiento incidental, ante el mismo tribunal que se pronunció sobre el Acuerdo.

En este procedimiento podrá actuar como parte cualquiera de los acreedores a los que les afecte el Acuerdo.

Artículo 286 G. Verificación y objeción de los créditos. Los acreedores tendrán el plazo de quince días, contado desde la notificación de la Resolución de Reorganización a que se refiere el artículo 286 B, para verificar sus créditos ante el tribunal que conoce del procedimiento. Con tal propósito, deberán acompañar los títulos justificativos de éstos, y señalar, en su caso, si se encuentran garantizados con prenda o hipoteca y el avalúo comercial de los bienes sobre los que recaen las garantías. No será necesaria verificación alguna si los créditos y el avalúo comercial de las garantías se encontraren señaladas, a satisfacción del acreedor, en el estado de deudas que deberá acompañar el Deudor conforme al artículo 286 A.

Vencido el plazo señalado en el inciso anterior y dentro de los dos días siguientes, el Veedor publicará en el Boletín Concursal todas las verificaciones presentadas, e indicará los créditos que se encuentren garantizados con prenda o hipoteca y el avalúo comercial de los bienes sobre los que recaen las garantías.

En el plazo de ocho días siguiente a la publicación indicada en el inciso precedente, el Veedor, el Deudor y los acreedores podrán deducir objeción fundada sobre la falta de títulos justificativos de los créditos, sus montos, preferencias o sobre el avalúo comercial de los bienes sobre los que recaen las garantías, que se indican en el referido estado de deudas que presenta el Deudor o en las verificaciones presentadas por los acreedores.

Los interesados presentarán sus objeciones ante el tribunal. Vencido el plazo indicado en el inciso precedente, y dentro de los dos días siguientes, el Veedor publicará en el Boletín Concursal todas las objeciones presentadas. Asimismo, expirado el plazo que se señala en el citado inciso anterior sin que se formulen objeciones, los créditos y el avalúo comercial de los bienes sobre los que recaen las garantías no objetados quedarán reconocidos.

El Veedor confeccionará la nómina de los créditos reconocidos, la que deberá indicar los montos de los créditos, si éstos se encuentran garantizados con prenda o hipoteca y el avalúo comercial de los bienes sobre los que recaen las garantías. El Veedor deberá acompañar la nómina al expediente dentro de quinto día de expirado el plazo para objetar y la publicará en el Boletín Concursal, sirviendo ésta como única nómina para la votación a que se refiere el artículo 286 K, sin perjuicio de su posterior ampliación o modificación de acuerdo con el artículo siguiente.

Artículo 286 H. Impugnación de créditos. Si se formulan objeciones, el Veedor arbitrará las medidas necesarias para subsanarlas. Si no se subsanan, los créditos y el avalúo comercial de los bienes sobre los que recaen las garantías que fueren objeto de dichas objeciones se considerarán impugnados, y el Veedor los acumulará, emitirá un informe acerca de si existen o no fundamentos plausibles para ser considerados por el tribunal competente, y emitirá su opinión fundada sobre el avalúo comercial del bien sobre el que recae la garantía objetada.

El Veedor acompañará al tribunal competente la nómina de créditos impugnados con su respectivo informe y la nómina de créditos reconocidos indicada en el artículo 286 G, y las publicará en el Boletín Concursal dentro de los cinco días siguientes a la expiración del plazo previsto para objetar que se señala en el inciso primero del artículo anterior.

Agregados al expediente los antecedentes que señala el inciso anterior, el tribunal citará a una audiencia única y verbal para el fallo de las impugnaciones. Dicha audiencia se celebrará dentro de tercero día, contado desde la notificación de la resolución que tiene por acompañada la nómina de créditos reconocidos e impugnados.

A la audiencia podrán concurrir el Veedor, el Deudor, los impugnantes y los impugnados. En ésta deberán resolverse las incidencias que promuevan las partes en relación con las impugnaciones. En caso de que fuere estrictamente necesario, el tribunal competente podrá suspender la audiencia y continuarla con posterioridad. Con todo, la resolución que se pronuncie sobre las impugnaciones deberá dictarse a más tardar el segundo día anterior a la fecha de la votación del Acuerdo.

La resolución que falle las impugnaciones ordenará la incorporación o modificación de créditos en la nómina de créditos reconocidos, o la modificación del avalúo comercial de los bienes sobre los que recaen las garantías, cuando corresponda, y será apelable en el solo efecto devolutivo. El Veedor deberá publicar la nómina de créditos reconocidos según la resolución anterior en el Boletín Concursal, a más tardar el día anterior a la fecha de la votación del Acuerdo.

Artículo 286 I. Continuidad del suministro. Los proveedores de bienes y servicios que sean necesarios para el funcionamiento de la Empresa Deudora, cuyos créditos fueren anteriores a la Resolución de Reorganización y que en su conjunto no superen el 20 por ciento del pasivo señalado en la declaración jurada mencionada en el artículo 286 A, se pagarán en las fechas originalmente convenidas, siempre que el respectivo proveedor mantenga el suministro a la Empresa Deudora, en las mismas condiciones que realizaba esta prestación antes de la dictación de la Resolución de Reorganización, circunstancia que deberá certificar el Veedor.

Los créditos de estos proveedores que sean anteriores a la Resolución de Reorganización deberán ser pagados en los términos convenidos, siempre que se cumpla con los requisitos del inciso anterior, y una vez pagados, no serán considerados en el pasivo con derecho a voto. Para estos efectos, si corresponde, el Veedor deberá eliminar estos créditos de la nómina de créditos reconocidos.

En caso de dictarse la Resolución de Liquidación de la Empresa Deudora, por cualquier causa, los créditos provenientes del suministro originado durante la Protección Financiera Concursal se pagarán con la preferencia establecida en el número 4 del artículo 2472 del Código Civil.

Artículo 286 J. Enajenación de activos y obtención de financiamiento durante la Protección Financiera Concursal. Durante la Protección Financiera Concursal, y para el financiamiento de sus operaciones, la Empresa Deudora podrá enajenar activos cuyo valor no exceda el 20% de su activo fijo contable, y podrá contratar préstamos y/o llevar a cabo otra clase de operaciones de financiamiento, siempre que no superen el 20% de su pasivo señalado en la declaración jurada a que se refiere el artículo 286 A, circunstancia que deberá certificar el Veedor.

La enajenación, contratación de préstamos u otras operaciones de financiamiento que excedan los montos señalados en el inciso anterior, así como toda operación con Personas Relacionadas con la Empresa Deudora, requerirá la autorización de los acreedores que representen más del 30% del pasivo del Deudor, excluidos los créditos de las Personas Relacionadas con el Deudor.

Los préstamos contratados y las operaciones de financiamiento llevadas a cabo por la Empresa Deudora en virtud de este artículo no se considerarán en las nóminas de créditos y se pagarán en las fechas convenidas.

En caso de dictarse la Resolución de Liquidación de la Empresa Deudora, por cualquier causa, los préstamos contratados y demás créditos que se hubieren originado en virtud de otras operaciones de financiamiento que hubieren tenido lugar durante la Protección Financiera Concursal se pagarán con la preferencia establecida en el número 4 del artículo 2472 del Código Civil.

Artículo 286 K. Acreedores con derecho a voto. Sólo tienen derecho a concurrir y votar los acreedores cuyos créditos se encuentren en la nómina de créditos reconocidos a que se refiere el artículo 286 G y aquellos que figuren en la ampliación de esta nómina, de acuerdo con lo previsto en el artículo 286 H. En ambos casos deberá darse cumplimiento a lo ordenado en el número 7 del artículo 286 B, relativo a la acreditación de personerías.

Los acreedores cuyos créditos se encuentren garantizados con prenda o hipoteca votarán de acuerdo al avalúo comercial de los bienes sobre los que recaen las garantías, conforme conste en la nómina de créditos reconocidos y en su ampliación o modificación, en su caso.

Cuando el avalúo comercial de los bienes sobre los que recaen las garantías exceda el valor del crédito que garantizan, el acreedor correspondiente votará de acuerdo al monto de su crédito, según conste en la nómina de créditos reconocidos y en su ampliación o modificación, en su caso.

Artículo 286 L. De la Junta de Acreedores. En los Procedimientos Concursales de Reorganización Simplificada no se celebrará Junta de Acreedores. En su lugar, se procederá a votar directamente la propuesta de Acuerdo de Reorganización Judicial que presente el Deudor. Sin perjuicio de lo anterior, la propuesta se deberá acordar en los mismos términos establecidos en el artículo 79, en aquello que no sea incompatible con este artículo, considerándose como acreedores presentes aquellos que votaron la propuesta de conformidad al artículo 286 N.

No obstante, a lo menos cinco días antes de la fecha fijada para la votación del Acuerdo uno o más acreedores que representen en su conjunto a lo menos el 30 por ciento del pasivo con derecho a voto podrán solicitar al tribunal que cite extraordinariamente a una Junta de Acreedores para votar la propuesta de Acuerdo de Reorganización Judicial. El tribunal mediante resolución fijará la hora del día de la votación del Acuerdo, y citará a los acreedores a una junta en sus dependencias, la que deberá realizarse al término del plazo de Protección Financiera Concursal. Dicha resolución deberá ser publicada en el Boletín Concursal por el Veedor en el plazo de dos días contado desde su dictación. La resolución que resuelva dicha solicitud, acogiéndola o denegándola, será inapelable.

Artículo 286 M. Modificación del Acuerdo. Las modificaciones del Acuerdo deberán adoptarse por el Deudor y los acreedores que lo suscribieron agrupados en sus respectivas clases o categorías, conforme al mismo procedimiento y mayorías exigidas en el artículo 286 L.

No obstante lo anterior, el Acuerdo que establezca la constitución de una Comisión de Acreedores podrá facultarla para modificarlo con el quórum de aprobación que el mismo Acuerdo determine, el que en ningún caso podrá ser inferior al quórum simple.

La modificación podrá recaer sobre todo o parte del contenido del Acuerdo, salvo lo referente a la calidad de acreedor, su clase o categoría, diferencias entre acreedores de igual clase o categoría, monto de sus créditos, sus preferencias, y respecto de aquellas materias que el Acuerdo determine como no modificables por la Comisión de Acreedores.

En las votaciones que tengan lugar con posterioridad a la aprobación del Acuerdo por el tribunal, el derecho a voto se determinará en conformidad al artículo 286 K. No tendrán derecho a voto los acreedores que tengan la calidad de Personas Relacionadas con el Deudor.

Artículo 286 N. Votación sobre la propuesta de Acuerdo. Los acreedores reconocidos en el procedimiento podrán pronunciarse sobre la propuesta de Acuerdo mediante una presentación al tribunal, en que conste el voto de los acreedores.

Los acreedores podrán votar desde la publicación del informe del Veedor sobre la propuesta de Acuerdo en el Boletín Concursal o desde el plazo establecido para ello, en caso de que no la presente y hasta el término del día fijado para la votación del Acuerdo de Reorganización Judicial.

Artículo 286 Ñ. Nueva propuesta de Acuerdo. Si se acoge la impugnación del Acuerdo por las causales establecidas en los numerales 1), 2), 3) y 6) del artículo 85, el Deudor podrá presentar una nueva propuesta de Acuerdo con asistencia del Veedor, dentro de los diez días siguientes contados desde que se notifique la resolución que tuvo por acogida la impugnación referida. En este caso, el Deudor gozará de Protección Financiera Concursal hasta la votación de la nueva propuesta. La resolución que tenga por presentada la nueva propuesta de Acuerdo fijará la fecha de la nueva votación, la que deberá celebrarse dentro de los diez días siguientes contados desde que el Deudor la presentó.

Si el Deudor no presentare la nueva propuesta de Acuerdo, con asistencia del Veedor, dentro del plazo antes establecido, el tribunal competente dictará, de oficio y sin más trámite, la Resolución de Liquidación del Deudor.

Si se acoge una impugnación al Acuerdo por las causales establecidas en los números 4) o 5) del artículo 85, el tribunal, de oficio y sin más trámite, ordenará el inicio del Procedimiento Concursal de Liquidación Simplificada en la misma resolución que acoge la impugnación.

En los casos de los incisos segundo y tercero, previo a la dictación de la Resolución de Liquidación, el tribunal deberá requerir a la Superintendencia la nominación del Liquidador según el artículo 37, acompañando los antecedentes de los tres principales acreedores de conformidad a la nómina de créditos reconocidos, excluidas las Personas Relacionadas con el Deudor. Recibido el Certificado de Nominación, el tribunal dictará la Resolución de Liquidación sin más trámite. Desde el referido requerimiento hasta la dictación de Resolución de Liquidación, el Deudor tendrá la calidad de depositario provisional para todos los efectos legales.

Artículo 286 O. Aprobación y vigencia del Acuerdo. El Acuerdo se entenderá aprobado y comenzará a regir una vez vencido el plazo para impugnarlo, sin que se hubiere impugnado y el tribunal competente lo declare así de oficio o a petición de cualquier interesado o del Veedor.

Si el Acuerdo fuere impugnado y las impugnaciones fueren desechadas, el tribunal competente lo declarará aprobado en la resolución que deseche la o las impugnaciones, y aquél comenzará a regir desde que dicha resolución cause ejecutoria.

Las resoluciones señaladas en los incisos primero y segundo se notificarán en el Boletín Concursal.

El Acuerdo regirá no obstante las impugnaciones que se hubieren interpuesto en su contra. Sin embargo, si éstas fueren interpuestas por acreedores de una determinada clase o categoría, que representen en su conjunto a lo menos el 30 por ciento del pasivo con derecho a voto de su respectiva clase o categoría, el Acuerdo no empezará regir hasta que dichas impugnaciones sean desestimadas por sentencia firme y ejecutoriada. En este caso y en el del inciso segundo, no podrán dejarse sin efecto los actos y contratos ejecutados o celebrados por el Deudor en el tiempo que medie entre el Acuerdo y la fecha en que quede ejecutoriada la resolución que acoja las impugnaciones.

El recurso de casación deducido en contra de la resolución de segunda instancia que desecha la o las impugnaciones no suspenderá el cumplimiento de dicha resolución, incluso si la parte vencida solicita que se otorgue fianza de resultas por la parte vencedora.

Acogidas las impugnaciones al Acuerdo por resolución firme y ejecutoriada, las obligaciones y derechos existentes entre el Deudor y sus acreedores con anterioridad a éste se regirán por sus respectivas convenciones.

Artículo 286 P. Cancelación de anotaciones e inscripciones. Aprobado el Acuerdo de Reorganización Judicial, se cancelarán las inscripciones previstas en el número 8 del artículo 286 B.

Artículo 286 Q. De los bienes no esenciales para la continuidad del giro de la Empresa Deudora. En el plazo de quince días siguiente a la publicación de la Resolución de Reorganización referida en el artículo 286 B, el acreedor cuyo crédito se encuentre garantizado con prenda o hipoteca podrá solicitar fundadamente al tribunal competente que declare que el bien sobre el que recae su garantía no es esencial para el giro de la Empresa Deudora. Para resolver lo anterior, el tribunal podrá solicitar al Veedor un informe que contendrá la calificación de si el bien es o no es esencial para el giro de la Empresa Deudora y el avalúo comercial del bien sobre el que recaen las referidas garantías. El tribunal deberá resolver dicha calificación en única instancia, a más tardar el segundo día anterior a la fecha de la votación del Acuerdo de Reorganización Judicial.

El acreedor cuya garantía recae sobre un bien calificado como no esencial concurrirá y votará en la clase o categoría de acreedores valistas, únicamente por el saldo del crédito no cubierto por la garantía. El saldo cubierto por la garantía no se considerará en el pasivo de la clase o categoría de acreedores garantizados.

El acreedor cuyo crédito no hubiere sido enteramente cubierto por la garantía podrá solicitar, mediante un procedimiento incidental ante el mismo tribunal que conoció y se pronunció sobre el Acuerdo, que éste se cumpla en su favor, mientras no se encuentren prescritas las acciones que emanen de él. El excedente que resulte de la venta del bien declarado no esencial, una vez pagado el respectivo crédito, se destinará al cumplimiento del Acuerdo.

Artículo 286 R. Efectos del Acuerdo de Reorganización Judicial en las obligaciones garantizadas del Deudor. Los efectos del Acuerdo de Reorganización Judicial en las obligaciones garantizadas del Deudor serán los siguientes:

1. Respecto de las obligaciones del Deudor garantizadas con prenda o hipoteca sobre bienes de propiedad del Deudor o de terceros, declarados esenciales para el giro de la Empresa Deudora, de acuerdo con los artículos 286 A y 286 Q, se aplicarán los términos y modalidades establecidos en el Acuerdo de Reorganización Judicial.

2. Respecto de las obligaciones del Deudor garantizadas con prenda o hipoteca sobre bienes de propiedad del Deudor, declarados no esenciales para el

giro de la Empresa Deudora de acuerdo con los artículos 286 A y 286 Q, regirá lo establecido en los incisos segundo y tercero del artículo anterior.

3. Respecto de las obligaciones del Deudor garantizadas con prenda o hipoteca sobre bienes de propiedad de terceros, declarados no esenciales para el giro de la Empresa Deudora de acuerdo con los artículos 286 A y 286 Q, deberá distinguirse:

a) Si el respectivo acreedor vota, se sujetará a los términos y modalidades establecidos en el Acuerdo y no podrá perseguir su crédito en términos distintos de los estipulados.

b) Si el respectivo acreedor no vota, su crédito no se considerará en el pasivo con derecho a voto correspondiente a su clase o categoría, y podrá cobrar su crédito respecto de las prendas o hipotecas otorgadas por terceros.

4. Respecto de las obligaciones del Deudor garantizadas con cauciones personales, deberá distinguirse:

a) Si el respectivo acreedor vota en su clase o categoría de valista, se sujetará a los términos y modalidades establecidos en el acuerdo y no podrá cobrar su crédito en términos distintos de los estipulados.

b) Si el respectivo acreedor no vota sobre la propuesta de Acuerdo, su crédito no se considerará en el pasivo con derecho a voto correspondiente a su clase o categoría, y podrá cobrar su crédito respecto de los fiadores o codeudores, solidarios o subsidiarios, o avalistas en los términos originalmente pactados.

El fiador, codeudor solidario o subsidiario, avalista, tercero poseedor de la finca hipotecada o propietario del bien prendado que hubiere pagado, de acuerdo a lo establecido en la letra b) del número 3 o en la letra b) del número 4 anteriores, podrá ejercer, según corresponda, su derecho de subrogación o reembolso, mediante un procedimiento incidental, ante el mismo tribunal que conoció y se pronunció sobre el Acuerdo, y solicitar que éste se cumpla a su favor, mientras no se encuentren prescritas las acciones que de él resulten.

Artículo 286 S. Rechazo del Acuerdo. Si la propuesta de Acuerdo es rechazada por los acreedores por no haberse obtenido el quórum necesario para su aprobación o porque el Deudor no hubiere otorgado su consentimiento, y no estuviere constituida la Junta de Acreedores, el tribunal deberá requerir a la Superintendencia la nominación del Liquidador, de acuerdo al artículo 37, dentro de los cinco días siguientes a esta actuación, y acompañará los antecedentes de los tres principales acreedores que constan en la nómina de créditos reconocidos, excluidas las Personas Relacionadas con el Deudor. Una vez recibido el Certificado de Nominación del Liquidador, el tribunal dictará la Resolución de Liquidación sin más trámite. Desde el referido requerimiento hasta la dictación de Resolución de Liquidación, el Deudor tendrá la calidad de depositario provisional para todos los efectos legales.

Si la junta estuviere constituida y la propuesta de Acuerdo es rechazada en los términos del artículo anterior, el tribunal dictará la Resolución de Liquidación respectiva, sin más trámite. La Junta de Acreedores que rechace la propuesta de Acuerdo deberá nominar a los Liquidadores titular y suplente, a los que el tribunal competente deberá designar con el carácter de definitivos.

Sin perjuicio de lo anterior, si dentro del plazo previsto en el inciso primero, o en la misma junta en el caso del inciso segundo, el Deudor acreditare ante el tribunal que cuenta con el apoyo de uno o más acreedores, que representan a lo menos la mitad del pasivo con derecho a voto, con exclusión de las Personas Relacionadas con el Deudor, para realizar una nueva propuesta de Acuerdo, el tribunal fijará como nueva fecha de votación de Acuerdo de Reorganización Judicial el décimo día contado desde la notificación de dicha resolución por el estado diario, fecha hasta la cual se extenderá la Protección Financiera Concursal. En este caso, el Deudor deberá presentar una nueva propuesta dentro de cinco días contados desde dicha notificación. Si la nueva propuesta de Acuerdo es rechazada o no es presentada dentro de plazo, el tribunal procederá de conformidad al inciso primero o segundo, según corresponda.

CAPÍTULO VI
DE LAS ACCIONES REVOCATORIAS CONCURSALES

§ 1. De los actos ejecutados o contratos suscritos por Empresas Deudoras

Artículo 287. Revocabilidad objetiva. Iniciados los Procedimientos Concursales de Reorganización o de Liquidación, los acreedores podrán y el Veedor o el Liquidador, en su caso, deberá deducir acción revocatoria concursal respecto de los siguientes actos ejecutados o contratos celebrados por la Empresa Deudora dentro del año inmediatamente anterior al inicio de estos procedimientos:

1) Todo pago anticipado, cualquiera fuere la forma en que haya tenido lugar. Se entiende que la Empresa Deudora anticipa el pago también cuando descuenta efectos de comercio o facturas a su cargo y cuando lo realiza renunciando al plazo estipulado en su favor.

2) Todo pago de deudas vencidas que no sea ejecutado en la forma estipulada en la convención. La dación en pago de efectos de comercio equivale al pago en dinero.

3) Toda hipoteca, prenda o anticresis constituida sobre bienes del deudor para asegurar obligaciones anteriormente contraídas.

Tratándose de cualquier acto o contrato celebrado a título gratuito y de los señalados en los números precedentes que se hayan celebrado con Personas Relacionados a la Empresa Deudora, aunque se proceda por interposición de un tercero, el plazo se ampliará a 2 años.

En las demandas que se deduzcan de conformidad a lo establecido en el presente artículo, el juez deberá constatar si el acto ejecutado o el contrato celebrado han tenido lugar dentro de los plazos señalados y si responden a alguna de las descripciones previstas. Habiéndose constatado la concurrencia de los requisitos anteriores, el tribunal dictará sentencia acogiendo la acción revocatoria concursal interpuesta, salvo que el Deudor o el tercero contratante acrediten que el acto ejecutado o el contrato celebrado no produjeron perjuicio a la masa de acreedores. Todo lo anterior, sin perjuicio de los recursos que procedan.

Artículo 288. Revocabilidad subjetiva. Serán también revocables todos aquellos actos ejecutados o contratos celebrados por la Empresa Deudora con cualquier persona, dentro de los dos años inmediatamente anteriores al inicio del Procedimiento Concursal de Reorganización o de Liquidación, siempre que se acredite en juicio la concurrencia de los siguientes requisitos:

1) Conocimiento del contratante del mal estado de los negocios de la Empresa Deudora, y

2) Que el acto o contrato cause un perjuicio a la masa o altere la posición de igualdad que deben tener los acreedores en el concurso. Se entenderá que existe perjuicio cuando las estipulaciones contenidas en el acto o contrato se alejen de las condiciones y precios que normalmente prevalezcan en el mercado para operaciones similares a la época del acto o contrato. Tratándose de la venta o permuta de activos, sólo se considerarán como ingresos los montos

efectivamente percibidos por la Empresa Deudora producto de la transacción a la fecha de la interposición de la acción de revocabilidad o el valor que el tribunal asigne respecto de los bienes dados en permuta.

Artículo 289. Reformas a los pactos o estatutos sociales. Las reformas a los pactos o estatutos sociales que se realicen dentro de los seis meses inmediatamente anteriores al inicio del Procedimiento Concursal respectivo podrán ser revocadas si importaren la disminución del patrimonio del Deudor.

Las reformas a los pactos o estatutos sociales que se realicen dentro del plazo establecido en el inciso anterior que importaren la disminución del patrimonio de las filiales y coligadas de la Empresa Deudora, cuando estas últimas actúen como fiadoras o codeudoras solidarias del Deudor, le serán inoponibles a quienes hubieren contratado con la Empresa Deudora con anterioridad a dichas reformas.

§ 2. De la revocación de los actos ejecutados o contratos celebrados por una Persona Deudora

Artículo 290. Actos o contratos revocables celebrados por la Persona Deudora. Iniciados los Procedimientos Concursales de Renegociación o de Liquidación de una Persona Deudora, el Liquidador deberá y los acreedores podrán deducir acción revocatoria concursal, respecto de los siguientes actos ejecutados o contratos celebrados por la Persona Deudora dentro del año inmediatamente anterior al inicio de estos procedimientos:

1) Todo pago anticipado, cualquiera fuere la forma en que haya tenido lugar.

2) Todo pago de deudas vencidas que no sea ejecutado en la forma estipulada en la convención. La dación en pago de efectos de comercio equivale a pago en dinero.

3) Toda hipoteca, prenda o anticresis constituida sobre bienes del Deudor para asegurar obligaciones anteriormente contraídas.

Sin perjuicio de lo dispuesto en el inciso anterior, si el Liquidador estima que el costo de ejercer las acciones previstas en este artículo fuere superior al beneficio que podría obtener, deberá dejar constancia escrita de esta circunstancia ante el tribunal y someter a votación de los acreedores la decisión de deducir las acciones previstas en este artículo.

Tratándose de cualquier acto o contrato celebrado a título gratuito y de los señalados en el inciso primero que se hayan celebrado con Personas Relacionadas a la Persona Deudora, aunque se proceda por interposición de un tercero, el plazo se ampliará a 2 años.

En las demandas que se deduzcan de conformidad a lo establecido en el presente artículo, el juez deberá constatar si el acto ejecutado o el contrato celebrado han tenido lugar dentro de los plazos señalados y si responden a alguna de las descripciones previstas. Habiéndose constatado la concurrencia de los requisitos anteriores, el tribunal dictará sentencia acogiendo la acción revocatoria concursal interpuesta, salvo que el Deudor o el tercero contratante acrediten que el acto ejecutado o el contrato celebrado no produjeron perjuicio a la masa de acreedores. Todo lo anterior, sin perjuicio de los recursos que procedan.

Tratándose de otros actos ejecutados o de contratos celebrados a título oneroso, con anterioridad al inicio del Procedimiento Concursal respectivo, se estará a lo dispuesto en el artículo 2468 del Código Civil, presumiéndose que la Persona Deudora conocía el mal estado de sus negocios antes del inicio del Procedimiento Concursal respectivo.

§ 3. De las disposiciones comunes a los dos Títulos anteriores

Artículo 291. Plazo para la interposición de la acción y procedimiento. Las acciones a que se refieren los dos Títulos precedentes deberán entablarse en el plazo de un año contado desde la Resolución de Reorganización, de Liquidación o de Admisibilidad, según corresponda, y se tramitarán con arreglo al procedimiento sumario, ante el tribunal que conoce o debiera conocer de los referidos procesos.

Estas acciones se entablarán en el interés de la masa y se deducirán en contra del Deudor y el contratante, si correspondiere. Para estos efectos, el Deudor ejercerá su defensa en juicio, sin requerir la autorización o representación del Liquidador o Veedor.

Cuando fuere necesario asegurar las resultas de las acciones revocatorias impetradas, el tribunal, de oficio o a petición de parte, podrá decretar las medidas cautelares sobre los bienes que corresponda.

Artículo 292. Sentencia. La sentencia definitiva que acoja la demanda declarará la revocación solicitada, ordenará la restitución y la práctica de las inscripciones y cancelaciones que fueren pertinentes. Además, señalará en forma expresa el monto que el tribunal estime correspondiente a la diferencia de valor entre el acto o contrato revocado y el valor que considere prevaleciente en el mercado bajo similares condiciones a las existentes a la época de dicho acto.

La parte condenada deberá restituir efectivamente la cosa a la masa y tendrá derecho a la devolución de lo que hubiere pagado con ocasión del acto o contrato revocado, debiendo verificar ese monto en el Procedimiento Concursal respectivo, quedando pospuesto el pago hasta que se paguen íntegramente los créditos de los acreedores valistas. Con todo, el demandado, dentro del plazo de tres días contado desde la notificación del cumplimiento incidental del fallo, podrá acogerse al beneficio de mantener la cosa en su patrimonio previo pago de la diferencia señalada en el inciso anterior, debidamente reajustada, incluyendo los intereses fijados por el juez, desde la fecha de celebración del acto o contrato hasta la fecha del pago efectivo, una vez que la sentencia se encuentre firme o ejecutoriada.

El tribunal deberá practicar la liquidación de la suma a pagar inmediatamente después de la dictación de la resolución que se pronuncia sobre el ejercicio de la opción ya indicada. El demandado deberá efectuar el pago dentro del plazo de tres días contado desde que el tribunal entregue la referida liquidación.

El demandante no podrá oponerse al ejercicio de ese derecho, salvo error de hecho o meramente numérico del tribunal.

Si la parte condenada no restituyere la cosa o el valor que determine el juez, podrá exigirse el cumplimiento forzado.

Para los efectos de la valoración de los bienes objeto de la acción, sólo será admisible como prueba el informe de peritos.

Contra la sentencia definitiva sólo procederá el recurso de apelación, el que deberá interponerse en el plazo de diez días contado desde la notificación del fallo. Dicho recurso será concedido en ambos efectos y tendrá preferencia para su inclusión en la tabla, su vista y fallo.

Artículo 293. Costas y recompensas. Los acreedores que no sean Personas Relacionadas con el Deudor, que individualmente entablen las acciones revocatorias concursales en beneficio de la masa y obtengan la revocación de actos o contratos por sentencia definitiva firme o ejecutoriada tendrán derecho a que se les pague con los fondos de los Procedimientos Concursales de Reorganización o de Liquidación todos los gastos del respectivo juicio y los honorarios del abogado patrocinante, los cuales gozarán de la preferencia del número 1 del artículo 2472 del Código Civil. Además, el acreedor demandante tendrá derecho a que la sentencia definitiva le reconozca una recompensa de hasta un 10% del beneficio que le reporte esta acción al patrimonio del Deudor o a la masa. Dicha recompensa no podrá exceder al monto de su crédito verificado o reconocido, según corresponda, y deberá fijarse en la referida sentencia definitiva, señalando si será de cargo del Deudor o de la masa, en atención al Procedimiento Concursal respectivo.

No tendrá derecho a recompensa el acreedor que hubiere adquirido su acreencia con posterioridad al inicio del Procedimiento Concursal respectivo.

El acreedor que individualmente ejerciere acciones revocatorias en beneficio de la masa deberá notificar al Liquidador o al Veedor correspondiente para que éste informe a la Junta, dentro del plazo de 30 días desde que fuere notificado, a efectos que esa instancia determine si se hace parte o no en la acción.

Si la acción fuere ejercida por el Liquidador o el Veedor, o por cualquier acreedor mandatado al efecto por la Junta de Acreedores, los gastos que irrogue la sustanciación de esta clase de acciones se considerarán gastos de administración del Procedimiento Concursal respectivo. Asimismo, la sentencia que se pronuncie condenará en costas a la parte vencida, salvo que el tribunal estimare la concurrencia de motivo plausible para litigar. Si la parte vencedora fuere el demandante, corresponderá a quien hubiere ejercido la acción perseguir el pago de las costas que fueren del caso. Si la parte vencedora fuere el demandado, las costas que fuere pertinente solucionar serán pagadas por la masa como gasto de administración del Procedimiento Concursal de Liquidación y por el Deudor en un Procedimiento Concursal de Reorganización.

En el caso que el tribunal rechace por sentencia definitiva firme o ejecutoriada la acción entablada, los demandantes soportarán los gastos del proceso y los honorarios de los profesionales que intervinieron.

Artículo 294. Efectos respecto de terceros. La revocabilidad concursal de los actos o contratos afectará al contratante y terceros, cuando estos últimos conozcan el mal estado de los negocios del Deudor al momento de ejecutar el acto o celebrar el contrato respectivo. La sentencia definitiva que acoja la revocación de los actos o contratos que afecten a estos terceros, determinará el valor de los bienes objeto de la revocación, para los efectos del reintegro a la masa del bien o de su valor. Del mismo modo, dicha sentencia ordenará la cancelación de la inscripción de los derechos del demandado vencido y la de los terceros que corresponda y dispondrá la inscripción de reemplazo a nombre del Deudor.

CAPÍTULO VII
DEL ARBITRAJE CONCURSAL

Artículo 295. Constitución del arbitraje. Podrán ser sometidos a arbitraje los Procedimientos Concursales de Reorganización y Liquidación.

En el Procedimiento Concursal de Reorganización, el Deudor manifestará su voluntad de someterse a arbitraje, acompañando al tribunal competente, junto con los antecedentes singularizados en el artículo 56 de esta ley, las cartas de apoyo suscritas por acreedores que representen a lo menos la mayoría absoluta del pasivo del deudor, las cuales indicarán el nombre de los árbitros titular y suplente designados por los acreedores y sus honorarios.

En el Procedimiento Concursal de Liquidación, la Junta Constitutiva referida en el artículo 193 de esta ley o cualquier Junta posterior podrá acordar, con Quórum Especial, someterse a arbitraje, designar a los árbitros titular y suplente, y fijar sus honorarios.

En ambos casos el nombramiento de los árbitros titular y suplente deberá recaer en uno vigente de la Nómina de Árbitros Concursales y podrá ser reemplazado por otro árbitro de la referida nómina, por acuerdo de los acreedores, con las mayorías señaladas anteriormente, y con el consentimiento del Deudor en los Procedimientos Concursales de Reorganización.

Artículo 296. Naturaleza del arbitraje y constitución del tribunal arbitral. El árbitro será de derecho y unipersonal.

El árbitro se considerará constituido con su aceptación en el cargo y deberá prestar juramento ante el secretario del tribunal al que le hubiere correspondido conocer del Procedimiento Concursal respectivo. En este mismo acto, el árbitro fijará su domicilio, el que deberá estar ubicado en la misma jurisdicción del tribunal señalado.

El árbitro designará a un secretario, cargo que deberá ser ejercido por un abogado.

La competencia del árbitro se extiende a todo cuanto sea necesario para la tramitación de los Procedimientos Concursales de Reorganización o de Liquidación y a los incidentes que se promuevan durante ellos.

Si el Acuerdo de Reorganización Judicial fuere rechazado en los términos previstos en el artículo 96 de esta ley, el árbitro remitirá el expediente al tribunal competente que dictó la Resolución de Reorganización.

Artículo 297. Nómina de Árbitros Concursales. Para formar parte de la Nómina de Árbitros Concursales se requiere ser abogado con una experiencia no inferior a diez años de ejercicio en la profesión. No podrán formar parte de esta nómina los Veedores ni los Liquidadores.

Los abogados que postulen a formar parte de la Nómina de Árbitros Concursales deberán estar capacitados en derecho concursal y, en particular, sobre las disposiciones de esta ley y de las leyes especiales que rijan estas materias.

Para los efectos de lo previsto en este artículo, la Superintendencia dictará los cursos de especialización necesarios para la capacitación de los Árbitros Concursales, al menos una vez al año.

La Nómina de Árbitros Concursales será llevada por la Superintendencia, y en su formación, menciones y mantención, se estará a lo dispuesto en los artículos 9° y siguientes de esta ley, en cuanto sea pertinente.

Artículo 298. Facultades especiales del árbitro. El árbitro tendrá las siguientes facultades especiales:

1) Podrá admitir, además de los medios probatorios establecidos en el Código de Procedimiento Civil, cualquier otra clase de prueba y decretar de oficio las diligencias probatorias que estime conveniente, con citación a las partes. Tendrá, además, en todo momento, acceso a los libros, documentos y medios de cualquier clase en los cuales estén contenidas las operaciones, actos y contratos del deudor, y

2) Apreciará la prueba de acuerdo con las normas de la sana crítica y deberá consignar en la respectiva resolución los fundamentos de dicha apreciación.

CAPÍTULO VIII
DE LA INSOLVENCIA TRANSFRONTERIZA

§1. De las disposiciones generales

Artículo 299. Finalidad. La finalidad del presente Capítulo es establecer mecanismos eficaces para la resolución de los casos de insolvencia transfronteriza con miras a promover el logro de los objetivos siguientes:

a) La cooperación entre los tribunales y demás organismos involucrados en los Procedimientos Concursales de Chile y de los Estados extranjeros que hayan de intervenir en casos de insolvencia transfronteriza;

b) Una mayor seguridad jurídica para el comercio y las inversiones;

c) Una administración equitativa y eficiente de las insolvencias transfronterizas que proteja los intereses de todos los acreedores, nacionales o extranjeros, y de las demás partes interesadas, incluido el Deudor;

d) La protección de los bienes del Deudor y la optimización de su valor, y

e) Facilitar la reorganización de empresas en dificultades financieras, a fin de proteger el capital invertido y de preservar el empleo.

Artículo 300. Ámbito de aplicación. El presente Capítulo será aplicable a los casos en que:

a) Un tribunal extranjero o un representante extranjero solicite asistencia a los tribunales competentes, administradores concursales y demás organismos involucrados en los Procedimientos Concursales con arreglo a esta ley u otras normas especiales relativas a la insolvencia en relación con un procedimiento extranjero;

b) Se solicite asistencia en un Estado extranjero en relación con un procedimiento concursal que se esté tramitando con arreglo a esta ley o con arreglo a otras normas especiales relativas a la insolvencia;

c) Se estén tramitando simultáneamente y respecto de un mismo deudor un procedimiento concursal extranjero y un Procedimiento Concursal en Chile con arreglo a esta ley u otras normas especiales relativas a la insolvencia, o

d) Los acreedores u otras personas interesadas, que estén en un Estado extranjero, tengan interés en solicitar el inicio de un procedimiento concursal o en participar en un procedimiento concursal que se esté tramitando con arreglo a esta ley u otras normas especiales relativas a la insolvencia.

El presente Capítulo no será aplicable a los procedimientos concursales regulados por la Ley General de Bancos y por el decreto con fuerza de ley N° 251, del Ministerio de Hacienda, de 1931, sobre Compañías de Seguros, Sociedades Anónimas y Bolsas de Comercio.

Artículo 301. Definiciones. Para los fines de este Capítulo, se entenderá:

a) Por "procedimiento extranjero", el procedimiento colectivo, ya sea judicial o administrativo, incluido el de índole provisional, que se tramite en un Estado extranjero con arreglo a una ley relativa a la insolvencia y en virtud del cual los bienes y negocios del deudor queden sujetos al control o a la supervisión del tribunal o representante extranjero, a los efectos de su reorganización o liquidación;

b) Por "procedimiento extranjero principal", el procedimiento extranjero que se tramite en el Estado donde el deudor tenga su domicilio, entendiendo por tal el centro de sus principales intereses;

c) Por "procedimiento extranjero no principal", un procedimiento extranjero, que no sea un procedimiento extranjero principal, que se tramite en un Estado donde el deudor tenga un establecimiento en el sentido de la letra f) del presente artículo;

d) Por "representante extranjero", la persona o el órgano, incluso el designado a título provisional, que haya sido facultado en un procedimiento extranjero para administrar la reorganización o la liquidación de los bienes o negocios del deudor o para actuar como representante del procedimiento extranjero,

e) Por "tribunal extranjero", la autoridad judicial o de otra índole que sea competente a los efectos del control, tramitación o supervisión de un procedimiento concursal extranjero;

f) Por "establecimiento", todo lugar de operaciones en que el deudor ejerza de forma no transitoria una actividad económica con medios humanos y bienes o servicios;

g) Por "administradores concursales", el Liquidador, el Veedor y el administrador de la continuación de las actividades económicas del deudor que participen en Procedimientos Concursales de acuerdo a esta ley, y

h) Por "tribunal competente", el tribunal que le hubiere correspondido o que le correspondiera conocer de un Procedimiento Concursal con arreglo a esta ley, o, en el caso que el Deudor no tuviese su domicilio en Chile, cualquiera de los tribunales con competencia en lo civil donde se encontraren situados los bienes del Deudor en el territorio del Estado de Chile.

Artículo 302. Obligaciones internacionales del Estado. En caso de conflicto entre este Capítulo y una obligación del Estado de Chile nacida de un tratado u otra forma de acuerdo en el que Chile sea parte con uno o más Estados donde se estén tramitando los procedimientos extranjeros, prevalecerán las disposiciones de ese tratado o acuerdo.

Artículo 303. Tribunal o autoridad competente. Las funciones a las que se refiere el presente Capítulo relativas al reconocimiento de procedimientos concursales extranjeros serán ejercidas por los tribunales ordinarios de justicia, los tribunales arbitrales cuando les correspondiere intervenir y por la Superintendencia cuando se hubiese iniciado un Procedimiento Concursal de Renegociación de la Persona Deudora, y en materia de cooperación con tribunales extranjeros serán ejercidas además por los administradores concursales cuando así les fuere requerido por la Superintendencia.

Artículo 304. Autorización para actuar en un Estado extranjero. La Superintendencia será el órgano legitimado para actuar en un Estado extranjero en representación de un procedimiento iniciado en Chile con arreglo a esta ley o a toda otra norma especial relativa a la insolvencia, en la medida en que lo permita la ley extranjera aplicable.

La Superintendencia podrá delegar esta autorización para actuar en el administrador concursal que esté conociendo del procedimiento. La responsabilidad civil y administrativa en la que pudieren incurrir en el ejercicio de sus funciones en un procedimiento extranjero se hará valer de acuerdo a los términos establecidos en esta ley.

Artículo 305. Excepción de orden público. Lo dispuesto en el presente Capítulo no impedirá que el tribunal competente y la Superintendencia se nieguen a adoptar una medida específica dictada por un tribunal extranjero contraria al orden público de Chile.

Artículo 306. Asistencia adicional en virtud de alguna otra norma. Nada de lo dispuesto en el presente Capítulo limitará las facultades que pueda tener el tribunal competente, la Superintendencia y los administradores concursales para prestar asistencia adicional al representante extranjero con arreglo a alguna otra norma chilena.

Artículo 307. Interpretación. En la interpretación del presente Capítulo habrá de tenerse en cuenta su origen internacional y la necesidad de promover la uniformidad de su aplicación y la observancia de la buena fe.

§ 2. Del acceso de los representantes y acreedores extranjeros a los tribunales del Estado

Artículo 308. Derecho de acceso directo. Todo representante extranjero facultado en el país donde se lleve el procedimiento de insolvencia y reconocido como tal por las autoridades chilenas competentes, estará legitimado para comparecer directamente ante un tribunal del Estado de Chile. En cualquier caso, la comparecencia de dicho representante extranjero ante un tribunal del Estado de Chile deberá efectuarse siempre por medio de un abogado habilitado para el ejercicio de la profesión.

Artículo 309. Presentación de la solicitud ante el tribunal competente. El solo hecho de la presentación de una solicitud, con arreglo al presente Capítulo, ante un tribunal competente por un representante extranjero no supone la sumisión de éste ni de los bienes y negocios del deudor en el extranjero, a la jurisdicción de los tribunales competentes para efecto alguno que sea distinto de la solicitud.

Artículo 310. Solicitud del representante extranjero de que se inicie un procedimiento con arreglo a esta ley. Todo representante extranjero estará facultado para solicitar el inicio de un procedimiento con arreglo a esta ley si se cumplen las condiciones establecidas en ésta para el inicio de ese procedimiento.

Artículo 311. Participación de un representante extranjero en un procedimiento iniciado en los términos dispuestos en el presente Capítulo. A partir del reconocimiento de un procedimiento extranjero, el representante extranjero estará facultado para participar en todo procedimiento que se haya iniciado respecto del deudor en los términos dispuestos en este Capítulo.

Artículo 312. Acceso de los acreedores extranjeros a un procedimiento seguido con arreglo a esta ley. Los acreedores extranjeros gozarán de los mismos derechos que los acreedores nacionales respecto del inicio de un Procedimiento Concursal y de la participación en él con arreglo a esta ley.

Los acreedores extranjeros se sujetarán al orden de prelación de los créditos contenido en el Título XLI del Libro IV del Código Civil y en las demás leyes especiales aplicables, en todos los Procedimientos Concursales iniciados con arreglo a la presente ley.

Artículo 313. Notificación a los acreedores en el extranjero con arreglo a esta ley. Todas las notificaciones que deban practicarse conforme a este Capítulo serán efectuadas en la forma y los plazos establecidos en esta ley, salvo que el tribunal competente considere que alguna otra forma de notificación sea más adecuada de acuerdo a las circunstancias del caso.

§ 3. Del reconocimiento de un procedimiento extranjero y medidas que se pueden adoptar

Artículo 314. Solicitud de reconocimiento de un procedimiento extranjero.

1) El representante extranjero podrá solicitar ante el tribunal competente el reconocimiento del procedimiento extranjero en el que haya sido nombrado.

2) Toda solicitud de reconocimiento deberá presentarse acompañada de:

a) Una copia autorizada de la resolución en la que se declare iniciado el procedimiento extranjero y se nombre el representante extranjero; o

b) Un certificado expedido por el tribunal extranjero en el que se acredite la existencia del procedimiento extranjero y el nombramiento del representante extranjero; o

c) Cualquier otro documento emitido por una autoridad del Estado extranjero en cuyo territorio se haya abierto el referido procedimiento, y que permita al tribunal competente llegar a la plena convicción de su existencia y del nombramiento del representante extranjero.

3) Toda solicitud de reconocimiento deberá presentarse acompañada de una declaración en la que se indiquen debidamente los datos de todos los procedimientos extranjeros iniciados respecto del deudor de los que tenga conocimiento el representante extranjero.

Todo documento presentado en apoyo de una solicitud de reconocimiento debe ser acompañado traducido al idioma castellano.

Todos los documentos públicos emitidos en el extranjero a los que se refiere el presente Capítulo deberán acompañarse legalizados de acuerdo al artículo 345 del Código de Procedimiento Civil, para su validez legal en Chile. Las comunicaciones que realicen los distintos tribunales intervinientes en un proceso de insolvencia transfronteriza no deberán sujetarse a las normas de los exhortos internacionales, bastando la certificación que se haga en el proceso por el Secretario del tribunal competente, del hecho de la comunicación y su contenido.

Artículo 315. Presunciones relativas al reconocimiento.

1) Si la resolución o el certificado a que se hace referencia en el número 2) del artículo 314 indican que el procedimiento extranjero y el representante extranjero pueden ser calificados como tales conforme al presente Capítulo, el tribunal estará a lo señalado en el certificado o resolución acompañada.

2) Los documentos que sean presentados en apoyo de la solicitud de reconocimiento se entenderán auténticos si están legalizados con arreglo al artículo anterior.

3) Salvo prueba en contrario, se presumirá que el domicilio social del deudor o su residencia habitual, si se trata de una persona natural, es el centro de sus principales intereses.

Artículo 316. Resolución de reconocimiento de un procedimiento extranjero.

1) Salvo lo dispuesto en el artículo 305, se otorgará reconocimiento a un procedimiento extranjero cuando:

a) El procedimiento extranjero sea un procedimiento en el sentido de la letra a) del artículo 301;

b) El representante extranjero que solicite el reconocimiento sea una persona o un órgano en el sentido de la letra d) del artículo 301;

c) La solicitud cumpla los requisitos del número 2) del artículo 314, y

d) La solicitud haya sido presentada ante el tribunal competente conforme al artículo 303.

2) Se reconocerá el procedimiento extranjero:

a) Como procedimiento extranjero principal, si se está tramitando en el Estado donde el deudor tenga el centro de sus principales intereses, o

b) Como procedimiento no principal, si el deudor tiene en el territorio del Estado del foro extranjero un establecimiento en el sentido de la letra f) del artículo 301.

3) Se dictará a la mayor brevedad posible la resolución relativa al reconocimiento de un procedimiento extranjero.

4) Lo dispuesto en el presente artículo y en los artículos 314, 315 y 317 no impedirá que se modifique o revoque el reconocimiento en caso de demostrarse la ausencia parcial o total de los motivos por los que se otorgó, o que esos motivos han dejado de existir.

Artículo 317. Deber de información continua. A partir del momento en que se presente la solicitud de reconocimiento de un procedimiento extranjero, el representante extranjero informará sin demora al tribunal competente de:

a) Todo cambio importante en la situación del procedimiento extranjero reconocido o en el nombramiento del representante extranjero, y

b) Todo otro procedimiento extranjero que se siga respecto del mismo deudor y del que tenga conocimiento el representante extranjero.

Artículo 318. Medidas que se pueden adoptar a partir de la solicitud de reconocimiento de un procedimiento extranjero.

1) Desde la presentación de una solicitud de reconocimiento hasta que se resuelva dicha solicitud, el tribunal competente podrá, a instancia del representante extranjero y cuando las medidas sean necesarias y urgentes para proteger los bienes del deudor que se encuentren en el territorio del Estado de Chile o los intereses de los acreedores, otorgar medidas provisionales, incluidas las siguientes:

a) Suspender toda medida de ejecución individual contra los bienes del deudor;

b) Encomendar al representante extranjero, o a alguna otra persona designada por el tribunal competente, la administración o la realización de todos o de parte de los bienes del deudor que se encuentren en el territorio del Estado de Chile, para proteger y preservar el valor de aquellos que, por su naturaleza o por circunstancias concurrentes, sean perecederos, expuestos a devaluación o estén amenazados por cualquier otra causa, y

c) Aplicar cualquiera de las medidas previstas en las letras c) y d) del número 1) del artículo 320.

2) Para los efectos del presente artículo será aplicable lo dispuesto en el artículo 313.

3) A menos que se prorroguen con arreglo a lo previsto en la letra f) del número 1) del artículo 320, las medidas adoptadas con arreglo al presente artículo quedarán sin efecto cuando se dicte una resolución sobre la solicitud de reconocimiento.

4) El tribunal competente podrá denegar toda medida prevista en el presente artículo cuando esa medida afecte al desarrollo de un procedimiento extranjero principal.

Artículo 319. Efectos del reconocimiento de un procedimiento extranjero principal.

1) A partir del reconocimiento de un procedimiento extranjero que sea un procedimiento principal, y durante el período en que se tramite el referido procedimiento:

a) Se suspenderá el inicio o la continuación de todas las acciones o procedimientos individuales que se tramiten respecto de los bienes, derechos, obligaciones o responsabilidades del deudor.

b) Se suspenderá asimismo toda medida de ejecución contra los bienes del deudor, y

c) Se suspenderá todo derecho a transferir o gravar los bienes del deudor, así como a disponer de algún otro modo de esos bienes.

2) El alcance, la modificación y la extinción de los efectos de suspensión tratados en el presente artículo estarán supeditados a lo establecido en la presente ley y se referirán exclusivamente a aquellos bienes que se encuentren en el territorio del Estado de Chile.

3) La letra a) del número 1) del presente artículo no afectará al derecho de iniciar acciones o procedimientos individuales en la medida en que ello sea necesario para preservar un crédito contra el deudor.

4) Lo dispuesto en el número 1) del presente artículo no afectará el derecho a solicitar el inicio de un Procedimiento Concursal con arreglo a esta ley o a verificar créditos en el procedimiento respectivo.

Artículo 320. Medidas que se pueden adoptar a partir del reconocimiento de un procedimiento extranjero.

1) Desde el reconocimiento de un procedimiento extranjero, ya sea principal o no principal, de ser necesario para proteger los bienes del deudor que se encuentren en el territorio del Estado de Chile o los intereses de los acreedores, el tribunal competente podrá, a instancia del representante extranjero, dictaminar las medidas que procedan, incluidas las siguientes:

a) Suspender la iniciación o la continuación de acciones o procedimientos individuales relativos a los bienes, derechos, obligaciones o responsabilidades del deudor, en cuanto no se hayan paralizado con arreglo a la letra a) del número 1) del artículo 319;

b) Suspender, asimismo, toda medida de ejecución contra los bienes del deudor, en cuanto no se haya paralizado con arreglo a la letra b) del número 1) artículo 319;

c) Suspender el ejercicio del derecho a transferir o gravar los bienes del deudor, así como a disponer de esos bienes de algún otro modo, en cuanto no se haya suspendido ese derecho con arreglo a la letra c) del número 1) del artículo 319;

d) Disponer el examen de testigos, la presentación de pruebas o el suministro de información respecto de los bienes, negocios, derechos, obligaciones o responsabilidades del deudor;

e) Encomendar al representante extranjero o a alguna otra persona nombrada por el tribunal competente, la administración o la realización de todos o de parte de los bienes del deudor, que se encuentren en territorio chileno;

f) Prorrogar toda medida cautelar otorgada con arreglo al número 1) del artículo 318, y

g) Conceder cualquier otra medida que, conforme a esta ley, sea otorgable al administrador concursal.

2) A partir del reconocimiento de un procedimiento extranjero, principal o no principal, el tribunal competente podrá, a instancia del representante extranjero, encomendar al representante extranjero, o a otra persona nombrada por el tribunal competente, la distribución de todos o de parte de los bienes del deudor que se encuentren en el territorio chileno, siempre que el tribunal competente se asegure de que los intereses de los acreedores en el Estado de Chile están suficientemente protegidos.

3) Al adoptar medidas con arreglo a este artículo a favor del representante de un procedimiento extranjero no principal, el tribunal competente deberá asegurarse de que las medidas atañen a bienes que, con arreglo al derecho chileno, hayan de ser administrados en el marco del procedimiento extranjero no principal o que atañen a información requerida en ese procedimiento extranjero no principal.

Artículo 321. Protección de los acreedores y de otras personas interesadas.

1) Al conceder o denegar una medida con arreglo a los artículos 318 ó 320 o al modificarla o dejarla sin efecto con arreglo al número 3) del presente artículo, el tribunal competente deberá asegurarse de que quedan debidamente protegidos los intereses de los acreedores y de otras personas interesadas, incluido el deudor.

2) El tribunal competente podrá supeditar toda medida otorgada con arreglo a los artículos 318 ó 320 a las condiciones que juzgue convenientes.

3) A instancia del representante extranjero o de toda persona afectada por alguna medida otorgada con arreglo a los artículos 318 ó 320, o de oficio, el tribunal competente podrá modificar o dejar sin efecto la medida impugnada.

Artículo 322. Ejercicio de acciones revocatorias concursales.

1) A partir del reconocimiento de un procedimiento extranjero, el representante extranjero estará legitimado para entablar las acciones revocatorias concursales con arreglo a esta ley, cuando correspondiere.

2) Cuando el procedimiento extranjero sea un procedimiento extranjero no principal, el tribunal competente deberá asegurarse de que la acción afecta a bienes que, con arreglo al derecho chileno, deban ser administrados en el marco del procedimiento extranjero no principal.

Artículo 323. Intervención de un representante extranjero en procedimientos que se tramiten en el Estado de Chile. Desde el reconocimiento de un procedimiento extranjero, el representante extranjero podrá intervenir, conforme a las condiciones prescritas por esta ley, en todo procedimiento en el que el deudor sea parte.

§ 4. De la cooperación con tribunales y representantes extranjeros

Artículo 324. Cooperación y comunicación directa entre un tribunal chileno y los tribunales o representantes extranjeros.

1) En los asuntos indicados en el artículo 300, el tribunal competente deberá cooperar en la medida de lo posible con los tribunales extranjeros o los representantes extranjeros, ya sea directamente o por conducto de los administradores concursales.

2) El tribunal competente estará facultado para ponerse en comunicación directa con los tribunales o representantes extranjeros o para recabar información o asistencia directa de los mismos.

3) Toda cooperación y comunicación directa efectuada de conformidad al presente artículo deberá ser publicada en el Boletín Concursal dentro del plazo de dos días contado desde su realización. La falta de dicha publicación en ningún caso invalidará la actuación realizada.

Artículo 325. Cooperación y comunicación directa entre los administradores concursales y los representantes extranjeros.

1) En los asuntos indicados en el artículo 300 el administrador concursal deberá cooperar en la medida de lo posible con los tribunales extranjeros o los representantes extranjeros ya sea directa o indirectamente.

2) El tribunal competente estará facultado para ponerse en comunicación directa con los tribunales o los representantes extranjeros para recabar información directa de ellos.

3) Toda cooperación y comunicación directa efectuada de conformidad al presente artículo deberá ser publicada en el Boletín Concursal dentro del plazo de dos días contado desde su realización. La falta de dicha publicación en ningún caso invalidará la actuación realizada.

Artículo 326. Formas de cooperación. La cooperación de la que se trata en los artículos 324 y 325 podrá ser puesta en práctica por cualquier medio apropiado y, en particular, mediante:

a) El nombramiento de una persona o de un órgano para que actúe bajo dirección o supervisión del tribunal competente;

b) La comunicación de información por cualquier medio que el tribunal competente considere oportuno;

c) La coordinación de la administración y supervisión de los bienes y negocios del deudor;

d) La aprobación o la aplicación por los tribunales competentes de los acuerdos relativos a la coordinación de los procedimientos, y

e) La coordinación de los procedimientos que se estén tramitando simultáneamente respecto de un mismo deudor.

§ 5. De los procedimientos paralelos

Artículo 327. Inicio de un Procedimiento Concursal con arreglo a esta ley tras el reconocimiento de un procedimiento extranjero principal. Desde el reconocimiento de un procedimiento extranjero principal, sólo se podrá iniciar un Procedimiento Concursal con arreglo a esta ley ante el tribunal competente que otorgó dicho reconocimiento, cuando el deudor tenga bienes en Chile y los efectos de este Procedimiento Concursal se limitarán a los bienes del deudor que se encuentren en territorio nacional y, en la medida requerida para la puesta en práctica de la cooperación y coordinación previstas en los artículos 324, 325 y 326, a otros bienes del deudor que, conforme a esta ley, deban ser administrados en este procedimiento.

Artículo 328. Coordinación de un Procedimiento Concursal seguido con arreglo a esta ley y un procedimiento extranjero. Cuando se estén tramitando simultáneamente y respecto de un mismo deudor un procedimiento extranjero y un Procedimiento Concursal con arreglo a esta ley, el tribunal procurará colaborar y coordinar sus actuaciones con las del otro procedimiento, conforme a lo dispuesto en los artículos 324, 325 y 326 en los términos siguientes:

a) Cuando el Procedimiento Concursal tramitado en Chile esté en curso en el momento de presentarse la solicitud de reconocimiento del procedimiento extranjero:

i. Toda medida otorgada con arreglo a los artículos 318 ó 320 deberá ser compatible con el Procedimiento Concursal tramitado en Chile, y

ii. De reconocerse el procedimiento extranjero en Chile como procedimiento extranjero principal, el artículo 319 no será aplicable;

b) Cuando el Procedimiento Concursal tramitado en Chile se inicie tras el reconocimiento, o una vez presentada la solicitud de reconocimiento, del procedimiento extranjero:

i. Toda medida que estuviere en vigor con arreglo a los artículos 318 ó 320 será reexaminada por el tribunal competente y modificada o revocada en caso de ser incompatible con el Procedimiento Concursal en Chile;

ii. De haberse reconocido el procedimiento extranjero como procedimiento extranjero principal, la suspensión de que se trata en el número 1) del artículo 319 será modificada o revocada con arreglo al número 2) del artículo 319, en caso de ser incompatible con el Procedimiento Concursal iniciado en Chile, y

iii. Al conceder, prorrogar o modificar una medida otorgada a un representante de un procedimiento extranjero no principal, el tribunal competente deberá asegurarse de que esa medida afecta a bienes que, con arreglo a esta ley, deban ser administrados en el procedimiento extranjero no principal o concierne a información necesaria para ese procedimiento.

Artículo 329. Coordinación de varios procedimientos extranjeros. En los casos contemplados en el artículo 300, cuando se tramite más de un procedimiento extranjero respecto de un mismo deudor, el tribunal competente procurará que haya cooperación y coordinación con arreglo a lo dispuesto en los artículos 324, 325 y 326, y serán aplicables las siguientes reglas:

a) Toda medida otorgada con arreglo a los artículos 318 ó 320 a un representante de un procedimiento extranjero no principal, una vez reconocido un procedimiento extranjero principal, deberá ser compatible con este último;

b) Cuando un procedimiento extranjero principal sea reconocido o una vez presentada la solicitud de reconocimiento de un procedimiento extranjero no principal, toda medida que estuviere en vigor con arreglo a los artículos 318 ó 320 deberá ser reexaminada por el tribunal competente y modificada o dejada sin efecto en caso de ser incompatible con el procedimiento extranjero principal, y

c) Cuando un procedimiento extranjero no principal esté reconocido o se le otorgue reconocimiento, el tribunal competente deberá conceder, modificar o dejar sin efecto toda medida que proceda para facilitar la coordinación de los procedimientos.

Artículo 330. Regla de pago para procedimientos paralelos. Sin perjuicio de los titulares de créditos garantizados o de derechos reales, un acreedor que haya percibido un pago parcial respecto de su crédito en un procedimiento tramitado en un Estado extranjero con arreglo a una norma relativa a la insolvencia no podrá percibir un nuevo pago por ese mismo crédito en un Procedimiento Concursal que se tramite con arreglo a esta ley respecto de ese mismo deudor cuando el pago percibido por los demás acreedores de la misma categoría sea proporcionalmente inferior a la suma ya percibida por el acreedor.

CAPÍTULO IX
DE LA SUPERINTENDENCIA DE INSOLVENCIA Y REEMPRENDIMIENTO

Artículo 331. Superintendencia de Insolvencia y Reemprendimiento. Naturaleza Jurídica. Créase una persona jurídica denominada Superintendencia de Insolvencia y Reemprendimiento, como un servicio público descentralizado con personalidad jurídica y patrimonio propios, en adelante la Superintendencia.

La Superintendencia será una institución autónoma, que se relacionará con el Presidente de la República a través del Ministerio de Economía, Fomento y Turismo, y se regirá por esta ley.

Su domicilio será la ciudad de Santiago, sin perjuicio de las direcciones regionales que pueda establecer el Superintendente en distintas ciudades del país.

La Superintendencia tendrá, para todos los efectos legales, el carácter de institución fiscalizadora de acuerdo a lo dispuesto en el decreto ley N° 3.551, de 1981, y su legislación complementaria, y estará afecta al Sistema de Alta Dirección Pública establecido en la ley N° 19.882.

Artículo 332. Funciones. Corresponderá a la Superintendencia supervigilar y fiscalizar las actuaciones de los Veedores, Liquidadores, Martilleros Concursales, administradores de la continuación de las actividades económicas del deudor, asesores económicos de insolvencia y, en general, de toda persona que por ley quede sujeta a su supervigilancia y fiscalización.

Asimismo, le corresponderá desempeñar las funciones que esta ley le encomienda en el Capítulo V, así como las demás que se establezcan en otras leyes.

Artículo 333. Patrimonio. El patrimonio de la Superintendencia estará constituido por los bienes inmuebles y muebles que adquiera a cualquier título y, en especial, por:

a) Los aportes que anualmente le asigne la Ley de Presupuestos del Sector Público.

b) Los frutos, rentas e intereses de sus bienes patrimoniales y servicios.

c) Los ingresos que perciba por los servicios que preste.

d) Los recursos que le entreguen otras leyes generales o especiales.

La Superintendencia estará sometida al decreto ley Nº 1.263, de 1975, sobre Administración Financiera del Estado y a sus disposiciones complementarias.

Artículo 334. Superintendente. Un funcionario, con el título de Superintendente de Insolvencia y Reemprendimiento, será el Jefe Superior de la Superintendencia y su representante legal. Tendrá a su cargo el cumplimiento de las funciones y atribuciones que la ley le encomienda y las que correspondan a este organismo.

El Superintendente será nombrado por el Presidente de la República de conformidad con las normas del Sistema de Alta Dirección Pública de la ley Nº 19.882.

Lo subrogará el Jefe del Departamento de Fiscalización y, a falta de éste, el Jefe del Departamento Jurídico.

El Superintendente podrá delegar parte de sus funciones y atribuciones en funcionarios de su dependencia.

Artículo 335. Departamentos. El Superintendente determinará, mediante resolución, los niveles internos que ejercerán las funciones que la ley encomienda a la Superintendencia, como asimismo el personal adscrito a tales unidades.

Artículo 336. Régimen Estatutario. El personal de la Superintendencia se regirá por la presente ley y, supletoriamente, por el decreto con fuerza de ley Nº 29, del Ministerio de Hacienda, de 2005, que fija el texto refundido, coordinado y sistematizado de la ley Nº 18.834, sobre Estatuto Administrativo, en todo lo que no sea contrario a ésta.

El personal que cumpla funciones profesionales y fiscalizadoras quedará afecto a la letra e) del inciso primero del artículo 162 del señalado Estatuto Administrativo.

Artículo 337. Atribuciones y Deberes. Para el cumplimiento de sus funciones, la Superintendencia tendrá las siguientes atribuciones y deberes:

1) Fiscalizar las actuaciones de los Liquidadores, Veedores, Interventores designados conforme a esta ley, Martilleros Concursales que se sometan voluntariamente al control de la Superintendencia en virtud de lo dispuesto en esta ley, administradores de la continuación de las actividades económicas y asesores económicos de insolvencia, en adelante en conjunto como los "entes fiscalizados" o los "fiscalizados", en todos los Procedimientos Concursales y asesorías económicas de insolvencias, en todos los aspectos de su gestión, sean técnicos, jurídicos o financieros.

2) Interpretar administrativamente las leyes, reglamentos y demás normas que rigen a los fiscalizados, sin perjuicio de las facultades jurisdiccionales que correspondan a los tribunales competentes.

3) Examinar, cuando lo estime necesario, los libros, cuentas, archivos, documentos, contabilidad y bienes relativos a Procedimientos Concursales o a asesorías económicas de insolvencias. La no exhibición o entrega de lo señalado en este numeral por parte del ente fiscalizado a la Superintendencia para su examen, se considerará falta grave para los efectos del número 7) de este artículo.

Toda la documentación de los Procedimientos Concursales, del Deudor y la que se genere en el desarrollo de asesorías económicas de insolvencia deberán ser conservadas por el ente fiscalizado hasta por un año después de encontrarse aprobada la Cuenta Final de Administración o de entregado el expediente de asesoría económica de insolvencias, si no hubiese tenido reparos.

El Superintendente de Insolvencia y Reemprendimiento podrá autorizar la eliminación de parte de este archivo antes de ese plazo y exigir que determinados documentos o libros se guarden por plazos mayores. Podrá, asimismo, facultar a los entes fiscalizados para conservar reproducciones mecánicas, fotográficas o digitales de esta documentación en reemplazo de los originales.

En ningún caso podrán destruirse los libros o instrumentos que digan relación directa o indirecta con algún asunto o litigio pendiente.

El Superintendente podrá autorizar a los entes fiscalizados para devolver al Deudor parte de sus libros y papeles antes del plazo señalado en el párrafo segundo de este numeral. Lo dispuesto en este numeral se entiende sin perjuicio de lo que disponga el tribunal competente.

4) Impartir a los Veedores, Liquidadores, administradores de la continuación de las actividades económicas, Martilleros Concursales que se sometan voluntariamente al control de la Superintendencia y asesores económicos de insolvencias, instrucciones de carácter obligatorio sobre las materias sometidas a su control y, en especial, fijar normas para la presentación de informes, estados de avance y cuentas provisorias o definitivas que deban presentar los fiscalizados.

5) Objetar las Cuentas Finales de Administración en conformidad a lo dispuesto en el Párrafo 2 del Título 3 del Capítulo II de esta ley.

Asimismo, podrá actuar como parte en este procedimiento cuando la objeción fuere promovida por los acreedores o el Deudor.

6) Actuar como parte interviniente en los procesos criminales respecto de los delitos que cometiere el Veedor, Liquidador y demás entes fiscalizados, interponiendo la querella respectiva ante el Juez de Garantía competente. Asimismo, denunciará ante el Ministerio Público cualquier hecho que revista carácter de delito del que tome conocimiento en el ejercicio de sus funciones, proveyendo los antecedentes que obren en su poder.

7) Poner en conocimiento del tribunal de la causa o de la Junta de Acreedores cualquier infracción, falta o irregularidad que se observe en la conducta del ente fiscalizado y proponer, si lo estimare necesario, su remoción al juez de la causa o su revocación a la Junta de Acreedores, en el Procedimiento Concursal de que se trate.

El tribunal, a solicitud de la Superintendencia, conocerá de la petición de remoción a que se refiere el párrafo anterior, en la forma establecida para los incidentes, cuando los fiscalizados incurran:

a) En faltas reiteradas.

b) En faltas graves.

c) En el incumplimiento del pago de las multas señaladas en esta ley.

d) En irregularidades en relación con su desempeño o si se encuentran en notoria insolvencia.

Se entenderá que se incurre en faltas reiteradas cuando dentro un mismo Procedimiento Concursal se cometan dos o más faltas, sin consideración de su gravedad, habiendo sido éstas sancionadas previamente. Asimismo, se incurre en falta reiterada cuando respecto de un mismo ente fiscalizado se han aplicado, en uno o en distintos Procedimientos Concursales, seis o más sanciones en el plazo de tres años, sin consideración de su gravedad, constituyendo este último caso una falta gravísima.

El tribunal, de oficio o a petición del Superintendente, suspenderá al ente fiscalizado mientras se tramita el incidente de remoción, cuando estime que se ha afectado o se puede afectar la adecuada administración del concurso o considere que hay presunciones graves de la existencia de las causales invocadas para la remoción.

Sin perjuicio de lo anterior, en cualquier estado del Procedimiento Concursal, el juez de oficio podrá suspender al ente fiscalizado de sus funciones en él, cuando considere que los antecedentes lo ameritan.

Podrán intervenir como coadyuvantes el Deudor y los acreedores individualmente.

Una vez firme la remoción, la Superintendencia podrá excluir al ente fiscalizado de la nómina respectiva.

8) Informar a los tribunales de justicia y al Ministerio Público cuando sea requerida por éstos, o le soliciten informes periciales en materias de su competencia.

9) Llevar los registros de los Procedimientos Concursales, continuaciones de actividades económicas y asesorías económicas de insolvencias, los que tendrán carácter de públicos, y extender las certificaciones y copias que procedan.

10) Asesorar al Ministerio de Economía, Fomento y Turismo en materias de su competencia, y proponer las reformas legales y reglamentarias que sea aconsejable introducir.

11) Recibir, dentro del ejercicio de sus funciones fiscalizadoras, las denuncias que los acreedores, el Deudor, o terceros interesados formulen en contra del desempeño del ente fiscalizado.

12) Llevar las nóminas de Veedores, Liquidadores, árbitros, Martilleros Concursales, administradores de la continuación de las actividades económicas y asesores económicos de insolvencias en la forma que las leyes le ordenen y verificar el cumplimiento de los requisitos para que los referidos entes sujetos a su fiscalización se mantengan en las respectivas nóminas.

13) Desempeñar las demás funciones que le encomienden las leyes.

Para el cumplimiento de las funciones fiscalizadoras señaladas en este artículo, la Superintendencia tendrá las mismas facultades que el artículo 37 del Código de Procedimiento Civil otorga a los funcionarios que indica, pudiendo retirar los expedientes judiciales sin más formalidades que las prescritas para los receptores.

Artículo 338. Infracciones. Los entes fiscalizados que incurrieren en infracciones a las leyes, reglamentos y demás normas relacionadas con Procedimientos Concursales o incumplieren las instrucciones, órdenes y normas que les imparta la Superintendencia podrán ser objeto de censura por escrito, multa a beneficio fiscal de 1 hasta 1000 unidades tributarias mensuales, suspensión hasta por seis meses para asumir en un nuevo Procedimiento Concursal o asesoría económica de insolvencia o la exclusión de la nómina respectiva, sin perjuicio de otras sanciones contenidas en esta ley o en leyes especiales.

Para los efectos de la aplicación de las sanciones a que se refiere el inciso anterior, las infracciones administrativas se clasificarán como leves, graves y gravísimas, tal como se señala para las conductas descritas a continuación:

1) Leves:

a) El incumplimiento de plazos contenidos en instructivos o en instrucciones específicas de la Superintendencia.

b) La infracción a las demás obligaciones previstas en las normas de carácter general que haya dictado la Superintendencia y que no se consideren infracciones graves o gravísimas.

c) El incumplimiento de leyes, instructivos, circulares o instrucciones particulares emanadas de la Superintendencia, que no ocasionen perjuicio económico directo a la masa, al Deudor o a terceros que tengan interés en el Procedimiento Concursal respectivo.

2) Graves: incumplimiento de leyes, instructivos o circulares, que ocasionen perjuicio económico a la masa, al Deudor o a terceros que tengan interés en el Procedimiento Concursal respectivo.

3) Gravísimas: incumplimiento de leyes, debidamente representado por medio de instrucciones específicas de la Superintendencia y que ocasionen perjuicio económico a la masa, al Deudor o a terceros que tengan interés en el Procedimiento Concursal respectivo.

La Superintendencia podrá determinar la gravedad de las infracciones administrativas no contenidas en los números precedentes.

Si la Superintendencia representa al ente fiscalizado, a través de un oficio de fiscalización, cualquier infracción, falta o irregularidad en su desempeño, el fiscalizado deberá acreditar la forma en que ha dado cumplimiento a sus obligaciones en conformidad a las leyes, reglamentos e instrucciones que le rigen. Cuando la Superintendencia denuncie al tribunal competente las infracciones, faltas o irregularidades referidas precedentemente se aplicará lo dispuesto en el artículo 1698 del Código Civil.

Artículo 339. Sanciones. Las infracciones calificadas en el artículo anterior serán sancionadas conforme a la escala siguiente:

a) Las infracciones leves serán sancionadas con censura por escrito o multa a beneficio fiscal de 1 a 50 unidades tributarias mensuales.

b) Las infracciones graves serán sancionadas con multa a beneficio fiscal de 51 a 100 unidades tributarias mensuales o suspensión hasta por seis meses para asumir en un nuevo Procedimiento Concursal.

c) Las infracciones gravísimas serán sancionadas con multa a beneficio fiscal de 101 a 1000 unidades tributarias mensuales, suspensión hasta por seis meses para asumir en un nuevo Procedimiento Concursal, o la exclusión de la respectiva nómina.

La multa específica se determinará apreciando fundadamente la gravedad de la infracción y el perjuicio causado a la masa, al Deudor o a terceros que tengan interés en el Procedimiento Concursal respectivo.

Artículo 340. Procedimiento. Las sanciones serán impuestas por resolución del Superintendente, de conformidad a lo dispuesto en esta ley.

Toda sanción aplicada por la Superintendencia deberá fundarse en un procedimiento que se iniciará con la representación precisa de las infracciones y su notificación al ente fiscalizado infractor para que presente sus descargos. El plazo conferido para presentar los descargos no podrá ser inferior a diez días.

La Superintendencia dará lugar a las medidas probatorias que solicite el infractor en sus descargos, de acuerdo a lo dispuesto en los artículos 35 y 36 de la ley N° 19.880.

La resolución que se dicte en definitiva deberá pronunciarse sobre las alegaciones y defensas del infractor y contendrá la declaración de la sanción impuesta si correspondiere. El pronunciamiento anterior se hará dentro de los treinta días de evacuada la última diligencia ordenada en el expediente.

El monto de las multas impuestas por la Superintendencia será a beneficio fiscal y deberá ser pagado en la Tesorería General de la República, dentro del plazo de diez días contado desde la fecha de notificación de la resolución respectiva.

El pago de toda multa aplicada de conformidad a este Título deberá ser acreditado ante la Superintendencia, dentro de los diez días siguientes a la fecha en que ésta debió ser pagada.

La resolución que aplique la multa tiene mérito ejecutivo para su cobro. Lo anterior se entiende sin perjuicio de lo dispuesto en esta ley en relación a la ejecución de la boleta de garantía por incumplimiento del pago de multa administrativa.

El retardo en el pago de toda multa que aplique la Superintendencia en conformidad a la ley, devengará los reajustes e intereses establecidos en el artículo 53 del Código Tributario.

Declarada judicialmente la improcedencia total o parcial de la multa, la Superintendencia o el órgano jurisdiccional respectivo, según corresponda, deberá ordenar su devolución por la Tesorería General de la República, debidamente reajustada en la forma que señalan los artículos 57 y 58 del Código Tributario.

Artículo 341. Reclamación. Contra las resoluciones de la Superintendencia que apliquen sanciones se podrá interponer un recurso de reposición administrativo, en el plazo de cinco días contado desde el día siguiente a la notificación de la resolución. La Superintendencia dispondrá de diez días para resolver.

Los entes fiscalizados podrán reclamar contra la resolución de la Superintendencia que rechace la reposición, dentro del plazo de diez días contado desde la notificación, ante el juzgado de letras con competencia en lo civil del domicilio del reclamante. La reclamación se sujetará a las normas del procedimiento sumario.

Las resoluciones que impongan sanciones serán siempre reclamables y no serán exigibles mientras no esté vencido el plazo para interponer la reclamación, o ésta no haya sido resuelta.

La resolución que se pronuncie sobre la reclamación interpuesta sólo será susceptible de recurso de apelación, el que se concederá en el solo efecto devolutivo. En contra de la sentencia de segunda instancia no procederá recurso alguno.

En caso de no acogerse el reclamo, el monto de lo pagado por concepto de la multa objetada, si lo hubiere, se entenderá abonado a ésta y, en caso de acogerse, regirá lo dispuesto en el inciso final del artículo anterior.

Artículo 342. Prescripción. Las infracciones que pudieren cometer los entes fiscalizados en el ejercicio de sus funciones prescribirán en el plazo de tres años contado desde la comisión del hecho constitutivo de infracción.

Artículo 343. Notificaciones. Las notificaciones que practique la Superintendencia conforme a este Capítulo se efectuarán de acuerdo a lo dispuesto en la ley N° 19.880, sin perjuicio de las otras formas de notificación contempladas en esta ley.

CAPÍTULO X
MODIFICACIONES A LEYES ESPECIALES

Artículo 344. Derógase la ley N° 18.175, sin perjuicio de lo dispuesto en el número 20) del artículo 347 y en los artículos primero y duodécimo transitorios.

Artículo 345. Modifícase el Código Penal de la siguiente manera:

1) Reemplázase, en el inciso final del artículo 48, la expresión "concurso o quiebra", por la siguiente: "un procedimiento concursal".

2) Sustitúyese, en el Título IX del Libro Segundo, la denominación del Párrafo 7, "De las defraudaciones", por la siguiente: "De los delitos concursales y de las defraudaciones".

3) Incorpóranse los siguientes artículos 463, 463 bis, 463 ter, 463 quáter, 464, 464 bis, 464 ter, 465 y 465 bis:

"Artículo 463. El que dentro de los dos años anteriores a la resolución de liquidación a que se refiere el Capítulo IV de la Ley de Reorganización y Liquidación de Activos de Empresas y Personas ejecutare actos o contratos que disminuyan su activo o aumenten su pasivo sin otra justificación económica o jurídica que la de perjudicar a sus acreedores, será castigado con la pena de presidio menor en su grado medio a máximo.

Artículo 463 bis. Será castigado con la pena de presidio menor en su grado medio a presidio mayor en su grado mínimo, el deudor que realizare alguna de las siguientes conductas:

1º Si dentro de los dos años anteriores a la resolución de reorganización o liquidación, ocultare total o parcialmente sus bienes o sus haberes.

2º Si después de la resolución de liquidación percibiere y aplicare a sus propios usos o de terceros, bienes que deban ser objeto del procedimiento concursal de liquidación.

3º Si después de la resolución de liquidación, realizare actos de disposición de bienes de su patrimonio, reales o simulados, o si constituyere prenda, hipoteca u otro gravamen sobre los mismos.

Artículo 463 ter. Será castigado con la pena de presidio menor en su grado mínimo a medio el deudor que realizare alguna de las siguientes conductas:

1º Si durante el procedimiento concursal de reorganización o liquidación, proporcionare al veedor o liquidador, en su caso, o a sus acreedores, información o antecedentes falsos o incompletos, en términos que no reflejen la verdadera situación de su activo o pasivo.

2º Si no hubiese llevado o conservado los libros de contabilidad y sus respaldos exigidos por la ley que deben ser puestos a disposición del liquidador una vez dictada la resolución de liquidación, o si hubiese ocultado, inutilizado, destruido o falseado en términos que no reflejen la situación verdadera de su activo y pasivo.

Artículo 463 quáter. Será castigado como autor de los delitos contemplados en los artículos 463, 463 bis y 463 ter quien, en la dirección o administración de los negocios del deudor, sometido a un procedimiento concursal de reorganización o de liquidación, hubiese ejecutado alguno de los actos o incurrido en alguna de las omisiones allí señalados, o hubiese autorizado expresamente dichos actos u omisiones.

Artículo 464. Será castigado con la pena de presidio menor en su grado máximo a presidio mayor en su grado mínimo y con la sanción accesoria de inhabilidad especial perpetua para ejercer el cargo, el veedor o liquidador designado en un procedimiento concursal de reorganización o liquidación, que realice alguna de las siguientes conductas:

1º Si se apropiare de bienes del deudor que deban ser objeto de un procedimiento concursal de reorganización o liquidación.

2º Si defraudare a los acreedores, alterando en sus cuentas de administración los valores obtenidos en el procedimiento concursal de reorganización o liquidación, suponiendo gastos o exagerando los que hubiere hecho.

3º Si proporcionare ventajas indebidas a un acreedor, al deudor o a un tercero.

Artículo 464 bis. El veedor o liquidador designado en un procedimiento concursal de reorganización o de liquidación que aplicare en beneficio propio o de un tercero bienes del deudor que sean objeto de un procedimiento concursal de reorganización o de liquidación será castigado con presidio menor en su grado medio a máximo y con la pena accesoria de inhabilidad especial perpetua para ejercer el cargo.

Artículo 464 ter. El que sin tener la calidad de deudor, veedor, liquidador, o de aquellos a los que se refiere el artículo 463 quáter, incurra en alguno de los delitos previstos en este Párrafo, valiéndose de un sujeto que sí tenga esa calidad, será castigado como autor del delito respectivo.

Si sólo lo induce o coopera con él, será castigado con la pena que le correspondería si tuviera la calidad exigida por la ley, rebajada en un grado.

Artículo 465. La persecución penal de los delitos contemplados en este Párrafo sólo podrá iniciarse previa instancia particular del veedor o liquidador del proceso concursal respectivo; de cualquier acreedor que haya verificado su crédito si se tratare de un procedimiento concursal de liquidación, lo que se acreditará con copia autorizada del respectivo escrito y su proveído; o en el caso de un procedimiento concursal de reorganización, de todo acreedor a quien le afecte el acuerdo de reorganización de conformidad a lo establecido en el artículo 66 del Capítulo III de la Ley de Reorganización y Liquidación de Activos de Empresas y Personas.

Si se tratare de delitos de este Párrafo cometidos por veedores o liquidadores, la Superintendencia de Insolvencia y Reemprendimiento deberá denunciarlos si alguno de los funcionarios de su dependencia toma conocimiento de aquéllos en el ejercicio de sus funciones. Además, podrá interponer querella criminal, entendiéndose para este efecto cumplidos los requisitos que establece el inciso tercero del artículo 111 del Código Procesal Penal.

Cuando se celebren acuerdos reparatorios de conformidad al artículo 241 y siguientes del Código Procesal Penal, los términos de esos acuerdos deberán ser aprobados previamente por la junta de acreedores respectiva y las prestaciones que deriven de ellos beneficiarán a todos los acreedores, a prorrata de sus respectivos créditos, sin distinguir para ello la clase o categoría de los mismos.

Conocerá de los delitos concursales regulados en este Párrafo el tribunal con competencia en lo criminal del domicilio del deudor.

Artículo 465 bis. Las disposiciones contenidas en los artículos anteriores de este Párrafo referidas al deudor sólo se aplicarán a los señalados en el número 13) del artículo 2º de la Ley de Reorganización y Liquidación de Activos de Empresas y Personas.".

4) Reemplázase, en el artículo 466, la frase "El deudor no dedicado al comercio" por "La persona deudora definida en el número 25) del artículo 2º de la Ley de Reorganización y Liquidación de Activos de Empresas y Personas".

Artículo 346. Introdúcense las siguientes modificaciones al Código Civil:

1) Reemplázase el número 1º del artículo 1496, por el siguiente:

"1º Al deudor que tenga dicha calidad en un procedimiento concursal de liquidación, o se encuentre en notoria insolvencia y no tenga la calidad de deudor en un procedimiento concursal de reorganización;".

2) Sustitúyese, en el número 2º del artículo 1617, la expresión "quiebra fraudulenta", por la frase "cualquiera de los delitos señalados en el Párrafo 7 del Título IX del Libro Segundo del Código Penal".

3) Reemplázase el número 6º del artículo 2163, por el siguiente:

"6º. Por tener la calidad de deudor en un procedimiento concursal de liquidación, el mandante o el mandatario;".

4) Sustitúyese el artículo 2472 por el que sigue: "Art. 2472. La primera clase de créditos comprende los que nacen de las causas que en seguida se enumeran:

1. Las costas judiciales que se causen en interés general de los acreedores;

2. Las expensas funerales necesarias del deudor difunto;

3. Los gastos de enfermedad del deudor.

Si la enfermedad hubiere durado más de seis meses, fijará el juez, según las circunstancias, la cantidad hasta la cual se extienda la preferencia;

4. Los gastos en que se incurra para poner a disposición de la masa los bienes del deudor, los gastos de administración del procedimiento concursal de liquidación, de realización del activo y los préstamos contratados por el liquidador para los efectos mencionados.

5. Las remuneraciones de los trabajadores, las asignaciones familiares, la indemnización establecida en el número 2 del artículo 163 bis del Código del Trabajo con un límite de noventa unidades de fomento al valor correspondiente

al último día del mes anterior a su pago, considerándose valista el exceso si lo hubiere, y las cotizaciones adeudadas a las instituciones de seguridad social o que se recauden por su intermedio, para ser destinadas a ese fin;

6. Los créditos del fisco en contra de las entidades administradoras de fondos de pensiones por los aportes que aquél hubiere efectuado de acuerdo con el inciso cuarto del artículo 42 del decreto ley N° 3.500, de 1980;

7. Los artículos necesarios de subsistencia suministrados al deudor y su familia durante los últimos tres meses;

8. Las indemnizaciones legales y convencionales de origen laboral que les correspondan a los trabajadores, que estén devengadas a la fecha en que se hagan valer y hasta un límite de tres ingresos mínimos mensuales remuneracionales por cada año de servicio y fracción superior a seis meses por cada trabajador, con un límite de once años. Por el exceso, si lo hubiere, se considerarán valistas.

Asimismo, la indemnización establecida en el párrafo segundo del número 4 del artículo 163 bis del Código del Trabajo estará sujeta a los mismos límites precedentemente señalados.

Para efectos del cálculo del pago de la preferencia establecida en este número, los límites máximos indicados en los párrafos primero y segundo serán determinados de forma independiente;

9. Los créditos del fisco por los impuestos de retención y de recargo.".

Artículo 347. Introdúcense las siguientes modificaciones al Código de Comercio:

1) Reemplázase, en el artículo 42, la palabra "quiebras", por la expresión "procedimiento concursal de liquidación".

2) Derógase el artículo 64.

3) Suprímese, en el inciso segundo del artículo 251, la frase ", y en caso de quiebra será tratado como fallido fraudulento".

4) Sustitúyese, en el artículo 287, la expresión "de la quiebra del comitente" por la frase "en que el comitente tenga la calidad de deudor en un procedimiento concursal de liquidación".

5) Reemplázase, en el artículo 300, la frase "de la quiebra del comitente" por la siguiente: "en que el comitente tenga la calidad de deudor en un procedimiento concursal de liquidación".

6) Sustitúyese, en el inciso segundo del artículo 321, la frase "Ocurriendo la quiebra del asegurador," por la que sigue: "Teniendo el asegurador la calidad de deudor en un procedimiento concursal de liquidación,".

7) Reemplázase, en el inciso segundo del artículo 380, la expresión "en la quiebra", por la frase "al procedimiento concursal de liquidación".

8) Sustitúyese, en el artículo 422, las palabras "se encuentra en quiebra", por las siguientes: "tiene la calidad de deudor en un procedimiento concursal de liquidación".

9) Incorpóranse las siguientes modificaciones en el artículo 559:

a) Sustitúyense, en el inciso primero, la frase inicial "Declarada la quiebra" por "Dictada la resolución de liquidación", y el término "fallido" por "deudor".

b) Reemplázase, en el inciso segundo, la frase "si ocurriere la quiebra", por "si se dictare la resolución de liquidación".

c) Sustitúyese, en el inciso tercero, la frase "Si el fallido o el administrador de la quiebra", por la que sigue: "Si el deudor en el procedimiento concursal de liquidación o el liquidador".

10) Reemplázanse, en el inciso segundo del artículo 611, la expresión "la quiebra", por "la dictación de la resolución de liquidación".

11) Sustitúyese, en el artículo 1034, las palabras "juicios de quiebras", por la frase "procedimientos concursales de liquidación".

12) Reemplázanse, en el artículo 1215, las palabras "síndico" y "síndicos" por "liquidador" y "liquidadores", respectivamente, y la expresión "Ley de Quiebras", por "Ley de Reorganización y Liquidación de Activos de Empresas y Personas".

13) Sustitúyese, en el artículo 1216, la palabra "síndico" por "liquidador".

14) Reemplázase, en el inciso primero del artículo 1220, el término "síndico" por "liquidador".

15) Sustitúyese, en el artículo 1221, la voz "síndico" por "liquidador".

16) Reemplázase, en el artículo 1223, la palabra "síndico" por "liquidador".

17) Sustitúyese, en el inciso primero del artículo 1224, el término "síndico" por "liquidador".

18) Reemplázase, en el artículo 1225, el vocablo "síndico" por "liquidador".

19) Sustitúyense, en el artículo 1226, las expresiones "Ley de Quiebras" por "Ley de Reorganización y Liquidación de Activos de Empresas y Personas", y "síndicos" por "liquidadores".

20) Derógase el Libro IV, sin perjuicio de lo dispuesto en el artículo 344 y en los artículos primero y duodécimo transitorios.

Artículo 348. Introdúcense las siguientes modificaciones al Código de Procedimiento Civil:

1) Modifícase el artículo 93 del modo que sigue:

a) Sustitúyese, en el inciso primero, la palabra "quiebra", por la expresión "procedimiento concursal de liquidación".

b) Reemplázase, en el inciso segundo, la mención a la "Ley de Quiebras", por otra a la "Ley de Reorganización y Liquidación de Activos de Empresas y Personas".

2) Sustitúyese, en el artículo 157, la expresión "juicios de quiebra", por la siguiente: "procedimientos concursales de liquidación".

3) Reemplázase el inciso tercero del artículo 492, por el siguiente:

"Si se ha dictado la resolución de reorganización que incluya los bienes del poseedor de la finca perseguida, o ha sido sometido a un procedimiento concursal de liquidación, se estará a lo prescrito en el artículo 2477 de dicho Código.".

Artículo 349. Incorpóranse las siguientes modificaciones en el Código Orgánico de Tribunales:

1) Sustitúyese el número 2° del artículo 131, por el siguiente:

"2° Todas las cuestiones relativas a procedimientos concursales de reorganización o de liquidación entre el deudor y los acreedores.".

2) Reemplázase, en el inciso segundo del artículo 133, las palabras "juicio de quiebra", por la expresión "procedimiento concursal de liquidación".

3) Sustitúyese, en el artículo 154, la frase "en materia de quiebras, cesiones de bienes y convenios entre deudores y acreedores el del lugar en que el fallido o deudor tuviere su domicilio", por la siguiente: "en materia de procedimientos concursales entre deudores y acreedores el del lugar en que el deudor tuviere su domicilio".

4) Reemplázase, en el número 3 del artículo 195, las palabras "síndico de alguna quiebra", por las siguientes: "veedor o liquidador de un procedimiento concursal".

Artículo 350. Introdúcense las siguientes modificaciones al Código del Trabajo, cuyo texto refundido, coordinado y sistematizado fue fijado por el decreto con fuerza de ley Nº 1, del Ministerio del Trabajo y Previsión Social, del año 2003:

1) Sustitúyese, en el inciso cuarto de su artículo 61, el texto que señala: "no excederá, respecto de cada beneficiario, de un monto igual a tres ingresos mínimos mensuales por cada año de servicio y fracción superior a seis meses, con un límite de diez años; el saldo, si lo hubiere, será considerado crédito valista", por la siguiente frase: "se regirá por lo establecido en dicha norma".

2) Intercálase el siguiente artículo 163 bis: "Artículo 163 bis. El contrato de trabajo terminará en caso que el empleador fuere sometido a un procedimiento concursal de liquidación. Para todos los efectos legales, la fecha de término del contrato de trabajo será la fecha de dictación de la resolución de liquidación. En este caso, se aplicarán las siguientes reglas:

1.- El liquidador deberá comunicar al trabajador, personalmente o por carta certificada enviada al domicilio señalado en el contrato de trabajo, el término de la relación laboral en virtud de la causal señalada en este artículo, adjuntando a dicha comunicación un certificado emitido por la Superintendencia de Insolvencia y Reemprendimiento que deberá indicar el inicio de un procedimiento concursal de liquidación respecto del empleador, así como el tribunal competente, la individualización del proceso y la fecha en que se dictó la resolución de liquidación correspondiente. El liquidador deberá realizar esta comunicación dentro de un plazo no superior a seis días hábiles contado desde la fecha de notificación de la resolución de liquidación por el tribunal que conoce el procedimiento concursal de liquidación. El error u omisión en que se incurra con ocasión de esta comunicación no invalidará el término de la relación laboral en virtud de la causal señalada en este artículo.

Dentro del mismo plazo, el liquidador deberá enviar copia de la comunicación mencionada en el inciso anterior a la respectiva Inspección del Trabajo. Las Inspecciones del Trabajo tendrán un registro de las comunicaciones de término de contrato de trabajo que se les envíen, el que se mantendrá actualizado con las comunicaciones recibidas en los últimos treinta días hábiles.

La Inspección del Trabajo, de oficio o a petición de parte, constatará el cumplimiento de lo establecido en este número. En caso de incumplimiento por parte del liquidador, la Inspección del Trabajo deberá informar a la Superintendencia de Insolvencia y Reemprendimiento, la que podrá sancionar los hechos imputables al liquidador, de conformidad con lo establecido en el artículo 338 de la Ley de Reorganización y Liquidación de Activos de Empresas y Personas, sin perjuicio de la responsabilidad que le pueda corresponder en virtud del Párrafo 7 del Título IX del Libro Segundo del Código Penal.

Estas normas se aplicarán de forma preferente a lo establecido en el artículo 162 y en ningún caso se producirá el efecto establecido en el inciso quinto de dicho artículo.

2.- El liquidador, en representación del deudor, deberá pagar al trabajador una indemnización en dinero, sustitutiva del aviso previo, equivalente al promedio de las tres últimas remuneraciones mensuales devengadas, si es que las hubiere. En el caso de que existan menos de tres remuneraciones mensuales devengadas, se indemnizará por un monto equivalente al promedio de las últimas dos o, en defecto de lo anterior, el monto a indemnizar equivaldrá a la última remuneración mensual devengada.

3.- Si el contrato de trabajo hubiere estado vigente un año o más, el liquidador, en representación del deudor, deberá pagar al trabajador una indemnización por años de servicio equivalente a aquélla que el empleador estaría obligado a pagar en caso que el contrato terminare por alguna de las causales señaladas en el artículo 161. El monto de esta indemnización se determinará de conformidad a lo establecido en los incisos primero y segundo del artículo 163. Esta indemnización será compatible con la establecida en el número 2 anterior.

4.- No se requerirá solicitar la autorización previa del juez competente respecto de los trabajadores que al momento del término del contrato de trabajo tuvieren fuero.

Con todo, tratándose de trabajadores que estuvieren gozando del fuero maternal señalado en el artículo 201, el liquidador, en representación del deudor, deberá pagar una indemnización equivalente a la última remuneración mensual devengada por cada uno de los meses que restare de fuero. Si el término de contrato ocurriere en virtud de este artículo, mientras el trabajador se encontrare haciendo uso de los descansos y permisos a que se refiere el artículo 198, no se considerarán para el cálculo de esta indemnización las semanas durante las cuales el trabajador tenga derecho a los subsidios derivados de aquéllos. Esta indemnización será compatible con la indemnización por años de servicio que deba pagarse en conformidad al número 3 anterior, y no lo será respecto de aquella indemnización regulada en el número 2 precedente.

5.- El liquidador deberá poner a disposición del trabajador el respectivo finiquito a lo menos diez días antes de la expiración del período de verificación ordinaria de créditos que establece la Ley de Reorganización y Liquidación de Activos de Empresas y Personas.

El finiquito suscrito por el trabajador se entenderá como antecedente documentario suficiente para justificar un pago administrativo, sin perjuicio de los otros documentos que sirven de fundamento para su pago conforme al artículo 244 de la Ley de Reorganización y Liquidación de Activos de Empresas y Personas.

El finiquito suscrito por el trabajador deberá ser autorizado por un Ministro de Fe, sea éste Notario Público o Inspector del Trabajo, aun cuando las cotizaciones previsionales se encuentren impagas. Deberá, además, ser acompañado por el liquidador al Tribunal que conoce del procedimiento concursal de liquidación, dentro de los dos días siguientes a su suscripción. Este finiquito se regirá por las siguientes reglas:

a) Se entenderá como suficiente verificación de los créditos por remuneraciones, asignaciones compensatorias e indemnizaciones que consten en dicho instrumento;

b) Si el trabajador hiciere reserva de acciones al suscribir el finiquito, la verificación o pago administrativo estará limitada a las cantidades aceptadas por el trabajador, y

c) Cualquier estipulación que haga entender que el trabajador renuncia total o parcialmente a sus cotizaciones previsionales se tendrá por no escrita.

Con todo, el liquidador deberá reservar fondos, si los hubiere, respecto de aquellos finiquitos no suscritos por los trabajadores o no acompañados por el liquidador al tribunal que conoce del procedimiento concursal de liquidación dentro del plazo señalado en el párrafo tercero de este número, por un período de treinta días contado desde la fecha en que el correspondiente finiquito fue puesto a disposición del respectivo trabajador.".

3) Intercálase, en el inciso primero de su artículo 172, a continuación del vocablo "artículos", la expresión "163 bis,".

4) Reemplázase la letra b) del artículo 183-M, por la siguiente:

"b) por tener la empresa de servicios transitorios la calidad de deudora en un procedimiento concursal de liquidación, salvo que se decrete la continuidad de sus actividades económicas.".

Artículo 351. Incorpóranse las siguientes modificaciones al decreto ley N° 830, de 1974, sobre Código Tributario:

1) Reemplázanse, en el inciso cuarto del artículo 24, la frase "En el caso de quiebra del contribuyente", por la siguiente: "En caso que el contribuyente se encuentre en un procedimiento concursal de liquidación en calidad de deudor", y la expresión "fallido" por "deudor".

2) Sustitúyense, en el artículo 91, las expresiones "síndico" por "liquidador", y "declaratoria de quiebra" por "dictación de la resolución de liquidación".

Artículo 352. Reemplázase, en el inciso primero del artículo 230 del Código de Minería, las palabras "las quiebras", por la expresión "los procedimientos concursales de liquidación".

Artículo 353. Reemplázase, en el artículo 59 del decreto supremo N° 606, del Ministerio de Salubridad, Previsión y Asistencia Social, de 1944, que aprueba el texto refundido de las leyes Nos 6.037 y 7.759, sobre la Caja de Previsión de la Marina Mercante Nacional, la palabra "quiebra", por la frase "un procedimiento concursal de liquidación".

Artículo 354. Sustitúyese, en el número 4 del artículo 12 bis del decreto con fuerza de ley N° 153, del Ministerio de Hacienda, de 1960, que crea la Empresa Nacional de Minería, el texto que señala: "las que sean declaradas fallidas o que sean administradoras o representantes legales de personas fallidas, que sean acusadas por los delitos de quiebra culpable o fraudulenta y demás establecidos en los artículos 203 y 204 de la Ley de Quiebras, en tanto se mantenga esa calidad", por el siguiente: "las que tengan la calidad de deudor en un procedimiento concursal de liquidación o sean administradores o representantes legales de deudores, formalizados por delitos concursales establecidos en el Código Penal, mientras se mantenga dicha situación".

Artículo 355. Reemplázase, en el inciso final del artículo 16 de la ley N° 10.336, sobre organización y atribuciones de la Contraloría General de la República, cuyo texto refundido fue fijado por el decreto supremo N° 2.421, del Ministerio de Hacienda, de 1964, la expresión "Sindicatura General de Quiebras" por "Superintendencia de Insolvencia y Reemprendimiento".

Artículo 356. Elimínase, en el artículo 57 de la ley 16.391, que crea el Ministerio de la Vivienda y Urbanismo, la expresión "y, por tanto, para los efectos del artículo 61 de la Ley de Quiebras,".

Artículo 357. Reemplázase, en el inciso primero del artículo 19 del decreto con fuerza de ley N° 163, del Ministerio del Trabajo y Previsión Social, de 1968, que fija el texto de la ley N° 10.383, la frase "si cayeren en quiebra", por la siguiente: "si fueren sometidos a un procedimiento concursal de liquidación"

Artículo 358. Reemplázase, en la letra a) del artículo 8° A del decreto ley N° 1.350, del Ministerio de Minería, de 1976, que crea la Corporación Nacional del Cobre de Chile, el texto que señala: "ni haber sido declarado fallido, ni haber sido administrador o representante legal de personas fallidas condenadas por delitos de quiebra culpable o fraudulenta y demás establecidos en los artículos 232 y 233 del Libro IV del Código de Comercio", por el siguiente: "ni tener la calidad de deudor en un procedimiento concursal de liquidación, ni haber sido administrador o representante legal de deudores condenados por delitos concursales establecidos en el Código Penal".

Artículo 359. Sustitúyense, en el inciso final del artículo 4° del decreto ley N° 1.328, de 1976, sobre administración de fondos mutuos, cuyo texto refundido, coordinado y sistematizado fue fijado por el decreto supremo N° 1.019, del Ministerio de Hacienda, de 1979, la expresión "Declarada la quiebra" por "Dictada la resolución de liquidación", y la frase "síndico con todas las facultades que al efecto confiere a los síndicos el Libro IV del Código de Comercio", por "liquidador con todas las facultades que al efecto confiere a los liquidadores la Ley de Reorganización y Liquidación de Activos de Empresas y Personas".

Artículo 360. Modifícase el artículo 62 C del decreto ley N° 1.939, del Ministerio de Tierras y Colonización, de 1977, que dicta normas sobre adquisición, administración y disposición de bienes del Estado, en los siguientes términos:

a) Reemplázase, en su inciso tercero, la frase "del artículo 200, números 1 al 5 de la ley 18.175, sobre Quiebras", por la siguiente: "del veedor cuando actúa como interventor conforme a lo dispuesto en la Ley de Reorganización y Liquidación de Activos de Empresas y Personas".

b) Sustitúyese, en su inciso final, la frase "En caso de quiebra del concesionario, el Síndico", por la que sigue: "En caso de inicio de un procedimiento concursal de liquidación del concesionario, el liquidador".

Artículo 361. Derógase la letra d) del artículo 3° del decreto ley N° 3.346, del Ministerio de Justicia, de 1980, que fija el texto de la ley orgánica del Ministerio de Justicia.

Artículo 362. Introdúcense las siguientes modificaciones al decreto ley N° 3.500, del Ministerio del Trabajo y Previsión Social, de 1980, que establece nuevo sistema de pensiones:

1) Sustitúyese, en el inciso cuarto del artículo 20 H, la frase "la causal establecida en el artículo 161", por la siguiente: "las causales establecidas en los artículos 161 ó 163 bis".

2) Modifícase la letra d) del inciso primero del artículo 24 A, de la manera que sigue:

a) Reemplázase su numeral i) por el siguiente: "i) Que se trate de un deudor sometido a un procedimiento concursal de liquidación vigente;".

b) Sustitúyese, en su numeral ii), la palabra "quiebra" por la expresión "procedimiento concursal de liquidación".

3) Reemplázase, en el inciso cuarto del artículo 34, la frase "En caso de quiebra de la Administradora", por la siguiente: "En caso que la Administradora tenga la calidad de deudor en un procedimiento concursal de liquidación".

4) Sustitúyese, en el inciso séptimo del artículo 42, la frase "Producida la disolución o quiebra de la Sociedad,", por la siguiente: "Producida la disolución de la Sociedad o dictada la resolución de liquidación en los términos establecidos en la Ley de Reorganización y Liquidación de Activos de Empresas y Personas,".

5) Reemplázase, en el inciso final del artículo 59, la frase "En caso de quiebra o disolución de la Administradora", por la que sigue: "En caso que la Administradora tenga la calidad de deudor en un procedimiento concursal de liquidación o sea disuelta".

6) Sustitúyense, en el inciso undécimo del artículo 59 bis, la frase "En caso de quiebra de alguna de las compañías de seguros adjudicatarias de la

licitación", por la siguiente: "En caso de disolución o que se dicte la resolución de liquidación en los términos de la Ley de Reorganización y Liquidación de Activos de Empresas y Personas de alguna de las compañías de seguros adjudicatarias de la licitación", y la expresión "quiebra" por "dictación de la resolución de liquidación".

7) Incorpóranse las siguientes modificaciones en el artículo 82:

a) Reemplázase, en el inciso segundo, la frase "declaratoria de quiebra de una Compañía de Seguros", por "la dictación de la resolución de liquidación de una Compañía de Seguros".

b) Sustitúyese, en el inciso tercero, la expresión "declaratoria de quiebra", por "la dictación de la resolución de liquidación".

c) Reemplázase, en el inciso séptimo, la frase "declaratoria de quiebra", por "la dictación de la resolución de liquidación".

d) Sustitúyese, en el inciso octavo, la expresión "fallida" por la frase "Compañía de Seguros que tenga la calidad de deudora en un procedimiento concursal de liquidación".

8) Modifícase el número 18 del artículo 94 del modo que se indica a continuación:

a) Reemplázase, en la letra f), la expresión inicial "Solicitud de quiebra", por la que sigue: "Solicitud de inicio de procedimiento concursal de liquidación".

b) Sustitúyese, en la letra g), la expresión inicial "Declaración de quiebra", por la siguiente: "Dictación de la resolución de liquidación".

9) Incorpóranse las siguientes modificaciones en el artículo 145:

a) Reemplázase, en su inciso primero, las palabras "la quiebra", por la expresión "el inicio del procedimiento concursal de liquidación".

b) Sustitúyese, en su inciso segundo, la expresión "de la quiebra", por la frase "del procedimiento concursal de liquidación".

10) Reemplázase, en la letra c) del artículo 165, la frase "o se le solicite o se declare su quiebra", por "o cuando se le solicite o se declare el inicio de un procedimiento concursal de liquidación".

11) Sustitúyese la letra b) del inciso tercero del artículo 174, por la siguiente:

"b) Los que tengan actualmente la calidad de deudor en un procedimiento concursal de liquidación, y quienes tengan prohibición de comerciar, y".

Artículo 363. Introdúcense las siguientes modificaciones a la ley N° 18.045, de Mercado de Valores:

1) Reemplázase la letra h) del artículo 26, por la siguiente:

"h) no tener la calidad de deudor en un procedimiento concursal de liquidación, e".

2) Sustitúyese la letra e) del artículo 46, por la siguiente:

"e) No tener la calidad de deudor en un procedimiento concursal de liquidación o de reorganización.".

3) Derógase el artículo 62.

4) Reemplázanse, en el artículo 67, la frase inicial "En caso de quiebra de un emisor de valores", por la siguiente: "En caso de que un emisor de valores tenga la calidad de deudor en un procedimiento concursal de liquidación", y la expresión "será aplicable el artículo 76 de la Ley de Quiebras", por la frase "será aplicable lo dispuesto en el artículo 287 de la Ley de Reorganización y Liquidación de Activos de Empresas y Personas".

5) Sustitúyese, en el inciso cuarto del artículo 107, la frase "quiebra del emisor o en convenios judiciales o extrajudiciales relacionados con ésta o con su eventual ocurrencia", por la que sigue: "dictación de la resolución de reorganización o resolución de liquidación del emisor".

6) Reemplázanse, en la segunda oración del inciso séptimo del artículo 114, la frase "En caso de quiebra del emisor", por "En caso que un emisor de valores tenga la calidad de deudor en un procedimiento concursal de liquidación"; la palabra "fallido" por "deudor"; la expresión "de la quiebra", por "del procedimiento concursal de liquidación", y la frase "la ley 18.175, especialmente en su artículo 149.", por "el artículo 135 de la Ley de Reorganización y Liquidación de Activos de Empresas y Personas.".

7) Sustitúyese, en el inciso cuarto del artículo 120, la frase "la petición de declaración de quiebra del emisor, la presentación de proposiciones de convenios extrajudiciales o judiciales preventivos", por la siguiente: "la solicitud de inicio de un procedimiento concursal de liquidación o de reorganización".

8) Reemplázase, en el inciso quinto del artículo 138, la frase "y en caso de declararse la quiebra de la sociedad", por la que sigue: "y en caso que la sociedad tenga la calidad de deudor en un procedimiento concursal de liquidación".

9) Introdúcense las siguientes modificaciones al artículo 146:

a) Sustitúyese su inciso primero, por el siguiente: "Artículo 146. En el caso que la sociedad tenga la calidad de deudor en un procedimiento concursal de liquidación, dicho procedimiento sólo afectará su patrimonio común y no generará un procedimiento concursal de liquidación para los patrimonios separados que haya constituido.".

b) Reemplázanse, en el inciso segundo, la expresión "declarado en quiebra", por "objeto de un procedimiento concursal de liquidación", y las palabras "a la quiebra", por "al procedimiento concursal de liquidación".

c) Sustitúyense, en el inciso tercero, la expresión "La quiebra", por "La calidad de deudor en un procedimiento concursal de liquidación", y las palabras "la quiebra", por "el inicio de un procedimiento concursal de liquidación".

d) Reemplázanse, en el inciso cuarto, la expresión "Cuando la sociedad fuere declarada en quiebra,", por la que sigue: "En el caso de que la sociedad emisora y su patrimonio común se encuentren sometidos a un procedimiento concursal de liquidación,".

e) Sustitúyense, en el inciso quinto, la frase "declare la quiebra de la sociedad", por "decrete el inicio del procedimiento concursal de liquidación", y el término "Síndico" por "liquidador".

10) Reemplázase, en el inciso final del artículo 147, la expresión "cuando ello se origine por quiebra de la sociedad securitizadora.", por la siguiente: "en el caso que la sociedad securitizadora tenga la calidad de deudor en un procedimiento concursal de liquidación."

Artículo 364. Incorpóranse las siguientes modificaciones en la ley N° 18.046, sobre sociedades anónimas:

1) Sustitúyense, en el artículo 29, la frase inicial "En caso de quiebra de la sociedad,", por "En caso que la sociedad tenga la calidad de deudor en un procedimiento concursal de liquidación,", y la expresión "el artículo 76 de la Ley de Quiebras", por la frase "el artículo 287 de la Ley de Reorganización y Liquidación de Activos de Empresas y Personas".

2) Reemplázase, en el número 3) del artículo 35, la frase "y los fallidos o los administradores o representantes legales de personas fallidas condenadas por delitos de quiebra culpable o fraudulenta y demás establecidos en los artículos 203 y 204 de la Ley de Quiebras.", por el siguiente texto: "y aquellos que tengan la calidad de deudor en un procedimiento concursal de liquidación personalmente o como administradores o representantes legales, o que hayan sido condenados por delitos concursales establecidos en el Código Penal.".

3) Reemplázanse, en el inciso primero del artículo 69, la frase "en caso de haberse declarado la quiebra de la sociedad", por "en el caso de que la sociedad tenga la calidad de deudor en un procedimiento concursal de liquidación"; la expresión "convenio aprobado de acuerdo al Título XII de la Ley de Quiebras", por "acuerdo de reorganización aprobado conforme a lo establecido en la Ley de Reorganización y Liquidación de Activos de Empresas y Personas"; la palabra "convenio" por "acuerdo" y la expresión "declaración de quiebra" por "dictación de la resolución de liquidación".

4) Sustitúyese la denominación del Título X por la siguiente: "Del procedimiento concursal de liquidación, de la disolución y de la liquidación".

5) Modifícase el artículo 101 en los siguientes términos:

a) Reemplázase, en el inciso primero, la frase "que ha sido declarada en quiebra por resolución ejecutoriada", por "respecto de la cual ha sido declarado el inicio del procedimiento concursal de liquidación".

b) Sustitúyense, en el inciso tercero, la expresión "la quiebra" por "el inicio de un procedimiento concursal respecto", y la frase "la declaratoria posterior de quiebra", por "la resolución de liquidación".

6) Reemplázase el encabezamiento del artículo 102, por el siguiente:

"Artículo 102. Si el deudor hubiere agravado el mal estado de sus negocios en forma que haga temer un perjuicio a los acreedores, podrá ser sometido a una intervención más estricta que la pactada o resolverse el acuerdo de reorganización, por su incumplimiento de conformidad a lo establecido en los artículos 98 y siguientes de la Ley de Reorganización y Liquidación de Activos de Empresas y Personas, y se presumirá el conocimiento de los directores, liquidadores y gerentes de la sociedad anónima deudora, en los siguientes casos:".

7) Sustitúyese, en el artículo 105, la frase "declaración de quiebra de la sociedad", por la siguiente: "dictación de la resolución de liquidación de la sociedad".

Artículo 365. Reemplázase, en el artículo 57 de la ley Nº 18.092, que dicta nuevas normas sobre letra de cambio y pagaré y deroga disposiciones del Código de Comercio, la frase "en caso de quiebra de su portador", por la siguiente: "en caso de inicio de un procedimiento concursal de liquidación de su portador".

Artículo 366. Modifícase el decreto con fuerza de ley N° 10, del Ministerio de Transportes y Telecomunicaciones, de 1982, que crea la Empresa Correos de Chile, en la forma que sigue:

1) Sustitúyese, en el número 3 del artículo 5°, el texto que señala: "ni haber sido declarado fallido o haber sido administrador o representante legal de personas fallidas, condenadas por los delitos de quiebra culpable o fraudulenta y demás establecidos en los artículos 203 y 204 de la Ley de Quiebras;", por otro del siguiente tenor: "ni tener la calidad de deudor en un procedimiento concursal de liquidación o haber sido administrador o representante legal de deudores, formalizados por delitos concursales establecidos en el Código Penal;".

2) Reemplázase, en el número 3 del artículo 8° bis, el texto: "las que sean declaradas fallidas o se desempeñen como administradoras o representantes legales de personas fallidas, que sean acusadas por los delitos de quiebra culpable o fraudulenta y demás establecidos en los artículos 203 y 204 de la Ley de Quiebras, en tanto mantenga esa calidad.", por el siguiente: "las que tengan la calidad de deudor en un procedimiento concursal de liquidación o hayan sido administradores o representantes legales de deudores, formalizados por delitos concursales establecidos en el Código Penal, mientras se mantenga esa calidad.".

Artículo 367. Introdúcense las siguientes modificaciones en la ley N° 18.118, sobre el ejercicio de la actividad de martillero público:

1) Agrégase, en el artículo 1°, el siguiente inciso final:

"Sin perjuicio de lo anterior, los martilleros que se encuentren sometidos a la fiscalización de la Superintendencia de Insolvencia y Reemprendimiento, en los términos señalados en la Ley de Reorganización y Liquidación de Activos de Empresas y Personas, podrán vender públicamente al mejor postor, además de toda clase de bienes corporales muebles, toda clase de bienes inmuebles.".

2) Reemplázanse las letras c) y d) del artículo 4°, por las siguientes:

"c) El deudor sometido a un procedimiento concursal de liquidación vigente.

d) El que tenga la calidad de deudor en un procedimiento de liquidación por su actividad de martillero, y".

Artículo 368. Sustitúyese la letra c) del artículo 19 de la ley 18.362, que crea un Sistema Nacional de Áreas Silvestres Protegidas del Estado, por la siguiente:

"c) En caso que el concesionario tenga la calidad de deudor en un procedimiento concursal de liquidación o por incapacidad sobreviniente;".

Artículo 369. Introdúcense las siguientes modificaciones al artículo 42 de la ley N° 18.490, que establece seguro obligatorio de accidentes personales causados por circulación de vehículos motorizados:

1) Reemplázanse, en el inciso primero, las expresiones "declaratoria de quiebra", por "dictación de la resolución de liquidación", y "fallido" por "deudor".

2) Sustitúyense, en el inciso segundo, los términos "síndico" por "liquidador", y "fallido" por "deudor".

3) Reemplázase, en el inciso cuarto, la expresión "declaratoria de quiebra", por "dictación de la resolución de liquidación".

Artículo 370. Introdúcense en la ley N° 18.690, sobre almacenes generales de depósito, las siguientes modificaciones:

1) Sustitúyese, en el inciso primero del artículo 14, la frase "en caso de concurso, quiebra o muerte del deudor", por la siguiente: "en caso de declarado el inicio de un procedimiento concursal o muerte del deudor".

2) Reemplázase, en la letra a) del inciso primero del artículo 30, la frase "declaradas en quiebra, han sido legalmente rehabilitadas.", por ", el procedimiento concursal de liquidación se encuentre terminado por sentencia firme.".

Artículo 371. Sustitúyese, en la letra p) del artículo 7° de la ley N° 18.755, que establece normas sobre el Servicio Agrícola y Ganadero, deroga la ley N° 16.640 y otras disposiciones, la frase "convenios a que se refiere la Ley de Quiebras", por la siguiente: "acuerdos de reorganización a que se refiere la Ley de Reorganización y Liquidación de Activos de Empresas y Personas".

Artículo 372. Incorpóranse las siguientes modificaciones en el decreto con fuerza de ley N° 382, del Ministerio de Obras Públicas, de 1989, Ley General de Servicios Sanitarios:

1) Modifícase el artículo 32 bis de la siguiente manera:

a) Sustitúyese, en el inciso primero, la frase "pronunciada la sentencia que declare la quiebra de una concesionaria", por la que sigue: "dictada la resolución de liquidación de una concesionaria".

b) Reemplázase, en el inciso segundo, la frase "Pronunciada la declaración de quiebra, el fallido quedará inhibido", por la siguiente: "Pronunciada la resolución de liquidación, el deudor quedará inhibido".

c) Sustitúyense, en el inciso cuarto, la expresión "quiebra de un prestador" por "dictación de la resolución de liquidación de un prestador", y la palabra "síndico" por "liquidador".

2) Reemplázase, en el inciso primero del artículo 32 bis A, la frase "desde que quede a firme la sentencia que declare la quiebra", por "desde que quede firme la resolución de liquidación".

3) Sustitúyense, en el artículo 32 bis B, las expresiones "síndico" por "liquidador"; "juez de la quiebra" por "juez del procedimiento concursal de liquidación", y "Fiscal Nacional de Quiebras" por "Superintendente de Insolvencia y Reemprendimiento"

Artículo 373. Reemplázase la letra c) del número 4 del inciso primero del artículo 33 de la ley N° 18.838, que crea el Consejo Nacional de Televisión, por la siguiente:

"c) resolución de liquidación ejecutoriada;".

Artículo 374. Reemplázase, en la letra g) del artículo 5° de la ley N° 18.910, que sustituye la ley orgánica del Instituto de Desarrollo Agropecuario, la frase "celebrar convenios a que se refiere la Ley de Quiebras", por la que sigue: "celebrar acuerdos de reorganización a que se refiere la Ley de Reorganización y Liquidación de Activos de Empresas y Personas".

Artículo 375. Introdúcense las siguientes modificaciones en el artículo 81 bis de la ley N° 18.892, Ley General de Pesca y Acuicultura, cuyo texto refundido, coordinado y sistematizado fue fijado por decreto supremo N° 430, del Ministerio Economía, Fomento y Reconstrucción, de 1992:

1) Reemplázase, en el inciso segundo, la frase "de declaración de quiebra o presentación de convenio preventivo", por la siguiente: "en que se dicte la resolución de reorganización o liquidación, conforme a lo establecido en la Ley de Reorganización y Liquidación de Activos de Empresas y Personas,".

2) Sustitúyese, en el inciso duodécimo, la frase "al Libro IV del Código de Comercio, denominado "De las Quiebras"", por la siguiente: "a la Ley de Reorganización y Liquidación de Activos de Empresas y Personas".

Artículo 376. Introdúcense las siguientes modificaciones en la ley Nº 19.220, que regula establecimiento de bolsas de productos agropecuarios:

1) Sustitúyese la letra g) del artículo 7º, por la siguiente:

"g) No encontrarse sometido a un procedimiento concursal de liquidación.".

2) Reemplázanse, en el inciso séptimo del artículo 20, la frase "y en caso de quiebra de ésta", por "y en caso de tener la calidad de deudor en un procedimiento concursal de liquidación", y la expresión "fallido" por "deudor".

Artículo 377. Introdúcense las siguientes modificaciones en la ley orgánica de la Empresa de los Ferrocarriles del Estado, cuyo texto refundido, coordinado y sistematizado fue fijado por el decreto con fuerza de ley Nº 1, del Ministerio de Transportes y Telecomunicaciones, de 1993:

1) Reemplázase, en la letra c) del inciso cuarto del artículo 4º, el texto que señala: "ni haber sido declarado fallido o haber sido administrador o representante legal de personas fallidas condenadas por los delitos de quiebra culpable o fraudulenta y demás establecidos en los artículos 203 y 204 de la Ley de Quiebras.", por otro como sigue: "ni tener la calidad de deudor en un procedimiento concursal de liquidación o haber sido administrador o representante legal de deudores condenados por delitos concursales establecidos en el Código Penal.".

2) Sustitúyese, en el número 4 del artículo 5º, el texto que indica: "las que sean declaradas fallidas o sean administradoras o representantes legales de personas fallidas, que sean acusadas por los delitos de quiebra culpable o fraudulenta y demás establecidos en los artículos 203 y 204 de la Ley de Quiebras", por otro del siguiente tenor: "las que tengan la calidad de deudores en un procedimiento concursal de liquidación o de administradores o representantes legales de deudores condenados por delitos relacionados con procedimientos concursales establecidos en el Código Penal".

Artículo 378. Introdúcense las siguientes modificaciones en la ley N° 19.281, que establece normas sobre arrendamiento de viviendas con promesa de compraventa:

1) Reemplázase, en el inciso final del artículo 21, la frase "En caso de disolución o quiebra de una sociedad inmobiliaria que mantuviere viviendas con contratos de arrendamiento con promesa de compraventa", por la que sigue: "En caso que la sociedad inmobiliaria que mantuviere viviendas con contratos de arrendamiento con promesa de compraventa tuviere la calidad de deudor en un procedimiento concursal de liquidación o fuere disuelta", y suprímase la expresión "o síndicos, según corresponda,".

2) Sustitúyese, en el inciso final del artículo 25, la frase "y en caso de quiebra de la sociedad inmobiliaria,", por la siguiente: "y en caso que la sociedad inmobiliaria tuviera la calidad de deudor en un procedimiento concursal de liquidación,".

3) Reemplázanse, en el número 5 del artículo 35, la frase "Por quiebra del arrendatario promitente comprador, caso en el cual", por "En caso de que el arrendatario promitente comprador fuere sometido a un procedimiento concursal de liquidación,", y la expresión "síndico" por "liquidador".

4) Sustitúyense, en el inciso final del artículo 65, la frase "Declarada la quiebra" por "Dictada la resolución de liquidación"; la expresión "fallida" por "empresa deudora en los términos de la Ley de Reorganización y Liquidación de Activos de Empresas y Personas"; los términos "síndico" y "síndicos" por "liquidador" y "liquidadores", respectivamente, y la frase "ley N° 18.175, sobre Quiebras.", por la siguiente: "referida Ley de Reorganización y Liquidación de Activos de Empresas y Personas.".

Artículo 379. Introdúcense las siguientes modificaciones en el artículo 38 del decreto con fuerza de ley N° 164, del Ministerio de Obras Públicas, de 1991, Ley de Concesiones de Obras Públicas, cuyo texto refundido, coordinado y sistematizado fue fijado por el decreto supremo N° 900, del mismo Ministerio, de 1996:

a) Reemplázanse, en el inciso primero, la frase inicial "En caso de quiebra del concesionario" por "En caso que se declare el inicio del procedimiento concursal de liquidación del concesionario"; la palabra "síndico" por "liquidador", y la expresión "continuación efectiva del giro", por "continuación definitiva de actividades económicas".

b) Sustitúyense, en el inciso cuarto, la frase "continuación efectiva del giro" por "continuación definitiva de actividades económicas", y la oración final "En lo demás, se regulará por lo previsto en los artículos 112 y siguientes de la ley N° 18.175.", por "En lo demás, se regulará por lo previsto en la Ley de Reorganización y Liquidación de Activos de Empresas y Personas respecto de la continuación definitiva de actividades económicas.".

c) Reemplázanse, en el inciso quinto, las palabras iniciales "En caso de quiebra" por "En caso de declararse el inicio de un procedimiento concursal de liquidación", y el vocablo "síndico" por "liquidador".

Artículo 380. Elimínase, en el inciso segundo del artículo 7° de la ley N° 19.491, que regula el funcionamiento de administradoras de recursos financieros de terceros destinados a la adquisición de bienes, la frase "o un síndico de quiebras".

Artículo 381. Introdúcense las siguientes modificaciones a la ley N° 19.496, que establece normas sobre protección de los derechos de los consumidores:

1) Sustitúyese la letra a) del artículo 10 por la siguiente:

"a) El que hubiere sido condenado por delitos concursales contenidos en el Código Penal;".

2) Reemplázase, en el inciso cuarto del artículo 21, la expresión "por quiebra", por la frase "por haber sido sometido a un procedimiento concursal de liquidación".

Artículo 382. Sustitúyese, en la letra a) del inciso primero del artículo 22 de la ley N° 19.518, que fija nuevo Estatuto de Capacitación y Empleo, su oración final que señala: "Asimismo, los fallidos o los administradores o representantes legales de personas fallidas condenadas por delitos de quiebra culpable o fraudulenta y demás establecidos en los artículos 232 y 233 de la Ley de Quiebras.", por otra del siguiente tenor: "Asimismo, aquellos que hayan sido condenados por delitos concursales contenidos en el Código Penal, por sí o por ser representantes de una empresa deudora en los términos de la Ley de Reorganización y Liquidación de Activos de Empresas y Personas.".

Artículo 383. Introdúcense las siguientes modificaciones a la Ley General de Bancos, cuyo texto refundido, sistematizado y concordado fue fijado por el decreto con fuerza de ley N° 3, del Ministerio de Hacienda, de 1997:

1) Modifícase la letra d) del inciso primero del artículo 28, del modo que sigue:

a) Reemplázase el numeral i), por el siguiente:

"i) Que se trate de un deudor sometido a procedimiento concursal de liquidación vigente;".

b) Sustitúyese, en el numeral ii), la expresión "quiebra", por "procedimiento concursal de liquidación".

2) Reemplázase el inciso primero del artículo 90 por el siguiente:

"Artículo 90. En caso de declararse el inicio de un procedimiento concursal de liquidación de un banco, el Superintendente o el liquidador, con autorización de aquél, podrá encomendar a otra institución bancaria la atención de las comisiones de confianza que estaban a cargo de la empresa sometida al procedimiento concursal de liquidación o en liquidación.".

3) Sustitúyese el inciso final del artículo 124 por el siguiente:

"Las normas de la Ley de Reorganización y Liquidación de Activos de Empresas y Personas no se aplican a los convenios de que trata este Párrafo.".

4) Reemplázase, en el inciso cuarto del artículo 136, la frase "lo previsto en los incisos segundo y siguientes del artículo 69 del Libro IV del Código de Comercio.", por la que sigue: "lo previsto en los incisos segundo y siguientes del artículo 140 de la Ley de Reorganización y Liquidación de Activos de Empresas y Personas.".

Artículo 384. Reemplázase, en el artículo 14 de la ley N° 16.271, sobre impuesto a las herencias, asignaciones y donaciones, cuyo texto refundido, coordinado y sistematizado está contenido en el artículo 8° del decreto con fuerza de ley N° 1, del Ministerio de Justicia, de 2000, la frase "personas declaradas en quiebra o concurso", por "personas que tengan la calidad de deudoras en un procedimiento concursal de reorganización o de liquidación vigente".

Artículo 385. Reemplázase, en la letra i) del artículo 12 de la ley N° 19.799, sobre documentos electrónicos, firma electrónica y servicios de certificación de dicha firma, la frase "el inicio de un procedimiento de quiebra", por "el inicio de un procedimiento concursal de liquidación".

Artículo 386. Incorpóranse las siguientes modificaciones en la ley N° 19.857, que autoriza el establecimiento de las empresas individuales de responsabilidad limitada:

1) Reemplázase la letra e) del artículo 12, por la siguiente:

"e) Si el titular, los administradores o representantes legales hubieren sido condenados por los delitos concursales regulados en el Párrafo 7 del Título IX del Libro II del Código Penal.".

2) Sustitúyese la letra d) del artículo 15 por la que sigue:

"d) por dictarse la resolución de liquidación, o".

Artículo 387. Sustitúyese la letra d) del artículo 30 de la ley N° 19.995, que establece las bases generales para la autorización, funcionamiento y fiscalización de los casinos de juego, por la siguiente:

"d) Por encontrarse el operador sometido a un procedimiento concursal de liquidación, y".

Artículo 388. Reemplázase la letra b) del inciso quinto del artículo 56 del decreto con fuerza de ley N° 30, del Ministerio de Hacienda, de 2005, que aprueba el texto refundido, coordinado y sistematizado del decreto con fuerza de ley N° 213, del mismo Ministerio, de 1953, sobre Ordenanza de Aduanas, por la siguiente:

"b) Idoneidad moral: no podrán ejercer como almacenistas las personas naturales que hayan sido condenadas por crimen o simple delito de acción pública, o que tengan actualmente la calidad de deudoras en un procedimiento concursal de liquidación, a menos que se acredite el término del mismo. Tratándose de personas jurídicas, regirá idéntico requisito y, además, deberán acreditar que los impedimentos señalados precedentemente no afecten a sus administradores o directores.".

Artículo 389. Reemplázase la letra d) del inciso primero del artículo 6° del decreto con fuerza de ley N° 1, del Ministerio del Interior, de 2005, que fija el texto refundido, coordinado, sistematizado y actualizado de la ley N° 19.175, orgánica constitucional sobre Gobierno y Administración Regional, por la siguiente:

"d) No haber sido condenado por delitos concursales del Código Penal, y".

Artículo 390. Incorpóranse las siguientes modificaciones en el decreto con fuerza de ley N° 1, del Ministerio de Salud, de 2006, que fija el texto refundido, coordinado y sistematizado del decreto ley N° 2.763, de 1979, y de las leyes N° 18.933 y N° 18.469, en la forma que sigue:

1) Sustitúyese, en el inciso final del artículo 181, la frase "aún en caso de quiebra de la Institución", por "aún en caso que la Institución se encuentre sometida a un procedimiento concursal de liquidación", y suprímese la expresión "de la quiebra".

2) Reemplázanse, en la letra e) del inciso segundo del artículo 222, la frase "Cuando se declare la quiebra de la Institución", por "Cuando se dicte la resolución de liquidación de la Institución", y la expresión "síndico" por "liquidador".

3) Sustitúyese el número 3 del inciso primero del artículo 223, por el siguiente:

"3.- Por encontrarse en un procedimiento concursal de liquidación.".

4) Reemplázanse, en el inciso cuarto del artículo 226, las expresiones "se encuentre declarada en quiebra" por "se encuentre sometida a un procedimiento concursal de liquidación"; "síndico de quiebra" por "liquidador"; "fallido" por "deudor", y "quiebra" por "procedimiento concursal de liquidación".

Artículo 391. Incorpóranse las siguientes modificaciones en el artículo 146 ter del decreto con fuerza de ley N° 4, del Ministerio de Economía, Fomento y Reconstrucción, de 2007, que fija el texto refundido, coordinado y sistematizado del decreto con fuerza de ley N° 1, del Ministerio de Minería, de 1982, Ley General de Servicios Eléctricos, en Materia de Energía Eléctrica:

1) Reemplázanse, en el inciso primero, las palabras iniciales "La quiebra" por "El procedimiento concursal de liquidación", y la frase final "en el Libro IV del Código de Comercio, intitulado "De las Quiebras".", por "en la Ley de Reorganización y Liquidación de Activos de Empresas y Personas.".

2) Sustitúyense los incisos segundo, tercero y cuarto, por los siguientes:

"Inmediatamente después de presentada una solicitud de inicio de un procedimiento concursal de liquidación de una empresa generadora, transmisora o distribuidora de energía eléctrica, el secretario del tribunal deberá notificarla a la Superintendencia y a la Comisión, a la brevedad posible, pudiendo hacerlo por sí, o encomendando a otro ministro de fe, para que el tribunal se pronuncie sobre ella previo informe de los organismos indicados, el que deberá señalar si la liquidación concursal compromete o no los objetivos a los que se refiere el artículo 137 o la suficiencia de un sistema eléctrico. Si los compromete, la Superintendencia propondrá al tribunal la designación de un administrador provisional de entre aquellas personas naturales o jurídicas que se encuentren inscritas en un registro público que mantendrá la Superintendencia para tal efecto. El Reglamento establecerá los requisitos y condiciones para integrar el registro público al que se refiere este artículo, junto con las causales de exclusión del mismo.

El tribunal también podrá solicitar informe a la Superintendencia de Insolvencia y Reemprendimiento respecto de las materias de su competencia.

De encontrarse comprometidos los objetivos referidos en el artículo 137° o la suficiencia de un sistema eléctrico, la resolución de liquidación ordenará la continuación definitiva de las actividades económicas del deudor, junto con designar al administrador provisional de los bienes comprometidos en la continuación definitiva de actividades económicas del deudor y fijará la remuneración del administrador provisional, la que no podrá exceder en un 50% a la remuneración promedio que percibe un gerente general de empresas del mismo giro, según lo informado por la Superintendencia. Tan pronto asuma su cargo, el administrador provisional deberá levantar un inventario de los activos de la empresa sometida a un procedimiento concursal de liquidación que quedarán comprendidos en la continuación definitiva de actividades económicas del deudor, el que se agregará a los autos una vez aprobado por la Superintendencia. Lo anterior no obsta a los derechos que la ley otorga a la junta de acreedores y a terceros en materia de confección de inventario y de determinación de los bienes materia de la continuación definitiva de actividades económicas del deudor. Cualquier discrepancia u oposición respecto al inventario de activos que quedarán comprendidos en la continuación definitiva de actividades económicas del deudor será resuelta por el juez del procedimiento concursal de liquidación según lo dispuesto en el artículo 3° de la Ley de Reorganización y Liquidación de Activos de Empresas y Personas, quien deberá garantizar que los bienes que queden comprendidos en la continuación definitiva de actividades económicas del deudor permitan el cumplimiento de los objetivos a los que se refiere el artículo 137° y el resguardo de la suficiencia del sistema, para lo cual la Superintendencia y la Comisión remitirán al juez un inventario de los activos que se consideren suficientes a tal efecto. Cuando la continuación definitiva de actividades económicas del deudor comprendiere bienes constituidos en prenda o hipoteca o afectos al derecho legal de retención, se suspenderá el derecho de los acreedores hipotecarios, prendarios y retencionarios para iniciar o proseguir en forma separada las acciones dirigidas a obtener la realización de los bienes comprendidos en la continuación definitiva de actividades económicas del deudor, afectos a la seguridad de sus créditos.

El administrador provisional de los bienes comprendidos en la continuación definitiva de actividades económicas tendrá todas las facultades propias del giro ordinario de la empresa de que se trate, que la ley o sus estatutos señalan al directorio y a sus gerentes. Por su parte, el liquidador tendrá sobre dicha administración las facultades que indica la Ley de Reorganización y Liquidación de Activos de Empresas y Personas, sin perjuicio de las atribuciones que le confiere la ley como administrador de los bienes del deudor sometido a un procedimiento concursal de liquidación no comprendidos en la continuación definitiva de actividades económicas.

Será aplicable al administrador provisional lo dispuesto en la Ley de Reorganización y Liquidación de Activos de Empresas y Personas.".

3) Sustitúyense, en el inciso quinto, la expresión "síndicos" por "liquidadores", y la frase "los números 1 al 4 del artículo 17 o los numerales 1, 2 y 3 del artículo 24, ambos del Libro IV del Código de Comercio", por la que sigue: "los números 1) al 4) del artículo 17 o los numerales 1), 2), 3) y 4) del artículo 21 de la Ley de Reorganización y Liquidación de Activos de Empresas y Personas".

4) Reemplázanse, en el inciso sexto, las expresiones "síndico" por "liquidador"; "de la quiebra" por "del procedimiento concursal de liquidación", y "Superintendencia de Quiebras" por "Superintendencia de Insolvencia y Reemprendimiento".

5) Sustitúyese el inciso octavo por el siguiente: "Los activos que han quedado comprendidos en la continuación definitiva de actividades económicas deberán enajenarse como unidad económica, salvo que los acreedores que reúnan más de la mitad del pasivo con derecho a voto soliciten al juez del procedimiento concursal de liquidación lo contrario, debiendo éste resolver con audiencia de la Superintendencia y de la Comisión a fin de no comprometer los objetivos referidos en el inciso segundo de este artículo. Esta enajenación deberá verificarse dentro de un plazo no superior a dieciocho meses contado desde que la resolución de liquidación cause ejecutoria.

La enajenación de los activos como unidad económica podrá llevarse a cabo mediante cualquiera de los mecanismos a los que se refieren los artículos 207 y siguientes de la Ley de Reorganización y Liquidación de Activos de

Empresas y Personas. El mecanismo, como así también las bases o condiciones de dicha enajenación como unidad económica, deberán ser acordadas por la junta de acreedores con el voto favorable de los acreedores que reúnan más de la mitad del pasivo del deudor y, en su caso, de acuerdo a lo establecido en el artículo 217 y siguientes de la Ley de Reorganización y Liquidación de Activos de Empresas y Personas.".

6) Introdúcense las siguientes modificaciones en el inciso noveno:

a) Reemplázase la mención "en el artículo 124 y siguientes del Libro IV del Código de Comercio", por "en los artículos 217 y siguientes de la Ley de Reorganización y Liquidación de Activos de Empresas y Personas".

b) Sustitúyese la referencia al "artículo 125 del Libro IV del Código de Comercio" por otra al "artículo 217 de la Ley de Reorganización y Liquidación de Activos de Empresas y Personas".

c) Reemplázase la frase "juez de la quiebra según lo dispuesto en el artículo 5° del Libro IV del Código de Comercio", por la siguiente "juez del procedimiento concursal de liquidación, según lo dispuesto en el artículo 3° de la Ley de Reorganización y Liquidación de Activos de Empresas y Personas".

7) Modifícase el inciso décimo del modo que sigue:

a) Reemplázase la frase "en el artículo 124 del Libro IV del Código de Comercio", por "en los artículos 217 y siguientes de la Ley de Reorganización y Liquidación de Activos de Empresas y Personas".

b) Sustitúyese la frase final "normas pertinentes del Libro IV del Código de Comercio.", por "normas pertinentes contenidas en la Ley de Reorganización y Liquidación de Activos de Empresas y Personas.".

8) Reemplázase el inciso undécimo por el siguiente: "Lo dispuesto en este artículo se aplicará, asimismo, a aquellos casos en que el procedimiento concursal de liquidación de una empresa generadora, transmisora o distribuidora se produzca sin estar precedida de una solicitud de inicio del procedimiento concursal de liquidación, debiendo el juez, en tal caso, solicitar el informe al que se refiere el inciso segundo, previo a la resolución de liquidación.".

Artículo 392. Incorpóranse las siguientes modificaciones en el artículo 29 de la ley N° 18.591 que establece normas complementarias de administración financiera, de incidencia presupuestaria y de personal:

1) Reemplázase, en el inciso primero, la frase "hubieren sido declarados en quiebra", por "tengan actualmente la calidad de deudor en un procedimiento concursal de liquidación".

2) Sustitúyese la palabra "Síndico" por "liquidador", en los incisos tercero, cuarto, las dos veces que aparece, quinto y séptimo.

3) Reemplázase, en el inciso cuarto, el término "fallido" por "deudor sometido a un procedimiento concursal de liquidación".

4) Sustitúyese, en los incisos séptimo y noveno, el vocablo "Síndicos" por "liquidadores".

5) Sustitúyese, en el inciso séptimo, la mención a la "Ley de Quiebras" por otra a la "Ley de Reorganización y Liquidación de Activos de Empresas y Personas".

6) Reemplázase, en el inciso octavo, la referencia al "artículo 131 de la Ley de Quiebras" por otra al "artículo 170 de la Ley de Reorganización y Liquidación de Activos de Empresas y Personas".

Artículo 393. Incorpórase el siguiente artículo 27 ter al decreto ley N° 825, de 1974, sobre impuesto a las ventas y servicios:

"Artículo 27 ter. Los contribuyentes gravados con los impuestos de los Títulos II y III de esta ley, que tengan la calidad de acreedores en un Procedimiento Concursal de Reorganización regido por la Ley de Reorganización y Liquidación de Activos de Empresas y Personas, que hayan sido recargados en facturas pendientes de pago emitidas a deudores de un Acuerdo de Reorganización, podrán imputar el monto de dichos tributos a cualquier clase de impuestos fiscales, incluso de retención, y a los derechos, tasas y demás gravámenes que se perciban por intermedio de las Aduanas u optar porque éstos les sean reembolsados por la Tesorería General de la República. En el caso de que se hayan efectuado abonos a dichas deudas, la imputación o devolución, en su caso, sólo podrán hacerse valer sobre la parte no cubierta por los abonos, si la hubiera.

Los contribuyentes señalados en este artículo restituirán los impuestos correspondientes a contar del mes siguiente del período en que venza el plazo para que el deudor efectúe el pago de las sumas acordadas en el respectivo Acuerdo de Reorganización. De igual forma, deberán devolverse dichos tributos cuando se haya efectuado una imputación u obtenido una devolución superior a la que corresponda y en el caso de término de giro de la empresa.

No procederá, sin embargo, dicha restitución en caso que se declare el término o incumplimiento del Acuerdo de Reorganización, mediante resolución firme y ejecutoriada, dándose inicio a un Procedimiento Concursal de Liquidación, siempre que el respectivo contribuyente comunique dicha circunstancia al Servicio de Impuestos Internos, en la forma y plazo que éste determine, mediante resolución.

Para hacer efectiva la imputación a que se refieren los incisos anteriores, los contribuyentes deberán solicitar al Servicio de Tesorerías que se les emita un Certificado de Pago por una suma de hasta el monto de los créditos acumulados, expresados en unidades tributarias mensuales. Dicho certificado, que se extenderá en la forma y condiciones que fije el Servicio de Tesorerías, mediante resolución, será nominativo, intransferible a terceros y a la vista, y podrá fraccionarse en su valor para los efectos de realizar las diversas imputaciones que autoriza la presente disposición.

Para obtener la devolución de los impuestos recargados en las facturas pendientes de pago, los contribuyentes que opten por este procedimiento deberán presentar una solicitud ante el Servicio de Impuestos Internos a fin de que éste verifique y certifique, en forma previa a la devolución por la Tesorería General de la República, que los respectivos tributos hayan sido declarados y enterados en arcas fiscales oportunamente, y que éstos se encuentran al día en el pago de sus obligaciones tributarias. El Servicio de Impuestos Internos deberá pronunciarse dentro del plazo de 60 días contado desde la fecha en que reciba los antecedentes correspondientes. Si no lo hiciere al término de dicho plazo, la solicitud del contribuyente se entenderá aprobada y el Servicio de Tesorerías deberá proceder a la devolución del remanente de crédito fiscal que corresponda, dentro del plazo de cinco días hábiles contado desde la fecha en que se le presente la copia de la referida solicitud debidamente timbrada por el Servicio de Impuestos Internos.

Para hacer uso del beneficio establecido en el presente artículo, el Acuerdo de Reorganización debe haber sido aprobado mediante resolución firme y ejecutoriada. La Superintendencia de Insolvencia y Reemprendimiento remitirá al Servicio de Impuestos Internos copia de los Acuerdos de Reorganización que se hallen en dicho estado, en la forma y plazo que dicha Superintendencia fije, mediante resolución.

Los contribuyentes que sean Personas Relacionadas con el deudor de un Acuerdo de Reorganización no podrán impetrar el derecho que establece el presente artículo.

La infracción consistente en utilizar cualquier procedimiento doloso encaminado a efectuar imputaciones y obtener devoluciones improcedentes o superiores a las que realmente corresponda, se sancionará en conformidad con lo dispuesto en los párrafos segundo y tercero del número 4 del artículo 97 del Código Tributario, según se trate de imputaciones o devoluciones.

La no devolución a arcas fiscales de las sumas imputadas o devueltas en exceso según lo previsto en el inciso segundo de este artículo, y que no constituya fraude, se sancionará como no pago oportuno de impuestos sujetos a retención o recargo, aplicándose los intereses, reajustes y sanciones desde la fecha en que se emitió el Certificado de Pago que dio origen al derecho a la imputación, o desde la fecha de la devolución, en su caso.".

Artículo 394. Incorpóranse las siguientes modificaciones en el decreto con fuerza de ley N° 251, del Ministerio de Hacienda, de 1931, sobre Compañías de Seguros, Sociedades Anónimas y Bolsas de Comercio:

1) Reemplázase, en el inciso segundo del artículo 74, la frase "en conformidad con las disposiciones contempladas en la ley N° 18.175", por la siguiente: "en conformidad con las disposiciones contempladas en la Ley de Reorganización y Liquidación de Activos de Empresas y Personas".

2) Reemplázase el epígrafe del Párrafo 6 del Título IV, por el siguiente: "De los acuerdos de reorganización y la liquidación".

3) Reemplázase, en el inciso primero del artículo 76, la palabra "quiebra" por "un procedimiento concursal de liquidación".

4) Introdúcense las siguientes modificaciones en el artículo 79:

a) Sustitúyese, en el inciso primero, la frase "la declaración de quiebra", por "el inicio de un procedimiento concursal de liquidación".

b) Reemplázase, en el inciso segundo, la frase "solicitud de quiebra" por "demanda de liquidación forzosa".

c) Sustitúyese, en el inciso tercero, la expresión "de la quiebra" por "del procedimiento concursal de liquidación".

5) Modifícase el artículo 80 de la siguiente manera:

a) Reemplázanse, en el inciso primero, la frase "Propuesto un convenio judicial o declarada la quiebra de una compañía de seguros", por "Propuesto un acuerdo de reorganización judicial o dictada la resolución de liquidación de una compañía de seguros"; la palabra "síndico" por "liquidador", y la frase "con todas las facultades que le confiera el convenio o, en su caso, la ley N° 18.175", por "con todas las facultades que le confiera el acuerdo de reorganización o, en su caso, la Ley de Reorganización y Liquidación de Activos de Empresas y Personas".

b) Sustitúyense los incisos segundo y tercero, por los siguientes:

"Dictada la resolución de liquidación, el liquidador podrá citar a la junta de acreedores establecida en la Ley de Reorganización y Liquidación de Activos de Empresas y Personas, cuando lo estime necesario, para informar sobre el estado de los negocios de la deudora, sobre sus activos y pasivos, sobre la marcha del procedimiento concursal de liquidación y, en general, para proponer a la junta cualquier acuerdo que considere necesario para el más adecuado cumplimiento de las funciones que le competen.

En la realización del activo del procedimiento concursal de liquidación, el liquidador dispondrá de las facultades previstas en la Ley de Reorganización y Liquidación de Activos de Empresas y Personas, sin sujeción a los límites que ésta establece en cuanto a los activos.".

6) Introdúcense las siguientes modificaciones en el artículo 81:

a) Reemplázase, en el inciso primero, la expresión "todas las quiebras" por "todos los procedimientos concursales de liquidación", y la palabra "fallido" por "deudor".

b) Sustitúyese, en el inciso segundo, el término "síndico" por "liquidador".

c) Reemplázanse, en el inciso tercero, la frase "Se presume que la quiebra es culpable si", por "Constituirá una agravante de delito concursal de acuerdo a lo señalado en el Título IX del Libro Segundo, Párrafo 7, De los delitos concursales y de las defraudaciones, del Código Penal, que"; las palabras "la quiebra" por "inicio del procedimiento concursal de liquidación", y la oración final "El síndico deberá expresar esta circunstancia en el proceso de calificación." por "El liquidador deberá expresar esta circunstancia en el proceso penal.".

7) Introdúcense las siguientes modificaciones en el artículo 82:

a) Sustitúyense, en el inciso primero, la frase inicial "Declarada la quiebra" por "Dictada la resolución de liquidación", y la palabra "síndico" por "liquidador".

b) Reemplázase, en el inciso segundo, la expresión "de la quiebra" por "del procedimiento concursal de liquidación".

8) Sustitúyense, en el artículo 83, la expresión "la quiebra o liquidación", por "el procedimiento concursal de liquidación o liquidación"; la palabra "síndico" por "liquidador del procedimiento concursal de liquidación", y el término "quiebra" por "procedimiento concursal de liquidación".

9) Sustitúyese, en el inciso segundo del artículo 84, la expresión "de la quiebra o liquidación", por "del procedimiento concursal de liquidación o liquidación".

10) Reemplázase el artículo 85 por el siguiente: "Artículo 85. Dictada la resolución de liquidación de una compañía de seguros del segundo grupo, el liquidador practicará la liquidación de todos aquellos contratos que originen reserva matemática o de siniestros, de acuerdo a las normas dictadas por la Superintendencia. Con el mérito de dicha liquidación, el liquidador deberá verificar el importe que a la fecha de la resolución de liquidación representen dichas reservas de acuerdo al procedimiento señalado en la Ley de Reorganización y Liquidación de Activos de Empresas y Personas, asumiendo para este solo efecto la representación del asegurado, sin que ello importe reconocimiento alguno. En el evento que al asegurado se le hubiere seguido pagando prestaciones de acuerdo al artículo 83, dichos pagos se deducirán de la respectiva reserva.".

11) Elimínase, en el artículo 86, la expresión "síndico,".

12) Sustitúyese, en el artículo 87, la frase "ley N° 18.175, sobre Quiebras." por "Ley de Reorganización y Liquidación de Activos de Empresas y Personas.".

Artículo 395. Incorpóranse las siguientes modificaciones en la ley N° 20.345, sobre sistemas de compensación y liquidación de instrumentos financieros:

1) Sustitúyese el numeral 11 del artículo 1°, por el siguiente:

"11. Procedimiento Concursal: procedimiento judicial o administrativo incoado en virtud de una resolución de liquidación o la presentación de proposiciones de acuerdo de reorganización y, en general, cualquier procedimiento ejecutivo patrimonial de carácter universal y colectivo que regule la administración y/o liquidación de los bienes de un deudor insolvente, así como el pago a los acreedores, conforme a la prelación legal.".

2) Modifícase la letra c) del inciso primero del artículo 6°, en los siguientes términos:

a) Sustitúyese el numeral i por el siguiente:

"i. Que se trate de un deudor sujeto a un procedimiento concursal de liquidación vigente.".

b) Reemplázase, en el numeral ii, la frase "que haya sido declarada en liquidación forzosa o quiebra", por la siguiente: "respecto de la cual se haya dictado la resolución de liquidación".

3) Sustitúyese el epígrafe del Título V por el siguiente: "DE LA LIQUIDACIÓN Y PROCEDIMIENTO CONCURSAL DE LIQUIDACIÓN DE LAS SOCIEDADES ADMINISTRADORAS".

4) Modifícase el artículo 34 de la siguiente forma:

a) Reemplázase, en el inciso primero, la palabra "quiebra" por "liquidación forzosa".

b) Sustitúyese, en el inciso segundo, el término "quiebra", las tres veces que aparece, por "liquidación forzosa".

5) Introdúcense las siguientes modificaciones al artículo 35:

a) Reemplázanse, en el inciso primero, la palabra "convenio" por "acuerdo de reorganización", y la referencia al "Libro IV, Título XII, del Código de Comercio", por otra al "Capítulo III de la Ley de Reorganización y Liquidación de Activos de Empresas y Personas".

b) Sustitúyese, en el inciso segundo, la expresión

"El convenio", las dos veces que aparece, por "El acuerdo de reorganización".

c) Reemplázanse, en el inciso tercero, la palabra "convenio" por "acuerdo de reorganización", la expresión "declaración de la quiebra" por "resolución de liquidación", y la frase "el mencionado Libro IV" por "la mencionada Ley de Reorganización y Liquidación de Activos de Empresas y Personas".

d) Sustitúyese, en el inciso cuarto, la palabra "convenio" por "acuerdo de reorganización".

6) Modifícase el artículo 36 del modo que sigue:

a) Reemplázanse, en el inciso primero, la frase inicial "Declarada la quiebra" por "Dictada la resolución de liquidación", y las expresiones "síndico" por "liquidador", "fallida" por "deudora", "proceso de quiebra," por "Procedimiento Concursal de Liquidación".

b) Sustitúyense, en el inciso segundo, las expresiones "de la fallida" por "de la deudora", "síndico" por "liquidador", "nómina nacional de síndicos" por "nómina de liquidadores", y "de la quiebra" por "del procedimiento concursal de liquidación".

c) Reemplázanse, en el inciso tercero, las expresiones "de la quiebra" por "del procedimiento concursal de liquidación"; "síndico," las dos veces que aparece, por "liquidador"; "el artículo 109 del Libro IV del Código de Comercio" por "la Ley de Reorganización y Liquidación de Activos de Empresas y Personas", y "fallida" por "deudora".

7) Reemplázase, en el artículo 37, la expresión final "el Libro IV del Código de Comercio." por "la Ley de Reorganización y Liquidación de Activos de Empresas y Personas.".

Artículo 396. Reemplázase el inciso final del artículo 4° del decreto ley N° 1.328, de 1976, sobre administración de fondos mutuos, cuyo texto refundido, coordinado y sistematizado fue fiado por el decreto N° 1.019, del Ministerio de Hacienda, del año 1979, por el siguiente:

"Dictada la resolución de liquidación de una sociedad administradora de fondos mutuos, el Superintendente o la persona que lo reemplace, actuará como liquidador con todas las facultades que al efecto confiere a los liquidadores la Ley de Reorganización y Liquidación de Activos de Empresas y Personas, en cuanto fueren compatibles con las disposiciones de la presente ley.".

Artículo 397. Introdúcense las siguientes modificaciones en la ley N° 18.876 que establece el marco legal para la constitución y operación de entidades privadas de depósito y custodia de valores:

1) Sustitúyese, en el epígrafe del Título IV "De la Regularización, Disolución y Quiebra de las Empresas", la palabra "Quiebra" por el término "Liquidación".

2) Reemplázase, en la denominación del Párrafo 3° del Título IV, la palabra "QUIEBRA" por el vocablo "LIQUIDACIÓN".

3) Sustitúyense, en el artículo 41, la palabra "quiebra" por "liquidación forzosa", y la frase "las tramitaciones judiciales de la quiebra", por "las tramitaciones judiciales del procedimiento concursal de liquidación".

4) Reemplázanse los artículos 42, 43, 44 y 45, por los siguientes:

"Artículo 42. En caso de proposición de acuerdo de reorganización, el veedor que el tribunal designe tendrá la administración de la empresa como si se tratare de un procedimiento concursal de liquidación declarado. El veedor asumirá sus funciones en la forma y oportunidad establecida en la Ley de Reorganización y Liquidación de Activos de Empresas y Personas.

Artículo 43. Dictada la resolución de liquidación, el liquidador provisional continuará las actividades económicas del deudor mientras la junta de acreedores no designe otro administrador. Esta continuación de actividades económicas no se prolongará más allá de un año contado desde la fecha de la resolución de liquidación, a menos que la junta de acreedores lo acuerde con quórum especial de acuerdo a lo señalado en la Ley de Reorganización y Liquidación de Activos de Empresas y Personas.

Antes de vencido dicho año, sólo con autorización del tribunal que conoce del procedimiento concursal de liquidación podrá ponerse término a la continuación definitiva de las actividades económicas o excluirse de ésta bienes del activo de la liquidación.

Las obligaciones contraídas por el administrador de la continuación de las actividades económicas durante ese primer año sólo podrán hacerse efectivas sobre los bienes comprendidos en dicha continuación y gozarán de la preferencia que establece el artículo 239 de la Ley de Reorganización y Liquidación de Activos de Empresas y Personas.

Artículo 44. Vencido el plazo de un año contado desde que se dicte la resolución de liquidación, podrá continuarse las actividades económicas del deudor en los casos y con arreglo a las normas que señala la Ley de Reorganización y Liquidación de Activos de Empresas y Personas. El acuerdo podrá adoptarse aun antes de vencido dicho plazo. Los bienes que en virtud del acuerdo de los acreedores queden excluidos de la continuación de las actividades económicas seguirán respondiendo por las deudas nacidas durante el primer año.

Los créditos nacidos después de vencido el primer año de la continuación de las actividades económicas gozarán de la preferencia de pago que establece el artículo 239 de la Ley de Reorganización y Liquidación de Activos de Empresas y Personas respecto de las demás obligaciones del deudor, incluidos los créditos nacidos durante dicho primer año.

Artículo 45. Durante el primer año siguiente a la fecha de la resolución de liquidación, los bienes de la empresa sólo podrán ser enajenados como unidad económica a otra sociedad del mismo giro, salvo aquéllos cuya enajenación separada autorice el juez que conoce del procedimiento concursal de liquidación. El adquirente deberá continuar, sin solución de continuidad, el giro de la empresa ordenado en el artículo 41. Si hubiere más de una sociedad del mismo giro, para materializar dicho traspaso, se hará una licitación entre ellas.".

5) Modifícase el artículo 46 del modo que sigue:

a) Sustitúyese, en su inciso primero, la palabra "síndico" por "liquidador".

b) Reemplázase, en su inciso segundo, la expresión "de la ley 18.175." por la frase "de la Ley de Reorganización y Liquidación de Activos de Empresas y Personas.".

Artículo 398. Agrégase, en el artículo 22 de la ley N° 18.833, que establece un estatuto general de las Cajas de Compensación de Asignación Familiar, el siguiente inciso tercero:

"En caso que la entidad empleadora afiliada tenga la calidad de deudora de un procedimiento concursal de liquidación, y una vez que se haya dictado la resolución de liquidación pertinente, regirán las siguientes reglas:

1.- Las cuotas de créditos sociales devengadas y descontadas de la remuneración por el empleador que no hayan sido remesadas a la Caja de Compensación a la fecha de la dictación de la resolución de liquidación gozarán de la preferencia del número 5 del artículo 2472 del Código Civil, siendo obligación de la respectiva Caja de Compensación verificar su crédito.

2.- Corresponderá al trabajador el pago de las cuotas de créditos sociales no devengadas a la fecha de la dictación de la resolución de liquidación, no siendo de cargo de la masa. Para estos efectos, se tendrán por no escritas las convenciones que permitan al empleador, en caso de término de la relación laboral por dictación de la resolución de liquidación, descontar los saldos pendientes por créditos sociales de las indemnizaciones por término de contrato a que tenga derecho el trabajador.".

Artículo 399. Introdúcense las siguientes modificaciones a la ley N° 19.728, que establece un seguro de desempleo:

a) Sustitúyese, en la letra a) de su artículo 12, la expresión "y 161" por la siguiente ", 161 y 163 bis".

b) Reemplázase, en la letra b) del inciso primero de su artículo 24, la frase "o del artículo 161, ambos", por la siguiente "o de los artículos 161 y 163 bis, todos".

Artículo 400. Introdúcense las siguientes modificaciones a la Ley de Reorganización o Cierre de Micro y Pequeñas Empresas en Crisis, contenida en el artículo undécimo de la ley N° 20.416 que fija normas especiales para las empresas de menor tamaño:

1) Elimínase, en el inciso segundo del artículo 2°, el siguiente texto: ", en cuyo caso se suspenderá el inicio del cómputo del plazo previsto en el artículo 41 de la Ley de Quiebras, contenida en el Libro IV del Código de Comercio, reiniciándose al vencimiento del plazo que se determine de acuerdo al artículo 20 de esta ley".

2) Modifícase el artículo 4° de la manera que sigue:

a) Reemplázase, en el inciso segundo, la frase "artículo 16, inciso primero, del Libro IV del Código de Comercio, establece para los síndicos.", por la siguiente: "artículo 13 de la Ley de Reorganización y Liquidación de Activos de Empresas y Personas, establece para los veedores.".

b) Sustitúyense, en el inciso tercero, la palabra "síndicos" por "veedores", y la expresión "de Quiebras" por "de Insolvencia y Reemprendimiento".

c) Reemplázase, en los incisos quinto y sexto, la expresión "de Quiebras" por "de Insolvencia y Reemprendimiento".

d) Sustitúyense, en el inciso séptimo, las palabras "síndicos" y "síndico", por "veedores" y "veedor", respectivamente, y la expresión "del Registro de Síndicos" por "de la nómina de veedores".

3) Reemplázase, en el artículo 6°, la frase "se encuentren en alguna de las situaciones previstas en los números 1, 2, 3 y 4 del artículo 17 de la Ley de Quiebras, contenida en el Libro IV del Código de Comercio.", por el siguiente texto: "tengan la calidad de deudor de un procedimiento concursal, o se encuentren en notorio estado de insolvencia, y las que, dentro de los dos años anteriores al inicio de un procedimiento concursal, hayan actuado como directores o administradores de la empresa deudora. Asimismo, no podrán ser asesores económicos de insolvencias, aquellos que se encuentren en alguna de las situaciones previstas en los números 1), 2) y 3) del artículo 17 de la Ley de Reorganización y Liquidación de Activos de Empresas y Personas.".

4) Reemplázase, en la letra f) del artículo 7°, la frase "2, 7 o 9, reguladas en el artículo 22 de la Ley de Quiebras, contenida en el Libro IV del Código de Comercio.", por la siguiente: "establecidas en el número 6) del inciso primero del artículo 18 y en el artículo 34 de la Ley de Reorganización y Liquidación de Activos de Empresas y Personas.".

5) Sustitúyese, en el artículo 12, la expresión final "o de síndico." por ", veedor o liquidador.".

6) Reemplázanse, en el artículo 14, la palabra "síndico" por "liquidador", y las expresiones "de la quiebra" por "del procedimiento concursal de liquidación" y "del registro de síndicos" por "de la nómina de liquidadores".

7) Modifícase el artículo 15 en los siguientes términos:

a) Sustitúyese, en su epígrafe, la expresión "de Quiebras" por "de Insolvencia y Reemprendimiento".

b) Reemplázase, en su encabezamiento, la frase "número 14 del artículo 8º de la ley Nº 18.175", por "número 12) del inciso primero del artículo 337 de la Ley de Reorganización y Liquidación de Activos de Empresas y Personas".

c) Sustitúyense, en su número 3, la frase "número 5 del artículo 8º de la ley Nº 18.175", por "artículo 339 de la Ley de Reorganización y Liquidación de Activos de Empresas y Personas", y la frase final: "en dicha norma se conceden a los síndicos.", por "se conceden a los entes fiscalizados en los artículos 341 y 342 de la citada ley.".

8) Sustitúyese, en la letra c) del inciso primero del artículo 18, la expresión "de quiebra" por "de inicio de un procedimiento concursal de liquidación".

9) Reemplázase, en el inciso primero del artículo 23, la palabra "convenio" por "acuerdo de reorganización".

10) Sustitúyese, en el inciso sexto del artículo 24, la frase final "en la forma prescrita en el artículo 229 del Libro IV del Código de Comercio y para esos efectos el deudor será considerado como fallido.", por la que sigue: "con presidio menor en su grado medio a presidio mayor en su grado mínimo.".

11) Reemplázase, en el inciso segundo del artículo 25, la frase "En caso de quiebra del mismo deudor o que éste proponga o sea obligado a proponer un convenio preventivo", por la siguiente: "En caso que el deudor tenga la calidad de deudor de un procedimiento concursal".

12) Modifícase el artículo 26 como sigue:

a) Reemplázanse, en su inciso primero, las expresiones "quiebra del solicitante" por "que el solicitante tenga la calidad de deudor de un procedimiento concursal de liquidación"; "fallido" por "deudor", y "de la quiebra" por "de un procedimiento concursal de liquidación".

b) Sustitúyense, en su inciso segundo, las palabras "de quiebra del" por "del inicio de un procedimiento concursal de liquidación respecto del", y "síndico" por "liquidador".

Artículo 401. Modifícase el inciso primero del artículo 4° de la ley N° 19.886, de bases sobre contratos administrativos de suministros y prestación de servicios, como sigue:

1) Intercálase, a continuación de la expresión "quienes,", la frase "dentro de los dos años anteriores".

2) Reemplázase la frase "dentro de los anteriores dos años.", por la siguiente: "o por delitos concursales establecidos en el Código Penal.".

Artículo 402. Sin perjuicio de lo señalado en los artículos anteriores, toda mención que en cualquier ley se haga a la quiebra deberá entenderse hecha al Procedimiento Concursal de Liquidación.

Asimismo, toda mención que en otras leyes se haga a los convenios deberá entenderse hecha al Procedimiento Concursal de Reorganización.

De igual modo, toda referencia que en otras leyes se haga a los síndicos de quiebras deberá entenderse hecha a los Liquidadores o Veedores, atendida la naturaleza de la función en relación con la norma.

De la misma forma, toda referencia que en otras leyes se haga a la Superintendencia de Quiebras se entenderá hecha a la Superintendencia de Insolvencia y Reemprendimiento.

Igualmente, toda referencia que en otras leyes se haga al Superintendente de Quiebras deberá entenderse hecha al Superintendente de Insolvencia y Reemprendimiento.

DISPOSICIONES TRANSITORIAS

Artículo primero. La presente ley entrará en vigencia nueve meses después de su publicación en el Diario Oficial, salvo las disposiciones contenidas en el Capítulo IX y la norma del artículo 344, las que se ajustarán a lo dispuesto en el numeral 8 del artículo tercero transitorio de esta ley. Las quiebras, convenios y cesiones de bienes en actual tramitación y aquellas que se inicien antes de la entrada en vigencia de la presente ley se regirán por las disposiciones contendidas en el Libro IV del Código de Comercio.

Artículo segundo. Para dar cumplimiento a lo dispuesto en los artículos 14, 16 y 31 de esta ley, los síndicos que figuren inscritos en la Nómina Nacional de Síndicos a la fecha de publicación de esta ley, se entenderán incorporados en las Nóminas de Veedores y Liquidadores, debiendo constituir la garantía y rendir el examen en los términos señalados en dichos artículos, a más tardar dentro de los seis meses siguientes a la publicación de esta ley, bajo apercibimiento de ser excluidos de las respectivas nóminas.

Para los efectos de la presente ley, se entenderá que los asesores económicos de insolvencias de la Ley de Reorganización o Cierre de Micro y Pequeñas Empresas en Crisis, contenida en el artículo undécimo de la ley Nº 20.416, que además tengan la calidad de síndico, continuarán en la nómina de asesores económicos de insolvencias una vez que entre en vigencia la Ley de Reorganización y Liquidación de Activos de Empresas y Personas, sea que opten por incorporarse a la nómina de liquidadores o a la de veedores.

Artículo tercero. Facúltase al Presidente de la República para que, dentro del plazo de seis meses contado desde la fecha de publicación de la presente ley, mediante uno o más decretos con fuerza de ley expedidos por intermedio del Ministerio de Economía, Fomento y Turismo, los que deberán ser también suscritos por el Ministro de Hacienda, establezca las normas necesarias para regular las siguientes materias:

1. Fijar la planta del personal de la Superintendencia de Insolvencia y Reemprendimiento y el régimen de remuneraciones que le será aplicable.

2. Disponer, sin solución de continuidad, el traspaso de funcionarios de planta y a contrata desde la Superintendencia de Quiebras a la Superintendencia de Insolvencia y Reemprendimiento, conforme a lo señalado en el número siguiente.

3. Efectuar el traspaso del personal al grado de la Escala de Fiscalizadores más cercano al total de remuneraciones que perciba el funcionario traspasado. En el mismo acto, fijará la fecha de entrada de vigencia de los encasillamientos y traspasos de personal que disponga.

En el respectivo decreto con fuerza de ley se determinarán los estamentos y calidad jurídica en que se traspasaran los funcionarios, estableciéndose además el plazo en que deba llevarse a efecto este proceso. La individualización del personal traspasado se realizará a través de decretos expedidos bajo la fórmula "Por orden del Presidente de la República", por intermedio del Ministerio de Economía, Fomento y Turismo. Conjuntamente con el traspaso del personal se traspasarán los recursos presupuestarios que se liberen por este hecho.

4. Dictar las normas necesarias para la adecuada estructuración y funcionamiento de las plantas y del sistema de remuneraciones que fije. Asimismo, podrá disponer del número de cargos para cada planta, los requisitos para el desempeño de los mismos, las denominaciones de aquéllos, los cargos que tendrán el carácter de exclusiva confianza, los niveles jerárquicos para efectos de la aplicación del Título VI de la ley N° 19.882, y los niveles para la aplicación del artículo 8° de la ley N° 18.834, sobre Estatuto Administrativo, cuyo texto refundido, coordinado y sistematizado fue fijado por el decreto con fuerza de ley N° 29, del Ministerio de Hacienda, de 2005. Además, en el ejercicio de esta facultad, establecerá las normas complementarias al artículo 15 del citado Estatuto Administrativo para los encasillamientos del personal derivados de las plantas que fije.

5. Determinar la data de entrada en vigencia de las plantas que fije y de los encasillamientos que se practiquen, la que no podrá ser superior al plazo de seis meses contado desde la publicación de la presente ley.

Igualmente, fijará la dotación máxima de personal de la Superintendencia de Insolvencia y Reemprendimiento.

6. El uso de las facultades señaladas en este artículo quedará sujeto a las siguientes restricciones, respecto del personal al que afecte:

a) No podrá tener como consecuencia ni podrá ser considerado como causal de término de servicios, supresión de cargos, cese de funciones o término de la relación laboral del personal. Tampoco podrá importar cambio de la residencia habitual de los funcionarios fuera de la región en que estén prestando servicios, salvo con su consentimiento.

b) No podrá significar cesación de funciones, disminución de remuneraciones ni modificación de derechos previsionales del personal. Cualquier diferencia de remuneraciones deberá ser pagada por planilla suplementaria, la que se absorberá por los futuros mejoramientos de remuneraciones que correspondan a los funcionarios, excepto los derivados de reajustes generales que se otorguen a los trabajadores del sector público. Dicha planilla mantendrá la misma imponibilidad que aquélla de las remuneraciones que compensa.

c) Los funcionarios encasillados conservarán la asignación de antigüedad que tengan reconocida, como también el tiempo computable para dicho reconocimiento.

7. Fijar el estatuto especial que regirá al personal de la Superintendencia de Insolvencia y Reemprendimiento que cumpla funciones profesionales y

fiscalizadoras, de acuerdo a la letra e) del inciso primero del artículo 162 del decreto con fuerza de ley N° 29, del Ministerio de Hacienda, de 2005.

8. Determinar la fecha de iniciación de actividades de la Superintendencia de Insolvencia y Reemprendimiento contemplándose un período para su implementación, el que no podrá ser inferior a seis meses. Además, determinará la fecha de supresión de la Superintendencia de Quiebras, estableciendo el destino de sus recursos.

9. Disponer el traspaso de toda clase de bienes desde la Superintendencia de Quiebras a la Superintendencia de Insolvencia y Reemprendimiento.

Artículo cuarto. El Presidente de la República, por decreto supremo expedido por intermedio del Ministerio de Hacienda, conformará el primer presupuesto de la Superintendencia de Insolvencia y Reemprendimiento y le transferirá los fondos de la Superintendencia de Quiebras necesarios para que se cumplan sus funciones, pudiendo al efecto crear, suprimir o modificar los capítulos, asignaciones, ítem y glosas presupuestarias que sean pertinentes.

Artículo quinto. El Presidente de la República designará al Superintendente de Insolvencia y Reemprendimiento de conformidad al sistema dispuesto en el Título VI de la ley N° 19.882.

Desde que la Superintendencia de Insolvencia y Reemprendimiento inicie sus funciones ejercerá el cargo de Superintendente de Insolvencia y Reemprendimiento quien sea a la fecha Superintendente de Quiebras por todo el plazo que falte para cumplir su período de designación. De la misma manera, quienes se desempeñen como Jefes de los Departamentos Jurídicos y Financiero y de Administración continuarán en sus cargos hasta el cumplimiento de su periodo de designación.

Artículo sexto. La Superintendencia de Insolvencia y Reemprendimiento se constituirá, para todos los efectos, en la sucesora legal de la Superintendencia de Quiebras, en las materias de su competencia, de manera que las menciones que la legislación general o especial realice a la precitada institución se entenderán hechas a la Superintendencia de Insolvencia y Reemprendimiento, como aquellas realizadas respecto al Superintendente de Quiebras se entenderán hechas al Superintendente de Insolvencia y Reemprendimiento.

Artículo séptimo. Las normas sobre remuneraciones que contiene esta ley regirán desde la fecha de inicio de funciones de la Superintendencia de Insolvencia y Reemprendimiento.

Artículo octavo. El mayor gasto que represente la aplicación de esta ley durante el primer año desde su publicación en el Diario Oficial se financiará con cargo al presupuesto del Ministerio de Economía, Fomento y Turismo y, posteriormente, con cargo a la partida presupuestaria del Tesoro Público.

El mayor gasto que represente la aplicación del artículo 3º de esta ley, desde su publicación en el Diario Oficial, se financiará con recursos provenientes de la Partida Tesoro Público. En los años siguientes se financiará con cargo a los recursos que disponga la respectiva Ley de Presupuestos del Sector Público.

Artículo noveno. Los procedimientos sancionatorios y de fiscalización iniciados con anterioridad a la entrada en vigencia de la presente ley seguirán sustanciándose conforme a las normas vigentes a la época de iniciarse dichos procedimientos, hasta su total terminación.

Artículo décimo. Sin perjuicio de lo dispuesto en el artículo 42 y por los primeros cinco años contados desde la publicación de esta ley, los Liquidadores y los Veedores podrán estar inscritos a la vez en la Nómina de Veedores y en la Nómina de Liquidadores.

Durante el período señalado, la garantía de fiel desempeño que deba rendir el Veedor conforme a lo dispuesto en el artículo 16 será distinta a la que deba rendir como Liquidador si solicita su inscripción en la Nómina de Liquidadores, y viceversa. La responsabilidad legal del Veedor sólo podrá perseguirse respecto de la garantía de fiel desempeño que haya rendido en su calidad de Veedor. La responsabilidad legal del Liquidador sólo podrá perseguirse respecto de la garantía de fiel desempeño que haya rendido en su calidad de Liquidador.

Los asesores económicos de insolvencias que además tengan la calidad de síndico continuarán en la nómina de asesores económicos de insolvencias una vez que entre en vigencia esta ley, sea que se incorporen en la Nómina de Liquidadores o en la de Veedores.

Artículo undécimo. Para dar cumplimiento a lo dispuesto en el artículo 295, quienes integren la lista de abogados que pueden ser nombrados árbitros de acuerdo al Libro IV del Código de Comercio a la fecha de publicación de esta ley, se entenderán incorporados en la Nómina de Árbitros Concursales, debiendo procurar su capacitación de conformidad al artículo 297, dentro del plazo de vacancia que indica el artículo primero transitorio de la presente ley.

Artículo duodécimo. Las disposiciones penales contempladas en la presente ley sólo se aplicarán a los hechos ocurridos con posterioridad a su entrada en vigencia.

En consecuencia, el artículo 38 y el Título XIII, ambos del Libro IV del Código de Comercio, quedarán vigentes para todos los efectos relativos a la persecución de los delitos contemplados en sus disposiciones y perpetrados con anterioridad a la entrada en vigencia de esta ley, sin perjuicio de las normas relativas a la pena, en que regirá lo dispuesto en el artículo 18 del Código Penal.".

Artículo décimo tercero. En todas aquellas quiebras iniciadas antes de la entrada en vigencia de la presente ley, que carezcan de bienes o en que éstos no alcancen a cubrir los gastos necesarios para su prosecución, el respectivo tribunal, de oficio o a petición de parte o de la Superintendencia de Insolvencia y Reemprendimiento, podrá decretar el sobreseimiento temporal. La resolución se notificará por medio de aviso inserto en el Diario Oficial. La carencia de bienes o la insuficiencia de éstos para cubrir los gastos de la quiebra, podrá ser acreditada mediante un informe contable emitido por la Superintendencia, que se adjuntará a la solicitud respectiva.

Si transcurrido el plazo de dos años desde que se hubiere notificado el sobreseimiento temporal, no se hubiere solicitado que éste se deje sin efecto, en los términos del artículo 162 del Libro IV del Código de Comercio, el respectivo tribunal, de oficio, a petición de parte o de la Superintendencia, podrá decretar el sobreseimiento definitivo.

Habiéndose cumplido con lo establecido en el Nº 1º del Artículo 93 de la Constitución Política de la República y por cuanto he tenido a bien aprobarlo y sancionarlo; por tanto, promúlguese y llévese a efecto como Ley de la República.

Santiago, 30 de diciembre de 2013.- SEBASTIÁN PIÑERA ECHENIQUE, Presidente de la República.- Tomás Flores Jaña, Ministro de Economía, Fomento y Turismo (S).- Julio Dittborn Cordua, Ministro de Hacienda (S).- Juan Ignacio Piña Rochefort, Ministro de Justicia (S).

Lo que transcribe para su conocimiento. Saluda atentamente a usted, Tomás Flores Jaña, Subsecretario de Economía y Empresas de Menor Tamaño.

TRIBUNAL CONSTITUCIONAL

Proyecto de ley que sustituye el régimen concursal vigente por una ley de reorganización y liquidación de activos de empresas y personas, perfecciona el rol de la Superintendencia del ramo, establece la quiebra como causal de término del contrato de trabajo y adecua normas de otras leyes. Boletín N° 8324-03.

La Secretaria del Tribunal Constitucional, quien suscribe, certifica que el Honorable Senado envió el proyecto de ley enunciado en el rubro, aprobado por el Congreso Nacional, a fin de que este Tribunal ejerciera el control preventivo de constitucionalidad del proyecto y que por sentencia de 19 diciembre de 2013, en los autos Rol N° 2557-13-CPR,

Se declara:

1°. Que las disposiciones contenidas en los artículos 3°, inciso primero, 19, incisos primero y segundo, 68, 140, incisos segundo y cuarto, 142, inciso primero, 143, 147, 295, 296, 300, inciso final, 301, letra h), en la parte que dispone "en el caso que el Deudor no tuviese su domicilio en Chile, cualquiera de los tribunales con competencia en lo civil donde se encontraren situados los bienes del Deudor en el territorio del Estado de Chile", 303, 305, 337, numeral 7°, párrafos segundo, cuarto y quinto, el inciso final del artículo 465 del Código Penal que introduce el numeral 3) del artículo 348, y los artículos 349, 355 y undécimo transitorio del proyecto de ley remitido a control, no son contrarias a la Carta Fundamental.

2°. Que las disposiciones contenidas en el artículo 341, incisos primero, segundo, tercero y cuarto, del proyecto de ley remitido a control no son contrarias a la Carta Fundamental, en el entendido que el reclamo ante el Juzgado de Letras a que se refiere su inciso segundo puede interponerse igualmente si el rechazo de la reposición administrativa es parcial o total, quedando siempre a salvo el derecho a la impugnación de lo resuelto, de conformidad al artículo 38, inciso segundo, de la Carta Fundamental.

3°. Que las disposiciones contenidas en el artículo 335 del proyecto de ley remitido a control, no son propias de ley orgánica constitucional, en el entendido que, al versar sobre los "niveles internos" de un órgano de la Administración del Estado, se refiere a la materia regulada por el artículo 32 de la Ley Orgánica Constitucional de Bases Generales de la Administración del Estado (N° 18.575), sin que la facultad allí conferida al Superintendente le permita crear una nueva y distinta forma de estructura interna, ni otorgar a sus órganos poderes decisorios, todo ello sin innovar con respecto a lo dispuesto por el referido artículo 32 de la Ley N° 18.575, por establecer un precepto de distribución de trabajo y una atribución que, además, se ejercerá sólo después de la dictación del Decreto con Fuerza de Ley a que se refiere el artículo tercero transitorio del proyecto sometido a control.

4°. Que las disposiciones contenidas en los artículos 99, 103, 309, 311, 313, 314, 316, 318, 319, 320, 322, 324, 325, 326, 328, 329, 389 y octavo transitorio del proyecto de ley sometido a control no versan sobre materias propias de ley orgánica constitucional.

5°. Que no se emite pronunciamiento sobre las demás normas contenidas en el proyecto de ley, por no versar sobre materias propias de ley orgánica constitucional.

Santiago, 20 diciembre de 2013.- Marta de la Fuente Olguín, Secretaria.

REGLAMENTO PARA EL REGISTRO DE COMERCIO
MINISTERIO DE JUSTICIA, CULTO E INSTRUCCIÓN PÚBLICA

Santiago, agosto 1° de 1866.

En virtud de lo dispuesto en el artículo 21 del Código de Comercio, vengo en decretar el siguiente

REGLAMENTO PARA EL REGISTRO DE COMERCIO

Artículo 1°. En la cabecera de cada departamento, en lugar seguro y cómodo para el servicio público, se abrirá un Registro en que se anotarán todos los documentos que deben sujetarse a inscripción según el Código de Comercio, y se titulará Registro de Comercio.

El encargado de llevar dicho registro será nombrado por el Presidente de la República y tendrá el título de Conservador de Comercio.

Artículo 2°. Todo lo referente a la oficina en que debe llevarse el Registro, a su régimen interior, al juramento que debe prestar el encargado de llevarlo y a las subrogaciones por imposibilidad accidental, será regido por lo dispuesto en el Reglamento del Registro Conservatorio de Bienes Raíces.

Artículo 3°. Todo Conservador de Comercio, antes de entrar a ejercer su oficio, dará fianza, constituirá hipoteca o depositará en arcas fiscales letras de la caja hipotecaria para responder de toda omisión, retardo, error y en general de toda falta o defecto que en ejercicio de su cargo pueda serle imputable.

La cuantía de la fianza, hipoteca o depósito que deben dar o constituir los Conservadores de Comercio, a satisfacción del Regente de la Corte de Apelaciones respectiva, será de dos mil pesos en los departamentos de Santiago, Valparaíso y Copiapó, de mil quinientos pesos en los departamentos en que hay juzgados de letras y de mil pesos en los demás departamentos.

Siempre que se encargue el Registro de Comercio a algún escribano o notario público, o a algún Conservador de Bienes Raíces, quedará exento de rendir nueva fianza, si hace extensiva al nuevo oficio la garantía que tenía constituida para el oficio que desempeñaba.

Artículo 4°. Cuando se establezca en alguna cabecera de departamento una oficina de Registro de Comercio independiente, el Conservador de Comercio podrá otorgar como ministro de fe, lo mismo que los demás notarios o escribanos públicos, todas aquellas escrituras que deben ser inscritas en el Registro de su cargo.

Artículo 5°. En ningún caso podrá el Conservador de Comercio separarse definitivamente del oficio, sin haber hecho entrega formal de él al sucesor, La entrega se hará por inventario formal, del cual se remitirá copia autorizada a la Corte de Apelaciones respectiva.

Artículo 6°. La oficina del Conservador de Comercio será visitada en la misma forma que las escribanías públicas, y los magistrados encargados de dicha visita exigirán el exacto cumplimiento de todas las disposiciones contenidas en este Reglamento.

Artículo 7°. En el Registro de Comercio deberán inscribirse:

1°. Las capitulaciones matrimoniales, inventarios solemnes, testamentos, actos de partición, sentencias de adjudicación, escrituras públicas de donación, venta, permuta u otras de igual autenticidad que impongan al marido alguna responsabilidad a favor de la mujer;

2°. Las sentencias de divorcio o separación de bienes, y las liquidaciones practicadas para determinar las especies o cantidades que el marido debe entregar a mujer divorciada o separada de bienes;

3°. Los documentos justificativos de los haberes del hijo o pupilo que está bajo la potestad del padre o guardador;

4°. Las escrituras de sociedad, sea ésta colectiva, en comandita o anónima; las en que los socios nombraren gerente de la sociedad en liquidación; y las de disolución de la sociedad que se efectuare, antes de vencer el término estipulado; la prórroga de éste, el cambio, retiro o muerte de un socio; la alteración de la razón social; y en general, toda reforma, ampliación o modificación del contrato;

5°. Los poderes que los comerciantes otorgaren a sus factores o dependientes para la administración de sus negocios, los conferidos por el dueño o dueños de la nave al naviero que debe administrarla, y los que facultan al sobrecargo por autorización del naviero o cardadores;

6°. El decreto aprobatorio de la autorización concedida por el marido menor de veintiún años para que pueda comerciar su mujer mayor de veintiún años y menor de veinticinco, y la revocación de esta autorización;

7°. Los préstamos a la gruesa.

Artículo 8°. El Conservador inscribirá en el Registro los documentos que se le presenten, y en caso de resistencia, que no puede dimanar de otras causas que de no corresponder el documento a la nomenclatura que procede, de no estar extendido en el papel competente de no haberle cumplido con lo ordenado por el artículo 18, el interesado puede ocurrir al juez de comercio, quien resolverá, con audiencia del Conservador, si debe o no practicarse la inscripción. En el caso afirmativo la inscripción contendrá el decreto que la ha ordenado. El decreto denegativo es apelable en la forma ordinaria.

Artículo 9°. El Conservador llevará un solo libro, en que se inscribirán en un orden progresivo de números y fechas y en extracto los documentos sujetos a inscripción.

Artículo 10. El Registro será abierto al principio de cada año con un certificado en que se haga constar la primera inscripción que va a practicarse en él, y se cerrará al fin de cada año con otro certificado en que se exprese el número de fojas e inscripciones, el de las que han quedado sin efecto, minuciosamente especificadas, las enmendaturas de la foliación, y cuanta particularidad pueda influir en lo sustancial de las inscripciones y conduzca a evitar suplantaciones u otros fraudes. Ambos certificados serán escritos en su totalidad por el mismo Conservador.

Artículo 11. El Registro será llevado en papel de segunda clase, y organizado del mismo modo que los protocolos de los notarios; debiendo ser foliado a medida que se adelante, y necesariamente principiado y concluido con el año.

Artículo 12. El Conservador formará cuadernos de 10 hojas, en la misma forma que los demás registros del Conservador de Bienes Raíces.

Artículo 13. A la conclusión del año el Registro será encuadernado prolijamente y cubierto con tapa firme, en la cual, o en el lomo, se pondrá un rótulo con el nombre del Registro y el año a que pertenece.

Artículo 14. Cada libro tendrá un índice por orden alfabético, en el que se designará la naturaleza del documento inscrito, y el nombre y apellido de las personas, a que hace referencia.

Se llevará también un libro de índice general en la misma forma que los especiales de los registros de cada año y con la agregación de hacer referencia al año respectivo.

Artículo 15. Las piezas justificativas que el Conservador debe retener según el artículo 38 se agregarán numeradas al fin de los registros, observándose el mismo orden de las inscripciones a que se refieren, y con anotación en número del folio de aquella a que corresponden.

Artículo 16. El índice contendrá un apéndice para estas piezas.

Artículo 17. La inscripción de los documentos expresados en los incisos primero, segundo, tercero y cuarto del artículo 7 se hará en el Registro del departamento o departamentos en que el comerciante tenga su giro.

La de los poderes conferido a los factores o dependientes, en el registro del lugar donde éstos deben prestar sus servicios, y la de los otorgados por el dueño o dueños de la nave al naviero, y por éste o cargadores al sobrecargo, en el del lugar de la respectiva residencia de los otorgantes.

El decreto aprobatorio de la autorización concedida por el marido menor de edad a su mujer, y la revocación de esta autorización, deberán ser inscritos en el Registro de la plaza comercial donde la mujer establezca su giro.

Los préstamos a la gruesa, en el Registro del lugar de la celebración del contrato.

Artículo 18. Para proceder a la inscripción deberá exigir el Conservador que el interesado, o quien tenga su poder, le presente copia autorizada de las capitulaciones matrimoniales, inventarios solemnes, cláusulas especiales del testamento, actos de partición, escrituras públicas de donación, venta, permuta, u otras de igual naturaleza que impongan al marido, padre o guardador un gravamen a favor de la mujer, hijo o pupilo.

Las sentencias de adjudicación y decretos aprobatorios de autorización para poder comerciar serán presentados en su parte resolutiva y con el extracto de las piezas o antecedentes a que ésta haga referencia y que sean necesarios para su comprensión, con certificación del secretario respectivo de causar ejecutoria.

La inscripción de las sociedades requieren la presentación de un extracto de sus principales cláusulas, autorizado, por el notario ante quien se hubiere extendido el contrato; igual extracto es necesario en el caso de disolución o modificación.

Los poderes serán presentados en copia certificada y los contratos a la gruesa en extracto certificado, cuando hubieren sido reducidos a escritura pública, y el original si la escritura fuere oficial o privada.

Artículo 19. Los documentos otorgados en país extranjero quedarán sujetos a lo prescrito por los artículos 63 y 64 del Reglamento del Registro Conservatorio de Bienes Raíces.

Artículo 20. Llenados los requisitos que determina el artículo 18, el Conservador procederá a verificar acto continuo la inscripción.

Artículo 21. Las inscripciones se inscribirán entre dos márgenes, y en tal orden de sucesión que entre una y otra no quede más de un renglón en blanco y el espacio indispensable para la firma del Conservador. Si el último renglón no llegare hasta el margen, se tirará una línea gruesa en el espacio que reste. Si llegare hasta el margen, la línea será tirada en el renglón en blanco que siga.

Artículo 22. Cada inscripción empezará precisamente con la fecha en que se verifica y concluirá con la firma del Conservador. Contendrá además en el margen de la izquierda una anotación con el número que le corresponde y la naturaleza de la inscripción. Aquel número se pondrá en guarismos y lo demás en letras, prohibiéndose absolutamente toda abreviatura.

Artículo 23. Las inscripciones de capitulaciones matrimoniales contendrán:

1°. El nombre, apellido y domicilio del marido y mujer;

2°. El gravamen que se imponga al primero con especificación de la cantidad y naturaleza de dicho gravamen;

3°. El protocolo del notario en que fueron extendidas y la fecha de su otorgamiento.

Artículo 24. Las de inventarios solemnes:

1°. La fecha y suma que representan;

2°. El archivo en que existen.

Artículo 25. Las de testamentos:

1°. La fecha de su otorgamiento y el notario ante quien se otorgó;

2°. El nombre, apellido y domicilio del testador;

3°. El nombre, apellido y domicilio de la mujer, hijo o pupilo, herederos o legatarios, con especificación de la cuota o legado.

Artículo 26. Las de sentencias o decretos:

1°. La fecha en que fueron dictados;

2°. La designación del tribunal o juzgado y de la secretaría respectiva;

3°. La copia literal de la parte dispositiva con las referencias indispensables para su completa claridad.

Artículo 27. Las de actos de partición:

1°. La fecha del acto;

2°. El nombre y apellido del juez partidor y el archivo del notario o secretario donde se encuentre;

3°. La designación de las partes o hijuelas correspondientes a la mujer, hijo o pupilo.

Artículo 28. Las de escrituras públicas de donación, venta, etc.:

1°. La fecha de la escritura;

2°. El nombre y apellido del notario ante quien fue otorgada;

3°. El importe de la donación, permuta o venta.

Artículo 29. Las de liquidaciones:

1°. La fecha de la liquidación;

2°. El nombre y apellido del liquidador, y el archivo donde se encuentre;

3°. El saldo de la liquidación, con designación específica de la cantidad o de las especies, e importe de éstas.

Artículo 30. Las de escrituras de sociedad colectiva:

1°. Los nombres, apellidos y domicilios de los socios;

2°. La razón o firma social;

3°. Los socios encargados de la administración y del uso de la razón social;

4°. El capital que introduce cada socio, ya consista en dinero, créditos o en cualquiera otra clase de bienes; el valor que se asigne a los aportes que consisten en muebles o en inmuebles, y la forma en que debe hacerse el justiprecio de los mismos aportes en caso que no se les haya asignado valor alguno;

5°. Las negociaciones sobre que debe versar el giro de la sociedad;

6°. La época en que la sociedad debe principiar y disolverse, la fecha de la escritura social y la designación y domicilio del notario ante quien se extendió.

Artículo 31. Las de sociedad anónima:

1°. El nombre, apellido, domicilio y profesión de los socios fundadores;

2°. El domicilio de la sociedad;

3°. La empresa o negocio que la sociedad se propone, y el objeto de que toma su denominación, haciendo de ambos una enunciación clara y completa;

4°. El capital de la compañía, el número y cuota de las acciones en que es dividido, y la forma y plazo en que los socios deben consignar su importe en la caja social;

5°. La duración de la compañía;

6°. El déficit del capital que debe causar la disolución de la sociedad;

7°. La fecha del decreto supremo que la autorice, con designación de la condición que él imponga para dar principio a las operaciones;

8°. La fecha de la escritura social, y la designación y domicilio del notario ante quien se extendió.

Artículo 32. La inscripción de la escritura de comandita simple se efectuará del mismo modo que la de la sociedad colectiva, con la sola diferencia de que no se hará mención de los nombres de los socios comanditarios.

Artículo 33. La inscripción de la escritura de comandita por acciones contendrá:

1°. El domicilio de la sociedad;

2°. El nombre y apellido de los administradores;

3°. El objeto de la sociedad;

4°. El capital, o las acciones o cupones de acción en que se subdivida;
5°. La duración de la compañía;
6°. La fecha de la escritura social y la designación y domicilio del notario ante quien se extendió.

Artículo 34. Cuando haya que inscribir la escritura de disolución antes del plazo convenido, o de modificaciones en parte sustancial, se expresará la fecha en que la disolución o modificaciones deben efectuarse designando expresamente aquello en que consistan las segundas, y haciendo referencia a la sociedad, su naturaleza, fecha de su fundación y de la escritura que establece las modificaciones con la designación y domicilio del notario ante quien se extendió.

Artículo 35. Las inscripciones de poderes contendrán:
1°. La fecha en que han sido conferidos;
2°. Las autorizaciones que contienen, y el nombre, apellido y domicilio del mandante y mandatario, y el nombre y apellido del escribano.

Artículo 36. Las de préstamos a la gruesa:
1°. El nombre, apellido y domicilio del prestador y prestamista;
2°. El capital prestado y premio convenido;
3°. Los objetos afectos al pago;
4°. La clase, nombre y matrícula de la nave.

Artículo 37. Verificada la inscripción, el Conservador devolverá los documentos que según el artículo 18 han debido serle presentados, anotando previamente en ellos la circunstancia de haberse efectuado la inscripción, con designación de su fecha y número, foja del registro, fecha de la misma nota y firma del Conservador.

Artículo 38. No existiendo esos documentos en el registro, archivo o protocolo de una oficina pública, no serán devueltos, sino que el Conservador los guardará bajo su custodia y responsabilidad, sometiéndose a lo que dispone el artículo 15.

Artículo 39. El Registro de Comercio es esencialmente público, y en consecuencia, podrá ser examinado por toda persona que quiera hacerlo, y el

Conservador deberá dar todas las copias o certificados que extrajudicialmente se le pidan acerca de lo que conste o no conste en el Registro.

Artículo 40. Todo lo dispuesto en los Títulos VIII y X del Reglamento Conservatorio de Bienes Raíces y referente a las subinscripciones, cancelaciones y penas a que está sujeto el Conservador, es aplicable al Registro de Comercio y al funcionario encargado de él.

Artículo 41. Los Conservadores de Comercio cobrarán los mismos derechos asignados a los de Bienes Raíces por la Ley de Aranceles de 21 de diciembre de 1865.

Artículo 42. En la oficina del Conservador, en lugar visible, habrá tres cuadros impresos, conteniendo el uno este Reglamento, el otro el del Conservatorio de Bienes Raíces y el tercero el de los Aranceles Judiciales.

Artículo 43. El presente Reglamento principiará a regir, juntamente con el Código de Comercio, desde el 1° de enero de 1867.

Tómese razón y publíquese.- José Joaquín Pérez.- Federico Errázuriz.

CÓDIGO CIVIL

LIBRO IV

TÍTULO XXVIII
DE LA SOCIEDAD

§ 1. Reglas generales

Artículo 2053. La sociedad o compañía es un contrato en que dos o más personas estipulan poner algo en común con la mira de repartir entre sí los beneficios que de ello provengan.

La sociedad forma una persona jurídica, distinta de los socios individualmente considerados.

Artículo 2054. En las deliberaciones de los socios que tengan derecho a votar, decidirá la mayoría de votos, computada según el contrato, y si en éste nada se hubiere estatuido sobre ello, decidirá la mayoría numérica de los socios.

Exceptúanse los casos en que la ley o el contrato exigen unanimidad, o conceden a cualquiera de los socios el derecho de oponerse a los otros.

La unanimidad es necesaria para toda modificación substancial del contrato, salvo en cuanto el mismo contrato estatuya otra cosa.

Artículo 2055. No hay sociedad, si cada uno de los socios no pone alguna cosa en común, ya consista en dinero o efectos, ya en una industria, servicio o trabajo apreciable en dinero.

Tampoco hay sociedad sin participación de beneficios.

No se entiende por beneficio el puramente moral, no apreciable en dinero.

Artículo 2056. Se prohíbe toda sociedad a título universal, sea de bienes presentes y venideros, o de unos u otros.

Se prohíbe asimismo toda sociedad de ganancias, a título universal, excepto entre cónyuges.

Podrán con todo ponerse en sociedad cuantos bienes se quiera, especificándolos.

Artículo 2057. Si se formare de hecho una sociedad que no pueda subsistir legalmente, ni como sociedad, ni como donación, ni como contrato alguno, cada socio tendrá la facultad de pedir que se liquiden las operaciones anteriores y de sacar sus aportes.

Esta disposición no se aplicará a las sociedades que son nulas por lo ilícito de la causa u objeto, las cuales se regirán por el Código Criminal.

Artículo 2058. La nulidad del contrato de sociedad no perjudica a las acciones que corresponden a terceros de buena fe contra todos y cada uno de los asociados por las operaciones de la sociedad, si existiere de hecho.

§ 2. De las diferentes especies de sociedad

Artículo 2059. La sociedad puede ser civil o comercial.

Son sociedades comerciales las que se forman para negocios que la ley califica de actos de comercio. Las otras son sociedades civiles.

Artículo 2060. Podrá estipularse que la sociedad que se contrae, aunque no comercial por su naturaleza, se sujete a las reglas de la sociedad comercial.

Artículo 2061. La sociedad, sea civil o comercial, puede ser colectiva, en comandita, o anónima. Es sociedad colectiva aquella en que todos los socios administran por sí o por un mandatario elegido de común acuerdo.

Es sociedad en comandita aquella en que uno o más de los socios se obligan solamente hasta concurrencia de sus aportes.

Sociedad anónima es aquella formada por la reunión de un fondo común, suministrado por accionistas responsables sólo por sus respectivos aportes y administrada por un directorio integrado por miembros esencialmente revocables.

Artículo 2062. Se prohíbe a los socios comanditarios incluir sus nombres en la firma o razón social, y tomar parte en la administración.

La contravención a la una o la otra de estas disposiciones les impondrá la misma responsabilidad que a los miembros de una sociedad colectiva.

Artículo 2063. Las sociedades colectivas pueden tener uno o más socios comanditarios, respecto a los cuales regirán las disposiciones relativas a la sociedad en comandita, quedando sujetos los otros entre sí y respecto de terceros a las reglas de la sociedad colectiva.

Artículo 2064. La sociedad anónima es siempre mercantil aun cuando se forme para la realización de negocios de carácter civil.

§ 3. De las principales cláusulas del contrato de sociedad

Artículo 2065. No expresándose plazo o condición para que tenga principio la sociedad, se entenderá que principia a la fecha del mismo contrato; y no expresándose plazo o condición para que tenga fin, se entenderá contraída por toda la vida de los asociados, salvo el derecho de renuncia.

Pero si el objeto de la sociedad es un negocio de duración limitada, se entenderá contraída por todo el tiempo que durare el negocio.

Artículo 2066. Los contratantes pueden fijar las reglas que tuvieren por convenientes para la división de ganancias y pérdidas.

Artículo 2067. Los contratantes pueden encomendar la división de los beneficios y pérdidas a ajeno arbitrio, y no se podrá reclamar contra éste, sino cuando fuere manifiestamente inicuo, y ni aun por esta causa se admitirá contra dicho arbitrio reclamación alguna, si han transcurrido tres meses desde que fue conocido del reclamante, o si ha empezado a ponerse en ejecución por él.

A ninguno de los socios podrá cometerse este arbitrio.

Si la persona a quien se ha cometido fallece antes de cumplir su encargo, o por otra causa cualquiera no lo cumple, la sociedad es nula.

Artículo 2068. A falta de estipulación expresa, se entenderá que la división de los beneficios debe ser a prorrata de los valores que cada socio ha puesto en el fondo social, y la división de las pérdidas a prorrata de la división de los beneficios.

Artículo 2069. Si uno de los socios contribuyere solamente con su industria, servicio o trabajo, y no hubiere estipulación que determine su cuota en los beneficios sociales, se fijará esta cuota en caso necesario por el juez; y si ninguna estipulación determinare la cuota que le quepa en las pérdidas, se entenderá que no le cabe otra que la de dicha industria, trabajo o servicio.

Artículo 2070. La distribución de beneficios y pérdidas no se entenderá ni respecto de la gestión de cada socio, ni respecto de cada negocio en particular.

Los negocios en que la sociedad sufre pérdida deberán compensarse con aquellos en que reporta beneficio, y las cuotas estipuladas recaerán sobre el resultado definitivo de las operaciones sociales.

Sin embargo, los socios comanditarios no estarán obligados a colacionar los dividendos que hayan recibido de buena fe y los accionistas de sociedades anónimas en caso alguno estarán obligados a devolver a la caja social las cantidades que hubieren percibido a título de beneficio.

§ 4. De la administración de la sociedad colectiva

Artículo 2071. La administración de la sociedad colectiva puede confiarse a uno o más de los socios, sea por el contrato de sociedad, sea por acto posterior unánimemente acordado.

En el primer caso las facultades administrativas del socio o socios forman parte de las condiciones esenciales de la sociedad, a menos de expresarse otra cosa en el mismo contrato.

Artículo 2072. El socio a quien se ha confiado la administración por el acto constitutivo de la sociedad, no puede renunciar su cargo, sino por causa prevista en el acto constitutivo, o unánimemente aceptada por los consocios.

Ni podrá ser removido de su cargo sino en los casos previstos o por causa grave; y se tendrá por tal la que le haga indigno de confianza o incapaz de administrar útilmente. Cualquiera de los socios podrá exigir la remoción, justificando la causa.

Faltando alguna de las causas antedichas, la renuncia o remoción pone fin a la sociedad.

Artículo 2073. En el caso de justa renuncia o justa remoción del socio administrador designado en el acto constitutivo, podrá continuar la sociedad, siempre que todos los socios convengan en ello y en la designación de un nuevo administrador o en que la administración pertenezca en común a todos los socios.

Habiendo varios socios administradores designados en el acto constitutivo, podrá también continuar la sociedad, acordándose unánimemente que ejerzan la administración los que restan.

Artículo 2074. La administración conferida por acto posterior al contrato de sociedad, puede renunciarse por el socio administrador y revocarse por la mayoría de los consocios, según las reglas del mandato ordinario.

Artículo 2075. El socio a quien se ha conferido la administración por el contrato de sociedad o por convención posterior, podrá obrar contra el parecer de los otros; conformándose, empero, a las restricciones legales, y a las que se le hayan impuesto en el respectivo mandato.

Podrá, con todo, la mayoría de los consocios oponerse a todo acto que no haya producido efectos legales.

Artículo 2076. Si la administración es conferida, por el contrato de sociedad o por convención posterior, a dos o más de los socios, cada uno de los administradores podrá ejecutar por sí solo cualquier acto administrativo, salvo que se haya ordenado otra cosa en el título de su mandato.

Si se les prohíbe obrar separadamente, no podrán hacerlo ni aun a pretexto de urgencia.

Artículo 2077. El socio administrador debe ceñirse a los términos de su mandato, y en lo que éste callare, se entenderá que no le es permitido contraer a nombre de la sociedad otras obligaciones, ni hacer otras adquisiciones o enajenaciones, que las comprendidas en el giro ordinario de ella.

Artículo 2078. Corresponde al socio administrador cuidar de la conservación, reparación y mejora de los objetos que forman el capital fijo de la sociedad; pero no podrá empeñarlos, ni hipotecarlos, ni alterar su forma, aunque las alteraciones le parezcan convenientes.

Sin embargo, si las alteraciones hubieren sido tan urgentes que no le hayan dado tiempo para consultar a los consocios, se le considerará en cuanto a ellas como agente oficioso de la sociedad.

Artículo 2079. En todo lo que obre dentro de los límites legales o con poder especial de sus consocios, obligará a la sociedad; obrando de otra manera, él solo será responsable.

Artículo 2080. El socio administrador es obligado a dar cuenta de su gestión en los períodos designados al efecto por el acto que le ha conferido la administración, y, a falta de esta designación, anualmente.

Artículo 2081. No habiéndose conferido la administración a uno o más de los socios, se entenderá que cada uno de ellos ha recibido de los otros el poder de administrar con las facultades expresadas en los artículos precedentes y sin perjuicio de las reglas que siguen:

1ª. Cualquier socio tendrá el derecho de oponerse a los actos administrativos de otro, mientras esté pendiente su ejecución o no hayan producido efectos legales.

2ª. Cada socio podrá servirse para su uso personal de las cosas pertenecientes al haber social, con tal que las emplee según su destino ordinario, y sin perjuicio de la sociedad y del justo uso de los otros.

3ª. Cada socio tendrá el derecho de obligar a los otros a que hagan con él las expensas necesarias para la conservación de las cosas sociales.

4ª. Ninguno de los socios podrá hacer innovaciones en los inmuebles que dependan de la sociedad sin el consentimiento de los otros.

§ 5. De las obligaciones de los socios entre sí

Artículo 2082. Los aportes al fondo social pueden hacerse en propiedad o en usufructo. En uno y otro caso los frutos pertenecen a la sociedad desde el momento del aporte.

Artículo 2083. El socio que aun por culpa leve ha retardado la entrega de lo que le toca poner en común, resarcirá a la sociedad todos los perjuicios que le haya ocasionado el retardo.

Comprende esta disposición al socio que retarda el servicio industrial en que consiste su aporte.

Artículo 2084. Si se aporta la propiedad, el peligro de la cosa pertenece a la sociedad según las reglas generales, y la sociedad queda exenta de la obligación de restituirla en especie.

Si sólo se aporta el usufructo, la pérdida o deterioro de la cosa, no imputable a culpa de la sociedad, pertenecerán al socio que hace el aporte.

Si éste consiste en cosas fungibles, en cosas que se deterioran por el uso, en cosas tasadas, o cuyo precio se ha fijado de común acuerdo, en materiales de fábrica o artículos de venta pertenecientes al negocio o giro de la sociedad, pertenecerá la propiedad a ésta con la obligación de restituir al socio su valor.

Este valor será el que tuvieron las mismas cosas al tiempo del aporte; pero de las cosas que se hayan aportado apreciadas, se deberá la apreciación.

Artículo 2085. El que aporta un cuerpo cierto en propiedad o usufructo, es obligado, en caso de evicción, al pleno saneamiento de todo perjuicio.

Artículo 2086. Si por el acto constitutivo de la sociedad se asegura a una persona que ofrece su industria una cantidad fija que deba pagársele íntegramente aun cuando la sociedad se halle en pérdida, se mirará esta cantidad como el precio de su industria, y el que la ejerce no será considerado como socio.

Si se le asigna una cuota del beneficio eventual, no tendrá derecho, en cuanto a ella, a cosa alguna, cuando la sociedad se halle en pérdida, aunque se le haya asignado esa cuota como precio de su industria

Artículo 2087. A ningún socio, podrá exigirse aporte más considerable que aquel a que se haya obligado. Pero si por una mutación de circunstancias no pudiere obtenerse el objeto de la sociedad sin aumentar los aportes, el socio que no consienta en ello podrá retirarse, y deberá hacerlo si sus consocios lo exigen.

Artículo 2088. Ningún socio, aun ejerciendo las más amplias facultades administrativas, puede incorporar a un tercero en la sociedad, sin el consentimiento de sus consocios; pero puede sin este consentimiento asociarle a sí mismo, y se formará entonces entre él y el tercero una sociedad particular, que sólo será relativa a la parte del socio antiguo en la primera sociedad.

Artículo 2089. Cada socio tendrá derecho a que la sociedad le reembolse las sumas que él hubiere adelantado con conocimiento de ella, por las obligaciones que para los negocios sociales hubiere contraído legítimamente y de buena fe; y a que le resarza los perjuicios que los peligros inseparables de su gestión le hayan ocasionado.

Cada uno de los socios será obligado a esta indemnización a prorrata de su interés social, y la parte de los insolventes se partirá de la misma manera entre todos.

Artículo 2090. Si un socio hubiere recibido su cuota de un crédito social, y sus consocios no pudieren después obtener sus respectivas cuotas del mismo crédito, por insolvencia del deudor o por otro motivo, deberá el primero comunicar con los segundos lo que haya recibido, aunque no exceda a su cuota y aunque en la carta de pago la haya imputado a ella.

Artículo 2091. Los productos de las diversas gestiones de los socios en el interés común pertenecen a la sociedad; y el socio cuya gestión haya sido más lucrativa, no por eso tendrá derecho a mayor beneficio en el producto de ella.

Artículo 2092. Si un socio que administra es acreedor de una persona que es al mismo tiempo deudora de la sociedad, y si ambas deudas fueren exigibles, las cantidades que reciba en pago se imputarán a los dos créditos a prorrata, sin embargo de cualquiera otra imputación que haya hecho en la carta de pago, perjudicando a la sociedad.

Y si en la carta de pago la imputación no fuere en perjuicio de la sociedad, sino del socio acreedor, se estará a la carta de pago.

Las reglas anteriores se entenderán sin perjuicio del derecho que tiene el deudor para hacer la imputación.

Artículo 2093. Todo socio es responsable de los perjuicios que aun por culpa leve haya causado a la sociedad, y no podrá oponer en compensación los emolumentos que su industria haya procurado a la sociedad en otros negocios, sino cuando esta industria no perteneciere al fondo social.

§ 6. De las obligaciones de los socios respecto de terceros

Artículo 2094. El socio que contrata a su propio nombre y no en el de la sociedad, no la obliga respecto de terceros, ni aun en razón del beneficio que ella reporte del contrato; el acreedor podrá sólo intentar contra la sociedad las acciones del socio deudor.

No se entenderá que el socio contrata a nombre de la sociedad, sino cuando lo exprese en el contrato, o las circunstancias lo manifiesten de un modo inequívoco. En caso de duda se entenderá que contrata en su nombre privado.

Si el socio contrata a nombre de la sociedad, pero sin poder suficiente, no la obliga a terceros sino en subsidio y hasta concurrencia del beneficio que ella hubiere reportado del negocio.

Las disposiciones de este artículo comprenden aun al socio exclusivamente encargado de la administración.

Artículo 2095. Si la sociedad colectiva es obligada respecto de terceros, la totalidad de la deuda se dividirá entre los socios a prorrata de su interés social, y la cuota del socio insolvente gravará a los otros.

No se entenderá que los socios son obligados solidariamente o de otra manera que a prorrata de su interés social, sino cuando así se exprese en el título de la obligación, y ésta se haya contraído por todos los socios o con poder especial de ellos.

Artículo 2096. Los acreedores de un socio no tienen acción sobre los bienes sociales sino por hipoteca, anterior a la sociedad, o por hipoteca posterior, cuando el aporte del inmueble no conste por inscripción en el competente Registro.

Podrán, sin embargo, intentar contra la sociedad las acciones indirecta y subsidiaria que se les conceden por el artículo 2094.

Podrán también pedir que se embarguen a su favor las asignaciones que se hagan a su deudor por cuenta de los beneficios sociales o de sus aportes o acciones.

Artículo 2097. La responsabilidad de los socios comanditarios o accionistas se regula por lo prevenido en el § 2 de este título.

§ 7. De la disolución de la sociedad

Artículo 2098. La sociedad se disuelve por la expiración del plazo o por el evento de la condición que se ha prefijado para que tenga fin.

Podrá, sin embargo, prorrogarse por unánime consentimiento de los socios; y con las mismas formalidades que para la constitución primitiva.

Los codeudores de la sociedad no serán responsables de los actos que inicie durante la prórroga, si no hubieren accedido a ésta.

Artículo 2099. La sociedad se disuelve por la finalización del negocio para que fue contraída.

Pero si se ha prefijado un día cierto para que termine la sociedad, y llegado ese día antes de finalizarse el negocio no se prorroga, se disuelve la sociedad.

Artículo 2100. La sociedad se disuelve asimismo por su insolvencia, y por la extinción de la cosa o cosas que forman su objeto total.

Si la extinción es parcial, continuará la sociedad, salvo el derecho de los socios para exigir su disolución, si con la parte que resta no pudiere continuar útilmente; y sin perjuicio de lo prevenido en el siguiente artículo.

Artículo 2101. Si cualquiera de los socios falta por su hecho o culpa a su promesa de poner en común las cosas o la industria a que se ha obligado en el contrato, los otros tendrán derecho para dar la sociedad por disuelta.

Artículo 2102. Si un socio ha aportado la propiedad de una cosa, subsiste la sociedad aunque esta cosa perezca, a menos que sin ella no pueda continuar útilmente.

Si sólo se ha aportado el usufructo, la pérdida de la cosa fructuaria disuelve la sociedad, a menos que el socio aportante la reponga a satisfacción de los consocios, o que éstos determinen continuar la sociedad sin ella.

Artículo 2103. Disuélvese asimismo la sociedad por la muerte de cualquiera de los socios, menos cuando por disposición de la ley o por el acto constitutivo haya de continuar entre los socios sobrevivientes con los herederos del difunto o sin ellos.

Pero aun fuera de este caso se entenderá continuar la sociedad, mientras los socios administradores no reciban noticia de la muerte.

Aun después de recibida por éstos la noticia, las operaciones iniciadas por el difunto que no supongan una aptitud peculiar en éste deberán llevarse a cabo.

Artículo 2104. La estipulación de continuar la sociedad con los herederos del difunto se subentiende en las que se forman para el arrendamiento de un inmueble, o para el laboreo de minas, y en las anónimas.

Artículo 2105. Los herederos del socio difunto que no hayan de entrar en sociedad con los sobrevivientes, no podrán reclamar sino lo que tocare a su autor, según el estado de los negocios sociales al tiempo de saberse la muerte; y no participarán de los emolumentos o pérdidas posteriores sino en cuanto fueren consecuencia de las operaciones que al tiempo de saberse la muerte estaban ya iniciadas.

Si la sociedad ha de continuar con los herederos del difunto, tendrán derecho para entrar en ella todos, exceptuados solamente aquellos que por su edad o por otra calidad hayan sido expresamente excluidos en la ley o el contrato.

Fuera de este caso los que no tengan la administración de sus bienes concurrirán a los actos sociales por medio de sus representantes legales o por medio de quien tenga la administración de sus bienes.

Artículo 2106. Expira asimismo la sociedad por la incapacidad sobreviniente o la insolvencia de uno de los socios.

Podrá, con todo, continuar la sociedad con el incapaz o el fallido, y en tal caso el curador o los acreedores ejercerán sus derechos en las operaciones sociales.

Artículo 2107. La sociedad podrá expirar en cualquier tiempo por el consentimiento unánime de los socios.

Artículo 2108. La sociedad puede expirar también por la renuncia de uno de los socios.

Sin embargo, cuando la sociedad se ha contratado por tiempo fijo, o para un negocio de duración limitada, no tendrá efecto la renuncia, si por el contrato de sociedad no se hubiere dado la facultad de hacerla, o si no hubiere grave motivo, como la inejecución de las obligaciones de otro socio, la pérdida de un administrador inteligente que no pueda reemplazarse entre los socios, enfermedad habitual del renunciante que le inhabilite para las funciones sociales, mal estado de sus negocios por circunstancias imprevistas, u otros de igual importancia.

Artículo 2109. La renuncia de un socio no produce efecto alguno sino en virtud de su notificación a todos los otros.

La notificación al socio o socios que exclusivamente administran, se entenderá hecha a todos.

Aquellos de los socios a quienes no se hubiere notificado la renuncia, podrán aceptarla después, si vieren convenirles, o dar por subsistente la sociedad en el tiempo intermedio.

Artículo 2110. No vale la renuncia que se hace de mala fe o intempestivamente.

Artículo 2111. Renuncia de mala fe el socio que lo hace por apropiarse una ganancia que debía pertenecer a la sociedad; en este caso podrán los socios obligarle a partir con ellos las utilidades del negocio, o a soportar exclusivamente las pérdidas, si el negocio tuviere mal éxito.

Podrán asimismo excluirle de toda participación en los beneficios sociales y obligarle a soportar su cuota en las pérdidas.

Artículo 2112. Renuncia intempestivamente el socio que lo hace cuando su separación es perjudicial a los intereses sociales. La sociedad continuará entonces hasta la terminación de los negocios pendientes, en que fuere necesaria la cooperación del renunciante.

Aun cuando el socio tenga interés en retirarse, debe aguardar para ello un momento oportuno.

Los efectos de la renuncia de mala fe indicados en el inciso final del artículo precedente, se aplican a la renuncia intempestiva

Artículo 2113. Las disposiciones de los artículos precedentes comprenden al socio que de hecho se retira de la sociedad sin renuncia.

Artículo 2114. La disolución de la sociedad no podrá alegarse contra terceros sino en los casos siguientes:

1°. Cuando la sociedad ha expirado por la llegada del día cierto prefijado para su terminación en el contrato;

2°. Cuando se ha dado noticia de la disolución por medio de tres avisos publicados en un periódico del departamento o de la capital de la provincia, si en aquél no lo hubiere;

3°. Cuando se pruebe que el tercero ha tenido oportunamente noticia de ella por cualesquiera medios.

Artículo 2115. Disuelta la sociedad se procederá a la división de los objetos que componen su haber.

Las reglas relativas a la partición de los bienes hereditarios y a las obligaciones entre los coherederos, se aplican a la división del caudal social y a las obligaciones entre los miembros de la sociedad disuelta, salvo en cuanto se opongan a las disposiciones de este título.

LEY Nº 3.918
MINISTERIO DE HACIENDA
LEY SOBRE SOCIEDADES DE RESPONSABILIDAD LIMITADA

Publicada en el Diario Oficial de 14 de marzo de 1923

Número 3.918. Por cuanto el Congreso Nacional ha dado su aprobación al siguiente

Proyecto de ley:

Artículo 1°. Se autoriza el establecimiento de sociedades civiles y comerciales con responsabilidad limitada de los socios, distintas de las sociedades anónimas o en comandita.

Artículo 2°. Las sociedades con responsabilidad limitada, sean civiles o comerciales, se constituirán por escritura pública que contendrá, además de las enunciaciones que expresa el artículo 352 del Código de Comercio, la declaración de que la responsabilidad personal de los socios queda limitada a sus aportes o a la suma que a más de esto se indique.

Estas sociedades no podrán tener por objeto negocios bancarios, y el número de sus socios no podrá exceder de cincuenta.

Artículo 3°. Un extracto de la escritura social, o de modificación o que deje constancia de los hechos comprendidos en el inciso segundo del artículo 350 del Código de Comercio, en su caso, será registrado en la forma y plazo que determina el artículo 354 del Código de Comercio.

Se publicará, también, dentro del mismo plazo, dicho extracto por una sola vez en el Diario Oficial.

La omisión de cualquiera de estos requisitos se regirá por lo dispuesto en los artículos 353, 355, 355 A, 356, 357 inciso primero, 358 a 361 del Código de Comercio y se aplicará a la defectuosa o inoportuna publicación del extracto las reglas que estas disposiciones dan para la inscripción del mismo.

El cumplimiento oportuno de la inscripción y publicación producirá efectos retroactivos a la fecha de la escritura.

Artículo 4°. La razón o firma social podrá contener el nombre de uno o más de los socios, o una referencia al objeto de la sociedad. En todo caso deberá terminar con la palabra "limitada", sin lo cual todos los socios serán solidariamente responsables de las obligaciones sociales.

En lo no previsto por esta ley o por la escritura social, estas sociedades se regirán por las reglas establecidas para las sociedades colectivas, y les serán también aplicables las disposiciones del artículo 2104 del Código Civil y de los artículos 455 y 456 del Código de Comercio.

La mujer casada y separada parcialmente de bienes, siempre que la separación sea convencional, y la que ejerza un empleo, oficio, profesión o industria con arreglo al artículo 150 del Código Civil, no requerirán la autorización especial de que trata el artículo 349 del Código de Comercio, para celebrar una sociedad comercial de responsabilidad limitada, con relación al patrimonio que separadamente administren.

Artículo 5°. Esta ley regirá desde la fecha de su publicación en el Diario Oficial.

Y por cuanto, oído el Consejo de Estado, he tenido a bien aprobarlo y sancionarlo; por tanto, promúlguese y llévese a efecto como ley de la República.

Santiago, 7 de marzo de 1923.- Arturo Alessandri.- Aníbal Rodríguez.

LEY Nº 19.499
MINISTERIO DE JUSTICIA
ESTABLECE NORMAS SOBRE SANEAMIENTO DE VICIOS DE NULIDAD DE SOCIEDADES Y MODIFICA CÓDIGO DE COMERCIO Y OTROS CUERPOS LEGALES

Publicada en el Diario Oficial de 11 de abril de 1997

Teniendo presente que el H. Congreso Nacional ha dado su aprobación al siguiente

Proyecto de ley:

Artículo 1°. La nulidad derivada de vicios formales, que afecte la constitución o modificación de una sociedad, puede ser saneada del modo que se señala en esta ley.

Sus disposiciones son aplicables a las sociedades colectivas mercantiles, a las de responsabilidad limitada, a las en comandita simple mercantiles, a las en comandita por acciones y a las sociedades anónimas.

Considéranse vicios formales aquellos que consisten en el incumplimiento de alguna solemnidad legal, tales como la inscripción o publicación tardía del extracto de la escritura, o la falta de cumplimiento o el cumplimiento imperfecto de las menciones que la ley ordena incluir en las respectivas escrituras como, por ejemplo, lo relacionado con la razón social.

Los defectos relativos al contenido de las escrituras no se considerarán vicios formales, sino de fondo, si implican la privación de algún elemento esencial al concepto de sociedad o algún vicio de carácter substancial de general aplicación a los contratos.

Sin perjuicio de otras exigencias que se indican más adelante, para que sea saneable la nulidad por vicios formales de que adolezca la constitución o modificación de una sociedad, es necesario que estos actos consten de escritura pública, o instrumento reducido a escritura pública o protocolizado.

Artículo 2°. El saneamiento del vicio de nulidad producirá efecto retroactivo a la fecha de las escrituras públicas o de la protocolización aludidas, según corresponda. Pero si se trata de una modificación que no haya sido oportunamente inscrita y, en su caso publicada, el saneamiento producirá efecto retroactivo a la fecha de la inscripción o publicación tardía, y si ambas formalidades se practicaron con retraso, a la fecha en que se haya realizado la última.

Artículo 3°. Quedará saneada la nulidad a que se refiere el artículo 1°, una vez que se cumplan los siguientes requisitos:

a) Que se otorgue una escritura pública en la cual se corrija el vicio de la constitución o modificación. No será necesario reproducir íntegramente el estatuto social.

A esta escritura deberán concurrir quienes sean los titulares de los derechos sociales al tiempo del saneamiento de la constitución o modificación. Si el vicio incide en una cesión de derechos sociales, además, deberán concurrir a esa escritura el cedente —o sus causahabientes— y quienes al tiempo del saneamiento sean los titulares de los derechos materia de la cesión.

En los casos de sociedades anónimas o en comandita por acciones, la exigencia establecida en el primer párrafo de esta letra se entenderá cumplida mediante la escritura pública a la que se reduzca el acta de la junta extraordinaria de accionistas en la cual, mediante acuerdo adoptado con los quórum y mayorías necesarias para reformar el estatuto social, se corrija el vicio incurrido en la constitución o modificación cuya nulidad se desee sanear. No obstante lo anterior, en las sociedades en comandita por acciones, en cuanto a los socios colectivos se refiere, se aplicará, además, lo dispuesto en el párrafo segundo de esta letra.

b) Que un extracto de la escritura de saneamiento sea inscrito y, si fuere del caso, publicado, en el plazo que corresponda, según sea el tipo de sociedad de que se trate.

En aquellos casos en que la causa de nulidad de la constitución de una sociedad consista en la falta de oportuna inscripción o publicación del extracto de la respectiva escritura, la exigencia de corrección del vicio, contenida en la letra a) precedente, se entenderá cumplida con la inscripción y, en su caso, la publicación oportunas del extracto de esta escritura de saneamiento.

Artículo 4°. El extracto de la escritura de saneamiento deberá contener:

a) La fecha de la escritura extractada y el nombre y domicilio del notario ante el cual se otorgó;

b) Según sea el caso, la fecha de la escritura pública que contenga el acto que se sanea, o de la escritura de protocolización del documento que contenga el acto que se sanea o de la escritura pública a que se redujo ese acto, y el nombre y domicilio del notario ante el cual se otorgó, y

c) Un extracto de las modificaciones mediante las cuales se corrige el vicio de que se trata.

El extracto será autorizado por el notario que ejerza en la notaría ante la cual se otorgó esta escritura.

Artículo 5º. No obstante lo dispuesto en los artículos anteriores, el saneamiento de la nulidad originada por vicios formales, que afecte a sociedades regidas por leyes especiales, se someterá, además, a las mismas formalidades que su constitución o modificaciones, en su caso. Así, las sociedades anónimas sujetas a los artículos 126, 127, 130 y 131 de la Ley Nº 18.046, requerirán de la escritura señalada en la letra a) del artículo 3º de esta ley y de una resolución aprobatoria de la Superintendencia correspondiente, y que el certificado que ésta otorgue sea inscrito y publicado del modo y con arreglo a las normas que establecen los antes mencionados artículos 127 o 131, según sea el caso.

Artículo 6º. La nulidad de la constitución o modificación de una sociedad, derivada de omisiones de que adolezca el extracto inscrito o publicado, o de contradicciones entre éste y la correspondiente escritura pública, o de defectos en la convocación o desarrollo de juntas de accionistas de sociedades anónimas o en comandita por acciones, no podrá ser hecha valer después de dos años contados desde la fecha del otorgamiento de la escritura. Esta prescripción correrá contra toda persona y no admitirá suspensión alguna. Vencido ese plazo las disposiciones de la escritura prevalecerán sobre las del extracto.

Artículo 7º. El saneamiento que establece esta ley podrá practicarse aun después de que la nulidad haya sido hecha valer en juicio, pero antes de que quede ejecutoriada la sentencia de término.

Artículo 8º. La alegación de que una sociedad o su modificación es nula por afectarle un vicio de carácter formal, será desestimada si no se acredita en el proceso que la existencia de ese vicio causa un efectivo perjuicio de carácter pecuniario a quien lo hace valer.

Artículo 9°. No constituyen vicios formales de nulidad de una sociedad o de sus modificaciones y por lo tanto, no requieren ser saneados, los siguientes errores que puedan contener las correspondientes escrituras públicas, o sus extractos inscritos o publicados:

a) Errores ortográficos o gramaticales o la contracción o resumen de palabras, si de ello no puede derivarse dudas en cuanto al sentido de la estipulación. Esta regla se aplicará aun cuando se trate de expresiones que constituyan una formalidad legal;

b) Errores cometidos en la individualización de socios, accionistas o representantes, si de ello no puede derivarse dudas en cuanto a la identidad de la persona de que se trata;

c) Errores numéricos o de cifras o porcentajes, que manifiestamente no sean de carácter sustancial;

d) Errores en los datos o características de los aportes, si de ello no puede derivarse dudas en cuanto a su determinación, y

e) En general, las disconformidades no esenciales que existan entre las escrituras y las inscripciones o publicaciones de sus respectivos extractos. Se entiende por disconformidad esencial aquella que induce a una errónea comprensión de la escritura extractada.

Sin perjuicio de lo dispuesto en el inciso primero, en cualquier momento podrán subsanarse estos errores mediante escritura pública suscrita por alguna de las personas a que se refiere el artículo 3°, letra a), inciso segundo, o alguno de los administradores de la sociedad.

Artículo 10. No podrá alegarse en juicio la nulidad fundada en vicios formales que afecten la constitución o modificación de una sociedad, una vez que ésta se encuentre disuelta.

Artículo 11. Introdúcense al Código de Comercio las siguientes modificaciones:

a) Agréganse los siguientes artículos 355 y 355 A:

"Artículo 355. Si en la escritura social se hubiere omitido el domicilio social se entenderá domiciliada la sociedad en el lugar de otorgamiento de aquélla.

Artículo 355 A. La omisión de la escritura pública de constitución o de modificación, o de su inscripción oportuna en el Registro de Comercio, produce nulidad absoluta entre los socios, con la salvedad de lo dispuesto en los artículos 356, inciso primero, y 361, inciso primero.

El cumplimiento oportuno de la inscripción producirá efectos retroactivos a la fecha de la escritura.";

b) Agrégase el siguiente artículo 356:

"Artículo 356. La sociedad que no conste de escritura pública, o de instrumento reducido a escritura pública o de instrumento protocolizado, es nula de pleno derecho y no podrá ser saneada.

No obstante lo anterior, si existiere de hecho dará lugar a una comunidad. Las ganancias y pérdidas se repartirán y soportarán y la restitución de los aportes se efectuará entre los comuneros con arreglo a lo pactado y, en subsidio, de conformidad a lo establecido para la sociedad.

Los miembros de la comunidad responderán solidariamente a los terceros con quienes hubieren contratado a nombre y en interés de ésta; y no podrán oponer a los terceros la falta de los instrumentos mencionados en el inciso primero. Los terceros podrán acreditar la existencia de hecho por cualquiera de los medios probatorios que reconoce este Código, y la prueba será apreciada de acuerdo a las reglas de la sana crítica.";

c) Sustitúyese el artículo 357 por el siguiente:

"Artículo 357. La sociedad que adolezca de nulidad por incumplimiento de lo prescrito en el artículo 350 gozará de personalidad jurídica y será liquidada como una sociedad si consta de escritura pública o de instrumento reducido a escritura pública o protocolizado. Todo ello, sin perjuicio del saneamiento del vicio en conformidad con la ley.

Los socios responderán solidariamente a los terceros con quienes hubieren contratado a nombre y en interés de la sociedad de hecho.";

d) Sustitúyese el artículo 358 por el siguiente:

"Artículo 358. La ejecución voluntaria del contrato de sociedad no purga la nulidad de que adolezca por incumplimiento de solemnidades legales, sin perjuicio del saneamiento a que alude el artículo anterior.";

e) Deróganse los artículos 359, 360, 361, 362, 363 y 364;

f) Introdúcense como nuevos artículos 359, 360 y 361, los siguientes:

"Artículo 359. El que contratare con una sociedad que no ha sido legalmente constituida, no puede sustraerse por esta razón al cumplimiento de sus obligaciones.

Artículo 360. Los hechos comprendidos en el inciso segundo del artículo 350 sólo producen efecto contra terceros desde que se deje constancia de su ocurrencia, en la forma indicada en dicho artículo.

Artículo 361. La modificación cuyo extracto no ha sido oportunamente inscrito en el Registro de Comercio no producirá efectos ni frente a los socios ni frente a terceros, salvo el caso de saneamiento en conformidad a la ley y con las restricciones que ésta impone. Dicha privación de efectos operará de pleno derecho, sin perjuicio de la acción por enriquecimiento sin causa que proceda.

La modificación oportunamente inscrita en el Registro de Comercio, pero que adolezca de vicios formales, produce efecto frente a los socios y terceros, mientras no haya sido declarada su nulidad.

La declaración a que se refiere el inciso anterior no produce efecto retroactivo y sólo regirá para las situaciones que ocurran a partir del momento en que esté ejecutoriada la sentencia que la contenga.", y

g) Sustitúyese el artículo 497 por el siguiente:

"Artículo 497. Es nula la comandita por acciones constituida en contravención a cualquiera de las prescripciones que contienen los artículos precedentes, sin perjuicio de su saneamiento en conformidad a la ley.".

Artículo 12. Reemplázase el artículo 3º de la ley Nº 3.918, por el siguiente:

"Artículo 3º. Un extracto de la escritura social, o de modificación o que deje constancia de los hechos comprendidos en el inciso segundo del artículo 350 del Código de Comercio, en su caso, será registrado en la forma y plazo que determina el artículo 354 del Código de Comercio.

Se publicará, también, dentro del mismo plazo, dicho extracto por una sola vez en el Diario Oficial.

La omisión de cualquiera de estos requisitos se regirá por lo dispuesto en los artículos 353, 355, 355 A, 356, 357 inciso primero, 358 a 361 del Código de Comercio y se aplicará a la defectuosa o inoportuna publicación del extracto las reglas que estas disposiciones dan para la inscripción del mismo.

El cumplimiento oportuno de la inscripción y publicación producirá efectos retroactivos a la fecha de la escritura.".

Artículo 13. Introdúcense en la ley Nº 18.046 las siguientes modificaciones:

a) Agrégase al inciso primero del artículo 3º, en punto seguido (.), la siguiente oración: "El cumplimiento oportuno de la inscripción y publicación producirá efectos retroactivos a la fecha de la escritura.";

b) Agrégase, en el número 11) del artículo 4º, antes del punto y coma (;), la siguiente frase: "y de los auditores externos o de los inspectores de cuentas, en su caso, que deberán fiscalizar el primer ejercicio social";

c) Intercálase, a continuación del artículo 5º, el siguiente artículo:

"Artículo 5º A. Si en la escritura social se hubiere omitido el domicilio social se entenderá domiciliada la sociedad en el lugar de otorgamiento de aquélla.

En caso de omisión de cualquiera de las designaciones referidas en el número 11) del artículo 4º, podrá efectuarlas una junta general de accionistas de la sociedad.";

d) Reemplázase su artículo 6º por los siguientes:

"Artículo 6º. Sin perjuicio de lo que dispone el artículo 6º A, la sociedad anónima que no sea constituida por escritura pública o en cuya escritura de constitución se omita cualquiera de las menciones exigidas en los números 1, 2, 3 ó 5 del artículo 4º, o cuyo extracto haya sido inscrito o publicado tardíamente o en el cual se haya omitido cualquiera de las menciones que para él se exigen en el artículo 5º, es nula absolutamente, sin perjuicio del saneamiento en conformidad a la ley. Declarada la nulidad de la sociedad, ésta entrará en liquidación. La sociedad nula, sin embargo, gozará de personalidad jurídica y será liquidada como una sociedad anónima si consta de escritura pública o de instrumento reducido a escritura pública o protocolizado.

De la misma nulidad adolecerán las reformas de estatutos y el acuerdo de disolución de una sociedad oportunamente inscritos y publicados pero en cuyos extractos se omita cualquiera de las menciones exigidas en el artículo 5º; sin embargo, estas reformas y acuerdo producirán efectos frente a los accionistas y terceros mientras no haya sido declarada su nulidad; la declaración de esta nulidad no produce efecto retroactivo y sólo regirá para las situaciones que ocurran a partir del momento en que quede ejecutoriada la resolución que la contenga; todo sin perjuicio del saneamiento en conformidad a la ley.

Se equipara a la omisión cualquiera disconformidad esencial que exista entre las escrituras y las inscripciones o publicaciones de sus respectivos extractos. Se entiende por disconformidad esencial aquella que induce a una errónea comprensión de la escritura extractada.

Los otorgantes del pacto declarado nulo responderán solidariamente a los terceros con quienes hubieren contratado a nombre y en interés de la sociedad.

Artículo 6º A. No obstante lo dispuesto en el artículo anterior, la sociedad anónima que no conste de escritura pública, ni de instrumento reducido a escritura pública, ni de instrumento protocolizado, es nula de pleno derecho y no podrá ser saneada.

No obstante lo anterior, si existiere de hecho dará lugar a una comunidad entre sus miembros. Las ganancias y pérdidas se repartirán y soportarán y la restitución de los aportes se efectuará entre ellos con arreglo a lo pactado y, en subsidio, de conformidad a lo establecido para las sociedades anónimas.

Los miembros de la comunidad responderán solidariamente a los terceros con quienes hubieren contratado a nombre y en interés de ésta; y no podrán oponer a los terceros la falta de los instrumentos mencionados en el inciso primero. Los terceros podrán acreditar la existencia de hecho por cualquiera de los medios probatorios que reconoce el Código de Comercio, y la prueba será apreciada de acuerdo a las reglas de la sana crítica.

La modificación cuyo extracto no haya sido oportunamente inscrito y publicado no producirá efectos ni frente a los accionistas ni frente a terceros, salvo el caso de saneamiento en conformidad a la ley y con las restricciones que ésta impone.

Dicha privación de efectos operará de pleno derecho, sin perjuicio de la acción por enriquecimiento sin causa que proceda.";

e) Sustitúyese el artículo 11 por el siguiente:

"Artículo 11. El capital social estará dividido en acciones de igual valor.

Si el capital estuviere dividido en acciones de distintas series, las acciones de una misma serie deberán tener igual valor.

El capital inicial deberá quedar totalmente suscrito y pagado en un plazo no superior a tres años. Si así no ocurriere, al vencimiento de dicho plazo el capital social quedará reducido al monto efectivamente suscrito y pagado.

Lo dispuesto en el inciso anterior es sin perjuicio de lo previsto en leyes especiales.";

f) Agrégase el siguiente inciso final en el artículo 15:

"La falta del cumplimiento de lo dispuesto en el inciso anterior no podrá hacerse valer pasados dos años contados desde la fecha de la escritura en la cual conste el respectivo aporte. El cumplimiento de tales formalidades efectuado con posterioridad a la escritura de aporte, sanea la nulidad.";

g) Introdúcense las siguientes modificaciones en el artículo 67:

1) Reemplázase su inciso primero por el siguiente:

"Los acuerdos de la junta extraordinaria de accionistas que impliquen reforma de los estatutos sociales o el saneamiento de la nulidad de modificaciones de ellos causada por vicios formales, deberán ser adoptados con la mayoría que determinen los estatutos, la cual, en las sociedades cerradas, no podrá ser inferior a la mayoría absoluta de las acciones emitidas con derecho a voto.";

1) Sustitúyese en el número 10) del inciso segundo, la coma (,) y la conjunción "y" por un punto y coma (;);

1) Sustitúyese en el número 11) del inciso segundo, el punto (.) aparte por una coma (,) y agrégase la conjunción "y", y

1) Agrégase en el inciso segundo, el siguiente número:

"12) El saneamiento de la nulidad, causada por vicios formales, de que adolezca la constitución de la sociedad o una modificación de sus estatutos sociales que comprenda una o más materias de las señaladas en los números anteriores.", y

h) Agrégase en el artículo 69 el siguiente número 5), pasando el actual a ser número 6):

"5) El saneamiento de la nulidad causada por vicios formales de que adolezca la constitución de la sociedad o alguna modificación de sus estatutos que diere este derecho.".

Artículo 14. Esta ley entrará en vigencia una vez que transcurran treinta días contados desde su publicación en el Diario Oficial.

ARTÍCULOS TRANSITORIOS

Artículo 1°. Las disposiciones de esta ley sobre saneamiento se aplicarán a los actos de constitución o de reforma de sociedades, no obstante que sus instrumentos constitutivos o modificatorios se hayan otorgado con anterioridad a su entrada en vigencia.

Artículo 2°. La insuficiencia del capital suscrito o pagado, a que se refiere el inciso segundo del artículo 11 de la ley N° 18.046, de que padezca una sociedad anónima actualmente existente, no podrá hacerse valer pasados seis meses contados desde la fecha en que entre en vigencia la presente ley. Con anterioridad al vencimiento de ese plazo cualquier accionista podrá pedir, al tribunal que sea competente en conformidad a los artículos 4°, N° 10, y 125 de dicha ley, que declare disuelta la sociedad. Sin perjuicio de la notificación a la sociedad de la demanda de disolución, ésta se notificará a los accionistas mediante un aviso publicado por una vez en el Diario Oficial; el aviso contendrá las menciones que determine el tribunal competente pero no necesitará individualizar a los accionistas. La liquidación se efectuará en conformidad con las normas contenidas en el Título X de la ley N° 18.046.

Y por cuanto he tenido a bien aprobarlo y sancionarlo; por tanto promúlguese y llévese a efecto como Ley de la República.

Santiago, 4 de abril de 1997.- EDUARDO FREI RUIZ-TAGLE, Presidente de la República.- María Soledad Alvear Valenzuela, Ministra de Justicia.

Lo que transcribo a Ud. para su conocimiento., José Antonio Gómez Urrutia, Subsecretario de Justicia.

LEY Nº 20.659
MINISTERIO DE ECONOMÍA, FOMENTO Y TURISMO
SUBSECRETARÍA DE ECONOMÍA Y EMPRESAS DE MENOR TAMAÑO
SIMPLIFICA EL RÉGIMEN DE CONSTITUCIÓN, MODIFICACIÓN Y DISOLUCIÓN DE LAS SOCIEDADES COMERCIALES

Publicada en el Diario Oficial de 8 de febrero de 2013

Teniendo presente que el H. Congreso Nacional ha dado su aprobación al siguiente

Proyecto de ley:

TÍTULO I
DISPOSICIONES GENERALES

Artículo 1°. Las personas jurídicas enumeradas en el artículo siguiente podrán ser constituidas, modificadas, transformadas, fusionadas, divididas, terminadas o disueltas cumpliendo solamente con las solemnidades establecidas para estos efectos en la presente ley. Sin perjuicio de lo anterior, en todo lo que no sea contrario o no se encuentre previsto por esta ley, les serán aplicables las disposiciones legales y reglamentarias que las establecen y regulan, según corresponda a su singular naturaleza jurídica.

Lo establecido en esta ley rige para todas las personas jurídicas que voluntariamente se constituyan o acojan a ésta, de manera que todos los actos jurídicos indicados en el inciso anterior deberán celebrarse o ejecutarse conforme a sus disposiciones. Las personas jurídicas que no se acojan a esta ley deberán celebrar o ejecutar dichos actos de acuerdo a las normas que las establecen y regulan, y no les serán aplicables las disposiciones del presente cuerpo legal.

Artículo 2°. Las personas jurídicas que pueden acogerse a la presente ley son las siguientes:

1) La empresa individual de responsabilidad limitada, regulada por la ley N° 19.857.

2) La sociedad de responsabilidad limitada, contemplada en la ley N° 3.918.

3) La sociedad anónima cerrada, establecida en la ley N° 18.046.

4) La sociedad anónima de garantía recíproca, regulada por la ley N° 20.179.

5) La sociedad colectiva comercial, contemplada en los Párrafos 1 a 7, ambos inclusive, del Título VII del Libro II del Código de Comercio.

6) La sociedad por acciones, establecida en el Párrafo 8 del Título VII del Libro II del Código de Comercio.

7) La sociedad en comandita simple, contemplada en los Párrafos 10 y 11 del Título VII del Libro II del Código de Comercio.

8) La sociedad en comandita por acciones, establecida en los Párrafos 10 y 12 del Título VII del Libro II del Código de Comercio.

Artículo 3°. Para todos los efectos de la presente ley se entenderá por:

1) Personas jurídicas: aquellas enumeradas en el artículo 2°.

2) Formulario: el documento electrónico que contiene el contrato social y sus modificaciones.

3) Servicio: el Servicio de Impuestos Internos.

4) Registro: el Registro de Empresas y Sociedades a que se refiere el Título IV de esta ley.

5) Migración: el acto por el cual alguna persona jurídica mencionada en el artículo 2° transita desde el sistema registral conservatorio al sistema establecido en la presente ley, y viceversa, junto con todos aquellos datos que sean de su esencia, naturaleza o accidentales, vinculados con ella, y con todo lo que acceda a esta información, de acuerdo a las normas contenidas en el Título VII.

6) Certificado para migración: el documento en papel o el documento electrónico emitido, según sea el caso, por el Registro de Comercio del Conservador de Bienes Raíces o por el administrador del Registro de Empresas y Sociedades regulado en esta ley, destinado a acreditar la vigencia de la persona jurídica correspondiente y cuyo objeto es permitir la migración de un sistema de registro al otro, y que desde su emisión impide cualquier anotación, inscripción, subinscripción o incorporación en el Registro, respectivamente, en relación a esa persona jurídica.

7) Registro de Accionistas: registro al que hace referencia la ley N° 18.046, sobre sociedades anónimas, y su reglamento, así como el que señala el Código de Comercio relativo a las sociedades por acciones, que será llevado electrónicamente en el sitio del Registro, para las personas jurídicas que se acojan a la presente ley, y en el que deberán realizarse las inscripciones de conformidad a lo establecido en el artículo 13 bis.

8) Registro de Poderes: registro llevado electrónicamente en el sitio electrónico del Registro en el que podrán incorporarse los poderes y delegaciones otorgados, modificados o revocados, de las personas jurídicas que se acojan a la presente ley, de acuerdo con lo señalado en el artículo 13 ter.

Artículo 4°. Las personas jurídicas que se acojan a la presente ley serán constituidas, modificadas, fusionadas, divididas, transformadas, terminadas o disueltas, según sea el caso, a través de la suscripción de un formulario por el constituyente, socios o accionistas, el que deberá incorporarse en el Registro. El Reglamento determinará los aspectos operativos sobre la forma en que podrá realizarse la resciliación de determinados actos, para lo cual las partes que hayan comparecido a dicho acto deberán suscribir un formulario dispuesto al efecto.

En estos casos, la fecha del acto jurídico respectivo será la fecha en que firme el formulario el primero de los socios o accionistas o el constituyente, según corresponda. Sin perjuicio de lo anterior, el formulario sólo se entenderá incorporado al Registro cuando fuere firmado por todos los que deben concurrir a su firma, de acuerdo con las disposiciones de la presente ley.

Artículo 5°. El contrato social y el estatuto de las personas jurídicas que se acojan a esta ley será aquel que conste en el formulario de constitución inscrito en el Registro y en las modificaciones introducidas en la forma establecida en la presente ley, según corresponda.

En el silencio del acto constitutivo, las personas jurídicas se regirán por las normas que les sean aplicables conforme a su especie.

TÍTULO II
DE LOS FORMULARIOS

Artículo 6º. Los formularios deberán contener todos los campos necesarios para completar las menciones que las leyes establecen para efectos de proceder válidamente a la constitución, modificación, fusión, división, transformación, terminación o disolución de las personas jurídicas a las cuales se aplica esta ley. Asimismo, los formularios deberán contener todas las menciones que establezca esta ley y su Reglamento para efectos de proceder a la migración de un sistema de registro al otro.

El o los suscriptores del formulario, según corresponda, deberán completar todos los campos que contengan las menciones de requisitos que las leyes exijan para la validez del acto respectivo de la persona jurídica de que se trate. Las menciones que no sean obligatorias según las leyes correspondientes podrán ser completadas voluntariamente por el o los suscriptores del formulario. En caso que estas últimas menciones no fueren completadas, se entenderá que a su respecto rigen las normas supletorias de las leyes que regulan dichos actos. Deberá completarse necesariamente el campo correspondiente al domicilio social si la ley que rige a la respectiva persona jurídica lo exige, pero todas deberán especificar una dirección para obtener Rol Único Tributario.

Sin perjuicio de lo señalado anteriormente, el Reglamento establecerá el sistema a través del cual podrán completarse en los formularios todos los datos que fueren necesarios para la acertada identificación del constituyente, socio, accionista o representante, según sea el caso, y de su capacidad para celebrar los actos o contratos que se inscriban en el Registro.

Artículo 7º. Los formularios deberán estar en el Registro permanentemente a disposición de los interesados.

Artículo 8º. Sin perjuicio de que se cumpla en el formulario con la mención al capital según la especie de persona jurídica de que se trate, cuando se requiera de formalidades o solemnidades especiales para enterar el aporte, según el tipo de bien, deberá efectuarse conforme a ellas.

TÍTULO III
DE LA SUSCRIPCIÓN DE LOS FORMULARIOS

Artículo 9°. Para efectos de la suscripción de los formularios respectivos, el constituyente, socios o accionistas deberán completarlos previamente en el Registro y deberán cumplirse las demás disposiciones que al efecto señale el Reglamento.

La suscripción de los formularios se realizará mediante la firma del constituyente, socios o accionistas, pudiendo concurrir a su firma por medio de sus representantes o apoderados, según sea el caso, a través de la firma electrónica avanzada de éstos, de acuerdo con lo que establezca el Reglamento.

El constituyente, socio o accionista que no cuente con firma electrónica avanzada deberá suscribir los formularios ante un notario. En este caso, el notario deberá estampar su firma electrónica avanzada en el formulario de que se trate, entendiéndose de esta forma suscrito el formulario por parte del constituyente, socio o accionista para todos los efectos. Con todo, el constituyente, socio o accionista, en su caso, podrán concurrir a la suscripción del respectivo formulario por medio de representante legal o de apoderado. En este último caso, el poder deberá ser otorgado de acuerdo con lo dispuesto en el artículo 13 ter; por escritura pública; por instrumento privado con firmas autorizadas por notario y protocolizado; o mediante documento electrónico suscrito haciendo uso de firma electrónica avanzada por el o los otorgantes, de acuerdo a lo señalado en la Ley N°19.799 sobre documentos electrónicos, firma electrónica y servicios de certificación de dicha firma; dejándose constancia en el formulario del tipo de documento que se utiliza, de la fecha de otorgamiento de éste, del nombre y domicilio del notario ante el cual se otorgó o ante el cual se protocolizó, si procede y del número de repertorio de la correspondiente escritura o instrumento protocolizado, según corresponda. Si el poder fuera otorgado en el extranjero, deberá darse cumplimiento a las normas generales sobre legalización de documentos públicos otorgados en el extranjero o de autenticación mediante el sistema de apostilla, según corresponda. Una copia digital íntegra del instrumento en el que conste la personería en virtud de la cual actúa el apoderado o del documento que acredita dicha representación, según sea el caso deberá incorporarse al Registro bajo el número de identificación de la persona jurídica respectiva, lo que será realizado por el notario ante el cual se haya suscrito el formulario, o por el apoderado o representante en el caso que este hubiese firmado utilizando firma electrónica avanzada.

En los casos antes señalados, deberá dejarse constancia en el formulario del nombre y domicilio del ministro de fe ante quien se firme, así como de la fecha del respectivo acto de suscripción. El Reglamento determinará la forma en que se deberá acreditar en estos casos la firma de los formularios por parte del constituyente, socios o accionistas, o su apoderado o representante legal, según corresponda.

Los constituyentes, socios o accionistas podrán designar en el formulario de constitución o en cualquier otro que al efecto disponga el Registro o de acuerdo a lo dispuesto en el artículo 13 ter, a un apoderado para que actúe en representación de todos ellos, para los efectos de suscribir con su firma electrónica avanzada o ante notario los formularios de que se trate.

Los notarios sólo podrán cobrar por la firma electrónica avanzada que estampen la tarifa fijada mediante decreto supremo del Ministerio de Economía, Fomento y Turismo, emitido bajo la fórmula "Por orden del Presidente de la República" y suscrito, además, por el Ministro de Justicia.

Artículo 10. La suscripción de los formularios por todos los socios, accionistas o sus representantes y apoderados, según corresponda, deberá efectuarse dentro del plazo de sesenta días contado desde la firma por el primero de ellos. En caso contrario, se tendrán por no suscritos para todos los efectos.

El Reglamento dispondrá la manera de identificar el formulario de que se trate, una vez que el constituyente, socios o accionistas hubieren comenzado a completar sus campos. Con la suscripción del primero de los socios o accionistas, dicho formulario no podrá modificarse posteriormente. Lo anterior es sin perjuicio de lo dispuesto en el Título V de esta ley.

TÍTULO IV
DEL REGISTRO DE EMPRESAS Y SOCIEDADES

Artículo 11. Este Registro de Empresas y Sociedades deberá constar en un sitio electrónico, al que deberán incorporarse las personas jurídicas que se acojan a esta ley para los efectos de ser constituidas, modificadas, transformadas, fusionadas, divididas, terminadas, disueltas o migradas.

Este Registro es único, rige en todo el territorio de la República, es público, gratuito y deberá estar permanentemente actualizado a disposición de quien lo consulte en el sitio electrónico, de manera que asegure la fiel y oportuna publicidad de la información incorporada en él.

El Ministerio de Economía, Fomento y Turismo estará encargado de su administración y de que dicho Registro cumpla las normas de la presente ley y de su Reglamento.

El sitio electrónico en el que conste el Registro podrá, con acuerdo de los organismos respectivos, poner a disposición de sus usuarios el acceso para que éstos puedan realizar trámites gestionados por otros órganos del Estado, o trámites o servicios prestados por organismos públicos y privados, relacionados con las personas jurídicas, socios, accionistas, mandantes y mandatarios, entre otros, según se establezca en el Reglamento. Para la realización de dichos trámites o el acceso a dichos servicios, los usuarios podrán requerir al Registro que envíe a los organismos públicos o privados la información de la persona jurídica inscrita en el Registro. Asimismo, los usuarios podrán utilizar y solicitar el envío a través del sitio del Registro, de la información contenida en él, para la realización de otros trámites o el acceso a otros servicios no contenidos en el sitio electrónico.

Artículo 12. Corresponderá al Subsecretario de Economía y Empresas de Menor Tamaño, en su calidad de ministro de fe del Ministerio de Economía, Fomento y Turismo, emitir los certificados a que alude esta ley, mediante firma electrónica. El Subsecretario podrá delegar dicha facultad de conformidad con las disposiciones legales correspondientes.

En el Registro se incorporarán los instrumentos que al efecto se le presenten, siempre que cumplan con los requisitos señalados en esta ley.

No se efectuarán las inscripciones en el Registro si los formularios no contienen las designaciones legales o reglamentarias requeridas para ello.

La rectificación de errores manifiestos u omisiones que, según el Reglamento, el Registro, de oficio o a petición de parte, tuviere que efectuar respecto a una persona jurídica incorporada, deberá ser registrada de acuerdo a las disposiciones de esta ley. Se podrá incorporar al Registro, en la forma que señale el Reglamento, cualquier otro acto que diga relación con una persona jurídica y que no importe una modificación social.

De igual modo, se incorporará una sentencia u otra resolución judicial que cause ejecutoria y que ordene la disolución o modificación de una persona jurídica de las enumeradas en el artículo 2°, así como cualquier otra resolución judicial referida a una persona jurídica incorporada al Registro.

El Registro no hará cancelación alguna de oficio.

El Reglamento establecerá el procedimiento a través del cual se efectuarán las actuaciones indicadas en este artículo.

Artículo 13. Una vez suscrito un formulario por todos quienes deban concurrir a su firma en conformidad con esta ley y su Reglamento, se incorporará automáticamente en el Registro a contar de esa fecha, y con su solo mérito se entenderá informado el Servicio para todos los efectos a que haya lugar, sin perjuicio de las facultades de fiscalización que le correspondan.

No obstante, en los casos a que se refieren los artículos 69, inciso final, y 70, ambos del Código Tributario, la incorporación de la respectiva actuación se realizará sólo una vez que el Servicio así lo autorice.

El Reglamento establecerá el modo por el cual se notificará periódicamente al Servicio la incorporación de nuevos formularios. También establecerá el mecanismo por el cual el Servicio comunicará al Registro las autorizaciones a que se refiere el inciso segundo.

El Servicio de Impuestos Internos asignará, sin más trámite, un Rol Único Tributario a toda persona jurídica que se constituya conforme a esta ley, en forma simultánea al acto de incorporación al Registro. Con la sola incorporación del formulario de constitución por el constituyente, socio o accionista, se entenderá requerido el Servicio para asignar el Rol Único Tributario a la persona jurídica que se incorpora.

En el mismo formulario de constitución se podrá solicitar al Servicio el inicio de actividades y el timbraje de documentos tributarios, todo ello según lo determine el Reglamento.

Dicho rol será el número de identificación en el Registro y servirá para registrar e identificar todos los antecedentes que se hubieran originado respecto de la persona jurídica de que se trate y que hayan sido debidamente indicados en los formularios a que se refiere esta ley.

El Reglamento determinará la forma en que los formularios respectivos serán electrónicamente incorporados al Registro, los aspectos operativos necesarios para el correcto funcionamiento del sistema de tratamiento informático de datos, la publicidad de los actos que se registren en éste y los requisitos de interconexión que deberán existir entre el Registro y los órganos del Estado.

El Reglamento establecerá, asimismo, la o las modalidades informáticas y tecnológicas para que los formularios de constitución, las estipulaciones, pactos o acuerdos, así como toda modificación, transformación, fusión, división, terminación o disolución y, en general, todos aquellos actos relativos a personas jurídicas que deban ser incorporados al Registro, queden registrados y se individualicen con su número de identificación.

Artículo 13 bis. Las personas jurídicas acogidas a esta ley que, de acuerdo a las leyes propias que las regulan, deban contar con un Registro de Accionistas, deberán llevarlo exclusivamente en el Registro, el cual será de acceso restringido a quienes tengan la calidad de accionistas, administradores o apoderados de la sociedad especialmente facultados para tal efecto, y, en los casos que corresponda, al notario ante el cual se suscribe el respectivo formulario, conforme lo determine el Reglamento. El Registro de Empresas y Sociedades tendrá acceso a la información contenida en los Registros de Accionistas para efectos de verificar la identidad de los accionistas en las actuaciones que realicen respecto de cada sociedad y asegurar la información fidedigna del sistema.

Toda cesión de acciones o su adquisición por cualquier modo, así como la constitución de gravámenes, derechos reales sobre las acciones y pactos particulares relativos a cesión de acciones, de las personas jurídicas acogidas a esta ley, deberán inscribirse en el Registro de Accionistas una vez que se hubiere efectuado la firma del formulario denominado "De Inscripción al Registro de Accionistas", en la forma prevista por el Reglamento.

Sin perjuicio de lo anterior, tratándose de la suscripción y compraventa de acciones de las personas jurídicas acogidas a esta ley, podrán celebrarse, de forma directa, a través de un formulario, denominado "De Suscripción" o "De Compraventa de Acciones", el que una vez suscrito tanto por el suscriptor de las acciones o adquirente de las mismas, como por el vendedor o emisor de las acciones, según corresponda, será incorporado al Registro de Accionistas, sin necesidad de firmar adicionalmente el formulario señalado en el inciso precedente, según lo determine el Reglamento.

La responsabilidad en la tenencia del Registro de Accionistas se determinará de acuerdo con las normas propias que regulan el respectivo tipo social. El gerente general, en el caso de las sociedades anónimas cerradas y de las sociedades por acciones, o el o los administradores en el caso de las sociedades por acciones que no dispongan de un gerente general, deberán registrar los formularios mencionados en los incisos precedentes, en la forma que determine el Reglamento.

Firmado alguno de los formularios tratados en este artículo, se presumirá que la persona jurídica emisora de las acciones ha tomado conocimiento de la solicitud de inscripción, lo que podrá acreditarse con el correspondiente certificado emitido por la Subsecretaría de Economía y Empresas de Menor Tamaño, en la forma que establezca el Reglamento.

Una vez inscrita la suscripción o la cesión de acciones en el Registro de Accionistas, en la forma prevista en este artículo, con su solo mérito se entenderá informada al Servicio de Impuestos Internos para los efectos a que haya a lugar, sin perjuicio de las facultades de fiscalización que le correspondan.

Artículo 13 ter. El otorgamiento, modificación y revocación de poderes y delegaciones de facultades para representar a las personas jurídicas que se acojan a esta ley, podrá realizarse a través de la suscripción de un formulario dispuesto al efecto por el Registro, el que se incorporará automáticamente al Registro de Poderes. Los poderes y delegaciones otorgados, modificados o revocados fuera del Registro podrán incorporarse al Registro de Poderes, mediante la suscripción del correspondiente formulario, conforme lo determine el Reglamento. El Registro de Poderes será de acceso público.

En los casos en que, para adoptar acuerdos sobre las materias señaladas en este artículo, se requiera la celebración de una sesión de directorio u otro acuerdo previo, junto con dar cumplimiento a las formalidades y solemnidades que sean necesarias, deberá acompañarse una copia digital del acta, acuerdo o resolución respectiva al correspondiente formulario, en la forma que señale el Reglamento.

Al Registro de Poderes no le serán aplicables las disposiciones contenidas en el artículo 13 de la presente ley en lo referente a la información automática al Servicio. Sin perjuicio de lo anterior, la suscripción del formulario respectivo, por quien esté debidamente facultado para hacerlo, incorporará, de forma automática, el otorgamiento, modificación o revocación de los poderes y delegación de facultades al Registro de Poderes. Los poderes otorgados e incorporados al Registro de Poderes, se entenderán vigentes y producirán todos sus efectos legales en tanto no se incorpore su modificación o revocación.

A contar de la fecha de la incorporación de los poderes en el Registro de Poderes, se entenderán revestidos de todas las solemnidades necesarias para la ejecución de todo acto o contrato, indicado en los referidos poderes, incluso, los que requieran celebrarse mediante el otorgamiento de escritura pública o cualquier otra formalidad, bastando para su acreditación o prueba el correspondiente certificado emitido por la Subsecretaría de Economía y Empresas de Menor Tamaño, en la forma que establezca el Reglamento.

Tratándose de poderes que integren los estatutos o el contrato social, éstos se incorporarán al Registro de Poderes, de manera automática con los mismos efectos señalados en este artículo, en la forma que determine el Reglamento.

TÍTULO V
DE LA MODIFICACIÓN, TRANSFORMACIÓN, FUSIÓN, DIVISIÓN, TERMINACIÓN Y DISOLUCIÓN DE LAS PERSONAS JURÍDICAS ACOGIDAS A ESTA LEY

Artículo 14. Las personas jurídicas acogidas a esta ley serán modificadas, transformadas, fusionadas, divididas, terminadas y disueltas, mediante la sola suscripción del formulario respectivo, según el acto que haya de celebrarse, y su incorporación al Registro.

La suscripción de esos formularios será realizada por el titular o, en su caso, por quienes sean los titulares de los derechos sociales o acciones emitidas con derecho a voto al tiempo de celebrarse dicho acto, o por sus apoderados o representantes legales, debiendo para tales efectos sujetarse a lo señalado en el Título III de esta ley.

En los casos en que para adoptar acuerdos sobre las materias señaladas en el inciso primero se requiera la celebración de una junta, el acta que se levante, previo cumplimiento de las formalidades que sean necesarias, deberá ser reducida a escritura pública o protocolizada, según corresponda. En dicho caso, el formulario respectivo deberá ser suscrito por los accionistas que hayan concurrido a la firma del acta que se levante, de acuerdo a las disposiciones que establezcan y regulen dichas sociedades, o bien, por medio de representante designado de acuerdo a lo dispuesto en el inciso quinto del artículo 9°, para que represente a quienes hayan concurrido a la firma del acta. Los accionistas que hayan firmado el acta no podrán negarse a suscribir el formulario respectivo. Con todo, no se requerirá que dicha junta sea celebrada ante notario, si correspondiere de acuerdo a la normativa aplicable a la respectiva persona jurídica, ni que dicha acta sea reducida a escritura pública o protocolizada, si la totalidad de los accionistas, y también los socios gestores en el caso de las sociedades en comandita por acciones, suscriben el formulario correspondiente, o si dicho formulario es suscrito por un representante designado de acuerdo a lo dispuesto en el inciso quinto del artículo 9°, para que los represente a todos ellos. En cualquier caso, una copia digital íntegra de del acta o de su reducción a escritura pública o protocolización, según corresponda, deberá incorporarse al Registro bajo el número de identificación de la persona jurídica respectiva, en un plazo máximo de treinta días corridos posteriores a la celebración de dicha junta, de su reducción a escritura pública o de su protocolización, según corresponda.

Los acuerdos que se adopten por los socios o accionistas de las sociedades que se acojan a esta ley deberán incorporarse en los formularios, indicándose las nuevas cláusulas de los estatutos y aquellas que se modifiquen o sustituyan.

En caso que algún otro acto deba ser reducido a escritura pública o protocolizado, el notario respectivo o el titular o, en su caso, quienes sean los titulares de los derechos sociales o acciones emitidas con derecho a voto al tiempo de celebrarse dicho acto, o sus apoderados o representantes legales, deberán incorporar una copia digital del mismo al Registro. Con todo, no se requerirá que dicho acto sea reducido a escritura pública o protocolizado, si la totalidad de los socios o accionistas suscriben el formulario correspondiente, o si dicho formulario es suscrito por un representante designado de acuerdo a lo dispuesto en el inciso quinto del artículo 9°, para que los represente a todos ellos. En cualquier caso, una copia digital íntegra del acto o de su reducción a escritura pública o protocolización, según corresponda, deberá incorporarse al Registro bajo el número de identificación de la persona jurídica respectiva, en un plazo máximo de treinta días corridos posteriores a la celebración de dicho acto, de su reducción a escritura pública o de su protocolización, según corresponda.

Artículo 15. En los casos de fusión de personas jurídicas acogidas a la presente ley con personas jurídicas que no lo están, cada una de ellas deberá cumplir con las solemnidades que particularmente le son aplicables para efectos de celebrar la fusión, y la persona jurídica resultante de ésta continuará regulada por el régimen de formalidades que le resulte aplicable, sin perjuicio que posteriormente migre a otro régimen.

En caso de división de una persona jurídica a la cual se le aplica la presente ley, la nueva persona jurídica que se constituya al efecto deberá acogerse a las disposiciones de esta ley, sin perjuicio de que posteriormente migre a otro régimen.

TÍTULO VI
DEL SANEAMIENTO DE LA NULIDAD DE LAS PERSONAS JURÍDICAS A QUE SE REFIERE ESTA LEY

Artículo 16. Para efectos del saneamiento de la nulidad derivada de vicios formales que afecten la constitución, modificación, transformación, división, fusión, terminación o disolución de las personas jurídicas acogidas a esta ley, el titular o, en su caso, quienes sean los titulares de los derechos sociales o acciones de la sociedad al tiempo del saneamiento respectivo, o sus representantes o apoderados para estos efectos, deberán corregir el formulario en que conste el vicio y suscribirlo de conformidad a las normas sobre suscripción señaladas en el Título III de esta ley.

Si el vicio incide en una cesión de derechos sociales, deberán concurrir a la suscripción del formulario, además, el cedente o sus causahabientes, y quienes al tiempo del saneamiento sean los titulares de los derechos materia de la cesión.

En los casos en que para adoptar acuerdos sobre el saneamiento de la nulidad a que se refiere este artículo se requiera de la celebración de una junta, el acta que se levante, previo cumplimiento de las formalidades que sean necesarias, deberá ser reducida a escritura pública. En dicho caso, el formulario respectivo deberá ser suscrito por los accionistas que hayan concurrido a la firma del acta que se levante, de acuerdo a las disposiciones que establezcan y regulen dichas sociedades, o bien, por medio de representante designado de acuerdo a lo dispuesto en el inciso quinto del artículo 9°, para que los represente. Los accionistas que hayan firmado el acta no podrán negarse a suscribir el formulario respectivo. Con todo, no se requerirá que dicha acta sea reducida a escritura pública, si la totalidad de los accionistas, y también los socios gestores en el caso de las sociedades en comandita por acciones, suscriben el formulario correspondiente, o si dicho formulario es suscrito por un representante designado de acuerdo a lo dispuesto en el inciso quinto del artículo 9°, para que los represente a todos ellos. En cualquier caso, una copia digital íntegra del acta o de su reducción a escritura pública, según corresponda, deberá incorporarse al Registro bajo el número de identificación de la persona jurídica respectiva, en un plazo máximo de treinta días corridos posteriores a la celebración de dicha junta o de su reducción a escritura pública, según corresponda.

El procedimiento antes señalado sustituye a aquel establecido en la ley N° 19.499 en todo lo que sea contrario a la presente ley, respecto de las personas jurídicas regidas por ésta.

Artículo 17. El saneamiento del vicio de nulidad producirá efecto retroactivo a la fecha de la incorporación del formulario rectificado al Registro.

TÍTULO VII
DE LA MIGRACIÓN

Artículo 18. Las personas jurídicas señaladas en el artículo 2°, constituidas de conformidad a las leyes propias que las establecen y regulan, podrán regirse por las disposiciones de esta ley mediante su migración en conformidad a las disposiciones de este Título.

Para los efectos de la migración al régimen electrónico, si nada señalare el contrato social y los estatutos de la persona jurídica, la migración deberá aprobarse por la totalidad de los titulares de los derechos sociales y, en el caso de sociedades cuyos acuerdos deban adoptarse por juntas, por mayoría absoluta de las acciones emitidas con derecho a voto. El acta que se levante de la junta, previo cumplimiento de las formalidades que sean necesarias, deberá ser reducida a escritura pública. En dicho caso, el formulario respectivo deberá ser suscrito por los accionistas que hayan concurrido a la firma del acta que se levante, de acuerdo a las disposiciones que establezcan y regulen dichas sociedades, o bien, por medio de representante designado de acuerdo a lo dispuesto en el inciso quinto del artículo 9°, para que represente a quienes hayan concurrido a la firma del acta. Los accionistas que hayan firmado el acta no podrán negarse a suscribir el formulario respectivo. Con todo, no se requerirá que dicha acta sea reducida a escritura pública, si la totalidad de los accionistas, y también los socios gestores en el caso de las sociedades en comandita por acciones, suscriben el formulario correspondiente, o si dicho formulario es suscrito por un representante designado de acuerdo a lo dispuesto en el inciso quinto del artículo 9°, para que los represente a todos ellos. En cualquier caso, una copia digital íntegra del acta o de su reducción a escritura pública, según corresponda, deberá incorporarse al Registro bajo el número de identificación de la persona jurídica respectiva, en un plazo máximo de treinta días corridos posteriores a la celebración de dicha junta o de su reducción a escritura pública, según corresponda

Para estos efectos, el titular o, en su caso, quienes sean los titulares de los derechos sociales o la persona que designe la junta de accionistas en que se acordó la migración, o los apoderados o representantes legales de éstos o de la sociedad deberán requerir del Registro de Comercio del Conservador respectivo la emisión de un certificado para migración. Dicho certificado deberá ser emitido por el Conservador respectivo y contendrá el extracto de los estatutos sociales y las demás materias que determine el Reglamento. Una vez emitido el certificado para migración, deberá dejar constancia de ésta al margen de la inscripción de la persona jurídica y desde ese momento no se podrán efectuar anotaciones, inscripciones ni subinscripciones en ésta.

Asimismo, en un plazo no superior a treinta días desde la fecha de emisión del certificado referido en el inciso anterior, el titular o, en su caso, quienes sean los titulares de los derechos sociales o acciones de la sociedad deberán suscribir el formulario denominado "de migración al régimen simplificado" y acompañar una copia de dicho certificado. Una vez suscrito el formulario, el Registro emitirá un certificado digital de migración que contendrá el contrato social y las demás materias que señale el Reglamento. Este certificado será enviado electrónicamente, en la forma que determine el Reglamento, a más tardar dentro del quinto día siguiente hábil, por el Registro al Conservador respectivo, el que tendrá el plazo de cinco días hábiles para anotar al margen de la inscripción del Registro de Comercio de la persona jurídica migrada, que ésta se encuentra inscrita en el Registro de esta ley.

El Conservador de Bienes Raíces, en el caso de las personas jurídicas señaladas en el artículo 2°, constituidas de conformidad a las leyes propias que las establecen y regulan, podrá negarse a otorgar el certificado de migración cuando éste se solicite estando en trámite una solicitud de inscripción o anotación marginal.

Transcurridos treinta y cinco días contados desde la emisión del certificado de vigencia para migración sin que se haya comunicado al Conservador respectivo la incorporación al Registro Electrónico de la sociedad migrada, caducará dicho certificado y desde esa fecha podrán hacerse todas las anotaciones, inscripciones y subinscripciones a que hubiere lugar en el Registro de Comercio del Conservador correspondiente, en relación a esa persona jurídica.

La suscripción del formulario de migración a régimen simplificado se efectuará conforme a las normas establecidas en el Título III de esta ley. La migración al régimen establecido en esta ley efectuada en conformidad al presente artículo, no será una modificación social.

Artículo 19. Las personas jurídicas que se hayan acogido a esta ley y que con posterioridad dejen de corresponder a algunas de las indicadas en el artículo 2° deberán migrar obligatoriamente, dentro del plazo de sesenta días contado desde que se produjo el hecho por el cual dejaron de cumplir los requisitos dispuestos por la presente ley, al sistema general establecido en la ley aplicable a la persona jurídica respectiva para efectos del registro de su modificación, transformación, fusión, división, terminación y disolución.

Para estos fines, el titular o, en su caso, quienes sean los titulares de los derechos sociales o acciones de la sociedad deberán suscribir el formulario denominado "De migración obligatoria al Régimen General". Dicho formulario deberá ser suscrito por todos los titulares de los derechos sociales o acciones, o sus apoderados o representantes, en su caso, o por el representante designado de acuerdo con lo dispuesto en el inciso quinto del artículo 9°, para que los represente a todos ellos. La suscripción de dicho formulario deberá efectuarse conforme a las normas establecidas en el Título III de esta ley.

Si nada dijeren el contrato social o los estatutos, la migración voluntaria al sistema general deberá aprobarse por la totalidad de los titulares de los derechos sociales, y en el caso de sociedades cuyos acuerdos deban adoptarse por juntas, por mayoría absoluta de las acciones emitidas con derecho a voto. En dicho caso, el formulario de migración voluntaria al régimen general deberá ser suscrito por los accionistas que hayan concurrido a la firma del acta que se levante, de acuerdo a las disposiciones que establezcan y regulen dichas sociedades, o bien, por medio de representante designado de acuerdo a lo dispuesto en el inciso quinto del artículo 9°, para que represente a quienes hayan concurrido a la firma del acta. Los accionistas que hayan firmado el acta no podrán negarse a suscribir el formulario respectivo. Con todo, no se requerirá que dicha acta sea reducida a escritura pública o protocolizada, si la totalidad de los accionistas, y también los socios gestores en el caso de las sociedades en comandita por acciones, suscriben el formulario correspondiente, o si dicho formulario es suscrito por un representante designado de acuerdo a lo dispuesto en el inciso quinto del artículo 9°, para que los represente a todos ellos. En cualquier caso, una copia digital íntegra del acta o de su reducción a escritura pública o protocolización, según corresponda, deberá incorporarse al Registro bajo el número de identificación de la persona jurídica respectiva, en un plazo máximo de treinta días corridos posteriores a la celebración de dicha junta, o de su reducción a escritura pública o protocolización, según corresponda.

Una vez suscrito el formulario "De Migración Obligatoria al Régimen General" o "De Migración Voluntaria al Régimen General", el Registro emitirá un certificado digital de migración que contendrá el contrato social y los estatutos de la persona jurídica, un extracto de éstos y las demás materias que señale el Reglamento. El extracto antes indicado deberá inscribirse en el Registro de Comercio del Conservador respectivo y, si fuere necesario según las leyes que establecen y regulan a esa persona jurídica, publicarse por una sola vez en el Diario Oficial en el plazo de treinta días desde que fuere emitido. Dicho extracto contendrá las menciones que exigen las leyes que establecen y regulan a la persona jurídica de que se trate para los efectos de su constitución. Desde la fecha de la inscripción del extracto en el Registro de Comercio del Conservador respectivo y su publicación en el Diario Oficial cuando ésta fuere necesaria según las leyes que establecen y regulan a esa persona jurídica, se entenderá perfeccionada la migración para todos los efectos y será, asimismo, oponible a terceros.

Artículo 20. Una vez emitido el certificado digital de migración por el Registro no se podrán incorporar formularios con actos jurídicos relativos a la persona jurídica respectiva. Desde el momento de su migración al régimen general, todos los actos relativos a su modificación, transformación, fusión, división, terminación o disolución deberán sujetarse a lo dispuesto en las leyes que establecen y regulan a la respectiva persona jurídica. La migración desde el Registro de esta ley al Registro de Comercio efectuada en conformidad al presente Título no será una modificación social.

TÍTULO VIII
DISPOSICIONES FINALES

Artículo 21. Toda vez que las leyes exijan una anotación o inscripción en el Registro de Comercio o una publicación en el Diario Oficial en relación con los actos señalados en el artículo 1° respecto de las personas jurídicas acogidas a esta ley, esas formalidades se entenderán cumplidas y reemplazadas, en su caso, por la incorporación en el Registro del formulario que da cuenta del acto respectivo.

Artículo 22. Los certificados de las personas jurídicas incorporadas al Registro serán emitidos por la Subsecretaría de Economía y Empresas de Menor Tamaño, en la forma que establezca el Reglamento. Estos certificados tendrán valor probatorio de instrumento público, constituirán título ejecutivo y contendrán las menciones que señale el Reglamento.

ARTÍCULOS TRANSITORIOS

Artículo primero. El Reglamento que se dicte para desarrollar y complementar esta ley será expedido mediante decreto del Ministerio de Economía, Fomento y Turismo, suscrito, además, por el Ministro de Hacienda, dentro del plazo de tres meses a contar de la fecha de publicación de la presente ley.

Artículo segundo. Esta ley entrará en vigencia el primer día hábil del mes subsiguiente al de la publicación del Reglamento en el Diario Oficial.

Artículo tercero. El Reglamento establecerá las fechas a partir de las cuales la constitución o migración de las personas jurídicas señaladas en el artículo 2° podrán acogerse a esta ley.

Con todo, las personas jurídicas a que se hace referencia en los números 7 y 8 del artículo 2° de esta ley sólo podrán someterse a ésta una vez transcurridos dos años contados desde la publicación de la misma en el Diario Oficial.

Artículo cuarto. El mayor gasto que represente la aplicación de esta ley durante los doce meses siguientes a su publicación se financiará con cargo a la partida presupuestaria Tesoro Público.

Y por cuanto he tenido a bien aprobarlo y sancionarlo; por tanto promúlguese y llévese a efecto como Ley de la República.

Santiago, 31 de enero de 2013.- SEBASTIÁN PIÑERA ECHENIQUE, Presidente de la República.- Pablo Longueira Montes, Ministro de Economía, Fomento y Turismo.- Julio Dittborn Cordua, Ministro de Hacienda (S).

Lo que transcribe para su conocimiento.- Saluda atentamente a Ud., María Macarena Letelier Velasco, Subsecretaria de Economía y Empresas de Menor Tamaño (S).

DECRETO Nº 83
MINISTERIO DE ECONOMÍA, FOMENTO Y TURISMO
SUBSECRETARÍA DE ECONOMÍA Y EMPRESAS DE MENOR TAMAÑO
APRUEBA NUEVO REGLAMENTO DE LA LEY Nº 20.659, QUE SIMPLIFICA EL RÉGIMEN DE CONSTITUCIÓN, MODIFICACIÓN Y DISOLUCIÓN DE LAS SOCIEDADES COMERCIALES

Publicado en el Diario Oficial de 25 de agosto de 2022

Núm. 83.- Santiago, 29 de octubre de 2021.- Visto: Lo dispuesto en el artículo 32 Nº 6 de la Constitución Política de la República de Chile; en la ley Nº 20.659, que simplifica el régimen de constitución, modificación y disolución de las sociedades comerciales; en la ley Nº 21.366, que modifica la ley Nº 20.659 para perfeccionar y modernizar el Registro de Empresas y Sociedades; en el decreto supremo Nº 45, de 22 de marzo de 2013, del Ministerio de Economía, Fomento y Turismo y sus modificaciones posteriores; en la ley Nº 19.628, sobre protección de la vida privada; en la ley Nº 19.799, sobre documentos electrónicos, firma electrónica y servicios de certificación de dicha firma; en la ley Nº 19.499, que establece normas sobre saneamiento de vicios de nulidad de sociedades y modifica el Código de Comercio y otros cuerpos legales; en el decreto con fuerza de ley Nº 1/19.653, de 2000, del Ministerio Secretaría General de la Presidencia, que fija el texto refundido, coordinado y sistematizado de la ley Nº 18.575, Orgánica Constitucional de Bases Generales de la Administración del Estado; en la resolución Nº 7 de 2019, de la Contraloría General de la República, que fija normas sobre exención del trámite de toma de razón.

Considerando:

1. Que, con fecha 8 de febrero de 2013, se publicó en el Diario Oficial la ley Nº 20.659, que simplifica el régimen de constitución, modificación y disolución de las sociedades comerciales, en la que se establece un sistema simplificado para la constitución, modificación, transformación, fusión, división, terminación y disolución de las personas jurídicas enumeradas en su artículo 2º.

2. Que, con ocasión de dicha ley, se implementó el Registro de Empresas y Sociedades (en adelante el "Registro"), consistente en un registro electrónico, público y gratuito, administrado por el Ministerio de Economía, Fomento y Turismo, en el cual los usuarios pueden celebrar las actuaciones que en ella se señalan, mediante la suscripción de formularios electrónicos con su firma electrónica avanzada, o la de un Notario Público, en caso de que no cuenten con dicha firma o les sea exigido por la ley.

3. Que, la ley N° 20.659 encomendó a un reglamento el desarrollo y complemento de sus disposiciones, así como la adecuada implementación del Registro; la regulación del modo en que se efectúa la suscripción de los formularios y en que éstos se incorporan al Registro, incluyendo los aspectos operativos para tal efecto. Dicho reglamento, según el artículo primero transitorio de la ley, debía ser expedido mediante decreto del Ministerio de Economía, Fomento y Turismo, y suscrito, además, por el Ministro de Hacienda.

4. Que, mediante decreto supremo N° 45, de 22 de marzo de 2013, se aprobó el reglamento de la ley N° 20.659, que simplifica el régimen de constitución, modificación y disolución de las sociedades comerciales, el que fue modificado mediante los decretos supremos N° 76, de 31 de mayo de 2017, y N° 146, de 24 de octubre de 2018, todos del Ministerio de Economía, Fomento y Turismo.

5. Que, desde su entrada en vigencia, el sistema simplificado creado por la ley N° 20.659 ha sido ampliamente utilizado, prestando especial utilidad a las medianas y pequeñas empresas, que encuentran en el Registro un sistema que les permite formalizar sus empresas de manera rápida, y con menores costos y trámites que los asociados al sistema tradicional de constitución de sociedades.

6. Que, producto de la experiencia adquirida durante los años de vigencia de la ley N° 20.659, y atendida la importancia que tiene el Registro de Empresas y Sociedades para sus miles de usuarios, los que día a día van aumentando, se presentó la necesidad de efectuar mejoras tendientes a su perfeccionamiento y modernización, de manera de transformar al Registro en una plataforma que no sólo sea un medio para constituir empresas, sino que permita el acceso a trámites y servicios necesarios y útiles para comenzar a desarrollar sus actividades, así como también para su mejor administración y operación. Para ello, se planteó la reducción del número de trámites que requieran intervención notarial, pudiendo suscribir actos mediante firma electrónica avanzada, lo cual

va en beneficio directo de las pequeñas y medianas empresas, al facilitar, agilizar y aminorar los costos en la realización de trámites para la constitución y operación de los distintos tipos de sociedades. Estas profundas modificaciones y mejoras se materializaron en la ley N° 21.366, publicada en el Diario Oficial el 25 de agosto de 2021, que modifica la ley N° 20.659 para perfeccionar y modernizar el Registro de Empresas y Sociedades.

7. Que, entre las modificaciones incorporadas por la ley N° 21.366, se encuentran la creación del Registro de Poderes y de formularios electrónicos para otorgar poderes, además de la posibilidad de incorporar a éste aquellos poderes otorgados fuera del sitio electrónico del Registro, mediante la suscripción de un formulario para su incorporación, entendiéndose a contar de tal fecha dichos poderes revestidos de todas las solemnidades necesarias para la ejecución de todo acto o contrato; la posibilidad de suscribir o celebrar una compraventa de acciones directamente, a través de la firma de formularios electrónicos creados especialmente al efecto o bien de inscribir la adquisición de acciones realizadas fuera del sitio electrónico del Registro; la creación, dentro del Registro de Empresas y Sociedades, de un Registro de Accionistas electrónico para las sociedades que lleven dicho registro de acuerdo a las leyes propias que las regulan; la posibilidad de resciliar determinados actos mediante la firma de un formulario electrónico; también, se otorga un mayor plazo para efectuar la notificación de la migración del sistema general al sistema simplificado, entre otras.

8. Que, de acuerdo a lo dispuesto en los artículos primero y segundo transitorios de la ley N° 21.366, las modificaciones que deban efectuarse al reglamento de la ley N° 20.659 deberán realizarse mediante un decreto supremo expedido por el Ministerio de Economía, Fomento y Turismo, dentro del plazo de un año a contar de la publicación de la referida ley en el Diario Oficial, y que entrará en vigencia el primer día hábil del sexto mes siguiente a la publicación de dicho decreto en el Diario Oficial.

9. Que, conforme a lo señalado precedentemente, resulta indispensable la pronta entrada en vigencia de la reciente ley N° 21.366 mediante la dictación del presente reglamento, y en atención al volumen de modificaciones y nuevas disposiciones necesarias de incorporar a éste, resulta conveniente dejar sin efecto el decreto supremo N° 45, de 22 de marzo de 2013, del Ministerio de Economía, Fomento y Turismo, y dictar un nuevo reglamento en su reemplazo.

10. Que, finalmente, el ejercicio de la potestad reglamentaria de ejecución implica dictar las disposiciones que se consideren necesarias para la plena aplicación de las leyes, potestad que se ejerce complementando las materias que han sido expresamente remitidas a un reglamento por las leyes Nº 20.659 y Nº 21.366, y colaborando para que todas sus disposiciones sean coherentes, armónicas y razonables entre sí.

Decreto:

Artículo primero. Apruébase el Nuevo Reglamento de la ley Nº 20.659, que simplifica el régimen de constitución, modificación y disolución de las sociedades comerciales, cuyo texto es el siguiente:

TÍTULO I
DISPOSICIONES GENERALES

Artículo 1°. Ámbito de Aplicación. El presente Reglamento se aplicará a todas las personas jurídicas sujetas a la ley Nº 20.659, que simplifica el régimen de constitución, modificación y disolución de las sociedades comerciales, o que migren al régimen simplificado establecido en ella.

Artículo 2°. Definiciones. Para efectos de este Reglamento, los siguientes términos, en singular o plural, sea que se utilicen con mayúscula o minúscula, tendrán los significados que a continuación se exponen:

1. Actuación: Es el acto tendiente a la constitución, modificación, transformación, división, fusión, terminación o disolución de una persona jurídica conforme al régimen simplificado establecido en la ley Nº 20.659, la migración hacia el régimen simplificado; el saneamiento de vicios formales que afecten a cualquiera de dichos actos; la rectificación; y la resciliación de determinados actos. También son actuaciones los actos tendientes al otorgamiento, modificación y revocación de poderes que se inscriban en el Registro de Poderes, y los actos relacionados con las inscripciones y cancelaciones en el Registro de Accionistas.

2. Administrador del Registro de Empresas: El Ministerio de Economía, Fomento y Turismo, encargado de administrar el Registro de Empresas y Sociedades creado por la ley Nº 20.659.

3. Anotación: Incorporación electrónica en el Registro de Empresas y Sociedades, sea a requerimiento de un usuario o de oficio por el Administrador

del Registro de Empresas, de un documento registrable o la referencia a éste en dicho Registro.

4. Campos: Son los espacios que contienen los formularios y en los cuales deben insertarse las menciones obligatorias o voluntarias que determinan el contenido de una actuación respecto de cada tipo de persona jurídica que se someta a las disposiciones de la ley Nº 20.659 y de este Reglamento, en conformidad a las leyes y normativa de fondo aplicable al tipo de persona jurídica de que se trate.

5. Conservador: Conservador de Bienes Raíces encargado del Registro de Comercio correspondiente.

6. Documento Registrable: Cualquier documento complementario a una actuación, o donde conste un acto referido a una persona jurídica inscrita en el Registro, pero distinto de una actuación, y que cumpla con las condiciones establecidas en la ley Nº 20.659, este Reglamento, o en el Manual de Operaciones a que se refiere el numeral 11.

7. Estatuto Actualizado: Estatuto actual de una persona jurídica de acuerdo a su formulario de constitución o migración al régimen simplificado, y todas sus actuaciones posteriores.

8. Formulario: Documento electrónico dispuesto por el Administrador del Registro de Empresas, en el cual los usuarios deben dejar constancia de las actuaciones de las personas jurídicas acogidas a la ley Nº 20.659, mediante cuya suscripción, inscripción o incorporación en el Registro de Empresas y Sociedades, Registro de Accionistas o Registro de Poderes, según corresponda, quedan perfeccionadas legalmente dichas actuaciones.

9. Inscripción: Incorporación electrónica en el Registro de Empresas y Sociedades del formulario suscrito, a través del cual una persona jurídica se constituye o migra desde o hacia el régimen simplificado establecido en la ley Nº 20.659 y este Reglamento, y de los formularios donde conste cualquier otra actuación relacionada a esa persona jurídica con arreglo a dicha normativa.

10. Ley: Ley Nº 20.659, que simplifica el régimen de constitución, modificación y disolución de las sociedades comerciales.

11. Manual de Operaciones: Documento aprobado por resolución del Subsecretario de Economía y Empresas de Menor Tamaño, que establece y regula, desde un punto de vista técnico, el flujo informático necesario para la implementación de los procedimientos y actuaciones indicadas en la Ley y este Reglamento, y la forma de incorporación electrónica de los formularios y docu-

mentos registrables al Registro de Empresas, Registro de Poderes o Registro de Accionistas, respecto de cada tipo de persona jurídica sujeta a la ley.

12. Migración: Es el acto por el cual alguna de las personas jurídicas indicadas en el artículo 2º de la ley, transita desde el régimen general al régimen simplificado, o viceversa.

13. Persona Jurídica: Las personas jurídicas que pueden acogerse a la ley, de conformidad a lo dispuesto en su artículo 2º.

14. Régimen General: El sistema de constitución, modificación, transformación, fusión, división, terminación o disolución de una persona jurídica conforme a las solemnidades requeridas en las leyes que las establecen y regulan.

15. Régimen Simplificado: El sistema de constitución, modificación, transformación, fusión, división, terminación y disolución de una persona jurídica establecido en la Ley y este Reglamento, así como su migración.

16. Registro de Accionistas: Registro al que hace referencia la ley Nº 18.046 sobre Sociedades Anónimas, y su reglamento, así como el que señala el Código de Comercio relativo a las Sociedades por Acciones, que será llevado electrónicamente en el Registro de Empresas y Sociedades, para las personas jurídicas que se acojan al régimen simplificado que lleven registro de accionistas, y en el que deberán realizarse las inscripciones de conformidad a lo establecido en el artículo 13 bis de la Ley y en el Título IV de este Reglamento.

17. Registro de Empresas y Sociedades, Registro de Empresas, RES, o Registro: Repositorio electrónico, de carácter público, nacional y único, que deberá constar en un sitio web y en el cual deberán inscribirse las personas jurídicas que se acojan a la ley para efectos de las actuaciones. Asimismo, deberán suscribirse los formularios respectivos y emitirse los certificados de migración, y anotarse los demás documentos registrables, previa suscripción del requerimiento de anotación, todo lo anterior, con sujeción a la Ley y a este Reglamento.

18. Registro de Poderes: Registro llevado electrónicamente en el Registro de Empresas y Sociedades, en el que las personas jurídicas que se acojan a la ley, incorporarán los poderes y delegaciones que otorguen, modifiquen o revoquen a través del Sistema, y en el que podrán inscribir aquellos poderes otorgados fuera de él, de acuerdo con lo señalado en el artículo 13 ter de la ley, y en el Título V de este Reglamento.

19. Requerimiento de Anotación: Acto mediante el cual uno o más usuarios solicitan la incorporación electrónica al Registro, de uno o más documentos registrables, o la referencia a aquellos.

20. Sistema: Conjunto de elementos técnicos que sirven de base a la operación electrónica del régimen simplificado, para la realización de las actuaciones y trámites.

21. Titular: Cada uno de los constituyentes, socios o accionistas de una persona jurídica. Se denominarán también titulares, las personas que concurran por sí o representadas a la constitución de una persona jurídica o que adquieran en virtud de la actuación correspondiente, la calidad de constituyente, socio o accionista.

22. Trámite: Toda operación que el usuario realiza en el Sistema, incluyendo actuaciones y solicitudes, entre otras.

23. Usuario: Toda persona que utilice el Sistema.

Artículo 3°. Cómputo de los plazos. Para todos los efectos de este Reglamento, el cómputo de los plazos que en él se señalen será de días corridos, entendiéndose por estos todos los días de lunes a domingo, incluyendo los festivos, a menos que se indique específicamente que el cómputo será de días hábiles, en cuyo caso, se entenderán como inhábiles los sábados, domingos y festivos.

TÍTULO II
DE LA OPERACIÓN DEL SISTEMA

Artículo 4°. Principios de la Operación del Sistema. El Sistema deberá regirse por los siguientes principios:

a) Gratuidad. La incorporación de las actuaciones y documentos registrables en el Registro y el acceso a la información existente en éste, así como el otorgamiento de certificados digitales por el Administrador del Registro de Empresas, serán gratuitas. Con todo, para la suscripción de formularios y requerimientos de anotación, se incurrirá en los costos asociados a las respectivas modalidades de suscripción a que se hace referencia en el párrafo 3° del Título III de este Reglamento y demás costos en que deba incurrirse para migrar de un régimen registral al otro.

b) Seguridad de la Información. El Administrador del Registro de Empresas deberá velar de manera permanente por la seguridad e integridad de la información contenida en éste. Cada inscripción o anotación, cualquiera que sea, deberá quedar registrada por el Sistema, de manera que la información histórica de cada persona jurídica en el Registro dé cuenta de todas ellas.

Mediante decreto supremo expedido por el Ministerio de Economía, Fomento y Turismo, podrán dictarse normas técnicas con el fin de proteger la seguridad y confidencialidad de los datos personales ingresados en los respectivos formularios y documentos registrables incorporados al Registro de conformidad a la ley.

c) Publicidad de la Información y Protección de Datos. La información incorporada en el Registro será esencialmente pública, salvo las excepciones que el presente Reglamento disponga en relación a la información del Registro de Accionistas. Con todo, el Administrador del Registro de Empresas velará por que la transmisión de datos personales contenidos en el Registro, en lo que fuere aplicable, cumpla con las disposiciones establecidas en la ley Nº 19.628, sobre protección de la vida privada.

El Administrador del Registro de Empresas deberá mantener disponible en su sitio web institucional, la política de privacidad sobre el tratamiento de la información contenida en el Registro, la divulgación de ésta y sus finalidades, la que cumplirá con la ley Nº 19.628 señalada.

En todos los formularios y requerimientos de anotación, se insertará una cláusula que señalará que quienes lo completen y/o suscriban, tienen pleno conocimiento que la información relativa a su identificación personal, o la de su representado, y la concerniente a la inscripción de la respectiva persona jurídica en el Registro, será de carácter público, salvo las excepciones que el presente Reglamento disponga en relación a la información del Registro de Accionistas.

Artículo 5°. Identificación de Trámites, Actuaciones y Formularios. El Sistema asignará a cada formulario o requerimiento de anotación, un código de atención, el que se informará al usuario, para su identificación.

Asimismo, el Sistema permitirá suspender el proceso de ingreso de datos en los formularios o requerimientos de anotación respectivos, y retomarlo a la sola voluntad del usuario. Con todo, una vez que hubieren transcurrido sesenta días desde que se asignó el código de atención a un formulario o requerimiento de anotación, y sin que éste se hubiere suscrito por a lo menos uno de los titulares, el Registro procederá a eliminar dicho formulario del Sistema.

Cada vez que finalice un procedimiento de inscripción de un formulario o de anotación de un documento registrable, el Sistema enviará automáticamente, en calidad de comprobante, un correo electrónico a la dirección registrada por el usuario que haya efectuado el trámite en cuestión. Dicho correo será enviado con copia a los titulares de la persona jurídica respectiva, a la dirección de correo electrónico que éstos tengan registrada en el Sistema, en el cual se especificará el Rol único tributario de la persona jurídica a que dicho documento se refiere, la singularización del formulario o requerimiento de anotación, y la fecha en que se incorporó al Registro.

Artículo 6°. El sitio electrónico del Registro de Empresas y Sociedades como una plataforma integral de trámites. El sitio electrónico en el que conste el Registro de Empresas y Sociedades será una plataforma que reunirá diversos trámites y servicios de utilidad para las empresas y sociedades acogidas al Registro, para lo cual podrá operar de manera coordinada con otras instituciones y organismos, sean estos públicos o privados.

Para la realización de los trámites o el acceso a los servicios puestos a disposición en el sitio electrónico, los usuarios podrán requerir al Registro que remita a los organismos públicos o privados, la información de la persona jurídica inscrita en el Registro. Asimismo, los usuarios podrán utilizar y solicitar el envío a través del Registro, de la información contenida en él, para la realización de otros trámites o el acceso a otros servicios no contenidos en el sitio electrónico.

Artículo 7°. Interoperabilidad. El Sistema contará con una serie de protocolos tecnológicos de interoperabilidad, a través de los cuales deberá comunicarse electrónicamente con otros sistemas informáticos de distintas instituciones y organismos, con el objeto de obtener, transmitir o verificar información para su mejor operación, o para poner a disposición de los usuarios trámites que sean de utilidad para las empresas y sociedades del Registro.

Artículo 8°. Interoperabilidad con otros Organismos. Se podrán suscribir convenios de interoperabilidad con otras instituciones y organismos, tales como el Servicio de Impuestos Internos, el Servicio de Registro Civil e Identificación, el Diario Oficial, y otros que se relacionen con las operaciones del

Registro de Empresas, o para la disposición de trámites de organismos públicos o privados en su calidad de plataforma integral.

El convenio de interoperabilidad con el Servicio de Impuestos Internos deberá especificar la operación del protocolo tecnológico, respecto de los datos que se deben entregar desde y hacia el Registro, así como las validaciones informáticas que deban realizarse en los sistemas de ambas instituciones para su correcta operación, para los siguientes actos, entre otros:

a) Solicitud y entrega de Rol único tributario para las personas jurídicas que se constituyen conforme a la ley o que migren al régimen simplificado sin tener Rol único tributario;

b) Verificación del Rol único tributario del constituyente, socios o accionistas que sean personas jurídicas, o de personas naturales que no posean Rol Único Nacional y tengan Rol único tributario;

c) Solicitud y otorgamiento de autorización, por parte del Servicio de Impuestos Internos, para las actuaciones que lo requieran, según las disposiciones legales vigentes y la normativa de dicho servicio; y

d) Envío de información de ciertas actuaciones que hayan sido registradas conforme a la ley y el presente Reglamento.

Para todos los efectos del presente Reglamento, el Administrador del Registro de Empresas se entenderá facultado por la persona jurídica para solicitar el Rol único tributario al Servicio de Impuestos Internos e informarle respecto de todas las actuaciones que hubieran sido realizadas, a excepción de los formularios relativos al Registro de Poderes.

Artículo 9°. Representante ante el Servicio de Impuestos Internos e Inicio de Actividades. Los representantes de las personas jurídicas designados en los formularios especialmente para representarlas ante el Servicio de Impuestos Internos, podrán realizar la iniciación de actividades, para lo cual el Sistema proveerá un enlace al sitio web del Servicio de Impuestos Internos, donde podrá realizar este trámite, cumpliendo con los requisitos que allí se indiquen.

TÍTULO III
DE LAS ACTUACIONES Y FORMULARIOS

§ 1. De las Actuaciones

Artículo 10. Procedimiento para efectuar Actuaciones. Para el perfeccionamiento de todas las actuaciones que se efectúen en el Registro, el usuario deberá:

a) Autenticarse en el Sistema y luego señalar el tipo de actuación que desea efectuar, o viceversa;

b) En el caso de actuaciones referidas a personas jurídicas ya constituidas bajo el régimen simplificado, o migradas a éste, deberá indicar su Rol único tributario;

c) Ingresar o modificar la información relativa a la persona jurídica, según corresponda;

d) Ingresar los datos de los titulares de la persona jurídica, o de quienes corresponda, según lo exija el formulario respectivo;

e) Adjuntar los documentos registrables, cuando corresponda; y

f) Proceder a la suscripción o firma de conformidad a lo establecido en los artículos 17 y siguientes.

En las actuaciones realizadas en el Registro de Empresas quedará constancia de la identificación del usuario que haya completado el formulario respectivo.

Artículo 11. Actos Complementarios de una Actuación. Cuando, conforme a las disposiciones legales y reglamentarias que las establecen o regulan, una actuación de una persona jurídica sujeta al régimen simplificado requiera de actos previos o preparatorios a la suscripción del formulario respectivo, el documento o una copia digital íntegra de éste donde conste el referido acto previo deberá ser incorporada al Registro en la forma indicada en el artículo 14 para los documentos registrables.

El usuario deberá cumplir con el procedimiento indicado en el artículo anterior, incluyendo, además, en el formulario de la actuación a que se refiere el acto previo o preparatorio, la información que consta en el documento o en la copia digital correspondiente.

Artículo 12. Aporte de capital. Sin perjuicio de que se cumpla en el formulario con la mención al capital según la especie de persona jurídica de que se trate, cuando se requiera de formalidades o solemnidades especiales para enterar el aporte según el tipo de bien, deberá efectuarse conforme a ellas.

Artículo 13. Actos realizados fuera del Sistema. Cuando los titulares de una persona jurídica constituida en el régimen simplificado o migrada a él, realicen cualquier acto tendiente a la modificación, transformación, división, fusión, terminación o disolución de una persona jurídica fuera del Sistema y conforme a las disposiciones legales y reglamentarias que las establecen o regulan, se entenderá que dichos actos se perfeccionarán únicamente mediante la suscripción e inscripción del formulario correspondiente.

Lo anterior es sin perjuicio de las demás obligaciones que para los titulares puedan emanar de dichos actos jurídicos celebrados fuera del Sistema.

Artículo 14. De los Documentos Registrables. Los usuarios, mediante un Requerimiento de Anotación, suscrito de la misma forma que un formulario, podrán incorporar en el Registro cualquier tipo de documento que no importe una modificación de la persona jurídica de que se trate, a excepción de los documentos relativos a los Registros de Poderes y de Accionistas, los que se inscribirán en dichos registros. El usuario que incorpore un documento registrable que no sea originalmente un documento electrónico, deberá declarar bajo juramento que la representación electrónica de dicho documento es copia íntegra y fiel del original.

Serán documentos registrables tanto las escrituras públicas, como cualquier otro documento que de conformidad a las leyes tenga la calidad de instrumento público; los documentos protocolizados; los documentos y certificados emitidos por órganos del Estado; los documentos oficiales emitidos por autoridades extranjeras que cumplan con las normas generales sobre legalización de documentos públicos otorgados en el extranjero o de autenticación mediante el sistema de apostilla, según corresponda; y cualquier otro instrumento público o privado que diga relación con la persona jurídica acogida a la Ley y/o sus titulares.

Deberá necesariamente incorporarse al Registro, el o los documentos —o una copia de ellos— donde conste la personería del representante o apoderado de el o los titulares, y los demás que establezcan la Ley, este Reglamento u otras leyes.

Artículo 15. De las Resoluciones Judiciales y/o Actos Administrativos. En aquellos casos en que una resolución judicial o un acto administrativo de un organismo público produzca efectos respecto de una persona jurídica constituida o migrada al régimen simplificado, la parte interesada deberá solicitar su notificación al Administrador del Registro de Empresas, quien realizará la actuación o trámite correspondiente en los términos señalados en la resolución judicial o acto administrativo, procediendo a la inscripción o anotación respectiva.

Se exceptúan de lo señalado en el inciso anterior, las resoluciones judiciales o actos administrativos de organismos públicos que recaigan sobre acciones de las sociedades anónimas o sociedades por acciones acogidas al régimen simplificado, en cuyo caso, el gerente general o administrador, según corresponda, deberá registrarla en el Registro de Accionistas mediante el formulario de inscripción al Registro de Accionistas a que se refiere el artículo 29 del presente Reglamento.

§ 2. De los Formularios

Artículo 16. De las Menciones. Los formularios deberán contener todos los campos necesarios para completar las menciones esenciales que las leyes establecen para efectuar válidamente cada una de las actuaciones. Además, se considerarán menciones esenciales, la cédula nacional de identidad, cédula de identidad para extranjeros, rol único tributario, según corresponda, y una dirección de correo electrónico para cada titular.

Asimismo, los formularios deberán contener campos para la incorporación de menciones que no sean obligatorias según las leyes correspondientes y que podrán ser completadas voluntariamente; en caso contrario, se entenderá que a su respecto rigen las normas supletorias de las leyes que regulan dichas actuaciones. En todo caso, se deberá completar el campo correspondiente al domicilio tributario, especificando una dirección para obtener el Rol único tributario.

Sin perjuicio de lo señalado en los incisos anteriores, los formularios contendrán campos en que los usuarios podrán agregar las menciones accidentales que estimen pertinentes. En caso que alguna de estas menciones se contraponga con alguna de las indicadas en los incisos anteriores, estas últimas primarán sobre las accidentales.

Tanto el formato, como los campos que contendrá cada uno de los formularios en relación a las personas jurídicas, serán los que determine el Manual de Operaciones en conformidad a la Ley y a este Reglamento.

§ 3. De la Suscripción

Artículo 17. De la Suscripción. Los formularios podrán ser suscritos sólo cuando se haya ingresado la información requerida en los campos obligatorios, en la forma dispuesta en el Manual de Operaciones y cumplidas las normas establecidas para cada actuación.

Una vez suscrito un formulario de modificación, transformación, fusión, división, terminación o disolución, de migración hacia el régimen general, de saneamiento de vicios formales que afecten a cualquiera de dichos actos, de rectificación, o de resciliación de determinados actos, por los titulares que corresponda de acuerdo a la Ley, cualquier otro formulario relativo a dichas actuaciones, respecto de la misma persona jurídica, que se encuentre pendiente de suscripción por alguno de sus titulares, quedará sin efecto y se eliminará del Sistema.

Artículo 18. Modalidades de Suscripción. Los formularios se suscribirán mediante firma electrónica avanzada de los titulares que deban concurrir a su firma, o sus apoderados o representantes, de acuerdo a lo dispuesto en la Ley y el presente Reglamento, o ante un notario. En este último caso, no será necesario que todos los titulares o sus apoderados o representantes firmen ante un mismo notario, o en un mismo lugar.

Los titulares que deban concurrir a la suscripción de los formularios, de acuerdo a las disposiciones de la Ley y del presente Reglamento, podrán hacerlo por medio de un representante o apoderado. En este último caso, el poder deberá ser otorgado mediante el formulario dispuesto en el artículo 39 de este Reglamento; por escritura pública; por instrumento privado con firmas autorizadas por notario, y protocolizado; o mediante documento electrónico suscrito por el o los otorgantes con firma electrónica avanzada, de acuerdo con las normas de la ley Nº 19.799 sobre documentos electrónicos, firma electrónica y servicios de certificación de dicha firma.

Si el poder fuera otorgado en el extranjero, deberá darse cumplimiento a las normas generales sobre legalización de documentos públicos otorgados en el extranjero o de autenticación mediante el sistema de apostilla, según corresponda.

Asimismo, los titulares podrán designar a un apoderado para que actúe en representación de todos ellos para suscribir con su firma electrónica avanzada o ante notario los formularios de que se trate. Dicha designación podrá ser realizada en el formulario de constitución, mediante el formulario a que se refiere el artículo 39 de este Reglamento, o en cualquier otro formulario que disponga el Registro para tal efecto.

Deberá dejarse constancia en el formulario del tipo de documento en que consta el poder o representación, indicando la fecha, y forma de otorgamiento de éste, y, si procede, del nombre y domicilio del notario ante el cual se otorgó, o ante el cual se protocolizó, y del número de repertorio de la correspondiente escritura o instrumento protocolizado, según corresponda.

Una copia digital íntegra del instrumento en el que conste la personería en virtud de la cual actúa el apoderado, o del documento que acredita dicha representación, según corresponda, deberá incorporarse al Registro bajo el número de identificación de la persona jurídica respectiva, adjuntándola al formulario respectivo, lo que será realizado por el notario ante el cual se haya suscrito el formulario, o por el apoderado o representante, en caso que éste hubiese firmado utilizando su firma electrónica avanzada.

Artículo 19. Suscripción mediante Firma Electrónica Avanzada de los Titulares. Los titulares que deban concurrir a su firma de acuerdo a lo dispuesto en la Ley y el presente Reglamento, o sus representantes o apoderados, podrán suscribir los formularios mediante firma electrónica avanzada, de acuerdo a las normas establecidas en la ley Nº 19.799.

En caso que los titulares concurran a la firma del formulario a través de sus representantes o apoderados, éstos deberán dar cumplimiento a las obligaciones establecidas en el artículo precedente.

Artículo 20. Suscripción mediante Firma Electrónica Avanzada ante un Notario. Los formularios serán suscritos ante notario mediante firma electrónica avanzada de este último, en caso que el titular, o su representante o apoderado, no cuente con firma electrónica avanzada, o no desee hacer uso de ella.

Artículo 21. Procedimiento para la Suscripción mediante Firma Electrónica Avanzada ante un Notario. En los casos en que la suscripción se realice ante un notario, se efectuará con sujeción al siguiente procedimiento:

a) El notario deberá requerir el código de atención a que hace referencia el artículo 5° del presente Reglamento, y descargar e imprimir el formulario o requerimiento de anotación que se pretende incorporar en el Registro. Para efectos de la suscripción de un formulario, todos los campos con menciones esenciales deberán haber sido completados en forma previa a su impresión;

b) El notario verificará la identidad del firmante, requiriéndole su documento de identificación o cédula de identidad y, cuando corresponda, revisará el instrumento en el que conste la personería del firmante para actuar por el titular y su capacidad para suscribir el formulario;

c) El documento impreso deberá ser firmado en forma manuscrita ante el notario;

d) El formulario o requerimiento de anotación deberá ser suscrito mediante firma electrónica avanzada por el notario dentro del mismo día en que hubiere sido suscrito por los titulares, de acuerdo a lo señalado en la letra anterior; y

e) Junto con el respectivo formulario o requerimiento de anotación, se anotará en el Registro el instrumento en el que se acredita la personería o representación del firmante, incorporándose al Registro una copia digital del mismo. Para estos efectos, los formularios deberán contener los campos y los requerimientos de anotación, así como los espacios que fueren necesarios para dejar constancia en ellos de la forma y antecedentes de su otorgamiento y en su caso, de la fecha, nombre, notaría y domicilio del notario público ante el cual se otorgó dicho mandato y del número de repertorio de la correspondiente escritura.

Siempre que un formulario sea suscrito en distintas fechas, se considerará que, para todos los efectos legales, la fecha de éste será la de la primera suscripción.

La inscripción de los formularios de constitución, modificación, transformación, división, fusión, terminación, disolución, rectificación, saneamiento y resciliación, reemplaza, respecto de las personas jurídicas que se acojan a la Ley, las solemnidades de otorgamiento de escritura pública, inscripción y publicación de extractos requeridas por las leyes que las regulan.

§ 4. De la Modificación, Transformación, Fusión, División, Terminación y Disolución

Artículo 22. Las personas jurídicas acogidas al régimen simplificado serán modificadas, transformadas, fusionadas, divididas, terminadas y disueltas, mediante la sola suscripción del formulario respectivo, según el acto que haya de celebrarse, y su incorporación al Registro.

La suscripción de dichos formularios deberá efectuarse por el titular o, en su caso, por todos quienes sean los titulares de los derechos sociales al tiempo de celebrarse dicho acto, o por sus apoderados o representantes legales, debiendo para tales efectos sujetarse a lo señalado en el párrafo tercero de este Título.

En los casos en que, para adoptar acuerdos sobre las materias señaladas en el inciso primero, se requiera la celebración de una junta de accionistas, el acta que se levante, previo cumplimiento de las formalidades que sean necesarias, deberá ser reducida a escritura pública o protocolizada, según corresponda. En dicho caso, el formulario respectivo deberá ser suscrito por los accionistas que hayan concurrido a la firma del acta que se levante, de acuerdo a las disposiciones que establezcan y regulen dichas sociedades, o bien, por medio de un representante designado por dichos accionistas para que los represente en la suscripción del formulario, de acuerdo a lo dispuesto en el inciso segundo o cuarto del artículo 18 del presente Reglamento. Los accionistas que hayan firmado el acta no podrán negarse posteriormente a suscribir el formulario respectivo. En este caso, se deberá incorporar al Registro la reducción a escritura pública o la protocolización del acta de la junta que haya acordado la actuación, bajo el número de identificación de la persona jurídica respectiva, en un plazo máximo de treinta días, contado desde la reducción a escritura pública o la protocolización de dicha acta.

Sin perjuicio de lo señalado en el inciso anterior, no se requerirá que dicha junta sea celebrada ante notario, si correspondiere de acuerdo a la normativa aplicable a la respectiva persona jurídica, ni que dicha acta sea reducida a escritura pública o protocolizada, si los accionistas de manera unánime, y también los socios gestores, en el caso de las sociedades en comandita por acciones, suscriben el formulario correspondiente por sí o mediante sus apoderados o representantes, o si dicho formulario es suscrito por un representante designado para que los represente a todos ellos, de acuerdo a lo dispuesto en el inciso cuarto del artículo 18 del presente Reglamento. En este caso, se deberá incorporar al Registro una copia digital íntegra del acta de la junta que haya acordado la actuación, bajo el número de identificación de la persona jurídica respectiva, en un plazo máximo de treinta días, contados desde la fecha de celebración de dicha junta.

En caso que algún otro acto deba ser reducido a escritura pública o protocolizado, el notario respectivo o el titular o, en su caso, quienes sean los titulares de los derechos sociales o acciones emitidas con derecho a voto al tiempo de celebrarse dicho acto, o sus apoderados o representantes legales, deberán incorporar una copia digital del mismo al Registro. Con todo, no se requerirá que dicho acto sea reducido a escritura pública o protocolizado, si la totalidad de los socios o accionistas suscriben el formulario correspondiente, o si dicho formulario es suscrito por un representante designado de acuerdo a lo dispuesto en el inciso cuarto del artículo 18 del presente Reglamento para que los represente a todos ellos. En cualquier caso, una copia digital íntegra del acto o de su reducción a escritura pública o protocolización, según corresponda, deberá incorporarse al Registro bajo el número de identificación de la persona jurídica respectiva, en un plazo máximo de treinta días corridos posteriores a la celebración de dicho acto, de su reducción a escritura pública o de su protocolización, según corresponda.

§ 4. De la Rectificación de errores u omisiones, del Saneamiento y de la Resciliación

Artículo 23. De los Vicios, Errores u Omisiones. Para los efectos de la Ley y del presente Reglamento, la distinción entre aquellos vicios formales que afecten la validez de una actuación, y que por lo tanto requieran ser saneados, y aquellos errores que no afectan la validez de una actuación, pero que sin perjuicio de ello puedan ser subsanados o rectificados, se sujetará a lo establecido en la ley Nº 19.499, que establece normas sobre saneamiento de vicios de nulidad de sociedades.

El Administrador del Registro de Empresas no dará curso al saneamiento o rectificación solicitada si no cumplen con los requisitos legales aplicables.

Si el vicio incide en una cesión de derechos sociales, deberán concurrir a la suscripción del formulario, además, el cedente o sus causahabientes, y quienes al tiempo del saneamiento sean los titulares de los derechos materia de la cesión.

Artículo 24. Del Formulario de Saneamiento. Cada vez que exista un vicio formal que, de acuerdo al artículo anterior, pueda ser objeto de saneamiento, los titulares o sus apoderados podrán proceder a la suscripción, con sujeción a las normas del artículo 17 y siguientes, de un formulario de saneamiento, cuyo contenido será en cada caso determinado por el Manual de Operaciones en conformidad a la ley.

En los casos en que para adoptar acuerdos sobre el saneamiento de la nulidad a que se refiere este artículo se requiera de la celebración de una junta, el acta que se levante, previo cumplimiento de las formalidades que sean necesarias, deberá ser reducida a escritura pública.

En el caso del inciso anterior, el formulario de saneamiento deberá ser suscrito por los accionistas que hayan concurrido a la firma del acta que se levante, de acuerdo a las disposiciones que establezcan y regulen dichas sociedades, o bien, por medio de un representante designado por dichos accionistas para que los represente en la suscripción del formulario, de acuerdo a lo dispuesto en el inciso segundo o cuarto del artículo 18. Los accionistas que hayan firmado el acta no podrán negarse posteriormente a suscribir el formulario respectivo. En este caso, se deberá incorporar al Registro la reducción a escritura pública del acta de la junta que haya acordado el saneamiento al Registro bajo el número de identificación de la persona jurídica respectiva, en un plazo máximo de treinta días posteriores a la reducción a escritura pública de dicha acta.

Sin perjuicio de lo señalado en el inciso anterior, no se requerirá que dicha acta sea reducida a escritura pública, si los accionistas de manera unánime, y también los socios gestores en el caso de las sociedades en comandita por acciones, suscriben el formulario de saneamiento, o si dicho formulario es suscrito por un representante designado para que los represente a todos ellos, de acuerdo a lo dispuesto en el inciso cuarto del artículo 18 del presente Reglamento. En este caso, se deberá incorporar una copia digital íntegra del acta de la junta que haya acordado el saneamiento al Registro bajo el número de identificación de la persona jurídica respectiva, en un plazo máximo de treinta días posteriores a la celebración de dicha junta.

La falta de suscripción del formulario dentro del plazo de sesenta días desde la firma del primer titular, no se considerará un vicio formal de nulidad, sino que producirá la caducidad del formulario no suscrito.

Artículo 25. Del Formulario de Solicitud de Rectificación. Cualquiera de los titulares o alguno de los representantes o apoderados de la persona jurídica podrán requerir, a través de la suscripción de un formulario de solicitud de rectificación, en conformidad a los artículos 17 y siguientes, subsanar o corregir los errores formales u omisiones manifiestas, siempre que de acuerdo a lo dispuesto en el artículo 23, dichos vicios tengan la calidad de rectificables.

El Administrador del Registro de Empresas tendrá asimismo la facultad de realizar de oficio la rectificación de un error que cumpla con las características mencionadas en el inciso anterior.

Realizada la rectificación, el Administrador del Registro de Empresas enviará un correo electrónico a cada uno de los titulares de la persona jurídica de que se trate, dando cuenta de dicha rectificación.

Artículo 26. Del formulario de resciliación. Se podrán resciliar las actuaciones relacionadas con las compraventas o las suscripciones de acciones. Asimismo, en las sociedades de responsabilidad limitada, colectiva comercial y en comandita simple, podrán resciliarse las modificaciones sociales que incluyan cesión de derechos sociales, sin perjuicio de las demás formalidades que deban cumplirse.

Para ello, todos quienes hayan concurrido por sí o representados a la celebración de los actos que se rescilian, deberán suscribir el formulario dispuesto especialmente al efecto, lo que se realizará de acuerdo las disposiciones de los Párrafos I, II y III de este Título.

TÍTULO IV
DEL REGISTRO DE ACCIONISTAS

Artículo 27. Todas las sociedades que, de conformidad a las leyes propias que las regulan, lleven un Registro de Accionistas, y hayan sido constituidas o migradas al régimen simplificado, deberán llevarlo exclusivamente de manera electrónica en el Registro de Empresas y Sociedades.

En el Registro de Accionistas se anotará toda cesión de acciones o su adquisición por cualquier modo, y a lo menos, el nombre, domicilio y documento de identificación, cédula de identidad o rol único tributario de cada accionista, si lo tuviera, correo electrónico, la serie, si la hubiere, y el número de acciones de que sea titular, la fecha en que éstas se hayan inscrito a su nombre y, tratándose de acciones suscritas y no pagadas, la forma y oportunidad de pago de ellas.

Igualmente, deberá inscribirse en el Registro de Accionistas la constitución de gravámenes y de derechos reales distintos al dominio, y deberá hacerse referencia en él a los pactos particulares de accionistas relativos a la cesión de acciones.

La responsabilidad en la tenencia del Registro de Accionistas se determinará de acuerdo con las normas propias que regulan el respectivo tipo social, por lo que el Registro de Empresas y Sociedades no será responsable de la información que conste en el Registro de Accionistas que debe llevar cada sociedad.

Para la operación del Registro de Accionistas, las sociedades deberán mantener actualizada la designación de su gerente general —en el caso de las sociedades anónimas cerradas, de garantía recíproca y de las sociedades por acciones—, o el o los administradores —en el caso de las sociedades que no dispongan de un gerente general y que lleven Registros de Accionistas—, de lo que deberán dejar constancia en el Registro de Poderes a que se refiere el Título V del presente Reglamento.

Artículo 28. Sólo tendrán acceso a la información contenida en el Registro de Accionistas, los accionistas, el gerente, los administradores o apoderados de la sociedad especialmente facultados para ello. El acceso a la lista de accionistas, o a todo o parte de la información del Registro de Accionistas, se efectuará por medio del gerente general en las sociedades anónimas, o del administrador, en el caso de las sociedades por acciones que no dispongan de un gerente general, de acuerdo a las normas que regulan cada tipo social.

El Administrador del Registro de Empresas tendrá acceso a la información contenida en el Registro de Accionistas para efectos de verificar la identidad de los accionistas en las actuaciones que realicen respecto de cada sociedad y asegurar la información fidedigna del Sistema.

Artículo 29. Del formulario de inscripción al Registro de Accionistas. Se encontrará disponible en el Sistema un formulario de inscripción al Registro de Accionistas, a través del cual serán ingresadas las solicitudes de inscripción en el mencionado registro, según corresponda, de las cesiones; compraventas y adquisiciones de acciones por cualquier modo; de la constitución de gravámenes y derechos reales sobre ellas que hayan sido celebradas fuera del Sistema, de acuerdo a las normas generales; así como la referencia a los pactos particulares entre accionistas relativos a la cesión de acciones.

Para ingresar la solicitud de inscripción al Registro de Accionistas de cesiones, compraventas y adquisición por cualquier modo de acciones, que se celebren fuera del Sistema, el formulario deberá ser suscrito por alguno de los titulares de dichas acciones o derechos, según corresponda, debiendo acompañar los instrumentos en los que conste el acto cuya inscripción se requiere. El acceso a dichos documentos quedará restringido al gerente o administrador encargado de realizar dicha inscripción.

Para la inscripción al Registro de Accionistas de la constitución de gravámenes y derechos reales distintos al dominio sobre las acciones, el ministro de fe deberá efectuar la notificación a que se refiere el artículo 23 de la ley Nº 18.046, luego de lo cual el gerente o administrador completará y firmará el formulario de inscripción al Registro de Accionistas, adjuntando a dicho formulario los instrumentos en los que conste el acto que se inscribe.

Para la inscripción de la referencia a los pactos particulares entre accionistas relativos a la cesión de acciones en el Registro de Accionistas, el formulario será completado y firmado por el gerente o administrador, quien dejará constancia en dicho formulario de la recepción de la copia del documento donde consta dicho pacto. No será necesario adjuntar al formulario los pactos particulares de accionistas relativos a la cesión de acciones a que se haga referencia en dichos formularios, los que deberán depositarse en la sociedad.

Artículo 30. Del formulario de suscripción de acciones. El Registro de Empresas y Sociedades dispondrá de un formulario de suscripción de acciones, mediante el cual se podrán suscribir las acciones de una sociedad, el que deberá ser firmado tanto por el administrador o gerente de la sociedad, según corresponda, como por el suscriptor de dichas acciones.

Artículo 31. Del formulario de compraventa de acciones. Podrán celebrarse compraventas de acciones de una sociedad directamente a través del Registro de Empresas y Sociedades, para lo cual el comprador y el vendedor deberán suscribir el formulario de compraventa de acciones especialmente dispuesto al efecto.

Firmados los formularios de suscripción de acciones a que se refiere al artículo precedente, o de compraventa de acciones por quienes corresponda, no será necesario para su inscripción en el Registro de Accionistas, que adicionalmente se suscriba el formulario de inscripción al Registro de Accionistas a que hace referencia el artículo 29 del presente Reglamento, sin perjuicio de la toma de conocimiento y registro de la solicitud de inscripción que realice el gerente general o administrador, de acuerdo a lo dispuesto en el artículo siguiente.

Artículo 32. Una vez suscritos los formularios de inscripción, suscripción, o compraventa de acciones en la forma indicada en los artículos anteriores, éstos serán remitidos automáticamente, a través del Sistema, al gerente general o al administrador, a fin de que tomen conocimiento de ellos y procedan a su registro mediante los medios tecnológicos que disponga al efecto el Registro de Empresas y Sociedades.

Artículo 33. Para todos los efectos, se presumirá que la persona jurídica tomó conocimiento de los formularios a que se hace referencia en este título, desde el momento de su suscripción por todos quienes corresponda.

Respecto de cada una de las solicitudes de inscripción, suscripción, o compraventa de acciones en el Registro de Accionistas, que sean ingresadas según las disposiciones de este título, se emitirá un certificado de trámite, en el que constará la identidad del solicitante, el tipo de formulario suscrito, y la fecha y hora de su ingreso. En el caso de la inscripción de la constitución de gravámenes y derechos reales distintos del dominio sobre las acciones, se entenderá que el solicitante de dicha inscripción es el gerente o administrador.

TÍTULO V
DEL REGISTRO DE PODERES

Artículo 34. El Registro de Empresas y Sociedades contará con un Registro de Poderes electrónico, de carácter público, en el cual las empresas y sociedades que se acojan al régimen simplificado podrán incorporar los poderes y delegaciones que se inscriban y los que se otorguen, modifiquen y revoquen, a través del RES.

Artículo 35. Formulario de poderes. El otorgamiento, modificación, delegación y revocación de poderes a que hace referencia este título, se llevará a cabo mediante la suscripción, por parte de todos quienes deban intervenir para otorgar poderes según sus estatutos, del Formulario de Poderes dispuesto en el RES, el que, por este solo hecho, se incorporará automáticamente al Registro de Poderes. En caso que corresponda, deberán adjuntarse al formulario los documentos, actas de sesión de directorio o cualquier otro acuerdo previo que acredite que quienes firmaron el formulario se encuentran facultados para ello.

Artículo 36. Formulario de Inscripción de Poderes. Sin perjuicio de lo dispuesto en el artículo anterior, todos los poderes otorgados fuera del Sistema podrán inscribirse en el Registro de Poderes mediante la suscripción, por parte del administrador o gerente general, según corresponda, del Formulario de Inscripción de Poderes dispuesto al efecto, adjuntando para ello la copia digital del acta, acuerdo, resolución o instrumento donde éstos consten. Una vez suscrito dicho formulario y adjuntados los antecedentes o copias indicadas, los poderes se incorporarán al Registro de Poderes.

Artículo 37. Para todos los efectos a que haya lugar, los poderes otorgados mediante los formularios contemplados en los artículos 35 y 36 precedentes, e incorporados en el Registro de Poderes, se entenderán vigentes en tanto no conste en éste su modificación, revocación o término de vigencia.

Los poderes otorgados fuera del Sistema y no incorporados al Registro de Poderes, se regirán por las reglas generales, estando a lo dispuesto en ellos respecto de su vigencia y contenido.

A contar de la fecha de incorporación de los poderes en el Registro de Poderes, y encontrándose vigentes, éstos se entenderán revestidos de todas las solemnidades necesarias para la ejecución de todo acto o contrato que en ellos se indique, incluso, los que requieran celebrarse mediante el otorgamiento de escritura pública o cualquier otra formalidad, bastando para su acreditación o prueba el correspondiente certificado emitido por el Registro.

De conformidad a lo establecido en el artículo 21 de la Ley, la obligación establecida en el artículo 22 número 5 del Código de Comercio, se entenderá cumplida con la sola incorporación de los poderes en el Registro de Poderes.

Artículo 38. Los poderes que integren los estatutos o el contrato social, se incorporarán al Registro de Poderes de manera automática, con los mismos efectos señalados en este título.

Artículo 39. Formulario para designar representante para la suscripción de formularios. Para los efectos del inciso segundo del artículo 18 del presente Reglamento, el titular podrá designar directamente a través del Registro de Empresas a un apoderado para que lo represente en la firma de los formularios, para lo cual deberá suscribir el formulario dispuesto al efecto.

De igual manera, para los efectos del inciso cuarto del artículo 18 del presente Reglamento, los titulares, de consuno, podrán designar a un apoderado para que los represente a todos ellos en la firma de los formularios, debiendo, en dicho caso, todos ellos suscribir el formulario en que lo designan.

Los formularios para designar representante a los que alude este artículo, al suscribirse por los titulares, se incorporarán automáticamente al Registro de Poderes.

TÍTULO V
DEL LA MIGRACIÓN

§ 1. Migración desde el Régimen General al Régimen Simplificado

Artículo 40. Migración al Régimen Simplificado. Las personas jurídicas señaladas en el artículo 2º de la Ley, acogidas al régimen general, podrán migrar al régimen simplificado.

Para tales efectos, si nada señalare el contrato social ni los estatutos de la persona jurídica, la migración deberá aprobarse por la totalidad de los titulares de los derechos sociales y, en el caso de sociedades cuyos acuerdos deban adoptarse por juntas, por la mayoría absoluta de las acciones emitidas con derecho a voto, siguiendo las normas que establecen y regulan dichos tipos de sociedades para adoptar dichos acuerdos.

Artículo 41. Certificado para Migración al Régimen Simplificado. El titular o, en su caso, quienes sean los titulares de los derechos sociales, o la persona que designe la junta de accionistas en que se acordó la migración, o los apoderados o representantes legales de éstos o de la sociedad, deberán requerir al Conservador de Bienes Raíces encargado del Registro de Comercio en el que se encuentre inscrita la sociedad, la emisión de un certificado para migración, denominado "certificado para migración al régimen simplificado", de acuerdo a lo dispuesto en el artículo 18 de la Ley.

El certificado para migración al régimen simplificado deberá contener, al menos:

a) Nombre, domicilio, jurisdicción y dirección de correo electrónico del Conservador respectivo, para efectos de las notificaciones que deberá efectuarle el Administrador del Registro de Empresas, relativas a la migración;

b) La fecha de emisión y de caducidad del certificado; y

c) Extracto actualizado de los estatutos sociales.

Una vez emitido el certificado para migración al régimen simplificado, el Registro de Comercio respectivo deberá dejar constancia de dicha emisión al margen de la inscripción de la persona jurídica, y desde ese momento no se podrán efectuar anotaciones, inscripciones, o subinscripciones marginales. En todo caso, dicha prohibición no regirá si caduca el certificado para migración al régimen simplificado, conforme a lo dispuesto en el artículo 43 del presente Reglamento.

El Conservador podrá negarse a otorgar el certificado de migración cuando éste se solicite estando en trámite una solicitud de inscripción o anotación marginal respecto de dicha persona jurídica.

Artículo 42. Formulario de Migración al Régimen Simplificado. Para la migración al régimen simplificado, se requerirá que el o los titulares de la persona jurídica respectiva suscriban, en la forma dispuesta en los artículos 17 y siguientes de este Reglamento, un formulario denominado "de migración al régimen simplificado".

En el caso de sociedades cuyos acuerdos deban adoptarse por juntas, el acta que se levante de la junta, previo cumplimiento de las formalidades que sean necesarias, deberá ser reducida a escritura pública. En dicho caso, el formulario de migración deberá ser suscrito por los accionistas que hayan concurrido a la firma del acta que se levante, de acuerdo a las disposiciones que establezcan y regulen dichas sociedades, o bien, por medio de un representante designado por dichos accionistas para que los represente en la suscripción del formulario, de acuerdo a lo dispuesto en el inciso segundo o cuarto del artículo 18 del presente Reglamento. Los accionistas que hayan firmado el acta no podrán negarse posteriormente a suscribir el formulario de migración.

En este caso, se deberá incorporar al Registro la reducción a escritura pública del acta de la junta que haya acordado la migración al régimen simplificado, y el certificado de migración emitido por el Conservador, bajo el número de identificación de la persona jurídica respectiva, en un plazo máximo de treinta días posteriores a la reducción a escritura pública de dicha acta.

Sin perjuicio de lo señalado en el inciso anterior, no se requerirá que el acta de la junta que acordó la migración sea reducida a escritura pública, si los accionistas de manera unánime, y también los socios gestores en el caso de las sociedades en comandita por acciones, suscriben el formulario de migración, por sí o mediante sus apoderados o representantes o si dicho formulario es suscrito por un representante designado para que los represente a todos ellos, de acuerdo a lo dispuesto en el inciso cuarto del artículo 18 del presente Reglamento. En este caso, se deberá incorporar al Registro una copia digital íntegra del acta que haya acordado la migración al régimen simplificado, y el certificado de migración emitido por el Conservador, bajo el número de identificación de la persona jurídica respectiva, en un plazo máximo de treinta días posteriores a la celebración de dicha junta.

En caso que el formulario de migración sea suscrito ante notario, éste deberá verificar la plena coherencia de este último con el contenido del certificado para migración al régimen simplificado.

El formulario de migración al régimen simplificado deberá ser suscrito dentro de los treinta días siguientes a la emisión del certificado a que se refiere el artículo anterior. Dicho certificado deberá adjuntarse en el formulario de migración para que quede constancia de él en el Registro.

El formulario de migración al régimen simplificado deberá contener los mismos campos que el formulario en virtud del cual deba constituirse la respectiva persona jurídica bajo el régimen simplificado, incluyendo el Rol único tributario, cuando la persona jurídica lo tenga.

Los titulares de la persona jurídica objeto de la migración y las menciones de sus estatutos que constituyan materias propias de extracto bajo el régimen general, no podrán ser modificados en el formulario de migración al régimen simplificado, debiendo el contenido de los campos relativos a aquéllos y a éstas, corresponder a lo señalado en el certificado para migración al régimen simplificado. En caso contrario, si dicho formulario se firma ante notario, éste podrá negarse a suscribirlo, hasta que se le presente un formulario coherente con el contenido del certificado para migración al régimen simplificado.

Suscrito el formulario de migración, el Administrador del Registro de Empresas informará de este hecho al Servicio de Impuestos Internos. En el mismo acto, se le enviará una copia del formulario de migración al régimen simplificado, y se entenderá informado dicho Servicio de todas las modificaciones que la persona jurídica de que se trate, hubiere sufrido con anterioridad a esa fecha, y que consten en el mencionado formulario.

Artículo 43. Certificado Digital de Migración al Régimen Simplificado. Una vez suscrito el formulario de migración al régimen simplificado dentro del plazo de treinta días, el Registro de Empresas y Sociedades emitirá un certificado digital de migración que será notificado dentro del plazo de cinco días hábiles por el Administrador del Registro de Empresas al Conservador en cuyo Registro de Comercio la persona jurídica se haya encontrado inscrita bajo el régimen general, de acuerdo al inciso cuarto del artículo 18 de la ley, y contendrá, al menos:

a) El extracto del Estatuto o contrato social de la persona jurídica migrada;

b) Foja, número y año del Registro de Comercio del Conservador respectivo donde consta la inscripción original de la persona jurídica migrada; y

c) La constancia de haber migrado la persona jurídica al régimen simplificado, y la fecha de dicha migración.

El Conservador respectivo dispondrá de un plazo de cinco días hábiles desde la recepción de la notificación efectuada por el Administrador del Registro, para anotar al margen de la inscripción del Registro de Comercio de la persona jurídica migrada, que ésta se encuentra inscrita en el Registro de la Ley y acogida al régimen simplificado.

Transcurridos treinta y cinco días hábiles contados desde la emisión del certificado para migración al régimen simplificado, por parte del Conservador, sin que le haya sido comunicada por el Registro de Empresas y Sociedades, la incorporación al Registro Electrónico de la sociedad migrada, caducará dicho certificado y desde esa fecha podrán hacerse todas las anotaciones, inscripciones y subinscripciones a que hubiere lugar, en el Registro de Comercio del Conservador correspondiente, en relación a esa persona jurídica.

§ 2. Migración desde el Régimen Simplificado al Régimen General

Artículo 44. Migración al régimen general. Las personas jurídicas acogidas al régimen simplificado, migrarán al régimen general, de acuerdo a las disposiciones de este Párrafo.

Artículo 45. Migración obligatoria al régimen general. La migración al régimen general será obligatoria respecto de las personas jurídicas que se hayan acogido al régimen simplificado y que, con posterioridad, dejen de corresponder a algunas de las indicadas en el artículo 2º de Ley. En este caso, dichas personas jurídicas deberán migrar obligatoriamente, dentro del plazo de sesenta días contado desde que se produjo el hecho por el cual dejaron de cumplir los requisitos dispuestos por la Ley, al régimen general aplicable a la persona jurídica respectiva para efectos del registro de su modificación, transformación, fusión, división, terminación y disolución.

Para estos fines, el titular o, en su caso, quienes sean los titulares de los derechos sociales o acciones de la sociedad, deberán suscribir el formulario denominado "de migración obligatoria al régimen general". Dicho formulario deberá ser suscrito por todos los titulares de los derechos sociales o acciones, o sus apoderados o representantes, en su caso, o bien, por medio del representante que hubieren designado para que los represente en la suscripción del formulario, de acuerdo a lo dispuesto en el inciso segundo o cuarto del artículo 18 del presente Reglamento.

Artículo 46. Migración voluntaria al régimen general. Sin perjuicio de lo establecido en el artículo precedente, las personas jurídicas acogidas al régimen simplificado podrán migrar voluntariamente al régimen general.

Si nada dijeren el contrato social o los estatutos, la migración voluntaria al régimen general deberá aprobarse por la totalidad de los titulares de los derechos sociales, y en el caso de sociedades cuyos acuerdos deban adoptarse por juntas, por mayoría absoluta de las acciones emitidas con derecho a voto.

En el caso de sociedades cuyos acuerdos deban adoptarse por juntas, el acta que se levante de la junta que apruebe la migración, previo cumplimiento de las formalidades que sean necesarias, deberá ser reducida a escritura pública o protocolizada, según corresponda. En dicho caso, el formulario de migración voluntaria al régimen general deberá ser suscrito por los accionistas que hayan concurrido a la firma del acta que se levante, de acuerdo a las disposiciones que establezcan y regulen dichas sociedades, o bien, por medio de un representante designado por dichos accionistas para que los represente en la suscripción del formulario, de acuerdo a lo dispuesto en el inciso segundo o cuarto del artículo 18 del presente Reglamento. Los accionistas que hayan firmado el acta no podrán negarse posteriormente a suscribir el formulario respectivo. En este caso, se deberá incorporar al Registro la reducción a escritura pública o la protocolización del acta de la junta que haya acordado la migración al régimen general, bajo el número de identificación de la persona jurídica respectiva, en un plazo máximo de treinta días posteriores a la reducción a escritura pública o protocolización de dicha acta.

Sin perjuicio de lo señalado en el inciso anterior, no se requerirá que el acta de la junta que acordó la migración sea reducida a escritura pública o protocolizada, si los accionistas de manera unánime, y también los socios gestores en el caso de las sociedades en comandita por acciones, suscriben el formulario de migración voluntaria, o si dicho formulario es suscrito por un representante designado para que los represente a todos ellos, de acuerdo a lo dispuesto en el inciso cuarto del artículo 18 del presente Reglamento. En este caso, se deberá incorporar al Registro una copia digital íntegra del acta de la junta que haya acordado la migración al régimen general, bajo el número de identificación de la persona jurídica respectiva, en un plazo máximo de treinta días posteriores a la celebración de dicha junta.

Artículo 47. Notificación al Servicio de Impuestos Internos. El Administrador del Registro de Empresas informará al Servicio de Impuestos Internos de la suscripción de los formularios de migración al régimen general.

Artículo 48. Certificado Digital de Migración al Régimen General. Una vez suscrito alguno de los formularios de migración al régimen general, el Registro emitirá un certificado digital de migración al régimen general, que contendrá las siguientes dos secciones, claramente diferenciadas:

a) Una primera sección, con Rol único tributario de la persona jurídica y las menciones estatutarias que sean materia de extracto, conforme a las leyes que crean y regulan a la respectiva persona jurídica, la cual será el extracto que se deberá inscribir en el Registro de Comercio respectivo; y

b) Una segunda sección, con el texto completo de los estatutos o del contrato social de la persona jurídica, vigentes al tiempo de la migración, de conformidad a las actuaciones inscritas en el Registro.

El extracto indicado en la letra a) precedente, deberá inscribirse en el Registro de Comercio del Conservador respectivo y, si fuere necesario según las leyes que establecen y regulan a esa persona jurídica, publicarse por una sola vez en el Diario Oficial en el plazo de treinta días desde que fuere emitido. Dicho extracto contendrá las menciones que exigen las leyes que establecen y regulan a la persona jurídica de que se trate para los efectos de su constitución. Igualmente, desde la fecha de la inscripción del extracto en el Registro de Comercio del Conservador respectivo y su publicación en el Diario Oficial, cuando ésta fuere necesaria según las leyes que establecen y regulan a esa persona jurídica, se entenderá perfeccionada la migración para todos los efectos y será, asimismo, oponible a terceros.

Una vez emitido el certificado digital de migración por el Registro, no se podrán incorporar formularios con actos jurídicos relativos a la persona jurídica respectiva. Desde el momento de su migración al régimen general, todos los actos relativos a su modificación, transformación, fusión, división, terminación o disolución deberán sujetarse a lo dispuesto en las leyes que establecen y regulan a la respectiva persona jurídica.

La migración desde el Registro de Empresas y Sociedades al Registro de Comercio, y viceversa, efectuada en conformidad al presente Título no será una modificación social.

TÍTULO VII
DE LOS CERTIFICADOS Y COPIAS AUTORIZADAS DEL REGISTRO

Artículo 49. Certificados Digitales. El Administrador del Registro de Empresas emitirá los siguientes certificados digitales:

a) Certificado Digital de Migración al Régimen Simplificado;
b) Certificado Digital de Migración al Régimen General;
c) Certificado de Vigencia;
d) Certificado de Estatuto Actualizado;
e) Certificado de Anotaciones;
f) Certificado de Acciones;
g) Certificado de trámite de inscripción en el Registro de Accionistas;

h) Certificado de Vigencia de Poderes.

Artículo 50. Del Certificado Digital de Migración al Régimen Simplificado. Certificado emitido por el Registro de Empresas y Sociedades, una vez suscrito el formulario de migración al régimen simplificado por los titulares de la persona jurídica, con el objeto de llevar a cabo la migración desde el régimen general al simplificado, según las disposiciones del Título VI.

Artículo 51. Del Certificado Digital de Migración al Régimen General. Certificado emitido por el Registro de Empresas y Sociedades, una vez suscrito alguno de los formularios de migración al régimen general por los titulares de la empresa o sociedad, con el objeto de llevar a cabo la migración desde el régimen simplificado al régimen general, según las disposiciones del Título VI.

Artículo 52. Del Certificado de Vigencia. El Certificado de Vigencia indicará si, a la fecha de su emisión, la persona jurídica se encuentra vigente, disuelta, terminada o migrada al régimen general.

Artículo 53. Del Certificado de Estatuto Actualizado. El Certificado de Estatuto Actualizado indicará, a la fecha de su emisión, el estatuto de la persona jurídica, junto a una referencia de las actuaciones realizadas desde su constitución o migración al régimen simplificado, ordenadas cronológicamente desde la más reciente a la más antigua.

El certificado a que se refiere este artículo se emitirá conforme a la última información vigente ingresada por los titulares o sus representantes al Registro, y su formato y disposición podrán variar en el tiempo, de acuerdo a las actualizaciones efectuadas en el Registro de Empresas y Sociedades, que incidan en su diseño.

Sin perjuicio de lo indicado en el inciso anterior, dichas variaciones en ningún caso podrán implicar una modificación a la información ingresada por los titulares de la persona jurídica o sus representantes, en los campos de los formularios que hayan sido suscritos.

Artículo 54. Del Certificado de Anotaciones. El certificado de anotaciones contendrá una referencia a los documentos registrables asociados a una determinada persona jurídica y que se encuentran anotados en el Registro, a la fecha de su emisión, ordenadas cronológicamente desde la más nueva a la más antigua.

Artículo 55. Del Certificado de Acciones. El Certificado de Acciones podrá ser descargado por el gerente o administrador, así como por los accionistas de cada sociedad. Respecto de estos últimos, dicho certificado sólo contendrá la información relativa a las acciones respecto de las cuales los solicitantes sean titulares. Este certificado se emitirá conforme a la información que conste en el Registro de Accionistas, a la fecha de su emisión.

Artículo 56. Del Certificado de trámite de inscripción en el Registro de Accionistas. El Certificado de trámite de inscripción en el Registro de Accionistas indicará la fecha y hora en que se ha suscrito un formulario de inscripción del Registro de Accionistas, de suscripción o de compraventa de acciones, además de indicar la identidad de los solicitantes y el tipo de formulario suscrito.

Artículo 57. Del Certificado de vigencia de poderes. El certificado de vigencia de poderes indicará, a la fecha de su emisión, si los poderes y delegaciones de facultades para representar a las personas jurídicas acogidas al régimen simplificado que hayan sido incorporados al Registro de Poderes regulado en el Título V de este Reglamento, se encuentran vigentes o han sido modificados o revocados.

Artículo 58. Solicitud de Certificados. Todo usuario podrá solicitar la emisión de certificados de vigencia, de estatuto actualizado, de anotaciones y de vigencia de poderes, respecto de cualquier persona jurídica inscrita en el Registro.

Tratándose de los certificados señalados en las letras a) y b) del artículo 49, deberá estarse a lo dispuesto en el Título VI.

Artículo 59. Emisión de Certificados Digitales. Los certificados digitales a que se refiere este título deberán emitirse de acuerdo a lo dispuesto en la ley Nº 19.799, sobre documentos electrónicos, firma electrónica y servicios de certificación de dicha firma, y su reglamento.

Los certificados deberán ser suscritos mediante firma electrónica avanzada por el Subsecretario de Economía y Empresas de Menor Tamaño, o por aquel a quien éste delegue dicha facultad, tendrán valor probatorio de instrumento público y constituirán título ejecutivo.

Artículo 60. Emisión de Copias Autorizadas. El Administrador del Registro de Empresas podrá emitir copias autorizadas de las actuaciones que se hayan inscrito en dicho Registro, en los Registros de Poderes y de Accionistas, debiendo, respecto de este último, entregarlos solamente a quienes puedan acceder a dicha información. Dichas copias autorizadas no tendrán los efectos que el artículo 22 de la Ley y el artículo anterior otorgan a los certificados, sin perjuicio de los efectos legales y el valor probatorio que le confieran otras normas.

DISPOSICIONES TRANSITORIAS

Artículo primero. El presente Reglamento entrará en vigencia el primer día hábil del sexto mes siguiente a su publicación en el Diario Oficial.

Artículo segundo. Transcurridos noventa días desde la publicación en el Diario Oficial del presente Reglamento, las personas jurídicas acogidas al régimen simplificado podrán designar al gerente general, en el caso de las sociedades anónimas cerradas, de garantía recíproca y de las sociedades por acciones, o administrador, en el caso de las sociedades que no dispongan de un gerente general, para efectos de las inscripciones en los Registros de Accionistas y de Poderes.

A contar de la misma fecha, las sociedades que lleven Registro de Accionistas podrán incorporar los datos de sus Registros de Accionistas.

Ello se podrá realizar no obstante aún la ley Nº 21.366 no haya comenzado a regir, y solo para efectos de poder cumplir con dicha obligación al momento de entrada en vigencia de dicha ley.

Artículo tercero. Desde la entrada en vigencia de la ley y el presente Reglamento, las personas jurídicas acogidas al régimen simplificado estarán obligadas a designar al gerente general, en el caso de las sociedades anónimas cerradas, de garantía recíproca y de las sociedades por acciones, o administrador, en el caso de las sociedades que no dispongan de un gerente general, en el Registro de Poderes, para efectos de las inscripciones que deben realizarse en dicho Registro. Igualmente, deberán incorporar los datos al Registro de

Accionistas a que se refiere este Reglamento. Mientras no se realicen dichas acciones, las sociedades acogidas al régimen simplificado no podrán realizar otras actuaciones en el Registro.

Artículo segundo: Derógase el decreto supremo N° 45, de 22 de marzo de 2013, del Ministerio de Economía, Fomento y Turismo.

Anótese, tómese razón y publíquese.- SEBASTIÁN PIÑERA ECHENIQUE, Presidente de la República.- Lucas Palacios Covarrubias, Ministro de Economía, Fomento y Turismo.- Rodrigo Cerda Norambuena, Ministro de Hacienda.

Lo que transcribe, para su conocimiento.- Saluda atentamente a usted, Julio Pertuzé Salas, Subsecretario de Economía y Empresas de Menor Tamaño.

LEY Nº 19.857
MINISTERIO DE ECONOMÍA, FOMENTO Y RECONSTRUCCIÓN
AUTORIZA EL ESTABLECIMIENTO DE EMPRESAS DE RESPONSABILIDAD LIMITADA

Publicada en el Diario Oficial de 11 de febrero de 2003

Teniendo presente que el H. Congreso Nacional ha dado su aprobación al siguiente

Proyecto de ley:

Artículo 1°. Se autoriza a toda persona natural el establecimiento de empresas individuales de responsabilidad limitada, con sujeción a las normas de esta ley.

Artículo 2°. La empresa individual de responsabilidad limitada es una persona jurídica con patrimonio propio distinto al del titular, es siempre comercial y está sometida al Código de Comercio cualquiera que sea su objeto; podrá realizar toda clase de operaciones civiles y comerciales, excepto las reservadas por la ley a las sociedades anónimas.

Artículo 3°. La constitución se hará por escritura pública, que se inscribirá y publicará con arreglo a los artículos 4° y 5°.

Artículo 4°. En la escritura, el constituyente expresará a lo menos:

a) El nombre, apellidos, nacionalidad, estado civil, edad y domicilio del constituyente;

b) El nombre de la empresa, que contendrá, al menos, el nombre y apellido del constituyente, pudiendo tener también un nombre de fantasía, sumado al de las actividades económicas que constituirán el objeto o el giro de la empresa y deberá concluir con las palabras "empresa individual de responsabilidad limitada" o la abreviatura "E.I.R.L.";

c) El monto del capital que se transfiere a la empresa, la indicación de si se aporta en dinero o en especies y, en este último caso, el valor que les asigna;

d) La actividad económica que constituirá el objeto o giro de la empresa y el ramo o rubro específico en que dentro de ella se desempeñará;

e) El domicilio de la empresa, y

f) El plazo de duración de la empresa, sin perjuicio de su prórroga. Si nada se dice, se entenderá que su duración es indefinida.

Artículo 5º. Un extracto de la escritura pública, autorizado por el notario ante quien se otorgó, se inscribirá en el registro de comercio del domicilio de la empresa y se publicará por una vez en el Diario Oficial, dentro de los sesenta días siguientes a la fecha de la escritura. El extracto deberá contener un resumen de las menciones señaladas en el artículo anterior.

Artículo 6º. Toda modificación a las menciones señaladas en el artículo 4º, deberá observar las solemnidades establecidas en el artículo 3º. En el extracto deberá hacerse referencia al contenido específico de la modificación.

Artículo 7º. La omisión de alguna de las solemnidades de los artículos 4º, 5º y 6º, importará la nulidad absoluta del acto respectivo. Si se tratare de la nulidad absoluta del acto constitutivo, el titular responderá personal e ilimitadamente de las obligaciones que contraiga en el giro de la empresa. Lo anterior, sin perjuicio del saneamiento.

Artículo 8º. La empresa responde exclusivamente por las obligaciones contraídas dentro de su giro, con todos sus bienes.

El titular de la empresa responderá con su patrimonio sólo del pago efectivo del aporte que se hubiere comprometido a realizar en conformidad al acto constitutivo y sus modificaciones.

Artículo 9º. Son actos de la empresa los ejecutados bajo el nombre y representación de ella por su administrador.

La administración corresponderá al titular de la empresa, quien la representa judicial y extrajudicialmente para el cumplimiento del objeto social, con todas las facultades de administración y disposición.

El titular, o su mandatario debidamente facultado, podrá designar un gerente general, que tendrá todas las facultades del administrador excepto las que excluya expresamente, mediante escritura pública que se inscribirá en el registro de comercio del domicilio de la empresa y se anotará al margen de la inscripción estatutaria. Lo dispuesto en este inciso no obsta a la facultad del titular de conferir mandatos generales o especiales para actuar a nombre de la empresa, por escritura pública que se inscribirá y anotará en la forma señalada en este inciso.

Las notificaciones judiciales podrán practicarse indistintamente al titular de la empresa o a quien éste hubiere conferido poder para administrarla, sin perjuicio de las facultades de recibirlas que se hayan otorgado a uno o más gerentes o mandatarios.

Artículo 10. Los actos y contratos que el titular de la empresa individual celebre con su patrimonio no comprometido en la empresa, por una parte, y con el patrimonio de la empresa, por la otra, sólo tendrán valor si constan por escrito y desde que se protocolicen ante notario público. Estos actos y contratos se anotarán al margen de la inscripción estatutaria dentro del plazo de sesenta días contados desde su otorgamiento.

La pena del delito contemplado en el número 2º del artículo 471 del Código Penal, se aplicará aumentada en un grado si fuere cometido por el titular de una empresa individual de responsabilidad limitada.

Artículo 11. Las utilidades líquidas de la empresa pertenecerán al patrimonio del titular separado del patrimonio de la empresa, una vez que se hubieren retirado y no habrá acción contra ellas por las obligaciones de la empresa.

Artículo 12. El titular responderá ilimitadamente con sus bienes, en los siguientes casos:

a) Por los actos y contratos efectuados fuera del objeto de la empresa, para pagar las obligaciones que emanen de esos actos y contratos;

b) Por los actos y contratos que se ejecutaren sin el nombre o representación de la empresa, para cumplir las obligaciones que emanen de tales actos y contratos;

c) Si la empresa celebrare actos y contratos simulados, ocultare sus bienes o reconociere deudas supuestas, aunque de ello no se siga perjuicio inmediato;

d) Si el titular percibiere rentas de la empresa que no guarden relación con la importancia de su giro, o efectuare retiros que no correspondieren a utilidades líquidas y realizables que pueda percibir, o

e) Si el titular, los administradores o representantes legales hubieren sido condenados por los delitos concursales regulados en el Párrafo 7 del Título IX del Libro II del Código Penal.

Artículo 13. Los acreedores personales del titular no tendrán acción sobre los bienes de la empresa. En caso de liquidación, tales acreedores sólo podrán accionar contra los beneficios o utilidades que en la empresa correspondan al titular y sobre el remanente una vez satisfechos los acreedores de la empresa.

Artículo 14. En el caso que se produzca la reunión en manos de una sola persona, de las acciones, derechos o participaciones en el capital, de cualquier sociedad, ésta podrá transformarse en empresa individual de responsabilidad limitada, cumpliendo su propietario con las formalidades de constitución establecidas en la presente ley. Para tal efecto, la escritura pública respectiva, en la que deberá constar la transformación y la individualización de la sociedad que se transforma, deberá extenderse dentro de los treinta días siguientes a la fecha en que dicha reunión se produzca, y el extracto correspondiente deberá inscribirse y publicarse dentro del término establecido en la presente ley.

Una empresa individual de responsabilidad limitada podrá transformarse en una sociedad de cualquier tipo, cumpliendo los requisitos y formalidades que establece el estatuto jurídico de la sociedad en la cual se transforma.

Artículo 15. La empresa individual de responsabilidad limitada terminará:

a) por voluntad del empresario;

b) por la llegada del plazo previsto en el acto constitutivo;

c) por el aporte del capital de la empresa individual a una sociedad, de acuerdo con lo previsto en el artículo 16;

d) por dictarse la resolución de liquidación, o

e) por la muerte del titular. Los herederos podrán designar un gerente común para la continuación del giro de la empresa hasta por el plazo de un año, al cabo del cual terminará la responsabilidad limitada.

Cualquiera que sea la causa de la terminación, ésta deberá declararse por escritura pública, inscribirse y publicarse con arreglo al artículo 6º. En el caso de la letra e), corresponderá a cualquier heredero declarar la terminación; excepto si el giro hubiere continuado y se hubiere designado gerente común, pero, vencido el plazo, cualquier heredero podrá hacerlo. Valdrán los legados que el titular hubiere señalado sobre derechos o bienes singulares de la empresa, los que no serán afectados por la continuación de ésta, y se sujetarán a las normas de derecho común.

Las causales de terminación se establecen tanto en favor del empresario como de sus acreedores.

Artículo 16. En el caso previsto en la letra c) del artículo anterior, la sociedad responderá de todas las obligaciones contraídas por la empresa en conformidad a lo dispuesto en el artículo 8º, a menos que el titular de ésta declare, con las formalidades establecidas en el inciso segundo del artículo anterior, asumirlas con su propio patrimonio.

Artículo 17. En el caso de la letra d) del artículo 15, el adjudicatario único de la empresa podrá continuar con ella, en cuanto titular, para lo cual así deberá declararlo con sujeción a las formalidades del artículo 6º.

Artículo 18. En lo demás, se aplicarán a la empresa individual de responsabilidad limitada, las disposiciones legales y tributarias, aplicables a las sociedades comerciales de responsabilidad limitada, incluyendo las normas sobre saneamiento de vicios de nulidad, establecidas en la ley Nº 19.499.

Y por cuanto he tenido a bien aprobarlo y sancionarlo; por tanto promúlguese y llévese a efecto como Ley de la República.

Santiago, 24 de enero de 2003.- RICARDO LAGOS ESCOBAR, Presidente de la República.- Jorge Rodríguez Grossi, Ministro de Economía, Fomento y Reconstrucción.- José Antonio Gómez Urrutia, Ministro de Justicia.

Lo que transcribo a Ud. para su conocimiento.- Saluda atentamente a Ud., Alvaro Díaz Pérez, Subsecretario de Economía.

LEY Nº 18.046
MINISTERIO DE HACIENDA
LEY SOBRE SOCIEDADES ANÓNIMAS

Publicada en el Diario Oficial de 22 de octubre de 1981

La Junta de Gobierno de la República de Chile ha dado su aprobación al siguiente

Proyecto de ley:

TÍTULO I
DE LA SOCIEDAD Y SU CONSTITUCIÓN

Artículo 1°. La sociedad anónima es una persona jurídica formada por la reunión de un fondo común, suministrado por accionistas responsables sólo por sus respectivos aportes y administrada por un directorio integrado por miembros esencialmente revocables.

La sociedad anónima es siempre mercantil, aun cuando se forme para la realización de negocios de carácter civil.

Artículo 2°. Las sociedades anónimas pueden ser de tres clases: abiertas, especiales o cerradas.

Son sociedades anónimas abiertas aquellas que inscriban sus acciones en el Registro de Valores. Estarán obligadas a inscribir sus acciones en el Registro de Valores, aquellas sociedades que durante doce meses consecutivos hayan tenido inscritos en el registro de accionistas más de 2.000 accionistas o el número superior que establezca la Comisión mediante norma de carácter general, siempre que con aquel número no se vea comprometida la fe pública, teniendo en consideración el tipo de accionista, naturaleza de la sociedad o circunstancias similares.

Son sociedades anónimas especiales las indicadas en el Título XIII.

Son sociedades anónimas cerradas las que no califican como abiertas o especiales.

Las sociedades anónimas abiertas y las sociedades anónimas especiales quedarán sometidas a la fiscalización de la Comisión para el Mercado Financiero, en adelante la Comisión. En este último caso, quedarán además sometidas a la primera, en lo que corresponda, cuando emitieren valores.

Las sociedades anónimas abiertas solo podrán solicitar la cancelación de sus acciones en el Registro de Valores por acuerdo de los dos tercios de las acciones con derecho a voto en junta extraordinaria de accionistas. De aprobarse la solicitud de cancelación, el accionista ausente o disidente tendrá derecho a retiro. En caso de que la cancelación de la inscripción hubiere sido a consecuencia de un proceso administrativo sancionatorio de la Comisión, la sociedad continuará teniendo la calidad de sociedad anónima abierta para los efectos de la presente ley, mientras la junta extraordinaria de accionistas no acordare lo contrario por los dos tercios de las acciones con derecho a voto, en cuyo caso, el accionista ausente o disidente tendrá derecho a retiro.

Artículo 3°. La sociedad anónima se forma, existe y prueba por escritura pública inscrita y publicada en los términos del artículo 5°. El cumplimiento oportuno de la inscripción y publicación producirá efectos retroactivos a la fecha de la escritura.

Las actas de las juntas de accionistas en que se acuerde modificar los estatutos sociales o disolver la sociedad, serán reducidas a escritura pública con las solemnidades indicadas en el inciso anterior.

No se admitirá prueba de ninguna especie contra el tenor de las escrituras otorgadas en cumplimiento de los incisos anteriores, ni aun para justificar la existencia de pactos no expresados en ellas.

Artículo 4°. La escritura de la sociedad debe expresar:

1) El nombre, profesión u oficio, el domicilio de los accionistas que concurran a su otorgamiento, y el rol único tributario o documento de identidad, si debieren tenerlos;

2) El nombre y domicilio de la sociedad;

3) La enunciación del o de los objetos específicos de la sociedad;

4) La duración de la sociedad, la cual podrá ser indefinida y, si nada se dice, tendrá este carácter;

5) El capital de la sociedad, el número de acciones en que es dividido con indicación de sus series y preferencias si los hubiere y si las acciones tienen o no valor nominal; la forma y plazos en que los accionistas deben pagar su aporte, y la indicación y valoración de todo aporte que no consista en dinero;

6) La organización y modalidades de la administración social y de su fiscalización por los accionistas;

7) La fecha en que debe cerrarse el ejercicio y confeccionarse el balance y la época en que debe celebrarse la junta ordinaria de accionistas. Si nada se dijere, se entenderá que el ejercicio se cierra el 31 de diciembre y que la junta ordinaria de accionistas debe celebrarse en el primer cuatrimestre de cada año;

8) La forma de distribución de las utilidades;

9) La forma en que debe hacerse la liquidación;

10) La naturaleza del arbitraje a que deberán ser sometidas las diferencias que ocurran entre los accionistas en su calidad de tales, o entre éstos y la sociedad o sus administradores, sea durante la vigencia de la sociedad o durante su liquidación. Si nada se dijere, se entenderá que las diferencias serán sometidas a la resolución de un árbitro arbitrador;

11) La designación de los integrantes del directorio provisorio y en las sociedades anónimas abiertas, de los auditores externos o de los inspectores de cuentas, en su caso, que deberán fiscalizar el primer ejercicio social;

12) Los demás pactos que acordaren los accionistas.

Artículo 5°. Un extracto de la escritura social, autorizado por el notario respectivo, deberá inscribirse en el Registro de Comercio correspondiente al domicilio de la sociedad y publicarse por una sola vez en el Diario Oficial.

La inscripción y publicación deberán efectuarse dentro del plazo de 60 días contado desde la fecha de la escritura social.

El extracto de la escritura de constitución deberá expresar:

1) El nombre y domicilio de los accionistas que concurran a su otorgamiento, y el rol único tributario o documento de identidad, si debieren tenerlos.

2) El nombre, el o los objetos, el domicilio y la duración de la sociedad;

3) El capital y número de acciones en que se divide, con indicación de sus series y privilegios si los hubiere, y si las acciones tienen o no valor nominal, y

4) Indicación del monto del capital suscrito y pagado y plazo para enterarlo, en su caso.

El extracto de una modificación deberá expresar la fecha de la escritura y el nombre y domicilio del notario ante el cual se otorgó. Sólo será necesario hacer referencia al contenido de la reforma cuando se hayan modificado algunas de las materias señaladas en el inciso precedente.

Artículo 5° A. Si en la escritura social se hubiere omitido el domicilio social se entenderá domiciliada la sociedad en el lugar de otorgamiento de aquélla.

En caso de omisión de cualquiera de las designaciones referidas en el número 11) del artículo 4°, podrá efectuarlas una junta de accionistas de la sociedad.

Artículo 6°. Sin perjuicio de lo que dispone el artículo 6° A, la sociedad anónima que no sea constituida por escritura pública o en cuya escritura de constitución se omita cualquiera de las menciones exigidas en los números 1, 2, 3 ó 5 del artículo 4°, o cuyo extracto haya sido inscrito o publicado tardíamente o en el cual se haya omitido cualquiera de las menciones que para él se exigen en el artículo 5°, es nula absolutamente, sin perjuicio del saneamiento en conformidad a la ley. Declarada la nulidad de la sociedad, ésta entrará en liquidación. La sociedad nula, sin embargo, gozará de personalidad jurídica y será liquidada como una sociedad anónima si consta de escritura pública o de instrumento reducido a escritura pública o protocolizado.

De la misma nulidad adolecerán las reformas de estatutos y el acuerdo de disolución de una sociedad oportunamente inscritos y publicados pero en cuyos extractos se omita cualquiera de las menciones exigidas en el artículo 5°; sin embargo, estas reformas y acuerdo producirán efectos frente a los accionistas y terceros mientras no haya sido declarada su nulidad; la declaración de esta nulidad no produce efecto retroactivo y sólo regirá para las situaciones que ocurran a partir del momento en que quede ejecutoriada la resolución que la contenga; todo sin perjuicio del saneamiento en conformidad a la ley.

Se equipara a la omisión cualquiera disconformidad esencial que exista entre las escrituras y las inscripciones o publicaciones de sus respectivos extractos. Se entiende por disconformidad esencial aquella que induce a una errónea compresión de la escritura extractada.

Los otorgantes del pacto declarado nulo responderán solidariamente a los terceros con quienes hubieren contratado a nombre y en interés de la sociedad.

En todo caso, no podrá pedirse la nulidad de una sociedad o de una modificación del estatuto social, luego de transcurridos cuatro años desde la ocurrencia del vicio que la origina.

Artículo 6º A. No obstante lo dispuesto en el artículo anterior, la sociedad anónima que no conste de escritura pública, ni de instrumento reducido a escritura pública, ni de instrumento protocolizado, es nula de pleno derecho y no podrá ser saneada.

No obstante lo anterior, si existiere de hecho dará lugar a una comunidad entre sus miembros. Las ganancias y pérdidas se repartirán y soportarán y la restitución de los aportes se efectuará entre ellos con arreglo a lo pactado y, en subsidio, de conformidad a lo establecido para las sociedades anónimas.

Los miembros de la comunidad responderán solidariamente a los terceros con quienes hubieren contratado a nombre y en interés de ésta; y no podrán oponer a los terceros la falta de los instrumentos mencionados en el inciso primero. Los terceros podrán acreditar la existencia de hecho por cualquiera de los medios probatorios que reconoce el Código de Comercio, y la prueba será apreciada de acuerdo a las reglas de la sana crítica.

La modificación cuyo extracto no haya sido oportunamente inscrito y publicado no producirá efectos ni frente a los accionistas ni frente a terceros, salvo el caso de saneamiento en conformidad a la ley y con las restricciones que ésta impone. Dicha privación de efectos operará de pleno derecho, sin perjuicio de la acción por enriquecimiento sin causa que proceda.

Artículo 7º. La sociedad deberá mantener en la sede principal y en la de sus agencias o sucursales, así como en su sitio en Internet, en el caso de las sociedades anónimas abiertas que dispongan de tales medios, a disposición de los accionistas, ejemplares actualizados de sus estatutos firmados por el gerente, con indicación de la fecha y notaría en que se otorgó la escritura de constitución y la de sus modificaciones, en su caso, y de los datos referentes a sus legalizaciones. Deberá, asimismo, mantener una lista actualizada de los accionistas, con indicación del domicilio y número de acciones de cada cual.

Es de responsabilidad del directorio la custodia de los libros y registros sociales, y que éstos sean llevados con la regularidad exigida por la ley y sus normas complementarias. El directorio podrá delegar esta función, de lo que deberá dejarse constancia en actas.

Los directores, el gerente, el liquidador o liquidadores en su caso, serán solidariamente responsables de los perjuicios que causen a accionistas y terceros en razón de la falta de fidelidad o vigencia de los documentos mencionados en el inciso primero. Lo anterior es sin perjuicio de las sanciones administrativas que además pueda aplicar la Comisión a las sociedades anónimas abiertas.

TÍTULO II
DEL NOMBRE Y DEL OBJETO

Artículo 8°. El nombre de la sociedad deberá incluir las palabras "Sociedad Anónima" o la abreviatura "S.A.".

Si el nombre de una sociedad fuere idéntico o semejante al de otra ya existente, esta última tendrá derecho a demandar su modificación en juicio sumario.

Artículo 9°. La sociedad podrá tener por objeto u objetos cualquiera actividad lucrativa que no sea contraria a la ley, a la moral, al orden público o la seguridad del Estado.

TÍTULO III
DEL CAPITAL SOCIAL, DE LAS ACCIONES Y DE LOS ACCIONISTAS

Artículo 10. El capital de la sociedad deberá ser fijado de manera precisa en los estatutos y sólo podrá ser aumentado o disminuido por reforma de los mismos.

No obstante lo dispuesto en el inciso anterior, el capital y el valor de las acciones se entenderán modificados de pleno derecho cada vez que la junta ordinaria de accionistas apruebe el balance del ejercicio. El balance deberá expresar el nuevo capital y el valor de las acciones resultante de la distribución de la revalorización del capital propio.

Para los efectos de lo dispuesto en el inciso anterior, el directorio, al someter el balance del ejercicio a la consideración de la junta, deberá previamente distribuir en forma proporcional la revalorización del capital propio entre las cuentas del capital pagado, las de utilidades retenidas y otras cuentas representativas del patrimonio.

Artículo 11. El capital social estará dividido en acciones de igual valor. Si el capital estuviere dividido en acciones de distintas series, las acciones de una misma serie deberán tener igual valor.

El capital inicial deberá quedar totalmente suscrito y pagado en un plazo no superior a tres años. Si así no ocurriere, al vencimiento de dicho plazo el capital social quedará reducido al monto efectivamente suscrito y pagado.

Lo dispuesto en el inciso anterior es sin perjuicio de lo previsto en leyes especiales.

Artículo 12. Las acciones serán nominativas y su suscripción deberá constar por escrito en la forma que determine el Reglamento. La transferencia se hará en conformidad a dicho Reglamento, el cual determinará, además, las menciones que deben contener los títulos y la manera como se reemplazarán aquellos perdidos o extraviados.

A la sociedad no le corresponde pronunciarse sobre la transferencia de acciones y está obligada a inscribir sin más trámite los traspasos que se le presenten, siempre que éstos se ajusten a las formalidades mínimas que precise el Reglamento.

En las sociedades anónimas abiertas la Comisión resolverá administrativamente, con audiencia de las partes interesadas, las dificultades que se produzcan con motivo de la tramitación e inscripción de un traspaso de acciones.

La Comisión podrá autorizar a las sociedades anónimas abiertas, para establecer sistemas que sustituyan la obligación de emitir títulos o que simplifiquen en casos calificados la forma de efectuar las transferencias de acciones, siempre que dichos sistemas resguarden debidamente los derechos de los accionistas.

Artículo 13. Se prohíbe la creación de acciones de industria y de organización.

Artículo 14. Los estatutos de las sociedades anónimas abiertas no podrán incluir limitaciones a la libre disposición de las acciones.

Los pactos particulares entre accionistas relativos a cesión de acciones, deberán ser depositados en la compañía a disposición de los demás accionistas y terceros interesados, y se hará referencia a ellos en el Registro de Accionistas. Si así no se hiciere, tales pactos serán inoponibles a terceros. Tales pactos no afectarán la obligación de la sociedad de inscribir sin más trámites los traspasos que se le presenten, de conformidad a lo establecido en el artículo 12.

Artículo 15. Las acciones podrán pagarse en dinero efectivo o con otros bienes.

En el silencio de los estatutos, se entenderá que el valor de las acciones de pago debe ser enterado en dinero efectivo.

Los directores y el gerente que aceptaren una forma de pago de acciones distintas de la establecida en el inciso anterior, o a la acordada en los estatutos, serán solidariamente responsables del valor de colocación de las acciones pagadas en otra forma.

Salvo acuerdo unánime de las acciones emitidas, todos los aportes no consistentes en dinero deberán ser estimados por peritos y en los casos de aumento de capital, será necesario además, que la junta de accionistas apruebe dichos aportes y estimaciones.

La falta del cumplimiento de lo dispuesto en el inciso anterior no podrá hacerse valer pasados dos años contados desde la fecha de la escritura en la cual conste el respectivo aporte. El cumplimiento de tales formalidades efectuado con posterioridad a la escritura de aporte, sanea la nulidad.

Artículo 16. Los saldos insolutos de las acciones suscritas y no pagadas serán reajustados en la misma proporción en que varíe el valor de la unidad de fomento.

Si el valor de las acciones estuviere expresado en moneda extranjera, los saldos insolutos se pagarán en dicha moneda o en moneda nacional al valor oficial de cambio que ella tuviere a la fecha de pago. Si no existiere valor oficial de cambio se estará a lo que disponga el estatuto social.

Los pagos parciales del saldo insoluto de las acciones suscritas y no pagadas, se abonarán a las respectivas acciones impagas de acuerdo a su antigüedad de emisión, de una en una, hasta completar el pago de la totalidad de ellas.

Las acciones cuyo valor no se encuentre totalmente pagado gozarán de iguales derechos que las íntegramente pagadas, salvo en lo relativo a la participación que les corresponda en los beneficios sociales y en las devoluciones de capital, casos en los que concurrirán en proporción a la parte pagada. No obstante, lo dispuesto en este inciso, en los estatutos sociales se podrá estipular una norma diferente.

Artículo 17. Cuando un accionista no pagare oportunamente el todo o parte de las acciones por él suscritas, la sociedad podrá vender en una Bolsa de Valores Mobiliarios, por cuenta y riesgo del moroso, el número de acciones que sea necesario para pagarse de los saldos insolutos y de los gastos de enajenación, reduciendo el título a la cantidad de acciones que le resten. Lo anterior es sin perjuicio de cualquier otro arbitrio que, además, se pudiere estipular en los estatutos.

Artículo 18. Las acciones inscritas a nombre de personas fallecidas cuyos herederos o legatarios no las registren a nombre de ellos dentro del plazo de 5 años, contado desde el fallecimiento del causante, serán vendidas por la sociedad en la forma, plazos y condiciones que determine el Reglamento.

Para efectuar estas ventas no regirán las prohibiciones establecidas en la Ley Nº 16.271 y los dineros que se obtengan permanecerán a disposición de los herederos y legatarios de las respectivas sucesiones, por el término de 5 años contado desde la fecha de la venta correspondiente y durante este plazo devengarán los reajustes e intereses establecidos en el artículo 84 de esta ley. Vencido este plazo, los dineros pasarán a pertenecer a los Cuerpos de Bomberos de Chile y se pagarán y distribuirán en la forma que señale el Reglamento.

Sin perjuicio de lo señalado en los incisos precedentes, los titulares de acciones de una sociedad anónima que durante 10 años continuados no concurran a las juntas de accionistas ni cobren los dividendos a que tengan derecho, dejarán de ser considerados accionistas para los efectos señalados en la letra c) del artículo 5º de la ley Nº 18.045, sobre Mercado de Valores, y el inciso primero del artículo 50 bis de la presente ley. En cualquier tiempo que dichos titulares o sus sucesores concurran a una junta de accionistas o cobren dividendos, volverán a ser considerados accionistas con derecho a voto para los fines antes señalados.

Artículo 18 bis. Las personas que, por su giro o actividad, mantengan a cualquier título acciones a nombre propio por cuenta de terceros, a excepción de los mandatarios a que se refiere la ley Nº 20.880, en lo que respecta a los mandatos otorgados conforme a dicha ley, en el mes de marzo de cada año deberán informar a la Comisión para el Mercado Financiero la identidad de dichos terceros, indicando nombres, apellidos, número de cédula de identidad, último domicilio conocido, número de acciones por emisor, nombre de las sociedades emisores de dichas acciones y todo otro dato útil disponible con que cuente para la correcta individualización de la acción y el accionista. En el caso de bancos e instituciones financieras que mantengan acciones a nombre propio por cuenta de terceros, la señalada información se remitirá a la Comisión.

Si las personas a que se refiere el inciso anterior no cuentan con la identidad de los terceros, en el mes de mayo de cada año deberán citar a los eventuales interesados en las respectivas acciones mediante dos avisos. El primero de ellos se efectuará en el Diario Oficial y el segundo en un diario de circulación nacional, mediando entre ellos no más de diez días. Los avisos contendrán la citación a los interesados, la individualización de las acciones y la sociedad emisora, la individualización de la persona que las mantiene por cuenta de terceros, el período que las ha mantenido a su nombre y cualquier otra información disponible con que cuente para la adecuada identificación de la acción y su titular.

Los interesados deberán hacer presente su calidad de titular de las acciones ante las personas a que se refiere el inciso primero de este artículo, dentro del plazo de cinco años, contado desde la publicación del último aviso a que se refiere el inciso anterior. Vencido ese plazo, la persona que tiene las acciones por cuenta de terceros deberá venderlas en remate conforme a lo dispuesto en el Reglamento en todo aquello que no sea incompatible con los plazos y formalidades previstos en este artículo. El dinero que se obtenga quedará a disposición de los interesados por un año, contado desde la fecha del remate, y durante este plazo devengará los reajustes e intereses establecidos en el artículo 84. Vencido ese plazo, dicho producto pasará de pleno derecho a propiedad de los Cuerpos de Bomberos de Chile, y deberá ser entregado con los dividendos que haya devengado en los cinco años anteriores al remate, con los reajuste e intereses establecidos en el artículo 84.

Artículo 19. Los accionistas sólo son responsables del pago de sus acciones y no están obligados a devolver a la caja social las cantidades que hubieren percibido a título de beneficio.

En caso de transferencia de acciones suscritas y no pagadas, el cedente responderá solidariamente con el cesionario del pago de su valor, debiendo constar en el título las condiciones de pago de la acción.

Artículo 20. Las acciones pueden ser ordinarias o preferidas.

Las preferencias deberán constar en los estatutos sociales y en los títulos de las acciones deberá hacerse referencia a ellas. No podrá estipularse preferencias sin precisar el plazo de su vigencia. Tampoco podrá estipularse preferencias que consistan en el otorgamiento de dividendos que no provengan de utilidades del ejercicio o de utilidades retenidas y de sus respectivas revalorizaciones. Los estatutos de las sociedades anónimas abiertas podrán contener preferencias que otorguen a una serie de acciones preeminencia en el control de la sociedad, por un plazo máximo de cinco años, pudiendo prorrogarse por acuerdo de la junta extraordinaria de accionistas.

Artículo 21. Cada accionista dispondrá de un voto por cada acción que posea o represente. Sin embargo, los estatutos podrán contemplar series de acciones preferentes sin derecho a voto o con derecho a voto limitado.

No podrán establecerse series de acciones con derecho a voto múltiple.

Las acciones sin derecho a voto o las con derecho a voto limitado, en aquellas materias que carezcan igualmente de derecho a voto, no se computarán para el cálculo de los quórum de sesión o de votación en las juntas de accionistas.

En los casos en que existan series de acciones preferentes sin derecho a voto o con derecho a voto limitado, tales acciones adquirirán pleno derecho a voto cuando la sociedad no haya cumplido con las preferencias otorgadas en favor de éstas, y conservarán tal derecho mientras no se haya dado total cumplimiento a dichas preferencias. En caso de duda, en las sociedades anónimas abiertas, la adquisición de pleno derecho a voto será resuelta administrativamente por la Comisión con audiencia del reclamante y de la sociedad y en las cerradas, por el árbitro o la justicia ordinaria en su caso, en procedimiento sumario de única instancia y sin ulterior recurso.

Artículo 22. La adquisición de acciones de una sociedad implica la aceptación de los estatutos sociales, de los acuerdos adoptados en las juntas de accionistas, y la de pagar las cuotas insolutas en el caso que las acciones adquiridas no estén pagadas en su totalidad.

Artículo 23. La constitución de gravámenes y de derechos reales distintos al del dominio sobre las acciones de una sociedad, no le serán oponibles a ésta, a menos que se le hubiere notificado por ministro de fe, el cual deberá inscribir el derecho o gravamen en el Registro de Accionistas.

El embargo sobre acciones no priva a su dueño del pleno ejercicio de los derechos sociales, excepto el de la libre cesión de las mismas que queda sujeta a las restricciones establecidas en la ley común.

En los casos de usufructo, las acciones se inscribirán en el Registro de Accionistas a nombre del nudo propietario y del usufructuario, expresándose la existencia, modalidades y plazos del usufructo. Salvo disposición expresa en contrario de la ley o de la convención, el nudo propietario y el usufructuario deberán actuar de consuno frente a la sociedad.

En caso de que una o más acciones pertenezcan en común a varias personas, los codueños estarán obligados a designar un apoderado de todos ellos para actuar ante la sociedad.

Artículo 24. Los acuerdos de las juntas de accionistas sobre aumentos de capital no podrán establecer un plazo superior a tres años, contado desde la fecha de los mismos, para la emisión, suscripción y pago de las acciones respectivas, cualquiera sea la forma de su entero. Vencido el plazo establecido por la junta de accionistas sin que se haya enterado el aumento de capital, el directorio deberá proceder al cobro de los montos adeudados, si no hubiere entablado antes las acciones correspondientes, salvo que dicha junta lo hubiere autorizado por dos tercios de las acciones emitidas para abstenerse del cobro, caso en el cual el capital quedará reducido a la cantidad efectivamente pagada. Agotadas las acciones de cobro, el directorio deberá proponer a la junta de accionistas la aprobación, por mayoría simple, del castigo del saldo insoluto y la reducción del capital a la cantidad efectivamente recuperada.

No obstante lo dispuesto en el inciso precedente, mientras estuviere pendiente una emisión de bonos convertibles en acciones, deberá permanecer vigente un margen no suscrito del aumento de capital por la cantidad de acciones que sea necesaria para cumplir con la opción, cuando ésta sea exigible conforme a las condiciones de la emisión de los bonos.

En los aumentos de capital de una sociedad anónima podrá contemplarse que hasta un 10% de su monto se destine a planes de compensación de sus propios trabajadores o de sus filiales. En esta parte, los accionistas no gozarán de la opción preferente a que se refiere el artículo siguiente. En las sociedades anónimas abiertas, las acciones destinadas a los planes de compensación mencionados sólo podrán ser ofrecidas a los trabajadores a prorrata de la cantidad de acciones del respectivo aumento de capital, en la parte no reservada para tales fines, que sean efectivamente suscritas.

El plazo para suscribir y pagar las acciones por parte de los trabajadores dentro de un plan de compensación podrá extenderse hasta por cinco años, contado desde el acuerdo de la junta de accionistas respectiva.

Artículo 25. Las opciones para suscribir acciones de aumento de capital de la sociedad, incluido el acordado para la emisión de debentures convertibles en acciones de la sociedad emisora, o de cualquiera otros valores que confieran derechos futuros sobre estas acciones, deberán ser ofrecidas, a lo menos por una vez, preferentemente a los accionistas a prorrata de las acciones que posean. En la misma proporción serán distribuidas las acciones liberadas emitidas por la sociedad.

Este derecho es esencialmente renunciable y transferible.

El derecho de preferencia de que trata este artículo deberá ejercerse o transferirse dentro del plazo de 30 días contado desde que se publique la opción en la forma y condiciones que determine el Reglamento. La renuncia se podrá efectuar en la misma junta de accionistas en que se acuerde el aumento de capital o emisión de debentures o valores convertibles en acciones, o en la forma y condiciones que determine el Reglamento.

Artículo 26. La sociedad podrá emitir acciones de pago y se ofrecerán al precio que determine libremente la junta de accionistas.

El mayor valor que se obtenga en la colocación de acciones de pago por sobre el valor que resulte de dividir el capital a enterar por el número de acciones emitidas, aumentará el capital de la sociedad y no podrá ser distribuido como dividendo entre los accionistas. Si, por el contrario, se produjere un menor valor, éste constituirá una disminución del capital a enterar. Estas diferencias deberán reconocerse en la próxima modificación que se haga al capital social.

Artículo 27. Las sociedades anónimas sólo podrán adquirir y poseer acciones de su propia emisión cuando la adquisición:

1) Resulte del ejercicio del derecho de retiro referido en el artículo 69;

2) Resulte de la fusión con otra sociedad, que sea accionista de la sociedad absorbente;

3) Permita cumplir una reforma de estatutos de disminución de capital, cuando la cotización de las acciones en el mercado fuera inferior al valor de rescate que proporcionalmente corresponda pagar a los accionistas.

4) Permita cumplir un acuerdo de la junta extraordinaria de accionistas para la adquisición de acciones de su propia emisión, en las condiciones establecidas en los artículos 27 a 27 D.

5) Se realice conforme a lo dispuesto en el artículo 55 bis del Decreto con Fuerza de Ley N° 3, de 1997, del Ministerio de Hacienda, que fija el texto refundido, sistematizado y concordado de la Ley General de Bancos y de otros cuerpos legales que se indican, sujeto a los requisitos y condiciones que señala dicho precepto legal.

Mientras las acciones sean de propiedad de la sociedad, no se computarán para la constitución del quórum en las asambleas de accionistas y no tendrán derecho a voto, dividendo o preferencia en la suscripción de aumentos de capital.

Las acciones adquiridas de acuerdo con lo dispuesto en los números 1) y 2) del presente artículo, deberán enajenarse en una bolsa de valores dentro del plazo máximo de un año a contar de su adquisición y si así no se hiciere, el capital quedará disminuido de pleno derecho.

Para la enajenación de las acciones deberá cumplirse con la oferta preferente a los accionistas a que se refiere el artículo 25.

Artículo 27 A. Las sociedades anónimas cuyas acciones tengan transacción bursátil podrán adquirir y poseer acciones de su propia emisión, bajo las siguientes condiciones copulativas:

a) Que sea acordado por junta extraordinaria de accionistas por las dos terceras partes de las acciones emitidas con derecho a voto;

b) La adquisición sólo podrá hacerse hasta por el monto de las utilidades retenidas, y

c) Si la sociedad tuviere series de acciones, la oferta de adquisición deberá hacerse en proporción al número de acciones de cada serie, que tenga transacción bursátil.

Las juntas de accionistas citadas para considerar la adquisición de acciones de su propia emisión, deberán pronunciarse sobre el monto o porcentaje máximo a adquirir, el objetivo y la duración del programa, el que no podrá ser superior a cinco años, así como del precio mínimo y máximo a pagar por las acciones respectivas, materias sobre las cuales el directorio de la sociedad deberá dar información amplia y detallada. En todo caso, la junta podrá delegar en el directorio la fijación del precio de adquisición.

Aprobado el programa para adquirir y poseer acciones de su propia emisión en junta de accionistas, ninguna sociedad anónima podrá mantener en cartera acciones de su propia emisión representativas de un monto superior al 5% de sus acciones suscritas y pagadas.

Los excesos producidos deberán ser enajenados en el término de 90 días, contado a partir de la fecha de la adquisición que hubiere dado origen al exceso, sin perjuicio de la responsabilidad que le cupiera a los directores y al gerente de la sociedad.

Sólo podrán ser adquiridas por este procedimiento acciones de la sociedad que estén totalmente pagadas y libres de todo gravamen o prohibición.

Artículo 27 B. Las transacciones celebradas con motivo de la adquisición de acciones de propia emisión, deberán llevarse a cabo en bolsas de valores a través de sistemas que permitan la adquisición a prorrata de las acciones recibidas y si no alcanzaren el porcentaje fijado adquirir, el saldo restante podrá comprarse directamente en rueda. No obstante, siempre podrá ejecutarse un acuerdo de adquisición de acciones a través de una Oferta Pública de Adquisición de Acciones, de conformidad a la ley.

Asimismo, podrá adquirirse directamente en rueda una cantidad representativa de hasta el 1% del capital accionario de la sociedad dentro de cualquier período de doce meses, sin necesidad de aplicar el procedimiento de prorrata, cuando el directorio hubiere sido autorizado para ello por la junta de accionistas.

El monto de las operaciones realizadas en un mismo día no podrá ser superior al 25% del volumen promedio de transacción diario que hayan experimentado las acciones de la sociedad durante los 90 días anteriores, en las bolsas de valores nacionales y, en su caso, extranjeras, por el saldo de aquellas acciones que no hubieren sido adquiridas por el procedimiento de prorrateo.

La Comisión determinará mediante instrucciones de general aplicación, las condiciones mínimas que deberán reunir las acciones para ser consideradas de transacción bursátil. En todo caso, de la aplicación de estas instrucciones no podrá resultar que queden excluidas sociedades en las cuales pudiere invertir un fondo mutuo, de acuerdo a las normas que le sean aplicables a éstos.

Artículo 27 C. Las acciones adquiridas en virtud de lo dispuesto por el número 4) del artículo 27, deberán ser enajenadas por la sociedad dentro del plazo máximo de veinticuatro meses a contar de su adquisición, y si así no se hiciere, el capital quedará disminuido de pleno derecho.

Al momento de enajenarlas, la sociedad deberá realizar una oferta preferente a los accionistas en los términos referidos en el artículo 25. Sin embargo, no será obligatoria esa oferta cuando la cantidad total de acciones a ser vendidas dentro de cualquier período de doce meses no supere el 1% del capital accionario de la sociedad, siempre que cuente con aprobación de la junta de accionistas.

Si los accionistas no ejercieren, en todo o en parte, el derecho preferente señalado en el inciso anterior o se tratare de acciones que se encuentran dentro del cupo mencionado, la enajenación deberá efectuarse siempre en una bolsa de valores.

El plazo previsto en el inciso primero será de 5 años cuando las acciones se hayan adquirido para cumplir un programa o plan de compensación a trabajadores de la sociedad aprobado por la junta de accionistas, caso en el cual tampoco será obligatoria la oferta preferente a los accionistas.

Artículo 27 D. La adquisición y posesión de acciones de su propia emisión por parte de un banco, quedarán sujetas a las siguientes normas adicionales:

a) El valor de las acciones propias en cartera se deducirá del capital básico para todos los efectos legales, reglamentarios y normativos.

b) Para los efectos de lo dispuesto en el inciso tercero del artículo 56 de la Ley General de Bancos, la adquisición de acciones propias se considerará como un reparto de dividendo.

La adquisición requerirá aprobación de la Comisión, que sólo podrá denegarla si la empresa solicitante no se encuentra en la Categoría I, según el artículo 60 de la Ley General de Bancos o dejaría de estar en ella como consecuencia de la adquisición de acciones propias.

Artículo 28. Todo acuerdo de reducción de capital deberá ser adoptado por la mayoría establecida en el inciso segundo del artículo 67, y no podrá procederse al reparto o devolución de capital o a la adquisición de acciones con que dicha disminución pretenda llevarse a efecto, sino transcurridos treinta días desde la fecha de publicación en el Diario Oficial del extracto de la respectiva modificación.

Dentro de los 10 días siguientes a la publicación referida en el inciso anterior, deberá publicarse además un aviso destacado en un diario de circulación nacional y en el sitio en Internet de las sociedades anónimas abiertas que dispongan de tales medios, en el que se informe al público del hecho de la disminución de capital y de su monto.

Artículo 29. En caso que la sociedad tenga la calidad de deudor en un procedimiento concursal de liquidación, los créditos de los acreedores sociales, cualquiera sea la clase a que pertenezcan, prevalecerán sobre los que posean los accionistas en razón de una disminución de capital y será aplicable el artículo 287 de la Ley de Reorganización y Liquidación de Activos de Empresas y Personas respecto de los pagos ya efectuados a éstos.

Artículo 30. Los accionistas deben ejercer sus derechos sociales respetando los de la sociedad y los de los demás accionistas.

TÍTULO IV
DE LA ADMINISTRACIÓN DE LA SOCIEDAD

Artículo 31. La administración de la sociedad anónima la ejerce un directorio elegido por la junta de accionistas.

Los estatutos de las sociedades anónimas deberán establecer un número invariable de directores. La renovación del directorio será total y se efectuará al final de su período, el que no podrá exceder de tres años. Los directores podrán ser reelegidos indefinidamente en sus funciones. A falta de disposición expresa de los estatutos, se entenderá que el directorio se renovará cada año.

El directorio de las sociedades anónimas cerradas no podrá estar integrado por menos de tres directores y el de las sociedades anónimas abiertas por menos de cinco, y si en los estatutos nada se dijere, se estará a estos mínimos.

Sin perjuicio de lo anterior, si la sociedad anónima abierta debiere designar al menos un director independiente y constituir el comité a que se refiere el artículo 50 bis, el mínimo de directores será de siete.

Artículo 32. Los estatutos podrán establecer la existencia de directores suplentes, cuyo número deberá ser igual al de los titulares. En este caso cada director tendrá su suplente, que podrá reemplazarle en forma definitiva en caso de vacancia y en forma transitoria, en caso de ausencia o impedimento temporal de éste.

Los directores suplentes siempre podrán participar en las reuniones del directorio con derecho a voz y sólo tendrán derecho a voto cuando falten sus titulares.

A los directores suplentes les serán aplicables las normas establecidas para los titulares, salvo excepción expresa en contrario o que de ellas mismas aparezca que no les son aplicables.

Si se produjere la vacancia de un director titular y la de su suplente, en su caso, deberá procederse a la renovación total del directorio en la próxima junta ordinaria de accionistas que deba celebrar la sociedad y en el intertanto, el directorio podrá nombrar un reemplazante. En el caso que la referida vacancia corresponda a uno de los directores independientes a que se refiere el artículo 50 bis y su suplente, en su caso, el directorio deberá designar en su reemplazo al candidato a director independiente que le hubiese seguido en votación en la junta en que el primero resultó electo. Si éste no estuviese disponible o en condiciones de asumir el cargo, el directorio designará al que le siguió en votación en la misma junta, y así sucesivamente hasta llenar el cargo. En caso que no fuere posible cumplir con el procedimiento anterior, corresponderá al directorio efectuar la designación, debiendo nombrar a una persona que cumpla con los requisitos que la ley establece para ser considerado director independiente.

Artículo 33. Los estatutos deberán determinar si los directores serán o no remunerados por sus funciones y en caso de serlo, la cuantía de las remuneraciones será fijada anualmente por la junta ordinaria de accionistas.

En la memoria anual que las sociedades anónimas abiertas sometan al conocimiento de la junta ordinaria de accionistas, deberá constar toda remuneración que los directores hayan percibido de la sociedad durante el ejercicio respectivo, incluso las que provengan de funciones o empleos distintos del ejercicio de su cargo, o por concepto de gastos de representación, viáticos, regalías y, en general, todo otro estipendio. Estas remuneraciones especiales deberán presentarse detallada y separadamente en la memoria, avaluándose aquellas que no consistan en dinero.

Artículo 34. Si por cualquier causa no se celebrare en la época establecida la junta de accionistas llamada a hacer la elección de los directores, se entenderán prorrogadas las funciones de los que hubieren cumplido su período hasta que se les nombre reemplazante, y el directorio estará obligado a convocar, dentro del plazo de 30 días, una asamblea para hacer el nombramiento.

Artículo 35. No podrán ser directores de una sociedad anónima:

1) Los menores de edad;

2) Las personas afectadas por la revocación a que se refiere el artículo 77 de esta ley;

3) Las personas condenadas por delito que merezca pena aflictiva o de inhabilitación perpetua para desempeñar cargos u oficios públicos, y aquellos que tengan la calidad de deudor en un procedimiento concursal de liquidación personalmente o como administradores o representantes legales, o que hayan sido condenados por delitos concursales establecidos en el Código Penal.

4) Los funcionarios fiscales, semifiscales, de empresas u organismos del Estado y de empresas de administración autónoma en las que el Estado efectúe aportes o tenga representantes en su administración, en relación a las entidades sobre las cuales dichos funcionarios ejercen, directamente y de acuerdo con la ley, funciones de fiscalización o control.

Las personas que adquieran la calidad de funcionarios en los organismos o empresas públicas indicadas, cesarán automáticamente en el cargo de director de una entidad fiscalizada o controlada.

Artículo 36. Además de los casos mencionados en el artículo anterior, no podrán ser directores de una sociedad anónima abierta o de sus filiales:

1) Los senadores, diputados y alcaldes;

2) Los ministros de Estado, subsecretarios, intendentes, gobernadores, secretarios regionales ministeriales y embajadores, jefes de servicio y el directivo superior inmediato que deba subrogar a cada uno de ellos, con excepción de los cargos de director de las sociedades anónimas abiertas en las que el Estado, según la ley, deba tener representantes en su administración, o sea accionista mayoritario, directa o indirectamente a través de organismos de administración autónoma, empresas fiscales, semifiscales, de administración autónoma, o aquellas en que el Estado sea accionista mayoritario;

3) Los funcionarios de la Comisión que supervisen a la sociedad respectiva o a una o más de las sociedades del grupo empresarial a que pertenece, y

4) Los corredores de bolsa y los agentes de valores, así como sus directores, gerentes, ejecutivos principales y administradores. Esta restricción no se aplicará en las bolsas de valores.

Artículo 37. La calidad de director se adquiere por aceptación expresa o tácita del cargo.

El director que adquiera una calidad que lo inhabilite para desempeñar dicho cargo o que incurriere en incapacidad legal sobreviniente, cesará automáticamente en él. De igual forma cesará en su cargo aquel director que notifique su renuncia, mediante ministro de fe, al presidente del directorio o al gerente.

Cuando el Estado o sus organismos fueren titulares de acciones en una sociedad anónima, en un porcentaje tal que les permita nombrar uno o más directores, les será aplicable a éstos lo dispuesto en el Párrafo 3º del Título III de la Ley Nº 18.575.

Igual norma se aplicará a los gerentes de sociedades anónimas cuando su nombramiento se hubiere efectuado por un directorio integrado mayoritariamente por directores que representen al Estado o sus organismos.

Asimismo, quedarán sujetos a tales disposiciones los directores y los gerentes de las empresas del Estado que en virtud de leyes especiales se encuentren sometidas a la legislación aplicable a las sociedades anónimas.

Lo dispuesto en los incisos tercero, cuarto y quinto se aplicará aun cuando de acuerdo a la ley fuese necesario mencionar expresamente a la empresa para que se le apliquen las reglas de las empresas del Estado o las del sector público, como en el caso de Televisión Nacional de Chile, la Empresa de los Ferrocarriles del Estado, la Empresa Nacional de Minería, la Corporación Nacional del Cobre de Chile y el Banco del Estado de Chile.

La omisión de la declaración a que se refieren los incisos anteriores será sancionada por la Comisión para el Mercado Financiero en conformidad al Título III del decreto ley Nº 3.538, de 1980.

Artículo 38. El directorio sólo podrá ser revocado en su totalidad por la junta ordinaria o extraordinaria de accionistas, no procediendo en consecuencia la revocación individual o colectiva de uno o más de sus miembros.

Artículo 39. Las funciones de director de una sociedad anónima no son delegables y se ejercen colectivamente, en sala legalmente constituida.

Cada director tiene derecho a ser informado plena y documentadamente y en cualquier tiempo, por el gerente o el que haga sus veces, de todo lo relacionado con la marcha de la empresa. Este derecho debe ser ejercido de manera de no afectar la gestión social.

Los directores elegidos por un grupo o clase de accionistas tienen los mismos deberes para con la sociedad y los demás accionistas que los directores restantes, no pudiendo faltar a éstos y a aquélla a pretexto de defender los intereses de quienes los eligieron.

Los gastos del directorio deberán ser presentados en la memoria social, agrupados por ítem relevantes, e informados en la junta ordinaria de accionistas.

Sin perjuicio de lo dispuesto en el inciso primero, en las sociedades anónimas cerradas se podrá prescindir de los acuerdos de directorio siempre que la unanimidad de sus miembros ejecute directamente el acto o contrato y que éstos se formalicen mediante escritura pública. Esta alternativa no podrá ser utilizada por sociedades anónimas que tengan por matriz otra sociedad anónima, pero la infracción de esta prohibición no afectará la validez del acto o contrato, sino que hará personalmente responsables a los directores de los perjuicios ocasionados a la sociedad matriz o a sus directores, por no haber podido ejercer el derecho previsto en el artículo 92.

Artículo 40. El directorio de una sociedad anónima la representa judicial y extrajudicialmente y para el cumplimiento del objeto social, lo que no será necesario acreditar a terceros, está investido de todas las facultades de administración y disposición que la ley o el estatuto no establezcan como privativas de la junta de accionistas, sin que sea necesario otorgarle poder especial alguno, inclusive para aquellos actos o contratos respecto de los cuales las leyes exijan esta circunstancia. Lo anterior no obsta a la representación que compete al gerente, conforme a lo dispuesto en el artículo 49 de la presente ley.

El directorio podrá delegar parte de sus facultades en los ejecutivos principales, gerentes, subgerentes o abogados de la sociedad, en un director o en una comisión de directores y, para objetos especialmente determinados en otras personas.

Artículo 41. Los directores deberán emplear en el ejercicio de sus funciones el cuidado y diligencia que los hombres emplean ordinariamente en sus propios negocios y responderán solidariamente de los perjuicios causados a la sociedad y a los accionistas por sus actuaciones dolosas o culpables.

Es nula toda estipulación del estatuto social y todo acuerdo de la junta de accionistas que tienda a liberar o a limitar la responsabilidad de los directores a que se refiere el inciso anterior.

La aprobación otorgada por la junta de accionistas a la memoria y balance presentados por el directorio o a cualquier otra cuenta o información general, no libera a los directores de la responsabilidad que les corresponda por actos o negocios determinados; ni la aprobación específica de éstos los exonera de aquella responsabilidad, cuando se hubieren celebrado o ejecutado con culpa leve, grave o dolo.

Artículo 42. Los directores no podrán:

1) Proponer modificaciones de estatutos y acordar emisiones de valores mobiliarios o adoptar políticas o decisiones que no tengan por fin el interés social;

2) Impedir u obstaculizar las investigaciones destinadas a establecer su propia responsabilidad o la de los gerentes, administradores o ejecutivos principales en la gestión de la empresa;

3) Inducir a los gerentes, administradores, ejecutivos principales y dependientes, o a los inspectores de cuenta o auditores externos y a las clasificadoras de riesgo, a rendir cuentas irregulares, presentar informaciones falsas y ocultar información;

4) Presentar a los accionistas cuentas irregulares, informaciones falsas y ocultarles informaciones esenciales;

5) Tomar en préstamo dinero o bienes de la sociedad o usar en provecho propio, de sus parientes, representados o sociedades a que se refiere el inciso segundo del artículo 44, los bienes, servicios o créditos de la sociedad, sin previa autorización del directorio otorgada en conformidad a la ley;

6) Usar en beneficio propio o de terceros relacionados, con perjuicio para la sociedad, las oportunidades comerciales de que tuvieren conocimiento en razón de su cargo, y

7) En general, practicar actos ilegales o contrarios a los estatutos o al interés social o usar de su cargo para obtener ventajas indebidas para sí o para terceros relacionados en perjuicio del interés social.

Los beneficios percibidos por los infractores a lo dispuesto en los tres últimos números de este artículo pertenecerán a la sociedad, la que además deberá ser indemnizada por cualquier otro perjuicio.

Lo anterior, no obsta a las sanciones que la Comisión pueda aplicar en el caso de sociedades sometidas a su control.

Artículo 43. Los directores están obligados a guardar reserva respecto de los negocios de la sociedad y de la información social a que tengan acceso en razón de su cargo y que no haya sido divulgada oficialmente por la compañía. En el caso de las sociedades anónimas abiertas, se entenderá que se ha producido dicha divulgación cuando la información se haya dado a conocer mediante los sistemas de información al mercado previstos por la Comisión, de acuerdo al artículo 10 de la Ley Nº 18.045, o bajo otra modalidad compatible con lo dispuesto en el artículo 46.

No regirá esta obligación cuando la reserva lesione el interés social o se refiera a hechos u omisiones constitutivas de infracción de los estatutos sociales, de las leyes o de la normativa dictada por la Comisión en el ejercicio de sus atribuciones.

Artículo 44. Una sociedad anónima cerrada sólo podrá celebrar actos o contratos que involucren montos relevantes en los que uno o más directores tengan interés por sí o como representantes de otra persona, cuando dichas operaciones sean conocidas y aprobadas previamente por el directorio y se ajusten a condiciones de equidad similares a las que habitualmente prevalecen en el mercado, salvo que los estatutos autoricen la realización de tales operaciones sin sujeción a las mencionadas condiciones.

El directorio deberá pronunciarse con la abstención del director con interés. En el acta de la sesión de directorio correspondiente, deberá dejarse constancia de las deliberaciones para aprobar los términos y condiciones de los respectivos actos o contratos, y tales acuerdos serán informados en la próxima junta de accionistas por el que la presida, debiendo hacerse mención de esta materia en su citación.

Se entiende que existe interés de un director en toda negociación, acto, contrato u operación en la que deba intervenir en cualquiera de las siguientes situaciones: (i) él mismo, su cónyuge o sus parientes hasta el segundo grado de consanguinidad o afinidad; (ii) las sociedades o empresas en las cuales sea director o dueño, directamente o a través de otras personas naturales o jurídicas, de un 10% o más de su capital; (iii) las sociedades o empresas en las cuales alguna de las personas antes mencionadas sea director o dueño, directo o indirecto, del 10% o más de su capital, y (iv) el controlador de la sociedad o sus personas relacionadas, si el director no hubiera resultado electo sin los votos de aquél o aquéllos.

Para los efectos de este artículo, se entiende que es de monto relevante todo acto o contrato que supere el 1% del patrimonio social, siempre que dicho acto o contrato exceda el equivalente a 2.000 unidades de fomento y, en todo caso, cuando sea superior a 20.000 unidades de fomento. Se presume que constituyen una sola operación todas aquellas que se perfeccionen en un período de 12 meses consecutivos por medio de uno o más actos similares o complementarios, en los que exista identidad de partes, incluidas las personas relacionadas, u objeto.

La infracción a este artículo no afectará la validez de la operación y sin perjuicio de las sanciones que correspondan, otorgará a la sociedad, a los accionistas y a los terceros interesados, el derecho de exigir indemnización por los perjuicios ocasionados. En caso de demandarse los perjuicios ocasionados por la infracción de este artículo, corresponderá a la parte demandada probar que el acto o contrato se ajustó a condiciones de mercado o que las condiciones de negociación reportaron beneficios a la sociedad que justifican su realización.

Con todo, no será aplicable lo establecido en el inciso primero si la operación ha sido aprobada o ratificada por la junta extraordinaria de accionistas con el quórum de 2/3 de los accionistas con derecho a voto.

En el caso de las sociedades anónimas abiertas, se aplicará lo dispuesto en el Título XVI.

Artículo 45. Se presume la culpabilidad de los directores respondiendo, en consecuencia, solidariamente de los perjuicios causados a la sociedad, accionistas o terceros, en los siguientes casos:

1) Si la sociedad no llevare sus libros o registros;

2) Si se repartieren dividendos provisorios habiendo pérdidas acumuladas, respecto de los directores que concurrieron al acuerdo respectivo;

3) Si la sociedad ocultare sus bienes, reconociere deudas supuestas o simulare enajenaciones. Se presume igualmente la culpabilidad del o de los directores que se beneficien en forma indebida, directamente o a través de otra persona natural o jurídica de un negocio social que, a su vez, irrogue perjuicio a la sociedad.

4) Si se aprobaren operaciones en contravención a lo dispuesto en el artículo 44 o en el Título XVI de la presente ley, en su caso.

Artículo 46. El directorio deberá proporcionar a los accionistas y al público, las informaciones suficientes, fidedignas y oportunas que la ley y, en su caso, la Comisión determinen respecto de la situación legal, económica y financiera de la sociedad.

En las sociedades anónimas abiertas, será responsabilidad del directorio adoptar las medidas apropiadas para evitar que la información referida en el inciso anterior sea divulgada a personas distintas de aquellas que por su cargo, posición o actividad en la sociedad deban conocer dicha información, antes de ser puesta a disposición de los accionistas y el público. Se entenderá que se cumple con este requisito cuando simultáneamente a dicha divulgación se proporcione la misma documentación o presentaciones al público conforme a la norma de carácter general que dicte la Comisión. La obligación de informar prescrita en este inciso, es sin perjuicio de lo establecido en los artículos 9° y 10 de la ley N° 18.045.

Si la infracción a esta obligación causa perjuicio a la sociedad, a los accionistas o a terceros, los directores infractores serán solidariamente responsables de los perjuicios causados. Lo anterior no obsta a las sanciones administrativas que pueda aplicar, en su caso, la Superintendencia y a las demás penas que establezca la ley.

Artículo 47. Las reuniones del directorio se constituirán con la mayoría absoluta del número de directores establecidos en los estatutos y los acuerdos se adoptarán por la mayoría absoluta de los directores asistentes con derecho a voto. En caso de empate, y salvo que los estatutos dispongan otra cosa, decidirá el voto del que presida la reunión.

Los estatutos podrán establecer quórum superiores a los señalados.

El Reglamento determinará y los estatutos especificarán la forma en que deberá efectuarse la citación a reunión del directorio de la sociedad y la frecuencia mínima de su celebración.

En las sociedades anónimas abiertas, la Comisión por resolución fundada, podrá requerir al directorio para que sesione a fin de que se pronuncie sobre las materias que someta a su decisión.

Se entenderá que participan en las sesiones aquellos directores que, a pesar de no encontrarse presentes, están comunicados simultánea y permanentemente a través de medios tecnológicos que autorice la Comisión, mediante instrucciones de general aplicación. En este caso, su asistencia y participación en la sesión será certificada bajo la responsabilidad del presidente, o de quien haga sus veces, y del secretario del directorio, haciéndose constar este hecho en el acta que se levante de la misma.

Artículo 48. Las deliberaciones y acuerdos del directorio se escriturarán en un libro de actas por cualesquiera medios, siempre que éstos ofrezcan seguridad que no podrá haber intercalaciones, supresiones o cualquier otra adulteración que pueda afectar la fidelidad del acta, que será firmada por los directores que hubieren concurrido a la sesión.

Si alguno de ellos falleciere o se imposibilitare por cualquier causa para firmar el acta correspondiente, se dejará constancia en la misma de la respectiva circunstancia o impedimento.

Se entenderá aprobada el acta desde el momento de su firma, conforme a lo expresado en los incisos precedentes y desde esa fecha se podrán llevar a efecto los acuerdos a que ella se refiere. Con todo, la unanimidad de los directores que concurrieron a una sesión podrá disponer que los acuerdos adoptados en ella se lleven a efecto sin esperar la aprobación del acta, de lo cual se dejará constancia en un documento firmado por todos ellos que contenga el acuerdo adoptado.

El director que quiera salvar su responsabilidad por algún acto o acuerdo del directorio, deberá hacer constar en el acta su oposición, debiendo darse cuenta de ello en la próxima junta ordinaria de accionistas por el que presida.

El director que estimare que un acta adolece de inexactitudes u omisiones, tiene el derecho de estampar, antes de firmarla, las salvedades correspondientes. Salvo acuerdo unánime en contrario, las sesiones de directorio de las sociedades anónimas abiertas deberán ser grabadas, por quien haga las veces de secretario, en medios que permitan registrar fielmente el audio de las deliberaciones. Dichas grabaciones deberán ser guardadas en reserva por la sociedad, hasta la aprobación del acta respectiva por todos los directores que deban firmarla, y puestas a disposición de los directores que deseen comprobar la fidelidad de las actas sometidas a su aprobación. En caso que un director estime que existen discrepancias fundamentales y substanciales entre el contenido de las actas y el de las grabaciones, podrá solicitar que a ellas se incorporen literalmente sus propias palabras, según el contenido de las grabaciones en los pasajes respectivos.

El presidente, el secretario y los directores que hayan participado en la sesión respectiva en alguna de las formas señaladas en el inciso final del artículo anterior, no podrán negarse a firmar el acta que se levante de la misma. El acta correspondiente, deberá quedar firmada y salvada, si correspondiere, antes de la sesión ordinaria siguiente que se celebre o en la sesión más próxima que se lleve a efecto. La Comisión podrá autorizar, mediante norma de carácter general, que las sociedades bajo su control adopten para tales fines los mecanismos que permitan el uso de firma electrónica u otros medios tecnológicos que permitan comprobar la identidad de la persona que suscribe.

Artículo 49. Las sociedades anónimas tendrán uno o más gerentes designados por el directorio, el que les fijará sus atribuciones y deberes, pudiendo sustituirlos a su arbitrio.

Al gerente o gerente general en su caso, corresponderá la representación judicial de la sociedad, estando legalmente investido de las facultades establecidas en ambos incisos del artículo 7° del Código de Procedimiento Civil, y tendrá derecho a voz en las reuniones de directorio, respondiendo con los miembros de él de todos los acuerdos perjudiciales para la sociedad y los accionistas, cuando no constare su opinión contraria en el acta.

El cargo de gerente es incompatible con el de presidente, auditor o contador de la sociedad y en las sociedades anónimas abiertas, también con el de director.

Artículo 50. A los gerentes, a las personas que hagan sus veces y a los ejecutivos principales, les serán aplicables las disposiciones de esta ley referente a los directores en lo que sean compatibles con las responsabilidades propias del cargo o función, y en especial, las contempladas en los artículos 35, 36, 37, 41, 42, 43, 44, 45 y 46, según el caso.

Artículo 50 bis. Las sociedades anónimas abiertas deberán designar al menos un director independiente y el comité de directores a que se refiere este artículo, cuando tengan un patrimonio bursátil igual o superior al equivalente a 1.500.000 unidades de fomento y a lo menos un 12,5% de sus acciones emitidas con derecho a voto, se encuentren en poder de accionistas que individualmente controlen o posean menos del 10% de tales acciones.

Si durante el año se alcanzare el patrimonio y el porcentaje accionario a que se refiere el inciso anterior, la sociedad estará obligada a designar los directores y el comité a contar del año siguiente; si se produjere una disminución del patrimonio bursátil a un monto inferior al indicado o se redujere el porcentaje accionario antes referido, la sociedad no estará obligada a mantener los directores independientes ni el comité a contar del año siguiente.

La Comisión podrá, mediante norma de carácter general, señalar los requisitos y condiciones que deberán cumplir los directores para ser considerados como directores independientes. Sin perjuicio de lo anterior, no se considerará independiente a quienes se hayan encontrado en cualquier momento dentro de los últimos dieciocho meses, en alguna de las siguientes circunstancias:

1) Mantuvieren cualquier vinculación, interés o dependencia económica, profesional, crediticia o comercial, de una naturaleza y volumen relevante, con la sociedad, las demás sociedades del grupo del que ella forma parte, su controlador, ni con los ejecutivos principales de cualquiera de ellos, o hayan sido directores, gerentes, administradores, ejecutivos principales o asesores de éstas. Para efectos de lo dispuesto en este artículo, la Comisión podrá establecer, mediante norma de carácter general, los criterios para determinar lo que se entenderá por naturaleza o volumen relevante.

2) Mantuvieren una relación de parentesco hasta el segundo grado de consanguinidad o afinidad, con las personas indicadas en el número anterior.

3) Hubiesen sido directores, gerentes, administradores o ejecutivos principales de organizaciones sin fines de lucro que hayan recibido aportes, contribuciones o donaciones relevantes de las personas indicadas en el número 1).

4) Hubiesen sido socios o accionistas que hayan poseído o controlado, directa o indirectamente, el 10% o más del capital; directores; gerentes; administradores o ejecutivos principales de entidades que han prestado servicios

jurídicos o de consultoría, por montos relevantes, o de auditoría externa, a las personas indicadas en el número 1).

5) Hubiesen sido socios o accionistas que hayan poseído o controlado, directa o indirectamente, 10% o más del capital; directores; gerentes; administradores o ejecutivos principales de los principales competidores, proveedores o clientes de la sociedad.

Para poder ser elegidos como directores independientes, los candidatos deberán ser propuestos por accionistas que representen el 1% o más de las acciones de la sociedad, con a lo menos diez días de anticipación a la fecha prevista para la junta de accionistas llamada a efectuar la elección de los directores.

Con no menos de dos días de anterioridad a la junta respectiva, el candidato y su respectivo suplente, en su caso, deberán poner a disposición del gerente general una declaración jurada en que señalen que: i) aceptan ser candidato a director independiente; ii) no se encuentran en ninguna de las circunstancias indicadas en los numerales anteriores; iii) no mantienen alguna relación con la sociedad, las demás sociedades del grupo del que ella forma parte, su controlador, ni con los ejecutivos principales de cualquiera de ellos, que pueda privar a una persona sensata de un grado razonable de autonomía, interferir con sus posibilidades de realizar un trabajo objetivo y efectivo, generarle un potencial conflicto de interés o entorpecer su independencia de juicio, y iv) asumen el compromiso de mantenerse independientes por todo el tiempo en que ejerzan el cargo de director.

Será elegido director independiente aquel candidato que obtenga la más alta votación.

El director independiente que conforme a lo establecido en el inciso tercero adquiera una inhabilidad sobreviniente para desempeñar su cargo, cesará automáticamente en él, sin perjuicio de su responsabilidad frente a los accionistas. No dará lugar a inhabilidad la reelección del director independiente en su cargo.

El comité tendrá las siguientes facultades y deberes:

1) Examinar los informes de los auditores externos, el balance y demás estados financieros presentados por los administradores o liquidadores de la sociedad a los accionistas, y pronunciarse respecto de éstos en forma previa a su presentación a los accionistas para su aprobación.

2) Proponer al directorio nombres para los auditores externos y clasificadores privados de riesgo, en su caso, que serán sugeridos a la junta de accionistas

respectiva. En caso de desacuerdo, el directorio formulará una sugerencia propia, sometiéndose ambas a consideración de la junta de accionistas.

3) Examinar los antecedentes relativos a las operaciones a que se refiere el Título XVI y evacuar un informe respecto a esas operaciones. Una copia del informe será enviada al directorio, en el cual se deberá dar lectura a éste en la sesión citada para la aprobación o rechazo de la operación respectiva.

4) Proponer al directorio una política general de manejo de conflictos de interés, y pronunciarse acerca de las políticas generales de habitualidad establecidas de conformidad a lo dispuesto en el inciso segundo del artículo 147.

5) Examinar los sistemas de remuneraciones y planes de compensación de los gerentes, ejecutivos principales y trabajadores de la sociedad.

6) Preparar un informe anual de su gestión, en que se incluyan sus principales recomendaciones a los accionistas.

7) Informar al directorio respecto de la conveniencia de contratar o no a la empresa de auditoría externa para la prestación de servicios que no formen parte de la auditoría externa, cuando ellos no se encuentren prohibidos de conformidad a lo establecido en el artículo 242 de la ley N° 18.045, en atención a si la naturaleza de tales servicios pueda generar un riesgo de pérdida de independencia.

8) Las demás materias que señale el estatuto social, o que le encomiende una junta de accionistas o el directorio, en su caso.

El comité estará integrado por tres miembros, la mayoría de los cuales deberán ser independientes. En caso que hubiese más directores con derecho a integrar el comité, según corresponda, en la primera reunión del directorio después de la junta de accionistas en que se haya efectuado su elección, los mismos directores resolverán, por unanimidad, quiénes lo habrán de integrar. En caso de desacuerdo, se dará preferencia a la integración del comité por aquellos directores que hubiesen sido electos con un mayor porcentaje de votación de accionistas que individualmente controlen o posean menos del 10% de tales acciones. Si hubiese solamente un director independiente, éste nombrará a los demás integrantes del comité de entre los directores que no tengan tal calidad, los que gozarán de plenos derechos como miembros del mismo. El presidente del directorio no podrá integrar el comité ni sus subcomités, salvo que sea director independiente.

Las deliberaciones, acuerdos y organización del comité se regirán, en todo lo que les fuere aplicable, por las normas relativas a las sesiones de directorio de la sociedad. El comité comunicará al directorio la forma en que solicitará información, así como también sus acuerdos.

Los directores integrantes del comité serán remunerados. El monto de la remuneración será fijado anualmente en la junta ordinaria de accionistas, acorde a las funciones que les corresponde desarrollar, pero no podrá ser inferior a la remuneración prevista para los directores titulares, más un tercio de su monto.

La junta ordinaria de accionistas determinará un presupuesto de gastos de funcionamiento del comité y sus asesores, el que no podrá ser inferior a la suma de las remuneraciones anuales de los miembros del comité, y éste podrá requerir la contratación de la asesoría de profesionales para el desarrollo de sus labores, conforme al referido presupuesto.

Las actividades que desarrolle el comité, su informe de gestión anual y los gastos en que incurra, incluidos los de sus asesores, serán presentados en la memoria anual e informados en la junta ordinaria de accionistas. Las propuestas efectuadas por el comité al directorio que no hubieren sido recogidas por este último, serán informadas a la junta de accionistas previo a la votación de la materia correspondiente.

Los directores que integren el comité en el ejercicio de las funciones que señala este artículo, además de la responsabilidad inherente al cargo de director, responderán solidariamente de los perjuicios que causen a los accionistas y a la sociedad.

Las sociedades anónimas abiertas que no tengan el patrimonio mínimo y porcentaje accionario señalados en el inciso primero, podrán acogerse voluntariamente a las normas precedentes; en ese caso, deberán cumplir estrictamente con las disposiciones de este artículo.

TÍTULO V
DE LA FISCALIZACIÓN DE LA ADMINISTRACIÓN

Artículo 51. Las juntas ordinarias de las sociedades anónimas cerradas deberán nombrar anualmente dos inspectores de cuentas titulares y dos suplentes, o bien auditores externos independientes, con el objeto de examinar la contabilidad, inventario, balance y otros estados financieros, debiendo informar por escrito a la próxima junta ordinaria sobre el cumplimiento de su mandato. Los inspectores de cuentas podrán, además, vigilar las operaciones sociales y fiscalizar las actuaciones de los administradores y el fiel cumplimiento de sus deberes legales, reglamentarios y estatutarios. Sin embargo, los estatutos podrán eximir a la sociedad de la obligación señalada en este artículo o establecer un mecanismo diverso de control.

Artículo 52. La junta ordinaria de accionistas de las sociedades anónimas abiertas deberá designar anualmente una empresa de auditoría externa regida por el Título XXVIII de la Ley Nº 18.045 con el objeto de examinar la contabilidad, inventario, balance y otros estados financieros de la sociedad, y con la obligación de informar por escrito a la próxima junta ordinaria de accionistas sobre el cumplimiento de su mandato.

Los estatutos podrán establecer, además, en forma permanente o transitoria, la existencia de inspectores de cuentas, para los fines y con las facultades indicadas en el artículo anterior.

Artículo 53. Los inspectores de cuentas y auditores externos que no se encuentren regidos por el Título XXVIII de la Ley Nº 18.045, no estarán sometidos a la fiscalización de la Comisión, excepto para efectos de su incorporación o exclusión del Registro de Inspectores de Cuenta y Auditores Externos que dicha entidad establecerá. El Reglamento determinará los requisitos de idoneidad profesional o técnica, así como las inhabilidades o causales en virtud de las cuales dichos inspectores de cuentas y auditores externos podrán ser incorporados y excluidos del mencionado registro, o bien rechazada su inscripción en el mismo. De las decisiones que al respecto tome la Superintendencia, se podrá reclamar ante el juez de letras conforme a lo previsto en el artículo 30 del Decreto Ley Nº 3.538, de 1980, en lo que fuere aplicable. El tribunal podrá suspender la ejecución de lo resuelto por la Superintendencia, cuando su aplicación en el intertanto pueda provocar un daño irreparable al reclamante.

El informe de los auditores e inspectores de cuentas será incorporado en la memoria junto con los estados financieros y éstos podrán concurrir a las juntas generales de accionistas con derecho a voz pero sin derecho a voto.

Los auditores externos e inspectores de cuenta responderán hasta de la culpa leve por los perjuicios que causaren.

Artículo 54. La memoria, balance, inventario, actas, libros y los informes de los auditores externos y, en su caso, de los inspectores de cuentas, quedarán a disposición de los accionistas para su examen en la oficina de la administración de la sociedad, durante los quince días anteriores a la fecha señalada para la junta de accionistas. Los accionistas sólo podrán examinar dichos documentos en el término señalado.

Durante el período indicado en el inciso anterior, estos accionistas tendrán derecho a examinar iguales antecedentes de las sociedades filiales, en la forma, plazo y condiciones que señale el Reglamento.

No obstante lo dispuesto en los incisos anteriores, con la aprobación de las tres cuartas partes de los directores en ejercicio, podrá darse el carácter de reservado a ciertos documentos que se refieren a negociaciones aún pendientes que al conocerse pudieran perjudicar el interés social. Los directores que dolosa o culpablemente concurran con su voto favorable a la declaración de reserva, responderán solidariamente de los perjuicios que ocasionaren.

En el caso de las sociedades anónimas abiertas, la memoria, el informe de los auditores externos y los estados financieros auditados de la sociedad, deberán ponerse a disposición de los accionistas en el sitio en Internet de las sociedades que dispongan de tales medios.

TÍTULO VI
DE LAS JUNTAS DE ACCIONISTAS

Artículo 55. Los accionistas se reunirán en juntas ordinarias o extraordinarias.

Las primeras se celebrarán una vez al año, en la época fija que determinen los estatutos, para decidir respecto de las materias propias de su conocimiento sin que sea necesario señalarlas en la respectiva citación.

Las segundas podrán celebrarse en cualquier tiempo, cuando así lo exijan las necesidades sociales, para decidir respecto de cualquiera materia que la ley o los estatutos entreguen al conocimiento de las juntas de accionistas y siempre que tales materias se señalen en la citación correspondiente.

Cuando una junta extraordinaria deba pronunciarse sobre materias propias de una junta ordinaria, su funcionamiento y acuerdo se sujetarán, en lo pertinente, a los quórum aplicables a esta última clase de juntas.

Artículo 56. Son materias de la junta ordinaria:

1) El examen de la situación de la sociedad y de los informes de los inspectores de cuentas y auditores externos y la aprobación o rechazo de la memoria, del balance, de los estados y demostraciones financieras presentadas por los administradores o liquidadores de la sociedad;

2) La distribución de las utilidades de cada ejercicio y, en especial, el reparto de dividendos;

3) La elección o revocación de los miembros titulares y suplentes del directorio, de los liquidadores y de los fiscalizadores de la administración; y

4) En general, cualquiera materia de interés social que no sea propia de una junta extraordinaria.

Artículo 57. Son materias de junta extraordinaria:

1) La disolución de la sociedad;

2) La transformación, fusión o división de la sociedad y la reforma de sus estatutos;

3) La emisión de bonos o debentures convertibles en acciones;

4) La enajenación del activo de la sociedad en los términos que señala el N° 9 del artículo 67;

5) El otorgamiento de garantías reales o personales para caucionar obligaciones de terceros, excepto si éstos fueren sociedades filiales, en cuyo caso la aprobación de directorio será suficiente, y

6) Las demás materias que por ley o por los estatutos, correspondan a su conocimiento o a la competencia de las juntas de accionistas.

Las materias referidas en los números 1), 2), 3) y 4) sólo podrán acordarse en junta celebrada ante notario, quien deberá certificar que el acta es expresión fiel de lo ocurrido y acordado en la reunión.

Artículo 58. Las juntas serán convocadas por el directorio de la sociedad.

El directorio deberá convocar:

1) A junta ordinaria, a efectuarse dentro del cuatrimestre siguiente a la fecha del balance, con el fin de conocer de todos los asuntos de su competencia;

2) A junta extraordinaria siempre que, a su juicio, los intereses de la sociedad lo justifiquen;

3) A junta ordinaria o extraordinaria, según sea el caso, cuando así lo soliciten accionistas que representen, a lo menos, el 10% de las acciones emitidas con derecho a voto, expresando en la solicitud los asuntos a tratar en la junta;

4) A junta ordinaria o extraordinaria, según sea el caso, cuando así lo requiera la Comisión, con respecto a las sociedades anónimas abiertas o especiales, sin perjuicio de su facultad para convocarlas directamente. En el caso de las sociedades anónimas cerradas, si el directorio no ha convocado a junta cuando corresponde, accionistas que representen, a lo menos, el 10% de las acciones emitidas con derecho a voto, podrán efectuar la citación a junta ordinaria o extraordinaria, según sea el caso, mediante la publicación de un aviso en un diario de circulación nacional, en el cual expresarán la fecha y hora en que se llevará a cabo y los asuntos a tratar en la junta.

Las juntas convocadas en virtud de la solicitud de accionistas o de la Comisión, deberán celebrarse dentro del plazo de 30 días a contar de la fecha de la respectiva solicitud.

Artículo 59. La citación a la junta de accionistas se efectuará por medio de un aviso destacado que se publicará, a lo menos, por tres veces en días distintos en el periódico del domicilio social que haya determinado la junta de accionistas o, a falta de acuerdo o en caso de suspensión o desaparición de la circulación del periódico designado, en el Diario Oficial, con una anticipación mínima de diez días a la fecha de la celebración de la junta, en la forma y condiciones que señale el Reglamento.

En las sociedades anónimas abiertas, además, con la misma anticipación mínima y en la forma que establezca la Comisión por norma de carácter general, deberá difundirse el hecho que se realizará una junta de accionistas, con indicación de la fecha, una referencia a las materias a ser tratadas en ella e indicación de la forma de obtener copias íntegras de los documentos que fundamentan las diversas opciones sometidas a su voto, los que deberán, además, ponerse a disposición de los accionistas en el sitio web de las sociedades que dispongan de tales medios.

La omisión de la obligación a que se refiere el inciso anterior no afectará la validez de la citación, pero los directores, liquidadores y gerente de la sociedad infractora responderán de los perjuicios que causaren a los accionistas, no obstante las sanciones administrativas que la Comisión pueda aplicarles.

Artículo 60. Podrán auto convocarse y celebrarse válidamente aquellas juntas a las que concurran la totalidad de las acciones emitidas con derecho a voto, aun cuando no hubieren cumplido las formalidades requeridas para su citación.

Artículo 61. Las juntas se constituirán en primera citación, salvo que la ley o los estatutos establezcan mayorías superiores, con la mayoría absoluta de las acciones emitidas con derecho a voto y, en segunda citación, con las que se encuentren presentes o representadas, cualquiera que sea su número, y los acuerdos se adoptarán por la mayoría absoluta de las acciones presentes o representadas con derecho a voto.

Los avisos de la segunda citación sólo podrán publicarse una vez que hubiere fracasado la junta a efectuarse en primera citación y en todo caso, la nueva junta deberá ser citada para celebrarse dentro de los 45 días siguientes a la fecha fijada para la junta no efectuada.

Las juntas serán presididas por el presidente del directorio o por el que haga sus veces y actuará como secretario el titular de este cargo, cuando lo hubiere, o el gerente en su defecto.

Artículo 62. Solamente podrán participar en las juntas y ejercer sus derechos de voz y voto, los titulares de acciones inscritas en el Registro de Accionistas con cinco días de anticipación a aquel en que haya de celebrarse la respectiva junta. Sin embargo, tratándose de una sociedad anónima cerrada, podrán participar en la junta todos los accionistas que al momento de iniciarse ésta figuraren como accionistas en el respectivo registro.

Los titulares de acciones sin derecho a voto, así como los directores y gerentes que no sean accionistas, podrán participar en las juntas con derecho a voz.

Para los efectos de esta ley, se entiende por acciones sin derecho a voto aquellas que tengan este carácter por disposición legal o estatutaria.

Las materias sometidas a decisión de la junta deberán llevarse individualmente a votación, salvo que, por acuerdo unánime de los accionistas presentes con derecho a voto, se permita omitir la votación de una o más materias y se proceda por aclamación. Toda votación que se efectúe en una junta deberá realizarse mediante un sistema que asegure la simultaneidad de la emisión de los votos o bien en forma secreta, debiendo el escrutinio llevarse a cabo en un solo acto público, y en ambos casos, que con posterioridad pueda conocerse en forma pública cómo sufragó cada accionista. Corresponderá a la Comisión aprobar, mediante norma de carácter general, los referidos sistemas para las sociedades anónimas abiertas.

Siempre que la ley ordene a un accionista emitir su voto de viva voz, se entenderá cumplida esta obligación cuando la emisión del mismo se haga por uno de los sistemas de votación simultánea o secreta y con publicidad posterior referidos en el inciso precedente. Cuando en el ejercicio de la facultad que otorga el inciso anterior, la junta por la unanimidad de los presentes haya aprobado una modalidad diferente, dicho accionista deberá emitir en todo caso su voto de viva voz, de lo cual se dejará constancia en el acta de la junta.

Artículo 63. Las sociedades anónimas abiertas deberán comunicar a la Comisión para el Mercado Financiero la celebración de toda junta de accionistas, con una anticipación no inferior a diez días.

La Comisión, en las sociedades anónimas abiertas, podrá suspender por resolución fundada la citación a junta de accionistas y la junta misma, cuando fuere contraria a la ley, a los reglamentos o a los estatutos.

La Comisión podrá hacerse representar en toda junta de una sociedad sometida a su control, con derecho a voz y en ella su representante resolverá administrativamente sobre cualquiera cuestión que se suscite, sea con relación a la calificación de poderes o a cualquier otra que pueda afectar la legitimidad de la junta o la validez de sus acuerdos.

Artículo 64. Los accionistas podrán hacerse representar en las juntas por medio de otra persona, aunque ésta no sea accionista. La representación deberá conferirse por escrito, por el total de las acciones de las cuales el mandante sea titular a la fecha señalada en el artículo 62.

El Reglamento señalará el texto del poder para la representación de acciones en las juntas y las normas para la calificación.

La Comisión, mediante norma de carácter general, podrá autorizar a las sociedades anónimas abiertas, para establecer sistemas que permitan el voto a distancia, siempre que dichos sistemas resguarden debidamente los derechos de los accionistas y la regularidad del proceso de votación.

Artículo 65. El ejercicio del derecho a voto y del derecho a opción por acciones constituidas en prenda, corresponderá al deudor prendario, y por acciones gravadas con usufructo, al usufructuario y al nudo propietario, conjuntamente, salvo estipulación en contrario.

Artículo 66. En las elecciones que se efectúen en las juntas, los accionistas podrán acumular sus votos en favor de una sola persona, o distribuirlos en la forma que estimen conveniente, y se proclamarán elegidos a los que en una misma y única votación resulten con mayor número de votos, hasta completar el número de cargos por proveer.

Si existieren directores titulares y suplentes, la sola elección de un titular implicará la del suplente que se hubiere nominado previamente para aquél.

Lo dispuesto en los incisos precedentes no obsta a que por acuerdo unánime de los accionistas presentes con derecho a voto, se omita la votación y se proceda a elegir por aclamación.

Artículo 67. Los acuerdos de la junta extraordinaria de accionistas que impliquen reforma de los estatutos sociales o el saneamiento de la nulidad de modificaciones de ellos causada por vicios formales, deberán ser adoptados con la mayoría que determinen los estatutos, la cual, en las sociedades cerradas, no podrá ser inferior a la mayoría absoluta de las acciones emitidas con derecho a voto.

Requerirán del voto conforme de las dos terceras partes de las acciones emitidas con derecho a voto, los acuerdos relativos a las siguientes materias:

1) La transformación de la sociedad, la división de la misma y su fusión con otra sociedad;

2) La modificación del plazo de duración de la sociedad cuando lo hubiere;

3) La disolución anticipada de la sociedad;

4) El cambio de domicilio social;

5) La disminución del capital social;

6) La aprobación de aportes y estimación de bienes no consistentes en dinero;

7) La modificación de las facultades reservadas a la junta de accionistas o de las limitaciones a las atribuciones del directorio;

8) La disminución del número de miembros de su directorio;

9) La enajenación de un 50% o más de su activo, sea que incluya o no su pasivo, lo que se determinará conforme al balance del ejercicio anterior, y la formulación o modificación de cualquier plan de negocios que contemple la

enajenación de activos por un monto que supere dicho porcentaje; la enajenación de 50% o más del activo de una filial, siempre que ésta represente al menos un 20% del activo de la sociedad, como cualquier enajenación de sus acciones que implique que la matriz pierda el carácter de controlador;

10) La forma de distribuir los beneficios sociales;

11) El otorgamiento de garantías reales o personales para caucionar obligaciones de terceros que excedan el 50% del activo, excepto respecto de filiales, caso en el cual la aprobación del directorio será suficiente;

12) La adquisición de acciones de su propia emisión, en las condiciones establecidas en los artículos 27A y 27B;

13) Las demás que señalen los estatutos;

14) El saneamiento de la nulidad, causada por vicios formales, de que adolezca la constitución de la sociedad o una modificación de sus estatutos sociales que comprenda una o más materias de las señaladas en los números anteriores.

Las reformas de estatutos que tengan por objeto la creación, modificación, prórroga o supresión de preferencias, deberán ser aprobadas con el voto conforme de las dos terceras partes de las acciones de la serie o series afectadas.

15) En las sociedades anónimas abiertas, establecer el derecho de compra a que hace referencia el inciso segundo del artículo 71 bis, y

16) Aprobar o ratificar la celebración de actos o contratos con partes relacionadas, de conformidad a lo establecido en los artículos 44 y 147.

Artículo 68. Las acciones pertenecientes a accionistas que durante un plazo superior a 5 años no hubieren cobrado los dividendos que la sociedad hubiere distribuido, ni asistido a las juntas de accionistas que se hubieren celebrado, no serán consideradas para los efectos del quórum y de las mayorías requeridas en las juntas. Cuando haya cesado uno de los hechos mencionados, esas acciones deberán considerarse nuevamente para los fines antes señalados.

Artículo 69. La aprobación por la junta de accionistas de alguna de las materias que se indican más adelante, concederá al accionista disidente el derecho a retirarse de la sociedad, previo pago por aquella del valor de sus acciones. Sin perjuicio de lo anterior, en el caso de que la sociedad tenga la calidad de deudor en un procedimiento concursal de liquidación, se suspenderá el ejercicio del derecho a retiro hasta que no sean pagadas las acreencias que existan en el momento de generarse ese derecho. Igual norma se aplicará en caso de quedar sujeta la sociedad a un acuerdo de reorganización aprobado conforme a lo establecido en la Ley de Reorganización y Liquidación de Activos de Empresas y Personas y mientras esté vigente, salvo que dicho acuerdo autorice el retiro o cuando termine por la dictación de la resolución de liquidación.

Considérase accionista disidente a aquel que en la respectiva junta se hubiere opuesto al acuerdo que da derecho a retiro, o que, no habiendo concurrido a la junta, manifieste su disidencia por escrito a la sociedad, dentro del plazo establecido en el artículo siguiente.

El precio a pagar por la sociedad al accionista disidente que haga uso del derecho a retiro será, en las sociedades anónimas cerradas, el valor de libros de la acción y en las abiertas, el valor de mercado de la misma, determinados en la forma que fije el Reglamento.

Los acuerdos que dan origen al derecho a retiro de la sociedad son:

1) La transformación de la sociedad;

2) La fusión de la sociedad;

3) Las enajenaciones a que se refiere el Nº 9) del artículo 67;

4) El otorgamiento de las cauciones a que se refiere el Nº 11) del artículo 67;

5) La creación de preferencias para una serie de acciones o el aumento, prórroga o la reducción de las ya existentes. En este caso, tendrán derecho a retiro únicamente los accionistas disidentes de la o las series afectadas;

6) El saneamiento de la nulidad causada por vicios formales de que adolezca la constitución de la sociedad o alguna modificación de sus estatutos que diere este derecho.

7) Los demás casos que establezcan la ley o sus estatutos, en su caso.

Artículo 69 bis. Tratándose de sociedades anónimas abiertas en las que el Estado, directamente o por intermedio de sus empresas, instituciones descentralizadas, autónomas, municipalidades o a través de cualquier persona jurídica, fuere controlador y mientras mantenga esa calidad en dichas sociedades, podrá ejercerse por los restantes accionistas el derecho a retiro de la sociedad si, en conformidad a las disposiciones del Título XIV de la Ley Nº 18.045, sus acciones hubieren estado clasificadas en primera clase y posteriormente fueren clasificadas como de segunda clase o sin información suficiente, por dos entidades clasificadoras de riesgo que deban evaluar sus acciones de acuerdo a la ley citada, basadas en razones que afectaren negativa y substancialmente su rentabilidad y derivadas de alguna de las siguientes causales:

a) Cuando se dicten normas en materia tarifaria o de precios de los servicios o bienes que ofrezcan o produzcan o relativas al acceso a los mercados, o se modifiquen las normas existentes;

b) Cuando la autoridad determine un precio de los bienes o servicios que ofrezcan o adquieran, diferente al precio fijado y calculado según los procedimientos establecidos por las leyes, o al convenido entre el proveedor del servicio y el usuario, que altere negativamente al que se tuvo en consideración al clasificar las acciones como de primera clase;

c) Cuando la sociedad esté sujeta a fijación de tarifas o de precios de los servicios o bienes que ofrezca o produzca y los administradores determinen fijar un valor menor por ellos, que altere negativamente al que se tuvo en consideración al clasificar las acciones como de primera clase;

d) La determinación de sus administradores de adquirir materias primas u otros bienes o servicios necesarios para su giro que incidan en sus costos, en términos o condiciones más onerosos en relación al promedio del precio en que normalmente se ofrecen en el mercado sean nacionales o extranjeros, considerando el volumen, calidad y especialidad que la sociedad requiera;

e) La determinación de los administradores de la sociedad de iniciar proyectos importantes de inversión sin tener en cuenta una rentabilidad adecuada, considerando las características y el riesgo del proyecto, y

f) La realización de acciones de fomento o ayuda o al otorgamiento directo o indirecto de subsidios de parte de la sociedad, que no hubieren sido considerados a la época de la clasificación de las acciones como de primera clase, siempre que no le fueren otorgados, directa o indirectamente, por el Estado, los recursos suficientes para su financiamiento.

El derecho a retiro establecido en el inciso segundo del artículo 106 del Decreto Ley Nº 3.500, respecto de las administradoras de fondos de pensiones, podrá también ser ejercido por los accionistas a que se refiere el artículo 56 del Decreto con Fuerza de Ley Nº 251, de 1931, y los indicados en el inciso anterior.

El derecho a retiro de que tratan este artículo, el artículo 106 del decreto ley Nº 3.500, de 1980, y el artículo 56 del Decreto con Fuerza de Ley Nº 251, de 1931, deberá ser ejercido por el accionista dentro del plazo de 30 días contado desde la fecha de la publicación del acuerdo desaprobatorio o clasificaciones pertinentes.

En los casos en que se origine el derecho a retiro, sea en virtud de esta ley o de otras leyes, será obligación de la sociedad emisora efectuar una publicación mediante un aviso destacado en un diario de amplia circulación nacional y remitir una comunicación a los accionistas con derecho, informando sobre esta circunstancia y sobre el plazo para su ejercicio, dentro de los dos días siguientes a la fecha en que nazca el derecho a retiro.

Para ejercer el derecho a retiro, el accionista deberá manifestarlo por escrito a la sociedad emisora dentro del plazo indicado en el inciso tercero, y comprenderá las acciones que poseía inscritas a su nombre en el Registro de Accionistas a la fecha de publicación del acuerdo o clasificaciones correspondientes.

El precio a pagar por la sociedad al accionista que ejerza el derecho a retiro, en conformidad a lo dispuesto en el artículo 106 del Decreto Ley Nº 3.500, de 1980, en el artículo 56 del Decreto con Fuerza de Ley Nº 251, de 1931, o en el inciso primero de este artículo será el equivalente al precio promedio ponderado de las transacciones bursátiles de las acciones de que se trate, en los seis meses precedentes al día de la publicación del acuerdo desaprobatorio de la Comisión Clasificadora de Riesgo o clasificación de las entidades clasificadoras, según corresponda, que motiva el retiro. Para el cálculo del precio promedio ponderado, deberá considerarse la variación experimentada por la unidad de fomento entre el día de cada transacción y el día precedente al de la publicación del acuerdo o clasificaciones correspondientes.

Sin embargo, el precio a pagar al accionista que ejerza el derecho a retiro cuando las acciones de la sociedad dejen de tener transacción bursátil o si teniéndola, no alcancen a establecer un valor de acuerdo a las normas que se dicten por la Comisión al afecto, será el valor de libros, conforme se determina en el Reglamento de esta ley.

El pago del precio deberá efectuarse dentro de los 60 días siguientes a la fecha de vencimiento del plazo a que se refiere el inciso tercero de este artículo. Si no se pagare dentro de dicho término, el precio deberá expresarse en unidades de fomento y devengará intereses corrientes para operaciones reajustables, a contar del vencimiento del plazo antes señalado. Para el cobro del mismo, tendrá mérito ejecutivo la certificación que otorgue la Comisión respecto de las publicaciones que hayan hecho las clasificadoras de riesgo o la

Comisión Clasificadora de Riesgos, en su caso, y el título de las acciones o el documento que haga sus veces. Asimismo, gozará de igual mérito la certificación de la Comisión acerca de la copia del acta, o de una parte de ella, a que se refiere el inciso siguiente.

Si los accionistas que ejercieren el derecho a retiro representaren un porcentaje igual o superior a un tercio de las acciones emitidas, el directorio deberá citar a junta extraordinaria de accionistas, dentro de los 60 días siguientes de transcurrido el plazo a que se refiere el inciso tercero de este artículo, a fin de que la sociedad representada por su directorio, convenga con los accionistas disidentes que representen el voto conforme de los dos tercios de las acciones que hayan ejercido el derecho a retiro, las condiciones y plazos para el pago de la deuda que se genere como consecuencia de ello. Este acuerdo será obligatorio para los demás accionistas disidentes. Para los accionistas que no hubieren ejercido el derecho a retiro, esta junta tendrá el carácter de informativa y estos accionistas no serán considerados para efectos de quórum ni tendrán derecho a voto.

El accionista disidente podrá renunciar a hacer efectivo su derecho a retiro, hasta antes de que la sociedad le efectúe el pago o que la sociedad y los accionistas disidentes acuerden el convenio de pago, a que se refiere el inciso penúltimo de este artículo.

Artículo 69 ter. Eliminado.

Artículo 70. El derecho a retiro en virtud de lo dispuesto en el artículo 69 deberá ser ejercido por el accionista disidente dentro del plazo de 30 días contado desde la fecha de celebración de la junta de accionistas que adoptó el acuerdo que lo motiva, en la forma que determine el Reglamento.

El derecho a retiro sólo comprende las acciones que el accionista disidente poseía inscritas a su nombre en el Registro de Accionistas de la sociedad, a la fecha que determina su derecho a participar en la junta en que se adoptó el acuerdo al que se opuso.

Artículo 71. El directorio podrá convocar a una nueva junta que deberá celebrarse a más tardar dentro de los 30 días siguientes al vencimiento del plazo señalado en el artículo 70, a fin de que ésta reconsidere o ratifique los acuerdos que motivaron el ejercicio del derecho a retiro. Si en dicha junta se revocaren los mencionados acuerdos, caducará el referido derecho a retiro.

El precio de las acciones se pagará sin recargo alguno dentro de los 60 días siguientes a la fecha de la celebración de la junta en que tomó el acuerdo que motivó el retiro. Si no se pagare dentro de dicho término, el precio deberá expresarse en unidades de fomento y devengará intereses corrientes a contar del vencimiento del plazo antes señalado.

Artículo 71 bis. También dará derecho a retiro a favor de los accionistas minoritarios, que un controlador adquiera más del noventa y cinco por ciento de las acciones de una sociedad anónima abierta. Este derecho a retiro deberá ser ejercido dentro del plazo de 30 días contado desde la fecha en que el accionista controlador alcance la participación indicada, lo que se comunicará dentro de los dos días hábiles siguientes a través de un aviso destacado publicado en un diario de circulación nacional y en el sitio en Internet de la sociedad, si ella dispone de tales medios.

Asimismo, los estatutos de la sociedad podrán facultar al controlador para exigir que todos los accionistas que no opten por ejercer su derecho a retiro, le vendan aquellas acciones adquiridas bajo la vigencia de esa facultad estatutaria, siempre que haya alcanzado el porcentaje indicado en el inciso anterior a consecuencia de una oferta pública de adquisición de acciones, efectuada por la totalidad de las acciones de la sociedad anónima abierta, o de la serie de acciones respectiva, en la que haya adquirido, de accionistas no relacionados, a lo menos un quince por ciento de tales acciones. El precio de la compraventa respectiva será el establecido en dicha oferta, debidamente reajustado y más intereses corrientes.

El controlador deberá notificar que ejercerá su derecho de compra dentro de los quince días siguientes al vencimiento del plazo previsto para el ejercicio del derecho a retiro indicado en el inciso primero, mediante carta certificada enviada al domicilio registrado en la sociedad por los accionistas respectivos, así como a través de un aviso destacado publicado en un diario de circulación nacional y en el sitio en Internet de la sociedad, si ella dispone de tales medios.

La compraventa se entenderá perfeccionada quince días después de notificado el ejercicio del derecho de compra sin necesidad que las partes firmen el respectivo traspaso, debiendo proceder la sociedad a registrar las acciones a nombre del controlador y poner inmediatamente a disposición de los accionistas el producto de la venta, de la misma forma prevista para el reparto de los dividendos sociales. En el caso de acciones prendadas, la sociedad registrará las acciones a nombre del controlador sin alzar la prenda respectiva, pero retendrá el producto de la venta hasta que ello ocurra. Para estos efectos se aplicará lo dispuesto en el artículo 18 en todo aquello que resulte aplicable.

La Comisión, mediante norma de carácter general, podrá establecer los procedimientos y regulaciones que faciliten el legítimo ejercicio de estos derechos.

Artículo 72. De las deliberaciones y acuerdos de las juntas se dejará constancia en un libro de actas, el que será llevado por el secretario, si lo hubiere, o en su defecto, por el gerente de la sociedad.

Las actas serán firmadas por quienes actuaron de presidente y secretario de la junta, y por tres accionistas elegidos en ella, o por todos los asistentes si éstos fueren menos de tres.

Se entenderá aprobada el acta desde el momento de su firma por las personas señaladas en el inciso anterior y desde esa fecha se podrán llevar a efecto los acuerdos a que ella se refiere. Si alguna de las personas designadas para firmar el acta estimara que ella adolece de inexactitudes u omisiones, tendrá derecho a estampar, antes de firmarla, las salvedades correspondientes.

Las deliberaciones y acuerdos de las juntas se escriturarán en el libro de actas respectivo por cualquier medio, siempre que éstos ofrezcan seguridad que no podrá haber intercalaciones, supresiones o cualquier otra adulteración que pueda afectar la fidelidad del acta. Lo anterior es sin perjuicio de las atribuciones que sobre estas materias competen a la Comisión respecto de las entidades sometidas a su control.

El presidente, el secretario y las demás personas que se hayan obligado a firmar el acta que se levante de la junta de accionistas respectiva, no podrán negarse a firmarla. El acta que se levante de una junta de accionistas deberá quedar firmada y salvada, si fuere el caso, dentro de los 10 días hábiles siguientes a la celebración de la junta de accionistas correspondiente.

En las sociedades anónimas abiertas, el acta de la más reciente junta de accionistas deberá quedar a disposición de los accionistas en el sitio en Internet de las sociedades que cuenten con tales medios.

TÍTULO VII
DEL BALANCE, DE OTROS ESTADOS Y REGISTROS FINANCIEROS Y DE LA DISTRIBUCIÓN DE LAS UTILIDADES

Artículo 73. Los asientos contables de la sociedad se efectuarán en registros permanentes, de acuerdo con las leyes aplicables, debiendo llevarse éstos de conformidad con principios de contabilidad de aceptación general.

Artículo 74. Las sociedades anónimas confeccionarán anualmente su balance general al 31 de diciembre o a la fecha que determinen los estatutos.

El directorio deberá presentar a la consideración de la junta ordinaria de accionistas una memoria razonada acerca de la situación de la sociedad en el último ejercicio, acompañada del balance general, del estado de ganancias y pérdidas y del informe que al respecto presenten los auditores externos o inspectores de cuentas, en su caso. Todos estos documentos deberán reflejar con claridad la situación patrimonial de la sociedad al cierre del ejercicio y los beneficios obtenidos o las pérdidas sufridas durante el mismo.

En las sociedades abiertas, la memoria incluirá como anexo una síntesis fiel de los comentarios y proposiciones que formulen el comité de directores, en su caso, y accionistas que posean o representen el 10% o más de las acciones emitidas con derecho a voto, relativas a la marcha de los negocios sociales, siempre que dichos comité o accionistas así lo soliciten.

Asimismo, en toda información que envíe el directorio de las sociedades abiertas a los accionistas en general, con motivo de citación a junta, solicitudes de poder, fundamentación de sus decisiones y otras materias similares, deberán incluirse los comentarios y proposiciones pertinentes que hubieren formulado el comité y los accionistas mencionados en el inciso anterior.

El Reglamento determinará la forma, plazo y modalidades a que deberá sujetarse este derecho y las obligaciones de información de la posición de las minorías a que se refieren los incisos anteriores.

Artículo 75. En una fecha no posterior a la del primer aviso de una convocatoria para la junta ordinaria, el directorio de una sociedad anónima abierta deberá poner a disposición de cada uno de los accionistas inscritos en el respectivo registro, una copia del balance y de la memoria de la sociedad, incluyendo el dictamen de los auditores y sus notas respectivas.

En las sociedades anónimas cerradas, el envío de la memoria y balance se efectuará sólo a aquellos accionistas que así lo soliciten.

Si el balance general y el estado de ganancias y pérdidas fueren modificados por la junta, las modificaciones, en lo pertinente, se pondrán a disposición de los accionistas dentro de los quince días siguientes a la fecha de la junta.

Artículo 76. Las sociedades anónimas abiertas deberán publicar en su sitio en Internet, con la disponibilidad y por el plazo que determine la Comisión, la información sobre sus estados financieros y el informe de los auditores externos, con no menos de 10 días de anticipación a la fecha en que se celebre la junta que se pronunciará sobre los mismos.

Asimismo, la información señalada en el inciso anterior y el hipervínculo al sitio de Internet de la sociedad donde dicha información se ubique, deberá presentarse dentro de ese mismo plazo a la Comisión, para que así ésta pueda publicarlo en su sitio de Internet, facilitando de esta forma el acceso por parte del público a la información, debiendo la sociedad informar conjuntamente la fecha de publicación de tales antecedentes en su sitio en Internet.

Si los estados financieros fueren alterados por la junta, las modificaciones se publicarán en el sitio en Internet de la sociedad, dentro de los 5 días siguientes a la fecha de la junta.

En el evento de que la sociedad no cuente con un sitio en Internet para efectuar las publicaciones referidas en los incisos anteriores, deberá realizarlas en un diario de amplia circulación, en el lugar del domicilio social, con no menos de 10 ni más de 20 días de anticipación a la fecha en que se celebre la junta que se pronunciará sobre los estados financieros y el informe de los auditores externos. Tratándose de las modificaciones introducidas por la junta, la publicación deberá efectuarse en el mismo diario dentro de los 15 días siguientes a la fecha de la junta.

Si estos mismos documentos fueren observados por la Comisión, ésta podrá disponer la publicación de sus observaciones en la forma que ella determine.

Lo anterior es sin perjuicio de las otras facultades que disposiciones legales, reglamentarias y administrativas otorguen a la Comisión.

Artículo 77. La junta de accionistas llamada a decidir sobre determinado ejercicio, no podrá diferir su pronunciamiento respecto de la memoria, balance general y estados de ganancias y pérdidas que le hayan sido presentados, debiendo resolver de inmediato sobre su aprobación, modificación o rechazo y sobre el monto de los dividendos que deberán pagarse dentro de los plazos establecidos en el artículo 81 de esta ley.

Si la junta rechazare el balance, en razón de observaciones específicas y fundadas, el directorio deberá someter uno nuevo a su consideración para la fecha que ésta determine, la que no podrá exceder de 60 días a contar de la fecha del rechazo.

Si la junta rechazare el nuevo balance sometido a su consideración, se entenderá revocado el directorio, sin perjuicio de las responsabilidades que resulten. En la misma oportunidad se procederá a la elección de uno nuevo.

Los directores que hubieren aprobado el balance que motivó su revocación, quedarán inhabilitados para ser reelegidos por el período completo siguiente.

Artículo 78. Los dividendos se pagarán exclusivamente de las utilidades líquidas del ejercicio, o de las retenidas, provenientes de balances aprobados por junta de accionistas.

No obstante lo dispuesto en el inciso anterior, si la sociedad tuviere pérdidas acumuladas, las utilidades del ejercicio se destinarán primeramente a absorberlas.

Si hubiere pérdidas en un ejercicio, éstas serán absorbidas con las utilidades retenidas, de haberlas.

Artículo 79. Salvo acuerdo diferente adoptado en la junta respectiva, por la unanimidad de las acciones emitidas, las sociedades anónimas abiertas deberán distribuir anualmente como dividendo en dinero a sus accionistas, a prorrata de sus acciones o en la proporción que establezcan los estatutos si hubiere acciones preferidas, a lo menos el 30% de las utilidades líquidas de cada ejercicio. En las sociedades anónimas cerradas, se estará a lo que determinen los estatutos y si éstos nada dijeren, se les aplicará la norma precedente.

En todo caso, el directorio podrá, bajo la responsabilidad personal de los directores que concurran al acuerdo respectivo, distribuir dividendos provisorios durante el ejercicio con cargo a las utilidades del mismo, siempre que no hubieren pérdidas acumuladas.

Artículo 80. La parte de las utilidades que no sea destinada por la junta a dividendos pagaderos durante el ejercicio, ya sea como dividendos mínimos obligatorios o como dividendos adicionales, podrá en cualquier tiempo ser capitalizada, previa reforma de estatutos, por medio de la emisión de acciones liberadas o por el aumento del valor nominal de las acciones, o ser destinada al pago de dividendos eventuales en ejercicios futuros.

Las acciones liberadas que se emitan, se distribuirán entre los accionistas a prorrata de las acciones inscritas en el registro respectivo el quinto día hábil anterior a la fecha del reparto.

Salvo estipulación en contrario, la prenda que gravare a determinadas acciones se extenderá a las acciones liberadas que a éstas correspondieren en la distribución proporcional.

Artículo 81. El pago de los dividendos mínimos obligatorios que corresponda de acuerdo a la ley o a los estatutos, será exigible transcurridos treinta días contados desde la fecha de la junta que aprobó la distribución de las utilidades del ejercicio.

El pago de los dividendos adicionales que acordare la junta, se hará dentro del ejercicio en que se adopte el acuerdo y en la fecha que ésta determine o en la que fije el directorio, si la junta le hubiere facultado al efecto.

El pago de los dividendos provisorios se hará en la fecha que determine el directorio.

Los dividendos serán pagados a los accionistas inscritos en el registro respectivo el quinto día hábil anterior a las fechas establecidas para su solución.

Artículo 82. Salvo acuerdo diferente adoptado en la junta respectiva por la unanimidad de las acciones emitidas, los dividendos deberán pagarse en dinero. Sin embargo, en las sociedades anónimas abiertas se podrá cumplir con la obligación de pagar dividendos, en lo que exceda a los mínimos obligatorios, sean éstos legales o estatutarios, otorgando opción a los accionistas para recibirlos en dinero, en acciones liberadas de la propia emisión o en acciones de sociedades anónimas abiertas de que la empresa sea titular.

El dividendo opcional deberá ajustarse a condiciones de equidad, información y demás que determine el Reglamento. Sin embargo, en el silencio del accionista, se entenderá que éste opta por dinero.

Artículo 83. La Comisión, en las sociedades anónimas abiertas, y un notario, en las cerradas, podrán certificar a petición de la parte interesada, una copia del acta de la junta o del acuerdo del directorio, o la parte pertinente de la misma, en que se haya acordado el pago de dividendos. Esa copia certificada y el o los títulos de las acciones o el documento que haga sus veces, en su caso, constituirán título ejecutivo en contra de la sociedad para demandar el pago de esos dividendos, todo ello sin perjuicio de las demás acciones y sanciones judiciales o administrativas que correspondiere aplicar en su contra y en la de sus administradores.

Artículo 84. Los dividendos devengados que la sociedad no hubiere pagado o puesto a disposición de sus accionistas, dentro de los plazos establecidos en el artículo 81, se reajustarán de acuerdo a la variación que experimente el valor de la unidad de fomento entre la fecha en que éstos se hicieron exigibles y la de su pago efectivo, y devengarán intereses corrientes para operaciones reajustables por el mismo período.

Artículo 85. Los dividendos y demás beneficios en efectivo no reclamados por los accionistas dentro del plazo de cinco años desde que se hayan hecho exigibles, pertenecerán a los Cuerpos de Bomberos de Chile.

El Reglamento determinará la forma en que se procederá al pago de distribución de dichas cantidades.

TÍTULO VIII
DE LAS FILIALES Y COLIGADAS

Artículo 86. Es sociedad filial de una sociedad anónima, que se denomina matriz, aquella en la que ésta controla directamente o a través de otra persona natural o jurídica más del 50% de su capital con derecho a voto o del capital, si no se tratare de una sociedad por acciones o pueda elegir o designar o hacer elegir o designar a la mayoría de sus directores o administradores.

La sociedad en comandita será también filial de una anónima, cuando ésta tenga el poder para dirigir u orientar la administración del gestor.

La Comisión podrá requerir la información que considere pertinente para efectos de fiscalizar el cumplimiento de las disposiciones de la presente ley a las sociedades filiales de una sociedad anónima abierta, sin importar su forma jurídica. El incumplimiento en la entrega de la información así requerida podrá ser sancionado por la precitada Comisión de conformidad a lo dispuesto en el

Título III del decreto ley N° 3.538, del Ministerio de Hacienda, de 1980, cuyo texto fue reemplazado por el artículo primero de la ley N° 21.000, que crea la Comisión para el Mercado Financiero.

Artículo 87. Es sociedad coligada con una sociedad anónima aquella en la que ésta, que se denomina coligante, sin controlarla, posee directamente o a través de otra persona natural o jurídica el 10% o más de su capital con derecho a voto o del capital, si no se tratare de una sociedad por acciones, o pueda elegir o designar o hacer elegir o designar por lo menos un miembro del directorio o de la administración de la misma.

La sociedad en comandita será también coligada de una anónima, cuando ésta pueda participar en la designación del gestor o en la orientación de la gestión de la empresa que éste ejerza.

Artículo 88. Las sociedades filiales y coligadas de una sociedad anónima no podrán tener participación recíproca en sus respectivos capitales, ni el capital de la matriz o de la coligante, ni aun en forma indirecta a través de otras personas naturales o jurídicas.

La participación recíproca que ocurra en virtud de incorporación, fusión, división o adquisición del control por una sociedad anónima, deberá constar en las respectivas memorias y terminar en el plazo de un año desde que el evento ocurra.

Esta prohibición también regirá aun cuando la matriz o la coligante, en su caso, no fuere una sociedad anónima, siempre que sí lo sea a lo menos una de sus filiales o coligadas. Para estos efectos y para los del artículo siguiente, se aplicarán los conceptos precisados en los artículos 86 y 87 de esta ley.

Artículo 89. En el caso de las sociedades anónimas cerradas, las operaciones entre sociedades coligadas, entre la matriz y sus filiales, las de éstas últimas entre sí, o con las coligadas, y aquellas realizadas con sus personas relacionadas, definidas en la Ley N° 18.045, deberán observar condiciones de equidad, similares a las que habitualmente prevalecen en el mercado. Los administradores de una y otras serán responsables de las pérdidas o perjuicios que pudieren causar a la sociedad que administren por operaciones hechas con infracción a este artículo.

En el caso que cualquiera de las sociedades que interviniere en la operación fuere una sociedad anónima abierta, se aplicará lo dispuesto en el Título XVI.

Artículo 90. En la memoria anual, el directorio deberá señalar las inversiones de la sociedad en sociedades coligadas o filiales y las modificaciones ocurridas en ellas durante el ejercicio, debiendo dar a conocer a los accionistas, los balances de dichas empresas y una memoria explicativa de sus negocios.

En todo caso, la existencia de inversiones en sociedades filiales obliga a la sociedad matriz a confeccionar el balance anual en forma consolidada y el dividendo mínimo establecido en el Artículo 79 de esta ley deberá calcularse sobre las utilidades líquidas consolidadas.

Las notas explicativas de las inversiones deberán contener información precisa sobre las sociedades coligadas y filiales, en la forma que determine el Reglamento.

Artículo 91. Sin perjuicio de lo dispuesto en el artículo anterior, la Comisión podrá establecer normas sobre las materias a que dicho artículo se refiere, aplicables a las sociedades sometidas a su control, especialmente respecto de la valorización de las inversiones.

Artículo 92. Los directores de una sociedad matriz, aunque no sean miembros del directorio de una sociedad filial o administradores de la misma, podrán asistir con derecho a voz, a las reuniones de dichos directorios o a las de los administradores, en su caso, y tendrán además, facultad para imponerse de los libros y antecedentes de la sociedad filial.

Artículo 92 bis. El directorio de la sociedad matriz de una sociedad fiscalizada por la Comisión deberá establecer y difundir una política general de elección de directores en sus sociedades filiales, la que deberá contener las menciones mínimas que al efecto establezca la Comisión, mediante norma de carácter general.

Artículo 93. Las operaciones de la sociedad filial en que algún director de la sociedad matriz u otra de las personas mencionadas en el artículo 44 tuviere interés, según lo dispuesto en el mismo precepto, sólo podrán celebrarse en la forma y condiciones y sujetas a las sanciones de dicha disposición.

Los acuerdos que se adopten serán dados a conocer en la primera junta ordinaria de accionistas de ambas sociedades, por quienes las presidan.

TÍTULO IX
DE LA DIVISIÓN, TRANSFORMACIÓN Y FUSIÓN DE LAS SOCIEDADES ANÓNIMAS

Artículo 94. La división de una sociedad anónima consiste en la distribución de su patrimonio entre sí y una o más sociedades anónimas que se constituyan al efecto, correspondiéndole a los accionistas de la sociedad dividida, la misma proporción en el capital de cada una de las nuevas sociedades que aquella que poseían en la sociedad que se divide.

Artículo 95. La división debe acordarse en junta general extraordinaria de accionistas en la que deberán aprobarse las siguientes materias:

1) La disminución del capital social y la distribución del patrimonio de la sociedad entre ésta y la nueva o nuevas sociedades que se crean;

2) La aprobación de los estatutos de la o de las nuevas sociedades a constituirse, los que podrán ser diferentes a los de la sociedad que se divide, en todas aquellas materias que se indiquen en la convocatoria. Esta aprobación incorpora de pleno derecho a todos los accionistas de la sociedad dividida en la o las nuevas sociedades que se formen.

Artículo 96. La transformación es el cambio de especie o tipo social de una sociedad, efectuado por reforma de sus estatutos, subsistiendo su personalidad jurídica.

Artículo 97. En la transformación de otros tipos o especies de sociedades en sociedades anónimas, sólo deberá cumplirse con las formalidades señaladas en el artículo 5° de esta ley y si se tratare de transformación en sociedades anónimas especiales, con las que específicamente se hubiere consignado para éstas.

Si la transformación fuere de sociedad anónima a otro tipo o especie de sociedad, deberá cumplirse con las formalidades propias de ambos tipos sociales.

Artículo 98. La transformación de sociedades en comandita o colectivas en sociedades anónimas, no libera a los socios gestores o colectivos de la sociedad transformada de su responsabilidad por las deudas sociales contraídas con anterioridad a la transformación de la sociedad, salvo respecto de los acreedores que hayan consentido expresamente en ella.

Artículo 99. La fusión consiste en la reunión de dos o más sociedades en una sola que las sucede en todos sus derechos y obligaciones, y a la cual se incorporan la totalidad del patrimonio y accionistas de los entes fusionados.

Hay fusión por creación, cuando el activo y pasivo de dos o más sociedades que se disuelven, se aporta a una nueva sociedad que se constituye.

Hay fusión por incorporación, cuando una o más sociedades que se disuelven, son absorbidas por una sociedad ya existente, la que adquiere todos sus activos y pasivos.

En estos casos, no procederá la liquidación de las sociedades fusionadas o absorbidas.

Aprobados en junta general los balances auditados y los informes periciales que procedieren de las sociedades objeto de la fusión y los estatutos de la sociedad creada o de la absorbente, en su caso, el directorio de ésta deberá distribuir directamente las nuevas acciones entre los accionistas de aquéllas, en la proporción correspondiente.

Artículo 100. Ningún accionista, a menos que consienta en ello, podrá perder su calidad de tal con motivo de un canje de acciones, fusión, incorporación, transformación o división de una sociedad anónima.

TÍTULO X
DEL PROCEDIMIENTO CONCURSAL DE LIQUIDACIÓN, DE LA DISOLUCIÓN Y DE LA LIQUIDACIÓN

Artículo 101. El directorio de la sociedad que ha cesado en el pago de una o más de sus obligaciones o respecto de la cual ha sido declarado el inicio del procedimiento concursal de liquidación, deberá citar a junta de accionistas para ser celebrada dentro de los 30 días siguientes de acaecidos estos hechos, para informar ampliamente sobre la situación legal, económica y financiera de la sociedad.

Cuando una sociedad anónima abierta cesare en el pago de una o más de sus obligaciones, el gerente o el directorio en su ausencia, deberá dar aviso el día siguiente hábil a la Comisión.

Igual comunicación deberá enviar si algún acreedor de la sociedad solicitare el inicio de un procedimiento concursal respecto de ella, sin perjuicio de que el juzgado ante el cual se entablare la acción deberá poner este hecho en conocimiento de la Comisión, como asimismo, comunicarle la resolución de liquidación.

Artículo 102. Si el deudor hubiere agravado el mal estado de sus negocios en forma que haga temer un perjuicio a los acreedores, podrá ser sometido a una intervención más estricta que la pactada o resolverse el acuerdo de reorganización, por su incumplimiento de conformidad a lo establecido en los artículos 98 y siguientes de la Ley de Reorganización y Liquidación de Activos de Empresas y Personas, y se presumirá el conocimiento de los directores, liquidadores y gerentes de la sociedad anónima deudora, en los siguientes casos:

1) Si la sociedad hubiere celebrado convenios privados con algunos acreedores en perjuicio de los demás; y

2) Si después de la cesación de pago, la sociedad ha pagado a un acreedor, en perjuicio de los demás, anticipando o no el vencimiento de su crédito.

Artículo 103. La sociedad anónima se disuelve:

1) Por el vencimiento del plazo de su duración, si lo hubiere;

2) Por reunirse, por un período ininterrumpido que exceda de 10 días, todas las acciones en manos de una sola persona;

3) Por acuerdo de junta extraordinaria de accionistas;

4) Por revocación de la autorización de existencia de conformidad con lo que disponga la ley;

5) Por sentencia judicial ejecutoriada en el caso de las sociedades anónimas cerradas, y

6) Por las demás causales contempladas en el estatuto.

Artículo 104. En los casos que esta ley u otras leyes establezcan que una sociedad requiere de autorización de existencia para su formación, la Comisión podrá revocar dicha autorización por las causales que en ellas se indiquen y, en todo caso, por infracción grave de ley, de reglamento o de las normas que les sean aplicables.

Artículo 105. Las sociedades anónimas a que se refiere el Nº 5 del artículo 103 de la presente ley, podrán ser disueltas por sentencia judicial ejecutoriada, cuando accionistas que representen a lo menos un 20% de su capital así lo demandaren, por estimar que existe causa para ello, tales como infracción grave de ley, de reglamento o demás normas que les sean aplicables, que causare perjuicio a los accionistas o a la sociedad; dictación de la resolución de liquidación de la sociedad, administración fraudulenta u otras de igual gravedad.

El tribunal procederá breve y sumariamente y apreciará la prueba en conciencia.

Artículo 106. Sin perjuicio de lo dispuesto en el artículo 133, se presumen culpables y serán solidariamente responsables de los perjuicios que eventualmente se causaren a los accionistas, los directores y el gerente de una sociedad que haya sido disuelta por sentencia judicial ejecutoriada o revocada por resolución fundada de la Comisión, a menos que constare expresamente su falta de participación o su oposición al o los hechos que han servido de fundamento a la resolución judicial o administrativa.

Artículo 107. Una sociedad anónima abierta o especial no inscribirá, sin el visto bueno de la Comisión, la transferencia o transmisión de acciones que pueda determinar la disolución de la compañía, por el hecho de pasar todas las acciones de la sociedad al dominio de una sola persona.

La Comisión no otorgará su autorización sino cuando se hayan tomado las medidas conducentes a resguardar los derechos de terceros que hubieren contratado con la sociedad.

Artículo 108. Cuando la disolución se produzca por vencimiento del término de la sociedad, por reunión de todas las acciones en una sola mano, o por cualquiera causal contemplada en el estatuto, el directorio consignará estos hechos por escritura pública dentro del plazo de treinta días de producidos y un extracto de ella será inscrito y publicado en la forma prevista en el artículo 5º.

Cuando la disolución se origine por resolución de revocación de la Comisión o por sentencia judicial ejecutoriada, en su caso, el directorio deberá hacer tomar nota de esta circunstancia al margen de la inscripción de la sociedad y publicar por una sola vez un aviso en el Diario Oficial, informando de esta ocurrencia.

Transcurridos sesenta días de acaecidos los hechos antes indicados sin que se hubiera dado cumplimiento a las formalidades establecidas en los incisos precedentes, cualquier director, accionista o tercero interesado podrá dar cumplimiento a ellas.

La falta de cumplimiento de las exigencias establecidas en los incisos anteriores hará solidariamente responsables a los directores de la sociedad por los daños y perjuicios que se causaren con motivo de ese incumplimiento.

Artículo 109. La sociedad anónima disuelta subsiste como persona jurídica para los efectos de su liquidación, quedando vigentes sus estatutos en lo que fuere pertinente. En este caso, deberá agregar a su nombre o razón social las palabras "en liquidación".

Durante la liquidación, la sociedad sólo podrá ejecutar los actos y celebrar los contratos que tiendan directamente a facilitarla, no pudiendo en caso alguno continuar con la explotación del giro social. Sin perjuicio de lo anterior, se entenderá que la sociedad puede efectuar operaciones ocasionales o transitorias de giro, a fin de lograr la mejor realización de los bienes sociales.

Artículo 110. Disuelta la sociedad, se procederá a su liquidación por una comisión liquidadora elegida por la junta de accionistas en la forma dispuesta por el artículo 66, la cual fijará su remuneración.

De igual manera se procederá para la liquidación de las sociedades declaradas nulas.

Si la sociedad se disolviere por reunirse las acciones en manos de una sola persona, no será necesaria la liquidación.

Si la disolución de la sociedad hubiere sido decretada por sentencia ejecutoriada, la liquidación se practicará por un solo liquidador elegido por la Junta General de Accionistas de una quina que le presentará el tribunal, en aquellos casos en que la ley no encomiende dicha función a la Comisión o a otra autoridad.

Artículo 111. Salvo acuerdo unánime en contrario de las acciones emitidas con derecho a voto y lo dispuesto en el artículo anterior, la comisión liquidadora estará formada por tres liquidadores.

La comisión liquidadora designará un presidente de entre sus miembros, quien representará a la sociedad judicial y extrajudicialmente y si hubiere un solo liquidador, en él se radicarán ambas representaciones.

Los liquidadores durarán en sus funciones el tiempo que determinen los estatutos, la junta de accionistas o la justicia ordinaria en su caso, plazo que no podrá exceder de tres años y si nada se dijere, la duración será precisamente de tres años.

Si el liquidador hubiere sido designado por la justicia ordinaria, vencido su período se procederá a designar al reemplazante en la forma que se establece en el inciso final del artículo precedente.

Los liquidadores podrán ser reelegidos por una vez en sus funciones.

Artículo 112. Los liquidadores no podrán entrar en funciones sino una vez que estén cumplidas todas las solemnidades que la ley señala para la disolución de la sociedad.

Entretanto, el último directorio deberá continuar a cargo de la administración de la sociedad.

A los liquidadores les serán aplicables, en lo que corresponda, los artículos de esta ley referentes a los directores.

Artículo 113. La junta de accionistas podrá revocar en cualquier tiempo el mandato de los liquidadores por ella designados, salvo cuando hubieren sido elegidos de las quinas propuestas por la Comisión o la justicia, casos en los cuales le revocación no surtirá efecto mientras no cuente con la aprobación de la Comisión o de la justicia, según corresponda.

Artículo 114. La comisión liquidadora o el liquidador, en su caso, sólo podrán ejecutar los actos y contratos que tiendan directamente a efectuar la liquidación de la sociedad; representarán judicial y extrajudicialmente a ésta y estarán investidos de todas las facultades de administración y disposición que la ley o el estatuto no establezcan como privativos de las juntas de accionistas, sin que sea necesario otorgarles poder especial alguno, inclusive para aquellos actos o contratos respecto de los cuales las leyes exijan esta circunstancia.

No obstante lo anterior, las juntas que se celebren con posterioridad a la disolución o la que la acuerde, podrán limitar la facultad de los liquidadores señalando específicamente sus atribuciones o aquéllas que se les suprimen. El acuerdo pertinente deberá reducirse a escritura pública y anotarse al margen de la inscripción social.

Cuando la liquidación sea efectuada por liquidadores propuestos por el tribunal o por la Comisión, o directamente por esta última, en su caso, los liquidadores actuarán legalmente investidos de todas las facultades necesarias para el adecuado cumplimiento de su misión, no pudiendo la junta restringírselas o limitárselas de manera alguna.

La representación judicial a que se refiere este artículo es sin perjuicio de la que tiene el presidente de la comisión liquidadora o el liquidador, en su caso, conforme al artículo 111 de esta ley. En ambos casos, la representación judicial comprenderá todas las facultades establecidas en los dos incisos del artículo 7° del Código de Procedimiento Civil.

Artículo 115. Durante la liquidación, continuarán reuniéndose las juntas ordinarias y en ellas se dará cuenta por los liquidadores del estado de la liquidación y se acordarán las providencias que fueren necesarias para llevarla a cumplido término. Los liquidadores enviarán, publicarán y presentarán los balances y demás estados financieros que establecen la presente ley y sus normas complementarias.

Los liquidadores convocarán extraordinariamente a junta general, de conformidad con el artículo 58 de esta ley.

Las funciones de la comisión liquidadora o del liquidador en su caso, no son delegables. Con todo, podrán delegar parte de sus facultades en uno o más liquidadores si fueren varios, y para objetos especialmente determinados, en otras personas.

Cuando la liquidación la practique el Superintendente por sí o por delegados, convocará a junta de accionistas sólo cuando lo estime necesario o se lo soliciten para fines de información, accionistas que posean a lo menos el 10% de las acciones emitidas. Concluida la liquidación, comunicará esta circunstancia por tres avisos consecutivos en un periódico del domicilio social y proporcionará una información general del proceso de liquidación a aquellos accionistas que lo soliciten dentro del plazo de 60 días contado desde la fecha de publicación del último aviso.

Artículo 116. Los repartos que se efectúen durante la liquidación, deberán pagarse en dinero a los accionistas, salvo acuerdo diferente adoptado en cada caso por la unanimidad de las acciones emitidas. No obstante lo anterior, la junta extraordinaria de accionistas, por los dos tercios de las acciones emitidas, podrán aprobar que se efectúen repartos opcionales siempre que las opciones ofrecidas sean equitativas, informadas y se ajusten a las condiciones que determine el reglamento.

Artículo 117. La sociedad sólo podrá hacer repartos por devolución de capital a sus accionistas, una vez asegurado el pago o pagadas las deudas sociales.

Los repartos deberán efectuarse a lo menos trimestralmente y en todo caso, cada vez que en la caja social se hayan acumulado fondos suficientes para pagar a los accionistas una suma equivalente, a lo menos, al 5% del valor de libros de sus acciones, aplicándose lo dispuesto en el artículo 84 de esta ley.

Los repartos deberán ser pagados a quienes sean accionistas el quinto día hábil anterior a las fechas establecidas para su solución.

Los repartos no cobrados dentro del plazo de cinco años desde que se hayan hecho exigibles, pertenecerán a los Cuerpos de Bomberos de Chile y el Reglamento determinará la forma en que se procederá al pago y distribución de dichas cantidades.

Artículo 118. Los liquidadores que concurran con su voto serán solidariamente responsables de los daños o perjuicios causados a los acreedores de la sociedad a consecuencia de los repartos de capital que efectuaren.

Artículo 119. La Comisión, en las sociedades anónimas abiertas o especiales, en casos graves y calificados y a petición de accionistas que representen a lo menos el 10% de las acciones emitidas, podrá citar u ordenar se cite a junta de accionistas, con el objeto de que ésta modifique el régimen de liquidación y designe un sólo liquidador de la quina que se le presentará al efecto.

En las sociedades cerradas, corresponderá ejercer este derecho ante la Justicia Ordinaria, la que resolverá con audiencia de la sociedad, conforme al procedimiento establecido para los incidentes.

Se presume de derecho que existe caso grave y calificado, cuando el proceso de liquidación no se termine dentro de los 6 años siguientes a la disolución de la sociedad, o en el plazo menor que la junta de accionistas determine al momento de nombrar la comisión liquidadora.

Lo dispuesto en este artículo es sin perjuicio de la facultad conferida al Superintendente en la ley para efectuar la liquidación por sí o por delegados respecto de determinadas sociedades.

Artículo 120. Cuando la liquidación sea efectuada por liquidadores delegados del Superintendente o designados a propuesta de éste o de la Justicia, la remuneración total de éstos no podrá ser inferior al 1/2% del total del activo, ni superior al 3% de los repartos que se hagan a los accionistas, sin perjuicio de la facultad de la junta de accionistas para fijarles una remuneración superior.

Cuando la liquidación sea efectuada por la Comisión o sus funcionarios, la remuneración pertenecerá a la Comisión y constituirá un ingreso propio de ésta.

TÍTULO XI
DE LAS AGENCIAS DE SOCIEDADES ANÓNIMAS EXTRANJERAS

Artículo 121. Para que una sociedad anónima extranjera pueda constituir agencia en Chile, su agente o representante deberá protocolizar en una notaría del domicilio que ésta tendrá en Chile, en el idioma oficial del país de origen, traducidos al español si no estuvieren en ese idioma, los siguientes documentos emanados del país en que se haya constituido, debidamente legalizados:

1) Los antecedentes que acrediten que se encuentra legalmente constituida de acuerdo a la ley del país de origen y un certificado de vigencia de la sociedad;

2) Copia auténtica de los estatutos vigentes, y

3) Un poder general otorgado por la sociedad al agente que ha de representarla en el país, en el que consten la personería del mandante y se exprese en forma clara y precisa que el agente obra en Chile bajo la responsabilidad directa de la sociedad, con amplias facultades para ejecutar operaciones en su nombre y en que se le otorguen expresamente las facultades a que se refiere el inciso segundo del artículo 7º del Código de Procedimiento Civil.

Artículo 122. Por escritura pública de la misma fecha y ante el mismo notario ante el cual se efectúe la protocolización a que se refiere el artículo anterior, el agente deberá declarar a nombre de la sociedad y con poder suficiente para ello:

1) El nombre con que la sociedad funcionará en Chile y el objeto u objetos de ella;

2) Que la sociedad conoce la legislación chilena y los reglamentos por los cuales habrán de regirse en el país, sus agencias, actos, contratos y obligaciones;

3) Que los bienes de la sociedad quedan afectos a las leyes chilenas, especialmente para responder de las obligaciones que ella haya de cumplir en Chile;

4) Que la sociedad se obliga a mantener en Chile bienes de fácil realización para atender a las obligaciones que hayan de cumplirse en el país;

5) Cuál es el capital efectivo que va a tener en el país para el giro de sus operaciones y la fecha y forma en que éste ha de ingresar en la caja de la agencia en Chile, y

6) Cuál es el domicilio de la agencia principal.

Artículo 123. Un extracto de la protocolización y de la escritura a que se refieren los artículos precedentes, debidamente certificado por el notario respectivo, en que conste la fecha y número de la protocolización y de la escritura antes mencionada; el nombre de la sociedad y aquel con que funcionará en Chile; el domicilio que tendrá en el país; el capital de la agencia y el nombre del agente o representante, deberá inscribirse en el Registro de Comercio correspondiente al domicilio de la agencia principal y publicarse, por una sola vez en el Diario Oficial; todo ello, dentro de los 60 días contados desde la fecha de la protocolización.

Artículo 124. El agente deberá cumplir con las mismas formalidades señaladas en los artículos anteriores de este título, respecto de cualquiera modificación que se produzca en relación con los documentos o declaraciones a que estas disposiciones se refieren, excepto la mencionada en el Nº 4 del artículo 122.

El agente deberá publicar el balance anual de la agencia en un diario del domicilio de ésta, dentro del cuatrimestre siguiente a la fecha del cierre del ejercicio.

TÍTULO XII
DEL ARBITRAJE

Artículo 125. En los estatutos sociales se establecerá la forma como se designarán él o los árbitros que conocerán las materias a que se refiere el N° 10 del artículo 4° de la presente ley. En caso alguno podrá nominarse en ellos a una o más personas determinadas como árbitros.

El arbitraje que establece esta ley es sin perjuicio de que, al producirse un conflicto, el demandante pueda sustraer su conocimiento de la competencia de los árbitros y someterlos a la decisión de la justicia ordinaria. Este derecho no podrá ser ejercido por los directores, gerentes, administradores y ejecutivos principales de la sociedad. Tampoco por aquellos accionistas que individualmente posean, directa o indirectamente, acciones cuyo valor libro o bursátil supere las 5.000 unidades de fomento, de acuerdo al valor de dicha unidad a la fecha de presentación de la demanda.

TÍTULO XIII
DE LAS SOCIEDADES SUJETAS A NORMAS ESPECIALES

Artículo 126. Las sociedades que la ley expresamente someta a los trámites que a continuación se indican, se forman, existen y prueban por escritura pública, obtención de una resolución de la Comisión que autorice su existencia e inscripción y publicación del certificado especial que otorgue dicha Comisión.

Las escrituras públicas deberán contener, a más de las menciones generales exigidas por esta ley, las especiales requeridas por las leyes particulares que las rijan.

La Comisión deberá comprobar que estas sociedades cumplen con las exigencias legales y económicas requeridas al efecto, para autorizar su existencia.

Las resoluciones que revoquen autorizaciones concedidas serán fundadas.

Aprobada la existencia de una sociedad, la Comisión expedirá un certificado que acreditará tal circunstancia y contenga un extracto de las cláusulas del estatuto que determine dicho organismo, el que se inscribirá en el Registro de Comercio del domicilio social y se publicará en el Diario Oficial dentro del plazo de 60 días contado desde la fecha de la resolución.

Artículo 127. La modificación de los estatutos de las sociedades a que se refiere el artículo anterior y su disolución anticipada acordadas por sus respectivas juntas de accionistas, luego de ser reducidas sus actas a escrituras públicas, deberán ser aprobadas por la Comisión, efectuándose en lo pertinente la inscripción y publicación indicadas en el artículo anterior.

No será necesaria la aprobación de la Comisión tratándose de modificaciones a los estatutos que sólo tengan por finalidad aumentar el capital de la sociedad, cuando dicho aumento sea enterado en moneda de curso legal o en aquellas divisas que cumplan con las condiciones que establezca la Comisión por normativa.

Artículo 128. No existen las sociedades a que se refiere al artículo 126 en cuya constitución se haya omitido la escritura, la resolución aprobatoria o la oportuna inscripción y publicación del certificado que expida la Comisión, ni las reformas en las que se haya incurrido en similares omisiones.

Cualquiera disconformidad que exista entre el certificado que otorgue la Comisión respectiva y su inscripción o publicación originará la nulidad absoluta del pacto social o de los acuerdos modificatorios en su caso.

En lo no modificado, regirá lo dispuesto en el artículo 6º de esta ley.

Artículo 129. Las sociedades a que se refiere el artículo 126 de esta ley se regirán por las mismas disposiciones legales y reglamentarias aplicables a las sociedades anónimas abiertas, en todo lo que no se oponga a lo dispuesto en los artículos precedentes de este Título y a las disposiciones especiales que las rigen, y no se les aplicará lo establecido en el inciso séptimo del artículo 2º de esta ley.

Salvo que las sociedades anónimas especiales sean emisores de valores, no deberán inscribirse en el Registro de Valores de la Comisión.

Artículo 130. Las sociedades administradoras de fondos de pensiones deberán constituirse como sociedades anónimas especiales en conformidad a las disposiciones siguientes:

Para iniciar su constitución, los organizadores deberán presentar a la Superintendencia de Administradoras de Fondos de Pensiones un prospecto descriptivo de los aspectos esenciales de la sociedad y de la forma como desarrollará sus actividades. Este prospecto será calificado por el Superintendente especialmente en cuanto a la conveniencia de establecerla.

Aceptado un prospecto, se entregará un certificado provisional de autorización a los organizadores, que los habilitará para realizar los trámites conducentes a obtener la autorización de existencia de la sociedad y los actos administrativos que tengan por objeto preparar su constitución y futuro funcionamiento. Para ello, se considerará que la sociedad tiene personalidad jurídica desde el otorgamiento del certificado. No podrá solicitarse la autorización de existencia de la sociedad transcurridos diez meses desde la fecha de aquél.

Dichos organizadores estarán obligados a depositar en alguna institución bancaria o financiera y a nombre de la sociedad administradora en formación los fondos que reciban en pago de suscripción de acciones. Estos fondos sólo podrán girarse una vez que haya sido autorizada la existencia de la sociedad y que entre en funciones su directorio. Los organizadores serán personal y solidariamente responsables de la devolución de dichos fondos.

Los organizadores no podrán recibir remuneración alguna por el trabajo que ejecuten en tal carácter.

Artículo 131. Solicitada la autorización de existencia y acompañada copia autorizada de la escritura pública que contenga los estatutos, en la que deberá insertarse el certificado a que se refiere el artículo anterior, el Superintendente de Administradoras de Fondos de Pensiones comprobará la efectividad del capital de la empresa. Demostrado lo anterior, dictará una resolución que autorice la existencia de la sociedad y apruebe sus estatutos.

La Superintendencia del ramo expedirá un certificado que acredite tal circunstancia y contenga un extracto de los estatutos. El certificado se inscribirá en el Registro de Comercio del domicilio social y se publicará en el Diario Oficial dentro del plazo de sesenta días contado desde la fecha de la resolución aprobatoria. Lo mismo deberá hacerse con las reformas que se introduzcan a los estatutos o con las resoluciones que aprueben o decreten la disolución anticipada de la sociedad.

Artículo 132. Las sociedades administradoras de fondos de pensiones se rigen por las disposiciones aplicables a las sociedades anónimas abiertas en cuanto esas disposiciones puedan conciliarse o no se opongan a las normas de la legislación especial a que se encuentran sometidas. En consecuencia, a estas sociedades le serán aplicables íntegramente las disposiciones sobre sociedades anónimas abiertas.

TÍTULO XIV
DE LAS RESPONSABILIDADES Y SANCIONES

Artículo 133. La persona que infrinja esta ley, su reglamento o en su caso, los estatutos sociales o las normas que imparta la Comisión ocasionando daño a otro, está obligada a la indemnización de perjuicios. Lo anterior es sin perjuicio de las demás sanciones civiles, penales y administrativas que correspondan.

Por las personas jurídicas responderán además civil, administrativa y penalmente, sus administradores o representantes legales, a menos que constare su falta de participación o su oposición al hecho constitutivo de infracción.

Los directores, gerentes y liquidadores que resulten responsables en conformidad a los incisos anteriores, lo serán solidariamente entre sí y con la sociedad que administren, de todas las indemnizaciones y demás sanciones civiles o pecuniarias derivadas de la aplicación de las normas a que se refiere esta disposición.

Artículo 133 bis. Toda pérdida irrogada al patrimonio de la sociedad como consecuencia de una infracción a esta ley, su reglamento, los estatutos sociales, las normas dictadas por el directorio en conformidad a la ley o las normas que imparta la Comisión, dará derecho a un accionista o grupo de accionistas que representen, a lo menos, un 5% de las acciones emitidas por la sociedad o a cualquiera de los directores de la sociedad, a demandar la indemnización de perjuicios a quien correspondiere, en nombre y beneficio de la sociedad.

Las costas a que hubiere lugar serán pagadas a los demandantes y no podrán, de forma alguna, beneficiar a la sociedad. Por su parte, si los accionistas o el director demandantes fueren condenados en costas, serán exclusivamente responsables de éstas.

Las acciones contempladas en este artículo, son compatibles con las demás acciones establecidas en la presente ley.

Artículo 134. Los directores, gerentes, administradores o ejecutivos principales de una sociedad anónima que en la memoria, balances u otros documentos destinados a los socios, a terceros o a la Administración, exigidos por ley o por la reglamentación aplicable, que deban reflejar la situación legal, económica y financiera de la sociedad, dieren o aprobaren dar información falsa sobre aspectos relevantes para conocer el patrimonio y la situación financiera o jurídica de la sociedad, serán sancionados con la pena de presidio o reclusión menores en sus grados medio a máximo.

Con la misma pena serán sancionados quienes lleven la contabilidad de la sociedad, o los peritos, auditores externos o inspectores de cuenta ajenos a la sociedad, que colaboraren al hecho descrito en el inciso anterior. La pena se impondrá, asimismo, a quienes colaboren al hecho con ocasión de la prestación de servicios de auditoría externa por una persona jurídica.

Si el hecho se refiere a una sociedad anónima abierta, la pena podrá ser aumentada en un grado.

Lo dispuesto en los incisos precedentes será aplicable siempre que la conducta no constituyere otro delito sancionado con mayor pena.

Artículo 134 bis. Los que prevaliéndose de su posición mayoritaria en el directorio de una sociedad anónima adoptaren un acuerdo abusivo, para beneficiarse o beneficiar económicamente a otro, en perjuicio de los demás socios y sin que el acuerdo reporte un beneficio a la sociedad, serán sancionados con la pena de presidio o reclusión menores en cualquiera de sus grados.

La misma pena se impondrá a los que prevaliéndose de su condición de controlador de la sociedad indujeren el acuerdo abusivo del directorio, o con su acuerdo o decisión concurrieren a su ejecución.

TÍTULO XV
DISPOSICIONES VARIAS

Artículo 135. Cada sociedad deberá llevar un registro público indicativo de sus presidentes, directores, gerentes, ejecutivos principales o liquidadores, con especificación de las fechas de iniciación y término de sus funciones. Las designaciones y anotaciones que consten en dicho registro harán plena fe en contra de la sociedad, sea en favor de accionistas o de terceros.

Los directores, gerentes y liquidadores, en su caso, serán solidariamente responsables de los perjuicios que causaren a accionistas y a terceros con ocasión de la falta de fidelidad o vigencia de las informaciones contenidas en el registro a que se refiere este artículo. Lo anterior es sin perjuicio de las sanciones administrativas que pueda aplicar la Superintendencia a las sociedades anónimas abiertas.

Artículo 136. Cada vez que en esta ley se haga referencia a las condiciones de equidad, a las imperantes en el mercado o a las ventajas o beneficios indebidos u otras similares, debe entenderse que son aquéllas imperantes en la misma época de su ocurrencia.

Artículo 137. Las disposiciones de esta ley primarán sobre cualquiera norma de los estatutos sociales que les fuere contraria.

Artículo 137 bis. La Comisión determinará, mediante norma de carácter general, los medios alternativos a través de los cuales las sociedades fiscalizadas podrán enviar o poner a disposición de sus accionistas, los documentos, información y comunicaciones que establece esta ley.

Artículo 138. Introdúcense las siguientes modificaciones al Código Civil:

1) Sustitúyese el inciso final del artículo 2061 por el siguiente: "Sociedad anónima es aquella formada por la reunión de un fondo común, suministrado por accionistas responsables sólo por sus respectivos aportes y administrada por un directorio integrado por miembros esencialmente revocables.".

2) Sustitúyese el artículo 2064 por el siguiente:

"La sociedad anónima es siempre mercantil aun cuando se forme para la realización de negocios de carácter civil.".

3) Sustitúyese el inciso final del artículo 2070 por el siguiente: "Sin embargo los socios comanditarios no estarán obligados a colacionar los dividendos que hayan recibido de buena fe y los accionistas de sociedades anónimas en caso alguno estarán obligados a devolver a la caja social las cantidades que hubieren percibido a título de beneficio.

Artículo 139. Introdúcense las siguientes modificaciones a la Ley General de Bancos, cuyo texto fue fijado por el decreto con fuerza de ley Nº 252, de 1960:

a) Reemplázanse los incisos primero, tercero, cuarto y quinto del artículo 27 por los siguientes: "Artículo 27. Las empresas bancarias deben constituirse como sociedades anónimas en conformidad a la presente ley.".

"Aceptado un prospecto, se entregará un certificado provisional de autorización a los organizadores que los habilitará para realizar los trámites conducentes a obtener la autorización de existencia de la sociedad y los actos administrativos que tengan por objeto preparar su constitución y funcionamiento. Para ello, se considerará que la sociedad tiene personalidad jurídica desde el otorgamiento del certificado. No podrá solicitarse la autorización de existencia de la sociedad transcurridos diez meses desde la fecha de aquél.".

"Los organizadores de una empresa bancaria deberán constituir una garantía igual al diez por ciento del capital de la sociedad proyectada, mediante un depósito a la orden del Superintendente en alguna institución fiscalizada por la Superintendencia de Bancos e Instituciones Financieras.".

"Dichos organizadores estarán obligados a depositar en alguna de las instituciones fiscalizadas por la Superintendencia y a nombre de la empresa bancaria en formación los fondos que reciban en pago de suscripción de acciones. Estos fondos sólo podrán girarse una vez que haya sido autorizada la existencia de la sociedad y que entre en funciones su Directorio. Los organizadores serán personal y solidariamente responsables de la devolución de dichos fondos y su responsabilidad podrá hacerse efectiva sobre la garantía a que se refiere el inciso anterior.".

b) Reemplázanse los artículos 28 y 29 por los siguientes:

"Artículo 28. Solicitada la autorización de existencia y acompañada copia autorizada de la escritura pública que contenga los estatutos, en la que deberá insertarse el certificado a que se refiere el artículo anterior, el Superintendente comprobará la efectividad del capital de la empresa. Demostrado lo anterior, dictará una resolución que autorice la existencia de la sociedad y apruebe sus estatutos.

La Superintendencia expedirá un certificado que acredite tal circunstancia y contenga un extracto de los estatutos. El certificado se inscribirá en el Registro de Comercio del domicilio social y se publicará en el Diario Oficial dentro del plazo de sesenta días contado desde la fecha de la resolución aprobatoria. Lo mismo deberá hacerse con las reformas que se introduzcan a los estatutos o con las resoluciones que aprueben o decreten la disolución anticipada de la sociedad.

Cumplidos los trámites a que se refiere el inciso anterior, el Superintendente comprobará si la empresa bancaria se encuentra preparada para iniciar sus actividades y, en caso afirmativo, le concederá la autorización para funcionar y le fijará un plazo para iniciar sus actividades.

Esta autorización habilitará a la empresa para dar comienzo a sus operaciones, le conferirá las facultades y le impondrá las obligaciones establecidas en esta ley.".

"Artículo 29. Los bancos constituidos en el extranjero, para establecer sucursal en el país, deberán obtener de la Superintendencia un certificado provisional de autorización en la forma señalada en el artículo 27.

Para obtener su autorización definitiva, deberán acompañar todos los documentos que las leyes y reglamentos requieren para establecer una agencia de sociedad anónima extranjera.

El Superintendente examinará los estatutos de la empresa con el fin de establecer que no hay en ellos nada contrario a la legislación chilena e investigará, además, por todos los medios que estime convenientes, si la empresa es entidad que ofrezca suficiente garantía para que se le pueda otorgar sin riesgo la autorización respectiva.

Dictada la resolución que apruebe el establecimiento de la sucursal, ésta y un extracto de los estatutos certificado por la Superintendencia se inscribirán y publicarán en la forma y dentro del plazo a que se refiere el artículo anterior. Lo mismo se hará con las modificaciones de estatutos de la casa matriz en aspectos esenciales y con los aumentos de capital u otras modificaciones de la agencia chilena, como asimismo con la resolución que apruebe el término anticipado o decrete la revocación de la autorización.

Verificada la radicación del capital en el país y comprobado que se encuentra preparada para iniciar sus actividades, el Superintendente otorgará a la sucursal la autorización para funcionar.".

c) Agrégase el siguiente artículo 63 nuevo:

"Artículo 63. Los bancos se rigen por la presente ley, y en subsidio, por las disposiciones aplicables a las sociedades anónimas abiertas en cuanto puedan conciliarse o no se opongan a sus preceptos.

No se aplicarán a los bancos las normas que la ley de sociedades anónimas contempla sobre las siguientes materias:

a) Exigencia de acuerdo de junta de accionistas para prestar avales o fianzas simples y solidarias;

b) Derecho de retiro anticipado de accionistas, y

c) Consolidación de balances.".

d) Reemplázase el encabezamiento del artículo 64, por el siguiente:

"Artículo 64. Los estatutos de un banco deberán contener las siguientes disposiciones, además de las exigidas a las sociedades anónimas:".

e) Reemplázase el Nº 16 del artículo 65, por el siguiente:

"16) Los gerentes, subgerentes o apoderados generales de un banco no podrán desempeñar el cargo de director de sociedad anónima.".

f) Agrégase al artículo 75, el siguiente inciso:

"La obligación de repartir dividendos que contiene la ley de sociedades anónimas podrá dejar de aplicarse en un ejercicio determinado, sólo por acuerdo adoptado en junta de accionistas con aprobación de las dos terceras partes de las acciones emitidas con derecho a voto.".

Artículo 140. Introdúcense las siguientes modificaciones al decreto ley Nº 1.328, de 1976:

1) Sustitúyense en el artículo 1° las palabras "instrumentos financieros" por "valores de oferta pública" y agrégase el siguiente inciso segundo:

"Prohíbese la constitución de sociedades de capitalización distintas de las sociedades administradoras de fondos mutuos.".

2) Sustitúyese el artículo 2°, por el siguiente:

"La calidad de partícipe se adquiere en el momento en que la sociedad recibe el aporte del inversionista, el cual deberá efectuarse en dinero efectivo o vale vista bancario. Sin embargo, la sociedad administradora podrá aceptar cheques en pago de la suscripción de cuotas, pero en tal caso la calidad de partícipe se adquirirá cuando su valor sea percibido por la administradora del banco librado, para lo cual deberá presentarlo a cobro tan pronto la hora de su recepción lo permita.

Los aportes quedarán expresados en cuotas del fondo, todas de igual valor y características, se considerarán valores de fácil liquidación para todos los efectos legales y se representarán por certificados nominativos o por los mecanismos e instrumentos sustitutivos que autorice la Superintendencia.

La sociedad administradora llevará un Registro de Partícipes.".

3) Sustitúyese el inciso primero del artículo 3°, por el siguiente:

"La administración de los fondos mutuos será ejercida por sociedades anónimas cuyo exclusivo objeto sean tales administraciones, y su fiscalización corresponderá a la Superintendencia de Valores y Seguros, la cual ejercerá esta función con las mismas atribuciones y facultades de que está investida para fiscalizar y sancionar a las sociedades anónimas abiertas y a las Compañías de Seguros.".

4) Elimínase en el actual inciso final del artículo 4º, la frase "y siempre que la sociedad no se haya disuelto por revocación de su autorización de existencia" y agrégase el siguiente inciso final:

"Declarada la quiebra de una sociedad administradora de fondos mutuos, el Superintendente o la persona que lo reemplace, actuará como síndico con todas las facultades que al efecto confiere a los síndicos el título tercero de la ley Nº 4.558, en cuanto fueren compatibles con las disposiciones de la presente ley.".

5) Sustitúyese el artículo 6º, por el siguiente:

"Artículo 6º Las sociedades administradoras se constituirán con arreglo a lo dispuesto en los artículos 126 y siguientes de la ley de sociedades anónimas, además de las disposiciones de la presente ley y de su reglamento.".

6) Sustitúyese el artículo 10, por el siguiente:

"Artículo 10. La remuneración de la sociedad por su administración y los gastos de operación que puedan atribuirse al fondo, deberán establecerse en el reglamento interno respectivo.".

7) Sustitúyese el artículo 11, por el siguiente:

"Artículo 11. Transcurridos seis meses desde la fecha de su iniciación, los fondos mutuos no podrán tener menos de doscientos partícipes, y el valor global de su patrimonio neto deberá ser equivalente, a lo menos, a dieciocho mil unidades de fomento.

Si en vigencia del fondo, el número de sus partícipes o el monto del patrimonio neto se redujeren a cifras inferiores a las establecidas en el inciso precedente, la Superintendencia, por resolución fundada, podrá otorgar un plazo no superior a 60 días para restablecer los déficit producidos. Si así no se hiciere se procederá sin más trámite a la liquidación del fondo y de la administradora, en su caso.".

8) Sustitúyese en el artículo 13, el Nº 1, por el siguiente:

"Deberá efectuarse en acciones de sociedades anónimas abiertas que tengan transacción bursátil y demás títulos que se coticen en bolsa; en debentures, bonos y otros títulos de crédito o inversión emitidos o garantizados hasta su total extinción ya sea por el Estado, por el Banco Central de Chile o por entidades sometidas a la fiscalización de la Superintendencia de Bancos e Instituciones Financieras; en debentures, bonos, pagarés o letras cuya emisión haya sido registrada en la Superintendencia de Valores y Seguros o en otros valores de oferta pública que autorice esta Superintendencia; todo sin perjuicio de las cantidades que mantengan en dinero efectivo, en caja o bancos.".

9) Agrégase al artículo 13, el siguiente inciso final:

"Si a consecuencia de liquidaciones o repartos o por causa justificada, a juicio exclusivo de la Superintendencia, un fondo mutuo recibiere en pago bienes cuya inversión no se ajuste a lo establecido en este artículo, la sociedad administradora comunicará esta situación a la Superintendencia, dentro de tercero día de que hubiere ocurrido a fin de que ésta determine si cabe o no valorizarlas y en caso afirmativo, establezca el procedimiento de avaluación. En todo caso, estos bienes deberán ser enajenados en el plazo de 60 días contado desde la fecha de su adquisición, o en el plazo mayor que autorice la Superintendencia por motivos calificados.".

10) Sustitúyese en el artículo 15, el inciso primero por el siguiente:

"Las cuotas de los fondos mutuos se valorarán diariamente en la forma que determine el reglamento de esta ley, según se trate de fondos de inversión en valores de renta fija, variable o mixta.".

11) Sustitúyense en el artículo 20, las palabras "de Compañías de Seguros, Sociedades Anónimas y Bolsas de Comercio" por "de Valores y Seguros".

Artículo 141. El Presidente de la República deberá dictar dentro del plazo de seis meses contado desde la fecha de publicación de la presente ley, un nuevo Reglamento de Fondos Mutuos.

Artículo 142. Introdúcense las siguientes modificaciones al decreto ley Nº 3.538, de 1980:

1) Sustitúyese el artículo 3º, por el siguiente:

"Artículo 3º Corresponde a la Superintendencia de Valores y Seguros la superior fiscalización de:

a) Las personas que emitan o intermedien valores de oferta pública;

b) Las bolsas de valores mobiliarios y las operaciones bursátiles;

c) Las asociaciones de agentes de valores y las operaciones sobre valores que éstos realicen;

d) Los fondos mutuos y las sociedades que los administren;

e) Las sociedades anónimas y las en comandita por acciones que la ley sujeta a su vigilancia;

f) Las empresas dedicadas al comercio de asegurar y reasegurar cualquiera sea su naturaleza y los negocios de éstas, y

g) Cualquiera otra entidad o persona natural o jurídica que la presente ley u otras leyes así le encomienden.

No quedan sujetas a la fiscalización de esta Superintendencia los bancos, las sociedades financieras, las sociedades administradoras de fondos de pensiones y las entidades y personas naturales o jurídicas que la ley exceptúe expresamente.".

2) Introdúcese el siguiente nuevo inciso segundo a la letra d) del artículo 4°, pasando a ser los que siguen, incisos tercero y cuarto:

"Podrá pedir la ejecución y presentación de balances y estados financieros en las fechas que estime convenientes, para comprobar la exactitud e inversión de los capitales y fondos.".

3) Sustitúyese el inciso primero del artículo 5°, por el siguiente:

"La Superintendencia podrá pagar con fondos de su presupuesto, los gastos que se ocasionen con motivo del ejercicio de las funciones que se le encomiendan en el artículo 4°, letras e) y g) y en el artículo 23, inciso segundo del presente decreto ley.".

4) Sustitúyese el artículo 23, por el siguiente:

"Artículo 23. Los empleados o personas que a cualquier título presten servicios en la Superintendencia estarán obligados a guardar reserva acerca de los documentos y antecedentes de las personas o entidades sujetas a la fiscalización de ella, siempre que tales documentos y antecedentes no tengan el carácter de públicos. La infracción a esta obligación será sancionada en la forma establecida en el inciso primero del artículo 247 del Código Penal.

Lo dispuesto en el inciso anterior, no obstará a que el Superintendente pueda difundir o hacer difundir por las personas y medios que determine, la información o documentación relativa a los sujetos fiscalizados con el fin de velar por la fe pública o por el interés de los accionistas, inversionistas y asegurados.

El personal de la Superintendencia no podrá prestar servicios profesionales a las personas o entidades sometidas a su fiscalización.".

5) Sustitúyese el artículo 25, por el siguiente:

"Artículo 25. La Superintendencia estará sometida a la fiscalización de la Contraloría General de la República exclusivamente en lo que concierne al examen de las cuentas de sus entradas y gastos.".

6) Introdúcese el siguiente nuevo inciso tercero en el artículo 26, pasando a ser los que siguen incisos cuarto y quinto:

"Las personas que rindan declaraciones falsas ante la Superintendencia incurrirán en las penas que establece el artículo 210 del Código Penal.".

7) Sustitúyese en el inciso primero del artículo 27, la expresión "sociedades anónimas" con que se inicia, por: "sociedades anónimas sujetas a la fiscalización de la Superintendencia" y en el número tres del mismo inciso, agrégase cambiando el punto aparte por una coma (,), la siguiente frase: "cuando proceda.".

8) Sustitúyese en el inciso primero del artículo 28, la expresión: "de las organizadas como sociedades anónimas" por "de aquellas a que se refiere el inciso primero del artículo anterior.".

9) Sustitúyese el artículo 29, por el siguiente:

"Artículo 29. No obstante lo expresado en los artículos 27 y 28 al aplicar una multa, la Superintendencia, a su elección, podrá fijar su monto de acuerdo a los límites en ellos establecidos o hasta en un 30% del valor de la emisión u operación irregular.

Para los efectos de los artículos precitados se entenderá que hay reiteración cuando se cometa dos o más infracciones entre las cuales no medie un período superior a doce meses.".

10) Derógase el artículo 38.

11) Suprímense en el artículo 39, las expresiones "el decreto con fuerza de ley número 251, de 1931, y".

Artículo 143. Introdúcese la siguiente modificación al decreto con fuerza de ley Nº 101, de 1980:

Sustitúyese la letra a) del artículo 3º por la siguiente:

"Aprobar o rechazar el prospecto que debe preceder a la formación de una administradora de fondos de pensiones; aprobar sus estatutos, autorizar su existencia y en general ejercer todas las facultades que el decreto ley Nº 3.538, de 1980, y la ley de sociedades anónimas y su reglamento confieren a la Superintendencia de Valores y Seguros, respecto de las personas y entidades sometidas a su fiscalización.".

Artículo 144. Introdúcense las siguientes modificaciones al decreto con fuerza de ley Nº 251, de 1931, modificado por el decreto ley Nº 3.057, de 1980:

1) Sustitúyese la letra i) del artículo 3°, por la siguiente:

"i) Resolver, en casos a su juicio calificados, en el carácter de árbitro arbitrador sin ulterior recurso, las dificultades que se susciten entre compañía y compañía, entre éstas y sus intermediarios o entre éstas o el asegurado o beneficiario en su caso, cuando los interesados de común acuerdo lo soliciten. Sin embargo, el asegurado o el beneficiario podrán por sí solos solicitar al árbitro arbitrador la resolución de las dificultades que se produzcan, cuando el monto de la indemnización reclamada no sea superior a 120 unidades de fomento.".

2) Sustitúyese la letra ñ) del artículo 3° por la siguiente:

"Las que otras leyes o normas expresamente le confieran.".

3) Introdúcese el siguiente nuevo inciso segundo al artículo 4°, pasando a ser el actual, inciso tercero:

"Las cooperativas de seguros y demás personas jurídicas autorizadas por ley para asegurar, se sujetarán a las normas de su propia legislación y a las de la presente ley, aplicándose preferentemente las de ésta en materias propias de su actividad aseguradora.".

4) Elimínase en el artículo 6°, la frase entre comas (,): "sin perjuicio de lo dispuesto en el artículo 2° del decreto de Hacienda número 2.033, de 26 de Octubre de 1968.".

5) Sustitúyese el artículo 9° por el siguiente:

"Artículo 9° La constitución legal de las sociedades anónimas aseguradoras y reaseguradoras, se hará de conformidad a los artículos 126 y siguientes de la ley de sociedades anónimas.".

6) Derógase el inciso final del artículo 11.

7) Sustitúyese el artículo 19, por el siguiente:

"Artículo 19. Las compañías de seguros deberán publicar juntamente con el balance anual un inventario de sus inversiones.".

8) Sustitúyese el inciso primero del artículo 21, por el siguiente:

"Artículo 21. A lo menos el 50% de las reservas técnicas de las entidades aseguradoras y reaseguradoras deberá invertirse en acciones de sociedades anónimas abiertas que tengan transacción bursátil; en debentures, bonos, y otros títulos de crédito o inversión emitidos o garantizados hasta su total extinción, ya sea por el Estado, por el Banco Central de Chile o por entidades sometidas a la fiscalización de la Superintendencia de Bancos e Instituciones Financieras. El saldo podrá invertirse en debentures, bonos, en pagarés o letras cuya emisión haya sido registrada en la Superintendencia de Valores y Seguros; o en otros valores de oferta pública que autorice esta Superintendencia.".

9) Elimínanse en el inciso quinto del artículo 21, las palabras "del decreto ley Nº 1.328, de 1976".

10) Sustitúyese el encabezamiento del artículo 24, por el siguiente:

"Las entidades aseguradoras y las entidades reaseguradoras nacionales deberán constituir anualmente:".

11) Agrégase al artículo 26, el siguiente inciso segundo:

"Sin embargo, en casos de cesación de pagos, insolvencia o quiebra del asegurador directo, los pagos por reaseguros beneficiarán al asegurado cuyo crédito por siniestro preferirá a cualesquiera otros que se ejercieren en contra del asegurador.".

12) Sustitúyese el inciso segundo del artículo 27 por el siguiente:

"La transferencia de negocios y cesión de carteras a que se refiere el inciso anterior requerirá de la autorización especial de la Superintendencia y deberá efectuarse en conformidad a las normas de aplicación general que dicte al efecto.".

13) Derógase el artículo 28.

14) Sustitúyese el inciso primero del artículo 38 por el siguiente:

"La liquidación de una compañía de seguros será practicada por el Superintendente o por el funcionario que éste designe, quienes tendrán todas las facultades, atribuciones y deberes que la ley de sociedades anónimas les confiere, debiendo velar especialmente por el interés de los asegurados.".

15) Reemplázase el párrafo primero del inciso segundo del artículo 41, por el siguiente:

"En caso de mora, el deudor incurrirá en los intereses y reajustes señalados en el artículo 53 del Código Tributario, los que hará efectivos la Tesorería Comunal respectiva.".

16) Sustitúyense los números 3 y 5 del artículo 44 por los siguientes:

"Nº 3) En suspensión de la administración hasta por seis meses".

"Nº 5) En revocación de su autorización de existencia, por resolución de la Superintendencia.".

17) Sustitúyese el artículo 45, por el siguiente:

"Artículo 45. La Superintendencia podrá sancionar a los agentes y corredores de seguros en los casos y en la forma establecida en el artículo 28 del decreto ley Nº 3.538, de 1980.".

Artículo 145. Derógase la ley sobre transferencia de acciones o promesas de acción de sociedades anónimas, publicada en el Diario Oficial de 11 de Septiembre de 1878, los artículos 424 al 469, ambos inclusive, del Código de Comercio; los párrafos segundo y tercero del inciso segundo del artículo 5° y los artículos 83 al 139a, ambos inclusive, del decreto con fuerza de ley N° 251, del Ministerio de Hacienda, de 1931; las leyes N°s 6.057 y 7.302; todos los artículos de la Ley N° 17.308, con excepción de los artículos 3°, 6°, 7°, 14, 16 y 18; el decreto supremo N° 4.705, del Ministerio de Hacienda, de 30 de noviembre de 1946; el artículo 21 de la Ley N° 7.869; los artículos 7°, 8° y 9° de la Ley N° 12.680; el inciso segundo del artículo 11° del decreto supremo N° 341, del Ministerio de Hacienda, de 8 de junio de 1977, que aprobó el texto refundido y coordinado de los decretos leyes 1.055 y 1.233, de 1975; 1.327 y 1.611, de 1976; 1.675 y 1.698, de 1977, sobre Zonas y Depósitos Francos.

Asimismo, en la Ley N° 12.680, elimínase en el artículo 1°, la expresión "y de sociedades anónimas"; en el artículo 6°, sustitúyese la coma (,) que sigue a las palabras "artículo 2°" por la letra "y", y en el artículo 11, suprímese la frase "según el caso, de la sociedad anónima, o" y la coma (,) que la antecede.

TÍTULO XVI
DE LAS OPERACIONES CON PARTES RELACIONADAS EN LAS SOCIEDADES ANÓNIMAS ABIERTAS Y SUS FILIALES

Artículo 146. Son operaciones con partes relacionadas de una sociedad anónima abierta toda negociación, acto, contrato u operación en que deba intervenir la sociedad y, además, alguna de las siguientes personas:

1) Una o más personas relacionadas a la sociedad, conforme al artículo 100 de la ley N° 18.045.

2) Un director, gerente, administrador, ejecutivo principal o liquidador de la sociedad, por sí o en representación de personas distintas de la sociedad, o sus respectivos cónyuges o parientes hasta el segundo grado de consanguinidad o afinidad inclusive.

3) Las sociedades o empresas en las que las personas indicadas en el número anterior sean dueños, directamente o a través de otras personas naturales o jurídicas, de un 10% o más de su capital, o directores, gerentes, administradores, ejecutivos principales.

4) Aquellas que establezcan los estatutos de la sociedad o fundadamente identifique el comité de directores, en su caso, aun cuando se trate de aquellas indicadas en el inciso final del artículo 147.

5) Aquellas en las cuales haya realizado funciones de director, gerente, administrador, ejecutivo principal o liquidador, un director, gerente, administrador, ejecutivo principal o liquidador de la sociedad, dentro de los últimos dieciocho meses.

Artículo 147. Una sociedad anónima abierta sólo podrá celebrar operaciones con partes relacionadas cuando tengan por objeto contribuir al interés social, se ajusten en precio, términos y condiciones a aquellas que prevalezcan en el mercado al tiempo de su aprobación, y cumplan con los requisitos y procedimientos que se señalan a continuación:

1) Los directores, gerentes, administradores, ejecutivos principales o liquidadores que tengan interés o participen en negociaciones conducentes a la realización de una operación con partes relacionadas de la sociedad anónima, deberán informar inmediatamente de ello al directorio o a quien éste designe. Quienes incumplan esta obligación serán solidariamente responsables de los perjuicios que la operación ocasionare a la sociedad y sus accionistas.

2) Antes que la sociedad otorgue su consentimiento a una operación con parte relacionada, ésta deberá ser aprobada por la mayoría absoluta de los miembros del directorio, con exclusión de los directores o liquidadores involucrados, quienes no obstante deberán hacer público su parecer respecto de la operación si son requeridos por el directorio, debiendo dejarse constancia en el acta de su opinión. Asimismo, deberá dejarse constancia de los fundamentos de la decisión y las razones por las cuales se excluyeron a tales directores.

3) Los acuerdos adoptados por el directorio para aprobar una operación con una parte relacionada serán dados a conocer en la próxima junta de accionistas, debiendo hacerse mención de los directores que la aprobaron. De esta materia se hará indicación expresa en la citación a la correspondiente junta de accionistas.

4) En caso que la mayoría absoluta de los miembros del directorio deba abstenerse en la votación destinada a resolver la operación, ésta sólo podrá llevarse a cabo si es aprobada por la unanimidad de los miembros del directorio no involucrados o, en su defecto, si es aprobada en junta extraordinaria de

accionistas con el acuerdo de dos tercios de las acciones emitidas con derecho a voto.

5) Si se convocase a junta extraordinaria de accionistas para aprobar la operación, el directorio designará al menos un evaluador independiente para informar a los accionistas respecto de las condiciones de la operación, sus efectos y su potencial impacto para la sociedad. En su informe, los evaluadores independientes deberán también pronunciarse acerca de los puntos que el comité de directores, en su caso, haya solicitado expresamente que sean evaluados. El comité de directores de la sociedad o, si la sociedad no contare con éste, los directores no involucrados, podrán designar un evaluador independiente adicional, en caso que no estuvieren de acuerdo con la selección efectuada por el directorio.

Los informes de los evaluadores independientes serán puestos por el directorio a disposición de los accionistas al día hábil siguiente de recibidos por la sociedad, en las oficinas sociales y en el sitio en Internet de la sociedad, de contar la sociedad con tales medios, por un plazo mínimo de 15 días hábiles contado desde la fecha en que se recibió el último de esos informes, debiendo comunicar la sociedad tal situación a los accionistas mediante hecho esencial.

Los directores deberán pronunciarse respecto de la conveniencia de la operación para el interés social, dentro de los 5 días hábiles siguientes desde la fecha en que se recibió el último de los informes de los evaluadores.

6) Cuando los directores de la sociedad deban pronunciarse respecto de operaciones de este Título, deberán explicitar la relación que tuvieran con la contraparte de la operación o el interés que en ella tengan. Deberán también hacerse cargo de la conveniencia de la operación para el interés social, de los reparos u objeciones que hubiese expresado el comité de directores, en su caso, así como de las conclusiones de los informes de los evaluadores o peritos. Estas opiniones de los directores deberán ser puestas a disposición de los accionistas al día siguiente de recibidos por la sociedad, en las oficinas sociales así como en el sitio en Internet de las sociedades que cuenten con tales medios, y dicha situación deberá ser informada por la sociedad mediante hecho esencial.

7) Sin perjuicio de las sanciones que correspondan, la infracción a este artículo no afectará la validez de la operación, pero otorgará a la sociedad o a los accionistas el derecho de demandar, de la persona relacionada infractora, el reembolso en beneficio de la sociedad de una suma equivalente a los beneficios

que la operación hubiera reportado a la contraparte relacionada, además de la indemnización de los daños correspondientes. En este caso, corresponderá a la parte demandada probar que la operación se ajustó a lo señalado en este artículo.

No obstante lo dispuesto en los números anteriores, las siguientes operaciones con partes relacionadas podrán ejecutarse sin los requisitos y procedimientos establecidos en los números anteriores, previa autorización del directorio:

a) Aquellas operaciones que no sean de monto relevante. Para estos efectos, se entiende que es de monto relevante todo acto o contrato que supere el 1% del patrimonio social, siempre que dicho acto o contrato exceda el equivalente a 2.000 unidades de fomento y, en todo caso, cuando sea superior a 20.000 unidades de fomento. Se presume que constituyen una sola operación todas aquellas que se perfeccionen en un período de 12 meses consecutivos por medio de uno o más actos similares o complementarios, en los que exista identidad de partes, incluidas las personas relacionadas, u objeto.

b) Aquellas que, conforme a la política de operaciones habituales aprobada por el directorio, sean ordinarias en consideración al giro social. El acuerdo que establezca estas políticas o su modificación deberá contar con el pronunciamiento del Comité de Directores y será informado a la Comisión como hecho esencial cuando corresponda.

La política de operaciones habituales a que se refiere el presente literal deberá contener las menciones mínimas que establezca la Comisión mediante una norma de carácter general, y mantenerse permanentemente a disposición de los accionistas en las oficinas sociales y en el sitio web institucional de las sociedades que cuenten con tales medios.

Con todo, la política referida precedentemente no podrá autorizar la suscripción de actos o contratos que comprometan más del 10% del activo de la sociedad.

c) Aquellas operaciones entre personas jurídicas en las cuales la sociedad posea, directa o indirectamente, al menos un 95% de la propiedad de la contraparte.

Sin perjuicio de lo dispuesto en los incisos precedentes, la Comisión podrá requerir que las sociedades difundan a los accionistas y al público general el detalle de las operaciones con partes relacionadas que hubieren sido realizadas. Dicha difusión se llevará a cabo en la forma, plazo, periodicidad y condiciones que establezca la referida Comisión mediante norma de carácter general.

Artículo 148. Ningún director, gerente, administrador, ejecutivo principal, liquidador, controlador, ni sus personas relacionadas, podrá aprovechar para sí las oportunidades comerciales de la sociedad de que hubiese tenido conocimiento en su calidad de tal. Se entenderá por oportunidad comercial todo plan, proyecto, oportunidad u oferta exclusiva dirigida a la sociedad, para desarrollar una actividad lucrativa en el ámbito de su giro o uno complementario a él.

Los accionistas podrán utilizar para sí tales oportunidades comerciales cuando el directorio de la sociedad las haya previamente desechado, o si hubiere transcurrido un año desde la adopción del acuerdo de postergar o aceptar la oportunidad comercial, sin que se hubiese iniciado su desarrollo.

Sin perjuicio de las sanciones que correspondan, la infracción a este artículo no afectará la validez de la operación y dará derecho a la sociedad o a los accionistas a pedir el reembolso, a favor de la sociedad, de una suma equivalente a los beneficios que la operación hubiere reportado al infractor y los demás perjuicios que se acrediten.

Artículo 149. Las disposiciones de este título serán aplicables, sin perjuicio de las demás disposiciones de la presente ley, tanto a las sociedades anónimas abiertas como a todas sus filiales, sin importar la naturaleza jurídica de éstas.

TÍTULO XVII
DISPOSICIONES TRANSITORIAS

Artículos 1° a 10° transitorios perdieron vigencia atendidos los plazos transcurridos, por lo que no se transcriben.

JOSÉ T. MERINO CASTRO, Almirante, Comandante en Jefe de la Armada, Miembro de la Junta de Gobierno.- CÉSAR RAÚL BENAVIDES ESCOBAR, Teniente General de Ejército, Miembro de la Junta de Gobierno.- JAVIER LOPETEGUI TORRES, General de Aviación, Comandante en Jefe de la Fuerza Aérea y Miembro de la Junta de Gobierno subrogante.- MARIO MAC KAY JARAQUEMADA, General Subdirector, General Director de Carabineros y Miembro de la Junta de Gobierno subrogante.

Por cuanto he tenido a bien aprobar la precedente ley, la sanciono y la firmo en señal de promulgación. Llévese a efecto como Ley de la República.

Regístrese en la Contraloría General de la República, publíquese en el Diario Oficial e insértese en la Recopilación Oficial de dicha Contraloría.

Santiago, veintiuno de Octubre de mil novecientos ochenta y uno.- AUGUSTO PINOCHET UGARTE, General de Ejército, Presidente de la República.- Sergio de Castro Spikula, Ministro de Hacienda.

Lo que transcribo a Ud. para su conocimiento.- Saluda atentamente a Ud.- Enrique Seguel Morel, Teniente Coronel, Subsecretario de Hacienda.

DECRETO SUPREMO Nº 702
MINISTERIO DE HACIENDA
APRUEBA NUEVO REGLAMENTO DE SOCIEDADES ANÓNIMAS

Publicado en el Diario Oficial de 6 de julio de 2012

TÍTULO PRELIMINAR
ÁMBITO DE APLICACIÓN Y DEFINICIONES

Artículo 1°. Este reglamento será aplicable a las sociedades anónimas reguladas por la Ley Nº 18.046 y aquellas a las cuales en forma supletoria se le apliquen las disposiciones de dicha ley, en la medida que no se oponga a la legislación especial que las rige.

Artículo 2°. Para los efectos de este reglamento, salvo que se señale expresamente lo contrario, las referencias a la "Superintendencia" y al "Registro de Valores", se deberán entender a la Superintendencia de Valores y Seguros y al Registro de Valores que mantienen la Superintendencia de Valores y Seguros y la Superintendencia de Bancos e Instituciones Financieras. Las referencias a la "Ley" se deberán entender a la ley Nº 18.046. Las referencias a la "sociedad" se deberán entender a la sociedad anónima regida por la ley Nº 18.046.

TÍTULO I
DE LA SOCIEDAD, SU CONSTITUCIÓN Y MODIFICACIÓN

Artículo 3°. Las sociedades anónimas se forman, existen y prueban de acuerdo a las formalidades y requisitos establecidos en el artículo 3 de la ley o aquellos establecidos en el artículo 126 de la misma ley, recibiendo en este último caso la calificación de sociedades anónimas especiales. Lo anterior, es sin perjuicio de lo dispuesto en otras leyes para aquellas sociedades a las cuales se les aplica en forma supletoria las disposiciones de la ley.

Son sociedades anónimas abiertas aquellas que inscriban voluntariamente o por obligación legal sus acciones en el Registro de Valores. La sociedad que por obligación legal deba inscribir sus acciones en el Registro de Valores o que deba hacerlo en virtud de un acuerdo adoptado al momento de la constitución de la sociedad o en junta extraordinaria de accionistas, deberá solicitar la inscripción dentro de los 60 días siguientes a la fecha en que rige la obligación legal o a la fecha en que se adoptó el acuerdo.

Mientras la inscripción de sus acciones no sea cancelada, la sociedad mantendrá su calidad de sociedad anónima abierta. La Superintendencia procederá a la cancelación de la inscripción de las acciones cuando la sociedad lo solicite, debiendo acreditar que una junta extraordinaria de accionistas así lo acordó con el voto conforme de los dos tercios de las acciones emitidas con derecho a voto, como asimismo que no le afecta ninguna obligación legal en virtud de la cual deba inscribir sus acciones en el Registro de Valores. En este caso, el accionista ausente o disidente tendrá derecho a retiro. Las modificaciones de estatutos que la referida junta hubiere acordado con el objeto de adecuarlos a las normas aplicables a las sociedades anónimas cerradas, surtirán efecto una vez cancelada la inscripción de las acciones del Registro de Valores.

Las sociedades a que se refiere el inciso séptimo del artículo segundo de la ley tienen la calidad de sociedades anónimas cerradas, salvo que sus acciones se encuentren inscritas en el Registro de Valores. En todo caso ellas deberán cumplir con las obligaciones de información y publicidad que la Superintendencia establezca por norma de carácter general. Para ello, la Superintendencia podrá determinar que dichas sociedades se inscriban en registros especiales de entidades informantes.

El extracto de la escritura de constitución de la sociedad deberá expresar también la fecha de la escritura y el nombre y domicilio del notario ante el cual se otorgó. En el extracto de la escritura de modificación de la sociedad no será necesario hacer referencia a la individualización de los accionistas que concurrieron a la junta que aprobó la reforma respectiva.

Artículo 4°. En la escritura de constitución de una sociedad anónima especial o sujeta a la obtención de una resolución que autorice su existencia y en sus juntas de accionistas que aprueben reformas de estatutos, se podrá conferir poder para aceptar en nombre de la sociedad las modificaciones que indique la Superintendencia y extender una escritura complementaria en que se consignen esas modificaciones.

Artículo 5°. La modificación de los estatutos de la sociedad o la disolución de la misma por acuerdo de la junta extraordinaria de accionistas, producirá efecto a la fecha de la reducción a escritura pública del acta de la junta de accionistas que acuerde dicha modificación o disolución, o a la fecha posterior o cumplimiento de la condición que hubiere acordado la junta de accionistas, siempre y cuando el extracto de dicha reducción a escritura pública sea oportunamente inscrito y publicado de acuerdo al artículo 5 de la ley.

La modificación de los estatutos de una sociedad anónima especial o la disolución de la misma, producirá efecto a partir de la fecha de la respectiva resolución que la apruebe, siempre que el certificado especial que la Superintendencia expida acredite tal circunstancia y, en su caso, contenga un extracto de las cláusulas del estatuto social que han sido modificadas, según lo determine dicho organismo y sea oportunamente inscrito y publicado de acuerdo al artículo 127 de la ley.

En caso de omisión o cumplimiento tardío de la inscripción y publicación del extracto o del certificado, según corresponda, se aplicará lo dispuesto por la Ley N° 19.499 sobre Saneamiento de Vicios de Nulidad de Sociedades.

TÍTULO II
DEL NOMBRE

Artículo 6°. La sociedad tendrá un solo nombre social, el cual deberá constar en los estatutos e incluir las palabras "Sociedad Anónima" o la abreviatura "S.A.".

Los estatutos podrán contemplar nombres de fantasía y sigla, para efectos de publicidad, propaganda u operaciones de banco.

TÍTULO III
DEL CAPITAL SOCIAL, DE LAS ACCIONES Y DE LOS ACCIONISTAS

§1. El Registro de Accionistas y Títulos de Acciones

Artículo 7°. La sociedad anónima deberá llevar un Registro de Accionistas en el que se anotará, a lo menos, el nombre, domicilio y cédula nacional de identidad o rol único tributario de cada accionista, si lo tuviera, la serie, si la hubiere, y el número de acciones de que sea titular, la fecha en que éstas se hayan inscrito a su nombre y, tratándose de acciones suscritas y no pagadas, la forma y oportunidades de pago de ellas.

Igualmente, en el Registro deberá inscribirse la constitución de gravámenes y de derechos reales distintos al de dominio y hacerse referencia a los pactos particulares relativos a cesión de acciones.

En caso que algún accionista transfiera todo o parte de sus acciones deberá anotarse en el Registro esta circunstancia.

La apertura del Registro de Accionistas se efectuará el día del otorgamiento de la escritura de constitución.

Artículo 8°. Cuando la sociedad deba citar a los accionistas, realizar algún anuncio o entregar información relevante a éstos, lo deberá realizar en la forma establecida en la ley, y en ausencia de norma, mediante comunicación escrita entregada personalmente a cada accionistas o por carta certificada enviada al domicilio informado en el Registro de Accionistas. Dicha citación o información además, deberá estar disponible en el sitio de internet de la sociedad, si lo tuviera.

Los estatutos de la sociedad podrán establecer medios de comunicación de la sociedad a los accionistas complementarios a los indicados en la ley o en este reglamento. En este caso, el Registro de Accionistas deberá incluir respecto de cada accionista, además, la información necesaria para utilizar aquellos medios de comunicación.

Será responsabilidad de cada accionista mantener su información en el Registro de Accionistas debidamente actualizada.

Artículo 9°. El Registro de Accionistas podrá llevarse por cualquier medio, siempre que éste ofrezca seguridad de que no podrán haber intercalaciones, supresiones u otra adulteración que pueda afectar su fidelidad.

Si el Registro se llevare por medios que no permitan dejar inmediata constancia de la constitución de gravámenes y de derechos reales distintos al de dominio sobre las acciones, la sociedad estará obligada a llevar un libro anexo para tal fin. Sin perjuicio de lo anterior, dentro de las 24 horas siguientes a la inscripción del derecho o gravamen en dicho libro, la sociedad deberá incorporar la información al sistema por el cual se lleva el Registro.

Artículo 10. Cada vez que sea necesario determinar a qué accionistas corresponderá un determinado derecho social, se considerarán aquellos que se encuentren inscritos en el Registro de Accionistas a la medianoche del quinto día hábil anterior a aquél desde el cual pueda ejercerse el derecho. En el caso de las sociedades anónimas cerradas para los efectos de participar en las juntas de accionistas, se considerará a aquellos que figuren inscritos en el Registro de Accionistas al inicio de la respectiva junta.

Salvo norma especial diferente, las sociedades anónimas abiertas deberán anunciar a lo menos por un aviso que se publicará en forma destacada en el diario en que deban realizarse las citaciones a juntas de accionistas, el día desde el cual puedan ejercerse los derechos a que se refiere el inciso primero del presente artículo. Esta publicación deberá hacerse con no menos de 5 días hábiles ni más de 20 días hábiles de anticipación al día desde el cual puede ejercerse el derecho.

En las sociedades anónimas cerradas, el anuncio del día desde el cual se pueden ejercer los derechos a que se refiere el inciso primero podrá hacerse de conformidad a lo establecido en el artículo 8 de este reglamento, y en todo caso, en el plazo indicado en el inciso anterior. Si no fuere posible informar debidamente a la totalidad de los accionistas por algunos de los medios antes indicados con cinco días hábiles de anticipación a la fecha a partir de la cual puede ejercer el derecho, dicho anuncio se realizará mediante aviso en la forma y plazo indicado en el inciso anterior.

Artículo 11. Los títulos de acciones llevarán el nombre del titular, su rol único tributario o cédula de identidad, si los tuviera, el nombre y domicilio de la sociedad y su rol único tributario, la fecha de la escritura de constitución y la notaría en que se haya otorgado, la indicación de la inscripción del extracto de la escritura de constitución de la sociedad en el Registro de Comercio correspondiente y su publicación en el Diario Oficial, el número de acciones que el título represente, la serie a que pertenezcan, una referencia a las preferencias que otorgan y si las acciones tienen o no valor nominal. Si los estatutos de la sociedad incluyen limitaciones a la libre disposición de las acciones, los títulos también deberán hacer referencia a ellas. Igualmente deberán constar en el título las condiciones de pago de la acción si se tratare de acciones que no estuvieren pagadas íntegramente.

Cuando la sociedad no haya sido constituida como sociedad anónima, a las referencias indicadas en el inciso anterior a su constitución se deberán agregar las referencias correspondientes a la escritura de transformación en sociedad anónima. Si la entidad se ha convertido en sociedad anónima en virtud de una fusión por creación o de una división, en el título se indicará la fecha de la escritura que da cuenta de ese acto y la notaría en que se haya otorgado, la indicación de la inscripción del extracto de dicha escritura en el Registro de Comercio correspondiente y su publicación en el Diario Oficial.

En el caso de sociedades anónimas especiales se expresará además en el título la fecha y número de la resolución de autorización de existencia correspondiente, la indicación de su inscripción en el Registro de Comercio y publicación en el Diario Oficial.

Los títulos de acciones serán numerados correlativamente y se desprenderán de un libro talonario. El talón correspondiente será firmado por la persona a quien se haya entregado el título. Los títulos serán firmados por el presidente del directorio y por el gerente general o las personas que hagan sus veces. Las sociedades podrán establecer sistemas para que la firma de ellos queden estampadas mediante procedimientos mecánicos que ofrezcan seguridad.

Artículo 12. Los títulos inutilizados y el talón correspondiente llevarán estampados en forma visible la palabra "Inutilizado" y en el respaldo del talón se anotará el número de los títulos con que se les haya reemplazado.

El título inutilizado se pegará al talón respectivo. Cuando se haya transferido una parte de las acciones a que se refiera el título, se inutilizará éste y se emitirán nuevos títulos. No se emitirá un nuevo título sin haberse inutilizado el anterior, o sin que éste se haya declarado extraviado, hurtado o robado previo los trámites establecidos en el artículo siguiente. Este mismo procedimiento se aplicará cuando por cualquier motivo hubiere canje de títulos.

Artículo 13. Acreditado el extravío, hurto, robo o inutilización de un título u otro accidente semejante, la persona a cuyo nombre figuren inscritas las acciones podrá pedir uno nuevo, previa publicación de un aviso en un diario de amplia circulación nacional en que se comunicará al público que queda sin efecto el título primitivo. En las sociedades anónimas abiertas el interesado deberá, además, remitir copia del referido aviso a las bolsas de valores en donde se transen sus acciones.

En el Registro de Accionistas de la sociedad y en el nuevo título que se expida se dejará constancia del cumplimiento de las obligaciones que para el interesado se consignan en el inciso precedente.

La sociedad expedirá el nuevo título al día siguiente hábil de la publicación del aviso, pero si fuera abierta, la emisión del nuevo título se realizará solamente una vez transcurridos tres días hábiles desde la referida publicación.

Artículo 14. Los estatutos de las sociedades anónimas cerradas podrán establecer que la sociedad no estará obligada a imprimir láminas físicas de los títulos de acciones, sino que a llevar únicamente un sistema de anotaciones en cuenta en el Registro de Accionistas, siempre que se resguarden debidamente los derechos de los accionistas.

Artículo 15. En caso que la sociedad mantenga únicamente un sistema de anotaciones en cuenta o mientras no se hayan impreso y entregado los títulos a los accionistas, éstos tendrán derecho a obtener de la sociedad un certificado que acredite la cantidad de acciones inscritas a su nombre en el Registro de Accionistas de la sociedad. Estos certificados serán nominativos, intransferibles y no negociables y deberán indicar la fecha de su otorgamiento.

Para los efectos de las formalidades necesarias para la constitución de prenda u otro derecho real sobre las acciones de la sociedad, el certificado reemplazará al título representativo de las acciones de que se trate. A solicitud del accionista, y para facilitar la constitución de prenda u otros derechos reales sobre menos de la totalidad de sus acciones, el accionista podrá solicitar que el certificado se restrinja a sólo parte de las acciones inscritas a su nombre, debiendo el certificado indicar dicha circunstancia.

Artículo 16. Los pactos particulares entre accionistas relativos a cesión de acciones se entenderán depositados en la sociedad desde que una copia de los mismos autorizada ante notario se entregue en el lugar en que funcione el Registro de Accionistas por un notario público que así lo certifique. No será necesaria la intervención del notario cuando el gerente general o quien haga sus veces, deje constancia escrita de la recepción de la copia referida.

Una vez depositado un pacto, el gerente general o quien haga sus veces deberá realizar una anotación en el Registro de Accionistas en referencia al pacto a más tardar dentro de las 24 horas siguientes. Realizada la anotación antes referida, una copia del pacto deberá quedar a disposición de los accionistas y terceros interesados para consulta en el lugar donde funcione el Registro de Accionistas.

Si el pacto incluye estipulaciones sobre materias distintas de la cesión de acciones, la copia de éste para los efectos de su depósito podrá limitarse sólo a lo relativo a la cesión.

Artículo 17. Cada vez que un accionista quiera dejar constancia del ejercicio de alguno de los derechos que la ley, este reglamento o los estatutos le confieren como tal, deberá comunicar a la sociedad dicho ejercicio a través de los medios que los estatutos determinen, siempre que den razonable seguridad de su fidelidad, o por carta certificada o por presentación escrita entregada en el lugar en que funcione la gerencia.

Para efectos de computar los plazos que correspondan, se considerará como fecha de ejercicio del derecho la fecha de recepción por parte de la sociedad de la comunicación en la forma señalada en el inciso anterior. Si dicha comunicación hubiere sido enviada por carta certificada, se considerará como fecha de recepción el tercer día hábil siguiente al de su entrega en las oficinas de correos.

§2. Aumentos de Capital

Artículo 18. Los acuerdos de las juntas de accionistas sobre aumentos de capital no podrán establecer un plazo superior a tres años, contado desde la fecha de los mismos, para la emisión, suscripción y pago de las acciones respectivas, cualquiera sea la forma de su entero. Respecto de acciones destinadas a planes de compensación de trabajadores de la sociedad y sus filiales, el plazo máximo antes referido será de cinco años. Las acciones que sean necesarias para dar cumplimiento a la opción contenida en bonos convertibles en acciones podrán ser emitidas, suscritas y pagadas mientras esté vigente dicha opción.

Vencido el plazo establecido por la junta de accionistas sin que se haya enterado el aumento de capital, éste se reducirá en la parte no suscrita hasta esa fecha.

Respecto de las acciones suscritas y no pagadas, vencido el plazo antes indicado, el directorio deberá proceder al cobro de los montos adeudados, salvo que la junta de accionistas lo autorice para abstenerse del cobro con el voto conforme de dos tercios de las acciones emitidas, caso en el cual el capital quedará reducido de pleno derecho a la cantidad efectivamente pagada.

Agotadas las acciones de cobro, el directorio deberá proponer a la junta de accionistas la aprobación, por mayoría simple, del castigo del saldo insoluto y la reducción del capital a la cantidad efectivamente recuperada.

Artículo 19. La junta de accionistas de las sociedades anónimas cerradas deberá acordar en los aumentos de capital que previo a la emisión de acciones de pago, la sociedad capitalice todas las reservas sociales provenientes de utilidades y de revalorizaciones legales existentes a la fecha del último balance, a través de la emisión de acciones liberadas de pago. Lo anterior, salvo que la unanimidad de las acciones emitidas con derecho a voto apruebe que no se efectúe la capitalización o que ésta se realice sin la emisión de acciones liberadas de pago.

Si las acciones tuvieren valor nominal, la capitalización, en su caso, se efectuará, mediante el aumento del valor nominal de las acciones.

Cuando la sociedad tuviere pérdidas acumuladas, las utilidades del ejercicio y las reservas de utilidades se destinarán primeramente a absorberlas.

Asimismo, las utilidades destinadas a ser distribuidas como dividendos entre los accionistas, podrán no ser capitalizadas si la junta de accionistas acordare su pago para la fecha que determine dentro del ejercicio en que se adoptó el acuerdo respectivo y éste se efectúe antes de la emisión de las acciones de pago.

No será obligatoria la capitalización indicada en los incisos anteriores en caso de aumentos de capital producto de una fusión por absorción.

Artículo 20. La existencia de acciones correspondientes al capital inicial o a los aumentos de capital posteriores que no estuvieren suscritas y pagadas, no restringirá la posibilidad de aprobar nuevos aumentos de capital, pero la sociedad deberá dar a los accionistas una información amplia y razonada acerca de la conveniencia de realizar un nuevo aumento, el precio de colocación de las acciones ya emitidas y no colocadas y los elementos de valoración de las nuevas acciones.

La junta que acuerde un aumento de capital existiendo acciones pendientes de suscripción, podrá acordar en forma previa a aumentar el capital que se deje sin efecto el capital estatutario en la parte no suscrita, con la respectiva cancelación de las acciones que correspondan si éstas hubieren sido emitidas, lo que para todos los efectos no se considerará una disminución de capital, debiéndose expresar esta circunstancia en el acta de la junta de accionistas respectiva.

Artículo 21. Salvo acuerdo unánime de las acciones emitidas, todos los aportes no consistentes en dinero deberán ser estimados por peritos y la junta de accionistas deberá aprobar dichos aportes y estimaciones. El informe del perito deberá contener una descripción de los aportes y la valoración de los mismos, expresando los criterios utilizados.

El aportante de los bienes que trata este artículo estará obligado a su entrega, tradición o cesión a la sociedad y a las demás obligaciones de un vendedor o cedente, de acuerdo a las reglas aplicables según la naturaleza del bien aportado.

Artículo 22. Cuando se capitalicen utilidades y reservas sociales, o se distribuyan utilidades, en las actas de las juntas de accionistas se deberá hacer una relación de las proposiciones que en cada oportunidad fueron sometidas a discusión, así como del resultado de las votaciones que por estos motivos deban efectuarse.

En el acta de las juntas de accionistas de las sociedades anónimas abiertas, al menos deberá dejarse constancia de la cuantía de las utilidades del ejercicio, si las hubiere, los porcentajes y montos de éstas que se ha acordado retener y distribuir, la relación de los acuerdos adoptados respecto de la forma en que se capitalicen las utilidades retenidas, y las demás materias que establezca la Superintendencia a través de su normativa.

Artículo 23. En la junta que deba decidir respecto al precio de colocación de las acciones de pago, l a sociedad deberá dar a los accionistas una información amplia y razonada acerca de los elementos de valoración de las acciones. En todo caso, indicará a lo menos los valores correspondientes al derecho a retiro.

En las sociedades anónimas abiertas, la junta a que se refiere el inciso precedente podrá delegar en el directorio la fijación final del precio de colocación de las acciones, siempre que esa colocación se inicie dentro de los

180 días siguientes a la fecha de su celebración, pudiendo prorrogarse dicha delegación por una vez y hasta por un máximo de 180 días adicionales, por una nueva junta.

En el caso de los planes de compensación a que se refiere el artículo 24 de la ley, la junta podrá delegar en el directorio la fijación final del precio de colocación, sin que éste se encuentre sujeto al plazo establecido en el inciso precedente, sino únicamente al plazo determinado en la junta, el que no podrá exceder de los 5 años indicado en el inciso final del artículo 24 de la ley.

§3. Opción Preferente para Suscribir Acciones de Pago

Artículo 24. Las opciones para suscribir acciones de aumentos de capital de la sociedad o de cualquiera otros valores convertibles en acciones o que confieran derechos futuros sobre estas acciones, deberán ser ofrecidas, a lo menos por una vez, preferentemente a los accionistas a prorrata de las acciones que posean inscritas a su nombre a la medianoche del quinto día hábil anterior a la fecha de inicio del período de suscripción preferente.

El aumento de capital correspondiente a una fusión por absorción, no da derecho de suscripción preferente a los accionistas de la sociedad absorbente y todas las acciones de dicho aumento se destinarán a ser asignadas y distribuidas entre los accionistas de las sociedades absorbidas.

Artículo 25. En las sociedades con acciones distribuidas en series de acciones, el aumento de capital debe hacerse mediante la emisión de acciones de todas las series de la sociedad, manteniendo la proporción que representa cada serie en el total de acciones emitidas. Las acciones de cada serie deben ser ofrecidas preferentemente y en iguales condiciones a todos los accionistas de la serie respectiva, a prorrata de las acciones que poseen de la misma.

El precio al que serán ofrecidas preferentemente las acciones, será determinado en la junta de accionistas, con la conformidad tanto de la mayoría absoluta de las acciones emitidas, como de la mayoría absoluta de las acciones de la serie respectiva. Con los mismos quórum, la junta podrá delegar la determinación del precio, en el directorio, en la forma establecida por el artículo 23 de este reglamento.

Sin perjuicio de lo establecido en el inciso primero de este artículo, la junta podrá acordar un aumento de capital en otras condiciones y términos, con el voto conforme de las dos terceras partes de las acciones de la serie o series afectadas, teniendo los accionistas disidentes derecho a retiro, de acuerdo a lo establecido en el numero 5) del artículo 69 de la ley.

Artículo 26. Los accionistas con derecho a recibir opciones preferentes se determinarán de acuerdo a lo establecido en el artículo 10 de este reglamento.

La opción preferente y el inicio del período de treinta días para ejercerlo se comunicará mediante la publicación de un aviso en forma destacada, a lo menos por una vez, en el diario en que deban realizarse las citaciones a juntas de accionistas.

En las sociedades anónimas cerradas y a menos que los estatutos establezcan otros medios de comunicación entre la sociedad y los accionistas, la opción preferente y el inicio del período de treinta días para su ejercicio, deberá informarse a los accionistas de conformidad con el artículo 8 del presente reglamento o mediante aviso en la forma indicada en el inciso anterior.

Artículo 27. En las sociedades anónimas cerradas, si la unanimidad de las acciones emitidas estuvieren presentes en la junta que acuerde el aumento de capital o la emisión de los valores que otorgan el derecho de suscripción preferente a los accionistas, se entenderá que el aviso de opción de suscripción preferente fue comunicado en la misma junta y que el plazo de 30 días para ejercerla corre desde la fecha de la junta, de lo cual deberá dejarse constancia en el acta respectiva. Para efectos de determinar las opciones que les corresponden a los accionistas, se considerarán las acciones que estos posean inscritas a su nombre al momento de iniciarse la referida junta.

Asimismo, los accionistas de las sociedades anónimas cerradas podrán ceder su opción de suscripción preferente a otros accionistas o terceros o bien renunciar a ésta en la misma junta que acordó el aumento de capital, delegando en el directorio la facultad para ofrecer y colocar las nuevas acciones de pago entre los accionistas o terceros en la forma que estime más conveniente para el interés social, siempre que no sea a valores inferiores o en condiciones más ventajosas que los establecidos en la junta.

Artículo 28. Cuando no asistiera la totalidad de los accionistas de una sociedad anónima cerrada y en el caso de las sociedades anónimas abiertas, los accionistas con derecho a suscribir acciones o los cesionarios de las opciones, deberán manifestar a la sociedad su intención de suscribirlas, de conformidad con el artículo 17 de este reglamento y dentro del plazo de 30 días contado desde la fecha de publicación del aviso comunicando la opción preferente. Si nada expresan dentro de dicho plazo se entenderá que renuncian a este derecho. Si tratándose de una sociedad anónima cerrada la opción preferente se comunicó mediante comunicación escrita o por carta certificada, el plazo de 30 días antes indicado se contará desde la fecha de entrega de la última de las comunicaciones escritas o desde el tercer día hábil siguiente al de la entrega de la última carta certificada en la oficina de correos.

Artículo 29. Las acciones no suscritas por los accionistas no podrán ser ofrecidas a terceros a valores inferiores o en condiciones más ventajosas que a aquéllos.

En las sociedades anónimas abiertas, deberá observarse lo dispuesto en el inciso anterior, a lo menos por los 30 días siguientes a la fecha del vencimiento del plazo de la oferta preferente. Transcurrido este plazo, las acciones podrán ser ofrecidas a terceros en condiciones y precios diferentes a los de la opción preferente, siempre que estas ofertas a terceros se hagan en bolsas de valores.

Artículo 30. Cuando una sociedad efectúe una oferta preferente de suscripción de acciones de pago, y así lo solicite uno o más accionistas, deberá poner a su disposición certificados de las opciones preferentes firmados por el gerente general, o quien haga sus veces. La misma obligación tendrá la sociedad ante cualquier cesionario que lo solicite, en vista del documento en el que conste la cesión de la opción y el certificado de opción preferente de suscripción del cedente, en caso de haberse emitido. Si en el proceso de colocación de la emisión, se considerará más de un período de opción para el ejercicio de estos derechos, la sociedad deberá entregar a requerimiento de los interesados a que se refiere este inciso, los respectivos certificados, para cada uno de esos períodos.

Para el caso de las sociedades anónimas abiertas, la Superintendencia establecerá tanto la información mínima que deberá contener el certificado y el registro de opciones de suscripción preferente, que la sociedad deberá llevar, como las condiciones de seguridad y fidelidad con que ambos deben contar. Las sociedades anónimas abiertas deberán llevar un registro de las opciones de suscripción preferente, donde deberán anotar las solicitudes que reciba, la entrega de certificados que efectúe, las transferencias de opciones de las que tome conocimiento y el ejercicio que se haga de estos derechos.

En las sociedades anónimas cerradas, el certificado de opción preferente deberá contar al menos con la identificación de la sociedad, el nombre, rol único tributario o cédula de identidad y domicilio del accionista o cesionario que requiere el certificado, la serie y número de acciones de la nueva emisión sobre las cuales tiene derecho preferente de suscripción, una indicación clara del período en el cual el accionista, o cesionario, según sea el caso, puede ejercer o transferir la opción que el certificado lleva incorporado, y la fecha de su expiración.

Artículo 31. Las opciones para suscribir acciones de la sociedad, valores convertibles en acciones o cualesquiera otros valores que confieran derechos futuros sobre acciones, se podrán transferir sujetándose a las mismas formalidades que este Reglamento dispone para la cesión de acciones. La transferencia de las opciones, producirá efecto respecto de la sociedad y de terceros, una vez que ésta tome conocimiento de aquélla, pudiendo los interesados acreditar que la sociedad tomó conocimiento de la cesión, en iguales circunstancias que las establecidas para la cesión de acciones.

Artículo 32. En caso que no se suscriba la totalidad de las acciones en la misma escritura de constitución, salvo disposición en contrario en los estatutos, los accionistas no tendrán derecho preferente para suscribir las acciones no suscritas del capital inicial, pudiendo el directorio ofrecerlas libremente a terceros.

§4. La Suscripción y Pago de Acciones

Artículo 33. La suscripción de acciones efectuada con posterioridad a la constitución de la sociedad, deberá constar en instrumento público o privado firmado por las partes en el que se exprese el número de las acciones que se suscriben, la serie a que pertenezcan, en su caso, la fecha de entrega de los títulos respectivos y el valor y la forma de pago de la suscripción.

Artículo 34. El contrato de suscripción de acciones producirá efecto entre las partes contratantes desde el otorgamiento del mismo. La adquisición de las acciones suscritas por el titular se produce al momento en que se inscriban las acciones a su nombre en el Registro de Accionistas, momento desde el cual adquiere la calidad de accionista. La inscripción la practicará la sociedad dentro del día siguiente hábil al otorgamiento del contrato de suscripción de acciones.

En el caso de la emisión de acciones liberadas de pago, no será necesario el otorgamiento de un contrato de suscripción de acciones, procediendo la sociedad a inscribir las acciones liberadas de pago a nombre de los accionistas con derecho a recibirlas el mismo día utilizado para precisar a estos accionistas.

Artículo 35. Los saldos insolutos de las acciones suscritas y no pagadas serán reajustados en la misma proporción en que varíe el valor de la unidad de fomento.

Si el valor de las acciones estuviere expresado en moneda extranjera, los saldos insolutos se pagarán en dicha moneda o en moneda nacional al valor oficial de cambio que ella tuviere a la fecha de pago. Tratándose de monedas extranjeras de general aceptación en los mercados internacionales de cambios, el valor oficial corresponderá al tipo de cambio publicado por el Banco Central en el Diario Oficial el día del pago efectivo para esa moneda. En caso de otras monedas extranjeras, el valor oficial para la conversión a moneda nacional será aquel definido en los estatutos o el aprobado por los accionistas de acuerdo a las reglas establecidas para los aportes no consistentes en dinero.

Artículo 36. De conformidad a lo establecido en el artículo 16 de la ley, los pagos parciales del saldo insoluto de una suscripción de acciones se abonarán acción por acción hasta que se complete el pago de la totalidad de las acciones suscritas. En caso que de abonar la totalidad del pago, quedare una acción sin ser completamente pagada, ésta gozará de iguales derechos a las íntegramente pagadas, salvo en lo relativo a la participación en beneficios sociales y en las devoluciones de capital, en cuyo caso dicha acción otorgará esos derechos en aquella fracción que está efectivamente pagada. Lo anterior, a menos que los estatutos sociales estipulen norma diferente.

Artículo 37. Cuando un accionista no pagare oportunamente las acciones que hubiere suscrito, sin perjuicio de las acciones de cobro que intente la sociedad, ésta podrá vender en una bolsa de valores, por cuenta y riesgo del moroso, el número de acciones de propiedad del moroso que sea necesario para que la sociedad se pague de los saldos insolutos y de los gastos de enajenación.

Realizada la operación señalada en el inciso anterior, el gerente general o quien haga sus veces deberá reducir en el Registro de Accionistas el número de acciones a nombre del accionista moroso a la cantidad de acciones que le resten, descontando las acciones vendidas por la sociedad y dando por pagada la deuda en el monto que alcance a cubrir el resultado de dicha enajenación después de los gastos correspondientes.

Lo anterior es sin perjuicio de las compensaciones que procedieren por cualquier suma que la sociedad le adeudare al accionista y cualquier otro mecanismo que, además, se pudiere estipular en los estatutos.

§5. Cesión de Acciones

Artículo 38. Toda cesión de acciones se celebrará por instrumento privado firmado por el cedente y el cesionario, ante notario público o bien cada uno ante dos testigos mayores de edad o ante un corredor de bolsa, debidamente individualizados por su cédula nacional de identidad o rol único tributario, los que podrán ser los mismos si cedente y cesionario suscriben el instrumento en un mismo acto. También podrá hacerse por escritura pública suscrita por el cedente y el cesionario o conforme a lo previsto en la ley Nº 18.876, si procediere. No podrá actuar en calidad de testigo, corredor de bolsa o notario público quien comparece en la escritura de cesión como cedente o cesionario de las acciones, ni aún respecto de su contraparte.

La adquisición de acciones de una sociedad implica la aceptación de los estatutos sociales, de los acuerdos adoptados en las juntas de accionistas, y de la obligación de pagar las acciones en el caso que éstas no estén pagadas a la sociedad.

Artículo 39. En caso que la transferencia de las acciones tenga por antecedente el cumplimiento de un mandato, la custodia de las acciones o su entrega en garantía, se deberá cumplir con las mismas formalidades indicadas en el artículo anterior, pero deberá dejarse constancia de dicha circunstancia en el instrumento por el que se celebre la transferencia.

Artículo 40. A la sociedad no le corresponde pronunciarse sobre la transferencia de las acciones y está obligada a inscribir sin más trámite los traspasos que se le presenten, a menos que éstos no se ajusten a las formalidades que establecen los artículos precedentes.

Artículo 41. La cesión de las acciones producirá efecto entre las partes desde su celebración, y respecto de la sociedad y de terceros, desde el momento de la inscripción del nuevo titular en el Registro de Accionistas. La sociedad practicará la inscripción en el momento que tome conocimiento de la cesión.

Los interesados podrán acreditar que la sociedad ha tomado conocimiento de la cesión en mérito a una notificación practicada por un corredor de bolsa o notario público, quienes en el acto de la notificación deberán entregar una copia del contrato de cesión y el título de las acciones, a menos que este último estuviese en poder de la sociedad o no tuviere obligación de imprimir láminas físicas de los títulos.

Artículo 42. Al momento de firmarse un traspaso o contrato de suscripción de acciones, el adquirente o comprador deberá optar por solicitar que el título, cuando corresponda, esté a su disposición en un plazo máximo de 6 días hábiles, contado desde la fecha en que la sociedad ha tomado conocimiento de la cesión o ha celebrado el contrato de suscripción, según corresponda. El accionista podrá solicitar, alternativamente, que la sociedad no emita título alguno, sin perjuicio de la inscripción del traspaso o suscripción correspondiente, y del derecho a solicitar el título cuando lo considere oportuno.

Artículo 43. La sociedad deberá archivar los traspasos, poderes y demás documentos en mérito de los cuales practicó cualquier inscripción o anotación en el Registro de Accionistas. Los documentos relacionados a las personas que son accionistas de la Sociedad deberán mantenerse archivados mientras dichas personas conserven la calidad de accionistas. Los documentos relacionados con personas que dejen de ser accionistas podrán ser destruidos en los plazos y cumpliendo los requisitos establecidos en ley N° 18.845 que establece sistemas de microcopia o micrograbación de documentos.

Artículo 44. En caso de transmisión o sucesión por causa de muerte, el sucesor, heredero, asignatario y/o adjudicatario de las acciones podrá inscribirlas a su nombre, previa exhibición a la sociedad del testamento inscrito, si lo hubiere, de la inscripción del auto de posesión efectiva de la herencia y del respectivo acto de adjudicación, en su caso, de todo lo cual se tomará nota en el Registro de Accionistas. A la sociedad no le corresponde pronunciarse sobre la transmisión o adjudicación de las acciones y está obligada a inscribirlas, a menos que éstos no se ajusten a las formalidades establecidas en este reglamento.

Artículo 45. Las acciones inscritas a nombre de personas fallecidas cuyos herederos o legatarios no las registren a nombre de ellos dentro del plazo de cinco años contado desde el fallecimiento del causante, serán vendidas por la sociedad en la forma, plazo y condiciones siguientes:

a) Transcurrido el plazo de cinco años antes señalado sin que se hubiere acreditado la existencia de herederos o legatarios interesados en las acciones, el gerente general de la sociedad procederá a citarlos mediante una publicación que hará en el Diario Oficial y otra en un diario distinto de circulación nacional. Entre ambas publicaciones no mediará un plazo superior a 10 días. El aviso de citación deberá contener los datos necesarios para individualizar al causante y a la sociedad.

b) Transcurrido el plazo de 60 días contado desde la última publicación sin que se hubieren presentado herederos o legatarios del titular de dichas acciones, el gerente general, actuando como representante legal de ellos, venderá las acciones en remate en una bolsa de valores.

c) Los dineros no cobrados por los herederos o legatarios a que se refieren las disposiciones anteriores y los provenientes de dividendos u otros beneficios en efectivo o de repartos por devolución de capital, que de conformidad a la ley pertenezcan a los Cuerpos de Bomberos de Chile, se pondrán por las sociedades a disposición de la Junta Nacional de dicha organización, quien prorrateará y procederá al pago de dichos dineros.

d) Las personas autorizadas por la ley para mantener acciones por cuenta de terceros, pero a nombre propio, y que tengan en sus registros de custodia acciones inscritas a nombre de personas fallecidas cuyos herederos o legatarios no las registren a nombre de ellos dentro del plazo de cinco años contado desde el fallecimiento del causante, deberá informar de dicha situación a la sociedad con el objeto que ésta pueda dar cumplimiento a lo indicado en el presente artículo. En este último caso, la venta de las acciones se realizará por el custodio, previa instrucción de la sociedad.

§6. Derechos reales sobre Acciones

Artículo 46. En el usufructo de acciones, la calidad de accionista reside en el nudo propietario. Salvo que el título constitutivo de usufructo establezca lo contrario, durante el usufructo el ejercicio de los derechos políticos correspondientes a las acciones deberá ser ejercido de consuno por el nudo propietario y el usufructuario y pertenecerán a este último los dividendos acordados por la sociedad, las acciones que se entreguen liberadas de pago provenientes de utilidades generadas durante la vigencia del usufructo y la parte de los repartos que se efectúe durante la liquidación que corresponda a las utilidades no distribuidas por la sociedad, si el usufructo no hubiere terminado antes. Salvo estipulación en contrario, el usufructo se extenderá a las acciones o derechos sociales que reemplacen o sucedan a las acciones objeto del usufructo en caso de transformación, división o fusión de la sociedad emisora de las mismas. Las opciones de suscripción preferente de acciones corresponderán al usufructuario y al nudo propietario, conjuntamente, a menos que el usufructo disponga otra cosa.

Artículo 47. Corresponderá al titular de las acciones el ejercicio de los derechos de accionista no obstante que éstas se hubieren entregado en prenda, salvo disposición en contrario del contrato de prenda. Asimismo, salvo estipulación en contrario, la prenda se extenderá a las acciones o derechos sociales que reemplacen o sucedan a las acciones prendadas en caso de transformación, división o fusión de la sociedad emisora de las mismas.

Artículo 48. En el caso de embargo de acciones, se observarán las disposiciones contenidas en el artículo anterior.

Las restricciones a la libre cesión que imponga la ley común a las acciones embargadas, no limitarán la transformación, división, fusión o disolución de la sociedad emisora de ellas, ni afectará otras decisiones de las juntas de accionistas. En todo caso, el embargo se extenderá a las acciones o derechos sociales que reemplacen o sucedan a las acciones embargadas en caso de transformación, división o fusión de la sociedad emisora de las mismas.

§7. Disminuciones de Capital Social

Artículo 49. Todo acuerdo de reducción de capital requerirá del voto conforme de las dos terceras partes de las acciones emitidas con derecho a voto, y no podrá procederse al reparto o devolución de capital o a la adquisición de acciones con que dicha disminución pretenda llevarse a efecto, sino transcurridos treinta días desde la fecha de publicación en el Diario Oficial del extracto de la respectiva modificación.

Artículo 50. Dentro de los 10 días siguientes a la publicación referida en el artículo anterior, deberá publicarse además un aviso destacado en un diario de circulación nacional y en el sitio de internet de las sociedades anónimas abiertas que dispongan de tales medios, en el que se informe al público del hecho de la disminución de capital y de su monto.

Artículo 51. La disminución de capital afectará a todos los accionistas por igual, sin necesidad de cancelar acciones. Si las acciones tuvieren valor nominal, a consecuencia de la disminución de capital se reducirá dicho valor en forma proporcional.

§8. Modificaciones de Pleno Derecho del Capital Social

Artículo 52. La modificación de pleno derecho del capital social que se produzca por la capitalización proporcional de la revalorización del capital propio, en caso que corresponda, no afectará al número de acciones emitidas por la sociedad y sólo incrementará el capital pagado de ésta. Para estos efectos, se considerará como capital pagado el correspondiente a las acciones pagadas, incluyendo a las acciones de la sociedad que ésta posea en cartera, por haberlas adquirido en conformidad a la ley.

Artículo 53. En las sociedades con capital dividido en acciones con valor nominal, la modificación de pleno derecho del capital social que se produzca por la capitalización proporcional de la revalorización del capital propio, en caso que corresponda, no afectará al número de acciones emitidas por la sociedad y sólo incrementará el capital social y el valor nominal de las acciones en que se divide, favoreciendo incluso a las acciones de la sociedad que ésta posea en cartera, por haberlas adquirido en conformidad a la ley.

El valor nominal de las acciones se expresará como la división del capital social revalorizado dividido por el total de acciones emitidas o de la serie correspondiente. El capital de la sociedad y el valor nominal de sus acciones aumentarán en la misma proporción que lo hiciere el capital pagado, luego de aprobada la distribución a que se refieren los incisos precedentes.

Cuando en los estatutos sociales o en los acuerdos de las juntas de accionistas se establezca que las acciones de pago se ofrecerán a un valor igual al nominal, se entenderá, salvo estipulación expresa diferente, que dicho valor será el vigente a la fecha de suscripción de dichas acciones.

Artículo 54. La distribución proporcional de la revalorización entre las cuentas del capital pagado, las utilidades retenidas y otras cuentas representativas del patrimonio, deberá efectuarse de manera que se respeten los diversos montos y permanencia de cada una de estas cuentas durante el ejercicio correspondiente.

Artículo 55. Cualesquiera sean las variaciones que experimente el capital social o el valor de las acciones, sea que tengan valor nominal o no, en razón de lo expuesto en los artículos precedentes, no se alterará lo pactado en los respectivos contratos de suscripción de acciones en relación al precio convenido para ellas, sea respecto de su monto, reajuste, intereses, plazo y cualesquiera otras modalidades de pago.

Artículo 56. Cada vez que se produzca una disminución de capital de pleno derecho, el directorio o el gerente general de la sociedad deberá dejar constancia de ella, por escritura pública, anotada al margen de la inscripción social, dentro de los 60 días siguientes a la ocurrencia del hecho que la motiva.

§9. Series de Acciones

Artículo 57. Las acciones pueden ser ordinarias o preferidas. El estatuto social deberá establecer en forma precisa las obligaciones, preferencias o derechos especiales que afecten o de que gocen una o más series de acciones y su plazo de vigencia.

Los estatutos deberán establecer las consecuencias de la falta de pago total o parcial de los dividendos preferentes otorgados a una serie de acciones, si éste tiene o no carácter acumulativo en relación a los dividendos no pagados.

No podrá estipularse preferencias que consistan en el otorgamiento de dividendos que no provengan de utilidades del ejercicio o de utilidades retenidas y de sus respectivas revalorizaciones.

No es de la esencia de las preferencias su vinculación a una o más limitaciones en los derechos de que pudieran gozar las demás acciones.

Artículo 58. Los titulares de acciones de una serie sin derecho a voto podrán participar en las juntas de accionistas con derecho a voz.

Cuando la ley o el presente reglamento dispongan que una materia requiere la aprobación de un quórum determinado de las acciones emitidas, sin especificar que dicho quórum se calcula solamente sobre las acciones con derecho a voto, las acciones de una serie sin derecho a voto o con voto limitado deberán ser consideradas para los efectos del quórum y para la votación de dichas materias específicas.

Cuando corresponda que los accionistas titulares de una serie de acciones deban aprobar alguna materia que les afecta por una mayoría determinada por el voto emitido sólo por esas acciones, la votación correspondiente deberá efectuarse separadamente en junta de accionistas conforme al mismo procedimiento establecido en el párrafo 4 del Título VI de este reglamento.

Artículo 59. Si las acciones de una serie tuvieran como preferencia la posibilidad de ser canjeadas por acciones ordinarias o de otra serie preferente en una relación de uno a uno, el estatuto deberá señalar claramente el número total de acciones en que se divide el capital, pero el número de acciones que compone cada serie podrá cambiar de tiempo en tiempo producto del canje de acciones entre una serie y otra, manteniendo en todo momento el mismo número total de acciones.

Si la relación de canje es distinta de uno a uno, el estatuto deberá señalar como número de acciones en que se divide el capital, el monto máximo de acciones en que podría dividirse el capital si se efectuara el canje de todas ellas, pero consignando el número de acciones que compone cada serie a la fecha de la constitución o de la modificación de capital respectivo.

En todo caso, los estatutos deberán establecer la relación de canje correspondiente y podrán establecer el mecanismo y oportunidad para solicitar y llevar a cabo dicho canje, y la forma en que se consignarán periódicamente las acciones que componen cada serie de acuerdo a los canjes ocurridos. Si los estatutos no se refieren al mecanismo y oportunidad para solicitar y llevar a cabo el canje, el accionista que deseare canjear total o parcialmente sus acciones deberá presentar una solicitud de canje, que deberá estar acompañada de los títulos de las acciones que se canjean si la sociedad imprime láminas físicas de los mismos. La solicitud de canje y la inscripción de la misma se someterán al mismo procedimiento, formalidades y plazos establecidos para la inscripción de traspasos de acciones.

En cada junta ordinaria de accionistas, se deberá informar a los accionistas y dejar constancia en el acta respectiva, del número de acciones emitidas, suscritas y pagadas de la sociedad y el número de acciones que componen cada serie, según conste del Registro de Accionistas al momento de iniciarse la junta.

Artículo 60. Para el caso del término o extinción de cualquiera de las preferencias y limitaciones de una serie de acciones, el directorio o el gerente general de la sociedad consignará este hecho por escritura pública, anotada al margen de la inscripción social dentro de los 60 días siguientes a la ocurrencia del hecho que provocó el término o extinción de la preferencia o limitación. Además, el directorio o gerente general de la sociedad deberá informar a los accionistas del término o extinción de la preferencia o limitación, de conformidad con el artículo 8 de este reglamento o mediante aviso que se publicará en forma destacada en el diario en que deban realizarse las citaciones a juntas de accionistas.

§10. Acciones de Propia Emisión

Artículo 61. Mientras la sociedad sea titular de acciones de propia emisión, éstas quedarán inscritas a su nombre en el Registro de Accionistas, pero no se computarán para la constitución de quórum de las juntas de accionistas y no tendrán derecho a voto, dividendo o preferencia en la suscripción de aumentos de capital o valores convertibles en acciones.

Artículo 62. Cuando la sociedad adquiera acciones de propia emisión como resultado del ejercicio del derecho a retiro de un accionista disidente o como consecuencia de la fusión con otra sociedad que sea accionista de la sociedad absorbente, dichas acciones deberán enajenarse en bolsa de valores dentro del plazo máximo de un año a contar de su fecha de adquisición. Si dichas acciones no fueran enajenadas en el plazo señalado, las acciones y la inscripción de éstas a nombre de la sociedad serán canceladas y el capital se disminuirá de pleno derecho en un monto igual al costo en que la sociedad adquirió dichas acciones.

Artículo 63. Las acciones adquiridas en virtud de un acuerdo de la junta extraordinaria de accionistas, deberán ser enajenadas por la sociedad dentro del plazo máximo de veinticuatro meses o de 5 años, en ambos casos a contar de su adquisición, dependiendo si fueron adquiridas o no para cumplir un programa o plan de compensación a trabajadores. Si no se enajenaran en los plazos señalados, las acciones y la inscripción de éstas a nombre de la sociedad serán canceladas y el capital quedará disminuido de pleno derecho en un monto igual al costo en que la sociedad adquirió dichas acciones.

§11. Canje de Acciones

Artículo 64. Si por cualquier causa cambiare el número de acciones de propiedad de un accionista, este tendrá derecho a solicitar que se le reemplace su título de acciones por uno que indique el nuevo número de acciones a su nombre. Igual solicitud podrá formular el accionista para distribuir el número de sus acciones de distinta forma. Los requisitos, formalidades y plazos para la solicitud de reemplazo de títulos y emisión de nuevos, se ajustará a lo indicado para la inscripción de traspasos de acciones.

Artículo 65. En caso que se aumentare el capital social mediante la emisión de acciones liberadas de pago y, una vez cumplidas las formalidades de inscripción y publicación del extracto al cual se redujere el acta respectiva, la sociedad anónima deberá asignar y distribuir las nuevas acciones a todos los accionistas en las proporciones que corresponda, inscribiendo a su nombre dichas acciones con fecha de la escritura pública respectiva.

Para efectos de la asignación y distribución antes señalada, se considerará a quienes figuren inscritos en el Registro de Accionistas a la medianoche del día hábil anterior al día en que surte efecto dicho aumento de capital, de conformidad a lo dispuesto en el artículo 5 de este reglamento.

Cuando se modificare el número de las acciones en que se divide el capital social, sin aumentar éste, la sociedad deberá también asignar y distribuir las nuevas acciones a todos los accionistas en las proporciones que corresponda, debiendo realizar la inscripción correspondiente de la misma forma indicada en los incisos anteriores.

Lo dispuesto en este artículo es sin perjuicio del derecho de los accionistas para solicitar el reemplazo material de su título, según se señala en el artículo anterior.

Artículo 66. En el día en que surta efecto la fusión de acuerdo al artículo 158 de este reglamento, la sociedad absorbente deberá inscribir en su Registro de Accionistas a todas las personas que sean socios o accionistas de las sociedades absorbidas a la medianoche del día anterior, pasando a ser considerados a partir de ese momento accionistas de la sociedad absorbente para todos los efectos que correspondan. La sociedad absorbente por intermedio de su directorio asignará y distribuirá directamente las acciones correspondientes al aumento de capital acordado con ocasión de la fusión entre los nuevos accionistas de acuerdo a la relación de canje aprobada.

Las transferencias de acciones de la sociedad absorbida que se produzcan o presenten a inscripción a partir de la fecha referida en el inciso anterior, se entenderán realizadas respecto de las nuevas acciones de la sociedad absorbente, procediendo la sociedad absorbente a inscribirlas en su Registro de Accionistas con los ajustes que correspondan según la relación de canje aprobada para la fusión.

Para los efectos de la inscripción de los accionistas de la sociedad absorbida en el Registro de la sociedad absorbente, se estará a la información contenida en el Registro de Accionistas de aquélla o de sus escrituras sociales, según corresponda al tipo de la sociedad absorbida.

Artículo 67. Sin perjuicio de lo establecido en el artículo precedente, en caso que participen sociedades anónimas abiertas, la fecha a partir de la cual los socios o accionistas de las sociedades absorbidas podrán retirar los títulos de acciones emitidos por la sociedad absorbente, se comunicará mediante la publicación de un aviso en forma destacada, a lo menos por una vez, en el diario en que deban realizarse las citaciones a juntas de accionistas de esta sociedad.

Si alguna de las sociedades que participan de la fusión es una sociedad anónima abierta, la fecha indicada en el inciso anterior será también la que determine el día en que sus acciones dejarán de transarse, comenzarán a transarse o se modificarán sus características, según corresponda, en las bolsas de valores donde estén registrados para su cotización. Mientras la sociedad anónima resultante de la fusión no haya sido inscrita en el Registro de Valores, no podrá hacerse oferta pública de sus acciones y a éstas le serán aplicables las restricciones establecidas en el literal b) del artículo 23 de la Ley 18.045.

En caso que en la fusión no participen sociedades anónimas abiertas, salvo que los estatutos de la sociedad absorbente establezcan otros medios de comunicación entre la sociedad y los accionistas, la fecha para el retiro de los títulos deberá informarse a los accionistas de conformidad con lo establecido en el artículo 8 de este reglamento o mediante aviso en la forma indicada en el inciso primero.

Artículo 68. En los casos que el canje de acciones sea opcional, se deberá determinar los accionistas con derecho al canje y dicha opción, en su caso, deberá ejercerse conforme a los artículos 10 y 17 de este reglamento.

Artículo 69. Cuando sea conveniente ajustar la relación de canje de las acciones por no ser en números enteros, la sociedad estará facultada para compensar en dinero a cada accionista lo que le hubiere correspondido por fracciones de acciones, pero éstos en ningún caso podrán perder su calidad de accionistas con motivo del canje de acciones. Dicha compensación deberá ponerse a disposición de los accionistas conjuntamente con los nuevos títulos emitidos producto del canje.

Las acciones que no resulten asignadas como consecuencia del ajuste de la relación de canje, se destinarán primeramente a aquellos accionistas que producto del canje terminen con menos de una acción, de manera de asegurar que recibirán al menos una sin que deban pagar una compensación en dinero por este concepto. Las acciones remanentes podrán ser ofrecidas a terceros como si fueran acciones de propia emisión conforme a las reglas establecidas en la ley y el presente reglamento.

Lo anterior se entiende sin perjuicio del derecho del accionista a consentir en perder su calidad de tal, según lo dispuesto en el artículo 100 de la ley.

TÍTULO IV
DE LA ADMINISTRACIÓN DE LA SOCIEDAD

§1. Nombramiento y Renuncia de Directores

Artículo 70. En las sociedades que tengan directores titulares y suplentes, se deberá postular conjuntamente al titular y a su respectivo suplente. La elección se hará en una misma y única votación y los votos que favorezcan a un determinado director titular, necesariamente favorecerán al director suplente que postule conjuntamente con éste.

Artículo 71. Si se produjera la vacancia de un director titular y la de su suplente, deberá procederse a la renovación total del directorio, en la próxima junta ordinaria de accionistas que deba celebrar la sociedad y, en el intertanto, el directorio podrá nombrar un director en calidad de reemplazante, y deberá hacerlo si acaso la vacancia impide que se reúna el directorio por falta de quórum. El director reemplazante no tendrá suplente.

Artículo 72. Los accionistas podrán proponer anticipadamente candidatos al cargo de director de la sociedad en la forma y condiciones que se señalan en los siguientes artículos, los que serán sometidos a votación de la junta de accionistas. En caso que al momento de efectuarse la elección el número de candidatos sea inferior a la cantidad de cargos a proveer, el presidente del directorio podrá proponer candidatos a objeto de completar dicho número.

Si la sociedad tuviere directores suplentes, las propuestas al cargo de director deberán ser a un binomio compuesto por el candidato a director titular y su correspondiente suplente.

Artículo 73. El gerente general deberá informar a los accionistas, por los medios que estime pertinente, y en su sitio de Internet, si lo tuviere, la lista de candidatos a director que, en su caso, hubieren aceptado su nominación y declarado no tener inhabilidades para desempeñar el cargo, con al menos dos días de anticipación a la junta. En caso de no ser posible informar a los accionistas dicho listado con anticipación, bastará que el listado sea puesto a disposición de los accionistas al inicio de la junta de accionistas.

Se podrán agregar candidatos a la lista, aún en la misma junta, si quien lo propone presenta un documento en que el candidato acepta su nominación y declara no tener inhabilidades para desempeñar el cargo.

Artículo 74. La notificación que debe efectuar el director que renuncia a su cargo según lo dispuesto en el artículo 37 de la ley, podrá efectuarse mediante comunicación escrita entregada por ministro de fe, al presidente del directorio o al gerente general, o a quienes hagan sus veces, todo ello sin que se requiera de ninguna otra formalidad.

§2. Derechos y Deberes de los Directores

Artículo 75. En los casos en que los estatutos establezcan que los directores serán remunerados por sus funciones, estas remuneraciones deberán ser fijadas en forma anticipada por la junta ordinaria de accionistas.

Cualquiera otra retribución de monto relevante que se efectúe a los directores por funciones o empleos distintos del ejercicio de su cargo, deberá ser autorizada o aprobada, cumpliendo con las formalidades indicadas en los artículos 44 o 147 de la ley, según corresponda. En el caso de las sociedades anónimas cerradas deberán cumplirse tales formalidades aun cuando los estatutos autoricen la realización de operaciones sin sujeción a dicha disposición.

Artículo 76. El director o directores favorecidos con una retribución que no haya sido autorizada o aprobada en la forma indicada en el artículo anterior y quienes en representación de la sociedad hubieren ordenado su pago, responderán solidariamente a ésta de su devolución.

Artículo 77. El rechazo del balance que provoca la revocación de pleno derecho del directorio origina la inhabilidad de los directores que aprobaron dicho balance para ser elegidos como titulares o suplentes en el directorio de la misma sociedad por el período completo siguiente.

Artículo 78. El deber de cuidado y diligencia de los directores incluye, pero no está limitado a, efectuar con el esfuerzo y atención que los hombres emplean ordinariamente en sus propios negocios, las gestiones necesarias y oportunas para seguir de forma regular y pronunciarse respecto de las cuestiones que plantea la administración de la sociedad, recabando la información suficiente para ello, con la colaboración o asistencia que consideren conveniente. Salvo que no fuere posible atendido que el directorio hubiere sesionado de urgencia, cada director deberá ser informado plena y documentadamente de la marcha de la sociedad por parte del gerente general o el que haga sus veces. Dicho derecho a ser informado puede ser ejercido en cualquier tiempo y, en especial, en forma previa a la sesión de directorio respecto de la información y antecedentes necesarios para deliberar y adoptar los acuerdos sometidos a su pronunciamiento en la sesión respectiva. El ejercicio del derecho de ser informado por parte del director es indelegable.

El deber de cuidado y diligencia de los directores los obliga a participar activamente en el directorio y comités, en su caso, asistiendo a las sesiones, instando que el directorio se reúna cuando lo estime pertinente, exigiendo que se incluya en la orden del día aquellas materias que considere convenientes, de acuerdo con la ley y los estatutos sociales, y a oponerse a los acuerdos ilegales o que no beneficien el interés de la sociedad de la cual es director.

Artículo 79. El director debe también, entre otras conductas, abstenerse de proponer, acordar o realizar actos o contratos, o tomar decisiones que no tengan por fin el interés social. Asimismo, debe evitar que eventuales conflictos de intereses perjudiquen a la sociedad, comunicando oportunamente la existencia de tales para su debido tratamiento conforme a la ley y, en caso de tener un conflicto, debe abstenerse de votar en los casos que señala la ley, sin perjuicio de poder ejercer su derecho a voz.

El director que quiera salvar su responsabilidad por algún acto o acuerdo del directorio, deberá hacer constar en el acta su oposición, aún en aquellos casos en que la Ley lo obliga a abstenerse, debiendo darse cuenta de ello en la próxima junta de accionistas que tenga lugar.

Artículo 80. El director deberá guardar reserva respecto de los negocios de la sociedad y de la información social a que tenga acceso en razón de su cargo y que no haya sido divulgada oficialmente por la sociedad.

No obstante lo anterior, y solamente para una correcta interpretación y análisis de la información recibida y dar cabal cumplimiento a su deber de diligencia, el director podrá entregar dicha información a terceros, siempre y cuando éstos tengan a su vez una obligación de confidencialidad legal o contractual para con el director.

§3. Sesiones de Directorio

Artículo 81. Las sesiones de directorio serán ordinarias o extraordinarias. Las primeras se celebrarán en las fechas y horas predeterminadas por el propio directorio y no requerirán de citación especial. Las segundas se celebrarán cuando las cite especialmente el presidente, por sí, o a indicación de uno o más directores, previa calificación que el presidente haga de la necesidad de la reunión, salvo que ésta sea solicitada por la mayoría absoluta de los directores, caso en el cual deberá necesariamente celebrarse la reunión sin calificación previa. En las sociedades anónimas abiertas el directorio celebrará sesiones ordinarias, a lo menos una vez al mes, y en las demás sociedades anónimas se estará a lo que determine el estatuto social y en su silencio, a lo dispuesto precedentemente.

Las sesiones de directorio se realizarán en el domicilio social, salvo que la unanimidad de los directores acuerde la realización de una determinada sesión fuera del domicilio social o participen en ella la unanimidad de los directores.

Estarán facultados para reducir, total o parcialmente, a escritura pública el acta de cualquier sesión de directorio o reunión de junta de accionistas, quien haya desempeñado el cargo de presidente, o el gerente general o la persona que haga sus veces y que haya asistido, o la persona que haya actuado de secretario, o la persona o personas expresamente autorizadas para estos efectos por el directorio o la junta respectiva.

Artículo 82. Se entenderá que participan en las sesiones aquellos directores que, a pesar de no encontrarse físicamente presentes, están comunicados simultánea y permanentemente a través de medios tecnológicos con los demás directores. La Superintendencia determinará mediante instrucciones de general aplicación los medios tecnológicos autorizados para dicha comunicación. En las sociedades anónimas cerradas aquellos medios serán los que acuerde el directorio, y a falta de acuerdo, se podrán utilizar los mismos que haya determinado la Superintendencia.

La asistencia y participación en la sesión de los directores que participaron a través de los medios tecnológicos antes señalados, será certificada bajo la responsabilidad del presidente, o de quien haga sus veces, y del secretario del directorio, haciéndose constar este hecho en el acta que se levante de la misma.

Artículo 83. En su primera reunión después de la junta ordinaria de accionistas en que se haya efectuado su elección, el directorio elegirá entre sus miembros un presidente, que lo será también de la sociedad. En caso de empate, decidirá la suerte.

Actuará de secretario del directorio el gerente general o la persona especialmente designada para este cargo. El directorio provisorio designado en la escritura de constitución de la sociedad tendrá la misma obligación señalada en el presente artículo.

Artículo 84. La citación a sesiones extraordinarias de directorio se practicará por los medios de comunicación que determine el directorio por unanimidad de sus miembros, siempre que den razonable seguridad de su fidelidad o, a falta de determinación de dichos medios, mediante carta certificada despachada a cada uno de los directores con, a lo menos, tres días de anticipación a su celebración. Este plazo podrá reducirse a 24 horas de anticipación, si la carta fuere entregada personalmente al director por un notario público.

La citación a sesión extraordinaria deberá contener una referencia a la materia a tratarse en ella y podrá omitirse si a la sesión concurriere la unanimidad de los directores de la sociedad.

Para la citación a sesiones de directorio en las sociedades anónimas cerradas se estará a lo que dispongan los estatutos y en su silencio, a lo indicado en los incisos anteriores.

Artículo 85. Sin perjuicio de lo establecido en el artículo 48 de la ley, los acuerdos del directorio podrán llevarse a efecto una vez aprobada el acta que los contiene, lo que ocurrirá cuando el acta se encuentre firmada por todos los directores que concurrieron a la sesión respectiva. Con todo, la unanimidad de los directores que concurrieron a una sesión podrá disponer que uno o más acuerdos adoptados en ella se lleven a efecto sin esperar la aprobación del acta, en la medida que dejen constancia de dichos acuerdos en un documento firmado por todos ellos.

Artículo 86. Las deliberaciones y acuerdos del directorio deberán constar en actas almacenadas en medios que a lo largo del tiempo garanticen la fidelidad e integridad de tales deliberaciones y acuerdos y den certeza de la autenticidad de las firmas y anotaciones que quienes las sostuvieron, compartieron y suscribieron; así como de aquellos que se opusieron o estamparon salvedades.

Los documentos y demás antecedentes que formen parte integrante de un acta de sesión de directorio deberán ser almacenados en medios que cumplan las mismas condiciones requeridas a las actas por este artículo, debiendo además constar en esos medios la identificación de las actas de las cuales forman parte.

Artículo 87. Si se produce la pérdida o extravío de actas de sesión de directorio, se podrá reconstituir con la documentación que se haya presentado a la Superintendencia, con las copias de éstas que obren en poder de la sociedad o sus directores y con las copias de escrituras públicas cuando, en este último caso, las referidas actas hayan sido reducidas a escritura pública o protocolizadas, según correspondiere. En la reconstitución del acta, se deberá dejar constancia de su conformidad con ésta por parte de los directores asistentes a la respectiva sesión para la reconstitución. Si no fuere posible obtener la conformidad por parte de tales personas, se dejará constancia de este hecho al inicio de la respectiva acta reconstituida.

§4. Gerentes

Artículo 88. Las sociedades anónimas tendrán uno o más gerentes designados por el directorio, el que fijará sus atribuciones y deberes, pudiendo sustituirlos a su arbitrio. Entre los gerentes designados, el directorio nombrará uno en calidad de gerente general, a quien le corresponderá la representación judicial de la sociedad conforme a lo dispuesto por la ley.

Artículo 89. El directorio está obligado a designar a una o más personas que, individualmente, actúen en ausencia del gerente, la que no será necesaria acreditar por el interesado, representando válidamente a la sociedad en todas las notificaciones que se le practiquen.

El directorio y la sociedad serán responsables de que existan personas designadas para los efectos del inciso precedente, de que su nombramiento esté vigente y de que se encuentren inscritos en el registro a que se refiere el artículo 135 de la ley.

TÍTULO V
DE LA FISCALIZACIÓN DE LA ADMINISTRACIÓN

§1. Sistemas de Fiscalización

Artículo 90. Los estatutos de las sociedades anónimas cerradas no sujetas a fiscalización por parte de la Superintendencia, podrán contener el sistema de fiscalización de la administración que los accionistas estimen conveniente, pudiendo incluso establecer que la administración no será fiscalizada ni su contabilidad, libros y registros examinados, salvo por los accionistas. En caso que dichos estatutos establezcan como sistema de fiscalización el de inspectores de cuentas o auditor es externos, éstos y aquéllos deberán cumplir con los requisitos establecidos en este reglamento.

Artículo 91. La contabilidad, inventario, balance y demás estados financieros de las sociedades anónimas cerradas sujetas a fiscalización de la Superintendencia, de las sociedades anónimas abiertas y especiales deberán ser fiscalizados y examinados por una empresa de auditoría externa regida por el Título XXVIII de la ley Nº 18.045, designada anualmente por la junta ordinaria de accionistas.

§2. Registro de Inspectores de Cuentas y Auditores Externos

Artículo 92. La Superintendencia mantendrá un Registro de Inspectores de Cuentas y Auditores Externos al cual se podrán incorporar las personas que cumplan con los requisitos que se establecen en este párrafo 2. Asimismo, en base a las inhabilidades y causales que se establecen más adelante, la Superintendencia podrá excluir o rechazar su inscripción de dicho Registro.

Los inspectores de cuentas y auditores externos que formen parte del referido Registro no estarán sometidos a fiscalización alguna por parte de la Superintendencia, salvo en lo que respecta a lo señalado en el inciso anterior.

Artículo 93. Los inspectores de cuentas y auditores externos tendrán aquellas facultades y funciones que les otorguen los estatutos de las sociedades que los requieran para los sistemas de fiscalización mencionados en el artículo anterior, debiendo al menos contar con facultades para examinar la contabilidad, inventario, balance y otros estados financieros de la sociedad.

Además, podrán disponer de las facultades necesarias para revisar las operaciones sociales y el fiel cumplimiento de los deberes legales, reglamentarios y estatutarios por parte de los administradores, que se relacionen con las materias que le fueron encomendadas para supervisar.

Artículo 94. Los estatutos de las sociedades anónimas podrán establecer requisitos adicionales de idoneidad técnica o profesional que deberán cumplir las personas naturales para ejercer las labores de inspección de cuentas o auditoría externa para la sociedad.

Artículo 95. Las personas naturales que se desempeñen como inspectores de cuentas y auditores externos, deberán ser mayores de edad, libres administradores de sus bienes y no haber sido condenados por delitos que merezcan pena aflictiva. Lo anterior es sin perjuicio de los requisitos adicionales que puedan establecer los estatutos sociales.

Artículo 96. Tratándose de una persona jurídica, las personas a quien dicha entidad encomiende el cumplimiento de las funciones de inspector de cuentas o de auditor externo que le haya mandatado la sociedad anónima, deberán reunir los requisitos y estar sujetos a las obligaciones que se exigen en el presente reglamento para las personas naturales que se desempeñen como inspectores de cuentas y auditores externos. Dichas personas deberán inscribirse en conjunto con la sociedad en el Registro a que se refiere este párrafo 2.

Artículo 97. No podrán ser inspectores de cuentas ni auditores externos los auditores o liquidadores de la sociedad, los gerentes y demás trabajadores de ésta.

Asimismo, tanto las personas jurídicas como las personas naturales que presten tales servicios deberán ser independientes de las sociedades anónimas que contraten sus servicios, no pudiendo, en consecuencia, poseer directamente o a través de otras personas naturales o jurídicas más del 3% de su capital suscrito.

Artículo 98. Para efectos de la incorporación al Registro de Inspectores de Cuentas y Auditores Externos, las personas naturales o jurídicas deberán acreditar a satisfacción de la Superintendencia, conforme a la normativa que ésta imparta, que cumplen los requisitos establecidos en los artículos 95 y 96 de este reglamento. La Superintendencia podrá rechazar o excluir del mencionado Registro a las personas que no cumplan con los requisitos exigidos para su inscripción. Las personas cuya inscripción hubiere sido excluida podrán solicitar su reinscripción después de transcurridos dos años a contar de su cancelación.

§3. Otras disposiciones

Artículo 99. Los inspectores de cuentas y auditores externos podrán concurrir a las juntas de accionistas con derecho a voz pero sin derecho a voto, salvo que éstos sean accionistas con derecho a voto de la sociedad de que se trate, caso en el cual tendrán derecho a voto en razón de esta última calidad.

Artículo 100. Los inspectores de cuentas y los auditores externos deberán denunciar a las autoridades judiciales y administrativas competentes, los delitos y las irregularidades o anomalías que a su juicio existieren en la administración o contabilidad de la sociedad.

TÍTULO VI
DE LAS JUNTAS DE ACCIONISTAS

§1. Convocatoria y Citación a Junta

Artículo 101. El directorio deberá convocar a junta en los casos y oportunidades que dispone la ley.

Los accionistas que soliciten al directorio convocar a junta de accionistas, deberán comunicarlo a la sociedad mediante presentación escrita dirigida al presidente del directorio. En la solicitud de convocación y citación a junta se deberán expresar los asuntos a tratar en ella. Cumplidos esos requisitos, el directorio deberá, sin más trámite convocar la junta para celebrarse dentro del plazo de 30 días a contar de la fecha de la respectiva solicitud.

Artículo 102. En la sociedad anónima cerrada, si por cualquier causa el directorio no ha convocado a junta cuando corresponde, o en caso de no existir un directorio en funciones, los accionistas que representen, a lo menos, el 10% de las acciones emitidas con derecho a voto, podrán efectuar la citación a junta ordinaria o extraordinaria, según sea el caso, mediante la publicación de un aviso en un diario de circulación nacional, en el cual expresarán la fecha y hora en que se llevará a cabo, los asuntos a tratar en la junta, indicando que ésta fue solicitada formalmente al directorio mediante presentación escrita, salvo que éste no exista.

Artículo 103. Cada vez que sea necesario precisar qué accionistas tienen derecho a participar en las juntas de accionistas de una sociedad anónima abierta se considerarán aquéllos que se encuentren inscritos en el Registro de Accionistas a la medianoche del quinto día hábil anterior a aquel fijado para la celebración de la junta, circunstancia que deberá mencionar en el aviso de citación a la junta.

Tratándose de la participación en una junta de accionistas de una sociedad anónima cerrada, podrán participar en la junta con derecho a voz y voto, si correspondiere, los accionistas que al momento de iniciarse ésta figuraren inscritos como accionistas en el respectivo Registro.

Artículo 104. De conformidad a lo dispuesto en el artículo 59 de la ley, la citación a la junta de accionistas se efectuará por medio de un aviso destacado que se publicará, a lo menos, por tres veces en días distintos en el periódico del domicilio social o en el Diario Oficial, según corresponda. Los avisos de citación a juntas de accionistas deberán publicarse dentro de los 20 días anteriores a la fecha de su celebración. El primer aviso no podrá publicarse con menos de 10 días de anticipación a la junta.

El aviso deberá señalar la naturaleza de la junta y el lugar, fecha y hora de su celebración y en caso de junta extraordinaria, las materias a ser tratadas en ella. Los avisos de la segunda citación a junta deberán cumplir con todos los requisitos señalados en los incisos anteriores.

Artículo 105. La junta de accionistas deberá celebrarse en cualquier lugar dentro del domicilio establecido en los estatutos sociales. Si la sociedad tuviere más de un domicilio, sus estatutos deberán indicar en cuál de ellos deberá celebrarse la junta. Podrá realizarse la junta de accionistas fuera del domicilio social si la totalidad de las acciones emitidas con derecho a voto concurren a la misma, pero se deberá celebrar dentro de Chile en caso que de acuerdo a la ley, este reglamento o los estatutos la junta deba celebrarse ante un notario público.

La junta se celebrará el día señalado en la convocatoria y deberá sesionar hasta que se agote la consideración de todos los asuntos que figuren en la citación. Sin embargo, una vez constituida, a propuesta del presidente o de accionistas que representen al menos un diez por ciento de las acciones con derecho a voto, la mayoría de los accionistas presentes podrá acordar suspenderla para continuarla dentro del mismo día y lugar, no siendo necesaria una nueva constitución de la misma ni la calificación de poderes, levantándose una sola acta. Sólo podrán concurrir a la reanudación de la junta con derecho a voto aquellos accionistas que se encontraban presentes o representados de acuerdo a la constancia de asistencia en la forma establecida en el artículo 106 del presente reglamento.

§2. Asistencia a Juntas de Accionistas

Artículo 106. En las juntas de accionistas, las personas deberán dejar constancia de su asistencia a través de los sistemas que la sociedad, por acuerdo de directorio, haya dispuesto para estos efectos. En el caso de las entidades legalmente autorizadas para mantener en custodia acciones por cuenta de terceros pero a nombre propio, deberá dejarse constancia del número de acciones de su cartera propia y el número de acciones de terceros.

Artículo 107. Las juntas serán presididas por el presidente del directorio o por quien haga sus veces y actuará como secretario el titular de este cargo, cuando lo hubiere, o el gerente general en su defecto, o en su caso, por quien haga sus veces. En las juntas que se celebren sin previa convocatoria del directorio, en los casos que la ley lo permite, si no estuvieran presentes el presidente del directorio y el secretario, se decidirá entre los asistentes quien presidirá la junta y quien actuará como secretario.

Artículo 108. Los estatutos de las sociedades anónimas cerradas podrán autorizar el uso de medios tecnológicos que permitan la participación de accionistas que no se encuentran físicamente presentes, siempre que dichos sistemas garanticen debidamente la identidad de tales accionistas y cautelen el principio de simultaneidad o secreto de las votaciones que se efectúen en las juntas.

El directorio de la sociedad deberá señalar expresamente en la convocatoria los plazos, formas y modos de ejercicio de los derechos de los accionistas a través de los medios tecnológicos arriba referidos, de manera de permitir el ordenado desarrollo de la junta y la regularidad del proceso de votación.

Las sociedades anónimas abiertas quedarán sujetas a la normativa que imparta la Superintendencia en virtud de las facultades que le confiere el artículo 64 inciso final de la ley.

Artículo 109. Cada vez que en la ley o en este reglamento se haga referencia a acciones o accionistas asistentes a una junta, se entenderá por tales, a los que estén presentes en la junta por sí o representados, ya sea que intervengan físicamente en ella o por los medios tecnológicos señalados en el artículo 108 de este reglamento y que se encuentren identificados en la forma establecida en el artículo 106 del mismo reglamento.

§3. Poder para comparecer en junta

Artículo 110. Los accionistas podrán hacerse representar en las juntas por otra persona, sea o no accionista, cuyo poder deberá cumplir con las formalidades que se indican en los artículos siguientes.

Artículo 111. El poder para hacerse representar en junta otorgado por instrumento privado, contendrá el lugar y fecha de otorgamiento, el nombre y apellidos del apoderado, el nombre y apellidos del poderdante, indicación de la naturaleza de la junta para la cual se otorga el poder y la fecha de su celebración, declaración de que el apoderado podrá ejercer en dicha junta de accionistas todos los derechos que correspondan al mandante en ella, los que podrá delegar libremente en cualquier tiempo, declaración de que el poder sólo podrá entenderse revocado por otro que se otorgue con fecha posterior y la firma del poderdante. Además, el poder podrá contener instrucciones específicas al apoderado para aprobar, rechazar o abstenerse respecto de cada una de las materias sometidas a votación en la junta que hubieren sido incluidas en la citación. La infracción a las instrucciones específicas, si las hubiere, no afectará la validez de la votación.

Si el poder para hacerse representar en junta fuere otorgado por escritura pública, bastará que contenga el nombre y apellidos del apoderado, el nombre y apellidos del poderdante, el lugar, naturaleza de la junta y fecha de otorgamiento del poder.

Artículo 112. Estos poderes podrán contener menciones adicionales a las exigidas en el artículo anterior, pero se tendrán por no escritas para efectos de la representación del accionista en la junta respectiva.

Artículo 113. Los poderes e instrucciones específicas otorgadas para una junta de accionistas que no se celebrare en primera citación por falta de quórum, defectos en su convocatoria o suspensión dispuesta por el directorio o la Superintendencia, en su caso, valdrán para la que se celebre en su reemplazo.

Lo dispuesto en el inciso anterior, se aplicará sólo cuando la junta de segunda citación o de reemplazo citada para tratar las mismas materias, se celebre dentro de los 45 días siguientes a la fecha fijada para la junta no efectuada.

Artículo 114. La calificación de poderes se practicará el mismo día de la junta a la hora en que ésta deba iniciarse. No obstante lo anterior, podrá prepararse el proceso de calificación con una anticipación de hasta tres días anteriores al día de la junta, si así se hubiere anunciado previamente en el primer aviso de la convocatoria, pero la resolución definitiva de la aceptación de los poderes presentados se adoptará en la misma junta.

Adoptada la resolución definitiva a que se refiere el inciso anterior, no podrán presentarse nuevos poderes, sin perjuicio de los que accionistas asistentes a la junta otorgaren durante el curso de ésta o de las delegaciones que en la misma asamblea efectuaren apoderados acreditados.

Artículo 115. Durante el proceso de calificación de poderes, sólo deberán examinarse y decidirse las siguientes situaciones:

1) El cumplimiento de las formalidades y menciones de los poderes establecidas en este reglamento;

2) Los poderes repetidos, entendiéndose por tales aquellos otorgados por un mismo accionista más de una vez, y

3) Los poderes que algún accionista objetare específica y fundadamente.

Artículo 116. En las sociedades anónimas abiertas la calificación de poderes será efectuada sin forma de juicio por el abogado que corresponda, de acuerdo al orden de inscripción en el Registro de Abogados calificadores.

En las sociedades anónimas cerradas la calificación de poderes será efectuada sin forma de juicio por un calificador nombrado de común acuerdo por los interesados; si éstos no se pusieren de acuerdo, la sociedad deberá recurrir al Registro a que se refiere el inciso anterior y hará la calificación el abogado que corresponda de acuerdo al orden de precedencia.

La Superintendencia establecerá las normas de funcionamiento del Registro de Abogados calificadores que ésta mantendrá, los plazos para inscribirse, y la documentación e información que deban proporcionar los abogados que se inscriban en él. El Registro será confeccionado considerando las regiones en que se divide el país y será actualizado cada 2 años.

Artículo 117. La calificación de poderes se efectuará en caso que lo estime conveniente el directorio de la sociedad o cuando uno o más accionistas así lo hubieren solicitado por escrito a la sociedad, dentro del plazo que media entre los 20 días y los 10 días anteriores al día de la junta.

No se podrá celebrar una junta de accionistas en la que por cualquier causa no pudiere verificarse la calificación de poderes legalmente solicitada.

Artículo 118. Las decisiones adoptadas en el proceso de calificación de poderes son sin perjuicio de lo que en definitiva resuelva la justicia ordinaria o el árbitro, si se recurriere a ella.

§4. Votaciones

Artículo 119. Cuando en junta de accionistas corresponda efectuar una votación, salvo acuerdo unánime en contrario, se procederá de la siguiente forma:

a) Las materias sometidas a decisión de la junta deberán llevarse individualmente a votación, salvo que, por acuerdo unánime de los accionistas presentes con derecho a voto, se permita omitir la votación de una o más materias y se proceda por aclamación.

b) Toda votación que se efectúe en una junta deberá realizarse mediante un sistema que asegure la simultaneidad de la emisión de los votos o bien en forma secreta, debiendo el escrutinio llevarse a cabo en un solo acto público, y en ambos casos, permitiendo que con posterioridad a la votación pueda conocerse en forma pública cómo sufragó cada accionista. Si la votación se efectúa mediante papeleta, para el escrutinio de los votos, el secretario dará lectura a éstos, para que todos los presentes puedan hacer por sí mismos el cómputo de la votación y para que pueda comprobarse con dicha anotación y papeletas la veracidad del resultado. El secretario hará la suma de los votos y el presidente anunciará el resultado de la votación o, en caso de elecciones, proclamará elegidos a los que resulten con las primeras mayorías, hasta completar el número que corresponda elegir. En el caso de las sociedades anónimas abiertas, se estará a las normas que imparta la Superintendencia en virtud de lo dispuesto en el artículo 62 inciso cuarto de la ley.

c) Siempre que la ley ordene a un accionista emitir su voto de viva voz, se entenderá cumplida esta obligación cuando la emisión del mismo se haga por uno de los sistemas de votación simultánea o secreta y con publicidad posterior referidos en las letras precedentes. Cuando en el ejercicio de la facultad que otorga la letra a) anterior, la junta por la unanimidad de los presentes haya aprobado una modalidad diferente, dicho accionista deberá emitir en todo caso su voto de viva voz, de lo cual se dejará constancia en el acta de la junta.

d) En las sociedades anónimas abiertas, sus estatutos sociales podrán establecer sistemas que se encuentren autorizados por la Superintendencia mediante norma de carácter general que permitan el voto a distancia. Los avisos de citación a juntas de accionistas deberán señalar el procedimiento requerido para emitir dicho voto.

Artículo 120. El voto es indivisible, salvo para la elección de directores en que los accionistas podrán acumular sus votos en favor de una sola persona, o distribuirlos en la forma que estimen conveniente.

No obstante lo anterior, las entidades autorizadas por ley para mantener en custodia acciones a nombre propio pero por cuenta de terceros, podrán ejercer el derecho a voto respecto de esas acciones solamente cuando hayan sido autorizados expresamente para ello por el titular al momento de constituirse la referida custodia o cuando hayan recibido de éste instrucciones específicas y respecto de cómo votar en las materias objeto de la junta de accionistas. Para ello, los custodios podrán dividir su voto y al momento de votar deberán indicar expresamente respecto de cada materia sometida a consideración de los accionistas, el número total de acciones propias por las que votan, el número total de acciones por cuenta de terceros que votan a favor, en contra o se abstienen y respecto de las cuales no están autorizados para votar por no haber recibido instrucciones. Las instrucciones de los inversionistas deberán constar en un registro reservado, que contendrá la información y deberá conservarse por el tiempo que la Superintendencia determine mediante norma de carácter general.

Las acciones que no puedan ser votadas conforme a lo dispuesto en el inciso anterior se considerarán, no obstante, en el cálculo del quórum de asistencia, en el caso de entidades que no hayan adoptado mecanismos de votación a distancia autorizados por la Superintendencia.

Artículo 121. En la determinación del 50% o más del activo de una sociedad para efectos de la aprobación por la junta extraordinaria de accionistas de la enajenación de activos de la sociedad o el otorgamiento de garantías reales y personales, se deberá considerar el monto del activo que consta del balance anual de la sociedad.

Artículo 122. Las deliberaciones y acuerdos de la junta de accionistas deberán constar en actas almacenadas en medios que a lo largo del tiempo garanticen la fidelidad e integridad de tales deliberaciones y acuerdos, den certeza de la autenticidad de las firmas y anotaciones de quienes las sostuvieron, compartieron y suscribieron; así como de aquellos que se opusieron o estamparon salvedades.

Los documentos, anexos, informes y demás antecedentes que formen parte integrante de un acta deberán ser almacenados en medios que cumplan las mismas condiciones requeridas a las actas por este artículo, debiendo además constar en esos medios la identificación de las actas de las cuales forman parte.

Las actas serán suscritas por quienes actuaron de presidente y secretario de la junta, y por tres accionistas elegidos en ella, o por todos los asistentes si éstos fueren menos de tres.

Artículo 123. Si se produce la pérdida o extravío de actas, se podrá reconstituir con la documentación que se haya presentado a la Superintendencia, con las copias de éstas que obren en poder de la sociedad y con las copias de escrituras públicas cuando, en este último caso, las referidas actas hayan sido reducidas a escritura pública o protocolizadas, según correspondiere. En la reconstitución del acta, se deberá dejar constancia de la conformidad de ésta, por parte de las personas designadas para la firma del acta respectiva. Si no fuere posible obtener la conformidad de tales personas, se dejará constancia de este hecho al inicio de la respectiva acta reconstituida.

Artículo 124. En las actas de las juntas de accionistas deberán contener, al menos, el nombre de los accionistas presentes, ya sea físicamente o a través de los sistemas indicados en el artículo 108 de este reglamento, y el número de acciones que cada uno posee o representa; una relación sucinta de las observaciones e incidentes producidos, una relación de las proposiciones sometidas a discusión y del resultado de la votación y la lista de accionistas que hayan votado en contra. La constancia en el acta de los nombres de los accionistas presentes y número de acciones que cada uno posee o representa, podrá omitirse si se adjunta a la misma la hoja o registro de asistencia. Sólo por consentimiento unánime de los concurrentes podrá suprimirse en el acta la constancia de algún hecho ocurrido en la reunión y que se relacione con los intereses sociales.

Artículo 125. Cuando se reduzca a escritura pública el acta de una junta de accionistas no será necesario transcribir el nombre de los asistentes, bastando que el notario certifique su número y el total de acciones que poseían y representaban, conforme al texto.

§5. Derecho a retiro

Artículo 126. En los casos en que se origine derecho a retiro, será obligación de la sociedad informar a los accionistas sobre esta circunstancia, el valor por acción que se pagará a los accionistas que ejercieren su derecho a retiro y el plazo para su ejercicio. Dicha información deberá entregarse a los accionistas en la misma junta en que se adopten los acuerdos que den origen a derecho a retiro, en forma previa a su votación, como también en una comunicación especial dirigida a los accionistas con derecho, dentro de los dos días siguientes a la fecha en que nazca el derecho a retiro.

En el caso de las sociedades anónimas abiertas, dicha información se comunicará mediante un aviso destacado publicado en un diario de amplia circulación nacional y en su sitio de Internet, si l o tuviera, además de enviar una comunicación escrita dirigida a los accionistas con derecho al domicilio que tuvieren registrado en la sociedad. En el aviso de citación de la junta de accionistas que deban pronunciarse sobre una materia que pueda originar derecho a retiro, se deberá advertir esta circunstancia.

En las sociedades anónimas cerradas, la información sobre el derecho a retiro se deberá entregar por alguno de los medios indicados en el artículo 8 de este reglamento.

Artículo 127. El derecho a retiro deberá ser ejercido dentro del plazo de treinta días, contado desde la fecha de celebración de la junta que adoptó el acuerdo por el accionista disidente, comunicando su voluntad de retirarse por estar en desacuerdo con la decisión de la junta respectiva, por alguno de los medios indicados en el artículo 17 de este reglamento.

Artículo 128. Tienen derecho a retiro todos los accionistas disidentes, incluso aquellos titulares de acciones sin derecho a voto o con voto limitado sobre la materia que lo motiva y aquellos accionistas que mantienen acciones por cuenta de terceros, pero a nombre propio, en las condiciones que se expresa en el artículo siguiente. Los accionistas que estén presentes en la junta por sí o representados y que se abstengan de ejercer su derecho a voto, no se considerarán disidentes.

No obstante lo indicado en el inciso precedente, respecto de aquellas entidades legalmente autorizadas para mantener en custodia acciones por cuenta de terceros, pero a nombre propio, que no hubieren recibido instrucciones específicas de sus mandantes para asistir a la junta, se considerarán accionistas disidentes respecto de tales acciones para los efectos de poder ejercer el derecho a retiro.

Artículo 129. El derecho a retiro deberá ejercerse por el total de acciones que el accionista disidente tenía inscritas a su nombre a la fecha en que se determina el derecho a participar en la junta en que se toma el acuerdo que motiva el retiro y que mantenga a la fecha en que comunique a la sociedad su intención de retirarse.

En el caso de entidades legalmente autorizadas para mantener en custodia acciones por cuenta de terceros, pero a nombre propio, podrán ejercer el derecho a retiro respecto de dichas acciones por un número menor al total de acciones en custodia que tendría dicho derecho, con el objeto de dar cumplimiento a las distintas instrucciones que recibiere de sus mandantes, en conformidad a lo dispuesto en el artículo 179 de la ley Nº 18.045. Al momento de ejercer el derecho a retiro, las referidas entidades deberán declarar que el derecho se ejerce respecto de mandantes beneficiarios que habrían cumplido con el requisito indicado en el artículo anterior, de no haber optado por mantener las acciones en custodia.

El accionista disidente podrá renunciar a hacer efectivo su derecho a retiro hasta antes que la sociedad le efectúe el pago.

Artículo 130. El valor de libros de la acción que se deberá pagar en las sociedades anónimas cerradas a los accionistas que ejercieren su derecho a retiro, se determinará dividiendo el patrimonio por el número total de las acciones suscritas y pagadas de la sociedad. Si la sociedad tuviere series de acciones de valor diferente, el valor de libros por acción deberá ajustarse de acuerdo al porcentaje que el valor de dichas series representen en el total del patrimonio.

Para los efectos de lo dispuesto en este artículo, se estará a las cifras del último balance que se haya presentado a la Superintendencia, o del último balance que se disponga en caso que la sociedad no deba presentar su balance ante aquélla, y al número de acciones suscritas y pagadas a la fecha de dicho balance. Las cifras antes indicadas deberán ser reajustadas a la fecha del hecho o del acuerdo de junta que motivó el retiro. El reajuste se efectuará conforme a la variación que haya experimentado la unidad de fomento, fijada por el Banco Central de Chile, entre el día de cierre del balance utilizado y la fecha de la junta que motivó el retiro.

Cuando se hubieren enterado aumentos de capital con posterioridad a la fecha del último balance, se deberá agregar al valor del patrimonio y al número de acciones suscritas y pagadas el monto enterado y el número de acciones suscritas y pagadas de dicho aumento de capital.

Artículo 131. Cuando se hubieren pagado dividendos o repartos de capital con posterioridad al balance a que se refiere el artículo anterior y antes de la junta que da origen al retiro, éstos deberán ser deducidos del valor del patrimonio utilizado para el cálculo del derecho a retiro, debidamente reajustados hasta la fecha de dicha junta, conforme a la variación de la unidad de fomento. La deducción sólo procederá cuando el dividendo o el reparto de capital sea pagado afectando el patrimonio determinado por dicho balance.

Artículo 132. El valor de mercado de la acción que se deberá pagar a los accionistas que ejercieren su derecho a retiro en las sociedades anónimas abiertas se sujetará a las siguientes normas:

1) Se deberá distinguir entre las acciones que tienen o no presencia bursátil.

2) Se entiende por acciones con presencia bursátil aquellas que así sean calificadas por la Superintendencia mediante norma de carácter general.

3) Cuando se trate de acciones con presencia bursátil, el valor de la acción será el promedio ponderado de las transacciones bursátiles de la acción durante el período de 60 días hábiles bursátiles comprendidos entre el trigésimo y el nonagésimo día hábil bursátil anterior a la fecha de la Junta que motiva el retiro.

4) Si las acciones no tuvieren presencia bursátil se considerará que su precio de mercado es igual al de su valor libros, determinado de acuerdo a lo dispuesto en el artículo 130 de este reglamento.

Artículo 133. Pagado el precio de las acciones al accionista que hubiere ejercido su derecho a retiro se dejará constancia de este hecho en el Registro de Accionistas y se inscribirán las acciones a nombre de la propia sociedad.

Artículo 134. La junta de accionistas convocada para reconsiderar o ratificar los acuerdos que motivaron el ejercicio del derecho de retiro, deberá adoptar el acuerdo revocatorio con el voto conforme de la misma mayoría que la ley requirió en su caso para aprobar el acuerdo que se revoca. Podrá omitirse la celebración de esta junta si acaso el acuerdo que motivó el ejercicio del derecho de retiro fuere adoptado sujeto a la condición expresa que dicho derecho no fuere ejercido dentro del plazo legal por accionistas a quienes corresponde dicho derecho y que representen a lo menos una determinada cantidad de acciones, y se cumplió la condición.

§6. Información a los accionistas

Artículo 135. De conformidad a lo establecido en el artículo 54 de la Ley, toda sociedad filial de una sociedad anónima deberá mantener en su oficina principal, así como en el sitio de internet de la sociedad matriz que sea anónima abierta, en que disponga de tales medios, a disposición de los accionistas de la matriz, durante los 15 días anteriores a la fecha de las juntas ordinarias o extraordinarias de ésta, todos sus libros, actas, memorias, balances, inventarios y los informes de los auditores externos o inspectores de cuentas, o empresa de auditoría externa regida por el Título XXVIII de la Ley N° 18.045, en su caso. Tales accionistas sólo podrán examinar dichos documentos en el término señalado, de manera que no se entorpezca la marcha de los negocios sociales de la sociedad filial.

No obstante lo dispuesto en el inciso anterior, con la aprobación de las tres cuartas partes de los directores en ejercicio de la filial, podrá darse el carácter de reservado a ciertos documentos que se refieran a negociaciones aún pendientes que al conocerse pudieran perjudicar el interés social de la filial. Tratándose de sociedades no administradas por un directorio u otro órgano colegiado, la decisión de reserva debe ser tomada por la unanimidad de los administradores si fueren más de uno. Los directores o administradores que dolosa o culpablemente concurran con su voto favorable a la declaración de reserva, responderán solidariamente de los perjuicios que ocasionaren.

Artículo 136. El o los accionistas de la sociedad que posean o representen el 10% o más de las acciones emitidas con derecho a voto, podrán:

a) Formular comentarios y proposiciones relativas a la marcha de los negocios sociales en el ejercicio correspondiente, no pudiendo un mismo accionista formular individualmente o en conjunto más de una presentación. Estas observaciones deberán presentarse por escrito a la sociedad en forma sucinta, responsable y respetuosa, y expresándose la voluntad que ellas se incluyan como anexo en la memoria respectiva. El directorio estará obligado a incluir en un anexo a la memoria del ejercicio la síntesis fiel de los comentarios y proposiciones pertinentes que hubieren elaborado los interesados, siempre que se presentaren durante el ejercicio o dentro de los 30 días siguientes al término de éste.

b) Hacer comentarios y proposiciones sobre las materias que el directorio someta a conocimiento o votación de los accionistas. El directorio deberá incluir una síntesis fiel de esos comentarios y proposiciones en toda información que envíe a los accionistas, siempre y cuando la posición de los accionistas sea recibida en las oficinas de la sociedad con a lo menos 10 días de anticipación a la fecha del despacho de la información por parte de la sociedad.

Los accionistas deberán presentar a la sociedad sus comentarios y proposiciones de acuerdo a lo indicado en las letras anteriores en la forma indicada en el artículo 17 del presente reglamento, expresando su voluntad que ellas se incluyan en el anexo en la memoria respectiva o en las informaciones enviadas a los accionistas, según corresponda.

Las observaciones a que se refiere este artículo, podrán formularse separadamente por cada accionista que posea el 10% o más de las acciones emitidas con derecho a voto o por accionistas que en conjunto alcancen dicho porcentaje, los que deberán actuar de consuno.

TÍTULO VII
DE LA DISTRIBUCIÓN DE UTILIDADES

Artículo 137. Se entenderá por dividendo provisorio aquel que acuerda distribuir el directorio, durante el ejercicio con cargo a las utilidades del mismo. Este dividendo debe ser pagado en la fecha que determine el directorio.

Dividendo mínimo obligatorio es aquel que acuerda la junta de accionistas con el fin de cumplir la obligación de distribuir anualmente como dividendo, el porcentaje mínimo de las utilidades que exige la ley o los estatutos. Todo dividendo que acuerde la junta de accionistas por sobre el dividendo mínimo obligatorio, recibirá el nombre de dividendo adicional y deberá pagarse durante el ejercicio en que se adopta el acuerdo y en la fecha que fije la junta o el directorio, si aquélla lo hubiere facultado al efecto.

Recibirá el nombre de dividendo eventual aquel que corresponde a la parte de las utilidades que no ha sido destinada por la junta de accionistas a ser pagada durante el ejercicio respectivo, como dividendo mínimo obligatorio o adicional, sino que a ser pagado en ejercicios futuros, pudiendo la junta de accionistas acordar su pago en cualquier momento.

Artículo 138. Para efectos de la presentación a que se refiere el inciso segundo del artículo 74 de la ley, en la junta de accionistas que deba pronunciarse sobre el reparto de dividendos, el directorio tendrá la obligación de informar a los accionistas acerca de las siguientes materias, respecto de las cuales se deberá dejar constancia en el acta que se levante al efecto:

a) En caso que hubieren utilidades en el ejercicio que se examina, se deberá señalar su cuantía, y los porcentajes y montos de ellas que propone retener y distribuir en el ejercicio en curso, ya sea como dividendo mínimo obligatorio o como dividendo adicional. Del mismo modo, se deberán indicar los montos que el directorio de la sociedad haya repartido como dividendos provisorios, con cargo a la utilidad del ejercicio.

b) Respecto de la utilidad a retener, cuando en junta se acuerde su capitalización por medio de emisión de acciones liberadas de pago, por aumento del valor nominal de las acciones o sólo mediante el aumento del capital social, sin aumentar el número de acciones, deberá señalarse detalladamente en el acta una relación de dichos acuerdos.

c) En el caso de aquellas utilidades del ejercicio que sean retenidas para ser destinadas a reserva para dividendos eventuales o para la constitución de reservas con un objetivo distinto, deberá señalarse expresamente esta circunstancia, indicándose porcentaje, monto comprometido y facultades que se confieren al directorio de la sociedad para proceder a la materialización de su distribución, según sea el caso.

d) Deberán anotarse en el acta respectiva, los saldos finales de las cuentas de patrimonio que resulten, una vez distribuidas las utilidades o absorbidas las pérdidas, según sea el caso.

Las disposiciones señaladas en el inciso anterior, en lo que respecta a la constancia en acta de los acuerdos sobre la distribución de utilidades, regirán también para las sesiones de directorio, cuando en éstas se materialicen dichos acuerdos en razón de las facultades que se le hubieren otorgado en junta de accionistas.

La Superintendencia podrá establecer instrucciones adicionales a las indicadas en el presente artículo para las sociedades anónimas abiertas.

Artículo 139. La información que entregue el directorio de la sociedad a la junta de accionistas que acuerde la distribución de utilidades, sobre los procedimientos y las publicaciones a que hubiere lugar para el pago de los dividendos correspondientes, deberá constar en el acta de dicha junta.

Artículo 140. Los dividendos deberán pagarse en dinero, salvo que la unanimidad de las acciones emitidas acuerde su pago para todos los accionistas con otros bienes u otorgue a los accionistas la opción de elegir entre pago en dinero o con otros bienes. Con igual quórum, la junta deberá aprobar los bienes con que se podrán pagar los dividendos, estimar su valor y establecer el procedimiento para el ejercicio de la opción y pago de los dividendos, según corresponda. Si nada se estableciera en relación con el procedimiento para ejercer la opción, se estará a las reglas establecidas para la opción de suscripción preferente.

Artículo 141. En las sociedades anónimas abiertas, aún no teniendo acuerdo de la unanimidad de las acciones emitidas, se podrán ofrecer dividendos opcionales pagaderos, a elección del accionista, en dinero efectivo, en acciones liberadas de pago o en acciones de sociedades anónimas abiertas de que la empresa sea titular, siempre y cuando se cumpla con los siguientes requisitos:

a) Sólo podrá acordarse el pago de dividendos opcionales cuando esta materia se haya indicado en los avisos de citación a la junta.

b) No podrá pagarse como dividendo opcional lo que corresponda a dividendo mínimo obligatorio.

c) La opción en que se ofrezcan acciones de la misma sociedad sólo podrá hacerse con aquellas de que ésta sea titular, o con las que pudiere emitir con cargo a un aumento de capital ya legalizado que contemple la capitalización de parte de las utilidades destinadas a ser repartidas.

d) La opción deberá anunciarse y ejercerse en iguales términos que los establecidos para la opción preferente de suscripción de acciones de pago. El aviso que anuncie la opción deberá indicar la fecha de pago, el valor de las acciones que se ofrezcan y el lugar en que se podrá examinar la información jurídica, económica y financiera sobre la sociedad o la información adicional que determine la Superintendencia. Sin perjuicio de lo expuesto, durante el plazo de la opción dicha información deberá encontrarse a disposición de los accionistas en las oficinas de la sociedad y en su sitio de internet, si lo tuviere.

e) Si vencido el plazo de la opción el accionista nada dijere, se entenderá que éste opta por dinero.

f) El precio de las acciones de la opción lo fijará la junta de accionistas o el directorio si la junta le hubiere facultado al efecto y no podrá ser inferior al valor que se pagaría por dichas acciones por concepto de derecho a retiro.

g) El pago de los dividendos opcionales que acordare la junta de accionistas, se hará dentro del ejercicio en que se adopte el acuerdo y en la fecha que ésta determine o en la que fije el directorio si la junta le hubiere facultado al efecto.

TÍTULO VIII
DE LAS FILIALES Y COLIGADAS

Artículo 142. Sin perjuicio de las disposiciones que dicte la Superintendencia para las sociedades sometidas a su fiscalización, las memorias anuales de las sociedades matrices o coligantes deberán contener notas explicativas relativas a sus inversiones en filiales o coligadas, en las que a lo menos se informe respecto de cada una de ellas lo siguiente:

1) Individualización y naturaleza jurídica.

2) Capital suscrito y pagado.

3) Objeto social e indicación clara de la o las actividades que desarrolla.

4) Nombre y apellidos de los directores, administradores, en su caso, y gerente general.

5) Porcentaje actual de participación de la matriz o coligante en el capital de la filial o coligada y variaciones ocurridas durante el último ejercicio.

6) Indicación del nombre y apellidos del director, gerente general o gerentes de la matriz o coligante que desempeñen algunos de esos cargos en la filial o coligada.

7) Descripción clara y detallada de las relaciones comerciales habidas con las filiales o coligadas durante el ejercicio y de la vinculación futura proyectada para con éstas, y

8) Relación sucinta de los actos y contratos celebrados con las filiales o coligadas que influyan significativamente en las operaciones y resultados de la matriz o coligante.

Artículo 143. Las sociedades matrices están obligadas a imponer en sus filiales, sistemas de contabilidad y criterios contables iguales o compatibles a los utilizados por ellas, de manera de poder dar cumplimiento a la obligación de confeccionar sus balances consolidados.

No regirá lo dispuesto en el inciso anterior, cuando la Superintendencia libere a una sociedad matriz de consolidar con determinadas filiales.

Lo anterior no obsta a la obligación de la matriz de pagar sus dividendos considerando sus utilidades y las de sus filiales.

Artículo 144. La sociedad que llegue a poseer una participación en otra sociedad con infracción a lo dispuesto en el artículo 88 de la Ley deberá notificárselo a la otra de inmediato. Estas notificaciones deberán realizarse por alguno de los medios indicados en el artículo 17 de este reglamento y constar en las memorias de ambas sociedades.

Artículo 145. La sociedad que reciba la notificación a que se refiere el artículo anterior, deberá poner término a su participación en el capital de la otra sociedad tan pronto sea posible y en todo caso dentro del plazo máximo de un año a contar de la fecha en que haya adquirido dicha participación.

Artículo 146. Si ambas sociedades recibieran simultáneamente la referida notificación, la obligación de terminar la participación correrá a cargo de las dos, a no ser que lleguen a un acuerdo para que el término de la participación recíproca sea efectuada solamente por una de ellas.

TÍTULO IX
DE LA DIVISIÓN, TRANSFORMACIÓN Y FUSIÓN DE LAS SOCIEDADES ANÓNIMAS

§1. División de sociedades

Artículo 147. En una fecha no posterior a la del primer aviso de citación de la junta extraordinaria de accionistas que deberá pronunciarse sobre la división y hasta el mismo día de su celebración, el directorio deberá poner a disposición de los accionistas los siguientes antecedentes:

a) El balance que se utilizará para la división, el cual podrá ser el último balance anual aprobado por la junta de accionistas, siempre que la junta que deba resolver acerca de la división tenga lugar dentro del primer semestre del año. Si el balance anual no cumpliera con ese requisito, será preciso elaborar un balance referido a una fecha no anterior a 6 meses a la fecha de la junta de accionistas que resolverá respecto de la división;

b) Un informe del directorio sobre las modificaciones significativas a las cuentas de activo, pasivo o patrimonio que hayan tenido lugar con posterioridad a la fecha de referencia del balance de división;

c) Los balances *pro forma* de la sociedad que se divide y de la o las sociedades que se constituyen con motivo de la división, presentando la distribución de las cuentas de activo, pasivo y patrimonio de aquélla en éstas. La fecha de referencia de los balances *pro forma* será necesariamente el día siguiente de la fecha de referencia del balance de división;

d) La descripción de los activos que se asignan y pasivos que se delegan a las nuevas sociedades;

e) El proyecto de estatuto de la sociedad que se divide dando cuenta de la división, incluyendo la disminución de capital y las demás modificaciones que se propongan a dichos estatutos;

f) Los proyectos de estatutos de la o las sociedades que se crean producto de la división, los que podrán ser diferentes a los de la sociedad que se divide, en todas aquellas materias que se indiquen en la convocatoria, incluso pudiendo corresponder a otros tipos sociales, en caso que hubiese ocurrido simultáneamente una transformación; y

g) El número de acciones o participación en los derechos sociales de las sociedades que se constituyen que recibirán los accionistas de la sociedad que se divide. Salvo que la unanimidad de las acciones emitidas de la sociedad que se divide acuerde otra cosa, el acuerdo de división no podrá modificar las participaciones relativas de dichos accionistas.

No será necesario poner a disposición de los accionistas, los antecedentes referidos en este artículo si el acuerdo de división se aprueba por la unanimidad de las acciones emitidas con derecho a voto. En caso que no se requiera la publicación de avisos de citación, se aplicará la misma regla anterior.

La Superintendencia podrá requerir a las sociedades anónimas sujetas a su fiscalización que el balance de división sea auditado y/o que tenga una fecha diferente de la indicada en la letra a) anterior y/o que se le entreguen antecedentes adicionales a los descritos en este artículo.

Artículo 148. Se considerará como fecha de constitución de las sociedades que nacen producto de la división, aquella en que surte efecto la división de acuerdo al artículo 5 de este reglamento.

Artículo 149. Cada nueva sociedad que se constituye producto de la división se reputará haber sucedido inmediata y exclusivamente a la sociedad dividida respecto de los bienes que se le hubieren asignado.

La delegación de obligaciones de la sociedad dividida a una sociedad que se crea producto de la división, no produce novación si el acreedor no expresa su voluntad de dar por libre a la sociedad dividida.

A falta del consentimiento del acreedor, se entenderá que la nueva sociedad es solamente un diputado por la sociedad dividida para hacer el pago, o que, según se acordó en la junta de dicha sociedad, la nueva sociedad es solidaria o subsidiariamente responsable de esa obligación frente al acreedor.

Artículo 150. Un extracto de la reducción a escritura pública del acta de la junta extraordinaria de accionistas que aprobó la división, deberá inscribirse en el Registro de Comercio y publicarse en el Diario Oficial con las mismas formalidades de una modificación de estatutos.

Si producto de la división, nacieran dos o más sociedades nuevas que tuvieren como formalidad de constitución la inscripción de un extracto en el Registro de Comercio, se deberá realizar un extracto que contenga la modificación de la sociedad dividida, y extractos separados, uno por cada nueva sociedad que nace de la división, todos los cuales deberán cumplir con las menciones y las formalidades establecidas en el artículo 5 de la Ley respecto de cada una de ellas.

En todo caso, cada uno de los extractos deberá hacer referencia a la división y a la sociedad dividida.

En caso que de la división naciera una sociedad que no fuere sociedad anónima, por haber operado simultáneamente una transformación, deberá cumplirse respecto de dicha sociedad con las formalidades propias de su tipo social.

§2. Transformación de sociedades

Artículo 151. En una fecha no posterior a la del primer aviso de citación de la junta extraordinaria de accionistas que deberá pronunciarse sobre la transformación y hasta el mismo día de su celebración, el directorio deberá poner a disposición de los accionistas los siguientes antecedentes:

a) El proyecto de estatuto de la sociedad que resulte de la transformación; y

b) La relación de convertibilidad o canje propuesta entre las acciones de la sociedad y las acciones o derechos de la sociedad que resulte de la transformación y las bases para la determinación de dicha relación de canje. El acuerdo de transformación no podrá modificar la participación social de los accionistas si no es con el consentimiento de todos socios o accionistas que permanezcan en la sociedad.

No será necesario poner a disposición de los accionistas los antecedentes referidos en este artículo, si el acuerdo de transformación se aprueba por la unanimidad de las acciones emitidas con derecho a voto y se deja constancia de dichas informaciones en el acta de la junta que aprobó la transformación. En caso que no se requiera la publicación de avisos de citación, se aplicará la misma regla anterior.

Artículo 152. Si hubieren accionistas con derecho a ejercer su retiro de la sociedad con motivo de la transformación, el acta que se levante de la junta de accionistas que acordó transformar una sociedad anónima en otro tipo social se deberá reducir a escritura pública vencido el término que otorga la ley para ejercer dicho derecho a retiro o tan pronto todos los accionistas con tal derecho lo hubieren ejercido o renunciado.

En la reducción a escritura pública del acta de la junta en que se acordó transformar la sociedad, se deberá incluir un listado de todos los accionistas inscritos en el Registro de Accionistas al momento del otorgamiento de la reducción, individualizando a cada uno de los accionistas que continúan en la sociedad transformada, de acuerdo con los requisitos de individualización que exija la ley para el tipo social en que se transformó la sociedad.

Si accionistas disidentes ejercieran su derecho a retiro producto de la transformación, en la reducción a escritura pública del acta de la junta en que se acordó dicha transformación, se deberá dejar constancia tanto del nuevo capital de la sociedad, descontada la parte correspondiente a las acciones de propia emisión que adquirió la sociedad como consecuencia del ejercicio del derecho a retiro, como el número de las acciones o porcentaje de participación en los derechos sociales que le corresponderán a los accionistas o socios que continúan en la sociedad transformada.

Artículo 153. En la transformación a sociedad anónima de una sociedad, cuyo capital no se representa por acciones, el Registro de Accionistas de la sociedad que resulte de la transformación se deberá abrir el día en que surte efecto la transformación de acuerdo al artículo 5 de este reglamento.

Artículo 154. En la transformación de una sociedad anónima ésta continuará regida por sus estatutos y normas legales que le sean aplicables hasta que el acta de la junta de accionistas que aprobó la transformación sea reducida a escritura pública y el extracto de dicha escritura sea oportunamente inscrito y publicado de acuerdo al artículo 5 de la ley. Lo anterior sin perjuicio que, para otros efectos, la transformación rija desde la fecha de la indicada escritura o a la fecha posterior que hubiere acordado la junta de accionistas, siempre y cuando se hubiere cumplido oportunamente con la inscripción y publicación del extracto de la referida escritura. Con todo, deberá siempre cumplirse con las formalidades de ambos tipos sociales

§3. Fusión de sociedades

Artículo 155. En la fusión en que participe una sociedad anónima, su directorio deberá poner a disposición de los accionistas los antecedentes que se indican a continuación, en una fecha no posterior a la del primer aviso de citación de la junta extraordinaria de accionistas que deberá pronunciarse sobre ella y hasta el mismo día de su celebración. Los mismos antecedentes deberán ser entregados oportunamente a los socios o accionistas de las otras sociedades que participen de la fusión.

a) El acuerdo de fusión o el o los documentos en que consten los términos y condiciones de la fusión que se propone, los que deberán contener a modo ejemplar, la individualización de las sociedades que participan en la fusión, las modificaciones de estatutos que se proponen para la sociedad absorbente o el estatuto de la nueva sociedad, según corresponda, la relación de canje entre las acciones o derechos sociales de la sociedad absorbente o que se crea y de las sociedades absorbidas y las bases para la determinación de dicha relación de canje, si no estuviera determinada.

b) Los balances auditados de las sociedades que participan en la fusión que se utilizarán para la fusión, los que podrán ser el último balance anual aprobado por la junta de accionistas, siempre que las juntas que deban resolver acerca de la fusión tenga lugar dentro del primer semestre del año. Si los balances anuales no cumplieran con ese requisito, será preciso elaborar balances auditados referidos a una misma fecha que no podrá ser anterior a 6 meses a la fecha de las juntas de accionistas que resolverán respecto de la fusión. Si entre la fecha de los balances de fusión y la de la juntas de accionistas hubieren ocurrido modificaciones importantes en el activo o pasivo de las sociedades que se fusionan, se deberá informar de dicha situación a la junta de accionistas, dejándose constancia en el acta de la misma, y

c) Los informes periciales referidos en el artículo siguiente.

No será necesario poner a disposición de los accionistas los antecedentes referidos en este artículo si el acuerdo de fusión se aprueba por la unanimidad de los accionistas o socios de las sociedades involucradas. En caso que no se requiera la publicación de avisos de citación, se aplicará la misma regla anterior. En todo caso, dichos antecedentes deberán ser protocolizados en la misma notaría y día en que se reduzca a escritura pública el acta de la junta de accionistas que aprobó la fusión. La falta de esta protocolización no invalidará el acuerdo de fusión.

La Superintendencia podrá requerir a las sociedades anónimas sujetas a su fiscalización que el balance de fusión tenga una fecha diferente de la indicada en la letra b) anterior y/o antecedentes adicionales a los descritos en este artículo.

Artículo 156. El directorio de la sociedad anónima que se fusiona, deberá designar un perito independiente, para que emita un informe sobre el valor de las sociedades que se fusionan y la relación de canje de las acciones o derechos sociales correspondientes. Dicho informe, además, deberá incluir el balance pro forma que represente a la sociedad absorbente o la nueva sociedad, presentando la suma de las cuentas de activo, pasivo y patrimonio de las sociedades que se fusionan. Si se fusionaran varias sociedades anónimas, los directorios de todas ellas podrán acordar la designación de uno o varios peritos independientes para la elaboración de un único informe pericial.

Los peritos designados podrán obtener de las sociedades que participan en la fusión las informaciones y documentos que crean útiles para la emisión de sus informes y proceder a las verificaciones que estimen necesarias.

Los peritos deberán manifestar en su informe cuáles han sido los métodos seguidos para establecer la relación de canje de las acciones.

En todo caso, corresponde a los accionistas reunidos en junta acordar libremente cuál será la relación de canje entre las acciones o derechos sociales de las sociedades que se fusionan.

En caso de sociedades anónimas no sujetas a la fiscalización de la Superintendencia, si la fusión fuere aprobada por la unanimidad de los accionistas o socios de todas las sociedades que se fusionan, no será necesaria la elaboración de los informes de peritos antes mencionados.

Artículo 157. Las actas de las juntas de accionistas de las sociedades que participan en la fusión podrán reducirse conjuntamente en una misma y única escritura pública o en forma separada. Si se procediera con la reducción de las actas en una misma y única escritura pública, se realizará un solo extracto de dicha escritura, en el cual se dejará constancia de la extinción de las sociedades absorbidas y de ser su continuadora legal la sociedad absorbente o la nueva sociedad que se crea producto de la fusión. Dicho extracto se inscribirá en el Registro de Comercio y publicará en el Diario Oficial con las mismas formalidades de una modificación de estatutos, si se tratare de una fusión por absorción o, como una nueva inscripción social, si se tratare de una fusión por creación. Además, se deberá tomar nota de la fusión al margen de cada una de las inscripciones sociales de las sociedades que se disuelven.

Artículo 158. Se considerará como fecha de la fusión aquella en que surte efecto la aprobación de la fusión de acuerdo al artículo 5 de este reglamento. Si este efecto no se produce en un mismo día para todas las sociedades que participan, la fecha de la fusión será aquella en que la última aprobación surta efecto. En consecuencia, esa fecha será la de constitución de la nueva sociedad que nace en caso de una fusión por creación y será también la fecha en que se entenderán disueltas las sociedades absorbidas por la fusión. Lo anterior, sin perjuicio que pueda acordarse de que la fusión quede sujeta a plazo o condición y, en consecuencia, surta efecto una vez cumplida dicha modalidad.

Artículo 159. Los accionistas de las sociedades disueltas participarán en la sociedad nueva o en la absorbente, recibiendo un número de acciones o derechos sociales que le corresponda conforme a la relación de canje aprobada en la junta extraordinaria de accionistas que acordó la fusión y de acuerdo a los procedimientos establecidos en este reglamento.

TÍTULO X
DISOLUCIÓN Y LIQUIDACIÓN

Artículo 160. La obligación que impone el artículo 108 de la ley al directorio de consignar la disolución de la sociedad por escritura pública dentro del plazo de treinta días de producidos los hechos respectivos, cuando se produzca por vencimiento del término de la sociedad, por reunión de todas las acciones en una sola mano, o por cualquiera causal contemplada en el estatuto, se entenderá cumplida, indistintamente, por el otorgamiento de una escritura pública por la mayoría de los directores necesarios para adoptar acuerdos, dejando constancia de esos hechos o por la reducción a escritura pública de un acta de sesión de directorio en la cual se acuerde dicha consignación. El extracto de dicha escritura o reducción a escritura pública se deberá inscribir y publicar en la forma establecida en el artículo 5 de la referida ley.

Artículo 161. Cuando la Superintendencia o la justicia ordinaria, en su caso, decida citar u ordenar que se cite a junta de accionistas a petición de a lo menos el 10% de las acciones emitidas con el objeto de modificar el régimen de liquidación para designar un solo liquidador, los liquidadores hasta entonces en funciones cesarán en sus funciones una vez aceptado el cargo por quien los sustituya, de conformidad a lo establecido en los artículos 110 y 111 de la ley.

Artículo 162. A los liquidadores les serán aplicables, en lo que corresponda, los artículos de este reglamento, referentes al gerente general y los directores.

Artículo 163. Las sociedades podrán ofrecer repartos opcionales durante la liquidación de conformidad a la ley y las normas que se consignan en los artículos siguientes. Estos repartos deberán ser acordados por los dos tercios de las acciones emitidas en junta extraordinaria de accionistas. En todo caso, la junta de accionistas podrá resolver el pago de repartos opcionales durante la liquidación conforme a un procedimiento distinto si así lo acuerda la unanimidad de las acciones emitidas.

Los repartos que se efectúen durante la liquidación deberán pagarse en dinero a los accionistas, salvo acuerdo diferente adoptado en cada caso por la unanimidad de las acciones emitidas. La sociedad podrá ofrecer repartos opcionales en que una de las opciones sea el pago en dinero, los cuales deberán ser acordados en junta extraordinaria de accionistas por los dos tercios de las acciones emitidas. Los repartos opcionales durante la liquidación se efectuarán de conformidad con las normas que establecen los artículos siguientes, salvo que por la unanimidad de las acciones emitidas se acuerde algo diferente.

Artículo 164. El pago de los repartos opcionales que acordare la junta de accionistas se hará en la fecha que ésta determine o en la que fije quien efectúe la liquidación si la junta le hubiere facultado al efecto.

Salvo acuerdo unánime de las acciones emitidas, todos los repartos opcionales no consistentes en dinero deberán ser estimados por peritos y aprobados por la junta de accionistas o por quien efectúe la liquidación si la junta le hubiere facultado al efecto.

Artículo 165. Los repartos opcionales deberán anunciarse y ejercerse en iguales términos que los establecidos para la opción preferente de suscripción de acciones de pago. El aviso que anuncie el reparto opcional deberá indicar la fecha de pago, los bienes a que se refiere el reparto y el valor que se les asigna.

Durante el plazo de la opción la sociedad anónima abierta deberá mantener en sus oficinas a disposición de los accionistas, y en su sitio de internet, si lo tuviere, toda la información jurídica, económica y financiera que determine la Superintendencia, debiendo informarse en el aviso referido en el inciso anterior el lugar en que se podrán examinar dichos antecedentes.

TÍTULO XI
DISPOSICIONES VARIAS

Artículo 166. Cuando una sociedad anónima extranjera decida cancelar su agencia en Chile, el agente con poder suficiente para ello, sea persona natural o jurídica, deberá así declararlo a nombre de la sociedad por escritura pública. Un extracto de la escritura debidamente certificado por el notario respectivo, se inscribirá en el Registro de Comercio correspondiente al domicilio de la agencia principal; se anotará indicativamente al margen de la inscripción original de la agencia y se publicará, por una sola vez, en el Diario Oficial; todo ello, dentro de los 60 días contados desde la fecha de la escritura pública.

Artículo 167. Para efectos de determinar el valor de las acciones referido en el artículo 125 de la ley, se considerará si la sociedad tiene presencia bursátil o no, y dependiendo de ello, el valor de libros o bursátil se calculará de la forma señalada en el presente reglamento para efectos del derecho a retiro.

Artículo 168. Los informes periciales exigidos por la ley o por este reglamento, sólo podrán ser emitidos por peritos idóneos, mayores de edad y que no hayan sido condenados por delitos que merezcan pena aflictiva.

Los peritos deberán firmar sus informes técnicos o periciales ante notario, declarando que se constituyen responsables de las apreciaciones en ellos contenidas.

Artículo 169. En el registro público indicativo a que se refiere el artículo 135 de la ley, deberán consignarse a lo menos los nombres y apellidos, nacionalidad, cédula de identidad, profesión, domicilio y fecha de iniciación y término de sus funciones respecto del presidente y cada uno de los directores, gerentes, ejecutivos principales o liquidadores de la sociedad. Iguales indicaciones deberán hacerse respecto de la o las personas que en ausencia del gerente representen válidamente a la sociedad en todas las notificaciones que se le practiquen.

TÍTULO XII
DE LAS OPERACIONES CON PARTES RELACIONADAS EN LAS SOCIEDADES ANÓNIMAS ABIERTAS Y SUS FILIALES

Artículo 170. Cuando la mayoría absoluta de los miembros del directorio deba abstenerse en la votación destinada a resolver una operación de la sociedad con una parte relacionada, dicha operación sólo podrá llevarse a cabo si es aprobada por la unanimidad de los miembros del directorio no involucrados.

Artículo 171. Para exceptuar de los requisitos y procedimientos establecidos en los numerales 1) al 7) del artículo 147 de la ley a las operaciones que se señalan en los literales a), b) y c) de dicho artículo, el directorio deberá adoptar en forma expresa una autorización de aplicación general e informar las operaciones como hecho esencial cuando corresponda. Una vez aprobada dicha autorización general, no será necesario que el directorio se pronuncie específicamente acerca de cada operación exceptuada, sin perjuicio que en caso de considerarlo pertinente así lo haga.

Artículo 172. Las operaciones con partes relacionadas, incluidas aquellas exceptuadas del procedimiento de aprobación establecido en el artículo 147 de la ley, deberán tener por objeto contribuir al interés social y ajustarse en precio, términos y condiciones a aquéllas que prevalezcan en el mercado al tiempo de su aprobación.

TÍTULO FINAL
VIGENCIA Y DISPOSICIONES TRANSITORIAS

Artículo 173. El presente reglamento entrará en vigencia transcurridos 90 días desde la fecha de su publicación en el Diario Oficial, y a contar de esa fecha quedará derogado el Reglamento de Sociedades Anónimas aprobado por Decreto Supremo Nº 587, del Ministerio de Hacienda, publicado en el Diario Oficial el 13 de noviembre de 1982, y sus modificaciones.

Artículo 174. Los títulos de acciones deberán cumplir con las menciones que establece el presente reglamento a partir de su entrada en vigencia, pero los títulos que ya estuvieren emitidos a esa fecha continuarán siendo válidos. Sin embargo, la sociedad deberá reemplazarlos por nuevos títulos en la primera oportunidad que tenga, ya sea por la inscripción de traspasos de acciones, reemplazo de títulos solicitados por accionistas o un canje de acciones que afecte a todos los accionistas.

Anótese, tómese razón y publíquese.- RODRIGO HINZPETER KIRBERG, Vicepresidente de la República.- Rodrigo Álvarez Zenteno, Ministro de Hacienda Subrogante.

Lo que transcribo a usted para su conocimiento.- Saluda atte. a usted, Ramón Delpiano Ruiz-Tagle, Subsecretario de Hacienda Subrogante.

LEY Nº 18.045
MINISTERIO DE HACIENDA
LEY DE MERCADO DE VALORES

Publicada en el Diario Oficial de 22 de octubre de 1981

La Junta de Gobierno de la República de Chile ha dado su aprobación al siguiente

Proyecto de ley:

TÍTULO I
OBJETIVOS DE LA LEY, FISCALIZACIÓN Y DEFINICIONES

Artículo 1°. A las disposiciones de la presente ley queda sometida la oferta pública de valores y sus respectivos mercados e intermediarios, los que comprenden las bolsas de valores; las sociedades anónimas abiertas; los emisores e instrumentos de oferta pública y los mercados secundarios de dichos valores dentro y fuera de las bolsas, aplicándose este cuerpo legal a todas aquellas transacciones de valores que tengan su origen en ofertas públicas de los mismo o que se efectúen con intermediación por parte de los corredores o agentes de valores.

Las transacciones de valores que no sean de aquellas a que se refiere el inciso primero del presente artículo, tendrán el carácter de privadas y quedarán excluidas de las disposiciones de esta ley, excepto en los casos en que ésta se remita expresamente a ellas.

Artículo 2°. Corresponderá a la Comisión para el Mercado Financiero, en adelante la Comisión, vigilar el cumplimiento de las disposiciones de la presente ley, de acuerdo con las facultades que se le confieren en su ley orgánica y en el presente cuerpo legal.

Artículo 3°. Para los efectos de esta ley, se entenderá por valores cualesquiera títulos transferibles incluyendo acciones, opciones a la compra y venta de acciones, bonos, debentures, cuotas de fondos mutuos, planes de ahorro, efectos de comercio y, en general, todo título de crédito o inversión.

Las disposiciones de la presente ley no se aplican a los valores emitidos o garantizados por el Estado, por las instituciones públicas centralizadas o descentralizadas y por el Banco Central de Chile.

Artículo 4°. Se entiende por oferta pública de valores la dirigida al público en general o a ciertos sectores o a grupos específicos de éste.

La Comisión, mediante norma de carácter general, podrá establecer que determinados tipos de ofertas de valores no constituyen ofertas públicas, en consideración al número y tipo de inversionistas a los cuales se dirigen, los medios a través de los cuales se comunican o materializan y el monto de los valores ofrecidos.

Asimismo, la Comisión podrá eximir a ciertas personas, entidades u ofertas públicas del cumplimiento de cualesquiera de los requisitos de la presente ley o definirles requisitos menos gravosos que los establecidos por ésta, mediante norma de carácter general y en consideración a que por sus condiciones o características con ello no se verá comprometida la fe pública.

Los emisores que estén en liquidación no podrán hacer oferta pública de valores excepto si se tratare de sus propias acciones o en los demás casos o circunstancias que la Comisión establezca por norma de carácter general.

Artículo 4° bis. En los mercados de valores se entenderá por:

a) Mercado secundario formal: aquél en que los compradores y vendedores están simultánea y públicamente participando en forma directa o a través de un agente de valores o corredor de bolsa en la determinación de los precios de los títulos que se transan en él, siempre que diariamente se publiquen el volumen y el precio de las transacciones efectuadas y cumpla con los requisitos relativos a número de participantes, reglamentación interna y aquellos tendientes a garantizar la transparencia de las transacciones que se efectúan en él, que establezca la Comisión mediante norma de carácter general;

b) Instrumentos únicos: aquellos emitidos individualmente y que por su naturaleza no son susceptibles de conformar una serie;

c) Instrumentos seriados: el conjunto de instrumentos que guardan relación entre sí por corresponder a una misma emisión y que poseen idénticas características en cuanto a su fecha de vencimiento, tasa de interés, tipo de amortización, condiciones de rescate, garantías, preferencias y tipo de reajuste, y

d) Accionista minoritario: toda persona que por sí sola o en conjunto con otras con las que tenga acuerdo de actuación conjunta, posea menos del 10% de las acciones con derecho a voto de una sociedad, siempre que dicho porcentaje no le permita designar un director.

e) Inversionistas institucionales: a los bancos, sociedades financieras, compañías de seguros, entidades nacionales de reaseguro y administradoras de fondos autorizados por ley. También tendrán este carácter, las entidades que señale la Comisión mediante una norma de carácter general, siempre que se cumplan las siguientes condiciones copulativas:

a) que el giro principal de las entidades sea la realización de inversiones financieras o en activos financieros, con fondos de terceros;

b) que el volumen de transacciones, naturaleza de sus activos u otras características, permita calificar de relevante su participación en el mercado.

f) Inversionistas calificados: a los inversionistas institucionales e intermediarios de valores en operaciones de cuenta propia, como también aquellas personas naturales o jurídicas que realicen habitualmente operaciones con valores por montos significativos o bien que por su profesión, actividad o patrimonio quepa presumir que poseen un conocimiento acabado del funcionamiento del mercado de valores. La Comisión, mediante norma de carácter general, fijará las condiciones y parámetros que determinen que estas personas califican como inversionistas de esta clase.

g) Valores de presencia bursátil: aquellos que cumplan con los requisitos establecidos para tales efectos por la Comisión a través de una norma de carácter general, los que deberán responder a condiciones que, de acuerdo a la Comisión, sean indicativas de la liquidez de los valores o de la profundidad de los mercados en que se negocien los valores en cuestión, a efectos de propiciar una correcta formación de precios.

Dichos requisitos deberán tener en consideración elementos tales como el volumen, periodicidad, número de cedentes, adquirentes u oferentes, cuantía u otras circunstancias semejantes relativas a las transacciones o cotizaciones de los valores. Con todo, dichos valores deberán tener una presencia ajustada igual o superior a veinticinco por ciento. Para estos efectos, se determinará la presencia ajustada de la siguiente forma: (a) dentro de los últimos ciento ochenta días hábiles bursátiles, se determinará el número de días en que las transacciones bursátiles totales diarias hayan alcanzado un monto mínimo definido por la Comisión a través de norma de carácter general, el cual no podrá ser inferior al equivalente en pesos a mil unidades de fomento; (b) dicho número será dividido por ciento ochenta, y el cuociente así resultante se multiplicará por cien, quedando expresado en porcentaje.

Asimismo, tales requisitos podrán establecer la condición de presencia bursátil en virtud de contratos que aseguren la existencia diaria de ofertas de compra y venta de los valores, por la cuantía, tiempo y condiciones que defina la Comisión.

Las referencias que se hagan a acciones, títulos o, en general, valores de transacción, cotización o presencia bursátil, contenidas en leyes, decretos, reglamentos, resoluciones, estatutos o cualquier otro cuerpo normativo, se entenderán hechas a aquellos que posean la condición de presencia bursátil en virtud de lo dispuesto en este artículo. Asimismo, las referencias que se hagan en las leyes o en otros cuerpos legales a la normativa mediante la cual la Comisión para el Mercado Financiero determinará qué valores son de transacción o presencia bursátil, se entenderán hechas a la norma de carácter general que emita aquélla en uso de las facultades conferidas en este artículo.

TÍTULO II
DEL REGISTRO DE VALORES Y DE LA INFORMACIÓN

Artículo 5°. En el Registro de Valores se deberán inscribir los valores que sean objeto de oferta pública.

Artículo 6°. Sólo podrá hacerse oferta pública de valores cuando ellos estén inscritos en el Registro de Valores.

Artículo 7°. Las personas que por disposición legal deban quedar sometidas a la fiscalización, al control o a la vigilancia de la Comisión y no sean de aquellas a que se refiere el inciso primero del artículo 1°, no estarán obligadas a inscribirse en el Registro de Valores. Sin embargo, las personas antes indicadas deberán cumplir con las obligaciones de información que les impongan las leyes.

La Comisión establecerá, por norma de carácter general, la información que las entidades indicadas en el inciso anterior, que no sean emisoras de valores, deberán proporcionar a la Comisión y al público en general. Dicha información no podrá exceder la que se exige a los emisores de valores, tanto en contenido como en periodicidad, forma y publicidad, sin perjuicio de las facultades de la Comisión para efectuar requerimientos adicionales que se expliquen por la necesidad de supervisar específicamente el tipo de actividad de la entidad o la industria que ella integra. Para ello, la Comisión podrá determinar que las entidades informantes se inscriban en registros especiales fijando, por norma de carácter general, los requisitos para ello.

Artículo 8°. La Comisión deberá efectuar la inscripción en el Registro de Valores, una vez que el emisor le haya proporcionado la información que ésta requiera sobre su situación jurídica, económica y financiera, por medio de normas de carácter general, dictadas en consideración a las características del emisor, de los valores y de la oferta en su caso.

La Comisión, mediante norma de carácter general, podrá, en consideración a las características del emisor, al volumen de sus operaciones, u otras circunstancias particulares, requerir menor información y también circunscribir la transacción de sus valores a mercados especiales y a grupos de inversionistas que determine.

Para proceder a la inscripción la Comisión dispondrá de un plazo de 30 días contados desde la fecha de la solicitud. Dicho plazo se suspenderá si la Comisión, mediante comunicación escrita, pide información adicional al peticionario o le solicita que modifique la petición o que rectifique sus antecedentes por no ajustarse éstos a las normas establecidas, reanudándose tan sólo cuando se haya cumplido con dicho trámite.

Subsanados los defectos o atendidas las observaciones formuladas en su caso y vencido el plazo a que se refieren los incisos precedentes, la Comisión deberá efectuar la inscripción dentro de tercero día hábil.

Artículo 8° bis. En la inscripción de emisiones de títulos de deuda de largo plazo a que se refiere el Título XVI, el emisor deberá presentar, conjuntamente con la solicitud de inscripción, dos clasificaciones de riesgo de los títulos a inscribir, realizadas de conformidad a las disposiciones del Título XIV.

Tratándose de la inscripción de títulos de deuda de corto plazo a que se refiere el Título XVII, bastará la presentación de una clasificación de riesgo de los títulos a inscribir, efectuada en la forma expuesta en el inciso anterior.

Sin perjuicio de lo señalado en los incisos anteriores, tratándose de títulos de deuda destinados a ser ofrecidos en los mercados especiales que se establezcan en virtud del inciso segundo del artículo anterior, la presentación de las clasificaciones de riesgo será voluntaria. En todo caso, las clasificaciones de riesgo que se presenten deberán someterse a las disposiciones contempladas en el Título XIV de esta ley.

Artículo 8° ter. Aquellos emisores de valores que cumplan con las características o condiciones que establezca la Comisión mediante norma de carácter general, ya sea respecto del emisor, la emisión, la colocación o del inversionista al que se dirige la oferta, entre otras, podrán acogerse a la modalidad de registro automático establecido en este artículo. Para tal efecto, el emisor deberá acompañar a su solicitud de inscripción automática, la o las clasificaciones de riesgo a que se refiere el artículo 8 bis, el ejemplar de la escritura pública exigido por los artículos 104 o 137, según el tipo de título del cual se trate, y el resto de la documentación que la Comisión establezca, mediante norma de carácter general, respecto de los títulos de deuda o línea de títulos de deuda y, en su caso, de las modificaciones respectivas.

Las acciones, títulos de deuda y demás valores quedarán inscritos en el Registro de Valores por el solo ministerio de la ley, a partir del día hábil siguiente de emitido el certificado correspondiente por parte de la Comisión, previo pago por parte del solicitante de los derechos de inscripción establecidos en el artículo 33 del decreto ley N° 3.538, de 1980, que crea la Comisión para el Mercado Financiero, en aquellos casos en que dicho pago no haya sido exceptuado por ley.

Artículo 9°. La inscripción en el Registro de Valores obliga al emisor a divulgar en forma veraz, suficiente y oportuna toda información esencial respecto de sí mismo, de los valores ofrecidos y de la oferta.

Se entiende por información esencial aquella que un hombre juicioso consideraría importante para sus decisiones sobre inversión.

TÍTULO III
DE LA INFORMACIÓN CONTINUA Y RESERVADA

Artículo 10. Las entidades cuyos valores se encuentren inscritos en el Registro de Valores quedarán sujetas a esta ley y a sus normas complementarias y deberán proporcionar la información que establece la ley a la Comisión y al público en general con la periodicidad, publicidad y en la forma que la Comisión determine por norma de carácter general.

Asimismo, y sin perjuicio de lo dispuesto en el inciso anterior, dichas entidades deberán divulgar en forma veraz, suficiente y oportuna, todo hecho o información esencial respecto de ellas mismas y de sus negocios al momento que él ocurra o llegue a su conocimiento.

El directorio o administrador de cada entidad deberá implementar políticas, procedimientos, sistemas y controles con el objeto de asegurar dicha divulgación y evitar que se filtre información esencial mientras no haya ocurrido la referida divulgación.

La Comisión, mediante norma de carácter general, establecerá los requisitos y condiciones que deberán cumplir las políticas, procedimientos, sistemas y controles a que se refiere el inciso anterior.

No obstante lo dispuesto en el inciso anterior, con la aprobación de las tres cuartas partes de los directores en ejercicio podrá darse el carácter de reservado a ciertos hechos o antecedentes que se refieran a negociaciones aún pendientes que al conocerse puedan perjudicar el interés social. Tratándose de emisores no administrados por un directorio u otro órgano colegiado, la decisión de reserva debe ser tomada por la unanimidad de los administradores.

Las decisiones y acuerdos a que se refiere el inciso anterior deberán ser comunicados a la Comisión al día hábil siguiente a su adopción por los medios tecnológicos que habilite la Comisión.

Los que dolosa o culpablemente califiquen o concurran con su voto favorable a declarar como reservado un hecho o antecedente, de aquellos a que se refiere el inciso tercero de este artículo, responderán en la forma y términos establecidos en el artículo 55.

Artículo 11. Las citaciones a juntas de accionistas o a asambleas de socios que se efectúen por emisores de valores de oferta pública distintos de las sociedades anónimas, deberán a lo menos ser enviadas por correo a cada asociado, con una anticipación mínima de 15 días a la fecha en que se celebrará la reunión respectiva y deberán contener una referencia a las materias a ser tratadas en ella.

El no envío de la referida comunicación no producirá la nulidad de la citación, pero la sociedad infractora quedará sujeta a las sanciones que la Comisión pueda aplicar y responderá de los perjuicios que le hubiere causado a sus asociados.

Artículo 12. Las personas que directamente o a través de otras personas naturales o jurídicas, posean el 10% o más del capital suscrito de una sociedad anónima abierta, o que a causa de una adquisición de acciones lleguen a tener dicho porcentaje, como asimismo los directores, liquidadores, ejecutivos principales, administradores y gerentes de dichas sociedades, cualesquiera sea el número de acciones que posean, directamente o a través de otras personas naturales o jurídicas, deberán informar a la Comisión y a cada una de las bolsas de valores del país en que la sociedad tenga valores registrados para su cotización, de toda adquisición o enajenación que efectúen de acciones de esa sociedad. Igual obligación regirá respecto de toda adquisición o enajenación que efectúen de contratos o valores cuyo precio o resultado dependa o esté condicionado, en todo o en parte significativa, a la variación o evolución del precio de dichas acciones. La comunicación deberá enviarse a más tardar al día siguiente que se ha materializado la operación, por los medios tecnológicos que indique la Comisión mediante norma de carácter general.

Adicionalmente, los accionistas mayoritarios deberán informar en la comunicación que ordena este artículo, si las adquisiciones que han realizado obedecen a la intención de adquirir el control de la sociedad o, en su caso, si dicha adquisición sólo tiene el carácter de inversión financiera.

La Comisión determinará, mediante norma de carácter general, los medios a través de los cuales se deberá enviar la información que establece este artículo.

Artículo 13. La Comisión determinará, mediante norma de carácter general, los medios alternativos a través de los cuales los emisores podrán enviar o poner a disposición de sus accionistas y demás inversionistas, los documentos, información y comunicaciones que establece esta ley.

Artículo 14. La Comisión, mediante resolución fundada, podrá suspender hasta por 30 días la oferta, las cotizaciones o las transacciones de cualquier valor, regido por esta ley, si a su juicio así lo requiere el interés público o la protección de los inversionistas. El plazo antes indicado podrá ser prorrogado hasta por 120 días si a juicio de la Comisión aún se mantienen las circunstancias que originaron la suspensión. Si vencida la prórroga subsistieren tales circunstancias, la Comisión cancelará la inscripción pertinente en el Registro de Valores.

Artículo 15. La cancelación de la inscripción de un valor en el Registro de Valores procederá en los casos siguientes:

a) En el caso de acciones cuando el emisor no ha reunido los requisitos establecidos en la letra c) del inciso segundo del artículo 5° de la presente ley durante el curso de los 6 meses precedentes;

b) Cuando los valores hubiesen sido inscritos voluntariamente y así lo solicite su emisor, salvo que corresponda a algún caso de inscripción obligatoria;

c) Cuando la Comisión lo resuelva de acuerdo a lo establecido en el artículo 14;

d) Cuando la Comisión en caso grave y por resolución fundada así lo determine en razón de que:

1) Se hubiere obtenido la inscripción por medio de informaciones o antecedentes falsos;

2) Durante la vigencia de la emisión, el emisor entregare al Registro de Valores, a las Bolsas o a los corredores o agentes de valores, informaciones o antecedentes falsos;

3) Con ocasión de su oferta en el mercado, el emisor difundiere noticias o propagandas falsas;

4) El valor no cumpla con los requisitos que hicieron necesaria la inscripción.

e) Los derechos conferidos por el valor inscrito se hayan extinguido totalmente. Las resoluciones que la Comisión dicte de conformidad a la letra c) del presente artículo también serán reclamables ante la Corte de Apelaciones de Santiago, de acuerdo al procedimiento establecido en el Título V del Decreto Ley Nº 3.538, de 1980.

TÍTULO IV
DE LAS TRANSACCIONES SOBRE VALORES DE OFERTA PÚBLICA

Artículo 16. Los emisores de valores de oferta pública, deberán adoptar una política que establezca normas, procedimientos, mecanismos de control y responsabilidades, conforme a las cuales los directores, gerentes, administradores y ejecutivos principales, así como las entidades controladas directamente por ellos o a través de terceros, podrán adquirir o enajenar valores de la sociedad o valores cuyo precio o resultado dependa o esté condicionado, en todo o en parte significativa, a la variación o evolución del precio de dichos valores.

Dicha política podrá imponer, entre otras, las siguientes limitaciones a las personas indicadas en el inciso anterior:

a) Una prohibición total y permanente de efectuar cualquiera de las operaciones indicadas en el inciso anterior.

b) Una prohibición transitoria, por períodos definidos por el directorio en atención a las actividades, eventos o procesos de la entidad, durante el cual deberán abstenerse de realizar cualquiera de las operaciones indicadas en el inciso anterior.

c) Una prohibición permanente de adquirir y enajenar, o de enajenar y posteriormente adquirir, los valores indicados en el inciso anterior, si entre tales operaciones no hubiere transcurrido a lo menos un plazo determinado de días hábiles bursátiles.

En los casos indicados en las letras anteriores, así como en los demás que pueda adoptar la política interna de cada entidad, se podrá establecer que la violación de la prohibición genere para el infractor, además de los efectos laborales que correspondan, la obligación de pagar, a la entidad respectiva, una multa equivalente a: i) un porcentaje de la operación o ii) el monto total de la ganancia obtenida o la pérdida evitada. La aplicación de esta multa no obstará a la aplicación de las sanciones legales que sean procedentes cuando además se haya infringido la ley.

Las normas adoptadas por el directorio o administrador en conformidad a este artículo, y sus correspondientes modificaciones, deberán ser puestas en conocimiento del público, mediante un aviso insertado en un diario de circulación nacional o bien en su sitio en Internet, cuando cuenten con este medio.

Sin perjuicio de las políticas que adopte cada emisor, los directores, gerentes, administradores y ejecutivos principales de un emisor de valores de oferta pública, así como sus cónyuges, convivientes y parientes hasta el segundo grado de consanguineidad o afinidad, no podrán efectuar, directa o indirectamente, transacciones sobre los valores emitidos por el emisor, dentro de los treinta días previos a la divulgación de los estados financieros trimestrales o anuales de este último.

Para efectos del inciso anterior, los emisores de valores de oferta pública deberán siempre publicar la fecha en que se divulgarán sus próximos estados financieros, con a lo menos treinta días de anticipación a dicha divulgación.

En caso de que se efectúen operaciones en contravención de lo dispuesto en el inciso quinto, que infringieren las prohibiciones establecidas en el Título XXI de esta ley, primarán las disposiciones de dicho Título.

Artículo 17. Los directores, gerentes, administradores y ejecutivos principales, así como las entidades controladas directamente por ellos o a través de otras personas, deberán informar a cada una de las bolsas de valores del país en que el emisor se encuentre registrado, su posición en valores de éste y de las entidades del grupo empresarial de que forme parte. Esta información deberá proporcionarse dentro de tercer día hábil cuando las personas asuman su cargo o sean incorporadas al registro público indicado en el artículo 68, cuando abandonen el cargo o sean retiradas de dicho registro, así como cada vez que dicha posición se modifique en forma significativa.

Artículo 18. Las personas indicadas en el inciso primero del artículo 16 deberán, además, informar mensualmente y en forma reservada, al directorio o administrador del emisor, su posición en valores de los proveedores, clientes y competidores más relevantes de la entidad, incluyendo aquellos valores que posean a través de entidades controladas directamente o a través de terceros. El directorio o administrador del emisor determinará quiénes estarán comprendidos en las mencionadas calidades, debiendo al efecto formar una nómina reservada que mantendrá debidamente actualizada.

Artículo 19. La Comisión determinará, mediante norma de carácter general, los criterios mínimos y las excepciones que se deberán considerar en la preparación y presentación de la información contemplada en el artículo 17, como asimismo la oportunidad y forma en que ella se le deberá remitir.

Artículo 20. Las sociedades anónimas abiertas informarán a la Comisión y a las bolsas de valores en que se transen sus acciones, las adquisiciones y enajenaciones de sus acciones que efectúen sus personas relacionadas, en la forma y con la periodicidad que determine la Comisión mediante norma de carácter general.

Artículo 21. Derogado.

Artículo 22. Derogado.

TÍTULO V
DEL MERCADO SECUNDARIO

Artículo 23. Todo valor inscrito en el Registro de Valores podrá transarse en bolsas de valores, las que estarán obligadas a aceptarlos a cotización y negociación en sus sistemas bursátiles en la medida que se ajusten a las normas dictadas en conformidad con el artículo 44 letra e).

La intermediación de acciones de sociedades anónimas abiertas sólo podrá ser efectuada en bolsas de valores.

TÍTULO VI
DE LOS CORREDORES DE BOLSA Y DE LOS AGENTES DE VALORES

Artículo 24. Son intermediarios de valores las personas naturales o jurídicas que se dedican a las operaciones de corretaje de valores.

Cumplidas las exigencias técnicas y patrimoniales que esta ley establece y las que la Comisión determine mediante normas de aplicación general, las personas mencionadas en el inciso anterior podrán dedicarse también a la compra o venta de valores por cuenta propia con ánimo de transferir derechos sobre los mismos. Sin perjuicio de las demás obligaciones establecidas en esta ley, cada vez que un intermediario opere por cuenta propia, deberá informar esta circunstancia a la o las personas que concurran a la negociación y no podrá adquirir los valores que se le ordenó enajenar ni enajenar de los suyos a quien le ordenó adquirir, sin autorización expresa del cliente. Los intermediarios que actúan como miembros de una bolsa de valores, se denominan corredores de bolsa y aquellos que operan fuera de bolsa agentes de valores.

Sin perjuicio de lo establecido en leyes especiales y en el artículo siguiente, ninguna persona podrá actuar como corredor de bolsa o agente de valores sin que previamente se haya inscrito en los registros que para el efecto llevará la Comisión[1].

Artículo 25. Los bancos y sociedades financieras no estarán obligados a inscribirse en el Registro de Corredores de Bolsa y Agentes de Valores para efectuar las funciones de intermediación de acuerdo a las facultades que les confiere la Ley General de Bancos.

Sin embargo, quedarán sujetos a todas las otras disposiciones de la presente ley en lo referente a sus actividades como tales[2].

Artículo 26. Para ser inscritos en el Registro de Corredores de Bolsa y Agentes de Valores los interesados deberán acreditar, a satisfacción de la Comisión, lo siguiente:

a) Ser mayor de edad;

b) Haber aprobado el cuarto año medio o estudios equivalentes y acreditar los conocimientos suficientes de la intermediación de valores. En caso de agentes de valores, dicha acreditación se efectuará en la forma y periodicidad que establezca la Comisión mediante norma de carácter general. En caso de corredores de bolsa, la acreditación se efectuará ante la bolsa respectiva, cumpliendo con las exigencias que establezca la Comisión mediante norma de carácter general. Dichas normas deberán considerar la experiencia en la inter-

---

1 Texto diferido. El tenor del presente artículo es modificado por la Ley N° 21.521. Sin embargo, de conformidad con el artículo primero transitorio de dicha ley, las modificaciones introducidas regirán a contar de la entrada en vigencia de la normativa respectiva que dicte la Comisión para el Mercado Financiero, con excepción de la siguiente disposición: "Los intermediarios de valores podrán asimismo actuar como corredores en las Bolsas de Productos regidos por la ley N° 19.220, que regula establecimiento de bolsas de productos, reputándose como tales para todos los efectos de esa ley".

2 Texto diferido. El tenor del presente artículo es modificado por la Ley N° 21.521. Sin embargo, de conformidad con el artículo primero transitorio de dicha ley, las modificaciones introducidas regirán a contar de la entrada en vigencia de la normativa respectiva que dicte la Comisión para el Mercado Financiero.

mediación de valores como un antecedente relevante al momento de evaluar la suficiencia de los conocimientos a que se refiere esta letra.

c) Poseer una oficina instalada para desarrollar las actividades de intermediario de valores.

d) Mantener permanentemente un patrimonio mínimo de 6.000 unidades de fomento para desempeñar la función de corredor de bolsa o agente de valores. No obstante lo anterior, para efectuar las operaciones indicadas en el inciso segundo del artículo 24 de la presente ley se deberá mantener un patrimonio mínimo de 14.000 unidades de fomento.

e) Constituir las garantías en la forma y por los montos que se establecen en la presente ley.

f) No haber sido cancelada su inscripción en el Registro de Corredores de Bolsa y Agentes de Valores.

g) No haber sido condenado ni encontrarse bajo acusación formulada en su contra por delitos establecido en la presente ley, que atenten en contra del patrimonio o de la fe pública, o que tengan asignados una pena aflictiva.

h) No tener la calidad de deudor en un procedimiento concursal de liquidación, e

i) Cualquier otro requisito que la Comisión determine por medio de normas de carácter general.

La Comisión por medio de normas de carácter general, establecerá los medios y la forma en que los interesados deberán acreditar las circunstancias enumeradas en el presente artículo y los antecedentes que con tal fin deberán acompañar a sus solicitudes de inscripción[3].

Artículo 27. Las personas jurídicas pueden ser corredores de bolsa o agentes de valores, siempre que incluyan en su nombre la expresión corredores de bolsa o agentes de valores respectivamente y tengan como exclusivo objeto el señalado en el artículo 24 de la presente ley, pudiendo realizar además, las actividades complementarias que les autorice la Comisión.

---

3 Texto diferido. El tenor del presente artículo es modificado por la Ley N° 21.521. Sin embargo, de conformidad con el artículo primero transitorio de dicha ley, las modificaciones introducidas regirán a contar de la entrada en vigencia de la normativa respectiva que dicte la Comisión para el Mercado Financiero.

En el caso de las personas jurídicas los requisitos establecidos en las letras a), b), f), g), h) e i) del artículo anterior, deberán acreditarse respecto de sus directores y administradores individualmente considerados. Asimismo, deberán acreditar el cumplimiento de los requisitos establecidos en la letra b) todos los trabajadores que participen directamente en la intermediación de valores. Las especificaciones de dicha acreditación se determinarán tomando en cuenta la especialización y la posición de los examinados en la organización de la persona jurídica[4].

Artículo 28. La Comisión deberá pronunciarse sobre las solicitudes de inscripción en el Registro de Corredores de Bolsa y Agentes de Valores dentro del plazo de 30 días a contar de la fecha de la solicitud respectiva.

El plazo indicado en el inciso anterior se suspenderá si la Comisión, mediante comunicación escrita pide al solicitante que modifique o complemente su solicitud, o que proporcione mayores informaciones y sólo se reanudará cuando se haya cumplido con dicho trámite.

Subsanados los defectos o atendidas las observaciones formuladas en su caso y vencido el plazo a que se refiere este artículo, la Comisión deberá efectuar la inscripción dentro de tercero día[5].

Artículo 29. Los corredores de bolsa y agentes de valores, deberán cumplir y mantener los márgenes de endeudamiento, de colocaciones y otras condiciones de liquidez, solvencia patrimonial y gestión de riesgos que establezca la Comisión mediante normas de aplicación general que dictará especialmente en

---

4 Texto diferido. El tenor del presente artículo es modificado por la Ley N° 21.521. Sin embargo, de conformidad con el artículo primero transitorio de dicha ley, las modificaciones introducidas regirán a contar de la entrada en vigencia de la normativa respectiva que dicte la Comisión para el Mercado Financiero. Dicha normativa no ha sido dictada a la fecha de publicación de esta edición.

5 Texto diferido. El tenor del presente artículo es modificado por la Ley N° 21.521. Sin embargo, de conformidad con el artículo primero transitorio de dicha ley, las modificaciones introducidas regirán a contar de la entrada en vigencia de la normativa respectiva que dicte la Comisión para el Mercado Financiero.

relación a la naturaleza de las operaciones, su cuantía, el tipo de instrumentos que se negocien y la clase de intermediarios a que deben aplicarse[6].

Artículo 30. Los corredores de bolsa y los agentes de valores deberán constituir una garantía previa al desempeño de sus cargos, para asegurar el correcto y cabal cumplimiento de todas sus obligaciones como intermediarios de valores, en beneficio de los acreedores presentes o futuros que tengan o llegaren a tener en razón de sus operaciones de corretaje.

La garantía será de un monto inicial equivalente a 4.000 unidades de fomento. La Comisión podrá exigir mayores garantías en razón del volumen y naturaleza de las operaciones del intermediario, del total de las comisiones ganadas en el año precedente al de la exigencia, de los endeudamientos que afectaren al agente o corredor o de otras circunstancias semejantes.

La garantía podrá constituirse en dinero efectivo, boleta bancaria, póliza de seguros o prenda sobre acciones de sociedades anónimas abiertas u otros valores de oferta pública y se mantendrá reajustada en la misma proporción en que varíe el monto de las unidades de fomento.

Con todo, el monto de la garantía que se constituya en prenda sobre acciones de sociedades anónimas abiertas, no podrá exceder del veinticinco por ciento del total de la misma.

La garantía deberá mantenerse hasta los seis meses posteriores a la pérdida de la calidad de agente de valores o de corredor de la bolsa o hasta que se resuelvan por sentencia ejecutoriada las acciones judiciales que se hayan entablado en su contra, dentro de dicho plazo, por los acreedores beneficiarios a que se refiere esta disposición. Si estos demandantes no obtuvieren sentencia favorable serán necesariamente condenados en costas[7].

---

6 Texto diferido. El tenor del presente artículo es modificado por la Ley N° 21.521. Sin embargo, de conformidad con el artículo primero transitorio de dicha ley, las modificaciones introducidas regirán a contar de la entrada en vigencia de la normativa respectiva que dicte la Comisión para el Mercado Financiero.

7 Texto diferido. El tenor del presente artículo es modificado por la Ley N° 21.521. Sin embargo, de conformidad con el artículo primero transitorio de dicha ley, las modificaciones introducidas regirán a contar de la entrada en vigencia de la normativa respectiva que dicte la Comisión para el Mercado Financiero.

Artículo 31. Los corredores de bolsa o los agentes de valores deberán designar a una bolsa de valores o a un banco respectivamente, como representante de los acreedores beneficiarios de la garantía a que se refiere el artículo anterior, quienes a este respecto sólo desempeñarán las funciones que se señalan en los incisos siguientes.

Si la garantía consistiere en depósitos de dinero o prenda sobre valores, la entrega del dinero o de los bienes pignorados se hará al representante de los acreedores beneficiarios.

En las inscripciones de prenda en su caso, no será necesario individualizar a los acreedores, bastando expresar el nombre de sus representantes, anotándose al margen los reemplazos que se efectuaren. Asimismo, las citaciones y notificaciones que de acuerdo a la ley deban practicarse a los acreedores prendarios, se entenderán cumplidas al hacerse a sus representantes.

Si la garantía consistiere en boleta bancaria o póliza de seguros, los representantes de los acreedores beneficiarios serán los tenedores de los documentos justificativos de las mismas. El banco o compañía de seguros otorgante deberá pagar el valor exigido por tales representantes a su simple requerimiento y hasta el monto garantizado.

No obstante lo dispuesto en el inciso precedente y sin que sea necesario acreditarlo a las entidades otorgantes los representantes de los acreedores beneficiarios de boletas de garantía o de póliza de seguros, para hacerlas efectivas deberán haber sido notificados judicialmente del hecho de haberse interpuesto demanda en contra del intermediario de valores caucionado.

Los dineros provenientes de la realización de la boleta bancaria o de la póliza de seguros quedarán en prenda de pleno derecho en sustitución de esas garantías, manteniéndose en depósitos reajustables por los representantes hasta que termine la obligación de garantía[8].

Artículo 32. Los corredores de bolsa y los agentes de valores estarán obligados, de acuerdo a las normas de carácter general que imparta la Comisión, y sin perjuicio de sus otras atribuciones a:

---

8 Texto diferido. El tenor del presente artículo es modificado por la Ley N° 21.521. Sin embargo, de conformidad con el artículo primero transitorio de dicha ley, las modificaciones introducidas regirán a contar de la entrada en vigencia de la normativa respectiva que dicte la Comisión para el Mercado Financiero.

a) Llevar los libros y registros que prescribe la ley y los que determine la Comisión, los que deberán ser preparados conforme a sus instrucciones;

b) Proporcionar a la Comisión, en forma periódica, información sobre las operaciones que realicen;

c) Enviar a la Comisión los estados financieros que éste solicite en la forma y periodicidad que determine, la cual podrá exigirles que ellos sean objeto de auditoría por auditores independientes;

d) Informar a la Comisión, con a lo menos un mes de anticipación, de la apertura o cierre de nuevas oficinas y sucursales, y

e) Proporcionar los demás antecedentes que a juicio de la Comisión sean necesarios para mantener actualizada la información del Registro.

Artículo 33. Las transacciones de valores en que participen corredores de bolsa o agentes de valores, deberán ajustarse a las normas y procedimientos establecidos en la ley, a los que determine la Comisión por instrucciones de general aplicación, y en su caso, conforme a lo dispuesto en los estatutos y reglamentos internos de las bolsas de valores o de las asociaciones de agentes de valores de que sean miembros. Sin perjuicio de ello, los corredores de bolsa y agentes de valores deberán, además, definir, hacer pública y mantener debidamente actualizadas, normas que rijan los procedimientos, mecanismos de control y responsabilidades que les serán aplicables en el manejo de la información que obtuvieren de las decisiones de adquisición, enajenación y aceptación o rechazo de ofertas específicas de sus clientes, así como de cualquier estudio, análisis u otro antecedente que pueda incidir en la oferta o demanda de valores en cuya transacción participen. Estas normas y sus modificaciones deberán ajustarse a los requisitos mínimos que fije la Comisión mediante norma de carácter general. Toda orden para efectuar una operación de bolsa se entenderá respecto del comitente, efectuada sobre la base de que éste queda sujeto a su política interna y a los reglamentos de la bolsa respectiva, aprobados por la Comisión.

Los corredores de bolsa y los agentes de valores que actúen en la compraventa de valores, quedan personalmente obligados a pagar el precio de la compra o a hacer la entrega de los valores vendidos y en caso alguno se les admitirá la excepción de falta de provisión. Estos intermediarios no pueden compensar las sumas que recibieren para comprar valores, ni el precio que se les entregare de los vendidos por él, con las cantidades que les deba su cliente, comprador o vendedor.

Las minutas que entregaren a sus clientes y las que se dieren recíprocamente, en los casos en que dos o más intermediarios concurran a la celebración de un negocio por encargo de diversas personas, hacen prueba contra el corredor de bolsa o agente de valores que las suscribe.

Artículo 34. Los corredores de bolsa y los agentes de valores serán responsables de la identidad y capacidad legal de las personas que contrataren por su intermedio; de la autenticidad e integridad de los valores que negocien, de la inscripción de su último titular en los registros del emisor cuando esto sea necesario y de la autenticidad del último endoso, cuando proceda.

Artículo 35. Los agentes de valores podrán formar asociaciones con el objeto de facilitar el desarrollo de sus operaciones de intermediación y de asegurar el cumplimiento por parte de sus miembros de las disposiciones de la presente ley y sus normas complementarias. Para este efecto sólo podrán hacerlo mediante la constitución de corporaciones de derecho privado.

Estas corporaciones deberán constituirse y funcionar con a lo menos quince miembros, tendrán como objeto exclusivo el señalado en el inciso precedente y para la aprobación de su existencia y de sus estatutos, de la modificación de éstos, de su disolución o de la cancelación de su personalidad jurídica, bastará la pertinente resolución de la Comisión no siendo necesaria la intervención, decisión o informe de ninguna otra autoridad administrativa.

Las corporaciones de agentes de valores quedarán sujetas a la fiscalización de la Comisión, con las facultades que le son propias y con las demás que a otras autoridades se otorgan respecto de las corporaciones comunes de derecho privado.

Las normas que estas corporaciones adopten respecto a la actuación de sus miembros en el mercado de valores deberán ser similares, en lo pertinente, a aquellas de las bolsas de valores y deberán ser aprobadas por la Comisión.

Lo anterior es sin perjuicio de la facultad de la Comisión para impartir a estas corporaciones y a sus agentes las instrucciones y normas que estime necesarias para el cumplimiento de esta ley.

Las infracciones a las normas y reglamentos de las asociaciones por parte de sus miembros serán sancionadas en la misma forma que esta ley y sus normas complementarias disponen respecto de las infracciones a las normas y reglamentos de las bolsas de valores.

Artículo 36. La inscripción de un corredor de bolsa o de un agente de valores podrá ser cancelada o suspendida hasta por el plazo máximo de un año, cuando la Comisión mediante resolución fundada y previa audiencia del afectado así lo determine.

En todo caso, la referida cancelación, o suspensión sólo procederá por haber incurrido el corredor o agente en algunas de las siguientes causales:

a) Dejar de cumplir con todos los requisitos necesarios para la inscripción. La Comisión, en casos calificados podrá otorgar al interesado un plazo para subsanar la situación, el que en ningún caso podrá exceder de 120 días; Incurrir en graves violaciones a las obligaciones que le imponen esta ley, sus normas complementarias u otras disposiciones que los rijan[9].

b) Tomar parte en forma culpable o dolosa en transacciones no compatibles con las sanas prácticas de los mercados de valores.

c) Dejar de desempeñar la función de corredor o agente activo por más de un año.

d) Participar en ofertas públicas de valores o en transacciones de valores que de conformidad a la presente ley deben inscribirse y mantener vigente su inscripción en el Registro de Valores sin que hayan cumplido dichas formalidades, o respecto de las cuales se haya suspendido la cotización.

e) Dejar de cumplir, por razones que le son imputables, obligaciones originadas en transacciones de valores en que ha tomado parte.

Artículo 37. Se reserva el uso de las expresiones "corredores de bolsa" y "agentes de valores" u otras semejantes que impliquen la facultad de intermediar en valores, para las personas y entidades autorizadas de conformidad a la presente ley para desempeñarse como tales.

---

9 Texto diferido. El tenor del presente artículo es modificado por la Ley N° 21.521. Sin embargo, de conformidad con el artículo primero transitorio de dicha ley, las modificaciones introducidas regirán a contar de la entrada en vigencia de la normativa respectiva que dicte la Comisión para el Mercado Financiero.

TÍTULO VII
DE LAS BOLSAS DE VALORES

Artículo 38. Las bolsas de valores son aquellas entidades que proporcionan a los corredores de bolsa de un lugar físico o virtual en el que pueden cotizar, ofrecer o transar valores, así como para las demás actividades que éstos puedan realizar en conformidad a la ley.

Artículo 39. Las bolsas de valores al reglamentar su actividad bursátil deberán velar por la existencia de un mercado secundario de valores de oferta pública equitativo, competitivo, ordenado y transparente.

Esa reglamentación, además deberá promover una adecuada formación de precios y permitir la mejor ejecución de las órdenes de los clientes.

La reglamentación a que se refiere el inciso anterior deberá ser previamente aprobada por la Comisión, la que estará facultada para rechazarla, modificarla o suprimirla, mediante resolución fundada.

Artículo 40. Las Bolsas de Valores se regirán en lo que no fuere contrario a lo dispuesto en el presente título por las normas aplicables a las sociedades anónimas abiertas y quedarán sometidas a la fiscalización de la Comisión.

En especial las bolsas de valores estarán sujetas a las siguientes modalidades:

1) Deben incluir en su nombre la expresión "bolsa de valores".

2) Tiene por exclusivo objeto el precisado en el artículo 38, pudiendo efectuar además las actividades que la Superintendencia les autorice o exija de acuerdo a sus facultades.

3) Su duración es indefinida.

4) Deben constituirse y mantener un capital pagado mínimo equivalente a 30.000 unidades de fomento dividido en acciones sin valor nominal y funcionar con un número de a lo menos 10 corredores de bolsa.

Si durante la vigencia de la sociedad el número de sus corredores o el monto de su patrimonio neto se redujeren a cifras inferiores a las establecidas en el inciso precedente, la bolsa dispondrá de un plazo de 3 meses para subsanar los déficit producidos. Vencido este plazo sin que así haya ocurrido, podrá serle revocada su autorización de existencia por la Comisión, a menos que este organismo le autorice la reducción de su capital social o del número de sus corredores.

5) Ningún corredor, en forma individual o conjuntamente con personas relacionadas, podrá poseer, directa o indirectamente, más del 10% de la propiedad de una bolsa de valores.

Las acciones de las bolsas de valores se podrán transar en el mismo centro bursátil emisor o en otros.

Un corredor podrá ejercer su actividad en más de una bolsa, ya sea en calidad de accionista o celebrando un contrato para operar en ella.

6) Toda persona aceptada como corredor de una bolsa, en la cual se requiera adquirir una acción para operar, lo podrá hacer mediante transacciones privadas o a través del mecanismo de hacer una oferta a firme por un período de hasta 60 días y por un valor no inferior al mayor valor entre el promedio de precio de transacciones en bolsa de acciones del último año y el valor de libro actualizado a la fecha de la oferta. Si en ese período no hubiere tenido oferta de venta podrá requerir de la bolsa la emisión de una acción de pago al valor más alto de los previamente indicados.

7) Derogado.

8) Las acciones tendrán igual valor y no podrá establecerse series de acciones ni acciones privilegiadas. Sin embargo, podrán establecerse series de acciones que tengan como único y exclusivo privilegio para sus titulares el efectuar operaciones especiales de corretaje de valores específicas y determinadas.

Los titulares de estas acciones privilegiadas para que puedan realizar dichas operaciones, deberán cumplir con todos los requisitos para ser corredores de bolsa. Las acciones de única serie o series privilegiadas que se emitan no tendrán derecho a la opción que prescribe el artículo 25 de la Ley N° 18.046.

9) El Directorio estará compuesto, a lo menos, por cinco miembros que podrán ser o no accionistas, pudiendo ser reelegidos.

10) Anualmente las bolsas de valores distribuirán como dividendo en dinero a sus accionistas, a prorrata de sus acciones, el porcentaje de las utilidades líquidas del ejercicio que libremente determine la junta ordinaria de accionistas de la sociedad.

11) Derogado.

12) Disuelta una bolsa de valores por cualquier causa, su liquidación será efectuada por el Superintendente, quien podrá delegar esta función en uno de los funcionarios del organismo a su cargo. Sin perjuicio de lo anterior el

Superintendente podrá facultar a la bolsa respectiva para que practique su liquidación.

13) Al liquidarse una bolsa de valores, una vez absorbidas las pérdidas y pagado el pasivo social, el patrimonio neto resultante se distribuirá entre los dueños de las acciones.

14) Las demás que contemplen los estatutos y reglamentos internos aprobados por la Comisión[10].

Artículo 41. Para establecer y operar una bolsa de valores se requerirá la autorización previa de la Comisión[11].

Artículo 42. Toda bolsa de valores, para operar, deberá acreditar, a satisfacción de la Comisión que:

a) Se encuentra organizada y tiene la capacidad necesaria para realizar las funciones de una bolsa de valores de acuerdo con lo dispuesto por la presente ley;

b) Ha adoptado la reglamentación interna exigida por esta ley;

c) Tiene la capacidad necesaria para cumplir y hacer cumplir a sus miembros, las disposiciones de la presente ley, sus normas complementarias y sus estatutos y demás normas internas;

d) Cuenta con los medios necesarios y con los procedimientos adecuados tendientes a asegurar un mercado unificado que permita a los inversionistas la mejor ejecución de sus órdenes, y

e) Lleva los libros y registros y mantiene toda otra información requerida por la Comisión, los que deberán estar a disposición de la Comisión para su examen y verificación[12].

---

10 Texto diferido. El tenor del presente artículo es modificado por la Ley N° 21.521. Sin embargo, de conformidad con el artículo primero transitorio de dicha ley, las modificaciones introducidas regirán a contar de la entrada en vigencia de la normativa respectiva que dicte la Comisión para el Mercado Financiero.

11 Texto diferido. El tenor del presente artículo es modificado por la Ley N° 21.521. Sin embargo, de conformidad con el artículo primero transitorio de dicha ley, las modificaciones introducidas regirán a contar de la entrada en vigencia de la normativa respectiva que dicte la Comisión para el Mercado Financiero.

12 Texto diferido. El tenor del presente artículo es modificado por la Ley N° 21.521. Sin embargo, de conformidad con el artículo primero transitorio de dicha ley, las modi-

Artículo 43. Para desarrollar su objeto, las bolsas de valores, a lo menos, deberán:

a) Establecer instalaciones y sistemas que permitan el encuentro ordenado de las ofertas de compra y venta de valores y la ejecución de las transacciones correspondientes;

b) Proporcionar y mantener a disposición del público información sobre los valores cotizados y transados en la bolsa, sus emisores, intermediarios y las operaciones bursátiles;

c) Velar por el estricto cumplimiento por parte de sus miembros de los más elevados principios de ética comercial y de todas las disposiciones legales y reglamentarias que les sean aplicables;

d) Informar y certificar las cotizaciones y transacciones de bolsa y proporcionar diariamente amplia información sobre dichas cotizaciones y transacciones, incluyendo las que se efectúen sobre valores transados en más de una bolsa, y

e) Realizar las demás actividades que les autorice la Comisión o que ésta, de acuerdo a sus facultades, pueda exigirles.

Artículo 44. En la reglamentación de sus propias actividades y las de sus miembros, las bolsas de valores deberán contemplar normas, sobre las materias que a continuación se indican:

a) Normas que establezcan los derechos y obligaciones de los corredores de bolsa en relación a las operaciones que realizan y, en especial:

1) Que establezcan cuando, en los casos que no exista una norma legal al respecto, los corredores de bolsa, deben llevar las órdenes que reciban directamente a la rueda, de modo de garantizar la reunión en ésta, en un mercado activo y de continua subasta, de todos los intereses de compra y de venta a fin de que todas las transacciones se efectúen en un mercado abierto y el inversionista pueda obtener la más conveniente ejecución de sus órdenes;

2) Que establezcan la prioridad, paridad y precedencia de las órdenes, de modo de garantizar mercados justos y ordenados, y un adecuado cumplimiento de todas las órdenes recibidas;

---

ficaciones introducidas regirán a contar de la entrada en vigencia de la normativa respectiva que dicte la Comisión para el Mercado Financiero.

3) Que establezcan en qué casos los corredores de bolsa pueden negociar por su propia cuenta, de modo de asegurar que la bolsa funcione como un mercado abierto e informado en beneficio de los inversionistas en general;

4) que establezcan procedimientos de canje y transferencia de las transacciones en forma rápida y ordenada, tanto de los volúmenes operacionales actuales como de los futuros previsibles;

5) Que establezcan las obligaciones de los corredores con sus clientes, incluyendo aquellas derivadas de las recomendaciones de inversión que hagan éstos, y

6) Que establezcan la Organización administrativa interna de sus miembros necesaria para asegurar los fines de la presente ley.

b) Normas tendientes a promover principios justos y equitativos en las transacciones de bolsa, y a proteger a los inversionistas de fraudes y otras prácticas ilegítimas.

c) Normas y procedimientos justos y uniformes por los cuales los miembros de una bolsa de valores y los socios y empleados de éstos, puedan ser sancionados, suspendidos o expulsados de ella en caso que hayan incurrido en infracción a la presente ley y sus normas complementarias o de los estatutos o normas internas de la misma.

d) Normas estableciendo que deberán llevar un sistema de registro de los reclamos interpuestos en contra de los corredores, y de las medidas tomadas y sanciones aplicadas por la bolsa en contra de sus miembros, cuando procediere.

e) Normas estableciendo requisitos generales y uniformes para la inscripción y transacción de valores en la bolsa, y para la suspensión, cancelación y retiro de los mismos.

f) Normas que establezcan con claridad los derechos y obligaciones de los emisores de valores registrados o transados en la bolsa, en particular, en lo relativo a las informaciones que deberán proporcionar al mercado respecto de su situación jurídica, económica y financiera, y demás hechos que pueden ser relevantes en la transacción de sus valores.

g) Normas que regulen los sistemas de transacción de valores, con el objeto de que pueda determinarse en forma cierta si las transacciones efectuadas por los corredores de bolsa corresponden a operaciones por cuenta propia o por cuenta de terceros. Esta información será pública. Asimismo, se establecerán por la bolsa que corresponda, sistemas similares respecto de las operaciones o transacciones que se realicen por corredores por cuenta de la administradora o por los fondos que éstas administran. El corredor de bolsa y la bolsa respectiva deberán guardar reserva sobre el origen y el titular de la orden respectiva.

h) Normas que aseguren un tratamiento justo y no arbitrario para todos los corredores que operen en ellas.

i) Normas que establezcan las estructuras tarifarias de interconexión, u otras condiciones aplicables a sus participantes o a terceras bolsas.

Todas las normas internas que adopten las bolsas en relación a sus operaciones como tales, deberán ser previamente aprobadas por la Superintendencia, la que estará facultada para rechazarlas, modificarlas o suprimirlas, mediante resolución fundada.

Artículo 44 bis. Las bolsas de valores deberán establecer entre sí, sistemas expeditos de comunicación e información en tiempo real respecto de las transacciones de valores que se realicen en cada una de ellas, sin que puedan comercializar o reproducir estas informaciones, salvo autorización expresa de la bolsa que las origina.

Asimismo, las bolsas deberán establecer mecanismos de interconexión en tiempo real, con calce vinculante y automático entre distintas bolsas de valores, de manera que permitan la mejor ejecución de las órdenes de los inversionistas, incluyendo aquellas que provengan de terceras bolsas. La Comisión establecerá, mediante norma de carácter general, los sistemas de negociación que deberán interconectarse de manera vinculante, así como la forma, condiciones, requisitos técnicos, de comunicación, de seguridad y cualquier otro que deban cumplir los mecanismos de interconexión, las bolsas y sus participantes, para efectos de implementar esta norma, velando siempre por el adecuado funcionamiento del mercado financiero.

La Comisión, al momento de evaluar la aprobación de las normas de las bolsas que establezcan las estructuras tarifarias de interconexión, u otras condiciones aplicables a sus participantes o a terceras bolsas, deberá propender siempre a la búsqueda de un mercado equitativo, competitivo, ordenado y transparente.

Sin perjuicio de lo dispuesto en el inciso final del artículo 44, la Comisión, en caso que considere que una o más condiciones establecidas en el reglamento de una bolsa de valores sean discriminatorias o afecten la libre competencia, rechazará, mediante resolución fundada, la solicitud de aprobación de dicha reglamentación. La resolución deberá contener un plazo prudente para que la bolsa respectiva subsane las observaciones de la Comisión, el que comenzará a correr desde que la referida resolución sea notificada a la bolsa de valores. En caso que la bolsa no corrija la situación en el plazo indicado, la Comisión podrá proceder de acuerdo al Título IV del decreto ley Nº 3.538, del Ministerio de Hacienda, de 1980, cuyo texto fue reemplazado por el artículo primero de la ley Nº 21.000, que crea la Comisión para el Mercado Financiero. Para efectos de lo establecido en el presente inciso, la Comisión podrá requerir del informe técnico de la Fiscalía Nacional Económica, la que deberá remitir dicho informe a más tardar dentro del plazo de noventa días de solicitado por la Comisión.

Artículo 45. Sólo podrán optar al cargo de corredor en una bolsa de valores los agentes de valores con inscripción vigente en el Registro de Corredores de Bolsa y Agentes de Valores que lleva la Comisión.

Con todo, una bolsa de valores podrá rechazar, con el acuerdo de a lo menos dos tercios de sus directores, a las personas que opten al cargo de corredor de dicha bolsa, en la medida que ellas, y sus socios cuando se trate de personas jurídicas, no cumplan los requisitos de solvencia, idoneidad, y demás exigencias que la respectiva bolsa establezca en sus estatutos o reglamentos. La bolsa, al establecer y verificar el cumplimiento de dichos requisitos y exigencias, no podrá restringir o entorpecer la libre competencia. En caso de rechazo, los fundamentos del mismo deberán constar en el acta respectiva.

El interesado, una vez aceptado por la bolsa respectiva, será inscrito como corredor de bolsa en el indicado registro por la Comisión, luego de acreditarle, a su satisfacción, que ha cumplido con todos los requisitos legales, estatutarios y reglamentarios pertinentes y sólo podrá ejercer sus funciones como tal desde la fecha de su inscripción.

Artículo 46. Para ser director de una bolsa de valores se requiere, a lo menos:

a) Ser mayor de edad;

b) Haber aprobado el cuarto año medio o estudios equivalentes y tener una experiencia laboral de a lo menos tres años en actividades del mercado de valores.

No será necesario acreditar tal experiencia a los profesionales universitarios de carreras de diez semestres a lo menos;

c) No haber sido sancionado por la Comisión con la medida de suspensión o de cancelación de su inscripción en el Registro de Corredores y Agentes de Valores o en cualquiera de los otros Registros que lleva este organismo;

d) No haber sido condenado por los delitos establecidos en la presente ley, por delito económico a que se refiere el decreto ley N° 280, de 1974 y, en general, por delitos que merezcan pena aflictiva, y

e) No tener la calidad de deudor en un procedimiento concursal de liquidación o de reorganización.

En caso de duda respecto del cumplimiento de cualquiera de los requisitos o exigencias a que se refiere este artículo, resolverá la Comisión administrativamente y sin ulterior recurso.

Artículo 47. El documento emitido por el corredor de bolsa o por su oficina que acredite la liquidación de una operación efectuada entre éste y otros corredores o sus clientes, tendrá mérito ejecutivo.

Artículo 48. Con el fin de resguardar el interés público y de los inversionistas, una bolsa de valores podrá suspender la transacción de uno o más valores por un plazo máximo de cinco días hábiles bursátiles. También podrá suspender la transacción de todos los valores en simultáneo, por un plazo máximo de un día hábil bursátil. Para suspender las transacciones por un plazo mayor, requerirá de la autorización previa de la Comisión.

Los criterios para determinar la suspensión de las transacciones, según lo dispuesto en los incisos previos, deben ser objetivos y estar contenidos en su reglamentación interna. La bolsa que aplique las medidas de que trata este artículo deberá informar de inmediato a la Comisión de las circunstancias que llevaron a la suspensión y de las medidas remediales.

Toda suspensión o cancelación de inscripción de un valor por parte de una bolsa de valores, será reclamable por el emisor ante la Comisión en los términos previstos por el artículo 50.

Artículo 49. Las bolsas de valores deberán sancionar a sus miembros con expulsión en los siguientes casos:

a) Si habiendo sido suspendidos por tres veces incurren nuevamente en causal de suspensión.

b) Si éstos realizan actividades que constituyen violaciones a las disposiciones contenidas en los artículos 52 y 53.

c) En cualquier otro caso en que las normas internas de una bolsa de valores establezcan la expulsión de sus miembros como sanción.

Artículo 50. Las personas que no sean admitidas como corredores de bolsa o que hayan sido suspendidas, expulsadas o sujetas a cualquier otra sanción, como asimismo, los emisores a quienes se deniegue la inscripción de sus valores en bolsa, podrán recurrir a la Comisión dentro de los quince días de notificados de la respectiva resolución, la que resolverá previa audiencia de la bolsa respectiva.

Igual derecho les asistirá cuando la bolsa de valores no se pronuncie sobre sus solicitudes en los plazos que establezcan sus normas internas.

Artículo 51. Si una bolsa de valores deja de cumplir con uno o más de los requisitos u obligaciones que la presente ley y sus normas complementarias le imponen, la Comisión podrá limitar sus actividades a aquellas que no se vean afectadas por la falta de cumplimiento o suspender o cancelar su autorización para operar.

TÍTULO VIII
DE LAS ACTIVIDADES PROHIBIDAS

Artículo 52. Es contrario a la presente ley la manipulación de precios, entendiendo por tal aquella acción que se efectúa con el objeto de estabilizar, fijar o hacer variar artificialmente los precios de valores de oferta pública.

Quedarán exceptuadas de la prohibición contemplada en el inciso precedente aquellas actuaciones que, cumpliendo con los requisitos que establezca la Comisión para el Mercado Financiero mediante normas de carácter general, tengan por objeto fomentar la liquidez o profundidad del mercado.

Artículo 53. Es contrario a la presente ley efectuar cotizaciones o transacciones ficticias respecto de cualquier valor, ya sea que las transacciones se lleven a cabo en el mercado de valores o a través de negociaciones privadas.

Ninguna persona podrá efectuar transacciones o inducir o intentar inducir a la compra o venta de valores, regidos o no por esta ley, por medio de cualquier acto, práctica, mecanismo o artificio engañoso o fraudulento.

TÍTULO IX
DE LA INFORMACIÓN EN LA OBTENCIÓN DE CONTROL

Artículo 54. Toda persona que, directa o indirectamente, pretenda tomar el control de una sociedad anónima abierta, cualquiera sea la forma de adquisición de las acciones, comprendiéndose incluso la que pudiese realizarse por suscripciones directas o transacciones privadas, deberá previamente informar tal hecho al público en general.

Para los fines señalados en el inciso anterior, se enviará una comunicación escrita en tal sentido a la sociedad anónima que se pretende controlar, a las sociedades que sean controladoras y controladas por la sociedad cuyo control se pretende obtener, a la Comisión y a las bolsas en donde transen sus valores. Con igual objeto, se publicará un aviso destacado en 2 diarios de circulación nacional y en el sitio en Internet de las entidades que pretendan obtener el control, de disponer de tales medios. La comunicación y la publicación antes mencionadas deberán efectuarse, a lo menos, con diez días hábiles de anticipación a la fecha en que se pretenda perfeccionar los actos que permitan obtener el control de la sociedad anónima respectiva y, en todo caso, tan pronto se hayan formalizado negociaciones tendientes a lograr su control o tan pronto se haya entregado información o documentación reservada de esa sociedad.

El contenido de la comunicación y de la publicación señaladas en el inciso anterior será determinado por la Comisión, mediante instrucciones de general aplicación y contendrá al menos, el precio y demás condiciones esenciales de la negociación a efectuarse.

La infracción de este artículo no invalidará la operación, pero otorgará a los accionistas o a los terceros interesados el derecho de exigir indemnización por los perjuicios ocasionados, además de las sanciones administrativas que correspondan. Asimismo, las operaciones que permitan obtener el control que no cumplan con las normas de este Título, podrán ser consideradas, en su conjunto, como una operación irregular para los efectos de lo dispuesto en el artículo 29 del decreto ley Nº 3.538, de 1980.

Artículo 54 A. Dentro de los dos días hábiles siguientes a la fecha en que se perfeccionen los actos o contratos mediante los cuales se obtenga el control de una sociedad anónima abierta, deberá publicarse un aviso en el mismo diario en que se haya efectuado la publicación señalada en el artículo anterior, que dé cuenta de ello y enviarse una comunicación en tal sentido a las personas señaladas en el inciso segundo del artículo 54.

Artículo 54 B. Si se pretendiere obtener el control a través de una oferta regulada en el Título XXV de esta ley, serán aplicables exclusivamente las normas de dicho Título.

TÍTULO X
DE LA RESPONSABILIDAD

Artículo 55. La persona que infrinja las disposiciones contenidas en la presente ley, sus normas complementarias o las normas que imparta la Comisión ocasionando daño a otro, está obligada a la indemnización de los perjuicios. Lo anterior no obsta a las sanciones administrativas o penales que asimismo pudiere corresponderle.

Por las personas jurídicas responderán además, civil, administrativa y penalmente sus administradores o representantes legales a menos que constare su falta de participación o su oposición al hecho constitutivo de infracción.

Los directores, liquidadores, administradores, gerentes y auditores de emisores de valores de oferta pública que infrinjan las disposiciones legales, reglamentarias y estatutarias que rigen su organización institucional responderán solidariamente de los perjuicios que causaren.

Cuando dos o más oferentes de una misma oferta pública de adquisición de acciones infringieren el Título XXV de esta ley, responderán solidariamente de los perjuicios que causaren.

Artículo 56. Los directores, liquidadores o el gerente de una bolsa de valores que no ejerza sus deberes de fiscalización conforme a sus estatutos, reglamentos internos y demás normas que las rijan, sea respecto del mercado que opera en dicha bolsa o de las personas que en él intervienen quedarán afectos a las sanciones administrativas que aplique la Comisión, en conformidad a la ley.

Si de esta omisión, resultare daño a cualquier persona serán obligados a la indemnización de perjuicios respondiendo hasta de la culpa leve a menos que probaren haber actuado diligentemente.

Artículo 57. En virtud de la cancelación de la inscripción en el Registro de Valores, los tenedores de valores cuya inscripción hubiere sido cancelada tendrán derecho al cobro, en contra del emisor, de los perjuicios que la cancelación de la inscripción les hubiere ocasionado.

Igual derecho de indemnización gozarán en contra de los administradores, gerentes o intermediarios, salvo que constare que dichos administradores o gerentes se opusieron o demostraron su diligencia en evitar que tales hechos ocurrieran; y respecto de los intermediarios, el desconocimiento de los hechos que motivaron la cancelación.

TÍTULO XI
DE LAS SANCIONES

Artículo 58. La Comisión aplicará a los infractores de esta ley, de sus normas complementarias, de los estatutos y reglamentos internos que los rigen y de las resoluciones que dicte conforme a sus facultades, las sanciones y apremios establecidos en su ley orgánica y las administrativas que se establecen en la presente ley.

Con el fin de obtener los antecedentes e informaciones necesarias para el cumplimiento de sus labores de fiscalización y para clausurar las oficinas de los infractores en los casos que sea necesario, la Comisión podrá solicitar directamente el auxilio de la fuerza pública con facultades de allanamiento y descerrajamiento.

Cuando en el ejercicio de sus funciones, los funcionarios de la Comisión tomen conocimiento de hechos que pudieran ser constitutivos de los delitos señalados en los artículos 59 y 60 de esta ley, salvo en lo referente a la conducta ministerial de sus subalternos, el plazo de 24 horas a que se refiere el artículo 176 del Código Procesal Penal, solo se contará desde que la Comisión haya efectuado la investigación correspondiente que le permita confirmar la existencia de tales hechos y de sus circunstancias, todo sin perjuicio de las sanciones administrativas que pudiere aplicar por esas mismas situaciones.

Artículo 59. Con pena de presidio menor en su grado máximo a presidio mayor en su grado mínimo será sancionado:

a) El que actuando por cuenta de un emisor de valores de oferta pública proporcionare información falsa al mercado sobre la situación financiera, jurídica, patrimonial o de negocios del respectivo emisor.

b) El que a sabiendas otorgare una clasificación de riesgo que no corresponda al riesgo de los valores que clasifique.

c) El que, siendo socio de una empresa de auditoría externa, dictaminare falsamente o entregare antecedentes falsos sobre la situación financiera o patrimonial u otras materias sobre las cuales hubieren manifestado su opinión, certificación, dictamen o informe de una entidad sujeta a la fiscalización de la Comisión para el Mercado Financiero.

d) El director, gerente o apoderado de una bolsa de valores que diere certificación falsa sobre las operaciones que se realicen en ella y el corredor de bolsa o agente de valores que diere certificación falsa sobre las operaciones en que haya intervenido.

e) El que efectuare transacciones en valores con el objeto de mantener o alterar artificialmente en el mercado el precio de uno o varios valores.

f) El que efectuare cotizaciones o transacciones ficticias, divulgare información falsa o se valiere de cualquier otra conducta engañosa semejante de un modo apto para transmitir señales falsas al mercado en cuanto a la oferta, la demanda o el precio de uno o varios valores, o que de otro modo sean idóneas para incidir en las decisiones del público inversor.

g) El que, fuera de los casos previstos en las letras anteriores, proporcionare información falsa al mercado por cuenta de una persona sujeta a la fiscalización de la Comisión para el Mercado Financiero, en registros, prospectos, declaraciones o informes exigidos por ley o por la referida autoridad con carácter general, de un modo apto para incidir en las decisiones del público inversor u ocultar aspectos relevantes para conocer el patrimonio o la situación financiera o jurídica de la persona.

Artículo 60. El que realizare una operación usando información privilegiada, ya sea adquiriendo o cediendo, por cuenta propia o de otro, directa o indirectamente, los valores a los que esa información se refiere, o bien cancelando o modificando una orden relativa a esos valores, será sancionado:

1. Con pena de presidio menor en su grado máximo a presidio mayor en su grado mínimo, en caso de poseer la información privilegiada en alguna de las circunstancias señaladas en el artículo 166.

2. Con pena de presidio menor en sus grados medio a máximo en los demás casos.

Con las mismas penas será sancionado, respectivamente, el que revelare indebidamente información privilegiada.

El que poseyendo información privilegiada en alguna de las circunstancias señaladas en el artículo 166 recomendare a otro la realización de las operaciones a que se refiere el inciso primero, será sancionado con pena de presidio menor en sus grados medio a máximo.

Artículo 61. Con pena de presidio menor en sus grados medio a máximo será sancionado:

a) El que defraudare a otro adquiriendo acciones de una sociedad anónima abierta, sin efectuar una oferta pública de adquisición de acciones en los casos que ordena la ley.

b) El que indebidamente utilizare en beneficio propio o de otros valores entregados en custodia o su producto.

c) El que, conociendo o debiendo conocer el estado de insolvencia en que se encuentra un emisor de valores, acordare, decidiere o permitiere que éste haga oferta pública de valores, efectuare una oferta pública sobre esos valores o continuare intermediándolos, habiendo sido suspendida su transacción por la Comisión para el Mercado Financiero.

d) El que, fuera del caso previsto en el inciso segundo del artículo 60, revelare indebidamente a otro la información de un emisor que hubiere conocido en razón de su cargo o posición en una sociedad clasificadora o una empresa de auditoría externa.

Artículo 61 bis. DEROGADO

Artículo 62. Con pena de presidio menor en cualquier de sus grados será sancionado:

a) El que sin la correspondiente autorización o registro realizare oferta pública de valores o actuare como corredor de bolsa, agente de valores, empresa de auditoría externa o clasificadora de riesgos.

b) El que sin la correspondiente autorización o registro usare las denominaciones de corredor de bolsa, agentes de valores o clasificadora de riesgos, o el que de cualquier otro modo se atribuya la calidad de aquellas entidades.

c) El que eliminare, alterare, modificare, ocultare o destruyere registros, documentos, soportes tecnológicos o antecedentes de cualquier naturaleza, impidiendo o dificultando con ello las posibilidades de fiscalización de la Comisión para el Mercado Financiero.

d) El director, administrador, gerente o ejecutivo principal de un emisor de valores de oferta pública, de una bolsa de valores o de un intermediario de valores, que entregare antecedentes falsos o efectuare declaraciones falsas al directorio o a los órganos de la administración de la entidad a la que pertenece, o a quienes realicen la auditoría externa o clasificación de riesgo de esa entidad.

e) El que, prestando servicios en una sociedad clasificadora o empresa de auditoría externa, alterare, ocultare o destruyere información de un emisor clasificado o auditado.

f) El que fuera de los casos previstos en el artículo 59 proporcionare a la Comisión para el Mercado Financiero información falsa relativa a un emisor sujeto su fiscalización.

Artículo 63. No podrá hacerse oferta pública de valores por emisores que se encuentren en estado de insolvencia. Igualmente, deberá suspenderse la emisión de valores de oferta pública desde que el emisor cayera en estado de insolvencia. Para efectos de lo dispuesto en el presente inciso, se presumirá que un emisor ha caído en estado de insolvencia cuando se hubiere iniciado un proceso concursal de liquidación en virtud de lo dispuesto en el Capítulo IV de la ley N° 20.720, que sustituye el régimen concursal vigente por una ley de reorganización y liquidación de empresas y personas, y perfecciona el rol de la Superintendencia del ramo. En el caso de las empresas bancarias, se procederá de conformidad a lo dispuesto en decreto con fuerza de ley N° 3, del Ministerio de Hacienda, de 1997, que fija el texto refundido, sistematizado y concordado de la Ley General de Bancos y de otros cuerpos legales que se indican.

TÍTULO XII
DEL RECURSO DE ILEGALIDAD

Artículo 64. Derogado.

TÍTULO XIII
DISPOSICIONES GENERALES

Artículo 65. La publicidad, propaganda y difusión que por cualquier medio hagan emisores, intermediarios de valores, bolsas de valores, corporaciones de agentes de valores y cualquiera otras personas o entidades que participen en una emisión o colocación de valores, no podrá contener declaraciones, alusiones o representaciones que puedan inducir a error, equívocos o confusión al público sobre la naturaleza, precios, rentabilidad, rescates, liquidez, garantías o cualquiera otras características de los valores de oferta pública o de sus emisores.

Los prospectos y folletos informativos que se utilicen para la difusión y propaganda de una emisión de valores, deberán contener la totalidad de la información que la Comisión determine.

La información que se entregue tanto a los inversionistas como al público general, que contenga recomendaciones para adquirir, mantener o enajenar valores de oferta pública, o que implique la definición de precios objetivos, deberá cumplir con los requisitos que, mediante una norma de carácter general, establezca la Comisión para el Mercado Financiero, tanto en materia de difusión de conflictos de intereses como en lo relativo a los conocimientos y experiencia profesional de los responsables de dicha información.

La Comisión estará facultada para dictar las normas de aplicación general que sean conducentes a asegurar el cumplimiento de lo dispuesto en los incisos precedentes, y podrá, en caso de contravención a lo establecido en este artículo o en las normas generales que al respecto hubiere dictado, ordenar al infractor o al director responsable del medio de difusión que modifique o suspenda la publicidad sin perjuicio de las demás sanciones que procedan.

Artículo 66. Las comisiones que puedan cobrarse por colocación o intermediación de valores serán libres.

Artículo 67. En caso de que un emisor de valores tenga la calidad de deudor en un procedimiento concursal de liquidación, los créditos de los terceros acreedores de la sociedad, cualquiera sea la clase a que pertenezcan, prevalecerán sobre los que posean los socios de la entidad emisora en contra de ésta proveniente de una disminución de capital que hubieren acordado y será aplicable lo dispuesto en el artículo 287 de la Ley de Reorganización y Liquidación de Activos de Empresas y Personas respecto de los pagos ya efectuados a éstos.

Artículo 68. La Comisión llevará un registro público de presidentes, directores, gerentes, ejecutivos principales, administradores y liquidadores de las entidades sujetas a su vigilancia. Para este efecto, será responsabilidad del directorio de dichas entidades entregar a la Comisión el listado de personas que integrarán el registro público y dar aviso de cualquier modificación que le afecte dentro del plazo de tercero día hábil de ocurrido el hecho. Las designaciones que consten de dicho registro se considerarán vigentes para todos los efectos judiciales y extrajudiciales concernientes a simples accionistas o terceros de buena fe.

Se entenderá por ejecutivo principal a cualquier persona natural que tenga la capacidad de determinar los objetivos, planificar, dirigir o controlar la conducción superior de los negocios o la política estratégica de la entidad, ya sea por sí solo o junto con otros. En el desempeño de las actividades precedentemente señaladas no se atenderá a la calidad, forma o modalidad laboral o contractual bajo la cual el ejecutivo principal esté relacionado a la entidad, ni al título o denominación de su cargo o trabajo, independientemente de la denominación que se les otorgue.

Artículo 69. La Comisión fiscalizará el cumplimiento de las disposiciones de la presente ley, respecto de los bancos y sociedades financieras.

La Comisión impartirá a sus entidades fiscalizadas las instrucciones para la aplicación de las normas que rijan las actividades a que se refiere esta ley, y fiscalizará su cumplimiento.

No será necesario registrar en la Comisión los valores emitidos por bancos o sociedades financieras que operen en el país a menos que se trate de sus propias acciones de bonos en su caso o de otros títulos que la Comisión especialmente determine.

Artículo 70. 1. Deróganse los textos legales y reglamentarios que a continuación se indican:

a) Título IV del decreto con fuerza de ley Nº 251, de 1931, artículos 140 al 153, ambos inclusive.

b) Ley Nº 16.394 publicada en el Diario Oficial de 18 de Diciembre de 1965.

c) Reglamento de la ley Nº 16.394, contenido en el decreto supremo Nº 783, de 15 de Marzo de 1966, del Ministerio de Hacienda.

d) Decreto ley Nº 1.064, publicado en el Diario Oficial de 14 de Junio de 1975.

e) Reglamento del decreto ley Nº 1.064, contenido en el decreto supremo Nº 956, de 5 de agosto de 1975.

f) El artículo 6º del decreto ley Nº 1.638, de 1976.

2. Introdúcense las siguientes modificaciones a los textos legales que a continuación se indican:

a) En el artículo 11 del decreto ley Nº 280, de 1974, elimínase la coma (,) que sigue a la palabra "moneda" y la frase que expresa "de los valores o efectos públicos negociados en las Bolsas de Comercio" y reemplázase las expresiones "o del" que anteceden a la palabra "régimen" por las expresiones "o el".

b) En el número 11 bis del artículo 83 de la Ley General de Bancos, contenida en el decreto con fuerza de ley Nº 252, de 1960, y modificado por el decreto ley Nº 3.345, de 1980, elimínase la frase "cobrando las comisiones que determine la Superintendencia de Bancos e Instituciones Financieras", sustituyéndose la coma (,) que la antecede por un punto (.) seguido.

c) En el artículo 9º, letra d) del decreto ley Nº 1.078, elimínase la expresión "y dictar normas" que está a continuación de la frase "determinar la política".

TÍTULO XIV
DE LA CLASIFICACIÓN DE RIESGO

Artículo 71. La Comisión llevará un Registro de Entidades Clasificadoras de Riesgo, en adelante el Registro para los efectos de este Título, y para inscribirse en él dichas entidades deberán cumplir con los requisitos que señala esta ley y las normas de carácter general que al respecto dicte la Comisión.

Las entidades clasificadoras de riesgo tendrán como exclusivo objeto clasificar los valores de oferta pública, pudiendo realizar, además, las actividades complementarias que autorice la Comisión, debiendo incluir en su nombre la expresión "Clasificadora de Riesgo".

Se reserva el uso de las expresiones "Clasificadora de Riesgo" u otras semejantes que impliquen la facultad de clasificar riesgo de valores de oferta pública, para las entidades que de conformidad a la presente ley puedan desempeñarse como tales. Lo anterior es sin perjuicio de lo dispuesto en el decreto ley Nº 3.500, de 1980.

Artículo 72. Las entidades clasificadoras de riesgo que se inscriban en el Registro, deberán ser sociedades de personas. Sus socios principales, y las personas a quienes la sociedad les encomiende la dirección de una clasificación de riesgo determinada, deberán reunir los requisitos y estar sujetos a las obligaciones que se exigen en esta ley y en la norma de carácter general que se dicte para ser inscrito en el Registro.

En las sociedades clasificadoras de riesgo el capital deberá pertenecer a lo menos en un 60% a los socios principales. Se entenderá por socios principales para los efectos de este Título, aquellas personas naturales, jurídicas, siempre que sean del mismo giro, o filiales de estas últimas, que individualmente sean dueñas de, a lo menos, el 5% de los derechos sociales. La Comisión determinará si la persona jurídica cumple con el requisito antes mencionado.

Las entidades clasificadoras deberán comprobar ante la Comisión y mantener permanentemente, un patrimonio igual o superior al equivalente a 5.000 unidades de fomento.

Si el capital y reservas de la clasificadora se redujere de hecho a una cantidad inferior al mínimo, ésta estará obligada a completarlo dentro del plazo de 30 días. El incumplimiento a esta obligación constituirá causal suficiente para que la Comisión proceda a cancelar la inscripción de dicha clasificadora en el Registro de Entidades Clasificadoras de Riesgo.

Artículo 73. Las sociedades clasificadoras de riesgo, al solicitar su inscripción en el Registro, deberán acompañar copia del Reglamento Interno que establece el proceso de asignación de categorías de clasificación.

Artículo 74. La certificación de las categorías asignadas deberá ser otorgada por un socio principal o por el representante de éste, facultado para ello.

Artículo 75. El poder otorgado para certificar la categoría de riesgo asignada, deberá ser acompañado al Registro.

Artículo 76. Los emisores de valores de oferta pública que emitan títulos representativos de deuda, deberán contratar, a su costo, la clasificación continua e ininterrumpida de dichos valores con a lo menos dos clasificadoras de riesgo diferentes e independientes entre sí. Los emisores de valores de oferta pública que emitan acciones o cuotas de fondos de inversión podrán someter voluntariamente a clasificación tales valores.

Sin perjuicio de lo señalado en el inciso anterior, tratándose de los títulos de deuda emitidos de conformidad a lo dispuesto en el Título XVII, bastará la contratación de una clasificación continua e ininterrumpida de riesgo, respecto de tales valores.

Las entidades que proporcionen el servicio de clasificación deberán actualizar y hacer públicas sus clasificaciones en la forma y con la periodicidad que determine la Comisión.

Artículo 77. La Comisión podrá designar un clasificador de riesgo en un emisor de valores determinado a fin de que efectúe una clasificación de sus valores en forma adicional. La remuneración que corresponda por esta función será de cargo del emisor y gozará del privilegio establecido en el número 4 del artículo 2.472 del Código Civil.

Los emisores cuyos títulos sean clasificados en conformidad a lo establecido en el inciso anterior, podrán sustituir una clasificación de aquellas a que se encuentran obligados.

Artículo 78. Las sociedades clasificadoras de riesgo podrán hacer públicas las clasificaciones que efectúen en forma voluntaria o a solicitud de terceros, en la medida que se sujeten a las normas de este Título.

Artículo 79. No podrán inscribirse en el Registro, ni podrá encomendárseles la dirección de una clasificación de riesgo determinada, ni ser administradores o socios en forma directa ni controlar a través de otras personas cualquier porcentaje de una sociedad clasificadora de riesgo:

a) Las personas afectas a las inhabilidades y prohibiciones establecidas en los artículos 35 y 36 de la Ley N° 18.046. La inhabilidad que afecta al fallido cesa desde que es rehabilitado.

b) Los que hayan sido sancionados por la Comisión para el Mercado Financiero de conformidad al número 3 del artículo 27 o al número 3 del artículo 28 del decreto ley N° 3.538, de 1980, o al número 5 del artículo 44 del decreto con fuerza de ley N° 251, del año 1931; o a las letras b), c) o e) del artículo 36 o el artículo 85 de esta ley, o quienes hayan sido sancionados con similares sanciones administrativas, por infracciones al decreto con fuerza de ley Nº 3, del Ministerio de Hacienda, de 1997, que fija el texto refundido, sistematizado y concordado de la Ley General de Bancos y de otros cuerpos legales que se indican, o por la Superintendencia de Pensiones.

c) Los que a la época de ocurrir los hechos que motivaron la aplicación de algunas de las sanciones establecidas en la letra precedente, durante los últimos diez años, eran administradores o personas que directamente o a través de otras personas naturales o jurídicas poseían el 10% o más del capital de las personas jurídicas a las cuales les hubieren aplicado las sanciones que en la letra anterior se indican.

d) Los funcionarios y empleados del Banco Central de Chile, de la Comisión y de la Superintendencia de Pensiones.

e) Los bancos e instituciones financieras, las bolsas de valores, los intermediarios de valores y todas aquellas personas o instituciones que por ley tengan un objeto exclusivo, así como sus administradores y las personas que directamente o a través de otras personas naturales o jurídicas posean el 5% o más del capital de cualquiera de esta entidades.

Para los efectos de este artículo se entenderá por administradores a los directores, al gerente general y en su caso, a las personas que tengan poder de decisión y facultades generales de administración.

Artículo 80. Las personas que incurran o se encuentren en una o más de las causales o circunstancias señaladas en el artículo anterior, quedarán inhabilitadas para participar en el proceso de clasificación de valores de oferta pública. Las sociedades clasificadoras no podrán participar en dichos procesos mientras cuenten con personas afectas a dichas causales entre sus socios o administradores.

Artículo 81. Cuando la sociedad clasificadora o alguno de sus socios principales sea considerado persona con interés en un emisor determinado, no podrá clasificar los valores de este último. Asimismo, no podrá encomendársele la dirección de una clasificación a personas consideradas con interés en el emisor de esos valores.

Artículo 82. Se entenderá que son personas con interés en un emisor determinado:

a) Las relacionadas al emisor, conforme se define en esta ley y en las normas que la complementan.

b) Quienes sean trabajadores o presten servicios o tengan algún vínculo de subordinación o dependencia con el emisor, sus coligantes o las entidades del grupo empresarial del que forma parte.

c) Las personas naturales que posean valores emitidos por el emisor, su matriz o coligantes, en forma directa o a través de otras personas, por montos superiores a 2.000 U.F. para el caso de títulos de deuda o de 500 U.F. para el caso de acciones. También aquellas personas que por los montos mencionados tengan promesas u opciones de compra o venta sobre dichos valores o los hayan recibido como garantía. Se considerará para los efectos de esta letra, los valores que tenga o posea el cónyuge y también las promesas, opciones y los que haya recibido éste en garantía.

d) Las personas jurídicas que posean valores emitidos por el emisor, su matriz o coligante, en forma directa o a través de otras personas, por montos superiores al 5% de su activo circulante o 15.000 U.F., en el caso de título de deuda, o superiores al 2% de su activo circulante o 3.000 U.F., en el caso de acciones. También aquellas personas que tengan compromisos u opciones de compra o venta sobre dichos valores o los hayan recibido como garantía, en los montos ya mencionados. Sin perjuicio de lo anterior, no se considerará persona jurídica con interés en cuanto posea inversiones, compromisos, opciones o hubiere recibido garantías por montos inferiores a los establecidos en la letra anterior.

e) Quienes tengan o hayan tenido durante los últimos 6 meses, directamente o a través de otras personas, una relación profesional o de negocios importante con la entidad, sus coligantes o con las entidades del grupo empresarial del que forma parte, distinta de la clasificación misma.

f) Los intermediarios de valores con contrato vigente de colocación de títulos del emisor, sus personas relacionadas y sus empleados.

g) Los cónyuges y parientes hasta el primer grado por consanguinidad y primero por afinidad de los empleados del emisor.

h) Las personas que determine la Comisión por norma de carácter general en consideración a los vínculos que éstas tengan con el emisor y que pudieran comprometer en forma significativa su capacidad para expresar una opinión independiente sobre el riesgo de la entidad emisora, de sus valores o sobre la información financiera de ésta.

Artículo 82 bis. Los ingresos obtenidos por el servicio de clasificación de valores de oferta pública que se realice en forma obligatoria o voluntaria, provenientes de un mismo emisor o grupo empresarial no podrán exceder del 15% de los ingresos totales en un año, por concepto de clasificación, a contar del inicio del tercer año de registrada la sociedad clasificadora.

Artículo 83. La revisión de la documentación social por los clasificadores de riesgo designados por el emisor o por la Comisión, podrá realizarse en oficinas del emisor del documento de oferta pública en cualquier tiempo, pero de manera de no afectar la gestión social, sin que pueda limitarse o condicionarse este derecho.

Artículo 84. Las entidades clasificadoras deberán revisar en forma continua las clasificaciones que efectúen, de acuerdo con la información que el emisor les proporcione en forma voluntaria o que se encuentre a disposición del público.

No obstante lo anterior, la entidad clasificadora que hubiere sido contratada por el emisor, podrá requerirle a éste, la información que no estando a disposición del público sea estrictamente necesaria para realizar un correcto análisis. Esta información, a solicitud del emisor, se mantendrá como reservada.

Artículo 85. A los socios, administradores, y en general a cualquier persona que en razón de su cargo o posición tenga acceso a información reservada de las sociedades clasificadas, se les prohíbe valerse de dicha información para obtener para sí o para otros, ventajas económicas de cualquier tipo.

Las personas mencionadas que hayan actuado en contravención a lo establecido en este artículo, deberán devolver a la caja social del emisor toda utilidad que hubieren obtenido, valiéndose de la información reservada. Asimismo, toda persona que se sintiere perjudicada por infracción a lo dispuesto precedentemente tendrá derecho a demandar indemnización de perjuicios en contra de las personas indicadas en el inciso primero. Lo anterior es sin perjuicio de lo dispuesto en el artículo 60 y en la letra d) del artículo 61.

Artículo 86. Las entidades clasificadoras de riesgo quedarán sometidas a la fiscalización de la Comisión con todas las atribuciones y facultades que a ésta le confieren las leyes, la que, además, podrá requerir información o antecedentes relacionados con el cumplimiento de sus funciones.

Artículo 87. La Comisión aceptará, suspenderá o cancelará las inscripciones de entidades clasificadoras de riesgo habida consideración a la idoneidad y cumplimiento de sus labores. En los casos de suspensión o cancelación de inscripciones, la Comisión dictará una resolución fundada previa audiencia del afectado.

Artículo 88. Los títulos representativos de deuda se clasificarán en consideración a la solvencia del emisor, a la probabilidad de no pago del capital e intereses, a las características del instrumento y a la información disponible para su clasificación, en categorías que serán denominadas con las letras AAA, AA, A, BBB, BB, B, C, D, y E, si se tratare de títulos de deuda de largo plazo, y con las letras N-1, N-2, N-3, N-4 y N-5, si se tratare de títulos de deuda de corto plazo.

Las categorías de clasificación de títulos de deuda de largo plazo serán las siguientes:

- Categoría AAA: Corresponde a aquellos instrumentos que cuentan con la más alta capacidad de pago del capital e intereses en los términos y plazos pactados, la cual no se verá afectada en forma significativa ante posibles cambios en el emisor, en la industria a que pertenece o en la economía.
- Categoría AA: Corresponde a aquellos instrumentos que cuentan con una muy alta capacidad de pago del capital e intereses en los términos y plazos pactados, la cual no se vería afectada en forma significativa ante posibles cambios en el emisor, en la industria a que pertenece o en la economía.
- Categoría A: Corresponde a aquellos instrumentos que cuentan con una buena capacidad de pago del capital e intereses en los términos y plazos pactados, pero ésta es susceptible de deteriorarse levemente ante posibles cambios en el emisor, en la industria a que pertenece o en la economía.
- Categoría BBB: Corresponde a aquellos instrumentos que cuentan con capacidad para el pago del capital e intereses en los términos y plazos pactados, pero ésta es susceptible de debilitarse ante posibles cambios en el emisor, en la industria a que pertenece o en la economía.
- Categoría BB: Corresponde a aquellos instrumentos que cuentan con capacidad para el pago del capital e intereses en los términos y plazos pactados,

pero ésta es variable y susceptible d deteriorarse ante posibles cambios en el emisor, en la industria a que pertenece o en la economía, pudiendo incurrirse en retraso en el pago de intereses y del capital.

- Categoría B: Corresponde a aquellos instrumentos que cuentan con el mínimo de capacidad de pago del capital e intereses en los términos y plazos pactados, pero ésta es muy variable y susceptible de deteriorarse ante posibles cambios en el emisor, en la industria a que pertenece o en la economía, pudiendo incurrirse en pérdida de intereses y capital.

- Categoría C: Corresponde a aquellos instrumentos que cuentan con una capacidad de pago suficiente para el pago del capital e intereses en los términos y plazos pactados, existiendo alto riesgo de pérdida de capital e intereses.

- Categoría D: Corresponde a aquellos instrumentos que no cuentan con una capacidad para el pago del capital e intereses en los términos y plazos pactados, y que presentan incumplimiento efectivo de pago de intereses o capital, o requerimiento de quiebra en curso.

- Categoría E: Corresponde a aquellos instrumentos cuyo emisor no posee información suficiente o no tiene información representativa para el período mínimo exigido para la clasificación, y además no existen garantías suficientes.

Las categorías de clasificación de títulos de deuda de corto plazo serán las siguientes:

- Nivel 1 (N-1): Corresponde a aquellos instrumentos que cuentan con la más alta capacidad de pago del capital e intereses en los términos y plazos pactados, la cual no se vería afectada en forma significativa ante posibles cambios en el emisor, en la industria a que pertenece o en la economía.

- Nivel 2 (N-2): Corresponde a aquellos instrumentos que cuentan con una buena capacidad de pago del capital e intereses en los términos y plazos pactados, pero ésta es susceptible de deteriorarse levemente ante posibles cambios en el emisor, en la industria a que pertenece o en la economía.

- Nivel 3 (N-3): Corresponde a aquellos instrumentos que cuentan con suficiente capacidad de pago del capital e intereses en los términos y plazos pactados, pero ésta es susceptible de debilitarse ante posibles cambios en el emisor, en la industria a que pertenece o en la economía.

- Nivel 4 (N-4): Corresponde a aquellos instrumentos cuya capacidad de pago del capital e intereses en los términos y plazos pactados no reúne los requisitos para clasificar en los niveles N-2, N-2, N-3.

– Nivel 5 (N-5): Corresponde a aquellos instrumentos cuyo emisor no posee información representativa para el período mínimo exigido para la clasificación, y además no existen garantías suficientes.

Cada vez que en esta ley u otras leyes se haga referencia a clasificación de títulos de deuda o de obligaciones, utilizando las categorías A, B, C, D o E, se entenderá que ellas corresponden, respectivamente, a lo siguiente:

A: corresponde a categorías AAA, AA y N-1;

B: corresponde a categorías A y N-2;

C: corresponde a categorías BBB y N-3;

D: corresponde a categorías BB, B, C, D y N-4, y

E: corresponde a categorías E y N-5

Aquellas entidades clasificadoras de riesgo que, de acuerdo a lo dispuesto en el inciso segundo del artículo 72, cuenten con la participación de una clasificadora de riesgo internacional de reconocido prestigio, podrán utilizar las denominaciones de categorías de riesgo de títulos de deuda de estas últimas. En este caso, las entidades clasificadoras deberán informar a la Comisión, en forma previa a su aplicación, las equivalencias entre sus categorías de clasificación y las categorías definidas en los incisos segundo y tercero de este artículo.

Artículo 89. Las entidades clasificadoras de riesgo podrán agregar el prefijo o sufijo "cl" al nombre de las categorías de clasificación, para identificar las clasificaciones nacionales.

Artículo 90. Las sociedades que voluntariamente se encuentren clasificando sus títulos, sólo podrán suspender dichos procesos, una vez transcurrido seis meses contados desde que se informe por el emisor tal intención a la Comisión y al público en general, por medio de un aviso destacado que se publicará en el diario donde se efectúan las publicaciones de la sociedad.

Artículo 91. Los títulos accionarios se clasificarán en acciones de primera clase, de segunda clase o sin información suficiente, en atención a la solvencia del emisor, a las características de las acciones, a la información del emisor y sus valores y a otros factores que determinen los procedimientos de clasificación.

Asimismo, las cuotas de fondos de inversión se clasificarán en cuotas de primera clase, de segunda clase o sin información suficiente, en atención a la política de inversión del fondo, la pérdida esperada por no pago de los créditos en que invierta, la calificación técnica de la sociedad administradora y a otros factores que determinen los procedimientos de clasificación.

Sin que se pueda alterar los criterios que se establezcan en conformidad a lo dispuesto en el inciso anterior, la Comisión, a solicitud de una entidad clasificadora, podrá autorizar la utilización de subcategorías de clasificación, las que, en todo caso, deberán quedar previamente inscritas en la Comisión.

Artículo 91 bis. Derogado.

Artículo 92. La Comisión, en los casos del artículo 94, previa consulta entre ella y la Superintendencia de Pensiones, determinará los procedimientos de clasificación, mediante la dictación de una norma de carácter general. Las entidades clasificadoras deberán ajustar sus procedimientos específicos de clasificación a dichos procedimientos generales, así como a las instrucciones que imparta la Comisión para homogeneizarlos.

Los procedimientos, métodos o criterios de clasificación y sus modificaciones serán acordados, antes de su aplicación, por la respectiva entidad clasificadora e informados a la Superintendencia respectiva, mediante la individualización del documento en que ellos consten, al día siguiente hábil en que se acuerden.

Artículo 93. Las personas y entidades que participen en las clasificaciones de riesgo deberán emplear en el ejercicio de sus funciones el cuidado y diligencia que los hombres emplean ordinariamente en sus propios negocios y responderán solidariamente de los perjuicios causados a terceros por sus actuaciones dolosas o culpables.

Artículo 94. Los valores de oferta pública emitidos por los bancos y sociedades financieras quedarán sometidos a la clasificación de riesgo que dispone esta ley en conformidad a los procedimientos que ella establece. La efectuarán los evaluadores privados a que se refieren los artículos 20 de la Ley General de Bancos y 13 bis del Decreto Ley N° 1.097, de 1975, con sujeción a dichas disposiciones y a las normas generales que imparta la Comisión.

La Comisión fiscalizará a los clasificadores de riesgo y ejercerá las facultades y atribuciones contenidas en las normas mencionadas en el inciso anterior en lo que se refiere a las clasificaciones que se efectúen respecto de los valores emitidos por bancos y sociedades financieras.

En ningún caso les serán aplicables a las clasificaciones de los valores emitidos por bancos y sociedades financieras los artículos 82, letras c) y d), y 84.

Artículo 95. Para los efectos de este Título, una misma sociedad, cumpliendo los requisitos pertinentes, podrá inscribirse en los registros que lleve la Comisión, tanto para efectos del decreto con fuerza de ley Nº 3, del Ministerio de Hacienda, de 1997, que fija el texto refundido, sistematizado y concordado de la Ley General de Bancos y de otros cuerpos legales que se indican, como para los demás que correspondan conforme a otras leyes.

TÍTULO XV
DE LOS GRUPOS EMPRESARIALES, DE LOS CONTROLADORES Y DE LAS PERSONAS RELACIONADAS

Artículo 96. Grupo empresarial es el conjunto de entidades que presentan vínculos de tal naturaleza en su propiedad, administración o responsabilidad crediticia, que hacen presumir que la actuación económica y financiera de sus integrantes está guiada por los intereses comunes del grupo o subordinada a éstos, o que existen riesgos financieros comunes en los créditos que se les otorgan o en la adquisición de valores que emiten.

Forman parte de un mismo grupo empresarial:

a) Una sociedad y su controlador;

b) Todas las sociedades que tienen un controlador común, y este último, y

c) Toda entidad que determine la Comisión considerando la concurrencia de una o más de las siguientes circunstancias:

1. Que un porcentaje significativo del activo de la sociedad está comprometido en el grupo empresarial, ya sea en la forma de inversión en valores, derechos en sociedades, acreencias o garantías;

2. Que la sociedad tiene un significativo nivel de endeudamiento y que el grupo empresarial tiene importante participación como acreedor o garante de dicha deuda;

3. Que la sociedad sea miembro de un controlador de algunas de las entidades mencionadas en las letras a) o b), cuando este controlador corresponda a un grupo de personas y existan razones fundadas en lo dispuesto en el inciso primero para incluirla en el grupo empresarial, y

4. Que la sociedad sea controlada por uno o más miembros del controlador de alguna de las entidades del grupo empresarial, si dicho controlador está compuesto por más de una persona, y existan razones fundadas en lo dispuesto en el inciso primero para incluirla en el grupo empresarial.

Artículo 97. Es controlador de una sociedad toda persona o grupo de personas con acuerdo de actuación conjunta que, directamente o a través de otras personas naturales o jurídicas, participa en su propiedad y tiene poder para realizar alguna de las siguientes actuaciones:

a) Asegurar la mayoría de votos en las juntas de accionistas y elegir a la mayoría de los directores tratándose de sociedades anónimas, o asegurar la mayoría de votos en las asambleas o reuniones de sus miembros y designar al administrador o representante legal o a la mayoría de ellos, en otro tipo de sociedades, o

b) Influir decisivamente en la administración de la sociedad.

Cuando un grupo de personas tiene acuerdo de actuación conjunta para ejercer alguno de los poderes señalados en las letras anteriores, cada una de ellas se denominará miembro del controlador.

En las sociedades en comandita por acciones se entenderá que es controlador el socio gestor.

Artículo 98. Acuerdo de actuación conjunta es la convención entre dos o más personas que participan simultáneamente en la propiedad de una sociedad, directamente o a través de otras personas naturales o jurídicas controladas, mediante la cual se comprometen a participar con idéntico interés en la gestión de la sociedad u obtener el control de la misma.

Se presumirá que existe tal acuerdo entre las siguientes personas: entre representantes y representados, entre una persona y su cónyuge o sus parientes hasta el segundo grado de consanguinidad o afinidad, entre entidades pertenecientes a un mismo grupo empresarial, y entre una sociedad y su controlador o cada uno de sus miembros.

La Comisión podrá calificar si entre dos o más personas existe acuerdo de actuación conjunta considerando entre otras circunstancias, el número de empresas en cuya propiedad participan simultáneamente, la frecuencia de votación coincidente en la elección de directores o designación de administradores y en los acuerdos de las juntas extraordinarias de accionistas.

Si en una sociedad hubiere como socios o accionistas, personas jurídicas extranjeras de cuya propiedad no haya información suficiente, se presumirá que tienen acuerdo de actuación conjunta con el otro socio o accionista, o grupo de ellos con acuerdo de actuación conjunta, que tenga la mayor participación en la propiedad de la sociedad.

Artículo 99. Se entenderá que influye decisivamente en la administración o en la gestión de una sociedad toda persona, o grupo de personas con acuerdo de actuación conjunta, que, directamente o a través de otras personas naturales o jurídicas, controla al menos un 25% del capital con derecho a voto de la sociedad, o del capital de ella si no se tratare de una sociedad por acciones, con las siguientes excepciones:

a) Que exista otra persona, u otro grupo de personas con acuerdo de actuación conjunta, que controle, directamente o a través de otras personas naturales o jurídicas, un porcentaje igual o mayor;

b) Que no controle directamente o a través de otras personas naturales o jurídicas más del 40% del capital con derecho a voto de la sociedad, o del capital de ella si no se tratare de una sociedad por acciones, y que simultáneamente el porcentaje controlado sea inferior a la suma de las participaciones de los demás socios o accionistas con más de un 5% de dicho capital. Para determinar el porcentaje en que participen dichos socios o accionistas, se deberá sumar el que posean por sí solos con el de aquéllos con quienes tengan acuerdo de actuación conjunta;

c) Cuando así lo determine la Comisión en consideración de la distribución y dispersión de la propiedad de la sociedad.

Artículo 100. Son relacionadas con una sociedad las siguientes personas:

a) Las entidades del grupo empresarial al que pertenece la sociedad;

b) Las personas jurídicas que tengan, respecto de la sociedad, la calidad de matriz, coligante, filial o coligada, en conformidad a las definiciones contenidas en la ley N° 18.046;

c) Quienes sean directores, gerentes, administradores, ejecutivos principales o liquidadores de la sociedad, y sus cónyuges o sus parientes hasta el segundo grado de consanguinidad, así como toda entidad controlada, directamente o a través de otras personas, por cualquiera de ellos, y

d) Toda persona que, por sí sola o con otras con que tenga acuerdo de actuación conjunta, pueda designar al menos un miembro de la administración de la sociedad o controle un 10% o más del capital o del capital con derecho a voto si se tratare de una sociedad por acciones.

La Comisión podrá establecer mediante norma de carácter general, que es relacionada a una sociedad toda persona natural o jurídica que por relaciones patrimoniales, de administración, de parentesco, de responsabilidad o de subordinación, haga presumir que:

1. Por sí sola, o con otras con quienes tenga acuerdo de actuación conjunta, tiene poder de voto suficiente para influir en la gestión de la sociedad;

2. Sus negocios con la sociedad originan conflictos de interés;

3. Su gestión es influenciada por la sociedad, si se trata de una persona jurídica, o

4. Si por su cargo o posición está en situación de disponer de información de la sociedad y de sus negocios, que no haya sido divulgada públicamente al mercado, y que sea capaz de influir en la cotización de los valores de la sociedad.

No se considerará relacionada a la sociedad una persona por el sólo hecho de participar hasta en un 5% del capital o 5% del capital con derecho a voto si se tratare de una sociedad por acciones, o si sólo es empleado no directivo de esa sociedad.

Artículo 101. Las entidades fiscalizadas por la Comisión proporcionarán a ésta y al público información acerca de las operaciones con sus personas relacionadas.

La Comisión determinará la forma, contenido y periodicidad de la información requerida en el inciso precedente.

Artículo 102. Para los fines del presente Título, la Comisión impartirá las instrucciones necesarias y tendrá amplias facultades para requerir la información conducente a determinar los vínculos señalados en los artículos anteriores, y la necesaria para establecer si una entidad pertenece o no a un grupo empresarial. A su vez, podrá solicitar mayores antecedentes de todas aquellas entidades cuya información sea necesaria para determinar la situación financiera de las sociedades bajo su fiscalización.

Toda entidad perteneciente al mismo grupo empresarial de una sociedad fiscalizada por la Comisión que efectúe operaciones comerciales significativas con ella, deberá informar a dicha sociedad que ambas tienen un controlador común.

Asimismo, para el sólo efecto del cumplimiento de lo dispuesto en los artículos 101 de esta ley, y 89 de la ley Nº 18.046, las entidades fiscalizadas por la Comisión podrán requerir de sus accionistas o socios que identifiquen si corresponden a personas relacionadas y qué tipo de relación tienen, y ellos estarán obligados a proporcionar dicha información.

TÍTULO XVI
DE LA EMISIÓN DE TÍTULOS DE DEUDA A LARGO PLAZO.

Artículo 103. La oferta pública de valores representativos de deuda cuyo plazo sea superior a un año, sólo podrá efectuarse mediante bonos y con sujeción a las disposiciones generales establecidas en la presente ley y a las especiales que se consignan en los artículos siguientes.

Sin embargo, los bancos y las sociedades financieras que operen en el país no quedarán sujetos a esta limitación y, si estuvieran autorizados para emitir bonos en conformidad a las normas que los rijan, los requisitos que este título establece se cumplirán ante la Comisión.

Artículo 104. Al requerirse la inscripción de una emisión de bonos, el emisor deberá acompañar a la Comisión ejemplares de la escritura pública que hubiera otorgado con el representante de los futuros tenedores de bonos, el que será designado por el emisor en el mismo instrumento, sin perjuicio de que pueda ser sustituido en cualquier tiempo por la junta general de tenedores de bonos. La escritura contendrá todas las características y modalidades de la emisión, la designación de un administrador extraordinario de los fondos a recaudarse y de un encargado de la custodia, en su caso, y la determinación de los derechos y obligaciones del emisor, del administrador extraordinario, del encargado de la custodia, de los tenedores de bonos y de su representante.

La Comisión, mediante la dictación de normas de carácter general, establecerá las menciones obligatorias que deberá contener la escritura pública, las cuales deberán referirse, a lo menos, salvo las excepciones que este organismo determine, a normas relativas a:

a) Informaciones jurídicas y económicas respecto del emisor, del administrador extraordinario y del encargado de la custodia, en su caso, y del representante de los tenedores de bonos y la determinación de sus respectivas remuneraciones;

b) Los límites de la relación de endeudamiento en que podrá incurrir el emisor y la finalidad del empréstito y el uso que éste dará a los recursos que por él obtenga.

Además, conforme se consigna en el artículo 112 de este título, se establecerá la política de inversión a que deberá ajustarse el administrador extraordinario respecto del dinero y valores que administre y los requisitos y condiciones de acuerdo a los cuales deberá ponerlos a disposición de la gestión ordinaria del emisor;

c) Descripción de la emisión, incluyendo especialmente el monto de la misma, series, números, cupones y características de los títulos, plazos de colocación, intereses y reajustes a pagarse en su caso; forma y épocas de amortización, de sorteos y de rescates; fecha y modalidades de los pagos y garantías que los caucionen en caso que las hubieran;

d) Procedimientos de rescates anticipados, los que sólo podrán efectuarse mediante sorteos u otros procedimientos que aseguren un tratamiento equitativo para todos los tenedores de bonos;

e) Obligaciones, limitaciones y prohibiciones adicionales a las legales, a que se sujetará el emisor mientras esté vigente la emisión, en defensa de los intereses de los tenedores de bonos, particularmente en lo relativo al establecimiento de los resguardos en su favor a que se refiere el artículo 111 del presente título; a las mayores informaciones a proporcionarles en dicho período; a la mantención, sustitución o renovación de activos o garantías; al establecimiento de facultades complementarias de fiscalización otorgadas a estos acreedores y a su representante y de mayores medidas de protección al tratamiento igualitario a los tenedores de bonos;

f) La individualización de los peritos calificados que el administrador extraordinario deberá consultar, cuando así proceda;

g) Procedimiento de elección, reemplazo y remoción, derechos, deberes y responsabilidades del representante de los tenedores de bonos y normas relativas al funcionamiento de las juntas a celebrarse por estos acreedores, y

h) La naturaleza del arbitraje a que deberán ser sometidas las diferencias que se produzcan con ocasión de la emisión, de su vigencia o de su extinción, según se expresa en el artículo siguiente. Si en la escritura nada se dijera, se entenderá que estas diferencias deberán ser conocidas por uno o más árbitros arbitradores.

No obstante lo dispuesto en el inciso precedente, al producirse un conflicto el demandante siempre podrá sustraer su conocimiento de la competencia de árbitros y someterlo a la decisión de la justicia ordinaria.

Los otorgantes de la escritura de emisión podrán acordar las demás estipulaciones que no sean contrarias a las disposiciones de esta ley o de sus normas complementarias.

La emisión de los instrumentos que regula el presente Título, podrá ser efectuada mediante títulos de deuda de montos fijos o por líneas de bonos. Al efecto, se entenderá que la emisión de bonos es por líneas cuando las colocaciones individuales vigentes no superen el monto total y el plazo de la línea inscrita en la Comisión.

Artículo 105. Los conflictos que pueden ser sometidos a arbitraje, según se indica en el artículo anterior, son aquellos que se produzcan entre los tenedores de bonos o su representante y el emisor o el administrador extraordinario. Este arbitraje podrá ser provocado por cualquiera de estos últimos o por el representante de los tenedores de bonos, actuando de oficio o por acuerdo adoptado por la junta de tenedores de bonos, con el quórum reglamentado por el inciso primero del artículo 124 de este título.

El arbitraje podrá también ser promovido individualmente por cualquiera de los tenedores de bonos en todos aquellos casos en que puedan actuar separadamente en defensa de sus derechos, de conformidad a las disposiciones de este título.

Asimismo, podrán someterse a la decisión de estos árbitros las impugnaciones que uno o más tenedores de bonos efectuaren respecto de la validez de determinados acuerdos de las asambleas celebradas por estos acreedores, o las diferencias que se originen entre los tenedores de bonos y su representante.

En estos casos, el arbitraje podrá ser provocado individualmente por cualquier parte interesada.

Lo establecido en el presente artículo es sin perjuicio del derecho irrenunciable de los tenedores de bonos a remover libremente en cualquier tiempo a su representante o, con el acuerdo del emisor, al administrador extraordinario o al encargado de la custodia si los hubiera, o al derecho de cada tenedor de bonos a ejercer ante la justicia ordinaria o arbitral el cobro de su acreencia.

El o los árbitros serán designados de común acuerdo por las partes en conflicto, no pudiendo en caso alguno nominarse en la escritura de emisión a una o más personas determinadas como tales. Si no se produjera acuerdo, la nominación la hará la justicia ordinaria. Los honorarios del tribunal arbitral y las costas procesales deberán solventarse por quien haya promovido el arbitraje, excepto en los conflictos en que sea parte el emisor, en los que unos y otros serán de su cargo. Sin perjuicio del derecho de los afectados a repetir, en su caso, en contra de la parte que en definitiva fuere condenada al pago de las costas.

En contra de las resoluciones que dicten los árbitros no procederá recurso alguno, excepto el de queja.

El pago de los honorarios del tribunal arbitral y de las costas procesales gozará de la preferencia establecida para la primera clase de créditos, regida por el artículo 2472 N° 1 del Código Civil.

Artículo 106. El representante de los tenedores de bonos gozará de todas las facultades y deberes que se precisan en esta ley y sus normas complementarias, de las que le correspondan como mandatario y de las que se le otorguen e impongan en la escritura de emisión o por las juntas generales de tenedores de bonos.

La función de este representante de los tenedores de bonos será remunerada con cargo exclusivo al emisor, según el monto y modalidades que se determinen en la escritura de emisión. Esta remuneración gozará de la preferencia establecida para la primera clase de créditos, regida por el artículo 2472 N° 1 del Código Civil.

El representante deberá actuar exclusivamente en el mejor interés de sus representados y responderá hasta de la culpa leve por el desempeño de sus funciones. Sin perjuicio de la responsabilidad administrativa y penal que pudiera serle imputable.

Cuando el representante actúe, judicial o extrajudicialmente, en cumplimiento del mandato y facultades que le otorgare la junta de tenedores de bonos, no requerirá acreditar esta circunstancia ante terceros presumiéndose de derecho la suficiencia de su actuación respecto de ellos, sin perjuicio del derecho de sus representados a hacer efectiva las responsabilidades correspondientes si excediera a sus atribuciones.

Artículo 107. Al representante de los tenedores de bonos le corresponderá el ejercicio de todas las acciones judiciales que competan a la defensa del interés común de sus representados, en especial, en las situaciones descritas en los incisos cuarto y quinto del artículo 120 del presente título, estando investido para ello de todas las facultades ordinarias que señala el artículo 7º del Código de Procedimiento Civil y de las especiales que le otorgue la junta de tenedores de bonos.

Si las actuaciones judiciales del representante no requirieran del acuerdo previo de una junta de tenedores de bonos ni en la escritura de emisión se consignare una norma diferente, se entenderá, para todos los efectos legales, que el mandato judicial incluye las facultades de ambos incisos del artículo 7º precitado.

El representante indicado en este artículo, deberá actuar también judicialmente en defensa del interés individual de uno o más de los tenedores de bonos, cuando éstos así se lo solicitaran por escrito, si se produjera alguna de las situaciones descritas en el inciso tercero del artículo 120 ya citado. En este evento, el representante estará legalmente investido de las facultades ordinarias del mandato judicial ya referidas, y de las especiales que le confieran expresamente sus mandantes.

En las demandas y demás gestiones judiciales que entable o en que participe el representante en interés colectivo de los tenedores de bonos, incluidas las peticiones y actuaciones que pueda efectuar con ocasión de la dictación de la resolución de reorganización o resolución de liquidación del emisor, deberá expresar la voluntad mayoritaria de sus representados pero no necesitará acreditar esta circunstancia, conforme a lo dispuesto en el artículo precedente.

En todas las actuaciones judiciales y extrajudiciales a que se refiere el inciso anterior, se considerará de pleno derecho que el representante actúa por una sola persona, ya sea como demandante, parte o interesado, cuyos derechos y obligaciones expresan el conjunto de los que corresponden a sus representados, bastando expresar en los instrumentos correspondientes la calidad en que participa, sin que deba individualizar a sus mandantes. No obstante lo anterior, para los quórum de constitución y de acuerdos de cualquier clase de reunión de que se trate, se considerará que dicho representante tiene el mismo número de votos o el porcentaje que le corresponda a cada uno de los tenedores de bonos de la emisión que representa. Ello deberá certificarse por un notario público, en vista del Registro de títulos de tenedores de bonos, si existiere, o de los títulos o certificados de depósito de los mismos.

Lo dispuesto en este artículo es siempre sin perjuicio de las acciones que los tenedores de bonos puedan ejercer individualmente, conforme se indica en el artículo 120 de este título.

Artículo 108. El representante de los tenedores de bonos podrá requerir al emisor o a sus auditores externos, los informes que sean necesarios para una adecuada protección de los intereses de sus representados, teniendo derecho a ser informado plena y documentalmente y en cualquier tiempo, por el gerente o el que haga sus veces, de todo lo relacionado con la marcha de la empresa. Este derecho deberá ser ejercido de manera de no afectar la gestión social. Asimismo, el representante podrá asistir sin derecho a voto a las juntas de accionistas del emisor, si aquél fuere una sociedad por acciones.

El representante deberá guardar estricta reserva de la información interna del emisor de que hubiera tomado conocimiento en conformidad a lo señalado en el inciso anterior, sin perjuicio del pleno ejercicio de las facultades con que cuenta para el cumplimiento de sus funciones.

Artículo 109. Además de lo expuesto en los artículos precedentes, el representante de los tenedores de bonos deberá:

a) Verificar el cumplimiento, por parte del emisor, de los términos, cláusulas y obligaciones del contrato de emisión, conforme a la información que éste le proporcione;

b) Informar de lo anterior a los tenedores, en la forma y periodicidad que la Comisión determine mediante una norma de carácter general;

c) Verificar, periódicamente, el uso de los fondos declarados por el emisor en la forma y conforme a los usos establecidos en el contrato de emisión.

d) Velar por el pago equitativo y oportuno a todos los tenedores de bonos, de los correspondientes intereses, amortizaciones y reajuste de los bonos sorteados o vencidos. El representante no podrá rehusar pagar directamente a sus representados las obligaciones a que se refiere esta letra, según encargo que le hiciere el emisor luego de proveerlo suficientemente de fondos para cada oportunidad de pago. Esta función adicional deberá ser remunerada por el emisor en los términos que establezca la escritura.

El representante deberá siempre efectuar los pagos por intermedio de un banco o institución financiera, a menos que tuviera alguna de dichas calidades, eventualidad en que podrá pagar directamente.

e) Acordar con el emisor las reformas específicas al contrato de emisión que le hubiere autorizado la junta de tenedores de bonos, en materias de la competencia de ésta, y

f) Ejercer las demás funciones y atribuciones que establezca el contrato de emisión.

Los representantes de los tenedores de bonos son siempre removibles y sus mandatos revocables, sin expresión de causa, por la voluntad de la junta general de estos inversionistas. Sólo podrán renunciar a sus cargos ante una junta de tenedores de bonos.

La misma junta que conozca de la remoción y renovación de la aceptación de la renuncia, deberá elegir al reemplazante, quien podrá desempeñar su cargo desde que exprese su conformidad con esta función. No será necesario modificar la escritura de emisión para hacer constar esta sustitución, pero ella deberá ser informada al Registro de Valores y al emisor, al día siguiente hábil de haberse efectuado.

Artículo 110. El emisor deberá entregar al representante de los tenedores de bonos la información pública que proporcione a la Comisión encargada de su fiscalización, en la misma forma y oportunidad con que la entrega a ésta.

El emisor también deberá informar al representante, tan pronto como el hecho se produzca o llegue a su conocimiento, de toda circunstancia que implique el incumplimiento de las condiciones del contrato de emisión.

Artículo 111. En la escritura de emisión podrá pactarse que, sin la expresa aprobación del representante de los tenedores de bonos, el emisor no podrá adoptar los acuerdos o realizar las negociaciones que se indiquen determinadamente en dicho instrumento.

Para los efectos de este artículo, los socios, asambleas o juntas de accionistas podrán delegar en sus respectivos socios administradores, gestores o directorios, las facultades necesarias para que éstos en su nombre estipulen limitaciones a las materias que sean de su competencia.

Sin perjuicio de lo dispuesto en el inciso precedente, en las sociedades anónimas abiertas, en caso alguno podrán delegarse facultades que de cualquier manera impliquen limitación a la obligación legal o estatutaria de reparto de dividendos mínimos obligatorios.

Los acuerdos de delegación de las juntas o asambleas ordinarias o extraordinarias serán previos, detallados y específicos, deberán adoptarse con el voto conforme de a lo menos la mayoría absoluta de las acciones emitidas con derecho a voto y en todo caso, con el quórum mayor que en las leyes o en los estatutos se contengan en relación con las materias respectivas. Esta delegación regirá sólo hasta la celebración de la próxima junta o asamblea general de accionistas o socios.

El directorio, socios gestores o consejo directivo, requerirán del voto conforme de a lo menos la mayoría absoluta de sus miembros en ejercicio, para acordar celebrar los convenios limitativos a que se refiere este artículo y éstos se tendrán por no acordados o no escritos si no se anotan al margen de la inscripción de la constitución de la emisora, una referencia indicativa a la escritura que da constancia de su existencia, dentro de los 60 días siguientes a la fecha de su otorgamiento.

La infracción a las prohibiciones pactadas en los convenios originará la nulidad absoluta de los actos o contratos por ellos prohibidos, cuando se tratare de división, fusión o transformación de la sociedad; formación de filiales; modificación del objeto social; enajenación del total del activo y del pasivo o de activos esenciales; la modificación del plazo de duración de la sociedad, cuando lo hubiere y la disolución anticipada de la sociedad. Lo anterior no obsta a que los administradores de los emisores que concurrieren a los acuerdos o a la ejecución de actos prohibidos, respondan solidariamente de todo perjuicio a los tenedores de bonos afectados.

Artículo 112. En el caso que la finalidad de la emisión de bonos fuere la de financiar nuevos proyectos de inversión del emisor, de un monto superior al 40% del valor total de su activo individual existente antes de la emisión y que exijan la aplicación en etapas sucesivas de los recursos captados, durante un período superior a un año, se nombrará adicionalmente en la escritura de emisión un administrador extraordinario de dichos recursos y un encargado de la custodia de los mismos.

Dicho administrador extraordinario, cuya remuneración será de cargo del emisor recibirá, por cuenta de éste, el dinero obtenido por la colocación de los bonos y lo deberá poner oportuna y periódicamente a disposición de la administración de aquél, en la medida que ésta cumpla con los requisitos de avance de obras, aportes de capital propio u otros requisitos técnicos o financieros establecidos en el contrato de emisión.

Cuando el cumplimiento de los requisitos a que se refiere el inciso anterior requiera de una comprobación técnica, ésta será certificada por los peritos calificados designados en la escritura de emisión o elegidos en su reemplazo, los que deberán ser independientes del emisor y remunerados por éste y cuyo dictamen será obligatorio para el administrador extraordinario.

La designación del administrador extraordinario, de los encargados de la custodia de los bienes que éste administre y de los peritos calificados, sólo podrá ser modificada o sustituida por acuerdo modificatorio de la escritura de emisión suscrito entre el emisor y el representante de los tenedores de bonos, quien, al efecto deberá expresar la voluntad conforme de a lo menos la mayoría absoluta de los votos correspondientes a los tenedores de bonos en circulación de la emisión correspondiente, asistentes a la junta respectiva, excluidos aquellos que fueran de personas relacionadas con el emisor. Se presume que se han excluido los votos de personas relacionadas al emisor, si ningún tenedor de bonos reclamare de ello ante la Comisión, dentro de los tres días siguientes a la realización de la junta.

Si no se produjera acuerdo respecto a la persona de los nuevos administradores, encargados de la custodia o peritos a designarse, se efectuará la designación respectiva por el árbitro o árbitros a que se refieren los artículos 104 y 105 de esta ley y en tal caso bastará que la escritura modificatoria sea otorgada por el juez o jueces o las personas a quienes ellos facultaren al efecto. En todo caso, la designación de administradores extraordinarios efectuados por árbitros sólo podrá recaer en bancos cuya solvencia utilizada para la clasificación de los títulos emitidos durante los últimos doce meses haya sido A o B.

El administrador extraordinario suspenderá los desembolsos que debe hacer a la administración del emisor, toda vez que éste no hubiera cumplido fiel y oportunamente con las condiciones determinadas a este efecto y hasta en tanto no se subsanen las dificultades que han motivado el incumplimiento, de acuerdo a las modalidades y dentro de los plazos establecidos en la escritura de emisión.

Si en definitiva no procediera continuar con la entrega de recursos a la administración del emisor, de acuerdo a los términos del contrato, éstos deberán ser íntegramente restituidos, en su parte aún no invertida, a los tenedores de bonos, con más los intereses y reajustes que correspondan, previo el canje de títulos.

En la emisión de bonos podrá también estipularse voluntariamente en la escritura correspondiente, la formación de un fondo de garantía especial en favor de los tenedores de bonos de la emisión. A tal efecto, el fondo será invertido en los bienes y en la forma que se indica en el artículo siguiente, quedando todos ellos afectos a la prenda legal reglamentada por el artículo 114 de este título.

En todo caso, en toda escritura de emisión de bonos cuya finalidad fuere diferente a la regulada en los incisos precedentes, podrá establecerse voluntariamente la existencia de un administrador extraordinario de los recursos, cuyos derechos y obligaciones serán los que se precisen en el mismo instrumento y, en subsidio, los señalados en este Título.

Artículo 113. El administrador extraordinario invertirá los recursos que reciba, de acuerdo a lo establecido en el artículo 112, siguiendo las instrucciones que el emisor le imparta conforme a la política de inversiones de dichos recursos, establecida en el contrato de emisión. Esta política sólo podrá considerar la inversión en instrumentos financieros de renta fija, clasificados en categoría "A" de riesgo por dos clasificadoras privadas o emitidos o garantizados por el Estado hasta su total extinción y cuyo vencimiento no podrá exceder el programa y oportunidades de desembolso de estos recursos en favor de la gestión ordinaria del emisor o la devolución a éste de los bienes constitutivos del fondo de garantía especial, cuando ello proceda.

Los intereses, beneficios y ganancias de capital que devenguen las inversiones, pertenecerán a los tenedores de bonos cuando no se cumplan los requisitos de desembolso o cuando se haga efectiva la garantía especial. En todo caso, los beneficios percibidos no podrán exceder a los pactados en la emisión original.

Artículo 114. Los valores en que el administrador extraordinario invierta los recursos que administre, deberán ser mantenidos en depósito en las entidades privadas de depósito y custodia de valores a que se refiere la ley Nº 18.876, en conformidad a sus disposiciones, o en bancos o en sociedades financieras, de acuerdo a lo dispuesto en el decreto con fuerza de ley Nº 252, de 1960.

Todo el dinero o bienes del emisor entregados a la gestión del administrador extraordinario, en cumplimiento de lo dispuesto en los artículos 112 y 113 de este título y las inversiones, con más sus reajustes, rentabilidades e incrementos de cualquier naturaleza, se entenderán legalmente constituidos en prenda en garantía del cumplimiento de las obligaciones a que se refieren estas disposiciones en favor de todos quienes sean tenedores de bonos de la emisión correspondiente a la fecha de hacerse exigibles dichas obligaciones.

El dinero o bienes y sus actualizaciones y rentabilidades a que se refiere el inciso precedente, no reconocen otra garantía que la allí establecida y cualquiera otra caución que se hubiera constituido o se pretendiera constituir sobre ellos quedará sin efecto de pleno derecho. A la vez, todos los bienes comprendidos en la prenda legal sólo podrán ser embargados en juicios entablados por los acreedores garantizados, en cuanto ejerzan acciones protegidas por la garantía.

No será, en este evento, necesario individualizar a los acreedores, bastando expresar, en las cuentas especiales de registro y contabilización el nombre y apellidos del administrador extraordinario, del representante de los tenedores de bonos y el número de inscripción en el Registro de Valores pertinente a la respectiva emisión, para que la prenda legal quede constituida sin más trámite respecto del deudor, de los acreedores, de la empresa de custodia y de terceros.

Cuando se hicieran exigibles las obligaciones caucionadas por las prendas legales, el administrador extraordinario entregará al representante de los tenedores de bonos el o los certificados de depósito correspondientes a los valores en garantía, debidamente endosados, cualquiera sea la forma en que estuvieran extendidos, constituyendo el endoso suficiente transferencia aun cuando los créditos o títulos de créditos fueran nominativos. Igual entrega deberá efectuar del dinero que aún no hubiera invertido.

Cumplidos los requisitos que se señalan en los incisos precedentes, los tenedores de bonos, podrán pagarse del monto íntegro de sus créditos, reajustes, intereses y costos de cobranza, con preferencia a cualquiera otra obligación, incluidos los derivados de los créditos de primera clase a que se refiere el artículo 2472 del Código Civil y de cualquiera otra al que leyes especiales le otorgaren preferencia especial, exceptuándose exclusivamente los privilegios establecidos en los artículos 105 y 106 de este título para el pago de las costas arbitrales y la remuneración del representante de los tenedores de bonos.

En la ejecución de las obligaciones garantizadas con valores afectados por esta prenda especial, se aplicará respecto de los tenedores de bonos, lo dispuesto en favor de los bancos por el artículo 6º de la Ley Nº 4.287, de 1928. En caso que un emisor de valores tenga la calidad de deudor en un procedimiento concursal de liquidación, el dinero y valores pignorados quedarán excluidos de la masa de bienes del deudor y estos acreedores serán pagados sin aguardar las resultas del procedimiento concursal de liquidación y sin que sea necesario efectuar ninguna de las reservas que previene el artículo 135 de la Ley de Reorganización y Liquidación de Activos de Empresas y Personas. El representante de los tenedores de bonos podrá, sin más trámite, ejercer los procedimientos de realización de la prenda aludidos en el inciso anterior y pagar a sus representados en la proporción correspondiente.

De iguales derechos a los establecidos en los incisos precedentes gozarán el o los tenedores de bonos que actuaren judicialmente de manera individual, cuando ello fuere procedente.

La preferencia establecida en esta disposición y sus modalidades especiales, sólo podrán ser derogadas expresamente por otra norma legal.

Artículo 115. Sólo podrán ser representantes de los tenedores de bonos y administradores extraordinarios, los bancos, las sociedades financieras y las demás personas que autorice la Comisión por medio de una norma de carácter general. Ellos deberán acreditar y mantener permanentemente un patrimonio mínimo equivalente a 5.000 unidades de fomento.

Las funciones de los administradores extraordinarios y las de los representantes de los tenedores de bonos son indelegables sin que valga ninguna estipulación en contrario para suprimirlas, limitarlas o modificarlas.

Sin embargo, podrán conferir poderes especiales a terceros con los fines y facultades que expresamente determinen.

Si un representante de tenedores de bonos o un administrador extraordinario dejara de cumplir con uno o más de los requisitos que la presente ley o sus normas complementarias les imponen, la Comisión podrá limitar o suspender sus actividades.

Artículo 116. Los representantes de los tenedores de bonos, los administradores extraordinarios, los encargados de la custodia y los peritos a que se refiere esta ley quedarán sujetos a la supervigilancia de la Comisión de acuerdo a las facultades que le confiere su ley orgánica y las señaladas en el presente cuerpo legal.

Las personas a que se refiere este artículo, no podrán ser personas relacionadas al emisor. Si durante el desempeño de sus cargos se produjere alguna inhabilidad por esta razón, se abstendrán de seguir actuando, renunciando al cargo y, además, deberán informar estas circunstancias como hecho esencial a la Comisión que los fiscalice, al representante de los tenedores de bonos, en su caso, y se citará en el más breve plazo a junta de tenedores de bonos, cuando la inhabilidad afecte a este último o al administrador extraordinario. También deberán informar en el mismo carácter cuando se encuentren en alguna de las circunstancias a que se refiere el artículo 82, con excepción de la letra g).

Para los efectos de lo dispuesto en este artículo y, en general, cada vez que en cualquiera de las disposiciones de este Título se haga referencia a personas con interés o con relación a otra, se entenderá por ellas a las tipificadas como tales en las disposiciones contenidas en el Título XV de este mismo cuerpo legal.

Artículo 117. El administrador extraordinario, los peritos calificados y los encargados de la custodia a que se refiere el artículo anterior, responderán de la culpa leve por el correcto ejercicio de sus funciones respecto del emisor, de sus socios o miembros, de los tenedores de bonos y de terceros interesados.

Artículo 118. La suscripción o adquisición de bonos implica para el suscriptor o adquirente, la aceptación y ratificación de todas las estipulaciones, normas y condiciones establecidas en la escritura de emisión y en los acuerdos que sean legalmente adoptados en las juntas de tenedores de bonos.

Artículo 119. La emisión de bonos podrá hacerse con o sin garantía, pudiendo utilizarse en el primer caso cualquiera de las garantías generales o especiales establecidas por la ley.

Si la caución consistiera en prenda, la entrega de la cosa empeñada, cuando se requiera para la constitución de la garantía, se hará al representante de los tenedores de bonos o a quien éste designe.

En las escrituras e inscripciones de hipotecas o prendas no será necesario individualizar a los acreedores, bastando expresar el nombre del representante de los tenedores de bonos designado en la escritura de emisión y la indicación de la fecha y notario ante el cual ésta se otorgó, anotándose al margen de las inscripciones los reemplazos que se efectuarán.

Las citaciones y notificaciones que de acuerdo a la ley deben practicarse respecto de los acreedores hipotecarios o prendarios, se entenderán cumplidas al efectuarse al representante de los tenedores de bonos. A dicho representante corresponderá igualmente aceptar las modificaciones o sustituciones de las garantías constituidas o consentir en su alzamiento, previo cumplimiento de las normas establecidas en este título.

Artículo 120. El emisor deberá pagar fiel e íntegramente a los tenedores de bonos todas las sumas que les adeude por concepto de amortizaciones de capital, reajustes e intereses, ordinarios y penales, en la forma, plazo y condiciones establecidas en el contrato de emisión.

Los bonos vencidos por sorteos, rescate o expiración del plazo de su vencimiento y los cupones también vencidos tendrán mérito ejecutivo en contra del emisor. En caso de bonos sorteados, éstos deberán figurar en el acta respectiva.

El incumplimiento por el emisor de cualesquiera de las obligaciones que se le imponen en los incisos precedentes, facultará a cualquier tenedor de bono afectado para demandar el cobro de las deudas pendientes en su favor, sin que para ello se requiera el acuerdo previo de los demás acreedores de la emisión.

La interposición de demandas que persigan la exigibilidad y cobro anticipado de uno o más bonos de una emisión, sea por mora en el pago de cualquiera de ellos, por infracción de las demás obligaciones consignadas en los resguardos establecidos en la escritura de emisión o por cualquiera otra causa, sólo podrá decidirse por la junta de tenedores de bonos con el quórum a que se refiere el inciso primero del artículo 124 del presente título. De igual acuerdo previo requerirá la interposición de demandas destinadas a que se declare judicialmente la resolución del contrato de emisión, con indemnización de perjuicios; la solicitud de inicio de un procedimiento concursal de liquidación o de reorganización de este deudor con sus acreedores y su participación en ellos, cualquiera sea quien los proponga, y, en general, cualquiera otra petición o actuación judicial que comprometa el interés colectivo de los tenedores de bonos de una emisión.

En las situaciones a que se refiere el inciso precedente las demandas pertinentes deberán interponerse por el representante de los tenedores de bonos y el título ejecutivo, en su caso, deberá ser complementado por una copia del acta de la junta respectiva, reducida a escritura pública por dicho representante.

Artículo 121. Una sociedad anónima emisora de bonos podrá conceder a los tenedores opción colectiva para canjearlos por acciones ordinarias o privilegiadas de la misma sociedad, de acuerdo a las condiciones establecidas en el contrato de emisión y a las disposiciones legales vigentes.

Artículo 122. Las juntas de tenedores serán convocadas por el representante de dichos tenedores.

El representante deberá convocar a una junta:

1) Cuando así lo justifique el interés de los tenedores, a juicio exclusivo del representante;

2) Cuando así lo solicite el emisor;

3) Cuando así lo soliciten tenedores que reúnan, a lo menos, el 20% del valor nominal de los bonos en circulación de la respectiva emisión;

4) Cuando así lo requiera la Comisión respectiva, con respecto a los emisores sometidos a su control, sin perjuicio de la facultad de convocarla directamente en cualquier tiempo.

La Comisión respectiva practicará la citación si el representante no la hiciere en cualquiera de los casos señalados en el inciso anterior, en vista de la solicitud firmada por el emisor o los tenedores, según el caso.

Todas las citaciones efectuadas por la Comisión se realizarán con cargo al emisor.

Artículo 123. La junta se convocará por medio de un aviso destacado publicado, a lo menos, por tres veces en días distintos en el diario de circulación nacional que se determine a tal efecto en la escritura de emisión, publicación que deberá efectuarse dentro de los veinte días anteriores al señalado para la reunión y el primer aviso no podrá publicarse con menos de quince días de anticipación a la junta.

En caso de suspensión o de desaparición de la circulación del diario designado, las publicaciones se efectuarán en el Diario Oficial.

Artículo 124. Las juntas se constituirán en primera citación, salvo que la ley establezca mayorías superiores, con los tenedores de bonos que reúnan a lo menos la mayoría absoluta de los votos de los bonos de la emisión correspondiente y, en segunda citación, con los que asistan. Los acuerdos se adoptarán, en cada reunión, por la mayoría absoluta de los votos de los bonos asistentes de la emisión correspondiente.

Los avisos de la segunda citación sólo podrán publicarse una vez que hubiera fracasado la junta a efectuarse en la primera citación y en todo caso, deberá ser citada para celebrarse dentro de los 45 días siguientes a la fecha fijada para la junta no efectuada.

Corresponderá un voto por el máximo común divisor del valor de cada bono de la emisión.

Artículo 125. Las juntas extraordinarias de tenedores de bonos podrán facultar al representante de los tenedores de bonos para acordar con el emisor las reformas al contrato de emisión que específicamente le autorice, con la conformidad de los 2/3 de los votos pertenecientes a los bonos de la emisión correspondiente, salvo quórum diferente establecido en la ley o superior consignado en la escritura de emisión. En la formación de todos los acuerdos a que se refiere esta disposición y los artículos 105, 112 y 120 de este Título, no se considerarán para los efectos del quórum y de las mayorías requeridas en las juntas, los bonos pertenecientes a tenedores que fueran personas relacionadas con el emisor.

En caso de reformas a la escritura de emisión que se refieran a las tasas de interés o de reajustes y a sus oportunidades de pago, al monto y vencimiento de las amortizaciones de la deuda o a las garantías contempladas en la emisión original, la escritura de emisión podrá determinar el porcentaje de los tenedores de bonos de la emisión correspondiente requerido para aprobar dichas modificaciones, el que no podrá ser inferior al 75%. Si la escritura de emisión no contemplare ningún porcentaje, la aprobación deberá ser unánime.

Los acuerdos legalmente adoptados serán obligatorios para todos los tenedores de bonos de la emisión correspondiente.

Artículo 126. Podrán participar en las juntas de los tenedores de bonos, los titulares de bonos nominativos, a la orden o al portador que se hayan inscrito en los Registros especiales del emisor, a lo menos, con 5 días hábiles de anticipación al día en que ella deba celebrarse.

Reemplazará el Registro directo de la tenencia de bonos, la circunstancia de exhibir certificados de custodia de dichos valores registrada con la mencionada anticipación.

Artículo 127. Los tenedores de bonos podrán hacerse representar en las juntas por mandatarios, mediante carta-poder.

No podrán ser mandatarios los directores, empleados o asesores de la sociedad emisora.

En lo pertinente a la calificación de poderes se aplicarán, en lo que no se oponga a las normas establecidas en este título, las disposiciones relativas a calificación de poderes en la celebración de juntas generales de accionistas en las sociedades anónimas abiertas, establecidas en la Ley Nº 18.046 y su reglamento.

Artículo 128. De las deliberaciones y acuerdos de la junta se dejará testimonio en un libro especial de actas que llevará el representante de los tenedores de bonos.

Se entenderá aprobada el acta desde que sea firmada por el representante de los tenedores de bonos, lo que deberá hacer a más tardar dentro de los 3 días siguientes a la fecha de la junta. A falta de dicha firma, por cualquiera causa, el acta deberá ser firmada por, a lo menos, 3 de los tenedores de bonos designados al efecto y si ello no fuere posible, el acta deberá ser aprobada por la junta de tenedores de bonos que se celebre con posterioridad a la asamblea a que ésta se refiere.

Los acuerdos a que ellas se refieren sólo podrán llevarse a efecto desde la fecha de su firma.

Artículo 129. Cuando el emisor hubiera hecho distintas emisiones de bonos, los tenedores de bonos correspondientes a cada una de ellas, constituirán juntas separadas e independientes.

Artículo 130. El emisor no podrá adquirir sus propios bonos, sin perjuicio que pueda rescatarlos de acuerdo a lo estipulado en el contrato de emisión o concediendo una opción de rescate voluntario de idénticas condiciones a todos los tenedores de una misma emisión.

Los bonos que el emisor tenga en cartera por no haberlos colocado o por haberlos rescatado, no se considerarán como tales para ningún efecto legal.

TÍTULO XVII
DE LA EMISIÓN DE TÍTULOS DE DEUDA A CORTO PLAZO

Artículo 131. Sin perjuicio de lo establecido por el artículo 103 de esta ley, la oferta pública de valores representativos de deuda cuyo plazo no sea superior a 36 meses, también podrá efectuarse mediante la emisión de pagarés u otros títulos de crédito, con sujeción a las disposiciones de esta ley y a los requisitos que establezca la Comisión mediante la dictación de instrucciones de carácter general que contendrán, a lo menos, normas relativas a:

a) Información económica, financiera y jurídica, actualizada del emisor;

b) Personas facultadas por el emisor para emitir y registrar dichos valores;

c) Monto de la emisión, modalidades y características de la misma; reajustes e intereses a pagar; plazos de colocación y de vencimientos; cauciones, si las hubiere, y su forma de constitución, sustitución o reemplazo en su caso;

d) Lugar y fechas de pago del capital, reajustes e intereses, en su caso;

e) Las menciones que deberán contener los títulos a emitir;

f) Obligaciones adicionales de información, limitaciones y prohibiciones a que se sujetará el emisor mientras esté vigente la emisión; facultades de fiscalización y medidas de protección al tratamiento igualitario que tendrán los tenedores de los pagarés o de títulos de crédito, y mayores informaciones a proporcionarles en dicho período;

g) La naturaleza del arbitraje a que deberán ser sometidas las diferencias que se produzcan con ocasión de la emisión, de su vigencia o de su extinción. Si nada se dijere, se entenderá que estas diferencias deberán ser conocidas por uno o más árbitros arbitradores. No obstante lo anterior, al producirse un conflicto el demandante siempre podrá sustraer su conocimiento de la competencia de árbitros y someterlo a la decisión de la justicia ordinaria, y

h) Derechos, deberes y responsabilidades de los tenedores de pagarés o de títulos de crédito.

La emisión de los instrumentos que regula el presente artículo podrá ser efectuada mediante títulos de deuda de montos fijos o por líneas de títulos de deuda, con tasas de interés, reajustabilidad y plazos de vencimiento, según las normas de carácter general que dicte la Comisión.

Se entenderá que la emisión de estos instrumentos es por línea de títulos de deuda cuando las colocaciones individuales vigentes no superen el monto total de la línea inscrita en la Comisión. El plazo de vencimiento de las emisiones de efectos de comercio de una línea no podrá ser superior a aquél referido en el inciso primero de este artículo. En todo caso, las líneas de títulos de deuda podrán tener una vigencia de hasta diez años contados desde su inscripción en el Registro de Valores.

Las características de la emisión, sea mediante títulos de deuda de montos fijos o por líneas de títulos de deuda, deberán constar en escritura pública suscrita por el representante de la entidad emisora. Si la emisión fuere por líneas de títulos de deuda, las características específicas de cada colocación deberán también constar en escritura pública, suscrita en la forma antedicha.

La Comisión, mediante norma de carácter general, regulará las menciones que deberán contener las escrituras públicas referidas, las que contendrán a lo menos, el compromiso irrevocable del emisor de pagar y cumplir las demás obligaciones que consten en ellas, y los requisitos de información señalados en las letras c), d), f), g) y h) precedentes, salvo las excepciones que este organismo determine. Los tenedores tendrán derecho a requerir ejecutivamente el cumplimiento de todas las obligaciones que consten en dichas escrituras.

Los pagarés, letras u otros títulos de crédito que se emitan desmaterializados conforme las normas de este Título o del Título XVI, valdrán como tales a pesar que no cumplan con las formalidades y menciones que establece la ley para el caso de su emisión física, por el solo hecho que sean anotados en cuenta de acuerdo con el artículo 11 de la Ley Nº 18.876. Tendrán mérito ejecutivo los certificados que la empresa de depósito de valores emita en virtud de lo dispuesto en los artículos 13 y 14 de la Ley Nº 18.876. Dicho certificado deberá acreditar que el título respectivo ha sido anotado en cuenta e indicará, además, su monto, fecha de vencimiento y tasa de interés.

Los bancos y las sociedades financieras que operen en el país no quedarán sujetos a este Título y, si estuvieran autorizados para emitir pagarés u otros títulos de crédito, lo harán en conformidad a las normas que los rijan.

Los pagarés u otros títulos de crédito que se emitan en conformidad a las disposiciones de este Título, solo podrán prorrogarse o renovarse dentro del plazo máximo establecido en el inciso primero.

Sin perjuicio de lo establecido en el inciso primero, la emisión de títulos de deuda regulados por este artículo podrá también efectuarse bajo la forma y disposiciones del Título XVI de esta ley.

TÍTULO XVIII
DE LAS SOCIEDADES SECURITIZADORAS Y DE LA EMISIÓN DE TÍTULOS DE DEUDA DE SECURITIZACIÓN

Artículo 132. Las sociedades a que se refiere este título, se constituirán como anónimas especiales y su objeto exclusivo será la adquisición de los activos a que se refiere el artículo 135, la adquisición de derechos sobre flujos de pago, la emisión de títulos de deuda, de corto o largo plazo, y las demás actividades complementarias o afines que les autorice la Comisión. Cada emisión originará la formación de patrimonios separados del patrimonio común de la emisora, salvo en el caso de la emisión por línea, en el cual todas las emisiones con cargo a la misma integrarán un solo patrimonio separado. Para los efectos anteriores se entenderá por flujo de pago toda obligación, existente o que se genere en el futuro, de pagar una o más sumas de dinero por la adquisición o el uso de bienes o por la prestación de servicios.

Estas sociedades deberán incluir en su nombre la expresión "securitizadora" y se sujetarán a las normas establecidas en los artículos 126 y siguientes de la Ley N° 18.046 y, previo a obtener la autorización de su existencia, deberán comprobar ante la Comisión un capital pagado en dinero efectivo no inferior al equivalente a diez mil unidades de fomento. Durante su vigencia, el patrimonio común no podrá ser inferior al indicado precedentemente, ni podrá, el 50% de este mínimo legal, estar afecto a gravámenes, prohibiciones o embargos o integrado por bonos adquiridos en virtud de lo dispuesto en el inciso siguiente.

Los bonos subordinados emitidos por los patrimonios separados, una vez adicionados a la inscripción los certificados contemplados en los artículos 137 y 137 bis, podrán ser adquiridos por la sociedad emisora de los mismos. En tal caso, no se considerarán para los efectos de acreditar existencia o permanencia del patrimonio mínimo exigido por este artículo.

Artículo 132 bis. La emisión de instrumentos regulada por este Título podrá efectuarse mediante la emisión de títulos de deuda por monto fijo, por línea de títulos de deuda de securitización o a través de programas de emisión de los establecidos en el artículo 144 bis.

Se entenderá que la emisión es por línea de títulos cuando las colocaciones individuales vigentes no superen el monto total y el plazo de la línea inscrita en la Comisión. El contrato de emisión de títulos de deuda de securitización por línea deberá contener las cláusulas generales aplicables a todas las emisiones que se efectúen con cargo a ella, en tanto las escrituras de colocación deberán considerar las condiciones específicas de cada colocación.

Las colocaciones que se efectúen con cargo a una línea deberán considerar la incorporación de activos al patrimonio separado, los cuales deberán ser de la misma naturaleza que los activos que conforman este último, y no podrán desmejorar el grado de inversión vigente de los títulos emitidos con anterioridad por el patrimonio separado, lo cual deberá ser certificado por el representante de los tenedores de título de deuda.

Sólo se podrá hacer una nueva emisión con cargo a la línea una vez que se hayan enterado los activos integrantes de las emisiones que se hubieren efectuado con anterioridad, en la forma establecida en el inciso cuarto del artículo 137.

La Comisión, mediante norma de carácter general, regulará el procedimiento de emisión de títulos por línea, las menciones mínimas que deberán contener los contratos de emisión por línea y las escrituras de colocación.

Artículo 133. Estas sociedades quedarán sometidas a la fiscalización de la Comisión, se regirán por las normas del presente Título y por las disposiciones aplicables a las sociedades anónimas abiertas.

Artículo 134. Estas sociedades deberán inscribir en el Registro de Valores los títulos de deuda que ellas emitan.

La emisión de título de corto plazo se hará bajo la forma y disposiciones del Título XVI de esta ley.

No les será aplicable a estas sociedades lo dispuesto en el inciso primero del artículo 79 de la ley Nº 18.046, correspondiendo a la junta ordinaria de accionistas resolver sobre la materia reglada en dicho precepto.

Artículo 135. Para el cumplimiento de su objeto social, la sociedad podrá adquirir letras hipotecarias y mutuos hipotecarios autorizados por el decreto con fuerza de ley Nº 3, de 1997; y demás mutuos hipotecarios endosables autorizados por el decreto ley Nº 3.500, de 1980, y por el decreto con fuerza de ley Nº 251, de 1931, bienes y contratos de arrendamiento con promesa de compraventa de que trata el artículo 17 de la ley Nº 19.281, créditos y derechos sobre flujos de pago emanados de obra pública, de obra de infraestructura de uso público, de bienes nacionales de uso público o de las concesiones de estos bienes u obras, y otros créditos y derechos que consten por escrito y que tengan el carácter de transferibles. Para los efectos de este Título se entenderán incluidos dentro de la expresión flujos de pago, todo flujo de caja proveniente de peajes futuros, del ingreso mínimo garantizado, de las subvenciones, de los derechos emanados de garantías cambiarias o de cobro; y todo otro flujo de pago inherente al contrato de concesión de obra pública que pudiera crearse o aplicarse en el futuro.

Para los efectos de este título se entenderá que los contratos, créditos y derechos o sus títulos revisten el carácter de transferibles, incluso si existieran entre esos bienes, créditos nominativos, en cuyo caso su adquisición, transferencia, o constitución en garantía podrá efectuarse por endoso colocado a continuación, al margen o al dorso del documento en que constaren, cualesquiera fuere la forma en que se hubieran extendido originalmente, aplicándose en lo que fueran compatibles, las normas del párrafo 2 del Título I de la ley 18.092 sobre Letras de Cambios y Pagarés.

Asimismo, para los efectos de este título, la transferencia o cesión de los contratos, créditos y derechos, o de sus títulos, será oponible a los deudores de éstos, desde la fecha de la escritura de otorgamiento del contrato de emisión con formación de patrimonio separado o de sus escrituras complementarias, o de las escrituras de colocación en que se individualicen o determinen. Desde esa fecha, los deudores no podrán oponer al cesionario otras excepciones que las personales que tengan en su contra, siéndole inoponible a éste toda otra excepción, cualquiera sea su origen o naturaleza.

Lo dispuesto en los dos incisos anteriores también será aplicable a las transferencias o enajenaciones de los contratos, créditos, derechos o de sus títulos efectuadas a entidades o personas, constituidas en Chile o en el extranjero, que los adquieran con el propósito de efectuar emisiones de títulos de deuda securitizados destinados a ser colocados exclusivamente en el extranjero. Dichos títulos no se inscribirán en el Registro de Valores.

Las garantías estatales involucradas en los contratos de concesiones de obra de uso público se deberán traspasar conjuntamente con la enajenación de los respectivos créditos y derechos garantizados.

Artículo 136. Las sociedades securitizadoras no podrán tener en cada uno de sus patrimonios separados activos que hayan sido originados o vendidos por un mismo banco o institución financiera relacionado a la misma, salvo que en los títulos de deuda que sean emitidos por dicha sociedad se exprese claramente la circunstancia de haber sido originados o vendidos por un banco o institución financiera relacionado y el porcentaje que ellos representan dentro del total de activos del patrimonio separado. La misma restricción se aplicará a las administradoras de fondos de inversión de créditos securitizados a que se refiere la ley Nº 18.815, respecto de la inversión de cada fondo que administre.

El Banco Central de Chile, previo informe de la Comisión, requerido conforme al artículo 35 de su Ley Orgánica Constitucional, establecerá las condiciones y determinará los créditos, inversiones y los derechos sobre flujos provenientes de los mismos, que podrán ser objeto de venta o cesión por los bancos o sociedades financieras a las sociedades securitizadoras o fondos de inversión de créditos securitizados. Corresponderá a la referida Comisión la fiscalización del cumplimiento de las normas que se dicten conforme al inciso precedente.

Artículo 137. En el contrato de emisión de títulos de deuda con formación de patrimonio separado, o en las respectivas escrituras de colocación, según corresponda, deberán individualizarse o determinarse, según su naturaleza, los bienes, contratos, créditos y derechos que lo integran. Si en el contrato de emisión o en la escritura de colocación no se les puede individualizar o determinar, se deberán indicar sus principales características, su grado de homogeneidad, su número, el plazo en que se adquirirán y las demás menciones que la Comisión determine mediante norma de carácter general, e individualizarlos o determinarlos en una o más escrituras complementarias. Dichos instrumentos y las escrituras de colocación se anotarán al margen del contrato de emisión de títulos de deuda. Copia de las escrituras se enviarán a la Comisión, dentro de los cinco días siguientes a su otorgamiento, para su incorporación a la inscripción de la emisión en el Registro de Valores.

Otorgado el contrato de emisión de títulos de deuda con formación de patrimonio separado o la escritura de colocación, según corresponda, las obligaciones representativas de éstos integran de pleno derecho el pasivo de éste.

Los bienes, contratos, créditos y derechos individualizados o determinados en la escritura de otorgamiento del contrato de emisión, en las escrituras complementarias, o en las escrituras de colocación, integrarán de pleno derecho el activo de éste, desde la fecha de la respectiva escritura en que se les individualicen o determinen, de acuerdo con lo dispuesto en el inciso primero de este artículo, con excepción de los bienes raíces y demás bienes cuya propiedad está sujeta a registro, los cuales se integrarán al activo una vez cumplidas las formalidades que establece la ley.

La sociedad securitizadora no podrá gravar, enajenar ni prometer gravar o enajenar, los bienes, contratos, créditos o derechos individualizados o determinados en el contrato de emisión, en sus escrituras complementarias, o en las escrituras de colocación, sin el consentimiento del representante de los tenedores de títulos de deuda, quien podrá autorizar o requerir la sustitución de tales bienes, contratos, créditos y derechos, siempre que los nuevos activos reúnan características similares a aquellos que sustituyan, según se establezca en el respectivo contrato. En caso de sustituciones, se deberá proceder de la forma establecida en el inciso séptimo del artículo 137 bis.

Sólo se entenderá cumplida la obligación de entero del activo del patrimonio separado por la sociedad, cuando se adicione a la inscripción el certificado que al efecto deba otorgar el representante de los tenedores de títulos de deuda, en el que conste que los bienes que conforman el activo se encuentran debidamente aportados y en custodia, libre de gravámenes, prohibiciones o embargos, que se han cumplido los otros requisitos determinados en la escritura de emisión, y en su caso, que se han constituido los aportes adicionales pactados. Si no procediere la custodia de tales bienes, el contrato de emisión de títulos de deuda deberá expresar fundadamente esta circunstancia, y señalar otras medidas de resguardo y vigilancia que se adoptarán en relación con los bienes que conforman el activo del patrimonio separado.

Una vez adicionado el certificado a que se refiere el inciso anterior, corresponderá a la sociedad cobrar y percibir el pago por los títulos de deuda que haya emitido, integrando el patrimonio común.

Si el certificado no ha sido adicionado a la respectiva emisión, corresponderá al representante de los tenedores de títulos de deuda cobrar y percibir dicho pago, directamente si éste es un banco o institución financiera o por medio de alguna de estas instituciones, si no tuviere tal carácter, ingresando estos recursos al respectivo patrimonio separado.

Lo dispuesto en los incisos anteriores se aplicará a cada una de las emisiones que se hagan con cargo a una línea. En estos casos, los activos que integren una nueva emisión deberán mantenerse segregados del resto de los activos del patrimonio separado, hasta que se otorgue el certificado de entero de dicha emisión. Una vez otorgado dicho certificado, los nuevos activos aportados se integrarán a los demás activos del patrimonio separado.

Artículo 137 bis. El representante de los tenedores de bonos podrá invertir los recursos que reciba en virtud de lo establecido en el inciso séptimo del artículo 137, en instrumentos financieros de renta fija, clasificados como mínimo en categoría "A" o "N-2" de riesgo por dos clasificadoras privadas, o emitidos o garantizados por el Estado hasta su total extinción y cuyos vencimientos deberán considerar las oportunidades de desembolso de estos recursos por la constitución de los patrimonios separados. Los valores en que el representante de los tenedores de bonos invierta los recursos que administre, deberán ser mantenidos en depósito en las entidades privadas de depósito y custodia de valores a que se refiere la Ley N° 18.876, en conformidad a sus disposiciones, o en bancos o en sociedades financieras, de acuerdo a lo dispuesto en el Decreto con Fuerza de Ley N° 3, de 1997, Ley General de Bancos.

El dinero percibido por el cobro de los títulos de deuda efectuado por el representante de los tenedores de los mismos y los intereses, beneficios y ganancias de capital que devenguen su inversión, deberá ser aplicado primeramente al pago de los créditos que han generado la constitución de gravámenes o garantías, contra la cancelación y alzamiento de éstas o al pago de los bienes, contratos, créditos y derechos a adquirir.

Asimismo, cuando procediera, ese dinero y sus incrementos se aplicará al pago de los aportes adicionales pactados en la correspondiente escritura. Cumplido lo anterior, y agregado el certificado referido a la inscripción pertinente, el remanente por los títulos de deuda emitidos será pagado a la sociedad, ingresando al patrimonio común.

Si dentro de los 90 días contados desde el inicio de colocación de la emisión, el representante de los tenedores de títulos no otorgare el certificado por encontrarse los bienes del patrimonio separado afectos con gravámenes, prohibiciones o embargos o, por no estar éstos debidamente aportados o por no haberse otorgado los aportes adicionales pactados, este patrimonio entrará en liquidación aplicándose a su respecto, las normas sobre liquidación de patrimonios separados, salvo que la Comisión prorrogue dicho plazo hasta por 90 días.

En las colocaciones posteriores a la primera emisión con cargo a una línea de títulos, la no emisión del certificado de entero, en el plazo determinado previamente, no significará la liquidación del patrimonio separado y, en consecuencia, no afectará a los tenedores de títulos vigentes emitidos con anterioridad por el patrimonio separado. En estos casos, se procederá a la liquidación de los activos de dicha emisión en la forma que se determine en el contrato de emisión.

Pendiente el otorgamiento del certificado de entero del patrimonio separado, o de la emisión respectiva en caso de emisiones por línea, la sociedad podrá sustituir uno o más bienes, contratos, créditos y derechos por otros activos que reúnan características similares a aquellos que sustituyen, según se establezca en el respectivo contrato de emisión; modificar dicho contrato, o las respectivas escrituras de colocación, con el objeto de reducir la emisión al monto efectivamente colocado a dicha fecha o proceder al rescate anticipado de todo o parte de los títulos correspondientes a la última colocación efectivamente colocados mediante el procedimiento establecido en el contrato de emisión.

La sustitución de bienes, contratos, créditos y derechos o la reducción de la emisión al monto efectivamente colocado, deberá efectuarse por escritura pública anotada al margen de la escritura de emisión. Copia de la escritura se enviará a la Comisión, dentro de los 5 días siguientes a su otorgamiento, para su anotación en el registro de la emisión.

Artículo 138. Los acreedores generales de la sociedad, cualquiera sea el origen o calidad de sus créditos, no podrán hacerlos efectivos en los bienes que conformen el activo del o de los patrimonios separados constituidos por su deudor ni afectarlos con gravámenes, prohibiciones, medidas precautorias o embargos, sino sólo cuando hayan pasado a integrar el patrimonio común en los casos que se permiten en este título.

Sobre los activos que integren un patrimonio separado, sólo puede perseguirse el pago de las obligaciones que provengan de los títulos de deudas emitidos con cargo al mismo, sin perjuicio de lo establecido en el inciso cuarto de este artículo.

El derecho de prenda general de los tenedores de títulos de deuda emitidos por las sociedades, se reduce exclusivamente a los activos del respectivo patrimonio separado, sin perjuicio de las cauciones reales o personales, otorgadas por terceros o que graven el patrimonio común de la sociedad.

Los acreedores del patrimonio separado están conformados exclusivamente por los tenedores de títulos de deuda que integran la emisión respectiva y, en su caso, por el custodio de los valores del patrimonio, el representante de los tenedores de títulos y el administrador de los activos del patrimonio, por las remuneraciones que se les adeuden.

No obstante lo dispuesto en los incisos anteriores, en la escritura de emisión se podrá autorizar a los acreedores del patrimonio separado para que puedan cobrar, en cualquier circunstancia, el saldo impago de sus créditos sobre el patrimonio común, concurriendo con los demás acreedores generales. En tal evento, y en caso que la sociedad tenga la calidad de deudor en un procedimiento concursal de liquidación, los acreedores del patrimonio separado se considerarán también valistas en ese patrimonio común, si no se hubieran pagado sus acreencias con el patrimonio separado y siempre que sus créditos no hubieran sido garantizados especialmente mediante pactos o cauciones específicas por la sociedad. Sin perjuicio de lo anterior, la Comisión podrá autorizar mediante norma de carácter general que el contrato de emisión contemple obligaciones por concepto de adquisición de los activos que integrarán el patrimonio separado. Dichas obligaciones podrán ser contraídas únicamente con la o las entidades que hayan aportado, originado o vendido los activos que integrarán el patrimonio separado, las cuales podrán ser pagadas cumpliendo la prelación establecida en el contrato de emisión.

Artículo 139. La sociedad llevará un registro especial por cada patrimonio separado que constituya, y dejará constancia en él de los títulos de deuda que emita.

La contabilidad del patrimonio común y las contabilidades de cada uno de los patrimonios separados que la sociedad administre, serán llevadas en forma independiente.

Artículo 140. Con la aprobación del representante de los tenedores de títulos de deudas, la sociedad podrá retirar bienes que conformen los activos del patrimonio separado para llevarlos a su patrimonio común, en la forma que se establezca en los respectivos contratos de emisión, siempre y cuando existan activos que excedan los márgenes establecidos en dicho contrato.

Si el representante de los tenedores de títulos de deuda no diere su aprobación, el emisor podrá recurrir al tribunal arbitral de conformidad al contrato de emisión.

El representante de los tenedores de deuda no podrá denegar el retiro del patrimonio separado respectivo, del dinero necesario para solventar los impuestos o sanciones tributarias que tuvieren su origen en los resultados provenientes de la gestión de dicho patrimonio separado o que afectaren a los activos o títulos de deuda del patrimonio separado.

Artículo 141. Estas sociedades podrán administrar directamente los bienes integrantes de los patrimonios separados que posean o encargar esta gestión a un banco, sociedad financiera, administradora de mutuos hipotecarios endosables de que trata el artículo 21 bis del decreto con fuerza de ley 251, de 1931, u otras entidades que autorice la Comisión.

Los títulos de crédito y valores que integren el activo de los patrimonios separados deberán ser entregados en custodia a bancos, sociedades financieras, empresas de depósito y custodia de valores u otras entidades expresamente autorizadas por la ley o por la Comisión.

Artículo 142. El costo de administración y custodia de los patrimonios separados, la remuneración del representante de los tenedores de títulos de deuda y los demás gastos necesarios que específicamente se indiquen en la escritura de emisión, serán de cargo de dichos patrimonios, debiendo constar los montos máximos a cobrar en la respectiva escritura. Lo anterior es sin perjuicio de que los patrimonios separados deban poner a disposición del patrimonio común de la sociedad los recursos necesarios para solventar las cargas tributarias a que se refiere el inciso final del artículo 140.

Artículo 143. El contrato de emisión deberá contener normas especiales sobre:

a) Custodia de los títulos representativos de las inversiones de los patrimonios separados;

b) La administración de los excedentes a que se refiere el artículo 140;

c) El rescate anticipado de los títulos de deuda de la emisión o la sustitución de los bienes que formen el activo del patrimonio separado, en el caso que los créditos que lo integren fueran pagados anticipadamente en forma voluntaria por el deudor, o porque el acreedor lo haya exigido, por razones legales o contractuales que autoricen, y los casos en que el emisor podrá cambiar los activos, siempre que los nuevos activos reúnan características similares a aquellos que sustituyen;

d) Formas y sistemas de comunicación de la sociedad con los tenedores de títulos, y

e) La opción del acreedor a cobrar el eventual saldo impago de su crédito, en el patrimonio común del emisor.

Artículo 144. Corresponde a la Comisión regular mediante normas de aplicación general, materias relativas a:

a) Los elementos mínimos que deben contener los contratos de administración de los bienes que conformen el activo de los patrimonios separados;

b) Las normas a que deben sujetarse la contabilidad de la sociedad y de cada uno de los patrimonios separados, y

c) Las obligaciones de información que tendrán el representante de tenedores de títulos de deuda y la sociedad emisora, con los inversionistas, público en general y la Comisión.

Artículo 144 bis. La Comisión podrá autorizar, mediante norma de carácter general, emisiones de bonos con formación de patrimonios separados utilizando un procedimiento que contemple una escritura pública general que establezca la realización de dos o más emisiones, con cargo a activos de una misma naturaleza y bajo similares condiciones, dentro de un período determinado de tiempo, no superior al determinado en la respectiva escritura pública general y que contenga las cláusulas generales aplicables a todas las emisiones del período y otra que considere las condiciones específicas de la emisión, ambas suscritas por la sociedad emisora y por el representante de los tenedores de bonos. Las menciones propias de cada escritura serán determinadas por la Comisión en la norma de carácter general que autorice el procedimiento para este tipo de emisiones.

La escritura pública general podrá estipular que uno o más de los sucesivos patrimonios separados que se formen en virtud de lo establecido en este artículo, se incorporarán dentro de los 30 días siguientes al entero de su activo, a uno de los patrimonios separados ya formados, siempre que se hayan cumplido los requisitos determinados en la escritura pública general y que el resultado de la operación no desmejore el grado de inversión vigente de los títulos emitidos por este último, hechos que deberán ser certificados por el representante de los tenedores de título de deuda.

El activo de los sucesivos patrimonios separados que se formen pasará a integrar de pleno derecho el activo del patrimonio separado absorbente, desde la fecha en que se tome nota del referido certificado al margen de la inscripción en el Registro de Valores.

Si el patrimonio separado no logra integrarse por no reunir los requisitos establecidos para ello, se mantendrá como tal por el tiempo de vigencia de los títulos de deuda emitidos para su formación.

Artículo 145. Una vez pagados los títulos de deuda emitidos contra un patrimonio separado, los bienes y obligaciones que integren los activos y pasivos remanentes, pasarán al patrimonio común de la sociedad.

Artículo 146. En el caso que la sociedad tenga la calidad de deudor en un procedimiento concursal de liquidación, dicho procedimiento sólo afectará su patrimonio común y no generará un procedimiento concursal de liquidación para los patrimonios separados que haya constituido.

Un patrimonio separado no podrá ser objeto de un procedimiento concursal de liquidación en caso alguno, sino que sólo entrará en liquidación cuando concurra respecto de él alguna de la causales que habrían dado origen al procedimiento concursal de liquidación.

La calidad de deudor en un procedimiento concursal de liquidación de la sociedad emisora y de su patrimonio común, importará la liquidación del o de los patrimonios separados que haya constituido. La liquidación de uno o más de éstos no acarreará el inicio de un procedimiento concursal de liquidación de la sociedad, ni la liquidación de los otros patrimonios separados.

En el caso de que la sociedad emisora y su patrimonio común se encuentren sometidos a un procedimiento concursal de liquidación, el representante respectivo de los tenedores de títulos o quien designe la junta de tenedores de títulos de deuda, administrará y liquidará los patrimonios separados.

Dentro del plazo de tres meses contado desde la fecha en que quede ejecutoriada la resolución que decrete el inicio del procedimiento concursal de liquidación, sólo podrá decidirse la enajenación de cada patrimonio separado como unidad patrimonial conforme a lo prescrito en el artículo 150, requiriéndose el acuerdo conjunto del liquidador del patrimonio separado y del liquidador que administre la sociedad. A falta de acuerdo y sin otro trámite que la audiencia de las partes, decidirá el juez que conozca de la quiebra.

Si no fuere posible enajenar cada patrimonio separado como unidad patrimonial dentro del plazo indicado en el inciso anterior, el liquidador podrá proceder conforme a lo establecido en los artículos 148 y siguientes del presente Título.

Artículo 147. En la liquidación de un patrimonio separado, será liquidador el representante de los tenedores de títulos de deuda o quien designe la junta de tenedores de títulos de deuda con las facultades y obligaciones que ésta le imponga. La sociedad quedará inhibida de pleno derecho de toda facultad de administración y de disposición de los bienes que lo integran, quedando radicadas dichas atribuciones en el liquidador. Esta limitación subsistirá hasta la extinción de los créditos que conforman su pasivo.

Los regímenes de administración y de custodia continuarán aplicándose a los activos sujetos a ellos, mientras no sean liquidados en la forma que se indica en este título. La liquidación de un patrimonio separado no acarrea la terminación automática de los correspondientes contratos de administración o de custodia, sin perjuicio de la facultad del liquidador para ponerles término.

Los gastos de la liquidación de un patrimonio separado deben ser pagados con cargo a los bienes que lo integran o con los bienes del patrimonio común en el caso que la sociedad securitizadora tenga la calidad de deudor en un procedimiento concursal de liquidación. Para tal efecto éstos se considerarán como créditos valistas.

Artículo 148. Declarado en liquidación un patrimonio separado por cualquier causa, el liquidador citará a junta extraordinaria de tenedores de títulos de deuda, para que se celebre dentro del plazo de 30 días contado desde la fecha del inicio de la liquidación, a fin de que resuelva sobre las normas de administración y liquidación del patrimonio.

Sin perjuicio de cumplir, en todo caso, con lo dispuesto en el inciso segundo del artículo 147, dichas normas comprenderán las siguientes materias:

a) la transferencia del patrimonio separado como unidad patrimonial a otra sociedad de igual giro;

b) las modificaciones al contrato de emisión, las que podrán comprender la remisión de parte de las deudas o la modificación de los plazos, modos o condiciones iniciales;

c) la forma de enajenación de los activos del patrimonio separado;

d) la continuación de la administración del patrimonio separado hasta la extinción de los activos que lo conforman, y

e) Cualquier otra materia que determine la junta relativa a la administración o liquidación del patrimonio separado.

Los acuerdos deberán adoptarse con el voto favorable de tenedores de títulos que representen a lo menos la mayoría absoluta de los títulos emitidos y en circulación, salvo en el caso de las materias indicadas en la letra b), en que el quórum de acuerdos será a lo menos, las dos terceras partes de los títulos emitidos y en circulación.

Si no hubiere quórum para adoptar acuerdos en primera citación, se deberá citar a una nueva junta la cual deberá celebrarse dentro de los 30 días siguientes a la fecha fijada para la junta no efectuada y los acuerdos deberán adoptarse con el voto favorable de tenedores de títulos que representen a lo menos la mayoría absoluta de los títulos emitidos y en circulación, salvo en el caso de las materias indicadas en las letras a) y d), en que el quórum de acuerdos será la mayoría absoluta de los títulos presentes en la junta, y la letra b), en que el quórum de acuerdos será, a lo menos, las dos terceras partes de los títulos emitidos y en circulación.

El liquidador ejercerá el giro hasta que se logre la liquidación del patrimonio, ya sea como unidad patrimonial o en parcialidades o se extingan los activos que conforman el patrimonio separado.

Artículo 149. En todo lo relativo a la liquidación del patrimonio separado, cualquiera sea la forma en que se realice, serán aplicables en lo que fueran compatibles, las normas sobre liquidación de sociedades anónimas establecidas en la Ley Nº 18.046.

Artículo 150. En la liquidación de un patrimonio separado, la enajenación como unidad patrimonial debe comprender todos los bienes y obligaciones que constituyen su activo y pasivo y sólo puede efectuarse en favor de otra sociedad regida por este mismo Título. En la sociedad adquirente, por el solo hecho de la adquisición, se entenderá constituido un patrimonio separado, sujeto a las disposiciones de este Título, al cual pertenecerán los activos adquiridos y este patrimonio se hará cargo del servicio de los títulos de deuda, en las condiciones vigentes en el contrato a la fecha del traspaso. De este cambio en la titularidad del patrimonio separado, deberá tomarse razón en el Registro de Valores, al margen de la inscripción de la emisión de los títulos de que se trate.

Artículo 151. En caso de disolución, por cualquier causa, de las sociedades a que se refiere este título, que a la fecha de dicha disolución aún mantuvieran patrimonios separados, la liquidación de la sociedad será practicada por la Comisión con todas la facultades que la ley le otorga para la liquidación de las compañías de seguros. La liquidación puede ser delegada por el Superintendente en uno o más funcionarios de la Comisión o en otras personas siempre que no les afecten las inhabilidades contempladas en los artículos 35 y 36 de la Ley N° 18.046.

La disolución de la sociedad provocará la liquidación del o de los patrimonios separados, la cual se efectuará conforme a las reglas establecidas en este título.

Los gastos de la liquidación de la sociedad serán de cargo de su patrimonio común.

A partir del momento en que la sociedad deje de tener patrimonios separados, la liquidación continuará a su cargo, con arreglo a las reglas generales.

En todo caso, la Comisión podrá autorizar a la sociedad para que practique su propia liquidación.

Artículo 152. La Comisión podrá revocar la autorización de existencia de las sociedades de que trata este título de acuerdo con sus facultades o en caso de administración gravemente culpable o fraudulenta.

Si el patrimonio común no cumpliere con las normas establecidas en el artículo 132 de esta ley, la sociedad estará obligada, cada vez que esto ocurra, a completarlo dentro del plazo de 60 días. Si así no lo hiciere, se le revocará la autorización de existencia y se procederá a la liquidación de la sociedad.

Artículo 153. La emisión de títulos de deuda a que se refiere el presente Título estará exenta del impuesto establecido en el artículo 1°, N° 3, del Decreto Ley N° 3.475, de 1980, sobre Impuesto de Timbres y Estampillas, en la misma proporción que representen, dentro del total del activo del respectivo patrimonio separado, los documentos que en su emisión, otorgamiento o suscripción, se hubieren gravado con el impuesto señalado o se encontraren exentos de él.

El pago al Fisco de las obligaciones tributarias de la sociedad, cualesquiera fuere su naturaleza u origen, será de responsabilidad exclusiva de su patrimonio común y no de la de los patrimonios separados que haya creado o formado. Estos patrimonios deberán aportar los recursos necesarios al patrimonio común de la sociedad, cuando ésta lo requiera para dar cumplimiento a lo prescrito en el inciso final del artículo 140.

No se considerará renta la diferencia entre el valor de adquisición de un crédito securitizado y el valor nominal de éste, sino que sólo se entenderá por tal el resultado que provenga de comparar, en su oportunidad, el costo de adquisición del crédito, debidamente corregido, con el de su recuperación parcial o definitiva, que se haya producido al efectuarse el cobro efectivo del mismo, o el valor de venta si éste se enajena.

Para los efectos de lo dispuesto en el artículo 31 de la Ley sobre Impuesto a la Renta, se considerarán gastos aceptados en la Primera Categoría de dicha ley, las provisiones y castigos de los créditos securitizados, incorporados o no a los patrimonios separados, que se encuentren vencidos, así como las remisiones que de ellos se hagan, estén o no vencidos. Las características que deban reunir las provisiones, remisiones y castigos para que proceda lo dispuesto en esta norma, serán establecidas por la Comisión para el Mercado Financiero, previa consulta al Servicio de Impuestos Internos.

Las comisiones y otras remuneraciones que las sociedades a que se refiere este Título, paguen a terceros por la administración y custodia de los bienes integrantes de los patrimonios separados que posean, en los términos que dispone el inciso primero del artículo 141, estarán exentas del Impuesto al Valor Agregado establecido en el Decreto Ley N° 825, de 1974.

Artículo 153 bis. En todo lo no previsto en el presente título se aplicarán supletoriamente las normas contenidas en el Título XVI de la presente ley.

TÍTULO XIX
DE LA CÁMARA DE COMPENSACIÓN
Derogado

Artículos 154 al 160. Derogados.

TÍTULO XX
DE LA RESPONSABILIDAD DE LAS SOCIEDADES ADMINISTRADORAS DE FONDOS FISCALIZADOS POR LA SUPERINTENDENCIA
Derogado

Artículos 161 al 163. Derogados.

TÍTULO XXI
DE LA INFORMACIÓN PRIVILEGIADA

Artículo 164. Para los efectos de esta ley, se entiende por información privilegiada cualquier información referida a uno o varios emisores de valores, a sus negocios o a uno o varios valores por ellos emitidos, no divulgada al mercado y cuyo conocimiento, por su naturaleza, sea capaz de influir en la cotización de los valores emitidos, como asimismo, la información reservada a que se refiere el artículo 10 de esta ley.

También se entenderá por información privilegiada, la que se posee sobre decisiones de adquisición, enajenación y aceptación o rechazo de ofertas específicas de un inversionista institucional en el mercado de valores.

Artículo 165. Cualquier persona que en razón de su cargo, posición, actividad o relación posea información privilegiada, deberá guardar reserva y no podrá utilizarla en beneficio propio o ajeno, ni adquirir o enajenar, para sí o para terceros, directamente o a través de otras personas, los valores sobre los cuales posea información privilegiada. Asimismo, deberá velar para que tampoco ocurra a través de subordinados o terceros de su confianza lo señalado anteriormente y en el inciso siguiente.

A cualquiera que posea información privilegiada se le prohíbe realizar una operación utilizándola, ya sea adquiriendo o cediendo, por cuenta propia o de otro, directa o indirectamente, los valores a los que esa información se refiere, o bien cancelando o modificando una orden relativa a esos valores. Igualmente, se abstendrá de comunicar dicha información a terceros o de recomendar la adquisición o enajenación de los valores citados.

No obstante lo dispuesto precedentemente, los intermediarios de valores que posean información privilegiada podrán hacer operaciones respecto de los valores a que ella se refiere, por cuenta de terceros, no relacionados a ellos, siempre que la orden y las condiciones específicas de la operación provengan del cliente, sin asesoría ni recomendación del intermediario, y la operación se ajuste a su norma interna, establecida de conformidad al artículo 33.

También podrá realizar las operaciones a que se refieren los incisos primero y segundo el que opere en cumplimiento de una orden de adquirir o ceder valores, cuando dicha orden hubiere estado contemplada en un acuerdo celebrado antes de que hubiere poseído información privilegiada la persona que la impartió.

Para los efectos de este artículo, las transacciones se entenderán realizadas en la fecha en que se efectúe la adquisición o enajenación, con independencia de la fecha en que se registren en el emisor.

Artículo 166. Se presume que poseen información privilegiada las siguientes personas:

a) Los directores, gerentes, administradores, ejecutivos principales y liquidadores del emisor o del inversionista institucional, en su caso.

b) Las personas indicadas en la letra a) precedente, que se desempeñen en el controlador del emisor o del inversionista institucional, en su caso.

c) Las personas controladoras o sus representantes, que realicen operaciones o negociaciones tendientes a la enajenación del control.

d) Los directores, gerentes, administradores, apoderados, ejecutivos principales, asesores financieros u operadores de intermediarios de valores, respecto de la información del inciso segundo del artículo 164 y de aquella relativa a la colocación de valores que les hubiere sido encomendada.

También se presume que poseen información privilegiada, en la medida que tuvieron acceso directo al hecho objeto de la información, las siguientes personas:

a) Los ejecutivos principales y dependientes de las empresas de auditoría externa del emisor o del inversionista institucional, en su caso.

b) Los socios, gerentes administradores y ejecutivos principales y miembros de los consejos de clasificación de las sociedades clasificadoras de riesgo, que clasifiquen valores del emisor o a este último.

c) Los dependientes que trabajen bajo la dirección o supervisión directa de los directores, gerentes, administradores, ejecutivos principales o liquidadores del emisor o del inversionista institucional, en su caso.

d) Las personas que presten servicios de asesorías permanente o temporal al emisor o inversionista institucional, en su caso, en la medida que la naturaleza de sus servicios les pueda permitir acceso a dicha información.

e) Los funcionarios públicos dependientes de las instituciones que fiscalicen a emisores de valores de oferta pública o a fondos autorizados por ley.

f) Los cónyuges, convivientes civiles o convivientes de las personas señaladas en la letra a) del inciso primero, así como cualquier persona que habite en su mismo domicilio.

Artículo 167. Las personas que en razón de su cargo o posición, posean, hayan tenido o tengan acceso a información privilegiada, obtenida directamente del emisor o inversionista institucional, en su caso, o a través de las personas indicadas en el artículo anterior, estarán obligadas a dar cumplimiento a las normas de este Título aunque hayan cesado en la relación o posición respectiva.

Artículo 168. Los intermediarios de valores cuyos directores, administradores, apoderados, gerentes ejecutivos principales u operadores de rueda, participen en la administración de un emisor de valores de oferta pública, mediante su desempeño como directores, administradores, gerentes ejecutivos principales o liquidadores de este último, o de su matriz o coligante, quedarán obligados a informar a sus clientes de esta situación en la forma que determine la Comisión y deberán abstenerse de realizar para sí o para terceros relacionados, cualquier operación o transacción de acciones emitidas por dicho emisor.

Se exime de la prohibición señalada precedentemente a aquellos intermediarios que sean sociedades filiales del emisor de acciones, siempre que ambos tengan exclusivamente en común directores y éstos no participen directamente en sus decisiones de intermediación.

Artículo 169. Las actividades de intermediarios de valores y las de las personas que dependen de dichos intermediarios, que actúen como operadores de mesas de dinero, realicen asesorías financieras, administración y gestión de inversiones y, en especial, adopten decisiones de adquisiciones, mantención o enajenación de instrumentos para sí o para clientes, deberán realizarse en forma separada, independiente y autónoma de cualquier otra actividad de la misma naturaleza, de gestión y otorgamiento de crédito, desarrollada por inversionistas institucionales u otros intermediarios de valores.

Asimismo, la administración y gestión de inversiones y, en especial, las decisiones de adquisición, mantención o enajenación de instrumentos para la administradora y los fondos que ésta administre, deberán ser realizados en forma separada, independiente y autónoma de cualquier otra función de la misma naturaleza o de intermediación de valores, asesoría financiera, gestión y otorgamiento de créditos, respecto de otros. Esta limitación no obstará para que las administradoras de fondos, exclusivamente en las actividades propias de sus giro, puedan compartir recursos o medios para realizarlas.

Los directores, administradores, gerentes, apoderados, ejecutivos principales asesores financieros, operadores de mesas de dinero u operadores de rueda de un intermediario de valores, no podrán participar en la administración de una Administradora de Fondos de terceros autorizada por ley.

Artículo 170. Los auditores externos que auditen los estados financieros de inversionistas institucionales o de los intermedios de valores, deberán pronunciarse acerca de los mecanismos de control interno que aquéllos y éstos se impongan, para velar por el fiel cumplimiento de las normas de este Título y de lo dispuesto en el inciso primero del artículo 33, como también sobre los sistemas de información y archivo, para registrar el origen, destino y oportunidad de las transacciones que se efectúen con los recursos propios y de terceros que administren o intermedien, en su caso.

La Comisión, mediante norma de carácter general, determinará la información que deberán mantener los inversionistas institucionales y los intermediarios de valores para el cumplimiento de las disposiciones de este Título, y los archivos y registros que deberán llevar en relación a las transacciones con recursos propios, las de sus personas relacionadas y las efectuadas con recursos de terceros que administren.

La información contenida en esos archivos hará fe en contra de los obligados a llevarlos.

Artículo 171. Sin perjuicio de lo dispuesto en el artículo anterior, las personas que participen en las decisiones y operaciones de adquisición y enajenación de valores para inversionistas institucionales e intermediarios de valores y aquellas que, en razón de su cargo o posición, tengan acceso a la información respecto de las transacciones de estas entidades, deberán informar a la dirección de su empresa, de toda adquisición o enajenación de valores de oferta pública que ellas hayan realizado, dentro de las 24 horas siguientes a la de la transacción excluyendo para estos efectos los depósitos a plazo.

La empresa deberá informar a la Comisión en la forma y oportunidad que ésta determine, acerca de las transacciones realizadas por todas las personas indicadas, cada vez que esas transacciones alcancen un monto equivalente en dinero a 500 unidades de fomento.

Artículo 172. Toda persona perjudicada por actuaciones que impliquen infracción a las disposiciones del presente Título, tendrá derecho a demandar indemnización en contra de las personas infractoras.

La acción para demandar perjuicios prescribirá en cuatro años contado a partir de la fecha en que la información privilegiada haya sido divulgada al mercado y al público inversionista.

Las personas que hayan actuado en contravención a lo establecido en este Título, deberán entregar a beneficio fiscal, cuando no hubiere otro perjudicado, toda utilidad o beneficio pecuniario que hubieren obtenido a través de transacciones de valores del emisor de que se trate.

Aquel que infrinja lo dispuesto en el artículo 169, será responsable civilmente de los daños ocasionados al cliente respectivo o a los fondos en su caso, sin perjuicio de las sanciones penales y administrativas que correspondan.

TÍTULO XXII
DE LAS GARANTÍAS

Artículo 173. Las garantías sobre valores de oferta pública, monedas, oro, plata u otros valores mobiliarios o títulos de crédito, que tengan por objeto caucionar obligaciones de los corredores de bolsa entre sí o con las bolsas de valores o con sus clientes o de cualquiera de éstos para con aquéllos, por operaciones de corretaje de valores o por las actividades complementarias que se les autorice de conformidad a la ley, se constituirán en la siguiente forma:

a) Si la garantía recayere sobre monedas, oro o plata, o títulos de crédito o valores mobiliarios al portador, la prenda se constituirá mediante el otorgamiento de un instrumento privado, firmado por las partes ante un corredor de bolsa que no fuere parte en las obligaciones caucionadas o ante el gerente de la bolsa respectiva, en el que se individualizarán los bienes empeñados.

Además, será esencial la entrega material de los bienes dados en prenda al acreedor o al tercero que de común acuerdo designen las partes.

b) Si la garantía sobre títulos de crédito o valores mobiliarios emitidos con la cláusula "a la orden" o que puedan transferirse mediante su endoso, la prenda se constituirá mediante el endoso en garantía del título y la entrega material del mismo, aplicándose lo dispuesto en las leyes N°s 18.092 y 18.552.

c) Si la garantía recayere sobre acciones, bonos o valores mobiliarios nominativos, que contengan la cláusula de "no endosables", la prenda se constituirá mediante el otorgamiento del instrumento privado a que se refiere la letra a) precedente y la entrega material al acreedor de los títulos pertinentes, en los que se dejará constancia bajo la firma del deudor de su entrega en garantía al acreedor que señale. Si estas acciones, bonos o valores nominativos estuvieren sujetos a inscripción obligatoria en un Registro, la prenda constituida sobre ellos será oponible a terceros desde su inscripción en el competente Registro.

No obstante lo anterior, tratándose de garantías sobre los bienes individualizados en esta letra sujetos a inscripción obligatoria en un Registro, el deudor podrá constituirlas en favor del acreedor transfiriendo en dominio el bien respectivo a la bolsa de valores correspondiente, previa aceptación de ésta, la que detentará el bien a nombre propio. Cuando fuere necesario hacer efectiva la garantía, la bolsa de valores la realizará extrajudicialmente, actuando como señor y dueño, pero rindiendo cuenta como encargado fiduciario del constituyente de la garantía. Lo anterior es sin perjuicio de lo dispuesto en el artículo 179.

En los casos a que se refiere este Título, no será necesario notificar al deudor, quien quedará liberado de toda responsabilidad si paga a quien le acredite su condición de acreedor por la garantía.

Artículo 174. Las prendas que se constituyan en conformidad a este Título, servirán de garantía a las obligaciones específicas y determinadas que se señalen, a menos que conste expresamente que la prenda se ha constituido en garantía de todas las obligaciones directas que el dueño de la prenda tenga o pueda tener a favor del acreedor prendario y siempre que se trate de aquellas a que alude el artículo anterior.

Artículo 175. Los bienes entregados en prenda de conformidad a los artículos anteriores, más sus intereses, reajustes, frutos e incrementos de cualquier naturaleza, responderán del pago íntegro de los créditos garantizados, sus reajustes, intereses y costos de cobranza.

Estos bienes no reconocerán otra garantía o preferencia de cualquier clase o naturaleza que se pretendiere constituir posteriormente sobre ellos y si alguna se constituyere, quedará sin efecto de pleno derecho.

A la vez, todos los bienes comprendidos en la prenda en referencia, sólo podrán ser embargados en juicios entablados por los acreedores garantizados, en cuanto ejerzan acciones protegidas por la garantía.

En caso de quiebra del deudor prendario, los bienes pignorados quedarán excluidos de la masa de bienes del fallido y los acreedores caucionados por esta garantía serán pagados sin aguardar los resultados de la quiebra y sin que sea necesario efectuar ninguna de las reservas que proviene la Ley N° 18.175, especialmente en su artículo 149.

Los acreedores prendarios a que se refiere este Título, podrán sin, más trámite, ejercer los procedimientos de realización de la prenda aludidos en el artículo siguiente y pagarse de sus créditos en el tiempo y forma indicados en dicha disposición.

Artículo 176. Una vez hechas exigibles cualquiera de las obligaciones garantizadas, el acreedor prendario pondrá los bienes prendados a disposición de una bolsa de valores, para que se proceda a su realización en subasta pública a más tardar el segundo día hábil siguiente al de su entrega. Los créditos nominativos, cualquiera sea la forma de su otorgamiento y las cláusulas que incluyan, se entregarán endosados a la bolsa de valores respectiva por el acreedor garantizado para que pueda perfeccionarse su transferencia.

Las garantías sobre acciones, bonos o valores nominativos sujetos a inscripción obligatoria en un Registro, constituidas conforme al párrafo primero de la letra c) del artículo 173, se realizarán por la bolsa de valores, previa entrega del traspaso firmado por el acreedor prendario y del título de las acciones. En el caso de las garantías constituidas conforme al párrafo segundo de la letra c) del artículo 173, éstas se realizarán por la bolsa de valores, actuando ésta como señor y dueño, previa solicitud del acreedor garantizado.

El producto que se obtenga en la subasta deberá entregarse al acreedor al día siguiente hábil al de la realización de la prenda y éste procederá de inmediato a efectuar la liquidación del crédito garantizado, debiendo obtener de la bolsa correspondiente una certificación que dé conformidad a dicha liquidación.

Cumplido lo anterior, se aplicará sin más trámite los valores obtenidos al pago de la obligación, entregando en la misma oportunidad el remanente, si lo hubiere, al deudor.

Artículo 177. Si antes de hacerse exigibles las obligaciones garantizadas vencieren los créditos que caucionan su cumplimiento, el acreedor prendario o el depositario de la prenda, según el caso, podrá proceder a su cobro y lo que obtuviere en pago se entenderá legalmente constituido en prenda, para los fines, con la vigencia y efectos a que se refieren estas disposiciones.

El dinero que el acreedor prendario obtuviere de acuerdo a lo dispuesto en el inciso precedente, así como sus frutos e incrementos, serán conservados por el acreedor o por el depositario de los bienes prendados, salvo que las partes hubieren convenido expresamente que se depositen a interés o que el acreedor consienta en la devolución del dinero a cambio de otros títulos que garanticen las obligaciones caucionadas.

Artículo 178. Una vez concluido el proceso de realización y liquidación de un prenda en virtud de este Título, quien estimare haber sufrido perjuicios podrá demandar en juicio sumario.

TÍTULO XXIII
DISPOSICIONES VARIAS

Artículo 179. Los agentes de valores, corredores de bolsa, bolsas de valores, bancos, o cualquier otra entidad legalmente autorizada, que mantenga valores por cuenta de terceros pero a nombre propio, deberá inscribir en un registro especial y anotar separadamente en su contabilidad estos valores con la individualización completa de la o las personas por cuenta de quien los mantiene. Este registro hará fe en contra de las personas señaladas, pudiendo los interesados reclamar en todo tiempo sus derechos, valiéndose de cualquier medio de prueba legal.

Las personas indicadas en el inciso anterior que mantengan en su custodia valores de terceros, deberán abrir una cuenta destinada al depósito de dichos valores en una empresa de depósito y custodia de valores regulada por la Ley Nº 18.876. No obstante lo anterior, en el caso que los dueños de dichos valores así lo requieran, el intermediario deberá abrir cuentas individuales a nombre de aquéllos.

Las personas antes indicadas podrán ejercer el derecho a voto de los valores bajo su custodia únicamente si han sido autorizados expresamente para ello por el titular al momento de constituirse la referida custodia. En caso de no contar con dicha autorización, sólo podrán votar si han requerido instrucciones específicas al titular y en aquellos temas respecto de los cuales efectivamente las hubieren recibido. Para ello, podrán dividir su voto incluso en situaciones distintas de las elecciones de directores y deberán indicar expresamente al votar cada una de las materias sometidas a consideración de los inversionistas, el número total de acciones propias por las que votan y el número total de acciones por cuenta de terceros que votan a favor, en contra o respecto de las que no recibieron instrucciones. Las instrucciones de los dueños deberán constar en un registro reservado sujeto al control de la Comisión, que contendrá la información y deberá conservarse por el tiempo que ésta determine mediante norma de carácter general.

Los valores que no puedan ser votados conforme a lo dispuesto en el inciso anterior se considerarán, no obstante, en el cálculo del quórum de asistencia en el caso de entidades que no hayan adoptado mecanismos de votación a distancia autorizados por la Comisión.

Las personas a que se refiere este artículo sólo podrán ejercer el voto de los valores bajo su custodia a través de sus representantes legales, sus empleados especialmente facultados para ello o sus propios abogados, y no podrán delegarlo en caso alguno a favor de terceros ajenos a ellas.

En los juicios en que se persiga la responsabilidad de alguna de las personas indicadas en el inciso primero o la ejecución forzada de las obligaciones de éstas con terceros o con depositantes, no se podrá, en caso alguno, embargar, ni decretar medidas prejudiciales o precautorias u otras limitaciones al dominio respecto de los valores que les hubieren sido entregados en depósito. Sin embargo, podrán decretarse tales medidas, de conformidad a las reglas generales, cuando se trate de obligaciones personales de los terceros que le hayan entregado valores en depósito, respecto de los valores de propiedad del tercero respectivo.

En ningún caso se podrán embargar ni decretar las medidas mencionadas en el inciso anterior respecto de aquellos valores que se mantengan en depósito que sirvan de respaldo a la emisión de valores representativos de los mismos, mientras mantengan tal calidad.

Artículo 180. Las acciones civiles que emanen de los derechos establecidos en los Títulos XVI, XVII y XVIII de esta ley, prescribirá en el plazo de 2 años contados desde la fecha en que éstos se hicieran exigibles.

Esta prescripción correrá contra toda persona y no admite suspensión alguna.

Artículo 181. Los preceptos de esta ley regularán supletoriamente las materias que tratan las demás leyes del mercado de valores en lo que sean contrarias a las disposiciones de esas leyes y primarán sobre cualquier norma contractual o estatutaria que le fuere contraria.

Artículo 182. El Banco Central de Chile estará facultado para imponer, de acuerdo con el procedimiento indicado en el artículo 50 de su ley orgánica, límites o restricciones a los cambios en la posición neta de inversiones de instrumentos en el extranjero que posean los inversionistas institucionales.

TÍTULO XXIV
DE LA OFERTA PÚBLICA DE VALORES EXTRANJEROS EN EL PAÍS

Artículo 183. La oferta pública de valores extranjeros en Chile, se sujetará a las normas del presente Título y sólo podrá llevarse a efecto cuando se inscriban en un registro público especial, denominado "Registro de Valores Extranjeros", que llevará la Comisión.

Asimismo, podrá hacerse oferta pública de certificados representativos de valores emitidos por emisores extranjeros, que se denominarán Certificados de Depósito de Valores, en adelante CDV, y que consisten en títulos transferibles y nominativos, emitidos en Chile por un depositario de valores extranjeros contra el depósito de títulos homogéneos y transferibles de un emisor extranjero. Para ser ofrecidos públicamente, los CDV deberán inscribirse en el Registro de Valores. Si el registro de los valores subyacentes se hiciere sin el patrocinio de su emisor, la Comisión, mediante norma de carácter general, podrá circunscribir la transacción de los respectivos CDV a mercados especiales en que participen los grupos de inversionistas que determine.

La Comisión regulará, mediante normas de carácter general, los requisitos necesarios para obtener la inscripción de valores extranjeros o CDV, como asimismo, los requisitos mínimos que deberá contener el contrato de depósito de valores extranjeros.

Se entenderán comprendidos para los efectos de este título, dentro del concepto de valores extranjeros, los certificados de depósito representativos de valores chilenos inscritos en el registro de valores, emitidos en el extranjero.

Artículo 184. Corresponderá al Banco Central de Ley Chile, en los casos y forma señaladas en la ley Nº 18.840, Orgánica Constitucional del Banco Central, determinar las normas aplicables a las operaciones de cambios internacionales que se originen como consecuencia de la aplicación de las disposiciones de este Título.

Los valores extranjeros y los CDV sólo podrán expresarse en las monedas extranjeras que autorice el Banco Central de Chile, como también en moneda corriente nacional siempre que su pago se efectúe en una moneda extranjera autorizada; y en dichas monedas extranjeras deberán transarse en el mercado nacional, considerándose los referidos instrumentos para todos los efectos legales como títulos extranjeros. A estas operaciones les será aplicable lo previsto en el artículo 39 del párrafo octavo del Título III de la Ley Orgánica Constitucional del Banco Central de Chile, cualquiera fuere la naturaleza del título.

Asimismo, y para efectos de la oferta pública de valores extranjeros en el país, el Banco Central de Chile podrá autorizar que los referidos instrumentos se transen y sean pagaderos en moneda corriente nacional, sujeto a los requisitos y condiciones que determine, caso en el cual no tendrá aplicación lo dispuesto en el inciso final del artículo 197.

Artículo 185. Los CDV podrán canjearse o convertirse en su equivalente a valores extranjeros, así como estos últimos a aquéllos, de acuerdo al contrato de depósito de valores extranjeros suscrito entre el emisor y el depositario de valores extranjeros o, en su caso, de acuerdo al reglamento interno correspondiente.

Para los efectos de la emisión de los CDV, sólo podrán ser depositarios de valores extranjeros los bancos, sucursales de bancos extranjeros autorizados para operar en Chile y las empresas de depósito de valores, reguladas por la ley N° 18.876 y demás personas jurídicas que autorice la Comisión, mediante norma de carácter general, en este último caso siempre que se cumplan las siguientes condiciones:

a) que el giro principal de tales personas sea la realización de inversiones financieras o en activos financieros, con fondos de terceros, y

b) que el volumen de transacciones, naturaleza de sus activos u otras características, permita calificar de relevante su participación en el mercado.

Artículo 186. Los valores extranjeros que se inscriban o los que dan origen a los CDV deberán ser susceptibles de ser ofrecidos públicamente en los mercados de valores del país del respectivo emisor o en otros mercados de valores internacionales. También podrán inscribirse valores extranjeros no susceptibles de ser ofrecidos públicamente en los mercados de valores del país del respectivo emisor o en otros mercados de valores internacionales, cuando se cumplan con los requisitos que establezca la Comisión mediante norma de carácter general.

Artículo 187. La inscripción de los valores extranjeros deberá ser solicitada por el emisor. No obstante lo anterior, cuando se trate de la emisión de CDV, la inscripción podrá ser solicitada por el emisor o por un depositario de valores extranjeros.

Tratándose de valores extranjeros que cumplan con los requisitos exigidos por la Comisión mediante norma de carácter general, la inscripción podrá ser solicitada, además, por un patrocinador de dichos valores.

Podrán patrocinar la inscripción de valores extranjeros, aquellas sociedades que cumplan con los requisitos y condiciones de idoneidad que se determinen en la norma de carácter general.

El emisor podrá optar entre inscribir los valores extranjeros o los CDV correspondientes.

Cuando el emisor haya solicitado la inscripción de valores extranjeros o de CDV, no podrá otro depositario de valores extranjeros solicitar una inscripción posterior relacionada con el mismo valor extranjero. En caso de que un depositario de valores extranjeros hubiera solicitado una inscripción de CDV, otro depositario de valores extranjeros podrá inscribir otra emisión de CDV relacionada con el mismo valor extranjero, individualizándose esta última de manera de distinguirla suficientemente.

Artículo 188. El solicitante de la inscripción de valores extranjeros o de CDV tendrá la obligación de proporcionar a la Comisión y a las bolsas en que éstos se coticen en el país, información relacionada a dichos valores que determine la Comisión mediante la norma de carácter general a que se refiere el artículo 189.

La información requerida deberá proporcionarse a la Comisión y a las bolsas de valores, en el idioma del país de origen o en el del país en que se transen esos valores y en idioma español, acompañada de una declaración jurada, del emisor o patrocinante, que certifique que dicha información es copia fiel de la información proporcionada por el emisor en el extranjero. Sin embargo, tratándose de los valores del inciso segundo del artículo 187, la Comisión por norma de carácter general podrá establecer requisitos de información y de idioma diferentes.

Artículo 189. La Comisión establecerá, mediante normas de carácter general, los procedimientos que permitan la inscripción y la oferta pública de valores extranjeros, pudiendo establecer requisitos diferentes según la naturaleza de los mismos y determinar los mercados en que podrán transarse.

La Comisión podrá eximir de la obligación de inscripción a los valores extranjeros correspondientes a emisores bajo la supervisión de entidades con las que la Comisión haya suscrito convenios de colaboración, que permitan contar con información veraz, suficiente y oportuna sobre los valores extranjeros y sus emisores, en los términos exigidos en esta ley.

La Comisión, mediante normas de carácter general, previo informe favorable del Banco Central de Chile, podrá autorizar la realización de transacciones de valores extranjeros o de CDV, fuera de bolsa.

La Comisión podrá rechazar la inscripción y registro de un valor extranjero o de los CDV, en casos excepcionales y graves relativos a hechos relacionados con circunstancias que por su naturaleza sea inconveniente difundir públicamente, pudiendo omitirse su fundamentación en la resolución respectiva. En tal caso, los fundamentos omitidos deberán darse a conocer reservadamente al Ministerio de Hacienda y al Banco Central, al Consejo de Defensa del Estado, a la Unidad de Análisis Financiero o al Ministerio Público, cuando corresponda.

Artículo 190. El depositario de valores extranjeros tendrá la obligación de poner a disposición de los titulares de CDV, a más tardar el siguiente día LEY 20190 hábil bursátil de recibida, la información referida a los beneficios y al ejercicio de los derechos que emanan de los títulos extranjeros que le proporcione el emisor originario de los mismos.

Artículo 191. Para la transferencia y transmisión de toda clase de valores extranjeros, se estará a las reglas aplicables a la naturaleza del título, las cuales deberán indicarse en los antecedentes que determine la norma a que se refiere el artículo 189.

Tratándose de la transferencia y transmisión de CDV, se aplicarán las normas nacionales sobre adquisición, cesión, traspaso y enajenación de las acciones de sociedades anónimas abiertas.

El Banco Central de Chile podrá determinar las condiciones y modalidades en que deberán efectuarse las operaciones de cambios internacionales relativas a los valores a que se refiere el presente Título, en conformidad con las facultades que le confiere su Ley Orgánica Constitucional.

Artículo 192. El depositario de valores extranjeros llevará un registro en los términos que señala el artículo 179 y, para efectos de este Título, ejercerá los derechos y tendrá la representación de los titulares de los mismos. La Comisión estará facultada para establecer requisitos adicionales, conforme a la naturaleza de los títulos de que se trate.

En los juicios en que se persiga la responsabilidad de un depositario o la ejecución forzada de sus obligaciones con terceros o con depositantes, no se podrá, en caso alguno, decretar embargos, medidas prejudiciales o precautorias u otras limitaciones al dominio respecto de los valores extranjeros que le hubieren sido entregados en depósito. Tampoco podrán decretarse tales medidas respecto de dichos valores extranjeros cuando se trate de obligaciones personales de los emisores depositantes de los valores correspondientes.

Artículo 193. La oferta pública de valores extranjeros en Chile, emitidos por organismos internacionales o supranacionales, o Estados extranjeros, según corresponda, o de CDV representativos de aquéllos, deberá sujetarse a las normas que fije la Comisión, mediante una disposición de carácter general. En todo caso, sólo podrá llevarse a efecto cuando cualquiera de dichos títulos se inscriban en el registro a que se refiere el artículo 183.

Artículo 194. La Comisión podrá suspender o cancelar la inscripción de un valor en el Registro de Valores Extranjeros cuando no se cumpla con lo establecido en el artículo 186, o por infracción de los artículos 14 y 15 de esta ley, en la forma y plazos allí establecidos.

Artículo 195. El solicitante de la inscripción de un CDV no podrá pedir que se cancele la inscripción del mismo en el Registro de Valores mientras no se haya rescatado o retirado todos los CDV del mercado o haya procedido a su canje, debiendo constar tal obligación en el respectivo contrato de depósito.

Artículo 196. Los emisores extranjeros, intermediarios de valores, depositarios de valores extranjeros y cualquiera otra persona que participe en la inscripción, colocación, depósito, transacción y otros actos o convenciones con valores extranjeros o CDV, regidos por las normas del presente Título y las que dicte la Comisión, dependiendo del tipo de inscripción efectuada, que infrinjan estas mismas disposiciones, estarán sujetos a las responsabilidades que señala el Decreto Ley N° 3.538, de 1980, y las de la presente ley.

Artículo 197. Las operaciones a que se refiere este Título podrán ser desarrolladas por las bolsas de valores a que se refiere el Título VII de esta ley, las que deberán reglamentar estas operaciones de acuerdo a las normas de carácter general que dicte la Comisión, de conformidad a lo señalado en el artículo 189.

Las normas internas que adopten las bolsas en relación con estas operaciones, se regirán por lo dispuesto en el inciso final del artículo 44.

También podrán realizarse estas operaciones en los mercados a que se refiere el artículo 189.

Además de los valores extranjeros y CDV, se podrán transar, de acuerdo a las normas de este Título, las cuotas de fondos de inversión señaladas en la Ley Nº 18.815 y, además, cualquier otro valor que autorice la Comisión.

Las operaciones que se realicen de acuerdo con las normas de este Título tendrán el carácter de operaciones de cambios internacionales, para los efectos de lo dispuesto en la Ley Orgánica Constitucional del Banco Central.

TÍTULO XXV
DE LA OFERTA PÚBLICA DE ADQUISICIÓN DE ACCIONES

Artículo 198. Se entenderá que oferta pública de adquisición de acciones es aquella que se formula para adquirir acciones de sociedades anónimas abiertas o valores convertibles en ellas, que por cualquier medio ofrezcan a los accionistas de aquéllas adquirir sus títulos en condiciones que permitan al oferente alcanzar un cierto porcentaje de la sociedad y en un plazo determinado.

El oferente podrá hacer la oferta por acciones de sociedades anónimas abiertas, por valores convertibles en ellas o por ambos.

En todo caso, la oferta por unos no obliga a formular oferta por los otros.

Las disposiciones de este Título se aplicarán tanto a las ofertas que se formulen voluntariamente como a aquellas que deban realizarse conforme a la ley.

Cada vez que en este Título se hable de acciones como objeto de la oferta, dicha expresión comprenderá también los valores convertibles en acciones; y cuando se haga referencia a una oferta, se entenderá que se refiere a una oferta pública de adquisición de acciones.

La Comisión podrá eximir del cumplimiento de una o más normas de este Título, a aquellas ofertas de hasta un 5% del total de las acciones emitidas de una sociedad, cuando ellas se realicen en bolsa y a prorrata para el resto de los accionistas, conforme a la reglamentación bursátil que para este efecto apruebe la Comisión.

Las personas que efectúen ofertas públicas de adquisición de acciones, los organizadores y los administradores de la oferta quedarán sujetos en relación con esas ofertas a la fiscalización de la Comisión.

Artículo 199. Deberán someterse al procedimiento de oferta contemplado en este Título, las siguientes adquisiciones de acciones, directas o indirectas, de una o más series, emitidas por una sociedad anónima abierta:

a) Las que permitan tomar el control de una sociedad;

b) La oferta que el controlador deba realizar de acuerdo a lo dispuesto en el 199 bis, siempre que en virtud de una adquisición llegue a controlar dos tercios o más de las acciones emitidas con derecho a voto de una sociedad o de la serie respectiva, y

c) Si se pretende adquirir el control de una sociedad que tiene a su vez el control de otra sociedad anónima abierta, y que represente un 75% o más del valor de su activo consolidado, se deberá efectuar previamente una oferta a los accionistas de esta última conforme a las normas de este Título, por una cantidad no inferior al porcentaje que le permita obtener su control.

Se exceptúan de las normas precedentes, las siguientes operaciones:

1) Las adquisiciones provenientes de un aumento de capital, mediante la emisión de acciones de pago de primera emisión, que por el número de ellas, permita al adquirente obtener el control de la sociedad emisora;

2) La adquisición de las acciones que sean enajenadas por el controlador de la sociedad, siempre que ellas tengan presencia bursátil y el precio de la compraventa se pague en dinero y no sea sustancialmente superior al precio de mercado;

3) Las que se produzcan como consecuencia de una fusión;

4) Las adquisiciones por causa de muerte, y

5) Las que provengan de enajenaciones forzadas.

Para los efectos de lo dispuesto en el N° 2 del inciso anterior, se entenderá por:

i) Precio de mercado de una acción, aquel que resulte de calcular el promedio ponderado de las transacciones bursátiles, que se hayan realizado entre el nonagésimo día hábil bursátil y el trigésimo día hábil bursátil anteriores a la fecha en que deba efectuarse la adquisición, e

ii) Precio sustancialmente superior al de mercado, aquel valor que exceda al indicado en la letra precedente en un porcentaje que determinará una vez al año la Comisión, mediante norma de carácter general, y que no podrá ser inferior al 10% ni superior al 15%.

La Comisión determinará, mediante instrucciones de general aplicación, las condiciones mínimas que deberán reunir las acciones para ser consideradas con presencia bursátil. En todo caso, de la aplicación de estas instrucciones no podrá resultar que queden excluidas sociedades en las cuales pudiere invertir un fondo mutuo, de acuerdo a las normas que le sean aplicables a éstos.

Para los efectos del presente Título, se considerarán como directas aquellas adquisiciones de acciones por personas que actúen concertadamente o bajo un acuerdo de actuación conjunta.

Artículo 199 bis. Si como consecuencia de cualquier adquisición, una persona o grupo de personas con acuerdo de actuación conjunta alcanza o supera los dos tercios de las acciones emitidas con derecho a voto de una sociedad anónima abierta, deberá realizar una oferta pública de adquisición por las acciones restantes, dentro del plazo de 30 días, contado desde la fecha de aquella adquisición.

Dicha oferta deberá hacerse a un precio no inferior al que correspondería en caso de existir derecho a retiro.

De no efectuarse la oferta en el plazo señalado y sin perjuicio de las sanciones aplicables al incumplimiento, nacerá para el resto de los accionistas el derecho a retiro en los términos del artículo 69 de la Ley N° 18.046. En este caso, se tomará como fecha de referencia para calcular el valor a pagar, el día siguiente al vencimiento del plazo indicado en el inciso primero.

No regirá la obligación establecida en el inciso primero, cuando se alcance el porcentaje ahí referido como consecuencia de una reducción de pleno derecho del capital, por no haber sido totalmente suscrito y pagado un aumento dentro del plazo legal, o a causa de una oferta pública de adquisición de acciones válidamente efectuada por la totalidad de las acciones de la sociedad. Tampoco será aplicable en los casos en que el referido porcentaje se alcance a consecuencia de las operaciones indicadas en el inciso segundo del artículo 199.

Artículo 200. El accionista que haya tomado el control de una sociedad no podrá, dentro de los doce meses siguientes contados desde la fecha de la operación, adquirir acciones de ella por un monto total igual o superior al 3%, sin efectuar una oferta de acuerdo a las normas de este Título, cuyo precio unitario por acción no podrá ser inferior al pagado en la operación de toma de control. Sin embargo, si la adquisición se hace en bolsa y a prorrata para el resto de los accionistas, se podrá adquirir un porcentaje mayor de acciones, conforme a la reglamentación bursátil que para este efecto apruebe la Comisión.

Artículo 201. Si dentro del plazo que media entre los 30 días anteriores a la vigencia de la oferta y hasta los 90 días posteriores a la fecha de publicación del aviso de aceptación dispuesto en el artículo 212, el oferente, directa o indirectamente, haya adquirido o adquiriese de las mismas acciones comprendidas en la oferta en condiciones de precio más beneficiosas que las contempladas en ésta, los accionistas que le hubieren vendido antes o en la oferta tendrán derecho a exigir la diferencia de precio o el beneficio de que se trate, considerando el valor más alto que se haya pagado. En tales casos, el oferente y las personas que se hubieren beneficiado serán obligadas solidariamente al pago.

Durante el período de vigencia de la oferta, el oferente no podrá adquirir acciones objeto de la oferta a través de transacciones privadas o en bolsas de valores, nacionales o extranjeras, sino a través del procedimiento establecido en este Título.

Artículo 202. El oferente deberá publicar un aviso informando del inicio de la vigencia de la oferta de adquisición. El aviso deberá ser destacado y publicarse el día previo al inicio de la vigencia de la oferta en, a lo menos, dos diarios de circulación nacional.

El aviso deberá contener los antecedentes esenciales para su acertada inteligencia, que la Comisión determinará mediante norma de carácter general.

Artículo 203. El oferente deberá poner a disposición de los interesados, a contar de la fecha del aviso de inicio y durante la vigencia de la oferta, un prospecto que contenga todos los términos y condiciones de la oferta. Una copia del prospecto deberá estar a disposición del público en las oficinas de la sociedad por cuyas acciones se hace la oferta, en la oficina del oferente o en la de su representante, si lo hubiere, como asimismo de las sociedades anónimas abiertas que sean controladas por aquélla, de la Comisión y de las bolsas de valores. En la misma fecha en que se publiquen los avisos de inicio de la oferta, el oferente deberá remitir copias del prospecto a la Comisión y a las bolsas de valores.

El prospecto deberá contener, al menos, las siguientes menciones:

a) Individualización completa de las personas naturales o jurídicas que efectúan la oferta; y en caso de tratarse de estas últimas, deberá indicarse el nombre, cargo y domicilio, de sus directores, gerentes, ejecutivos principales y administradores; participación en otras sociedades e individualización de las personas relacionadas del oferente. Adicionalmente, deberá contener una descripción financiera, jurídica y de los negocios del oferente o de sus controladores efectivos y finales, si fuere el caso. El oferente, en todo caso, deberá fijar un domicilio en el territorio nacional.

b) Acciones o valores a que se refiere la oferta y número de acciones o porcentaje de las acciones emitidas cuya adquisición mínima es requisito para el éxito de la oferta.

c) Precio y condiciones de su pago. El precio de la oferta deberá ser determinado y podrá consistir en dinero o en valores de oferta pública, que se indicarán en forma precisa.

d) Vigencia de la oferta y procedimiento para aceptarla. Se indicarán con precisión aquellos antecedentes o documentos que deberán acompañar los accionistas interesados, en el momento de entregar sus acciones.

e) Forma y oportunidades en que los oferentes adquirieron las acciones que poseen al inicio de la oferta, si fuere el caso; y relaciones existentes con otros controladores de la sociedad o accionistas mayoritarios, en su caso.

f) Forma en que el oferente financiará el pago del precio de las acciones que sean adquiridas al final de la oferta. En caso de tener comprometidos créditos o contribuciones de capital, deberá proveer los antecedentes necesarios para concluir que existen efectivamente fondos para el pago del precio. Si se tratare de una oferta de canje de valores, deberá detallarse la forma en que el oferente ha adquirido o adquirirá los valores destinados al canje.

g) Monto y forma de la garantía constituida por los oferentes, si la hubiere, e individualización del encargado de su custodia, formalización y ejecución.

h) Condiciones o eventos que puedan producir la revocación de la oferta.

i) Individualización completa y domicilio del tercero que el oferente hubiere designado para que organice o administre la oferta, debiendo precisarse las facultades que se le hayan otorgado.

j) Individualización completa y domicilio de las personas y profesionales independientes que han asesorado al oferente para la formulación de su oferta.

k) Las demás que disponga la Comisión, mediante normas de carácter general.

Artículo 204. Junto con el lanzamiento de su oferta, el oferente podrá incluir en ella una garantía formal de cumplimiento, constituida en la forma señalada en este artículo.

Si el oferente optare por constituir la garantía, deberá acreditar su constitución ante la Comisión, en términos que asegure el pago de una indemnización de perjuicios mínima y a todo evento a los afectados, en caso de incumplimiento de la obligación de pago del precio. Esta garantía podrá otorgarse mediante boleta bancaria o endoso en garantía de un depósito a plazo tomado en un banco o sociedad financiera de la plaza, prenda sobre valores de oferta pública o póliza de seguros, la cual quedará en custodia en una institución bancaria o bolsa de valores.

La garantía deberá permanecer vigente durante los treinta días siguientes a la publicación a que se refiere el artículo 212 o al vencimiento del plazo establecido para el pago, si éste fuere posterior.

El valor de la garantía no podrá ser inferior al 10% del monto total de la oferta.

Cualquier controversia que se originare sobre el cumplimiento de la oferta entre el oferente y los accionistas aceptantes, deberá ser resuelta por un juez árbitro arbitrador designado por el juez de turno en lo civil con jurisdicción en el domicilio del oferente y que deberá recaer en un abogado con al menos 15 años de ejercicio. No procederá el nombramiento de común acuerdo.

El árbitro publicará, en la misma fecha, un aviso en el Diario Oficial y otro en el diario en que se anunció la oferta, en los cuales comunicará la constitución del arbitraje, otorgando un plazo de 30 días para que todos los involucrados en la oferta hagan valer sus derechos. Esta publicación constituirá el emplazamiento legal para todos los efectos procesales.

Además, en la primera resolución que dicte, fijará el procedimiento a que se sujetará la substanciación del juicio. Los gastos que irrogue la publicación, otras gestiones que sean necesarias y los honorarios del árbitro, serán costeados con cargo a la garantía, sin perjuicio de lo que se resuelva en materia de costas, debiendo la institución bancaria o la bolsa de valores poner a disposición de aquél las cantidades que requiera y que sean suficientes al efecto.

Los dineros provenientes de la realización de la garantía, cualquiera sea la forma en que se haya constituido, quedarán en prenda, de pleno derecho, en sustitución de aquélla. El árbitro podrá ordenar al tenedor de la garantía, que ésta sea depositada a interés en una institución bancaria, mientras se resuelve el asunto.

La sentencia que dicte el árbitro será oponible a todos los interesados en la oferta, aunque no se hayan apersonado en el juicio.

La ejecución de lo resuelto por el árbitro se hará sin más trámite por la institución bancaria o bolsa de valores, según el caso, entregando el valor de la garantía a cada uno de los accionistas, a prorrata de las acciones entregadas en la oferta.

Si la sentencia del árbitro fuere condenatoria para el oferente, los accionistas podrán demandar en juicio sumario los demás perjuicios que pudieren acreditar, cuyo monto exceda de la suma cubierta por la garantía. Contra las resoluciones que dicte el árbitro no procederá recurso alguno.

Artículo 205. La vigencia de la oferta será establecida por el oferente mediante la fijación de un plazo, que no podrá ser inferior a 20 días ni superior a 30 días, salvo que la sociedad tenga inscritas en sus registros a entidades depositarias, en cuyo caso el plazo será de 30 días, sin perjuicio de lo dispuesto en el inciso segundo del artículo 206. Tanto el primero como el último día del plazo comenzarán y terminarán, respectivamente, a la apertura y cierre del mercado bursátil en que se encuentren registrados los valores de la oferta.

Sin perjuicio de lo anterior, el oferente podrá prorrogar la oferta por una sola vez y por un mínimo de 5 días y hasta por 15 días adicionales. Esta prórroga deberá comunicarse a los interesados antes del vencimiento de la oferta, mediante un aviso publicado en un mismo día, en los diarios en los cuales se efectuaron las publicaciones del aviso de inicio.

Artículo 206. Durante la vigencia de una oferta, podrán presentarse otras ofertas respecto de las mismas acciones a que se refieren las disposiciones anteriores.

Estas ofertas se regirán por las normas de este Título y sólo tendrán valor cuando sus respectivos avisos de inicio se publiquen, al menos, con 10 días de anticipación al vencimiento del plazo de la oferta inicial. Los avisos de inicio de las ofertas competidoras deberán publicarse en la misma forma dispuesta en el artículo 202.

Cuando una oferta se hubiere materializado a través de una bolsa de valores, las ofertas competidoras deberán realizarse bajo el mismo procedimiento y tener su misma fecha de vencimiento. Cuando la oferta no se haya efectuado a través de una bolsa de valores, las ofertas competidoras podrán fijar su fecha de vencimiento libremente, de acuerdo con las normas del presente título. Sin embargo, en caso de prórroga de la primera oferta, las ofertas competidoras solamente se podrán prorrogar, de acuerdo al artículo anterior, por un plazo tal que coincida con el vencimiento de la prórroga de la primera oferta, de modo que todas ellas terminen en una misma fecha.

No podrán participar en las nuevas ofertas simultáneas las personas naturales o jurídicas interesadas como oferentes en aquellas que estén vigentes.

Artículo 207. Como resultado del anuncio de una oferta, tanto la sociedad emisora de las acciones que son objeto de dicha oferta, como los miembros de su directorio, según corresponda, quedarán sujetos a las siguientes restricciones y obligaciones:

a) No se podrá, durante toda la vigencia de una oferta, adquirir acciones de propia emisión; resolver la creación de sociedades filiales; enajenar bienes del activo que representen más del 5% del valor total de éste e incrementar su endeudamiento en más del 10% respecto del que mantenía hasta antes del inicio de la oferta. Con todo, la Comisión podrá autorizar, por resolución fundada, la realización de cualquiera de las operaciones anteriores, siempre que ellas no afecten el normal desarrollo de la oferta.

b) La sociedad emisora deberá proporcionar al oferente, dentro del plazo de 2 días hábiles contado desde la fecha de la publicación del aviso de inicio, una lista actualizada de sus accionistas que contenga, al menos, las menciones indicadas en el artículo 7º de la ley Nº 18.046, respecto de aquellos que se encontraban inscritos en dicho registro en esa fecha.

c) Los directores de la sociedad deberán emitir individualmente un informe escrito con su opinión fundada acerca de la conveniencia de la oferta para los accionistas. En el informe, el director deberá señalar su relación con el controlador de la sociedad y con el oferente, y el interés que pudiere tener en la operación. Los informes presentados deberán ponerse a disposición del público conjuntamente con el prospecto a que se refiere el artículo 203 y entregarse una copia dentro del plazo de 5 días hábiles contado desde la fecha de la publicación del aviso de inicio, a la Comisión, a las bolsas de valores, al oferente y al administrador u organizador de la oferta, si lo hubiere.

Artículo 208. La oferta deberá estar dirigida a todos los accionistas de una sociedad o de la serie de que se trate, en su caso.

Si el número de acciones comprendidas en las aceptaciones de la oferta supera la cantidad de acciones que se ha ofrecido adquirir, el oferente deberá comprarlas a prorrata a cada uno de los accionistas aceptantes. Para este efecto, se calculará un factor de prorrateo que resultará de dividir el número de acciones ofrecidas comprar por el número total de acciones recibidas. La adquisición se efectuará sólo por el número entero de acciones que resulte de la fórmula antes descrita.

Artículo 209. En caso de ofertas dirigidas a una serie específica de acciones, ellas deberán ser hechas en iguales condiciones para los accionistas de dicha serie.

Si las preferencias o privilegios establecidos para una serie específica de acciones otorgaren preeminencia en el control de la sociedad, toda oferta que se dirija a dicha serie de acciones, obligará a realizar una oferta conjunta por igual porcentaje respecto de las demás series de acciones de la sociedad. Para los efectos de este artículo, se entenderá que el control de la sociedad podrá obtenerse a través de alguna de las actuaciones señaladas en el artículo 97.

Artículo 210. Las ofertas que se efectúen conforme a las disposiciones de este Título serán irrevocables. Sin perjuicio de ello, los oferentes podrán contemplar causales objetivas de caducidad de su oferta, las que se incluirán en forma clara y destacada tanto en el prospecto como en el aviso de inicio.

En caso de haberse propuesto por el oferente la adquisición de un número mínimo de acciones, la oferta quedará sin efecto cuando no se logre, circunstancia que estará indicada en forma destacada tanto en el aviso de inicio como en el prospecto a que se refieren las disposiciones precedentes. Lo anterior es sin perjuicio que el oferente redujere su pretensión a los valores recibidos en la fecha de expiración de ésta. Ello será también aplicable en el caso que el comprador condicione resolutivamente la oferta, al evento de ser adquirido un número mínimo de acciones de otra sociedad durante una oferta simultánea.

Con todo, las ofertas podrán modificarse durante su vigencia sólo para mejorar el precio ofrecido o para aumentar el número máximo de acciones que se ofreciere adquirir. Cualquier incremento en el precio, favorecerá también a quienes hubieren aceptado la oferta en su precio inicial o anterior.

El oferente podrá efectuar nuevas ofertas por las mismas acciones, sólo transcurridos 20 días después que la oferta quedare sin efecto por alguna de las causas contempladas en esta disposición.

Artículo 211. La aceptación de la oferta será retractable, total o parcialmente. Los accionistas que hayan entregado sus acciones podrán retractarse hasta antes del vencimiento del plazo o de sus prórrogas. En tal caso, el oferente o el administrador de la oferta, si lo hubiere, deberá devolver los títulos, traspasos y demás documentación proporcionada por el accionista tan pronto éste le comunique por escrito su retractación.

Artículo 212. Al tercer día de la fecha de expiración del plazo de vigencia de una oferta o de su prórroga, el oferente deberá publicar en los mismos diarios en los cuales se efectuó la publicación del aviso de inicio, el resultado de la oferta, desglosando el número total de acciones recibidas, el número de acciones que adquirirá, el factor de prorrateo, si fuere el caso, y el porcentaje de control que se alcanzará como producto de la oferta. Toda esta información deberá remitirse a la Comisión y a las bolsas de valores en la misma fecha en que se publique el aviso de aceptación.

Para todos los efectos legales, la fecha de aceptación por los accionistas y de formalización de cada enajenación de valores será la del día en que se publique el aviso de aceptación.

Las acciones que no hubieren sido aceptadas por el oferente serán puestas a disposición de los accionistas respectivos en forma inmediata por el oferente o por la sociedad, una vez concluido el proceso de inscripción de las acciones en el Registro de Accionistas, en su caso.

Si transcurrido el plazo indicado en el inciso primero, el oferente no hubiere publicado el aviso de resultado, los accionistas podrán retractarse de su aceptación.

En todo caso, la declaración del oferente no podrá otorgarse más allá de los 15 días contados desde la expiración de la vigencia de la oferta, incluidas sus prórrogas. Si así no ocurriere, se entenderá que el oferente ha incurrido en incumplimiento grave de sus obligaciones.

Artículo 213. El oferente deberá señalar en la oferta si su propósito es mantener la sociedad sujeta a las normas aplicables a las sociedades anónimas abiertas e inscrita en el Registro de Valores, por un plazo o indefinidamente, aun cuando no esté obligada legalmente a ello.

Artículo 214. La Comisión, conforme a sus facultades, podrá formular observaciones y exigir al oferente antecedentes adicionales a los proporcionados, con el objeto que los inversionistas cuenten con la información veraz, suficiente y oportuna requerida para decidir si aceptan la oferta.

Las deficiencias en la información proporcionada o el incumplimiento de los requisitos establecidos en esta ley, facultarán a la Comisión para suspender hasta por 15 días el inicio o la continuación de la oferta. Esta suspensión podrá prorrogarse por una vez y por el mismo plazo. Si vencida la prórroga subsisten las causas que la fundaron, la Comisión dejará sin efecto la oferta por resolución fundada.

Artículo 215. No obstante las limitaciones contempladas en las leyes que las regulan, las sociedades administradoras de fondos fiscalizados por la Comisión podrán participar como aceptantes respecto de las ofertas públicas a que se refiere este Título, en representación de los respectivos fondos, enajenando las acciones correspondientes y ejerciendo todos los derechos que les asistan en tal calidad.

Artículo 216. Las transacciones provenientes de una oferta pública de adquisición de acciones podrán ser intermediadas fuera de bolsa por agentes de valores o corredores de bolsa.

Si fueren intermediadas por corredores fuera de bolsa, éstos deberán informar las transacciones a las bolsas de valores de que formen parte para que las incorporen a los sistemas de información a los inversionistas.

TÍTULO XXVI
DE LA OFERTA PÚBLICA DE ACCIONES O VALORES CONVERTIBLES EN EL EXTRANJERO

Artículo 217. Los emisores de valores de oferta pública estarán autorizados para registrar dichos valores en el extranjero, con el objeto de permitir su oferta, cotización y transacción en los mercados internacionales.

Artículo 218. Los emisores estarán obligados a presentar a la Comisión y a las bolsas de valores locales la misma información y en iguales plazos que deba presentarse a las autoridades reguladoras extranjeras y mercados internacionales, por los valores que registren, coloquen y transen en dichos mercados.

La información que deba proporcionarse en idioma extranjero se presentará a la Comisión y a las bolsas de valores locales, en texto original y con una traducción efectuada por el propio emisor en idioma español, debidamente suscrita por el gerente del emisor. Dicha información se tendrá como documento auténtico para todos los efectos legales, desde que se haga entrega del mismo a la Comisión.

Artículo 219. Los tenedores de certificados o valores emitidos contra acciones depositadas, tendrán los mismos derechos que confieren las leyes o los estatutos a todos los accionistas de la sociedad, los que se ejercerán a través de aquéllas y por intermedio de la entidad depositaria, la que se ajustará a las estipulaciones del contrato de depósito o a las instrucciones que reciba en cada oportunidad.

El depositario de los certificados representativos de los valores, votará en juntas de accionistas en la forma que se haya pactado en el contrato de depósito. En lo no previsto en el contrato, el depositario se estará a las instrucciones recibidas de los respectivos titulares de los valores, por cada una de las materias señaladas en la convocatoria. En caso que el depositario no pudiere votar, las acciones que represente solamente se deberán considerar para el cálculo del quórum de asistencia.

La infracción de las instrucciones o de la ausencia de las mismas, no invalidará el voto que se haya emitido, pero hará responsable al depositario de los perjuicios causados a los titulares de los certificados.

TÍTULO XXVII
DE LAS ADMINISTRADORAS GENERALES DE FONDOS

Derogado

Artículos 220 al 238. Derogados.

TÍTULO XXVIII
DE LAS EMPRESAS DE AUDITORÍA EXTERNA

Artículo 239. Para los efectos de esta ley, las empresas de auditoría externa son sociedades que, dirigidas por sus socios, prestan principalmente los siguientes servicios a los emisores de valores y demás personas sujetas a la fiscalización de la Comisión:

a) Examinan selectivamente los montos, respaldos y antecedentes que conforman la contabilidad y los estados financieros.

b) Evalúan los principios de contabilidad utilizados y la consistencia de su aplicación con los estándares relevantes, así como las estimaciones significativas hechas por la administración.

c) Emiten sus conclusiones respecto de la presentación general de la contabilidad y los estados financieros, indicando con un razonable grado de seguridad, si ellos están exentos de errores significativos y cumplen con los estándares relevantes en forma cabal, consistente y confiable.

Las referencias hechas en esta u otras leyes a auditores externos inscritos en el registro de la Comisión o a expresiones similares, deberán entenderse efectuadas a las empresas de auditoría externa que se encuentren inscritas en el Registro de Empresas de Auditoría Externa que llevará la Comisión de conformidad con el presente Título, en adelante el "Registro".

Toda empresa de auditoría externa podrá prestar sus servicios a los emisores de valores y a las sociedades anónimas abiertas y especiales, siempre que ella, los socios que suscriban los informes de auditoría, los encargados de dirigir la auditoría y todos los miembros del equipo de auditoría, tengan independencia de juicio respecto de la entidad auditada y cumplan con las disposiciones de este título.

Artículo 240. Las empresas de auditoría externa quedarán sometidas a la fiscalización de la Comisión en lo referido a los servicios de auditoría externa, los que sólo podrán prestar previa inscripción en el Registro y mientras se encuentren inscritas en él.

La Comisión deberá efectuar la inscripción en el Registro una vez que la empresa de auditoría externa acredite el cumplimiento de los requisitos legales y de reglamentación interna.

Las empresas de auditoría externa, al solicitar su inscripción en el Registro, deberán acompañar copia de su reglamento interno, en el que se establecerán, a lo menos, las siguientes materias relativas a la actividad de la empresa: (i) las normas de procedimiento, control y análisis de auditoría; (ii) las normas de confidencialidad, manejo de información privilegiada o reservada y la solución de conflictos de intereses, y (iii) las normas de independencia de juicio e idoneidad técnica del personal encargado de la dirección y ejecución de la auditoría externa. La Comisión, mediante norma de carácter general, podrá regular los contenidos esenciales de dichas normas, los estándares mínimos de idoneidad técnica y sus formas de acreditación.

La inscripción a que se refieren los incisos anteriores podrá ser cancelada cuando la Comisión así lo resuelva, mediante resolución fundada y previa audiencia de la empresa de auditoría externa afectada, por haber incurrido ésta en algunas de las siguientes situaciones:

a) Dejar de cumplir con alguno de los requisitos necesarios para la inscripción. La Comisión, en casos calificados, podrá otorgar al interesado un plazo para subsanar el incumplimiento, el que en ningún caso podrá exceder de 120 días.

b) Dejar de desempeñar la función de auditoría externa, en los términos señalados en el artículo 239 de esta ley, por más de un año.

c) Encontrarse un socio en alguna de las situaciones señaladas en el artículo 241 y mantenerse en ella por más de noventa días.

Además, dicha inscripción podrá ser cancelada o suspendida hasta por el plazo de un año en la misma forma señalada en el inciso anterior, cuando las empresas de auditoría externa sean responsables de:

a) Incurrir en infracciones graves o reiteradas a las obligaciones o prohibiciones que le imponen esta ley, sus normas complementarias u otras disposiciones que los rijan.

b) Realizar transacciones incompatibles con las sanas prácticas de los mercados de valores.

Artículo 241. No podrán ser socios de una empresa de auditoría:

a) Quienes sean funcionarios o trabajadores bajo contrato de trabajo o a honorarios del Banco Central de Chile, de la Comisión y de la Superintendencia de Pensiones, así como quienes se encuentren afectos a las inhabilidades y prohibiciones establecidas en los artículos 35 y 36 de la Ley N° 18.046, exceptuando las labores docentes o académicas que puedan quedar incluidas en el Nº 4 del citado artículo 35.

b) Quien haya sido sancionado grave o reiteradamente por la Comisión de conformidad al Decreto Ley Nº 3.538, de 1980, o al decreto con fuerza de Ley Nº 251, del año 1931, del Ministerio de Hacienda; o condenado de conformidad a los artículos 59 a 62 de esta ley o a los artículos 134 o 134 bis de la Ley Nº 18.046;

c) Quien haya sido sancionado grave o reiteradamente por la Comisión, por infracciones al decreto con fuerza de ley Nº 3, del Ministerio de Hacienda, de 1997, que fija el texto refundido, sistematizado y concordado de la Ley General de Bancos y de otros cuerpos legales que se indican.

d) Quien, al tiempo de ejecutarse los hechos, fuera controlador o administrador de una persona jurídica sancionada de conformidad a las normas citadas en las letras b) y c) precedentes.

e) Los administradores de bancos e instituciones financieras, bolsas de valores, intermediarios de valores o de cualquier inversionista institucional y las personas que, directamente o a través de otras personas naturales o jurídicas, posean el 5% o más de su capital.

Artículo 242. Las empresas de auditoría externa podrán desarrollar actividades distintas de las señaladas en el artículo 239, siempre que no comprometan su idoneidad técnica o independencia de juicio en la prestación de los servicios de auditoría externa y previo cumplimiento de su reglamento interno.

Con todo, las empresas de auditoría externa no podrán prestar simultáneamente y respecto de una misma entidad de las indicadas en el inciso primero del artículo 239, servicios de auditoría externa y cualquiera de los servicios indicados a continuación:

a) Auditoría interna.

b) Desarrollo o implementación de sistemas contables y de presentación de estados financieros.

c) Teneduría de libros.

d) Tasaciones, valorizaciones y servicios actuariales que impliquen el cálculo, estimación o análisis de hechos o factores de incidencia económica que sirvan para la determinación de montos de reservas, activos u obligaciones y que conlleven un registro contable en los estados financieros de la entidad auditada.

e) Asesoría para la colocación o intermediación de valores y agencia financiera. Para estos efectos, no se entenderán como asesoría aquellos servicios prestados por exigencia legal o regulatoria en relación con la información exigida para casos de oferta pública de valores.

f) Asesoría en la contratación y administración de personal y recursos humanos.

g) Patrocinio o representación de la entidad auditada en cualquier tipo de gestión administrativa o procedimiento judicial y arbitral, excepto en fiscalizaciones y juicios tributarios, siempre que la cuantía del conjunto de dichos procedimientos sea inmaterial de acuerdo a los criterios de auditoría generalmente aceptados. Los profesionales que realicen tales gestiones no podrán intervenir en la auditoría externa de la persona que defiendan o representen.

En las sociedades anónimas abiertas, solamente cuando así lo acuerde el directorio, previo informe del comité de directores, de haberlo, se permitirá la contratación de la empresa de auditoría externa para la prestación de servicios que, no estando incluidos en el listado anterior, no formen parte de la auditoría externa.

Artículo 243. Se presume que carecen de independencia de juicio respecto de una sociedad auditada, las siguientes personas naturales que participen de la auditoría externa:

a) Las relacionadas con la entidad auditada en los términos establecidos en el artículo 100.

b) Las que tengan algún vínculo de subordinación o dependencia, o quienes presten servicios distintos de la auditoría externa a la entidad auditada o a cualquier otra de su grupo empresarial.

c) Las que posean valores emitidos por la entidad auditada o por cualquier otra entidad de su grupo empresarial o valores cuyo precio o resultado dependa o esté condicionado, en todo o en parte significativa, a la variación o evolución del precio de dichos valores. Se considerará para los efectos de esta letra, los valores que posea el cónyuge y también las promesas, opciones y los que haya recibido éste en garantía.

d) Los trabajadores de un intermediario de valores con contrato vigente de colocación de títulos de la entidad auditada y las personas relacionadas de aquél.

e) Las que tengan o hayan tenido durante los últimos doce meses una relación laboral o relación de negocios significativa con la entidad auditada o con alguna de las entidades de su grupo empresarial, distinta de la auditoría externa misma o de las otras actividades realizadas por la empresa de auditoría externa de conformidad con la presente ley.

f) Los socios de la empresa de auditoría externa, cuando conduzcan la auditoría de la entidad por un período que exceda de 5 años consecutivos.

Artículo 244. Se entenderá que una empresa de auditoría externa no tiene independencia de juicio respecto de una entidad auditada en los siguientes casos:

a) Si tiene, directamente o a través de otras personas naturales o jurídicas, una significativa relación contractual o crediticia, activa o pasiva, con la entidad auditada o con alguna de las entidades de su grupo empresarial, distinta de la auditoría externa propiamente tal o de las demás actividades permitidas de conformidad al artículo 242.

b) Si, en forma directa o a través de otras entidades, posee valores emitidos por la entidad auditada o por cualquier otra entidad de su grupo empresarial.

c) Si ha prestado directamente o a través de otras personas, cualquiera de los servicios prohibidos de conformidad a lo establecido por el artículo 242 en forma simultánea a la auditoría externa.

Artículo 245. En el evento que exista o sobrevenga una causal de falta de independencia de juicio de las que se describen en los artículos precedentes, la empresa de auditoría externa deberá informar de ello al directorio o al órgano de administración de la entidad auditada y no podrá prestar o continuar prestando sus servicios de auditoría externa, salvo en las siguientes circunstancias:

a) En los casos del artículo 243, cuando las personas afectadas sean separadas del equipo de auditoría y se apliquen medidas correctivas que aseguren el reestablecimiento de la independencia de juicio respecto de la sociedad auditada, o

b) En caso que sobrevenga alguna de las causales relativas a falta de independencia del artículo 244 y ésta no fuera subsanada dentro de los 30 días siguientes a dicho informe, la empresa de auditoría externa podrá seguir prestando los servicios contratados para el ejercicio en curso.

Artículo 246. A las empresas de auditoría externa les corresponde especialmente examinar y expresar su opinión profesional e independiente sobre la contabilidad, inventario, balance y otros estados financieros conforme a las Normas de Auditoría de General Aceptación y las instrucciones que imparta la Comisión, en su caso. Adicionalmente a lo señalado en el artículo 239, las empresas de auditoría externa deberán:

a) Señalar a la administración de la entidad auditada y al comité de directores, en su caso, las deficiencias que se detecten dentro del desarrollo de la auditoría externa en la adopción y mantenimiento de prácticas contables, sistemas administrativos y de auditoría interna, identificar las discrepancias entre los criterios contables aplicados en los estados financieros y los criterios relevantes aplicados generalmente en la industria en que dicha entidad desarrolla su actividad, así como, en el cumplimiento de las obligaciones tributarias de la sociedad y la de sus filiales incluidas en la respectiva auditoría.

b) Comunicar a los organismos supervisores pertinentes cualquier deficiencia grave a que se refiere el literal anterior y que, a juicio de la empresa auditora, no haya sido solucionada oportunamente por la administración de la entidad auditada, en cuanto pueda afectar la adecuada presentación de la posición financiera o de los resultados de las operaciones de la entidad auditada.

c) Informar a la entidad auditada, dentro de los dos primeros meses de cada año, si los ingresos obtenidos de ella, por sí sola o junto a las demás entidades del grupo al que ella pertenece, cualquiera sea el concepto por el cual se hayan recibido tales ingresos, e incluyendo en dicho cálculo aquellos obtenidos a través de sus filiales y matriz, superan el 15% del total de ingresos operacionales de la empresa de auditoría externa correspondientes al año anterior. En el caso de las sociedades anónimas abiertas, tras dicho aviso, los servicios de auditoría externa sólo podrán ser renovados por la junta ordinaria de accionistas por dos tercios de las acciones con derecho a voto y así en todos los ejercicios siguientes, mientras los ingresos de la empresa de auditoría externa superen el porcentaje indicado.

Artículo 247. Sólo para los fines de la auditoría externa, la entidad auditada deberá poner a disposición de la empresa de auditoría externa toda la información necesaria para efectuar dicho servicio, incluyendo todos los libros, registros, documentos y antecedentes de la entidad y de sus filiales, en su caso.

En caso que la información puesta a su disposición sea confidencial o sujeta a reserva, la empresa de auditoría externa deberá mantenerla en secreto y será responsable de la revelación o utilización impropia que sus dependientes hagan respecto de ella.

Artículo 248. Toda opinión, certificación, informe o dictamen de la empresa de auditoría externa deberá fundarse en técnicas y procedimientos de auditoría que otorguen un grado razonable de confiabilidad, proporcionen elementos de juicio suficientes, y su contenido sea veraz, completo y objetivo.

La empresa de auditoría externa deberá mantener, por a lo menos seis años contados desde la fecha de la emisión de tales opiniones, certificaciones, informes o dictámenes, todos los antecedentes que le sirvieron de base para su elaboración. La Comisión, mediante una norma de carácter general, podrá establecer medios y condiciones de archivo y custodia de tales antecedentes. En ningún caso podrán destruirse los documentos que digan relación directa o indirecta con alguna controversia o litigio pendiente.

El informe de auditoría externa de las entidades domiciliadas en Chile deberá ser suscrito a lo menos por el socio con domicilio y residencia en Chile que condujo la auditoría. Cuando sean citados, cualquiera que haya firmado los informes de auditoría deberá concurrir a las juntas de accionistas para responder las consultas que se le formulen respecto de su informe y respecto de las actividades, procedimientos, constataciones, recomendaciones y conclusiones, que sean pertinentes. La Comisión podrá autorizar mecanismos que permitan cumplir la obligación antedicha por medios de comunicación que garanticen la fidelidad y simultaneidad de sus opiniones.

Artículo 249. Las empresas de auditoría externa, en la prestación de sus servicios de auditoría externa, y las personas que en su nombre participen en dicha auditoría, responderán hasta de la culpa leve por los perjuicios que causaren.

TÍTULO XXIX
DEL RÉGIMEN SIMPLIFICADO PARA TÍTULOS DE DEUDA

Texto diferido. El tenor del presente título fue incorporado por la Ley N° 21.521. Sin embargo, de conformidad con el artículo primero transitorio de dicha ley, las modificaciones introducidas regirán a contar de la entrada en vigencia de la normativa respectiva que dicte la Comisión para el Mercado Financiero.

Artículo 250. Los títulos de deuda regulados por el presente Título, que cumplan con las características o condiciones que establezca la Comisión mediante norma de carácter general, ya sea respecto del emisor, monto de la emisión, colocación o el inversionista al que se dirige la oferta, entre otras, podrán acogerse a la modalidad de régimen simplificado establecido por el presente Título. Por la inscripción de estos títulos de deuda, no procederá cobro de derecho alguno por parte de la Comisión.

Artículo 251. Previo a registrar los títulos a que se refiere el artículo anterior, el emisor deberá acreditar su identidad y capacidad legal, en la forma y medios que la Comisión establezca mediante norma de carácter general. Esta última deberá pronunciarse al respecto dentro del plazo máximo de quince días hábiles contado desde la solicitud respectiva. Acreditada esa condición, la Comisión procederá a inscribir los títulos y aplicarán a su respecto las normas de este Título, sin más trámite.

Artículo 252. Mientras los derechos del instrumento inscrito no se hayan extinguido totalmente, los emisores deberán proporcionar aquella información de su situación financiera, económica y legal que haya establecido la Comisión mediante norma de carácter general. Extinguidos los derechos de los instrumentos inscritos, quedará cancelada su inscripción en el Registro por el solo ministerio de la ley.

Artículo 253. Con independencia que los intereses que paguen los instrumentos inscritos sean determinados como proporción o fracción de las utilidades líquidas del ejercicio del deudor, aquellos se reputarán títulos de deuda para todos los efectos legales y las rentas como intereses.

Artículo 254. Los instrumentos inscritos al amparo de las disposiciones del presente Título representados por el certificado mencionado en este artículo, gozarán de fuerza ejecutiva para efectos del procedimiento judicial ejecutivo que reclame su cumplimiento.

La mora o simple retardo facultará a cualquier beneficiario afectado para demandar el cobro de las obligaciones pendientes en su favor, sin que para ello se requiera el acuerdo previo de los demás acreedores.

La certificación que emita la Comisión respecto del hecho que el instrumento está inscrito hará plena prueba respecto de la existencia de la obligación.

En el evento que el instrumento se haya emitido de manera desmaterializada mediante el sistema de anotaciones en cuenta a que se refiere la ley n° 18.876 o su custodia sea mantenida en empresas reguladas por esa ley, el certificado que emita la empresa de custodia hará plena prueba respecto de la calidad de acreedor beneficiario de la obligación y del monto adeudado a éste.

DISPOSICIONES TRANSITORIAS

Artículo 1°. A las emisiones de títulos representativos de obligaciones a largo plazo efectuadas con anterioridad a la vigencia de la presente ley, les serán aplicables las leyes y normas que a dicha vigencia regían hasta el rescate o pago total de la emisión respectiva, cualesquiera fuere la forma o instrumentos empleados en ellas.

Artículo 2°. Las bolsas de valores mobiliarios actualmente existentes podrán optar entre transformarse en una bolsa de valores de las que establece la presente ley, aportar el todo o parte de su activo y pasivo a una bolsa que se constituya, de acuerdo a sus disposiciones, modificar sus estatutos para cambiar su giro al de actividades no bursátiles o acordar su disolución anticipada.

En el caso de optarse por el proceso de transformación éste se perfeccionará modificándose en lo pertinente sus estatutos para adecuarlos a las características que en esta ley se establecen para las bolsas de valores, quedando subsistente la personalidad jurídica de la sociedad transformada.

Si al 31 de Diciembre de 1982, las actuales bolsas no hubieren perfeccionado ninguna de las alternativas a que se refiere el inciso primero de esta disposición, quedarán disueltas por el solo ministerio de la ley.

Sin perjuicio de lo dispuesto en los incisos precedentes a las bolsas de valores y a los corredores de bolsa existentes a la fecha de publicación de la presente ley, se les aplicarán sus disposiciones en lo que les fuere compatible, prevaleciendo sobre las normas estatutarias y reglamentarias que las regían.

Artículo 3°. Las personas jurídicas que formaren su razón social con alguna de las expresiones a que se refiere el artículo 37 de la presente ley, deberán dentro del plazo de 90 días contado desde la fecha de su vigencia, modificar sus estatutos a fin de eliminar de ellos dichas expresiones reservadas.

JOSÉ T. MERINO CASTRO, Almirante, Comandante en Jefe de la Armada, Miembro de la Junta de Gobierno.- CÉSAR RAÚL BENAVIDES ESCOBAR; Teniente General de Ejército, Miembro de la Junta de Gobierno.- JAVIER LOPETEGUI TORRES, General de Aviación, Comandante en Jefe de la Fuerza Aérea y Miembro de la Junta de Gobierno subrogante.- MARIO MAC KAY JARAQUEMADA, General Subdirector, General Director de Carabineros y Miembro de la Junta de Gobierno subrogante.

Por cuanto he tenido a bien aprobar la precedente ley, la sanciono y la firmo en señal de promulgación. Llévese a efecto como Ley de la República.

Regístrese en la Contraloría General de la República, publíquese en el Diario Oficial e insértese en la Recopilación Oficial de dicha Contraloría.

Santiago, veintiuno de Octubre de mil novecientos ochenta y uno.- AUGUSTO PINOCHET UGARTE, General de Ejército, Presidente de la República.- Sergio de Castro Spikula, Ministro de Hacienda. Lo que transcribo a Ud. para su conocimiento.- saluda atentamente a Ud.- Enrique Seguel Morel, Teniente Coronel, Subsecretario de Hacienda.

LEY Nº 21.521
MINISTERIO DE HACIENDA
PROMUEVE LA COMPETENCIA E INCLUSIÓN FINANCIERA A TRAVÉS DE LA INNOVACIÓN Y TECNOLOGÍA EN LA PRESTACIÓN DE SERVICIOS FINANCIEROS, LEY FINTEC

Publicada en el Diario Oficial de 4 de enero de 2023.

Teniendo presente que el H. Congreso Nacional ha dado su aprobación al siguiente

Proyecto de ley:

TÍTULO I
DISPOSICIONES GENERALES

Artículo 1. Objetivos de la ley y principios. Esta ley tiene por objeto establecer un marco general para incentivar la prestación de servicios financieros a través de medios tecnológicos que realicen los proveedores regidos por ella.

Esta ley está basada en los principios de inclusión e innovación financiera, promoción de la competencia, protección al cliente financiero, adecuado resguardo de los datos tratados, preservación de la integridad y estabilidad financiera y prevención del lavado de activos y financiamiento del narcotráfico y del terrorismo, los cuales deberán ser observados por todos los sujetos obligados por ella.

La prestación de los servicios señalados quedará sometida a la fiscalización de la Comisión para el Mercado Financiero, la que dispondrá de todas las facultades que le confiere el decreto ley Nº 3.538, de 1980, para efectos de vigilar el cumplimiento de las disposiciones de la presente ley. En la dictación de la normativa que la Comisión efectúe para su implementación, deberá observar los principios de proporcionalidad basada en riesgos, modularidad en los servicios prestados y neutralidad tecnológica.

TÍTULO II
SERVICIOS FINANCIEROS BASADOS EN TECNOLOGÍA

Artículo 2. Alcance y fiscalización. El presente título regula la comercialización de los siguientes servicios:

a) Plataformas de financiamiento colectivo.

b) Sistemas alternativos de transacción.

c) Asesoría crediticia y de inversión.

d) Custodia de instrumentos financieros.

e) Enrutamiento de órdenes e intermediación de instrumentos financieros.

Corresponderá a la Comisión para el Mercado Financiero fiscalizar la prestación de los servicios antes indicados. Para ello contará con las atribuciones que le confieren esta ley y su ley orgánica, incluyendo la facultad de adoptar las medidas preventivas o correctivas que se estimen necesarias para el debido resguardo de los inversionistas. Para estos efectos, la Comisión podrá exigir a las entidades inscritas en el Registro de Prestadores de Servicios Financieros, mediante norma de carácter general, que le remitan aquella información que sea necesaria para fiscalizar el cumplimiento de la presente ley, en la periodicidad, forma y medio que establezca dicha normativa.

Artículo 3. Definiciones. Para efectos de la presente ley, se entenderá por:

1. Asesoría crediticia: la prestación de servicios de evaluaciones o recomendaciones a terceros respecto de la capacidad o probabilidad de pago de personas naturales y jurídicas o entidades, o de la identidad de éstas, para fines de la obtención, modificación o renegociación de un crédito o financiamiento.

2. Asesoría de inversión: la prestación de servicios de evaluaciones o recomendaciones a terceros respecto de la conveniencia de realizar determinadas inversiones u operaciones en valores de oferta pública, instrumentos financieros o proyectos de inversión. No comprende la asesoría previsional, entidades de asesoría previsional, asesores financieros previsionales o entidades de asesoría financiera a que se refiere el decreto ley N° 3.500, de 1980, ni los agentes de venta de compañías de seguros.

3. Activos financieros virtuales o criptoactivos: representación digital de unidades de valor, bienes o servicios, con excepción de dinero, ya sea en

moneda nacional o divisas, que pueden ser transferidos, almacenados o intercambiados digitalmente.

4. Comisión: Comisión para el Mercado Financiero.

5. Custodia de instrumentos financieros: mantener a nombre propio por cuenta de terceros, o a nombre de éstos, instrumentos financieros, dinero o divisas que provengan de los flujos o de la enajenación de instrumentos financieros mantenidos en custodia, o que hayan sido entregados por éstos para la adquisición de instrumentos financieros o para garantizar las operaciones con esos instrumentos.

6. Enrutamiento de órdenes: servicio de canalización de órdenes recibidas de terceros para la compra o venta de valores de oferta pública o instrumentos financieros a sistemas alternativos de transacción, intermediarios de valores o corredores de bolsas de productos.

7. Fintec: actividades que impliquen el uso y aplicación de la innovación y los desarrollos tecnológicos para el diseño, oferta y prestación de productos y servicios financieros.

8. Instrumento financiero: todo título, contrato, documento o bien incorporal, diseñado, empleado o estructurado con la finalidad de generar rentas monetarias, o representar una deuda insoluta o un activo financiero virtual. Se considerarán instrumentos financieros para los efectos de esta ley los valores no inscritos en el Registro de Valores y de Valores Extranjeros de la ley N° 18.045, contratos derivados, contratos por diferencia, facturas, entre otros, independiente de si su soporte es físico o electrónico. No serán considerados instrumentos financieros para los efectos de esta ley, los valores de oferta pública; ni el dinero o divisas, independiente de si su soporte es físico o digital.

9. Intermediación de instrumentos financieros: servicio en virtud del cual se realizan actividades de compra o venta de instrumentos financieros para terceros, mediante cualquiera de las siguientes formas: adquiriendo o enajenando por cuenta propia instrumentos financieros, con el ánimo anterior de vender o comprar esos mismos instrumentos al tercero, o adquiriendo o vendiendo instrumentos financieros a nombre de o para dicho tercero.

10. Plataforma de financiamiento colectivo: lugar físico o virtual por medio del cual quienes tienen proyectos de inversión o necesidades de financiamiento difunden, comunican, ofertan o promocionan esos proyectos o necesidades, o las características de éstos, y se contactan u obtienen información de contacto de quienes cuentan con recursos disponibles o la intención de participar en

esos proyectos o necesidades o satisfacerlos; a fin de facilitar la materialización de la operación de financiamiento.

11. Proyecto de inversión: aquella iniciativa que tiene por finalidad la generación de intereses, utilidades o contraprestaciones pecuniarias para quienes contribuyan a su financiamiento.

12. Registro: Registro de Prestadores de Servicios Financieros.

13. Sistema alternativo de transacción: lugar físico o virtual que permite a sus participantes cotizar, ofrecer o transar instrumentos financieros o valores de oferta pública, y que no está autorizado para actuar como bolsa de valores de acuerdo con la ley Nº 18.045 o como bolsa de productos de acuerdo con la ley Nº 19.220.

Artículo 4. Atribuciones normativas. Los requisitos y exigencias establecidas en la presente ley podrán ser exceptuados conforme lo determine la Comisión mediante norma de carácter general, respecto de aquellas entidades que, por la naturaleza del servicio prestado, en términos del número o tipo de participantes, volumen de operaciones o instrumentos financieros negociados, cotizados u ofertados por determinadas entidades, u otras condiciones de similar naturaleza, no comprometan la fe pública o estabilidad financiera al no superar los límites establecidos en la respectiva norma de carácter general o en atención a las condiciones que ella establezca. Asimismo, la Comisión podrá establecer formas de cumplimiento menos gravosas de los requisitos y exigencias de esta ley, cuando no se superen los límites establecidos en las normas de carácter general respectivas. Con todo, no podrá exceptuarse de la obligación de inscripción señalada en el artículo siguiente.

En ejercicio de esta atribución la Comisión no podrá exceptuar del cumplimiento de las obligaciones que en materia de datos personales establece esta ley.

Artículo 5. Servicios regulados y obligación de inscripción. Sólo podrán dedicarse en forma profesional a la prestación de servicios de plataforma de financiamiento colectivo, sistema alternativo de transacción, intermediación de instrumentos financieros, enrutamiento de órdenes, asesoría crediticia, asesoría de inversión y custodia de instrumentos financieros, quienes estén inscritos en el Registro de Prestadores de Servicios Financieros administrado por la Comisión. Las personas jurídicas inscritas en dicho Registro podrán prestar uno o más de los servicios indicados anteriormente, sujeto al cumplimiento de los requisitos y exigencias contemplados en la presente ley para cada servicio prestado, y podrán asimismo realizar aquellas actividades adicionales que autorice la Comisión mediante norma de carácter general. Las entidades inscritas en el Registro deberán mantener a disposición del público y a través de su sitio web información respecto del tipo de actividad o servicio que se encuentran autorizados a efectuar por parte de la Comisión. Las empresas internacionales que presten los servicios anteriormente descritos deberán tener domicilio en Chile para esos efectos.

Podrán prestar los servicios mencionados en el inciso anterior las siguientes entidades fiscalizadas por la Comisión, sin necesidad de estar inscritos en el Registro de Prestadores de Servicios Financieros, y conforme al marco legal y normativo que les rige en atención a su giro u objeto o a la normativa complementaria que dicte la Comisión al efecto:

1. En el caso del servicio de plataformas de financiamiento colectivo y la operación de sistemas alternativos de transacción, intermediarios de valores de la ley N° 18.045, y las bolsas y corredores de productos de la ley N° 19.220.

2. En el caso del servicio de enrutamiento de órdenes, las sociedades administradoras generales de fondos de la ley N° 20.712.

3. En el caso del servicio de enrutamiento de órdenes e intermediación de instrumentos financieros, los bancos, los intermediarios de valores de la ley N° 18.045 y corredores de productos de la ley N° 19.220.

4. En el caso del servicio de asesoría crediticia, las clasificadoras de riesgo de la ley N° 18.045.

5. En el caso del servicio de asesoría de inversión, los intermediarios de valores de la ley N°18.045, las administradoras generales de fondos y administradores de carteras de la ley N°20.712, los bancos, las compañías de seguros y reaseguros, y los corredores de productos de la ley N° 19.220.

6. En el caso del servicio de custodia de instrumentos financieros, los intermediarios de valores, corredores de productos, bolsas de productos de la ley N° 19.220 y empresas reguladas por la ley N° 18.876.

7. En el caso de los servicios de intermediación y custodia de instrumentos financieros, los bancos.

8. Otras instituciones fiscalizadas por la Comisión, e inscritas en sus registros, que ésta autorice por norma de carácter general.

Artículo 6. Requisitos de inscripción. Para ser inscrito en el Registro se deberá remitir una solicitud a la Comisión, en la forma y por los medios que ésta establezca mediante norma de carácter general, que señale la intención del solicitante de prestar uno o más de los servicios regulados por la presente ley, y acompañará los antecedentes que la Comisión indique mediante dicha normativa que acrediten la identidad y capacidad legal del solicitante.

No procederá la inscripción de las personas jurídicas que, en los diez años anteriores a la fecha de la solicitud, hubieren sido sancionadas con la cancelación de la inscripción por cualesquiera de las infracciones graves a que se refiere el artículo 14, sancionadas administrativamente por incurrir en las conductas constitutivas de delito de las leyes N° 18.045, N° 18.046, N° 19.220, N° 20.712, N° 20.720, el decreto con fuerza de ley N° 3, de 1997, del Ministerio de Hacienda y el decreto con fuerza de ley N° 251, de 1931, del Ministerio de Hacienda o por los delitos a que se refiere el artículo 27 de la ley N° 19.913 o el artículo 8 de la ley N° 18.314. Tampoco procederá la inscripción de las personas jurídicas cuyos socios principales, directores o administradores hayan sido sancionados o condenados por ese tipo de conductas en igual período, incluyendo aquellas que sirven de base al delito de lavado de activos y que se señalan en la letra a) del artículo 27 de la ley N° 19.913. Para estos efectos, se considerará socio principal a las personas que posean una participación igual o superior al 10% del capital o tengan la capacidad de elegir a lo menos un miembro del directorio o administración.

Solo procederá la inscripción y, por tanto, sólo podrán prestar los servicios regulados por la presente ley, las personas jurídicas cuyo giro exclusivo sea la prestación de uno o más de tales servicios, sin perjuicio de lo señalado en el inciso segundo del artículo anterior.

La Comisión deberá pronunciarse sobre las solicitudes de inscripción en el Registro dentro del plazo de treinta días hábiles a contar de la fecha de la solicitud respectiva. Dicho plazo se suspenderá si la Comisión, mediante comunicación digital, pide al solicitante corregir los errores u omisiones que presente su solicitud y sólo se reanudará cuando se haya cumplido con dicho trámite. Subsanados los defectos o atendidas las observaciones formuladas en su caso y vencido el plazo a que se refiere este artículo, la Comisión deberá pronunciarse sobre la solicitud y, en su caso, efectuar la inscripción dentro de tres días hábiles.

Artículo 7. Autorización para prestación de servicios. Previo a iniciar la prestación de los servicios señalados a continuación se deberá contar con la autorización respectiva de la Comisión. Esta obligación también rige para quienes decidan prestar alguno de estos servicios de manera adicional al o a los informados en su solicitud de inscripción original. Para ese efecto, el solicitante deberá acreditar, en la forma, medios y condiciones que la Comisión establezca mediante norma de carácter general, que cumplen con las siguientes exigencias:

1. Plataforma de financiamiento colectivo:

a) Contar con los sistemas y procedimientos necesarios para cumplir con las obligaciones de información y difusión establecidas por el artículo 8.

b) Cumplir con las exigencias de gobierno corporativo y gestión de riesgo establecidas en el artículo 12.

2. Sistema alternativo de transacción:

a) Contar con los sistemas y procedimientos necesarios para cumplir con las obligaciones de información y difusión establecidas por el artículo 8.

b) Tener la capacidad operacional para soportar el procesamiento de las transacciones que mediante sus sistemas o infraestructura se realicen.

c) Cumplir con las exigencias de gobierno corporativo y gestión de riesgo establecidas en el artículo 12.

d) Contar con una reglamentación interna orientada a velar por la existencia de un mercado secundario de instrumentos financieros equitativo, competitivo, ordenado y transparente, a fin de promover una adecuada formación de precios y permitir la mejor ejecución de las órdenes de sus usuarios.

3. Intermediación de instrumentos financieros:

a) Contar con los sistemas y procedimientos necesarios para cumplir con las obligaciones de información y difusión establecidas por el artículo 8.

b) Tener la capacidad operacional para soportar el procesamiento de las operaciones que mediante sus sistemas o infraestructura se realicen.

c) Contar con las garantías exigidas por el artículo 10.

d) Contar con el patrimonio exigido por el artículo 11.

e) Cumplir con las exigencias de gobierno corporativo y gestión de riesgo establecidas en el artículo 12.

4. Enrutamiento de órdenes:

a) Contar con los sistemas y procedimientos necesarios para cumplir con las obligaciones de información y difusión establecidas por el artículo 8.

b) Tener la capacidad operacional para soportar el procesamiento de las operaciones que mediante sus sistemas o infraestructura se realicen.

c) Contar con las garantías exigidas por el artículo 10.

d) Cumplir con exigencias de gobierno corporativo y gestión de riesgo establecidas en el artículo 12.

5. Asesoría de inversión:

a) Contar con los sistemas y procedimientos necesarios para cumplir con las obligaciones de información y difusión establecidas por el artículo 8.

b) Contar con la idoneidad y conocimientos exigidos por el artículo 9.

c) Cumplir con las exigencias de gobierno corporativo y gestión de riesgo establecidas en el artículo 12.

6. Asesoría crediticia:

a) Contar con los sistemas y procedimientos necesarios para cumplir con las obligaciones de información y difusión establecidas por el artículo 8.

b) Contar con la idoneidad y conocimientos exigidos por el artículo 9.

c) Cumplir con las exigencias de gobierno corporativo y gestión de riesgo establecidas en el artículo 12.

7. Custodia de instrumentos financieros:

a) Contar con los sistemas y procedimientos necesarios para cumplir con las obligaciones de información establecidas por el artículo 8.

b) Tener la capacidad operacional para soportar el procesamiento de las operaciones que se realicen mediante sus sistemas o infraestructura.

c) Contar con las garantías exigidas por el artículo 10.

d) Contar con el patrimonio exigido por el artículo 11.

e) Cumplir con las exigencias de gobierno corporativo y gestión de riesgo establecidas en el artículo 12.

La Comisión dispondrá del plazo máximo de seis meses para otorgar o rechazar la autorización a que se refiere el presente artículo, contado desde la solicitud que al efecto presente la entidad inscrita en el Registro. Dicho plazo se suspenderá si la Comisión, mediante comunicación digital, pide al solicitante corregir los errores u omisiones que presente su solicitud y sólo se reanudará cuando se haya cumplido con dicho trámite.

Para que una entidad inscrita en el Registro de Prestadores de Servicios Financieros pueda prestar de manera simultánea dos o más de los servicios señalados en el presente artículo, deberá acreditar que cumple todos y cada uno de los requisitos aplicables a cada uno de los servicios previo a dar inicio a la prestación de cada uno de ellos, sin entenderse por este motivo, la necesidad de acumular el cumplimiento de los requisitos de los artículos 10 y 11.

La Comisión, en cualquier momento y por resolución fundada, podrá suspender la autorización para realizar cualesquiera de las actividades reguladas por la presente ley, a aquella entidad inscrita que no cumpliere con los requisitos establecidos para el ejercicio de la actividad respectiva o como medida preventiva cuando resulte necesario para el debido resguardo de los inversionistas, la fe pública o la estabilidad financiera. Lo anterior, sin perjuicio de las sanciones penales y administrativas que resulten aplicables por el incumplimiento.

Artículo 8. Obligaciones de información. La Comisión establecerá mediante norma de carácter general, conforme a lo dispuesto en el artículo 4, aquella información que deberán proveer a sus clientes o difundir al público en general quienes estén inscritos en el Registro y realicen alguna de las siguientes actividades:

1. Plataforma de financiamiento colectivo:

a) Las características y condiciones de los proyectos de inversión o necesidades de financiamiento.

b) Los eventuales conflictos de intereses que pudiere tener la plataforma de financiamiento colectivo.

2. Sistema alternativo de transacción:

a) Las cotizaciones y operaciones que mediante sus sistemas o infraestructura se realicen.

b) Las condiciones de acceso y funcionamiento de tales sistemas o infraestructura, y de liquidación de las operaciones que en éstos se realicen.

c) Las interrupciones o contingencias que presenten sus sistemas.

3. Intermediación de instrumentos financieros:

a) Las condiciones de acceso y funcionamiento de sus sistemas o infraestructura.

b) Los eventuales conflictos de intereses que pudiere tener en el ejercicio de su encargo.

c) Las interrupciones o contingencias que presenten sus sistemas.

d) La situación económica, financiera y legal de la entidad inscrita.

4. Enrutamiento de órdenes:

a) Las condiciones de acceso y funcionamiento de sus sistemas o infraestructura.

b) Los eventuales conflictos de intereses que pudiere tener en el ejercicio de su encargo.

c) Las interrupciones o contingencias que presenten sus sistemas.

5. Asesoría de inversión:

a) Los conflictos de intereses que puedan surgir en el ejercicio de su actividad.

b) Las variables, métodos, criterios o directrices que guían el proceso de recomendación.

c) Los riesgos inherentes a la inversión recomendada.

6. Asesoría crediticia:

a) Los conflictos de intereses que puedan surgir en el ejercicio de su actividad.

b) Las variables, métodos, criterios o directrices generales que guían el proceso de evaluación.

7. Custodia de instrumentos financieros:

a) Las condiciones de seguridad, acceso y funcionamiento de sus sistemas o infraestructura.

b) Las interrupciones o contingencias que presenten sus sistemas.

c) La situación económica, financiera y legal de la entidad.

Las entidades que presten los servicios regulados en el artículo 2 deberán informar anualmente al Servicio de Impuestos Internos sobre los saldos de los instrumentos financieros definidos en el numeral 8 del artículo 3 que mantengan en custodia sus clientes y de las transacciones que por su intermedio realizaron respecto a dichos instrumentos, para la aplicación del impuesto a la renta, impuesto adicional, impuesto al valor agregado y/o impuesto de timbres y estampillas, u otros impuestos que correspondan, en la forma y plazo que éste determine mediante resolución.

Artículo 9. Idoneidad para la prestación de los servicios. Las personas naturales que desempeñen funciones para las entidades que presten servicios de asesoría de inversión y asesoría crediticia, inscritas en el Registro de Prestadores de Servicios Financieros, así como los sistemas que dichas entidades utilicen para la prestación de sus servicios, deberán cumplir con estándares de objetividad, coherencia y consistencia entre los elementos empleados para efectuar su recomendación o evaluación y las necesidades manifestadas por los clientes que contratan dichos servicios.

La Comisión, mediante norma de carácter general, establecerá las circunstancias que se deberán acreditar para calificar que tales personas y sistemas cuentan con las condiciones a que se refiere el inciso anterior, tales como certificación de conocimientos o de inviolabilidad, entre otros.

Artículo 10. Garantías. Alcanzado el volumen de negocios o número de clientes que pudieran resultar afectados con las actuaciones u omisiones en que pudieren incurrir las entidades, según haya establecido la Comisión por norma de carácter general, quienes presten los servicios de intermediación de instrumentos financieros, enrutamiento de órdenes o custodia de instrumentos financieros, deberán constituir una o más garantías, según sea el caso, para responder del correcto y cabal cumplimiento de todas las obligaciones emanadas de su actividad y, especialmente, por los eventuales perjuicios que pudieren ocasionar a sus clientes por sus acciones u omisiones en la prestación de los servicios. Las entidades antes indicadas responderán de culpa leve en la prestación de los servicios antes mencionados.

La garantía deberá constituirse mediante boleta bancaria o póliza de seguros por el monto que determine la Comisión, según los parámetros establecidos mediante norma de carácter general en consideración al impacto o perjuicio potencial que pueda ocasionar la entidad a su cliente en atención al o los servicios prestados, la calidad del gobierno corporativo y gestión de riesgos de la entidad.

No obstante lo establecido en los incisos anteriores, la Comisión, mediante norma de carácter general y con el objeto de compatibilizar la protección de la fe pública y estabilidad financiera con la viabilidad económica de los modelos de negocios regulados por el presente artículo, podrá sustituir la garantía individual antes señalada por una garantía cofinanciada por más de una entidad de las obligadas a su constitución por este artículo, la que deberá ser de un monto suficiente y de características adecuadas para enfrentar los riesgos de todas las entidades que la cofinancian.

Artículo 11. Patrimonio mínimo. Alcanzado el volumen de negocios que la Comisión haya establecido por norma de carácter general y que permitan presumir razonablemente que con los riesgos que enfrenta la entidad se puede comprometer la fe pública o la estabilidad financiera, las entidades que presten los servicios de intermediación o custodia de instrumentos financieros, deberán contar permanentemente con un patrimonio mínimo, igual o superior al mayor entre:

a) 5.000 UF; o

b) El 3% de los activos ponderados por riesgos financieros y operacionales de la entidad, calculado conforme al método que al efecto establezca la Comisión mediante norma de carácter general. Tratándose de entidades que presenten deficiencias en su gestión de riesgos, dicho porcentaje podrá ser incrementado hasta el 6% por la Comisión en atención a la evaluación de la calidad de gestión de riesgos que ésta realice.

En el evento que el patrimonio mínimo de la entidad disminuyere a un monto inferior al establecido en el presente artículo, ésta deberá comunicarlo a la Comisión tan pronto tome conocimiento de ello y presentar dentro del plazo de cinco días corridos un plan de regularización que deberá contener medidas concretas del referido déficit que le permitan remediar la situación en que se encuentra y asegurar su normal funcionamiento, plazo que podrá ser prorrogado por la Comisión hasta completar diez días corridos en total. Mientras se mantenga dicha situación, deberá abstenerse de realizar nuevas operaciones que pudieran profundizar el déficit patrimonial o deteriorar la situación financiera de la entidad.

Asimismo, en caso de que la Comisión tomare conocimiento de que una entidad se encuentra en los supuestos indicados en el inciso precedente o cuando resulte previsible que incurrirá en déficit patrimonial de manera inminente de mantenerse las circunstancias de mercado o en atención al actuar de la propia entidad, y esto no le hubiere sido comunicado oportunamente, la Comisión podrá requerir a la entidad la presentación de un plan de regularización dentro del plazo indicado en el inciso anterior. De no subsanarse el déficit patrimonial dentro del plazo de seis meses contado desde que aquél se hubiere producido, la entidad deberá dejar de prestar el servicio de intermediación de instrumentos financieros y custodia de instrumentos financieros, y presentar para aprobación de la Comisión un programa de término de operaciones y traspaso de clientes.

Recibido el programa de término de operaciones y traspaso de clientes a que se refiere el inciso anterior, la Comisión podrá designar uno o más interventores por el período que determine mediante resolución fundada. La administración de la entidad quedará sometida, en el ejercicio de sus funciones, a las instrucciones que le imparta el o los interventores designados por la Comisión. El interventor tendrá todas las facultades del giro ordinario que la ley y los estatutos señalan al directorio, o a quien haga sus veces, y al gerente general. La designación de interventor deberá recaer en funcionarios de la Comisión o en profesionales externos debidamente calificados, sujeto a que cumplan los requisitos de idoneidad y capacidad técnica que la Comisión determine mediante norma de carácter general. En este último caso, los servicios del interventor serán remunerados con cargo del presupuesto anual de la Comisión.

En los juicios en que se persiga la responsabilidad de alguna de las entidades inscritas en el Registro y que presten los servicios señalados en el inciso primero, o la ejecución forzada de las obligaciones de éstas con terceros, no se podrá, en caso alguno, embargar, ni decretar medidas prejudiciales o precautorias u otras limitaciones al dominio respecto de los instrumentos financieros o dineros que les hubieren sido entregados en depósito o para honrar las instrucciones de pago efectuadas.

Sin embargo, podrán decretarse tales medidas, de conformidad a las reglas generales, cuando se trate de obligaciones personales de los terceros que le hayan entregado esos instrumentos financieros en depósito, pero sólo respecto de aquellos de propiedad del tercero respectivo.

Artículo 12. Gobierno corporativo y gestión de riesgos. Con el objeto de resguardar la información e intereses de sus clientes, y asegurar su continuidad financiera y operacional, quienes estén inscritos en el Registro deben diseñar, aprobar e implementar políticas, procedimientos y controles que compatibilicen su viabilidad económica-financiera con su capacidad de contar con respuestas estratégicas idóneas para los riesgos inherentes a sus líneas de negocios.

Corresponderá a la Comisión establecer, mediante norma de carácter general, los estándares de gobierno corporativo y gestión de riesgos, incluyendo aspectos de ciberseguridad y seguridad de información, que permitirán presumir que quienes están inscritos en el Registro cumplen con la disposición señalada en el inciso anterior, sin perjuicio que corresponderá a cada entidad adoptar o adaptar tales estándares conforme a su tamaño, volumen y naturaleza de sus negocios, y riesgos.

En el caso de entidades inscritas en el Registro que presten los servicios de intermediación o custodia de instrumentos financieros, los estándares establecidos por la Comisión serán aquellos contra los que ésta evaluará la calidad del gobierno corporativo y gestión de riesgos de la entidad para efectos de la determinación del monto de la garantía y patrimonio mínimo a que se refieren los artículos 10 y 11.

Artículo 13. Cancelación de inscripción. La Comisión podrá cancelar la inscripción en el Registro de todo quien hubiere sido sancionado por las infracciones graves a que se refiere el artículo 14, o quienes, estando inscritos en el Registro, hubieren realizado actividades distintas de aquellas reguladas por la presente ley o, siendo de estas últimas, que no hubieren sido autorizadas conforme al procedimiento establecido en el artículo 7. Las sanciones de cancelación de la inscripción serán accesorias a las que corresponda aplicar a la entidad por las conductas que motivaron dicha cancelación. Adicionalmente, la Comisión podrá cancelar la inscripción de quienes no hubieren solicitado la autorización para realizar alguna de las actividades reguladas por la presente ley dentro del plazo de doce meses contado desde la inscripción correspondiente.

La Comisión cancelará la inscripción en el Registro de todos quienes así lo soliciten voluntariamente o de aquellas entidades que pasen a tener la calidad de deudor en un procedimiento concursal de liquidación. En caso de que la Comisión hubiere iniciado un proceso administrativo sancionatorio en contra del solicitante, quedará suspendida su solicitud de cancelación hasta que dicho proceso haya terminado, o será dejada sin efecto, en caso de que se cancele la inscripción como sanción por las infracciones graves antes señaladas.

Artículo 14. Infracciones graves. Para efectos de lo establecido en los artículos 6 y 13, se considerarán infracciones graves:

a) Prestar los servicios regulados por la presente ley, sin estar inscrito en el Registro o sin haber obtenido la autorización para prestar los servicios conforme a los requisitos y condiciones establecidos para la prestación de esos servicios.

b) Incumplir, por razones imputables a la administración de la entidad, el plan de regularización y el programa de término de operaciones y traspaso de clientes a que se refiere el artículo 11 o infringir la prohibición de realizar actividades indicada en dicha norma.

c) No haber constituido la garantía exigida por el artículo 10 o haberla constituido por un monto inferior al requerido.

d) Presentar antecedentes maliciosamente falsos, incompletos o inductivos a error a la Comisión respecto de la situación económica, financiera o legal de la entidad.

e) Entregar información maliciosamente falsa, incompleta o inductiva a error a clientes o al público en general respecto de las materias señaladas en el artículo 8.

f) Difundir información maliciosamente falsa, incompleta o inductiva a error respecto de las empresas, proyectos o personas cuyas necesidades de financiamiento están siendo o serán difundidas en una plataforma de financiamiento colectivo.

g) Difundir información maliciosamente falsa respecto de los instrumentos financieros negociados en sistemas alternativos de transacción, o los emisores de aquéllos, con la finalidad de alterar la valoración económica que los inversionistas tienen de esos instrumentos.

h) Utilizar en forma indebida en beneficio propio o de terceros los instrumentos financieros, divisas o dineros mantenidos en custodia por cuenta de clientes.

i) Difundir información maliciosamente falsa o tendenciosa para la prestación de servicios de asesoría de inversión o asesoría crediticia, con el objeto de inducir a error, aun cuando no se obtenga con ello ventajas para sí o terceros.

j) Incurrir en conductas de manipulación de precio respecto de instrumentos financieros, entendiendo por tal la acción que se efectúa con el objeto de estabilizar, fijar o hacer variar artificialmente los precios de instrumentos financieros, y que no se enmarque dentro de las conductas autorizadas por la Comisión mediante norma de carácter general.

k) Efectuar cotizaciones o transacciones ficticias respecto de cualquier instrumento financiero o efectuar transacciones o inducir o intentar inducir a la compra o venta de instrumentos financieros, por medio de cualquier acto, práctica, mecanismo o artificio engañoso o fraudulento.

l) Proporcionar maliciosamente antecedentes falsos o certificar a sabiendas hechos falsos a la Comisión, a los sistemas alternativos de transacción o al público en general, para los efectos de lo dispuesto en esta ley.

Artículo 15. Agravantes. Se considerará como circunstancia agravante en los delitos contemplados en los artículos 467 a 473 del Código Penal, el hecho de cometerlos estando sujeto a la supervisión de la Comisión y con ocasión de la prestación de los servicios regulados en la presente ley.

La pena se aumentará en un grado cuando se perpetrare alguno de los hechos descritos en el inciso anterior por quien fingiere la calidad de inscrito en el Registro o de supervisado por la Comisión.

El que cometiera cualquiera de los hechos previstos en la ley N° 21.459 contra un prestador de servicios regulados en la presente ley se le impondrá la pena allí señalada aumentada en un grado.

TÍTULO II
DEL SISTEMA DE FINANZAS ABIERTAS

Artículo 16. Objetivos y Principios del Sistema de Finanzas Abiertas. Con el objetivo de promover la competencia, innovación e inclusión en el sistema financiero, el presente título establece las reglas y principios básicos para la implementación de un sistema de finanzas abiertas, en adelante, "Sistema de Finanzas Abiertas" o "Sistema", que permita el intercambio entre distintos prestadores de servicios de información de clientes financieros que hayan consentido expresamente en ello y otros tipos de datos señalados en el artículo siguiente, a través de interfaces de acceso remoto y automatizado que permitan una interconexión y comunicación directa entre las instituciones participantes del Sistema, bajo adecuados estándares de seguridad y sujeto al cumplimiento de las exigencias y condiciones establecidas en esta ley y la normativa que dicte la Comisión, en las materias que se señalan al efecto.

El Sistema de Finanzas Abiertas resultará aplicable a las instituciones, productos y servicios financieros, tipos de datos y servicios que se indican en los artículos siguientes y en los términos y condiciones que determine la normativa que dicte al efecto la Comisión.

En el cumplimiento de sus deberes y obligaciones, las instituciones que participen en el Sistema de Finanzas Abiertas deberán observar los principios de proporcionalidad, calidad, transparencia e información al cliente, seguridad y privacidad de los datos, trato no discriminatorio e interoperabilidad entre instituciones participantes.

Artículo 17. Perímetro y alcance del Sistema de Finanzas Abiertas. Las instituciones participantes del Sistema de Finanzas Abiertas serán aquellas que califiquen como instituciones proveedoras de información, instituciones proveedoras de servicios basados en información, instituciones proveedoras de cuentas y proveedores de servicios de iniciación de pago, conforme a lo señalado en los artículos 18, 19 y 20.

Tales instituciones deberán adoptar las medidas necesarias para permitir la consulta, acceso, entrega e intercambio de información, según corresponda, respecto de los tipos de datos, productos y servicios financieros relativos a clientes financieros, sean personas naturales o jurídicas, que hayan contratado productos o servicios financieros o realizado operaciones financieras con ellos, en adelante, "Clientes" o "Cliente", de forma expedita y segura y en las condiciones, plazos y según las especificaciones que defina la Comisión mediante norma de carácter general.

El Sistema de Finanzas Abiertas deberá comprender lo siguiente:

1. Información sobre términos y condiciones generales de los productos y servicios financieros que ofrezcan al público y canales de atención al público dispuestos por las instituciones proveedoras de información indicadas en el artículo 18. Dicha información se deberá mantener a disposición del público a través de una interfaz de acceso público que deberán mantener disponible las Instituciones Proveedoras de Información y en formato de datos abiertos.

2. Información de identificación y registro de los Clientes y sus representantes recabada por las instituciones proveedoras de información durante el proceso de enrolamiento del Cliente, contratación de los productos y servicios o ejecución de operaciones, o bien para dar cumplimiento a exigencias regulatorias de debido conocimiento del Cliente. Dicha información sólo podrá ser comunicada conforme a la autorización que otorgue el Cliente de acuerdo con lo dispuesto en artículo 23.

3. Información sobre las condiciones comerciales contratadas y el uso o historial de transacciones realizadas por los Clientes respecto de los productos y servicios financieros que mantengan contratados con instituciones proveedoras de información, según sea aplicable, incluyendo: a) cuentas corrientes y sus líneas de crédito asociadas, cuentas a la vista, cuentas de provisión de fondos y cuentas de ahorro; b) tarjetas de crédito, con sus respectivas líneas de crédito asociadas; c) operaciones de crédito de dinero; d) pólizas de seguro; e) instrumentos de ahorro o inversión; f) servicios de operación de tarjetas y

medios de pago similares, y g) otros productos o servicios financieros que defina la Comisión por norma de carácter general. Dicha información sólo podrá ser comunicada conforme a la autorización que otorgue el Cliente de acuerdo a lo dispuesto en artículo 23. La información e historial de transacciones realizadas no podrá tener una antigüedad superior a cinco años.

4. Comunicaciones entre proveedores de servicios financieros regulados en la ley Nº 21.236, para los efectos del proceso de portabilidad financiera establecido en dicha legislación, según determine el reglamento de esa ley.

5. Datos o información necesaria para la prestación de servicios de iniciación de pagos, conforme a lo dispuesto en el artículo 20 y sujeto a previa autorización que otorgue el Cliente de acuerdo a lo dispuesto en el artículo 23.

6. Otros datos o información relativa a productos o servicios financieros o iniciación de otro tipo de transacciones que la Comisión pueda disponer mediante norma de carácter general, sujeto a la previa autorización que otorgue el Cliente.

Artículo 18. Instituciones proveedoras de información. Para los efectos indicados en el artículo anterior, deberán participar en el Sistema de Finanzas Abiertas en calidad de instituciones proveedoras de información los bancos y emisores de tarjetas de crédito, tarjetas de pago con provisión de fondos o de cualquier otro sistema similar a los referidos medios de pago que se encuentren autorizados por la Comisión, así como aquellas instituciones fiscalizadas por la Comisión que ésta determine mediante norma de carácter general, en adelante, las "Instituciones Proveedoras de Información". La participación de las Instituciones Proveedoras de Información en el Sistema de Finanzas Abiertas conlleva la obligación de dar acceso y entregar la información que conforme a esta ley le sea solicitada por Instituciones Proveedoras de Servicios Basados en Información, en los términos y condiciones establecidas en ella.

Al efecto, la Comisión extenderá la obligación de participar en el Sistema de Finanzas Abiertas a las instituciones que se indican a continuación, y podrá establecer normas diferenciadas para las entidades según su relevancia en cada mercado, en términos de participación de mercado, número de Clientes, disponibilidad de datos de Clientes según las categorías indicadas en el artículo anterior u otros criterios objetivos:

a) Operadores de tarjetas de pago autorizados por la Comisión.

b) Cooperativas de ahorro y crédito fiscalizadas por la Comisión, regidas por la Ley General de Cooperativas, cuyo texto refundido, concordado y sistematizado fue fijado por el decreto con fuerza de ley Nº 5, de 2003, del Ministerio de Economía, Fomento y Reconstrucción.

c) Agentes administradores de mutuos hipotecarios endosables y compañías de seguros reguladas conforme al decreto con fuerza de ley Nº 251, de 1931, del Ministerio de Hacienda, sobre compañías de seguros, sociedades anónimas y bolsas de comercio.

d) Instituciones que coloquen fondos por medio de operaciones de crédito de dinero de manera masiva, conforme a lo señalado en el artículo 31 de la ley Nº 18.010.

e) Administradoras generales de fondos y administradores de cartera reguladas conforme a la ley Nº 20.712, sobre administración de fondos de terceros.

f) Corredoras de bolsa regulados por la ley Nº 18.045 de Mercado de Valores.

g) Cajas de Compensación de Asignación Familiar reguladas por la ley Nº 18.833.

h) Entidades inscritas en el Registro de Prestadores de Servicios Financieros que lleva la Comisión conforme a esta ley.

i) Otras instituciones financieras fiscalizadas por la Comisión, que ésta determine mediante norma de carácter general.

La Comisión determinará, por norma de carácter general, el tipo de información que deberán comunicar las Instituciones Proveedoras de Información a través del Sistema de Finanzas Abiertas conforme a lo indicado en el artículo anterior.

Artículo 19. Instituciones Proveedoras de Servicios basados en Información. Podrán participar en el Sistema de Finanzas Abiertas para consultar, acceder y recibir datos para efectos de proveer servicios a los Clientes, aquellos proveedores de servicios habilitados por información financiera que se registren voluntariamente para estos efectos en el Registro de Proveedores de Servicios basados en Información de carácter público que llevará la Comisión, en adelante, los "Proveedores de Servicios basados en Información". Podrán participar voluntariamente como estos últimos las entidades que califiquen como Instituciones Proveedoras de Información indicadas en el artículo anterior y las entidades inscritas en el Registro de Prestadores de Servicios Financieros que lleva la Comisión, sin necesidad de nueva inscripción, pero sujeto al cumplimiento de los requisitos aplicables a las entidades inscritas.

La Comisión determinará mediante norma de carácter general los requisitos y antecedentes que deberán acompañar los proveedores antes referidos para inscribirse en el Registro de Proveedores de Servicios basados en Información. Deberán acreditar, para tales efectos, el cumplimiento de los requisitos técnicos y de seguridad de información establecidos en los artículos 21 y 22, los cuales podrán establecer exigencias diferenciadas en atención al tipo de datos a los que los Proveedores de Servicios basados en Información podrán acceder. La Comisión deberá pronunciarse sobre las solicitudes de inscripción en el Registro antes mencionado dentro del plazo de seis meses contado desde la fecha de la solicitud respectiva. Dicho plazo se suspenderá si la Comisión, mediante comunicación digital, pide al solicitante subsanar las deficiencias técnicas y de seguridad de información que se hubieren detectado y sólo se reanudará cuando se haya cumplido con dicho trámite. Subsanadas las deficiencias antes aludidas y vencido el plazo a que se refiere este artículo, la Comisión deberá pronunciarse sobre la solicitud y, en su caso, efectuar la inscripción dentro de tres días hábiles.

La Comisión, en cualquier momento y por resolución fundada, podrá suspender la autorización para realizar consultas de información bajo el Sistema de Finanzas Abiertas a aquellos Proveedores de Servicios basados en Información que hayan dejado de cumplir con los requisitos establecidos por la presente ley o como medida preventiva cuando resulte necesario para el debido resguardo de los Clientes. Lo anterior, sin perjuicio de las sanciones penales y administrativas que resulten aplicables por el incumplimiento.

Mientras se mantengan inscritos en el mencionado Registro, los Proveedores de Servicios basados en Información podrán acceder a las interfaces reguladas en el artículo 21 que habiliten las Instituciones Proveedoras de Información para formular consultas de información. Las Instituciones Proveedoras de Información deberán comunicar la información solicitada por el Proveedor de Servicios basados en Información, el que deberá contar con el consentimiento otorgado por el respectivo Cliente en los términos del artículo 23, sin que resulte necesario contar con una relación contractual entre ambas instituciones.

No podrán inscribirse en el Registro de Proveedores de Servicios basados en Información ni participar voluntariamente como Proveedores de Servicios basados en Información quienes hubieren cometido infracciones gravísimas y reiteradas en un período de veinticuatro meses a las obligaciones legales en materia de protección de datos personales.

Artículo 20. Proveedores de servicios de iniciación de pagos. Podrán participar en el Sistema de Finanzas Abiertas en calidad de Instituciones Proveedoras de Servicios basados en Información los Proveedores de Servicios de Iniciación de Pagos. Se entenderá por tales a aquellas entidades que provean servicios a Clientes que sean titulares de cuentas corrientes, cuentas vistas o cuentas de provisión de fondos, conforme a los cuales puedan instruir, a nombre del Cliente y ante el banco o la institución financiera proveedora de la cuenta respectiva, en adelante, "Instituciones Proveedoras de Cuentas", la ejecución de órdenes de pago o transferencias electrónicas de fondos, incluyendo pagos recurrentes predefinidos en favor de los terceros beneficiarios que los clientes indiquen, con cargo a sus respectivas cuentas y medios de pago.

Para poder actuar como Proveedores de Servicios de Iniciación de Pagos, las entidades deberán inscribirse en el Registro de Proveedores de Servicios de Iniciación de Pagos de carácter público, que llevará la Comisión, la cual determinará mediante norma de carácter general los antecedentes que deberán acompañar para tales efectos, los requisitos de gestión y control de riesgo, garantías, obligaciones de información a Clientes y demás condiciones que deberán acreditar para la prestación de estos servicios e interconexión con las instituciones proveedoras de las cuentas o medios de pago antes referidos. La Comisión deberá pronunciarse respecto de la solicitud de inscripción dentro del plazo de seis meses contado desde la fecha de la solicitud respectiva. Dicho plazo se suspenderá si la Comisión, mediante comunicación fundada en formato digital, pide al solicitante corregir los errores u omisiones que presente su solicitud y sólo se reanudará cuando se haya cumplido con dicho trámite.

Con todo, la Comisión estará facultada para dictar normas diferenciadas a los Proveedores de Servicios de Iniciación de Pagos respecto del cumplimiento de cualesquiera de los requisitos o exigencias establecidas en esta ley, atendiendo a la naturaleza y volumen de operaciones que realicen los proveedores de servicios de iniciación de pagos y riesgos que por estos conceptos asuman las instituciones fiscalizadas, entre otras circunstancias de carácter objetivo que deban considerarse para este propósito en la norma de carácter general que se dicte al efecto.

Los Proveedores de Servicios de Iniciación de Pagos no podrán tener acceso ni mantener, en ningún momento, los dineros de los Clientes de las Instituciones Proveedoras de Cuentas asociados a las órdenes de pago instruidas, ni podrán acceder o mantener información de los Clientes para fines distintos de la prestación del servicio regulado en este artículo. Excepcionalmente, los Proveedores de Servicios de Iniciación de Pagos podrán contemplar en su modelo de funcionamiento la posibilidad de acceder y mantener en forma transitoria los dineros de los referidos Clientes, sujeto a que cumplan las normas que establezca el Banco Central de Chile para cautelar el normal funcionamiento de los pagos en que intervengan, las que incluirán requisitos de solvencia, liquidez, plazo máximo de pago y gestión de riesgos, entre otros requisitos que el Banco determine al efecto. En todo caso, el plazo máximo de pago a los terceros beneficiarios de las órdenes de pago o transferencias electrónicas no podrá superar las setenta y dos horas.

La ejecución de la orden de pago comunicada por el proveedor de servicios de iniciación de pago, con consentimiento previo del Cliente, deberá ejecutarse por parte de la Institución Proveedora de Cuenta sin necesidad de que exista una relación contractual previa con dicho proveedor y sin discriminación alguna con respecto de las órdenes de pago transmitidas directamente por el cliente. Lo anterior, sin perjuicio de las obligaciones de información al Cliente respecto de la ejecución de la orden de pago antes referida.

De igual modo, la ejecución de dicha orden no podrá dar lugar a cobro de comisiones o cobros adicionales por parte de la institución proveedora de cuenta al Cliente titular de ella, respecto a lo que ya hubiera convenido para el uso de la respectiva cuenta o medio de pago o la realización de transferencias con cargo a ésta. Tampoco se podrán efectuar cobros por parte de la institución proveedora de la cuenta al proveedor de servicios de iniciación de pago.

Para los efectos de las disposiciones de la ley N° 20.009, se entenderá que los Proveedores de Servicio de Iniciación de Pago prestan un servicio asociado a transacciones electrónicas.

No obstante lo señalado en el inciso primero, no podrán participar en el Sistema de Finanzas Abiertas en calidad de Instituciones Proveedoras de Servicios basados en Información los Proveedores de Servicios de Iniciación de Pagos que hubieren cometido infracciones gravísimas y reiteradas en un período de veinticuatro meses a las obligaciones legales en materia de protección de datos personales.

Artículo 21. Medios de entrega e intercambio de información. La entrega y el intercambio de información referida en esta ley por parte de las Instituciones Proveedoras de Información, Proveedores de Servicios basados en Información, Instituciones Proveedoras de Cuentas y Proveedores de Servicios de Iniciación de Pagos participantes en el Sistema de Finanzas Abiertas deberá efectuarse por medio de una o más interfaces, de acceso remoto y automatizado que deberán mantener disponible los participantes del Sistema de Finanzas Abiertas, cuyos estándares mínimos determinará la Comisión mediante norma de carácter general.

Dicha normativa establecerá los requisitos y condiciones necesarios para el diseño, desarrollo y mecanismos de seguridad de estas interfaces para el acceso, envío u obtención de datos e información en forma estandarizada, y asegurará la interoperabilidad entre instituciones participantes y la continuidad operacional a través de un mecanismo alternativo de intercambio de información en caso que la o las interfaces respectivas se encuentren inhabilitadas, así como cualquier otro requisito que la Comisión determine como necesario para el seguro y óptimo funcionamiento del sistema. La Comisión podrá establecer exigencias diferenciadas en consideración al tipo de datos o información que se transmitirá a través de la interfaz.

Sin perjuicio de lo anterior, frente a un requerimiento de intercambio de información, los intervinientes deberán dejar constancia de, al menos, la individualización del requirente, el motivo y el propósito del requerimiento, el tipo de datos que se requieren y la fecha del intercambio.

Artículo 22. Estándares de seguridad de información. Las Instituciones Proveedoras de Información, los Proveedores de Servicios basados en Información, las Instituciones Proveedoras de Cuentas y los Proveedores de Servicios de Iniciación de Pagos participantes en el Sistema de Finanzas Abiertas deberán adoptar las medidas necesarias para cumplir con los estándares mínimos de seguridad de información, ciberseguridad y políticas de gestión de riesgos y control interno que la Comisión establezca por norma de carácter general, con el objeto de resguardar la confidencialidad, integridad y disponibilidad de los datos y de la información, y prevenir riesgos a los sistemas de información que los procesan, con el propósito de prevenir la divulgación y/o modificación no autorizada de la información, y las interrupciones no autorizadas de los sistemas tecnológicos. Deberán tener en consideración para tales efectos, el riesgo inherente a cada tipo de información, como, asimismo, la calidad de dato sensible conforme a las disposiciones de la ley N° 19.628. La Comisión podrá establecer exigencias diferenciadas en función del riesgo asociado al tipo de productos o servicios financieros o tipo de datos o información al que tendrán acceso los Proveedores de Servicios basados en Información y los Proveedores de Servicios de Iniciación de Pago, según corresponda.

Ante vulneraciones de las medidas de seguridad señaladas en el inciso anterior, las instituciones participantes en el Sistema de Finanzas Abiertas deberán reportar los incidentes de seguridad a la Comisión sin dilaciones, por los medios y en los términos y condiciones que la Comisión determine por norma de carácter general, y adoptarán las medidas de mitigación de riesgos correspondientes.

Artículo 23. Requisitos del consentimiento y autenticación. Los Proveedores de Servicios basados en Información y los Proveedores de Servicio de Iniciación de pago, en su caso, deberán adoptar mecanismos de autentificación del Cliente y obtener su consentimiento previo y explícito para realizar consultas de información o iniciar pagos en su nombre a través del Sistema de Finanzas Abiertas, según corresponda, a través de medios o canales electrónicos o digitales expeditos y seguros.

Para consultar información financiera a Instituciones Proveedoras de Información, a efectos de proveer servicios a los clientes basados en dicha información financiera, el consentimiento del cliente deberá manifestarse en forma libre, informada, expresa y específica en cuanto al tipo de información financiera, la finalidad y el periodo máximo de validez de esa autorización, e identificará al Proveedor de Servicios basados en Información.

Tratándose de una iniciación de pagos, se deberá indicar los datos necesarios para la instrucción de la orden de pago conforme al artículo 20, incluyendo datos de la cuenta o medio de pago respectivo, del valor de la transacción, fecha de pago, identificación del Proveedor de Servicio de Iniciación de pago respectivo y tercero beneficiario del pago. Podrá otorgarse el consentimiento una sola vez tratándose de un pago recurrente predefinido por el Cliente.

Éste podrá revocar en cualquier momento el consentimiento otorgado, y estará prohibido al Proveedor de Servicios basados en Información o Proveedor de Servicios de Iniciación de Pago respectivo continuar utilizando el consentimiento para nuevas consultas de información o para la iniciación de nuevas órdenes de pago.

La Comisión, mediante norma de carácter general, establecerá la forma en que se reputará otorgado el consentimiento expreso de los Clientes para todos los efectos legales y la forma en que el Cliente podrá revocar dicho consentimiento. Asimismo, la Comisión establecerá la información que los Proveedores de Servicios basados en Información y Proveedores de Servicio de Iniciación de pago deberán proporcionar a los Clientes respecto de las solicitudes de información o iniciación de pagos ejecutadas conforme a las autorizaciones otorgadas.

Las Instituciones Proveedoras de Información e Instituciones Proveedoras de Cuenta, en su caso, deberán adoptar mecanismos para la autenticación de los Clientes que hubieren dado su consentimiento a los Proveedores de Servicios basados en Información o los Proveedores de Servicio de Iniciación de pago, según sea el caso. Los medios de autenticación y confirmación de Clientes antes referidos deberán ajustarse a los estándares mínimos que defina la Comisión por norma de carácter general, los cuales podrán considerar reglas diferenciadas, incluyendo mecanismos de autenticación reforzada, considerando el riesgo y tipo de datos o servicios involucrados. Los mecanismos de autenticación de Clientes para estos efectos deberán ser compatibles con los métodos ya disponibles en las Instituciones Proveedoras de Información e Instituciones Proveedoras de Cuentas para el acceso a sus canales electrónicos.

Las Instituciones Proveedoras de Información deberán implementar mecanismos para la autenticación de los Proveedores de Servicios basados en Información y Proveedores de Servicio de Iniciación de Pagos, a fin de verificar que se encuentren inscritas en los Registros que lleva la Comisión, conforme a los estándares que ésta defina por norma de carácter general.

Artículo 24. Responsabilidad de instituciones participantes en el Sistema de Finanzas Abiertas. Las Instituciones Proveedoras de Información, Instituciones Proveedoras de Cuentas, los Proveedores de Servicios basados en Información y Proveedores de Servicios de Iniciación de Pagos participantes serán responsables de resguardar la integridad, disponibilidad, seguridad y confidencialidad de los datos involucrados en cada transacción y la adecuada privacidad de la información de los Clientes. Lo anterior, sin perjuicio del cumplimiento de las demás exigencias legales y normativas que les resulten aplicables en relación con el tratamiento de datos que cada uno de ellos realice y las disposiciones de la ley N°19.628, sobre protección de la vida privada.

El acceso, entrega e intercambio de información entre instituciones participantes del Sistema de Finanzas Abiertas en cumplimiento de las disposiciones aplicables en esta ley y conforme al consentimiento otorgado por el Cliente, no se entenderá como violación a las obligaciones de confidencialidad, reserva y secreto impuestas a las Instituciones Proveedoras de Información o Instituciones Proveedoras de Cuentas conforme a las leyes o normativas aplicables.

Los Proveedores de Servicios basados en Información y los Proveedores de Servicios de Iniciación de Pagos deberán implementar las medidas necesarias para garantizar la seguridad en el tratamiento de datos que realicen en el contexto de las consultas de acceso a información financiera e iniciación de pagos, respectivamente, con especial resguardo respecto de los fines para los cuales fue autorizado por el Cliente, sin que puedan utilizar, almacenar o acceder a datos del Cliente no comprendidos dentro de la autorización o consentimiento antes referida o en caso que dicho consentimiento haya sido revocado por el Cliente o haya expirado su periodo de validez. Asimismo, deberán adoptar las medidas necesarias y responder ante los Clientes en caso de alteración, destrucción, pérdida, tratamiento o comunicación o acceso no autorizado a datos de los Clientes.

Los Proveedores de Servicios basados en Información y los Proveedores de Servicios de Iniciación de Pagos deberán interrumpir el acceso de información y la realización de nuevas órdenes de pago tan pronto el Cliente retire su consentimiento o expire su periodo de validez o en caso que existan vulnerabilidades que pongan en riesgo la información de los Clientes. En este último caso deberán comunicar dicha situación al Cliente, a la Comisión y a la Institución Proveedora de Información respectiva, en los términos que la Comisión defina mediante norma de carácter general.

Las instituciones participantes serán responsables de atender las consultas y reclamos de los Clientes respecto de los datos y servicios intercambiados a través del Sistema de Finanzas Abiertas en que hayan tenido participación, para lo cual deberán disponer de mecanismos de atención de Clientes, sin perjuicio de las responsabilidades que les correspondan conforme a las disposiciones de esta ley o demás leyes que les resulten aplicables conforme al ordenamiento jurídico general.

Artículo 25. Distribución de costos por consultas de información en Sistema de Finanzas Abiertas. Las Instituciones Proveedoras de Información no podrán efectuar cobros a los Proveedores de Servicios basados en Información por la comunicación de la información de datos de Clientes solicitada a través de las interfaces definidas para el Sistema de Finanzas Abiertas, con excepción del reembolso de los costos incrementales directos en que deban incurrir para atender el aumento de solicitudes de información recibidas en la medida que éstas superen el umbral de volumen de solicitudes definido por la Comisión.

La Comisión establecerá, mediante norma de carácter general, los parámetros para la determinación de los costos reembolsables y los umbrales de volumen de solicitudes de información por sobre los cuales corresponderá el reembolso, teniendo en consideración el volumen y tipo de datos a ser entregados y los costos de operación incrementales de las interfaces.

Los costos incrementales directos que la Institución Proveedora de Información solicite reembolsar deberán fijarse en base a condiciones públicas, objetivas, equitativas y no discriminatorias entre instituciones participantes. En caso de incumplimiento por parte de un Proveedor de Servicios basados en Información en el pago de los costos reembolsables antes mencionados, la Institución Proveedora de Información deberá continuar atendiendo las consultas de información que no superen los umbrales antes referidos, salvo que existan saldos de pago vencidos por un plazo superior a sesenta días corridos.

No procederá el reembolso de costos por parte de las instituciones participantes respecto del desarrollo de la interfaz o mecanismo de intercambio de información definido para la implementación del Sistema de Finanzas Abiertas conforme al artículo 21.

El acceso a la información de datos de Clientes solicitada a las Instituciones Proveedores de Información a través de las interfaces definidas para el Sistema de Finanzas Abiertas no podrá dar lugar a cobro de comisiones o cobros adicionales a los Clientes.

Artículo 26. Resguardos para garantizar interoperabilidad y trato no discriminatorio entre instituciones participantes. Las Instituciones Proveedoras de Información deberán cumplir con las obligaciones contenidas en los artículos anteriores, y adoptarán las medidas necesarias para garantizar un trato no discriminatorio y la interoperabilidad con otras instituciones participantes del Sistema de Finanzas Abiertas.

Las Instituciones Proveedoras de Información e Instituciones Proveedoras de Cuentas no podrán establecer restricciones, limitaciones u obstáculos para el intercambio de información o acceso por parte de los Proveedores de Servicios basados en Información o Proveedores de Servicios de Iniciación de Pagos autorizados, en términos de prioridad en acceso, oportunidad y calidad de información, solicitudes de autorizaciones a Clientes o validaciones adicionales a las exigencias contempladas en los artículos anteriores. Tampoco podrán dar tratamiento discriminatorio alguno a las solicitudes de acceso de información o instrucciones de iniciación de pago que reciban a través de dicha interfaz, respecto de aquellas transacciones realizadas directamente por el Cliente a través de sus canales de servicio habituales.

Artículo 27. Facultades de supervisión y fiscalización de la Comisión. Corresponderá a la Comisión dictar la regulación e instrucciones necesarias para la adecuada implementación y funcionamiento del Sistema de Finanzas Abiertas, así como fiscalizar el cumplimiento de las obligaciones que competen a las Instituciones Proveedoras de Información, Instituciones Proveedoras de Cuentas, Proveedores de Servicios basados en Información y Proveedores de Servicios de Iniciación de Pagos. Contará para ello con las atribuciones que le confiere esta ley y su ley orgánica. Para esos efectos, la Comisión deberá observar los principios de proporcionalidad basada en riesgos, neutralidad tecnológica e interoperabilidad entre instituciones participantes. Lo anterior, sin perjuicio de los deberes y obligaciones que competan a las instituciones participantes conforme al ordenamiento general, incluyendo la ley N° 19.496, que establece normas sobre protección de los derechos de los consumidores y la ley N° 19.628, sobre protección de la vida privada.

Para efectos de la dictación de la normativa que regule el Sistema de Finanzas Abiertas, se deberán llevar a cabo los trámites de consulta pública y evaluación de impacto regulatorio contemplados en el artículo 20 número 3 del decreto ley N° 3.538, de 1980 y se deberá requerir un informe de la Fiscalía Nacional Económica conforme a lo dispuesto en el artículo 37 bis de la ley N° 19.880.

Asimismo, para velar por una adecuada implementación del Sistema de Finanzas Abiertas, la Comisión podrá disponer la realización de pruebas piloto de funcionamiento con las instituciones que deban participar o que manifiesten interés en participar en el Sistema de Finanzas Abiertas, para efectos de definir los aspectos técnicos y operativos de la normativa, particularmente en ámbitos relativos a los medios de intercambio de información y operatoria de las interfaces de programación de aplicaciones y mecanismos de autenticación entre instituciones participantes.

La Comisión contará con facultades de fiscalización respecto de las instituciones que participen en el Sistema de Finanzas Abiertas. Podrá requerirles los registros, documentos, datos, informes y en general, la información y antecedentes que estime necesarios para verificar el cumplimiento de las exigencias aplicables conforme a esta ley, así como para monitorear y evaluar el funcionamiento del Sistema de Finanzas Abiertas. También podrá confeccionar información estadística que estime necesaria, en la forma y términos que señale mediante norma de carácter general.

A tal efecto, la Comisión podrá ordenar la suspensión parcial o total, temporal o definitiva, de una o más instituciones participantes para la entrega o del intercambio de información y datos que se realice, cuando se incumplan las exigencias establecidas en la ley y/o normativa que se dicte al efecto y resulte necesario para el resguardo de los intereses de los Clientes o para el adecuado funcionamiento del Sistema de Finanzas Abiertas.

Las instituciones participantes en el Sistema de Finanzas Abiertas que incurrieren en infracciones de las disposiciones de esta ley y normativa dictada conforme a ello o incumplieren las instrucciones u órdenes legalmente impartidas por la Comisión, podrán ser sancionadas conforme a las reglas establecidas en el título III del decreto ley N° 3.538, de 1980, sin perjuicio de las sanciones especiales contenidas en este u otros cuerpos legales. Estas resoluciones podrán ser impugnadas de conformidad con lo establecido en el título V de la misma ley.

TÍTULO IV
OTRAS DISPOSICIONES

Artículo 28. Oferta de productos y servicios financieros acorde al perfil. Los prestadores de servicios financieros regulados por el título II, y los bancos, las compañías de seguros, los intermediarios de valores, los corredores de bolsas de productos, las administradoras de fondos y carteras individuales reguladas por la ley N° 20.712, y las cooperativas de ahorro y crédito fiscalizados por la Comisión, cajas de compensación de asignación familiar reguladas por la ley N°18.833, deberán adoptar políticas, procedimientos y controles tendientes a evitar que se ofrezcan productos que no sean acorde a las necesidades, expectativas y disposición al riesgo que los clientes les hayan previamente comunicado respecto a los productos que desean adquirir.

Para esos efectos, las entidades podrán requerir a los clientes información sobre sus conocimientos y experiencia como inversionista o cliente financiero, su situación financiera y objetivos de inversión, ahorro, financiamiento o aseguramiento, en atención al tipo de servicio o producto financiero que deseen contratar, y deberán informarles acerca de las características y condiciones de éstos y los riesgos involucrados.

En aquellos casos en que un cliente decida contratar un servicio que en opinión del prestador de servicios no está acorde a las necesidades, expectativas o riesgos comunicados por el cliente, la entidad deberá adoptar los resguardos que sean necesarios a objeto de acreditar ante la Comisión que ese hecho fue advertido al cliente previo a la contratación, cuando ésta así lo solicite en la fiscalización del cumplimiento de lo establecido en el presente artículo.

La información, propaganda o publicidad que por cualquier medio se entregue respecto de la oferta de productos o servicios financieros no podrá contener declaraciones, alusiones o representaciones que puedan inducir a error, o que sean equívocos o puedan causar confusión al público acerca de la naturaleza, precios, rentabilidad o cualquier otra característica de tales productos o servicios o aquellas relativas a quienes los presten.

Para efectos de la fiscalización de lo establecido en el presente artículo, la Comisión dispondrá de todas las facultades que le confiere su ley orgánica.

Artículo 29. Condiciones de acceso a cuentas bancarias por instituciones financieras fiscalizadas. Los bancos que ofrezcan servicios de cuenta corriente deberán establecer las condiciones públicas, objetivas y no discriminatorias bajo las cuales ofrecerán y darán acceso a dichos servicios a los prestadores de servicios financieros regulados por el título II, los emisores y operadores de tarjetas de pago y otras instituciones financieras sujetas a la fiscalización de la Comisión que ésta defina por norma de carácter general. Bajo las condiciones antes señaladas, el banco podrá denegar la solicitud de apertura de cuenta o bien se podrá proceder a la suspensión o cierre del contrato de cuenta corriente, en cuyo caso deberá comunicar dicha decisión a la mayor brevedad, y por causa justificada a la institución financiera respectiva. Asimismo, deberá informar las razones que la motivan en consideración a los riesgos específicos de la institución solicitante o su falta de adecuación a las condiciones generales antes referidas.

TÍTULO V
MODIFICACIONES A OTROS CUERPOS NORMATIVOS

Artículo 30. Modifícase la ley N° 20.950, que autoriza emisión y operación de medios de pago con provisión de fondo por entidades no bancarias, en los siguientes términos:

1. Intercálase en el artículo 1 el siguiente inciso segundo, nuevo, pasando los actuales incisos segundo, tercero, cuarto y quinto a ser incisos tercero, cuarto, quinto y sexto, respectivamente:

"Para todos los efectos legales, se entenderá que los medios de pago a que se refiere el inciso anterior comprenden las representaciones digitales, electrónicas o informáticas, registradas mediante sistemas que utilicen tecnologías de registros distribuidos u otras análogas, de unidades cuyo valor sea directamente determinable y respaldado en función de dinero, ya sea que se trate de moneda nacional o extranjera, o bien, de documentos en que consten obligaciones pagaderas en cualquiera de esas monedas, y sujeto a que tales representaciones y sistemas cumplan con los estándares y condiciones mínimas en materias de seguridad, fiabilidad, aceptabilidad, uso, masividad, entre otras, que el Banco Central de Chile establezca por norma general.".

2. Reemplázase el inciso primero del artículo 5 por el siguiente:

"Artículo 5. Los emisores no bancarios de medios de pago con provisión de fondos estarán facultados para recibir dinero del público, el que solamente podrá destinarse a efectuar los pagos correspondientes a la utilización de dichos medios, a cumplir las transferencias de fondos instruidas por el titular o por un tercero especialmente autorizado por éste, al cargo de las comisiones que procedan o al reembolso de los recursos recibidos del titular del instrumento de pago.".

Artículo 31. Modifícase el artículo primero de la ley N° 18.840, ley orgánica constitucional del Banco Central de Chile, en los siguientes términos:

1. Incorpórase el siguiente párrafo final en el numeral 8 del artículo 35:

"Las órdenes de pago a que se refiere este numeral comprenden a las recaídas en representaciones digitales, electrónicas o informáticas, registradas mediante sistemas que utilicen tecnologías de registros distribuidos u otras análogas, de unidades cuyo valor sea directamente determinable y respaldado en función de dinero, ya sea que se trate de moneda nacional o extranjera, o bien, de documentos en que consten obligaciones pagaderas en cualquiera de esas monedas, y sujeto a que tales representaciones y sistemas cumplan con los estándares y condiciones mínimas en materias de seguridad, fiabilidad, aceptabilidad, uso, masividad, entre otras, que el Banco Central de Chile establezca por norma general.".

2. Incorpórase en el inciso segundo del artículo 39, a continuación del punto y aparte, que pasa a ser punto y seguido, el siguiente texto:

"Asimismo, el concepto de moneda extranjera o divisa comprende las representaciones digitales, electrónicas o informáticas, registradas mediante sistemas que utilicen tecnologías de registros distribuidos u otras análogas, de unidades cuyo valor sea directamente determinable y respaldado en función de una cierta moneda extranjera, uno o más documentos en que consten obligaciones pagaderas en moneda extranjera, o una canasta de monedas extranjeras, y sujeto a que tales representaciones y sistemas cumplan con los estándares y condiciones mínimas en materias de seguridad, fiabilidad, aceptabilidad, uso, masividad, entre otras, que el Banco establezca por norma general.".

Artículo 32. Modifícase la ley N° 18.045, de Mercado de Valores, en los siguientes términos:

1. Reemplázase el artículo 4 por el siguiente:

"Artículo 4. Se entiende por oferta pública de valores la dirigida al público en general o a ciertos sectores o a grupos específicos de éste.

La Comisión, mediante norma de carácter general, podrá establecer que determinados tipos de ofertas de valores no constituyen ofertas públicas, en consideración al número y tipo de inversionistas a los cuales se dirigen, los medios a través de los cuales se comunican o materializan y el monto de los valores ofrecidos.

Asimismo, la Comisión podrá eximir a ciertas personas, entidades u ofertas públicas del cumplimiento de cualesquiera de los requisitos de la presente ley o definirles requisitos menos gravosos que los establecidos por ésta, mediante norma de carácter general y en consideración a que por sus condiciones o características con ello no se verá comprometida la fe pública.

Los emisores que estén en liquidación no podrán hacer oferta pública de valores excepto si se tratare de sus propias acciones o en los demás casos o circunstancias que la Comisión establezca por norma de carácter general.".

2. Reemplázanse los artículos 5 y 6, por los siguientes:

"Artículo 5. En el Registro de Valores se deberán inscribir los valores que sean objeto de oferta pública.

Artículo 6. Sólo podrá hacerse oferta pública de valores cuando ellos estén inscritos en el Registro de Valores.".

3. Reemplázase el artículo 8 ter, por el siguiente:

"Artículo 8 ter. Aquellos emisores de valores que cumplan con las características o condiciones que establezca la Comisión mediante norma de carácter general, ya sea respecto del emisor, la emisión, la colocación o del inversionista al que se dirige la oferta, entre otras, podrán acogerse a la modalidad de registro automático establecido en este artículo. Para tal efecto, el emisor deberá acompañar a su solicitud de inscripción automática, la o las clasificaciones de riesgo a que se refiere el artículo 8 bis, el ejemplar de la escritura pública exigido por los artículos 104 o 137, según el tipo de título del cual se trate, y el resto de la documentación que la Comisión establezca, mediante norma de carácter general, respecto de los títulos de deuda o línea de títulos de deuda y, en su caso, de las modificaciones respectivas.

Las acciones, títulos de deuda y demás valores quedarán inscritos en el Registro de Valores por el solo ministerio de la ley, a partir del día hábil siguiente de emitido el certificado correspondiente por parte de la Comisión, previo pago por parte del solicitante de los derechos de inscripción establecidos en el artículo 33 del decreto ley Nº 3.538, de 1980, que crea la Comisión para el Mercado Financiero, en aquellos casos en que dicho pago no haya sido exceptuado por ley.".

4. Reemplázase el artículo 10, por el siguiente:

"Artículo 10. Las entidades cuyos valores se encuentren inscritos en el Registro de Valores quedarán sujetas a esta ley y a sus normas complementarias y deberán proporcionar la información que establece la ley a la Comisión y al público en general con la periodicidad, publicidad y en la forma que la Comisión determine por norma de carácter general.

Asimismo, y sin perjuicio de lo dispuesto en el inciso anterior, dichas entidades deberán divulgar en forma veraz, suficiente y oportuna, todo hecho o información esencial respecto de ellas mismas y de sus negocios al momento que él ocurra o llegue a su conocimiento.

El directorio o administrador de cada entidad deberá implementar políticas, procedimientos, sistemas y controles con el objeto de asegurar dicha divulgación y evitar que se filtre información esencial mientras no haya ocurrido la referida divulgación.

La Comisión, mediante norma de carácter general, establecerá los requisitos y condiciones que deberán cumplir las políticas, procedimientos, sistemas y controles a que se refiere el inciso anterior.

No obstante lo dispuesto en el inciso anterior, con la aprobación de las tres cuartas partes de los directores en ejercicio podrá darse el carácter de reservado a ciertos hechos o antecedentes que se refieran a negociaciones aún pendientes que al conocerse puedan perjudicar el interés social. Tratándose de emisores no administrados por un directorio u otro órgano colegiado, la decisión de reserva debe ser tomada por la unanimidad de los administradores.

Las decisiones y acuerdos a que se refiere el inciso anterior deberán ser comunicados a la Comisión al día hábil siguiente a su adopción por los medios tecnológicos que habilite la Comisión.

Los que dolosa o culpablemente califiquen o concurran con su voto favorable a declarar como reservado un hecho o antecedente, de aquellos a que se refiere el inciso tercero de este artículo, responderán en la forma y términos establecidos en el artículo 55.".

5. Reemplázanse los artículos 23 al 31, por los siguientes:

"Artículo 23. Todo valor inscrito en el Registro de Valores podrá transarse en bolsas de valores, las que estarán obligadas a aceptarlos a cotización y negociación en sus sistemas bursátiles en la medida que se ajusten a las normas dictadas en conformidad con el artículo 44 letra e).

La intermediación de acciones de sociedades anónimas abiertas sólo podrá ser efectuada en bolsas de valores.

Artículo 24. Son intermediarios de valores quienes con el objeto de cumplir las órdenes de terceros:

a) Compran o venden valores de oferta pública, por cuenta propia con el ánimo anterior de vender o adquirir esos mismos instrumentos a esos terceros, o

b) Compran o venden valores de oferta pública a nombre o por cuenta de dichos terceros.

Solo podrán actuar como intermediario de valores de oferta pública, las personas jurídicas que estén inscritas en el Registro de Corredores de Bolsa y Agentes de Valores que mantendrá la Comisión. Ellas tendrán como objeto exclusivo el señalado en el inciso anterior, y podrán realizar las demás actividades que les autorice la Comisión mediante norma de carácter general.

Los intermediarios de valores podrán asimismo actuar como corredores en las Bolsas de Productos regidos por la ley N° 19.220, que regula establecimiento de bolsas de productos, reputándose como tales para todos los efectos de esa ley.

Artículo 25. Para ser inscrito en el Registro de Corredores de Bolsa o Agentes de Valores, se deberá remitir una solicitud a la Comisión, en la forma y medios que ésta establezca mediante norma de carácter general, y acompañar los antecedentes que ella señale en dicha normativa que acrediten la identidad y capacidad legal del solicitante.

No procederá la inscripción de las personas jurídicas que, en los diez años anteriores a la fecha de la solicitud, hubieren sido sancionados administrativamente por incurrir en las conductas constitutivas de delito de esta ley o de las leyes N° 18.046, N° 19.220, N° 20.712, N° 20.720, del decreto con fuerza de ley N° 3, de 1997, del Ministerio de Hacienda y del decreto con fuerza de ley N° 251, de 1931, del Ministerio de Hacienda o que hubieren sido condenados por delito que merezca pena aflictiva. Tampoco procederá la inscripción de las personas jurídicas en las que actúen como directores o administradores quienes fueron sancionados por ese tipo conductas en igual periodo.

La Comisión deberá pronunciarse sobre las solicitudes de inscripción en el Registro de Corredores de Bolsa y Agentes de Valores dentro del plazo de treinta días hábiles a contar de la fecha de la solicitud respectiva.

El plazo indicado en el inciso anterior se suspenderá si la Comisión pide al solicitante que enmiende su solicitud, y solo se reanudará cuando ésta se haya corregido. Subsanados los defectos o atendidas las observaciones formuladas en su caso y vencido el plazo a que se refiere este artículo, la Comisión deberá pronunciarse sobre la solicitud, y en su caso, efectuar la inscripción dentro de tercero día hábil.

Los bancos que de acuerdo con sus facultades reciban órdenes de sus clientes para comprar o vender acciones de sociedades anónimas abiertas, deberán ejecutar dichas órdenes a través de un corredor de bolsa.

Los bancos no estarán obligados a inscribirse en el Registro de Corredores de Bolsa y Agentes de Valores para efectuar las funciones de intermediación de acuerdo a las facultades que les confiere la Ley General de Bancos.

Sin embargo, quedarán sujetos a todas las otras disposiciones de la presente ley en lo referente a sus actividades como tales.

Artículo 26. Previo a iniciar la prestación del servicio de intermediación de valores de oferta pública, quienes estén inscritos en el Registro deberán solicitar la autorización a la Comisión. Para ese efecto, el solicitante deberá acreditar, en la forma, medios y condiciones que ésta establezca mediante norma de carácter general, que:

a) Cuenta con los sistemas y procedimientos necesarios para cumplir con las obligaciones de información y difusión establecidas por la presente ley.

b) Tiene la capacidad operacional para soportar el procesamiento de las operaciones que mediante sus sistemas o infraestructura se realicen.

c) Cuenta con la idoneidad exigida por el artículo 28.

d) Cuenta con las garantías exigidas por el artículo 29.

e) Cuenta con las condiciones de endeudamiento, liquidez y solvencia establecidas por el artículo 30.

f) Cuenta con el gobierno corporativo y sistema de gestión de riesgos exigido por el artículo 31.

La Comisión dispondrá del plazo máximo de seis meses para otorgar o rechazar la autorización a que se refiere el presente artículo, contado desde la solicitud que al efecto presente la entidad inscrita en el Registro. Dicho plazo se suspenderá si la Comisión, mediante comunicación digital, pide al solicitante corregir los errores u omisiones que presente su solicitud y sólo se reanudará cuando se haya cumplido con dicho trámite. Subsanados los defectos o atendidas las observaciones formuladas en su caso y vencido el plazo a que se refiere este artículo, la Comisión deberá pronunciarse sobre la solicitud y, en su caso, efectuar la inscripción dentro de tres días hábiles.

Artículo 27. Los intermediarios de valores que están autorizados para operar en una bolsa de valores se denominan corredores de bolsa, y aquellos que no cuentan con esa autorización, agentes de valores. Los corredores de bolsa y agentes de valores deberán incluir en su razón social la expresión "corredor de bolsa" o "agente de valores", respectivamente.

Artículo 28. Las personas que desempeñen funciones para los intermediarios de valores, así como los sistemas que utilicen, deberán dar garantía de idoneidad para el correcto desempeño de las actividades que realizan y el cumplimiento de las obligaciones establecidas por ley.

La Comisión, mediante norma de carácter general, establecerá las circunstancias que permitirán presumir que tales personas y sistemas cuentan con las condiciones a que se refiere el inciso anterior, tales como certificación de conocimientos o certificaciones externas de inviolabilidad de sistemas, entre otros.

Artículo 29. Alcanzado el volumen de negocios o número de clientes que pudieran resultar afectados con las actuaciones u omisiones del intermediario de valores, según haya establecido la Comisión por norma de carácter general, quienes estén inscritos en el Registro deberán constituir una garantía para responder del correcto y cabal cumplimiento de todas las obligaciones emanadas de su actividad y especialmente, de los eventuales perjuicios que le pudieren ocasionar a los clientes en su actuar. Los intermediarios de valores responderán de culpa leve.

La garantía deberá constituirse mediante boleta bancaria o póliza de seguros, por el monto que determine la Comisión, según los parámetros establecidos mediante norma de carácter general, en consideración al impacto o perjuicio potencial que pueda ocasionar la entidad a sus clientes, la calidad del gobierno corporativo y gestión de riesgos de la entidad, y que el monto resultante no haga inviable el modelo de negocios de ésta.

No obstante lo establecido en los incisos anteriores, la Comisión, con el objeto de compatibilizar la protección de la fe pública y estabilidad financiera con la viabilidad económica de los modelos de negocios de los intermediarios de valores, podrá, mediante norma de carácter general, sustituir la garantía individual antes señalada por una cofinanciada, la que deberá ser de un monto suficiente y características adecuadas para enfrentar los riesgos de las entidades que la cofinancian.

Artículo 30. Alcanzado el volumen de negocios que la Comisión haya establecido por norma de carácter general y que permitan presumir razonablemente que con los riesgos que enfrenta el intermediario de valores se puede comprometer la fe pública y estabilidad financiera, quienes estén inscritos en el Registro, deberán:

1. mantener permanentemente un patrimonio mínimo equivalente al mayor entre: a) 5.000 unidades de fomento; o b) el 3% de sus activos ponderados por riesgos financieros y operacionales calculado conforme al método que al efecto establezca la Comisión mediante norma de carácter general. Tratándose de entidades que presenten deficiencias en su gestión de riesgos, dicho porcentaje podrá ser incrementado hasta el 6% por la Comisión en atención a la evaluación de la calidad de gestión de riesgos que ésta realice.

2. cumplir las condiciones de endeudamiento y liquidez que establezca la Comisión mediante norma de carácter general. Dicha normativa deberá señalar el método que se deberá aplicar para el cumplimiento de esas condiciones, el que se establecerá en función de la evaluación de la calidad del proceso de gestión de riesgos que sobre la entidad realice la Comisión.

En el evento que el patrimonio mínimo de la entidad disminuyere a un monto inferior al establecido en el presente artículo o la entidad dejare de cumplir con las condiciones de liquidez y endeudamiento señaladas en este artículo, ésta deberá comunicar ese hecho a la Comisión tan pronto tome conocimiento de él, y deberá presentar un plan de regularización dentro del plazo de cinco días corridos, el que podrá ser prorrogado por la Comisión hasta completar diez días corridos en total. Dicho plan deberá contener medidas concretas sobre el referido déficit que le permitan remediar la situación en que se encuentra y asegurar su normal funcionamiento. Mientras ella se mantenga, deberá abstenerse de realizar nuevas operaciones que deterioren su situación financiera.

Asimismo, en caso de que la Comisión tomare conocimiento de que una entidad se encuentra en los supuestos indicados en el inciso precedente o cuando resulte previsible que incurrirá en déficit patrimonial de manera inminente de mantenerse las circunstancias de mercado o en atención al actuar de la propia entidad, y esto no le hubiere sido comunicado oportunamente, la Comisión podrá requerir a la entidad la presentación de un plan de regularización dentro del mismo plazo señalado anteriormente. De no subsanarse el déficit dentro del plazo de seis meses contado desde que aquél se hubiere producido, la entidad deberá dejar de prestar el servicio de intermediación y custodia de valores, y presentar para aprobación de la Comisión un programa de término de operaciones y traspaso de clientes.

A partir de la fecha de recepción del programa a que se refiere el inciso anterior, la Comisión podrá designar un interventor o administrador provisional, por el período que determine mediante resolución fundada. La administración de la entidad quedará sometida, en el ejercicio de sus funciones, a las instrucciones que le imparta el o los interventores designados por la Comisión. El interventor tendrá todas las facultades del giro ordinario que la ley y los estatutos señalan al directorio, o a quien haga sus veces, y al gerente general. La designación del interventor deberá recaer en funcionarios de la Comisión o en profesionales externos debidamente calificados, sujeto a que cumplan los requisitos de idoneidad y capacidad técnica que la Comisión determine mediante norma de carácter general. En este último caso, los servicios del interventor serán remunerados con cargo al presupuesto anual de la Comisión.

En los juicios en que se persiga la responsabilidad de alguno de los intermediarios inscritos en el Registro, o la ejecución forzada de las obligaciones de éstos con terceros, no se podrá, en caso alguno, embargar, ni decretar medidas prejudiciales o precautorias u otras limitaciones al dominio respecto de los instrumentos o dineros que les hubieren sido entregados en depósito o para honrar las instrucciones de pago efectuadas.

Sin embargo, podrán decretarse tales medidas, de conformidad a las reglas generales, cuando se trate de obligaciones personales de los terceros que le hayan entregado esos instrumentos en depósito, pero solo respecto de aquellos de propiedad del tercero respectivo.

Artículo 31. Con el objeto de resguardar la información e intereses de sus clientes, y asegurar su continuidad financiera y operacional, quienes estén inscritos en el Registro deben diseñar, aprobar e implementar políticas, procedimientos y controles que compatibilicen su viabilidad económica-financiera con su capacidad de contar con respuestas estratégicas idóneas para los riesgos inherentes a sus líneas de negocios.

Corresponderá a la Comisión establecer, mediante norma de carácter general, los estándares de gobierno corporativo y gestión de riesgos que permitirán presumir que quienes están inscritos en el Registro cumplen con la disposición señalada en el inciso anterior, sin perjuicio que corresponderá a cada entidad adoptar o adaptar tales estándares conforme a su tamaño, volumen y naturaleza de sus negocios, y riesgos.

Los estándares establecidos por la Comisión serán aquellos contra los que ésta evaluará la calidad del gobierno corporativo y gestión de riesgos de la entidad para efectos de la determinación del monto de la garantía y condiciones de liquidez, endeudamiento y solvencia exigidos por esta ley.".

6. Reemplázase el literal a) del inciso segundo del artículo 36 por el siguiente:

"a) Dejar de cumplir con cualesquiera de los requisitos exigidos por ley para su funcionamiento. La Comisión, en casos calificados podrá otorgar al interesado un plazo para subsanar la situación, el que en ningún caso podrá exceder de ciento veinte días hábiles.".

7. Reemplázanse los artículos 38 y 39 por los siguientes:

"Artículo 38. Las bolsas de valores son aquellas entidades que proporcionan a los corredores de bolsa de un lugar físico o virtual en el que pueden cotizar, ofrecer o transar valores, así como para las demás actividades que éstos puedan realizar en conformidad a la ley.

Artículo 39. Las bolsas de valores al reglamentar su actividad bursátil deberán velar por la existencia de un mercado secundario de valores de oferta pública equitativo, competitivo, ordenado y transparente.

Esa reglamentación, además deberá promover una adecuada formación de precios y permitir la mejor ejecución de las órdenes de los clientes.

La reglamentación a que se refiere el inciso anterior deberá ser previamente aprobada por la Comisión, la que estará facultada para rechazarla, modificarla o suprimirla, mediante resolución fundada.".

8. Reemplázanse los numerales 1 al 7 del artículo 40 por los siguientes, pasando el actual numeral 8 a ser numeral 9 y así sucesivamente:

"1. Deben constituirse como sociedad anónima especial.

2. Deben incluir en su razón social la expresión "bolsa de valores".

3. Deben tener por exclusivo objeto el precisado en el artículo 38, y podrán efectuar además las actividades que la Comisión les autorice o exija de acuerdo a sus facultades.

4. Deben contar con un patrimonio mínimo calculado en la forma que determine la Comisión mediante norma de carácter general, que corresponderá al monto mayor entre el equivalente a 5.000 unidades de fomento y el porcentaje de activos ponderados por riesgos financieros y operacionales que determine la Comisión mediante norma de carácter general, donde señalará su método de cálculo, y funcionar con un mínimo de 10 corredores de bolsa luego de transcurridos tres años de operación. Si durante la vigencia de la sociedad el monto de su patrimonio se redujere a cifras inferiores a las señaladas an-

teriormente, la bolsa dispondrá de un plazo de tres meses para subsanar los déficits producidos. Vencido este plazo sin que así haya ocurrido, podrá serle revocada su autorización de existencia por la Superintendencia, a menos que este organismo le autorice la reducción de su capital social.

5. Cumplir con las exigencias de gobierno corporativo y gestión de riesgos que determine la Comisión mediante norma de carácter general y contar con los sistemas e infraestructura que les permitan cumplir las obligaciones establecidas por esta ley.

6. Ningún corredor, en forma individual o conjuntamente con personas relacionadas, podrá poseer, directa o indirectamente, más del 10% de la propiedad de una bolsa de valores.

Las acciones de las bolsas de valores se podrán transar en el mismo centro bursátil emisor o en otros.

Un corredor podrá ejercer su actividad en más de una bolsa, ya sea en calidad de accionista o celebrando un contrato para operar en ella.

7. Toda persona aceptada como corredor de una bolsa, en la cual se requiera adquirir una acción para operar, lo podrá hacer mediante transacciones privadas o a través del mecanismo de hacer una oferta a firme por un período de hasta sesenta días y por un valor no inferior al mayor valor entre el promedio de precio de transacciones en bolsa de acciones del último año y el valor de libro actualizado a la fecha de la oferta. Si durante ese período no hubiere tenido oferta de venta podrá requerir de la bolsa la emisión de una acción de pago al valor más alto de los previamente indicados.

8. Deberán mantener los valores de terceros que posean en custodia, segregados en cuentas especiales en bancos o en empresas reguladas por la ley Nº 18.876, que establece el marco legal para la constitución y operación de entidades privadas de depósito y custodia de valores."

9. Reemplázanse los artículos 41 y 42 por los siguientes:

"Artículo 41. Para establecer y operar una bolsa de valores se requerirá la autorización previa de la Comisión.

Artículo 42. Toda bolsa de valores para iniciar sus operaciones, deberá acreditar a satisfacción de la Comisión, que cuenta con una infraestructura, políticas, procedimientos y controles que den garantías de su cabal cumplimiento a las obligaciones establecidas por ley y que gestiona adecuadamente sus riesgos de manera que sus servicios no sufran interrupciones por la materialización de aquellos o que, ante circunstancias imprevisibles, las interrupciones que se produzcan serán subsanadas oportunamente.

La forma en que se acreditará el cumplimiento de esas condiciones será establecida por la Comisión mediante norma de carácter general.

La Comisión dispondrá del plazo de tres meses para otorgar o rechazar la autorización a que se refiere el artículo 41, mediante resolución fundada, contado desde que se solicita dicha autorización.

Acreditado el cumplimiento de las condiciones, procederá sin más trámite a otorgar la autorización.".

10. Agrégase el siguiente nuevo Título XXIX:

"Título XXIX

Del régimen simplificado para títulos de deuda

Artículo 250. Los títulos de deuda regulados por el presente Título, que cumplan con las características o condiciones que establezca la Comisión mediante norma de carácter general, ya sea respecto del emisor, monto de la emisión, colocación o el inversionista al que se dirige la oferta, entre otras, podrán acogerse a la modalidad de régimen simplificado establecido por el presente Título. Por la inscripción de estos títulos de deuda, no procederá cobro de derecho alguno por parte de la Comisión.

Artículo 251. Previo a registrar los títulos a que se refiere el artículo anterior, el emisor deberá acreditar su identidad y capacidad legal, en la forma y medios que la Comisión establezca mediante norma de carácter general. Esta última deberá pronunciarse al respecto dentro del plazo máximo de quince días hábiles contado desde la solicitud respectiva. Acreditada esa condición, la Comisión procederá a inscribir los títulos y aplicarán a su respecto las normas de este Título, sin más trámite.

Artículo 252. Mientras los derechos del instrumento inscrito no se hayan extinguido totalmente, los emisores deberán proporcionar aquella información de su situación financiera, económica y legal que haya establecido la Comisión mediante norma de carácter general. Extinguidos los derechos de los instrumentos inscritos, quedará cancelada su inscripción en el Registro por el solo ministerio de la ley.

Artículo 253. Con independencia que los intereses que paguen los instrumentos inscritos sean determinados como proporción o fracción de las utilidades líquidas del ejercicio del deudor, aquellos se reputarán títulos de deuda para todos los efectos legales y las rentas como intereses.

Artículo 254. Los instrumentos inscritos al amparo de las disposiciones del presente Título representados por el certificado mencionado en este artículo, gozarán de fuerza ejecutiva para efectos del procedimiento judicial ejecutivo que reclame su cumplimiento.

La mora o simple retardo facultará a cualquier beneficiario afectado para demandar el cobro de las obligaciones pendientes en su favor, sin que para ello se requiera el acuerdo previo de los demás acreedores.

La certificación que emita la Comisión respecto del hecho que el instrumento está inscrito hará plena prueba respecto de la existencia de la obligación.

En el evento que el instrumento se haya emitido de manera desmaterializada mediante el sistema de anotaciones en cuenta a que se refiere la ley N° 18.876 o su custodia sea mantenida en empresas reguladas por esa ley, el certificado que emita la empresa de custodia hará plena prueba respecto de la calidad de acreedor beneficiario de la obligación y del monto adeudado a éste.".

Artículo 33. Modifícase la ley N° 18.046, de Sociedades Anónimas, en los siguientes términos:

1. Reemplázase el artículo 2 por el siguiente:

"Artículo 2. Las sociedades anónimas pueden ser de tres clases: abiertas, especiales o cerradas.

Son sociedades anónimas abiertas aquellas que inscriban sus acciones en el Registro de Valores. Estarán obligadas a inscribir sus acciones en el Registro de Valores, aquellas sociedades que durante doce meses consecutivos hayan tenido inscritos en el registro de accionistas más de 2.000 accionistas o el número superior que establezca la Comisión mediante norma de carácter general, siempre que con aquel número no se vea comprometida la fe pública, teniendo en consideración el tipo de accionista, naturaleza de la sociedad o circunstancias similares.

Son sociedades anónimas especiales las indicadas en el Título XIII.

Son sociedades anónimas cerradas las que no califican como abiertas o especiales.

Las sociedades anónimas abiertas y las sociedades anónimas especiales quedarán sometidas a la fiscalización de la Comisión para el Mercado Financiero, en adelante la Comisión. En este último caso, quedarán además sometidas a la primera, en lo que corresponda, cuando emitieren valores.

Las sociedades anónimas abiertas solo podrán solicitar la cancelación de sus acciones en el Registro de Valores por acuerdo de los dos tercios de las acciones con derecho a voto en junta extraordinaria de accionistas. De aprobarse la solicitud de cancelación, el accionista ausente o disidente tendrá derecho a retiro. En caso de que la cancelación de la inscripción hubiere sido a consecuencia de un proceso administrativo sancionatorio de la Comisión, la sociedad continuará teniendo la calidad de sociedad anónima abierta para los efectos de la presente ley, mientras la junta extraordinaria de accionistas no acordare lo contrario por los dos tercios de las acciones con derecho a voto, en cuyo caso, el accionista ausente o disidente tendrá derecho a retiro.".

2. Reemplázase el inciso primero del artículo 126 por el siguiente:

"Artículo 126. Las sociedades que la ley expresamente someta a los trámites que a continuación se indican, se forman, existen y prueban por escritura pública, obtención de una resolución de la Comisión que autorice su existencia e inscripción y publicación del certificado especial que otorgue dicha Comisión.".

3. En el artículo 127 agrégase el siguiente inciso final, nuevo:

"No será necesaria la aprobación de la Comisión tratándose de modificaciones a los estatutos que sólo tengan por finalidad aumentar el capital de la sociedad, cuando dicho aumento sea enterado en moneda de curso legal o en aquellas divisas que cumplan con las condiciones que establezca la Comisión por normativa.".

Artículo 34. Modifícase el Código de Comercio en los siguientes términos:

1. Reemplázase el artículo 430 por el siguiente:

"Artículo 430. La sociedad por acciones que durante doce meses consecutivos cumpla las condiciones que obligan a una sociedad anónima cerrada a inscribir sus acciones en el Registro de Valores de la ley Nº 18.045, se transformará por el solo ministerio de la ley en una sociedad anónima, siéndole totalmente aplicables las disposiciones pertinentes de dicha ley, las que en este caso prevalecerán sobre el estatuto social. La junta de accionistas que se celebre con posterioridad a este hecho, deberá resolver las adecuaciones que reflejen la nueva modalidad social y elegir los miembros del directorio que continuará la administración.".

2. Reemplázase el artículo 507 bis por el siguiente:

"Artículo 507 bis. La sociedad en comandita que durante doce meses consecutivos cumpla las condiciones que obligan a la sociedad anónima cerrada a inscribir sus acciones en el Registro de Valores de la ley Nº 18.045, por el solo ministerio de la ley se transformará en una sociedad anónima, siéndole totalmente aplicables las disposiciones pertinentes de dicha ley, las que en este caso prevalecerán sobre el estatuto social. La siguiente junta de accionistas deberá resolver las adecuaciones que reflejen la nueva modalidad social y elegir los miembros del directorio que continuará la administración.".

Artículo 35. Modifícase el artículo primero de la ley Nº 20.712 que regula la administración de fondos de terceros y carteras individuales, en los siguientes términos:

1. Reemplázase el literal c) del artículo 4 por el siguiente:

"c) Alcanzado el volumen de negocios o clientes que la Comisión para el Mercado Financiero haya establecido mediante norma de carácter general, que permita presumir razonablemente que con los riesgos que enfrenta la entidad se puede comprometer la fe pública y estabilidad financiera, deberán contar con un patrimonio mínimo, que deberá ser superior al mayor entre:

1. 5.000 unidades de fomento, o

2. El 3% de sus activos ponderados por riesgos financieros y operacionales calculado conforme al método que al efecto establezca la Comisión mediante norma de carácter general. Tratándose de entidades que presenten deficiencias en su gestión de riesgos, dicho porcentaje podrá ser incrementado hasta el 6% por la Comisión en atención a la evaluación que de la calidad de gestión de riesgos ésta realice.".

2. Agrégase en el artículo 8 el siguiente inciso final, nuevo:

"En caso de que se empleen algoritmos o sistemas que automaticen las funciones a que se refiere el inciso anterior, deberá acreditarse ante la Comisión que éstos cumplen con la idoneidad necesaria para el correcto desempeño de tales funciones. Para estos efectos, la Comisión determinará mediante norma de carácter general las circunstancias que se deberán acreditar para reputarse que tales algoritmos o sistemas cuentan con la idoneidad señalada, como su inviolabilidad u otros.".

3. Reemplázase el artículo 12 por el siguiente:

"Artículo 12. Garantía mínima. Alcanzado el volumen de negocios o número de clientes que pudieran resultar afectados con las actuaciones u omisiones de la administradora, según haya establecido la Comisión por norma de carácter general, las administradoras deberán constituir una garantía en beneficio de cada fondo para asegurar el cumplimiento de sus obligaciones por la administración de éste.

Dicha garantía será de un monto inicial equivalente a 10.000 unidades de fomento y podrá constituirse en dinero efectivo, boleta bancaria o pólizas de seguro, siempre que el pago de estas dos últimas no esté sujeto a condición alguna distinta de la mera ocurrencia del hecho o siniestro respectivo. En caso de que no se constituyere la garantía o no se mantuviere permanentemente vigente, la administradora y sus directores responderán solidariamente de los perjuicios que este incumplimiento causare a los partícipes.".

4. Reemplázase el numeral iii) del artículo 13 por el siguiente:

"iii) Aquel porcentaje del patrimonio diario del fondo, correspondiente al trimestre calendario anterior a la fecha de su actualización, que determine la Comisión en función de la calidad de la gestión de riesgos que posea la administradora en cuestión. La calidad de la gestión de riesgos será medida conforme a la metodología que establezca la Comisión mediante norma de carácter general, la que deberá tener en consideración la calidad del gobierno corporativo y gestión de riesgos de la entidad, y que el monto resultante no haga inviable el modelo de negocios de la administradora.".

5. Reemplázase el inciso final del artículo 98 por los siguientes:

"En caso que se empleen algoritmos o sistemas que automaticen las funciones a las que se refiere el inciso anterior, deberá acreditarse ante la Comisión que éstos cumplen con la idoneidad necesaria para el correcto desempeño de tales funciones. Para tales efectos, la normativa señalada en el inciso anterior deberá determinar las circunstancias que deberán acreditarse para considerar que tales algoritmos o sistemas cuentan con la idoneidad señalada.

A las Administradoras de Carteras inscritas en el Registro que hayan alcanzado el monto de activos administrados, volumen de negocios o número de potenciales afectados directos con las actuaciones u omisiones de la entidad, que la Comisión haya establecido por norma de carácter general, les serán aplicables las mismas exigencias de patrimonio mínimo y garantías que la presente ley exige a las administradoras de fondos.".

Artículo 36. Modifícase la ley N° 19.913, que crea la Unidad de Análisis Financiero y modifica diversas disposiciones en materia de lavado y blanqueo de activos, de la siguiente forma:

1. Agrégase en el primer párrafo del literal f) del artículo 2, a continuación del punto y aparte, que pasa a ser punto y seguido, la siguiente oración:

"Con todo, la Unidad de Análisis Financiero estará facultada para dictar instrucciones diferenciadas y proporcionales para distintos tipos de sujetos obligados, atendiendo la naturaleza de las operaciones que éstos realicen y en consideración a los riesgos efectivos a que están expuestos esos sujetos de ser empleados para la comisión de los delitos a que se refiere el artículo 27 o el artículo 8 de la ley N° 18.314.".

2. Agrégase en el inciso primero del artículo 3, a continuación de la frase "las empresas de depósito de valores regidas por la ley N° 18.876", lo siguiente: "; quienes estén inscritos en el Registro de Prestadores de Servicios Financieros y en el Registro de Proveedores de Servicios de Iniciación de Pagos mantenido por la Comisión para el Mercado Financiero y presten los servicios de plataforma de financiamiento colectivo, sistemas alternativos de transacción, custodia de instrumentos financieros, intermediación de esos instrumentos; e iniciación de pagos. Idéntica obligación de reporte tendrán las demás personas naturales o jurídicas que en virtud de cualesquiera de sus giros estén sometidas a la fiscalización de la Comisión para el Mercado Financiero y que voluntariamente hayan solicitado su inscripción en el registro a que se refiere el artículo 40. La inscripción voluntaria antes aludida no podrá ser dejada sin efecto en tanto la persona no haya perdido la calidad de supervisado por esa Comisión".

Artículo 37. Modifícase la Ley General de Bancos, cuyo texto refundido, sistematizado y concordado fue fijado por el decreto con fuerza de ley N° 3, de 1997, del Ministerio de Hacienda, de la siguiente forma:

1. Introdúcese en el inciso segundo del artículo 2, a continuación del punto y aparte, que pasa a ser punto y seguido, la siguiente oración: "Para todos los efectos legales, se entenderá que los referidos medios de pago comprenden las representaciones digitales, electrónicas o informáticas, registradas mediante sistemas que utilicen tecnologías de registros distribuidos u otras análogas, de unidades cuyo valor sea directamente determinable y respaldado en función de dinero, ya sea que se trate de moneda nacional o extranjera, o bien, de documentos en que consten obligaciones pagaderas en cualquiera de

esas monedas, y sujeto a que tales representaciones y sistemas cumplan con los estándares y condiciones mínimas en materias de seguridad, fiabilidad, aceptabilidad, uso, masividad, entre otras, que el Banco Central de Chile establezca mediante norma general.".

2. Reemplázanse los artículos 37 y 38 por los siguientes:

"Artículo 37. Las empresas bancarias son instituciones de funcionamiento obligatorio y deberán sujetarse a las disposiciones que establezca la Comisión respecto de horario mínimo de funcionamiento, apertura y cierre de oficinas y sucursales, y mecanismos o canales habilitados para la atención de público. Ninguna empresa bancaria podrá iniciar, suspender o poner término a sus operaciones sin previa autorización de la Comisión.

Los bancos, antes de abrir cualquier oficina dentro del país, deberán informarlo a la Comisión. Ésta, mediante norma de carácter general, determinará los antecedentes que deberán acompañarse para acreditar los requisitos necesarios para la apertura de la oficina y su registro.

No obstante lo anterior, las instituciones que estén clasificadas en las dos últimas categorías, según el artículo 60, requerirán de autorización expresa para dicha apertura. En este caso, la Comisión deberá pronunciarse en un plazo de noventa días hábiles, contado desde la presentación de la solicitud y para rechazarla deberá dictar una resolución fundada.

La Comisión determinará, mediante norma de carácter general, los requisitos y condiciones que deberán cumplir las empresas bancarias para el cierre de oficinas. Asimismo, el banco que decida cerrar alguna de sus sucursales deberá avisar a la Comisión, la que verificará el cumplimiento de los requisitos y condiciones preestablecidos.

Artículo 38. Corresponderá a la Comisión fijar, mediante norma de carácter general, las condiciones mínimas que deberán cumplir las empresas bancarias en materia de atención al público, ya sea en oficinas, sucursales o corresponsalías o a través de otros canales de atención a público de que dispongan. También deberán cumplir con los requisitos que establezca la Comisión para su funcionamiento, dentro de los cuales se incluirán elementos tales como los estándares de seguridad de las operaciones que se efectúen por dichos canales y la disponibilidad mínima de ellos, entre otros.

La Comisión, mediante normativa o resolución fundada, en atención a la naturaleza del servicio prestado o condiciones del mercado, podrá establecer la obligación de contar con determinados canales de atención, determinar la distribución del horario, condiciones y requerimientos de funcionamiento, disponibilidad u otras condiciones de la misma naturaleza que la Comisión determine.

Asimismo, la Comisión podrá determinar la obligación de las empresas bancarias de implementar un canal idóneo de atención de reclamos de clientes en consideración al número de clientes y tipo de servicio prestado, el cual deberá ajustarse a las características y condiciones que defina la Comisión mediante norma de carácter general, en proporción al número de clientes y tipo de servicio prestado por la entidad.".

3. Reemplázase el inciso segundo del artículo 74 por el siguiente:

"Las sociedades de apoyo al giro bancario deberán establecer condiciones de acceso públicas, generales, objetivas y no discriminatorias para la prestación de servicios a emisores y operadores de los medios de pago descritos en el inciso segundo del artículo 2, así como a otras instituciones o terceros autorizados por la Comisión, sujeto al cumplimiento de las demás condiciones y exigencias que ésta establezca mediante norma de carácter general.".

4. Reemplázase el inciso primero del artículo 155 por el siguiente:

"Artículo 155. Las instituciones sometidas a la fiscalización de la Comisión en virtud de la presente ley estarán obligadas a conservar durante seis años sus libros, formularios, correspondencia, documentos y papeletas. La Comisión podrá autorizar la eliminación de parte de este archivo antes de ese plazo y exigir que determinados documentos o libros se guarden por plazos mayores. Podrá, asimismo, facultarlas para conservar dicha documentación en medios distintos del papel, mediante sistemas tecnológicos que aseguren su fidelidad con el original. Resultará aplicable íntegramente lo dispuesto en el numeral 17 del artículo 5 del decreto ley N° 3.538, de 1980.".

Artículo 38. Modifícase la ley N° 20.009, que establece un régimen de limitación de responsabilidad para titulares o usuarios de tarjetas de pago y transacciones electrónicas en caso de extravío, hurto, robo o fraude, en el siguiente sentido:

1. Reemplázase el inciso quinto del artículo 4 por el siguiente:

"En los casos en que el usuario desconozca haber autorizado una operación, corresponderá al emisor probar que ella fue autorizada por el usuario y que se encuentra registrada a su nombre. Tratándose de un pago o transferencia electrónica iniciada a través de un proveedor de servicios de iniciación de pagos, corresponderá a dicho proveedor demostrar que, dentro de su ámbito de competencia, la operación fue autorizada por el usuario y registrada conforme a lo instruido por este último.".

2. Intercálase el siguiente inciso séptimo nuevo en el artículo 5, pasando el actual inciso séptimo a ser octavo:

"Tratándose de un pago o transferencia electrónica iniciada a través de un proveedor de servicios de iniciación de pagos, si el responsable de la operación no autorizada es el proveedor de servicios de iniciación de pagos, éste deberá resarcir al emisor por las pérdidas sufridas o las sumas abonadas para efectuar la devolución al usuario, incluido el monto de la operación no autorizada.".

3. Reemplázase el artículo 6 por el siguiente:

"Artículo 6. Los emisores, operadores, comercios y otros establecimientos afiliados a un sistema de tarjetas de pago, así como las demás entidades que intervengan o presten servicios asociados a pagos y transacciones electrónicas, u otros sistemas de características similares, incluyendo los proveedores de servicios de iniciación de pagos, deberán adoptar las medidas de seguridad necesarias para prevenir la comisión de los ilícitos descritos en esta ley y el resguardo de la privacidad de los datos de los titulares o usuarios de medios de pago conforme a la legislación y normativa que les resulte aplicable, y velarán por la prestación segura del respectivo servicio en los términos señalados por el artículo 23 de la ley Nº 19.496.

En el caso de los emisores u operadores, según corresponda, dichas medidas de seguridad deberán considerar, al menos, lo siguiente: a) Contar con sistemas de monitoreo que tengan como objetivo detectar aquellas operaciones que no corresponden al comportamiento habitual del usuario; b) Implementar procedimientos internos para gestionar las alertas generadas por dichos sistemas de monitoreo; c) Identificar patrones de potenciales fraudes, conforme a las prácticas de la industria y recomendaciones, los que deberán incorporarse al sistema de monitoreo de operaciones; d) Establecer límites y controles en los diversos canales de atención que permitan mitigar las pérdidas por fraude. Los referidos límites y controles deberán basarse en consideraciones de riesgo objetivas, generales y no discriminatorias, en relación con la naturaleza del medio de pago y la clase de operaciones que permita efectuar.

La Comisión para el Mercado Financiero definirá a través de la normativa que dicte, las exigencias que deberán cumplir los emisores y operadores de tarjetas de pago sujetos a su supervisión de conformidad a lo dispuesto en el artículo 2 de la Ley General de Bancos, así como las medidas de seguridad que deberán adoptar los proveedores de servicios de iniciación de pagos regulados en el artículo 30 de la Ley que promueve la competencia e inclusión financiera a través de la innovación y tecnología en la prestación de servicios financieros, Ley Fintec.

La falta o deficiencia de tales medidas será considerada para la determinación de las responsabilidades correspondientes a cada uno de ellos, que pudiere perseguir en su contra el usuario u otro afectado.

Lo indicado es sin perjuicio de la posibilidad de que los emisores puedan perseguir el cumplimiento de la obligación de restitución o reembolso que corresponda, por cancelaciones de cargos o devoluciones de fondos, en base a los estándares y procedimientos de seguridad exigibles a cada una de las entidades antes indicadas, de conformidad con esta ley, las demás leyes y regulaciones aplicables, teniendo presente los términos y condiciones contractuales que los vinculen y responsabilidad que les competen en cada caso."

Artículo 39. Incorpórase en el artículo 30 de la ley N° 21.236, que regula la portabilidad financiera, el siguiente inciso final, nuevo:

"Las comunicaciones entre proveedores mencionadas en el inciso anterior deberán realizarse a través de las interfaces de acceso remoto y automatizado de que dispongan los proveedores involucrados en un proceso de portabilidad financiera, una vez que los referidos proveedores tengan calidad de participantes en el Sistema de Finanzas Abiertas contemplado en el título III de la Ley que promueve la competencia e inclusión financiera a través de la innovación y tecnología en la prestación de servicios financieros, Ley Fintec.".

Artículo 40. Modifícase el decreto con fuerza de ley N° 251, de 1931, del Ministerio de Hacienda, sobre compañías de seguros, sociedades anónimas y bolsas de comercio, de la siguiente forma:

1. Incorpórase en el artículo 3 el siguiente literal n), nuevo:

"n) Establecer, mediante norma de carácter general, las condiciones mínimas que deberán cumplir las compañías de seguros e intermediarios de seguros en materia de atención al público, tanto en sus oficinas y sucursales, si las tuvieren, como en otros canales que habiliten al efecto. Deberán cumplir con las exigencias que para su funcionamiento establezca la Comisión, considerando elementos tales como los estándares de seguridad de las operaciones que se efectúen por dichos canales y la disponibilidad mínima de ellos, y otras reglas que instruya la Comisión, con el fin de establecer estándares de calidad y servicios mínimos acorde a los productos y servicios que ofrezcan.

La Comisión, mediante normativa, en atención a la naturaleza del servicio prestado o condiciones del mercado, podrá establecer la obligación de contar con determinados canales de atención, determinar la distribución del horario, condiciones y requerimientos de funcionamiento, disponibilidad y cualquier otra disposición que determine.

Asimismo, la Comisión podrá determinar la obligación de las entidades fiscalizadas conforme a esta ley de implementar un canal idóneo de atención de reclamos de clientes en consideración al número de clientes y tipo de servicio prestado, el cual deberá ajustarse a las características y condiciones que ella defina por norma de carácter general, en proporción al número de clientes y tipo de servicio prestado por la entidad.".

2. Agréganse en el artículo 11 los siguientes incisos finales, nuevos:

"Los seguros podrán convenirse como paramétricos, esto es, que, frente a la ocurrencia del riesgo o evento dañoso, contemplado en el contrato, la indemnización sea pagada sin que el asegurado deba justificar la existencia o monto de los daños, y aun en caso de que éstos no se produzcan. El asegurado deberá estar realmente expuesto a sufrir un daño ante la ocurrencia del siniestro, aunque dicho daño finalmente no se materialice. Para esta modalidad, las variables y riesgos deberán ser demostrables y claramente medibles a través de procedimientos objetivos y el riesgo deberá ser asegurable conforme a las reglas generales.

La Comisión establecerá para los seguros paramétricos, mediante norma de carácter general, los criterios a los cuales se sujetarán, entre otros, las variables que se podrán tomar como índices, los riesgos que serán asegurables bajo esta modalidad y las características de las pólizas que se depositen. No se podrán contratar bajo esta modalidad los seguros previsionales, aquellos que sean obligatorios y los que se exijan como requisito para el desarrollo de una determinada actividad.

La Comisión determinará, mediante norma de carácter general, las normas aplicables a las compañías de seguros y auxiliares del comercio de seguros respecto de la comercialización, distribución, liquidación expedita de siniestros y gestión de reclamos relativos a seguros inclusivos, microseguros y seguros masivos, entendidos como aquellos destinados a sectores excluidos o sub atendidos del mercado independientemente de su nivel de ingresos económicos, aquellos destinados a sectores de la población de bajos ingresos, o aquellos susceptibles de ser distribuidos por medios de comercialización masivos, respectivamente.

La Comisión podrá establecer normas diferenciadas para este tipo de seguros en cuanto a coberturas y exclusiones, emisión de pólizas simplificadas o comprobantes de contratación y medios tecnológicos a través de los cuales se podrá cumplir la obligación de entrega de información a los asegurados y beneficiarios conforme a las normas del Código de Comercio, obligaciones de asesoría, recepción de denuncios y liquidación de siniestros, en atención a la naturaleza de los riesgos o perfil de clientes a los cuales estén dirigidos.".

3. Reemplázase en la letra g) del N°2 del artículo 23 la letra "i)" por la letra "j)".

4. Reemplázase en el numeral iv) de la letra h) del N°2 del artículo 23 la letra "i)" por la letra "j)".

5. Derógase el artículo 57 bis introducido por la ley N° 21.314.

Artículo 41. Introdúcense las siguientes modificaciones en la ley N° 18.876, que establece el marco legal para la constitución y operación de entidades privadas de depósito y custodia de valores:

1. Incorpórase en el artículo 18 el siguiente inciso final, nuevo:

"Los requisitos y exigencias establecidas en la presente ley podrán ser exceptuados conforme lo determine la Comisión mediante norma de carácter general, respecto de aquellas empresas que, por la naturaleza del servicio prestado, en términos del número o tipo de depositantes, volumen de operaciones, u otras condiciones de similar naturaleza, no comprometan la fe pública o estabilidad financiera al no superar los límites establecidos en la respectiva norma de carácter general o en atención a las condiciones que ella establezca. Asimismo, la Comisión podrá establecer formas menos gravosas de cumplimiento de los requisitos y exigencias de esta ley, cuando no se superen los límites establecidos en la norma de carácter general respectiva o cuando con las nuevas formas de cumplimiento no se comprometa la fe pública o estabilidad financiera.".

2. Incorpórase en el artículo 20 el siguiente literal i) nuevo:

"i) Cumplir con las exigencias de gobierno corporativo y gestión de riesgos que determine la Comisión mediante norma de carácter general.".

Artículo 42. Modifícase la ley Nº 19.220, que regula el establecimiento de bolsas de productos, en el siguiente sentido:

1. En el numeral 1) del inciso primero del artículo 2:

a) En el primer párrafo, suprímese la frase "y un número de miembros de, a lo menos, ocho corredores de productos".

b) En el segundo párrafo:

i. Elimínase la frase ", el número de corredores o".

ii. Reemplázase la expresión "los déficit producidos" por "el déficit producido".

iii. Suprímese la frase "o del número de sus corredores miembros".

2. Intercálase en el artículo 6 el siguiente inciso segundo, nuevo, pasando los actuales incisos segundo y tercero a ser incisos tercero y cuarto respectivamente:

"Los corredores de productos podrán asimismo actuar como corredores de bolsa en las Bolsas de Valores regidos por la ley Nº 18.045, reputándose como tales para todos los efectos de esa ley.".

3. Reemplázase el artículo 7 por el siguiente:

"Artículo 7. Para los efectos de determinar el cumplimiento de los requisitos necesarios para su fiscalización, la Comisión llevará un Registro de Corredores de Bolsas de Productos, en adelante el "Registro de Corredores", en el cual se deberán inscribir las personas jurídicas que acrediten, a satisfacción de la Comisión, lo siguiente:

a) Tener un gobierno corporativo, controles internos y sistemas de gestión de riesgos que permitan a la corredora cumplir adecuadamente sus deberes y responsabilidades, conforme a la evaluación que realice la Comisión. Deberán emplear la metodología que para estos efectos establezca mediante norma de carácter general.

b) Disponer de personal que cuente con la idoneidad y conocimientos suficientes para el correcto desempeño de las actividades que realice.

c) Alcanzado el volumen de negocios que la Comisión haya establecido por norma de carácter general y que permitan presumir razonablemente que con los riesgos que enfrenta el corredor de productos puede comprometer la fe pública y estabilidad financiera, deberán mantener permanentemente un patrimonio mínimo calculado en la forma que determine la Comisión mediante norma de carácter general, el cual deberá ser el equivalente al mayor entre: i) 5.000 unidades de fomento; o ii) el 3% de los activos ponderados por riesgos financieros y operacionales de la entidad calculado conforme al método que al efecto establezca la Comisión mediante norma de carácter general. Tratándose de entidades que presenten deficiencias en su gestión de riesgos, dicho porcentaje podrá ser incrementado hasta el 6% por la Comisión en atención a la evaluación de la calidad de gestión de riesgos que ésta realice.

d) Constituir las garantías en la forma y por los montos que se establecen en esta ley.

e) No haber sido sancionado con la expulsión de una bolsa de productos ni de una bolsa de valores, ni haber sido ordenada la cancelación de su inscripción en los Registros que al efecto lleve la Comisión.

f) No haber sido condenado por delito que merezca pena aflictiva o por los delitos contemplados en los artículos 37 y 38, ni haber sido sancionados administrativamente por incurrir en las conductas constitutivas de delito de esta ley, de las leyes Nº 18.045, Nº 18.046, Nº 20.712, Nº 20.720, del decreto con fuerza de ley Nº 3, de 1997, del Ministerio de Hacienda y del decreto con fuerza de ley Nº 251, de 1931, del Ministerio de Hacienda.

g) No encontrarse sometido a un procedimiento concursal de liquidación.

La Comisión establecerá, mediante norma de carácter general, los medios y la forma en que los interesados deberán acreditar las circunstancias señaladas en este artículo y los antecedentes que con tal fin deberán acompañar a sus solicitudes de inscripción.

Quienes no se encuentren inscritos en el referido Registro no podrán publicitar su carácter de corredores de bolsa de productos, ni usar membretes, planchas o distintivo alguno que los individualice como tales.".

4. Agrégase en el artículo 10 el siguiente inciso final, nuevo:

"Dicha normativa deberá señalar el método que se deberá aplicar para el cumplimiento de esas condiciones, el que se establecerá en función de la evaluación de la calidad del proceso de gestión de riesgos que sobre la entidad realice la Comisión.".

5. Reemplázase el artículo 11 por el siguiente:

"Artículo 11. Alcanzado el volumen de negocios o el número de clientes que pudieran resultar afectados con las actuaciones u omisiones del corredor, según haya establecido la Comisión por norma de carácter general, los corredores deberán constituir una garantía para asegurar el cumplimiento de sus obligaciones como intermediarios de productos.

La garantía deberá constituirse por el monto que determine la Comisión, según los parámetros establecidos mediante norma de carácter general, en consideración al impacto o perjuicio potencial que pueda ocasionar la entidad a sus clientes, la calidad del gobierno corporativo y gestión de riesgos de la entidad, y que el monto resultante no haga inviable el modelo de negocios de ésta.

La garantía podrá constituirse en dinero efectivo, boleta bancaria, póliza de seguros, prenda sobre productos, prenda sobre acciones de sociedades anónimas abiertas u otros valores de oferta pública, con excepción de acciones emitidas por las bolsas en que participen. La garantía constituida se deberá mantener reajustada en la misma proporción en que varíe el monto de la unidad de fomento. La constitución de garantías sobre prenda de acciones de sociedades anónimas abiertas o sobre otros valores de oferta pública, no podrá exceder de un 40% del total de la caución.

No obstante lo establecido en los incisos anteriores, la Comisión, mediante norma de carácter general, podrá sustituir la garantía individual antes señalada por una cofinanciada, la que deberá ser de un monto suficiente y características adecuadas para enfrentar los riesgos de las entidades que la cofinancian, con el objeto de compatibilizar la protección de la fe pública y estabilidad financiera con la viabilidad económica de los modelos de negocios de los corredores de productos.".

6. Reemplázase el artículo 16 por el siguiente:

"Artículo 16. La Comisión, mediante resolución fundada y previa audiencia del afectado, podrá suspender hasta por el plazo máximo de un año o cancelar la inscripción de un corredor en el Registro de Corredores por haber incurrido éste en alguna de las siguientes causales:

a) No haber subsanado, dentro del plazo de seis meses, las deficiencias graves que la Comisión le hubiere notificado en relación con el requisito de la letra a) del artículo 7, o haber dejado de cumplir los requisitos de las letras b), c), d), e), f) y g) del mismo artículo. Sin perjuicio de lo anterior, en casos calificados, la Comisión podrá otorgar al interesado un plazo adicional de hasta ciento ochenta días hábiles para subsanar las deficiencias relacionadas con la letra a) del artículo 7. De igual modo, podrá otorgar el mismo plazo, también en casos calificados, para subsanar las deficiencias relacionadas con las letras b), c), d) y g) de dicho artículo.

En el evento que el patrimonio mínimo de un corredor disminuyere a un monto inferior al establecido en el artículo 7 o la entidad dejare de cumplir con las condiciones de liquidez, endeudamiento o solvencia patrimonial, ésta deberá comunicar ese hecho a la Comisión tan pronto tome conocimiento de él y presentar un plan de regularización dentro del plazo de cinco días corridos, el cual podrá ser prorrogado por la Comisión hasta completar diez días corridos en total. Dicho plan deberá contener medidas concretas del referido déficit que le permitan remediar la situación en que se encuentra y asegurar su normal funcionamiento. Mientras se mantenga dicha situación deberá abstenerse de realizar nuevas operaciones que deterioren su situación financiera.

Asimismo, en caso de que la Comisión tomare conocimiento de que una entidad se encuentra en los supuestos indicados en el inciso precedente o cuando resulte previsible que incurrirá en déficit patrimonial de manera inminente de mantenerse las circunstancias de mercado o en atención al actuar de la propia entidad, y esto no le hubiere sido comunicado oportunamente, la Comisión podrá requerir a la entidad la presentación de un plan de regularización. De no subsanarse el déficit dentro del plazo de seis meses contado desde que aquél se hubiere producido, la entidad deberá dejar de prestar el servicio de intermediación, y presentar a la Comisión un programa de término de operaciones y traspaso de clientes.

A partir de la fecha de recepción del programa a que se refiere el inciso anterior, la Comisión podrá designar un interventor o administrador provisional, por el período que determine mediante resolución fundada. La administración de la entidad quedará sometida, en el ejercicio de sus funciones, a las instrucciones que le imparta el o los interventores designados por la Comisión. El interventor tendrá todas las facultades del giro ordinario que la ley y los estatutos señalan al directorio, o a quien haga sus veces, y al gerente general. La designación de interventor deberá recaer en funcionarios de la Comisión o en profesionales externos debidamente calificados, sujeto a que cumplan los requisitos de idoneidad y capacidad técnica que la Comisión determine mediante norma de carácter general. En este último caso, los servicios del interventor serán remunerados con cargo del presupuesto anual de la Comisión.

b) Incurrir en graves violaciones a las obligaciones que le impone esta ley, sus normas complementarias, las instrucciones que imparta la Comisión u otras disposiciones que los rijan.

c) Tomar parte en forma culpable o dolosa en transacciones que produzcan alteraciones artificiales de precios; o realizar conductas tendientes a restringir la competencia en el mercado de productos y cualquier otra participación no compatible con las sanas prácticas en los mercados de productos o de valores.

d) Dejar de desempeñar la función de corredor activo por más de un año, sin causa justificada.

e) Participar en transacciones bursátiles de productos cuyas características y condiciones no cumplan los estándares mínimos establecidos en los padrones inscritos en el Registro de Productos, o en transacciones bursátiles de productos cuya cotización haya sido suspendida.

f) Dejar de cumplir obligaciones originadas en transacciones de productos en que haya tomado parte.".

Artículo 43. Intercálase en el artículo 5 del decreto ley N° 3.538, de 1980, que crea la Comisión para el Mercado Financiero el siguiente numeral 36, nuevo, pasando el actual a ser numeral 37:

"36. Establecer, mediante norma de carácter general, las condiciones mínimas que deberán cumplir las instituciones fiscalizadas en materia de atención al público, tanto en sus oficinas y sucursales, si las tuvieren, como en otros canales que habiliten al efecto. También deberán cumplir con las exigencias que para su funcionamiento establezca la Comisión, considerando elementos tales como los estándares de seguridad de las operaciones que se efectúen por dichos canales y la disponibilidad mínima de ellos, y otras reglas que instruya la Comisión, con el fin de establecer estándares de calidad y servicios mínimos acorde a los productos y servicios que ofrezcan.

La Comisión, mediante normativa o resolución fundada, en atención a la naturaleza del servicio prestado o condiciones del mercado, podrá establecer la obligación de contar con determinados canales de atención, determinar la distribución del horario, condiciones y requerimientos de funcionamiento, disponibilidad u otras condiciones de la misma naturaleza que la Comisión determine.

Asimismo, la Comisión podrá determinar la obligación de las entidades fiscalizadas conforme a esta ley de implementar un canal idóneo de atención de reclamos de clientes en consideración al número de clientes y tipo de servicio prestado, el cual deberá ajustarse a las características y condiciones que defina la Comisión por norma de carácter general.".

Artículo 44. Reemplázase en el literal d) del artículo 73 de la ley N° 10.336, que regula la organización y atribuciones de la Contraloría General de la República, cuyo texto refundido fue fijado por decreto N° 2421, de 1964, del Ministerio de Hacienda, la expresión "el Presidente de la República" por "la Comisión para el Mercado Financiero".

Artículo 45. Derógase el artículo 3 de la ley N° 21.314 que establece nuevas exigencias de transparencia y refuerza las responsabilidades de los agentes de los mercados, regula la asesoría previsional, y otras materias que indica.

Artículo 46. Agrégase en el artículo 19 de la ley N° 18.833 el siguiente número 10, nuevo, pasando su actual número 10 a ser número 11:

"10. Constituir sociedades con el objeto exclusivo de prestar uno o más de los servicios de plataforma de financiamiento colectivo, enrutamiento de órdenes, intermediación de instrumentos financieros, asesoría crediticia y asesoría de inversión de conformidad al inciso segundo del artículo 5 de la ley que promueve la competencia e inclusión financiera a través de la innovación y tecnología en la prestación de servicios financieros, Ley Fintec.".

DISPOSICIONES TRANSITORIAS

Artículo primero. Esta ley entrará en vigencia treinta días después de su publicación en el Diario Oficial, con excepción de los títulos II y III, de los artículos 32, 35, y del N°2 del artículo 37, los cuales regirán a contar de la entrada en vigencia de la normativa respectiva que dicte la Comisión para el Mercado Financiero conforme a lo dispuesto en tales títulos y artículos, con excepción del artículo 24 de la ley N° 18.045, que se incorpora por el artículo 32, número 5 de esta ley, en lo referido a la facultad para que los intermediarios de valores puedan actuar como corredores en las Bolsas de Productos regidos por la ley N° 19.220. Sin perjuicio de lo señalado en el artículo tercero transitorio, dichas normas deberán ser dictadas dentro del plazo máximo de dieciocho meses contado desde la publicación de esta ley.

Artículo segundo. Las personas que presten los servicios regulados en el título II de esta ley y que deban estar inscritos en el Registro de Prestadores de Servicios Financieros, deberán dar cumplimiento a la obligación de solicitar su registro y autorización para operar ante la Comisión en los términos en que se establezca en la norma de carácter general que para tal efecto se emita, en un plazo que no exceda de doce meses contado a partir de la entrada en vigor de la señalada norma. Dichas personas podrán continuar realizando tales actividades hasta que la Comisión resuelva su solicitud en la forma y plazos previstos en el artículo 7.

Las entidades a que se refiere el inciso anterior que no soliciten su registro y autorización para operar en el plazo de doce meses previsto en dicho inciso o no la obtengan una vez solicitada, deberán abstenerse de continuar prestando sus servicios para la celebración de nuevas operaciones y deberán realizar únicamente los actos tendientes a la conclusión de las operaciones existentes reguladas en esta ley. Deberán notificar a sus clientes dicha circunstancia y la forma en que se concluirán las operaciones.

Artículo tercero. La Comisión para el Mercado Financiero deberá dictar la normativa necesaria para la implementación del Sistema de Finanzas Abiertas conforme a lo dispuesto en el título III de esta ley dentro del plazo máximo de dieciocho meses contado desde su publicación.

Corresponderá a la Comisión definir, por norma de carácter general, el calendario de implementación gradual del Sistema de Finanzas Abiertas que regirá para las Instituciones Proveedoras de Información, Instituciones Proveedoras de Cuentas; Proveedores de Servicios basados en Información y Proveedores de Servicios de Iniciación de Pagos.

Al efecto, la Comisión podrá establecer fases sucesivas de implementación o plazos diferenciados en consideración al tipo de institución participante, tipo de productos y servicios financieros ofrecidos a clientes, segmentos de clientes y tipos de datos o información cubiertos por el Sistema de Finanzas Abiertas, conforme a lo señalado en los artículos 17, 18 y 20, a fin de lograr un adecuado funcionamiento del Sistema de Finanzas Abiertas.

Con todo, la Comisión deberá velar para que el Sistema de Finanzas Abiertas se encuentre plenamente implementado por los bancos y emisores de tarjetas de pago en cuanto Instituciones Proveedoras de Información e Instituciones Proveedores de Cuentas, así como por los Proveedores de Servicios de iniciación de Pagos, en un plazo que no exceda de dieciocho meses contado a partir de la entrada en vigor de las disposiciones que dicte la Comisión, y dentro del plazo máximo de treinta y seis meses contado desde la entrada en vigencia de dicha normativa respecto de las restantes entidades que la Comisión califique como Instituciones Proveedoras de Información.

Artículo cuarto. Las entidades que a la fecha de entrada en vigencia de esta ley y con consentimiento del cliente se encuentren prestando los servicios de iniciación de pagos regulados en el Título III de la presente ley, haciendo uso de sus credenciales, medios de autentificación o a través de otros mecanismos autorizados por los clientes, deberán dar cumplimiento a la obligación de solicitar su registro ante la Comisión en los términos en que se establezca en las normas de carácter general que para tal efecto se emitan, en un plazo que no exceda de doce meses contado a partir de la entrada en vigor de estas disposiciones. Dichas personas podrán continuar realizando tales actividades hasta que la Comisión resuelva su solicitud en la forma y plazos previstos en el título III de la presente ley.

Las entidades referidas en el inciso anterior que no soliciten su registro en el plazo antes mencionado o que no la obtengan una vez solicitada, deberán abstenerse de continuar prestando sus servicios para la celebración de nuevas operaciones y deberán realizar únicamente los actos tendientes a la conclusión de las operaciones existentes reguladas en esta ley, notificando a sus clientes dicha circunstancia y la forma en que se concluirán las operaciones.

Artículo quinto. Durante los primeros cinco años contados desde la entrada en vigencia de la presente ley, el Ministerio de Hacienda deberá elaborar un informe anual sobre los efectos de la aplicación de la misma en los mercados respectivos, y su impacto en ámbitos de competencia, innovación e inclusión financiera, incluyendo (i) estadísticas respecto a las entidades que se hayan inscrito en el Registro de Prestadores de Servicios Financieros a que se hace referencia en el título II de esta ley, y (ii) descripción del proceso de implementación del Sistema de Finanzas Abiertas, incluyendo estadísticas de entidades inscritas en los registros respectivos, así como análisis cuantitativo de volúmenes de consultas de información y órdenes de pago instruidas a través de dicho Sistema, entre otros indicadores relevantes. El informe referido al año cronológico anterior deberá ser enviado antes del 31 de marzo del año siguiente a las Comisiones de Hacienda del Senado y de la Cámara de Diputados.

Artículo sexto. Los hechos constitutivos de delito perpetrados con anterioridad a la entrada en vigencia de la presente ley, así como las penas y las demás consecuencias que correspondiere imponer por ellos, serán determinados conforme a la ley vigente al momento de su perpetración.

Si la presente ley entrare en vigor durante la perpetración del hecho se estará a lo dispuesto en ella, siempre que en la fase de perpetración posterior se realizare íntegramente la nueva descripción legal del hecho.

Si la aplicación de la presente ley resultare más favorable al imputado o acusado por un hecho perpetrado con anterioridad a su entrada en vigor, se estará a lo dispuesto en ella.

Para determinar si la aplicación de la presente ley resulta más favorable se deberá considerar todas las normas en ella previstas que fueren pertinentes al juzgamiento del hecho.

Para efectos de lo dispuesto en los incisos primero y segundo precedentes, el delito se entiende perpetrado en el momento o durante el lapso en el cual se ejecuta la acción punible o se incurre en la omisión punible.

Artículo séptimo. El mayor gasto fiscal que represente la aplicación de esta ley, durante su primer año presupuestario de vigencia, se financiará con los recursos que se contemplen en el presupuesto de la Comisión para el Mercado Financiero y, en lo que no fuere posible, con cargo a aquellos que se consulten en la Partida Presupuestaria Tesoro Público del año presupuestario correspondiente.

Artículo octavo. Increméntase en 17 cupos la dotación máxima de personal de la Partida 08, Capítulo 31, Programa 01, Comisión para el Mercado Financiero, de la Ley de Presupuestos del Sector Público.

Artículo noveno. De acuerdo a lo señalado en el inciso final del artículo 19 y en el inciso final del artículo 20, se entenderá por infracciones gravísimas a las obligaciones legales en materia de protección de datos personales y sólo mientras la ley N° 19.628 no defina un catálogo para conductas de la misma gravedad, las siguientes conductas:

a) Efectuar tratamiento de datos personales en forma fraudulenta.

b) Destinar maliciosamente los datos personales a una finalidad distinta de la consentida por el titular o prevista en la ley que autoriza su tratamiento.

c) Comunicar o ceder, a sabiendas, información no veraz, incompleta, inexacta o desactualizada sobre el titular de datos.

d) Vulnerar el deber de secreto o confidencialidad sobre los datos personales sensibles y datos personales relativos a la comisión y sanción de infracciones penales, civiles, administrativas y disciplinarias.

e) Tratar, comunicar o ceder, a sabiendas, datos personales sensibles o datos personales de niños, niñas y adolescentes, en contravención a las normas de esta ley.

f) Omitir en forma deliberada la comunicación de las vulneraciones a las medidas de seguridad que puedan afectar la confidencialidad, disponibilidad o integridad de los datos personales.

g) Efectuar tratamiento masivo de datos personales contenidos en registros electrónicos de infracciones penales, civiles, administrativas y disciplinarias que llevan los organismos públicos, sin contar con autorización legal para ello.

h) Realizar a sabiendas operaciones de transferencia internacional de datos en contravención a las normas de protección de datos personales.".

Habiéndose cumplido con lo establecido en el N° 1 del artículo 93 de la Constitución Política de la República y por cuanto he tenido a bien aprobarlo y sancionarlo; por tanto, promúlguese y llévese a efecto como Ley de la República.

Santiago, 22 de diciembre de 2022.- GABRIEL BORIC FONT, Presidente de la República.- Mario Marcel Cullell, Ministro de Hacienda.

Lo que transcribo a usted para su conocimiento.- Saluda Atte. a usted, Claudia Sanhueza Riveros, Subsecretaria de Hacienda.

TRIBUNAL CONSTITUCIONAL

Proyecto de ley que promueve la competencia e inclusión financiera a través de la innovación y tecnología en la prestación de servicios financieros, Ley Fintec, correspondiente al boletín N° 14.570-05

La Secretaria del Tribunal Constitucional, quien suscribe, certifica que la Honorable Cámara de Diputados y Diputadas envió el proyecto de ley enunciado en el rubro, aprobado por el Congreso Nacional, a fin de que este Tribunal ejerciera el control de constitucionalidad respecto del inciso cuarto del artículo 20; el número 1 del artículo 30; y los números 1 y 2 del artículo 31 del proyecto; y por sentencia de 6 de diciembre de 2022, en los autos Rol Nº 13.753-22-CPR.

Se declara:

Que no se emite pronunciamiento, en examen preventivo de constitucionalidad, respecto del inciso cuarto del artículo 20, del número 1 del artículo 30 y de los números 1 y 2 del artículo 31 del proyecto de ley que promueve la competencia e inclusión financiera a través de la innovación y tecnología en la prestación de servicios financieros, Ley Fintec, correspondiente al boletín Nº 14.570-05, por no regular materias reservadas a la Ley Orgánica Constitucional.

Santiago, 9 de diciembre de 2022.- María Angélica Barriga Meza, Secretaria.

LEY Nº 18.092
MINISTERIO DE JUSTICIA
DICTA NUEVAS NORMAS SOBRE LETRA DE CAMBIO Y PAGARÉ Y DEROGA DISPOSICIONES DEL CÓDIGO DE COMERCIO

Publicada en el Diario Oficial de 14 de enero de 1982

La Junta de Gobierno de la República de Chile ha dado su aprobación al siguiente

Proyecto de ley:

TÍTULO I
DE LA LETRA DE CAMBIO

§ 1. De la expedición y forma

Artículo 1°. La letra de cambio deberá contener las siguientes enunciaciones:

1. La indicación de ser letra de cambio, escrita en el mismo idioma empleado en el título;

2. El lugar y fecha de su emisión. No obstante, si la letra no indicare el lugar de la emisión, se considerará girada en el domicilio del librador;

3. La orden, no sujeta a condición, de pagar una cantidad determinada o determinable de dinero;

4. El nombre y apellido de la persona a que debe hacerse el pago o a cuya orden debe efectuarse;

5. El nombre, apellido y domicilio del librado;

6. El lugar y la época del pago. No obstante si la letra no indicare el lugar del pago, éste deberá hacerse en el domicilio del librado señalado en el documento; y si no contuviere la fecha de su vencimiento, se considerará pagadera a la vista, y

7. La firma del librador.

Bajo la responsabilidad del librador, su firma podrá estamparse por otros procedimientos que se autoricen en el Reglamento, en los casos y con las formalidades que en él se establezcan.

Si hubiere varios librados, deberá indicarse un domicilio único para todos ellos.

Artículo 2º. El documento en que no se cumpla con las exigencias del artículo precedente no valdrá como letra de cambio.

Artículo 3º. La letra de cambio también puede girarse a la orden a cargo del propio librador.

Artículo 4º. Si una letra se girare contra varias personas todas ellas se considerarán librados, a menos que expresamente se hubiere designado algún orden, en cuyo caso se entenderá como librado sólo al que aparezca en primer lugar en el documento y los demás, como librados subsidiarios en el orden señalado.

Artículo 5º. La letra de cambio puede girarse para ser pagada en el domicilio de un tercero, ya sea en la localidad en que el librado tenga el suyo o en otra distinta.

Artículo 6º. Si el importe de la letra apareciere escrito a la vez en palabras y cifras, valdrá la suma escrita en palabras en caso de diferencia entre unas y otras.

Artículo 7º. La incapacidad de alguno de los signatarios de una letra de cambio, el hecho de que en ésta aparezcan firmas falsas o de personas imaginarias, o la circunstancia de que, por cualquier motivo, el título no obligue a alguno de los signatarios o a las personas que aparezcan como tales, no invalidan las obligaciones que derivan del título para las demás personas que lo suscriben.

Artículo 8º. La persona que firma una letra de cambio como representante o a ruego de otra, de la que no tiene facultad para actuar, se obliga por sí misma en virtud de la letra; y si hubiere pagado tendrá los mismos derechos que tendría el supuesto representado.

La misma regla se aplica al representante que se ha excedido en sus poderes.

Artículo 9º. En lugar de su firma, toda persona podrá estampar su impresión digital, siempre que lo haga ante un notario o ante un Oficial del Registro Civil, si en la localidad no hubiere notario.

Artículo 10. El librador garantiza la aceptación y el pago de la letra de cambio. Puede eximirse de la responsabilidad de la aceptación; pero toda cláusula por la cual se exima o limite su responsabilidad por el pago se tendrá por no escrita.

Artículo 11. Sin perjuicio de lo dispuesto en el artículo 2º, si la letra de cambio no contiene las menciones de que trata el artículo 1º, cualquier tenedor legítimo podrá incorporarlas antes del cobro del documento, sujetándose en todo ello a las instrucciones que haya recibido de los obligados al pago de la letra. Si se llenare en contravención a las instrucciones, el respectivo obligado podrá eximirse de su pago probando tal circunstancia. Esta exoneración de responsabilidad no podrá hacerse valer respecto del tenedor de buena fe.

Todo lo anterior no obsta al ejercicio de las acciones penales que fueren procedentes.

Artículo 12. El giro, aceptación o transferencia de una letra no extinguen, salvo pacto expreso, las relaciones jurídicas que les dieron origen, no producen novación.

El pago de una letra emitida, aceptada o endosada para facilitar el cobro de una obligación o para garantizarla, la extingue hasta la concurrencia de lo pagado.

Artículo 13. Además de las menciones indicadas en el artículo 1º, la letra de cambio puede contener:

1. La comuna dentro de la cual esté ubicado el lugar del pago;
2. La cláusula de ser reajustable la cantidad librada, que se expresará mediante la palabra "reajustable" u otra igualmente inequívoca;
3. La cláusula de intereses, los que correrán desde la fecha en que la letra fue emitida y hasta su efectivo pago, a menos que en la letra se indiquen otras fechas; y se calcularán sobre la cantidad reajustada, en su caso, salvo mención expresa en contrario;
4. La cláusula "devuelta sin gastos" o "sin obligación de protesto", y

5. Otras menciones que no alteren la esencia de la letra.

Artículo 14. En las letras con cláusulas de reajuste, la cantidad librada se ajustará conforme a las reglas que el documento señale. No indicándose sistema de reajuste, se aplicará el de las operaciones de crédito de dinero vigente a la época de la emisión de la letra. La indicación de sistemas prohibidos por la ley, se tendrá por no escrita.

Artículo 15. En caso de adulteración de una letra de cambio los signatarios anteriores se obligan conforme al texto original y los posteriores conforme al nuevo texto.

Artículo 16. Cualquiera de los obligados al pago de una letra puede, mediante una nueva firma, consentir en una alteración de su texto, quedando obligado en los nuevos términos que se indiquen.

§ 2. Del Endoso

Artículo 17. El endoso es el escrito por el cual el tenedor legítimo transfiere el dominio de la letra, la entrega en cobro o la constituye en prenda.

El endoso debe estamparse al dorso de la letra misma o de una hoja de prolongación adherida a ella.

El endoso debe ser firmado por el endosante.

Bajo la responsabilidad del endosante, su firma podrá estamparse por otros procedimientos que se autoricen en el reglamento en los casos y con las formalidades que en él se establezcan.

Artículo 18. La letra, aún la no librada expresamente a la orden, es transferible por endoso. No obstante, si el librador ha insertado en la letra las palabras "no endosable" o una expresión equivalente, sólo podrá transferirse o constituirse en prenda conforme a las reglas aplicables a los créditos nominativos. En todo caso, puede endosarse en comisión de cobranza.

Artículo 19. El endoso debe ser puro y simple. Toda condición a la que se subordine el mismo se reputa no escrita. El endoso parcial no produce efecto alguno.

El endoso al portador vale como endoso en blanco.

Artículo 20. El endoso puede efectuarse en favor de un tercero, del librado o aceptante, del librador o de cualquier otro obligado. Dichas personas pueden volver a endosar la letra.

Artículo 21. El endoso que no exprese otra calidad es traslaticio de dominio y transfiere al endosatario todos los derechos que emanan de la letra. Importa mandato para el cobro, cuando contiene la cláusula "valor en cobro", "en cobranza" u otra equivalente. Importa constitución en prenda cuando incluye la cláusula "valor en prenda", "valor en garantía" u otra equivalente.

Artículo 22. El endoso puede contener, además de la firma del endosante o de la persona que lo extiende a su ruego o en su representación, las siguientes menciones: el lugar y fecha de su otorgamiento, el nombre del endosatario y la calidad del endoso, en su caso.

El endoso en que se omite el lugar de su otorgamiento, se presume hecho en el domicilio del endosante; y el endoso sin fecha, se presume extendido antes del vencimiento de la letra.

Artículo 23. El endoso firmado por el endosante que no contenga el nombre del endosatario, es endoso en blanco.

La sola firma del endosante constituye también endoso en blanco.

Artículo 24. El endoso en blanco autoriza al tenedor para llenarlo, anteponiendo a la firma del endosante su propio nombre o de un tercero, y para transferir la letra, sin llenar el endoso, por la sola entrega del documento. Autoriza, asimismo, al tenedor, para endosarla en comisión de cobranza o en prenda.

Artículo 25. El endoso traslaticio de dominio garantiza la aceptación y pago de la letra y el o los endosantes serán solidariamente responsables de los efectos de la falta de aceptación o pago, salvo estipulación en contrario estampada en el dorso mismo.

El endosante puede prohibir un nuevo endoso y, en tal caso, no responde ante los endosatarios posteriores de la letra.

Artículo 26. El tenedor de una letra de cambio se considera portador legítimo si justifica su derecho por una serie no interrumpida de endosos, aunque el último esté en blanco.

Para este efecto, los endosos tachados o borrados se tienen por no escritos. Cuando a un endoso en blanco sigue otro endoso, se reputa que el firmante de éste ha adquirido la letra por el endoso en blanco.

Artículo 27. El portador legítimo de una letra no puede ser privado de ella, salvo que se pruebe que la adquirió de mala fe o que no pudo menos de conocer su origen irregular.

Artículo 28. La persona demandada en virtud de una letra de cambio no puede oponer al demandante excepciones fundadas en relaciones personales con anteriores portadores de la letra.

Artículo 29. El endoso que contenga la cláusula "valor en cobro", "en cobranza" o cualquiera otra mención que indique un simple mandato faculta al portador para ejercitar todos los derechos derivados de la letra de cambio, salvo los de endosar en dominio o garantía. El endoso practicado por el endosatario en cobro sólo produce los efectos propios del endoso en cobranza.

El endosatario en cobranza puede cobrar y percibir, incluso judicialmente, y tiene todas las atribuciones propias del mandatario judicial comprendidas también aquellas que conforme a la ley requieren mención expresa. Con todo, el mandatario sólo puede comparecer ante los tribunales en la forma que exige la ley.

La letra nominativa o no endosable es susceptible de endoso en cobro.

Artículo 30. El endoso en garantía faculta al portador para ejercer todos los derechos emanados de la letra, cobrarla judicial y extrajudicialmente y aplicar sin más trámite su valor al pago de su crédito, con obligación de rendir cuenta al endosante. Sin embargo, a menos que se establezca lo contrario, el endosante no responde de la aceptación o pago de la letra. Mientras el endosatario mantenga la letra en su poder, debe practicar todas las diligencias necesarias para conservar los derechos emanados de ella.

El endoso hecho por el endosatario en garantía, sólo vale como endoso en cobro.

La disposición del artículo 28 es aplicable al endoso en garantía.

Artículo 31. El pagador de una letra de cambio no está obligado a cerciorarse de la autenticidad de los endosos; ni tiene facultad para exigir que ésta se le compruebe; pero debe verificar la identidad de la persona que la presente al cobro y la continuidad de los endosos, so pena de quedar responsable si paga a portador ilegítimo del documento.

Artículo 32. El endoso de una letra vencida o protestada por falta de pago no tiene más valor ni produce otro efecto que el de una cesión ordinaria; y en este caso el cedente y el cesionario podrán ajustar los pactos que les convengan.

Con todo, al endoso en comisión de cobranza le es siempre aplicable la norma del artículo 29.

§ 3. De la aceptación

Artículo 33. La aceptación debe constar en la letra misma por medio de las palabras "acepto", "aceptada" u otras equivalentes y la firma del librado. La sola firma de éste puesta en el anverso de la letra importa aceptación.

Artículo 34. El propietario de la letra puede presentarla a la aceptación por sí o por mandatario especial, aun cuando no la haya endosado a favor de éste.

La mera tenencia de la letra hace presumir el mandato y confiere la facultad necesaria para presentarla a la aceptación y en su defecto, requerir el protesto.

Artículo 35. La letra girada a día fijo y determinado o a un plazo de la fecha de giro, puede ser presentada para la aceptación dentro del plazo de su vencimiento.

La letra girada a un plazo contado desde la vista, y que no sea aceptada en el plazo de un año a partir de la fecha de giro quedará sin valor, a menos de ser protestada oportunamente por falta de aceptación o de fecha de aceptación.

Artículo 36. Si la letra fuere girada a un plazo contadero desde la vista, o si ella debe ser presentada a la aceptación de un plazo determinado en virtud de cláusulas especiales, el librado deberá fechar la aceptación.

Esta fecha deberá ser la del día en que la aceptación fuere dada, a menos que el requirente exija que se ponga la del día de su presentación.

A falta de fecha, el portador, para conservar sus derechos contra los endosantes y el librador, debe protestar la letra. El término para pagar la letra girada a un plazo contadero desde la vista correrá, en este caso, a partir del día del protesto.

Artículo 37. La presentación de la letra a la aceptación se hará en el domicilio o residencia del librado, a menos que se señale en la letra un lugar determinado para este efecto.

Artículo 38. La aceptación no puede requerirse en días feriados, en día sábado ni el 31 de diciembre.

La aceptación sólo puede requerirse entre las 9 y las 18 horas, salvo que el lugar señalado para la aceptación fuere el de una institución bancaria o financiera, en cuyo caso sólo podrá hacerse dentro del horario de funcionamiento para la atención del público.

Artículo 39. La letra puede ser aceptada antes que el girador haya estampado su firma, o mientras el título esté incompleto; también puede serlo después del protesto por falta de aceptación, o después de vencida o de haber sido protestada por falta de pago.

Artículo 40. Si una letra pagadera a un plazo de la vista se protesta por falta de aceptación y el librado posteriormente la acepta, el vencimiento de la letra se contará desde la fecha del protesto.

Artículo 41. El librado debe prestar o negar su aceptación en el día en que el portador le presente la letra al efecto, salvo que aquél exija que se le haga una segunda presentación al día siguiente.

Los interesados sólo pueden alegar que tal exigencia ha quedado incumplida si así consta en el protesto. El librado carece de facultad para exigir este segundo requerimiento, si el primero se efectuó en el último día del plazo en que la letra puede ser presentada a su aceptación.

El requirente no está obligado a dejar la letra en poder del librado.

Artículo 42. La aceptación debe ser pura y simple, pero el librado puede restringirla a una parte de la suma librada.

Cualquiera otra reserva o declaración por la cual se modifique el contenido original del título equivale a un rechazo de la aceptación. El aceptante, sin embargo, queda obligado en los términos de su aceptación.

Artículo 43. El librado puede señalar en su aceptación un domicilio o residencia diferente del que resulte del texto de la letra, para que en ella se efectúe el pago, siempre que esté ubicado en la misma provincia.

La aceptación para pagar en cualquier lugar fuera de dicha provincia produce los efectos señalados en el inciso segundo del artículo precedente.

Artículo 44. El librado que ha estampado en la letra de cambio su aceptación, puede borrarla o tacharla antes de restituir la letra, debiendo en tal caso agregar la expresión "retiro mi aceptación" y volver a firmar. Cumplidos estos requisitos se considerará que la aceptación ha sido negada.

Artículo 45. Habiendo varios librados, cualquiera que sea la forma en que estén designados, el que acepta se obliga al pago de la letra.

§ 4. Del aval

Artículo 46. El aval es un acto escrito y firmado en la letra de cambio, en una hoja de prolongación adherida a ésta, o en un documento separado, por el cual el girador, un endosante o un tercero garantiza, en todo o en parte, el pago de ella. La sola firma en el anverso de la letra o de su hoja de prolongación constituye aval, a menos que esa firma sea del girador o del librado. Otorgado en el dorso debe contener, además de la firma del avalista la expresión "por aval" u otra equivalente.

Otorgado en documento separado debe, además de la firma del avalista, expresar que el acto es un aval e identificar claramente la letra a la cual concierne. Los derechos que emanan de un aval otorgado en instrumento separado, no se transfieren por endoso.

El acto que no reúna los requisitos señalados en este artículo, no constituye aval.

Artículo 47. El aval puede ser limitado a tiempo, caso, cantidad o persona determinada; y en tal evento, sólo producirá la responsabilidad que el avalista se hubiere impuesto.

Concebido el aval sin limitaciones, el avalista de la letra de cambio responde del pago de ella en los mismos términos que la ley impone al aceptante.

§ 5. Del vencimiento

Artículo 48. La letra de cambio puede ser girada:

A la vista;

A un plazo de la vista;

A un plazo de la fecha del giro, y A día fijo y determinado.

No vale como letra de cambio la girada a otros vencimientos o a vencimientos sucesivos.

Artículo 49. La letra a la vista es pagadera a su presentación, y si no fuere pagada dentro del plazo de un año contado desde la fecha de su giro quedará sin valor a menos de ser protestada oportunamente por falta de pago.

Artículo 50. El término de la letra girada a cierto plazo a contar de la vista, corre desde el día de su aceptación o desde su protesto por falta de aceptación o por falta de fecha de aceptación.

El término de una letra girada a un plazo de la fecha de giro, corre desde el día de su emisión.

La letra girada a día fijo y determinado es pagadera en el día designado.

Artículo 51. Si el vencimiento cae en día feriado, en un día sábado o el 31 de Diciembre, se entiende prorrogado para el primer día hábil siguiente.

§ 6. Del Pago

Artículo 52. El portador de una letra de cambio pagadera a día fijo, a un determinado plazo contado desde la fecha, o desde la vista, debe presentar la letra para el pago el día de su vencimiento o al día siguiente hábil si fuere éste festivo o feriado bancario.

La presentación al pago de la letra a la vista se regirá por lo prescrito en el artículo 49 de esta ley.

Artículo 53. Siempre que el tenedor de una letra aceptada fuere un banco o una sociedad financiera, ya como beneficiaria, ya como endosataria, el pago deberá hacerse en la oficina que tenga en su poder la letra y que esté situada en la comuna en que corresponda hacerse el pago. Se informará al aceptante, en la comunicación a que se refiere el artículo 71 letra a), del lugar preciso en que deberá efectuarse el pago.

Artículo 54. El librado que paga la letra de cambio puede exigir que ésta se le entregue con la constancia del pago.

El portador no puede rehusar un pago parcial. Después de vencida la letra podrá rechazarlo si fuere inferior a la mitad del valor del documento. El librado puede exigir que se haga mención de este pago en la letra, y, además, que se le otorgue recibo. El portador puede protestar la letra por el saldo no pagado.

Artículo 55. El pago de las letras de cambio antes de su vencimiento se regirá por las normas sobre operaciones de crédito de dinero, vigentes a la época de emisión de la letra.

Artículo 56. El librado que paga antes del vencimiento queda responsable de la validez del pago. El que paga la letra a su vencimiento queda válidamente liberado, a menos que lo haya hecho a sabiendas para consumar un fraude.

Artículo 57. No puede prohibirse ni entrabarse por resolución judicial el pago o circulación de la letra salvo en caso de inicio de un procedimiento concursal de liquidación de su portador o de cualquier otro suceso que prive a éste de la libre administración de sus bienes, sin perjuicio de lo que se dispone en los artículos 86 y siguientes para el caso de extravío o sustracción. Sin embargo, podrá decretarse la retención, prohibición o embargo sobre el crédito conjuntamente con la aprehensión del documento mismo, en juicio o gestión judicial seguida contra su tenedor legítimo y siempre que el documento se encuentre en sus manos o en las de un mandatario de éste para su cobranza.

Artículo 58. Las normas establecidas en el artículo 38 se aplicarán a la presentación al pago de la letra de cambio.

§ 7. De los Protestos

Artículo 59. La letra de cambio puede protestarse por falta de aceptación, por falta de fecha de aceptación y por falta de pago.

Artículo 60. Los protestos deberán hacerse por notarios; pero en las comunas que no sean asiento de un notario podrán efectuarse también por el Oficial de Registro Civil del lugar del pago o del lugar donde deba prestarse la aceptación, según corresponda.

Con autorización de la Corte de Apelaciones respectiva, los notarios, bajo su responsabilidad, podrán delegar la función de entregar el aviso a que se refiere el artículo 61, en un empleado de su dependencia.

Artículo 61. El funcionario deberá entregar en los lugares y oportunidades que se señalen en los artículos 68 y 69, un aviso dirigido al librado o aceptante en que lo citará para el día siguiente hábil que no fuere sábado a su oficio, a fin de realizar el requerimiento que corresponda.

El aviso será entregado a alguna persona adulta que se encuentre en dichos lugares y cuando ello no fuere posible será dejado de la manera que el funcionario estime más adecuada. Si el librado o aceptante no compareciere a la citación, se efectuará el protesto, sin necesidad de requerimiento.

Artículo 62. El protesto se estampará en el dorso de la letra o en una hoja de prolongación de ella y deberá contener:

a) La constancia de haberse entregado el aviso indicado en el artículo anterior y la fecha en que tal entrega se produjo;

b) La relación de que el librado no aceptó la letra en los términos en que ella fue girada, o que no fechó la aceptación o que no pagó íntegramente, según sea el caso. En el evento de pago parcial deberá expresar su monto;

c) Un resumen de lo que exprese el librado para no aceptar, no fechar o no pagar la letra, si compareciere a la citación; o la constancia de que el librado no compareció o nada dijo;

d) El número con que el protesto aparece en el registro de que trata el artículo siguiente;

e) Los impuestos y derechos cobrados;

f) La fecha, hora y lugar del protesto, y

g) La firma del funcionario que haya practicado la diligencia.

Artículo 63. Todo funcionario encargado de efectuar protestos de letras de cambio, deberá llevar un registro de Protestos en el cual día a día, dejará constancia de los que haya practicado, con el número correlativo de cada uno y con las menciones de las letras b), d), e) y f) del artículo anterior. Además, individualizará el documento protestado con los nombres del librado o aceptante, del requirente, del beneficiario, monto de la letra y época del vencimiento.

Artículo 64. El notario o el Oficial del Registro Civil, en su caso, deberá devolver al portador la letra original, con las constancias del protesto, a más tardar el día hábil siguiente que no fuere sábado al término de la diligencia y será responsable de los daños y perjuicios que resultaren de su demora o de cualquiera irregularidad u omisión en el protesto que le fueren imputables o si la letra se extraviare.

Artículo 65. Será competente para realizar el protesto por falta de aceptación o por falta de fecha de ésta, el funcionario correspondiente al lugar en que deba prestarse la aceptación.

Artículo 66. En los protestos por falta de aceptación o por falta de fecha de aceptación, el aviso deberá entregarse en el lugar en que haya de efectuarse la aceptación, a más tardar el segundo día hábil siguiente al vencimiento del plazo para la presentación a la aceptación; y el requerimiento se hará en el día hábil que siga al de la entrega del aviso. Para los efectos de este artículo no se considera hábil el día sábado.

Artículo 67. El protesto por falta de aceptación dispensa la de presentación para el pago y del protesto por falta de pago.

Artículo 68. Será competente para realizar el protesto por falta de pago el funcionario correspondiente al lugar donde éste deba hacerse.

Artículo 69. En los protestos por falta de pago, el aviso se entregará en el lugar donde aquél debe efectuarse, y en el primero o en el segundo día hábil siguiente que no fuere sábado, al vencimiento de la letra o del vencimiento del plazo fijado en el artículo 49, si ella fuere a la vista.

El requerimiento se practicará en el día hábil que siga al de la entrega del aviso.

Artículo 70. Antes de estampar la diligencia de protesto por falta de pago, el funcionario verificará en la tesorería comunal correspondiente si se ha efectuado en ella algún depósito destinado al pago del documento siempre que en él se hubiere señalado la comuna correspondiente al lugar del pago.

Si el depósito fuere suficiente para pagar la letra, intereses y reajustes, en su caso, se omitirá el protesto.

Si el depósito no fuere suficiente para pagar la letra, sus intereses, reajustes y gastos, en su caso, el funcionario deberá dejar constancia de ello y protestará la letra por el saldo insoluto. No necesitará indicar el monto de dicho saldo tratándose de letras reajustables.

El funcionario a cargo del protesto retirará el depósito bajo recibo y entregará la letra al depositante con la constancia del pago estampada en ella o, en su caso, le entregará el recibo a que se refiere el artículo 54.

Los fondos retirados se entregarán al portador del documento.

Artículo 71. Salvo instrucciones en contrario, el banco o la sociedad financiera que tenga una letra en su poder, ya como beneficiario, ya como endosatario, hará el protesto por falta de pago de acuerdo con las normas siguientes:

a) El banco o la sociedad financiera, en su caso, enviará aviso escrito al aceptante comunicándole que tiene la letra en su poder, con diez días, a lo menos, de anticipación a su vencimiento, e indicará el nombre del beneficiario, monto de la letra, fecha de su vencimiento y lugar preciso en que debe efectuarse el pago.

Se llevará un registro diario en el que se hará constar el envío de cada uno de estos avisos, su fecha y el nombre y domicilio del destinatario. Al término de cada día un funcionario autorizado del mismo banco o sociedad financiera certificará el cierre del respectivo registro.

b) La falta de pago será certificada al dorso del documento o de su hoja de prolongación con expresión, además, de la constancia de haberse enviado el aviso a que se refiere la letra a), el número que se asigne a esta actuación en el Registro de Letras no Pagadas de que trata el inciso siguiente, la fecha y lugar de la diligencia y la firma del representante autorizado del banco o de la sociedad financiera, según corresponda.

Para estos efectos, cada oficina llevará un Registro de Letras protestadas en que día a día dejará constancia de los protestos por falta de pago que haya practicado, el número correlativo de cada uno, mención de haberse enviado el aviso, la fecha del protesto, y los nombres del aceptante, del beneficiario, monto de la letra y época de su vencimiento. Al término de cada día un funcionario autorizado del banco o de la sociedad financiera certificará el cierre de este registro.

Los registros de que trata este artículo serán públicos y se presumirá la veracidad de lo expresado en ellos.

Sólo serán ineficaces estos protestos cuando se hubiere omitido el aviso al aceptante, el número, fecha de actuación o la firma del representante del banco o sociedad financiera, según el caso.

Los bancos y las sociedades financieras no podrán cobrar suma alguna por estas actuaciones y serán responsables de las obligaciones tributarias que ellas generen.

El protesto efectuado en conformidad a este artículo no tendrá el carácter de personal para los efectos de lo dispuesto en el Nº 4 del artículo 434 del Código de Procedimiento Civil.

Artículo 72. Si hubiere duda acerca del interés que debe pagarse, de la moneda en que deba hacerse el pago, del tipo de cambio o del monto de los reajustes, el funcionario se atendrá a las instrucciones del portador del documento, bajo la responsabilidad de éste y sin perjuicio de las acciones que procedan.

Artículo 73. Si se diere en pago de una letra un cheque cuyo pago rehusare el banco librado, el protesto de ella, podrá realizarse dentro de los 30 días de vencida, siempre que se hubiere hecho constar en la misma el nombre del banco librado, la numeración del cheque y la cuenta corriente sobre la cual ha sido girado.

El plazo de 30 días se ampliará si el banco librado hubiere suspendido sus operaciones y por los días que durare la suspensión. En caso de duda ese plazo será determinado por la Comisión de Bancos e Instituciones Financieras.

Artículo 74. La cláusula "devuelta sin gastos" o "sin protesto" y la que fija el plazo para presentar a la aceptación, puestas por el librador, producen efectos respecto de todos los firmantes de la letra. Estampadas por algún otro obligado sólo producen efectos respecto de éste.

Artículo 75. En el evento de fuerza mayor o caso fortuito, el portador de la letra deberá presentarla para su aceptación o pago, y en su defecto requerirá el protesto, el día siguiente hábil de cesado el impedimento.

Artículo 76. Ningún otro documento o diligencia puede suplir la omisión del protesto.

Artículo 77. El tribunal podrá desechar la nulidad de un protesto cuando el vicio no hubiere causado un efectivo perjuicio al que lo invoca.

Artículo 78. El portador no queda dispensado de la obligación de protestar la letra por la quiebra, interdicción o muerte del librado.

§ 8. De las acciones que emanan de la letra de cambio

Artículo 79. Todos los que firman una letra de cambio, sea como libradores, aceptantes o endosantes, quedan solidariamente obligados a pagar al portador el valor de la letra, más los reajustes e intereses, en su caso.

Si no se realiza en tiempo y forma el protesto por falta de pago, caducarán las acciones cambiarias que el portador pueda tener en contra del librador, endosante y los avalistas de ambos. No obstante, no caducarán estas acciones en caso de quiebra del librado o aceptante ocurrida antes del vencimiento, o de haberse estampado en la letra la cláusula "devuelta sin gastos" o "sin protesto".

Artículo 80. A partir de la fecha del vencimiento, se devengan intereses corrientes, a menos que se hubieren estipulado intereses superiores.

En las letras a la vista los intereses corren desde la fecha del protesto.

Artículo 81. El portador puede ejercer su acción antes del vencimiento de la letra:

1. Si se hubiere protestado la letra por falta de aceptación del librado, de cualquiera de los librados conjuntos o de todos los librados subsidiarios; en su caso;

2. Si cae en quiebra el librado o cualquiera de los librados conjuntos, hayan o no aceptado la letra;

3. Si, antes de la aceptación, cae en quiebra uno de los librados subsidiarios y ninguno de los restantes accede a aceptar la letra, o si cae en quiebra el librado subsidiario que otorgó su aceptación; y

4. Si el librador de una letra no aceptada cae en quiebra.

En estos casos el reajuste y los intereses correrán hasta el pago. Si la letra no devengare intereses, se descontarán de su valor los intereses corrientes por el tiempo que medie entre el pago y el vencimiento.

Artículo 82. El librador o el aceptante que pagare la letra no tendrán acción cambiaria de reembolso entre sí, ni en contra de los demás firmantes de la letra.

El endosante que paga la letra tendrá acción cambiaria de reembolso a su elección en contra del librador, aceptante y endosante anteriores y de sus avalistas.

El avalista que paga la letra tendrá acción cambiaria de reembolso en contra de la persona a quien él ha garantizado y de los demás firmantes de la letra respecto de los cuales tuviere acción cambiaria de reembolso la persona avalada.

Se aplicará a los avalistas conjuntos la norma establecida en el artículo 2378 del Código Civil.

Artículo 83. El titular de la acción cambiaria de reembolso puede reclamar a las personas obligadas a éste:

1. La suma íntegra que hubiere desembolsado con arreglo a la ley. Esta suma se reajustará desde la fecha del desembolso hasta la del reintegro, con arreglo a las normas del artículo 14; y

2. Los intereses corrientes sobre la cantidad que resulte de la aplicación del número anterior, calculados desde la fecha del desembolso hasta la de su reintegro.

Artículo 84. Cualquier endosante que haya pagado la letra de cambio puede tachar su endoso y los que le siguen.

Artículo 85. En los casos de pago parcial, cuando fuere procedente, el pagador sólo tendrá derecho a exigir que aquél se haga constar en la letra y que se le entregue copia íntegra del documento, certificada por notario. Esta copia de la letra tendrá el mismo valor que el documento original para los efectos de las acciones cambiarias.

Artículo 86. Pagada la letra de cambio, el portador otorgará recibo de la misma y la entregará al pagador.

Artículo 87. Cualquier tercero extraño a la letra podrá pagarla y se subrogará en todos los derechos del portador emanados del documento. El portador deberá dejar constancia en la letra del nombre de la persona que le hizo el pago.

§ 9. Del Extravío

Artículo 88. El portador de una letra extraviada podrá solicitar que se declare el extravío de ésta y que se le autorice para ejercer los derechos que le correspondan como portador del documento. Será tribunal competente para conocer de esta gestión el Juez de Letras en lo Civil de turno del domicilio del peticionario.

La solicitud deberá indicar los elementos necesarios para identificar la letra.

Artículo 89. De la solicitud se conferirá traslado por cinco días hábiles a los obligados y al librado.

El tribunal ordenará, también, que se dé noticia del extravío de la letra y de la solicitud del portador, por medio de un aviso que se publicará en la edición del Diario Oficial correspondiente a los días primero o quince de cualquier mes o en la del día siguiente hábil si no se editare en esos días, a fin de que, dentro del plazo de treinta días, los demás interesados comparezcan a hacer valer sus derechos.

Artículo 90. Vencidos los plazos a que se refiere el artículo precedente sin que los obligados o el librado, formulen oposición o sin que nadie comparezca invocando la calidad de portador legítimo de la letra, el tribunal autorizará al solicitante para requerir la aceptación o el pago.

Al otorgar la autorización, podrá exigir que el solicitante rinda garantía de resultas, cuya calificación y duración determinará prudencialmente.

Artículo 91. La oposición que se dedujere por los obligados, por el librado o por quien se pretenda portador legítimo de la letra, se tramitará como incidente.

Habiéndose deducido oposición, podrá el tribunal ordenar de oficio las medidas probatorias que estime conducentes.

Cualquiera cuestión que se promoviere en el curso de este procedimiento, será resuelta en sentencia definitiva.

Artículo 92. La resolución del tribunal que acoja la solicitud, contendrá la individualización de la letra. Una copia autorizada de esa resolución reemplazará el documento extraviado para los efectos de requerir la aceptación o el pago.

El reemplazo de la letra por la resolución a que se refiere el inciso anterior, no impedirá a los obligados oponer al cobro las excepciones o defensas que habría podido hacer valer en relación con el documento extraviado.

Artículo 93. Contra la resolución que ponga término a las gestiones a que se refiere este párrafo, sólo procederá el recurso de apelación, que se concederá en ambos efectos.

Artículo 94. El solicitante podrá en cualquier estado de esta gestión pedir al tribunal que disponga la suspensión provisional de la aceptación y el pago. Para acoger esta solicitud, el tribunal podrá exigir la constitución de una garantía de resultas.

No obstante lo dispuesto en el inciso anterior podrá procederse a la aceptación o pago, previo otorgamiento de caución suficiente por quien exige la aceptación o requiere el pago.

Artículo 95. Para los efectos de este párrafo, los plazos para presentar la letra a su aceptación o pago se prorrogarán hasta el tercer día hábil siguiente de quedar ejecutoriada la resolución que ponga fin al procedimiento, si ellos vencieren durante el curso de éste.

Artículo 96. La aceptación o el pago autorizado por la resolución judicial a que se refiere el artículo 90, producen los mismos efectos que los derivados del ejemplar auténtico de la letra; pero no perjudican los derechos del portador legítimo frente a quien, invocando indebidamente esa calidad, haya obtenido la aceptación o el pago.

Artículo 97. Las reglas que preceden se aplicarán también a la letra parcialmente deteriorada.

§ 10. De la Prescripción

Artículo 98. El plazo de prescripción de las acciones cambiarias del portador contra los obligados al pago es de un año, contado desde el día del vencimiento del documento.

Artículo 99. Las acciones de reembolso de que trata el artículo 82 prescriben en el plazo de seis meses contados desde el día del pago cuyo reembolso se reclama.

Artículo 100. La prescripción se interrumpe sólo respecto del obligado a quien se notifique la demanda judicial de cobro de la letra, o la gestión judicial necesaria o conducente para deducir dicha demanda o preparar la ejecución.

Igualmente se interrumpe respecto del obligado a quien se notifique para los efectos establecidos en los artículos 88 y 89.

Se interrumpe, también, respecto del obligado que ha reconocido expresa o tácitamente su calidad de tal.

Artículo 101. En los demás, la prescripción de las acciones provenientes de la letra de cambio, se rige por las reglas generales del Código de Comercio.

TÍTULO II
DEL PAGARÉ

Artículo 102. El pagaré debe contener las siguientes enunciaciones:

1. La indicación de ser pagaré, escrita en el mismo idioma empleado en el título;

2. La promesa no sujeta a condición, de pagar una determinada o determinable cantidad de dinero;

3. El lugar y época del pago. No obstante, si el pagaré no indicare el lugar del pago, se entenderá que éste debe efectuarse en el lugar de su expedición; y si no contuviere la fecha de vencimiento, se considerará pagadero a la vista;

4. El nombre y apellido del beneficiario o la persona a cuya orden se ha de efectuar el pago o la indicación de que es pagadero al portador;

5. El lugar y fecha de expedición, y

6. La firma del suscriptor.

Artículo 103. El documento que no cumpla con las exigencias del artículo precedente, no valdrá como pagaré.

Artículo 104. Bajo la responsabilidad del suscriptor, su firma podrá estamparse por otros procedimientos que se autoricen en el Reglamento, en los casos y con las formalidades que en él se establezcan.

Artículo 105. El pagaré puede ser extendido:

1. A la vista;

2. A un plazo contado desde su fecha, y

3. A un día fijo y determinado.

El pagaré puede tener también vencimientos sucesivos, y en tal caso, para que el no pago de una de las cuotas haga exigible el monto total insoluto, es necesario que así se exprese en el documento.

Si nada se expresare al respecto, cada cuota morosa será protestada separadamente.

Artículo 106. El suscriptor de un pagaré queda obligado de igual manera que el aceptante de una letra de cambio.

Artículo 107. En lo que no sean contrarios a su naturaleza y a las disposiciones del presente título son aplicables al pagaré las normas relativas a la letra de cambio.

TÍTULO III
DISPOSICIONES VARIAS

Artículo 108. Introdúcense las siguientes modificaciones al Código de Comercio:

1.- Reemplázase el Nº 10 del artículo 3º por el siguiente:

"10.- Las operaciones sobre letras de cambio, pagarés y cheques sobre documentos a la orden, cualesquiera que sean su causa y objeto y las personas que en ella intervengan, y las remesas de dinero de una plaza a otra hechas en virtud de un contrato de cambio".

2.- Reemplázase el nombre del Título 10 del Libro Segundo por "Del contrato de cambio", y suprímese el párrafo 1º del Contrato de cambio;

1. En el inciso segundo del artículo 111, suprímese la coma (,) después de "semana" y la frase "30 de junio";

2. En el artículo 621, elimínanse la frase "se ejecuta por la entrega de un documento de crédito llamado letra de cambio" y se suprimen el punto y la coma anterior y posterior a esa frase;

3. Deróganse el inciso segundo del artículo 622;

4. Deróganse los artículos 623 a 781 bis, ambos inclusive, y

5. Deróganse los artículos 123 y 124, y se reemplaza en el artículo 125 la expresión "más si los documentos negociables dados en pago fueran" por "si se dieren en pago documentos".

Artículo 109. En el artículo 64, inciso final, de la Ley de Quiebras, suprímese la frase "o rendirán fianza de pagar al vencimiento".

Artículo 110. Cualquiera persona que, en el acto de protesto o en la gestión preparatoria de la vía ejecutiva tachare de falsa su firma puesta en una letra de cambio o pagaré y resultare en definitiva que la firma es auténtica, será sancionada con las penas indicadas en el artículo 467 del Código Penal, salvo que acredite justa causa de error o que el título en el cual se estampó la firma es falso.

Artículo 111. Si se tachare de falsa la firma, en los casos de que trata el inciso primero Nº 4 del artículo 434 del Código de Procedimiento Civil, la tacha se tramitará como incidente y corresponderá al demandante acreditar que la firma es auténtica.

Si se acreditare la autenticidad de la firma el Tribunal lo declarará así y el documento constituirá título ejecutivo.

Las apelaciones en este incidente se concederán en el sólo efecto devolutivo.

Artículo 112. No obstante lo prescrito en el artículo anterior, el demandado en un juicio civil y el inculpado o procesado en el juicio criminal por el delito establecido en el artículo 110, podrán oponer como defensa o excepción la falsedad del título o la de su firma y justificarla en dichos procesos.

Artículo 113. Suprímese en el artículo 434, N° 4, del Código del Procedimiento Civil, la expresión "a la orden" las tres veces que aparece mencionada.

Artículo 114. Reemplázase el artículo 44 de la ley sobre Cuentas Corrientes Bancarias y Cheques por el siguiente:

"Artículo 44. Cualquiera persona que en la gestión de notificación de un protesto de cheque tache de falsa su firma y resultare en definitiva que dicha firma es auténtica, será sancionada con las penas que se contemplan en el artículo 467 del Código Penal, salvo que acredite justa causa de error o que el título en el cual se estampó la firma es falso".

Artículo 115. La presente ley empezará a regir noventa días después de su publicación en el Diario Oficial.

DISPOSICIONES TRANSITORIAS

Artículo transitorio. Las letras de cambio giradas y los pagarés suscritos con anterioridad a la vigencia de la presente ley, se regirán por las disposiciones aplicables en el momento de su emisión. Sin embargo, se aplicarán las normas de la presente ley en cuanto a la forma de realizar los protestos si vencieren con posterioridad a la vigencia de esta ley.

JOSÉ T. MERINO CASTRO, Almirante, Comandante en Jefe de la Armada, Miembro de la Junta de Gobierno.- CÉSAR MENDOZA DURÁN, General Director de Carabineros, Miembro de la Junta de Gobierno.- CÉSAR RAÚL BENAVIDES

ESCOBAR, Teniente General de Ejército, Miembro de la Junta de Gobierno.- JAVIER LOPETEGUI TORRES, General de Aviación, Comandante en Jefe de la Fuerza Aérea y Miembro de la Junta de Gobierno Subrogante.

Por cuanto he tenido a bien aprobar la precedente ley, la sanciono y la firmo en señal de promulgación. Llévese a efecto como ley de la República.

Regístrese en la Contraloría General de la República, publíquese en el Diario Oficial e insértese en la Recopilación Oficial de dicha Contraloría.

Santiago, veintinueve de Diciembre de mil novecientos ochenta y uno.- AUGUSTO PINOCHET UGARTE, General de Ejército, Presidente de la República.- Mónica Madariaga Gutiérrez, Ministro de Justicia.

DECRETO CON FUERZA DE LEY Nº 707
MINISTERIO DE JUSTICIA
FIJA TEXTO REFUNDIDO, COORDINADO Y SISTEMATIZADO DE LA LEY SOBRE CUENTAS CORRIENTES BANCARIAS Y CHEQUES

Publicado en el Diario Oficial de 7 de octubre de 1982

Santiago, 21 de Julio de 1982.- Hoy se decretó lo que sigue:

D.F.L. Nº 707.- Visto: La facultad que me confiere la Ley Nº 18.127, de 1982, vengo en dictar el siguiente

Decreto con Fuerza de Ley:

I. DEL CONTRATO DE CUENTA CORRIENTE

Artículo 1°. La cuenta corriente bancaria es un contrato a virtud del cual un Banco se obliga a cumplir las órdenes de pago de otra persona hasta concurrencia de las cantidades de dinero que hubiere depositado en ella o del crédito que se haya estipulado.

El Banco deberá mantener en estricta reserva, respecto de terceros, el movimiento de la cuenta corriente y sus saldos, y sólo podrá proporcionar estas informaciones al librador o a quien éste haya facultado expresamente.

No obstante, los Tribunales de Justicia podrán ordenar la exhibición de determinadas partidas de la cuenta corriente en causas civiles y criminales seguidas con el librador. Igual medida podrá disponer el Ministerio Público, con autorización del juez de garantía, en las investigaciones a su cargo.

Con todo, en las investigaciones criminales seguidas contra empleados públicos por delitos cometidos en el ejercicio de sus funciones, el Ministerio Público, con autorización del juez de garantía, podrá ordenar la exhibición del movimiento completo de sus cuentas corrientes y de los respectivos saldos. Asimismo, en las investigaciones seguidas por los delitos establecidos en los artículos 27 y 28 de la Ley Nº 19.913, el Ministerio Público, con autorización del juez de garantía, otorgada por resolución fundada dictada en conformidad con el artículo 236 del Código Procesal Penal, podrá requerir la entrega de todo antecedente relacionado con cuentas corrientes bancarias, incluidos, entre otros, sus movimientos completos, saldos, estados de situación y demás antecedentes presentados para su apertura, de personas, comunidades, entidades o asociaciones de hecho que sean objeto de la investigación y que se relacionen con aquélla.

Artículo 2°. El Banco acreditará a su comitente el dinero que éste o un tercero entreguen con tal objeto.

Artículo 3°. El pago del crédito que se haya estipulado para la cuenta corriente bancaria será automático, con los abonos que se hagan a la cuenta corriente correspondiente, siempre y cuando no exista deuda vigente por créditos no estipulados.

Sin perjuicio de lo anterior, también podrá realizarse el pago del crédito que se haya estipulado, mediante el depósito directo de abonos a dicho crédito que sea realizado por caja en las sucursales bancarias que corresponda o a través de las transferencias que el propio comitente determine realizar.

De manera expresa y voluntaria, el comitente podrá instruir al Banco que el pago del crédito que se haya estipulado para su cuenta corriente bancaria no se realice de manera automática, en cuyo caso el pago se realizará mediante los mecanismos señalados en el inciso anterior. Esta instrucción podrá ser presentada después de la apertura de la cuenta corriente bancaria y en cualquier oportunidad en que ésta se mantenga activa, para lo cual el Banco deberá mantener a disposición de sus comitentes los sistemas presenciales y remotos necesarios para su instrucción. El comitente podrá cambiar la forma de pago elegida en cualquier oportunidad, la que se hará efectiva en el mes calendario siguiente a su instrucción.

El cálculo de todos los cargos asociados al crédito que se haya estipulado para la cuenta corriente bancaria será el mismo, cualquiera sea la opción asumida por el cliente según este artículo.

El Banco podrá permitir que su comitente gire en exceso del monto del crédito estipulado o de su haber en efectivo. En tal caso, los primeros abonos que en seguida se hagan a la cuenta se aplicarán de preferencia a extinguir el sobregiro.

Artículo 4°. El cliente deberá efectuar el reconocimiento de los saldos de cuentas que el Banco le presente y dichos saldos se tendrán por aceptados si no fueren objetados dentro de los treinta días siguientes a la fecha en que el correo certifique la carta que contengan dichos saldos, sin perjuicio del derecho del cliente para solicitar posteriormente la rectificación de los errores, omisiones, partidas duplicadas u otros vicios de que dichos saldos adolecieran.

Artículo 5°. El derecho de hacer determinar judicialmente los saldos semestrales, prescribe en dos años, contados desde la fecha del respectivo balance.

Artículo 6°. El 30 de Junio y el 31 de Diciembre de cada año, el Banco podrá cerrar las cuentas corrientes de crédito que arrojen saldo a su favor y que no hayan tenido movimiento durante los dos últimos semestres.

Artículo 7°. Sea que la cuenta corriente concluya en la forma ordinaria o en la que previene el artículo anterior, no podrán capitalizarse los intereses del saldo definitivo.

Artículo 8°. Los Bancos podrán cobrar comisión y abonar intereses en las cuentas corrientes, de acuerdo a las normas que dicte el Banco Central.

Artículo 9°. Las disposiciones de los artículos 611, 612, 613, 614, 615 y 617 del Código de Comercio se aplicarán también a la cuenta corriente bancaria en cuanto no sean contrarias a la presente Ley.

II. DEL CHEQUE

Artículo 10. El cheque es una orden escrita y girada contra un Banco para que éste pague, a su presentación, el todo o parte de los fondos que el librador pueda disponer en cuenta corriente.

El cheque es siempre pagadero a la vista. Cualquiera mención contraria se tendrá por no escrita. El cheque presentado al cobro antes del día indicado como fecha de emisión, es pagadero el día de la presentación.

El cheque puede ser a la orden, al portador o nominativo.

Artículo 11. El cheque puede ser girado en pago de obligaciones o en comisión de cobranza.

El cheque puede ser girado en la misma plaza en que haya de ser pagado o en otra diferente.

El cheque dado en pago se sujetará a las reglas generales de la letra de cambio, salvo lo dispuesto en la presente Ley.

El cheque girado en comisión de cobranza deberá llevar las palabras "para mí", agregadas por el librador en el cuerpo del mismo, y se sujetará a las reglas generales del mandato y en especial de la diputación para recibir.

Artículo 12. Se presume que el tenedor de un cheque girado en simple comisión de cobranza, ha entregado la cantidad cobrada al librador si éste no dedujere su acción dentro de los quince días siguientes al pago del cheque.

Artículo 13. Ya se gire a la orden, al portador o como nominativo, el cheque deberá expresar, además:

El nombre del librado;

El lugar y la fecha de la expedición;

La cantidad girada, en letras y números. El requisito consistente en expresar la cantidad girada en letras, puede cumplirse mediante el uso de números fraccionarios, siempre que se trate de submúltiplos de la unidad monetaria;

La firma del librador.

Si se omitieren las palabras "para mí", se entenderá girado en pago de obligaciones o estipulaciones equivalentes.

Cualesquiera otras circunstancias o cláusulas que se agregaren al cheque, se tendrán por no escritas.

Si se tachare cualquiera mención impresa que contenga el cheque, que no sean las cláusulas "a la orden" o "al portador", dicha tacha no producirá efecto alguno.

Si el cheque no indica lugar de giro, se le presume extendido en la plaza en que funciona la oficina sobre la cual fue girado.

Los Bancos podrán autorizar a determinadas personas para estampar en sus cheques, mediante procedimientos mecánicos, la cantidad girada y la firma. Lo harán siempre que los procedimientos que se utilicen ofrezcan seguridad y que se justifique su necesidad por el elevado número de cheques que deba emitir el comitente, a juicio e la Superintendencia de Bancos e Instituciones Financieras. En tal caso bastará con que la cantidad se exprese en letras o en números.

Para los efectos civiles y penales, la firma estampada mecánicamente se entenderá manuscrita por la persona cuya rúbrica ha sido reproducida.

Artículo 14. El cheque nominativo sólo podrá ser endosado a un Banco en comisión de cobranza.

Artículo 15. El cheque será girado en formularios numerados que suministrará gratuitamente el librado, en talonarios de serie especial para cada librador, a menos que éste gire a su favor en la misma oficina del librado.

Los Bancos no podrán cobrar comisión por los cheques de cualquiera procedencia que sus clientes depositen en sus cuentas corrientes respectivas. Pero podrán cobrar los gastos que les demande el cobro de los cheques de otras plazas y de otras instituciones.

Artículo 16. En caso de falsificación de un cheque el librado es responsable:

1°. Si la firma del librador es visiblemente disconforme con la dejada en poder del librado para cotejo;

2°. Si el cheque tiene raspaduras, enmendaduras u otras alteraciones notorias, y

3°. Si el cheque no es de la serie entregada al librador.

Si la falsificación se limitare al endoso, el librado no será responsable sino en el caso de haber pagado a persona desconocida, sin haber verificado su identidad.

Artículo 17. El librador es responsable si su firma es falsificada en cheque de su propia serie y no es visiblemente disconforme.

Artículo 18. En general, la pérdida del dinero pagado en razón de un cheque falsificado, corresponderá al librador o al librado, según sea la culpa o descuido que les sean imputables, sin perjuicio de la acción contra el autor del delito.

Artículo 19. La conformidad entre las anotaciones de los cuadernos de cheques, las partidas de cargo en la cuenta que el librado lleva al librador y los cheques mismos, constituyen plena prueba respecto a la efectividad de dichas partidas de cargo.

Artículo 20. El cotejo de las anotaciones de los cuadernos de cheques producirá plena prueba para justificar si los cheques son o no de la serie entregada al librador.

Si se alegare extravío de los cuadernos o si no fueren oportunamente presentados, bastará el cotejo con los recibos firmados por el librador al tiempo de entregársele los cuadernos talonarios.

Artículo 21. El librador deberá conservar los cuadernos de los cheques girados hasta seis meses después de la aprobación periódica de la respectiva cuenta.

Artículo 22. El librador deberá tener de antemano fondos o créditos disponibles suficientes en cuenta corriente en poder del Banco librado. El librador que girare sin este requisito o retirare los fondos disponibles después de expedido el cheque, o girare sobre cuenta cerrada o no existente, o revocare el cheque por causales distintas de las señaladas en el artículo 26, y que no consignare fondos suficientes para atender al pago del cheque, de los intereses corrientes y de las costas judiciales, dentro del plazo de tres días contados desde la fecha en que se le notifique el protesto, será sancionado con las penas de presidio indicadas en el artículo 467 del Código Penal, debiendo aplicarse las del Nº 3), aun cuando se trate de cantidades inferiores a las ahí indicadas.

El plazo a que se refiere el inciso anterior se suspenderá durante los días feriados.

En todo caso será responsable de los perjuicios irrogados al tenedor.

No servirá para eximirse de responsabilidad la circunstancia de haberse girado el cheque sin fecha o a una fecha posterior a la de su expedición.

Los fondos deberán consignarse a la orden del Tribunal que intervino en las diligencias de notificación del protesto, el cual deberá entregarlos al tenedor sin más trámite.

Para todos los efectos legales, los delitos que se penan en la presente ley se entienden cometidos en el domicilio que el librador del cheque tenga registrado en el Banco.

El pago del cheque, los intereses corrientes y las costas judiciales, si las hubiere, constituirá causal de sobreseimiento definitivo, a menos que de los antecedentes aparezca en forma clara que el imputado ha girado el o los cheques con ánimo de defraudar. El sobreseimiento definitivo que se decrete en estos casos no dará lugar a la condena en costas prevista en el artículo 48 del Código Procesal Penal.

La Superintendencia de Bancos e Instituciones Financieras adoptará medidas de carácter general conducentes a impedir que quienes fueren sobreseídos en conformidad al inciso 8º o condenados por infracción a este artículo, puedan abrir cuenta corriente bancaria durante los plazos que, según los casos, determine. El respectivo juez de garantía o tribunal de juicio oral en lo penal, en su caso, comunicará a la Superintendencia la circunstancia de encontrarse una persona en alguna de las situaciones recién aludidas, dentro de tercero día de ejecutoriada la resolución correspondiente.

Asimismo, la Superintendencia dictará normas de carácter general destinadas a sancionar con multa a aquellos Bancos respecto de los cuales pueda presumirse que, por el número de cheques que protesten en cada semestre, no dan cumplimiento cabal a las instrucciones sobre apertura de cuentas corrientes.

Artículo 23. El portador de un cheque deberá presentarlo al cobro dentro del plazo de sesenta días, contados desde su fecha, si el librado estuviere en la misma plaza de su emisión, y dentro de noventa días, si estuviere en otra.

Este plazo será de tres meses para los cheques girados desde el extranjero.

El portador de un cheque que no reclame su pago dentro de los plazos señalados, perderá su acción contra los endosantes. En el mismo caso el portador perderá su acción contra el librador si el pago se hace imposible por hecho o por culpa del librado, posteriores al vencimiento de dichos plazos.

Estos plazos se aumentarán con los días hábiles durante los cuales el Banco librado hubiere suspendido, por cualquier motivo, sus operaciones y pagos.

Artículo 24. El librado no está obligado a pagar los cheques que se le presenten fuera de los plazos señalados en el articulo anterior. Con todo, podrá pagarlos con el consentimiento escrito del librador.

Artículo 25. El cheque aceptado por el librado no podrá ser devuelto al interesado.

Artículo 26. Si el librador avisare por escrito o por cualquier otro medio fidedigno determinado por la Superintendencia al librado que no efectúe el pago de un cheque, éste se abstendrá de hacerlo; pero si el aviso se diere después de estar pagado, el librado quedará exento de toda responsabilidad.

Para los efectos del aviso del librador a que se refiere el inciso anterior, los bancos deberán proveer servicios de comunicación que permitan al librador su acceso gratuito durante las veinticuatro horas del día y todos los días del año. Los bancos habrán de entregar, en el acto de su registro, un número o código de recepción del aviso antes referido, con indicación de la fecha y hora de su recepción.

La orden de no pagar el cheque puede ser dada por el librador solamente en los siguientes casos:

1º. Cuando la firma del librador hubiere sido falsificada;

2º. Cuando el cheque hubiere sido alterado con respecto a la suma o a la persona del beneficiario, con posterioridad a la emisión;

3º. Cuando el cheque hubiere sido perdido, hurtado o robado. Se observará en tales casos lo dispuesto en el artículo 29.

Artículo 27. La persona a quien se pagare el cheque lo cancelará aunque estuviere extendido "al portador".

Artículo 28. Se prohíbe expedir duplicado de cheques a menos que sean librados para ser pagados en el extranjero y en tal caso se hará referencia en cada ejemplar a la circunstancia de haberse expedido uno o más duplicados del mismo cheque.

Artículo 29. En caso de pérdida, hurto o robo de un cheque, el portador practicará las diligencias siguientes:

1) Dará aviso, en los mismos términos del artículo 26, del hecho al librado, quien suspenderá el pago del cheque por diez días;

2) Publicará el aviso del hecho en un diario de la localidad, durante tres días;

3) Requerirá del librador y endosante, dentro del mismo plazo de diez días, la anulación del cheque extraviado y el otorgamiento de otro nuevo en su favor.

4) En subsidio, acudirá al juez para que prohíba al librado el pago del cheque extraviado. El juez resolverá breve y sumariamente, previa caución que garantice las resultas.

La caución subsistirá por el término de seis meses, si no se hubiere trabado litis ni hubiere mérito para cancelarla.

Artículo 30. El cheque cruzado en su anverso por dos líneas paralelas y transversales no puede ser presentado al pago sino por un Banco.

El cheque puede ser cruzado por el librador o por el tenedor.

Artículo 31. El cheque puede ser cruzado generalmente o especialmente.

Es cruzado en general un cheque si no lleva entre las líneas paralelas designación alguna; y es cruzado especialmente, si entre las líneas paralelas se lee el nombre de un Banco determinado.

El tenedor de un cheque cruzado en general puede cruzarlo, a su vez, especialmente.

El librado contra el cual ha sido girado un cheque cruzado en general, solamente podrá pagarlo a un Banco.

El cheque cruzado especialmente sólo puede ser presentado al pago por el Banco designado; pero si éste no hace directamente el cobro, puede hacerlo por intermedio de otro Banco, endosándolo en comisión de cobranza.

Se prohíbe al portador borrar o alterar las líneas transversales e indicaciones del cheque cruzado.

Artículo 32. El librado que paga un cheque cruzado en general a persona que no sea un Banco, o que paga un cheque cruzado especialmente a otro Banco que el designado o que no haya sido autorizado por éste para el cobro, quedará responsable de las resultas.

Artículo 33. Los cheques sólo podrán protestarse por falta de pago.

El protesto se estampará en el dorso, al tiempo de la negativa del pago, expresándose la causa, la fecha y la hora, con la firma del librado, sin que sea necesaria la intervención de un Ministro de Fe.

Si la causa de la negativa del pago fuere la falta de fondos, el librado estará obligado a dejar testimonio del protesto sin necesidad de requerimiento ni intervención del portador.

Artículo 34. La acción ejecutiva contra los obligados al pago de un cheque protestado y la acción penal, prescribirán en un año, contado desde la fecha del protesto establecido en el artículo 33.

Artículo 35. La transferencia del cheque "al portador", no impone responsabilidad al cedente, sino en cuanto a la autenticidad del documento.

El endoso en estos cheques significa afianzamiento de pago.

Artículo 36. El cheque en comisión de cobranza caduca por la muerte del tenedor o del librador, siempre que el hecho se haya puesto por escrito en conocimiento del librado por cualquiera persona interesada.

Artículo 37. El cheque girado en pago de obligaciones, no produce la novación de éstas cuando no es pagado.

Artículo 38. En las ciudades donde el Banco Central de Chile no tenga oficinas, los Bancos podrán establecer cámaras compensadoras para canjear sus cheques.

Artículo 39. El cheque podrá ser devuelto al Banco que lo dio en canje, aun cuando haya sido cancelado, siempre que el librado rehúse el pago.

Artículo 40. El cheque viajero es un documento endosable e individualizado como tal y en que un Banco promete pagar, a su presentación, determinada suma de dinero a la persona que acredite ser su legítimo dueño.

Los formularios de cheques viajeros serán proporcionados, impresos y numerados por el Banco emisor, en moneda nacional o extranjera, y de los cortes y características que fije la Superintendencia de Bancos e Instituciones Financieras.

El Banco emisor podrá señalar en el mismo formulario o en otro anexo, los nombres de sus propias oficinas y de sus corresponsalías que, por cuenta de aquél, efectuarán el pago del valor de cada cheque viajero o de su equivalencia en la moneda del país en que dicho pago fuera reclamado en las condiciones que para el efecto se fijaren.

Como tomador del cheque viajero se tendrá a la persona que el Banco emisor señale como tal en el anverso de él.

Todo cheque viajero será firmado por el tomador en el momento de su adquisición, en presencia del Banco emisor, en el ángulo superior izquierdo del formulario. Se presumirá de derecho como legítima y perteneciente al tomador la firma que apareciere en los cheques en el lugar señalado.

Para dar curso a un cheque viajero, el tomador deberá, en presencia del pagador o del adquirente, llenarlo de su puño y letra con el nombre del pagador o adquirente, lugar y fecha en que se llene, y además con su firma puesta en el ángulo inferior izquierdo del mismo formulario. Para todos los efectos legales, se tendrá por fecha de emisión del cheque aquella en que se hubiere llenado por el tomador.

Artículo 41. La notificación del protesto podrá hacerse personalmente o en la forma dispuesta en el artículo 44, inciso 2°, del Código de Procedimiento Civil. En este caso no será necesario cumplir con los requisitos señalados en el inciso 1° de dicho artículo, ni se necesitará orden judicial para la entrega de las copias que en él se disponen.

El domicilio que el librador tenga registrado en el Banco, será lugar hábil para notificarlo del protesto del cheque.

Artículo 42. Los delitos previstos y sancionados en el artículo 22 que deriven del giro del cheque efectuado por un librador que no cuente de antemano con fondos o créditos disponibles suficientes en su cuenta corriente, que hubiere retirado los fondos disponibles después de expedido el cheque o hubiere girado sobre la cuenta corriente cerrada, conferirán acción penal privada al tenedor del cheque protestado por dichas causales.

Los restantes delitos establecidos en esa disposición y en el artículo 43, darán lugar a acción penal pública, pero los fiscales del Ministerio Público sólo iniciarán la investigación cuando se les presente el cheque protestado y la constancia de haberse practicado la notificación judicial del protesto y de no haberse consignado los fondos en el plazo indicado en el mismo artículo 22, sea que se haya opuesto o no tacha de falsedad en el momento del protesto, o dentro de los tres días siguientes a la notificación judicial del mismo.

Artículo 43. Cualquiera persona que en la gestión de notificación de un protesto de cheque tache de falsa su firma y resultare en definitiva que dicha firma es auténtica, será sancionada con las penas que se contempla en el artículo 467 del Código Penal, salvo que acredite justa causa de error o que el título en el cual se estampó la firma es falso.

Artículo 44. En los procesos criminales por los delitos contemplados en los artículos 22 y 43, procederá la excarcelación de acuerdo a las reglas generales. En todo caso se exigirá, además, caución y no se admitirá otra que no sea un depósito de dinero de un monto no inferior al importe del cheque, más los intereses y costas que fije prudencial y provisoriamente el Tribunal.

La responsabilidad civil del librador podrá hacerse efectiva sobre dicha caución.

III. DE LAS CUENTAS CORRIENTES Y CHEQUES EN MONEDA EXTRANJERA

Artículo 45. Serán aplicables a las cuentas corrientes bancarias y cheques en moneda extranjera, las disposiciones que preceden, en cuanto no aparezcan modificadas por las disposiciones especiales del presente Título.

Artículo 46. El Banco librado podrá, a su elección, pagar los cheques en efectivo, en cheques contra el Banco Central de Chile o en letras a la vista, órdenes de pago o cheques sobre plazas extranjeras, todo ello en la moneda librada.

Artículo 47. La consignación a que se refiere el inciso 6º del artículo 22 de esta ley podrá hacerse en la moneda extranjera que corresponda o en su equivalente en moneda corriente, al tipo medio de cambio que certifique un Banco de la plaza para el día anterior al de la consignación.

Artículo 48. El portador de un cheque en moneda extranjera deberá presentarlo al cobro dentro del plazo de 12 meses contados desde su fecha.

Artículo 49. Para determinar el monto de la caución establecida en el artículo 44 de esta ley, el valor del cheque en moneda extranjera se estimará en moneda corriente al tipo medio de cambio que certifique un Banco de la plaza para el día hábil anterior al del otorgamiento de la garantía.

Artículo 50. En las gestiones judiciales originadas por cheques en moneda extranjera, las costas serán determinadas en moneda corriente, de acuerdo con las reglas generales.

Anótese, tómese razón, comuníquese y publíquese.- AUGUSTO PINOCHET UGARTE, General de Ejército, Presidente de la República.- Mónica Madariaga Gutiérrez, Ministro de Justicia.- Sergio de la Cuadra Fabres, Ministro de Hacienda.

Lo que transcribo para su conocimiento.- Le saluda atentamente.- Alicia Cantarero Aparicio, Subsecretario de Justicia.

LEY Nº 19.983
MINISTERIO DE HACIENDA
REGULA LA TRANSFERENCIA Y OTORGA MÉRITO EJECUTIVO A COPIA DE LA FACTURA

Teniendo presente que el H. Congreso Nacional ha dado su aprobación al siguiente

Proyecto de ley:

Artículo 1°. En toda operación de compraventa, de prestación de servicios, o en aquellas que la ley asimile a tales operaciones, en que el vendedor o prestador del servicio esté sujeto a la obligación de emitir factura, deberá emitir una copia, sin valor tributario, de la factura original, para los efectos de su transferencia a terceros o cobro ejecutivo, según lo dispuesto en esta ley.

El vendedor o prestador del servicio deberá dejar constancia en el original de la factura y en la copia indicada en el inciso anterior, del estado de pago del precio o remuneración de las modalidades de solución del saldo insoluto, en su caso, y del plazo de pago.

Artículo 2°. La obligación de pago del saldo insoluto contenido en la factura deberá ser cumplida de manera efectiva en el plazo máximo de treinta días corridos contado desde la recepción de la factura.

En casos excepcionales, las partes podrán establecer de común acuerdo un plazo que exceda el referido en el inciso anterior, siempre que dicho acuerdo conste por escrito, sea suscrito por quienes concurran a él y no constituya abuso para el acreedor.

Sin perjuicio de lo anterior, dichos acuerdos no podrán celebrarse en casos en que participen, por una parte, empresas de menor tamaño, según se definen en la ley N° 20.416, como vendedoras o prestadoras de servicios y, por otra, empresas que superen el valor más alto de los ingresos anuales indicados en la referida ley, como compradoras o beneficiarias del bien o servicio. Excepcionalmente, estos acuerdos podrán pactarse, si el plazo de pago de la factura que exceda el establecido en el inciso primero, es en beneficio de la empresa de menor tamaño acreedora, y solo en aquellos casos que contemplen realización de pruebas, pagos anticipados, parcializados o por avances.

Estos acuerdos deberán ser inscritos dentro del plazo de cinco días hábiles siguientes a la celebración del mismo, en un registro que llevará al efecto el Ministerio de Economía, Fomento y Turismo, identificando a los contratantes, su rubro o actividad económica, fecha de celebración y plazo de pago, en la forma que establezca el reglamento. La información contenida en el registro, en lo que se refiere a los compradores o beneficiarios del servicio, la existencia del acuerdo y el plazo de pago, será de carácter y acceso público.

Las estipulaciones referentes al plazo de pago excepcional o que no cumplan con todos los requisitos exigidos por esta norma, contenidas en los acuerdos que no hayan sido inscritos en conformidad al inciso anterior, se tendrán por no escritas y regirá como plazo de pago el de treinta días establecido en el inciso primero.

En todo caso, cualquiera sea el plazo convenido por las partes, no producirán efecto alguno las cláusulas o estipulaciones que intenten demorar indebidamente el pago de la factura al vendedor o prestador del servicio. En especial, las cláusulas o estipulaciones que:

1. Otorguen al comprador o beneficiario del servicio la facultad de dejar sin efecto o modificar a su solo arbitrio el contrato, sin requerir del consentimiento previo y expreso del vendedor o prestador del servicio, sin perjuicio de las excepciones que las leyes contemplen.

2. Contengan limitaciones absolutas de responsabilidad que puedan privar al vendedor o prestador del servicio de su derecho de resarcimiento frente a incumplimientos contractuales.

3. Establezcan intereses por no pago inferiores a los que se establecen en el artículo siguiente.

4. Establezcan un plazo de pago contado desde una fecha distinta de la recepción de la factura.

5. Tengan por objetivo retrasar el plazo de pago de la factura, estableciendo pagos parcializados, salvo en las operaciones a que se refiere el inciso tercero.

6. Las demás que establezcan las leyes.

En ausencia de mención expresa en la factura y su copia transferible del plazo de pago, se entenderá que debe ser pagada dentro de los treinta días corridos siguientes a la recepción de la factura.

Artículo 2º bis. Si no se verificare el pago dentro de los plazos señalados en el artículo anterior, se entenderá, para todos los efectos legales, que el deudor ha incurrido en mora, devengándose desde el primer día de mora o simple retardo y hasta la fecha del pago efectivo, un interés igual al interés corriente para operaciones no reajustables en moneda nacional de más de noventa días, por montos superiores al equivalente a 200 unidades de fomento e inferiores o iguales al equivalente de 5.000 unidades de fomento, que rija durante dicho período, en conformidad a la ley Nº 18.010, sobre las operaciones de crédito y otras obligaciones de dinero. En el caso de los órganos del Estado, este interés será pagado con cargo a sus respectivos presupuestos.

Artículo 2º ter. El comprador o beneficiario del bien o servicio que esté en mora deberá pagar una comisión fija por recuperación de pagos equivalente al 1% del saldo insoluto adeudado.

Artículo 2º quáter. Respecto de los contratos de suministro y prestación de servicios que se celebren por los organismos públicos afectos a las normas de la ley Nº 19.886, los pagos a sus proveedores deberán efectuarse dentro de los treinta días corridos siguientes a la recepción de la factura o del respectivo instrumento tributario de cobro, salvo en el caso de las excepciones legales que establezcan un plazo distinto. Sin perjuicio de lo anterior, dichas entidades podrán establecer un plazo de hasta sesenta días corridos en las bases de licitación respectivas, tratándose de licitaciones públicas o privadas, o en los contratos, tratándose de contratación directa, circunstancia que deberá sustentarse en motivos fundados. En este caso, deberán informar a través del Sistema de Información de Compras y Contrataciones de la Administración, establecido en el Capítulo IV de la ley Nº 19.886.

Con todo, para proceder a los mencionados pagos se requerirá que previamente la respectiva entidad certifique la recepción conforme de los bienes o servicios adquiridos por aquella dentro del plazo establecido en el artículo 3º de esta ley. No obstante, en las contrataciones de montos inferiores al límite fijado por la ley Nº 19.886 y su reglamento, que hayan sido celebradas por medios electrónicos, de acuerdo al artículo 12 A de la ley Nº 19.496, que establece normas sobre protección de los derechos de los consumidores, se podrá efectuar el pago en forma previa a la recepción conforme del producto, manteniendo el respectivo organismo público contratante su derecho de retracto, así como los derechos y deberes del consumidor, establecidos en el Párrafo 1º del Título II de dicha ley.

El cumplimiento de lo dispuesto en este artículo será verificado por la unidad de auditoría interna de cada organismo público o por aquella que cumpla tales funciones.

Artículo 2º quinquies. Si no se efectuare el pago dentro de los plazos dispuestos en las respectivas bases de licitación o en el contrato, de acuerdo a lo preceptuado en el artículo anterior, se generarán las responsabilidades administrativas de los funcionarios que pudieran corresponder, sin perjuicio de lo establecido en los artículos 2º bis y 2º ter.

Las sanciones administrativas previstas en este artículo serán aplicadas por la autoridad competente, previa instrucción de una investigación sumaria o sumario administrativo, ajustándose a las normas pertinentes. Con todo, la Contraloría General de la República, de acuerdo a las normas de su ley orgánica, podrá incoar el sumario y establecer las sanciones que correspondan.

Artículo 3º. Para los efectos de esta ley, se tendrá por irrevocablemente aceptada la factura si no se reclamara en contra de su contenido o de la falta total o parcial de la entrega de las mercaderías o de la prestación del servicio, mediante alguno de los siguientes procedimientos:

1. Devolviendo la factura y la guía o guías de despacho, en su caso, al momento de la entrega, o

2. Reclamando en contra de su contenido o de la falta total o parcial de la entrega de las mercaderías o de la prestación del servicio, dentro de los ocho días corridos siguientes a su recepción. En este caso, el reclamo deberá ser puesto en conocimiento del emisor de la factura por carta certificada, o por cualquier otro modo fehaciente, conjuntamente con la devolución de la factura y la guía o guías de despacho, o bien junto con la solicitud de emisión de la nota de crédito correspondiente. El reclamo se entenderá practicado en la fecha de envío de la comunicación.

La factura también se tendrá por irrevocablemente aceptada cuando el deudor, dentro del plazo de ocho días señalado anteriormente, declare expresamente aceptarla, no pudiendo con posterioridad reclamar en contra de su contenido o de la falta total o parcial de entrega de las mercaderías o de la prestación del servicio, o del plazo de pago.

Serán inoponibles a los cesionarios de una factura irrevocablemente aceptada, las excepciones personales que hubieren podido oponerse a los cedentes de la misma, así como aquellas fundadas en la falta total o parcial de entrega de las mercaderías o de la prestación del servicio, sin perjuicio de las acciones civiles y penales que correspondan contra el emisor.

Asimismo, serán inoponibles a los cesionarios las notas de crédito y débito emitidas respecto de facturas irrevocablemente aceptadas.

Artículo 4°. La copia de la factura señalada en el artículo 1°, quedará apta para su cesión al reunir las siguientes condiciones:

a) Que haya sido emitida de conformidad a las normas que rijan la emisión de la factura original, incluyendo en su cuerpo en forma destacada la mención "cedible", y

b) Que en la misma conste el recibo de las mercaderías entregadas o del servicio prestado, con indicación del recinto y fecha de la entrega o de la prestación del servicio y del nombre completo, rol único tributario y domicilio del comprador o beneficiario del servicio e identificación de la persona que recibe, más la firma de este último. En el evento que se omitiere consignar en el acto de recibo el nombre completo, rol único tributario o domicilio del comprador o beneficiario del servicio, se presumirá que son los que se consignan en la factura. Si se omitiere consignar el recinto de entrega, se presumirá entregado en el domicilio del comprador o beneficiario del servicio señalado en la factura.

En caso de que en la copia de la factura no conste el recibo mencionado, será cedible cuando se acompañe una copia de la guía o guías de despacho emitida o emitidas de conformidad a la ley, en las que conste el recibo correspondiente. Para estos efectos, el emisor de la guía o guías de despacho deberá extender una copia adicional a las que la ley exige, con la mención "cedible con su factura".

Para los efectos previstos en la letra b) y en el inciso anterior, se presume que representa al comprador o beneficiario del servicio la persona adulta que reciba a su nombre los bienes adquiridos o los servicios prestados.

El recibo a que se refiere el literal b) del inciso primero deberá efectuarse dentro de los ocho días corridos siguientes a la recepción de la factura. En caso que el recibo no haya sido efectuado en el plazo señalado y tampoco haya existido reclamo en contra de su contenido o de la falta total o parcial de entrega de las mercaderías o de la prestación del servicio mediante alguno de los procedimientos establecidos en el artículo 3°, se presumirá que las mercaderías han sido entregadas o el servicio ha sido prestado. En este último caso, la factura quedará apta para su cesión, sin necesidad de que el recibo conste en la misma.

En caso de otorgarse el recibo a que se refiere el literal b) del inciso primero o haber transcurrido el plazo indicado en el inciso precedente, sin que haya existido reclamo en contra del contenido de la factura o de la falta total o parcial de entrega de las mercaderías o de la prestación del servicio mediante alguno de los procedimientos establecidos en el artículo 3°, se presumirá de derecho que son válidas las cesiones de que hubiere sido objeto la factura a la fecha del recibo o del vencimiento del plazo, siempre que ésta cumpliera, al momento de la cesión, con lo indicado en el literal a) del inciso primero.

Se prohíbe todo acuerdo, convenio, estipulación o actuación de cualquier naturaleza que limite, restrinja o prohíba la libre circulación de un crédito que conste en una factura. Asimismo, queda prohibida la retención, destrucción, inutilización u ocultamiento de la copia cedible de la factura, así como la no entrega del recibo señalado en la letra c) del artículo 5°. En caso de infracción, el juzgado de policía local correspondiente al domicilio del infractor aplicará una indemnización en favor del requirente, por el monto equivalente a dos y hasta cinco veces el valor de la o las facturas objeto de la infracción. El propio afectado, cualquier interesado, y las asociaciones gremiales u otras que representen a empresarios de cualquier tipo, siempre que gocen de personalidad jurídica, podrán incoar la acción judicial tendiente a la aplicación de esta sanción, la que será conocida por el tribunal conforme a las disposiciones de la ley N° 18.287. Para efectos de la percepción de la indemnización, el afectado requirente preferirá a cualquier interesado y éste, si tuviera interés económico comprometido previo al reclamo, a las referidas asociaciones.

Artículo 5°. La misma copia referida en el artículo anterior tendrá mérito ejecutivo para su cobro, si cumple los siguientes requisitos:

a) Que la factura correspondiente no haya sido reclamada de conformidad al artículo 3° de esta ley;

b) Que su pago sea actualmente exigible y la acción para su cobro no esté prescrita;

c) Que en la misma conste el recibo de las mercaderías entregadas o del servicio prestado, con indicación del recinto y fecha de la entrega de las mercaderías o de la prestación del servicio e identificación de la persona que recibe las mercaderías o el servicio, más la firma de este último, o que haya transcurrido el plazo establecido en el inciso cuarto del artículo 4° precedente sin haber sido las facturas reclamadas conforme al artículo 3°.

En todo caso, si en la copia de la factura no consta el recibo mencionado, ella podrá tener mérito ejecutivo cuando se la acompañe de una copia de la guía o guías de despacho emitida o emitidas de conformidad a la ley, en las que conste el recibo correspondiente.

Será obligación del comprador o beneficiario del servicio otorgar el recibo a que se refieren los párrafos precedentes y la letra b) del artículo 4°, en el momento de la entrega real o simbólica de las mercaderías o, tratándose de servicios, al momento de recibir la factura.

PÁRRAFO ELIMINADO

d) Que, puesta en conocimiento del obligado a su pago mediante notificación judicial, aquél no alegare en el mismo acto, o dentro de tercero día, la falsificación material de la factura o guía o guías de despacho respectivas, o del recibo a que se refiere el literal precedente, o que, efectuada dicha alegación, ella fuera rechazada por resolución judicial. La impugnación se tramitará como incidente y, en contra de la resolución que la deniegue, procederá el recurso de apelación en el solo efecto devolutivo.

El que dolosamente impugne de falsedad cualquiera de los documentos mencionados en la letra c) y sea vencido totalmente en el incidente respectivo, será condenado al pago del saldo insoluto y, a título de indemnización de perjuicios, al de una suma igual al referido saldo, más el interés máximo convencional calculado sobre dicha suma, por el tiempo que corra entre la fecha de la notificación y la del pago.

Artículo 6°. Será, asimismo, cedible y tendrá mérito ejecutivo, la copia de la factura extendida por el comprador o beneficiario del servicio, en la medida en que cumpla con los requisitos señalados en las letras b) y d) del artículo anterior, en los casos en que éstos deban emitirla en conformidad a la ley.

Artículo 7°. La cesión del crédito expresada en la factura será traslaticia de dominio, para lo cual el cedente deberá estampar su firma en el anverso de la copia cedible a que se refiere la presente ley, agregar el nombre completo, rol único tributario y domicilio del cesionario y proceder a su entrega.

Esta cesión deberá ser puesta en conocimiento del obligado al pago de la factura, por un notario público o por el oficial de Registro Civil en las comunas donde no tenga su asiento un notario, sea personalmente, con exhibición de copia del respectivo título, o mediante el envío de carta certificada, por cuenta del cesionario de la factura, adjuntando copias del mismo certificadas por el ministro de fe. En este último caso, la cesión producirá efectos respecto del deudor, a contar del sexto día siguiente a la fecha del envío de la carta certificada dirigida al domicilio del deudor registrado en la factura.

La cesión señalada en el presente artículo no constituye operación de crédito de dinero para ningún efecto legal.

Artículo 8°. La copia de la factura a que se refiere la presente ley podrá ser entregada en cobranza a un tercero. Para ello, bastará la firma del cedente en el anverso de la copia cedible de la factura, seguida de la expresión "en cobranza" o "valor en cobro" y la entrega respectiva. En tal caso, produce los efectos de un mandato para su cobro, en virtud del cual su portador está facultado para cobrar y percibir su valor insoluto, incluso judicialmente, y tiene todas las atribuciones propias del mandatario judicial, comprendidas también aquellas que conforme a la ley requieren mención expresa.

Artículo 9°. Las normas de la presente ley serán igualmente aplicables en caso que la factura sea un documento electrónico emitido de conformidad a la ley por un contribuyente autorizado por el Servicio de Impuestos Internos. En tal caso, el recibo de todo o parte del precio o remuneración deberá ser suscrito por el emisor con su firma electrónica, y la recepción de las mercaderías o servicios que consten en la factura podrá verificarse con el acuse de recibo electrónico del receptor. No obstante, si se ha utilizado guía de despacho, la recepción de las mercaderías podrá constar en ella, por escrito, de conformidad con lo establecido en esta ley. Tratándose de receptores de mercaderías o servicios que no sean contribuyentes obligados a emitir documentos tributarios electrónicos, el acuse de recibo debe constar en la representación impresa del documento que se trate. Asimismo, habiendo transcurrido el plazo establecido en el inciso cuarto del artículo 4°, sin haber sido reclamada la factura conforme al artículo 3°, la factura electrónica o la guía de despacho electrónica, con su correspondiente factura, será cedible y podrá contar con mérito ejecutivo, entendiéndose recibidas las mercaderías entregadas o el servicio prestado, sin necesidad que el recibo sea otorgado en las formas indicadas en el presente inciso.

Sin perjuicio de lo señalado en el artículo 7°, la cesión del crédito expresado en estas facturas solamente podrá efectuarse mediante medios electrónicos y se pondrá en conocimiento del obligado al pago de ellas, mediante su anotación en un registro público electrónico de transferencias de créditos contenidos en facturas electrónicas que llevará el Servicio de Impuestos Internos. Se entenderá que la transferencia ha sido puesta en conocimiento del deudor el día hábil siguiente a aquel en que ella aparezca anotada en el registro señalado. El Servicio de Impuestos Internos podrá encargar a terceros la administración del registro.

El reglamento para la ejecución de este artículo deberá ser dictado dentro del plazo de dos meses, contados desde la publicación de la presente ley.

Artículo 10. En lo no previsto por esta ley, serán aplicables a la cesión de créditos que consten en facturas las disposiciones establecidas en el Título XXV del Libro IV del Código Civil o en el Título IV del Libro II del Código de Comercio, según sea la naturaleza de la operación. A las mismas normas se sujetará la cesión del crédito contenido en las facturas que no cumplan las condiciones señaladas en el artículo 4° de la presente ley, en cuyo caso, la comunicación al deudor se practicará mediante el procedimiento establecido en el artículo 7° de la misma.

En caso de extravío o pérdida de la copia de la factura de que trata esta ley se aplicará lo dispuesto en el Párrafo 9° de la ley N° 18.092.

El plazo de prescripción de la acción ejecutiva, para el cobro del crédito consignado en la copia de la factura establecida en esta ley, en contra del deudor de la misma, es de un año, contado desde su vencimiento. Si la obligación de pago tuviese vencimientos parciales, el plazo de prescripción correrá respecto de cada vencimiento.

Artículo 11. Esta ley entrará en vigencia en el plazo de cuatro meses contados desde su publicación en el Diario Oficial.".

Habiéndose cumplido con lo establecido en el N° 1° del Artículo 82 de la Constitución Política de la República y por cuanto he tenido a bien aprobarlo y sancionarlo; por tanto promúlguese y llévese a efecto como Ley de la República.

Santiago, 12 de noviembre de 2004.- RICARDO LAGOS ESCOBAR, Presidente de la República.- Nicolás Eyzaguirre Guzmán, Ministro de Hacienda.- Jorge Rodríguez Grossi, Ministro de Economía, Fomento y Reconstrucción.- Luis Bates Hidalgo, Ministro de Justicia.

Lo que transcribo a Ud. para su conocimiento.- Saluda atentamente a Ud., María Eugenia Wagner Brizzi, Subsecretaria de Hacienda.

TRIBUNAL CONSTITUCIONAL

Proyecto de ley que regula la transferencia y otorga mérito ejecutivo a la copia de la factura

El Secretario del Tribunal Constitucional, quien suscribe, certifica que la Honorable Cámara de Diputados envió el proyecto de ley enunciado en el rubro, aprobado por el Congreso Nacional, a fin de que este Tribunal ejerciera el control de constitucionalidad respecto del párrafo final de la letra c) del inciso primero del artículo 5º del mismo, y por sentencia de 10 de noviembre de 2004, dictada en los autos rol Nº 426, declaró:

1. Que el artículo 5º, inciso primero, letra c), párrafo final, del proyecto remitido es constitucional.

2. Que las demás disposiciones comprendidas en el artículo 5º, inciso primero, letra c), del proyecto remitido son igualmente constitucionales.

Santiago, noviembre 11 de 2004.- Rafael Larraín Cruz, Secretario.

DECRETO Nº 93
MINISTERIO DE HACIENDA
APRUEBA REGLAMENTO PARA LA APLICACIÓN DEL ARTÍCULO NOVENO DE LA LEY Nº 19.983, RESPECTO DE LA CESIÓN DE LOS CRÉDITOS CONTENIDOS EN UNA FACTURA ELECTRÓNICA

Núm. 93.- Santiago, 1 de febrero de 2005.- Vistos: El artículo 9º de la ley Nº 19.983, de 2004, y lo establecido en el artículo 32 Nº 8 de la Constitución Política de la República, dicto el siguiente:

Decreto:

Apruébase el siguiente Reglamento para la aplicación del artículo noveno de la ley Nº 19.983, respecto de la cesión de los créditos contenidos en una factura electrónica.

Artículo 1. Para los efectos de este Reglamento se entenderá por:

a) "Ley": la ley Nº 19.983, publicada en el Diario Oficial el 15 de diciembre de 2004.

b) "Factura electrónica": facturas de venta, facturas de compra, facturas exentas y liquidaciones factura, generadas como un documento electrónico emitido y firmado por un contribuyente autorizado por el Servicio de Impuestos Internos.

c) "Registro": Registro Público Electrónico de Transferencia de Créditos, administrado por el Servicio de Impuestos Internos, o por terceros, en sistemas informáticos, en que se anota la cesión del crédito contenido en una factura electrónica con el objeto de poner dicha cesión en conocimiento del deudor del crédito.

d) "Archivo Electrónico de Cesión": Archivo, cuyo formato será definido por el Servicio de Impuestos Internos, firmado electrónicamente por el cedente del crédito contenido en una factura electrónica, o su representante legal o mandatario con poder suficiente, a través de cuya entrega al cesionario se cede el crédito contenido en dicho documento.

e) "Notificación por Registro": Notificación efectuada de conformidad con lo dispuesto en el inciso segundo del artículo 9º de la ley, a través de la anotación en el Registro de la cesión de un crédito contenido en una factura electrónica, con el fin de poner tal hecho en conocimiento del deudor del crédito.

Artículo 2º. Tratándose de facturas electrónicas, el recibo de la recepción de las mercaderías o servicios podrá constar en un acuse de recibo electrónico emitido por un receptor electrónico autorizado por el Servicio de Impuestos Internos de acuerdo con el formato definido por éste, o por escrito en una o más guías de despacho no electrónicas o representaciones impresas de guías de despacho electrónicas o de facturas electrónicas.

Artículo 3º. La cesión del crédito contenido en una factura electrónica se perfeccionará entre cedente y cesionario por la entrega, a este último, del Archivo Electrónico de Cesión y por la puesta a disposición del cesionario del recibo de la recepción de las mercaderías o servicios, en las modalidades a que se refiere el artículo 2º.

Artículo 4º. Para que la cesión a que se refiere el artículo 3º sea oponible al deudor, deberá serle puesta en su conocimiento a través de la Notificación por Registro.

La anotación correspondiente será solicitada electrónicamente por el cedente, entregando al Administrador del Registro información de la cesión contenida en el Archivo Electrónico de Cesión.

Artículo 5º. En caso de anotación errónea en el Registro de la cesión del crédito contenido en una factura electrónica o de la mención como cesionario de una persona distinta de la que corresponda, el cedente deberá solicitar que se deje sin efecto la anotación, o bien solicitar la corrección administrativa de la misma, acreditando ante el Administrador del Registro el error en que se ha incurrido.

Artículo 6º. DEROGADO

Artículo 7º. La cesión en cobro del crédito contenido en una factura electrónica se perfeccionará por la entrega de una representación impresa de la factura que hace el cedente al mandatario a quien encomienda la cobranza, con la firma del cedente en el anverso, seguida de la expresión "en cobranza" o "valor en cobro".

Cedido un crédito en cobro, no podrá ser cedido traslaticiamente si no se revoca previamente la cesión en cobro.

El cedente de una cesión en cobro también deberá solicitar la anotación de esta operación en el Registro.

Artículo 8°. El administrador del Registro certificará, a petición de los cedentes, cesionarios o deudor del crédito contenido en una factura electrónica la circunstancia de haberse efectuado la Notificación por Registro de la cesión del crédito contenido en una factura electrónica, su fecha y la identidad de las partes individualizadas en la anotación respectiva.

Artículo 9°. El Servicio de Impuestos Internos podrá cobrar el valor de costo de los certificados que emita de conformidad con lo que dispone el artículo único del decreto ley 2.136, de 1978, sustituido por el artículo 83 de la ley 18.768, de 1988.

Artículo 10. El Servicio de Impuestos Internos podrá encargar a terceros la administración del Registro mediante la celebración de un contrato, en el cual deberá asegurar el cumplimiento de los objetivos de la ley y el debido resguardo del patrimonio fiscal.

Anótese, tómese razón, publíquese e insértese en la recopilación oficial de la Contraloría General de la República.- RICARDO LAGOS ESCOBAR, Presidente de la República.- Mario Marcel Cullell, Ministro de Hacienda (S).- Jaime Campos Quiroga, Ministro de Economía (S).

Lo que transcribo a Ud. para su conocimiento.- Saluda atentamente a Ud., María Eugenia Wagner Brizzi, Subsecretaria de Hacienda

DECRETO CON FUERZA DE LEY Nº 251
MINISTERIO DE HACIENDA
COMPAÑÍAS DE SEGUROS, SOCIEDADES ANÓNIMAS Y BOLSAS DE COMERCIO

En uso de las facultades que me otorga la Ley número 4,945, de 6 de Febrero del presente año,

Decreto:

El texto definitivo del Decreto con fuerza de Ley número 135 de 30 de Abril último, modificado por el presente, será el siguiente:

TÍTULO PRELIMINAR
DEFINICIONES

Artículo 1°. Para los efectos de esta ley, se entenderá por:

a) Superintendencia: la Superintendencia de Valores y Seguros[13];

b) Superintendente: el Superintendente de Valores y Seguros;

c) Patrimonio neto de la compañía: la diferencia entre el valor de los activos totales y los pasivos exigibles, deducida la suma de cualquier activo que no constituya inversión efectiva, entendiéndose por inversión efectiva aquellos activos que tienen un claro valor de realización o capacidad generadora de ingresos para la sociedad. Cada vez que en esta ley se haga referencia al patrimonio de la compañía, se entenderá el patrimonio neto definido en esta letra;

d) SUPRIMIDA.

e) Patrimonio mínimo: el exigido como mínimo legal en los artículos 7 y 16, para la existencia y funcionamiento de compañías aseguradoras y reaseguradoras, respectivamente;

---

[13] El Artículo 2° de la Ley N° 21.673, de 30 de mayo de 2024, prescribe: "Introdúcense las siguientes modificaciones en el decreto con fuerza de ley N° 251, de 1931, del Ministerio de Hacienda, sobre Compañías de Seguros, Sociedades Anónimas y Bolsas de Comercio:

1. Reemplázanse en su articulado, todas las veces que aparecen, las expresiones 'Superintendencia de Bancos e Instituciones Financieras' y 'Superintendencia', por las siguientes: 'Comisión para el Mercado Financiero' y 'Comisión', respectivamente."

f) Patrimonio de riesgo: corresponde al mayor entre:

1.- El patrimonio necesario para mantener las relaciones de endeudamiento establecidas en el artículo 15, o

2.- El margen de solvencia que resulte de aplicar los procedimientos generales que se establecen a continuación y los factores y mecanismos específicos, por grupos o ramos en que se opere, que se determinen por la Superintendencia, mediante norma de carácter general debidamente fundada, la cual entrará en vigencia 180 días después de dictada y, en caso de modificación, deberá comunicarse a las entidades aseguradoras con, a lo menos, 180 días de anticipación a su entrada en vigencia.

El objetivo principal del margen de solvencia es que la entidad cuente con recursos disponibles para cubrir variaciones extraordinarias provocadas por desviaciones de los riesgos, en exceso de lo esperado estadísticamente.

Los requerimientos de margen de solvencia podrán diferenciarse entre aseguradoras y reaseguradoras, sobre la base de criterios técnicos derivados de sus giros.

El margen de solvencia para las compañías del primer grupo corresponderá al mayor entre:

A.- El monto que resulte de calcular el margen de solvencia en función de las primas. Se determinará aplicando a las primas anuales directas y de reaseguros aceptados, excluyendo terremoto, un factor fijado por la Superintendencia que podrá diferenciarse por ramo de seguros o tipo de riesgos, el cual no podrá ser superior al 18% para automóviles y al 55% para los restantes ramos. Este resultado se multiplicará por la relación existente entre los siniestros netos de reaseguro y los siniestros totales de la compañía o por el porcentaje establecido por la Superintendencia, si dicha relación fuere inferior a este porcentaje, el cual no podrá ser superior al 60% para automóviles y al 30% para los restantes ramos, pudiendo deferenciarse por ramo de seguros o tipo de riesgos.

B.- El monto que resulte de calcular el margen de solvencia en función de los siniestros. Se determinará aplicando a la carga media de siniestralidad directa y de reaseguros aceptados de los tres últimos años, excluyendo terremoto, un factor fijado por la Superintendencia, que podrá diferenciarse por ramo de seguros o tipo de riesgos, el cual no podrá ser superior al 25% para automóviles y al 75% para los restantes ramos. Este resultado se multiplicará por la relación existente entre los siniestros netos de reaseguro y los siniestros totales de la compañía o por el porcentaje establecido por la Superintendencia, si dicha relación fuere inferior a este porcentaje, el cual no podrá ser superior al 60% para automóviles y al 30% para los restantes ramos, pudiendo deferenciarse por ramo de seguros o tipo de riesgos.

El margen de solvencia para las compañías del segundo grupo corresponderá a la suma de los montos que resulten de la aplicación de lo señalado en las letras siguientes:

A) Para los seguros de accidentes, salud y adicionales a los de vida, el cálculo se efectuará aplicando las reglas establecidas para los seguros del primer grupo.

B) Para los seguros de vida que no generen reservas matemáticas, excluidos los contemplados en el artículo 59 del decreto ley Nº 3.500, de 1980, se determinará aplicando a los capitales en riesgo un factor fijado por la Superintendencia, que podrá diferenciarse por ramo de seguros o tipo de riesgos, el cual no podrá ser superior al uno por mil. Este resultado se mulptiplicará por la relación existente entre estos capitales de propia conservación y los totales o por el porcentaje establecido por la Superintendencia, si dicha relación fuere inferior a este porcentaje, el cual no podrá ser superior al 50%, pudiendo diferenciarse por ramo de seguros o tipo de riesgos.

C) El endeudamiento total de la compañía excluidas las obligaciones derivadas de los seguros considerados en las letras A) y B) precedentes, multiplicados por un quinceavo o por la razón menor que determine la Superintendencia, en virtud de lo expuesto en el inciso segundo del artículo 15.

La Superintendencia, mediante norma de carácter general, podrá exigir a las entidades aseguradoras, contar con un sistema de evaluación del riesgo de mercado de la cartera de inversiones que estime la máxima pérdida probable de éstas. La citada norma determinará los aspectos básicos a que se sujetará el sistema de evaluación, considerando el lapso en el cual pueda ocurrir la pérdida máxima probable, el nivel de confianza de la estimación y la moneda en la cual se calcule la pérdida.

A cada tipo de instrumento de inversión se le aplicarán los factores de riesgo que sean propios a su naturaleza, teniendo en cuenta además las correlaciones entre los distintos instrumentos. Se considerará como factor de riesgo toda variable que incida en el valor de una inversión, tal como la tasa de interés, el tipo de cambio y los índices accionarios.

La Superintendencia podrá, mediante norma de carácter general, exigir un patrimonio de riesgo adicional al indicado en esta letra, asociado a la máxima pérdida probable ya señalada. El requerimiento patrimonial adicional, no podrá ser superior a la diferencia entre el patrimonio de riesgo determinado conforme lo establecido en los números 1.- y 2.- de esta letra y el patrimonio de la compañía reducido en la máxima pérdida probable. No habrá requerimiento patrimonial adicional, cuando el patrimonio de riesgo sea inferior al patrimonio reducido en la máxima pérdida probable. La norma señalada o sus modificaciones serán aplicables a partir de 120 días de su vigencia y deberán regir por un período mínimo de un año.

El patrimonio de riesgo determinado conforme lo señalado en esta letra, no podrá ser inferior al patrimonio mínimo y deberá estar respaldado con las inversiones señaladas en el artículo 21.

Las compañías deberán contar con un patrimonio igual o superior al patrimonio de riesgo definido en esta letra. En caso contrario, se someterán al procedimiento de regularización previsto en el Título IV;

g) SUPRIMIDO.

h) SUPRIMIDO.

i) SUPRIMIDO.

j) SUPRIMIDO.

k) SUPRIMIDO.

Artículo 2°. Las compañías no podrán efectuar disminuciones de capital ni distribuir dividendos si con ello dejan de cumplir los requerimientos patrimoniales y de solvencia establecidos en los artículos 1° y 15 de esta ley. De igual manera, no podrán efectuar disminuciones de capital las compañías que presenten una razón de fortaleza patrimonial, definido como patrimonio sobre el patrimonio de riesgo requerido, inferior a 1,2 veces. La distribución de dividendos se sujetará a las siguientes reglas:

a) Si la razón de fortaleza patrimonial fuere mayor o igual a 1,1 veces y menor a 1,2 veces, la compañía podrá repartir como máximo el 50% de las utilidades.

b) Si la razón de fortaleza patrimonial fuere menor a 1,1 veces, la compañía no podrá repartir dividendos.

Esta disposición predominará sobre cualquier otra establecida a este respecto, incluida la del artículo 79 de la ley Nº 18.046.

TÍTULO I
DE LOS SEGUROS

§ 1. Superintendencia

Artículo 3°. Son atribuciones y obligaciones de la Superintendencia:

a) Autorizar la existencia, aprobar los estatutos y sus modificaciones, aprobar la prórroga del plazo de duración y la disolución anticipada de las sociedades anónimas nacionales de seguros y de reaseguros; autorizar el traspaso de una participación significativa, teniendo a la vista los documentos que acrediten que han cumplido y están en condiciones de cumplir las obligaciones de la presente ley;

b) Fiscalizar las operaciones de las compañías de seguros, hacer arqueos, pedir la ejecución y presentación de balances y otros estados financieros e informes en las fechas que estime conveniente, revisar sus libros y sus carteras y, en general, solicitar todos los datos y antecedentes que le permitan imponerse de su estado, desarrollo y solvencia y de la forma en que cumplen las prescripciones de ésta y de las demás leyes vigentes, y dictar normas generales para los efectos de valorizar sus inversiones pudiendo ordenar para estos efectos las demás medidas que fueren menester;

c) Convocar al Directorio de las Compañías o a Junta General de Accionistas de las mismas, cuando el ejercicio de sus facultades de fiscalización así lo requiera. Suspender las sesiones de las Juntas de Accionistas cuando su constitución hubiere sido defectuosa, y por el mismo defecto, decretar, dentro de los ocho días siguientes a la reunión, la nulidad de los acuerdos que se hubieren tomado.

El Superintendente, por sí o por delegados, podrá asistir a las Juntas Generales de Accionistas, donde tendrá derecho a voz;

d) Asumir el carácter de único administrador o liquidador de una compañía, en los casos previstos en esta ley y, especialmente, cuando de conformidad con lo dispuesto en los números 3° y 4° del artículo 44, se decreten las suspensiones allí establecidas o le sea revocada su autorización de existencia.

La administración o la liquidación en su caso, podrá ser delegada por el Superintendente en uno o más funcionarios de las plantas directiva, profesional o técnica de la Superintendencia o en otras personas siempre que reúnan las condiciones para ser director de una sociedad anónima;

e) Mantener a disposición del público, los modelos de textos de condiciones generales de pólizas y cláusulas que se contraten en el mercado. Las entidades aseguradoras podrán contratar con dichos modelos a partir del sexto día que hubieren sido incorporados al Depósito de Pólizas que, para esos efectos, llevará la Superintendencia.

Las compañías de seguros del primer grupo, en los casos de seguros de Transporte y de Casco Marítimo y Aéreo, como asimismo en los contratos de seguros en los cuales, tanto el asegurado como el beneficiario, sean personas jurídicas y el monto de la prima anual que se convenga no sea inferior a 200 unidades de fomento, no tendrán la obligación señalada en el párrafo precedente, y podrán contratar con modelos no depositados en la Superintendencia, debiendo la póliza respectiva ser firmada por los contratantes.

Será responsabilidad de las compañías que las pólizas de seguros que contraten, estén redactadas en forma clara y entendible, que no sean inductivas a error y que no contengan cláusulas que se opongan a la ley. En caso de duda sobre el sentido de una disposición en el modelo de condición general de póliza o cláusula, prevalecerá la interpretación más favorable para el contratante, asegurado o beneficiario del seguro, según sea el caso.

La Superintendencia fijará, mediante norma de aplicación general, las disposiciones mínimas que deberán contener las pólizas.

La Superintendencia podrá prohibir la utilización de un modelo de póliza o cláusula cuando, a su juicio, su texto no cumpla con los requisitos de legalidad y claridad en su redacción, o con las disposiciones mínimas señaladas precedentemente;

f) Comprobar la exactitud de las reservas técnicas constituidas por las compañías de acuerdo con las normas de carácter general que dicte la Superintendencia, como asimismo, la de los balances, otros estados financieros, sus cuentas componentes y demás antecedentes solicitados por ésta, con arreglo a los estatutos, leyes y reglamentos vigentes, aprobándolos, disponiendo su rectificación inmediata u ordenando las modificaciones que fuere necesario incorporar en los próximos balances, estados financieros o informes;

g) Mantener un registro de los auxiliares del comercio de seguros, en el que deberán inscribirse quienes deseen desarrollar la actividad de corredor de seguros o de liquidador de siniestros, para lo cual deberán cumplir los requisitos establecidos en esta ley;

h) DEROGADO.

i) Resolver, en casos a su juicio calificados, en el carácter de árbitro arbitrador sin ulterior recurso, las dificultades que se susciten entre compañía y compañía, entre éstas y sus intermediarios o entre éstas o el asegurado o beneficiario en su caso, cuando los interesados de común acuerdo lo soliciten. Sin embargo, el asegurado o el beneficiario podrán por sí solos solicitar al árbitro arbitrador la resolución de las dificultades que se produzcan, cuando el monto de la indemnización reclamada no sea superior a 120 unidades de fomento o a 500 unidades de fomento cuando se trate de seguros obligatorios;

j) DEROGADO;

k) Establecer, mediante norma de carácter general, disposiciones sobre la información que las compañías deberán proporcionar al público sobre el calce de sus activos y pasivos, en lo referente al plazo, reajustabilidad y tipo de moneda en que éstos se encuentran;

l) Formar y publicar, anualmente, la estadística de todas las operaciones sobre seguros y reaseguros que efectúen las compañías, las listas de corredores de seguros y reaseguros, de liquidadores de siniestros y de compañías de seguros y reaseguros autorizados para operar en el país;

m) Establecer, mediante normas de carácter general, las exigencias técnicas y patrimoniales que deberán cumplir tanto los intermediarios de seguros y reaseguros como los liquidadores de siniestros para desempeñarse como tales, pudiendo dictar, asimismo, las normas por las cuales deben regirse la intermediación y la contratación de seguros y la liquidación de siniestros;

n) Establecer, mediante norma de carácter general, las condiciones mínimas que deberán cumplir las compañías de seguros e intermediarios de seguros en materia de atención al público, tanto en sus oficinas y sucursales, si las tuvieren, como en otros canales que habiliten al efecto. Deberán cumplir con las exigencias que para su funcionamiento establezca la Comisión, considerando elementos tales como los estándares de seguridad de las operaciones que se efectúen por dichos canales y la disponibilidad mínima de ellos, y otras reglas que instruya la Comisión, con el fin de establecer estándares de calidad y servicios mínimos acorde a los productos y servicios que ofrezcan.

La Comisión, mediante normativa, en atención a la naturaleza del servicio prestado o condiciones del mercado, podrá establecer la obligación de contar con determinados canales de atención, determinar la distribución del horario, condiciones y requerimientos de funcionamiento, disponibilidad y cualquier otra disposición que determine.

Asimismo, la Comisión podrá determinar la obligación de las entidades fiscalizadas conforme a esta ley de implementar un canal idóneo de atención de reclamos de clientes en consideración al número de clientes y tipo de servicio prestado, el cual deberá ajustarse a las características y condiciones que ella defina por norma de carácter general, en proporción al número de clientes y tipo de servicio prestado por la entidad.

ñ) Las que otras leyes o normas expresamente le confieran.

§ 2. Disposiciones Generales

Artículo 4°. El comercio de asegurar riesgos a base de primas, sólo podrá hacerse en Chile por sociedades anónimas nacionales de seguros y reaseguros, que tengan por objeto exclusivo el desarrollo de dicho giro y las actividades que sean afines o complementarias a éste, que autorice la Superintendencia mediante norma de carácter general. Las entidades aseguradoras del segundo grupo podrán constituir filiales Administradoras Generales de Fondos, a que se refiere el Título XXVII de la ley Nº 18.045, sujetándose a las normas generales que establezca la Superintendencia.

Sin perjuicio de lo anterior, las entidades aseguradoras extranjeras establecidas en el exterior podrán comercializar en Chile los seguros de transporte marítimo internacional, aviación comercial internacional, mercancías en tránsito internacional y de satélites, y la carga que éstos transportan.

Cualquier persona natural o jurídica podrá contratar libremente en el extranjero toda clase de seguros, a excepción de los seguros obligatorios establecidos por ley y aquellos contemplados en el decreto ley N° 3.500, de 1980, los que sólo podrán contratarse con compañías establecidas en el territorio nacional. Asimismo, las entidades aseguradoras y reaseguradoras podrán suscribir riesgos provenientes del extranjero.

En los casos señalados en los incisos segundo y tercero precedentes, la contratación de dichos seguros quedará sujeta a la normativa sobre operaciones de cambios internacionales.

La contratación de seguros con compañías no establecidas en el país estará gravada, sin perjuicio de los que se establezcan en otras leyes, con los mismos tributos que puedan afectar a los seguros contratados con compañías nacionales.

Además, las compañías de seguros y reaseguros, podrán tomar sobre sí el riesgo de pérdida patrimonial que, las entidades prestadoras de los beneficios contemplados en las leyes N°s 16.744, 18.469, 18.833 y 18.933, asuman con motivo de las prestaciones que otorguen.

Artículo 4° bis. No obstante lo dispuesto en el artículo anterior, las compañías constituidas en el extranjero podrán establecer una sucursal en el país, para lo cual deberán establecerse como una agencia del Título XI de la ley N° 18.046 y obtener la autorización señalada en el Título XIII de la misma ley.

Para obtener la autorización de establecimiento de una sucursal, la compañía de seguros extranjera deberá acreditar a la Superintendencia que la entidad cumple las disposiciones que esta ley establece para la autorización de compañías de seguros.

La autorización de establecimiento de la sucursal, como cualquier modificación o revocación de la misma, constará en resolución de la Superintendencia, la cual se sujetará a los requisitos de publicidad y registro dispuestos en los artículos 126 y 127 de la ley N° 18.046.

Las compañías de seguros extranjeras autorizadas en los términos de los incisos anteriores gozarán de los mismos derechos y estarán sujetas a las mismas obligaciones que las compañías de seguros nacionales de igual grupo, salvo disposición legal en contrario.

El patrimonio que las compañías de seguros extranjeras asignen a su sucursal en el país, deberá ser efectivamente internado y convertido a moneda de curso legal en conformidad con alguno de los sistemas autorizados por la ley o por el Banco Central de Chile. Los aumentos de capital que no provengan de la capitalización de reservas tendrán el mismo tratamiento que el capital inicial.

Ninguna compañía de seguros extranjera autorizada en los términos de los incisos anteriores podrá invocar derechos o privilegios derivados de su nacionalidad, respecto a las operaciones que efectúe en Chile.

Toda contienda que se suscite en relación con las operaciones de la sucursal en el país, cualquiera que fuere su naturaleza, será resuelta por los tribunales chilenos, en conformidad con las leyes de la República.

Las operaciones entre una sucursal y su casa matriz u otras compañías relacionadas, se considerarán para todos los efectos realizadas entre entidades distintas. Lo anterior es sin perjuicio de la responsabilidad de la compañía de seguros extranjera, de acuerdo a las reglas generales, por las obligaciones que contraiga la sucursal que haya establecido en Chile.

Los acreedores domiciliados en Chile de la sucursal de la compañía de seguros extranjera, por sus créditos convenidos en el país, gozarán de preferencia sobre los bienes y derechos de ésta situados en el territorio nacional.

Para la administración de sus negocios, las compañías de seguros extranjeras autorizadas en los términos de los incisos anteriores no estarán obligadas a mantener un Directorio, pero deberán tener un agente ampliamente autorizado para que las represente con todas las facultades legales.

Las responsabilidades y sanciones que afectan al Directorio de las entidades aseguradoras, o a los miembros de éste, corresponderán y podrán hacerse efectivas sobre el agente de las compañías de seguros extranjeras autorizadas en los términos de los incisos anteriores.

Las remesas de las utilidades líquidas que obtengan las sucursales de las compañías de seguros extranjeras se harán previa autorización de la Superintendencia y con sujeción a las disposiciones legales vigentes y a las normas que imparta el Banco Central de Chile, y siempre que aquéllas cumplan los requerimientos patrimoniales y de solvencia establecidos en esta ley.

Artículo. 5°. Desde la fecha de esta Ley queda prohibido en Chile el establecimiento de tontinas, chatelusianas, mixtas y de asociaciones mutuales que tengan por objeto asegurar riesgos de cualquiera naturaleza, a base de cuotas y no de primas, o cuando empleen estas últimas no puedan garantizar los beneficios que ofrezcan.

Sin embargo, las entidades a que se refiere el inciso anterior, que a la fecha de esta Ley operen en el país, podrán continuar en sus negocios con la autorización de la Superintendencia, quedando, en este caso, bajo su vigilancia inmediata.

Artículo. 6°. Cada vez que se emplee en esta ley la denominación compañías de seguros o compañías, se entenderá que ella se refiere a todas las sociedades anónimas nacionales de seguros, y salvo que de la naturaleza del texto se desprenda otra cosa, se entenderán comprendidas también en dicha denominación, las sociedades anónimas nacionales de reaseguros.

Artículo. 7°. El capital de las compañías de seguros no podrá ser inferior a 90.000 unidades de fomento al momento de constituirse y deberá encontrarse totalmente suscrito y pagado para autorizar su existencia.

No obstante, si durante el funcionamiento de la compañía el patrimonio se redujere a una cantidad inferior a 90.000 unidades de fomento, la compañía estará obligada a complementarlo según lo dispuesto en los artículos 65 y siguientes. Si así no lo hiciere, se le revocará su autorización de existencia.

Artículo. 8°. Las compañías se dividirán en dos grupos. Al primero pertenecerán las que aseguren los riesgos de pérdidas o deterioro en las cosas o el patrimonio. Al segundo, las que cubran los riesgos de las personas o que garanticen a éstas, dentro o al término de un plazo, un capital, una póliza saldada o una renta para el asegurado o sus beneficiarios.

Artículo. 9°. La constitución legal de las sociedades anónimas aseguradoras y reaseguradoras, se hará de conformidad a los artículos 126 y siguientes de la ley de sociedades anónimas.

Tales entidades, estén o no inscritas en el Registro de Valores a que se refiere la ley N° 18.045, de Mercado de Valores, estarán sujetas a las obligaciones de información previstas en el artíuclo 10° de dicha ley.

Artículo 9° bis. Las personas naturales o jurídicas que, personalmente o en conjunto, sean, conforme al artículo 97 de la ley N° 18.045, controladoras de una compañía de seguros del segundo grupo o que posean individualmente más del 10% de sus acciones, deberán enviar a la Superintendencia información fidedigna acerca de su situación financiera. La Superintendencia, mediante norma de carácter general, determinará la periodicidad y contenido de esta información, que no podrá exceder de la que exige a las sociedades anónimas abiertas.

Cuando el patrimonio neto consolidado de los controladores, individualmente o en conjunto, en la proporción que les corresponda, se reduzca a un monto inferior al patrimonio de riesgo definido en la letra f) del artículo 1° y no sea subsanado en el plazo que la Superintendencia determine para estos efectos, ésta podrá instruir a las compañías, por resolución fundada, para que se abstengan de realizar las transacciones y operaciones que específicamente determine, con sus personas relacionadas o a través de ellas, hasta por un plazo de seis meses, renovable por igual período.

Asimismo, en este caso, la Superintendencia podrá suspender la administración o todas o algunas de las operaciones de la compañía, en los términos que señalan los números 3° y 4° del artículo 44, renovables por igual período, designando para tal efecto un administrador de acuerdo a la letra d) del artículo 3°.

Artículo 10. El monto de los seguros, de las primas y de las indemnizaciones, se expresará en unidades de fomento, a menos que los contratos respectivos se pacten en moneda extranjera con arreglo a las disposiciones legales vigentes. Sin perjuicio de lo anterior, la Superintendencia podrá autorizar, mediante norma de carácter general, que se pacten en otros sistemas de reajustabilidad o en moneda de curso legal.

El valor de la unidad de fomento que se considerará para el pago de las primas e indemnizaciones será el vigente al momento del pago efectivo de las mismas.

Artículo 11. No podrán organizarse entidades aseguradoras destinadas a cubrir riesgos comprendidos en los dos grupos.

No obstante lo dispuesto en el inciso anterior, las entidades aseguradoras de uno y otro grupo podrán cubrir los riesgos de accidentes personales y los de salud.

Los riesgos de crédito deberán ser asegurados sólo por compañías del primer grupo que tengan por objeto exclusivo precisamente cubrir este tipo de riesgo, pudiendo, además, cubrir los de garantía y fidelidad. Las aseguradoras de crédito no podrán otorgar esta cobertura ni aceptar su reaseguro, cuando el asegurado o el deudor de éste sea persona relacionada con la compañía aseguradora o reaseguradora, según el caso. Se exceptuarán de esta prohibición los seguros de crédito a las exportaciones.

Se entenderá por seguro de crédito aquel que cubre los riesgos de pérdidas o deterioro en el patrimonio del asegurado, producto del no pago de una obligación en dinero o de crédito de dinero.

Los seguros podrán convenirse como paramétricos, esto es, que, frente a la ocurrencia del riesgo o evento dañoso, contemplado en el contrato, la indemnización sea pagada sin que el asegurado deba justificar la existencia o monto de los daños, y aun en caso de que éstos no se produzcan. El asegurado deberá estar realmente expuesto a sufrir un daño ante la ocurrencia del siniestro, aunque dicho daño finalmente no se materialice. Para esta modalidad, las variables y riesgos deberán ser demostrables y claramente medibles a través de procedimientos objetivos y el riesgo deberá ser asegurable conforme a las reglas generales.

La Comisión establecerá para los seguros paramétricos, mediante norma de carácter general, los criterios a los cuales se sujetarán, entre otros, las variables que se podrán tomar como índices, los riesgos que serán asegurables bajo esta modalidad y las características de las pólizas que se depositen. No se podrán contratar bajo esta modalidad los seguros previsionales, aquellos que sean obligatorios y los que se exijan como requisito para el desarrollo de una determinada actividad.

La Comisión determinará, mediante norma de carácter general, las normas aplicables a las compañías de seguros y auxiliares del comercio de seguros respecto de la comercialización, distribución, liquidación expedita de siniestros y gestión de reclamos relativos a seguros inclusivos, microseguros y seguros masivos, entendidos como aquellos destinados a sectores excluidos o sub atendidos del mercado independientemente de su nivel de ingresos económicos, aquellos destinados a sectores de la población de bajos ingresos, o aquellos susceptibles de ser distribuidos por medios de comercialización masivos, respectivamente.

La Comisión podrá establecer normas diferenciadas para este tipo de seguros en cuanto a coberturas y exclusiones, emisión de pólizas simplificadas o comprobantes de contratación y medios tecnológicos a través de los cuales se podrá cumplir la obligación de entrega de información a los asegurados y beneficiarios conforme a las normas del Código de Comercio, obligaciones de asesoría, recepción de denuncios y liquidación de siniestros, en atención a la naturaleza de los riesgos o perfil de clientes a los cuales estén dirigidos.

Artículo 12. Créase un sistema de consulta de seguros, digital, interconectado en tiempo real y automático, de acceso remoto y gratuito, que será administrado por la Comisión para el Mercado Financiero y que se regirá por las disposiciones de esta ley y la normativa que se dicte para su implementación. Dicho sistema entregará información sobre los contratos de seguros a quienes tengan la calidad de contratante o asegurado en ellos y, en caso de fallecimiento o incapacidad judicialmente declarada, a quien demuestre un interés legítimo en acceder a dicha información. En este último caso, se entenderá que tienen interés legítimo quienes acrediten tener la calidad de cónyuge, hijos, padres o la calidad de herederos de dicho contratante o asegurado. La Comisión para el Mercado Financiero establecerá mediante norma de carácter general, los mecanismos de autenticación necesarios para asegurar la identidad de quienes accedan a la información.

Las compañías de seguros deberán mantener bases de datos actualizadas con información de las pólizas respecto de las cuales mantengan obligaciones vigentes, y deberán proporcionar a la Comisión para el Mercado Financiero la información necesaria para la operación del mencionado sistema de consulta.

El contenido específico de la información señalada en el inciso anterior, su formato de envío, periodicidad, interconexión o medios de envío y otros aspectos necesarios para el funcionamiento del sistema de consulta de seguros serán determinados por una norma de carácter general que dicte la Comisión para el Mercado Financiero. La información señalada contendrá al menos la indicación de las compañías aseguradoras contratantes; del intermediario, en caso que corresponda; del contratante o asegurado, la indicación de la vigencia y el tipo de seguro de que se trata, de acuerdo al código en el Depósito de Pólizas respectivo, estando prohibido, en su caso, informar antecedentes relacionados con la identidad del beneficiario o las condiciones establecidas para ello en el seguro. Dicha información deberá proporcionarse mientras las obligaciones de la compañía estén vigentes.

El sistema de consulta de seguros deberá permitir que, con el objeto de obtener nuevas ofertas de seguros, los contratantes o asegurados puedan otorgar su consentimiento para que la información relativa a sus contratos de seguros sea intercambiada entre las compañías de seguros. Para tales efectos, las compañías de seguros estarán obligadas a cumplir la solicitud del cliente, debiendo siempre respetar las disposiciones de la ley Nº 19.628, sobre Protección de la Vida Privada. La Comisión establecerá los requisitos y condiciones con los cuales deberán cumplir las compañías de seguro con el objeto de facilitar dicho intercambio. Asimismo, una norma de carácter general determinará la forma en la que se entregará el consentimiento expreso de los asegurados para todos los efectos legales.

Las compañías de seguros serán responsables por la veracidad e integridad de la información que proporcionen, y de su entrega oportuna. En caso de infracción, podrán ser sancionadas por la Comisión para el Mercado Financiero de conformidad a lo dispuesto en el decreto ley Nº 3.538, de 1980, sin perjuicio de lo dispuesto en el artículo 49 de esta ley.

Artículo 13. Las compañías de seguros no podrán disponer de los efectos de comercio que hayan recibido para facilitar el pago de prima a plazo para caucionar o extinguir obligaciones propias o de terceros, por aquella parte de la prima no devengada.

Artículo 14. DEROGADO.

Artículo 15. El límite máximo de endeudamiento total en relación al patrimonio de las compañías del primer grupo no podrá ser superior a 5 veces. Asimismo, para las compañías del segundo grupo, dicho límite será igual a 15 veces.

Sin embargo, la Superintendencia mediante normas de aplicación general sólo podrá establecer límites de endeudamiento total en relación al patrimonio, superiores a los del inciso anterior para las compañías del segundo grupo, cuando exista razón fundada para ello, condicionado a que cada modificación esté vigente durante al menos un año y que dicho cambio no sea superior a una vez el patrimonio. Con todo, la relación máxima de endeudamiento total para las compañías del segundo grupo no podrá exceder de 20 veces el patrimonio.

Para las compañías de uno u otro grupo, el total de las deudas contraídas con terceros, que no generen reservas técnicas de seguros, en ningún caso podrá exceder de una vez el patrimonio.

La reserva de valor del fondo, señalada en el Nº 6. del artículo 20, estará sujeta a un límite de endeudamiento total equivalente a siete veces el límite referido en el inciso primero.

Artículo 16. El reaseguro de los contratos celebrados en Chile, podrán efectuarlo las entidades aseguradoras y reaseguradoras, con las entidades que se señalan a continuación:

a) Sociedades anónimas nacionales cuyo objeto exclusivo sea el reaseguro.

Estas entidades estarán sujetas a la fiscalización de la Superintendencia, con las atribuciones que le otorga la ley.

Las reaseguradoras nacionales podrán operar en ambos grupos de seguros, siempre que constituyan capitales independientes para cada uno de ellos y lleven contabilidades absolutamente separadas para las operaciones de los mismos, a fin de que cumplan con los requisitos de patrimonio, endeudamiento e inversión de reservas técnicas y de patrimonio en cada grupo.

Estas entidades deberán mantener un patrimonio mínimo no inferior a 120.000 unidades de fomento por cada uno de los grupos en que operen. Si durante su funcionamiento dicho patrimonio se redujere a una cantidad inferior, la entidad estará obligada a completarlo conforme lo dispuesto en el Párrafo 1º del Título IV de esta ley. Si así no lo hiciere, se le revocará la autorización de existencia.

En el evento de que uno de los grupos presente problemas que exijan la regularización establecida en los artículos 65 ó 68 de la presente ley, se deberá proceder a ésta y, en caso de no ser ella posible, la Superintendencia revocará la autorización respecto del grupo afectado.

b) Compañías de seguros nacionales, las que únicamente podrán reasegurar riesgos del grupo en el cual estén autorizadas para operar, y

c) Entidades extranjeras de reaseguro, que se encuentren clasificadas por agencias clasificadoras de riesgo, de reconocido prestigio internacional a juicio de la Superintendencia, en a lo menos categoría de riesgo BBB o su equivalente.

Estas entidades deberán designar un representante en Chile, el que las representará con amplias facultades, pudiendo incluso ser emplazado en juicio.

No obstante lo anterior, no será necesaria la designación de un representante, si el reaseguro se efectúa a través de un corredor de reaseguro inscrito en la Superintendencia, conforme a lo que se establece en el inciso siguiente, el que, para todos los efectos legales, en especial en relación con la aplicación y cumplimiento en el país del contrato de reaseguro, será considerado como representante legal de los reaseguradores externos suscriptores del contrato de reaseguro, con amplias facultades, pudiendo incluso ser emplazado en juicio.

El reaseguro se podrá efectuar con las entidades señaladas precedentemente, directamente o a través de corredores de reaseguro que se encuentren inscritos en el Registro de Corredores de Reaseguro Extranjero que llevará la Superintendencia. Para estos efectos, deberán cumplir los siguientes requisitos:

1) No encontrarse inscritos en el Registro de Corredores de Seguros de la Superintendencia;

2) Acreditar la contratación de una póliza de seguros para responder del correcto y cabal cumplimiento de todas las obligaciones emanadas de su actividad de corredor de reaseguro en Chile y, especialmente, por los perjuicios por

errores u omisiones que puedan ocasionar a quienes contraten por su intermedio, la que deberá permanecer vigente hasta la extinción de sus obligaciones contraídas como corredor.

El monto asegurado de esta póliza no deberá ser inferior a la suma más alta entre 20.000 unidades de fomento y un tercio de la prima intermediada en Chile en el año inmediatamente anterior.

Será necesaria la aprobación previa de la Superintendencia cuando el emisor de la póliza sea una compañía no establecida en Chile.

Verificado el incumplimiento o perjuicio, se siniestrará la póliza y el corredor afectado no podrá intermediar nuevos contratos mientras no se rehabilite a satisfacción de la Superintendencia, en el evento de que se haya estipulado en ella que el pago de indemnizaciones reduce el monto asegurado, y

3) Tratándose de corredores extranjeros, ser persona jurídica y acreditar que la entidad se encuentra constituida legalmente en su país de origen y que puede intermediar riesgos cedidos desde el extranjero, con indicación de la fecha desde la cual se encuentra autorizada para operar. En este caso, para la inscripción dichas entidades deberán designar un representante en Chile, el que las representará con amplias facultades, pudiendo incluso ser emplazado en juicio. El representante deberá tener residencia en Chile.

En el caso que los corredores de reaseguros dejen de cumplir alguno de los requisitos señalados precedentemente, se les eliminará del registro correspondiente.

La Superintendencia, por norma de carácter general, determinará la forma, plazos y periodicidad con que deberán ser acreditados todos los requisitos establecidos en este artículo y las normas que se apliquen en el caso en que un reasegurador, de los señalados en la letra c) de este artículo, deje de cumplir el requisito de clasificación de riesgo exigido.

Para efectos de esta ley, se considerará como entidad reaseguradora, el mercado de seguros Lloyd's de Londres.

Artículo 16 bis. DEROGADO.

Artículo 17. Las compañías deberán enviar a la Superintendencia, en las oportunidades y forma que ésta señale mediante norma de carácter general, resúmenes sobre número y tipo de pólizas emitidas, producción neta, reaseguros, cesiones y, en general, cualquier información estadística que sea necesaria para dar cumplimiento a lo dispuesto en la letra l) del artículo 3°.

Además, será obligación del Directorio de las compañías informar a la Superintendencia, en la forma y periodicidad que determine por norma de carácter general dicho organismo, las políticas generales de administración de la compañía, respecto de las siguientes materias:

a) Inversiones;

b) Utilización de productos derivados y administración de riesgos financieros, y

c) Control interno.

El directorio deberá informar en nota a los estados financieros anuales, las políticas definidas y un análisis del grado de cumplimiento de éstas.

Artículo 18. Las compañías deberán publicar conjuntamente con el balance y estados financieros anuales, un inventario de sus inversiones, cuyo detalle será fijado mediante norma de carácter general por la Superintendencia.

Artículo 19. La Superintendencia publicará anualmente en sus revistas o boletines, un resumen de los estados financieros de las compañías de seguros a que se refiere el artículo anterior, en que se demuestre la situación de cada compañía y la de todas ellas en conjunto. Deberá, además, publicar en forma periódica información estadística y financiera sobre las operaciones y situación de cada una y de todas las compañías de seguros. Esta publicación deberá estar a disposición del público y enviarse, a lo menos, a tres periódicos de circulación nacional.

Artículo 20. Las entidades aseguradoras y reaseguradoras establecidas en el país, para cumplir con las obligaciones provenientes de la contratación de los seguros y reaseguros, deberán constituir reservas técnicas, de acuerdo a los principios actuariales, procedimientos, tablas de mortalidad, tasas de interés y otros parámetros técnicos que, por norma de carácter general, establezca la Superintendencia. Su modificación o reemplazo deberá comunicarse a las compañías con 120 días de anticipación, a lo menos.

Las reservas técnicas se clasificarán en los siguientes tipos:

1. Reserva de riesgo en curso por las obligaciones de una compañía con los asegurados, originadas por primas de contratos de seguros de corto plazo;

2. Reserva matemática por las obligaciones de una compañía de segundo grupo con los asegurados, originadas por primas de contratos de seguros de largo plazo;

3. Reserva de siniestros por las obligaciones por siniestros ocurridos y que estén pendientes de pago, y por los ocurridos y no reportados;

4. Reserva adicional por aquellos riesgos cuya siniestralidad es poco conocida, altamente fluctuante, cíclica o catastrófica y que, a juicio de la Superintendencia, mediante normas de carácter general, sea necesario constituir para el normal desenvolvimiento de la actividad aseguradora o reaseguradora;

5. Reserva de descalce, por los riesgos originados en el descalce de plazo, tasa de interés, moneda e instrumentos de inversión, entre los activos y pasivos de la compañía, y

6. Reserva de valor del fondo, en la parte que corresponda a las obligaciones generadas por las cuentas de inversión en los seguros del segundo grupo que las contemplen.

La Superintendencia, sin perjuicio del cumplimiento de los requisitos establecidos en el artículo 16, mediante norma de carácter general, establecerá las disposiciones y requisitos mínimos a las cuales deberán sujetarse las cesiones de reaseguro, para efectos de ser deducidas del cálculo de las reservas técnicas.

En todo caso, una compañía sólo podrá deducir de las mencionadas reservas, la prima efectivamente pagada a su reasegurador, por las cesiones correspondientes a los riesgos asumidos.

No obstante lo anterior, en el caso de seguros contemplados en el decreto ley Nº 3.500, de 1980, y tratándose de cesiones de reaseguro a reaseguradores extranjeros, la deducción por reaseguro no podrá exceder del 40% del total de las reservas técnicas correspondientes a los seguros señalados o del porcentaje superior que establezca la Superintendencia. No obstante, tratándose de seguros de rentas vitalicias contemplados en el decreto ley Nº 3.500, de 1980, las tablas de mortalidad para el cálculo de las reservas técnicas serán fijadas por la Superintendencia conjuntamente con la Superintendencia de Administradoras de Fondos de Pensiones.

Artículo 20 bis. Las compañías de seguros deberán contratar con a lo menos dos clasificadores de riesgo distintos e independientes entre sí, inscritos en el Registro que al efecto lleva la Superintendencia conforme a lo establecido en el Título XIV de la ley 18.045 de Mercado de Valores, la clasificación continua e ininterrumpida de las obligaciones que tengan con sus asegurados, en la forma que establezca una norma de carácter general dictada por la Superintendencia.

El Título XIV mencionado se aplicará supletoriamente a la clasificación de las obligaciones de compañías de seguros en todo lo que no esté regulado específicamente, entendiéndose que las referencias a emisor y valores en él contenidas, se considerarán hechas a compañías de seguros y obligaciones con sus asegurados, respectivamente.

Esta clasificación se practicará en consideración a la cantidad y calidad de las inversiones y demás activos de la compañía, la suficiencia de las reservas en relación a las responsabilidades asumidas, la cantidad y calidad de reaseguros, la rentabilidad obtenida en los últimos años, el endeudamiento y nivel de operaciones de la compañía en relación a su patrimonio, el calce de plazos, monedas y reajustabilidades entre los activos y los pasivos, la capacidad técnica y experiencia de la administración y otra información disponible, en categorías que serán denominadas respectivamente con las letras AAA, AA, A, BBB, BB, B, C, D y E.

La categoría AAA se usará para los aseguradores de más bajo riesgo, y la categoría D será aplicable a los aseguradores de más alto riesgo. La categoría E será aplicable a los aseguradores de los que se carece de información suficiente para clasificarlos.

Las compañías de seguros del segundo grupo, que presenten una clasificación de riesgo igual o inferior a "BB", no podrán ofrecer ni contratar seguros de rentas vitalicias del decreto ley Nº 3.500, de 1980, mientras se encuentren en tal situación. Para estos efectos, se considerará la menor de las clasificaciones obtenidas.

En caso que una compañía acreditare la imposibilidad de contratar la clasificación de riesgo a que se refiere este artículo, la Superintendencia podrá ordenar dicha clasificación a dos entidades inscritas en el registro que al efecto lleva. Los costos de dicha clasificación serán de cargo de la compañía clasificada.

Artículo 21. Las reservas técnicas y el patrimonio de riesgo de las entidades aseguradoras y reaseguradoras, sin perjuicio de los depósitos que mantengan en cuenta corriente, deberán estar respaldados por inversiones efectuadas en los siguientes instrumentos y activos:

1. Inversiones de Renta Fija:

a) Títulos emitidos o garantizados hasta su total extinción por el Estado o emitidos por el Banco Central de Chile;

b) Depósitos a plazo, letras de crédito hipotecarias, bonos y otros títulos de deuda o crédito, emitidos por bancos e instituciones financieras, incluyendo los bonos sin plazo fijo de vencimiento descritos en el artículo 55 bis del decreto con fuerza de ley N° 3, de 1997, del Ministerio de Hacienda, que fija el texto refundido, sistematizado y concordado de la Ley General de Bancos y de otros cuerpos legales que se indican.

Respecto de los instrumentos señalados en esta letra, la Comisión podrá establecer, mediante norma de carácter general, los límites, plazos, requisitos, características, reglas y procedimientos que deberán cumplir para ser representativos de reservas técnicas y patrimonio de riesgo.

c) Bonos, pagarés y otros títulos de deuda o crédito, emitidos por empresas públicas o privadas;

d) Participación en convenios de créditos en los que concurran al menos un banco o institución financiera no relacionado con la compañía, conforme a las normas de carácter general que dicte la Superintendencia, debiendo contemplarse en éstas el riesgo de crédito del deudor, y

e) Mutuos hipotecarios endosables, de los señalados en el Título V de esta ley, y

f) Contratos de mutuo o préstamo de dinero otorgados a personas naturales o jurídicas, ya sea por la misma compañía, por otras compañías o por bancos o instituciones financieras, que consten en instrumentos que tengan mérito ejecutivo. Los créditos de que trata esta letra no podrán concederse directa o indirectamente a personas relacionadas de la compañía, según este término se define en el artículo 100 de la ley N° 18.045.

Para los instrumentos señalados en esta letra, la Superintendencia establecerá, mediante una norma de carácter general, la forma en la que las compañías que otorguen los créditos de que trata dicha letra deberán constituir provisiones y la manera de castigar aquellos créditos incobrables y les será aplicable lo establecido en el artículo 31, número 4, de la Ley sobre Impuesto a la Renta, contenida en el decreto ley N° 824, de 1974. De igual forma, la Superintendencia podrá establecer, mediante normas de carácter general, límites, plazos y requisitos que las compañías deberán cumplir al otorgar estos créditos.

2. Inversiones de Renta Variable:

a) Acciones de sociedades anónimas abiertas y acciones de empresas concesionarias de obras de infraestructura de uso público. No se aceptarán como representativas las acciones de empresas concesionarias de obras de infraestructura de uso público, emitidas por personas relacionadas a la compañía;

b) Cuotas de fondos mutuos cuyos activos se encuentren invertidos en valores o activos nacionales;

c) Cuotas de fondos de inversión, cuyos activos se encuentren invertidos en valores o activos nacionales.

3. Inversiones en el exterior:

a) Títulos de deuda o crédito, emitidos o garantizados hasta su total extinción por Estados o Bancos Centrales extranjeros;

b) Depósitos, bonos, pagarés y otros títulos de deuda o crédito, emitidos por instituciones financieras, empresas o corporaciones extranjeras o internacionales;

c) Acciones de sociedades o corporaciones constituidas fuera del país;

d) Cuotas de fondos mutuos o de inversión constituidos fuera del país;

e) Cuotas de fondos mutuos o de inversión constituidos en el país, cuyos activos estén invertidos en valores extranjeros, y

f) Bienes raíces no habitacionales situados en el exterior.

Los instrumentos señalados en este número podrán ser adquiridos directamente o a través de Certificados de Depósito de Valores (CDV), a que se refiere el Título XXIV de la ley Nº 18.045.

La Superintendencia, previa consulta, al Banco Central de Chile, mediante norma de carácter general que deberá publicarse en el Diario Oficial, establecerá las características, reglas y procedimientos a que deberán sujetarse las inversiones señaladas en este número, para ser representativas de reservas técnicas y patrimonio de riesgo.

La adquisición de las divisas necesarias para realizar las inversiones, a que se refiere esta letra, y su remesa al exterior, así como el retorno y la liquidación de los capitales y ganancias y su conversión a moneda nacional o extranjera, se sujetarán a las normas que al efecto establezca el Banco Central, de acuerdo a las facultades que le confiere su Ley Orgánica.

El mencionado Banco, mediante acuerdo de su Consejo, establecerá los porcentajes máximos posibles de invertir, facultad que será ejercida previo informe de la Superintendencia. No obstante, el porcentaje máximo de inversión en el extranjero que establezca el Banco Central no podrá ser inferior al veinte por ciento de las reservas técnicas y patrimonio de riesgo de las compañías.

Las inversiones de la letra f) de este número, sólo se computarán como inversiones representativas de reservas técnicas generadas por operaciones realizadas por la oficina correspondiente en el país respectivo.

4. Bienes raíces, cuya tasación comercial sea practicada al menos cada dos años, según norma de carácter general que dicte la Superintendencia. Tratándose de bienes raíces de propiedad de la compañía, sujetos a contratos de arrendamiento con opción de compra, la Superintendencia establecerá las disposiciones mínimas que deberán cumplir dichos contratos, para que el bien raíz se considere como inversión representativa.

No obstante lo anterior, no se aceptarán como representativos bienes raíces habitacionales sujetos a contratos de arrendamiento con o sin opción de compra suscritos con personas relacionadas a la compañía, o cuyo uso o goce haya sido cedido a éstas por cualquier motivo.

5. Otros Activos:

a) Crédito no vencido por primas no devengadas otorgado a los asegurados, provenientes de contratos de seguro con cláusula de resolución por no pago de prima, para respaldar el total de la reserva de riesgo en curso y hasta el 10% del patrimonio de riesgo, de las compañías aseguradoras del primer grupo;

b) Siniestros por cobrar no vencidos, producto de las cesiones efectuadas a los reaseguradores, para respaldar el total de la reserva de siniestros y hasta el 10% del patrimonio de riesgo, salvo aquellos siniestros provenientes de las cesiones indicadas en el artículo 20, que no se puedan descontar de la reserva, conforme lo señalado en dicho artículo;

c) Crédito no vencido por primas producto de los seguros de invalidez y sobrevivencia del decreto ley N° 3.500, de 1980, para respaldar el total de la reserva de siniestros, para las compañías del segundo grupo;

d) Avance a tenedores de sus pólizas de seguros de vida, hasta por el monto del valor de rescate de ellas, siempre que en dichas pólizas se indique expresamente que el empréstito podrá deducirse del monto de la indemnización a pagar en virtud de lo establecido en la póliza o en sus adicionales, si corresponde.

Además, las compañías aceptantes podrán respaldar sus reservas técnicas con:

e) Préstamos otorgados a asegurados de pólizas de seguro de crédito, a que se refiere el artículo 11, que cumplan con los requisitos, condiciones y límites que establezca la Superintendencia mediante norma de carácter general, hasta por el monto del crédito asegurado.

f) Crédito no vencido por prima no devengada otorgado a las compañías cedentes del primer grupo en virtud de contratos de reaseguro, para respaldar hasta el total de las reservas de riesgo en curso, y

g) Crédito no vencido por prima devengada otorgado a las compañías cedentes del primer grupo en virtud de contratos de reaseguro, para respaldar hasta el total de las reservas de siniestros.

6. Productos derivados financieros, conforme a los límites y condiciones que establezca la Superintendencia, por norma de carácter general. El límite máximo de inversión que fije la Superintendencia no podrá ser inferior a un 0,5% ni superior a un 3% de las reservas técnicas y patrimonio de riesgo de las compañías.

7. Otras inversiones que cumplan con los requisitos, condiciones y límites que establezca la Superintendencia mediante norma de carácter general, hasta por un monto máximo de inversión que no podrá exceder del 5% de las reservas técnicas y del patrimonio de riesgo de las compañías.

Las inversiones señaladas precedentemente, para ser representativas de reservas técnicas y patrimonio de riesgo, deberán cumplir los siguientes requisitos:

1. Los instrumentos de la letra b) del Nº 1 deberán encontrarse clasificados, de conformidad a lo dispuesto en la ley Nº 18.045, en al menos categoría de riesgo BBB o N-3, según corresponda a instrumentos de largo o corto plazo, respectivamente;

2. Los instrumentos de las letras a) y c) del Nº2 y las cuotas de fondos de inversión de la letra e) del Nº 3, deberán encontrarse inscritos en el Registro de Valores de esta Superintendencia, de conformidad a las leyes Nºs. 18.045 y 18.815, según corresponda;

3. Los instrumentos de la letra a) del Nº 2, no se aceptarán como representativos, cuando se trate de acciones de sociedades administradoras de fondos de pensiones o de fondos mutuos, de instituciones de salud previsional, de entidades aseguradoras y reaseguradoras, de sociedades educacionales y de aquellas cuyo objeto sea la prestación de beneficios de carácter social a sus

accionistas, o de sociedades cuyo activo, en más de un 50%, esté constituido por acciones y derechos en entidades de los tipos recién descritos, y

4. Los instrumentos de las letras a) y b) del N°3, deberán encontrarse clasificados por al menos dos entidades clasificadoras de reconocido prestigio internacional a juicio de la Superintendencia.

Las compañías podrán efectuar operaciones para la cobertura del riesgo financiero que pueda afectar a su cartera de inversiones y a su estructura de activos y pasivos, en la forma que establezca una norma de carácter general dictada por la Superintendencia.

Asimismo, podrán participar en operaciones de venta corta, mediante el préstamo de acciones que sean representativas de reservas técnicas y patrimonio de riesgo, conforme a lo señalado en este artículo, en la forma que determine la Superintendencia. No obstante lo anterior, sólo se podrán prestar acciones representativas de reservas técnicas, en estas operaciones, hasta un máximo del 10% del total de la cartera de acciones representativas de la compañía.

Artículo 21 bis. DEROGADO.

Artículo 22. Las inversiones representativas de reservas técnicas y de patrimonio de riesgo no podrán estar afectas a gravámenes, prohibiciones, embargos, litigios, medidas precautorias, condiciones suspensivas o resolutorias, ni ser objeto de ningún otro acto o contrato que impida su libre cesión o transferencia. En el evento de que alguna inversión se viere afectada en la forma señalada, no podrá ser considerada como representativa de reservas técnicas ni de patrimonio de riesgo; tampoco se considerarán para estos efectos aquellos instrumentos cuyo riesgo de no pago estuviere asegurado o reasegurado total o parcialmente en la misma compañía.

No obstante lo anterior, mediante normas de carácter general, se podrá exceptuar de la prohibición señalada en el inciso precedente a las acciones de empresas concesionarias de obras de infraestructura de uso público señaladas en la letra a) del Nº 2 del artículo 21, a los bienes raíces señalados en el Nº 4 del citado artículo, y a los instrumentos otorgados como garantía o margen de las operaciones de cobertura de riesgo señaladas en el inciso penúltimo del mismo artículo.

Artículo 23. La inversión en los distintos tipos de instrumentos o activos representativos de reservas técnicas y patrimonio de riesgo, señalados en el artículo 21, estará sujeta a los siguientes límites máximos:

1. Límites por Instrumento.

a) Entre un 5% y un 10% del total para los bonos sin plazo fijo de vencimiento contemplados en la letra b) del artículo 21;

b) 5% del total, para la suma de la inversión en los instrumentos de la letra c) del Nº 1, que no se encuentren inscritos en el Registro de Valores de la Superintendencia, o que estando inscritos, no cuenten con clasificación de riesgo conforme a la ley Nº 18.045, o ésta sea inferior a BBB o N-3, según corresponda. Se exceptuarán de este límite, aquellos instrumentos emitidos por empresas nacionales, fuera del país, que cuenten con clasificación de riesgo internacional igual o superior a BBB;

c) entre un 3% y un 5% del total, según lo establezca la Superintendencia por norma de carácter general, para la suma de la inversión en los instrumentos de la letra d) del Nº 1;

d) 30% del total, en aquellos instrumentos de la letra e) del Nº 1, para compañías del segundo grupo, y 30% sólo el patrimonio de riesgo, para compañías del primer grupo;

e) entre un 1% y un 5% del total, según lo establezca la Superintendencia por norma de carácter general, para la suma de la inversión en instrumentos de la letra f) del Nº 1. En todo caso, no se podrá otorgar un crédito a una misma persona, directa o indirectamente, por una suma que exceda el 5% del límite antedicho. Con todo, este límite de concentración no podrá exceder del equivalente a 10.000 unidades de fomento. Sin perjuicio de las sanciones que correspondan, los créditos en exceso de los límites fijados en este párrafo, no serán representativos de reservas técnicas y patrimonio de riesgo;

f) 40% del total para la suma de la inversión en instrumentos del Nº 2. La inversión total en acciones de empresas concesionarias de obras de infraestructura de uso público no podrá exceder del 5% del total;

g) 5% del total, en aquellos instrumentos de la letra a) del Nº 2, que no cumplan el requisito de presencia bursátil que establezca, por norma de carácter general, la Superintendencia. Este límite no se aplicará a la inversión en acciones de empresas concesionarias de obras de infraestructura de uso público;

h) 10% del total, en aquellos fondos de inversión de la letra c) del Nº 2;

i) Derogado.

j) 5% del total, para la suma de la inversión en los instrumentos de las letras a) y b) del N °3, que presenten clasificación de riesgo internacional, inferior a BBB o N-3, o su equivalente según corresponda a instrumentos de largo y corto plazo, respectivamente;

k) Para la suma de la inversión en instrumentos de las letras c), d) y e) del Nº 3, la Superintendencia, mediante norma de carácter general, establecerá los porcentajes máximos posibles de invertir. No obstante, el porcentaje máximo de inversión para los instrumentos antes mencionados no podrá ser inferior al diez por ciento de las reservas técnicas y patrimonio de riesgo de las compañías;

l) 3% del total en aquellos activos de la letra f) del Nº 3;

m) 25% del total, en aquellos activos del N° 4, para compañías del segundo grupo, y 30% sólo del patrimonio de riesgo, para compañías del primer grupo. Con todo, en el caso de bienes raíces no habitacionales sujetos a contratos de arrendamiento con o sin opción de compra que suscriban las compañías del segundo grupo con personas relacionadas, el límite corresponderá al 5% del total y al 5% sólo del patrimonio de riesgo para compañías del primer grupo. Adicionalmente, tratándose de bienes raíces habitacionales, se aplicará un límite del 5% del total para compañías del segundo grupo y del 5% sólo del patrimonio de riesgo para compañías del primer grupo, y

n) 20% del total, en aquellos activos de la letra e) del Nº 5.

2. Límites conjuntos.

a) 25% del total, para la suma de la inversión en aquellos instrumentos comprendidos en las letras b) y c) del Nº 1, que presenten clasificación de riesgo igual o inferior a BBB o N-3, según corresponda a instrumentos de largo y corto plazo, o que, en el caso de instrumentos de la letra c) del Nº 1, no presenten clasificación de riesgo;

b) entre un 10% y un 20% del total, según lo establezca la Superintendencia por norma de carácter general, para la suma de la inversión en los instrumentos comprendidos en las letras b), c) y d) del Nº 1, y a) del Nº 2, emitidos por sociedades anónimas, bancos, instituciones financieras y empresas pertenecientes a un mismo grupo empresarial. Este límite se rebajará a la mitad, si la compañía inversionista forma parte del grupo empresarial;

c) 10% del total, para la suma de la inversión en los instrumentos comprendidos en las letras b), c) y d) del Nº 1 y a) del Nº 2, emitidos o garantizados por una misma entidad, o sus respectivas filiales. Este límite se rebajará a la mitad, si la compañía inversionista forma parte del grupo empresarial al que pertenece el emisor;

d) 40% del total, para la suma de la inversión en instrumentos de las letras e) del Nº 1, fondos de inversión de la letra c) del Nº 2, en cuanto inviertan en activos señalados en los números 10, 11, 12, 13 y 15 del artículo 5º de la ley Nº 18.815, bienes raíces del Nº 4, activos relacionados con el sector inmobiliario incluidos en el N° 7 y bonos o pagarés de la letra c) del Nº l, emitidos por sociedades securitizadoras de las señaladas en el Título XVIII de la ley Nº 18.045, que estén respaldados por títulos de crédito transferibles, relacionados con el sector inmobiliario, para compañías del segundo grupo, y 50% sólo del patrimonio de riesgo, para compañías del primer grupo;

e) 5% del total, para la suma de la inversión en los instrumentos comprendidos, en las letras b) y c) del Nº 3, emitidos o garantizados por una misma entidad. Este límite se rebajará a la mitad, cuando el emisor sea persona relacionada a la compañía;

f) 10% del total, para la suma de la inversión en fondos señalados en las letras b) y c) del Nº 2 y e) del Nº 3, administrados por una misma entidad administradora de fondos mutuos o de inversión;

g) 1% del total, para la suma de la inversión en instrumentos de las letras c) del N° 1 y a) y b) del N° 3, comprendidos en las letras b) e j) del N° 1 de este artículo, según corresponda, emitidos por una misma entidad o sus respectivas filiales;

h) 10% del total, para la suma de la inversión en los siguientes instrumentos:

i) Instrumentos de la letra f) del Nº 1;

ii) Instrumentos de la letra a) del Nº 2, que no cumplan con el requisito de presencia bursátil que establezca la Superintendencia mediante norma de carácter general. Este límite no se aplicará a la inversión en acciones de empresas concesionarias de obras de infraestructura de uso público;

iii) Instrumentos de los números 6 y 7;

iv) Instrumentos de la letra c) del N° 1 y a) y b) del N° 3, comprendidos en las letras b) e j) del N° 1 de este artículo, y

i) 2% del total, para la suma de la inversión en acciones de empresas concesionarias de obras de infraestructura de uso público, emitidas por una misma entidad o sus respectivas filiales.

Artículo 24. Sin perjuicio de lo dispuesto en el artículo anterior, la Superintendencia, mediante norma de carácter general, podrá establecer límites de diversificación por emisión, a las inversiones que respaldan las reservas técnicas y el patrimonio de riesgo indicados en el artículo 21, considerando los siguientes rangos:

a) Entre un 10% y un 20% del total de los depósitos y captaciones y del total de letras hipotecarias emitidas por un banco o entidad financiera, y entre un 20% y un 30% para los bonos sin plazo fijo de vencimiento, en el caso de los instrumentos de la letra b) del Nº 1 del artículo 21;

b) entre un 20% y un 30% de la emisión o serie, en el caso de instrumentos de la letra c) del Nº 1;

c) entre un 20% y 40% de la participación, en el caso de instrumentos de la letra d) del Nº 1;

d) entre un 8% y un 20% del total de acciones suscritas, en el caso de instrumentos de la letra a) del Nº 2, y

e) entre un 20% y un 30% del total de cuotas suscritas de un fondo mutuo o de inversión, señalados en las letras b) y c) del Nº 2 y d) y e) del Nº 3.

La Superintendencia fijará los límites señalados por períodos mínimos de un año, debiendo informar la modificación de éstos, con tres meses de anticipación a su vigencia.

Tratándose de seguros con cuenta de inversión, la Superintendencia podrá ampliar o excluir, a través de norma de carácter general, de los límites de inversión establecidos en los artículos 23 y 24, las inversiones que respalden la reserva del valor del fondo cuando ésta se invierta en los instrumentos señalados en las letras b) y c) del Nº 2 y en las letras d) y e) del Nº 3 del artículo 21.

Artículo 24 bis. Si una inversión representativa de reservas técnicas o de patrimonio de riesgo o un conjunto de ellas sobrepasaren alguno de los límites de diversificación establecidos en esta ley, el exceso no será aceptado como respaldo de dichas reservas ni del patrimonio de riesgo. Tampoco serán aceptadas aquellas inversiones que dejaren de cumplir los requisitos señalados en esta ley para ser representativas de reservas técnicas. Sin embargo, si tal hecho se produjere exclusivamente por un cambio de clasificación de riesgo, las inversiones afectadas podrán seguir respaldando reservas técnicas y patrimonio de riesgo por un plazo no superior a seis meses a contar de la fecha del cambio. Sin embargo, el 50% de ellas podrá seguir sirviendo de respaldo por un período adicional de seis meses. En caso de adquirir nuevos instrumentos de éstos durante dicho período, la compañía no podrá usarlos para respaldar sus reservas técnicas y patrimonio de riesgo.

Artículo 25. Las compañías deberán llevar un registro que cumpla con los requisitos que para este efecto señale la Superintendencia, en el cual se anotarán los títulos, documentos y activos representativos del total de las reservas técnicas. Igual registro deberán llevar para las inversiones que respalden el patrimonio.

La Superintendencia estará facultada para dictar, si lo estima procedente para la protección de los intereses de los asegurados, normas de custodia de los títulos y valores mobiliarios que respalden las reservas técnicas y el patrimonio de riesgo.

Artículo 26. Derogado.

Artículo 27. La entidad aseguradora, cualquiera que sea su naturaleza, podrá transferir total o parcialmente sus negocios, mediante la cesión de la cartera correspondiente, a otra entidad aseguradora que opere en el país, de acuerdo con las disposiciones de esta ley.

La transferencia de negocios y cesión de carteras a que se refiere el inciso anterior, y la fusión y división de entidades aseguradoras requerirá de la autorización especial de la Superintendencia y deberá efectuarse en conformidad a las normas de aplicación general que dicte al efecto.

En todo caso, deberá comunicarse a los asegurados y las condiciones mediante las cuales se pacte y realice la transferencia no podrán gravar los derechos de los mismos, ni modificar sus garantías.

Cuando la transferencia de negocios o cesión de cartera a que se refieren los incisos anteriores se efectuare en virtud de las facultades establecidas en los artículos 71, 74 y 82, no serán procedentes las acciones revocatorias o las concursales de inoponibilidad y no serán aplicables, en este caso, las presunciones contempladas en los artículos 219, 220 y 221 de la ley Nº 18.175.

Artículo 28. El reaseguro no altera en nada el contrato celebrado entre el asegurador directo y el asegurado, y su pago, en caso de siniestro, no podrá diferirse a pretexto del reaseguro.

Artículo 29. Las cuestiones litigiosas que se susciten con motivo de los contratos de seguros directos y reseguros sujetos a esta Ley, serán sometidas a la jurisdicción chilena, siendo nulo todo pacto en contrario.

No obstante, producida una controversia sobre reaseguros, las partes podrán acordar que ella se resuelva conforme a las normas sobre arbitraje mercantil internacional previstas en la ley chilena.

Artículo 30. El Comandante del Cuerpo de Bomberos que hubiere intervenido en las labores relacionadas con cualquier siniestro por incendio deberá enviar al Ministerio Público un informe escrito, en el que se individualizará el voluntario que dirigió dichas tareas; el lugar de ocurrencia y el estado en que se encontraba el bien afectado; una relación circunstanciada de las operaciones practicadas y su resultado, y las conclusiones que, en vista de su conocimiento y experiencia, pudiere formular sobre el origen del incendio y las causas que lo provocaron.

DEROGADO.

Artículo. 31. Cuando el incendio tuviere lugar en un establecimiento comercial o industrial, el Ministerio Público, con la autorización del juez de garantía, incautará los libros y papeles del siniestrado, actuando en lo demás conforme al procedimiento que corresponda de acuerdo al Código Procesal Penal.

Tanto el fiscal del Ministerio Público como los funcionarios de policía, en su caso, deberán procurar que las medidas que adopten, no perturbe las labores de extinción del incendio y salvataje y custodia de las especies.

Artículo. 32. Producido el siniestro, el local ocupado por el establecimiento comercial o industrial y el salvataje, quedarán a la orden del Ministerio Público, quien deberá tomar las medidas necesarias para evitar mayores perjuicios.

Si hubiere seguros comprometidos, el juez de garantía, a solicitud del Ministerio Público, podrá autorizar que se entregue el local y salvataje aludidos al liquidador oficial nombrado por las Compañías aseguradoras y bajo la responsabilidad de éstas.

Para los efectos del inciso anterior, la Asociación de Aseguradores de Chile o en su defecto la entidad que señale la Superintendencia de Valores y Seguros deberá, a petición del Ministerio Público, informar sobre la existencia de seguros comprometidos en el siniestro.

Artículo 33. Ni el asegurador, ni el asegurado, ni ambos juntos, podrán disponer del salvataje sino con la autorización del fiscal del Ministerio Público que dirija la investigación, quien deberá otorgarla una vez evacuadas las diligencias que se hubieren ordenado, o con anterioridad si ellas no se vieren entorpecidas por tal disposición.

El producido de la realización del salvataje, en caso de efectuarse, quedará a disposición del juez de garantía durante los veinte días siguientes a la iniciación de la investigación, con excepción de los gastos efectuados, que podrán pagarse desde luego con audiencia del Ministerio Público, del liquidador de seguros y del asegurado.

Artículo. 34. DEROGADO.

Artículo 35. Pasado el plazo de veinte días, a contar desde el inicio de la investigación, el juez de garantía entregará el producido del salvataje a su dueño, y las Compañías aseguradoras podrán pagar los seguros comprometidos, a menos que el Ministerio Público hubiere formalizado la investigación en contra del siniestrado y solicitare que se decrete como medida cautelar real la retención del producto del salvataje.

Artículo 36. Si en virtud de la ley, la contratación de un seguro es obligatoria o requisito para el ejercicio de una actividad, el asegurado o beneficiario, según corresponda, podrá demandar ante la justicia ordinaria la resolución de las dificultades que se susciten con la compañía aseguradora, no obstante que en la póliza se hubiese contemplado compromiso o cláusula compromisoria. Si el asegurado y el beneficiario son personas jurídicas y el monto de la prima anual es superior a 200 unidades de fomento, el compromiso o cláusula compromisoria prorrogará la competencia.

Artículo 37. Los interesados en la constitución de una entidad aseguradora, para obtener la autorización prevista en el artículo 126 de la ley Nº 18.046, deberán:

a) Informar la identidad de los accionistas y sus controladores, siempre que posean una participación igual o superior al 10% del capital o tengan la capacidad de elegir a lo menos un miembro del directorio;

b) Acreditar que sus accionistas y controladores no se encuentran en algunas de las situaciones previstas en las letras a), b) y c) del artículo 44 bis de esta ley, y

c) Acreditar que sus accionistas y sus controladores posean un patrimonio neto consolidado al menos igual al aporte.

La Superintendencia podrá negar la autorización por resolución fundada, cuando no se cumplan los requisitos anteriores y los demás que exija la ley.

Artículo 37 bis. Los accionistas fundadores de una compañía de seguros del segundo grupo, para obtener la autorización prevista en el artículo 126 de la ley N° 18.046, deberán cumplir los siguientes requisitos:

a) Contar individualmente o en conjunto con un patrimonio neto consolidado equivalente a la inversión proyectada y, cuando se reduzca a una cifra inferior, informar oportunamente de este hecho.

b) No haber incurrido en conductas graves o reiteradas que puedan poner en riesgo la estabilidad de la entidad aseguradora que se proponen constituir o la seguridad de sus asegurados.

c) No haber tomado parte en actuaciones, negociaciones o actos jurídicos de cualquier clase, contrarios a las leyes, las normas o las sanas prácticas bancarias, financieras o mercantiles que imperan en Chile o en el extranjero.

d) No encontrarse en alguna de las siguientes situaciones:

i) Que se trate de un fallido no rehabilitado;

ii) Que en los últimos quince años, contados desde la fecha de solicitud de la autorización, haya sido director, gerente, ejecutivo principal o accionista mayoritario directamente o a través de terceros, de una entidad bancaria, de una compañía de seguros del segundo grupo o de una Administradora de Fondos de Pensiones que haya sido declarada en liquidación forzosa o quiebra, según corresponda, o sometida a administración provisional, respecto de la cual el Fisco o el Banco Central de Chile hayan incurrido en considerables pérdidas. No se considerará para estos efectos la participación de una persona por un plazo inferior a un año;

iii) Que registre protestos de documentos no aclarados en los últimos cinco años en número o cantidad considerable;

iv) Que haya sido condenado o se encuentre bajo acusación formulada en su contra por cualquiera de los siguientes delitos:

(1) contra la propiedad o contra la fe pública;

(2) contra la probidad administrativa, contra la seguridad nacional, delitos tributarios, aduaneros, y los contemplados en las leyes contra el terrorismo y el lavado o blanqueo de activos;

(3) los contemplados en la ley Nº 18.045, ley Nº 18.046, decreto con fuerza de ley Nº 3, de 1997, decreto ley Nº 3.500, de 1980, ley Nº 18.092, ley Nº 18.840, decreto con fuerza de ley Nº 707, de 1982, ley Nº 4.702, ley Nº 5.687, ley Nº 18.175, ley Nº 18.690, ley Nº 4.097, ley Nº 18.112, las leyes sobre Prenda, y en esta ley;

v) Que haya sido condenado a pena aflictiva o de inhabilitación para desempeñar cargos u oficios públicos, y

vi) Que se le haya aplicado, directamente o a través de personas jurídicas, cualquiera de las siguientes medidas, siempre que los plazos de reclamación hubieren vencido o los recursos interpuestos en contra de ellas hubiesen sido rechazados por sentencia ejecutoriada:

(1) que se haya declarado su liquidación forzosa o se hayan sometido sus actividades comerciales a administración provisional, o

(2) que se le haya cancelado su autorización de operación o existencia, o su inscripción en cualquier registro requerido para operar o para realizar oferta pública de valores, por infracción legal.

Tratándose de una persona jurídica, los requisitos establecidos en este artículo se considerarán respecto de sus controladores, socios o accionistas mayoritarios, directores, administradores, gerentes y ejecutivos principales, a la fecha de la solicitud.

La Superintendencia verificará el cumplimiento de estos requisitos, para lo cual podrá solicitar que se le proporcionen los antecedentes que señale; y en caso de rechazo, deberá justificarlo por resolución fundada.

Se considerarán accionistas fundadores de una compañía de seguros del segundo grupo a aquéllos que tengan una participación significativa en su propiedad, según las normas del artículo 38.

Artículo 38. Por exigirlo el interés nacional, una vez autorizada la existencia de la entidad aseguradora, ésta deberá informar a la Superintendencia todo cambio de propiedad accionaria que involucre que un accionistas pase a poseer una participación igual o superior al 10% del capital y el accionista deberá acreditar los requisitos indicados en las letras a) y b) de inciso primero del artículo anterior. Antes de acreditarse ante la Superintendencia los requisitos indicados, el accionista no podrá ejercer el derecho a voto por dichas acciones.

Artículo 39. La Superintendencia dispondrá de un plazo de 30 días, contado desde la fecha de presentación de una solicitud de inscripción o autorización y antecedentes respectivos para pronunciarse sobre ellos. Este plazo se suspenderá si la Superintendencia mediante comunicación escrita, pidiere información adicional al peticionario o le solicitare modificar la petición o rectificar sus antecedentes por no ajustarse a las disposiciones legales, reglamentarias o administrativas vigentes, reanudándose tan solo cuando se haya cumplido dicho trámite.

Subsanados los defectos o atendidas las observaciones formuladas en su caso, y vencido el plazo a que se refiere el inciso precedente, la Superintendencia dará curso a lo solicitado, según corresponda.

Con todo, transcurridos 60 días contados desde la presentación de la solicitud, el peticionario podrá solicitar que ésta se resuelva con los antecedentes que obran en poder de la Superintendencia. En tal circunstancia, la Superintendencia dentro de 5 días hábiles contados desde la petición referida, resolverá aprobando o rechazando la solicitud, en este último caso por resolución fundada.

Artículo 39 bis. Dentro del plazo de 90 días, la Superintendencia podrá denegar, por resolución fundada, la autorización de una compañía de seguros del segundo grupo si los accionistas fundadores no cumplen con los requisitos del artículo 37 bis.

Si la Superintendencia no dictase una resolución denegatoria dentro del plazo señalado, se podrá requerir la aplicación del silencio administrativo positivo en la forma señalada en la ley N° 19.880.

No obstante, en casos excepcionales y graves relativos a hechos relacionados con circunstancias que, por su naturaleza, sea inconveniente difundir públicamente, la Superintendencia podrá suspender por una vez el pronunciamiento hasta por un plazo de 120 días adicionales al señalado en el inciso primero. La respectiva resolución podrá omitir el todo o parte de su fundamento y, en tal caso, los fundamentos omitidos deberán darse a conocer reservadamente al Ministro de Hacienda y, asimismo, al Banco Central, al Consejo de Defensa del Estado, a la Unidad de Análisis Financiero o al Ministerio Público, cuando corresponda.

Solicitada la autorización de existencia y acompañada copia autorizada de la escritura pública que contenga los estatutos, el Superintendente comprobará la efectividad del capital de la compañía de seguros del segundo grupo. Demostrado lo anterior, dictará una resolución que autorice la existencia de la sociedad y apruebe sus estatutos.

La Superintendencia expedirá un certificado que acredite tal circunstancia y contenga un extracto de los estatutos, el cual deberá ser inscrito por el interesado en el Registro de Comercio del domicilio social y el que deberá publicar en el Diario Oficial dentro del plazo de sesenta días contados desde la fecha de la resolución aprobatoria. Lo mismo deberá hacerse con las reformas que se introduzcan a los estatutos o con las resoluciones que aprueben o decreten la disolución anticipada de la sociedad.

Cumplidos los trámites a que se refiere el inciso anterior, la Superintendencia comprobará, dentro del plazo de 90 días, si la compañía se encuentra preparada para iniciar sus actividades y, especialmente, si cuenta con los recursos profesionales, tecnológicos y con los procedimientos y controles para emprender adecuadamente sus funciones.

Cumplidos dichos requisitos, la Superintendencia, dentro de un plazo de 30 días, concederá la autorización para funcionar. Asimismo, fijará un plazo no superior a un año para que la compañía inicie sus actividades, lo que la habilitará para dar comienzo a sus operaciones, le conferirá las facultades y le impondrá las obligaciones establecidas en esta ley.

Artículo 40. Los bancos, cooperativas, agentes administradores de mutuos hipotecarios endosables, cajas de compensación de asignación familiar, y cualquier otra entidad que tenga dentro de su giro otorgar créditos hipotecarios, en adelante entidades crediticias, que en virtud de operaciones hipotecarias con personas naturales contraten seguros de desgravamen por muerte o invalidez e incendio y coberturas complementarias tales como sismo y salida de mar, por cuenta y cargo de sus clientes, con el objeto de proteger los bienes dados en garantía o el pago de la deuda frente a determinados eventos que afecten al deudor, deberán cumplir con las siguientes normas, en el proceso de licitación del que trata este artículo:

1. Los seguros deberán ser contratados en forma colectiva por la entidad crediticia, para sus deudores, por medio de licitación pública con bases preestablecidas. En dicha licitación se recibirán y darán a conocer las ofertas públicamente en un solo acto.

2. Las referidas bases de licitación no podrán exigir que las ofertas de aseguradoras incluyan obligatoriamente los servicios de un corredor de seguros.

3. No podrán participar en la licitación, directa o indirectamente, los corredores de seguros que hayan asesorado a la entidad crediticia licitante en dicha licitación y las compañías cuya menor clasificación de riesgo sea igual o inferior a BBB.

4. Los seguros serán asignados por la entidad crediticia al oferente que presente el menor precio, incluyendo la comisión del corredor de seguros, si correspondiere, salvo que, después de iniciado el proceso de licitación y antes de su adjudicación, se hubiese deteriorado notoriamente la solvencia de ese oferente por un hecho sobreviniente. En tal caso, el directorio o máximo órgano directivo de la entidad crediticia, pública y fundadamente, previa calificación de ese hecho por una clasificadora de riesgo señalada previamente en las bases, podrá adjudicar la licitación al segundo menor precio.

La entidad crediticia no podrá sustituir al corredor incluido en la oferta adjudicada.

5. Los seguros deberán convenirse exclusivamente sobre la base de una prima expresada como un porcentaje del monto asegurado de cada riesgo. La prima incluirá la comisión del corredor de seguros, si lo hubiere.

6. No podrán estipularse comisiones o pagos a favor de la entidad crediticia asociados a la contratación o gestión de estos seguros, a la cobranza de las primas, o por cualquier otro concepto, salvo el derecho del acreedor a pagarse de su crédito con la indemnización en caso de siniestro. Esta prohibición será aplicable durante la vigencia de los seguros adjudicados, de manera que en ningún caso se podrán considerar, directa o indirectamente, pagos a la entidad crediticia distintos del derecho a pagarse de su crédito con la indemnización en caso de siniestro.

7. Corresponderá al deudor asegurado cualquier suma que devuelva o reembolse el asegurador por mejor siniestralidad, volumen de primas, número de asegurados u otros conceptos análogos.

8. Una norma de carácter general, que dictará la Comisión para el Mercado Financiero, regulará el proceso de licitación y las condiciones mínimas que contemplarán las bases de licitación. Dicha norma podrá considerar, entre otros, los siguientes aspectos:

a. Coberturas de seguros a licitar.

b. Duración de los contratos y coberturas.

c. Exigencias técnicas y patrimoniales de los corredores de seguros.

d. Información sobre la cartera a licitar que la entidad crediticia deberá entregar a los aseguradores para la realización de la oferta.

e. Criterios de segmentación de la cartera a licitar.

f. Servicios que se exigirán a las aseguradoras oferentes y a las corredoras de seguros.

g. Medidas que la entidad crediticia podrá establecer para el resguardo de su base de datos.

h. Información mínima que la entidad crediticia deberá proporcionar a la aseguradora durante la vigencia del seguro.

La citada norma regulará asimismo la información mínima que las entidades crediticias, corredores de seguros y aseguradoras deberán proporcionar a los deudores asegurados respecto a la cobertura del seguro contratado y a su operación en caso de siniestro, incluyendo los criterios y plazos que se considerarán para el traspaso al deudor de las indemnizaciones que le correspondan.

Todo lo anterior es sin perjuicio del derecho de los deudores a contratar individual y directamente los seguros a que se refiere este artículo, con un asegurador de su elección. En todo caso, la entidad crediticia no podrá exigir al deudor coberturas o condiciones distintas a las contempladas en los seguros licitados, ni podrá aceptar una póliza individual con menores coberturas que las de los seguros licitados.

Estas disposiciones también serán aplicables a seguros asociados a créditos hipotecarios otorgados a personas jurídicas, que presenten características similares a las operaciones de personas naturales de que trata este artículo, en cuanto a objeto y fines del crédito hipotecario, de acuerdo con lo que se establezca en la norma antes señalada.

Sin perjuicio de lo previsto en la letra g., los aseguradores y corredores de seguros que se adjudiquen las licitaciones deberán mantener reserva sobre las bases de datos que reciban de las entidades de crédito en virtud de la letra h., salvo que dicha entidad los dispensare. Quien las divulgue o utilice en perjuicio de la entidad de crédito, deberá responder de los daños y perjuicios que provoque, no obstante las demás sanciones que dicha infracción amerite.

La Comisión para el Mercado Financiero establecerá, por norma de carácter general, las condiciones y coberturas mínimas que deberán contemplar los seguros asociados a los créditos hipotecarios a los que se refiere este artículo, tanto para aquellos contratados directamente por el deudor como para los contratados por la entidad crediticia por cuenta de éste. Las disposiciones de este artículo resultarán también aplicables a los seguros que se deban contratar en virtud de los contratos de arrendamiento de vivienda con promesa de compraventa, celebrados por sociedades inmobiliarias en conformidad a lo dispuesto en la ley Nº 19.281.

Las disposiciones de este artículo resultarán también aplicables a los seguros que se deban contratar en virtud de los contratos de arrendamiento de vivienda con promesa de compraventa, celebrados por sociedades inmobiliarias en conformidad a lo dispuesto en la ley Nº 19.281.

Las entidades crediticias que cuenten con carteras de menor tamaño, podrán agrupar dichas carteras, aún entre distintas entidades, para la licitación de seguros. Para tales efectos, la Comisión para el Mercado Financiero, mediante norma de carácter general establecerá criterios mínimos para efectuar las señaladas agrupaciones de cartera.

§ 3. De las infracciones

Artículo 41. Las Compañías de Seguros, sus Directores, sus dependientes, los intermediarios, agentes de ventas u otras personas que intervengan en la comercialización de rentas vitalicias previsionales contempladas en el decreto ley Nº 3.500, de 1980, no podrán ofrecer u otorgar a los afiliados o beneficiarios incentivos o beneficios distintos a los establecidos en ese decreto ley, con el objeto de obtener la contratación de pensiones a través de la modalidad antes señalada. La infracción a lo dispuesto en este inciso será sancionada según lo establecido en el decreto ley Nº 3.538, de 1980.

Quien habiendo sido sancionado en los términos indicados en el inciso anterior, reincida en ofrecer u otorgar a los afiliados o beneficiarios, incentivos o beneficios distintos de los establecidos en el decreto ley Nº 3.500, de 1980, con el objeto de obtener la contratación de pensiones a través de la modalidad de renta vitalicia, será sancionado con pena de presidio menor en su grado mínimo.

Artículo 42. DEROGADO.

Artículo 43. Las contravenciones a las normas que regulan la contratación de reaseguros, será penada con una multa de hasta diez veces la prima cedida o con las sanciones establecidas en el artículo siguiente

Artículo 44. En caso de incumplimiento de las órdenes que ella les imparta en ejercicio de sus atribuciones, o cuando las compañías no dieren cumplimiento a las disposiciones legales, reglamentarias o estatutarias que les incumban, la Superintendencia podrá sancionarlas, debiendo comunicar por escrito la resolución correspondiente. Las sanciones consistirán:

1º En reconvención;

2º En multa a beneficio fiscal, en la forma y montos previstos en el decreto ley Nº 3.538, de 1980;

3º En suspensión de la administración hasta por seis meses;

4º En suspensión de todas o algunas de las operaciones hasta por seis meses; y

5º En revocación de su autorización de existencia, por resolución de la Superintendencia.

Las sanciones señaladas en los números 1º y 2º podrán ser aplicadas a la sociedad o a las personas que ocuparen los cargos de directores, gerentes u otros apoderados a la época del hecho constitutivo de infracción, a menos que constare su falta de participación o su oposición al mismo.

En el caso previsto en el número 5º, la Superintendencia, al momento de notificar la resolución de revocación, asumirá la administración de la compañía con el objeto de proceder a su liquidación, debiendo, simultáneamente, hacer tomar nota de esta circunstancia al margen de la inscripción de la sociedad y publicar, por una sola vez, un aviso en el Diario Oficial informando de este hecho.

Artículo 44 bis. No podrán participar en las actividades regidas por esta ley como directores, gerentes, administradores, apoderados o representantes legales de una entidad aseguradora, reaseguradora, corredora de seguros, liquidadora de siniestros o administradora de mutuos hipotecarios, ni ejercer la actividad de corredor de seguros o de liquidador de siniestros, las siguientes personas:

a) los condenados por delitos que merezcan pena aflictiva o por los delitos a que se refiere esta ley;

b) los fallidos no rehabilitados o quienes tengan prohibición o incapacidad de comerciar; y

c) los sancionados por la Superintendencia con la revocación de su inscripción en alguno de los registros que ésta lleva en virtud de esta ley o de otras leyes, o los que hayan sido administradores, directores o representantes legales de una persona jurídica sancionada de igual forma o con la revocación de su autorización de existencia, a no ser que hayan salvado su responsabilidad en la forma que prescribe la ley o acrediten no haber tenido participación en los hechos que la motivaron.

Artículo 45. La Comisión para el Mercado Financiero podrá sancionar a los agentes de ventas de las compañías y a los corredores de seguros en los casos y la forma establecida en el artículo 37 del decreto ley Nº 3.538, del Ministerio de Hacienda, de 1980, cuyo texto fue reemplazado por el artículo primero de la ley Nº 21.000, que crea la Comisión para el Mercado Financiero.

Artículo 46. Exceptuadas aquellas compañías comprendidas en el inciso segundo del artículo 4º y únicamente respecto a los seguros allí señalados, las aseguradoras extranjeras no podrán ofrecer ni contratar seguros en Chile, sea directamente o a través de intermediarios. El que contravenga esta prohibición, actuando como representante de la entidad extranjera o como intermediario de contratos con ésta, será sancionado con presidio menor en su grado mínimo.

No obstante lo anterior, cuando una persona haga uso del derecho que le confiere el artículo 4º para contratar seguros en el extranjero, el asegurador podrá inspeccionar el riesgo del bien que se quiere asegurar, liquidar y pagar los siniestros que éste sufra y también cobrar y percibir en Chile la prima convenida.

Artículo 47. La compañía que efectuare el pago de indemnización por un siniestro a favor de un asegurado en contra del cual exista una medida cautelar vigente que lo prohiba, incurrirá en la sanción que la Superintendencia resuelva imponerle, de acuerdo con la gravedad de la falta.

Artículo 48. Sufrirán las penas de multas de 20 a 200 unidades tributarias mensuales, los que actuaren como corredores de seguros, corredores de reaseguros, agentes de ventas, agentes administradores de mutuos hipotecarios endosables y liquidadores de seguros, sin estar inscritos en los Registros que exige esta ley o cuya inscripción hubiere sido suspendida, eliminada o revocada, y los que a sabiendas les facilitaren los medios para hacerlo.

Artículo 49. Sufrirán las penas de presidio menor en su grado medio a presidio mayor en su grado mínimo:

a) Los que maliciosamente proporcionaren antecedentes falsos o certificaren hechos falsos a la Superintendencia, respecto de una persona o entidad fiscalizada en conformidad a esta ley, y

b) Los contadores y auditores que dictaminen falsamente sobre la situación financiera de una persona o entidad fiscalizada en conformidad a esta ley.

Artículo 50. Los Directores y empleados de una Compañía de Seguros, que ejecutaren o permitieren operaciones prohibidas por la presente Ley, responderán personalmente con sus bienes, de las pérdidas que dichas operaciones irroguen a la Compañía, sin perjuicio de las penas que correspondan en conformidad a la Ley.

Los administradores y gerentes de las compañías de seguros tendrán las mismas responsabilidades y estarán sujetos a las mismas normas que los directores y gerentes, en su caso, de las sociedades anónimas abiertas.

Artículo. 51. Si alguna persona o entidad ejerciera en cualquier forma el comercio de seguros o de reaseguros, contraviniendo las disposiciones de los Artículos 4 y 46, la Superintendencia podrá clausurar las oficinas o establecimientos en que se ejerciten esas actividades, para lo cual el Intendente o Gobernador respectivo, a petición del Superintendente, deberán suministrar el auxilio de la fuerza pública, sin perjuicio de incurrir en la sanción contemplada en el inciso primero del Artículo 467 del Código Penal.

Las operaciones que se hubieren efectuado serán liquidadas por un liquidador designado por el juez de garantía respectivo, a propuesta del Ministerio Público.

TÍTULO II
DE LA CLASIFICACIÓN DE INSTRUMENTOS REPRESENTATIVOS DE RESERVAS TÉCNICAS DE PATRIMONIO DE RIESGO

Artículo 52. DEROGADO.

Artículo 53. Las clasificaciones a que aluden los artículos 21 y 23, en el caso de inversiones en el país, deberán ser realizadas por dos entidades clasificadoras de riesgo, en la forma prevista en la ley Nº 18.045. Para efectos de la aplicación de las normas establecidas en dichos artículos, se deberá considerar la menor de las clasificaciones obtenidas, salvo que la Superintendencia, mediante norma de carácter general, establezca un procedimiento diferente teniendo en consideración el número de clasificaciones discordantes, las clasificaciones precedentes y otros que ésta determine para los efectos de la diversificación de las inversiones de las compañías.

Sin perjuicio de lo dispuesto en el inciso anterior las compañías podrán, para los efectos de esta ley, contratar directamente con las entidades clasificadoras, la clasificación de instrumentos que posean y que no se encuentren clasificados.

Los contratos de clasificación que celebren las compañías deberán cumplir con los requisitos y exigencias contemplados en la ley Nº 18.045 para estos actos.

Artículo 54. Las compañías deberán considerar la clasificación de instrumentos como indicativa de riesgo y diversificar sus inversiones atendiendo a las categorías de los mismos.

Artículo 55. DEROGADO.

Artículo 56. Las compañías que hayan respaldado reservas técnicas o patrimonio de riesgo con acciones de sociedades en que el Estado, directamente o por intermedio de sus empresas, instituciones descentralizadas, autónomas o municipales u otra persona jurídica, mantuviere el cincuenta por ciento o más de las acciones suscritas y que, por su naturaleza, estén sometidas a normas especiales respecto a la fijación de tarifas o acceso a los mercados, podrán ejercer el derecho a retiro de la sociedad en los términos previstos en el artículo 69 bis de la ley Nº 18.046, sobre Sociedades Anónimas.

TÍTULO III
DE LOS AUXILIARES DEL COMERCIO DE SEGURO

§ 1. De los Corredores de Seguro

Artículo 57. Los seguros pueden ser contratados ya sea directamente con la entidad aseguradora, a través de sus agentes de ventas, o por intermedio de corredores de seguros independientes de éstas.

Podrán ser agentes de ventas las personas que se dediquen a la comercialización o venta de seguros por cuenta de una compañía, no pudiendo prestar tales servicios en más de una entidad aseguradora en cada grupo de seguros. a excepción de los agentes de ventas de compañías que, conforme a lo señalado en el artículo 11 de esta ley, cubran riesgos de crédito, los que podrán, a su vez, prestar servicios en una entidad aseguradora del primer grupo que no esté facultada para cubrir estos riesgos.

Tales agentes deberán inscribirse en el registro especial que llevará la Comisión para el Mercado Financiero; quedarán sujetos a su fiscalización, y podrá exigírseles los mismos requisitos establecidos para los corredores de seguros en los artículos 58 y 59 siguientes.

Serán de responsabilidad de la entidad aseguradora las infracciones, errores u omisiones en que puedan incurrir los agentes de ventas en el desempeño de su actividad.

Los corredores de seguros son auxiliares del comercio de seguros, que deben asesorar a la persona que desea asegurarse por su intermedio, ofreciéndole las coberturas más convenientes a sus necesidades e intereses e ilustrándola sobre las condiciones del contrato, debiendo asistirla durante toda su vigencia, especialmente en las modificaciones que eventualmente correspondan y al momento de producirse un siniestro. Deben también asesorar a la compañía aseguradora verificando la identidad de los contratantes, la existencia de los bienes asegurables y entregándole toda la información que posean del riesgo propuesto.

Los corredores deberán entregar a todos sus clientes información respecto de la diversificación de sus negocios y de las compañías con que trabajen, en la forma que determine la Comisión para el Mercado Financiero.

Para la intermediación de seguros previsionales se requerirá la inscripción en el registro de Asesores Previsionales a que se refiere el Título XVII del decreto ley Nº 3.500, de 1980. Dichos intermediarios quedarán sujetos a las exigencias y requisitos que para los Asesores Previsionales se establecen en el mencionado decreto ley.

Queda prohibido a las compañías de seguros entregar, directa o indirectamente, a los asesores previsionales que intermedien contratos de seguros previsionales a que se refiere el decreto ley Nº 3.500, de 1980, incentivos que se determinen en función del volumen intermediado de dicho tipo de seguros con cada una de ellas.

Las compañías de seguros podrán ofrecer, cotizar y convenir contratos de seguro, utilizando los mecanismos continuos de subasta pública de las entidades que autorice la Comisión para el Mercado Financiero y que se regirán por las normas que ésta determine.

La utilización de mecanismos continuos de subasta pública no excluye la participación, ni la responsabilidad de los auxiliares del comercio de seguros, en la asesoría e intermediación de los seguros.

Artículo 57 bis. DEROGADO

Artículo 58. Para ejercer su actividad, los corredores de seguros deberán inscribirse en el Registro que al efecto lleve la Superintendencia y cumplir con los siguientes requisitos:

a) ser chileno o extranjero radicado en Chile con carnet de extranjería al día y ser mayor de edad;

b) tener intachables antecedentes comerciales;

c) acreditar los conocimientos suficientes sobre el comercio de seguros, en la forma y periodicidad que disponga la Superintendencia mediante norma general y, además, estar en posesión de licencia de educación media o estudios equivalentes;

d) constituir una garantía, mediante boleta bancaria o la contratación de una póliza de seguro que determine la Superintendencia por un monto no inferior a la suma más alta entre 500 unidades de fomento o el 30% de la prima neta de los contratos de seguros intermediados en el año inmediatamente anterior, con un máximo de 60.000 unidades de fomento, para responder del correcto y cabal cumplimiento de todas las obligaciones emanadas de su actividad y, especialmente, de los perjuicios que puedan ocasionar a los asegurados que contraten por su intermedio.

e) En el caso de las personas jurídicas, haberse constituido legalmente en Chile con este objeto específico y acreditar la contratación de la garantía a que se refiere la letra precedente. Además, sus administradores y representantes legales deberán reunir los requisitos exigidos precedentemente, salvo el de la letra anterior, y no registrar las inhabilidades previstas en esta ley. Los administradores, representantes legales o empleados de la persona jurídica no podrán ejercer en forma independiente el corretaje de seguros, ni trabajar para una compañía de seguros ni para otra persona dedicada al corretaje de seguros.

Dicho registro podrá subdividirse en ramos o tipos de seguros, en la forma que determine la Superintendencia y los corredores de seguros podrán ejercer como tales en alguno o todos ellos.

A las personas que participen en la intermediación de seguros por cuenta de los corredores se les podrá exigir los mismos requisitos que a los agentes de ventas de las compañías y les serán aplicables las mismas sanciones que a estos últimos.

Los corredores de seguros deberán llevar un registro de las personas que participen en la intermediación por su cuenta, correspondiéndoles la verificación del cumplimiento de los requisitos que a éstos se les establezcan.

No podrán tener una participación que suponga directa o indirectamente más del 15% de la propiedad de una compañía dedicada al corretaje de seguros las personas señaladas en las letras a), b) y c) del artículo 44 bis y en las letras a) y b) del artículo 59, los corredores que se encontraren suspendidos de sus funciones por resolución de la Superintendencia y los administradores y representantes legales de una sociedad corredora que se encontrare en dicha situación. En caso de que se incurra en la inhabilidad una vez adquirida la participación, quedarán privados del ejercicio de los derechos políticos societarios derivados de ella por el tiempo de duración de la inhabilidad.

Artículo 58 bis. Sin perjuicio de lo señalado en el artículo anterior, podrán efectuar en Chile la intermediación de los seguros de transporte marítimo internacional, aviación comercial internacional y mercancías en tránsito internacional, las personas naturales o jurídicas establecidas en el territorio de un país con el cual Chile mantenga vigente un tratado internacional en el que se haya permitido la contratación de tales seguros desde ese país. En todo caso, los intermediarios a que hace referencia este inciso deberán cumplir con los términos y condiciones establecidos en los respectivos tratados y en la legislación nacional.

Artículo 59. No podrán ser corredores de seguros:

a) los directores, gerentes, representantes legales o apoderados de una entidad aseguradora o reaseguradora, los liquidadores de siniestros, los administradores o representantes legales de una sociedad liquidadora de siniestros, y los trabajadores de cualquiera de las entidades anteriores, y

b) Los directores, gerentes, apoderados o empleados de una administradora de fondos de pensiones, las personas que desempeñen, en cualquier forma o calidad, la actividad de promoción e incorporación de afiliados a una administradora de fondos de pensiones y, en este caso, las que hayan sido eliminadas del Registro que lleva la Superintendencia del ramo, exclusivamente respecto de la intermediación de seguros de renta vitalicia previsional. Las personas referidas en esta letra, además, no podrán ser administradores, representantes legales o empleados de una persona jurídica dedicada a dicha actividad.

Artículo 60. Los corredores están obligados a remitir a la compañía aseguradora las primas y documentos que reciban por las pólizas que intermedien a más tardar dentro de los dos días hábiles siguientes a su entrega, salvo poder escrito de la compañía. Les queda prohibido firmar, cancelar, anular o dejar sin efecto, o hacer modificar en cualquier forma la vigencia, cobertura, prima o modalidad de pago de las pólizas que intermedien, sin autorización escrita del asegurado.

§ 2. De los liquidadores de Siniestros

Artículo 61. La liquidación de los siniestros amparados por un seguro podrán practicarla las compañías directamente o encomendarla a un liquidador registrado en la Superintendencia, salvo las excepciones legales. Sin embargo, el asegurado o beneficiario del seguro podrá exigir, en la forma y plazo que establezca el Reglamento, que la liquidación la realice un liquidador registrado.

La liquidación del siniestro tiene por fin básicamente determinar la ocurrencia del siniestro, si el riesgo está bajo cobertura de una compañía determinada, y el monto de la indemnización a pagar, todo ello de conformidad con el procedimiento que establezca el reglamento.

Los liquidadores que deban informar un siniestro podrán solicitar del Ministerio Público o de las autoridades administrativas que por su cargo tengan antecedentes relacionados con ese hecho, les faciliten su conocimiento o les otorguen su certificación sobre los puntos necesarios para su liquidación. Igual facultad tendrán los apoderados de las compañías encargados de hacer la respectiva liquidación, cuando no se la hayan encomendado a un liquidador de siniestros.

En el ejercicio de sus funciones, y sin perjuicio de sus obligaciones legales y reglamentarias, los liquidadores de siniestros deberán guardar la debida independencia y autonomía en su cometido, garantizando la imparcialidad y objetividad del proceso de liquidación, y velar porque sus opiniones se emitan con estricta sujeción a criterios técnicos.

Artículo 62. El registro de liquidadores podrá dividirse por ramos según el tipo de seguros de que se trate y la persona en él inscrita deberá cumplir en todo momento los requisitos exigidos para el o los ramos correspondientes.

Para inscribirse como liquidador de seguros se requiere:

a) Reunir los requisitos de las letras a) y b) del artículo 58; estar en posesión de la licencia de educación media o estudios equivalentes; acreditar los conocimientos suficientes sobre el comercio de seguros en la forma y periodicidad que disponga la Superintendencia mediante norma de carácter general, y no encontrarse en alguna de las circunstancias señaladas en el artículo 44 bis;

b) Constituir una garantía, mediante boleta bancaria o la contratación de una póliza de seguro que determine la Superintendencia por un monto no inferior a la suma más alta entre 500 unidades de fomento o un tercio de los ingresos obtenidos como liquidador en el año inmediatamente anterior, con un máximo de 60.000 unidades de fomento, para responder al asegurado o beneficiario del seguro objeto de la liquidación, del correcto y cabal cumplimiento de todas las obligaciones emanadas de su actividad y, especialmente, de los perjuicios que por ella puedan ocasionarles;

c) No ser martillero público, agente de aduanas, corredor de seguros, director, gerente, apoderado o trabajador de alguno de éstos o de una entidad aseguradora o reaseguradora, y

d) Tratándose de personas jurídicas, haberse constituido legalmente en Chile con este objeto específico y reunir sus administradores y representantes legales los requisitos exigidos para los demás liquidadores.

Artículo 63. Son obligaciones de los liquidadores:

a) Investigar las circunstancias del siniestro para determinar si el riesgo asegurado gozaba de la cobertura contratada en la póliza;

b) Determinar el valor del objeto asegurado a la época del siniestro, el monto de los perjuicios y la suma que corresponde indemnizar, informando fundadamente al asegurador y al asegurado la procedencia o rechazo de la indemnización;

c) Proponer a las partes las medidas urgentes que se deban adoptar para evitar que se aumenten los daños y llevarlas a cabo previa autorización escrita del propietario o responsable de los bienes siniestrados, sin perjuicio de las obligaciones del asegurado, y d) Las demás que establezca el reglamento.

En el cumplimiento de sus obligaciones los liquidadores responderán hasta de la culpa leve.

Artículo 64. A los liquidadores les queda prohibido:

a) Practicar liquidaciones en las cuales tengan interés en razón de parentesco o de su relación con las personas afectadas o con la propiedad de los bienes siniestrados, de acuerdo al reglamento, y

b) Prestar servicios o asumir con las compañías responsabilidades distintas a las señaladas en esta ley y el reglamento, y percibir directa o indirectamente beneficios económicos del asegurador, del asegurado o de terceros, distintos de sus honorarios profesionales y retener para sí o adjudicar a personas relacionadas los bienes o productos del recupero que hubieren practicado.

c) Atender reclamaciones de siniestros en que el liquidador tuviere un interés actual, directo o indirecto.

d) Asumir el liquidador persona natural, los administradores, representantes legales, apoderados o sus empleados, la representación judicial de las compañías, en juicios seguidos por los asegurados en su contra.

TÍTULO IV
DE LA REGULARIZACIÓN DE COMPAÑÍAS DE SEGUROS

§ 1. Por déficit de patrimonio

Artículo 65. La reducción del patrimonio de una compañía bajo el mínimo establecido en los artículos 7° o 16, según el caso, deberá ser superada en los plazos y condiciones señalados más adelante.

Cuando el patrimonio de una compañía se reduzca bajo el mínimo antes señalado, ésta presentará a la Superintendencia, dentro de los 2 días hábiles siguientes a la constatación de este hecho, una explicación pormenorizada de las razones de su ocurrencia y, en un plazo de seis días hábiles contado desde la misma fecha, un detalle de las medidas que hubiere adoptado o adoptará para su solución.

En el evento de que la compañía no informe a la Superintendencia, o bien, señale como fecha de constatación una distinta a la efectiva, ésta será establecida por la Superintendencia, sin perjuicio de la aplicación de las sanciones a que haya lugar.

Artículo 66. Si la disminución del patrimonio bajo el mínimo legal no es superado antes de cuarenta días hábiles desde la fecha de su detección, el directorio o la Superintendencia convocará en única instancia, a junta extraordinaria de accionistas, destinada a aprobar el aumento de capital necesario para cumplir con el monto mínimo exigido por esta ley. Dicha convocatoria se efectuará dentro de los cinco días hábiles posteriores al plazo antes mencionado y la celebración de la junta deberá ocurrir dentro de los plazos a que se refiere la ley N° 18.046.

La Junta se constituirá con las acciones que se encuentren presentes o representadas, cualquiera que sea su número, y los acuerdos se adoptarán por la mayoría absoluta de las acciones presentes o representadas con derecho a voto.

Artículo 67. En el caso en que la junta extraordinaria de accionistas acordase el aumento de capital, éste deberá ser enterado en un plazo no superior a 80 días hábiles contado desde la fecha del acuerdo y su pago se hará en dinero efectivo. Si transcurrido este plazo el patrimonio de la compañía no superase el mínimo legal se revocará su autorización de existencia, en los términos señalados en el artículo 44.

Igual sanción se aplicará en el caso de que la junta no se constituya o no acordare aumentar el capital social de la compañía y el déficit de patrimonio no se hubiere superado en el plazo señalado en el inciso primero del artículo anterior.

§ 2. Por déficit de inversiones o sobreendeudamiento

Artículo 68. Cuando una compañía de seguros no dé cumplimiento a una o más de las normas sobre relaciones máximas de endeudamiento, o presente un déficit de inversiones representativas de reservas técnicas o de patrimonio de riesgo, deberá presentar a la Superintendencia, dentro de los 2 días hábiles siguientes a la constatación de tales hechos, una explicación pormenorizada de sus razones y, dentro de 6 días hábiles contados desde la misma fecha, un detalle de las medidas que hubiere adoptado o adoptará para su solución. La Superintendencia podrá determinar la fecha para el cómputo del plazo conforme a lo dispuesto en el inciso tercero del artículo 65.

Artículo 69. Si alguno de los problemas señalados en el artículo precedente subsistiere por más de 40 días hábiles contados desde su detección, la compañía presentará antes del vencimiento de dicho término, para conocimiento y aprobación de la Superintendencia, un plan de ajuste que permita lograr el pleno cumplimiento de las normas transgredidas en un plazo no superior a los 80 días hábiles siguientes a su aprobación. Esta se entenderá otorgada si el plan no fuere objetado por la Superintendencia dentro de los 10 días hábiles siguientes a su presentación.

El plan de ajuste mencionado en el inciso anterior podrá versar sobre sustitución de inversiones, contratos de reaseguro, transferencia de cartera y, en general, acerca de cualquier medida que procure la solución de los problemas existentes.

Artículo 70. Si al cabo de los 80 días hábiles de haber sido aprobado el plan no han sido superados los hechos señalados en el artículo 68, la Superintendencia podrá ordenar a la compañía el cumplimiento de una o más medidas que le permitan salvar la situación en que se encuentra, en un plazo no superior a 20 días hábiles contado desde la fecha antes señalada.

Igual facultad procederá si la Superintendencia hubiere rechazado, mediante resolución técnicamente fundada, el plan antes mencionado o éste no se hubiere presentado dentro del plazo establecido para ello.

Las medidas que para los efectos de los incisos precedentes ordene la Superintendencia podrá versar sobre adecuación de inversiones, contratos de reaseguro, transferencia de cartera, suspensión de emisión de pólizas y otras que vayan en solución de los problemas detectados.

Artículo 71. Vencido el plazo de 20 días hábiles establecido en el artículo anterior, si alguno de los incumplimientos señalados en el artículo 68 aún subsistiere, la Superintendencia, mediante resolución fundada, podrá asumir la administración de la compañía por un plazo no superior a 40 días hábiles, renovable por una vez, durante el cual habrá de tomar las medidas necesarias para el cabal cumplimiento de la normativa vigente. Para tales efectos, el Superintendente o su representante estará dotado de las facultades que las leyes confieren a los directores y gerentes de sociedades anónimas, además de las propias, pudiendo enajenar o adquirir bienes, contratar o cancelar seguros y reaseguros, transferir carteras y ceder negocios, citar a junta extraordinaria de accionistas para proponer la capitalización de la compañía y, en general, podrá tomar cualquier medida que procure la solución de los problemas existentes.

De esta resolución podrá reclamarse ante la Corte de Apelaciones de Santiago en los términos, plazos y condiciones del artículo 46 del decreto ley Nº 3.538, de 1980.

§ 3. Por déficit de patrimonio y de inversiones o sobreendeudamiento conjuntamente

Artículo 72. Si la reducción del patrimonio de una compañía bajo el mínimo establecido en el artículo 7º o 16, según el caso, ocurriese conjuntamente con algunas de las situaciones previstas en el artículo 68, se aplicarán los plazos y medidas contemplados en el párrafo 1. Sin embargo, la Superintendencia además podrá exigir el cumplimiento de los términos y medidas establecidos en el párrafo 2, respecto de las situaciones previstas en éste.

Artículo 73. Si concluido el proceso de regularización una compañía no hubiere logrado superar las situaciones señaladas en el artículo 68, la Superintendencia procederá a su revocación en los términos contemplados en el artículo 3, letra d), de esta ley.

§ 4. Régimen Especial de Regularización

Artículo 73 bis. En caso que la compañía presente déficit de inversiones representativas de reservas técnicas y patrimonio de riesgo igual o superior al 10%, o endeudamiento superior en un 40% al máximo establecido en el artículo 15, la Superintendencia podrá, por resolución fundada y sin sujeción a los plazos previstos en este Título, adoptar una o más de las medidas establecidas en los artículos precedentes o aplicar las sanciones señaladas en el artículo 44.

§ 5. De la liquidación

Artículo 74. En toda liquidación de una compañía de seguros el liquidador podrá traspasar todo o parte de la cartera y negocios a una o más compañías, en los términos del artículo 27, no siendo necesaria, en este caso, la comunicación a los asegurados, salvo si se tratara de administradoras de fondos de pensiones, respecto de los seguros a que se refiere el decreto ley Nº 3.500, de 1980, sin perjuicio de la obligación de informar a éstos, en la forma que determine la Superintendencia.

Asimismo, podrá celebrar convenio con los acreedores, en conformidad con las disposiciones contempladas en la Ley de Reorganización y Liquidación de Activos de Empresas y Personas y con las normas dictadas al respecto por la Superintendencia.

Artículo 75. La liquidación de una compañía de seguros será practicada por el Superintendente o por la persona que éste designe de conformidad a lo señalado en el artículo 3º, letra d), quienes tendrán todas las facultades, atribuciones y deberes que la ley de sociedades anónimas le confiere a los directores y gerentes de la sociedad.

No obstante, el Superintendente podrá autorizar a una compañía, cuando lo estime conveniente, para que practique su propia liquidación.

Los gastos de liquidación serán de cuenta de la compañía.

En la liquidación de una compañía de seguros del segundo grupo que posea en su cartera contratos de seguros del sistema previsional creado por el decreto ley Nº 3.500, de 1980, no procederá la autorización mencionada en el inciso segundo de este artículo, miemtras subsistan obligaciones emanadas de dichos contratos.

§ 6. De los acuerdos de reorganización y liquidación

Artículo 76. En todas las situaciones de este Título, salvo en la de un procedimiento concursal de liquidación, la compañía de que se trate podrá presentar proposiciones de convenio extrajudicial a todos sus acreedores, las cuales previamente deben ser autorizadas por la Superintendencia para producir sus efectos.

Estas proposiciones podrán versar sobre:

1. la capitalización parcial o total de los créditos;
2. la ampliación de plazos;
3. la remisión de parte de las deudas, sus intereses y reajustes, y
4. cualquier objeto lícito destinado a resolver los problemas de la compañía.

El convenio debe ser uno mismo para todos los acreedores.

Artículo 77. Las proposiciones de convenio extrajudicial deberán ponerse en conocimiento de la Superintendencia, la que podrá formular reparos dentro de los 10 días hábiles siguientes a su presentación y, una vez aprobadas o subsanados los reparos que se le formularen, deberán presentarse a los acreedores enviando copia extractada del texto propuesto por carta certificada al domicilio que éstos tengan registrado en la compañía. Además, deberá efectuarse una publicación que contenga la copia extractada del texto propuesto en el Diario Oficial y un aviso destacado del hecho de su publicación en un periódico de circulación nacional, y deberá ponerse a disposición de los acreedores copia del aviso publicado en el Diario Oficial en cada una de las oficinas, agencias y sucursales de la compañía. La publicación se efectuará dentro del plazo de 10 días hábiles contado desde la fecha de la aprobación del texto por la Superintendencia y, en todo caso, a lo menos 5 días antes de la realización de la Junta.

En la comunicación de las proposiciones de convenio y en el aviso correspondiente deberá señalarse claramente el lugar, día y hora de celebración de la Junta, la que deberá realizarse dentro del plazo de 20 días hábiles contado desde la publicación del aviso extractado.

La compañía fijará en todas sus oficinas, sucursales y otros lugares habilitados para el efecto por la Superintendencia, una nómina de los asegurados y demás acreedores a quienes corresponda pronunciarse sobre el convenio, indicando el monto de la respectiva acreencia con sus reajustes e intereses.

Los acreedores que no figuren en la nómina podrán solicitar a la Superintendencia, dentro de los 10 días hábiles contados desde su publicación, que se les incluya en ella, lo que ésta dispondrá si encontrare mérito suficiente para ello.

Tendrán derecho a votar el convenio los acreedores cuyos créditos figuraren en la nómina y aquellos cuyos créditos fueren reconocidos antes de iniciarse la votación.

La celebración de la Junta se efectuará ante Notario y bajo la supervisión de la Superintendencia.

El convenio se considerará acordado si cuenta con la aprobación del deudor y de la mayoría de los acreedores concurrentes que representen a lo menos el sesenta por ciento del pasivo total.

El convenio acordado será obligatorio para todos los acreedores.

La Superintendencia podrá, mediante norma de carácter general, regular los aspectos relativos a las formalidades del convenio y de su proceso de votación.

Artículo 78. Los trabajadores del deudor no votarán el convenio extrajudicial y conservarán todos los privilegios que la ley les concede por las remuneraciones que se les adeuden y por las indemnizaciones a que tengan derecho en conformidad a la ley, y sus créditos, si los hubiere, no se considerarán en el cálculo del quórum establecido en el artículo 77.

Artículo 79. Si algún acreedor de una compañía de seguros solicitare el inicio de un procedimiento concursal de liquidación de ésta, el juzgado deberá dar aviso al Superintendente, quien investigará la solvencia de la compañía.

Si comprobare que la compañía puede responder a sus obligaciones, propondrá las medidas conducentes para que prosiga en sus operaciones; pero si estimare que no es posible tal prosecución, informará en tal sentido.

Si al momento de ser requerido el Superintendente por el tribunal la compañía se encontrare en alguna de las etapas contempladas en el párrafo 1 y 2 de este Título, el Superintendente informará de ello al tribunal, en cuyo caso éste no dará lugar a la demanda de liquidación forzosa.

El Superintendente deberá dar su resolución en el plazo de veinte días hábiles contado desde la fecha en que sea requerido por el tribunal. Durante este plazo nadie podrá entablar contra la compañía acción judicial ejecutiva por cobro de dinero ni demanda alguna y quedarán suspendidas todas las tramitaciones judiciales del procedimiento concursal de liquidación.

Artículo 80. Propuesto un acuerdo de reorganización judicial o dictada la resolución de liquidación de una compañía de seguros, el Superintendente o la persona que éste designe, actuará como administrador o liquidador, según corresponda, con todas las facultades que le confiera el acuerdo de reorganización o, en su caso, la Ley de Reorganización y Liquidación de Activos de Empresas y Personas, en cuanto fueren compatibles con las disposiciones de esta ley.

Dictada la resolución de liquidación, el liquidador podrá citar a la junta de acreedores establecida en la Ley de Reorganización y Liquidación de Activos de Empresas y Personas, cuando lo estime necesario, para informar sobre el estado de los negocios de la deudora, sobre sus activos y pasivos, sobre la marcha del procedimiento concursal de liquidación y, en general, para proponer a la junta cualquier acuerdo que considere necesario para el más adecuado cumplimiento de las funciones que le competen.

En la realización del activo del procedimiento concursal de liquidación, el liquidador dispondrá de las facultades previstas en la Ley de Reorganización y Liquidación de Activos de Empresas y Personas, sin sujeción a los límites que ésta establece en cuanto a los activos.

Artículo 81. En todos los procedimientos concursales de liquidación de compañías de seguros, el tribunal, al día siguiente hábil a dicha declaración, dará aviso de ella por oficio al Ministerio Público e indicará todos los datos que permitan individualizar la persona del deudor.

El oficio será tramitado por el liquidador, quien estará obligado, además, a velar por el cumplimiento de este precepto.

Constituirá una agravante de delito concursal de acuerdo a lo señalado en el Título IX del Libro Segundo, Párrafo 7, De los delitos concursales y de las defraudaciones, del Código Penal, que las reservas técnicas y el patrimonio de riesgo de la compañía no se hubieren constituido conforme a las normas legales y a las instrucciones impartidas por la Superintendencia o, en los casos que estando éstas debidamente constituídas, las inversiones representativas de estas reservas no se hubieren valorizado conforme a las normas impartidas por la Superintendencia, siempre que a consecuencia de este hecho, se determine que, a la fecha de inicio del procedimiento concursal de liquidación, no habría podido satisfacer el cumplimiento de las obligaciones provenientes de los contratos de seguros respectivos. El liquidador deberá expresar esta circunstancia en el proceso penal.

Artículo 82. Dictada la resolución de liquidación de una compañía de seguros, el liquidador podrá traspasar toda o parte de la cartera y negocios a una o más compañías en los términos señalados en el inciso primero del artículo 74, y los asegurados podrán poner término anticipado al contrato en que estén pendientes los riesgos, en cuyo caso tendrán derecho a la devolución proporcional de la prima en el concurso.

Tratándose del procedimiento concursal de liquidación de una compañía de seguros del segundo grupo, cuyas reservas técnicas por seguros de renta vitalicia regidos por el decreto ley Nº 3.500, de 1980, no estén suficientemente respaldadas por inversiones, la Superintendencia podrá autorizar el traspaso de dichos seguros, sujetando el pago de las pensiones pactadas a un plazo determinado. En la autorización del traspaso de cartera, para efectos, de lo establecido en el artículo 82 del citado decreto ley, se determinará la fecha a partir de la cual se hará efectiva la garantía estatal.

Artículo 83. En el procedimiento concursal de liquidación o liquidación de una compañía del segundo grupo que en su cartera tenga contratos de seguros cuyas obligaciones consistan en el pago de prestaciones periódicas futuras ya reconocidas o que se reconozcan, el liquidador del procedimiento concursal de liquidación o liquidador podrá pagar dichas prestaciones, sin necesidad de verificación previa en su caso, con cargo a las inversiones que respalden las reservas técnicas hasta por un período de 12 meses, contado desde la fecha en que asumió la liquidación o procedimiento concursal de liquidación.

Artículo 84. En el evento de no producirse el traspaso de cartera y negocios, en los términos del artículo 82, el crédito de los asegurados proveniente de los contratos de seguro gozarán del privilegio establecido en el Nº 5 del artículo 2472 del Código Civil.

Con todo, los pagos por reaseguros beneficiarán a los asegurados cuyos créditos por siniestros preferirán a cualesquiera otros que se ejercieren en contra del asegurador, sin perjuicio de contribuir a los gastos de administración del procedimiento concursal de liquidación o liquidación, en su caso.

Artículo 85. Dictada la resolución de liquidación de una compañía de seguros del segundo grupo, el liquidador practicará la liquidación de todos aquellos contratos que originen reserva matemática o de siniestros, de acuerdo a las normas dictadas por la Superintendencia. Con el mérito de dicha liquidación, el liquidador deberá verificar el importe que a la fecha de la resolución de liquidación representen dichas reservas de acuerdo al procedimiento señalado en la Ley de Reorganización y Liquidación de Activos de Empresas y Personas, asumiendo para este solo efecto la representación del asegurado, sin que ello importe reconocimiento alguno. En el evento que al asegurado se le hubiere seguido pagando prestaciones de acuerdo al artículo 83, dichos pagos se deducirán de la respectiva reserva.

Artículo 86. En cada uno de los procedimientos contemplados en este Título, el liquidador o administrador deberá velar fundamentalmente por los intereses de los asegurados, según las preferencias establecidas en el artículo 84.

Artículo 87. En todo lo no previsto en este párrafo se aplicará la Ley de Reorganización y Liquidación de Activos de Empresas y Personas.

TÍTULO V
DE LOS AGENTES ADMINISTRADORES DE MUTUOS HIPOTECARIOS ENDOSABLES

Artículo 88. Las entidades aseguradoras podrán adquirir mutuos hipotecarios endosables, otorgados por agentes administradores que cumplan los requisitos y condiciones que fije la Superintendencia, en una norma de carácter general, y que se encuentren inscritos en un registro especial que llevará dicho organismo.

A dichos agentes les corresponderá otorgar los mutuos por cuenta propia o de las entidades aseguradoras, tasar las propiedades, calificar la solvencia del deudor y las demás obligaciones que señale la referida norma de carácter general. Los bancos y sociedades financieras podrán actuar como agentes sin necesidad de inscripción.

Los requisitos mínimos que deberán reunir los agentes administradores de mutuos hipotecarios endosables, para su inscripción y permanencia en el citado registro, son los siguientes:

a) Estar constituidos legalmente en Chile como sociedades anónimas, con el objeto específico de otorgar y administrar mutuos hipotecarios endosables.

b) Acreditar un capital mínimo equivalente a 10.000 unidades de fomento.

c) Acreditar la contratación de una póliza de seguro, para responder del correcto y cabal cumplimiento de las obligaciones emanadas de su actividad, por un monto no inferior a 20.000 unidades de fomento, en las condiciones que establezca la Superintendencia.

d) Sus accionistas mayoritarios, entendiéndose por tal aquéllos que tengan una participación igual o superior al 10% del total de acciones suscritas, directores, administradores y representantes legales, deberán tener antecedentes comerciales intachables y no registrar las inhabilidades señaladas en las letras a), b y c) del artículo 44 bis de la presente ley.

Artículo 89. La Superintendencia establecerá los límites máximos de endeudamiento, a los que deberán ajustarse los agentes administradores de mutuos hipotecarios, los que no podrán ser inferiores a cinco veces, ni superiores a diez veces, su patrimonio. Dichos límites de endeudamiento serán fijados por períodos no inferiores a dos años, y su modificación deberá informarse con, a lo menos, seis meses de anticipación.

Artículo 90. Los mutuos se otorgarán a personas naturales o jurídicas para fines de adquisición, construcción, ampliación o reparación de todo tipo de bienes raíces; para refinanciar mutuos hipotecarios endosables de que trata este Título; o para prepagar créditos hipotecarios otorgados para los fines antedichos, acorde a los Títulos VIII y XIII, de la Ley General de Bancos, y los otorgados para los mismos fines, en conformidad a la ley Nº 16.807.

Las compañías de seguros podrán, también, adquirir mutuos hipotecarios endosables, a que se refiere el artículo 69 número 7) de la Ley General de Bancos, y mutuos hipotecarios endosables otorgados en conformidad a la ley Nº 16.807 u otras leyes, siempre que dicha inversión cumpla con los fines, modalidades y limitaciones que establece este Título.

Se podrán otorgar mutuos hasta por el valor de tasación del inmueble dado en garantía hipotecaria. No obstante lo anterior, sólo se considerarán para efectos de respaldar reservas técnicas y patrimonio de riesgo, según corresponda, mutuos hipotecarios cuyo monto otorgado no exceda del 80% del valor de tasación señalado, salvo en cuanto existan seguros o garantías estatales que garanticen el pago de la cantidad que exceda dicho porcentaje y que cumplan las condiciones que determine la Superintendencia.

El mutuo deberá quedar garantizado con primera hipoteca, constituida sobre el bien raíz dado en garantía, o con hipoteca de segundo grado, siempre que la primera hipoteca se haya constituido para garantizar una obligación perfectamente determinada y que, sumado su monto al mutuo amparado por la segunda hipoteca, no exceda el límite del 80% señalado.

Artículo 91. Los mutuos hipotecarios endosables deberán extenderse en una escritura pública que lleve cláusula a la orden, de la cual se otorgará una sola copia autorizada, que se entregará al acreedor, y serán transferibles mediante endoso colocado a continuación, al margen o al dorso del documento, con indicación del nombre del cesionario. Para fines exclusivos de información, la cesión deberá anotarse al margen de la inscripción hipotecaria. El cedente sólo responderá de la existencia del crédito.

Artículo 92. La Superintendencia podrá autorizar, a las entidades aseguradoras, mediante norma de carácter general, respaldar reservas técnicas y patrimonio de riesgo con mutuos hipotecarios endosables para fines distintos a los señalados en el artículo 90.

ARTÍCULOS TRANSITORIOS

Artículo 1º. Las Sociedades Anónimas a que se refiere el Título III, actualmente establecidas, conformarán sus Estatutos a las disposiciones de la presente ley dentro del plazo de un año a contar de la vigencia de ella; y si la modificación se hiciera extensiva a aspectos esenciales del contrato social, ésta no podrá hacerse sino con el voto de las dos terceras partes de las acciones.

Si las modificaciones consistieran en emitir acciones preferidas, éstas no podrán tener mayores beneficios que las acciones preferidas existentes, a menos que consientan en ello las dos terceras partes de las acciones con derecho a voto de la clase afectada.

La incompatibilidad que establece el Artículo 99 de este Decreto se hará efectiva dentro del plazo de cinco años contados desde su promulgación.

Artículo 2°. La facultad que el Artículo 132 otorga al Superintendente podrá ser ejercitada a su arbitrio, durante el término del presente año, en aquellas Sociedades que se encuentren en liquidación con anterioridad a la vigencia de esta ley.

Artículo 3°. La Superintendencia y el Superintendente serán los continuadores, tomarán el lugar y tendrán las atribuciones de la Superintendencia y Superintendente de Compañías de Seguros y de la Inspección General e Inspector General de Sociedades Anónimas y Operaciones Bursátiles, en su caso, para los efectos contemplados en leyes, decretos o actos anteriores al presente decreto.

La Caja Reaseguradora de Chile, creada por este Decreto se identifica con la Institución del mismo nombre creada por la ley número 4,228, entendiéndose que quedan ratificados en sus funciones los actuales Administradores.

Artículo 4°. Los empleados que actualmente desempeñen funciones en la Superintendencia de Compañías de Seguros o en la Inspección General de Sociedades Anónimas y Operaciones Bursátiles y pasen a prestar sus servicios a la Superintendencia no estarán obligados a dar cumplimiento a las disposiciones números 101 y 102 del artículo 7 de la Ley número 4,460.

Artículo 5°. Los empleados de la Superintendencia de Compañías de Seguros que pasen a prestar sus servicios a la Superintendencia, no se considerarán como nuevos empleados para los efectos de sus imposiciones en la Caja Nacional de Empleados Públicos y Periodistas.

La Caja de Previsión de Empleados Particulares hará traspaso a la Caja Nacional de Empleados Públicos y Periodistas de todas las imposiciones hechas por los empleados de la Superintendencia de Compañías de Seguros y por su empleador más el interés que corresponda a las tasas aplicadas en su oportunidad.

Por su parte, la Caja Nacional de Empleados Públicos y Periodistas reconocerá el tiempo durante el cual se hicieron las imposiciones en la Caja de Previsión de Empleados Particulares y considerará esas imposiciones e intereses como los recursos a que se refiere la letra a) del Artículo 14 del Decreto número 1,340 bis, de 6 de Agosto de 1930.

Además, cancelará a dicha Caja de Previsión de Empleados Particulares los saldos de todas las deudas contraídas por esos empleados y los considerará como préstamos acordados por ella, a los plazos y condiciones ya contraídos cuando se trate de préstamos de auxilios, y a las tasas 7 por ciento de interés y 1 por ciento de amortización en el caso de los saldos de obligaciones hipotecarias.

Los saldos de préstamos a corto plazo concedidos para el entero de la cuota al contado exigida por la operación de compra o edificación de un bien raíz y los dividendos insolutos se agregarán a los saldos de las respectivas obligaciones hipotecarias, consideradas en el inciso anterior.

Cualesquiera que sean estos saldos, los empleados tendrán derecho a que la Caja Nacional de Empleados Públicos y Periodistas les conceda de inmediato un préstamo a tres años plazo hasta por el 90 por ciento de las imposiciones que se le traspasen.

La Caja Nacional de Empleados Públicos y Periodistas devolverá las imposiciones legales correspondientes al período anterior al establecimiento de la Caja.

Artículo 6°. Los empleados de la Inspección General de Sociedades Anónimas y Operaciones Bursátiles cesarán en sus funciones el día 30 de Abril corriente.

Artículo 7°. DEROGADO.

Artículo 8°. Traspásanse al ítem 06/09/08/b/, los saldos existentes el día primero de Marzo próximo de los ítem 06/05/01 y 06/05/04/ del Presupuesto vigente del Ministerio de Hacienda.

El mayor gasto que importe el cumplimiento de esta Ley en el curso del año, se imputará a la mayor entrada que produzca la partida C. 41 b), del Presupuesto vigente.

Artículo final. Esta Ley comenzará a regir desde la fecha de su publicación en el Diario Oficial.

Tómese razón, regístrese, comuníquese, publíquese e insértese en el Boletín de las Leyes y Decretos del Gobierno.- C. Ibáñez C.- R. Jaramillo B.

ÍNDICE DE VOCES

TRANSPORTE MULTIMODAL DE MERCANCÍAS